KB148483

ARISTOTELIS
POLITICA

지은이 **아리스토텔레스** 기원전 384~322년

그리스 북동부 칼키디케 반도 스타게이로스(Stageiros) 출생. 별칭으로 '스타게이로스의 사람'으로 불렸다. 마케도니아의 왕 아뮌타스 3세의 시의(侍醫)였던 아버지 니코마코스 덕에 어린 시절 펠라의 궁전에서 수준 높은 교육을 받으면서 성장했다. 17세가 되던 기원전 367년 아테네로 간 그는 플라톤의 아카데미아에 들어가 플라톤이 죽는 347년경까지 20년 동안 플라톤 문하에서 학문에 정진한다.

플라톤이 죽고 그의 조카 스페우시포스가 아카데미아의 새 원장이 되자 몇몇 동료와 아테네를 떠난 아리스토텔레스는 기원전 342년 마케도니아의 필립포스 왕에 의해 그의 아들 알렉산드로스의 교육을 위탁받은 것으로 추정되기도 한다. 알렉산드로스가 아시아 원정을 준비하던 335년 아테네로 돌아온 그는 아폴론 신전 경내에 뤼케이온이라는 학원을 설립한다. 기원전 323년 알렉산드로스 대왕이 죽고, 아테네에 반 마케도니아 기운이 감돌기 사작하자 아리스토텔레스는 아테네를 떠나 어머니의 고향 칼키스로 갔고, 이듬해에 세상을 떠난다.

그의 저술들을 주제별로 정리하면 다음과 같다. 논리학적 저작으로 『범주론』, 『명제론』, 『분석론 전서』, 『분석론 후서』, 『토피카』, 『소피스트적 논박에 대하여』 등이, 이론 철학적 저작으로 『자연학』, 『형이상학』, 『혼에 대하여』 등이, 실천 철학적 저술로 『니코마코스 윤리학』, 『정치학』, 『에우데모스 윤리학』, 『대도덕학』 등이 전해진다. 또한 언어학적 철학 저작인 『수사술』과 예술이론적 저작인 『시학』이 전승되었고, 생물학 관련 작품으로 『동물 탐구』, 『동물의 부분들에 대하여』, 『동물의 운동에 대하여』 등도 전해진다.

옮긴이·주석 **김재홍**

숭실대학교 철학과 졸업. 같은 대학교 대학원에서 서양고전철학 전공, 1994년 「아리스토텔레스의 학문방법론에서의 변증술의 역할에 관한 연구」로 철학박사 학위 취득. 캐나다 토론토대학교 '고중세철학 합동 프로그램'에서 철학 연구(Post-Doc). 가톨릭대학교 인간학연구소 전문연구원, 서울대학교 철학사상연구소 선임연구원 역임. 가톨릭관동대학교 연구교수를 거쳐 전남대 사회통합지원센터 부센터장을 지냈으며, 현재 정암학당 연구원으로 있다.

저서 『그리스 사유의 기원』, 『왕보다 더 자유로운 삶』, 『아리스토텔레스 정치학』 등. 역서 『자기 자신에게 이르는 것들』, 『에픽테토스 강의 1·2』, 『에픽테토스 강의 3·4, 엥케이리디온, 단편』, 아리스토텔레스의 『토피카』, 『소피스트적 논박에 대하여』, 『니코마코스 윤리학』 등.

정치학

아리스토텔레스

김재홍
옮김·주석

2,080매 주석, 정치학 결정판

모든 시민이 행복한 공동체를 위하여

그린비

고전의 숲 06

아리스토텔레스 정치학

초판1쇄 펴냄 2023년 9월 7일

지은이 아리스토텔레스
옮긴이·주석 김재홍
펴낸이 유재건
펴낸곳 (주)그린비출판사
주소 서울시 마포구 와우산로 180, 4층
대표전화 02-702-2717 | **팩스** 02-703-0272
홈페이지 www.greenbee.co.kr
원고투고 및 문의 editor@greenbee.co.kr

편집 이진희, 구세주, 송예진, 김아영 | **디자인** 권희원, 이은솔
마케팅 육소연 | **물류유통** 유재영, 류경희 | **경영관리** 유수진

책값은 뒤표지에 있습니다. 잘못 만들어진 책은 구입처에서 바꿔 드립니다.
ISBN 978-89-7682-839-2 03190

독자의 학문사변행學問思辨行을 돕는 든든한 가이드 _(주)그린비출판사

사랑했습니다. 행복했습니다.

나의 생명의 근원이셨던 故 김열환, 명제희

부모님께 이 책을 바칩니다.

수정판을 내면서

『정치학』을 우리말로 옮기는 작업을 마무리한 그해 여름, 아리스토텔레스의 고향을 찾아 한 달간 여행을 했다. 그리스 아테네 아크로폴리스 파르테논 신전에 오를 때마다 가슴 뛰던 순간은 언제나 진한 감동을 전해준다. 아크로폴리스 동편 가까이에 위치한 뤼케이온 학원에서 시작해서 아리스토텔레스가 아테네로 오기 직전까지 어린 시절을 보냈던 알렉산드로스 황제의 펠라 궁전을 거쳐 그의 고향 칼키디케반도의 스타게이로스 폴리스에 이르는 과정이었다. 아리스토텔레스의 고향 스타기라(현대 그리스어)에서, 또 그가 죽음을 맞이했던 에우보이아섬의 칼키스 해안가에 조금은 볼품없는 모습으로 서 있는 그의 조상 옆에서 그의 흔적과 자취를 더듬는 동안 40년간이나 아리스토텔레스의 철학에 매달려 공부하며 의문을 품었던 여러 가지 철학적 아포리아(aporia)를 떠올렸다. 아리스토텔레스는 철학 텍스트만을 우리에게 던져 주곤 침묵 속에서 그 답을 끄집어내보라고 넌지시 '징표로서' 지시할 뿐이었다. 그 답이 혹시라도 떠오르지 않을까 생각에 잠겨 스타게이로스의 끝없이 펼쳐진 아름다운 바다와 해변이 내려다보이던 해안 숲길을 걷던 날들의 기억의 파편을 새삼 떠올려 본다.

이번 수정판은 초판(2017년)에서 미처 알아채지 못한 채 지나친 이러저러한 오역을 바로잡으려 노력했다. 또한 가능한 한 딱딱한 번역을 지양해 좀 더 부드럽게 읽힐 수 읽도록 우리말을 순화하고 가다듬었다. 자연적 연령으로 보나 육체적 한계를 봐도, 이제 나로서는 이 판이 최종본이랄 수밖에 없을 것이다. 이번 수정판을 준비하는 과정에서 펠리그

랭(P. Pellegrin, Aristote, *Les Politiques, Traduction, introduction, bibliographie, notes et index*, GF Flammarion, 2015)의 불어판과 리브(C. D. C. Reeve, *Politics: A New Translation with introduction and notes*, Hackett Publishing Co., 2nded., 2017)의 수정판에서 많은 도움을 받았다. 그러나 역자가 들인 정성에도 불구하고, 여전히 부족한 면이 있을 것이다. 또 깨닫지 못하고 지나간 여러 잘못도 다시 나타날 것이다. 다만 나의 바람은 이 번역본이 후학들의 아리스토텔레스 『정치학』 공부에 작은 밑거름이 되어, 훗날 더 좋은 번역과 더 많은 학문적 업적이 이루어지는 것뿐이다. 늘 역자에게 아리스토텔레스에 관한 학문적 정보와 지식을 전해 주며, 부지런히 아리스토텔레스의 『정치학』 연구에 매진해서 많은 연구 업적을 쌓고 있는 송대현 교수에게 고마움을 전한다.

2023년 8월 서울 서편 하늘 밑에서

옮긴이의 말

"최상의 정치체제에서 시민이란 지배받고 지배할 수 있는 능력을 가진 자이며, 덕에 입각한 삶의 방식을 목표로 그 양쪽을 스스로 선택하는 자를 말한다."

—『정치학』 제3권 제13장 1284a1-3

"시민들은 세 등급으로 나뉜다네. 그중 부자들은 쓸모없는 집단으로, 늘 더 가지려고 목말라하지. 가난한 자들은 궁핍하고 두려운 사람들로, 시기심으로 가득 차 자신의 몫보다 더 많은 몫을 늘리려 하며, 더 많이 가진 자들 향해 가시 돋친 악담을 퍼부어 대며, 사악한 지도자의 혀끝에 놀아나기 십상이네. 세 등급 중에서 중간계급만이 도시가 정한 규범을 수호함으로써 도시를 보존하는 것이네." —에우리피데스, 『탄원하는 여인들』 238~245행

한참이 지난지라, 기억이 정확하다는 전제에서 하는 말이다. 언젠가 밤늦은 시간에 우연히 박노자 선생과 함께 지하철을 타고 귀가하던 때였다. 서로 세상 사는 얘기를 나누다가 내가 아리스토텔레스를 공부한다고 했더니, 자신은 고향에서 중학교에 다닐 때 '아리스토텔레스가 노예제를 인정했다'는 말을 듣고 더 이상 아리스토텔레스에 관심을 두지 않았다는 말을 해 주었다.

아리스토텔레스 철학에 대한 호불호를 떠나 오늘날 『정치학』에 대한 관심이 사그라들었다고 치자. 왜일까? 이런 이유들 때문일 것이다. 민주정에 대한 비판, 남성 지배적 권위주의, 여성에 대한 경멸, 노예제 수용, 문화적 및 언어상의 본성적 인종주의, 게다가 한 공동체에서의 엄한 시민권의 제한 등 오늘날의 정치적 상황에 어울리지 않는 한쪽으로 지나치게 기울어진 이런 특정한 정치적 이데올로기 때문이 아닐까?

그렇다면 아리스토텔레스가 살던 당시로 되돌아가서 이런 문제들에

대해 생각해 보는 것이 오늘날에도 여전히 유익할 수 있을 것인가? 그의 생각을 천착해서 읽는 일이 역사적인 맥락을 제외하고는 아무런 생각거리를 제공하지 않는, 쓸모없는 노릇일까? 아리스토텔레스의 정치사상을 통해 우리는 무엇을 배울 것인가? 여전히 그의 생각을 되새김하는 일이 유효한 것이 될 수 있을까?

만일 있다면, 정치적 정의와 법치에 근거한 정치적 행위, 정치적 공동체에 시민 참여를 의무로 부과하는 것, 공교육에 대한 적극적 의미, 그리고 공동체 속에서의 개인과 전체의 행복은 무엇이고, 어떻게 그것을 성취할 수 있는지에 대한 어떠한 실마리를 찾아보는 것과 같은 일들이 아닐까?

실제로 아리스토텔레스의 『정치학』은 정치철학에 대한 근본적인 문제들을 제기하고 있다. 정치적 공동체(폴리스, 국가)는 어떤 기원을 통해 형성되고, 그 목적은 무엇인가? 공동체 구성원의 자격 조건은 어떤 것인가? 어떤 근거에서 우리는 지배와 피지배의 관계로 살아가야 하는가? 한 공동체에서 정의는 어떤 바탕에서 이루어져야 하는가? 정치적 정의와 경제적 정의는 어떤 관련성을 맺고 있는가? 어떤 자격을 갖춘 자가 지배자가 되어야 하는가? 그 정당성은 무엇인가? 전쟁은 정당화될 수 있는가? 누구를 시민이라고 불러야 하는가? 오늘날 우리가 당연하게 받아들이는 민주주의는 수정 가능하지 않은 정치체제인가? 가장 바람직한 정치체제로서 민주주의가 완벽한 것일 수 있는가? 시민 교육은 공교육 체제로만 이루어져야 하는가? 그리고 궁극적으로, 공동체 속에서 살아가는 우리에게 진정한 의미의 '행복'이란 무엇인가?

긴 시간이 흘렀음에도 이런 문제들에 대한 치열한 논의와 철저한 반성은 아직도 유효하며, 여전히 '국가'라는 공동체 속에서 우리가 풀어가야 할 숙제일 수밖에 없을 것이다. 정치와 경제를 한데 아우르는 '정치

경제학'(Political Economy)의 효시를 연 아리스토텔레스의 『정치학』은 여전히 오늘날에도 철학자뿐만 아니라 정치경제학자들의 연구 대상이지 않을 수 없다.

아리스토텔레스의 『정치학』(*Aristotelis Politica*)을 번역하고자 맨 처음 정암학당에서 독회를 시작했던 것이 2007년이었으니, 벌써 십여 년이 흘러갔다. 꽤나 오래된 셈이다. 당시 『정치학』 독회는 정암학당의 정규 커리큘럼으로 여러 사람이 참여했었다.

이제야 비로소 『정치학』 번역을 내면서 당시 참여자들을 기억하고 기록해야 할 것 같다. 함께 독회를 이끌었던, 임성진(서울대 철학과 박사) 선생에게 우선 고마움을 전한다. 그의 탁월한 고전어 실력은 누구나 알아준다. 거기다 성실성과 겸손함마저 갖추고 있으니 더 이상 무슨 수식어를 덧붙이랴. 『정치학』을 함께 읽어 준 김인곤 박사, 경제학 사상 전문가로 아리스토텔레스와 마르크스를 연구하시는 홍훈 교수(연세대 경제학과), 김주일 박사(성균관대), 정준영 박사(성균관대), 사랑하는 후배 유재민 교수(군산대), 송대현 교수(인천대), 그리고 학당의 연구원들에게 고마움을 전한다. 이들은 언제나 연약한 토끼를 막다른 골목으로 몰아세우며 서슴지 않고 사자의 날카로운 '발톱과 이빨'을 드러내서 과시하던 분들이었다(1284a15-16). 그러나 학문 공동체를 이루며 한데 어울려 공부하는 기쁨은 다른 어떤 일보다도 소중하다는 것을 우리는 잘 알고 있었다.

> 사람들은 행복한 사람이 즐겁게 사는 것이 당연하다고 생각한다. 외톨이로 사는 삶은 힘겹다. 혼자서는 연속적으로 활동하기 쉽지 않은 데 반해, 다른 사람과 함께라면, 또 타인과의 관계 속에서라면 쉽기 때문이다. [다른 사람과 함께라면] 그 자체 즐거운 활동은 더 연속적이 될 것이다.

이것이 지극히 복된 사람에게 있어 당연히 그래야 할 모습이다(『니코마코스 윤리학』 제9권 1170a4-8).

어느덧 철학을 공부한 지도 수십 성상(星霜)이 지났다. 부끄럽지만 학문적으로 자랑스럽게 내놓을 만한 업적은 없다. 그저 부끄러울 뿐이다. 그동안 훌륭한 여러 선생님들을 만났고, '철학하는' 삶의 길을 걸어 나가면서 열심히 공부하는 멋지고 탁월한 동학(同學)을 여럿 만났다. 처음으로 '철학하는 삶'을 가르쳐 주신 스승 허원 최명관 선생님에게서 철학함에서의 통찰력을 배웠다. 이경 조요한 선생님은 "철학하는 일을 통하여 거친 삶을 견디는 일을 배워야 할 터인데"라고 철학하는 벗들에게 권면하셨지만, 제대로 된 철학하는 삶마저 살아오지 못했던 것 같다. 헬라스 철학의 소중함과 아름다움을 가르쳐 주신 이태수 교수님을 만나서 처음으로 서양 고대 철학을 공부하게 되었다. 이분을 만나지 못했더라면 그나마 여기까지도 이르지 못했고, 이만한 정도의 번역마저도 내놓지 못했을 것이다. 인간의 정(情)이란 미덕을 나눠 주신 이정호 교수님을 뒤늦게나마 만나지 못했더라면 고독한 인생이 얼마나 더 메말랐을까?

『정치학』 번역이 마무리될 즈음에 노동자와 사용자 간의 상생 문화의 진작과 계층 간의 사회적 갈등과 대립을 치유하는 사회통합 방법론에 대한 견문을 넓힐 수 있는 기회를 준 전남대 사회통합지원센터 측에 감사를 전한다. 당시 책임자로서 나의 번역 작업에 깊은 관심을 기울여 준 전남대 철학과의 외우(畏友) 김상봉 교수에게는 우정 어린 고마움을 전한다. 철학하는 삶의 이 고독한 도상(途上)에서 만난 모든 분들에게 어떤 감사의 말을 전할 수 있을까?

"최상의 정치체제에서 시민이란 지배받고 지배할 수 있는 능력을 가진 자이며, 덕에 입각한 삶의 방식을 목표로 그 양쪽을 스스로 선택하는 자를 말한다"(1284a1-3). 훌륭한 시민(spoudauos politēs)은 지배받는 것에 머물지 않고 국가를 잘 지배할 줄도 알아야 한다. 늘 깨어 있는 좋은 시민들만이 좋은 정치체제를 만들 수 있다. 대한민국 제16대 대통령 노무현은 이렇게 말했다.

> "여러분은 본질적으로 시민입니다. 그리고 민주주의 사회에서, 국민 주권 국가에서 여러분은 주권자입니다. 어떤 정부를 가질 것인가는 여러분이 선택합니다. 어떤 정부가 앞으로 만들어질 것인가에 대해서는 여러분의 책임입니다. 멀리 보는 시민, 책임을 다하는 시민, 행동하는 시민이 주권자입니다."

그렇다면 좋은 시민은 누가 만드는가? 아리스토텔레스는 시민 각자가 좋은 습관을 들이고, 또 정치가가 공공의 교육을 통해 그렇게 할 수 있다고 믿었지만, 오늘날 이런 아리스토텔레스의 주장에 수긍하는 사람은 그리 많지 않을 것이다. 오히려 좋은 시민은 스스로 깨닫고, 깨어 있는 정치의식을 가진 시민들 속에서 성장하기 마련이다.

> "깨어 있는 자들에게는 하나이자 공통인 세계가 있다. 잠들어 있는 자들 각각은 자기만의 세계로 돌아간다."

소크라테스 이전 철학자 헤라클레이토스의 말이다. 우리는 늘 깨어 있는 시민의 모습을 '여기 지금'(hic et nunc) 광화문에서 마주한다. 고대 아테나이에서 자유롭게 정치적 토론(parrēsia kai isēgoria)이 펼쳐졌던 낮

설지 않은 아고라의 모습이다. 그곳은 가면을 벗고 만나는 우리의 아름답고 고귀한 광장이다. 촛불은 순수한 열정으로 불타는 정치적 염원을 담은 시민들의 마음이다. 촛불은 끊어질 수 없는 연대다. 촛불은 너이고 나이다. 촛불은 민중이고 인간이고 인민이다. 촛불은 민주주의다. 그래서 촛불은 시민혁명이었던 것이다.

촛불에 둘러싸였으므로 우리는 삶의 근거인 우리의 공동체 속으로 들어설 수 있다. 촛불이 활활 타오르는 그날까지 민주주의가 영원히 이 땅에서 살아 숨 쉴 것이라고 나는 굳게 믿는다. 촛불이여 영원하라!

2017년 6월 오목로 은행정 책마당에서

일러두기

1 이 책은 아리스토텔레스의 『정치학』을 우리말로 옮기고 주석을 단 것으로, 뉴먼(Newman, W. L., *The Politics of Aristotle*, 4 vols. Oxford: Oxford University Press, 1887-1902; repr. Salem, NH: Ayer, 1985)판을 헬라스 원전의 대본으로 삼았다. 뉴먼의 해석을 받아들이고 따르고 있지만, 뉴먼의 원문과 달리 읽는 경우와 다른 판본들과 상이한 경우에는 각주에서 밝혀 놓았다. 현재는 대개 옥스퍼드에서 간행된 로스(W. D. Ross, OCT)의 비판 수정본을 원전으로 읽고 인용하지만, 로스 자신의 원전 수정과 개입을 경계하고 '가능한 한 보수적으로' 전해지는 사본을 있는 그대로 받아들여 옮겼다. 비판 수정본인 드라이젠터(Dreizehnter, 1970)로부터도 도움을 받았음을 밝혀 둔다. 이 책을 번역하고 독해하는 데에 도움을 받은 헬라스어 원전들은 다음과 같다.

Aubonnet, J., *Aristote: Politique*, Livre I-VI, Paris: Budé, Les Belles Lettres, 1960~1973; *Aristote; Politique*, Livre VII-VIII, 1ère Partie, Paris, Les Belles Lettres, 2002(1re éd. 1986).

Dreizehnter, Alois., *Aristoteles' Politik*, Munich: Wilhelm Fink, 1970.

Ross, W. D., *Aristotelis Politica*, recognovit brevique adnotatione critica instruxit, Oxford; Clarendon Press, 1957.

Susemihl, Franz, and Hicks, R. D., *The Politics of Aristotle*, text, introduction, analysis, and commentary to Books I-V [I-III, VII-VIII], London, 1894: repr. 1976.

Susemihl, Franz, *Aristoteles's Politik*, Griechisch und Deutsch, mit sacherklärenden Anmerkungen, Bd. 1, Text und Übersetzung. Bd 2, Inhaltsübersicht und Anmerkungen, Leipzig 1879.

2 아리스토텔레스 저작을 표시하는 관례에 따라서 벡커(1831, Berlin)판의 텍스트 표시를 사용하였다. 이를테면 1253b5는 '벡커판 1253쪽 왼쪽 난(欄, column) 5행'을 표시한다. a는 오른쪽 난을 가리킨다. 단, 원전과 번역본의 행수 표기는 정확히 일치하지 않는다.

3 각 권의 제목과 장의 소제목은 옮긴이의 해석에 맞춰 옮긴이가 임의로 붙인 것이다.

4 원칙적으로 헬라스 원전에 충실해서 옮기되, 우리말로 매끄럽지 않을 때에는 어느 정도 의역을 하였다. 가능한 한 맥락이 연결될 수 있도록 옮긴이의 해석에 맞춰 옮기려 노력했다. 원문에 없지만 문맥상 생략된 말로 생각되거나 겉으로 드러나지 않은 말들로 인해서 원문만으로 충분한 의미가 전달되지 않는다고 판단될 때에는 [ ] 기호를 사용하여 옮긴이 임의로 원문을 이해하는 데 도움이 될 수 있는 방향으로 의미를 보충했다. 혹은 원어에 대한 부가적 설명을 담고 있다. 물론 다른 풀어쓰기가 요청되는 경우에는 각주에서 그 뜻을 명확히 밝혔다. ( )는 원문의 헬라스어와 다르게 가능한 번역어라든가 혹은 원문에 괄호 표시된 말의 번역을 표시한다. 따라서 원문으로 읽어도 무방하다. 가능한 한 독해하는 데 방해가 되지 않도록 원문에 생략된 표현이나 겉으로 드러나지 않은 헬라스어로 판단된 경우에도 기호 표시를 하지 않은 채 번역에 삽입해서 읽으며 옮기려 노력했다.

5 ē와 ō는 헬라스어 장모음 에타(eta)와 오메가(omega)를 표시한다. χ는 ch로, υ는 u로 표기하고, 헬라스어의 우리말 표기는 원음에 가깝게 표기하고, υ는 일관적으로 '위'로 읽어서 Phuthagoras는 퓌타고라스로, Aiguptos는 아이귑토스(이집트)로 표기했다. 후대의 이오타시즘(iōtakismos)은 따르지 않는다. Iota subscript(hupogegrammenē)를 드러내 표기하지 않았다.

차례

제4권 정치체제의 유형 335

제5권 정치체제의 보존과 파괴 433

제6권 정치체제의 종류와 정치제도: 민주정과 과두정 557

제7권 교육과 최선의 정치체제 603

제1권

폴리스와 가정

제1장

인간의 좋음과 정치적 공동체

우리가 보는 바와 같이 모든 폴리스[1]는 어떤 종류의 공동체[2]며, 모든 공 1252a

1 폴리스(ptolis, púr[산스크리트어] 성채, 요새)는 '도시', '도시 국가', '나라', '국가'로 옮겨지나 그 말이 의미하는 정확한 사항을 다 담아낼 수는 없다. 이 책의 제7권 제5장, 제6장 아래 몇 대목에서는 명확히 '도시'를 의미하기도 한다. 나는 이 말을 번역하지 않고 '폴리스' 그대로 보존하겠다. 폴리스는 대략 기원전 8세기에서 3세기까지 헬라스 세계에 존재했던 정치적 조직 형태로, 폴리스라는 말의 정확한 정치적, 공동체적 의미를 파악하는 것이 이 책을 읽는 하나의 목적이다. 고대 헬라스에는 오늘날의 '국가'와는 다른 독특한 정치체제를 가진 폴리스가 존재했었다는 점을 잊지 않아야 한다. 폴리스의 정치적 의미는 김재홍, 『아리스토텔레스 정치학』, 쌤앤파커스, 2018, pp. 61~70 참조.

2 폴리스가 공동체(koinōnia)라는 견해는 플라톤, 『국가』 369c, 371b 등에서 암시된 바 있다. 아리스토텔레스가 여기에서 그 의미를 분명하게 정의한 것으로 볼 수 있다. 코이노니아는 공동의 사물이나 관심사를 공유하거나 공동체의 일에 함께 참여한다는 동사 코이노네인(koinōnein)과 동일한 어원을 갖는다. 따라서 '공동체'거나 '공동의 일을 함께 나눔'이란 의미를 가진다(1260b39-40 참조). 공동체로서의 '폴리스'는 공동체 내에서 상이한 행위를 통해 목적을 달리하는 이해 상관성을 지향하는—혹은 그렇지 않거나—집단을 의미하고, 이를 통해 공동의 것으로 묶이고, 친애(philia)를 바탕으로 해서 정의를 실현하고, 삶의 궁극적 목적인 '행복'을 성취하기 위해 노력하는 정치적 공동체를 말한다. 그러나 단순한 의미에서 '공동체'란 개인이—혹은 어떤 동물이나 식물이—자연 본성적으로 생명을 보존하기 위해 어떤 하나의 목적을 향해 나아가고자 하는 원초적 동기들이 모인 집단적 활동이 이루어지는 터전을 의미한다. 집단의 결합과 개인의 결합이 모인 '폴리스'는 정치적일 수밖에 없고, 어떤 공동의 '좋음'을 목표로 하며, 친애적 관계에 토대를 두고 있으므로, 그렇게 모인 폴리스를 아리스토텔레스가 의미하는 '정치적 공동체'라 말할 수 있다. 아리스토텔레스는 정치적 공동체에 대해 다음과 같이 말한다. "모든 공동체에는 어떤 종류의 정의가 있으며, 마찬가지로 친애도 있는 것처럼 보이니까"(『니코마코스 윤리학』 제8권 제9장 1159b26-27). "모든 공동체는 정치적 공동체의 부분들과 비슷하다. 왜냐하면 사람들이 함께 모이는 것은 어떤 유익을 위해서이며 삶을 위해 필요한 어떤 것을 산출해 내기 위해서이고, 정치적인 공동체 역시

동체는 어떤 좋음[3]을 위해서[4] 구성되고 있기 때문에(모든 사람은 그들에게 좋음이라고 생각되는 것[5]을 위해서 모든 행위를 하는 것이니까),[6] 분명히 모든 공동체는 어떤 좋음을 목표로 하고 있으며, 모든 공동체 중에서 최고의 권위[7]를 가지고, 그 밖의 모든 공동체를 포괄하는[8] 것은 무엇보다도 모든 좋음 중에서 최고의 좋음[9]을 목표로 하고 있다.[10] 이것이 폴리

유익을 목적으로 처음부터 함께 모여 지속하는 것으로 보이기 때문이다. 법을 제정하는 사람들이 겨냥하는 것도 바로 이 유익이며, 또 정의는 공통의 유익이다"(『니코마코스 윤리학』 제8권 제9장 1160a10-14).

3 '어떤 좋음'(agathou tinos)이란 표현은 아래의 1255a15, 『니코마코스 윤리학』 1094a2 등에도 나타난다.

4 즉 목적으로(heneken).

5 "좋음이라고 생각되는 것"(einai dokoun agathon)은 "각자에게 좋음으로 생각되는 것"(to hekastō einai dokoun agathon), "좋음으로 보이는 것"(to phainomenon agathon)과 같은 말이다(『니코마코스 윤리학』 1113a20-24).

6 『니코마코스 윤리학』 제1권 제1~2장 참조. 특히 1094a1-3, 1102a2-3 참조.

7 kuriōtatou는 kurios의 최상급 형태로 '최고의 지배적 권위(권한)'를 가진다는 의미. 가장 권위(authority, 힘, 지배력, 권한)를 갖는 공동체는 폴리스로, 힘에서 최고의 것이다. 최고의 좋음을 추구하는 정치학은 최고의 학문이고, 총기획적인(architektonikos)인 학문이며, 또 정치학의 목적이 '인간적인 좋음'이라는 점은 『니코마코스 윤리학』 1193a22-1094b12 참조. architektonikōn란 말에서 건축(architecture)이 유래했다. 이 말은 『에우데모스 윤리학』 1217a5에도 나온다. 이 개념은 플라톤의 『정치가』 259e에서 찾아볼 수 있다. "모든 도편수 혹은 대목수(architektōn)는 몸소 손일을 하는 일꾼(ergatikos)이 아니라 일꾼들을 지배하는 자다." tektōn이 '목수'를 의미하니, architektōn은 '목수 중에서 모든 것을 총괄하는 우두머리 격인 대목수'(master carpenter)를 말한다.

8 이를테면 '가정과 마을과 같은 공동체에 대해 최고의 권위(지배력)를 가지는'.

9 원어 '최고의 것'(kuriōtatē)은 '최고의 좋음'으로, eudaimonia(행복)를 가리킨다(1325a7-10, 1328a37, 『니코마코스 윤리학』 1129b17-19 참조). 아리스토텔레스는 '정치학의 목적은 최고의 좋음'(『니코마코스 윤리학』 1099b30-32)이라고 규정한다.

10 정치학이 가장 으뜸가는 학문이자 가장 총기획적인 학문으로 다른 모든 학문을 포괄하며, 정치학의 목적은 다른 학문의 목적을 포함한다. 따라서 "정치학의 목적은 인간적인 좋음이다"(『니코마코스 윤리학』 1094a26-b7).

스라고 불리는 것, 즉 폴리스적 삶을 형성하는 공동체[11]다.

그런 의미에서 정치가(폴리스 지도자), 왕, 가장[12] 그리고 노예의 주인 구실[13]이 같은 것이라고 생각하는 사람들[14]은 올바르게 말한 것이 아니다. 왜냐하면 그들은 이러한 지배의 각 차이는 지배받는 대상이 되는 사

11 koinōnia politikē를 간략히 옮기자면, '정치적 공동체'(communauté politique), '정치적 연합체'라고도 번역할 수 있다. 아리스토텔레스는 여기서 polis와 그 형용사인 politikos('폴리스에 속하는')와의 연관성을 암시한다(1253a2-3 참조). politikē(정치학), polis(폴리스), politeia(정치체제), politēs(시민, 복수 politai) 등은 동일한 어원적 뿌리를 가진다. 이 대목은 폴리스가 최고의 좋음인 행복(eudaimonia)을 목표로 하는 '정치적 공동체'라는 점을 명백히 밝히고 있다. 『니코마코스 윤리학』에서 내세운 바와 같이 인간은 좋음을 위해서 행위를 선택한다는 기본 전제를 통해, 인간이 만들어 내는 각각의 '공동체'도 어떤 좋음을 목표로 하는 것임을 추론해 낸다. 그런데 그 목적의 지향에 따라 공동체 간에도 서열이 생긴다. 하위 공동체에는 가정, 마을, 학문 공동체, 종교적 집단들이 있을 수 있다. "이러한 공동체들은 정치적 공동체 아래에 위치하는 것 같다"(『니코마코스 윤리학』 1160a15-23 참조). 좋음 중에서 최고의 좋음을 목표로 하는 것은 공동체 중 '최고의 공동체'인 폴리스라는 것이다(최고의 좋음과 정치학의 학문적 목표를 논하고 있는 『니코마코스 윤리학』 제1권 제2장 참조). 폴리스는 오직 행복 자체만을 추구해야 하는 것이니까. 시민은 폴리스를 구성하면서 일정한 정치적 행위를 수행해야 한다. 이런 의미에서는 '시민'은 곧 '정치가'기도 하다. 정치적 행위를 하는 시민을 포함하는 공동체가 '어떤 유익'을 위해 성립한다는 주장은 『니코마코스 윤리학』 제8권 제9장 1160a11에서, 정치 공동체가 단순한 생존과 번식을 넘어 삶 일반에 관계한다는 주장은 『니코마코스 윤리학』 제8권 제12장 1162a20-22에서 제기되었다. 폴리스는 문맥에 따라 그러한 공동의 관심사에 따라 구성된 집단이나 '결사체'를 가리키는데 '공동 연합체'로 번역하거나, 풀어서 '공동의 일을 함께 나누는 결사체'로 옮길 수도 있을 것이다.

12 '가장'(家長)(가정 관리자, oikonomos), 가정 경제술(oikonomike, oikonomia)에 대해서는 제1권 제3장의 논의를 참조(각주 2). 가정 경제술의 세 부분(주인의 기술, 아버지의 기술, 혼인 관계의 기술; 제1권 제3장, 제12~13장). 남자의 가정 관리는 재화의 획득, 여자의 가정 관리는 재화의 보존(제3권 제3장 1277b24-25). 상업을 제외하는 재산 획득술도 가정 관리술(경제술)의 부분(제1권 제8장 1256b26-27).

13 지위, 처지, 특징.

14 플라톤, 『정치가』 258e-261a. 크세노폰, 『회상』(*Apomnēmoneumata*) 제3권, 4.12 및 6.14, 『가정 경제학』(*Oikonomika*) 13.5 참조. 여러 지배 방식의 구별은 1278b32, 1324b32 참조.

람들의 많고 적음이라는 점에 있지, 그 종류에서의 차이가 아니라고 생각하고 있기 때문이다.[15] 예를 들어 지배 대상이 되는 사람이 적으면 주인이고, 그보다 훨씬 많으면 정치가나 왕인 것처럼 생각하고 있는데, 이는 마치 큰 집과 작은 폴리스 사이에 아무런 차이가 없는 것처럼 생각하는 것과 마찬가지다. 또한 정치가(폴리스 지도자)와 왕의 차이에서, 그 사람 혼자서 통치한다면 왕이라 하고, 이와 같은 종류의 지식[16]에 따른 원리(규칙)에 따라 지배하는 자와 지배당하는 자가 번갈아 통치하는 경우 정치가라고 말하기도 한다.[17] 그러나 이런 설명[18]은 참이 아니다.

여기서 설명이 필요한 내가 말한 바[19]는 우리가 늘 해 왔던 탐구 방법에 따라[20] 고찰한다면 분명해질 것이다. 즉, 다른 경우들에서[21] 복합적인

15 정치가, 왕, 가장, 노예 주인에게 공통적으로 혹은 보편적으로 알려진 그 지식의 대상은 무엇일까? '지배'의 형상(idea)일까? 이들의 지배 방식의 다름에도 불구하고 플라톤은 하나의 지배 방식에 대한 지식만을 상정하고 있다는 것이 아리스토텔레스의 비판이다.

16 정치적인 앎을 말한다. 플라톤은 basilikē epistēmē(왕의 통치술에 대한 앎)를 politikē epistēmē(정치가적인 앎)와 동일시한다(『정치가』 259c).

17 아리스토텔레스가 규정하였던 '지배하는' 아르케(archē)의 의미. "그 숙고적 선택(prohairesis)에 따라 움직이는 것들을 움직이게 하고 변화하는 것들을 변화하게 하는 것. 예를 들어 폴리스에서 지배자들, 과두정, 왕정, 참주정이 아르카이(archai)로 불리며, 기술들도 그중에서 특히 총기획적인(주도적인) 것이 그렇게 불린다"(『형이상학』, 제5권 제1장 1013a10-14). archai는 archē의 복수.

18 9~16행에서 드러난 주장 전체. 요컨대 정치가, 왕, 가장, 노예 주인 등이 종적으로 다르지 않다는 것.

19 "내가 말하는 바"(legomenon)는 정치가, 왕, 가장, 주인에 대한 9-16행에서의 비판적 '요점'을 말한다. 그들에 간의 '차이'를 드러내는 일반적 이해에 대해서는 아래의 제3장 1253b16-18 참조.

20 복합체(suntheton)를 복합체가 아닌 것(부분)들로 나누어 논의하는 방법에 대해서는 『시학』 1450a7-15, 『동물 탐구』 486a5-14, 『동물의 부분들에 대하여』 646a8-24 참조.

21 즉 폴리스의 경우.

것을 더 이상 복합할 수 없는 것들[22](즉, 이것들[23]이 전체의 가장 작은 부분이니까)에 이르기까지 나누어야 하듯이,[24] 이러한 방식으로 폴리스도 그것을 구성하는 요소들을 고찰하게 되면 그러한 요소들[25]에 대해서도 서로 어떻게 다른지를[26] 나아가 [그 차이를 살펴본 결과로 해서] 앞서 말했던 각각의 구실[27]에 대해 무언가 전문적 지식[28]을 얻을 수 있을지를 우리는 더 잘 살펴볼 수 있을 것이다.[29]

22 asunthetōn은 '더 이상 나누어질 수 없는 것들'(atomōn)을 말한다. "더 이상 나누어질 수 없는 것들(atoma)에 이르기 전까지는 [학적] 앎은 갖는 것은 불가능하다"(『형이상학』 제2권 제2장 994b21).

23 toutōn, 즉 '더 이상 복합된 것이 아닌 요소들'을 말한다.

24 분석의 방법에 대해서는 『자연학』 187b12 아래, 『분석론 후서』 96b15 아래, 『토피카』 109b14 아래 및 120a34 아래 참조.

25 여기서 요소는 '폴리스를 구성하는 복합되지 않은 요소들'로, 즉 가정을 구성하는 부분들로 '주인과 노예, 남편과 아내, 아버지와 아들' 등을 말한다(1253b6-7 참조).

26 18~20행에서의 복합된 것이 아닌 요소들(asunthetōn), 즉 '이것들'(tauta)에 대응하는 것이 20행 아래의 '그러한 요소들'(폴리스의 요소들, toutōn), 즉 폴리스를 구성하는 요소들(ex hōn sungkeitai)이다.

27 즉 주인(despotikos), 정치가(politikos), 왕(basilikos), 가장(despotikos)의 각 구실을 말함.

28 "물론 기술 학문과 이론 학문에서 전문가가 되려는 사람(tō[i] boulomenō[i] technikō[i] kai theōrētikō[i])은 적어도 보편적인 것으로 나아가야 하며, 가능한 한 보편적인 것을 알아야 하는 것으로 보인다. 이미 이야기했던 대로 그 앎은 바로 이것에 관련되는 것이니까"(『니코마코스 윤리학』 제10권 제9장 1180b20-23). '기술'(technē)은 실천 학문과 관련된 행위와 이론 학문에 관련된 진리라기보다는 '만듦'과 관련된다.

29 폴리스의 부분(요소)들의 이해는 정치가, 왕, 가장 등의 역할에 대한 이해를 쉽게 해 줄 수 있다. 이들의 역할의 본질적 차이에 대한 이해는 여러 면에서 '부분'들 간의 차이에 의존하기 때문이다.

제2장

폴리스의 기원과 성장, 그리고 목적

그래서 만일 누군가가 이러한 사안들이 시작부터 어떻게 성장해 왔는지를 관찰한다면, 다른 경우들과 마찬가지로 우리가 문제 삼는 일에서도 가장 적절하게 고찰할 수 있을 것이다.[1]

따라서 먼저, 양자 중 어느 편이 빠져도 안 되는 사람들끼리 필연적으로 짝으로 결합해야 한다. 예를 들어 (1) 자손의 탄생을 위해 여성과 남성 짝을 이루는 경우(이것은 선택[2]에 의한 것이 아니라, 다른 동물이나 식물에서처럼 자연적으로 자신과 닮은 그러한 다른 것을 남기려는 강한 자극 때문에 그렇게 하는 것이다),[3] (2) 또 양자의 생존을 위해 자연에 근거해서 지배하는 자와 지배받는 자가 짝을 이루는 경우가 그렇다. 왜냐하면 사고에 의해 미리 내다볼 수 있는 자는 자연에 따라 지배하는 자이고

1 여기서 말하는 요점은 이런 것이다. 우리가 가장, 주인, 정치가, 왕이 지배하는 공동체가 어떻게 성장하는지를 볼 때, 그것들 각각이 실제로 무엇인지에 대한 더 나은 견해를 갖게 될 것이다. 그러면 우리는 그것들이 자연에 근거해서 '목적으로 하는 것'이 무엇인지를 이해하게 된다. 그리하여 이것이 가장이나 주인, 왕이 다스리는 정치 공동체가 아니라 정치가가 다스리는 정치 공동체인 폴리스라는 것이 밝혀지게 된다는 것이다.

2 원어는 prohairesis.

3 『에우데모스 윤리학』 1222b15-19 참조. 생식에 대한 이러한 '자극'(to ephiestai)은 욕구(orexis)일 수 없다. 인간 영혼의 네 기능은 영양 섭취, 욕구, 감각, 운동이다. 식물은 영양 섭취 기능만을 갖는다. 감각 능력이 있어야 욕구 능력을 가질 수 있다(『영혼에 대하여』 414a31-414b4). 생물이 자신과 비슷한 것을 생산하려는 것은 영혼의 자연적 기능이며 영속적이고 신적인 것에 참여하는 것이다(『영혼에 대하여』 415a25-415b4 참조). 플라톤은 결혼을 불사성에 참여하는 한 방식으로 보고 있다(『법률』 721b-c).

그렇게 하는 것은 자연에 바탕을 둔 주인의 몫일 것인데, 반면에 지배자가 미리 내다본 것들을[4] 그 신체를 통해 행할 수 있는 자는[5] 지배받는 자이며, 자연에 근거한 노예기 때문이다.[6] 그러므로 주인을 이롭게 하는 것이나 노예를 이롭게 하는 것이나 마찬가지다.[7]

이와 같이 여성과 노예가 구별되는 것도 자연에 근거하고 있다[8](왜냐 1252b
하면 자연은 그 어떤 것도 대장장이가 [다양한 용도로 사용할 수 있는] 델포이 칼[9]을 만드는 것처럼 궁핍한 방식으로 만드는 것이 아니라[10] 오히려

4 뉴먼(W. Newman)과 로스(W. D. Ross)를 좇아 tauta(=ha to archon proora)를 살려 번역함.

5 주인과 노예는 흔히 영혼과 신체의 관계로 비교된다. 이소크라테스, 『안티도시스』(*Peri Antidoseōs*) 180('신체는 정신의 종') 참조.

6 노예에 대한 본격적 논의는 제3~7장, 제13장 참조. 노예는 이성을 파악할 수 있는 한에서 이성에 참여하지만, 이성을 갖지 못한 사람이며(1254b22-23), 또 숙고적 부분(to bouleutikon)을 갖지 못하면(1260a12), 행복과 숙고적 선택에 따르는 삶을 살 수 없다(1280a33). 플라톤은 지배하는 쪽의 속성과 조건들로 '어버이', '고귀한 사람', '원로', '주인', '강한 자', '지혜로운 자', '추첨을 통해'와 같은 것들을 지적한다(『법률』 690a-b).

7 주인에게 유익한 것이 노예에게도 유익할 수 있다는 것이다(제1권 제5~7장). 노예에 대한 주인의 지배는 주로 주인의 유익함을 위한 지배고, 단지 노예에게는 부수적으로만 유익한 것이다(제3권 제6장 1278b32-37). 본문에서 언급하지 않은 나머지 하나의 짝의 결합 관계인 (3) 부모와 자식들은 1253b10-11과 제1권 제12장 참조.

8 여성과 노예에 차이에 대해서는 『시학』 1454a20-23("왜냐하면 여성도 쓸모 있는 훌륭한 사람일 수 있으며 노예도 그럴 수 있기 때문이다. 비록 이들 가운데 대체로 한쪽은 [즉 여자라는 것은] 모자라며, 다른 쪽은 [즉 노예라는 것은] 전반적으로 덜 떨어지긴 해도 말이다. 두 번째 것은 잘 어울리는 [성격들이어야 한다는] 것이다. 사실 성격이 용감할 수도 있겠지만, 여자에게는 용감하고 걸출하다는 것이 그렇게 잘 어울리지 않기 때문이다") 참조. 신부를 사고파는 풍습에 대해서는 1268b39 아래 참조. 트라케인들에게서 여성을 노예로 취급하는 것에 대해서는 플라톤, 『법률』 805d-e, 780a-781d 참조.

9 하나의 도구가 두 가지 용도로 사용되는 '쇠꼬챙이 램프' 참조(1299b10). 델포이 칼은 '손목 부분과 등은 나무고, 윗부분만 쇠로 돼 있다'고도 하고, 희생 제물용으로 '칼과 숟가락을 겸용한 것'이라고도 한다. '스위스 군용 칼'과 같은 다목적용 칼을 가리킨다.

10 '자연은 결코 무엇 하나 헛된 일을 하지 않는다'(1253a9 참조).

'하나[의 기능]을 위해서 하나의 것'을 만들기 때문이다.[11] 사실상 각 도구는 어떤 것보다 더 많은 일을 위해서가 아니라 하나의 기능에 전용하도록 만들어진 것이 일을 최선으로 완벽하게 마무리할 테니까.[12] 그러나 비(非)헬라스인에게서는 여성과 노예가 동일하게 배치되어 있다. 그 원인은 그들이 자연에 기초한 지배자를 두지 못하고, 오히려 그들의 공동체가 여자 노예와 남자 노예로 구성되는 데 있다. 그래서 시인들은 이렇게 말하는 것이다. 비헬라스인과 노예가 자연적으로 동일한 것이라는 이유로,

"헬라스인들이 비헬라스인들을 지배하는 것이 아주 그럴듯하다."[13]

이렇게 해서, 이 두 공동체로부터[14] 맨 처음으로 구성되는 것은 집이다. 그래서 헤시오도스가 다음과 같이 그의 시에서 말한 것은 옳다.

"무엇보다도 먼저 집과 아내, 쟁기질하는 소를 갖추라."[15]

11 한 사람이 여러 관직을 갖는 것에 대한 비판(1273b8-17, 1299a31-b13). '하나의 기능(목적)을 위해서 하나의 것'(hen pros hen)이란 원칙의 예외는 『동물의 부분들에 대하여』 제4권 683a20-26 참조. 『영혼에 대하여』 제2권 420b16-20(혀는 맛과 말하는 두 가지 기능[duo erga]을 가짐) 참조.

12 "두 가지가 서로를 방해하지 않고 두 가지 기능을 위해 사용될 수 있는 곳에서 자연은 돈을 들이지 않기 위해 쇠꼬챙이 램프[제4권 제15장 1299b10]를 만드는 청동 세공인처럼 물건을 만드는 데 익숙하지 않다. 두 개가 가능하지 않은 곳에서 자연은 동일한 기관을 여러 기능에 사용한다"(『동물의 부분들에 대하여』 제4권 제6장 683a19-26).

13 헬라스인들이 비헬라스인들을 지배하는 것이 '당연하다'는 의미다. 에우리피데스, 『아울리스의 이피게네이아』 1266행, 1400행.

14 '공동의 연합체'을 가리킨다. 즉 남편과 아내, 주인과 노예의 두 공동체. 하지만 '주인과 노예'에 대해서는 공동체라는 말을 거부하는 대목도 있다(1328a28-36).

15 헤시오도스, 『일과 나날들』 405~406행.

가난한 사람들에게 소는 가내 노예를 대신하는 것이니까.[16] 이처럼 일상의 삶을 위하여 자연적으로 형성된 공동체가 가정(집)인데,[17] 카론다스[18]는 그 구성원을 "같은 빵 동무들"[19]이라 부르고, 크레타인 에피메니데스[20]는 "동일한 여물통 동료들"[21]이라고 부른다.

그러나 여러 집으로 이루어진, 하루하루의 생활에 국한되지 않을 필요를 위한 공동체는 첫 단계로 마을이다. 무엇보다도 자연스럽게 생긴 마을은 원래 가정으로부터 떨어져 나온 집단 정착촌(식민도시)[22]과 비슷한 것으로, 그것은 사람들이 "같은 젖을 공유하는 사람들"이라 부르는 아들과 아들의 아들들로[23] 구성되었다. 이런 까닭에 오늘날에도 여전히 다른 이민족들이 그런 것처럼 초기 폴리스들은 왕이 지배했던 것이다. 왜냐하면 그것들은 이미 왕 밑에서 지배받는 사람들이 통합되어 이

16 노예가 없는 가정이 있음을 말한다.

17 "인간은 폴리스를 형성하는(politikon) 동물일 뿐만 아니라 또한 가정을 경영하는(oikonomikon) 동물이다"(『에우데모스 윤리학』 1242a23).

18 기원전 6세경 시켈리아 카타네의 입법자(1274a23-30, 1274b5, 1296a21, 1297a23). 퓌타고라스(기원전 580~504년)의 학생이었다고 한다.

19 homosipuous에서 sipuē는 '빵통(곡식통)'을 말한다.

20 기원전 6세기 말과 5세기 초반에 활동했던 크레타(파이스토스 또는 크놋소스) 출신의 예언자. 페리안드로스 대신에 7현인 중의 한 사람으로 거론되기도 함. 입법자 솔론에게 보낸 편지도 전해지는데, 그 편지에는 미노스가 크레타 사람들에게 입안한 정치체제가 담겨 있다(디오게네스 라에르티오스, 『유명한 철학자들의 생애와 사상』 제1권 109~115).

21 homosipuous에서 kapē는 여물통.

22 apoikia는 '집(oikia)에서 멀리 떨어진 곳으로 이주함'을 의미한다. 여기서는 '가정에서 확장되어 분화됨'을 의미하는 것 같다. 가용 자원에 비해 폴리스에 인구가 지나치게 많아지면 새로운 영토로 식민지화하기 위해 시민들을 이주시켜 생긴 도시가 식민도시다. 그 결과 식민도시는 정치적으로 자치 도시적 형태를 띠었으나, 모(母)도시와 일정 정도 관계를 유지했다. 플라톤, 『법률』 776a-b 참조.

23 플라톤, 『법률』 681b. F. 주제밀은 "아들과 아들의 아들들로" 부분을 삭제한다.

루어진 것이기 때문이다. 모든 집안은 가장 연장자(장로)에 의한 왕과 같은 지배 밑에 있었으니까. 그렇기에 거기서 분화되어 정착했던 집단 정착촌[24]도 동족인 이상, 역시 장로에 의한 왕과 같은 지배 아래에 있었기 때문이다. 이것이 호메로스가 다음의 시구에서 말하는 것이다.

"각자가 그 자식과 아내들에게 법령(명령)을 내리고"[25]

그들은 흩어져 살았기 때문이다. 사실 옛날에는 이러한 거주 방식을 취했다. 이런 이유로 모든 사람이 신 또한 왕에게 지배받는다고 주장하지만, 이는 그들이 여전히 왕정 아래 있거나 옛날에 왕들의 지배에 있었기 때문이다. 즉, 인간은 신의 모습을 그들 자신에게 맞춰 그려 내는 것처럼[26] 신들의 삶의 방식도 그들 자신에게 맞게 그려 내는 것이다.

여러 마을로부터 이루어진, 말하자면 이미 모든 자족의 요건을 극한까지 갖춘 완전한 공동체가 폴리스다.[27] 그것은 사람의 삶을 위해서 생

24 즉 마을.

25 호메로스, 『오뒷세이아』 제9권 114~115행. 호메로스는 퀴클롭스(Kuklōps)족들의 삶의 방식을 "그들에겐 조언을 해 주는 집회도 법령도 없으며, 높은 산들 꼭대기에서 기거하기를, 안이 텅 빈 굴속에서지만, 각자가 …"라고 묘사하고 있다. 퀴클롭스는 눈이 하나뿐인 거구의 야만인으로 공동의 법률 없이 살았다고 한다("퀴클롭스들처럼 아이들과 아내에게 규율을 부여하면서"; 『니코마코스 윤리학』 1180a28-29). 여기서 themisteuein은 법을 제정하는 것이기보다는 개별적인 상황에서 옳고 그른 것에 관해 '판단'(themistēs)을 내리는 것을 의미한다. 바로 이 점이 왕권을 함축한다(『오뒷세이아』 제2권 569행 참조). 플라톤, 『법률』 680b-e 참조.

26 지역마다 다르게 자신의 모습대로 '신의 형상'을 말하는 것에 대해서는 크세노파네스의 「단편」 *DK*21B14-16 참조.

27 '자족'(autarkeia)에 관해서는 『니코마코스 윤리학』 제1권 제7장 7절 참조. "우리는 '자족성'을 그 자체만으로도 삶을 선택할 만한 것으로 만들고 아무것도 부족하지 않도록

긴 것이지만, 그것이 존재하는 목적은 잘 삶을 위해서다.[28] 그러므로 모든 폴리스는 그에 앞선 최초의 공동체들[집과 마을]이 자연에 근거해 있는 한, 역시 자연에 근거하는 것이다.[29] 왜냐하면 폴리스는 그들 공동체들의 궁극 목적이고, 자연(본성)이 궁극 목적이기 때문이다.[30] 이를테면 각각의 사물이 그 생성 과정에서 그 끝에 이르렀을 때의 본연의 모습을 우리는 각각의 사물의 자연 본성이라고 부르며, 그것을 인간의, 말의, 가정의 본성이라고 마찬가지로 말하니까. 게다가 그것을 위해 있는 것, 즉 그 궁극 목적이 최선인 것이며, [폴리스의 목적인] 자족이 궁극 목적이 1253a
자 최선인 것이기도 하다.[31]

따라서 이러한 것들로부터 분명한 것은, 폴리스(국가)는 자연에 기반하는 것들에 속하며, 인간은 자연에 따른 '폴리스[를 형성하며 살아가

만드는 것으로 규정한다. 우리는 행복이 바로 그렇게 자족적인 것이라고 생각한다."

28 1278b24-28 참조. '삶'과 '잘(좋은, 아름다운) 삶'(tou eu zēn, 행복)의 대비에 대해서는 1280a31 참조. 플라톤, 『국가』 369d, 371b 참조.

29 폴리스가 자연적인 이유는, 그것이 앞서 존재하던 공동체의 결과고 현실화며 목적이라는 것이고, 또 폴리스만이 전적으로 자족하다는 것이다. 다른 동물과 마찬가지로 인간은 자식을 생산하고자 하는 자연적 욕구를 가진다. 인간은 성적으로 동종이형(同種異形)이므로, 이 욕구는 인간들을 성적 결합으로 이끌리게 한다. 이것이 반대의 성(性)으로 이루어진 어떤 유형의 '최초의 공동체'(공동의 관계)를 만든다(1252a27-30). "남자와 여자 간에는 친애가 자연적으로 유지되는 것처럼 보인다. 왜냐하면 가정이 폴리스보다 앞서고 더 필연적인 것만큼, 인간은 자연적으로 정치적인 것보다 더 짝을 형성하려는 것처럼 보이고, 또 자식을 생산하는 것은 동물들에게 더 공통적인 특성이기 때문이다 (『니코마코스 윤리학』 1162a16-19).

30 즉 공동체가 가정들의 궁극 목적이며, 자연이 궁극 목적이기 때문이다.

31 '목적이 최선'이라는 것에 대해서는 『에우데모스 윤리학』 1218b10-13 참조. "목적이 목적으로서 가장 좋은 것이니까(to gar telos ariston hōs telos)"(『에우데모스 윤리학』 1219a10). 『자연학』 194a27-32 참조.

는] 동물'(politikon zōon)이라는 것이다.[32] 폴리스 없이 사는 사람[33]은 우연 아니라 자연에 근거한 한 사람으로서 열등한 사람이거나 인간을 넘

32 '폴리스 안에 사는 동물'(J. M. Cooper). '인간이 자연적으로 정치적 동물'이란 명제는 아리스토텔레스 저작 전체에서 일곱 번 언급된다(『동물 탐구』 487b34-488a14), 『니코마코스 윤리학』 1097b11, 1162a17-18, 1169b18-19, 『에우데모스 윤리학』 1242a22-23, 『정치학』 1253a7-8, 1278b19). 아리스토텔레스의 '정치적 자연주의'에 기초하는 3가지 기본 테제는 다음과 같다. (1) '인간은 자연적으로(본성적으로) 폴리스적 동물이다. (2) 폴리스는 자연적으로 존재한다. (3) 폴리스는 자연적으로 개인에 앞선다. (1)로부터 (2)가 논리적으로 따라 나오는가(W. Kullmann), 아니면 (2)로부터 (1)이 따라 나오는가?(D. Keyt) 제3권 제6장에서도 "인간은 본성상 폴리스적 동물(phusei zōon politikon)이라고 말했다"며 이 대목을 반복하고 있다(1278b17-23). 우리는 이 언명을 타자와의 사회적 관계 맺음이 인간의 본성에 속한다는 것을 의미하는 정도로 받아들일 수 있겠다. "홀로 지내면서 모든 좋은 것을 다 소유하라고 하면, 이것을 선택할 사람은 아무도 없을 것이다. 인간은 폴리스적이며 본성적으로 함께 살게끔 되어 있으니까. 따라서 이것은 행복한 사람에게도 맞는 말이다"(『니코마코스 윤리학』제9권 제9장 3절). 이것이 함축하는 바는 이렇다. (1) 공동체를 구성하는 것은 자연에 어긋나는 것이 아니다. (2) 폴리스는 가정과 다른 것은 규모에서 뿐만이 아니다. (3) 존재하는 제도는 개선될 수 있다. (4) 폴리스들이 개선될 수 있는 목적과 형태와 유형이 있다(F. Susemihl & R. D. Hicks, p. 147). 요컨대 인간이 본성상 폴리스적 동물이라는 말은 타자와의 사회적 관계맺음이 '숙고의 산물'이라기보다는 그것에 대한 욕구가 '본성상' 우리에게 내재한다는 주장으로 이해된다. "남편과 아내는 본성적으로 서로에 대한 친애를 가지는 것처럼 보인다. 인간은 본성상 폴리스적 존재이기 이전에 둘씩 짝지어 사는 존재이기 때문이다"(『니코마코스 윤리학』 1162a17-18), 『에우데모스 윤리학』 1242a22-26 참조("인간은 단지 폴리스적 동물일 뿐만 아니라, 가정을 구성하는(oikonomikōn) 동물이기도 하다"). "완전한 좋음은 자족적인 것처럼 보이기 때문이다. 그런데 인간은 본성상 폴리스적 동물이기 때문에, 우리가 이야기하는 자족성은 자기 혼자만을 위한 자족성, 고립된 삶을 살아가는 사람의 자족성이 아니다. 부모, 자식, 아내, 일반적으로 친구들과 동료 시민들(politais)과 함께 사는 사람의 자족성이다"(『니코마코스 윤리학』 1097b8-11). 이런저런 언급을 고려해 보면, 아리스토텔레스가 말하는 '폴리스적 동물'은 '폴리스를 구성하며 살아가기에 적합한 동물'로 이해하는 편이 좋겠다.

33 퀴니코스(견유학파)학파의 모토는 "폴리스에서 쫓겨나 폴리스도 없고(apolis), 집도 없는 사람이며 하루하루 먹을거리를 구걸하며 떠돌아다니는 사람"이었다(디오게네스 라에르티오스, 『유명한 철학자들의 생애와 사상』 제6권 38).

어서는 자 중 하나일 것이다. 그것은 호메로스에 의해 비난받았던 사람 같이 "형제도 없고, 법도 없고, 집도 없는" 자다.[34] 왜냐하면 자연 본성적으로 이러한 성질의 사람은 동시에, 전쟁하고 싶어서 안달이 난 사람이기 때문이다. 마치 장기 게임[35]에서 고립되어 있는 장기말처럼, 필사적인 움직임을 보이니까.[36]

인간이 어떤 이유로 벌이나 모든 군집성 동물보다 더 완전한 의미에서 폴리스를 형성하며 살아가는 동물인지는 또 분명하다.[37] 늘 우리가 말하는 바와 같이, 자연은 결코 무엇 하나 헛된 일을 하지 않기 때문이다.[38] 그런데 동물 중에서 인간만이 말[39]을 가진다. 목소리는 고통과 즐거움을 표하는 징표인데, 이런 까닭에 그것은 다른 동물에도 속한다. 왜냐하면 동물의 본성은 고통과 즐거움의 감정을 가지며 또한 그것들을 서

34 호메로스 『일리아스』 제9권 63~64행. 호메로스가 비난한 자는 "자신의 백성을 상대로 싸움을 사랑하는 자"이다.

35 폴리스를 비유로 표현하고 있다.

36 장기 게임(pettoi)에서 서로 함께 밀집해서 지속적으로 보호받고 지지받는 장기말(azux)과 대조되는 것으로, 고립되어 늘 적의 공격에 노출되어 끊임없이 싸워야 하는 장기말을 말한다(플라톤, 『국가』 487b 참조). pettos(복수형: pettoi)는 주사위 놀이 등에 사용되는 타원형의 돌이다.

37 아리스토텔레스는 '공동의 활동을 하며 살아가는 것'(politika)을 '어떤 하나의 공동(hen ti kai koinon)의 일(ergon)을 갖는 것'으로 정의한다(『동물 탐구』 487b34-488a9). 이러한 활동을 하며 살아가는 동물의 범주에는 인간 이외에도 벌과 같이 군집 생활을 하는 동물들이 속한다. 하지만 군집 생활을 하는 것과 '정치적 삶을 사는 것'은 다른 것이다.

38 한 사물에 내재하는 본성이 그 사물의 목적을 반드시 완성시킨다는 말이다. 이 주장은 이곳 외에도 자주 언급된다. 1254b27, 1255b3, 1256b21, 『동물의 부분에 대하여』 제1권 제1장 641b12-29, 『영혼에 대하여』 434a30 등이다.

39 목소리와는 구별되는 인간의 '논변을 구성하는 능력'(logos)을 말한다(『형이상학』 1006a13-15, 『수사학』 1355b1 참조).

로 간에 징표하는 데까지 이르고 있기 때문이다.[40] 이와 달리 말은 유익한 것과 해로운 것을 분명하게 하는[41] 데에, 따라서 정의로운 것과 정의롭지 않은 것을 분명하게 하는 데에 기여하는 것이다. 왜냐하면 다른 동물과 비교해서 좋은 것과 나쁜 것, 정의로운 것과 정의롭지 않은 것, 그리고 다른 나머지 것들의 감각[42]을 갖는다는 점은 인간에게만 나타나는 고유한 특성이기 때문이다. 이러한 것들의[43] 공동체가 가정과 폴리스로 형성되는 것이다.[44]

폴리스는 또한 자연적으로 가정과 우리 각자 모두에 앞서는 것이다.[45] 사실상 전체는 필연적으로 부분에 앞서야 하니까. 일단 신체의 전체가

40 동물 중에 어떤 것들은 배움과 가르침(mathēsis kai didaskalia)를 받아들인다(『동물의 부분들에 대하여』 660a35-b2, 『동물 탐구』 608a17-18).

41 '징표하는'(semainein)과 '분명하게 하는'(dēloun)은 대조적으로 쓰였다.

42 도덕적 감각을 말한다. 『니코마코스 윤리학』 제2권 제9장 8절 참조. "우리의 감각에 의해 지각 가능한 다른 어떤 것도 말로 정하기 어렵다." 제4권 제5장 13절에는 "이것에 대한 판단은 개별적인 것과 감각 지각에 달려 있으니까"란 대목이 나온다.

43 즉 toutōn은 koinōnia를 가진 목적의 소유격으로 '좋음과 나쁨, 정의와 부정의에서의'. 즉 이것들을 제대로 공유함으로써(W. Newman, vol. 2, pp. 124~125 참조) 또 달리 '이것들의'로 옮기면, 앞서 언급된 '그런 감각을 가진 동물들'(T. J. Saunders, p. 70)을 말한다. 나는 뉴먼의 입장을 따른다.

44 1252a26-30에서는 가정과 폴리스의 기원을 모든 동물과 식물에 공통적인 본능에서 찾고 있다. 그러나 여기서는 폴리스와 가정이 인간에게 고유한 것으로 보고 있다. 제3권 제9장 1280b5-12 참조. 폴리스는 덕을 보살핌으로써 시민들을 좋고 정의로운 자로 만들어야 한다(1280b5-12 참조).

45 여기서 '앞선다'는 것은 시간상의 문제가 아니라 사유의 순서에서, 그 실재의 존재 순서에서 앞선다는 것을 말한다. "생성의 순서와 실체(본질, ousia)의 반대다. 생성의 순서에서 뒤진 것이 본질(phusis)에서는 앞서고, 본질에서 첫 번째인 것이 생성에서 맨 나중이다"(『동물의 부분들에 대하여』 제2권 제1장 646a24-28). 질료가 형상(본질)에 앞서는 방식으로, 가정이 폴리스에 앞선다. 그래서 가정이 폴리스보다 먼저고, 더 필연적이다(『니코마코스 윤리학』 제8권 제12장 1162a18-19).

죽게 되면, 단지 동명이의적[46] 방식으로만 누군가가 돌로 만든 '손'을 말할 수 있는 것처럼—실제로 죽은 손은 그와 같은 것[47]이 될 테니까—더 이상 발도 손도 있지 않게 될 것이기 때문이다. 그러나 모든 것들은 그 기능과 그 능력에서 정의되는 것이며, 그래서 그것들이 더 이상 그와 같은 상태에 있지 않을 때,[48] 우리는 그것들이 동일한 것이라고 말하지 않아야 하고, 그것들이 동명이의로만 동일한 것이라고 말해야 한다.[49]

그렇다면 폴리스가 자연을 바탕으로 존재하고, 그 구성원 각각보다 앞선다는 것은 분명하다. 왜냐하면 개인이 폴리스를 떠나서 자족적이지 않다면, 개인은 다른 사물들의 부분이 전체에 대해 갖는 것과 마찬가지의 관계를 폴리스에 대해서 가질 것이기 때문이다.[50] 다른 사람과 공동의 일을 함께 나눌[51] 수 없는 사람이나 자신의 자족 때문에 공동의 일을 함께 나눌 필요가 없는 사람은 결코 폴리스의 부분이 아니다. 그러므로 그 사람은 짐승이거나 신이다.

그러므로 이와 같은 종류의 공동체[52]로 향하는 충동은 자연적으로 모든 사람에게 갖추어져 있는 것이지만,[53] 그러나 처음에 이 공동체를 조

46 호모뉘미아(동명이의)에 대해서는『범주론』1a1-6 참고.

47 즉 돌로 만든 손.

48 즉 더 이상 정해진 일을 수행하기에 적합하지 않다면.

49 능력이 '있는 것'의 동일성을 결정한다는 것에 대해서는 플라톤,『소피스트』247e 참조. '복합체의 구성 형태'(to eidos tēs suntheseōs)가 대상의 동일성을 결정한다는 것에 대해서는 1276b7 참조.

50 폴리스는 개인에 자연적으로 앞서기 때문에, 또한 자연적인 것이다(1253a2). 폴리스가 앞서는 이유는 폴리스 없이 개인은 자신의 본성을 실현할 수 없으니까.

51 '공동의 일을 함께 나누다'(koinōnein). 즉 공동체에 속할 수 없는 사람을 말한다.

52 즉 정치적 공동체.

53 '인간은 함께 삶을 욕구한다(oregontai)'(1278b17-21 참조). '인간은 폴리스적이며 함

직한 사람은 가장 큰 좋음의 원인이 된다. 왜냐하면 인간이 완전하게 되면 동물 중에서 최선인 것이지만, 그만큼 법과 재판으로부터 벗어난 경우에는 모든 것 중에서 최악의 것이 되기 때문이다.[54] 사실상 부정의가 무기를 소유할 때 가장 가혹한 것이 되는데, 인간은 슬기(지성)[55]와 덕을 사용하기 위한 무기[56]를 갖추고 태어났지만, 이 무기는 정반대의 목적을 위해 최대한 사용될 수 있다. 따라서 인간이 덕을 결여하게 된다면 [동물들 중에서] 가장 불경스럽고,[57] 조야(粗野)하게 되며,[58] 성애와 음식만 탐하는 가장 열악한 것이 된다.[59] 그러나 정의는 [개인만이 아니라] 폴리스에 관련된 것이다. 왜냐하면 정의(재판)[60]는 폴리스를 형성하는 정치

께 살게끔 되어 있다'(『니코마코스 윤리학』 1269b19-20). '충동'은 인간이 본성적으로 정치적 공동체를 지향하는 경향성과 욕구, 본능을 가진 복합적인 심리적 존재임을 보여 준다.

54 신이 인간에게 정의와 법을 준 것에 대해서는 헤시오도스의 『일과 나날』 275~285행 참조.

55 프로네시스는 흔히 윤리학에서 '실천적 지혜'(슬기)로 옮겨진다. 여기서는 인간의 사유적 능력과 이를 실천하는 넓은 의미의 지성을 의미한다. 리브(C. D. C. Reeve[2017])는 '실천적 지혜'로 옮긴다.

56 여기서 말하는 무기(hopla)는 좋은 목적이든 나쁜 목적이든, 이를 위해 사용될 수 있는 자연이 부여한 인간의 전체적인 능력으로 지성과 신체적 힘과 같은 인간의 능력을 말한다.

57 anosios는 '불경스럽다'는 일차적 의미를 가진다. 따라서 좀 더 의역하면 '제멋대로 굴다', '방종하다'는 뜻이다.

58 agrios는 일차적으로는 '야생적으로 살다'는 의미다.

59 덕이 갖지 못한 짐승 같은 상태(thēriotēs)로 근친상간이나 식인 풍습을 말하는 것 같다(『니코마코스 윤리학』 1145a15-33, 1148b15-1149a20 참조).

60 여기서 dikē는 법정에서 이루어지는 '법적인 정의', 즉 법전, 법정, 사법 제도를 말하는 것으로, 이것들은 정의(dikaiosunē)에 의존해 작동한다. 리차즈(H. Richards)는 'to dikaion'으로 읽는다.

공동체의 질서[61]를 가져오고, 정의(재판)[62]는 올바른 일에 대한 판정이기 때문이다.[63]

61 정치 제도적 질서(taxis).

62 손더스(T. J. Saunders)는 dikaiosunē를 '정의의 덕[탁월함]'으로 옮긴다.

63 여기서는 '덕 없는 인간의 지성'이 얼마나 위험할 수 있는지를 언급하며, '정의를 실현하는 폴리스'가 왜 우리에게 유익함을 주는지를 설명하고 있다.

제3장

가정 관리와 가정의 부분들: 가정에 대한 예비적 분석

1253b 폴리스의 구성 부분이 밝혀졌기 때문에, 먼저[1] 가정 관리[2]에 대해 말해야 한다. 모든 폴리스는 가정들로 이루어져 있으니까. 가정 관리의 부분들은 다시 가정을 구성하는 그 부분들과 상응하고, 완전한 형태의 가정은 노예들과 자유민으로 구성된다. 그리고 먼저 그 가장 작은 부분에 관련한 각각의 것을 탐구해야 하며, 가정의 첫 번째이고 가장 작은 부분은 주인과 노예, 남편과 아내, 아버지와 아이들이기 때문에 우리는 이 세 가지 것들의 관계에 대해 **이것들 각각이 무엇이며, 어떤 성질의 것**이어야 하는지를 고찰해야 할 것이다.[3] 즉, 그것들은 노예에 대한 주인의 기술,[4] 혼인 관계의 기술[5](사실상 아내와 남편이 맺어지는 것을 가리키는 이름

1 '정치체제를 말하기에 앞서'라는 의미다.

2 oikonomia(가정 관리)는 oikos(집)와 nomos(법)가 결합된 말이다. 직역하면 '집의 질서'이며, '집안을 다스리스는 일'(家政)을 말한다. 이 말에서 오늘날의 '경제'(economy)란 말이 나왔다. oikos는 생산적 노동과 일상적 욕구 충족이 이루어지는 장소다. 오이코스는 오늘날의 핵가족과는 다르게 가축과 노예를 포함한 가족 구성원의 가정생활, 수공업적 노동이 한 군데에서 이루어지 공간이었다. 가족을 '경영'하면서 가족의 구성원들을 유지하는 자가 곧 '가정 관리자'(家長)이다. 원칙적으로 가정은 자급자족 경제로 생산적인 노동을 통해 생산한 만큼 소비하는 곳이다. 폴리스가 공적 생활을 목표로 하는 곳이라면, 가정은 폴리스와는 단절되어 공적 시선에서 벗어나 있는 사적인 은밀한 곳이었다. 이곳에서 출산, 섹스, 질병, 죽음과 같은 사적인 삶의 공간이 이루어졌다.

3 그것들에 대한 유와 종차(poion ti)에 의한 정의를 찾아야 한다.

4 원어인 despotikē에서 kē는 접미사로 technē(기술) 혹은 epistēmē(學)를 의미한다.

5 원어로는 gamikē이다.

이 없으므로 일단 그렇게 부르자), 그리고 셋째는 아이를 낳는 기술[6](이 것 또한 그 자체로 말해지는 고유한 이름은 없으니까)이다. 따라서 가정 관리술에는 우리가 말한 바와 같은 이 세 가지 것들[7]이 있다고 하자. 그러나 어떤 사람들에게는 바로 그것이 가정 관리라 생각하고, 다른 사람들에게는 가정 관리의 가장 중요한 부분으로 생각하는 어떤 부분이 있다. 우리는 그것이 어떻게 자리매김하는지를 살펴봐야 한다. 이 경우에 내가 '부분'이라고 말하는 것은 재화 획득술이라고 부르는 것이다.

하지만 먼저 주인과 노예[의 관계]에 대해 말해 보도록 하자.[8] 이는 주인과 노예의 관계가 삶의 필수적인 필요에 관련해서 어떻게 관계되는지를 고찰하기 위해서지만, 나아가 우리가 현재 받아들이는 생각보다 이 주제에 대한 이해에 더 나은 무언가를 파악할 수 있을지를 알기 위해서다. 왜냐하면 어떤 사람들[9]은 주인의 지배술을 어떤 종류의 지식이라고 생각하고, 처음에 말했던 바처럼[10] 가정 관리의 기술, 주인의 지배술, 정치술(폴리스 지도자의 기술), 그리고 왕권의 기술이 동일하다고 생각하

6 사본에 따라 teknopoiētikē 대신에 patrikē(아버지 기술)로 나온다(F. 주제밀, 드라이젠터 참조). 혼인의 기술과 아이 양육술(teknopoiētikē)에 대해서는 제7권 제16장에서 설명되고 있다. 또한 여성에 대한 지배(gamikē)와 아이에 대한 지배(teknopoiētikē)에 대해서는 제1권 제12~13장에서, 주인의 지배(despotikē)는 제1권 제4~7장에서, 재화 획득술(chrēmatistikē)은 제1권 제8~11장에서 논의된다.

7 세 종류의 '관계 내지는 기술'을 말한다.

8 이 장은 노예와 주인의 짝에 관련해서 '그것이 무엇이며, 그것이 어떤 성격의 것'이어야 하는지(제3장의 물음)를 논의하고 있다. 재화 획득술에 앞서 주인과 노예의 관계를 살펴보는 이유는 주인이 가장, 정치가, 왕과 동일한 것인지를 결정해야 하며, 한편으로는 '노예도 재산의 한 부분'(1256a2)이니까.

9 1252a7-16, 제1권 제7장 참조.

10 제1권 제1장 1252a7-16.

기 때문이다.[11] 하지만 다른 사람들[12]은 주인에 의한 노예의 지배를 자연에 어긋나는 것으로 본다.[13] 왜냐하면 한 사람은 노예고, 다른 한 사람은 자유인이라는 것은 규약(법)[14]에 의한[15] 것이지만,[16] 이에 반해서 자연적으로는 그들 간에 아무런 차이가 없기 때문이라는 것이다. 그러므로 그들에 따르면 그것[17]은 역시 정의롭지 못하다. 강제적 힘[18]에 기반하고 있으니까.

11 앞서 1252a7에서 제기한 잘못된 견해를 비판하기 위한 논의로 되돌아가고 있다.

12 제1권 제6장 참조.

13 이소크라테스와 동시대에 아테나이에서 활동했던 소피스트이자 고르기아스의 제자였던, 소아시아 지역 아이올리스(Aiolis) 지방의 엘라이아(Elaia) 출신의 웅변가 알키다마스(Alkidamas)가 이런 견해를 가졌다고 한다. "신은 모든 사람을 자유롭게 했다. 자연은 결코 어떤 사람을 노예로 만들지 않았다"(CAG XXI: 2. 74. 31-32 = Gagarin & Woodruff, p. 276). 멧세니아 지방의 시민을 정복해서 노예로 부렸던 스파르타의 경우가 그렇다는 것이다(F. Susemihl, p.153).

14 nomos는 실정법을 말하는가?

15 『소피스토적 논박에 대하여』 173a7 아래.

16 아리스토텔레스가 노예에 대한 지배와 자유민에 대한 지배를 다른 것으로 보는 데 반해, 크세노폰에 나오는 소크라테스는 공적인 일과 사적인 일의 경영 사이에는 긴밀한 유사성이 있는 것으로 보고 있다(크세노폰, 『회상』 제3권 제4장 12). 공적인 일이나 사적인 일을 경영하는 사람들은 '동일한 사람'을 사용하니까. 아리스토텔레스는 자유민과 달리 노예는 살아 있는 도구에 불과하다고 본다.

17 주인이 노예를 지배하는 것. 즉 노예제도를 말한다.

18 '힘'(강제력, bia)은 자연에 반하는 것이다.

제4장

주인의 도구로서의 노예

재산은 가정의 부분이기 때문에, 재산 획득술[1] 또한 가정 관리의 부분이다. (삶에 필수적인 것 없이는 잘 삶은 물론 사는 것도 불가능하니까.) 따라서[2] 특정한 영역의 기술 활동에서[3] 그 일을 완전하게 마치려면 그것에 고유한 도구들을 필연적으로 갖추어야 하는 것처럼, 가정 관리를 수행하는 사람에게도 거기에 고유한 도구가 갖추어져 있어야 한다.[4] 그렇지만 도구들 중에 어떤 것들은 생명이 없는 것이고, 어떤 것들은 영혼이 있는 것이다. 예를 들어 배의 조타수에게 키는 생명이 없는 도구지만, 뱃머리에서 망보는 사람은 생명이 있는 도구다. 다양한 기술들에서 보조자[노 젓는 사람]는 도구를 구성하는 종류에 속하는 것이니까. 그렇다면[5] 소유물(재산)도 생활을 위한 도구며, 또 재산은 이러한 도구들의 모음이고, 노예는 일종의 생명을 가진 소유물[6]이며, 모든 보조자[7]는 도구들을

1 재산 획득술(ktētikē)에 대해서는 제1권 제8장 1256b23-39, 제9장 1257b17-23 참조.

2 F. 주제밀에 따라 de 대신에 dē로 읽는다.

3 '전문화된 기술에서'(tais horismenais technais).

4 즉 가정 관리와 관련된 사람에게도 마찬가지로 '고유한' 도구가 있어야 한다. 여기서 아리스토텔레스는 재산의 필요성과 도구의 필요성을 언급하고 있다.

5 23행의 epei에 대한 귀결절(apodosis)이 시작되고 있다.

6 ktēma empsuchon은 '숨을 가진 소유물(재산)'로 옮길 수도 있다. 소유물(ktēmata), 획득술(ktētikē), 재산(ktēsis)이란 말들은 기본적으로 동일한 어원을 가진다. 기원전 5~4세기에 아테나이에만 해도 한 집에 3~4명 꼴로 약 6~8만명의 노예가 있었다고 한다.

7 '전체로서의 보조자들의 부류' 넓은 의미에서 노예(종)를 포함한다.

사용하기 위한 도구와 같다.[8] 왜냐하면 각각의 도구들이 명령을 받거나 혹은 스스로 미리 알아채서 그 자신의 일을 완전하게 마칠 수 있다면, 마치 다이달로스의 조상이나 혹은 그 시인이 "저절로 움직여 신들의 회합에 들어갔다"[9]고 말하는 헤파이스토스의 삼발이 솥에 대해 사람들이 말하듯, 북들이 저절로 앞뒤로 움직이며 옷감을 짜고 픽[10]이 스스로 뤼라를 뜯는다면, 대목수[11]에게 보조자(소목수)들이 필요 없을 것이고, 또한 주인에게 노예들이 필요 없을 것이기 때문이다.

1254a 더욱이 흔히 도구라 부르는 것은 생산을 위한 도구지만, 소유물은 [우리가 사용하기 위한] 행위에 속하는 것[12]이다. 왜냐하면 북으로부터는

8 문자적으로는 '다양한 도구들에 앞서 있는 도구와 같은 것'이다. 즉 '보조자(종)는 도구들 중에서 다른 도구를 넘어서는 우수한 도구'라는 것이다. 아리스토텔레스의 『동물의 부분들에 대하여』(687a21)에는 동일한 표현으로 "[손은] 다른 도구들 앞서 있는 도구와 같은 것이다"(esti gar hosperei organon pro organōn)라는 표현이 나온다. "노예는 살아 있는 도구며, 도구는 생명 없는 노예다"(『니코마코스 윤리학』 1161b4-5).

9 『일리아스』 제18권 376행. '그 시인'(ho poiētēs)이란 말로 1260a29에서는 소포클레스를, 『자연학』에서는 알 수 없는 시인을 가리킨다(194a30). 다이달로스는 전설적인 조각가, 기술자이고 발명가이다. 그는 생명을 가진 조상을 만들 수 있는 능력을 가졌다고 한다. 다이달로스 이전에 헬라스의 조각에서 인체의 눈은 닫혀 있었고, 손과 발도 신체에 딱 달라붙어 있었다고 한다. 그가 최초로 조각에 동적인 움직임을 부여하기 시작했다는 것이다. 여기서 아리스토텔레스가 다이달로스의 조상을 끌어들이고 있는 것은 조상의 동적인 움직임과 마치 살아 있는 듯한 생생함의 이미지를 암시하기 위한 것이다. 또한 그는 미노타우로스를 위해 미궁(뤼비린토스)을 만들었고, 이 미궁에는 괴물 미노타우로스를 처치하게 되는 '아리아드네의 실'의 신화가 엮여 있다. 그가 만든 조상은 묶여 있지 않았다면 도망갈 만큼 그렇게 살아 있는 모습과 똑같았다고 한다(아리스토텔레스, 『영혼에 대하여』 406b18-19, 플라톤, 『메논』 97d, 『에우티프론』 11b 참조). 헤파이스토스는 대장장이 신이다.

10 plēktra(픽)은 뤼라 연주자들이 현을 뜯기 위해 사용하는 도구(pick, plucker).

11 원어로는 architektōn(대목수)이다.

12 원어로는 praktikon(행위에 관련된 것)이다. 여기서 poiēsis(만듦, 제작)과 praxis(행함, 활동)가 구별되고 있다(『니코마코스 윤리학』 제6권 제4장, 제7권 1153a7-17, 제10권

그것의 사용 외에 무언가 다른 것을 얻을 수 있지만, 의복과 침상으로부터는 그것들을 사용하는 것밖에 얻을 수 없기 때문이다. 게다가 만듦과 행위는 종류에서 차이가 나고, 양자는 도구들을 필요로 하기 때문에, 그것들의 도구도 필연적으로 [종적인 차이만큼] 그와 동일한 차이를 가져야 하는 것이다. 삶은 행위지 만듦이 아니다. 그러므로 [가정] 노예는 또한 행위와 관련된 것들에서의 보조자(종)인 것이다.[13] 하지만 소유물은 부분에 대해 우리가 말하는 것과 동일한 방식으로 말해진다. 부분은 다른 것의 부분일 뿐 아니라 통째로 다른 것에도 속하는 것이니까.[14] 소유물 또한 마찬가지다. 이런 이유로 주인은 단지 그의 노예의 주인일 뿐, 노예에게 속하지 않지만, 노예는 주인의 노예일 뿐만 아니라, 또한 통째로 주인에게 속하는 것이다.

이렇게 해서 이러한 사항들로부터 노예의 본성이란 무엇인지 또 그의 능력[15]이 무엇인지가 분명해졌다. 즉, 인간이긴 하지만 자연적으로 그 자신의 것이 아니라 다른 사람에게 속하는 바로 그 사람이 자연에 기

1174a13 아래 참조).

13 노예나 망치는 다 같이 도구다. 망치는 생산(만듦)을 위한 도구고, 노예를 '행위를 위한 도구'라는 의미다. '생산의 도구'와 '행위의 도구'는 종적으로 다르다. 자유민은 생산이 아니라, 행위에 참여한다. 따라서 노예는 '가정의 주인을 위한 도구'여야 한다는 말이다. 이런 맥락에서 여기서 말하는 노예는 생산에 참여하는 집 밖에 거주하는 노예가 아니라, '가정에서 일하는 노예'를 말하는 것으로 이해된다. 이 결론에 이르는 추론은 이렇다. (1) 보조자는 생명이 있는 도구다. (2) 소유물은 삶을 위한 도구다. (3) 노예는 생명이 있는 소유물이다. (4) 노예는 삶에서의 보조자다. (5) 삶은 생산이기보다는 행위다. (6) 노예는 행위와 관련된 것들에서의 보조자다.

14 "자신의 소유물(즉 노예)과 자식은 일정한 나이가 차서 독립하기 전까지는 마치 자신의 부분과 같다"(『니코마코스 윤리학』 1134b10-11). 노예는 주인의 어떤 부분이다(1255b11, 『에우데모스 윤리학』 1241b23-24).

15 여기서 dunamis는 본질적 성질과 속성을 말한다.

반한 노예이다.[16] 또 인간임에도 불구하고 소유물이라고 한다면, 그는 다른 사람에게 속하는 것이고, 그리고 이 소유물은 행위를 위한 도구며, 그 소유자로부터 분리되어 있는 것이다.[17]

16 역으로 자유로운 인간(anthrōpos eleutheros)은 '다른 것에 속하지 않고 자기 자신을 위한' 존재로 정의될 수 있다("다른 어떤 사람을 위해서가 아니라 자기 자신을 위해 사는 사람이 자유로운 사람이듯이"; 『형이상학』 982b25-28 참고). 1317b2-13에서는 민주정에서 번갈아 지배하고 지배받는 것을 자유의 조건으로 제시하고 있다. 『형이상학』 1075a18-22 참조('자유민은 가정에서 질서에 따라 정해진 일을 하지만, 노예와 짐승은 우연히 마주치는 일을 아무렇게나 하는 자들이다').

17 여기서 소유물은 제한적으로 '노예'를 말하는 것으로, 다시 말해 영혼의 도구인 신체와 달리 노예는 주인의 도구이면서도 그로부터 따로 떨어진 독립된 존재라는 것이다. 즉 노예는 사실상 그 소유자의 일부가 아니다. chōriston은 분리되어서는 어떤 일을 할 수 없는 morion(부분)에 반대되는 의미를 가진다. 이 대목에서의 논의를 미루어 보면, '자연적인 노예는 생명을 가진 행위할 수 도구이고 분리되어 존재하면서, 전적으로 다른 것에 속하는 것'이다. '노예는 주인의 어떤 부분으로 따로 떨어져 있는 한 부분이다'(제1권 제6장 1255b11-12).

제5장

자연적 노예에 대한 정당화

그런데 우리가 이것들 다음으로 고찰해야 하는 것은 자연에 근거해 그러한 노예인 자가 있는지, 또 어떤 자에게는 노예인 것이 과연 더 나은 것이며 정의로운지 어떤지,[1] 오히려 모든 노예화는 자연에 반하는 것인지 하는 문제다. 이론적 논증에 의해 이 문제들을 고찰하는 것과 현재 벌어지고 있는 것으로부터[2] 그것을 이해하는 것, 어느 쪽도 어렵지 않은 일이다. 왜냐하면 지배하고 지배받는 것은 [인간이나 동물에게] 필연적인 일에 속할 뿐만 아니라, 유익한 일에 속하는 것이 때문이다. 그리고 몇몇 사물에서 어떤 것들[3]은 태어날 때부터 당장에 지배받게끔 되어 있고, 다른 것은 지배하게끔 구분되어 있다. 게다가 마땅히 지배하는 것과 지배받는 것에는 각각 많은 종류가 있으며,[4] (또 지배받는 것이 더 나은 것이라면,[5] 그 지배는 항시 더 나은 것이며, 예를 들면 동물을 지배하는 것보다 인간을 지배하는 것이 더 나은 지배다. 왜냐하면 더 나은 일에 의해 수

1 이 장에서는 자연적인 노예가 존재하는가 여부보다는 현재 행해지고 있는 노예제도가 '유용하고 정의로운지' 만을 문제 삼고 있다.

2 ek tōn ginomenōn(현재 벌어지고 있는 것들로부터)은 현상(phainomenon) 내지는 사실(fact)을 말한다.

3 신체와 영혼, 인간과 동물, 남성과 여성.

4 플라톤은 7가지 지배와 피지배 관계를 열거하고 있다. 부모/자식, 고귀한 사람/비천한 사람, 연장자/연소자, 주인/노예, 강자/약자, 아는 자/모르는 자, 행운/불운(플라톤, 『법률』 690a-c 참조).

5 1315b4-7, 1325a27-30, 1333b26-29 참조.

행되어 이루어진 그 일이 더 나을 것이기 때문이다. 그리고 한쪽은 지배하고 다른 쪽은 지배받는 관계가 생기는 곳에서는, 양자 사이에 무엇인가 공통의 기능(작용)[6]이 있다.) 왜냐하면 복수의 것들—그것이 연속된 일체를 가진 것이든 서로 분리된 것이든[7]—로 성립되며, 거기에 무언가 공통되는 것[8]이 실현되고 있는 경우, 그 모든 것에 대해 지배하는 것과 지배받는 것이 명료한 형태로 모습을 드러내기 때문이다.[9] 이러한 지배와 피지배가 생명에 내재되어 있는 것은 자연 전체의 질서에서 유래하는 것이다. (그것은 생명을 나누어 가질 수 없는 것들조차, 예를 들어 하르모니아(음계)에서와 같이[10] 어떤 종류의 '지배'(아르케)가 존재하고 있으니까. 그러나 이러한 것들은 아마도 우리의 고찰과는 아주 멀리 떨어져 있는 것이다[11].)

그러므로 먼저 생명 있는 것(동물)은 영혼과 신체로 구성되는데, 자

6 지배하고 지배받는 관계 속에서 만들어진 기능(작용)으로, 이 양자에 공통으로 고유하게 속하는 기능을 말한다.

7 '연속된 일체'란, 예를 들면 지배하는 영혼과 지배받는 신체, '서로 분리된 것'은 주인과 노예와 같은 것을 말한다.

8 즉 '하나의 복합적인 전체'를 말한다(『형이상학』 1043a31 참조).

9 이것은 '일반적 주장'을 하는 것으로 보인다.

10 하르모니아(harmonia)는 음악의 음계, 선법을 말한다. 가령, 칠현금의 중간 현을 뜯어서 나오는 중간음(hē mesē)과 같은 것. 고대 음계론의 가장 기본이 되는 음악 코드(4음계)의 주도적 음표가 되는 것(hēgemōn). 이 소리가 말하자면 주음(keynote)으로 음계를 지도할 수 있다고 생각되었다. 이 소리의 지배적 역할에 대해서는 『자연학적 문제들』 920a22, 『형이상학』 1018b26-29 참조("중간 현이 아르케이니까"). W. Newman, vol. 2, pp. 142~143과 F. Susemihl, p. 158 참조.

11 '아주 멀리 떨어져 있는 것'(exōterikōtera)은 아리스토텔레스가 설립한 뤼케이온 학원 밖 대중을 위해 쓰인, 지금은 상실된 책들(exōterikoi logoi)을 가리키는 것인가? 아니면, 단순히 탐구되는 주제와의 관련성이 멀다는 것을 의미하는 것인가?(1278b31 참조, 『에우데모스 윤리학』 1217b22-23 참조)

연에 근거해서 이것들 중 영혼은 지배하는 것이고, 다른 쪽인 신체는 지배를 받는 것이다. 그런데 우리는 자연에 근거한 것(to phusei)을 고찰할 때에는 그것들이 자연스럽게 이루어진 상태에 있는 경우를 우선으로 하고, 훼손된 상태에 있는 경우는 피해야 한다. 그러므로 인간의 경우에도 신체상으로나 영혼상으로 최선의 상태에 놓인 경우를 고찰해야 하며, 그곳에서는 앞에서 말한 지배와 피지배[12] 관계를 분명하게 알 수 있다. 왜냐하면 열등한 자들이거나 열등한 상태에 놓인 사람들의 경우는[13] 바 1254b
로 그 보잘것없고 자연에 어긋나는 상태 때문에 종종 신체가 영혼을 지배하는 것처럼 보일 수 있기 때문이다.

어쨌든[14] 앞서 우리가 주장한 바로는, 첫째로 동물에 있어서 주인에 의한 지배와 정치적 지배를 볼 수 있을 것이다. 왜냐하면 영혼이 신체를 지배하는 것은 주인의 지배이지만,[15] 지성[16]이 욕구를 지배하는 것은 정치가의 지배이거나 왕의 지배이기 때문이다.[17] 그리고 이 양 경우들에

12 인간의 경우는 영혼의 지배와 신체의 피지배 관계.

13 명확하게 금 그을 수는 없지만, '열악함을 겪은 사람'은 그 상태가 영구적인 것을 말하고, '열악한 처지에 놓인 사람'은 그 상태가 일시적인 것을 말하는 것처럼 보인다(W. Newman, vol. 2 p.143). 앞사람은 교정 불가능하고, 뒷사람은 교정 가능하다. 어쨌든 이 두 사람은 비참하고 가련한 사람들이다.

14 앞의 내용은 논란이 있을 수 있지만, 이제부터는 논란의 여지가 없는 사실을 말한다는 이행 과정을 표시한다.

15 신체에 대한 영혼의 지배에 대해서는 플라톤, 『파이돈』 80a 참조. 신체는 영혼의 도구이고, 소유물이다.

16 사유적 지성이기보다는 ho praktikos nous(실천적 지성)를 말한다.

17 여기서 욕구는 도덕적 행위에서 일어나는 것이다. 욕구는 '자발적으로' 지성에 복종한다. 지성은 욕구를 설득한다. 정치가나 왕의 지배가 욕구에 대한 지성의 지배와 같은 이유는 정치가나 왕이 자발적으로 복종하고 자신을 좋음을 추구하는 자들을 지배하기 때문이다(1255b20, 1277b709, 1333a3-6). 『니코마코스 윤리학』 제1권 13장에서 욕구는 이

서 신체는 영혼의 지배를 받는 것이, 또 감정에 관계되는 부분[18]은 이성을 가지고 있는 부분인 지성의 지배를 받는 것이 자연스럽고 유익한 일이지만, 반면에 어떤 경우에도 그 관계가 동등하거나 역전되면 모든 사람에게 해롭다는 점은 분명하다. 또한 이와 같은 관계는 인간과 다른 동물 사이에서도 발견된다. 한편으로는 길들인 동물[가축]들이 야생동물들보다 자연 본성에서 더 낫고, 다른 편으로는 이 모든 [길들인] 동물들[19]은 인간에 의해 지배받는 것이 더 나을 것이다. 이런 식으로 그 동물들은 안전을 확보할 수 있을 테니까. 게다가 남성과 여성의 관계에서는 자연에 근거해 우월한 것과 열등한 것,[20] 즉 지배하는 것과 지배받는 것이라는 관계가 그대로 성립하고 있다. 그리고 이와 같은 관계가 모든 인간 사이에서도 필연적으로 이루어져 있어야 한다.[21]

그러므로 몸이 영혼으로부터, 또 짐승이 인간으로부터 떨어져 있는 만큼 다른 사람들로부터 떨어져 있는 사람들이야말로 (신체를 사용하는 것이 그 기능이며, 그것이 그자들로부터 얻어지는 최선의 것인 자들은 바로 이런 상태에 놓여 있다.) 자연에 근거한 노예들인 것이다. 그들에게는 앞서 언급했던 신체나 동물에게서 그런 것인 한, 이러한 주인에 의한 지배라는 형태로 지배되는 편이 더 나은 것이다. 왜냐하면 자연에 근거한

성에 설복당하거나 저항하는 부분임을 밝히고 있다. 바로 이 부분에서 성격적 탁월성(aretē)이 생겨난다.

18 욕구적인 부분(to orektikon)을 말한다.

19 길들인 동물(manscuetis omnibus)만을 지시하는 것일까? 아니면 야생의 동물을 지시하는 것일까? 야생의 동물도 길들여질 수 있다는 측면에서 이 둘 다를 포함하는 것으로 해석할 수 있다. "모든 길들인 동물은 또한 야생적이다"(『동물의 부분들에 대하여』 643b5).

20 플라톤, 『국가』 제5권 455e 참조.

21 이 원칙이 비헬라스인에 대한 헬라스인의 지배까지도 포괄하는 것인가?

노예는 다른 사람에게 속할 수 있고[22](이 때문에 실제로 다른 사람의 소유로 돌아가는 것인데), 그리고 이치(이성) 자체는 갖고 있지 않지만 그것을 감지할 수 있는 정도[23]의사람은 이치에 참여하는 자이기 때문이다. 즉, 인간 이외의 다른 동물은 이치를 감지하지[24] 못하고 다른 사람에게서 받는 자극[25]을 따를 뿐이니까. 사용하는 데 있어서는 노예와 동물 사이에 거의 차이가 없다. 왜냐하면 생활에 필수적인 것들을 공급하기 위한 신체적 도움을 이 양자, 즉 노예들과 가축으로부터[26] 동일하게 얻을 수 있기 때문이다.

자유인의 신체와 노예의 신체를 다르게 만든 것도 자연 자신이 의도한[27] 것이다. 즉 노예의 신체는 생활에 필수적인 것들을 위한 사용에 견딜 수 있는 강인한 것이지만, 자유인의 신체는 곧은 자세로서 그런 종류의 일에는 적합하지 않으나, 폴리스 시민으로서의 삶에는 적합하다(폴리스적 시민의 삶도 전시의 필요와 평시의 필요에 의해 둘로 나뉜다). 그러나 종종 그 반대의 조합도 일어난다. 즉 어떤 노예는 자유인의 신체를 갖고 있지만 다른 노예는 자유인의 영혼을 가지고 있다.[28]

그러나 어느 쪽이든 적어도 다음과 같은 점은 분명하다. 만일 그 신체

22 즉 그 자신의 이성적 부분을 가지고 있지 않다.

23 '이성을 승인하고 그 명령을 이해할 수 있는 능력'을 말한다.

24 aisthanomena로 읽는다. 리차즈(Richards)는 peithomena(설득당하다)로 읽는다.

25 사람들로부터 받는 감정적 자극(pathēmasin).

26 노예와 길들인 짐승이 관계에 대해서는 플라톤, 『국가』 289b 참조.

27 아리스토텔레스는 bouletai 동사를 사용해서 '자연의 바람, 의도, 목적 구상'을 내보이고 있다.

28 아리스토텔레스가 자연적 자유인과 자연적 노예를 구분하는 일이 늘 명확할 수 없다는 점을 인정하는 것으로 보인다. 1255b1-4('종종 자연이 이것을 하길 원하려 해도, 그럼에도 자연은 그렇게 할 수 없다') 참조.

만이라도 신들의 조상만큼 뛰어난 자가 있다면, 나머지 사람들은 이 자를 노예로 섬겨야 한다고 누구나 말할 것이다. 만일 이 일이 신체에 대하여 참이라면 영혼에 관련해서도 그러한 구별이 이루어지는 것은 훨씬 정당한 일이 될 것이다. 그러나 영혼의 아름다움을 가리는 일은 신체의 아름다움을 가리는 것만큼 쉬운 일이 아니다.

1255a 이렇게 해서 자연에 따라 어떤 사람들은 자유인이며, 다른 사람들은 노예라는 것, 그리고 후자에게서 '노예라는 것'[29]이 유익한 일이면서도 정의로운 일이라는 것은 명백하다.

29 원어로는 to douleuein이다.

제6장

자연적 노예의 정당화에 관한 논쟁

그러나 이와 정반대 주장을 펼치는 사람들[1]의 주장 또한 어떤 방식에서는 옳다고 인정하는 것은 어려운 일이 아니다. '노예인 것'(to douleuein)과 노예란 말에는 두 가지 의미가 있으니까. 즉 자연에 근거한 노예뿐 아니라 법에 따른 어떤 종류의 노예 및 노예인 것도 있기 때문이다. 여기서 '법'이란 전쟁에서 정복당한 자는 정복한 자들에게 귀속된다고 정하는 일종의 규정(약정)이다. 그런데 이 약정의 옳고 그름을 놓고 법률에 정통한 많은 전문가들은, [민회에서 새로운 법안을 제기한] 연설가에 대해 그 발의의 위법성을 고발하도록,[2] 그 부당성을 제기한다. 그것은 만일 힘으로 제압하는 능력을 지녔고, 위력에서도 압도하는 자가[3] 그 힘에 굴복당한 쪽을 노예로 삼고 지배한다면 끔찍한 일이라는 이유에서다. 이 같은 주장을 지지하는 사람들도 있고, 또 앞의 약정[4]을 지지하는 사람들도 있으며, 심지어 [다중뿐 아니라] 지혜로운 사람들[5] 사이에도 두 의견으

1 '자연적 노예가 정당하지 않다'라고 주장하는 사람들.

2 아테나이의 민회에서 연설가가 현행의 법률에 모순되는 법안을 제기하는 경우, 자신은 그 법안의 불법성(graphē paranomōn)에 대해 책임을 져야 한다. 요컨대 '전쟁'의 규칙이 시민적 삶 속에서는 허용될 수 없다는 것이다. 『아테나이의 정치체제』 제45장 참조.

3 '덕 때문에 더 나은 것'(to beltion kata aretēn)에 대조되어 사용되는 말이다.

4 즉 규약적 노예제.

5 아리스토텔레스의 경우에 sophoi(지혜로운 자들)는 polloi(다중들)에 대조되어 쓰인다. 뉴먼은 '성취한 사람'을 언급하는 것으로 본다.

로 나뉜다.

이러한 의견 대립이 초래되는 동시에 대립하는 논의들이 겹치는 원인[6]은 다음과 같은 점에 있다. 즉 어떤 의미에서 덕은 외적인 자원[7]을 얻어 힘을 최대한 발휘할 수 있지만,[8] 힘에서 뛰어난 자는 항상 어떤 좋음이라는 점에서 우월한 입장에 있다.[9] 따라서 덕(탁월함)이 빠진 힘 같은 것은 없으며, 오히려 논의의 대립은 단지 그것이 정의로운 것인지 아닌지를 둘러싼 것이라고 생각된다.[10] 왜냐하면 같은 논거에서 먼저 정한

6 논쟁이 어느 쪽도 승자 없이 줄다리기처럼 왔다 갔다 한다는 의미. '법적(규약적) 노예는 정의롭다 혹은 정의롭지 않다'는 주장과 이것을 뒷받침하는 논변들, 그리고 이로부터 따라 나온 결론들을 말한다. 이 양쪽은 그 어느 쪽이든 '우월한 덕이 지배하는 근거가 된다'는 공통된 전제를 가진다. epallattein(겹치다) 용법은 제4권 제10장 1295a9에도 나온다.

7 외적인 좋음(ektos agathos)과 같은 경제적 토대를 갖추는 것. 외적인 좋음에 대해서는 『니코마코스 윤리학』 제1권 제8장 1099a33-1099b8의 논의를 참조. "행복은 명백하게 추가적으로 외적인 좋음 또한 필요로 한다. 일정한 뒷받침이 없으면 고귀한 일을 행한다는 것은 불가능하거나 쉽지 않기 때문이다. 우선 많은 일들은 마치 도구를 통해 어떤 일을 수행하는 것처럼 친구들을 통해, 또 부와 정치적 힘을 통해 수행되기 때문이다. 또 이를테면 고귀한 태생, 훌륭한 자식, 준수한 용모와 같이 그것의 결여가 지극한 복에 흠집을 내는 것들이 있다. 용모가 아주 추하거나 좋지 않은 태생이거나 자식 없이 혼자 사는 사람을 온전히 행복하다고 하기 어려우며, 더 어렵기는 아마도 아주 나쁜 친구와 나쁜 자식들만 있는 사람, 혹은 좋은 친구와 자식들이 있었지만 지금은 죽어서 없는 사람일 것이다. 그래서 행복은 우리가 말한 바와 같이 이런 종류의 순조로운 수급을 추가적으로 요구하는 것 같다. 바로 이런 까닭에 다른 사람들은 탁월성을 행복과 동일시하지만, 어떤 사람들은 행운(eutuchia)을 행복과 동일시하는 것이다."

8 이 점에 관련된 논의에 대해서는 1324b22-1325a14 참조.

9 무릇 어떤 일에서 '성공'(승리)하려면 힘을 포함해서 필수적인 외적인 좋음뿐 아니라, 덕을 갖춰야 한다는 것이다. 적을 정복했다는 것은 성공에 필요한 덕을 갖추고 있었다는 것을 말한다. 알렉산드로스 대왕 같은 사람을 염두에 두고 있는 것일까?

10 양쪽은 (1) 우월한 덕이 지배의 근거가 된다는 점에 동의한다. 정복에 의한 노예제 옹호자는 (2) 우월한 힘이 우월한 덕을 가진다고 믿는다. 여기서는 (2)를 믿는 이유를 설명하고 있다. 그래서 아리스토텔레스는 (2)를 거부함으로써 논쟁을 해결한다. 이와 연관

것에 반대하는 쪽[11]은 정의란 [패자에 대한] 호의[12]라고 생각하는 반면, 찬성하는 쪽[13]은 정의란 곧 정복자가 지배하는 것이라고 생각하고 있기 때문이다. 적어도 양쪽 논의의 얽힘이 풀리지 않고 따로 떨어져 놓게 될 때에,[14] 덕 면에서 더 나은 자들이 지배하고 주인이 되어야 한다는 것을 인정하지 않는 다른 논변들[15]에는 어떤 강점도 설득력도 없는 것이 될 것이다.[16]

된 계속되는 논의는 아래의 각주 16 참조.

11 앞서 언급한 노예화의 '약정'에 반대하는 쪽.

12 eunoia(선의, 호의)로 읽는다. 옥스퍼드판(W. D. Ross)은 anoia(무의미한 것)로 되어 있다("어떤 사람은 정의는 무의미하다고 믿는다"). 리차즈는 euētheia로 읽고, 사본들(MSS)과 드라이젠터(Dreizehnter)는 eunoia(선의 혹은 호의)로 읽는다. '선의'로 읽게 되면, 이것은 승리자가 정복당한 자를 노예로 삼지 않음으로써 보여 준 '선의'를 의미한다. 이 입장은 노예화가 부정의하다는 것이다. "친애(philia)는 서로 되갚는 선의에서 성립하는 것"(『니코마코스 윤리학』 제8권 제3장 1155b33-34). "친애와 정의는 동일한 것에 관계하며 같은 사람들에게 성립한다"(제9장 1159b25-26). "친애는 폴리스들을 결속시키고 … 정의로운 것들 중 가장 정의로운 것은 친애적인 것으로 보인다"(제1장 1155a22-28).

13 노예화의 약정에 찬성하는 쪽.

14 '더 이상 겹쳐지지 않은 논변들' 즉 '힘이 덕을 수반한다는 가정'에서 떨어져 나온 논변들을 뜻한다.

15 '힘에서 우월한 사람이 정복당한 자들을 노예로 삼고 지배한다면 끔찍하다'라는 견해인가?

16 논쟁의 두 당사자는 자신의 주장에 대한 공통 기반으로 '힘은 덕이 없어서는 안 된다'(1255a15-16)라는 것을 받아들인다. 그 둘 간에 일치하지 못하는 논쟁점은 '정의란 무엇인가'와 정복된 사람들을 노예로 삼는 것이 정의로운가(정당한가) 하는 문제다. (1) 자신의 정의(定義)에 따라, 더 강한 자의 지배가 정의라고 믿는 자는 그러한 노예화가 정의롭다고 주장한다. 정의는 항시 정복자의 편에 있어야 하니까. 또한 그의 승리는 더 강한 힘을 가지고 있음을 보여 준다. 반면에, (2) 노예화가 자신의 정의(定義)에 따라 다른 사람들에 대한 호의라고 믿는 사람들 편에서는 노예화가 정의롭지 못하다. 그것이 노예에게 좋지도 않고, 유익한 것이 못 되니까. (3) 그러나 그들의 논변이 따로 놓게 될 경우에는, 대립되는 위 두 입장은 '덕을 더 많이 가진 사람이 지배해야 한다'는 아리

그러나 어떤 사람들은 어떤 종류의 정의와 그들에게 생각되는 것들(법은 일종의 정의이니까)을 전적으로 고집하고 전쟁에 의해 노예가 되는 것이 정의에 부합한다는 주장을 제시하지만, 동시에 그 입장을 부정하기도 한다. 그렇지만 애당초 전쟁의 시작이 정의롭지 않을 수도 있으며, 또 노예가 되기에 적합하지 않은 사람을 누구도 결코 노예라고 부를 수는 없기 때문이라는 것이다.[17] 그렇지 않으면, 태생이 가장 고귀한 자들로 유명한 사람들이 만일 사로잡힌 신세로 팔려 나간다면 노예 혹은 노예의 자식이 되는 일이 일어날 것이다. 이런 이유로 그들은[18] 이런 사람들을[19] 노예라고 부르기를 원하지 않고, 단지 비헬라스인들만을 그렇게 부르고 싶어 하는 것이다.[20] 그럼에도 그들이 이런 말을 하게 되면, 결국 그들이 찾고 있는 것은 우리가 애초에 말했던 대로 그 자연적인 노예 이외의 다른 그 어떤 것이 아니다. 왜냐하면 어떤 사람들은 어디에서든 노예이지만, 어떤 사람들은 어디에서도 노예가 아니라는 것을 그들은 말하지 않을 수 없기 때문이다.[21]

스토텔레스의 견해를 논파할 수 없다. 즉 (1)과 (2)는 덕을 가진 자가 통치해야 한다는데 동의한다. 그래서 정의에 대한 그들의 의견 불일치가 일단락 되면, 그들의 논증은 그 견해에 반대할 효력이 없어지게 된다.

17 정의롭지 않은 전쟁도 법률에 따라 발생할 수 있다. 그러면 '법적'일 수는 있다. 정의롭지 않은 전쟁에서 포로가 된 사람은 정의롭지 않지만, 법적으로 노예가 될 것이다. 그러나 이에 반대하는 견해를 가진 사람은 '노예화가 항시 정의롭다는 것'과 '법적인 것이 항시 정의롭다는 것'을 부정한다는 것이다.

18 헬라스인들.

19 헬라스에서 벌어진 폴리스 간의 전쟁에서 패자를 노예라고 부를 수 없다.

20 헬라스인들이 헬라스인들을 노예화하는 것에 반대하는 입장에 대해서는 플라톤, 『국가』 469b, 471a 참조.

21 정복의 결과로 단지 비헬라스인만이 참된 의미에서 노예라고 주장함으로써 그들은 누군가를 노예화해야 하는지 혹은 그렇지 않아야 하는지를 결정하는 것은 자연적 열등함

그것은 태생의 고귀함[22]에 대해서도 마찬가지다. 고귀한 [헬라스] 사람들은 자신의 출생을 자신들 사이에서뿐만 아니라, 어디서나 인정받을 수 있다고 생각하지만, 비헬라스인들의 태생은 단지 그들 자신들의 나라에서만 인정받을 수 있다고 생각하기 때문이다. 그것은 고귀한 태생과 자유에 대해 무엇인가 무조건적인 것과 무조건적이지 않은 것이 있다고 간주하기 때문이다. 마치 테오덱테스의 '헬레네'가 다음과 같이 말하는 것처럼.

양편의 신성한 뿌리로부터 나온
나를 두고 누가 종이라고 부를 만하다고 생각할 수 있겠는가?[23]

그러나 그들이 이런 것을 주장한다면, 그들은 노예와 자유인, 고귀하게 태어난 사람과 비천하게 태어난 사람들을 덕과 악덕에 의해서 구
별하고 있는 것 이외에 아무것도 아니다. 왜냐하면 그들은 마치 인간에 1255b
게서 인간이 태어나고, 짐승에게서 짐승이 태어나는 것처럼, 좋은 사람에게서 좋은 사람이 태어나는 것이 합당하다고 생각하기 때문이다. 그러나 자연이 종종 그러기를 원하지만 그렇지 못한 경우도 적지 않은 것이다.[24]

임을 승인한다는 것이다.

22 '태생의 고귀함'(eugeneia)에 대해서는 1294a21, 1301b2 참조.

23 Nauck 802, 「단편」 3. 파셀리스(Phaselis)의 테오덱테스(Theodektēs)는 아리스토텔레스와 함께 공부했던 기원전 4세기 중엽의 비극시인이다(B. Snell, *Tragicorum Graecorum Fragmenta*, i, Göttingen, 1971). 여기서 헬레네는 메넬라오스의 부인였던 트로이아의 헬레네이다. 파리스가 그녀를 납치함으로써 트로이아 전쟁으로 빠져들게 된다.

24 자연의 '의도'를 말한다(1253a10). 자연의 의도와 목적에 대한 언급은 앞서 1254b27-

그렇기에 거기에서 분명한 것은 [우리가 논의를 시작했던 것에 관련된] 이 의견 대립은 나름의 어떤 근거를 갖고 있고, 어떤 사람은 자연에 근거한 노예고, 또 어떤 사람은 자연에 근거한 자유인이라는 것이 항시 그렇지 않다는[25] 점은 분명하다. 그러나 동시에 분명한 것은 어떤 종류의 사람들 사이에는 그러한 구별이 존재하고, 한쪽은 노예가 되고 다른 한쪽은 주인으로서 지배하는 것이 유익하고도 정의로운 것이며,[26] 또 한쪽은 지배받아야 하고 다른 한쪽 사람은 자연에 근거해서 지배하도록 적합하게 부여된 지배권을—그래서 사실상 [한쪽은] 주인으로서 [다른 쪽은 노예가 되도록] 지배해야 한다는 것이다. 하지만 이 지배권이 그릇되게 행사된다면[27] 양자에게 유익하지 않게 된다(왜냐하면 부분과 전체에게 또 신체와 영혼에게 유익한 것은 같으며, 그리고 노예 또한 주인의 어떤 종류의 부분, 즉 생명을 가지고 있으나 주인의 신체로부터 따로 떨어져 있는 부분이기 때문이다.[28] 따라서 노예와 주인의 관계가 자연에 바탕을 둔 적절한 것이라면 거기에는 서로에게 무언가 유익함이 있을 뿐 아니라 친애도 있게 되는 것이다.[29] 그러나 이러한 방식이 아니라 법에 근

33에서도 나왔다. 동물의 발생 과정의 언급에 대해서는 『동물의 생성에 대하여』 778a4-9, 737a18-30, 768b5-12 참조.

25 ouk aei eisin으로 읽는다(주제밀, 뉴먼, 로스 참조).

26 뉴먼에 따라 삭제하지 않고 kai dikaion을 읽는다.

27 to kakōs(나쁘다는 것)는 to kakōs archein(나쁘게 지배함)을 의미한다. 맥락상 주인이 지배하는 것(despozein)을 말한다. 이어 나오듯이 주인과 노예는 전체와 부분의 관계이기 때문에, 그릇되게 지배하게 되면 양자에게 해로움이 발생하게 될 것이다.

28 『니코마코스 윤리학』 제5권 6장 8절(1134b10). "자신의 소유물(노예)과 자식은 … 마치 자신의 부분과 같다."

29 노예가 '이해'에 어느 정도 참여하느냐에 따라 인간의 '정도'가 달라진다. 이런 까닭에 노예가 인간적일수록 그만큼 더 친애(philia)와 다른 것을 나눌 수 있게 된다. '자연적 노

거한 힘에 의한 굴복이 이루어진 경우에는 그와 반대되는 일이 양자에게 일어나게 된다).

예'에게는 친애도 정의도 존재하지 않는다. 친애도 일종의 덕으로 덕에 바탕을 두고 있으며, 노예에게는 덕이 없으니까. 아니면, 아주 최소한 수준으로만 존재할 수 있는데, 그것은 이성이 최소한 이해할 수 있는 능력을 갖고 있어서 법률과 관습의 공동체에 어느 정도 참여할 자격을 가질 수 있기 때문이다. 덕은 없지만 법과 관습을 공유함으로써 주인과 노예 사이에 어떤 올바름이 성립될 수 있을 만큼 인간으로서의 우애 관계가 있을 수 있다. '법적 노예'의 경우에는, 노예가 되어 부정의한 대우를 받고 있다는 사실 때문에 노예와 주인 사이의 친애는 배제된다. 그들 사이에는 친애와 상호 이익에 대한 반대가 성립한다(1255b14-15). 그러나 법적 노예가 '이해'를 공유하는 한에서는, 서로 간에 또는 그들의 주인이 아닌 다른 인간과의 친애를 나누는 것을 막을 길이 없는 것처럼 보인다(C, D, C. Reeve, p. 237 참조). 이와 직접적으로 관련된 논의가 언급되는 『니코마코스 윤리학』 1161b1-b8 참조. "… 영혼이 없는 물질적인 것에 대해서는 친애가 성립하지 않고 정의(正義) 또한 성립하지 않기 때문이다. 말이나 소에 대한 친애도 없을 뿐더러 노예인 한에서의 노예에 대한 친애도 없다. 아무런 공통의 것이 없으니까. 노예는 살아있는 도구(organon)며 도구는 생명이 없는 노예니까. 물론 노예인 한에 있어서는 그를 향한 친애가 없지만, 인간인 한에 있어서는 그를 향한 친애가 존재한다. 왜냐하면 모든 인간은 법과 계약에 참여할 수 있는 모든 인간에 대해 어떤 정의를 가지고 있는 것으로 보이기 때문이다. 그래서 인간인 한에 있어서 친애 또한 존재하는 것으로 보인다"(『니코마코스 윤리학』 1161b1-8).

제7장

노예 지배에 필요한 주인의 기술

이러한 고찰로부터 주인의 지배와 정치가의 지배가 동일하지 않으며, 또 어떤 사람들[1]이 주장하는 것처럼, 모든 형태의 지배가 서로 동일하지 않다는 것도 분명하다. 왜냐하면 정치가의 지배는 자연에 근거한 자유인에 대한 지배며, 주인의 지배는 자연에 근거한 노예에 대한 지배고, 더욱이 가장의 지배는 1인 지배지만[2](모든 가정은 한 사람의 가장에 의해 지배되는 것이니까), 정치가에 의한 지배는 자유로운 사람들과 동등한 여러 사람들에 의한 지배기 때문이다.

그런데 이들 중 주인이 그렇게 불리는 것은 그의 앎[3] 때문이 아니라, 실제로 그가 그런 종류의 사람[4]이기 때문이다.[5] 이는 노예와 자유민에게도 마찬가지다. 다만, 주인의 앎과 노예의 앎이 같은 것이 있을 수 있지

1 플라톤, 『정치가』 258e, 259b 참조. 만일 아리스토텔레스가 이 주장을 전적으로 플라톤에게 돌리고 있다면, 잘못된 것일 수 있다.

2 제1권 12장 1259b1에서는 부인에 대한 남편의 지배를 정치적 지배(politikē archē)라고 말하고 있다. 또 자식에 대한 아버지의 지배는 왕의 지배(basilikē archē)라고 말한다. 노예에 대한 주인의 지배는 despotikē이다.

3 어떤 일, 분야에 '정통한' 앎(epistēmē)을 의미한다.

4 그와 같은 종류의 '성격'을 가진 사람. 1255b6-12 참조. 리브(C. D. C. Reeve[1998])는 '실천적 지혜를 가진 사람'이라고 해석한다. 그렇다면 앎이란 '이론적 지식'이라는 의미일 텐데, 적합한 풀이로 보이지 않는다. 리브(2017)에는 이 설명이 삭제됐다.

5 그와 같은 종류의 사람은 '앎'을 가지고 있다는 것을 배제하는 것인가? 그렇지는 않을 것이다.

만, 노예의 앎은 시라쿠사[6] 사람이 가르치곤 했던 것과 같은 것이다. 그 지역에서는 얼마간의 보수를 받고 어린 노예들에게 일상적인 종의 일 전반에 대해 가르치고 있었기 때문이다. 하지만 이러한 종의 일들에 대한 배움들은, 예를 들어 요리술과 그와 같은 종류의 다른 심부름하는 일들로 더욱 확장될 수 있을 것이다. 왜냐하면 다른 노예들에게는 다른 일이 주어져서 어떤 노예는 더 고급스러운 종의 일을 담당하고, 다른 노예는 더 필수적인 일은 담당할 것인데, "노예 앞에(pro) 노예 있고, 주인 앞에(pro)[7] 주인 있네"라는 격언에도 알려져 있기 때문이다.

따라서 이러한 것들이 노예 지식의 전부다. 반면에 주인의 지식은 노예를 부리는 지식이다. 왜냐하면 주인의 일은 노예를 획득하는 데에 있는 것이 아니라 노예를 잘 부리는 데에 있기 때문이다. 그러나 이 지식은 큰 중요성을 가지는 것도 기품이 있는 것도 아니다. 왜냐하면 그것은 노예가 무엇을 해야 하는지를 반드시 알고 있어야 할 사항에 대해 주인은 [그 일을 노예가 할 수 있도록] 어떻게 명령 내려야 하는지를 알기만 하면 되기 때문이다. 이런 이유로 개인적으로 이런 성가신 일에서 벗어날 만큼 여유가 있는 사람들은 청지기[8]에게 모든 임무를 떠맡기고, 자기 자신은 정치적인 일이나 철학하는 일에 전념하는 것이다. 이와 달리 노예를 획득하는 기술,[9] 즉 정당한 방법으로 노예를 획득하는 기술은 이것들

6 이탈리아 시켈리아(시실리)섬의 남동쪽에 위치한 도시.

7 Kock II. 492, 「단편」 54. '앞에'는 '대신(anti)'을 의미하는가? 주인마다 다르고, 노예마다 다르고, 또 하는 일과 능력이 다를 수 있다는 말이다. 아리스토텔레스의 당대의 희극 시인인 필레몬(Philemon)의 *Pankratiastēs*('판크라티온 선수') 중의 시구.

8 청지기(epitropos)는 문자 그대로는 '관리자'(overseer)나, tamia(집사)라고도 할 수 있다.

9 제1권 제8장 1256b20-26 참조.

양자[10] 어느 것과도 다른 것이며, 다시 말해[11] 그것은 일종의 전쟁술과 사냥술이다.

이렇게 해서 노예와 주인에 대해서는 이러한 방식으로 규정한 것으로 해 두자.

10 주인의 앎과 노예의 앎.

11 hoion을 예를 드는 것보다는 '설명적 효력'을 갖는 것으로 해석했다(H. Bonitz, *Index*, 502a7).

제8장

가정 관리와 획득술

노예 또한 재산의 일부임이 밝혀졌으므로,[1] 이 탐구를 이끌어 가는 방식에 따라[2] 일반적으로 모든 종류의 재산과 재화 획득술[3]에 대해 고찰해 보자.

그러므로 누군가가 제기함 직한 첫 번째 어려운 물음은[4] 과연 재화 획득술은 가정 관리술과 동일한 것인가, 아니면 그것의 어떤 부분인지 혹은 거기에 보조하는 것인가. 만일 보조하는 것이라면 북 제작술이 직물술에 종속되는 의미에서 그러한 것인지 혹은 청동 주조술이 조상(彫像) 제작술에 보조적이라는 의미에서 그러한 것인가? 종속된다고 해도 이 두 경우들이 동일한 방식으로 보조적인 것은 아닌데, 한쪽은 도구를 제공하는 것이지만, 다른 쪽의 기술은 재료를 제공하는 것이기 때문이다. 여기서 내가 '재료'에 의해 의미하는 바는 그것을 기초로 해서 거기로부터 어떤 생산품이 완성되는 '밑에 놓여 있는 것'[5]이다. 예를 들어 직물을

1 '노예는 우리가 살펴본 바처럼 재산의 목록 하에 포함되었으므로.' 즉 노예는 소유물(재산, ktēma)로서 정의되었으므로.

2 제1권 1장 1252a17-23. 즉 부분에서 전체로 탐구해 가는 방법.

3 원어로는 chrēmatistikē이다.

4 아포리아(난제)의 제기에 대해서는 『토피카』 104b13-15 참조("어느 쪽에도 설득적인 논의가 있으므로, 그런지 혹은 그렇지 않은지를 결정하기 어려운 난제가 있으니까").

5 요새는 잘 사용하지 않는 말이지만, 앞서 철학을 공부하신 선생님들이 가르쳐 주신 말로는 '기체'(hupokeimenon)로 옮겨진다.

짜는 사람에게는 양모고, 조각가에게는 청동이다.

그런데 가정 관리술이 재화 획득술과 같은 것이 아님은 분명하다. 왜냐하면 재화 획득술의 역할은 재산을 확보하는 것이고, 가정 관리술은 재산을 사용하는 것이기 때문이다. 사실상 [그것들이 동일하다면] 집에 속하는 것을 사용하는 기술로서 가정 관리술을 제외하고 어떤 기술이 있을까? 그러나 재화 획득술이 과연 가정 관리술의 한 부분인지, 아니면 그것과는 다른 종류의 것인지는 논란거리가 되는 문제다. 만일[6] 재화 획득술에 관련 있는 사람의 임무가 돈이나 재산을 어디에서 얻을 수 있는지를 고찰하는 것이라면, …[7] 그리고 재산과 부(富)에 다양한 부분이 포함되어 있다면, 따라서 제기되는 첫 번째 문제는[8] 농업은 과연 재화 획득술의 한 부분인지 혹은 그것과는 다른 어떤 부류인지, 그리고 일반적으로 식량 관리 감독과 (획득에)[9] 관련해서도 과연 그것이 재화 획득술의 어떤 부분인지, 아니면 그것과 종류가 다른 것인지 하는 문제다.

게다가 식량에는 여러 종류가 있는데, 그에 따라 동물과 인간 사이에도 여러 가지의 삶의 형태가 있다. 왜냐하면 동물은 식량 없이는 삶이 불가능하고, 그래서 식량의 다양한 차이가 동물들의 서로 다른 생활 형태를 만들어 왔기 때문이다. 실제로 예를 들어 어떤 야생동물들은 무리를 지어서 살고, 다른 것들은 흩어져서 사는데, 어느 생활 형태가 되었든 각각의 동물들에게 식량을 조달하는 데 유리하다. 이것은 그들 중에 어떤

6 ei gar …에서 gar는 여기서는 불필요한 말이다.

7 원문 훼손(lacunna).

8 prōton(첫 번째) 다음에 'skepteon'(탐구해야 한다) 정도가 생략으로 된 것으로 보인다. 그렇다면 '… 혹은 다른 어떤 부류(genos)인지를 탐구해야 한다'로 옮겨진다.

9 누군가의 덧붙임으로 보인다(W. Newman). F. 주제밀은 삭제할 것을 제안한다.

것은 육식성이고, 어떤 것은 과일이 주식이고,[10] 또 다른 것들은 잡식성이기 때문이다. 그러므로 자연은 그들에게 각자의 편리함을 도모하고 또 그들에게 맞는 식량을 선택할 수 있도록, 그들의 생활 형태를 차이 나도록 만들었던 것이다. 또 그들 각각이 자연적으로 좋아하는 것이 동일하지 않고, 오히려 각기 다르기 때문에 육식 동물이나 과일을 먹는 동물 사이에 생활 형태에 차이가 생긴 것이다.

그런데 이것은 인간의 경우도 마찬가지다. 인간의 생활 형태에는 큰 차이가 있기 때문이다. 그런데 그중 가장 게으른 자들은 유목민이다. 왜냐하면 그들은 제멋대로 지내고 있어도 길들인 동물들로부터 수고 없이 식량을 얻을 수 있기 때문이다. 그러나 그들의 가축 떼가 목초를 찾아 이동해야 함에 따라 그들 자신 또한 함께 따라가야 하는데, 그것은 곧 살아 움직이는 농토를 경작하는 것과 같다.[11] 또 어떤 사람들은 사냥으로 생계를 꾸려 나가지만, 사냥의 방식이 다르면 이들의 생활 형태에도 차이가 생긴다. 예를 들어 어떤 이들은 약탈[12]로 살아가고, 다른 이들은 호수나 늪, 강이나 바다와 같이 낚시하기에 적합한 그런 곳에[13] 가까이 살면서 고기잡이를 하면서 살아간다. 또 어떤 이들은 날짐승이나 들짐승[과

10 원어는 karpophagos(과일을 먹는)를 '초식성'으로 새길 수도 있겠다.

11 달리 번역하자면, "땅 대신에 가축들이 섬기는 농부들처럼".

12 이 말의 원래의 의미는 해상이나 육상에서의 약탈을 말한다(플라톤, 『법률』 823b). 어떤 형태의 약탈일까?(W. Newman, Vol. 2, p.170) 사냥의 일종일까? 식량을 획득하는 자연스러운 방식일까? 노략질이나 노상강도와 같은 짓을 말하는 것으로는 보이지 않는데, 이런 짓거리는 『니코마코스 윤리학』에 따르면 '정의롭지 않은 행위'기 때문이다(1134a19). 이른바 해적 행위는 고대에서 수렵처럼 식량 획득의 한 수단으로 여겨져 반드시 비난의 대상이 아니었다. 호메로스, 『오뒷세이아』 제3권 73행, 제9권 252행 참조. 투퀴디데스, 『펠로폰네소스전쟁』 제1권 제5장 참조.

13 '그런 곳에'(toiautēn)은 '앞서 말한 바와 같은' 낚시하기에 적합한 곳을 말한다.

산짐승]을 잡아 생계를 유지한다. 그러나 대부분의 인간 종족은 땅과 거기에서 재배된 수확물에 의존해서 살아간다.

이렇게 해서 인간의 생활 형태 중에서 적어도 자신들의 활동을 통해
1256b 교환이나 장사에 의하지 않고 식량을 조달하는 삶의 형태는 개략적으로 이만한 종류가 있다. 즉 목축, 농경, 약탈, 어렵(漁獵), 사냥 등이다. 그러나 어떤 이들은 자족이라는 면에서 결핍이 일어나는 경우에 당장의 생활 형태에 가장 부족한 것을 보완하기 위해 다양한 생활 형태들을 조합해서 쾌적한 생활을 할 수 있다고 한다. 예를 들어 어떤 이들은 목축과 약탈을 조합하고, 다른 이들은 농경과 사냥을 조합한다. 다른 사람들의 경우에도 마찬가지다. 생활의 필요가 강요하는 데에 따라 어떠한 방식으로 조합하든 자신들의 삶을 살아 나가는 것이다.

그런데 이러한 재산[14]은 자연 그 자체에 의해 명백히 모든 동물[15]에게—처음 태어났을 때부터[16] 곧장 부여되어 완전히 성장할 때까지도 부여되는 것이다. 실제로 동물들 중에 어떤 것은, 예를 들어 구더기나 알을 만들어 내는 동물들은[17] 태어남과 더불어 그 시작에서부터 새끼들이 제 스스로 식량을 얻을 만한 시점에 이를 때까지 충분할 정도만큼의 식량을 만들어 내는 것이다.[18] 태생 동물의 경우는 일정 기간에 이를 때까

14 이러한 재산(hē toiautē ktēsis)은 생존을 위해 필요한 획득물로, 앞의 40~41행의 autophutos를 가리킨다. 즉 '저절로 자라고 성장하는 것'.

15 pasin은 모든 인간이 아니라, 모든 동물을 가리킨다. 내용상으로는 '생물'을 가리킨다.

16 원문은 kata tēn prōtēn genesin euthus이다. 이와 동일한 표현은 『에우데모스 윤리학』 1216a7에도 나타난다(kata tēn prōtēn… genesin).

17 아리스토텔레스는 곤충이 알을 낳지 않는다고 잘못 알고 있다. 그러나 곤충이 낳은 벌레나 구더기가 여러 단계의 변태 과정을 거쳐 완전한 곤충으로 성장한다. 『동물의 발생에 대하여』 732a25-32 참조.

18 『동물의 발생에 대하여』 763a9-16 참조.

지 그들 자신 안에 자신들의 새끼를 위해 식량을 지니고 있는데, 이 자연물을 젖이라 부르는 것이다. 그러므로 자연에 의한 것이라고 생각해야 할 것은 성장한 것들의 경우에도[19], 식물은 [식량으로서] 동물을 위해 있고, 다른 동물들은 인간을 위해 있다는 점은 분명하다. 이 중 가축은 일을 시키기 위한 사용과 식량을 위해, 야생동물은 전부는 아니지만 대부분은 식량을 위해, 또한 그 밖의 다른 종류의 부양을 위해 있는 것인데, 의복과 여러 다른 도구 등 그것으로부터 얻을 수 있는 것들을 위해 있는 것이다.[20]

그래서 자연이 무엇 하나 목적 없이 만들지도 않고[21] 헛되게[22] 만들지 않는다면, 자연이 그 모든 것[23]을 인간을 위해서 만들었다는 것은 필연적이다.[24] 이런 까닭에 전쟁술조차도 어떤 의미에서는(사냥술은 이 전쟁술의 일부이니까) 자연에 따른 재산 획득술일 것이다.[25] 이 기술은 야생

19 '그들이 태어난 이후에는.'

20 자연에서의 '목적의 계층'에 대한 언급과 쓸모 있는 짐승을 길들이고 굴복시켜 전쟁과 다른 많은 일들에 대한 조력자로 삼는 점에 대해서는 크세노폰, 『회상』 4.3.10 참조.

21 아리스토텔레스식의 생각에 따르면 '목적이 결여된'(ateles) 것은 불완전하다.

22 혹은 '아무런 목적 없이'. 『영혼에 대하여』 434a30; "만일 자연이 아무것도 헛되게(matēn) 만든 것이 아니라면, 동물은 필연적으로 감각을 가져야 한다."

23 '모든 식물과 동물', '모든 야생동물', '모든 동물'. 이것들 중에 어느 쪽일까? 식물은 동물을 위해 존재하고 동물은 인간을 위해 존재한다. 그렇다고 한다면 인간을 위해 존재하지 않은 식물조차도 '헛되게' 만들어진 것이 아니다.

24 이런 생각은 조금은 조잡스러운 목적론적 설명 방식이다. 소크라테스는 여름과 겨울의 태양 운동이 인간의 이점에 관련하여 배치된 것이라는 주장을 한다(크세노폰, 『회상』, 4.3.8; "이러한 모든 것들은 전적으로 인간을 위해 생성된 것이다"). 그러나 자연은 인간에 생기기 이전에도 이미 존재하고 있었다.

25 맥락을 좇아 논리적으로 이해해 보자면, '인간들 사이에서 덜 완전한 자는 보다 완전한 자에게 봉사하기 위해 있는 것'이라는 것이 보충되어야 한다.

동물에 대해서뿐만 아니라 자연적으로 지배받게끔 되어 있으나 기꺼이 지배를 따르려고 하지 않는 사람들에 대해서 사용되어야 한다. 이런 경우의 전쟁은 자연에 따른 정의를 갖추고 있는 것이기 때문이다.

이렇게 해서 재산 획득술의 한 유형은 자연에 따른 가정 관리술의 한 부분을 구성한다.[26] 재산을 비축하는 것이 삶을 위해서 필수적이며, 또 폴리스나 가정이라는 공동체를 위해 유익한 것으로서, 본래 갖추어져야 하거나 아니면 그것이 갖추어지도록 이 기술을 공급할 수 있어야 한다는 점에서 그렇다.[27] 실제로 적어도 진정한 의미의 부는 이러한 재산으로 이루어져 있다고 생각된다. 왜냐하면 그러한 재산 확보에 의해 좋은 삶을 위한 자족을 얻을 수 있다면, 이 자족은 무한정 되지 않기 때문이다. 솔론이 그의 시에서 다음과 같이 말한 것처럼 말이다.

> "부의 어떠한 한계도 인간들에게 명확히 정해져 있는 것이 아니다."[28]

그러나 다른 기술들의 경우에서도 그런 것처럼, 그 한계는 정해져 있

26 농사짓는 것과 물고기를 잡는 것도 가정 관리의 일부다(1253b23-25, 1257b19-20).

27 원전을 해석하기가 고약한 맥락이다. 이 문장의 시작 대목을 hoti dei(리차즈, 로스)로 읽기도 하고, katho["…에 따라서", "… 하는 한에서"; 베르네이스(J. Bernays), 래컴(H. Rackham)]로 읽기도 한다. 또 정관사 ho로 읽으면, ho는 "재산 획득술의 한 유형"을 받는 것이 되어 동사 huprchein과 huparchē에 대해 두 개의 상이한 주어가 있게 된다(F. Susemihl, W. Newman, Vol. 2, p. 179 및 사본[MSS] 참조). 나는 hoti de로 읽으며, autēn을 '재산 획득술의 한 유형'이 아니라 '가정 관리술'을 지시하는 것으로 읽었다.

28 Diehl I.21, 「단편」 71. 테오그니스, 227 참조. 이소크라테스, 『평화에 관하여』(*peri eirēnēs*) 7 참조. 솔론(기원전 640~560년)은 아테나이의 정치가요, 시인이었다. 아테나이 정치체제의 최초 설계자였다. 좋은 삶 혹은 행복한 삶에 필요한 재산의 양의 한계는 '행복'(eudaimonia)에 의해 결정된다(1278b28, 『니코마코스 윤리학』 1128b21-25, 『에우데모스 윤리학』 1249a22-b25 참조).

는 것이니까. 왜냐하면 어떤 기술이라도 도구는 크기나 수에서 무제한일 수는 없지만 부는 가장이나 정치가에게 속하는 도구들의 집합이기 때문이다.

이렇게 해서 가장과 정치가에게는 어떤 종류의 재화의 획득술이 자연에 근거해 갖추어져 있다는 것과 어떤 이유 때문에[29] 그러한지가 분명해졌다.

29 즉 인간을 위해서 자연에 의해 주어지는 사물의 획득은 인간 삶의 필요성 때문이라는 것이다.

제9장

교환 경제의 기원, 성장, 다양성

그러나 앞서와는 다른 종류의 재산의 획득술이 있다. 이것이야말로 무엇보다도 '재화 획득술'[1]이라고 불리고 있는데, 그렇게 불리는 것은 또한 정당하며, 그 기술 때문에 부와 재산에 어떠한 제한이 전혀 없다고 사람들은 생각한다. 많은 사람들은 그것을 그 친근성 때문에 앞서 우리가 말한 재화의 획득술[2]과 동일한 것으로 간주한다. 실은 그것은 우리가 앞서 언급한 것과 동일한 것도 아니고, 그렇다고 해서 동떨어진 것도 아닐 것이다. 이것들 중 하나는 자연에 근거한 것이지만 다른 하나는 자연에 근거하지 않고,[3] 오히려 어떤 종류의 경험과 기술로부터 생겨나는 것이다.[4]

1 '재화 획득술'(chrēmatistikē)은 '돈'을 버는 기술을 포함한다.

2 제8장에서 논의했던 '자연적인 재산 획득술'을 말한다.

3 즉 교환을 통해 재산을 획득하는 것과 같은 '인위적으로(규약적으로; nomos에 따라)' 부를 획득하는 것을 말한다.

4 1257a41-b5, 1258a38-b8 참조. 경험과 기술(empeira kai technē)의 차이에 대한 리브의 주석은 다음과 같다(C. D. C. Reeve, p. 240). 'X='꿀물은 열이 난 사람의 열을 감소시킨다'고 하자(『형이상학』 1027a23-24). '갑'은 한 다른 사람에게 X가 따른다는 것을 지각한다. '갑'은 이 연결을 기억 속에 보존한다. '갑'은 매번 다른 사람에게서 X를 자각한다. '갑'은 또한 이러한 연결을 '기억' 속에 보존한다. 기억을 보존한 결과, '갑'은 꿀물 마시기와 꿀물을 마시는 것을 연상시키는 '하나의 경험'을 갖게 된다. '동일한 것'에 관련해서 이것이 자주 발생할 때, '기억'으로부터 '경험'이 오기 때문에 수적으로 많은 기억이 하나의 경험을 형성하게 된다"(『분석론 후서』 제2권 제19장 100a4-6). '동일한 것'은 꿀물을 마시는 것과 열을 내리는 것 사이의 연결이며, 그 결과 열을 치료할 수 있는 능력

이제 이 종류의 재화 획득술에 대한 우리 논의의 출발점을 다음과 같은 것으로부터 시작해 보자. 각각의 재화 사용에는 두 가지 방식이 있는데, 양자는 그 자체로 사용한다는 점에서 같지만[5] 그 자체로 사용하는 방식은 동일하지 않다. 하나는 해당 사물에 고유한 것이지만 다른 하나는 그 사물에 고유한 것이 아니다.[6] 예를 들어 샌들은 신는 데도 사용되고 교환하는 데에도 사용된다.[7] 사실상 양자가 샌들을 사용하는 것에는 변함이 없다. 왜냐하면 샌들을 필요로 하는 사람에게 돈이나 식량과 교환해서 샌들을 주는 사람 역시 샌들을 샌들로서 사용하는 것이기 때문이다. 다만, 그것은 샌들에 고유하게 속하는 사용은 아니다. 샌들은 교환을 목적으로 만들어진 것이 아니니까. 다른 소유물들의 경우에도 사정은 마찬가지다. 교환술[8]은 그것들 모두를 대상으로 하는 것이니까. 교환술은 어떤 것은 충분한 것보다 더 많이 있고, 어떤 것은 충분한 것보다 더 적게 가지고 있는 인간의 자연적인 상황에 최초의 기원을 두고 있다. 바로 이 점을 살펴보면, 또한 재화 획득술에 속하는 매매술(교역 상업)[9]이

이 나온다. 이것이 **경험과 과학적(이론적) 지식 및 기술지**를 '거의 유사하게' 만든다. 즉 "경험은 학문이나 기술과 비슷한 것처럼 보이지만, 학문과 기술들은 경험을 통해서 인간에게 생겨난다"(『형이상학』 981a1-2). 그러나 '갑'은 꿀물이 열을 내리는 '원인'(aitia)을 알지 못한다. 왜냐하면 '경험을 가진 사람은 원인을 알지 못하지만, 기술의 장인(architektōn)은 자신이 만들어 낸 것의 원인을 안다'(981a29-30, 982a29-30).

5 이에 대해서는 『에우데모스 윤리학』 1231b38 아래 참조.

6 '그 자체로'(kath' hauto) 사용된 것이 아니라는 것은 부대적으로(우연적으로; kata sumbebēkos) 사용되었다는 것을 의미한다.

7 샌들이 교환의 물품으로 사용될 때, 그 '고유한 것, 즉 본성'을 가지고 있다. 여전히 다른 사람들도 그것을 '신는' 것이니까. 하지만 그것이 교환을 위해 만들어진 것은 아니기 때문에 이러한 사용은 '고유한 것'이 아니다(ouk oikeia).

8 교환술의 세 가지 부분에 대해서는 1258b20-27 참조.

9 kapēlikē(교역 상업, 매매업)는 '자신의 필요가 아니라, 다시 팔기 위해서' 교환에 참여한

자연에 기초하는 것이 아님은 명백해지는 것이다.[10] 왜냐하면 교환이 행해질 필요가 있었던 것은, 원래 그들 자신에게 충분한 것에 한정되어 있었기 때문이다. 따라서 최초의 공동체—즉 가정인데—에서는 교환이라는 어떤 기능도 없었고, 그것이 비로소 요구된 것은 이미 공동체가 더 많은 숫자로 확대된 단계에서일 것이다. 그 이유는 한 가정의 구성원들은 모두 동일한 것을 공유했지만, 따로 떨어져 나간 사람들[11]은 다시 많은 것을, 더구나 각기 다른 것을 공유하게 되었기 때문이다. 그들은 물자가 부족해지면[12] 교환을 통해서[13] 융통할 필요가 있었다. 이것은 많은 비헬라스 민족들이 지금도 행하고 있는 방식이다. 즉, 예를 들어 곡식과 포도주를 주고받거나 다른 이와 유사한 물품을 각각 주고받는 식으로 그들은 실재 사용 물품을 다른 실재 사용 물품 자체와 교환할 뿐, 결코 그 이상의 일은 하지 않은 것이다.[14]

따라서 이런 종류의 교환술은 자연에 어긋나는 것도 아니고, 어떤 유형의 '재화 획득술'도 아니다(여기서 말하는 교환술은 자연에 따르는 자족성을 충족하기 위한 것이니까[15]). 그럼에도 이런 교환술에서 재화 획

다. 교환을 통해 부를 만들어 내는 재화 획득술의 부분(1257a41-1258a18)이며, 가정 관리술의 부분은 아니다(1257a41-1258a18). 그것은 자연적 부에 반대되는 화폐와 관련이 있으며, 다른 사람을 대가로 부를 얻는 것을 포함한다. 이자 놀이를 하는 기술(고리대금업, obolostatikē)은 그것의 부분에 속한다(1258a38-b2).

10 필요에 따른 물물교환은 자연적이지만, 그것은 재화 획득술의 부분은 아니다(1257a14-30).

11 즉 '마을의 사람들'을 가리킨다.

12 원어는 kath tas deēseis는 돈을 벌기 위해 상업 활동하는 것과 대조된다.

13 '교환을 통해'(kata tēn allagēn)에서 교환은 '물물교환'을 의미한다.

14 돈이 개입되지 않는 교환을 의미한다.

15 『니코마코스 윤리학』 1118b18 참조. "자연적인 욕망은 결핍된 것을 채우는 것이니까."

득술이 생긴 데는 나름의 이유[16]가 있다. 즉, 부족한 것을 이입하고 남아도는 것을 이송하기 위해 [필요한 물품] 공급의 원천을 외국에 의존하는 일이 한층 많아짐에 따라 필연적으로 화폐의 사용이 도입된 것이다.[17] 사실상 자연에 따라 각종 필수품들을 일일이 차질 없이 운반하기는 어렵다. 이런 까닭에 거기서 그 교환을 목적으로 그 자체로 유익하면서 생활을 위한 필요에서도 편리함을 주는[18] 어떤 것,[19] 예를 들어 철과 은, 그리고 그 밖에도 그러한 종류의 것이 있으면, 그것들을 서로 주고 또 받을 수 있도록 합의하기에 이르렀다. 처음에는 크기와 무게가 정해진 만큼 간소해진 것이었으나 맨 나중에는 그 위에 각인을 누름으로써 스스로 그 무게를 측정하는 수고를 덜었던 것이다.[20] 왜냐하면 그 각인은 얼마나 많은 양인지를 표시하는 징표이기 때문이다.[21]

그리하여 일단 화폐가 도입되자 생활에 필수적인 것들의 교환으로부 1257b
터 재화 획득술의 또 다른 유형인, 즉 상업적인 유형이 생겨난 것이다.
처음에는 아마 그것은 단순한 형태로 이루어졌겠지만, 그다음에는 경험

16 뉴먼은 kath logon을 "이성에 따라서, 우리가 자연적으로 기대할 수 있는 것"으로 해석한다. 이 말은 eulogōs(이치에 맞다)와 같은 의미로도 쓰인다.

17 이 대목에서는 화폐가 외국과의 교역을 통해 발생했다고 보는 데 반해, 『니코마코스 윤리학』에서는 교환의 편리함을 위해 돈이 도입되었고, 돈은 물품들 간의 모든 종류의 측정 수단이 된다고 보고 있다(1133a19-24).

18 직역하면, '쉽게 다룰 수 있는 것'(eumetacheiristos)이다.

19 쉽게 운반할 수 있고, 저장할 수 있고, 다른 물품으로 쉽게 바꿀 수 있는 그러한 것.

20 나라마다 각인(charaktēra)의 모양이 달랐다고 하는데, 가령 시라쿠사에서는 4드라크마에 4두 2륜 마차를, 2드라크마에 한 쌍의 말을, 1드라크마에 한 사람이 탄 말을 새겨 넣었다고 한다. 드라크마보다 가치가 훨씬 큰 오볼(Obol)에는 전차로 표시했다고 한다. 아테나이에서는 도시의 상징인 올빼미의 수와 그 몸뚱이의 수, 그리고 올빼미의 시선을 달리해서 돈의 가치를 표시했다고 한다(W. Newman, Vol. 2, p. 185).

21 화폐의 기원에 대해서는 플라톤, 『국가』 371c-d 참조.

을 통해 최대의 이득을 어디로부터 어떻게 교환함으로써 얻을 수 있을지를 알게 되면서 점차 교역 상업은 보다 더 기술로서의 성격을 지니기에 이르렀다. 이런 까닭에 재화 획득술은 특히 화폐에 관련된 기술이며, 그것의 기능은 어디로부터 많은 돈을 벌 수 있는지를 판별하는 데 있다고 생각되었던 것이다. 사실상 그것은 부(富)와 돈을 창출하는 기술이라고 생각되기 때문이다.[22] 실제로 사람들은 종종 화폐의 많은 양을 부로 간주하는데, 이는 재화 획득술과 교역 상업(매매술)이 화폐의 많음을 목표로 하기 때문이다.

이와 반대로 때때로 돈은 하찮은 것, 전적으로 약정에 의한 것이어서 전혀 자연에 근거하지 않은 것으로 간주된다.[23] 왜냐하면 화폐를 사용하는 사람들이 화폐를 바꾸게 되면, 원래의 화폐는 더 이상 아무런 가치도 없어져서 그 어떤 생활필수품을 얻는 데도 쓸모없는 것이 되고 말 것이고, 또 아무리 화폐를 많이 가져도 필수 불가결한 식량조차 종종 부족하게 되기 때문이다. 어쨌든 그것이 너무 많이 남아도는 사람이 배고픔으로 죽게 되는 그러한 부라면 이치에 맞지 않는다. 그것은 저 미다스[24] 왕

22 아담 스미스(A. Smith)가 『국부론』(B. IV)에서 지적한 바와 같이, '부와 돈을 혼돈'한 것으로 잘 알려진 대목이다. 아리스토텔레스의 『수사학』에서는 많은 돈(nomismatos plēthos)은 부의 많은 요소들 가운데 '하나'라고 말하고 있기도 하다(1361a12).

23 nomisma와 nomos의 말장난이 있는 것으로 보인다. "그런데 돈이 관행(sunthēkē)에 의해, 말하자면 필요의 교환 가능한 대리물(hupallagma)이 된 것이다. 또 바로 이런 이유로 돈은 자신의 이름 '노미스마'(nomisma)를 갖게 된 것인데, [이것은 돈이] 자연이 아니라 '노모스'(nomos), 즉 법(규약)에 의한 것이기 때문이며, 가치를 바꾸는 일이나 가치 없는 것으로 만드는 일도 우리에게 달려 있기 때문이다"(『니코마코스 윤리학』 제5권 제5장 11절, 1133a29-35).

24 미다스(Midas)는 프뤼기아의 신화적인 왕으로 무엇이든 만지는 족족 황금으로 변했다고 한다. 디오뉘시오스와 실레노스에 관련된 이야기에 대해서는 오비디우스의 『변신 이야기』 XI. 90~145 참조. 미다스 왕에 대해서는 여러 전설이 전해지나(헤로도토스, 『역

의 이야기 속에서 마치 물릴 줄 모르는 탐욕의 소원으로 인해 그의 앞에 놓인 것이 모조리 황금으로 변해서 신세를 망치게 되었다는 이야기와 마찬가지다.

이런 까닭에 사람들은 부와 재화 획득술에 대한 다른 파악 방식을 찾고 있는데, 이는 옳은 일이다. 재화 획득술도 부도 그것이 자연에 근거를 두는 한, 앞서 말한 것과는 다른 것이기 때문이다. 즉, 이런 종류의 재화 획득술은 가정 관리술에 속하는 반면, 다른 쪽은 매매술에 속한다. 후자는 재산을 창출하는 기술이지만, 그 온전한 의미에서가 아니라 오로지 물건[25]의 교환을 통해서만 부(재화)를 만들어 내는 것이다.[26] 그리고 교역 상업에서의 기술은 화폐와 관련이 있다고 생각되지만, 그것은 교환의 기본 요소이자 그 한계이기도 하기 때문이다.[27]

그리고 확실히, 이런 방식의 재화 획득술로부터 생기는 부에는 끝이 없다. 그렇지만 의술은 건강을 무한정하게 추구하듯이, 각각의 다양한 기술들은 저마다 무한정하게 그 자체의 목적을 추구하지만(기술들은 그 자체의 목적을 최대한도로 성취하기를 원하는 것이니까), 반면에 그 목

사』 제8권 138), 아마도 아리스토텔레스는 여기서 '배고픔과 갈증'으로 죽었다는 미다스의 이야기를 염두에 두고 있는 것 같다. 역사상의 인물로 미다스로 불리는 앗시리아 지역의 프뤼기아의 왕(기원전 738~696년)이 있다(헤로도토스, 『역사』 제1권 14 참조). 이 사람이 '귀게스의 반지'로 알려져 있는 귀게스와 관련된 인물이다.

25 현대 경제학적인 용어로 말하자면, '상품'인 셈이다.

26 즉 교역 상업에서의 기술(매매술)은 '단적인 의미에서' 가치를 만들어 내는 것이 아니라, 교환을 통해서 가치를 만들어 내는 것이다.

27 돈이 교환의 출발점(원리)이자 목표라는 것이다. 요소(stoicheion)는 교환에서의 없어서는 안 될 '기본적인 대행자', '단위'라는 것이고, 한계(peras)는 어떤 물건의 가격이 '그 교환 가치의 한계를 결정한다'는 의미일 것이다.

적을 성취하기 위한 것[28]은 한계가 없이 추구되는 것이 아니듯이(모든 기술에서 그 목적은 한계가 되는 것이니까), 그와 마찬가지로 재화를 획득하는 바로 그 기술이 추구하는 목적에도 한계가 없기 때문이다(즉, 그 목적은 그러한 끝없는 부이자, 재화(돈)의 획득이니까). 반면에 재화 획득술과 반대로 가정 관리술은 한계를 가진다(왜냐하면 재물을 획득하는 것[29]은 가정 관리술의 기능이 아니기 때문이다).

이런 까닭에 이러한 측면에서 보자면, 모든 부에는 필연적으로 한계가 있는 것처럼 생각되기 때문인지 모르지만 실제로 행해지고 있는 일들 중에서는[30] 그 반대의 일이 일어나고 있는 것을 볼 수 있다. 사실상 재화(돈)의 획득에 종사하는 모든 이들[31]은 자신의 돈을 무한정하게 늘리려고 한다. 그렇게 되는 원인은 이 두 종류의 재화 획득술[32]이 가까운 관계에 있기 때문이다. 이 역시 재산을 획득하는 두 가지의 기술이 각각 동일한 것, 즉 재화에 관계됨으로써 각각의 사용이 서로 겹쳐지고[33] 있기 때문이다. 즉 재화가 사용된다는 점에서 이 두 기술이 다를 바가 없으나, 동일한 원칙에 따라 그것을 사용하는 것은 아니며, 한쪽은 재화를 다른 목적[34]으로 사용하지만 다른 쪽은 그 자신을 증식시킬 목적으로 사용한다. 그래서 어떤 사람들은 증식하는 것을 가정 관리술의 일이라고 생각

28 목적을 성취하기 위한 '수단'을 의미한다.

29 touto(이것)은 '한계를 성취하는 것'을 말한다. 즉 '돈(재화)을 획득하는 것'(chrēmata poiein)을 의미한다.

30 즉 '우리의 삶에서 경험하는 것들'.

31 즉 '교역에 참여하는 사람들'.

32 즉 앞서 언급한 '두 가지 방식의 재화를 획득하는 기술'을 말한다.

33 이 동사(epallattein)에 대해서는 1255a13 참조.

34 즉 그 순수한 사용이나 단순한 증가.

해서 가지고 있는 재산을 화폐로 반드시 보전하거나 혹은 무한정으로 불려야 한다고 생각하는 것이다.[35]

이러한 태도(성향)에 놓이게 되는 원인은 잘 삶이 아니라 그냥 사는 것에 사람들이 몰두하는 데 있다. 그러한 삶에 대한 욕망은 무한정한 것 1258a
이어서 그들은 또한 그것을 실현할 수 있기를 끝없이 욕망하는 것이다. 심지어 잘 삶을 목표로 삼는 사람들조차도 육체적인 쾌적함(만족)을 진작시키는 것을 요구하고, 바로 이러한 것이 재산 안에 존재하는 것처럼 보이므로 그 생활 모습의 모든 것이 재화를 획득하는 일로 향하게 된다. 실제로 이 일로 말미암아 재화를 획득하는 두 번째 유형의 기술이 출현한 것이다. 그들의 쾌적함이라 하는 것이 '지나침'('보다 많이')에 있는 이상, 그들은 쾌적함과 관계되는 지나침을 만들어 내는 방법을 요구하기 때문이다. 또한 재화 획득술을 통해서 그러한 지나침을 얻을 수 없다면, 그들은 각각의 능력[36]을 자연에 따르지 않는 방법으로[37] 사용함으로써, 그들은 다른 원인을 통해서 그것을 얻고자 시도한다. 예를 들어, 용기가 하는 구실은 본래 돈을 만들어 내는 것이 아니라 대담함을 발휘하는 데 있다. 또한 장군의 기술도 의사의 기술도 돈을 만들어 내는 데에 그 구실이 있지 않으며, 전자는 승리를, 후자는 건강을 만들어 내는 데 있다. 그럼에도 이러한 자들은 모든 능력과 기술을 재화를 획득하는 기

35 이런 생각에 집착하는 사람은 이어지는 문장에서 말해지듯이, 물질적인 만족에 그치는 단순한 to zēn(삶)을 사는 것이고, 행복한 삶인 잘 사는 삶(to eu zēn)에는 이르지 못할 것이다. 이 두 말의 대조적으로 사용되는 1252b29-30, 1280a31-32 참조.

36 여기서 말하는 '능력'은 용병술과 같은 기술뿐만 아니라, '용기'와 같은 덕도 포함하는 것처럼 보인다.

37 플라톤, 『국가』 346d 참조.

술로 만들어 버린다. 즉, 이러한 사람들은 돈을 획득하는 것[38]이 그 목적이며,[39] 모든 것이 이 목적을 향해 나아가야 한다는 생각에서 그렇게 하는 것이다.

이렇게 해서 필수적이지 않은 재화 획득술에 관하여, 그것이 무엇이며, 어떤 원인에 의해 그것을 우리가 필요로 하는지를 말했다.[40] 이와 더불어 필수적인 재화 획득술에 대해서도 그것이 앞의 기술과는 달리 식량과 관련된 자연에 근거한 가정 관리술이며, 또 앞에 기술이 무제한적인 것과 달리 한계[41]를 갖는다는 점을 논의했다.

38 원문의 touto(이것)는 to chrēmatizesthai(재화를 획득하는 것)을 말한다.

39 '이와 같은 모든 능력들의 목적'을 의미한다.

40 1257b40-1258a14. 예컨대 사람들이 불필요한 혹은 건전하지 않은 '재화 획득술'을 필요로 하게 된 까닭은, '잘 삶'과 그럭저럭 사는 '삶'을 그릇되게 해석하고 살아 나가기 때문이다.

41 원어로는 horos('경계 표시')이다. 여기서는 peras(한계)와 같은 의미로 쓰였다. 이 말은 논리학적으로는 명사(名辭)란 의미로 쓰인다. 그 어원은 영토나 토지의 '경계를 표시하는 돌'에서 나왔다. '기준'(horos)이란 의미로 전의(轉義)될 수 있다. "의사에게도 어떤 기준이 있어 그것에 조회해서 건강한 몸과 그렇지 않은 몸을 판별한다"(『에우데모스 윤리학』 1249a21-22).

제10장

획득술과 관련된 가정 관리, 교역, 대부(貸付)

애초에 우리가 제기했던 난제,[1] 즉 재화 획득술이 가장의 일인지 아닌지, 혹은 정치가(폴리스 지도자)의 일인지 아닌지, …[2] 아니면, 그러한 재화가 미리 수중에 주어져 있어야 하는지도 이제 분명해졌다[3](왜냐하면 정치술[4]이 인간을 낳지 않고, 오히려 자연으로부터 인간들을 받아들여 사용하는 것처럼, 자연 또한 땅이나 바다, 그 밖의 어떤 것들을 식량의 공급원으로 제공해야 하기 때문이다[5]). 이에 대해 가장에게 적합한 일은 이 공급원들로부터[6] 받는 것(식량)을 적절한 방식으로 분배하는 것이다. 왜

1 "과연 재화 획득술은 가정 관리술과 동일한 것인가, 아니면 그것의 어떤 부분인지, 혹은 그것에 보조하는 것인지?"(제1권 제8장 1256a3-10) 재화 획득술이 정치가의 역할인지에 대한 언급은 없었다.

2 F. 주제밀과 R. 힉스(R. Hicks)는 여기에 원문이 탈문된 것으로 본다. 맥락상 간단히 보충하자면, '… 그것은 오히려 다른 누군가의 일이다. 요컨대 삶에 필요한 모든 것을 확보하는 일은 그의 일이 아니다. 앞서 보았듯이 재화를 획득하는 것은 그의 일이 아니라 사용하는 것이 그의 일이니까'. 따라서 재화는 미리 주어져야 한다는 것이다. 탈문이 없었다고 해도 이어지는 논의를 통해 충분히 맥락을 이해할 수 있다.

3 원어의 문장은 dei touto huparchein이다. 여기서 touto(이것)는 chrēmata(재화)를 지시한다. 아래의 1258a35에도 동일한 표현이 나온다.

4 politikē(정치술).

5 아리스토텔레스는 『동물의 부분들에 대하여』 668b11에서 "음식은 땅과 물의 혼합"이라고 말한다.

6 F. 주제밀은 ek toutōn을 meta tauta(이것들 다음으로)와 동일한 의미를 갖는 것으로 해석한다. 이것은 한 문장에서 toutōn과 tauta가 병렬적으로 나타나는 문법적 어색함을 부드럽게 해 줄 수 있을 것이다. 이와 달리 W. 뉴먼은 tauta를 '식량'으로 보고, ek toutōn을

냐하면 양모를 짜는 일은 양털을 만들어 내는 것이 아니라 그것을 사용하는 것이고, 또 어떤 종류의 양털이 쓸 만하고 목적에 적합한지, 아니면 [질이] 떨어져서 작업에 적합하지 않은지를 식별하는 것이기 때문이다.

만일 이것이 그렇지 않다고 한다면, 다음과 같은 물음을 제기할 수 있을지 모르겠다. 즉 가정에 속한 자들은 사는 것이나 그 밖의 필수적인 사항과 마찬가지로 건강 또한 필요할 텐데, 재화 획득술은 가정 관리술의 부분이지만 의술이 그 부분이 아닌 것은 무엇 때문인가? 그럼에도 건강에 관심을 기울이는 것은 어찌 보면 가장이나 지배자의 일이지만, 다른 의미에서는 오히려 의사의 일이다. 마찬가지로 [가정에 꼭 필요한] 재산 금전에 관심을 기울이는 것은 어떤 의미에서는 가장의 일이지만, 다른 의미에서는 오히려 보조적 일인 것이다. 그러나 앞서 말한 것처럼[7] 재화는 무엇보다도[8] 먼저 자연에 근거해야 한다.[9] 왜냐하면 일단 태어난 사람에게 식량을 공급하는 것은 자연의 기능(작용)이다. 즉 태어났을 때의 잔류물이 태어난 동물 모두에게 식량이 되기 때문이다.[10] 따라서 곡식[11] 이나 동물들로부터의 재화를 얻는 획득술은 모든 인간에게 자연에 근거

'이 공급과 더불어 시작함으로써'(starting with this provision)로 옮긴다. 식량을 복수로 받은 것은 식량의 종류가 여럿이기 때문이다.

7 1258a 20-21.

8 혹은 '가능하다면'.

9 재화를 획득하는 데 어려움이 없어야 한다는 의미다.

10 물에서 생겨난 것은 다시 그 물을 먹고 성장해 간다. 그래서 동물과 식물의 세계는 인간을 지탱해 주는 자연의 비축처가 되는 것이다(W. Newman, vol. 2, p.195). "동물들 중에 어떤 것은, 예를 들어 구더기나 알을 만들어 내는 동물들은 태어남과 더불어 그 시작에서부터 새끼들이 제 스스로 식량을 얻을 만한 시점에 이를 때까지 충분할 정도만큼의 식량을 만들어 내는 것이다"(1256b10-12).

11 땅에서 나오는 수확물 일반을 포함한다.

한 것이다.

그러나 앞서 말한 것처럼[12] 재화 획득술에는 두 종류가 있다. 하나는 교역 상업(매매술)이며, 다른 하나는 가정 관리술인데, 후자는 생활에 필수적이고 칭찬받는 것이지만, 전자의 교역술은 정당하게 비난받아 마 1258b
땅하다[13](왜냐하면 이는 자연에 근거한 것이 아니라 인간들 사이에서[14] 재화를 얻기 때문이다). 더구나 저리로 이자 놀이를 하는 기술[15]은 화폐 도입의 본래 목적을 어기고 화폐 자체로부터 재화를 얻기 때문에 미움을 받을 수 있는 충분한 이유가 있다. 왜냐하면 화폐는 원래 물자와의 교환을 위해서 만들어진 것이지만, 이자는 화폐 자체의 양을 늘리는 것이

12 제1권 제8장 1256b26-39, 제9장 1257b17-23.

13 『가정 경제학』 1343a25-b2 참조.

14 상업적 교역을 함으로써 이익을 남기려는 모든 사람들 중에서 누군가는 이익을 보면 누군가는 반드시 손실이 발생한다는 것을 의미한다(『수사학』 1381a21-33, 『가정 경제학』 1343a27-30 참조). 이 말은 앞서의 "곡식과 동물들로부터 재화를 획득하는" 것과 대조되는 것이다. F. 주제밀과 R. 힉스는 ap' allēlōn이 '중성'이라면 상호교환으로부터 이익이 만들어진다는 것이지만, 훨씬 더 그럼직한 것은 '남성'으로서, 서로 간에 편취하고 사기치는 사람들로부터 파생된 것으로 보고 있다. 실제로 아리스토텔레스는 교역하는 것에 대해 반대의 입장을 취한다.

15 원어인 obilostatikē는 흔히는 영어권에서 usury(고리대금업)으로 번역한다. 당시 대부에 대한 이자율은 고리(高利)로부터 평균적 이자율, 저리(低利) 등이 있었다고 하는데, '고리대금업'은 정의롭지 않을 뿐만 아니라 당연하게 비난받아 마땅한 것이다. 뉴먼은 'the trade of a petty usurer'로 주석하고 있다. 여기서 아리스토텔레스가 고리뿐 아니라, 저리도 다 같이 비판하는 입장에 서 있다고 보아야 한다. 『니코마코스 윤리학』에서는 '부끄러운 취득욕'(aischrokerdeia)을 언급하면서, 그중의 하나로 "적은 돈을 높은 이자로 빌려주는"(tokistai kata mikron epi pollō) 고리대금업자를 언급하고 있다(1121b34). 어쨌거나 아리스토텔레스는 '돈'으로 '돈'을 버는 것, 요즘 식으로 말하자면 '금융업'에 대해서 무겁게 비판하는 입장에 서 있다. 나아가 오늘날에 유행하는 금융 자본주의뿐만 아니라, 기본적으로 이윤추구를 극대화하는 '신자유주의'에 대해서도 적대적인 입장을 가지고 있다.

기 때문이다(바로 거기에서[16] 그 이름을 받아들인 것이다. 왜냐하면 그들의 부모와 닮은 것이 바로 자식이고, 이자는 돈으로부터 나온 돈[17]이기 때문이다). 따라서 여러 가지 재화를 획득술 중에서도 이런 종류의 것이 특히 자연에 어긋나는 것이다.

16 '자식'의 원어는 tiktomena(자식들)이고, '이자'를 의미하는 tokos는 사람이나 동물의 자손, 새끼를 의미한다. 플라톤, 『국가』 507a 참고.

17 요컨대 그 관계가 '부모-자식 관계'와 같다는 것이다.

제11장

획득의 방식과 독점: 분석과 평가

이제껏 재화 획득술에 대한 이론적 앎[1]의 측면에 대해서는 충분하게 규정했으므로, 다음으로 우리는 그 실천적 사용이란 측면을 상세히 살펴볼 필요가 있다. 이와 같은 모든 사항에서 그 이론적 고찰은 자유로워도 상관없지만, 실제로 경험적으로 아는 상황에서는 필수적인 사항에 의한 제약을 수반하는 것이다.[2] (A) 재화 획득술에 포함되는 유용한 부분은 다음과 같다. (1) 가축에 대해, 어떤 종류의 것이 어디서, 어떤 방식으로 가장 유용한지를 경험적으로 알고 있다는 것. 예를 들어 말, 소, 양과 같은 다른 나머지 동물들[3]에 대해 어떤 사육법[4]이 좋은가 하는 것이다(이 동물들을 서로 비교해 보고, 그중 어떤 것이 가장 유용한지, 또 어떤 종류의 것이 어떤 장소에서 그런가를 경험적으로 알고 있어야 하기 때문이다. 땅이 다르면 발육[5]이 좋은 동물도 다르니까). (2) 다음으로 농경에 대해,

1 즉 '재화 획득술'에 관한 앎. 이 장이 아리스토텔레스 자신이거나 후대의 편집자에 의해 첨가되지 않았는가에 대한 의문에 대한 논의는 W. Nerman, vol.1, pp. 196~198 참조. 결론적으로 뉴먼은 이 장이 아리스토텔레스적일 뿐만 아니라, 제1권의 나머지 부분들과 동일한 시점에서 저술된 것으로 보고 있다.

2 즉, '그 앎들에 대한 실천적 경험이 반드시 필요하다'는 말이다. 제8권 제2장 1337b5-21 참조.

3 당나귀, 나귀, 돼지, 염소 등.

4 동물의 종류와 양과 질, 사육과 재산상의 수입을 다 포함한다.

5 euthēnei에는 '풍부한 자손을 낳는다'라는 의미도 포함되어 있다.

곡물의 재배와 과실[6] 재배를 위한 땅의 구별이 있는데, 그것들을 경험적으로 알고 있어야 한다. (3) 또한 양봉[7]에 대해, 그 밖에—물고기든 가금류가 되었든—거기로부터 인간이 생활의 버팀목이 될 수 있는 것을 얻을 수 있는 동물에 대해, 그 사육법을 경험적으로 알고 있어야 한다. 따라서 이것들이 가장 고유한 의미에서의 재화 획득술의 부분이자 가장 중요한 부분이다.

이에 반해, (B) 교환 획득술 중 가장 주요한 부분은 (1) 상업이다(여기에는 또 세 분야가 있는데, (ㄱ) 교역하기 위한 배를 임대하는 선박업, (ㄴ) (육상이든 해상이든 간에) 상품 운송업, (ㄷ) 상품 판매업 등이다. 이것들 사이의 차이는 더 위험이 적은가, 더 많이 벌 수 있는가 하는 점에 있다). 교환술의 두 번째 분야는 (2) 대부업이고, 세 번째는 (3) 임노동이다(여기에는 (ㄱ) 숙련된 손기술자[8]의 일과 (ㄴ) 단지 기술이 없이 신체 하나로서만 힘 쓰는 일의 구별이 있다).

재화 획득술의 (C) 세 번째 종류는 이 막노동과 첫 번째 종류와의 중간이다(이것은 자연에 따른 재화 획득술 부분과 교환술로서의 재화 획득술의 어떤 부분을 다 같이 포함하고 있기 때문이다). 그것은 땅으로부터

6 올리브와 포도 경작을 포함한다.

7 고대인에게 설탕의 존재도 알려졌지만, 이것은 의학적 수단으로만 사용했고, 달콤한 재료로는 꿀을 사용했다고 한다. 플라톤은 『법률』에서 시민을 "농부들, 목부들, 양봉하는 사람들"(842d)로 표현하고 있다.

8 banausos는 번역하기 곤란한 말이다. Phortikos(1258b35)도 같은 의미('비천한' 혹은 '비속한')로 사용된다. '실내에서 손으로 반복적인 일을 행하는 기술자들'을 총칭하는 말로 가장 비천한 직업군으로 간주된다. 제1권 제13장(1260a41-1260b1)에는 "손기술에 종사하는 기술공, 천한 일에 종사하는 기술자(banausos technitēs)는 어떤 종류의 한정된 예속 상태에 있는 것"이란 표현이 나온다. 그 뉘앙스는 '천한 일에 종사하는 기술자'라는 뜻이다. 다음 각주 12 참조.

직접 얻어지는 재물이나, 땅으로부터 오는 재물 중에서 열매를 맺지는 않으나 유익한 것들을 획득하는 기술이다. 예를 들어 벌채술과 모든 종류의 채굴술(採掘術)이 그렇다. 이것은 곧바로 많은 부류를 포함하는데, 땅에서 채굴하는 광석에는 많은 종류가 있기 때문이다.

지금까지 재화 획득술 각각의 종류에[9] 대해, 우리는 일반적인 방식으로 말해 왔다. 그것들에 대해 하나하나 자세히 설명하면 구체적인 실천 작업에 유익할 수 있겠으나 그러한 번거로운 일에 매달려 시간을 낭비하는 것은 품위 없는 하찮은 일이 될 것이다.[10] 어쨌든 가장 높은 기술을 필요로 하는 작업들은 가장 적은 우연에 의존하는 것들이고,[11] 이에 비해 수작업의 정도[12]가 가장 높은 작업은 가장 심하게 신체를 해치는 것이며, 가장 노예적인 작업은 가장 신체를 혹사시키는 것이며, 가장 비천한 작업은 덕을 필요로 하는 일이 가장 적은 것이다. 이러한 재화 획득술의 실제 작업에 대해서 몇몇 사람들이 글을 남기고 있는데, 예를 들어 파

9 재화 획득술의 각각의 형식. '이것들'이 무엇을 가리키는 지가 애매하다(로스 판 참조). 그래서 주제밀, 뉴먼을 비롯한 여러 학자들은 37~38행을 33행 앞으로 옮겨 놓는다.

10 이에 관해서는 1337b15-21 참조.

11 『니코마코스 윤리학』 1140a 19에는 "어떤 의미에서 운(tuchē)과 기예(technē)가 서로 동일한 것에 관련된다"라는 말이 나온다. 왜냐하면 기예는 행위가 아니라, 제작에 관련되기 때문이다.

12 banausos는 baunos(화덕, 쇠를 녹이는 용광로)에서 유래한 말이다. '대장장이'라는 의미에서 일반적으로는 수공업자를 포함한 기술자 계급을 총칭해서 사용하던 말이다. 귀족 계급에 비해서 주로 노예가 담당하는 직업 일반을 가리킨다. 이 일에 종사하는 사람은 정신적으로나 지적으로(ten psuchēn hē tēn dianoian; 1337b8) 부족한 자들이란 함축도 있다. 따라서 자유인은 이러한 일에 종사해서는 안 되는 것이다(1337b15-21). 여기서부터 이 말이 '저속한 사람', '비속한 사람', '무취미한 사람'을 가리키기도 한다. 『니코마코스 윤리학』 1122a31에서는 이 말의 추상명사인 banausia(비속함)란 말이 사용된다. 거기에 함께 쓰인 apeirokalia란 말은 '아름다움을 맛볼 줄 모르는 것'을 의미한다.

1259a 로스의 카레티데스[13]와 렘노스의 아폴로도로스[14]는 곡식과 과일을 심는 농경술에 관해, 그리고 다른 사람들은 또한 다른 주제에 관해 비슷하게 글을 썼기 때문에, 이것들에 관심을 가진 사람은 누구든지 그 작품들의 도움을 받아 그것에 관한 문제를 연구하면 된다.

게다가 운 좋게도 재화 획득에 성공한 자들이 수단으로 삼은 여러 가지 일들이 여기저기서 이야기되어 있어 이것들을 모을 필요가 있다. 사실상 이러한 모든 자료는 재화 획득술을 중시하는 사람들에게 유용하다. 예를 들면 밀레토스의 탈레스[15]를 둘러싼 일화가 그렇다. 이것은 재화 획득을 위해 생각되었던 어떤 궁리로, 그의 지혜가 유명하기 때문에 그에게로 돌려지지만, 그럼에도 일반적으로 통용될 수 있는 것이다.[16] 사람들의 전하는 말에 따르면, 어느 때 탈레스가 실제로 가난 때문에 그

13 카레티데스에 대해서는 알려진 바가 없다. 파로스(Paros)는 퀴클라데스 제도(諸島)에 속하는 섬으로 에게 해 중앙에 위치한다. 낙소스의 서쪽에 있다.

14 아폴로도로스는 아리스토텔레스 당대의 사람으로 실제적인 농지 경작에 관한 것을 썼다고 한다. 렘노스는 에게해 북쪽 터키 연안 가까이에 있는 섬으로 주도(主都)는 뮈리나이다.

15 탈레스는 기원전 6세기경 소아시아 지방의 밀레토스 출신으로 소크라테스 이전의 자연철학자 중 맨 선두에 위치하는 철학자다. 여기서 언급된 탈레스의 실천적인 재산 획득술과는 달리 탈레스의 지혜가 쓸모없다는 언급도 있다. "이런 까닭에 사람들은 아낙사고라스나 탈레스나 이와 비슷한 사람들이 자기 자신의 이익이 되는 것에 대해서는 무지한 것을 볼 때마다, 그들은 지혜로우나 실천적 지혜(슬기)가 없다고 말한다. 그리고 사람들은 또 그들이 알고 있는 바가 비범하고 놀랍고 어렵고 신적이기는 하나, 쓸모없는 것들이라고 말한다. 이것은 그들이 추구하는 바가 인간적인 좋음이 아니기 때문이다"(『니코마코스 윤리학』 1141b5-9). 천문학은 "철학과 가장 유사한 수학 계열의 학문"(『형이상학』 제12권 제8장 1073b4-5)이다. 그래서 '철학'이라고 말하면서 탈레스의 천문학적 지식을 언급한 것이다. 올리브 짜는 기계의 매점에 대해서는 디오게네스 라에르티오스, 『유명한 철학자들의 생애와 사상』 제1권 26 참조.

16 탈레스와 같은 철학자뿐만 아니라, 일반적으로 모든 상업적 교환에 적용된다는 말이다.

의 지혜에 대한 사랑(철학)이 쓸모없는 것이라고 사람들이 그를 비난하자, 스스로 천문학적 지식을 통해서 올리브 풍작이 있을 것을 예측하고, 아직 겨울일 때 없던 돈을 마련하여, 밀레토스와 키오스[17]에 있는 올리브기름 짜는 모든 도구를 임차하기 위한 선금을 지불하였다. 이때 아무도 경쟁하는 사람이 없었기 때문에 싼 임대료로 마무리지을 수 있었다고 한다. 그리고 때가 도래하자 곧 많은 사람들이 올리브 짜는 도구를 찾아 한꺼번에 몰렸기 때문에, 그는 자신의 뜻대로 그것을 다시 빌려줬고, 심지어 많은 돈을 긁어모아, 철학자라고 해도 마음만 먹으면 부자가 되기는 쉽지만 그것은 철학자가 전념할 일은 아니라는 것을 실증적으로 보여 줬다고 한다.

자신의 지혜를 실증하기 위해 탈레스가 이러한 방법을 취했다고 전해지고 있는데, 앞서 말한 바와 같이 부를 획득하는 이러한 방책은—만일 누군가가 자신을 위해 독점 채비를 갖출 수만 있다면—일반적으로 통용될 수 있는 것이다. 따라서 몇몇 폴리스들[18]에서는 재원이 부족하면 이러한 방식으로 사태를 타개한다. 즉, 상품의 독점 판매를 실시하는 것이다.

또한 시켈리아에는 자신에게 얼마간의 돈이 맡겨졌을 때, 그 자금으로 철 주물공장[19]에서 모든 철제품을 사재기한 사람이 있었다. 그 후에

17 키오스는 해안과 접해 있는 말레토스와 달리 아나톨리아 해안에서 7킬로미터가량 떨어진 꽤 큰 섬이다.

18 셀륌브리아, 뷔잔티온, 람프사코스 등이 위-아리스토텔레스(pseudo-Aristotelēs)의 『가정 경제학』(1348b33, 1346b25, 1347a32)에서 그 예로서 주어지고 있다. 그러면서 그는 '오늘날의 국가에서 빈번하게 일어나는 것처럼, 재정을 확보하는 지속적인 공급원으로서 독점이 헬라스 도처에서 사용되었다는 증거는 없다'라고 덧붙이고 있다.

19 광산이라기보다는 제련하는 '작업장'을 가리킬 것이다(주제밀, 뉴먼).

상인들이 그들의 물품창고[20]로부터 [물건을 사기 위해] 도착했을 때만 해도 판매자는 그 하나뿐이었다. 가격을[21] 크게 올리지 않았는데도 그는 겨우 50탈란톤을 밑천으로 100탈란톤을 더 움켜쥘 수 있었다.[22] 그러자 이 사실을 들은 디오뉘시오스[23]가 그 사람에게 번 돈을 갖고 나가는 것을 인정했지만 더 이상 쉬라쿠사이에는 머물러서는 안 된다고 명령했다. 이는 그 사람에 의해 자신의 재원에 불이익이 되는 방안이 발견되었다고 생각했기 때문이다.[24] 그럼에도 탈레스가 찾아낸 앞선 방안과 이자가 찾아낸 것은 같은 것이다. 이 두 사람은 자신에게 독점 판매를 할 수 있도록 교묘한 궁리를 고안해 냈으니까.

그리고 정치가들도 이러한 것들을 알아 두는 것은 또한 유용하다. 왜냐하면 많은 폴리스는 이러한 재원 확보나 방책이 필요하며, 그것은 가정과 마찬가지, 아니 실제로는 그 이상이기 때문이다. 이런 까닭에 실제로 폴리스의 운영에 종사하는 사람들 중에서도 전적으로 폴리스의 재정

20 일반적으로 상인들은 물품창고(emporia)에 머물렀다고 한다.

21 쇠에 부과되는 통상의 가격.

22 애초에 투자한 돈 50탈란톤에 더해서 100탈란톤을 더 번 것으로 해석하면, 그가 만든 이익은 100탈란톤이 될 것이다.

23 쉬라쿠사이의 참주였던 디오뉘시오스 1세(기원전 430~367년)를 말할 것이다. 의심할 바 없이 제3권 제15-16장에서 언급된 디오뉘시오스일 것이다.

24 참주 디오뉘시오스 1세로 추정되지만, 그는 전시나 평화시에도 그렇게 중요한 상품인 쇠가 개인의 손안에서 좌지우지되고 있으며, 높은 가격에나 수중에 넣을 수 있고, 또 그들한테서만 구할 수 있는 것에 반대하는 입장을 취할 수밖에 없었을 것이다. 그는 개인이 아니라 국가만이 독점에 관여할 수 있다고 생각했던 것 같다. 게다가 참주는 지배당하는 자들을 가난하게 유지해야 하고(1313b18), 부자를 믿어서는 안 되기 때문이다(1311a15 아래). 가난해야 늘 복종하며, 부자는 늘 자신이 지배자가 되고 싶어 전복을 꾀할 수 있기 때문이다(W. Newman, vol. 2, p. 208). 디오뉘시오스 2세는 기원전 367~344년에 왕으로 활동했다.

과 관련된 폴리스의 운영에만 종사하는 사람들이 있는 것이다.[25]

25 아리스토텔레스 당대의 정치가인 에우불로스(Euboulos; 기원전 405~335년)를 염두에 두고 한 발언일까? 에우불로스는 기원전 355년에서 342년까지 아테나이에서 영향력 있는 정치가로 특별히 아테나이의 재무를 관장하는 데 능력을 발휘했다고 한다. 이 장에 앞서 제8장에서 제10장까지 '돈을 버는 것'에 대한 비판적 논의를 했는데, 이 장에 접어들어 그 논의와 반대 방향으로 논의를 진행하고 하고 있다는 점에서 이 장을 나중에 삽입된 것으로 보기도 한다(W. Newman, vol. 2, pp. 196~198 참조).

제12장

가정의 관리, 여자와 아이

그런데 가정 관리술에는 세 부분이 있었는데,[1] 하나는 주인의 기술이고—이것에 대해서는 앞에서 말했다[2]—다른 하나는 아버지의 기술이고, 세 번째가 혼인 관계의 기술이기 때문[3] …[4]이라고 하는 것도 자신의 아내와 아이를 지배하는데, 둘 다를 자유인으로 취급하는 점에서는 같지만 지배 방식은 동일하지 않고, 오히려 아내에 대해서는 정치가의 방
1259b 식으로,[5] 자식에 대해서는 왕의 방식으로 지배하기 때문이다. 실제로 남

1 1253b3-12 참조.

2 노예에 대한 주인의 기술에 관해서는 제1권 제4장, 제7장에서 논의했다.

3 가정 관리술은 주인의 기술(despotikē)보다 아버지의 기술(patrikē)과 결혼 관계의 기술(gamikē)에 더 관련을 가지고 있으며(1254a25, 1333b27), 또 재화 획득술(chrēmatistikē)보다는 주인의 기술과 더 관련을 가지고 있다. 앞서 제3장에서는 아이를 지배하는 아버지의 기술을 아이 양육술(teknopoiētikē)라고 말한 바 있다. 해당 각주에서 밝혔듯이 사본에 따라 아이 양육술을 patrikē라고 하기도 한다.

4 이 사이에 상당한 탈문(lacuna)이 있는 것으로 보인다(F. Susemihl & R. Hicks, p. 195; 뉴먼, 드라이젠터). 이 장의 시작이 전제절을 나타내는 epei('…이기 때문에')로 시작하지만, 그에 해당하는 귀결절은 나오지 않는다. 여기에 맥락에 어울리는 내용을 삽입하자면, '이제 아버지의 기술과 혼인 관계의 기술을 논의해 보도록 하자. 이것들은 주인의 기술과는 달라야 한다'는 것이다.

5 정치가의 지배(폴리스의 지도자)는 정상적으로는 번갈아 가며 지배받고 지배당해야 한다(1259b4-6). 그러나 남편은 아내를 항시 지배하지만 아내에 의해 지배받지는 않는다(1259b9-10). 그러나 여성에게 합당한 것은 부인에게 양도해야 한다는 것이 아리스토텔레스의 주장이다. 『니코마코스 윤리학』 제8권 제10장 5절에는 남편과 아내의 교제에 관해 이렇게 말하고 있다. "남편과 아내 사이의 공동체는 귀족정의 성격을 보이는 것 같다. 가치에 따라 남편이 다스리되 마땅히 다스려야 할 것만 다스리며, 부인에게 합당

자는 여자에 대해, 어떤 형태로든 자연과 어긋난 조합이라고 하지 않는 한, 자연에 근거해서 보다 주도적인 입장에서 이끌어 나가기에[6] 더 적합하고, 또 나이가 많고 충분히 성숙한 사람이 여전히 미숙한 사람에 대해 주도적인 입장에서 이끌어 나가기에 더 적합하기 때문이다.

그런데 폴리스에서 대다수 정치가의 지배[7]에 의한 지배에서는 지배하는 자와 지배받는 자가 서로 교대하는 것이다(그들은 자연 본성이라는 점에서는 동등하고 차별이 없는 것을 바라고 있으니까). 그럼에도 한 쪽이 지배하고 다른 쪽이 지배를 받는 동안에는 마치 아마시스가 그의 발 대야를 두고 신하들에게 말했던 예에서 보듯[8] 지배하는 자는 외적인 위풍[9], 호칭 방식에서 명예상으로도 차이를 요구하려고 한다. 한편, 남성은 여성에 대해 지속적으로[10] 이러한 관계를 유지하는 것이다.

한 것은 그녀에게 양도하기 때문이다. 그러나 남편이 모든 것을 다스리게 되면 과두정으로 넘어가게 되는데, 이것은 그가 이 일을 가치에 어긋나는 방식으로 하기 때문이며, 더 나은 자로서 하는 것도 아니기 때문이다. 경우에 따라 부인들이 상속녀로서 가정을 다스리기도 하는데, 이때의 다스림은 탁월성(덕)에 따라 일어난 것이 아니라 재산과 힘 때문에 일어난 것이다. 이것은 과두정에서 일어나는 일과 같다"(1160b33-1161a4). 『니코마코스 윤리학』 제8권 제11장 4절에는 "남편과 아내 사이의 친애는 귀족정 안에서 성립하는 친애와 동일하다"(1161a23)라고 되어 있다.

6 hēgemonikos(명령내리기에, 다스리기에).

7 원어로는 politikē archē(폴리스의 지도자의 지배)이다.

8 아마시스(Amasis, 기원전 596~525년)에 대한 이야기는 헤로도토스, 『역사』 제2권 172에 나온다. 그가 처음에 이집트의 왕이 되었을 때, 미천한 집안의 출신이라고 경멸을 당해야 했다. 그래서 그는 '황금 발 대야'를 신의 조상으로 만들었다. 이집트인들은 그 황금 신상(神像)에 큰 경배를 표했다. 그래서 아마시스는 '자신이 발 대야와 같다'고 지적했다는 것이다. 그는 한때는 평범한 사람이었지만, 이제는 명예와 존경을 한몸에 받는 왕이 되었다.

9 외적으로 드러나는 휘장이나 옷.

10 '일시적인 관계가 아닌 지속적인, 혹은 영속적인 관계를 맺는다는 것'을 의미한다. 즉

이와 반대로 자식에 대한 지배는 왕의 지배에 해당한다. 왜냐하면 낳은 자[11]인 아버지는 친애를 쏟는다는 점에서도 나이의 많음에 따라 지배하는 자이며, 바로 이것은 왕의 지배의 유형[12]이기 때문이다. 그러므로 호메로스가 모든 것들의 왕인 제우스를 "인간들과 신들의 아버지"[13]라고 부른 것은 옳은 것이다. 왜냐하면 왕은 자연에 근거해서 다른 자들보다 뛰어나야 하지만, 종적으로는[14] 그들과 동일해야 하기 때문이다. 바로 이것이 연장자가 연소자에 대해, 또 낳은 자인 아버지가 자식들에 대해 갖는 관계인 것이다.

남편의 지위는 영속적이어야 한다는 말이다.

11 gennan(낳는 자)은 어머니에게도 쓰일 수 있다.

12 즉 왕의 지배의 특유한 본질.

13 『일리아스』 제1권 503행, 544행. 『니코마코스 윤리학』 1160b24-27.

14 혹은 '혈통적으로는', '종족적으로'.

제13장

가정 구성원의 도덕적 탁월성

이제 가정 관리술이 생명이 없는 재산보다는 인간에 대해, 또 우리가 부(富)라고 부르는 재산의 탁월함(덕)보다는 인간의 덕에 대해, 그리고 노예의 덕보다는 자유인의 덕에 대해[1] 훨씬 더 진지하게 관련되어 있다는 것은 명백하다.

그렇다면 누군가가 물을 수 있는 첫 번째 질문은, 과연 노예에게 도구로서의 덕과 종으로서의 덕 이외에 또 다른 더 고귀한 덕, 예를 들어 절제, 용기, 정의,[2] 그 밖의 이런 종류의 성격(헥시스)이 갖추어져 있는지 아니면 신체를 사용하는 봉사(보조적인 일) 외에 어떤 덕을 갖추고 있지 않은지 알아보는 것이다. 하지만 양자 어느 쪽을 택해도 난제가 있기 마련이다. 만일 노예에게 그러한 덕이 갖추어져 있다면, 노예들은 자유인과 무엇이 다를 것인가? 반면에 노예들이 그러한 덕을 갖추고 있지 못하다면, 노예도 인간이고 이성(이치, 로고스)을 나누고 있는 이상, 그것도 이상한 노릇이다. 실제로 이와 대동소이한 문제[3]가 여자와 아이에게도 해당한다. 즉 과연 그들도 덕을 갖추고 있는가. 아내도 절제를 유지하고, 용기가 있어야 하며, 정의가 있어야 하는가. 그리고 자식에게는 방종(무

1 자유인의 훌륭함(덕; aretē)은 그냥 사는 것(zēn)이 아니라, 잘 사는 삶(eu zēn)에 한결 더 관련을 맺고 있다.

2 '절제'에 관해서는 『니코마코스 윤리학』 1107b3-6, 1118a24-26, '용기'에 관해서는 1115b17-20, '정의'에 관해서는 129b25-1130a1, 1130a32-b5 참조.

3 탐구하는 것(to zētoumenon), 즉 여자와 아이들에 대해 '덕'의 유무(有無)를 묻는 질문.

절제)이 있는지,[4] 절제가 있는지 그렇지 않은지 하는 문제다.

그러므로 이것을 일반적인 물음으로, 즉 자연에 근거해 지배받는 자와 지배하는 자에 대해 그 덕이 동일한지 다른지를 고찰해야 할 것이다. 실제로,[5] (가) 만일 양자가 고귀하고 좋은(지극히 아름다운) 덕[6]을 나누어 가지고 있어야 한다면, 어떤 이유에서 한쪽은 지배해야 하고, 다른 쪽은 지배받아야 하는 한 방향의 관계만 있어야 하는가? (이것은 덕을 '보다 많이 혹은 보다 적게' 나눈다라는 점에서는[7] 구별될 수 없기 때문이다. 실제로 지배받는 것과 지배하는 것은 종(種)적으로 차이가 나는 것이지,

4 '방종' 혹은 '무절제'로 옮긴 akolasia는 아이들의 '훈육 받지 않음, 버릇없음, 제멋대로 함'을 가리키는 말이다. 이 말은 어원적으로 '징벌 혹은 훈육을 받는다'는 동사 kolazein과 연관되어 있다. 문자 그대로의 의미는 '징벌을 가할 수 없는 악덕'을, 사람의 경우에는 '응징을 가할 수 없는 사람'을 뜻한다. "그런데 우리는 '방종'(무절제, akolastos)이라는 낱말을 어린아이들의 잘못들에도 적용한다. 그것들(akolastos kai akrasia)이 어떤 유사성을 가지고 있기 때문이다. 어느 쪽이 어느 쪽으로부터 그렇게 불리게 되었는지는 현재로서는 중요하지 않지만, 전자(아크라시아)로부터 후자가 유래했다는 것은 분명하다. 또 이렇게 낱말을 [어린아이의 잘못에] 적용해 쓰는 것은 나쁘지 않아 보인다. 왜냐하면 부끄러운 것들을 욕구하면서 크게 자라는 것은 훈육을 받아야 하기 때문이다. 그런데 특별히 욕망과 아이가 무엇보다도 이러한 것이다. 아이들 역시 욕망에 따라 살고, 아이들 안에 즐거운 것에 대한 욕구가 아주 강하게 있기 때문이다. 그러니 만일 이것들이 [즉 욕망들] 순종하지 않고 다스리는 부분에 따르지 않는다면, 그것들은 점점 더 커질 것이다"(『니코마코스 윤리학』 1119a33-b7).

5 '실제로' 옮긴 gar는 앞 문장의 '고찰해야 할 것이다'에 대한 정당성을 부여하는 이유를 설명하는 것이다.

6 그대로 직역하면 '아름답고(고귀하고) 좋은'(kalokagathia)이다. "다중을 고귀하고 좋은 것(kalokagathia)으로 나아가게 할 수는 없는 것처럼 보인다"(『니코마코스 윤리학』 1179b10). "고귀한 탁월성(kalokagathia) 없이는 원대한 마음을 가진 사람(megalopsuchos)이 될 수 없으니까"(『니코마코스 윤리학』 1124a3). 그 밖에도 『에우데모스 윤리학』 1248b8-1249a17, 『대도덕학』 1207b20-17 참조. 요컨대 이 맥락에서 kalokagathia는 여자, 아이, 노예들은 가질 수 없는 도덕적 속성이다.

7 즉 정도에서는.

보다 많음과 보다 적음에서의 정도의 차이는 전혀 아니기 때문이다.) 이와 달리,[8] (나) 한 사람은 그러한 덕을[9] 나누어야 하지만, 다른 쪽은 그러지 말아야 한다면, 그것은 놀라운 일이다. 왜냐하면 지배하는 자가 절제하지도 또 정의롭지도 않다면, 어떻게 훌륭하게 지배하는 것이겠는가? 또한 지배받는 자도 어떻게 훌륭하게 지배받을 수 있겠는가? 왜냐하면 방종하고 비겁한 사람은 자신이 해야 하는 어떤 일(의무)을 아무것도 수행할 낼 수 없기 때문이다. 그러므로 양자 모두 필연적으로 덕을 나눠야 하지만, 자연에 근거해 지배받는 사람들 사이에서도 차이가 있는 것처럼,[10] 이 덕에 차이가 있어야 한다는 것은 분명해졌다.

그리고 곧장 영혼에 대해 우리의 고찰을 이끄는 것은 이런 생각(상태)[11]이다. 말하자면, 영혼 중에는 자연에 근거해 지배하는 부분이 있고 자연에 근거해 지배받는 부분이 있는데, 우리는 이것들 각각의 덕이 다르다고 주장하기 때문이다. 즉,[12] 하나는 이성을 가진 부분의 덕이고 다

8 de(그러나, 이와 반대로)를 바로 앞 문장의 ei men gar(만일 실제로…)의 men ~ de에 걸리는 것으로 새겼다.

9 앞서는 '고귀하고 좋은 덕'(성격)으로 표현했다.

10 '차이'는 노예, 부인, 자식 간의 차이를 말한다. 이 부분, 즉 "자연에 근거해 지배받는 사람들 사이에서도 차이가 있는 것처럼"은 삽입된 것으로 보인다. 어떤 사본은 행간의 여백에 '자연적인 지배자들과 지배받는 자들 중에서도'(tōn phusei archontōn kai archomenōn)로 수정되어 있다(주제밀과 힉스). 여기서 나는 맥락에 좇아 archontōn(지배하는 자들의)를 생략하고 archomenōn(지배받는 자들)만을 읽었다(W. Newman vol. 2, pp. 215-216; 드라이젠터 참조).

11 '이러한 생각'으로 옮긴 '이것'(touto)은 앞 문장에서 언급된 내용으로, '각자의 고유한 덕을 가지고 있는 자연적으로 지배하는 자와 자연적으로 지배받는 자가 있다'는 것을 가리킨다. '이것'이 영혼에 대한 고찰로 곧바로 인도되는 것은 이 부분의 이중성에 기인한다. 즉 지배하는 자와 지배받는 자의 영혼에는 각각의 그 요소가 존재한다는 말이겠다.

12 여기서 hoion(즉)은 예증하는 것이 아니라, 설명적 기능을 수행한다.

른 것은 이성을 갖지 않는 부분의 덕이다.[13] 그래서 이와 같은 관계가 다른 사안의 경우들에도[14] 적용되고, 따라서 대부분[15]의 경우에서 지배하고 지배받는 관계가 자연스럽게 이루어지는 것이라는 점은 분명하다. 즉 자유인은 노예를 지배하고, 남성은 여성을 지배하고, 어른은 아이를 지배하지만[16] 그 지배 방식은 다른 것이다. 그리고 분명히 모든 사람에게는 영혼의 여러 부분[17]이 내재하고 있지만, 그 내재 방식은 다르다. 왜냐하면 노예는 전적으로 영혼의 숙고적인 부분[18]을 갖고 있지 않고, 여성은 그것을 가지고 있으나, 행위를 지배하는 권위(힘)가 결여되어 있으며, 아이도 그것을 가지고 있으나 미완성의 상태에 있을 수밖에 없기 때문이다.

13 사유적 덕(atetē dianoētikē)은 이성을 가진 부분에 속하고, 도덕적 덕(ēthikē aretē)인 용기, 절세 등은 이성을 갖지 않은 부분에 속한다(『니코마코스 윤리학』 제1권 제13장 제19절 참조). 제13장의 논의를 정리한 아리스토텔레스, 『니코마코스 윤리학』(도서출판 길, 2011) p. 50, 각주 66 참조. 역시 이와 같은 논의를 전개하는 제6권 제1장 1139a1-14 참조.

14 '영혼의 이성적 부분과 비이성적 부분 외의 다른 것들'을 말한다.

15 왜 '대부분'일까? '참주'의 지배는 자연스럽지 않은 것이니까.

16 즉 이것들은 다 같이 자연에 근거한 지배 형태이긴 하지만.

17 이성을 가진 부분과 갖지 못한 부분.

18 즉 '생각에 관계되는 부분'. "이성을 가지고 있는 부분도 둘이라고 가정하자. 그중 하나는 우리가 그것으로써 있는 것들 중 '그 원리가 다르게 있을 수 없는 것'을 고찰하는 것이고, 다른 하나는 그것으로써 '[그 원리가] 다르게도 있을 수 있는 것'을 고찰하는 것이다." 후자, 즉 '그 원리가 다르게 있을 수 있는 존재자들'을 고찰하는 것을 아리스토텔레스는 '이성적으로 헤아리는 부분(logistikon)'이라 부른다. "숙고한다는 것이나 이성적으로 헤아린다는 것은 같은 것이며, '누구도 달리 있을 수 없는 것'에 대해 숙고하지 않으니까. 그렇다면 '이성적으로 헤아리는 부분'은 [영혼 중에] 이성을 가지고 있는 것의 한 부분이다." 요컨대 '숙고하는 부분'(to bouleutikon)과 '이성적으로 헤아리는 부분은 같다'라는 것이다(『니코마코스 윤리학』제6권 제1장 1139a 5-15).

그렇기 때문에 우리는 성격적 덕[19]에 대해서도 역시 이와 같은 상태에 필연적으로 놓여 있을 것이라고 상정해야 하며, 모두가 성격적 덕을 공유해야 하지만, 동일한 방식으로 그런 것은 아니고, 각각의 사람에게서 그 자신들의 기능을 발휘하기 위해 충분한 한에서만 공유해야 하는 것이다. 그렇기에 지배하는 자가 갖추는 성격적 덕[20]은 완전한 것이어야 하지만[21](지배하는 자의 기능은 무조건적으로 총기획적인 기술자의 기능이며, 이성은 [바로 이러한] 총기획적인 기술자와 다름없기 때문이다[22]) 그 밖의 다른 사람들 각각은 자신에게 속하는 한에서만 덕을 갖추고 있으면 되는 것이다. 따라서 앞서 언급한 모든 사람이 성격적 덕을 가진다는 것과 소크라테스가 생각했던 것처럼[23] 여성과 남성이 각각 갖추고 있는 절제, 용기, 정의도 동일한 것이 아니라 오히려 한쪽은 통치자의 용기이고, 다른 쪽의 용기는 보조하는 자의 용기이며, 다른 덕들의 경우에도 마찬가지라는 것은 명백하다.[24] 그러나 이것은 오히려 개별적인 사례

19 원어로는 ēthikē aretē이다.

20 '사유적인(dianoētikēn) 덕'이 아니라, tēn ēthikēn aretēn으로 읽었다.

21 『니코마코스 윤리학』 1144b1-21.

22 architektonos(대목수, 주도적 기획자)에 대해선 1253b33-1254a1 참조. "정치적 철학자는(정치학의 기술을 아는 정치적 지배자) 우리가 안중에 두고 각각의 것을 무조건적으로 좋은 것 혹은 나쁜 것이라고 부르게 하는 바로 그 목적의 주도적 기획자(architektōn)이다"(『니코마코스 윤리학』 1152b1-3).

23 플라톤, 『메논』 73a6-c5. 뉴먼은 『메논』에서의 대화자가 아니라 역사적 소크라테스(알로페케의 소크라테스, 기원전 470/469~399년)를 아리스토텔레스가 염두에 두고 있다고 본다. 플라톤, 『국가』 452e 아래에서는 남자와 여자의 성적인 차이는 '정도'의 차이라고 말하고 있다. 소크라테스를 좇아 안티스테네스도 "덕은 남자의 그것이나 여자 그것이나 똑같다"고 말하고 있다(디오게네스 라에르티오스, 『유명한 철학자들의 생애와 사상』, 제6권 12).

24 남자와 여자에게는 각각의 덕(탁월성)이 있다는 것에 대한 언급은 『니코마코스 윤리

를 좇아 고찰하게 되면 분명해진다. 왜냐하면 일반적으로 덕이란 '영혼의 좋은 상태'[25]라거나 '올바른 행위',[26] 혹은 그와 같은 종류의 무언가라고 말하는 사람은 완전히 잘못 생각하고 있는 것이기 때문이다. 그럴 바에는 고르기아스처럼 여러 가지 덕을 열거하는 것이 앞서와 같은 일반적인 방식으로 덕을 정의하는 것보다 더 낫게 설명하는 것이다.[27] 그러므로 시인이 여자에 대해 다음과 같이 말한 것이 모든 사람[28]에게 마찬가지로 적용된다고 생각해야 한다. "여자에게 침묵은 장식[예절바름]을 가져다준다."[29] 그러나 남자에게 물론 침묵은 장식이 아니다. 그리고 아이는 미완성이기 때문에 분명히 아이와 관계되는 덕은 그 자신과의 관계에서 갖추어지는 것이 아니라, 그것이 궁극적으로 목적으로 하는 것과 거기로 자신을 이끄는 자와의 관계에서 그 자신에게 갖추어지는 것이다.[30] 마찬가지로 노예들 또한 주인과의 관계에서 덕을 갖추고 있는 것이다. 그러나 우리는 이미 노예를 생활필수품들을 위해 유용한 것으로 규정했다. 따라서 분명하게 노예도 덕을 필요로 하지만 그것은 미약

학』 제8권 제12장 1162a26에 나온다.

25 플라톤, 『국가』 444d.

26 플라톤, 『카르미데스』 172a, 『메논』 97a-d 참조.

27 플라톤 『메논』(71d4-72a5)에서 고르기아스를 따라 메논은 남성과 여성, 그리고 아이와 노예들의 구별되는 덕의 목록을 열거하고 있다.

28 노예, 아이, 여성의 경우.

29 1277b22-24 소포클레스, 『아이아스』(*Aias*) 293행; 투퀴디데스, 『펠로폰네소스전쟁』 제2권 45.

30 아이의 목적은 완전히 성숙한 성인이 되는 것이다. 그의 아버지는 그를 그쪽으로 이끌어가는 역할을 수행한다(W. Newman, vol. 1, p. 221). "바로 이러한 것이 우리가 말하는 '순종하며 훈육받는 것'의 의미다. 아이는 그를 돌보는 사람(paidagōgos)의 지시를 따라 살아야 하는 것처럼, 그렇게 욕망적인 부분 또한 이성에 따라 살아야 한다"(『니코마코스 윤리학』 1119b12-15).

한 정도만의 덕, 그것도 방종과 비겁함 때문에 자신의 일을 다 하지 못하는 일이 없도록 하는 그만큼의 덕이 있다면 되는 것이다.

하지만 방금 말한 것이 참이라면, 누군가는 장인(기술자) 또한 당연히 덕을 필요로 하는 것이 아닌가 하는 의문을 제기할 수 있을 것이다. 장인 또한 종종 방종 때문에 자신의 일을 제대로 마무리하지 못하기 때문이다. 아니면, 장인의 경우는 노예의 경우와 크게 다른 것일까?[31] 왜냐하면 노예는 그의 주인의 생활을 같이하고 있지만,[32] 장인은 주인으로부터 더 멀리 떨어져 있기에,[33] 그에게는 그 예속 상태의 정도에 따른 덕이
어울리기 때문이다. 실제로 손기술에 종사하는 기술공[34]은 어떤 종류의 1260b
한정된 예속 상태에 있는 것이며,[35] 노예는 자연에 근거해서 예속 관계에 놓여 있지만, 어떤 제화공도 그 밖의 다른 어떤 장인도 그러한 자연에 기반한 예속 관계에 놓여 있지 않다. 따라서 주인이 노예에게 이러한 덕의 원인이 되어야지, 여러 노예의 일을 가르치는 기술을 가진 주인이 아

31 ē(혹은)는 물음에 대한 아리스토텔레스 자신의 해결책을 보여 준다(보니츠, 『색인』 313a7 아래). 좀 더 의역하면, "여기에 대단한 차이라도 있는 것일까?" 다시 말해 노예도 '덕'을 가져야 하기 때문에 '노예의 덕'을 허용한다면, 우리는 또한 '기술자의 덕'을 허용해야 하지 않겠는가?

32 시민은 정치적 정의를 가져야 한다. "정치적 정의는 자족적이기를 목표 삼으며 삶을 함께 나누는(koinōnos) 구성원들, 자유로우며 비례에 따라서든 수에 따라서든 동등한 공동체 구성원들 사이에서 성립한다"(『니코마코스 윤리학』 제5권 제6장 4절). 이에 반해 노예는 행복(eudaimonia)을 추구하는 진정한 삶(bios)에 참여할 수 없다(『니코마코스 윤리학』 제10권 제6장, 1177a7-10).

33 기술자는 그의 주인에게 덜 의존한다는 말이다.

34 원어로는 bnnausos technitēs(수공업 기술자)이다. 즉 '천한 일에 종사하는 손기술자'.

35 모든 목적을 위해 일하는 노예가 아니라, 단지 한정된 노예의 일을 수행하는 노예라는 것이다. 노예는 그가 행하는 일에 의해서 결정된다. 그렇다면 비천한 장인은 덕과 행복에 대한 몫이 적기 때문에 노예보다 더 딱한 처지라는 말일 것이다. 따라서 완전히 노예가 되는 것보다 제한된 방식으로 노예가 되는 것이 더 좋지는 않다.

니라는 점은 명백한 것이다.[36] 그러므로 노예에게서 이성을 분별하는 것을 빼앗고,[37] 단지 명령만을 사용하도록 종용할 것을 주장하는 사람들은 옳게 말한 것이 아니다. 왜냐하면 노예는 아이들보다 훈계를 더 받아야 하기 때문이다.[38]

그러나 이 문제들에 대해서는 이러한 방식으로 결정된 것으로 받아들이기로 하자. 남편과 아내, 자식과 아버지, 그들 각각이 갖추고 있는 덕에 대해, 그들 서로 간의 상호 관계에 대해, 무엇이 적절하고 적절하지 않은지, 또 그들이 어떻게 좋은 것을 추구하고, 나쁜 것을 회피해야 하는지 하는 사항은 여러 정치체제와 관련해서[39] 이러한 주제들을 반드시

36 요컨대 주인의 기술 내지 임무는 노예를 좋은 노예로 만드는 것이다. 그러나 노예에게 일상적인 판에 박힌 노예의 일을 일일이 가르치는 것은 주인의 일이 아니라는 것이다.

37 주제밀과 힉스는 "노예와 어떤 대화도 허용하지 않는 사람…"으로 옮긴다. 뉴먼의 지적처럼, '이성'으로 새기는 편이 좋을 듯하다. 맥락의 의미는 '주인이 노예의 덕의 원천이 이어야 하니, 마땅히 주인은 노예에게 노예의 일에 대한 지시사항과 관련한 명령을 내리는 것으로 한정되어서는 안 된다'는 의미일 것이다.

38 이 입장을 플라톤의 입장과 비교. 플라톤, 『법률』 778e-778a("그렇지만 노예들은 마땅히 처벌해야 할 방식으로 그리해야지, 자유민들처럼 훈계만 함으로써 망쳐 놓게 해서는 안 됩니다. 노예를 대하는 태도는 대체로 모두 지시(명령)가 되어야지, …")(박종현 번역). 여기서 훈계(nouthetein)는 지시(명령, epitaxein)와 달리, 상대방의 어느 정도의 이해력을 전제하고 있다. 이는 플라톤의 입장에 대한 비판으로 생각된다.

39 제2권에서 8권까지를 말하는가? '정치체제'(politeia)를 '정치 통치권의 행사 방법에 따라 구별하는 정치 형태로 입헌 정체와 전제 정체 등'으로 이해하는 것은 좁은 의미로 이해하는 것에 불과하다. 최고의 법을 규정한 '헌법'을 말하는 constitution은 법조문으로 쓰인 문서일 뿐이다. 그러나 '폴리테이아'는 폴리스의 정체(政體)뿐만 아니라 '폴리스적 삶의 방식을 구성하는 체제'로 이해해야 한다. 따라서 폴리테이아를 '정체'로 옮기는 것은 정확한 번역이 아니다. "정치체제는 폴리스의 여러 다른 관직들에 대한 조직(taxis)이며, 그중에서 특히 모든 것에 대해 최고의 권위를 갖는 관직의 조직이다"(제3권 제6장 1278b8-10). "정치체제란 폴리스에서의 여러 관직에 대한 조정(조직, taxia)이며, 어떤 방식으로 관직은 사람들에게 분배되며, 또 무엇이 정치체제의 최고 권위를 가지고 있는지, 각각의 공동체가 무엇을 목적으로 하고 있는지를 규정하는 것"이다(제4권 제

상세하게 논하게 될 것이다.[40] 왜냐하면 모든 가정(집)은 폴리스의 일부고, 그 구성원[41]은 가정의 일부고, 게다가 부분의 덕은 전체의 덕과 관련하여 살펴야 하므로,[42] 만일 자식들이 훌륭하게 되고, 아내들 또한 훌륭하게 되는 것이 폴리스가 훌륭하게 되는 것과 어떤 차이를 가진다면, 자식들과 아내들의 교육은 필연적으로 정치체제와의 관계를 고려해서 이루어져야 하기 때문이다.[43] 사실상 그러한 차이를 만드는 것은 필연적이다. 왜냐하면 아내는 자유인의 절반이고, 자식들로부터 정치체제를 공유하는 사람들이 생기기 때문이다.[44]

따라서 이러한 여러 문제에 대해서 규정했고, 나머지 문제에 대해서는 다른 곳에서 논의해야 하므로, 현재의 논의는 일단 마무리된 것으로 하고, 주제를 돌려서 또 다른 논의를 시작하기로 하자. 우선 최선의 정치체제에 관해 의견을 표명했던 사람들에 대해 검토해 보도록 하자.[45]

1장 1289a15-18 참조). "정치체제는 폴리스의 어떤 종류의 삶의 방식이니까"(제4권 제11장 1295a40-1295b1). 때때로 폴리테이아는 특정한 종류의 체제(혼합정, 민주정 등)를 의미하기도 한다(제2권 제6장 1265b26-28, 제11장 1273a4-5, 제3권 제7장 1279a37-b4, 제15장 1286b13, 제4권 제1장 1289b28).

40 이 주제들에 관해 상세하게 다루어지는 대목은 우리에게 전해지는 『정치학』에는 나타나지 않는다.

41 남자, 여자, 아이와 아버지.

42 1253a18-29, 1337a27-30.

43 '정치체제'는 구성원 전체를 포괄하는 폴리스에서의 '덕'의 기준이 되는 것이니까. 따라서 여성과 아이들의 덕은 정치체제에 적합하도록 교육받아야 한다. 제5권 제9장 1310a12-14 참조.

44 1269b18("여자에 관한 것이 적절하게 정해져 있지 않은 정치체제에서는 폴리스의 절반이 법률에 의해 통제받지 않는 상태로 있는 것으로 간주해야 한다"). 여성이 '반으로' 언급되는 플라톤, 『법률』 781a-b 참조.

45 마지막 대목(1260b20-24)은 다음의 논의 주제가 최선의 정치체제(peri tēs politeias tēs aristēs)일 것이라고 말하고 있다. '최선의 정치체제'가 어떤 것인지는 여기서 맨 처음으

로 제기되고 있지만, 제7~8권에 들어서야 본격적으로 논의되고 있다. 표면상으로는 제2권은 최선의 정치체제에 대한 언급으로 시작되고 있다. 그렇다면 제1권과 제2권은 연속적으로 연결되고 있는 것처럼 보인다. 그러나 제1권은 가정으로부터 폴리스의 발생과 발전 과정을 주로 논의하고 있다. 그렇다면 하면 제1권의 논의 주제로부터 최선의 정치체제 혹은 이상적 정치체제에 대한 논의로 곧바로 이끌리는 것은 자연스럽지도 않고, 논리적인 전개로도 볼 수 없을 것이다. 오히려 제2권, 제7권, 제8권이 이상적 정치체제에 대한 논리적으로 연결된 일련의 논의로 보는 것이 더 자연스럽다. 어쨌든 제1권은 나머지 다른 권들(제2~8권)과는 독립적인 단위로 구성된 작품으로 여겨진다.

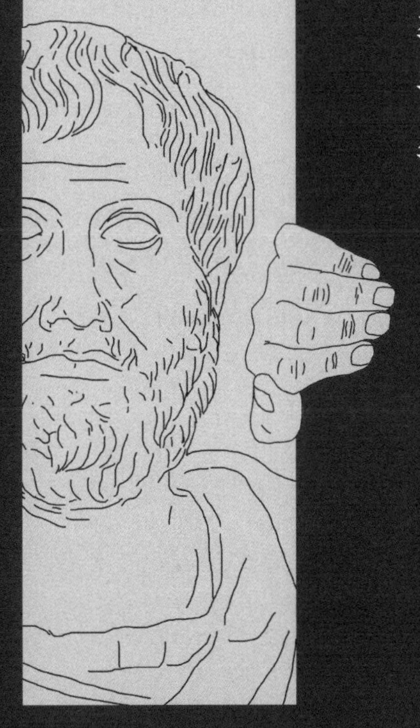

제2권

최선의 정치체제에 관한 견해들 플라톤의 『국가』와 『법률』, 스파르타와 카르타고

제1장

선행 철학자들에 의해 제안된 최선의 정치체제, 재산 공유의 한계

우리의 목적은 정치 공동체에 관련해서,[1] 가능한 한 원하는 대로 삶[2]을 1260b 27
살아갈 수 있는 능력을 가진 사람들에게[3] 모든 것들 중에서 가장 뛰어난 정치 공동체가 어떤 것인지를 고찰하는 것이기 때문에 우리는 다른 정치체제들도 검토해야 하는데,[4] 그것들은 좋은 법에 따라 통치되고 있다고 평판을 받는 어떤 폴리스들에서 현재 채택되고 있는 정치체제들뿐만 아니라 누군가에 의해 제창(提唱)되어 우리가 찾아내고 또 좋은 상태라고 여겨지는 어떤 정치체제들이다. 이와 같이 다른 정치체제를 고찰하는 우리의 목적은 그것들에서 무엇이 옳고 어떤 것이 유용한지를 살펴보는 것이며, 게다가 우리가 현재 통용되는 정치체제들 외에 다른 정치체제를 추구하는 것은 무슨 수를 다 써서라도 재간이 있어 보이고자 하

1 peri koinōnias tēs politikēs(정치 공동체)는 폴리스를 말하는 것으로 조금 다른 의미일 수 있지만, 오늘날의 의미로는 '국가가 택하는 정치체제 내지는 형태'를 가리킨다.

2 이 말이 함축하는 바는 '최선의 정치체제를 실현하는 데 있어 외적 요인과 상황에 의해 어떤 제약도 부과되지 않아야 한다'는 것이다. 아리스토텔레스가 『정치학』에서 기술적인 의미로 사용하는 kat' euchēn을 직역하면 '우리가 가장 바라는 대로'다(1288b21-24, 1295a39, 1325b35-40 참조). '최대의 바람에 따른 삶'(malista kat' euchēn)은 '이상적인 삶', '가장 바람직한 삶'을 말한다. 아리스토텔레스는 이를 통해 자신이 생각하는 '이상 국가'를 위한 가장 바람직한 외적인 상황을 전제하지만, 그렇다고 해서 자신의 이상 국가가 한낱 구호로 그치는 '유토피아'로서 비실재적인 것으로 생각하고 있지 않다.

3 최선의 정치체제를 성취한다는 것은 '다수의 인민들'에게는 가능할 수 없으므로(1288b23-24).

4 자신이 생각하는 것과 다른 정치체제들.

는 바람에서 비롯됐다고 생각되지 않고,[5] 오히려 현재 통용되는 정치체제들이 좋은 상태가 아니라는 그 사실로부터, 그 때문에 우리가 이 탐구 방법에 착수했다고 생각하도록 하자는 것이다.[6]

그러나 우리는 먼저 이러한 탐구의 자연스러운 출발점을 정해야 한다.[7] 즉 모든 시민은 필연적으로 모든 것을 공유해야 하거나 아무것도 공유하지 않아야 하거나 혹은 어떤 것은 공유해야 하지만, 다른 것은 공유하지 않아야 하는 것이다.[8] 그런데 아무것도 공유하지 않는다는 것은 명백히 불가능한 일이다. 왜냐하면 폴리스의 구성 체제[9]는 어떤 종류의 공동체이기에 시민들은 우선 영토[10]를 필연적으로 공유해야 하고,[11] 실제

5 sophizesthai('소피스트처럼 행동하다' 혹은 '소피스트처럼 보이다'). 『니코마코스 윤리학』 1146a21-27. "소피스트들은 자신들이 언제 어디서건 영리한 사람으로 보이게끔 역설을 통해 논박하고자 한다." 정치학을 가르친다고 공언하는 소피스트들에 대한 비판에 대해서는 『니코마코스 윤리학』 1181a12-19 참조.

6 첫머리부터 여기까지 끊어지지 않은 하나의 문장으로 되어 있다. 제1권의 끝은 "우선 최선의 정치체제에 관해 의견을 표명했던 사람들에 대해 검토해 보도록 하자"로 끝났었다. 그런데 '최대한 이상적으로 삶을 살아갈 수 있는 사람(人民)들에게 모든 것들 중에서 가장 뛰어난 정치 공동체가 어떤 것인지'를 묻는 것이 아리스토텔레스의 목적으로 제시되고 있다. 그래서 뉴먼 같은 이는 이 대목이 나중에 삽입된 것으로 본다.

7 모든 폴리스는 어떤 형태의 공동체라는 것을 알기 때문에.

8 시민의 단적인 조건에 대해서는 1275a22-23 참조, 각각의 정치체제에 따라 시민을 달라진다(1284a1).

9 '폴리스의 구성 체제'(politeia)는 '시민의 구성과 조직'(civitatis forma et ordo; 보니츠, 『색인』 612b15)을 말한다. 코이노니아(공동체, koinōnia)는 폴리스(국가)를 언급하는 것으로 이해하면 된다.

10 영토(topos)는 시민이 거주하는 장소.

11 영토는 시민이 되는 필요조건이지 필요충분조건은 아니다. 제3권 제1장에서는 "어딘가에 거주한다는 이유에서 시민이 시민으로 되는 건 아니다"(1275a6)라고 말하고 있다. 『니코마코스 윤리학』(제9권 제9장 1170b11 아래)에서도 이와 반대되는 듯한 말을 하고 있다. 거기에서는 인간에게 함께 산다는 것(suzēn)은 가축의 경우처럼 "같은 공

로 하나의 폴리스에 대해서는 하나의 영토가 있으며, 그 시민들은 그 하 1261a
나의 폴리스를 공유하는 자들이기 때문이다. 그러나 폴리스가 잘 통치되기 위해서는 시민들이 공유할 수 있는 것을 모두 공유하는 것이 좋은가,[12] 아니면 어떤 것은 공유하고 다른 어떤 것들은 공유하지 않는 것이 좋은 것인가? 사실상 플라톤의 『국가』에 나오는 것처럼[13] 시민들이 자식들과 아내들, 재산을 서로 간에 공유하는 것이 가능하기 때문이다. 그 작품에서 실제로 소크라테스가 자식들과 아내들, 재산이 공유되어야 한다고 주장하고 있기 때문이다. 그렇다면 이러한 현재 상태를 그대로 두는 것이 나은 것인가, 아니면 『국가』에서 쓰여 있는 법률에 따르는 편이 나은 것인가?

간을 배정받았다"는 뜻이 아니라, '서로 말과 생각을 나누는 것'(koinōnein logōn kai dianoias)을 의미한다고 말하고 있다.

12 플라톤, 『국가』 464d에서는 "신체를 제외하고는 아무것도 사유(私有)하는 것이 없고, 다른 것들은 다 공유(共有)하는 까닭에 말일세"라고 말하고 있다. 플라톤, 『법률』에서는 좀 유머 섞인 과장으로 심지어 눈과 귀 그리고 손까지도 보고 듣고 행하는 것처럼 모든 것을 공유할 수 있다고 주장한다(739c).

13 플라톤, 『국가』 제4권 423e-424a, 제5권 449a-466d.

제2장

플라톤의 『국가』에서의 사회적 '하나임'과 정치적 '하나임'에 대한 비판

모든 시민들이 아내들을 공유한다는 것[1]은 다른 많은 어려움을 가지고 있는데, 특히 문제가 되는 것은, 즉 (1) 그러한 방식을 법으로 제정해야 하는 필요성을 주장하는 소크라테스의 이유가 그의 논의로부터 명백히 따라 나오지 않다는 것이다. 게다가 (2) 그가 폴리스에 반드시 있어야 한다고 말하는 그 목적에 관련해서도, 거기서 실제로 말해진 바대로는 달성하는 것이 불가능함에도[2] 여전히 그는 (3) 어떤 식으로 그것을 특징지으면 되는지[3]에 관해서도 아무것도 명확하게 밝혀 놓고 있지 못하다. 나는 그가 최선이라고 생각하는, 가능한 한에서 전체 폴리스의 '하나됨'에 대해서 말하고 있다. 이것이 소크라테스가 받아들인 가정이니까.[4] 그럼에도 하나의 방향으로 나아가서 더욱더 하나가 된다면, 폴리스는 더 이상 폴리스가 아니게 될 것은 명백하다. 왜냐하면 폴리스라는 것은 그

1 플라톤, 『국가』 457d. 아리스토텔레스의 주장과는 달리, 실제로 플라톤의 아내 공유제는 모든 계급이 아니라, 지배자와 수호자 계급에만 한정해서 주장하고 있다.

2 이 점에 대해서는 다음 장에 논의된다.

3 '어떻게 우리가 그것[하나임]을 받아들여야 하는지', 즉 '어떻게 우리가 그것을 해석해야 하는지'.

4 즉 나라를 세우는 소크라테스의 근본적인 목적. 플라톤 『국가』 제4권 422e 아래에서는 '한 나라'(mia polis)에 대한 기본적 개념을 설명하고 있다(423a-d 참조). '한 나라'에 대해서는 『법률』의 739d에도 언급되고 있다. 『국가』 제5권 462a 아래에서는 최고의 좋음(to megiston agathon)과 최고의 나쁨(to megiston kakon)이 무엇인지를 논한다.

본성상 어떤 종류의 집합체[5]이며, 그리고 그것이 한층 더 하나가 될수록, 폴리스는 하나의 가정(집)이 되고, 가정에서 한 개별적 인간[6]이 될 것이기 때문이다. 사실상 우리는 가정이 폴리스보다 더 하나의 것이고, 한 개별적 인간이 가정보다 더 하나라고 말할 수 있으니까. 그러므로 설령 누군가가 이것[7]을 할 수 있다고 하더라도, 그런 일을 해서는 안 된다. 그것은 폴리스를 파괴하는 것이 될 테니까.

그런데 폴리스는 단순히 다수의 사람으로 이루어진 것이 아니라, 종적으로 다른 사람들로 이루어져 있다. 왜냐하면 같은 사람들로만 폴리스는 성립할 수 없기 때문이다.[8] 폴리스는 군사동맹과 다른 것이니까. 군사동맹의 경우에는 같은 종류의 사람들도 이루어져 있다고 할지라도 양이란 점에서 많다고 하면 그것에 의해 유익한 것이 된다(군사동맹은 본래 [군사 면에서] 상호원조를 목적으로 하는 것이니까). 그것은 마치 무거운 무게가 놓일수록 그만큼 더 저울이 기울어지는 것과 같다.[9] 이와 동일한 점에서 폴리스는 민족과 다르다. 단, 그 점이 들어맞는 것은 사람들이 마을마다로 흩어져 분리되어 있는 민족이 아니라, 예를 들어 아르카디아 사람들처럼[10] 서로 연결되어서 그렇게 사는 [연맹된] 민족의 경

5 plēthos(多數性), 즉 '다수 시민의 집합체', '집단'(1274b41).

6 플라톤의 견해를 축자적으로 받아들였을 경우다.

7 '하나'가 되는 목적.

8 지배자와 피지배자의 구별을 말하는 것일까?

9 원문의 의미가 좀 모호하지만, 뉴먼은 '어떤 것의 더 큰 무게가 덜한 것보다 더 유용한 것처럼', 혹은 '보다 큰 무게가 저울추를 더 떨어뜨리는 것처럼' 등으로 이해하고 있다(W. Newman, vol. 2, p. 231).

10 아르카디아는 펠로폰네소스반도 중앙에 위치한 산맥으로 둘러싸인 고원지대를 가리킨다. 『아이네이스』를 쓴 베르길리우스는 이 지역을 목자(牧者)의 나라, 사랑과 시의 나라, 이상향으로 노래했다. 사실상 아리스토텔레스 당대에 아르카디아인들은 폴리스의

우가 그렇다.[11] 이와 대조적으로, 여러 요소로부터 성립되어야 하는 [폴리스와 같은] 통일체[12]의 경우에, 각 요소들은 종적으로 달라야 하는 것이다.[13]

바로 그런 이유로 이미 『윤리학』에서 말한 바와 같이[14] 폴리스는 보상

연맹체로 조직되어 있었다고 한다. 민족 연맹의 대표 회의는 가장 중심 도시인 메가로폴리스(Megalopolis)에서 이루어졌다고 한다. 그렇다면 아리스토텔레스는 여기서 아르카디아를 폴리스로 보고 있는가, 아니면 민족(ethnos)으로 보고 있는가? "사람들이 마을마다로 흩어져 분리되어 있는 민족이 아니라"라는 것은 폴리스의 중요한 특징인 '하나임' 내지는 '통일성', '일체성'을 보여 주는 것이다. 그렇다면 민족은 '마을마다로 흩어져 분리되어 있는 민족이 아니라, 예를 들어 아르카디아 사람들처럼 서로 연결되어서 그렇게 사는 [연맹된] 민족의" 경우에는 이 'ethnos'의 구성원을 가리키는 것처럼 보인다는 것이다. 손더스의 주석 참조(p. 109). 어쨌거나 아리스토텔레스는 아르카디아를 폴리스가 형성되기 위해 꼭 필요한 '정치적 구조'를 갖추지 못한 연맹체로 보고 있는 듯하다. 즉 큰 인구와 큰 영토을 갖고, 느슨한 정치적 질서를 가진 것은 민족이라는 것이다. 또 단일한 하나의 도시가 아니라, 여러 마을로 흩어진 것을 그 특징으로 한다.

11 이 문장도 좀 의미가 모호하다. "이와 동일한 점에서"(tō toioutō, 27~28행)란 말의 의미가 무엇일까?(W. Newman, vol. 2, pp. 231~232 참조) 아르카디아 사람들이 하나의 폴리스를 이루지 않고 여러 폴리스들이 '연맹' 형태로 결부되어 살던 전 시대를 아리스토텔레스가 염두에 두고 있는 것일까?

12 손과 발은 가능적으로만 몸을 구성하는 실체일 뿐이고, 이것들과 흙, 불, 공기 같은 질료들은 '하나의 것'(통일체, to hen)이 아니며, 이로부터 단일한 '하나의 것'이 나올 때까지는 유기적인 통일성을 갖추지 못한 사물로서 더미(sōros)에 불과할 뿐이다(『형이상학』 1040b5-10).

13 "하나의 종류(genos)를 형성하는 다른 공동체에 대해서도 마찬가지다. 왜냐하면 공동체는 그 구성원이 동등하게 나누든 동등하지 않게 나누든 간에, 공동체의 구성원들은 무엇인가 하나의 공통적인 것이며 동일한 것을 가져야 하기 때문이다. 예를 들어 그것은 식량이거나 어느 크기의 영토이거나, 뭔가 다른 그러한 종류의 것이다"(1328a25-28).

14 『니코마코스 윤리학』 1132b32-1134a30, 1162b32-1164a2; 『에우데모스 윤리학』 1242b1-21, 1243b29-36.

적 동등함에 의해 보존되는 것이다.[15] 왜냐하면 이런 동등함[16]은 자유롭
고 동등한 사람들 사이에도 필연적으로 있어야 하기 때문이다. 이는 그
들 모두가 동시에 지배할 수는 없지만, 오히려 각자는 일 년마다 지배할
수 있거나 혹은 어떤 다른 조정이나 임기에 따라 번갈아 가며 지배할 수
있기 때문이다. 그렇게 되면 이와 같은 방식으로 모든 사람이 지배하는
결과를 가져오게 된다. 그것은 마치 제화공이 항상 제화공의 일을 하고,
목수는 언제나 목수의 일을 하는 게 아니라 제화공과 목수가 그 기능(역
할)을 서로 바꾸는 것과 같다. 그러나 정치적 공동체[17]에 관련된 일의 경
우, 동일한 사람이 같은 일을 계속하는 것[18]이 더 나은 것이기 때문에, 만
일 그것이 가능하다면 동일한 사람이 항상 지배하는 것이 더 낫다는 것
은 분명하다. 그러나 모든 시민이 자연적으로 동등하기 때문에 그렇게
할 수 없는 사람들의 경우에는, 지배하는 것이 좋은 일이든 나쁜 일이든 1261b
간에[19] 모든 시민이 동시에 지배에 참여하는 것이 또한 정의로운 것이

15 『니코마코스 윤리학』 제5권 제5장 1132b31-1133a3; "그러나 교환을 목적으로 하는 공동체 내에서는 이런 종류의 정의로움이 사람들을 서로 연결시키는데, 이때의 되갚음[혹은 보상]은 비례에 따른 것이지 동등성에 따른 것이 아니다. 폴리스는 비례적인 보상에 의해 유지되니까. 사람들은 나쁜 것을 나쁜 것으로 갚으려 하고—만약 이렇게 하지 않는다면 노예 신세처럼 보일 것이다 — 좋은 것에는 좋은 것으로 갚으려 하기 때문이다. 만약 이렇지 않다면 서로 주고받는 일은 일어나지 않는다. 사람들은 이 주고받는 일에 의해 유지된다."

16 antipeponthos(되갚음)은 원래 '좋은 것이든 나쁜 것이든 자신이 받은 것을 되갚아 주는 것'을 의미한다. 『니코마코스 윤리학』에서는 '자신에게 필요한 것을 받고 정당한 대가를 치른다'는 의미가 더 전면에 드러난다. 그 경우에는 '보상'으로 새길 수 있다.

17 즉 폴리스.

18 원문의 houtōs(hōs nun houtōs)는 mē aei hoi autoi(동일한 사람들이 항상 같은 일을 하지 않는 것)일 테지만, 맥락을 좇으면 의미상 정반대로 '동일한 사람이 항상 같은 일을 하는 것'을 의미한다.

19 지배하는 일이 이로운 것(agathos)이든 사소하고 번거로운 것(phaulos)이든. 번거

다. 이런 경우에 동등한 사람들이 번갈아 가며 지배하는 자리를 내놓아야 한다는 것[원칙 1]과 또 지배하는 자리 즉 관직에서 물러났을 경우에는 모두가 비슷한 자들로 간주된다[원칙 2]면,[20] 앞선 방식[21]을 모방하게 되는 것이다. 마치 그들이 다른 사람이라도 되었던 것처럼, 어떤 사람은 지배하고 어떤 사람은 지배받는 것을 번갈아 가며 맡게 되는 것이다. 이와 동일한 방식으로 지배하는 자들 중에는, 어떤 사람은 이런 관직을 맡고 다른 사람은 저런 관직을 맡는 차이가 있다.

이러한 고찰로부터, 누군가[22]가 말하는 바와 같이 그러한 의미로 폴리스가 자연적으로 하나인 것이 아니라는 것과 폴리스들에 최고의 좋음으로 말해지던 것[23]이 실제로는 폴리스를 파괴시킨다는 것은 분명하다. 그럼에도 적어도 각각의 것의 좋음은 각각의 것을 보존하는 것이다.[24] 게다가 폴리스에 과도한 하나임(일체화)[25]을 요구하는 것이 더 나은 것이 아니라는 것은 다른 방식에서도[26] 분명하다. 왜냐하면 가정은 한 개인보다 더 자족한 것이고, 폴리스는 가정보다 더 자족한 것이기 때문이다. 그

로운 일은 허드렛일, 보잘것없는 일, 하찮은 일(관직)을 의미한다. 아테나이에는 koprologos('인분[人糞] 운반자')라는 관직(archē)도 있었다고 한다.

20 원문이 파손된 부분이고, 사본마다 달리 표현되고 있다. 뉴먼에 따라 '… to d' hōs homoios einai ex archēs'(관직에서 물러나게 되면 비슷한 자이다)로 읽었다. 주제밀은 d' hōs homoios 대신에 anomoious(비슷하지 않은)로 추정한다.

21 "앞선 방식"으로 옮긴 '이것'(touto)은, 즉 앞서 언급된 '동일한 자들이 항상 지배의 자리에 가는 방식'을 말한다.

22 '누군가'는 물론 플라톤이다.

23 플라톤, 『국가』 462a.

24 플라톤, 『국가』 608e.

25 원어 hēnoun(하나임)은 부정사이다.

26 폴리스가 어떻게 구성되는가가 아니라, 무엇이 가장 바람직한가를 묻는 방식.

리고 사람들의 집합으로 구성된 공동체가 자족할 수 있는 상태에 도달하게 되었을 때에야 비로소 폴리스로 생겨나려는 경향이 있는 것이다.[27] 그러므로 보다 큰 자족성이 더 바람직한 것이라면, 또한 보다 낮은 '하나임'이 그것이 더 높은 것보다 한층 바람직한 것이 될 것이다.

27 즉 일정 조건이 이루어졌을 때, 비로소 폴리스가 실현되고 현실화될 수 있다는 말이다.

제3장

하나임의 체제에서의 언어와 소유의 심리학

그러나 설령 공동체가 가능한 한 '하나인 것'이어야 한다는 것이 최선이라고 할지라도, '만일 모든 사람이 [동일한 것을 두고] 동시에 "내 것"과 "내 것이 아닌 것"을 말한다면'이라는 소크라테스의 논증에 따라서, 그 사실[1]이 증명된 것으로는 결코 보이지 않는다. 사실상 소크라테스는 이것을 폴리스가 완전하게 하나라는 징표로 생각하고 있으니까.[2] 왜 증명되지 않았느냐 하면 '모두 사람'이라는 말은 두 가지로 해석될 수 있기 때문이다.[3] 그러나 '모두'가 '각각의 사람이 개별적으로'라는 것을 의미한다면, 어쩌면 소크라테스가 원했던 상황에 더 가까워질 수 있을 것이다. 왜냐하면 그 경우에는 각 사람이 동일한 한 아이를 두고도 자신의 아들로 부르고, 또 동일한 여자를 두고도 자신의 아내로 부르며, 그의 재산을 두고서도 또 자신의 몸에서 일어나는 각각의 일들에 대해서 그렇게 말하는 것이기 때문이다. 그러나 실제로 이것은 아내와 자식을 공유하는 사람들은 그런 의미로는 말하지 않을 것이다. 그들은 모든 사람이 함께 소유하고 있다는 의미에서 '내 것'이라고 말하는 것이지, 그들 중 각

1 앞 문장, 즉 '공동체가 가능한 한 하나여야 한다는 것'을 받는다.

2 플라톤, 『국가』 462a-e. 특히 462c에는 "그 나라에서 '내 것'과 '내 것이 아닌 것' 같은 말들을 모두가 일제히 함께 말하지…", "'내 것'이니 '내 것이 아닌 것'이니 하는 말을 최대 다수가 동일한 것에 대해서 똑같이 쓰는 나라가 가장 훌륭하게 경영되겠지?"라는 표현이 나온다.

3 각각의 개별자(pro se quisque)와 집합적인 전체.

자가 개별적으로 소유하고 있다는 의미에서 '내 것'이라고 말하는 것이 아니다.[4] 이는 재산에 대해서도 마찬가지고, 모든 사람이 함께 소유하고 있다는 의미에서 '나의 것'이라고 말하는 것이지, 그들 각자가 개별적으로 소유하고 있다는 의미에서 그렇게 말하는 것은 아니다. 그러므로 '모두를 말한다'는 말은 어떤 종류의 오류 추론[5]을 가지고 있음은 명백하다. 왜냐하면 '모든 것', '양쪽', '홀수', '짝수'[6] 등은 모두 이중적 의미를 갖기 때문에 [일상적 대화는 물론] 논변[7]에서조차 이러한 말들은 쟁론적 추론들[8]의 발단을 만들어 내기 때문이다. 이런 까닭에 한쪽의 의미로는[9] '모두가 동일한 것을 "내 것"이라고 말하는 것'은 어떤 의미에서는 아름

4 직역에 가깝게 옮기면, "그들은 '모두'라고 말할 테지만, '개별적으로'는 아니다".

5 '모든'에는 두 가지 혹은 이중적 의미가 있다는 것을 말한다(1281b4, 1307b35, 1332a36 참조).

6 『소피스트적 논박에 대하여』, 166a33 참조. 홀수(peritton)와 짝수(artion) 속에도 홀수와 짝수 '양자'가 들어 있기에 이중적 의미를 갖는다는 것이다. 가령 3은 2와 1이고, 5는 2와 3으로 되어 있으니까. 그러나 실상인즉슨, 『소피스트적 논박에 대하여』 177b2-9에서 아리스토텔레스가 "말의 분리에 의해 생겨난 것은 사실상 두 가지 의미가 아니기 때문이다. … 따라서 분리에 기인한 오류들은 두 가지 의미를 갖는 표현이 아니다"라고 말하듯이 용어 자체의 모호성 때문에 오류가 생기는 것은 아니다.

7 『토피카』에서 말하는 '변증술적 논변'을 말하는 것일까?

8 『토피카』 제8권 제12장 162b3-5 참조. "쟁론적 추론(eristikos sullogismos)은 '일반적으로 그렇다고 생각되는 것'(통념)으로 보이지만 실상은 그렇지 않은 것으로부터 추론하는 것이며, 또 일반적으로 그렇다고 생각되는 것으로부터 하든지 혹은 일반적으로 그렇다고 생각되는 것으로 보이는 것으로부터 하든지 간에 [단지 추론인 것처럼 보이는 것뿐이다]."(『토피카』 100b23-26) 요컨대 쟁론적 추론은 추론하는 것처럼 보이지만, 추론하고 있는 것이 아니다. 쟁론적 추론과 소피스트적 논의를 구별하는 『소피스트적 논박에 대하여』 171b27-33 참조.

9 각 사람이 개별적으로 소유하고 있다는 의미.

다운 일이지만[10] 실현 가능하지 않은 것이고,[11] 이에 대해 다른 의미에서는[12] 전혀 화합에 기여하지 못하는 것이다.

이런 불리함에 더해서 그렇게 말하는 데[13]에는 그 밖에도 유해한 점이 있다. 왜냐하면 최대 다수가 공유하는 것은 최소한의 돌봄을 받기 때문이다. 사람들은 자신만의 일에는 특히 주목하지만, 공유하는 것에 대해서는 덜 주목하거나, 아니면 개인적으로 그렇게 하도록 관계가 있는 한에서만 관심을 기울이는 것에 불과하다.[14] 즉 돌볼 만한 다른 이유는 제쳐두고라도, 누군가 다른 사람이 그것을 돌볼 것이라는 생각이 점점 더 그들로 하여금 그것을 소홀하게 만들기 때문이다. 마치 가사노동을 할 때, 직무를 담당하는 많은 수의 머슴들이 가끔 적은 숫자보다 일을 엉망으로 만드는 경우가 있는 것처럼 말이다. 또 시민들 각자가 천 명의 아들을 두게 되고, 그들이 개별적으로 그에게 속하는 것이 아니라, 그중의 누구라도 어느 시민에게나 똑같이 아들이라면,[15] 따라서 어느 시민이라도 마찬가지로 어느 아들을 소홀하게 대하게 되는 것이다.

1262a 게다가 이런 상황에서 시민 각자가 잘 되는 처지와 잘 되지 못한 처지에 있는 시민 중 누군가를 '내 아들'이라고 말하는 경우에 그들은 그 말

10 훌륭한 일이지만.

11 아버지 각자가 다른 누군가의 아들을 '나의 아들'이라고 말할 수 없다는 것이다.

12 모든 사람이 함께 소유한다는 의미.

13 주장(to legomenon)은 '모두가 동일한 것을 두고 내 것과 내 것이 아닌 것이라 말하는 것'(to pantas to auto legein emon kai mē emon)이다.

14 공적인 책임을 가지게 되거나 공동의 재산에 특별한 관심을 가지게 되는 경우.

15 플라톤, 『국가』 463c 참조.

을 전체 시민의 숫자 가운데 어떤 수[16]라는 그 범위에서만[17] 그렇게 말하는 것에 지나지 않는다.[18] 예를 들어 '내 아들' 혹은 '누구의 아들'이라고 말하는 경우에 의미하는 바는 그들은 이러한 방식으로 '천 명 중 한 명'으로서의, 아니면 몇 명이 되었든 폴리스를 구성하는 일정한 인원 중 한 명으로서의 누군가를 가리킨다는 것이다. 심지어 그들은 그렇게 말하는 것조차[19] 망설이는 것이다. 왜냐하면 누구의 아이가 태어나게 되었는지,[20] 또 일단 태어났다면 태어난 아이가 생존하고 있는지에 대해 확실한 것은 아무것도 모르기 때문이다. 그럼에도 이런 식으로 2천 명이든 1만 명이든 각자가 동일한 하나[21]를 두고 그것으로 부르는 것[22]과 오히려 실제적으로 폴리스에서 사람들이 말하는 방식으로 '내 것'이라 말하는 것 중에 어느 것이 '내 것'에 대한 더 나은 사용이란 말인가? 사실상 동일한 한 사람을 두고 어떤 사람은 '나의[23] 아들'이라 부르고, 어떤 사람은 '나의 형제'라 부르며, 또 어떤 누군가는 '나의 사촌'이라 부르거

16 일련의 수의 계열에서 어떤 하나의 수. 즉 '전체 시민 중의 한 사람으로'.

17 즉 분수(分數)적으로만.

18 플라톤, 『국가』 462b 참조.

19 천 명의 아이를 '내 것'이라고 말하게 되면, 특정한 아이에 대해 그가 1000분의 1만큼은 내 아이인지를 의심할 것이다. 만일 천 명 아래로 아이들이 점점 줄게 되면 분수(分數)적 관심을 가지는 아버지일 확률은 점점 더 높아진다는 얘기인가? 그렇다면 아버지가 아닐 확률은 비례해서 더 높아진다는 얘기인데, 이것은 아리스토텔레스가 애초의 목적을 스스로 무너뜨리는 것이 아닌가?

20 누가 아이를 가질 기회가 있었는지.

21 '아들'을 지칭하는 듯하다.

22 주제밀과 뉴먼에 따라 emon(내 것)을 men으로 읽었다.

23 hauto… hauto는 강조의 의미다.

나 혹은 다른 어떤 친족이나[24] 혈연, 결혼과 같은 연고(緣故) 관계에 의해 그 자신에게 가장 가까워지거나 그 자신의 인척이 되어서 그 무엇이라 부르기도 하기 때문이다. 심지어 이러한 호칭에 더해서[25] 누군가는 동일한 사람을 두고 내 씨족의 일원이라고 부르는가 하면, 내 부족의 일원이라고 부르게 될 테니까 말이다. 사실상 [소크라테스가 옹호하는] 이러한 방식으로 불리는 누군가의 아들보다는 누군가에게 고유한 사촌이 되는 것이 더 나을 것이다.

뿐만 아니라, [소크라테스의 체제에서 관계성이 숨겨져 있다고 해도] 누군가 어떤 사람을 자신의 형제나 자식이나 아버지나 어머니가 아닐까 추정하는 것을 피하는 것은 도대체 가능한 일이 아니다. 왜냐하면 아이가 친부모를 닮았다는 것[26]은 양자의 관계를 나타내는 증거로서 필연적으로 받아들일 수밖에 없기 때문이다. 세상을 여행했던 몇몇 사람들의 보고[27]에 따르면, 바로 이것은 실제로 일어난 일이다. 리뷔에[28] 고지에 사는 어떤 부족인들은 아내를 공유하지만, 그럼에도 일단 그들에게서 태

24 oikeiotēta(가족)를 sunggeneia와 한데 묶어 옮겼다.

25 이렇게 번역되어야 하는 것에 대해 뉴먼은 분명하지 않다고 말하고 있다(Vol. 2, p. 239). 어쨌거나 아리스토텔레스는 '가족' 개념에 먼 친척들뿐만 아니라 오늘날에 존재하지 않는 phulē라는 마을 단위의 씨족원(phrtatra)이나 부족의 구성원까지도 포함하고 있는 듯하다.

26 호메로스, 『오뒷세이아』 제4권 141행. 헬레네가 텔레마코스와 그의 아버지와의 유사성(homoiotētas)을 인지하는 대목이 나온다. 아리스토텔레스도 이 대목을 여기에서 염두에 두고 있었을 것이다. 헬라스 여자가 부모와 아이들의 유사성을 재빨리 알아채는 능력이 뛰어나다는 아테나이오스의 기록도 있다.

27 일종의 유람기라고 할 수 있는데, 이에 대한 기록을 periploi, periēgēseis라고 말한다. 지리학자인 크니도스(Knidos)의 에우독소스를 말하는 것일까? 크니도스는 남서 소아시아 지방에 위치한 고대 식민도시이다.

28 리뷔에(Libuē)는 아프리카 북부지역으로 오늘날의 리비아에 해당.

어난 자식들은 아버지와의 유사성에 근거해서 분배되기 때문이다.[29] 그리고 인간 중에서도 또 말이나 소 등의 동물 중에서도, 예를 들어 파르살로스[30]에서 '디카이아'(정직한)[31]라고 이름 붙여진 암말처럼, 그들의 [씨를 준] 아비를 닮은 자손을 생산하려는 매우 강한 본성적 소질을 갖춘 암컷[32]이 있는 것이다.

29 헤로도토스, 『역사』 제4권 180. 아리스토텔레스는 헤로도토스를 직접적으로 자주 언급하지 않는데, 『동물의 생성에 대하여』(756b6)에서는 'Herodotos ho muthologos'라고 말하고 있다(『동물 탐구』, 579b2 참조). 아리스토텔레스는 『수사학』 1360a33-35에서 입법의 초안을 잡는데 이런 여행 기록물의 유용성을 언급하고 있다. 여기도 그런 예의 하나인가?

30 헬라스 북부에 있는 텟살리아 지역의 도시로 라리사의 남쪽에 위치한다.

31 그곳의 암말이 '정직한'(디카이아)이라 불리는 것은 종마(種馬)를 닮은 자손을 생산하기 때문이다. 그래서 그 암말은 자신에게 씨를 준 수말에게 돌아와 자신이 정숙하고 충실한 짝임을 보여 줬다는 것이다. 아리스토텔레스의 『동물 탐구』 제7권 제8장 586a12-14 참조. 파르살로스는 북부 헬라스의 텟살리아 지역에 있다. 주제밀과 힉스는 이 말을 '유순한'(docile)으로 새긴다.

32 여기서 '여자들과 암컷들'(gunaikes)은 지금까지 '아내'로 사용되던 말이다.

제4장

플라톤의 『국가』에서의 아내와 자식 공유제에 대한 비판

게다가 그런 형태의 공동체를 세우려는 사람들에게 폭행, 폭행 과실에 의한 살인과 고의적 살인,[1] 중상 같은 성가신 문제가 생기지 않도록 하기란 쉽지 않다. 이와 같은 일을 아버지나 어머니, 혹은 아주 가까운 친척들에게 행한다면 낯선 사람에게 행하는 경우와 마찬가지로[2] 불경스러운 행위가 된다. 당연한 일이지만 이런 일은 상대방이 제 식구임을 아는 사람들 사이보다 모르는 사람들 사이에서 더 빈번하게 일어나기 마련이다. 게다가 실제로 그런 일이 행해졌을 때, 전자는 관습에 준거한 속죄 의식[3]을 행할 수 있겠지만 후자는 그렇게 할 수도 없는 노릇이다.[4]

1 '과실에 의한 살인과 고의적인 살인'을 말한다.

2 문장 자체가 축약적이고 간결해서 그 의미가 불명료할 수 있다. 그래서 사본에 따라 hōsper kai pros apōthen으로 읽는다(뉴먼, 주제밀). 만일 kai(조차도)가 빠진다면(로스와 드라이젠터), 그러한 행위들이 바깥에 있는 사람들에게 행해졌을 때는 불경스럽지 않다는 말이 되어버린다. 아마도 리브(C. D. C. Reeve, p. 254)와 손더스(p. 114)의 지적처럼, 그러한 행위들이 가까운 친족에게 행해졌을 때는 '특히' 불경스럽다는 의미일 것이다. 플라톤, 『법률』 868c-873c 참조. 어쩌면 플라톤은 이에 대해 친족 관계가 해소되면 자연스럽게 이런 의문은 해소될 수 있다고 보지 않을까?

3 플라톤, 『국가』 364e 참조. "관습으로 확정된 제의적 속죄 의식"(tas nomizomenas luseis) 이란 miasma(더럽힘, 오욕, pollution)에 대한 일종의 종교적 정화 의식(katharmos)을 말한다. 우리식의 종교 의식에 따르면, '씻김굿'과 같은 것이 아닌가 한다.

4 원문의 간략한 아리스토텔레스식 표현인 'tōn de mēdemian'(알고 있지 못하다면, 어떤 것도 가능하지 않은 것이다)은 'tōn de mē gnōrizontōn endechetai mēdemian ginesthai lusin(알고 있지 못하다면, 어떤 속죄의식(expiation; 죄의 씻겨냄)도 일어날 수 없다)'을 의미한다.

또 자식의 공유를 유지하면서도 소크라테스가 사랑하는(연애하는) 이들[5] 사이에 금하는 것은 단지 성적 교섭(性愛)[6]뿐이며, 아버지와 아들 그리고 형과 동생 사이에는 성적인 사랑 자체를 금지하지 않으며, 또한 그 밖의 다른 애정 행위들[7]을 금지하지 않고 있는 것은 이상한 노릇이다. 아버지와 아들, 형제들 사이에 이러한 일이 일어난다는 것은 단지 그 사랑[8] 자체만으로 이미 꼴사나운 일이고, 무엇보다 그런 일이 가장 꼴사나운데도 말이다. 소크라테스가 어떤 다른 이유도 없이 그것이 지나치게 격렬한 쾌락을 일으킨다는 구실로 성교를 금지하고, 심지어 그것이 아버지와 아들, 형제들에 사이에서 일어나든 말든 아무런 차이가 없다고 믿는 것[9] 또한 이상한 일이다.

그런데 아내와 자식을 공유하는 제도는 수호자들보다는 오히려 농민
들에게 적용하는 것이 더 유용하다고 생각된다.[10] 왜냐하면 자식과 아내 1262b
를 공유하고 있는 곳에는 그들 사이의 친애가 약해지게 될 테지만,[11] 지
배를 받고 또 반란을 일으키지 않게 하기 위해서는 지배받는 자들 사이

5 남성 간의 동성애 관계를 말한다.

6 to suneinai는 문자 그대로는 '함께 있는 것'이지만 '동침하며 성애를 나누는 것'을 의미한다.

7 입을 대거나 몸을 만지거나 하는 것.

8 즉 친애(philia)가 아닌 에로스.

9 이 대목에 연관해서는 플라톤, 『국가』 403a-c 참조. 403b에서 플라톤은 아버지와 아들 간에 흠잡을 데 없는 가족에게만 절제 있고 교양 있는 올바른 사랑(orthos erōs)을 허락한다.

10 플라톤의 『국가』에는 생산에 종사하는 자(농민), 수호자, 철학자 왕 등 세 종류의 부분이 있는데, 수호자와 철학자 왕은 여자, 아이, 다른 재산을 공동으로 나누어 가진다. 그러나 이것이 생산자에게도 적용되는지는 불분명하다(1263a8-21, 1164a11-b5). 어쩌면 『국가』에는 전혀 이 문제가 언급되고 있지 않을 것이다.

11 1263a8-21 참조.

의 친애는 마땅히 이와 같은 상태[12]로 있어야 하는 것이기 때문이다.[13]

일반적으로 말하자면 그러한 법률은 필연적으로 올바르게 제정된 법률이 가져와야 할 것들과는 정반대의 결과를, 또 자식과 아내 공유제를 필요로 하는 소크라테스가 그 이유를 들고 있는 것들과는 정반대의 결과를 반드시 가져오게 될 것이다. 이는 친애[14]가 폴리스를 위한 최대의 좋음이라고 우리가 믿기 때문이다(친애가 있는 상태에서는 폴리스의 내란[15]을 최소한으로 억제할 수 있으니까). 또 소크라테스는 무엇보다도 폴리스가 하나임을 찬양하고 있지만, 폴리스의 하나임은 —그런 것 같기도 하고 또 소크라테스 자신이 그렇게 주장하고 있는 바처럼—친애의 산물인 것이다. 우리는 그와 비슷한 것을 아리스토파네스가 사랑(에로스)에 대한 논설 속에서 말하고 있다는 것을 알고 있다. 즉 애인들은 서로에 대한 지극한 사랑으로 말미암아 함께 결합되어 자라서[16] 두 사람이 한 몸이 되기를 몹시 욕망한다는 것이다.[17] 이러한 상황에서 두 사람 모

12 '이와 같은 상태'(toioutous)는 앞서 말한 '약한 친애'(hētton philous)의 상태를 말한다.

13 주제밀과 힉스는 이 대목은 논의 맥락상 적절한 자리가 아니라고 생각하여, 나중에 저자에 의해 삽입된 것으로 본다.

14 친애(philia)의 중요성에 대해서는 『니코마코스 윤리학』 1155a22-28 참조. "친애는 '공동의 일을 함께 나눔(koinōnia)' 안에 있으니까"(제1절). "모든 공동체는 정치적 공동체의 부분들과 비슷하다. 왜냐하면 사람들이 함께 모이는 것은 어떤 유익을 위해서이며 삶에 필요한 어떤 것을 산출해 내기 위해서이고, 정치적인 공동체 역시 유익을 목적으로 처음부터 함께 모여 지속하는 것으로 보이기 때문이다. 법을 제정하는 사람들이 겨냥하는 것도 바로 이 유익이며, 또 정의는 공통의 유익이라고 하는 것이다"(제4절).

15 내란(파당, stasis)은 정치적 긴장 관계에서 내전으로까지 확장되는 내부의 정치적 갈등을 말한다. 일반적으로 계급들 사이에서 발생해서 폴리스의 정치체제를 전복하는 결과를 초래하기도 한다.

16 원어로는 sumphuēnai('함께 자라다')이다(『향연』 191a).

17 플라톤, 『향연』 191a-b, 192c-193a, 205d. 아리스토파네스(기원전 455~386년)는 희극 작

두, 혹은 어느 한쪽은 필연적으로 멸망해 버리고 만다. 그러나 소크라테스가 구상하는 폴리스에서는 이러한 종류의 공유제 때문에 사랑이 필연적으로 묽게 될 수밖에 없고, 아들이 아버지를 '내 아버지'라고 부르는 일도, 아버지가 아들을 '내 아들'이라고 부르는 일도 거의 없다는 것은 필연적이다. 마치 소량의 감미료[18]를 다량의 물에 혼합하면 그 혼합을 감지할 수 없게 되는 것처럼,[19] 또한 이와 동일한 일이 [나의 아버지, 나의 아들과 같은] 이러한 [애정을 품는] 호칭에서 나오는 서로에 대한 친족 결속력[20]에서도 일어나는 것이다 왜냐하면 그러한 정치체제 밑에서는 아버지는 자신의 아들을 아들로, 아들은 자신의 아버지를 아버지로, 형제들은 서로를 형제들로 여겨야 할 필요성이 없는 것이나 마찬가지이기 때문이다. 사실상 인간에게 특별히 배려와 애정을 쏟는 요인은 두 가지가 있는데, 그것은 '자신에게 고유한 것'[21]과 '자신에게 소중한 것'[22]일 뿐이다. 이것들 중 어느 것도 그러한 종류의 정치체제 밑에서 살아가는 사람들 사이에서는 결코 있을 수 없기 때문이다.

그뿐 아니라 일단 태어난 아이를 농민이나 장인의 자식에서 수호자

가로 『향연』에서 에로스에 관한 대화의 주요 인물로 등장하고 있다.

18 포도 시럽 혹은 혼합되지 않은 달콤한 포도주(glukus akratos oinos) 같은 것일 수 있다(디오게네스 라에르티오스, 제7권 184).

19 '감미료'는 친애, '물'은 폴리스 공동체의 비유이다.

20 친족 결속력(oikeiotēs)은 친애(친근감)를 의미한다.

21 즉 남과 공유하지 않는 '자기 자신에게만 속하는 것'.

22 to agapēton은 '오직 하나밖에 없는'(unicus) 것이다. 즉 '드문 것, 값진 것, 귀한 것, 한결 바람직한 것'을 말한다. 이것에 대해서는 『수사학』 1365b16-20 참조. 아리스토텔레스에 따르면 소크라테스의 이상적인 폴리스에서는 그러한 것이 없다. 왜냐하면 모든 사람이 '여러 사람들 중 하나'에 불과하기 때문이다. 플라톤은 외려 '모든 사람'이 다 소중하다고 답할 것이다.

에게로, 수호자의 자식을 농민이나 장인에게로 옮겨 주는 것처럼, 태어난 아이를 옮겨 주는 문제에 관해서도[23] 어떤 방식으로 그렇게 할 것인지에 대해 큰 곤혹스러움을 불러일으킨다.[24] 더구나 자식을 넘겨준 사람들과 넘겨받은 사람들은 어느 자식이 누구에게 인도되는지를 필연적으로 알게 된다는 것이다. 게다가 이러한 상황에서는 앞서[25] 우리가 언급한 폭행, 애정에 관한 일, 살인 같은 문제들이 필연적으로 더 빈번하게 일어나고 말 것이다. 왜냐하면 [수호자의 밑에서] 다른 시민의 품으로 인도된 사람들은 수호자들을 형제나 자녀, 아버지나 어머니라고 더 이상 부르지 않을 것이고, 반대로 수호자에게 넘겨진 사람들은 이제 다른 시민들을 더 이상 그렇게 부르지 않을 것이므로, 따라서 친족이기 때문에 그런 행위를 삼가는 정도로 조심을 기울이지도 않을 것이기 때문이다.[26]

이 정도로 아내와 자식들의 공유에 대해서는 논의한 것으로 하자.

23 플라톤, 『국가』 제3권 415a-d 참조.

24 플라톤, 『국가』 제3권 415a-c, 제4권 423c 참조. 농민이나 장인으로 태어난 뛰어난 소질의 아이는 수호자 계급으로 옮겨지고, 수호자 계급에서 태어난 열등한 소질의 아이는 농민이나 장인의 계급으로 옮겨진다.

25 1262a24 아래 참조.

26 즉 그들이 그러한 호칭을 사용한다면, 그러한 못된 짓을 저지르는 것을 경계할 수 있을 정도로.

제5장

플라톤의 『국가』에서의 재산 공유제에 대한 비판적 고찰: 정치체제

앞의 논의들에 이어 다음으로 재산에 대해 고찰해야 한다. 최선의 정치체제로 폴리스를 다스리려는 사람들은 재산에 대해 어떤 방식을 확립해야 하는 것인가? 재산을 공유해야 하는가, 공유하지 않아야 하는가? 이 문제[1]는 자식들과 아내들에 관한 입법과는 별도로[2] 고찰할 수도 있을 것이다. 내가 의미하는 바는 재산에 관한 것이며, (그곳에 사는 사람들[3]에 1253a
게서 실제로 실행되는 관행이 그렇듯이 설령 자식들과 아내들을 개별적으로 소유하더라도[4]), 적어도 재산의 소유와 그 사용은 공동으로 실시하는 것[5]이 더 나을 것인가 하는 것이다. […][6] 예를 들어 (1) 토지는 각자가 개별적으로 소유하지만, 그곳에서 나온 수확물은 공동으로 저장하고 소

1 바로 앞의 질문("재산을 공유해야 하는가, 공유하지 않아야 하는가?")을 가리킨다. 하지만 아리스토텔레스는 이어지는 논의에서 재산의 소유와 사용이라는 조금 다른 물음을 탐구하고 있다. 재산의 공유와 아이 및 아내의 공유는 다른 문제라는 것일까? 아리스토텔레스가 염두에 두고 있는 것은 재산에 관련해서 땅의 소유에서는 사적인 것을 인정하면서도 그 사용은 공동으로 해야 한다는 것일까?

2 분리해서, 독립적으로.

3 앞서 1262a19 아래에서 리뷔에 일부 지역에서는 아내 공유제가 있다고 지적한 바 있다. 그렇다면 '일반적으로', '보편적으로'라고 옮겨도 될 듯하다.

4 가족들이 별도로 개별적으로 독립되어 있다.

5 소유권, 용익권, 상속 재산권.

6 탈문(lacuna)이 있는 것으로 보인다. 맥락상 추정해 보면, '아니면 어떤 것은 공동으로 소유하고, 다른 것은 분리해서 소유해야 하는가?'

비하도록 해야 할 것인가(몇몇 민족은 실제로 그렇게 하고 있다). (2) 아니면, 반대로 토지의 소유와 경작은 공동으로 하되 수확물은 분배하여 각자가 사적으로 사용할 수 있도록 해야 하는가(이것 또한 어떤 비헬라스인들은 이러한 방식으로 재산을 공유한다고 말해진다). (3) 아니면, 토지와 그 수확물 둘 다를 공유하도록 해야 할 것인가.

그런데 토지를 경작하는 사람들이 [시민들과는] 다른 신분의 사람들[7]이라면, 재산을 공유하는 방식[8]은 앞엣것과는 달라야 비로소 우리가 쉽게 이해할 수 있을 것이다. 그러나 시민들이 자신을 위해 스스로 땀 흘려 일한다면, 재산에 관한 조정에서 많은 불평이 생겨나게 할 것이다. 왜냐하면 이익의 누림과 노동의 양에서 시민들 사이에 동등하지 않음이 나타난다면, 일은 많이 하면서도 조금밖에 얻지 못하는 사람은 당연히 적은 노동으로 많은 이익을[9] 얻는 사람들에 대해 불평하게 될 것이기 때문이다.[10] 일반적으로 생활을 함께하며 인간의 모든 관심사를 공유한다는

7 '[땅 소유자 이외의] 다른 사람들(hēterōn)'로 보아도 큰 무리가 없어 보이나, 10행에서의 autōn은 명확히 '시민들'을 가리킨다. 따라서 '다른 사람들'은 '시민들'과 대립되는 스파르타(라케다이모니아)의 헬로트 계급과 같은 사람들을 가리키는 것으로 보는 것이 좋을 듯하다. 『정치학』에서 아리스토텔레스는 종종 스파르테(spartē)라는 말 대신에 라케다이모니아, 라코니케('라코니아 지방의 사람')라는 말로 '스파르타'를 부르고 있다.

8 재산에 관련된 정치제도(politeia)와 연관되고 있을 것이다.

9 주제밀과 뉴먼은 삭제를 제안한다.

10 재산의 공유에 대한 비판으로서, '공산주의'에 대한 비판으로 이해된다. 『니코마코스 윤리학』 제9권 제6장 1167b9-16 참조. "반면에 열등한 자들이 아주 잠깐 동안만 친구가 되는 것처럼 잠시 동안만 마음의 일치를 볼 수 있는데, 수고나 공적인 부조에 있어서는 더 적은 몫을 가지면서 이익이 되는 것들에 있어서는 더 많은 것을 가지려고 애쓰기 때문이다. 각자가 자신들을 위해 이러한 것들을 바라므로 옆의 사람들을 감시하고 방해한다. 공동의 것은 주시하지 않으면 망가지기 때문이다. 자신들은 정의로운 것들을 하고 싶어 하지 않으면서 서로에게 그것을 강제하고 있으니 결국 이들에게 돌아오는 것은 분열이다."

것은 어려운 일인데, 이러한 것들[재산]을 공유하는 것은 특히 어렵다. 이 점은 함께 여행하는 사람들의 공동체가 잘 보여 준다. 그들 대다수는 대개 일상적인 소소한 일[11]을 둘러싸고 의견을 대립하고, 별로 중요치 않은 일로 서로에게 화를 내기 때문이다. 게다가 우리는 종들 중에서, 특히 충돌하는 것을 통상적이고 상투적인 일을 위해 가장 빈번하게 사용하는 종이다.

따라서 재산의 공유는 앞에서 언급한 것들 이외에도 이와 비슷한 다른 어려움을 가지고 있다. 이에 비해 재산에 대한 오늘날의 방식(제도, 관행)은 사람들의 훌륭한 성품[12]과 올바른 법률 제도에 의해 가다듬어질 수 있다면 훨씬 뛰어난 것이 될 것이다. 왜냐하면 그것은 양쪽으로부터 좋은 점을 받아들이고 있으니까. '양쪽로부터 좋은 점'에 의해, 나는 재산을 공유하는 방식과 재산을 사유화하는 방식의 좋은 점을 말한다. 다시 말해, 재산은 어떤 점에서는 공공의 것으로 해야 하지만, 전체적으로는 사적인 것으로 해야 하기 때문이다.[13] 사실상 재산의 돌봄이 각 사람에게 분산된다면, 서로에 대한 불평 불만이 생기지 않을 것이고, 모든 사람이 자기 자신의 일에 전념하게 되기 때문에 한층 큰 성과를 가져오게 될 터이니[14] 말이다. 그러나 각 사람이 축적한 재산의 사용이라는 측면

11 즉 '우리 앞에 놓인 직접적인 일들'(tōn en posi)을 가리킨다.

12 뉴먼과 드라이젠터에 좇아 ēthesi([훌륭한] 성품, 성격)으로 읽는다(플라톤, 『법률』 751c 참조). 이와 달리 ethesi(습관)으로 읽는다 해도(로스, 주제밀과 힉스 및 사본들) '도덕적 성품'을 포함하는 것으로 받아들일 수 있겠다. 1029a29의 아래의 '아레테'(aretē)에 대응한다.

13 재산은 사유해야 하지만, 그 사용은 공동으로 이루어지는 것을 말한다.

14 즉 땅을 경작하는 데 그 자신의 일과 같이 여기고, 효과적으로 일하게 될 것이며, 따라서 더 큰 결실을 가져올 것이라는 의미다.

에서는, 바로 '덕'의 작용으로 말미암아 격언이 말하는 바대로 '친구들의 것은 공동의 것'[15]이라고 할 것이다.

현재까지도 몇몇 폴리스에서[16] 이런 종류의 [재산 조정] 방식이 개략적으로나마 사용되고 있으며, 이는 그것을 실행하는 것이 불가능하지 않음을 보여 주고 있는 셈이다. 특히 잘 다스려지고 있는 폴리스에서는 그 방식의 일부가 실현되어 있고, 또 그 밖의 부분은 앞으로 실현될 것이다. 왜냐하면 그런 폴리스에서는 각각의 개인들이 재산을 사적으로 소유하지만, 축적된 재산의 일부는 친구들이 사용할 수 있도록 하고, 다른 일부는 공동으로[17] 사용하기 때문이다. 예를 들어 라케다이모니아에서는 사람들이 서로의 노예를 마치 자기 것[18]이나 다름없이 사용하고, 게다가 말이나 개 또한 그런 식으로 사용한다. 또 여행 중에 식량이 떨어지면 그들은 영토의 여러 지역의 농경지[19]에서 조달하고 있다. 따라서 재산을 각자가 사적으로 소유하되, 그 사용은 공동의 것으로 하는 편이 더

15 이 격언의 최초 옹호자는 퓌타고라스로 알려져 있다(디오게네스 라에르티오스, 『유명한 철학자들의 생애와 사상』). "티마이오스가 말하는 바에 따르면, [퓌타고라스가] "친구의 것은 공동의 것이고, 우정이란 평등하다"고 말한 첫 번째 사람이다"(제8권 10). "에피쿠로스는 '친구들의 것은 공동의 것'이라는 퓌타고라스의 말대로 재산을 공동의 것으로 삼는 것은 적절하지 않다는 생각을 갖고 있었다고 한다. 왜냐하면 그런 일은 서로 신뢰하지 않는 자들이 하는 일인데, 서로 신뢰하지 않는 자들이라면 친구들이 아니기 때문이라는 것이다"(제10권 11).

16 타렌툼(1320b9 아래)과 카르타고(1320b4 아래), 아래에서는 라케다이모니아와 크레타의 폴리스들이 언급되고 있다.

17 리차즈는 koinois를 idiois로 읽는다. 그러면 "일부는 그 자신이 사용한다"는 것이 된다.

18 리차즈는 앞 문장의 수정 방식에 따라 '자기 것'(idiois)을 koinois(공동으로)로 자리를 바꾸어 놓는다. 리차즈 식으로 자리를 바꾸지 않더라도 부드럽게 맥락의 의미가 전해진다.

19 농경지로 옮긴 chōra는 도시에 접해 있는 구역으로 마을, 촌락, 숲, 벌판 등을 포함한다.

낫다는 점은 분명하다. 그리고 시민들을 바로 그와 같은 식의 성향[20]을 갖도록 하는 것은 입법가의 고유한 임무이다.

더군다나 어떤 것을 자신의 것으로 간주하는 것은 자신의 즐거움에 관련해서 말할 수 없을 정도의 차이를 만들어 낸다. 왜냐하면 각자가 자기 자신에 대해 사랑을 느끼는 것은 전혀 공연(空然)한 일이 아니라, 오 1263b
히려 자연스러운 일이기 때문이다. 자기를 사랑하는 것[21]은 정당하게 비판받아야 한다. 그러나 이것은 단순히 자기 자신을 사랑하는 것이 아니라, 마땅히 사랑해야 하는 것보다 더한층 자신을 사랑하는 것이다.[22] 우리가 돈을 사랑하는 사람들을 비난하는 것도 마땅히 사랑해야 하는 정도 이상으로 돈을 사랑하기 때문이다[23](사실상 이런 종류의 각각의 것들을 단순히 사랑하는 것은 거의 모든 사람에게 해당하는 것이니까). 더구나 친구와 손님과 동료들을 도와주고 호의를 베푸는 것은 가장 큰 즐거움이지만, 그것은 재산을 사적으로 소유하는 경우에 일어날 수 있다. 그렇지만 자식과 부인들, 재산을 공유함으로써 폴리스를 과도하게 하나로 만들려고 한다면, 이와 같은 일은 일어나지 않는다. 여기에 더해서 그

20 여기서 toioutoi(그러한 식으로 행하게 하는 것)는 aretē(덕)를 통해 '재산을 공동으로 사용하게 하는 것'을 말한다. 1329b36-1330a33 참조.

21 to philauton(philautia)은 이기심(『니코마코스 윤리학』 1168a22-b10)을 말한다.

22 『니코마코스 윤리학』제9권 제8장; "사람들은 자기 자신을 제일 아끼는 사람들을 비난하며 '자기를 사랑하는 사람'(이기적인 사람, philautos)이라는 창피한 말로 낮춰 부르기 때문이다. 열등한 사람은 모든 것을 자기 자신을 위해서 행하는 듯하며 못되면 못될수록 더 그러는 것 같다. 그래서 사람들은 그를 두고 예를 들어 '자기와 상관이 없으면 아무것도 하지 않는 사람'이라는 식으로 불평하는 것이다. 그러나 훌륭한 사람은 고귀함을 이유로 모든 것을 행하고, 그가 훌륭할수록 더 고귀함을 이유로, 그리고 친구를 위해서 행하며, 자기 자신의 것은 미루어 놓는다"(제1절).

23 즉 돈을 사랑하는 자를 비난하는 것은 돈을 좋아하기 때문이 아니라, 지나치게 돈을 좋아하기 때문이라는 의미다.

렇게 함으로써, 두 가지 덕에서 나오는 행위는 분명히 없어지고 말 것이다. 즉 그중 하나는 여자와의 관계에서의 절제의 행위이고(어떤 여자가 다른 사람의 것이라면, 절제를 통해 그 여자에게 손을 대지 않는 것이 아름다운 일[24]이니까), 또 다른 하나는 재산에 관련된 자유인다움[25]에서 나오는 행위이다. 왜냐하면 [사유 재산이 없으면] 아무도 자유인답게 보일 수 없고, 또한 그 어떤 자유인다운 행위도 할 수 없기 때문이다. 사실상 자유인다움의 기능은 재산의 사용에서 이루어지는 사용에서 비롯하기 때문이다.

어쨌든 플라톤식의 그러한 재산 공유제의 입법화는 외견상 매력적이고 또 인간애[26]가 넘쳐나는 것이라고 생각할지도 모른다. 왜냐하면 그 말을 듣는 사람은 모든 사람이 모든 사람에 대해 어떤 놀라운 친애를 갖게 될 것이라고 생각하면서 기꺼이 받아들인다. 누군가가 현재 통용되는 정치체제에서의 악(惡)은 재산을 공동적으로 소유하고 있지 않은 것 때문에 생긴다는 비난이 있을 때에[27] 특히 그 경향이 강해진다. 내가 말

24 아름다운 일(kalon ergon)은 '도덕적 행위'라는 의미다.

25 "돈을 주고받는 일에 관련한 중용이 자유인다움(eleutheriotēs)"이다(『니코마코스 윤리학』 1107b9). 자유인답지 못한 사람(aneleutheros)은 비열하고 야비하고, 노예근성을 가진 사람을 말한다. 『니코마코스 윤리학』(제4권 1장 24절)에서 설명하는 것에 따르면, 자유인다운 사람은 주고받는 일에 관련해서 칭찬받는 사람이다. "마땅히 써야 할 일에 마땅한 양만큼 주거나 쓸 것이며, 그것도 마땅히 그럴 것"이고, 역으로 마땅히 받아야 할 것에 대해서도 또한 그렇다. 『니코마코스 윤리학』 제10권 8장 4절; "왜냐하면 자유인다운 사람은 자유인다운 일을 행하기 위해 돈을 필요로 할 것이며 정의로운 사람 역시 빚을 되갚기 위해 돈을 필요로 할 것이고(하고자 하는 바람(boulēsis)은 분명하게 드러나지 않기에 실제로 정의롭지 않은 사람들까지도 정의로운 행동을 바랐다고 변명한다.)"

26 '인정 많은 것으로.'

27 플라톤 『국가』, 제4권 425c-d, 464d-465d. 여기서 아리스토텔레스의 말은 플라톤의 견해와 상당히 일치하고 있다. 이는 아리스토텔레스가 플라톤의 표현을 정확히 염두를

하는 '악'이란 계약을 두고 서로 소송을 하는 것이나 위증에 대한 재판, 그리고 부자에 대한 아부 같은 것이다. 그러나 이런 것들 중에 어떤 것도 재산을 공동 소유하지 않기 때문이 아니라, 인간의 사악함 때문에 일어나는 것이다. 왜냐하면 우리는 재산을 개별적으로 소유한 사람들보다 재산을 공동으로 소유하고 공유하는 사람들 사이에서 훨씬 더 많은 다툼이 일어나고 있음을 보고 있기 때문이다.[28] 그러나 재산 공유를 위해 말썽을 부리는 사람의 수가 적은 것처럼 보이는 것은 재산을 사적으로 소유한 여러 사람들과 비교하기 때문일 뿐이다. 게다가 재산 공유가 얼마나 많은 악들을 제거하는지뿐만 아니라, 또한 얼마나 많은 좋은 것들을 빼앗아 가는지에 대해서 말하는 것도 정당한 일이다. 그러한 삶은 전적으로 불가능한 일로 보인다.

소크라테스 논증의 오류[29] 원인은 전제가 옳지 않은 데에 있다고 생각해야 한다. 왜냐하면 그 가정도 폴리스도 어느 정도까지는 하나의 것이어야 하지만, 완전히 하나가 되어서는 안 되기 때문이다.[30] 폴리스가 이러한 방향으로 계속 진행되어 나간다면 폴리스는 어떤 의미에서 더 이상 폴리스일 수 없는 지점에 이르게 될 것이거나 혹은 여전히 폴리스라고 하더라도 '폴리스가 아닌 것'에 가까이 다가감으로써, 열등한 폴리스가 될 것이다. 그것은 마치 협화음을 동음으로, 혹은 리듬(율동)을 단일한 박자[31]로 환원시키는 것과 같은 것이다. 하지만 앞서 말한 바와 같이

두고 있다는 것을 반증하는 것이다.

28 형제와 공동으로 재산을 소유하는 것은 당시 아테나이에서 통용되는 관행이었다.

29 "모호한 질문을 하는 것, 애매한 표현으로 질문을 하는 것, 또 그 밖의 다른 이것들과 비슷한 속임수(parakrousia)를 사용하는 것"(『소피스트적 논박에 대하여』, 175b1).

30 『정치학』 제2권 제2장에서 소크라테스의 제1전제인 '하나임'에 대한 비판이 논의되었다.

31 춤에서는 '스텝'(step)을 말한다.

[32] 폴리스는 [여러 요소로 이루어진] 집합체여야 하며, 또 교육을 통해 폴리스를 하나의 공동체로 만들어야 하는 것이다. 적어도 교육을 도입하려고 했고, 또 이것을 통해서 폴리스가 훌륭하게 될 수 있다고 믿었던 사람이 관습이나 철학[33]과 법에 의하지 않고 라케다이모니아와 크레타에서 입법자가 공동 식사 제도에 의해서 재산을 공공의 것으로 한 것처럼, 그와 같은 방책[34]에 의해서 폴리스를 제대로 세울 수 있다고 생각하고 있는 것은 이상한 노릇이다.

1264a 또한 우리는 다음과 같은 점을 무시해서는 안 된다. 즉 매우 긴 시간과 오랜 햇수에 걸쳐 그러한 방안이 빛을 보지 못했다는 점도 고려해야 한다. 만일 이것이 훌륭한 것이었다면, 이토록 오랫동안 아무도 그것을 알아차리지 못했을 리 없다. 사실상 거의 모든 방책이 이미 발견되었으나,[35] 비록 그것들 중 어떤 것은 한데 모아지지 않았고,[36] 다른 것들은 알려지긴 했으나 활용되지 않은 것도 있기 때문이다.[37]

32 1261a18.

33 여기서 '철학'은 엄밀한 의미에서 사용됐다기보다는 인간의 사고를 진작시키는 수단쯤을 의미하는 것 같다. 보니츠(821a6)는 'virtus intellectualis'로 해석한다. 요컨대 넓은 의미로 '지적인 문화' 쯤에 해당한다고 하겠다. 습관은 성격의 덕을 진작시킨다. 법은 '성격과 지적인 것' 양자에 관련을 맺고 있는 듯하다.

34 플라톤이 앞서 제안한 직접적이고, 강제적인 수단, 즉 재산의 공유라는 제도를 통해 폴리스를 교정할 수 있다고 생각하는 것을 가리킨다.

35 1329b25-35.

36 즉 학적 사용을 위해 '체계화'가 되지 않았다는 의미다.

37 알려진 많은 것이 실천 불가능한 것으로 간주되었기 때문에 도입되지 않았다. 해 아래 새로운 것은 없다는 것이다, 모든 발견물은 이미 만들어졌고 그리고 다시 잊혀졌다. 그래서 그것들은 재발견될 필요가 있다는 것이다. 인간과 세상은 늘 존재해 왔다. 그 속에서 인간은 자연적으로 세상과 그 안에 사는 우리의 복지를 위해 이바지할 수 있는 것에 대한 믿음을 늘 준비하고 마련해 왔다는 것이다.

만일 우리가 그러한 정치체제가 실제로 만들어지는 것을 본다면 특히 분명해질 것이다. 왜냐하면 그 부분들(시민, cives)을 구분해서 나누지 않고는, 즉 일부는 공동 식사 집단으로, 다른 일부는 씨족(친척)이나 부족으로 나누지 않고는 폴리스가 만들어질 수 없을 테니까 말이다. 따라서 수호자들이 경작에 종사해서는 안 된다는 규정을 제외하고는 소크라테스의 구상은 무엇 하나 입법화되지 않게 될 것이다. 바로 그런 규정이라면 오늘날에[38]조차도 이미 라케다이모니아 사람들이 도입하려고 시도하고 있는 관행인 것이다.

게다가 실제로 전체적으로 그 정치체제의 구조가 그 속에서 함께, 공동으로 살아가는 사람들에게 어떤 것이 될 수 있을지를 소크라테스는 말하지도 않았고, 또 그것을 말하기도 쉽지 않다. 폴리스의 대부분을 구성하는 집단은 수호자와 다른 시민[39]들의 집단임에도 불구하고, 그들에 대해서는 아무것도 규정해 놓은 것이 없다. 예를 들어 농민도 역시 재산을 공유해야 하는지, 혹은 또는[40] 농민의 경우에 각 사람이 사적으로 재산을 소유해야 하는지, 게다가 농민은 아내들과 자식들을 사적으로 소유해야 하는지 혹은 공유해야 하는지에 대해서는 아무것도 정해져 있지 않다.[41]

38 nun은 '현재 시점에'라는 말이기보다는 '현실적으로'라는 의미일 것이다.

39 수호자(phulakē, phulax)들을 제외한 다른 시민 계급.

40 주제밀의 삭제를 받아들이지 않고, hē kai(혹은 또한)를 살려 옮겼다.

41 플라톤 『국가』 433d, 454d-e. 아리스토텔레스는 이런 문제에 대해 소크라테스의 입장이 모호하다는 점을 지적하면서 나름대로 자신의 입장을 정당화하고 있다. 아래에서는 다음의 세 가지 경우가 논의되고 있다. (1) 농민이 아내, 자식, 재산을 공동으로 갖는 경우(17~22행), (2) 그 반대의 경우(22~40행). (3) 아내와 자식은 공동으로 가지나, 재산은 그렇지 않은 경우(40행 아래)가 그것이다. (3)의 반대 경우는 언급되고 있지 않다.

(1) 만일 그들이 모두 수호자의 경우와 동일한 방식으로 모든 것을 모든 사람과 공유한다면, 농민들은 저 수호자들과 무엇이 다를까?[42] 또 수호자들의 지배를 받음으로써 그들에게는 어떤 이득이 있을까?[43] 만일 수호자들이 크레타인들이 사용하는 것과 같은 어떤 교묘한 방책을 사용한다고 하면, 그 지배에 복종하도록 이끄는 것[44]이 무엇이란 말인가? 왜냐하면 크레타인들이 그들의 노예에 대해 자신들과 동일한 것을 허용하면서도 신체 단련과 무기 소지만은 금지하고 있기 때문이다.

이와 반대로 (2) 만일 그들이[45] 그와 같은 것들[46]을 다른 폴리스들의 경우와 마찬가지로 소유한다면 그 공동체의 체제는 어떤 형태가 될 것인가? 그런 경우에는 필연적으로 한 폴리스 안에 두 개의 폴리스가 있게 되고, 이것들은 서로 적대하는 폴리스가 되게 될 것이다.[47] 왜냐하면 소크라테스는 수호자들을 일종의 감시자와 같은 점령군처럼 만들고,[48] 다

42 만일 아내와 자식과 재산을 공유한다면, 그들에게도 친애가 있게 될 것이다. 그렇다면 농민들과 수호자들 간의 차이는 없어지는 것이 아닌가?(1262a40 아래) 농민은 수호자에게 생활의 양식을 공급한다(『국가』 416e).

43 농민들과 수호자들 간의 차이가 없다면, 그들에게 복종함으로써 어떤 이득도 얻지 못한다는 말이다. 왜냐하면 지배당하는 자가 지배하는 자보다 열등한 경우에만, 복종함으로써 이득을 얻을 수 있을 테니까(1252a30 아래).

44 주제밀과 힉스 및 사본을 좇아 mathontes('배움') 대신에 pathontes로 읽었다. 즉 "그들이 그것에 복종하는 법을 배우는 것은 무엇이란 말인가?" mathontes를 '어떤 생각으로'(with what idea?)란 의미로 새겨 우리말로 옮기면 "그들은 어떤 생각으로 수호자의 지배를 받을 것인가?"

45 수호자 이외의 다른 시민들(농민들).

46 가족 제도와 사유 재산 제도.

47 플라톤, 『국가』 422e-423b, 551d. 플라톤, 『국가』에서는 이 점 때문에, 소크라테스가 현존하는 폴리스에 대한 비판을 가하고 있다.

48 플라톤, 『국가』 419a-420a, 415d-417b. 425c-d. '수호자'(phulakē, phulakes)는 당시 아테나이에서 속국(屬國)의 점령군에 대해 완곡하게 부르는 말이었다고 한다. 따라서 아테

른 한편으로 농민들과 장인, 그 밖의 다른 사람들을 [점령된 폴리스의] 시민들[49]로 자리매김하기 때문이다. 그리고 고발과 소송, 그 밖에 폴리스에 존재하는 악으로 소크라테스가 언급하는 모든 것[50]이 그들 시민에게도[51] 존재하게 될 것이다. 그럼에도 소크라테스는 교육 덕분에—단지 수호자에게만 교육을 할당하고 있으면서도—시민들이 많은 규칙, 예를 들어 시역이나 아고라의 규율을 유지하기 위한 규칙이나 그와 유사한 기타 규칙을 필요로 하지 않게 된다고 말하고 있다.[52] 농민은 소작료[53]를 내야 하지만 소유물에 대한 소유권을 인정하고 있다.[54] 하지만 농민에게 그것을 인정한다면 몇몇 폴리스의 헤일로테스[55]나 농노 체제, 노예 체제들 사이에서 어떤 특정한 사람들보다 그들은 훨씬 다루기 힘들고 또 뻗대는 마음을 지닌 우쭐한 자들이 될 것이다.[56] 어쨌든 [농민들의 경우에 수호자의 경우와 마찬가지로] 이러한 것들[57]이 필수 불가결한지에 대해 그와 비슷한 필연성이 있는지 혹은 없는지에 관해, 또 그것들과 연관된 질문에 관해서도, 다시 말해 어떤 종류의 정치제도, 교육과 법령

나이인들에게는 이 말이 귀에 거슬리게 들렸을 것이다(W. Newman, Vol. 2, p. 260).

49 플라톤, 『국가』 415a-417b, 419a-421c, 543b-c.

50 플라톤, 『국가』 464d.

51 소크라테스가 말하는 그런 종류의 이상적(아름다운) 폴리스(Kallipolis)의 시민들.

52 플라톤, 『국가』 424a-426e.

53 '노예가 땅을 빌리고 그 주인에게 내는 돈'(apophora)을 가리킨다(LSJ). 플라톤, 『국가』 416e 참조.

54 플라톤, 『국가』 416d-e.

55 라케다이모니아의 농노들(heilōtes), 페네스타이(penestai)는 텟살리아의 농노.

56 그들은 자유인이고, 시민이고, 땅을 소유하고 있으니까.

57 tauta는 17행에서의 '모든 것들의 공유함'(koina panta)를 가리킨다. 즉 '수호자들의 경우에서처럼 모든 것을 공유하는 것'을 말한다.

체계를 그들이 갖게 될 것인가에 관해, 현재로서는 어쨌든지 간에 아무런 결정도 내놓고 있지 못하다. 그러나 그 답변을 찾아내기도 쉽지 않고, 또한 수호자의 공동체를 보전한다는 목적으로 볼 때 그들이 어떤 성질의 것인지에 따라 생기는 차이는 결코 사소한 것이 아니다.[58]

1264b (3) 그러나 만일 소크라테스가 아내를 공유하는 것으로 하고, 재산을 사유하는 것으로 하려는 생각이라면, 남편이 들판의 일을 돌보는 것처럼, 가정은 누가 돌볼 것인가? 또 마찬가지로 농민의 재산과 아내를 공유한다면 누가 집안일을 돌볼 것인가? … [59] 더욱이 소크라테스는 짐승의 대비로부터 이끌어 내어[60] 여자도 남자와 마찬가지로 동일한 [생활의] 일에 종사해야 한다고 주장하나[61] 짐승으로부터의 유추도 기묘한 노릇이다. 짐승들[62]의 경우에는 가정 관리를 맡는 일이 없기 때문이다.[63]

또, 소크라테스가 지배자를 지명하는 방식에도 위험한 구석이 있다. 그는 동일한 [계급의] 사람들을 영속적으로 지배자로 삼고 있기 때문이다. 이것은 아무 평판(자신감)[64]이 없는 사람들에게서조차도 내분의 원

58 플라톤이 구상한 정치체제에서의 제3계급인 농민의 '성격'이 수호자의 공동체를 유지하는 데 영향을 미친다는 것이다. 그들이 '뻗대는 마음'으로 가득 차 있다는 것은 늘 반란을 꾀할 수 있다는 것이기 때문에, 플라톤의 의도에 맞게 그 공동체를 거의 유지할 수 없게 될 것이기 때문이다(『국가』 465b).

59 원문의 파손.

60 플라톤, 『국가』 451d.

61 여자도 남자와과 같은 일을 한다는 사우로마티스들(Sauromatae)의 예가 나온다(플라톤, 『법률』 804e). 사우로마티스들이 바로 아마조네스라고 일컬어지는 여전사족이다. 헤로도토스, 『역사』 제4권110-117 참조.

62 이는 맥락에 맞지 않는다.

63 플라톤, 『국가』 451d-e.

64 여기서 axiōma(가치, 위엄, 품격, 긍지)는 다른 사람에 의한 평가이기보다는 스스로의 평가(axiōsis)를 가리킨다. "무지해서 행하는 사람들 또한 용감한 사람으로 보인다. 그

인이 될 수 있으며, 하물며 기개가 충만하고 호전적인 사람들[65]에게는 한층 더 그런 것이다. 그렇지만 소크라테스가 동일한 사람을 필연적으로 지배자로 삼을 수밖에 없다고 생각한 것은 명백하다. 왜냐하면 신으로부터 온 황금은 어느 때는 어떤 사람의 영혼에 섞이고, 다른 때는 다른 사람의 영혼에 섞이는 것이 아니라 항시 동일한 사람의 영혼에 섞이기 때문이다. 그가 말하기를,[66] 신은 사람들이 태어나자마자 곧장 어떤 사람에게는 황금을 섞고, 다른 사람에게는 은을, 그리고 장차 장인이나 농민이 될 사람들에게 청동과 철을 섞었다는 것이다.

게다가 소크라테스는 수호자들에게서 행복조차 빼앗으면서도, 입법자의 임무는 폴리스 전체를 행복하게 만드는 것이라고 말한다.[67] 그러나 폴리스의 대부분 사람들이나 모든 사람들 혹은 일부 사람들이 행복하지 않는 한, 폴리스 전체가 행복하다는 것은 불가능하다. 사실상 행복은 짝

들은 낙천적인 사람들로부터 멀리 떨어져 있지는 않지만, 낙천적인 사람들이 가지고 있는 자신감(axiōma)을 갖고 있지 못한 그만큼 그들보다 못하다"(『니코마코스 윤리학』 1117a22).

65 두 번째 계급인 수호자 계급을 가리킨다(『국가』 357a, 376c). 철학자-왕은 이들로부터 선택되어야 한다. 선택되지 않은 사람은 이 점에서 분개할 수밖에 없다는 것이 아리스토텔레스의 주장이다. 여기서 아리스토텔레스는 아마도 플라톤, 『국가』 412b-417b를 염두에 두고 있었을 것이다. 거기에는 '금속의 신화'가 포함되어 있다. '철학자-왕'의 선택에 대해서는 535a-536d에 나와 있다.

66 플라톤, 『국가』 415a-c('금속의 신화'가 언급되는 부분을 참조).

67 플라톤, 『국가』 420b-421c, 519c-520d. 소크라테스가 주장하는 것은 수호자나 혹은 어떤 한 계급만 행복하게 하는 것이 아니라, 가능한 폴리스 전체를 행복하게 하는 것이 입법자의 목적이라는 것이다. "우리의 어느 한 집단이 특히 행복하게 되도록 하는 게 아니라, 시민 전체가 최대한으로 행복해지도록 하는 것입니다"(420b). "법은, 폴리스에 있어서 어느 한 부류가 각별하게 잘 살도록 하는 것에 관심을 갖는 게 아니라, 온 폴리스 안에 이것이 실현되도록 강구하는 데 관심을 갖는다"(519e). 그러면서도 465d-e에서는 수호자가 가장 큰 행복한 삶, 축복받은 삶을 누린다고 말하고 있다.

수와 같은 동일한 것들로 이루어지는 것이 아니다. 왜냐하면 전체를 구성하는 어떤 부분도 짝수는 아니지만, 전체로는 짝수일 수는 있는 데 반해, 행복의 경우에는 그러한 일이 있을 수 없기 때문이다.[68] 그러나 수호자들이 행복하지 않다면, 다른 누가 행복할 것인가? 적어도 장인이나 수공예업자 집단이 아닌 것만은 분명하다.

이렇게 해서 소크라테스가 『국가』에서 그렸던 정치체제는 앞에서 언급한 수많은 난제들과 그에 못지않은 다른 난제들을 가지고 있는 것이다.

68 8(3+5)은 짝수이지만, 그 구성 요소들인 3과 5는 둘 다 홀수이다.

제6장

플라톤의 『법률』에서 최선의 국가에 대한 두 번째 비판

나중에 쓰인 『법률』에 대해서도 거의 대동소이하다. 그래서 거기서 논의된 정치체제에 대해 간략히 고찰해 두는 것이 더 나을 것이다. 사실상 『국가』에서 소크라테스는 아주 소수의 문제들에 대해서만 명확히 밝혀 놓았다. 즉 (1) 아내와 자식들의 공동 소유, (2) 재산 제도, (3) 정치체제의 구조는 어떻게 이루어져야 하는지 같은 것이다(그는 주민의 집단을 둘로, 즉 농민과 폴리스를 방어하는 전사라는 두 부분[1]으로 나눴고, 반면에 후자로부터 세 번째 부분, 즉 심의권을 갖고 폴리스의 최고 책임을 맡는 제3의 계급을 형성하게 했다).[2] 그러나 농민과 숙련 기술공에 대하여, 그들이 어떤 관직에 참여해야 하는지 혹은 전혀 참여하지 않아야 하는지, 그들도 무기를 소유하고 또 전쟁에 참여해야 하는지 하는 점들에 대해서[3] 소크라테스는 무엇 하나 명확한 설명을 하지 않고 있다.[4] 무엇보다 여자에 대해서는, 여자도 전쟁에 참가해야 하고, 수호자와 마찬가지

1 직역하면 "방어를 위해 싸우는 사람들"(propolemoun)로 '수호자들'을 가리킨다. 이 말은 플라톤의 표현이다(423a).

2 제4권 1291a10-22 참조. 플라톤, 『국가』 412b-417b, 428c-d, 535a-536d.

3 아리스토텔레스 자신이 앞서(1264a 아래) 플라톤이 세 번째 계급은 무기를 소유해서는 안 된다는 점을 지적하고 있는 것이 아닌가?

4 아리스토텔레스의 주장과 달리, 플라톤은 이 문제에 대해 명확하게 언급하고 있다(플라톤, 『국가』 434a-c).

로 동일한 교육을 받아야 한다고 소크라테스는 생각한다.[5] 허나 그 나머지 부분을 그는 본 주제에서 벗어난 논의들에 대한 자신의 설명[6]으로 채우고,[7] 수호자들이 어떤 종류의 교육을 받아야 하는지에 대한 논의를 계속하고 있다.

1265a 하지만 『법률』의 대부분은 법률에 대한 논의고, 정치체제에 대해서는 조금밖에 언급하고 있지 않다.[8] 게다가 거기서 이야기되는 정치체제[9]는 현실의 모든 폴리스[10]에 널리 적용될 수 있도록 의도되고 있음에도 불구하고, 그는 점차 다른 정치제도[11]로 되돌아가고 있다. 왜냐하면 아내와 재산의 공유제를 제쳐 놓으면, 그가 양쪽[12]의 정치제도로 돌리고 있는 다른 그 밖의 관행들은 동일하기 때문이다. 즉 동일한 교육,[13] [삶을 영위하기 위한] 필수 불가결한 일로부터 벗어난 자유로운 삶,[14] 동일한 원칙

5 플라톤, 『국가』 451e-452a.

6 '… logois …ton logon'식의 어색한 표현은 동어 반복적인 것으로 보이나 아리스토텔레스에게는 저런 표현이 전혀 없지는 않다.

7 아리스토텔레스가 말하는 주제에 벗어난 논의란 무엇일까? '정의'(dikaiosunē)와 같은 윤리적 문제일까?

8 아리스토텔레스의 부정확한 주장이다. 실상 『법률』에서는 입법과 정치제도를 거의 대등하게 다루고 있다. 어떤 의미에서는 『국가』에서보다 정치체제에 관해서 더 많이 다루고 있다. 온켄(W. Oncken) 같은 학자는 아리스토텔레스가 『법률』의 제1권에서 제4권까지, 또 제5권의 일부를 몰랐던 것으로 생각하기도 한다. 과연 그럴까? 아리스토텔레스의 의도적인 책략은 아닐까?

9 정치체제.

10 플라톤, 『법률』 739a 아래, 745e 아래, 805b-d, 853c.

11 『국가』에서 피력한 정치제도.

12 『국가』와 『법률』에서.

13 이 주장은 다른 것들에 비해서 상대적으로 맞다고 할 수 있다. 체육, 무시케(문예, mousikē), 산술, 기하학, 천문학에 관련된 교육. 『법률』 961a-968b 참조.

14 플라톤, 『법률』 741e, 806d-807d, 842d, 846d, 919d 아래.

에 따른 공동 식사 제도가 동일하게 되어 있다. 단, 이 『법률』에 따른 폴리스[15]에서는 여자를 위한 공동 식사도 있어야 한다고[16] 말하는 것을 제외한다면 말이다. 또 『국가』에서의 정치체제는 천 명의 무기 소유자로 되어 있는 데 반해[17] 『법률』에서의 정치체제는 오천 명의 무기 소유자[18]로 이루어진다는 점을 제외하면 그렇다.

확실히 소크라테스의 모든 대화들[19]은 기발함과 명민함, 독창성, 그리고 탐구 정신을 펼쳐 주고 있지만, 그 모든 것이 순조롭게 잘 되기는 아마 어려울 것이다. 예를 들어 막 언급한 시민의 숫자만 해도 그렇다. 노동하지 않는 오천 명과 그 몇 배에 이르는 그들에게 딸린 아내들과 종들의 일단의 집단을 먹여 살리기 위해서는, 바빌로니아[20]만큼 큰 영토와 다른 무한한 크기의 영토가 필요하므로, 우리는 그것을 빠뜨리지 않아야 한다. 물론 바람에 따른 전제[21]를 세우는 것은 상관없지만 불가능한

15 『법률』에서의 정치제도.

16 『국가』에서는 여자 수호자도 남자와 마찬가지로 공동 식사 제도를 가진다(458c-d). 『법률』에서는 모든 여자 시민은 남자와 분리되어 그들 자신의 식사 제도를 가진다(780d-781d, 806e-807b, 842b).

17 플라톤, 『국가』 423a. 최소한의 숫자가 그렇다는 것이다. 그러니까 아리스토텔레스는 423a에서만 숫자를 취한 것 같다.

18 보다 정확히는 5,040명이다. 『법률』 737e, 740c, 745b 아래.

19 아리스토텔레스는 『법률』에서 아테나이인들을 계몽하러 온 손님(xenos)의 대화까지도 소크라테스의 대화에 편입시키고 있다.

20 티그리스와 에우프라테스 강 사이에 있는 고대 메소포타미아 지역.

21 이 말(euchē, '바람', '기도')은 제2권 1265a18에 처음으로 나왔고, 이후에도 1327a4, 1330a25-26, 1330a37, 1331b21, 1332a29에도 나온다. 맥락에 따라 '바람에 따라(이상에 따라; kat' euchēn)', '우리가 바라는 대로', '가장 큰 바람', '최대의 바람' 등으로 옮겼다. '최상으로 가능한 폴리스'를 언급하는 경우에 euchē라는 말을 사용하는데, 이것은 '최선으로 우리가 바랄 수 있는 혹은 희구할 수 있는 폴리스'를 말한다.

어떤 것을 전제로 해서는 안 된다.[22]

모름지기 입법자는 두 가지, 즉 영토와 주민에 주목해서 입법해야 한다고 한다.[23] 그러나 [애초에][24] 폴리스에서 고립된 삶이 아니라 폴리스적(정치적) 삶[25]을 살아야 한다면, 여기에 '이웃하는 지역'에 주목한다는 점을 덧붙이는 것이 좋다[26](왜냐하면 폴리스는 단지 그 자신의 영토뿐 아니라 폴리스 밖 지역에 대해서도 유용한 군사적 무기를 전쟁을 위해 사용해야 하기 때문이다). 그러나 개인의 삶으로서든 폴리스에 공통하는 삶으로서든, 누군가가 그러한 삶[27]을 받아들이지 않는다고 할지라도 적들이 영토를 침공해 올 때는 물론 퇴각할 때조차도 그들에게 반드시 두려움을 안겨 줘야 할 필요성은 적지 않은 것이다.

그리고 재산의 규모에 대해서도 살펴보아야 한다. 즉 재산의 규모는 소크라테스와는 다른 방식으로 더 명확하게 정의하는 것이 아마 더 좋았을 것이다. 소크라테스는 '절제 있게[28] 살 만한 정도'의 재산을 가져야

22 즉 '자유롭게 가정하는 것은 맞지만, 불가능한 어떤 것을 가정하지 말아야 한다'.

23 『법률』 어디에도 이런 말은 없다. 아리스토텔레스는 제4권 704a-709a와 제5권 747d에서 이끌어 내고 있는 듯하다.

24 prōton men은 주제밀과 뉴먼에 따라 읽지 않는다. men은 24행의 de를 염두에 두고 첨가된 것 같다.

25 "고립된 삶이 아니라 폴리스적 삶"(bion politikon mē monōtikon)이란 말은 다른 폴리스와 교섭하며 살아 나가는 삶을 말한다(1327b3-6). 이와 반대되는 고립된 채 살아 나가는 폴리스도 내적인 부분들에서는 활동적일 수 있다(1325b23-27). 사본에 따라, 또 사본의 여백에 '고립된 삶이 아니라'(mē monōtikon)가 덧붙여진 것도 있다. 굳이 그것을 읽지 않아도 그 의미가 충분히 드러난다.

26 이 점도 플라톤은 결코 간과하지 않았다(『법률』 737c, 737d, 738c, 949e-953e 참조).

27 즉 '전쟁하는 삶의 방식'을 말한다.

28 즉 알뜰하게.

한다고 말하고 있는데,[29] 이는 마치 누군가가 '잘 살기 위해서'라고 말하는 것과 동일한 것이다. 그러나 그것은 지나치게 일반적인 표현이다. 게다가 그것은 절제 있는 삶을 유지하면서도, 비참한 삶을 살 수도 있다. 더 나은 정의는 '절제 있고 자유인다운'[30] 삶이어야 한다(이 둘을 서로 분리해서 받아들이면, 하나는 호사스러움으로 이끌어 가고, 다른 하나는 고생하는 삶으로 이어지기 때문이다). 왜냐하면 이것들만이 적어도 재산의 사용에 관련해서 유일하게 바람직한 성향들[31]이기 때문이다. 예를 들어 우리는 자산들을 온건하게나 용감하게 사용할 수는 없으나, 절제 있게 또 자유인답게 사용할 수는 있다. 따라서 자산들의 사용에 관련된 성향들 또한 이런 것들이어야 한다.

게다가 재산[32]을 동등하게 하되, 시민의 수는 확정하지 않은 채로 산아를 무제한으로 허용하는 것[33]도 이해 불가능하다. 그렇게 하는 이유는 얼마나 많은 아이들이 태어나든 간에 불임의 부모가 있기 때문에 출생

29 플라톤, 『법률』 737d.

30 1326b30 아래 참조. '자유인다움'(eleutheriotēs)이란 재산에 따라 말해지는 것으로서, 재물의 주고받음에 관련한 '중용'이다. 따라서 자유인다운 사람은 마땅히 써야 할 일에, 마땅한 양만큼을 주거나 쓰는 사람이며, 그것도 즐겁게 행위할 사람이다(『니코마코스 윤리학』 제4권 제1장 참조).

31 빅토리우스(Victorius)의 추정인 hairetai(바람직한) 대신 대개의 사본에 따라 hexeis(성품, 성격)을 생략하고 aretai(덕들, 탁월함)로 읽는 경우도 있다. 역자는 뉴먼에 따라 37행의 hexeis에 맞춰 읽었다.

32 토지 재산.

33 아리스토텔레스 주장과는 달리, 플라톤은 시민의 총수를 유지하는 것을 '아이들이 없는 가정'만으로 한정하지 않는다. 플라톤은 『법률』에서 한 가족은 아들 하나와 딸 하나로 구성된다. 시민은 원칙적으로 5040명으로 유지되어야 한다. 자식들이 없을 경우나, 일찍 죽을 경우에는 남녀 상속자의 결혼을 통해서 가족의 수가 유지될 수 있다고 보고 있다(『법률』 736a, 740b-741a, 923d).

1265b 수는 균등하게 유지될 것이라는 것이다. 현존하는 폴리스에서 이런 [인구수가 그대로 유지되는] 상황이 실제로 일어나고 있는 것처럼 보이기 때문이라고 소크라테스는 생각하기 때문이다. 그러나 이 사안에 대해서는 『법률』에서의 폴리스와 현존하는 폴리스들 사이에서 동일한 정도의 엄밀함이 요구되는 것은 아니다.[34] 왜냐하면 현존하는 폴리스들에서는 그 숫자가 얼마가 되든 간에 그 사람들에게 재산을 분할할 수 있음으로 해서 그 누구도 빈곤할 수[35] 없기 때문이다. 그러나 이 폴리스에서는 재산을 분할하는 것이 허용되지 않으므로,[36] 초과되어 태어난 아이들[37]은 그들의 수가 적든 많든 간에 필연적으로 아무것도 받지 못하는 결과가 생길 수밖에 없다. 그래서 누군가가 반드시 제한해야 할 것은 재산이라기보다는, 오히려 어떤 숫자 그 이상으로 더 태어나지 못하도록 하는 아이들의 출산율이라고 생각할 수도 있을 것이다.[38] 그리고 일정한 숫자를 정할 때 태어난 아이들 모두가 살아남는 것은 아니라는 점과 또 어떤 부부들은 아이들을 낳지 못하게 될 불운의 가능성을 고려해야 한다.[39] 대

34 플라톤, 『법률』 928e 참조. 문자 그대로 직역하면, "이것(인구 수를 그대로 유지하는 것)이 이 폴리스에 대해 적용되어야 하는 정확성과 현존하는 폴리스에 적용되어야 하는 정확성은 같은 것이 아니다".

35 즉 아무것도 가지지 못함(mēden echein).

36 분배가 없는 경우는 각각 플라톤, 『법률』 740b(유언에 의한 분배가 없음), 741b(매각에 의한 분배가 없음), 742c(다른 방식에 의한 분배가 없음)를, 또 폴리스의 행위에 의해 분배가 없는 경우는 855a-b, 856d-e, 909c, 877d 등 참조.

37 parēoroi hippoi라고 하면, '한 쌍의 곁에서 끄는 여분의 말들'을 가리킨다. 그러니까 정해진 아이 이외에 태어나는 아이들(tous parazugas)을 가리킨다. 즉 '차남들'이겠다.

38 맬서스의 인구론의 선구적 생각인가?

39 이 주장은 플라톤, 『국가』 460a에서의, "혼인의 수는 통치자들의 재량에 우리가 일임할 것이니, 이는 그들이 전쟁과 질병 그리고 이와 같은 모든 것을 고려해서, 남자들의 수를 최대한 같게 유지하도록 하기 위해서이네"와 비슷하다.

다수의 폴리스에서 그런 것처럼, 그 숫자를 제한하지 않고 그대로 놔두는 것은 필연적으로 시민들에게 가난을 야기하고, 이번에는 그 가난으로부터 내란과 범죄를 만들어 내기 마련이다.[40] 실제로 가장 오래된 입법자 중의 한 사람인 코린토스의 페이돈[41]은 설령 그 최초의 할당지의 크기가 모든 시민들 사이에서 균등하지 않더라도, 시민들의 수를 집의 수와 같은 상태로 유지해야 한다고 생각했다. 그런데 『법률』에서는 이것과 정반대가 되어 있는 것이다.[42] 이 문제들에 관련해서 어떻게 조정하는 것이 더 나을 수 있을지는 나중에 다시 한 번 우리의 생각을 말해야 한다.[43]

또, 이 『법률』에서 빠진 것은 지배자들에 관한 것이다. 즉 지배자는 지배받는 자와 어떤 점에서 다르게 되는지에 대한 설명이다. 날실이 씨실과 다른 종류의 양털로 되어 있는 것처럼, 지배도 피지배자에 대해서 그러한 관계를 맺어야 한다고 소크라테스는 말하는 데 지나지 않기 때문이다.[44]

더욱이 한 사람의 전체 재산을 [그 애초의 가치의] 5배까지 늘어나는

40 플라톤, 『법률』 744d-e.

41 달리 알려진 바가 없다. 1310b26에서 언급되는 아르고스의 참주 페이돈(기원전 750년경)과는 다른 인물이다. 핀다로스의 『올림피아 송가』(XIII, 20)에 그 이름에 대한 언급이 나온다.

42 플라톤은 토지를 균등하게 하고 가정의 수를 일정하게 유지했지만, 아리스토텔레스의 견해로는 시민의 수는 효과적으로 제한하지 못했다는 것이다(1335a2-23, 1335b19-26).

43 1330a2-23, 1335b19-1336a2.

44 플라톤, 『법률』 734e-735a. 그 밖에 632c, 817e-818a(소수의 사람들은 수학, 기하학, 천문학에 대한 교육을 받아야 한다), 951e 아래, 961a 아래 참조. 옷을 짜는 데서, 날실은 강한 양털이어야 하고, 씨실은 좀 더 부드러워야 한다. 플라톤, 『정치가』 308d-311c 참조.

것을 인정해 놓고,[45] 토지에 관련해서는 어떤 한도까지 늘어나는 것을 그는 왜 인정하지 않는 것일까? 또 우리는 택지[46]의 분할에 대해서도 그것이 집을 관리하는 데 불편하지 않은지를 검토해 봐야 한다. 왜냐하면 그는 각각의 사람에게 서로 떨어져 있는 두 개의 택지를 배정했는데,[47] 두 집을 관리하는 것은 어렵기 때문이다.

플라톤이 의도하고 있는 『법률』에서의 정치체제는 민주정[48]도 아니

45 플라톤, 『법률』 744e. 플라톤은 총자산의 네 배만을 허용한다.

46 플라톤, 『법률』 745e, 775e.

47 "혼인한 신랑은 추첨에 의한 할당 토지(klēros)에 있는 두 집 가운데 하나를, 이를테면 어린아이들을 낳고 양육하는 곳으로 여겨야 한다. 부모와 떨어져서 그곳에서 결혼 생활을 하며 가정을 이루고 자신과 자식들의 생계를 꾸려가야 한다"(『법률』 776a). 아리스토텔레스 자신도 가장 바람직한 폴리스의 논의에서 다른 이유를 제시하고 있긴 하지만, 이와 비슷한 주장을 받아들이고 있다(1330a14-25).

48 이곳에서 처음으로 '민주정'이란 말이 등장한다. 민주정(dēmokratia)은 문자적으로 '인민의 지배(kratia)'다. '인민'(dēmos)은 아주 모호한 말이다. 민주정에서의 인민은 다중, 즉 다수를, 혹은 민회에 참여하는 권리를 가진 전체 대중을 의미할 수 있다. 민주정에 반대하는 입장에서는 다수의 가난한 사람의 집단이 지배하는 정치체제를 민주정으로 보기도 하지만, 민주정 옹호자들은 원칙적으로 모든 사람에 의한 지배를 민주정이라고 생각한다. 아리스토텔레스가 보통은 민주정을 다수의 가난한 사람의 지배로 정의하지만, 그는 어떤 사람도 그 정치체제에서 배제되지 않는 정부 형태로 보고 있다. 경우에 따라 '인민'이란 말만으로도 폴리스의 최고의 통치기구들을 지배하고 통치하는 어떤 특정한 정치체제, 즉 '인민의 정부'나 '민주정'을 의미하기도 한다. 즉 가난한 자의 지배거나 그들 자신의 이익에 따른 다수의 지배다(제3권 제8장, 제4권 제4장, 제6권 제2-4장 참조). 또한 dēmos는 '인민의 무리(집단)'로 '민중'을 가리킨다. "민주정적인 것들(ta dēmotika)은 … 천한 태생, 가난, 비속함으로 받아들여지는 것 같다"(제6권 제2장 1317b40). 이렇듯 이 말에는 그 전체 집단을 멸시하는 의미가 들어 있으며, 다중이나 폴리스의 낮은 계층을 지시하는 말로 사용된다. 아리스토텔레스가 생각하는 이러한 민주정은 제7권과 제8권에서의 이상적 정치체제와는 분명하게 구별되는 것처럼 보이기도 한다. 외견상으로 제7권과 제8권에서 논의되는 이상적 폴리스에서는 민주정에서 자유시민으로 간주되는 기술자나 노동자를 배제하고 있기 때문이다. 아리스토텔레스가 생각하는 '이상적 정치체제'를 귀족정으로 해석하는 자들은 이런 해석을 받아들일 터이

고 과두정도 아니며, 그들 중의 중간으로 이른바 혼합정(공화정)[49]인데, 그것은 중장비로 무장한 사람들로 구성되기 때문이다.[50] 그런데 그가 이 정치체제를 만들어 낼 때, 다른 여러 폴리스 중에서 가장 일반적으로 받아들일 만한 정치체제로 생각했다면, 아마 그의 제안은 훌륭한 것일지도 모른다. 그러나 그것을 최상위 정치체제 다음으로 최선의 것으로서 생각하고 있다면, 그 제안은 훌륭한 것이 아니다.[51] 왜냐하면 사람들

지만, 이러한 해석에는 논란의 여지가 충분히 남아 있다. 이렇게 보면 『정치학』에서 논의되는 민주정은 개인의 자유와 평등의 기반 위에서 개인의 권리를 보장하며, 개개인의 의사 표현을 통한 집단적 이성이 작동하는 오늘날의 '민주주의'와는 그 차이점과 유사점이 있을 수 있겠다. 경우에 따라 아리스토텔레스는 '자유와 동등성', 이 두 가지 원칙을 민주정의 원리로 삼는다(1291b34-36, 1310a28-31).

49 politeia는 흔히는 '정치체제', '국가', '시민권', '행정권'(governance) 등을 의미하나, 아리스토텔레스는 『정치학』에서 이 말을 자신이 염두에 두고 있는 최선으로 가능할 수 있는 '이상적인 정치체제'를 의미하는 것으로 사용하고 있기도 하다. 이 정치체제에서 중무장한 시민들은 과두정이 지배하는 부유한 시민들보다는 좀 더 큰 계급이다. 그러나 중무장 병장기(기병, 보병의 병장기)는 비싸기 때문에 민주정이 지배하는 전체 시민들보다는 작은 계급이다. 따라서 '혼합정'은 과두정과 민주정의 중간인 것이다. politeia(정치체제)의 용법을 간단히 언급해 두기로 하자. 제3권 제6장 1278b8-12에서는 "정치체제는 폴리스의 여러 관직들에 대한 조직으로, 그중에서도 특히 모든 일에 대해 최고의 권한(권위)을 갖는 관직의 조직이다. 왜냐하면 모든 폴리스에서 통치자 집단(정부, politeuma)은 최고의 권위를 가지며, 정치체제가 통치자의 집단이기 때문이다. 내가 의미하는 바는, 예를 들어 민주정에서는 인민이 최고의 권위를 가지며, 과두정에서는 반대로 소수가 최고의 권위를 가지고 있다는 것이다. 우리는 또한 이 두 경우에서 [통치자 집단뿐 아니라] 정치체제라는 점에서도 다르다고 말한다. 우리는 또한 다른 정치체제들과 관련해서도 마찬가지로 동일한 설명을 할 것이다". "정치체제는 폴리스 어떤 종류의 삶(bios) 방식이다"(hē politeia bios tis esti poleōs)(제4권 제11장 1295a40-1295b1). "정치체제는 폴리스에 사는 사람들의 어떤 조직(구조)이다"(hē politeia tōn tēn polin oikountōn esti taxis tis)(제3권 1274b38-39).

50 플라톤, 『법률』 753b.

51 플라톤, 『법률』 739a-b. 플라톤이 추구한 정치체제는 "불멸성(athanasia)에 가장 가까운 것일 것이며 두 번째로 값진 것일 것"(739e)이다.

은 오히려 어쩌면 라코니케인들의 정치체제나 혹은 심지어 보다 귀족정[최선자 정치체제]적인 경향이 한층 강한 다른 어떤 정체를 찬양할 것이기 때문이다.[52] 사실상 어떤 사람들은 최선의 정치체제는 모든 정치제체를 혼합한 것이어야 한다고 말하는데, 그 이유로 그들은 라케다이모니아인들의 정치체제를 찬양하고 있는 것이다.

그들 중에 어떤 사람들[53]은 라케다이모니아인들의 정치체제는 과두정, 1인 지배정, 민주정으로 구성된다고 말한다. 즉 그들은 거기서 행해지고 있는 왕정을 1인 지배정이라 하고, 원로들에 의한 지배를 과두정이라 하며, 에포로스(감독관)에 의한 지배에 대해서는 민주정적으로 통치된다고 하고 있는 것이다. 다시 말해 에포로스들은 인민으로부터 선출되니까.[54] 그들 중에 다른 사람들은 에포로스 제도가 참주정이고, 민주
정적인 지배는 공동 식사 제도와 다른 일상의 생활 방식들 중에 있는 것
1266a 이라고 말한다. 하지만 정작 『법률』에서는 최선의 정치체제는 민주정과
참주정으로 구성되어야 한다고 말하고 있다.[55] 그러나 사람에 따라서는 이들 정치체제를 정치체제로서 도저히 가치가 없는 것이나 혹은 모든

52 아리스토텔레스는 『법률』에서의 정치체제를 과두정에 아주 가까운 것으로 보고 있다(1266a7).

53 달리 알려진 바가 없다.

54 1270b8, 1270b18, 1270b25 및 1294b30 참조. 에포로스는 인민으로부터만 선출된다는 것이 아니라, 모든 시민이 선출될 수 있다는 말이다. 스파르타는 2명의 왕과 왕을 포함한 30명의 원로들의 모임인 게로우시아(gerousia), 임기 1년인 5명의 에포로스가 있었다.

55 이와는 달리, 플라톤은 참주정이 아닌 '1인 지배정'(monarchia)과 민주정(dēmokratia)이 정치제체들 중에서 '어머니'가 되는 것이라고 말한다(『법률』 693d-e). 전자는 페르시아가 그 예일 것이고, 후자는 아테나이가 그 예가 될 것이다. 최선은 아니나, 차선이 되는 정치체제는 '1인 지배정과 민주정의 중간(meson)'이 되는 것이다(『법률』 756e).

정치체제들 중에서 최악인 것으로 간주해야 할 것이다. 따라서 많은 종류의 정치체제를 혼합하는 사람들에 의해 내세워진 것이 더 나은 것이라고 말하고 있는 셈이다. 더 많은 종류의 정치체제로 구성된 정치체제가 더 나은 것이니까.[56]

다음으로, 『법률』에서의 정치체제에는 명백히 1인 지배정적인 특징이 전혀 없고, 오히려 그 정치체제는 과두정적이고 민주정적인 특징만 가지고 있는 것처럼 보이는데, 그 경향은 과두정 쪽으로 더 기울어지고 있다. 이것은 관직자를 임명하는 방식을 보면 분명하다.[57] 사전에 투표로 뽑힌 사람들 중에서 제비뽑기로 선출하는 관행은 과두정과 민주정에서 공통적이다. 그러나 부자들에게는 민회의 참석, 관직자 선출을 위한 투표[58] 혹은 그 밖의 정치적 의무[59]를 다할 것을 강제하는 반면, 그 밖의 시민들은 그런 일에서 면제되고 있다는 점에서 그 정치체제는 과두정의 특징을 가진다.[60] 또한 부자들 중에서 더 많은 관직자들을 선출하도록

56 아리스토텔레스의 결론은 지나친 논리적 비약으로 생각된다. 아리스토텔레스 주장으로 받아들여야 하는 것일까? 많은 정치형태의 혼합이 다양한 시민들의 이해를 반영할 수 있다는 말일까? 혼합된 정치체제가 더 안정적이고(1270b17-28), 더 정의로울 수 있다는 말인가?(1294a15-25) 귀족정(aristokratia)에서는 '부와 자유인다움, 덕'이 그 구성요소가 된다(1294a10-15). 그렇다면 귀족정은 세 정치체제가 결합된 것이다. 이 문제에 관해서는 뉴먼의 해당 주석(W. Newman, vol. 2, p. 278)을 참조하라. 『국가』 580a-c에서는 가장 나쁜 정치체제로 민주정과 참주정을 들고 있다.

57 플라톤, 『법률』 753b-756e 참조. 763d-767e 참조.

58 플라톤, 『법률』 756b-e, 763d 이하, 765c. 체련단련과 관련된 경기의 심판관이나 협의회(평의회, Boulē) 의원을 뽑는 것 등.

59 달리 옮기면, "시민의 의무들 중에서". 제1계급과 제2계급에만 해당하는 의무이다.

60 플라톤, 『법률』 756b-757a, 763d-767d, 951d-e. 제비뽑기는 민주정에, 투표는 과두정이나 귀족정에 적용된다.

할 뿐만 아니라 최고의 관직에 있는 사람들을 최고의 재산 계급[61]에 속하는 시민들 중에서 선출하도록 한다는 점에서도 그 정치체제는 과두정적이다.[62]

플라톤은 평의회의 의원 선출도 과두정적인 것으로 하고 있다.[63] 모든 사람이 강제적으로 투표해야 하지만, 그들은 먼저 최고의 재산 계급으로부터 후보자를 선출하고, 그다음 다시 동일한 방식으로[64] 제2의 재산 계급으로부터 같은 수의 후보자를 선출하고, 그런 다음에 다시 제3의 재산계급으로부터 후보자를 선출하는 것인데, 단 제3의 재산 계급과 제4의 재산 계급 구성원들로부터 선출하는 것은 모든 사람에게 부과된 의무가 아니다. 제4의 재산 계급 구성원들로부터 후보자를 선출하는 투표 의무가 부여되는 것은 단지 제1계급과 제2계급의 시민에게만 의무화되어 있다. 그런 다음, 이렇게 선출된 후보자들 중에서 임명할 때에는, 각 재산 계급에서 동일한 수의 평의원이 나오도록 해야 한다고 그는 말한다.[65] 이렇게 하면 상위 재산 계급에 속하는 더 나은 자질[66]을 가진 선출

61 재산계급이란 시민이 소유하는 재산의 많고 적음에 따라 구별되는 계급으로, 플라톤은 그것을 4개로 나누고 있다. 『법률』 제5권 744b-d 참조.

62 플라톤, 『법률』 753b-d, 755b-756b, 763c-e, 766a-c, 946a. "최고의 관직은 최고의 재산 계급에 온 사람들에 의해서" 선출된다는 아리스토텔레스의 주장은 올바른 것이 아니다. 법의 수호자들(nomophulakes)은 이런 방식과는 아무런 관련이 없다. 입법자들은 "나라 안에 있는 사람들 중에서 모든 면에서 가장 훌륭한 사람, 이 사람이 그들의 감독자로 임명되도록 가능한 한 최선을 다해서 지시해야 합니다."

63 플라톤, 『법률』 756b-e.

64 주제밀에 따라 isōs로 읽는다. "둘째 계층에서 … 똑같은 방식으로 뽑고"(플라톤, 『법률』 756c).

65 이상의 아리스토텔레스의 설명에 대해서는 『법률』 756b-e 참조.

66 직역하면 '더 낫게 될 것이다'(beltious)인데, "나은 사람들(beltious)은 나은 사람들로부터 나올 것 같다"(1283a36). 신분이 고귀하고, 좋은 사람으로부터 고귀한 사람이 나온

된 시민들[67]이 수적으로 더 많이 차지하게 될 것이다. 왜냐하면 인민 계급에 속하는 시민들[68] 중에는 투표를 강제 받지 않기 때문에 투표에 참여하지 않은 사람들도 있을 것이기 때문이다.

따라서 여기서 문제 삼고 있는 정치체제[69]는 민주정과 1인 지배정을 조합해서 구성된 것이어서는 안 된다. 이 점은 이와 같은 고찰로부터 분명하고, 또 나중에 이러한 종류의 정치체제를 고찰하게 될 때[70] 거기서 다시 우리가 말하는 것으로부터도 명백하다.[71] 또 관직자 선출에 대해서도 사전에 선출된 후보자들로부터 선출하는 것에는 위험이 따른다.[72] 왜냐하면 비록 그다지 많지 않은 사람들의 숫자라 해도 사람들이 결탁하기를 작정한다면,[73] 관직자 선출은 늘 그들이 바라는 대로의 결과가 생겨날 것이기 때문이다.

이렇게 해서 『법률』에서의 정치제도에 관련된 입장을 논한 것으로 해 두자.[74]

다는 의미다. '자질의 우수성'을 말한다. 그렇게 되어 그들이 모든 계급의 대표가 되기 때문에, 정치적 삶에서 더 큰 이권 내지는 지배력을 갖게 된다. 그렇다면 이 과두정적인 제도는 귀족정적인 요소를 가질 것이다.

67 즉 제1의 재산계급과 제2의 재산계급.

68 하위 계급의 사람들(제3의 재산 계급과 제4의 재산계급)을 말한다.

69 우리가 말한 정치체제로 '귀족정'을 가리킨다(1266a2).

70 제4권 제7~9장, 제12~13장. 특히 1296b34-1297a13 참조.

71 즉 위에서의 논의를 말한다.

72 이미 선출된 많은 후보자들로부터 또 다시 선출하는 것도 안전하지 못하다는 것이다. 이유는 아래에 나온 바와 같다. 가령 300명을 뽑고, 거기서 다시 100명을 뽑고, 다시 거기서 37명을 뽑는 방식을 말한다. 이에 관한 구체적 방법은 『법률』 756c-d 참조.

73 소수의 몇 사람이 뒤에서 조정하고, 담합해서 원하는 후보를 선출하려는 오늘날의 정당의 술책과 비슷한 행태를 말하는 것이다.

74 아리스토텔레스는 『법률』에서 많은 부분을 차지하는 법에 관한 문제에는 개입하고 있

지 않다. 이는 그의 목적이 거기서 말하고 있는 정치체제가 전체적으로 만족스럽지 못하다는 것을 말하면서, 자신이 그보다 더 나은 정치체제를 탐구해 볼 여지가 있는 것으로 보여지게 하는 데 있기 때문이다.

제7장

팔레아스의 정치제도: 평등주의에 대한 비판

또한 이것들 외에 몇 가지 다른 정치체제들이 있는데, 어떤 것은 공인이 아닌 사람들[1]에 의해 혹은 다른 어떤 것은 철학자들과 정치가들에 의해 구상되었다. 우리가 고찰한 플라톤의 양 정치체제들[2]과 비교하면, 이 정치체제들은 모두 이미 확립되어 있으며 현재 폴리스에서 다스려지고 있는 정치체제들에 더 가까운 것들이다. 그러나 다른 그 누구도 자식과 아내 공유나 여자들의 공동 식사 제도와 같은 혁신적인 생각을 제안한 적이 없는데,[3] 오히려 그들은 폴리스에 필수 불가결한 것들로부터 고찰을 시작했기 때문이다. 어떤 사람들은 재산과 관련된 것을 올바르게 규정하는 것이 무엇보다 중요하다고 생각했다. 그들은 모든 내란(파당적 분규)이 재산을 둘러싸고 일어나기 때문이라고 주장하고 있으니까. 그렇

1 비전문가를 가리키는 말이지만, 『정치학』에서는 공적인 일에 참여하지 않은 '사적인 개인들'을 가리킨다. 관직자들(archōn; 1300b21)이나 "공적인 것들을 행하고 정치에 참여하는 사람들"(hoi koina prattontes kai politeuomenoi; 1324b1)에 대조되는 말이다.

2 플라톤, 『국가』와 『법률』에서 논해진 정치체제를 말한다.

3 앞서 아리스토텔레스는 1262a 19행 아래에서 리뷔에의 부인 공유제를 언급한 적이 있다(헤로도토스, 『역사』 제4권 104 참조). 견유학파인 디오게네스는 "유일한 올바른 나라는 우주에 상응하는 것이라고도 말했다. 한층 더 나아가 부인을 공유해야 한다고 말하고, 그리고 결혼이라는 말도 사용하지 말고, 설득을 한 남자가 설득을 당한 여자와 함께 되면 좋은 것이라고 말하고 있었다. 그리고 그런 이유로 아이도 공유해야 한다고 말했다"고 한다(디오게네스 라에르티오스, 『유명한 철학자들의 생애와 사상』 제6권 72). 아리스토텔레스는 플라톤의 혁신적인 아이디어의 목록을 1274b9-15에서 언급하고 있다.

1266b 기 때문에 칼케돈의 팔레아스[4]가 그런 규정[5]을 맨 처음으로 도입한 것이다. 그는 시민들의 재산[6]은 동등해야 한다고 주장하고 있으니까. 폴리스가 막 세워진 경우에는 이것이 어렵지 않겠지만, 이미 세워진 폴리스의 경우에는 그것을 성취하는 것이 더 어려운 일일 수 있다. 그럼에도 부자들에게는 지참금을 부여하게는 하나 받지는 못하게 하고, 가난한 자들에게는 지참금[7]을 부여하지 않으나 받게는 규정함으로써 재산의 균등화가 곧바로 이루어질 수 있을 것이라고 그는 생각했다. (앞서 말한 바와 같이[8] 플라톤은 『법률』을 쓸 때 재산에 대해서 어느 정도까지는 그 크기를 통제하지 않아야 하지만,[9] 시민들 중 그 누구라도 최소 재산액의 5배 이상으로 소유하는 것을 허용해서는 안 된다고 생각했다.)

그러나 이런 식으로 입법하려는 사람들이 지금은 잊고 있는 것으로, 그들이 결코 간과하지 말아야 하는 것이 있는데, 즉 전체 자산의 크기가 고정되도록 규제를 가할 때는 동시에 자식의 수도 규제해야 한다는 것이다. 왜냐하면 자식의 수가 자산액을 웃돌게 된다면, 필연적으로 그 법은 폐기될 수밖에 없기 때문이다. 또 법률의 폐기와는 별개로, 부유했던

4 잘 알려진 바는 없지만, 팔레아스(Phaleas)는 플라톤보다 더 나이 든 당대의 사람으로 여겨지며, '맨 먼저'가 정확하다면 플라톤에 앞서 '평등주의'에 입각한 정치적 구상을 내놓았을 것으로 추정된다. 칼케돈은 보스포로스 해협의 동쪽 소아시아 지역에 있던 비잔티온 해안 도시로 현재는 아스탄불 시 구역에 속한다. 당시 칼케돈은 아테나이의 정치적 영향력 아래에 있었다.

5 '시민들 간의 불화를 막으려는 의도에서 (토지) 재산을 규제함.'

6 토지.

7 여기서는 부자와 가난한 사람들 혹은 그들의 자식들의 결혼에서의 지참금을 말하고 있다.

8 1265b21-23.

9 실제로 플라톤은 토지 재산이 '균등하게' 분배되어야 한다고 생각했다(『법률』 737c).

많은 사람이 가난한 사람으로 전락하는 것은 곤란하다. 그와 같이 된 사람들이 변혁을 꾀하는 자가 되는 것을 막는 것은 어려운 노릇이니까.[10]

그런데 재산의 균등화가 폴리스 공동체에 일정한 영향을 미치는 어떤 힘을 가진다는 것은, 심지어 옛날 사람들 중에서도 명백하게 깨달은 이가 있었다. 예를 들어 솔론의 입법[11]이 그렇고, 또 누군가가 원하는 만큼의 토지를 획득하는 것을 금지하는 다른 곳에서는[12] 이를 강제하는 법이 있기도 하다.[13] 예를 들어 로크리스[14]인들의 법률에는 자산의 매각을 금지하는 법률이 있으며, 최초로 주어진 할당된 토지를 본래대로 유지하기를 요구하는 법률도 있었다[15](거기서는 어떤 명백하게 드러난 불운이 자신에게 닥쳤다는 것을 증명하지 않는 한, 재산을 매각해서는 안 된다고 규정되어 있다). 이 법률이 폐지됨에 따라, 예를 들어 레우카스[16]에

10 달리 번역하면, "이러한 사람들이 혁명을 꾀하지 않도록 하는 것은 어렵다". 이 번역은 ergon을 앞서 1266b2의 ergōdesteron(어렵다, 곤란하다)으로 새긴 것이다. 이와 반대되는 사례에 대한 언급에 대해서는 1316b14-20을 보라, 거기에서는 폴리스의 권력자들이 재산을 잃으면 혁명을 꾀하지만, 다른 사람이 재산을 잃으면 아무런 일도 일어나지 않는다고 말하고 있다. 플라톤, 『국가』 552 참조.

11 솔론에 대해서는 1273b35-1274a21에서 논의된다. 솔론이 도입한 가난한 자들에 대한 seisachtheia(부채경감) 제도도 재산의 균등화 방향으로 이끌었다. 온건 민주정을 확립했다. 장 피에르 베르낭, 『그리스 사유의 기원』(김재홍 역, 길, 2006) pp. 118~132 참조.

12 알려지지 않은 '다른 어떤 폴리스'로 볼 수 있다. 토지 획득 금지에 관련해서는 1307a29 아래와 1319a6 아래를 보라. 혹시 '다른 사람들에게서'로 볼 수 없을까?

13 옥쉴로스(Oxulos)의 법은 할당된 토지를 담보물로 내놓는 것을 금지하고 있다. 이를 통해 토지 매도의 효과를 보았다고 한다. 이런 사항과 토지 매도를 금지하는 것에 관해서는 1319a10-15(제6권 제2장 5-6) 참조.

14 남부 이탈리아의 헬라스 정착촌. 이곳의 입법자 잘레우코스에 대해서는 1274a22 아래 참조.

15 17행의 nomos esti(법이 있다)를 받아들였다.

16 기원전 7세기경에 건설된 코린토스의 식민도시.

서는 정치체제가 지나치게 민주정화 되었다. 왜냐하면 그 결과로 더 이상 특정 재산 계급의 사람들만 관직에 나가는 일이 일어나지 않게 되었기 때문이다.[17]

각 사람이 재산을 동등하게 소유할 수 있지만, 재산의 양이 너무 많을 경우에는 그 결과 호사스러운 삶에 이끌릴 수 있고, 재산의 양이 너무 적으면 그 결과 빈궁한 삶으로 이어질 수도 있다. 그러므로 입법자는 재산을 동등화하는 것만으로 충분하지 않고, 오히려 그는 그 중간을 목표로 해야[18] 한다는 것이 분명하다. 그런데 실제로 모든 사람에게 적당한 재산을 [동등하게] 소유하도록 규정했다고 해도, 그것만으로는 아무런 소용이 없다. 왜냐하면 사람은 재산의 동등화보다는 욕망의 균등화를 이루어야 하지만, 이것은 법률에 의해 충분하게 교육이 이루어지지 않으면 그럴 수 없기 때문이다.[19]

그러나 팔레아스는 아마도 이것이야말로 사실상 자신이 하고 싶은 말이라고 대답할지도 모른다. 왜냐하면 그는 폴리스들에는 이 두 가지 것, 즉 재산과 교육의 동등성[20]이 있어야 한다고 생각하기 때문이다. 그

17 해석이 좀 어려워 보이는 대목이다. 1307a27 아래에서 보여지듯 투리오이(Thurioi)의 귀족정에서는 관직에 나가기 위해서 재산 소유의 자격 요건이 강화되고, 귀족들이 불법으로 토지를 사들이게 되자 과두정적인 성격이 짙어지게 되었다. 그러자 민중들이 들고 일어나게 되어 토지를 포기하기에 이르렀다는 얘기다. 한편 뉴먼의 해석을 받아들이면, 아퓌티스(Aphutis)의 경우와 같이 농민 민주정에서는 인구가 많고 땅이 좁아서 재산을 전체로서 평가하기보다는 세분화해서 평가하기 때문에 가난한 자라 할지라도 시민으로서 활동하는 데에 필요한 최소한의 자격 요건을 갖출 수 있었다는 얘기다(1319a14 아래 참조). 그렇게 되면 토지를 소유하게 된 많은 사람들뿐만 아니라, 소유물이 적은 사람들마저도 관직에 나가는 자격 요건을 갖추게 되었다는 것이다.

18 중간(meson)을 '겨냥해야 한다'.

19 1337a10-32, 『니코마코스 윤리학』 1179a33-1181b23.

20 교육의 동등성에 대해서는 1294b21 아래에서 논의되는 스파르타의 교육제도 참조.

렇다면 우리는 그 경우에 교육이 무엇이어야 하는지[21]를 말할 필요가 있
다. 모든 시민에게 동일한 하나의 교육을 주는 것만으로는 아무런 소용
이 없다. 동일한 하나의 교육이라 할지라도 이런 종류의 교육에 의해 사
람이 돈이나 명예, 혹은 이 양자 모두를 더 많이 얻고자 하는 선택을 불
러일으킬 수도 있으니까. 게다가[22] 재산이 동등하지 않을 뿐 아니라 명
예[23]가 동등하지 않은 사람들도 내란(분쟁)을 일으키는 원인이 된다. 다
만, 양쪽은 각각 그 반대의 방식으로 내란의 원인이 되기도 한다. 다시
말해 다수는 재산의 동등하지 않음 때문에 내란을 일으키는 데 반해, 교 1267a
양 있는 사람들[24]은, 만일 동등하다면[25] 명예와 관련해서 내란을 일으키
는 것이다. 그래서 거기로부터 "열등한 자나 뛰어난 자나 다 같이 동등
한 명예를 받는다"[26]라는 말이 나오는 것이다.

그러나 사람이 부정의를 저지르는 것은, 단지 필수품을 얻기 위해서
만이 아니라(팔레아스가 재산의 동등성이 치료할 수 있다고 생각했던 종

21 즉 교육의 본질.

22 주제밀과 스펭겔(Spengel)은 eti 대신에 epei(왜냐하면)로 읽고 있다.

23 혹은 관직의 서열.

24 원어 'charientes는 '재산도 많고 교양도 있는 사람'을 말한다. "교양 있는 사람이나 실천적인 사람은 명예를 선택한다"(『니코마코스 윤리학』1095b22).

25 '재산이 동등하다는 것'을 말하는 것일까? 아니면 '관직(명예)이 동등한 것'을 말하는 것일까? 주제밀과 힉스는 재산으로 해석하지만, '지위(명예)의 동등성'을 말하는 것 같다. 즉 '교양이 있는 사람들은 명예가 동등하게 분배될 때 내란을 일으킨다'. 자신이 불평등하게 대우받고 있다고 생각할 수 있으니까.

26 호메로스, 『일리아스』 제9권 319행. 아킬레우스는 자신이 전쟁에서 공헌한 몫을 아가멤논이 빼앗아 가자, 고귀한 자나 열등한 자나 동일한 정도로 명예를 받아야 한다고 주장한다. '고귀한 자의 한 사람으로서' 아킬레우스의 이 말은 아가멤논에게 균등한 정책을 요구하는 것이다. 여기서 아리스토텔레스는 자신의 앞선 주장의 정당성을 호메로스의 권위에 호소하고 있다.

류의 부정의이다. 즉 재산이 평등하면 추위와 배고픔 때문에 의복을 훔치는 사람은 없어진다고 생각했다), 사람은 또한 쾌락을 얻고 아울러 욕망을 가라앉히기 위해[27] 부정의를 저지르는 경우가 있다. 왜냐하면 필요한 것의 범위를 넘어선 것에 대한 욕망을 가진다면, 그 욕망을 치료하기 위해 사람은 부정의를 저지르려고 하기 때문이다. 어쨌든 그러한 경우에 사람이 부정의를 저지르는 것은 단지 그런 종류의 욕망을 치료하기 위해서가 아니다. 심지어 욕망 없이도[28] 고통이 수반되지 않는 쾌락[29]을 즐기기 위한 목적으로 부정의를 저지르기 때문이다. 그렇다면 이 세 가지 부정의한 것들에 대한 치료책은 무엇이겠는가? 첫 번째 것에 대해서는 적당한 만큼의 재산과 일거리고, 두 번째에 대해서는 절제다. 세 번째에 대해서는, 누군가가 그것들 자체로 기쁘게 되기를 바란다면, 철학을 제외하고 다른 치료책을 찾을 수 없을 것이다. 왜냐하면 그 밖의 모든 쾌락들[30]은 다른 사람을 필요로 하기 때문이다.[31] 어쨌든 가장 큰 부정의들을 저지르는 것은 필요한 것을 얻기 위해서가 아니라, (욕망의) 지나침[32]을

27 즉 욕망을 채우기 위해.

28 주제밀(과 Bojesen)에 따라 aneu epithumiōn으로 읽는다.

29 '고통이 없는 쾌락' 표현은 『니코마코스 윤리학』 1152b36 아래에도 나온다. 아리스토텔레스는 배고픔을 겪는 고통은 충족으로 즐거움을 느끼나, 그 밖의 다른 배움, 감각, 후각, 소리와 시각들, 기억과 희망에서의 즐거움은 '고통'이 없이 일어난다고 말하고 있다(1173b13-20).

30 원어로는 hai allai('그 밖의 다른 것들')이다. '쾌락'을 말한다.

31 『니코마코스 윤리학』 1177a27-b26. 철학적 지혜를 가진 사람, 정의로운 사람이 필수적인 것을 충분히 갖추고 있을 경우에, 정의로운 사람은 정치적 삶을 영위하기 위해 정의로운 행위를 위한 동반자를 필요로 하지만, 철학적 지혜를 가진 사람은 혼자 있어도 관조할 수 있고 홀로서도 가장 자족(autarkeia)적일 수 있다는 것이다.

32 부, 명예, 권력에 대한 욕망의 지나침.

얻기 위해서다. 예를 들어 사람이 추위에서 벗어나기 위해서 참주가 되는 것은 아니다. 그렇기에 도둑이 아닌 참주를 죽이는 것이 그 명예가 큰 것이다. 따라서 팔레아스와 같은 방식의 정치제도를 조직해도 단지 작은 부정의만을 막는 데 도움이 될 수 있을 뿐이다. 게다가 팔레아스는 주로 폴리스 내의 사태들을 잘 다스려질 수 있는 토대 위에서 많은 것들이 확립하고자 원했지만, 그는 또한 이웃하는 폴리스와의 관계와 다른 모든 외국과의 관계를 고려해서 그것들을 확립해야 했다. 따라서 정치체제는 필연적으로 군사적인 힘에 관련해서 구성되어야 하는 것인데, 그러나 그는 이것에 관해서는 아무 말도 하지 않았다. 재산에 관해서도 마찬가지다. 왜냐하면 폴리스 내부에서 사용[33]하기 위해서뿐만 아니라, 또한 외부의 위험에 대처하기 위해 가용할 수 있는 충분한 재산을 갖추고 있어야 하기 때문이다. 그러므로 폴리스가 갖고 있는 전체 재산의 규모가 그 소유자들이 침입자들을 격퇴할 수 없음에도 더 강력한 이웃 폴리스들이 탐할 만큼 많아서도 안 되고, 다른 한편으로 대등하고 비슷한 힘을 가진 폴리스와의 전쟁조차 견뎌 낼 수 없을 정도로 적어서도 안 되는 것이다. 그런데 그 사람은 아무것도 규정하고 있지 않지만, 재산이 많은 것이 유익하다는 것을 빠뜨려서는 안 된다.

그래서 아마도 최선의 기준은 더 강한 폴리스가 잉여 재산을 요구해 전쟁을 일으키더라도 어떤 이득도 가져다주지 않을 그런 정도지만, 설령 그만큼의 재산을 가지고 있지 않더라도 전쟁을 일으킬 만한 크기의 재산만큼은 되어야 할 것이다. 예를 들어 아우토프라다테스가 아타르네우스를 포위 공격하려고 할 때, [그곳의 지배자인] 에우불로스[34]는 그에

33 즉 domesticos usus.

34 아타르네우스는 소아시아 해안에 있는 강력한 도시였다. 에우불로스는 소아시아 북서

게 다음과 같이 충고했다. 이곳을 점령하려면 얼마나 오랜 기간이 걸릴지를 숙고해 보라고, 그런 다음 그 기간의 전쟁 비용이 얼마나 들지 계산해 주었으면 한다고. 왜냐하면 그는 그것보다는 더 적은 액수를 받고 당장 아타르네우스를 포기할 의향이 있다고 말했기 때문이다. 에우불로스가 이렇게 말하자, 아우토프라다테스는 다시 생각해서 포위 공격을 포기한 것이다.

따라서 시민들 사이에 재산을 동등하게 하는 것은 시민 서로 간의 내란을 방지하는 하는 데 유용한 도움을 주는 것들 중 하나긴 하지만 분명하게 말하자면, 그것은 확실하게 큰일은 되지 못하는 것이다.[35] 왜냐하면 교양 있는 사람들[36]은 자신들이 동등하게 가치 평가를 받는 것이 적합하지 않다고 생각하므로, 그것에 화를 내기 때문이다. 그래서 그들이 [인민에 대해] 공격적이 되어서 내란을 치닫는 것을 우리는 종종 목도한
1267b 다. 게다가 인간의 악행은 물릴 줄 모른다.[37] 맨 처음에는 단지 2오볼로

부 지방에 위치한 비튀니아 왕국 출신으로 대부업자였다고 한다. 무역을 통해 돈을 많이 벌었다. 철학자(anēr philosophos)라고도 하는데, 플라톤의 학생들 가운데 하나로 추정된다. 그는 그 지역의 정치적 혼란기를 틈타 소아시아 해안의 두 본거지였던 아타르네우스와 앗소스를 병합해서 하나의 왕국으로 만들고, 자신이 그곳의 절대적 통치자(turannos)로 등장했다. 기원전 359년경에 페르시아의 장군 아우토프라다테스의 공격을 받았다고 한다. 아테나이를 떠난 아리스토텔레스(기원전 340년대 즈음)가 바로 이 지역에서 머물렀다. 아리스토텔레스의 후원자이자 친구였던 환관인 헤르메이아스(Hermeias)가 그의 후계자였다.

35 a16행의 "단지 작은 부정의만을 막는 데 도움이 될 수 있을 뿐이다"란 표현과 비슷한 의미를 가지고 있다.

36 hoi charientes는 '상류층의 사람들'을 부르는 표현이다.

37 솔론의 단편 13.71("부에는 끝이 없다. 코로스[과다, 과식; koros]는 휘브리스(오만)를 낳는다")을 염두에 두고 있을 것이다.

스[38] 일당만으로 만족하지만, 일단 그것이 관례로 굳어지게 되면 더 많은 액수를 끊임없이 요구하게 되어, 그 요구는 모든 한계를 넘어설 때까지 그치지 않는다. 왜냐하면 욕망은 그 어떤 본성적 한계가 없는 것이고, 많은 사람들은 욕망을 충족하기 위해 삶을 살기 마련이니까.[39] 따라서 이러한 사안들에서의 출발점은, 재산 균등화보다는 차라리 본성적으로 분별이 있는 사람들[40]에 대해서 [다른 사람의 몫보다] 더 큰 몫을 갖는 것을 바라지 않게 하는 [성품의] 사람이 되게끔 하는 것이고, 또 품위가 없는 사람[41]들에 대해서는 [자신의 몫보다] 더 큰 몫을 취하지 못하도록 하는 것이다. 이 일은 품위가 없는 사람의 처지를 약한 상태로 그냥 놔두되 그들을 부정의하게 대우하지 않는다면 실현될 수 있는 것이다.

그러나 재산의 동등화에 대해서조차도 팔레아스는 올바르게 말한 것이 아니다. 왜냐하면 그가 동등하게 하려고 한 것은 단지 토지 재산만이지만, 부(富)는 노예, 가축, 돈의 형식으로도 존재하며, 이른바 동산(動産)이라 불리는 많은 것들[42]이 있을 때도 존재하는 것이다. 따라서 이 모

38 이것은 페리클레스 시대 이후에(기원전 411~410년경) 아테나이에 도입된 공공의 볼거리를 위해 조성된 공공기금(theōrikon)을 언급하는 것으로 보이는데, 2오볼로스는 연극이 상영되는 축제에서 일반석에 앉는 데 해당하는 값으로(기원전 4세기경의 아테나이에서 4인 가족의 식비는 대략 2.5오볼로스였다고 한다), 없는 자들을 위해 폴리스의 기금에서 지불된다고 한다(주제밀과 힉스, p. 268). 1오볼로스는 6분의 1드라크마이다.

39 1257b40-1258a14.

40 epieikēs는 때때로 agathos("좋은")와 동일한 의미로 사용된다(『니코마코스 윤리학』 1137a34-b2, 1137b34-1138a3 참조) epieikês 사람은 '공정성'에 더 많은 관심을 기울이는 법적 정의에 대한 태도를 가진다. epieikês 사람을 '품위 있게 만드는 것'은 그가 공정하고 다른 사람들을 배려한다는 측면이다(1143a19-24 참조). 다중(hoi polloi)과 대조되어 사용될 때, epieikēs 더 부유하고, 더 존경받을 만한 사람들을 이른다(1167a35-b1 참조).

41 원어로는 phaulos(열등한 사람, 못난 사람, 천한 사람)이다.

42 가구와 청동 같은 것.

든 것에 대해서 동등화를 추구하든가 혹은 어느 정도만큼의 적정선을 정해야 할 것이다. 이도 저도 아니라면 이것들 중 어느 것에 대해서도 규제해서는 안 된다.

또한 그의 입법으로 판단해 보자면, 팔레아스가 폴리스를 작은 규모로 세우려고 한다는 것은 명백하다. 적어도, 만일 그가 모든 장인을 폴리스의 노예로 삼고, 폴리스의 구성원에 가담시키지 않을 생각이라면 그런 것이다. 그러나 공공의 일에 종사하는 사람들이 폴리스의 노예여야 한다면, 예를 들어 에피담노스[43]에서 실행되고 있는 것과 같은, 또 언젠가 디오판토스[44]가 아테나이에 도입을 권유한 것 같은 그런 방식을 채택해야 한다.

이렇게 해서 팔레아스의 정치체제에 대해서는, 이러한 논의 사항들로부터 그가 제안한 어떤 것이 옳게 말한 것이고, 어떤 것이 그렇지 않은지를 대략적으로 알 수 있을 것이다.

43 기원전 7세기경에 건설된 아드리아해에 있는 도시로 코린토스의 식민지였다.

44 인물의 정체도 분명하지 않으며, 그런 제도의 실상이 무엇인지, 언제 그런 제도를 도입하려 했는지도 알려져 있지 않다.

제8장

힙포다모스의 정치체제와 재산, 법, 혁신의 문제

에우뤼폰의 아들 힙포다모스[1]는 밀레토스 사람이다(그는 도시 계획[2]을 고안하고 페이라이에우스를 구획한[3] 사람이기도 하다. 튀는 것을 좋아하다 보니,[4] 생활에서 색다른 면을 지니고 있었다. 머리를 길게 기르고 값비싼 장식품을 갖춰 싸구려지만 따듯한 옷을 겨울뿐 아니라 여름 내내 입고 다녔다.[5] 그래서 어떤 이들에게는 그것이 기이함을 뽐내는 생활 방식으로 여겨졌을 정도다. 그는 또한 자연 전체에 걸쳐서 학식 있는 사람으로 받아들여지기 원했다). 그는 정치 행정에 참여하지 않은 사람들 중 최선의 정치체제에 관해 무언가를 말하려고 했던 첫 번째 사람이었다.[6]

1 힙포다모스(Hippodamos)는 기원전 5세기경의 입법가이자 도시 설계자였다. 식민도시 개척자로 이탈리아로 건너가 투리리(Thurii) 폴리스를 설계했다. 페이라이에우스(peiraieus)는 아테나이 근처의 항구 지역이다. 페이라이에우스에서의 활동에 대해서는 알려진 바가 없다. 그의 직사각형과 직선을 이용하는 격자형의 도시 설계에 대해서는 1330b22-31에서 비판적으로 언급되고 있다. 퓌타고라스의 영향을 받은 그의 자연철학적 관심에 대해서는 『천체에 대하여』 268a10-20 참조.

2 도시를 거리별로 혹은 구획별로 나누는 기술로 일종의 '도시 설계술'이라 할 수 있다.

3 원어 katetemen은 '쪼개다'라는 뜻이다.

4 원어는 philotimia('명예에 대한 사랑')이다. 맥락상으로는 '특이한 생활 태도를 지녀서 남의 눈에 띄는 것을 좋아하는 것'을 의미한다.

5 일반적으로 이러한 외형적 모습은 아테나이가 아닌 스파르타식 삶의 태도였다. 아테나이에서는 시민권을 획득하면 짧은 머리를 하고 다녔다고 한다. 아리스토텔레스가 다른 사람의 인물평을 하고 있는 점은 그의 저술 방식에서 매우 특이하다고 하겠다.

6 아래의 제12장 1273b27-32 참조.

그는 1만 명의 인구를 가진 폴리스를 구상했으며, 그것은 세 부분으로 나누는 것이었다.[7] 즉 그는 기술자들을 한 부분으로, 농민들을 또 다른 한 부분으로, 세 번째 부분은 폴리스 방어를 위해 싸우는 무기 소유자들로 만들었다. 또한 그는 폴리스의 영토를 세 부분으로 나누어 성지(聖地), 공유지, 사유지로 삼았다.[8] 성지는 신들에게 바치는 관례적 공물을 공급하는 땅이고, 공유지는 폴리스를 방어하는 전사들이 삶의 식량을 얻기 위한 땅이며, 사유지는 농민이 소유한 땅이다.

그는 또한 오직 세 가지 종류의 법만 있다는 견해를 내세웠다. 왜냐하면 소송(訴訟)의 원인이 되는 사항은 수적으로 세 가지인데, 즉 모욕,[9] 상해(와 손해),[10] 살인밖에 없다는 것이 그 이유다. 그는 또 법률로 최고의 권한을 가진 단 하나의 법정을 정하고, 제대로 판결을 내리지 않은 것으로 보이는 모든 소송을 그곳으로 회부하게끔 했다. 그리고 이 법정을 선
1268a 거로 뽑히는 몇몇 원로들로 구성하도록 했다.[11] 또한 그는 법정의 판결을 유무죄를 나타내는 조약돌 던지기 방식이 아니라, 오히려 재판관 각

7 시민들을 삼분하는 것은 플라톤, 『국가』에서도 마찬가지다(『법률』 737e 참조). 이 전통은 이집트의 영향으로 볼 수 있는데, 이에 대해서는 1329a40 아래 참조. 플라톤, 『티마이오스』 24a 참조.

8 크레타, 스파르타를 비롯한 헬라스의 대부분의 폴리스들이 영토를 세 지역으로 나눴다.

9 "무도한 공격(모욕, hubris)을 저지르는 사람은 경멸을 받는다. 모욕은 그것을 겪는 사람에 대해 수치스러움을 포함하는 일을 하거나 말을 하는 것인데, 이는 행위자에게 [유익한] 어떤 것이 생기거나 그에게 [나쁜] 어떤 일이 일어나기 때문이 아니라 그것으로 즐거움을 얻기 위함이다. 왜냐하면 같은 일을 되풀이하는 사람들은 모욕을 저지르지 않고 스스로 복수하는 것이기 때문이다. 모욕을 저지르는 사람이 쾌락을 느끼는 이유는 남을 함부로 대하면 스스로 더 우월해진다고 생각하기 때문이다"(『수사학』 1378b23-29).

10 개인적인 상해와 재산상의 손실과 손해를 포함한다.

11 이런 문제와 관련해서 플라톤, 『법률』 767c-e 참조.

각이 서판을 제출하는 방식으로 실시해야 한다고 생각했다. 즉 무조건 유죄로 판단된다면 그 서판에 형벌을 적고, 반면 무죄로 판단되면 공란으로 두고, 어떤 점에서는 유죄고 어떤 점에서는 무죄라면 그 취지를 상세히 적어야 한다고 생각했다.[12] 그는 법률로 정해져 있는 현행의 방법이 옳지 않다고 생각했다. 왜냐하면 이쪽인지 저쪽인지만으로 투표하게 함으로써 재판관들이 법정 서약을 위반할 수밖에 없게 강제하기 때문이라는 것이다.[13]

게다가 그는 폴리스에 유익한 무언가를 발견한 자들에게 영예를 주는 법률을 제정할 것을 제안했다. 또 지금껏 어느 폴리스들에서도 제정되지 않은 것으로 전몰자들의 유아들을 공공의 비용으로 부양할 것을 법률로 제안했다(그러나 이 법률은 실제로 아테나이를 비롯해서 다른 몇몇 폴리스들에도 존재하고 있다). 그리고 모든 관직자는 모든 인민에 의

12 힙포다모스의 이 주장은 최소한 재판관은 문자를 쓸 줄 아는 계층에 속하는 사람들이어야 한다는 것을 함축한다. 이른바 오스트라키스모스(도편추방제)에 대한 반대로 이해될 수 있지만, 기껏해야 명판에 쓸 수 있는 말이 한두 단어였다는 점도 기억해야 한다. 실제로 오스트라키스모스에서도 글을 쓸 수 없는 사람은 다른 사람이 대신 써 줄 수 있었다(플루타르코스, 「아리스트데스」 편」).

13 아테나이의 법정에서의 투표 행위는 비밀이었다. 아테나이의 법에 따르면, 각 재판관(dikastēs)은 두 개의 투표 도구를 받아 항아리에 던짐으로써 하나는 유죄, 하나는 무죄를 결정했다. 청동 항아리에는 판결을 담은 것을, 나무로 만든 것에는 사용하지 않은 것을 던지게 했다. 투표하는 도구로는 다양한 색깔의 돌이나 작은 금속 공, 혹은 다양한 색깔의 콩이나 조개껍데기를 사용했다고 한다. 돌이 가장 흔했는데, 검은 돌은 유죄, 흰 돌은 무죄를 나타냈다고 한다. 투표 수가 동률일 때는 무죄로 간주했다고 한다. 아테나이의 재판관들은 정의로운 판결을 내리겠다는 법정 서약을 해야 했다. 재판관은 소추인이 제안한 벌과 변호인이 제안한 것 사이에서 선택해야 했고, 이도 저도 아니면 재판관이 벌칙을 제안할 수 있었다. 여기서 힙포다모스는 투표하는 경우에 보다 신중함을 요구하고 있다.

해 선출되며,[14] 인민들은 폴리스의 세 부분으로 구성되도록 했다. 관직자로 선출된 자들의 일은 공공의 일, 외국인들에 관한 일, 고아들에 관련된 사항을 감독하는 것이었다.

그렇다고 하면 이와 같은 것들이 힙포다모스가 구상한 조직 중 가장 중요하고 특히 언급할 만한 가치를 지닌 부분들이다. 이상의 구상에 대해 누군가는 첫 번째로 시민 집단의 구분 방식에 의문을 제기할 것이다. 왜냐하면 장인, 농민, 무기 소유자라는 삼자 모두가 정치체제(폴리스의 통치)에 참여한다고는 하지만, 농민은 무기를 갖지 못하며 또 장인은 무기도 땅도 없으므로, 그렇게 되면 그들은 사실상 무기를 소유한 자들에게 거의 노예가 다름없는 존재가 되고 말 것이기 때문이다[15](따라서 그들이 모든 관직을 맡는다는 것은 불가능하다. 왜냐하면 장군이든 도시 수호자들이든[16] 일반적으로 가장 권위 있는 관직은 거의 모두 무기를 소유한 자들로부터 필연적으로 임명될 수밖에 없을 것이기 때문이다). 하지만 이처럼 농민과 장인들이 정치체제에 함께 참여하지 못한다면 어떻게 그들이 정치체제에 대해 호의를 가질 수 있겠는가?[17] 이 점에 대해 오히려 무기 소유자들이 다른 두 부분보다 더 강력해야 할 것이라고 말하는

14 즉 제비뽑기 방식은 안 된다는 말이다. 그렇다면 폴리스의 세 계급 모두가 투표에 참여해야 하는 말인가? 힙포다모스는 이 점을 명확히 말하고 있지 않다.

15 아리스토텔레스가 염두에 두고 있는 그의 '최선의 국가'에서는 사실상 기술자, 농민, 상인을 시민 계급에서 전적으로 배제하고 있다.

16 아리스토텔레스가 이 말(politophulakes; '정치체제의 수호자' 혹은 '시민의 수호자')을 사용해서 어떤 종류의 관직을 언급하지는 분명하지 않다.

17 1268a17-18 참조. 농민은 시민에 포함된다는 의미에서는 정치체제에 참여하지만 실제로는 실재적 권력이 있는 관직을 공유할 수 없다. 따라서 그들은 자유민이라기보다는 단지 무기를 소유한 권력을 가진 자의 노예에 가까운 것이다. 즉 법적으로 그들은 정치체제에 참여하지만 실상은 그렇지 않은 것이다.

사람이 있을지도 모르겠다. 그러나 무기 소유자의 수가 많지 않으면 그 일이 쉽지 않다. 만일 이런 경우가 일어난다고 하면[18] 다른 사람들이 정치체제에 함께 참여해야 하거나 관직자 임명 권한을 쥐야 할 이유가 있겠는가?

게다가 농민들은 그 폴리스에 무슨 소용이 있겠는가? 장인은 폴리스에 반드시 있어야 한다(사실상 모든 폴리스에서 기술자를 필요로 하니까). 그들은 다른 폴리스들에서처럼 자신의 기술로 생계를 꾸려 나갈 수 있다. 농민은 어떨까? 만일 농민들이 무기 소유자들을 위해 식량을 공급한다면 그들을 마땅히 폴리스의 어떤 부분으로 있어야 하는 것이 이치에 맞을 것이다.[19] 그러나 [힙포다모스가 제안한 정치체제에서는] 사실상 농민들은 사적으로 토지를 소유하고 있고, 자신을 위해 그것을 경작하는 것으로 되어 있다.

게다가[20] 공유지는 폴리스 방어자들을 위해 식량을 생산하는 것으로 알려져 있는데, 만일 방어자들이 스스로 그 땅을 경작한다면 그 입법자이 그러기를 바랐던 것과 달리 전사는 농민과 다를 게 없게 되고 말 것이다. 한편, 공유지를 경작하는 이들이 사유지를 경작하는 농민이나 전사들과는 다른 어떤 사람들이라면 이들은 정치체제(국가통치)에 참여하지 못하고 또 그 정치체제와 무관한 폴리스의 제4 부분이 생겨나게 될 것이다. 하지만 만일 동일한 사람이 사유지나 공유지를 경작하게 한다

18 즉 무기를 가진 자가 다수가 되는 일이 일어난다면.

19 폴리스의 시민(dēmos)의 지위를 누렸을 것이라는 의미다.

20 원어로 eti de이다. 헬라스어 eti는 새로운 논증이 시작됨을 의미하는데, 여기서는 방금 앞에서(29행) 보충된 힙포다모스의 정치체제에 대한 비판적 논증에 덧붙여 새로운 논의를 시작한다는 것을 보여 주고 있다.

1268b 면, 각 경작자가 생산하는 수확물의 양은 두 사람[21]의 가족을 부양하기에 충분할 만큼 산출해 낼 수 없게 될 것이다.[22] 그렇다면 경작자 자신이 얻는 식량도 전사들에게 주는 식량도 직접 같은 농지나 할당지에서 수확하면 되는데, 왜 그러지 않는 것일까. 이렇듯 이 모든 점에서 많은 혼란을 포함하고 있다.

또한 판결에 관한 그의 법률도 적절하지 않다. 즉 고소가 조건을 붙이지 않고 적혀 있는 때에도[23] 구별해서 판결을 내리는 것,[24] 즉 중재자[25]가 될 것을 재판관에게 요구하는 법률이다. 분명히 중재하는 경우에는 중재자의 수가 많다고 하더라도 그러한 절차[26]로 판결을 내리는 것이 가능하다(중재자들은 판결에 대해서 서로 의견을 나누니까). 그렇지만 법정에서는 그렇게 할 수 없는 것이다. 오히려 실제로 이와 반대로 대부분의 입법자들은 재판원들이 서로 의견을 나누지 않도록 대책을 조정해 놓고 있는 것이다.[27]

21 그 자신의 가정과 전사의 가정.

22 어떤 의미일까? 의미는 차지하고서라도 문장 자체가 모호한 문장이다. 리브는 경작의 '비효율성'을 지적하고 있다. 뉴먼은 geōrgēsei duo oikias를 "support as a cultivator two households"로 옮기면서, geōrgēsei가 '의심스러운 단어'임을 지적한다.

23 유죄, 무죄로 단적으로 판결을 내리는 것을 의미. 즉 '일부는 유죄고 일부는 무죄다(1268a4)'나 '어떻게 그렇고, 어떻게 그렇지 않은지'와 같은 단서 조항을 덧붙이지 않는 것을 말한다.

24 조건적으로 판결을 내리는 것.

25 "중재자는 어디서든 가장 신뢰받으며, 중간적인 사람이 중재자다"(1297a5-6).

26 즉 결정에서 구별해 내는 것을 말한다. 다시 말해 단적으로 유무죄를 판단 내리지 않는 것을 의미한다.

27 아테나이의 배심원은 오백에서 1천명에 이르렀다고 하는데, 배심원은 서로 협의하지 않고 판결을 내렸다고 한다. 배심원 간에 협의할 수 없게 하는 것은 투표의 비밀을 유지하려는 목적에서 그렇게 했을 것으로 추정된다.

더군다나 피고가 [손해에 대하여] 배상금을 지급해야 하는데, 재판관이 원고가 요구할 만한 액수는 아니라고 생각하는 경우에는 어떻게 그 판결이 혼란스럽게 되지 않을 수 있겠는가? 예를 들어 원고는 20므나를 요구하는데 한 재판관은 10므나가 적당하다고 판단할지도 모른다(혹은 전자에 더 많은 금액을, 후자에 더 적은 금액을 할당해도 된다). 하지만 다른 재판관은 5므나로 판단하고, 또 다른 재판관은 4므나로 판단할 수도 있다(이와 같은 방식으로 지급액을 쪼개지도록[28] 판단하는 재판관이 있음은 분명하다). 그러나 다른 한편으로 전액 지급을 명하는 재판관도 있고, 전액을 면제하는 재판관도 있을 것이다. 그렇다면 이 경우에 어떤 식으로 표를 계산할 수 있겠는가?

게다가 고소가 조건 없이 적혀 있더라도, 그렇게 하는 것이 정당한 경우에는 무조건 유죄 혹은 무죄로 판단하는 재판관[29]에게 맹세를 깨도록 강요할 수는 없는 노릇이다. 왜냐하면 무죄를 판단하는 재판관은 피고가 일체 배상 책임을 지지 않는다고 판단하는 것이 아니라, 20므나의 배상 책임을 지지 않는다고 판단하는 것이기 때문이다. 오히려 즉각적으로[30] 맹세를 어기고 있는 것은 20므나의 배상 책임을 진다고 생각하지 않는데도 피고를 유죄로 판단하는 재판관이다.

또한 폴리스에서 무언가 유익한 것을 발견한 사람들에게 어떤 영예를 주겠다는 제안에 대해서 말하자면, 그것을 입법화하는 것은 안전한

28 원고가 요구하는 전액이 아니라, 일부 지불이 타당하다고 판단하는 것을 말한다.

29 즉 배심원.

30 여기서 '즉각적으로'로 번역한 ēde는 배상하지 않아도 된다고 믿으면서도 유죄를 '그 자신이 선고하자마자'를 의미한다.

것이 아니라 단지 듣기에만 근사해 보일 뿐이다.[31] 왜냐하면 그것은 소송 남용[32]을 조장하고, 심지어 경우에 따라서는 정치체제의 변혁을 가져올 수도 있을 것이기 때문이다. 하지만 이 주제는 다른 문제나 다른 탐구와도 관련이 있다. 왜냐하면 어떤 사람들은[33] 그 밖의 다른 더 좋은 법률이 있을 때, 그들 전래의 법률을 바꾸는 것이 폴리스에 해로운지 유익한지에 대한 물음을 제기하는 것이기 때문이다. 만일 법률을 바꾸는 것이 실로 유익한 것이 아니라면, 힙포다모스의 제안에 곧장 동의하기는 쉽지 않다. 그러한 것은 공통의 좋음이라는 명목으로 법률이나 정치체제의 해체가 제안될 수도 있을 것이다.[34]

그러나 이 주제에 대해 기왕에 언급했으니 좀 더 개입해서 상세하게

31 아리스토텔레스는 적어도 관직자가 사익을 추구하지 않도록 성실한 관직자에게 명예가 주어져야 한다고 말하고 있다(1309a13-14). 아리스토텔레스는 스스로 폴리스에 어떤 유익한 것을 발견했다고 주장하는 자들에게는 '명예'가 주어져서는 안 된다고 생각하고 있다. 아리스토텔레스는 힙포다모스의 제안이 소송 남용 내지는 무고(濫訴濫用, 誣告; sukophantia, sychophancy) 남발을 고무시킬 수 있음을 걱정하며, 심지어는 정치체제의 변화까지도 초래할 수 있다고 믿고 있는 듯하다(1307a40-b19). 당시 아테나이 법은 폴리스의 재정(회수된 세금이나 범죄로 인한 몰수된 재산)에 기여하도록 기소를 이끈 사람들에게 보상을 주었다고 한다. 당시에는 소송을 포기한 대가로 뇌물을 받거나 소송이 성공하면 도시로부터 보상을 받고자 누군가를 상대로 소송을 제기하는 것이 비일비재했던 것 같다. 아리스토텔레스는 힙포다모스의 법률이 아테나이의 법률과 비슷하다는 생각으로 범위가 너무 넓다는 점을 지적하고 있는 듯 보인다.

32 원어로 sukophantia. 아테나이 민주정에서는 검사가 없었고, 누구나 공소를 제기할 수 있었다. '상습 고소인'(skophantēs)이라 불리는 사람들이 금전을 목적으로 상습적으로 재판을 벌였다고 한다. 아리스토텔레스는 여기서 폴리스에 해를 줄 수 있는 상습적 고소가 정당화될 것을 우려하고 있다(『아테나이의 정치체제』 제35장 참조).

33 퓌타고라스주의자들로 추정된다. 플라톤, 『법률』 772a-d, 『정치가』 298c 아래 참조. 헤로도토스, 『역사』 제3권 80.

34 뉴먼에 따라 주제밀의 수정인 gar로 읽지 않고 de로 읽었다. 헤로도토스, 『역사』 제3권 80, 플라톤, 『법률』 772a-d 참조.

논하는 것이 좋겠다. 앞서 말한 것처럼 거기에는 난점을 포함되고 있어서 법률을 바꾸는 것이 더 낫다고 생각하는 사람도 있을지도 모르기 때문이다. 적어도 다른 지식의 분야에서는 개편이 유익한 결과를 가져오고 있다. 예를 들어 의술은 전통적 방법을 바꿈으로써 변화해 진보해 왔으며,[35] 체육술과 일반적으로 모든 기술들과 기능들[36]도 그래 왔던 것처럼 말이다. 따라서 정치술(정치가의 기술)도 이것들 중의 하나로서 보아야 하기 때문에, 이와 유사한 것이 필연적으로 정치술에도 적용되어야 한다는 것은 분명하다.

이 점에 대해서 누군가는 실제적인 사실(事實) 자체가 징표가 된다고 말하는 사람이 있을지도 모른다. 옛날 법[37]은 너무 단순하고 야만적이었으니까. 예를 들어 한때 헬라스인들은 나돌아 다닐 때 무기를 들고 다니거나 신부를 서로 사들이곤 했다.[38] 또 오늘날에도 어느 곳인가에 남아
있는 옛 법들은 모두 고지식한 것이다. 예를 들어 퀴메[39]에는 살인에 관 1269a
련된 법률이 있는데, 그것에 의하면 살인을 호소하는 원고가 자신의 친족들 중에서 일정 수의 증인을 낼 수 있으면 피고는 살인의 유죄를 받게

35 '개선되어 왔다'는 의미다.

36 수사술과 변증술은 지식(epistēmē)이 아니라, dunamis(기능)이다(『수사학』 1359b12).

37 성문화 되지 않은 관행이나 관습을 가리키는 것일 수 있다.

38 구혼자들은 신부 아버지에게 구혼 선물(hedna)을 주고 신부를 샀다고 한다(플라톤, 『법률』 841d). 훗날에는 신부에게 지참금(phernē)을 들려 보내는 것이 관행이 되었지만, 호메로스에서 eedna(신부값)는 구혼자가 신부의 아버지나 친척에게 주는 선물이었다. 신부의 아버지는 선물을 받고 "eednousthai thugatra"(『오뒷세이아』 2권 53행)라고 말한다. 이는 '결혼에 대해 합의를 보았다'(ophra … sunōmetha … amphi gamō)(『일리아스』 제13권 381행)는 것을 의미한다. meilia란 말은 신부의 아버지가 신부에게 주는 선물을 의미한다. 핀다로스에서는 hedna가 지참금의 의미로 사용되고 있다(『퓌티아 송가』 3.94).

39 이 이름(Kumē)이 어떤 도시를 지시하는지는 명확치 않다. 퀴메는 1305a1에도 언급되고 있다.

된다는 것이다.

일반적으로 말하자면 모든 사람은 전래의 것이 아니라 좋음을 요구하고 있다. 가장 오래된 인류는 그것이 땅에서 태어났든 어떤 대재앙에서의 생존자였든 간에[40] 그들은 아마도 오늘날의 나부랭이 부류의 인간이나 어리석은 인간들과 크게 다를 바 없으며, 땅에서 태어난 자들에 대해서는 그렇게 말해지고 있다. 그렇다면 그들의 의견을 계속 따르는 것은 불합리할 것이다.

게다가 심지어 성문화된 법률조차도 그것을 바꾸지 않고 그냥 놔두는 것은 더 나은 것이 아니다. 왜냐하면 다른 기술들의 경우와 마찬가지로 폴리스의 정치 조직[질서, 기술]에 대해서도[41] 그 모든 것을 상세하고 꼼꼼하게 성문화하는 것은 불가능하기 때문이다. 사실상 법률은 일반적인 방식으로 필연적으로 성문화되지 않을 수 없는 데 반해, 행위들은 개별적인 사안들에 관계되기 때문이다.[42]

따라서 이와 같은 고려들로부터 법률 중에는 어떤 것들은 어떤 기회에 바꾸어야 한다는 것은 명백하다. 그렇지만 다른 관점에서 그 문제를

40 땅에서 태어났다는 것은 헬라스 시문학에서 가장 일반적으로 받아들여지는 생각이었다(아낙시만드로스의 견해). 대재앙에 관해서는 플라톤, 『티마이오스』 22c 아래, 『법률』 676a 아래 참조. 땅에서 태어난 것에 대해서는 『정치가』 272b-d, 『법률』 677b-678b, 『메넥세노스』 237d-238b 참조.

41 peri가 생략된 것으로 보고 읽었다.

42 법(nomos)은 정의상 비교적 영속적인 제정법이며 범위가 보편적이고 다양한 경우들에 적용할 수 있다. 이와 대조적으로 법령(결의, psēphisma)은 특정한 상황에 고려해서 제정된 것이며(『니코마코스 윤리학』 제5권 제10장 1137b27-32), 하나의 특정한 경우에 무엇을 해야 하는지를 명시하므로 법령은 실행되는 최종적인 것이다(제6권 제8장 1141b24-28). 실천적 지혜와 실천적 행위에 대해서는 『니코마코스 윤리학』 제6권 제7장 1141b8-22 참조.

고찰하는 사람들은 [법률의 개정에는] 크게 신중을 기할 필요가 있다고 생각할지도 모른다. 법률을 가볍게 폐지하는 습관을 들이는 것은 나쁜 일이기에, 그 개선이 미미한 경우에는 명백히 입법자와 통치자의 사소한 잘못을 허용해 주어야 하기 때문이다. 법률을 바꿈으로써 얻는 이익이 통치자를 따르지 않는 데에 습성화됨으로써 발생하는 해악만큼 크지는 않을 것이기 때문이다.

게다가 기술에 관한 것을 끌어내는 그 본보기도 잘못된 것이다. 기술 혁신과 법률 개정은 같은 것이 아니니까. 사실상 법의 준수를 촉구하는 힘은 습관에서만 나온다. 습관은 긴 시간을 들이지 않으면 몸에 배지 않는다. 따라서 현존하는 법률을 다른 새로운 법률로 쉽게 바꾼다면, 그것은 법률의 효력을 약화시키는 것이다.[43]

더욱이 법률을 바꾸는 것이 실제로 허용된다고 해도 모든 법률이 변경 대상이 되느냐, 또 어떤 정치체제 아래서도 법률을 바꾸면 되느냐, 혹은 그렇지 않느냐? 또 법률을 바꾸는 것은 아무나 상관없는가, 아니면 어떤 특정한 사람들에게만 해당되는가 하는 문제도 있다. 이것들에는 큰 차이가 있기 때문이다.[44]

그러므로 지금은 당면한 이 탐구를 일단 남겨 두기로 하자.[45] 우리에게 그것을 논할 다른 적절한 기회가 있을 테니까.[46]

43 전문적 기술을 따르는 사람들은 신념에서 나온 새롭게 개선된 방법에 따라 자신의 행위를 선택할 수 있으나, 법을 개정하는 모든 행위가 법에 따라야 하므로 법에 대한 확신과 설득력이 떨어지면 법의 힘이 약화될 수밖에 없을 것이다. 그렇기에 법을 바꾸는 것과 기술을 바꾸는 것은 같은 것이 아니다.

44 플라톤, 『법률』 634d-e.

45 이 말은 앞서 언급된 큰 문제들이 이 책 여기저기에서 논의된다는 것을 함축한다.

46 전해지는 『정치학』에는 이에 대한 더 이상의 언급은 없다.

제9장

스파르타의 정치체제와 사회체제에 대한 비판

라케다이모니아[1]인의 정치체제와 크레타의 정치체제에 대해서, 또 일반적으로 다른 모든 정치체제들에 대해서도 다음의 두 가지 물음을 고찰해야 한다. 하나는 최선의 정치체제 조직과 비교해 볼 때, 거기서 제정된 법률에는 좋은 것과 나쁜 것이 무엇이 있는가 하는 점이고, 다른 하나는 그들의 앞에 있는 그 정치체제의 기본 원리[2]와 성격에 견주어 보아, 거기서 정해져 있는 법률에는 그것에 반하는 어떤 것이 있는가 하는 점이다.

그런데 일반적으로 동의하는 바는 폴리스가 장차 잘 다스려지기 위해서는 거기에 필수적인 일로부터 벗어난 여가의 삶이 구비되어 있어야 한다는 것이다. 그러나 어떠한 방식으로 그것이 실현되는지를 파악하기란 쉽지 않은 일이다. 텟살리아의 농노 계급(페네스테이아)은 종종 반기를 들고 텟살리아인[3]들을 공격했으며, 또한 마찬가지로 라코니케의 헤

1 헬라스인들은 스파르타를 라케다이모니아라고 불렀다. 스파르타 시민을 지칭할 때는 lakōn이라 불렀다. 라코니케(Lakōnikē)는 스파르타를 둘러싼 지역을 일컫는 말이다.

2 원어로는 hupothesis(원리)이다. 이 말은 앞서 제2장 1261a16에서는 "나는 그가 최선이라고 생각하는, 가능한 한에서 전체 폴리스의 '하나됨'에 대해서 말하고 있다. 이것이 소크라테스가 받아들인 **가정**이니까"로 사용된 바 있다. 그 목표는 "폴리스 전체를 가능한 한 행복하게 만드는 것"이기 때문이다(플라톤, 『국가』 420b).

3 동쪽으로 에게해, 북쪽으로 마케도니아, 남쪽으로 헬라스 중부와 접하는 지역인 텟살리아의 주민들.

일로테스(노예)[4]들도 실제로 라코니케 사람들의 불행을 내내 숨죽여 기다리다가 그들을 공격했기 때문이다. 하지만 크레타인들의 경우에는 지금까지 이런 종류의 어떤 일도 일어나지 않았다.

그 이유는 아마도 크레타의 이웃하는 폴리스들이 서로 간에 전쟁을 벌이기는 하지만, 그들 중 어느 한 폴리스도 반란을 일으킨 자들과는 결 1269b
코 손을 잡지 않기 때문일 것이다. 왜냐하면 그들 자신들도 '주변에 거주하는 종속하는 자들'[5]을 소유하고 있으므로, 그들과 손을 잡는 것이 그들 자신에게 이익이 되지 않기 때문이다. 이와는 달리 라코니케의 경우 인근의 아르고스인, 멧세니아인,[6] 아르카디아인을 비롯한 그 이웃들은 라코니케에 대해 모두 적대적이었다. 텟살리아인들의 경우도 또한 마찬가지인데, 그들이 처음으로 [페네스타이[농노들]의] 반란을 겪은 것은 그들이 여전히 이웃들인 아카이아인,[7] 페르라이비아인,[8] 마그네시아인과 전쟁 중이었기 때문이다.

설령 달리 아무런 어떤 문제가 없다고 해도,[9] 적어도 헤일로테스와 같

4 heilōteia(농노제도). 스파르타는 기원전 700년경에 펠로폰네소스반도 서남부 지역의 멧세니아 지방을 정복하여, 이 지역 원주민 중의 일부를 농노들(heilōtai, heilōtes[단수])로 삼았다. 펠로폰네소스전쟁 기간에 이들이 아테나이의 지원을 받아 반란을 일으켰다. 기원전 369년에 테바이의 지원을 받아 스파르타의 지배에서 해방된다.

5 Perioikoi('주변에[peri] 거주하는 자들[oikoi]')를 말한다. 이들은 스파르타와 크레타와 같은 여러 도시들에 속해 있었다. 그들은 정치체제에 참여하지 못하는 반자유인 내지는 열등한 시민이었다. 그들은 노예가 아니었으므로 사고팔 수 없었지만, 때로는 군복무의 의무를 가지며, 세금을 내고 농상공업에 종사할 수 있었다.

6 멧세니아는 펠로폰네소스반도 남서쪽 지역.

7 아카이아는 펠로폰네소스반도 북중부 지역.

8 페르라이비아는 텟살리아 북쪽 지역.

9 농노나 노예들의 공격에 맞서는 자기방어와 같은 것.

은 농노들의 관리, 즉 그들과 어떤 관계를 유지하는가 하는 것[10]은 그 자체로서 귀찮은 문제를 내포하고 있다고 생각된다. 그렇다고 해서 그들을 방임에 흐르게 하면 오만하게 되어서[11] 주인들과 동등하게 될 것을 요구하게 되며, 다른 한편으로 비참하게 살게 해 두면 그들은 주인에 대해 증오심을 품고 모반을 꾀하게 되니까. 그러므로 헤일로테스에 관련해서 이러한 일이 일어나는 곳에서는 여유로운 생활을 얻기 위한 최선의 구조를 찾아내지 못하고 있음은 분명하다.[12]

게다가 여자들에 관련된 방임[13]은 또한 라케다이모니아의 정치체제의 목표[14]에서도 또 폴리스의 행복에도[15] 해롭다. 사실상 남편과 아내가 한 가정의 부분[16]인 것처럼, 폴리스도 대략 두 개의 남자 집단과 여자 집단으로 나누어지는 것으로 보아야 함이 분명하므로, 여자에 관한 것이 적절하게 정해져 있지 않은 정치체제에서는 폴리스의 절반이 법률에 의

10 즉 '그들과 어떤 방식으로 함께 살아 나가야 하는지'에 대한 문제.

11 원어로는 두 개의 분사(participle)형 동사가 연결되어 있어 있는 형태인 aniemenoi te hubrizousi인데, 내용상으로는 '[농노들을] 옥죄지 않고 그대로 놔두면 오만해진다'는 의미다.

12 플라톤, 『법률』 776c 참조. 리브는 '최선의 방책(구조)'을 '필수적인 일로부터 벗어나 여가(scholē)를 갖는 최선의 방법'이라고 해석한다. 맥락상 좀 더 넓은 의미로 '농노를 관리하는 전반적인 방책'으로 이해될 수 있을 듯도 하다.

13 원어는 anesis이다. 플라톤, 『법률』 637c.

14 아리스토텔레스의 도덕 철학에서 매우 중요한 기술적인 용어(prohairesis)로 '[숙고적] 선택'으로 옮겨지나, 여기에서는 앞서 1269a32행에서의 hupothesis와 동일한 의미로 쓰였다.

15 플라톤, 『법률』 781a-b. 여자의 교육과 관련해서 남녀 평등(804d-806c)에 대한 언급이 나오며, 플라톤은 "모든 관행을 남녀에게 공통되게 제도화한다는 것은 폴리스(나라)의 행복을 위해서 더 좋을 것이다"라고 말하고 있다. 플라톤은 여자가 남자에 비해 자질의 훌륭함에서 떨어지는 만큼, 여자에 대한 입법화가 그만큼 더 필요하다고 말하고 있다.

16 즉 가정을 구성하는 요소. 제1권 3장 1253b4-7 참조.

해 통제받지 않은 상태로 있는 것으로 간주해야 한다. 바로 그것이 라케다이모니아에서 일어난 일이다. 즉 폴리스 전체가 [강건하고] 인내심을 갖기를[17] 바랐던 그곳의 입법자[18]는 남성에 관해서는 그와 같은 바람을 명백하게 했지만, 여자에 관해서는 전적으로 소홀히 했던 것이다. 그곳의 여자들은 어떠한 구속(규율)으로부터 벗어남으로써 방탕하면서도 호사스러운 생활을 하고 있다.[19]

그리하여 이러한 종류의 정치체제 아래에서 부를 존중하게 된다는 것이 필연적으로 따라 나오게 되는데,[20] 특히 시민들이 여자에 의해 지배받게 되는 경우라면 그런 것이다.[21] 이 점이 특히 적용되는 것은 군사적이고 호전적인 종족의 대부분이 그렇듯이,[22] 남자가 여자에게 지배받고 있는 경우다. 다만 켈토이족[23]과 공공연하게 남성들 간의 동성애를 존중하는 어떤 다른 종족들에서는 그렇지 않지만 말이다. 실제로 신화

17 스파르타인의 고통(고난)에 대한 '인내'(강인, karterēsis)에 관련된 예들에 대해서는 플라톤, 『법률』 633b-c 참조. 덕으로서의 인내에 대해서는 『에우데모스 윤리학』(1221a9, 1229b2), 『니코마코스 윤리학』 1150a14 참조.

18 흔히 스파르타의 정치제도와 삶의 방식을 확립한 전설적인 뤼쿠르고스로 추정하지만 뤼쿠로고스는 신화적 인물로 실존 인물로 보지 않는 견해도 있다. 이 장에서 언급되는 '입법자'가 반드시 뤼쿠로고스는 아니다. 뒤에 가서(1270a7) '뤼쿠르고스' 란 이름이 직접적으로 말해지고 있지만, 1270b19에서 감독관(에포로스) 제도를 확립한 것은 그가 아니라, 테오폼포스로 여겨지기 때문이다(플루타르코스, 「뤼쿠르고스」 7).

19 스파르타의 호사스러운 삶에 대한 간접적 정보는 플라톤, 『국가』 548a-b 참조.

20 플라톤, 『국가』 547b-555b.

21 왜냐하면 여자들의 부절제한 호사스러운 생활은 값비싼 대가를 치러야 하기 때문이다.

22 호전적인 국가에 대한 언급은 1324b9-21에서 나온다.

23 켈토이는 흔히 켈트족을 언급하는 것으로 말해지는데, 정확히 아리스토텔레스가 염두에 두고 있는 종족이 어느 것인지는 불명료하다. 워낙 켈토이족이 헬라스 북쪽의 퓌레네산맥 근처의 다뉴브강으로부터 유럽 서쪽 끝 바다에 이르기까지 광범위하게 걸쳐 있었기 때문이다(헤로도토스, 『역사』 제2권 23, 제4권 49 참조).

를 말했던 최초의 사람이[24] 아레스를 아프로디테와 짝지은 것은 전혀 일리가 없는 것이 아닌 것으로 보인다.[25] 왜냐하면 모든 호전적인 자들은 모두 남성이나 혹은 여자와의 성적인 결합에 사로잡혀 있는 것처럼 보이기 때문이다.

이런 까닭에 이러한 일이 라코니케인들 사이에서 퍼져 있었고, 그들이 헬라스에서 패권을 잡고 있을 당시에는[26] 많은 것을 여자가 관장하고 있었던 것이다. 그럼에도 여자가 폴리스를 지배하는 것이나 혹은 지배자들이 여자에 의해 지배받는 것 간에 무슨 차이가 있다는 것인가? 어느 쪽이든 그 결과는 동일하니까. 지나친 대담성[27]은 또한 일상적 일에는 아무런 도움이 되지 못하고, 도대체 그 어떤 목적을 위해서라고 한다면 전쟁을 위해서만 유용할 뿐이지 라코니케 여자들은 전쟁을 목적으로 하는 일들에서조차도 대단히 해로웠다.[28] 테바이인들이 침략했을 때, 이

24 아리스토텔레스는 '폴리스를 세우려 했던 맨 처음의 사람'(1253a30)과 마찬가지로, 여기서는 '신화를 만드는 맨 처음의 사람'을 언급하고 있다. 아리스토텔레스는 신화 속에 철학의 기원과 지혜의 핵심이 내포되어 있는 것처럼 생각한다. 비록 처음에는 발견하기는 어렵긴 해도 말이다(1341b2-8, 『형이상학』 1074b1-14 참조).

25 아레스는 전쟁의 신이고, 아프로디테는 그 이름이 뜻하듯 성애(aphrodisia)와 아름다움의 여신이다(『오뒷세이아』 제8권 266~366행). 헤시오도스, 『신통기』 933~937행 참조. 헬라스와 로마의 조각이나 동전에서는 아레스가 아프로디테의 파트너로 나오고, 거기에서 에로스가 함께 등장하는 것을 볼 수 있다.

26 펠로폰네소스전쟁에서 스파르타가 아테나이에 승리하고 헬라스의 맹주권을 쥐고 있던 제국의 시기.

27 '지나친 대담함'(무모함, thrasutēs)에 대해서는 『니코마코스 윤리학』 1104a20-22 참조("무슨 일이든 결코 두려워하지 않으면서 모든 일에 뛰어드는 사람은 무모한[지나치게 대담한] 사람(thrasus)이다").

28 아리스토텔레스의 생각은 스파르타 여자가 '구속(규율)으로부터의 벗어남'(1269b22)으로써 용기를 위해 요구되는 '인내'(1269b20)의 부족에 이르게 되고, '방종'(무절제)하고 '호사스럽게 살았기 때문에'(1269b22-23) '지나친 대담성'으로 이끌었다는 것이다.

사실이 분명하게 밝혀진 바 있다.[29] 그들은 다른 폴리스들[의 여자들]에서처럼[30] 전혀 도움이 되지 않았으며, 오히려 적들 이상으로 더 큰 혼란을 초래했기 때문이다.

그런데 초기 시절부터 여자들의 방종이 라코니케인들 사이에서 일어
난 것은 충분히 일리가 있어 보인다. 왜냐하면 라코니케 남자들이 아르 1270a
고스인들과 전쟁을 하고, 또 다시 아르카디아인들, 멧세니아인들과 전쟁을 하고 있었을 때,[31] 그들은 출정 중이었으므로 그들의 땅으로부터 긴 기간 멀리 떨어져 있었기 때문이다. 일단 그들이 군대의 임무로부터 여가를 얻게 되었을 때, 그들은 덕의 여러 부분[32]을 포함하고 있는 군사적 삶을 통해 습득된 준비 상태에서[33] 스스로를 그들의 입법자[34]에게 맡

그 결과 스파르타의 남성들은 성적 교섭에 몰두하게 되고(아레스와 아프로디테의 신화를 빌어), '돈에 대한 탐욕'과 '여자가 지배하는 나라'가 되었다는 것이다.

29 기원전 369년에 에파메이논다스가 이끄는 테바이군과의 전쟁을 가리킨다. 이 전쟁에 패하면서 스파르타는 헬라스의 맹주권을 상실하고 말았다. 여자들도 전쟁에 무관심해서는 안 된다는 점을 지적하고 있는 플라톤, 『법률』 813e-814c와 크세노폰, 『헬레니카』 제6권 5. 28 및 플루타르코스, 「아게실라오스」 31 참조.

30 구절의 의미가 모호하긴 하지만, 리브는 다른 폴리스의 여자들은 전쟁 기간에 유용했다는 것을 의미하는 듯하다고 해석하고 있다. 리브는 투퀴디데스 『펠로폰네소스전쟁』 제2권 4.2와 제3권 74.2에서는 성이 포위 공격당하는 동안에 여자들의 중요성을 입증해 주고 있음을 지적한다. 한편 주제밀은 '유사한 경우에 다른 폴리스의 여자들 이상으로 전혀 쓸모가 없었다'고 해석한다. 이 해석에 반대하면서 뉴먼은 여자가 다른 폴리스에서 유용한 것은 '일상적인 일'을 위해서임을 지적하고 있다. 실제로 플라타이아 전투에서(투퀴디데스, 『펠로폰네소스전쟁』 2.78) 군이 봉쇄되었을 때 대부분의 플라타이아인들은 아테나이로 도망가고, 성 안에는 400명의 남자와 80명의 아테나이인들, 그리고 그들을 위해 음식을 준비하는 110명의 여자들이 남아 있었다고 한다.

31 1306b37 참조.

32 덕의 종류(eidē)를 가리킨다.

33 군대 생활에서 가장 필요한 덕목인 '복종'하는 삶에 익숙해져 있다는 것을 의미한다.

34 스파르타의 정치체제를 구축한 아마도 전설적인 뤼쿠르고스. 1207a7에서는 '뤼쿠르고

졌다. 그래서 뤼쿠르고스가 여자들을 법률의 통제하에 두려고 시도했으나, 여자들이 저항하자 그만 물러서고 말았다는 것이다.[35] 때문에 여자들이 라케다이모니아에서 일어났던 일에 책임이 있으며,[36] 따라서 그들이 라케다이모니아의 정치체제의 잘못들에 대해서도 책임이 있다는 것도 분명하다. 그러나 우리의 고찰하고 있는 주제는 누구를 용서해야 하고, 누구를 그렇게 하지 않아야 하는 것이 아니라 무엇이 옳고 무엇이 옳지 않으냐 하는 것이다.

앞서 말했던 바와 같이,[37] 여자에 관한 조정이 잘못되어 있다는 것은 정치체제 그 자체에서 일종의 볼품없는 조화를 만들어 낼 뿐 아니라, 돈에 대한 탐욕을 어느 정도 조장하는 것으로 생각된다.[38] 여기서 금전욕을 거론한 것은 지금 말한 것에 이어, 다음으로 재산 불균등에 관련해서 스파르타의 관행에 대해 비난하는 사람이 있을지 모르기 때문이다. 왜

스'라고 직접 밝히고 있지만, 입법자가 아홉 번 언급되는 제2권 제9장을 비롯한 『정치학』 여러 곳에서는 그냥 '입법자'라고만 언급되고 있다. 이 문제에 대해서는 제2권 제9장에서의 스파르타 여자의 문제를 집중적으로 다루고 있는 송대현, 「아리스토텔레스의 정치학 2권에서 스파르타 여성에 대한 비판」, 『동서철학연구』 제99호, 2021, pp. 275~303, 특히 pp. 277~285 참조.

35 'phasi'(사람들이 …라고 말하다)는 구술의 전통이든가 혹은 이름 모를 사람의 인용일 것이다. 입법자가 여자의 저항에 물러서게 되었다는 얘기에 관해서는 플라톤, 『법률』 781a, 806c 참조. 플루타르코스, 「뤼쿠르고스」 14 참조("여자들을 적절히 통제하려던 시도를 포기하고 말았다는 아리스토텔레스의 주장은 사실이 아니다").

36 남성들의 오랜 부재와 여자들이 입법자에게 복종하지 않은 것에 대한 이유.

37 1269b17-23.

38 일견 맥락이 깨끗하게 연결되지 않는 것처럼 보인다. 이어지는 문장에서 gar로 시작하지만 de로 읽어도 무방하다. 그러면 주제밀의 제안을 좇지 않으며, 탈문(lacuna)이 있었다고 가정하지 않는 것이다. 그런데 왜(gar) 여자의 방종이 돈에 대한 탐욕을 불러일으키게 되었을까? 누구나 충분히 명확하게 상상할 수 있을 것이다. 더 좋은 방책은 뉴먼처럼 gar를 '이제부터 재산에 관련된 문제로 화제를 돌리겠다'는 의미로 보는 것이다.

냐하면 그들 중의 일부는 지나치게 많은 재산을 소유하게 되었고, 다른 사람들은 아주 적은 재산을 소유하게 되었기 때문이다. 그래서 토지가 소수의 사람들의 손안에 떨어지게 되었다. 이 문제[39]에 대한 법률에 의한 규정도 그릇되게 조정되었다. 왜냐하면 입법자가 이미 수중에 놓여 있는 토지를 사고파는 것은 고귀한[40] 일이 아니라고 한 점에서는 옳게 규정한 것이지만, 그들이 원한다면 그 재산을 누군가에게 증여(贈與)하거나 유증(遺贈)하도록 소유자에게 허용했었기 때문이다.[41] 그럼에도 동일한 결과가 이 경우에서나 저 경우에서나 필연적으로 따라 나온다.

게다가 영토의 거의 5분의 2가 여자들의 소유물이 되었다. 그 원인은 많은 상속녀가 생겨나고, 거액의 지참금이 주어졌기 때문이다. 그렇다면 지참금을 [법률에 의해] 아예 없애거나 혹은 아주 적게, 혹은 적절한 만큼만 주어지도록 조정했더라면 더 나았을 것이다. 그러나 실상은

39 '재산의 불평등에 대한 관행'을 말한다.

40 'kalos'(고귀한)는 '멋진', '좋은', '아름다운' 등으로 새겨진다. 문맥에 따라 다른 의미를 내포한다고 볼 수 있다. 기본적으로는 미학적 함의를 갖는 '아름다움'이지만('아름다운 나체의 조각상'), "동물의 경우에는 아름다운 것에 대한 [외모가] '추한'(aischron) 것이 반대고, 집의 경우에는 '아름다운' 것에 대해 '초라한'(mochtheron) 것이 반대다. 따라서 '아름다운 것'은 동어이의적이다"(『토피카』 106a20-22). 논리학에서 부사 kalōs는 '잘' 또는 '올바르게'(orthōs)로 쓰인다. 또 그 말은 "질서(taxis), 비례(summetria), 확정성(hōrismenon)"을 의미하는 평가적 색채를 가지고 있다(『형이상학』 1078a36-b1). "법은 어떤 종류의 질서(taxis)이고, 좋은 법은 필연적으로 좋은 질서(eutaxia)여야 하지만, 극도로 지나친 수는 질서와 함께 할 수 없는 것이다. … 아름다움은 흔히 수와 크기에서 찾아진다. 폴리스도 크기와 더불어 앞서 언급했던 한계(horos)에 속하는 한에서 필연적으로 가장 아름다운 것이다." 즉 사물들이 적도(適度, metron)를 가질 때 아름다운 것이다(1326a30-37). 마지막으로, 윤리적인 의미에서 '칼론'(고귀함, kalon)에 대해서는 『니코마코스 윤리학』 제9권 1169a12-22, 제1권 제13장 1103a9-10, 『에우데모스 윤리학』 1248b18-20 참조.

41 유증과 증여에 관해서는 플라톤, 『법률』 923c-924b 참조.

그 정치체제에서 그렇게 정해져 있지 않았을 뿐만 아니라 상속녀인 딸을 자신이 원하는 상대 누구에게나 시집보낼 수 있었고, 만일 유언을 남기지 않고 죽었다면, 그가 상속인으로 지명한 사람은 자신이 원하는 상대에게 그녀를 줄 수 있었다. 이렇게 되어서 그 영토가 천오백 명의 기병과 삼만 명의 중무장 보병을 먹여 살릴 수 있을 정도로 충분했음에도 불구하고, 그 병사의 수가 [테바이의 참공 때에는] 천 명이 채 되지 않았다. 이런 구조에 결함이 있다는 것은 [논리적 추론과는 무관하게] 사실 자체를 통해 드러나고 있다. 왜냐하면 그 폴리스는 시민의 부족으로 인해 단 한 번의 공격을 견뎌 내지 못하고 붕괴하고 말았기 때문이다.[42]

사람들의 말에 따르면, 초기 왕들의 시대에는 다른 사람들(외국인)에게도 스파르타의 정치체제에 참여하도록 허용했기 때문에,[43] 오랜 기간 전쟁을 치렀음에도 불구하고 시민의 수가 부족하게 되는 일은 일어나지 않았다고 한다. 또, 한때 스파르타의 성인 남성 시민이 실제로 만 명에 달한 것으로 알려져 있다. 그럼에도 그것이 참이든 거짓이든 간에, 오히려 재산의 균등화를 통해 폴리스의 남성의 수를 증대시키는 것이 [외국인에게 시민권을 허용해서 인구를 늘리는 것보다] 폴리스를 위해서 더 나을 것이다. 그러나 아이 출산에 관한 법률은 이러한 개선책[44]에 반하
1270b 는 것이다. 왜냐하면 몇몇 입법자는 스파르타인이 가능한 한 많은 수가 되기를 바라면서, 시민들에게 가능한 한 많은 아이를 가질 것을 장려하

42 기원전 371년에 일어난 레욱트라 전투를 말한다. 이 전투에서 테바이는 스파르타를 박살냈다고 한다. 크세노폰, 『헬레니카』 4.15 참조.

43 즉 시민권을 부여하는 데에 관대했다는 점을 말한다.

44 재산의 균등화를 통한 시민의 부족을 교정하려는 것. 이래에서 나오듯이 아이의 출산의 증가는 재산의 균등화하고는 아무런 관련이 없으며, 오히려 빈곤한 사람을 증가하게 함으로써 개혁에 장애가 된다는 것이다.

고 있기 때문이다.[45] 그래서 그들에게는 세 아들을 둔 남자는 병역을 면제받고, 또 네 아들을 둔 남자는 모든 세금을 면제받는 법률이 있었다. 그럼에도 많은 자식들이 태어나고, 그에 따라 토지가 분배된다면, 많은 사람들이 필연적으로 가난해질 수밖에 없다는 것은 명백한 일이다.

더군다나 에포로스(감독관)직[46]에 관한 조정도 적절하게 정해져 있지 않다.[47] 왜냐하면 스파르타에서는 그 관직은 그 자체로 가장 중요한 일에 대한 최고의 권위를 가지고 있으나, 감독관은 모든 인민 가운데서 선출되었으므로, 몹시 가난한 사람들이 그 관직에 들어가는 일도 적지 않았기 때문이다. 그들은 가난 때문에 뇌물로 매수당하기가 쉬웠다(이런 일은 과거에도 종종 밝혀진 적이 있었다. 오늘날에는 안드로스[48]의 사건으로 밝혀졌다. 즉 어떤 감독관들은 돈에 매수되어 타락했고, 그들은 온갖 힘을 다해 전체 폴리스를 붕괴를 꾀한 것이기 때문이다[49]). 또한 그 관직에는 절대적인 권한이 있으며, 사실상 참주들 못지않은 힘이 있기 때

45 플라톤, 『법률』 740c-d 참조.

46 에포로스 제도(ephoreia). 스파르타의 실질적인 지배자인 다섯 명의 에포로스(ephoros, 감독관)는 매년 시민들에 의해 선출되었다. 그들은 폴리스의 정치적 법률 체계의 작동을 전체적으로 감독했다(플라톤, 『법률』 692a). 세습 군주인 두 명의 왕과 귀족들을 견제하는 역할을 수행했다. 28명의 원로들이 그들에게 고문 역할을 했다고 한다. 또 에포로스들(에포로이)이 시민 의회(민회)를 관장했다. 에포로스의 역할에 대한 설명에 관해서는 박종현의 『법률』 제3권의 각주 121(p. 260)을 보라. 박종현은 에포로스를 '국정 감독관' 정도로 옮길 것을 제안한다.

47 여기서 phaulōs(결함을 가진다)는 '서툴렀다'는 뉘앙스가 있다.

48 안드로스는 에게해 북쪽의 섬으로 에우보이아에서 남동쪽으로 10킬로미터 정도 떨어져 있다.

49 이 사태에 대해서는 달리 알려진 바가 없다.

문에[50] 왕들조차도 환심을 살 수 있도록[51] 그들의 뜻을 헤아리지 않을 수 없었다. 그 결과 이로 인해 정치체제는 해를 입게 되었다. 귀족정('우수한 자의 지배 형태')으로부터 민주정이 출현했으니까 말이다.[52]

확실히 에포로스들의 이 위원회가 실제로 정치체제의 안정을 가져오는 것은 맞다. 왜냐하면 인민은 최고의 관직에 참여함으로써 그냥 가만히 머물러 있기 때문이다.[53] 그래서 입법자[54]의 손에 의해 생겨났든 우연에 의해 생겨났든 간에 그 관직은 스파르타의 정무(政務)를 처리하는 데에 유익했다. 왜냐하면 그 정치체제가 안정되게 유지되기 위해서는 폴리스의 모든 부분 자체가 이 정치체제가 존재하기를 원해야 하고, 또 그와 동일한 조정이 지속되기를 원해야[55] 하기 때문이다. 그래서 왕들이 정치체제가 유지되기를 바라는 것은 자신의 명예로운 지위 때문이고, 높은 지위와 신분을 가진 사람들[56]은 원로원(게로우시아) 때문에(이 관

50 1265b40 참조. "이 나라에서 에포로스의 제도는 참주적이어서…"(플라톤, 『법률』 712d).

51 dēmagōgein에 대해서는 1305b24 아래 참조.

52 "환심을 사도록, 지싯거리도록, 빌붙도록(dēmagōgein)"과 "민주정(dēmokratia)"이란 두 용어의 어원적 동일성을 염두에 둬서 이해할 필요가 있다. 귀족정은 왕이 귀족의 환심을 사야 하듯이, 민주정은 인민의 인기를 얻어야 하기 때문이다. aristokratia는 문자적으로 '가장 뛰어난 자들의 지배'이다.

53 즉 '소동을 일으키지 않는다'.

54 에포로스 제도를 도입해서 왕권을 제약한 것은 뤼쿠르고스가 아닌 테오폼포스다(1313a26 아래).

55 같은 정치체제가 지속돼야 한다는 의미다. 이 원칙은 『정치학』 여기저기에서 반복되고 있다(1294b34-40, 1320a14-17). 조금 다른 각도에서 어느 정도의 정치체제의 변화를 언급하는 대목은 1296b14-16, 1297b4-6, 1309b16-18 등을 참조.

56 kaloi kagathoi란 말은 아리스토텔레스의 경우에 '한결 교양 있고 능력 많은 사람'을 가리킬 때 쓰는 말이다. 즉 '덕'(탁월함; aretē)를 가지고 있는 사람들이다.

직은 덕에 대한 보상이니까), 그리고 인민은 감독관(에포로스)이라는 관직 때문에 정치체제가 유지되기 바란다(감독관은 모든 시민들 중에서 선출되는 것이니까). 그렇지만 이 관직은 모든 시민들로부터 반드시 뽑혀야 하지, 현행의 방법으로 뽑혀서는 안 된다. 그 방법은 지나치게 유치하기 때문이다.[57]

게다가 에포로스들은 중요한 안건을 재판할 권한이 있음에도 불구하고,[58] 누구나 그 관직을 맡을 수 있다. 그러므로 감독관들은 자신의 견해에 따라서 판결을 내리는 것이 아니라 성문화된 규칙, 즉 법률에 근거해서[59] 판결을 내리는 것이 좋은 것이다. 게다가 에포로스들의 삶의 방식 또한 폴리스[60]의 의도(목표)와 일치하지 않는다. 왜냐하면 그들의 삶의 방식은 그 자체로서 너무도 느슨하기 때문이다. 반면, 다른 시민들의 생활 방식은 오히려 너무 엄격하기 때문에, 마침내 그들은 그것을 견딜 수 없게 되어, 슬그머니 법망을 피해서 육체적인 향락을 즐기고 있는 것이다.[61]

57 플라톤의 『법률』에 따르면(692a), 에포로스들은 원로들처럼 추대로 뽑혔을 수도 있지만, 추첨에 의해서 뽑혔을 수도 있다. '유치하다'(paidariōdēs)는 표현은 환호 소리를 비교함으로써 추대하는 방법을 통해 원로들을 선출하는 것을 비판하는 대목에서도 사용되고 있다(1271a9). 플루타르코스에 따르면(「뤼쿠르고스」 26), 원로(gerousia)를 뽑는 경우에 민회에서 후보자들이 등장할 때마다 찬동하는 환호 소리의 비교를 통해 선출했다고 한다.

58 즉 '가장 주된 권위를 행사한다'. 에포로스들은 사적인 소송에서 사법상 중요한 역할을 수행한다. 특히 계약 관계에서 발생하는 소송에 대해서.

59 스파르타에는 성문법이 없었다.

60 '정치체제'로 읽기도 한다(Scaliger). 폴리스와 정치체제(politeia)는 종종 상호 교환될 수 있는 말이다. 이 맥락에서는 폴리스(tēs poleōs)로 읽는 것이 여전히 유효하다(뉴먼).

61 스파르타인들에 대한 플라톤적 언어를 염두에 두고 이렇게 표현하고 있다(플라톤, 『국가』 548b 참조).

또, 스파르타에서는 원로들의 관직 제도[62]에 관한 것 역시 적절하게 정해져 있지 않다. 원로들이 훌륭한 사람이고, 덕 있는 사람[63]이 되기 위해 교육을 충분히 받았다면, 그 관직은 폴리스에 유익할 것이라고 말할 수 있을지도 모른다(그럼에도 적어도 그들이 가장 중요한 사안을 재판할 권한을 일생에 걸쳐 갖는 것에 대해서는 논란의 여지가 있다.[64] 늙은 나이
1271a 는 신체와 마찬가지로 생각에도 영향을 미치니까 말이다[65]). 그러나[66] 심지어 입법자 자신조차도 원로들이 좋은 인간이라고 믿을 수 없는 그러한 방식으로 교육받았다면, 그 관직 체제는 안전한 것이 아니다. 이 관직에 참여한 사람들이 자주 뇌물을 받고, 많은 공적인 일에서 정실에 이끌렸음을 명백히 보여 주고 있다.[67] 이런 까닭에 현재에는 면제되고 있지

62 원로회(gerousia)는 두 명의 왕에 28명의 원로들(gerontes)로 구성된다. 60세가 넘어야 하고, 귀족 가문에서 신출되었다. 그들은 민회의 아젠다를 준비하고 다른 정치적, 법적 역할을 담당하였다.

63 원어인 andragathia의 사용은 여기가 유일하다. 같은 계열의 동사 andragathizesthai(act uprightly; '올바르게 행위하다', '남자다운 좋음을 나타내다')란 말이 있다. "고난을 견디고, 인내가 있으며, 남자다운 좋음을 나타내는 것을 선택하는 것은 용기(andreia)에 속한다"(짝퉁 아리스토텔레스, 『덕과 악덕에 대하여』 1250b4).

64 앞서(1270b28-29) 에포로스들이 중대한 법적 심판에서 권위(권한)를 가지고 있다고 말하고, 여기서는 원로들이 그렇다고 말하고 있다. 1275b9-11에 가서는 원로들이 '살인 사건'에 대한 재판을 맡는다고 되어 있다. 원로회가 형사상의 범죄에 대한 심판을 맡았다. 관직에서 나이를 제한해야 한다는 견해에 아리스토텔레스와 플라톤이 함께 동조하고 있다(플라톤, 『법률』 755a, 923b).

65 『수사학』 1389b13-1390a24 참조.

66 '그러나'(de)는 앞의 b37의 'epieikōn men'에 이어지는 대답이다. 그러면 바로 앞 문장인—달리 번역하면—"생각(dianoia)도 신체와 마찬가지로 그 나이를 가지고 있으니까"는 삽입구일 수 있다.

67 '많은 공적인 일에서'를 '뇌물을 받고'와 '정실에 이끌렸음' 양쪽으로 걸어 해석할 수도 있을 것 같다.

만, 그들이 직무 감사[68]에서 면제받지 않게 하는 것이 더 좋을 것이다. 에포로스 관직이 다른 모든 관직을 심사하는 것이 좋다고 생각하는 사람들이 있을 수 있지만, 그것은 감독관에게 지나치게 큰 권한을 부여하는 것이다. 그리고 우리는 그러한 방식으로 직무 심사가 수행되어서는 안 된다고 주장한다.[69]

게다가 그들이 행하는 원로들의 선출 역시 그 선택이 이루어지는 방식에서 유치하며, 또 관직에 뽑힐 만한 자격이 있다고 판단하는 사람 자신이 몸소 그 자리로 선출되기를 신청하는 것[70]도 옳지 않다. 왜냐하면 관직을 맡을 만한 자격이 있는 사람은 본인이 원하든 원하지 않든 간에 그 관직을 반드시 맡아야 하기 때문이다.[71] 그러나 실상은 입법자가 명백히 정치체제의 나머지 부분에 관련해서 행하는 일을 여기서도 그와 똑같은 행태로 공공연하게 행하고 있다는 것이다. 즉 입법자는 시민들

68 직무 감사(euthuna)는 관직자의 민주적 통제를 보장하기 위해 고안된 장치였다(1274a15-21, 1281b32-34, 1282a25-32, 1322b6-12). 아테나이에서는 10명의 감사관(logistas)과 10명의 보조자(sunēgorous)로 구성된 위원회가 추첨으로 선출되었다. 관직자들은 임기 말에 뇌물을 받았는지, 공금을 횡령했는지, 실정을 저질렀는지 등의 여부를 확인하기 위해 조사를 받았다(『아테나이의 정치체제』 54장 2).

69 '우리'라는 말이 모호하긴 하지만, 아마도 법의 조문을 따르지 않고 그들 자신의 생각에 기초해서 사물을 판단하는 이미 강력한 감독관 위원회의 손에 직문심사를 맡기는 것이 아니라(1272a37-39), 아테나이에서와 같이 독립적으로 선출되고 법에 의해 관리되는 별도의 기구를 통해 심사하는 것을 말하는 것으로 보인다.

70 요즘 식으로 말하자면 개인적 유세(personal canvass)를 통해 유권자에게 표를 달라고 구걸하는 것을 의미할 수 있겠지만, 당시의 상황과는 정확히 조응하지는 않는다. 찬동하는 '환호' 소리의 비교를 통한 선출 과정의 유치함을 앞서 지적되었다(각주 57 참조). 제5권 제6장 1306a18-19, 플루타르코스, 「뤼쿠르고스」 26 참조.

71 플라톤의 민주정에서의 비판. "비록 능히 통치할 자격이 있다고 해도 반드시 통치해야 된다는 아무런 강제가 없고, 당신이 원하지 않으면 통치를 받아야 할 어떤 강제도 없다"(『국가』 557e1-3).

이 야망[72]을 갖게 만들어서, 원로들의 선출을 위해 그 사실[73]을 이용해 먹는 것이다. 야망이 강하지 않은 어떤 사람도 관직을 맡기를 요청하지 않을 테니까. 그럼에도 적어도 인간들 사이에서 일어나는 대부분의 자발적인 부정의한 행위들은 거의 다 명예에 대한 사랑(야망)과 돈에 대한 사랑[74]에서 말미암은 것이다.

다음으로 왕권에 대해 말하자면, 폴리스에 왕권을 유지하는 것이 나은 것인지 혹은 그렇지 않은지 하는 문제는 다른 기회에 논의하기로 하자.[75] 어쨌든 각각의 왕을 스파르타의 현행 방식으로 선택할 것이 아니라[76] 각자 본인의 삶[의 방식]에 좇아서[77] 선택하는 것이 확실히 더 나을 것이다. 스파르타의 입법자 자신조차도 현행 방식으로 뽑힌 왕들을 '훌륭하고 훌륭한'(아름답고 아름다운) 사람으로 만들 수 있다고 생각하지 않았던 것은 분명하다. 어쨌든 그는 왕들이 충분히 좋은 사람이 아니라는 이유로 그들을 신뢰하지 않는다. 그래서 스파르타인들은 왕을 대표

72 직역하면, '명예를 사랑하게'(phiotimos)이다.

73 즉 원로들을 뽑을 때 행하는 결정 방법이다. "자신이 몸소 간청하게 하는 것"(to auton aiteisthai, 주제밀과 힉스)으로 해석한다. 어떤 사람들은 toutō를 '야망을 갖게 함으로써'(tō philotimō)로 보기도 한다. 뉴먼은 원로가 되려는 사람이 '선출되도록 요청해야 한다는 규정'으로 해석한다. 역자는 뉴먼의 견해를 따른다.

74 원어로는 philotimia와 philochrēmatia이다.

75 제3권 제14~17장.

76 스파르타에는 별도로 세습되는 두 명의 공동 왕이 있었다. 두 왕가 중 한 명을 선택한다. 그들은 자동적으로 원로원의 구성원이 되었다. 그들은 평생 폴리스의 군사적, 정치적, 종교적 역할을 담당했다. 아리스토텔레스는 여기서 스파르타인처럼 혈연관계를 통한 세습에 의한 선택보다는 삶의 방식을 살펴 왕을 선택하는 것이 더 낫다고 제안한다.

77 즉 '사람의 됨됨이에 비추어서'. 이어지는 문장에서의 "훌륭하디 훌륭한"(kalous kagathous)이란 표현은 '품성이 뛰어나고 도덕적으로 완전한' 인간을 가리킨다.

사절로 파견할 때는 그들의 정적[78]들을 동행해서 보내곤 했으며, 또 왕들 간의 분쟁이 폴리스의 안녕으로 이어지는 것으로 생각했던 것이다.

또, 이른바 피디티아[79]라 불리는 공동 식사 제도[80]에 대해서도 처음 그것을 제도로 확립한 사람이 제대로 법제화했다고 말할 수는 없다. 크레타에서처럼 그 모임은 오히려 공공의 비용으로 충당되어야 하기 때문이다.[81] 그러나 라코니케 사람들에게는 설령 그들 중에 몇몇은 극도로 가난해서 그 비용을 댈 여유가 없다고 하더라도, 각자가 비용을 부담해야 하는 것이다. 그렇게 되면 입법자의 의도와는 정반대되는 일이 벌어진다. 즉 그는 법으로 확립된 공동 식사 제도가 민주정적인 것이 되기를 의도했지만, 그러한 방식으로 법제화되어 있지 않으므로 거의 민주정적인 것이 되지 못하고 있다. 하기야 지나치게 가난한 사람이 공동 식사에 참여하는 것은 쉽지 않으니까. 하지만 그렇게 하는 것, 즉 이 부과금을 낼 수 없는 사람을 정치체제(국가 통치)에 참여하지 못하게 하는 것이 그 정치체제를 한계 짓는 그들의 전통적인 기준이었다.[82]

또, 다른 어떤 사람들은 해군 사령관에 관한 법률에 대해서도 비판하였다. 이 비판은 올바른 것이다. 그 법이 내란의 원인이 되었기 때문이

78 에포로스를 말한다. 두 명의 에포로스가 늘 출전(出戰)에 동행해서 왕들을 감독했다고 한다.

79 정확한 어원은 분명하지 않으나, phiditia는 친구(philos)란 말의 방언으로 추정된다.

80 원어로는 sussitia(아티카 식의 용어)이다.

81 크레타의 공동 식사 제도에 대해서는 1272a12-27 참조.

82 스파르타에서 공동 식사 비용을 낼 수 없는 사람들은 정치적 권리가 제한되었다. 이들이 크세노폰이 말하는 '열등한 자들'(hupomeiones)의 부류이었던 것 같다(『헬레니카』 3.3.6). 이 제도가 잠재적으로 저항감을 가진 이들이 폴리스에 반란을 꾀하는 자들에게 이용당하기 일쑤였을 것이다. 이 비용을 부담할 수 없는 자들이 폴리스의 통치에 맞서서는 안 된다는 그런 기준을 언급하는 것으로 보인다.

다.[83] 해군 사령관은 영원한 장군인 왕들에 맞서는, 사실상 또 다른 왕으로서 세워진 것이나 다름없으니 말이다.

또한 누군가는 입법자가 내세우는 기본적 원리(가정)[84]를 비판할 수
1271b 도 있을 것이다. 그것은 플라톤이 그의 『법률』에서[85] 비판했던 바로 그 점이다. 즉 그들 법의 전체 체계가 덕(德)의 한 부분에 불과한 군사적 덕을 목표로 하고 있다는 것이다. 이 덕은 정복을 위해서 유용한 것이니까. 따라서 분명히 그들이 전쟁하는 동안에는 안전을 유지했다. 그러나 일단 승리해 패권을 잡게 되자 그들은 몰락해 가기 시작했다. 왜냐하면 그들은 어떻게 여가를 누려야 할지를 알지 못했고, 또 전쟁을 위한 훈련보다 더 상위에 있는 다른 종류의 훈련을 결코 해 본 적이 없었기 때문이다.[86] 이것에 못지않은 더 큰 잘못이 있다. 그들은 사람들이 [인생을 통해] 쟁취하고 싶은 좋은 것들[87]을 악덕보다는 덕을 통해서 획득할 수 있다고 올바르게 생각하고 있으면서도, 또한 이러한 좋음들을 덕 자체보다 더 우월한 것으로 받아들이고 있다는 점에서는 옳지 않다.[88]

또, 스파르타인들이 가지고 있는 공공 재정 기금에 관련한 규정도 적절한 것이 못 된다. 실제로 그들은 대규모의 전쟁을 수행하도록 강요받

83 1301b18-21, 1306b31-33 참조

84 1269b32 아래 참조.

85 플라톤, 『법률』 625c-638b. 특히 630e. 이 밖에도 666e, 688a, 705d 참조.

86 일, 평화, 여가에 대해서는 제7권 제15장 참조.

87 tagatha ta perimachēta은 '인생에서 분투, 노력해서 얻고자 하는 혹은 쟁취하고 싶은 외적으로 좋은 목적물'이 되는 것을 가리킨다. 명예나 부, 육체적인 즐거움과 같은 다중(多衆)들이 좋아하는 것들이다(『니코마코스 윤리학』 1169a21 및 1168b15-19 참조). 즉 외적인 좋음(ektos agathos)을 말한다. 플라톤, 『법률』 661d-662a 참조.

88 다른 시각에서 스파르타와 과두정에 대한 비판에 대해서는 1324b5-11, 14 1333b5-11, 1334a2-b5 참조.

고 있음에도 불구하고, 폴리스의 공공 기금은 비어 있으며, 또 그들은 부과된 세금을 낼 형편도 못 된다.[89] 왜냐하면 영토의 대부분은 스파르타인들 각자에게 귀속하고 있음으로 해서,[90] 그들은 [토지에 부과되는] 조세액을 서로서로에 세세하게 조사하는 일이 없었기 때문이다. 이렇게 되어 입법자에게 생겨난 결과는 유익한 것과는 정반대였던 것이다. 그것은 한편으로 폴리스의 자금을 고갈시키고, 다른 한편으로 시민 개인들을 돈을 탐내는 사람으로 만들었기 때문이다.

이 정도로 라케다이모니아인들의 정치체제에 대해서는 충분히 말한 것으로 해 두자. 왜냐하면 앞서 언급한 것들이 특히 강하게 비판받을 수 있는 대상이 될 수 있는 점들이기 때문이다.

89 전쟁을 수행하기 위한 특별 세금도 좀처럼 내지 않는다는 의미다.

90 땅의 작은 부분만이 perioikoi('도리아인 이전의 선주민의 후손으로 중심에서 밀려나 스파르타 주변에 사는 사람들')에 속했다고 한다(주제밀). 이와 반대로 플루타르코스의 「뤼쿠르고스」(제8장)에는 페리오이코이가 스파르타인에 비해 훨씬 더 많은 땅을 가지고 있었다고 한다.

제10장

크레타의 정치체제와 사회체제에 대한 비판

크레타의 정치체제[1]는 앞서 언급한 스파르타의 정치체제와 거의 비슷하다. 전자가 몇몇 세세한 점에서는 후자에 비해 더 뒤떨어지지 않지만, 다른 것들의 대부분에서는 덜 완성되어 있다.[2] 실제로 라코니케인들의 정치체제는 대부분의 측면에서 크레타인의 정치체제를 모방한 것처럼 보이고, 또 실제로 그렇다고 알려져 있지만,[3] 일반적으로 대부분의 오래된 정치 체제들이 더 최근의 것들보다 덜 정교하게 다듬어져 있기 때문이다. 뤼쿠르고스가 카릴로스[4] 왕의 후견인 자리를 내려놓은 후에 해외로 떠나, [두 나라가 사이에] 왕권의 결연 관계[5]가 있었기 때문에 대부분의 시간을 크레타에서 지냈다고 말해지고 있다. 왜냐하면 뤼크토스인들

1 크레타섬에는 정치적으로 독립된 여러 폴리스가 있었다. 여기서는 여러 크레타섬의 여러 폴리스에 공통되는 정치체제를 말하는 것으로 보인다.

2 유사한 측면은 에포로스 제도와 같고(폴뤼비오스) 더 나은 것은 공동 식사 제도다.

3 헤로도토스, 『역사』 제1권 65; 플라톤, 『미노스』 318c-d, 320a-b. 헤로도토스에 따르면 뤼쿠르고스가 자신의 법을 크레타로부터 가져왔다고 한다(플라톤, 『법률』 624a-b)

4 뤼쿠르고스의 형인 폴뤼데크테스의 유복자다. 뤼쿠르고스는 카릴로스(혹은 카릴라오스)가 태어나기 전까지 왕 노릇을 했다고 한다(기원전 780~750년). 그는 어떤 이유로 스파르타를 떠나 크레타로 갔으며, 카릴로스가 정권을 떠맡고 있을 때까지 돌아오지 않았다고 한다. 아리스토텔레스는 카릴로스를 참주로 언급하고 있다(1316a34). 제5권 제10장 1310b18-20, 1313a1-3 참조, 헤로도토스, 『역사』 제8권 131 참조. 플루타르코스, 「뤼쿠르고스」 제2-5장 참조.

5 즉 모(母)도시인 스파르타와 식민 도시와의 관계.

은[6] 라코니케로부터 온 정착민[7]들이었기 때문이다. 또 뤼크토스 식민지로 떠났던 사람들은 그 당시의 정착민 사이에서 이미 존재하던 법 체제를 받아들였다. 그러므로 오늘날조차도 그 땅의 페리오이코스들은 미노스[8]가 맨 처음에 이 법률 체제를 확립했다는 믿음에서 동일한 방식으로 여전히 그 법률들을 사용하고 있는 것이다.

크레타섬은 또한 헬라스 세계를 지배하기에 자연적으로 적합하고 또 좋은 위치를 차지하고 있는 것처럼 보인다. 그 섬은 바다 전체를 가로질러 뻗어 있으며,[9] 헬라스인들 모두가 이 바다의 연안에 거주하고 있으니 말이다. 왜냐하면 크레타섬의 한 방향은 펠로폰네소스반도로부터 멀리 떨어져 있지 않으며, 다른 쪽의 방향은 아시아의 트리오피온 곶(岬) 주변과 로도스섬에서 멀리 떨어져 있지 않기 때문이다. 이런 까닭에 또한 미노스가 해상의 지배권을 획득할 수 있었던 것이다. 그는 주위의 섬들 중 일부를 정복하고, 일부의 다른 섬들에는 정착민을 보내 식민 도시를 구축했다. 마침내 그는 시켈리아섬을 공격하다가 그곳의 카미코스[10] 근

6 뤼크토스는 크레타 동쪽 내륙의 도시로 크노소스 궁전으로부터 멀지 않은 곳에 있다. 뤼토스(Luttos)라고 부르기도 한다.

7 헬라스의 식민지는 근대적 의미에서의 종속적 위치에 있는 영토를 말하는 것이 아니다. 자신의 모국(母市)을 떠난 시민들이 새롭게 개척한 도시를 말한다. 물론 모국이 자연스럽게 새로운 도시에 일정한 영향력을 미치고 어느 정도 지배권을 가지고 있었다.

8 미노스(Minos)는 크레타의 전설적인 통치자로, 제우스와 에우로페의 아들이다. 죽은 후에 지하세계의 재판관이 되었다. 또 그는 황소의 머리를 가진 미노타우로스의 어머니인 파시파에(Pasipaē)의 남편이다. 파시파에는 태양의 신 헬리오스의 딸이다.

9 원어 epikeitai를 '바다 전체를 호령하다'로 해석하기도 한다(Congreve). 다시 말해 이 말은 '호령하고 지배한다'는 의미를 내포하고 있는 것처럼 보인다. 즉 크레타는 에게해 전체를 지배하기에 적절한 위치에 있다는 것을 말한다.

10 아크라가스 지역 근처의 요새.

처에서 생을 마감했다.[11]

크레타 제도는 라코니케 제도와 비슷하다. 라코니케에서는 헤일로테스들이 농업에 종사하고, 크레타에서는 페리오이코스('주변에 거주하는
1272a 사람')들이 농업에 종사한다. 둘 다에 '공동 식사 제도'(sussitia)가 있다(라코니케인들은 그것을 크레타인들과 마찬가지로 '피디티아'가 아니라 '안드레이아'[12]라고 불렀다. 이것은 그것이 거기에서[13] 전해진 것임을 명백히 보여 주는 것이다). 게다가 정치체제 구조 또한 비슷하다.

[스파르타의] 에포로스(감독관)들은 크레타에서 코스모이[14]라 불리는 자들과 동일한 권력을 가지고 있는데, 단, 에포로스들의 수가 다섯 명이고 코스모이는 열 명이라는 점을 제외하면 말이다. [스파르타의] 원로들은 크레타인들이 심의의원이라고 부르는 원로들에 상응한다.[15] 한때는 크레타에도 왕권이 있었으나, 이후에 크레타인들을 왕권을 폐지했으며, 지금은 코스모이들이 전시(戰時)에 군권을 행사한다.[16] 모든 크레타인들이 민회에 참여하지만 민회는 원로들과 코스모이들의 결정에 대해

11 본문의 주된 논증의 흐름에서 어긋나고 있는 이 대목은 삽입으로 보이지만, 아리스토텔레스가 역사가인 에포로스(Ephoros)에게서 빌려 온 것으로 보인다. 이런 얘기를 전하고 있는 목적은 라케다이모니아의 법이 크레타에 빚지고 있음을 보여 주기 위한 것 같다. 실제로 도리아인들의 침입 이후 크레타는 함대와 해상 지배권을 상실했다고 한다(에포로스, 「단편」 64, 67). 투퀴디데스, 『펠로폰네소스전쟁』 제1권 4, 8, 15 참조.

12 andreia(남성들의 공동 회식). '함께 회식하는 남자들의 집단'을 가리키는 말이다.

13 크레타에서.

14 Kosmoi는 문자 그대로의 의미는 '질서(규율)를 지키는 자들'이다.

15 '상응한다'(isoi)라는 말은 앞서 '비슷하다'(analogon; 1271b40)라는 말과 동일하게 사용되었다.

16 앞서 아리스토텔레스는 스파르타의 에포로스와 코스모이가 동일한 권한을 행사한다고 말했다(5행). 그러나 에포로스들은 전시에 군권을 행사하는 역할을 맡지 않는다. 아리스토텔레스 자신이 스스로 모순을 범하고 있는 셈이다.

함께 투표하는 것[17]을 제외하고는 아무런 최종적인 권한을 갖고 있지 못하다.

그렇지만[18] 크레타인들의 공동 식사 제도가 라코니케인들보다 더 낫다. 왜냐하면 라케다이모니아에서는 각 시민이 머릿수로 나눈 일정액을 지불하게 되어 있는데, 만일 지불할 수 없다면 앞에서 말한 것처럼,[19] 법률은 그 부담금을 내지 못한 사람이 정치체제에 참여하는 것을 금하고 있기 때문이다. 이에 비해 크레타에서는 그 공동 식사 제도가 더 공공적인 성격을 띠고 있다. 다시 말해 공적인 토지에서 생산된 모든 농축산물과 페리오이코스들(농노)이 바친 공물 중에서 일부는 신들과 공동의 공적인 사업[20]을 위해 할당되고, 또 다른 부분은 공동 식사를 위해 할당되기에 여자들, 아이들, 남자들을 포함한 모든 사람을 공공 비용으로 부양하기 때문이다.[21]

또, 크레타의 입법자는 검소한 식사를 유익한 것으로 생각해서, 이를 위해 다양한 궁리를 짜냈으며, 또 여자들이 너무 많은 아이를 갖지 않도록 여자들을 남자로부터 떼어 놓기 위해서 남성끼리의 동성애[22]를 제도

17 '찬성하는 투표'를 말하는 것으로, 투표에 의해 결정된 사항을 비준해 준다는 의미다.

18 '그렇지만'(men oun). 이제부터는 단순한 정치체제에 대한 서술로부터 그 비판으로 돌아서고 있다. 그러나 men에 대응하는 de는 28행에서부터 본격적 비판이 이루어진다.

19 1271a26-37.

20 문자 그대로는 leitourgia는 '공적인 행사'를 의미한다. 이는 축제와 같은 공공 행사를 위해 비용을 지불하는 것을 말한다. 아테나이에서는 공공 행사 비용을 부자들이 지불했지만 크레타는 정부 자체가 지불하였다는 것이다.

21 실제로는 여자들과 아이들은 공동 식사에 참여하지 못했다. 하지만 가정에서 공공의 비용으로 부양되었을 것이다. 아리스토텔레스가 언급하는 바와 같이(1274b9-11), 여자들의 공동 식사는 플라톤, 『법률』(780e-781a)의 정치체제에서 독특한 것이다.

22 원어로는 homilia이다. 소년애(paiderasteia)는 나이 든 남자(erastēs)와 사춘기 소년

화 했던 것이다. 이에 관련해서 이것이 나쁜지, 나쁘지 않은지에 대해서는 다른 적절한 기회에 고찰하게 될 것이다.[23] 따라서[24] 그것이 어쨌든, 공동 식사 제도에 관련해서는 라코니케의 것보다 크레타에서 시행된 것이 더 낫다는 것은 명백하다.

그러나[25] 크레타의 코스모이에 관련된 조정은 에포로스에 관련된 것들보다 훨씬 못한 제도다. 왜냐하면 임의의 사람들에게서 선출돼 누구나 그 자리에 오를 수 있다는 감독관이 가지는 단점이 코스모이 위원회의 경우에도 그대로 해당되지만, 감독관은 그 정치체제에 대해 유익한 점이 있는 반면 코스모이는[26] 그렇지 않기 때문이다.

거기에서 에포로스의 선출이 모든 사람들 중에서 뽑히므로,[27] 인민이 최고의 관직에 참여할 수 있고, 그래서 그들은 그 정치체제가 존속되기를 원한다. 이에 반해 여기에서는 코스모이는 모든 사람들 중에서 선출

(erōmenos) 사이의 동성애로 고전기 헬라스에 사회에서 자연스럽게 받아들여진 관습이었다. 그러한 관계에서 섹스는 일반적이었고 소년은 수동적인 역할을 수행했다. 소년이 성인이 되어 젊음의 꽃이 시든 후에는 그 역할이 바뀌었다. 결혼하고 아이를 낳고 차례로 나이가 들면 에라스테스가 된다. 본질적으로 에로틱한 관계지만 주로 교육적인 것으로 생각되었다. 소년은 이미 남자였던 성인과 교제함으로써 덕이나 탁월함, 남자가 되는 법을 배웠다. 헬라스의 파이데라스테이아는 과거의 전사(戰士) 사회에 그 뿌리를 두고 있을 것으로 추정된다.

23 『정치학』에서 이 주제를 본격적으로 논의하는 대목은 없다. 1262a32-40, 1269b23-31, 1335b38-1336a2 등 참조. 다만 아리스토텔레스가 생각하는 '이상 국가'에서는 시민의 수가 한결같이 유지되는 것이 중요하다.

24 주제밀과 디오니시우스 람비누스(Dionysius Lambinus)에 따라 de가 아니라 귀결을 의미하는 dē로 읽는다.

25 여기서 de는 12행의 men oun에 답하는 '이와 반대로'의 의미다.

26 크레타.

27 1270b17-28.

되는 것이 아니라 어떤 특정한 가문 가운데서 선출되고, 또 원로들은 코스모이를 지냈던 사람들 중에서 선출된다. 그 원로들에 대해서는, 라케다이모니아의 원로가 대해 말할 수 있는 것과 같은 동일한 언급을 사람들은 말할 수도 있을 것이다.[28] 즉 그들에게 직무 감사의 면제[29]와 종신제는 그들이 받을 만한 가치(공적)보다 더 큰 지나친 특권이며, 그들이 성문(成文)의 법령에 따라 지배하지 않고, 그들 자신의 견해에 따라 지배하게 하는 것은 위험한 일이다. 크레타의 인민들이 [코스모이라는] 최고 관직에 참여하지 못함에도 불구하고 소동을 일으키지 않는다는 사실이 그 제도가 잘 조정되어 있다는 어떤 증거도 되지 않는다. 하지만 에포로스와 달리 코스모이에게는 달리 어떠한 이득[30]도 없는데, 이는 적어도 코스모이들이 뇌물을 주려는 사람들부터 멀리 떨어져 섬에 살기 때문에 1272b
그런 것이다.[31]

이러한 결함들[32]에 대해 크레타인들이 강구했던 교정책은 이치에서 벗어난 것으로, [법에 의해 통치되는] 정치체제의 성격이 아니라 권력독재의 집단적인 성격[33]을 띠고 있다. 왜냐하면 종종 몇몇의 그들 동료

28 라케다이모니아의 에포로스에 대한 아리스토텔레스의 비판적 관점을 말하는 것으로 이해된다(제2권 제9장, 특히 1270b28 아래 참조).

29 anupeuthunon은 정치가나 행정가가 자신의 직무로 행하는 일에 대해 '정밀한 설명을 혹은 감사를 요구받지 않고 면제 받는 것(mē aneuthunous)'을 가리킨다(1271a5 참조).

30 즉 뇌물을 받는다든가, 매수를 당해서 얻게 되는 사익을 말한다.

31 대부분의 섬에 사는 도시들은 가난했다고 한다(헤로도토스, 『역사』 제5권 51).

32 정치적 권력이 엄청남에도 불구하고, 코스모이와 원로들의 관직을 특정 가문에 한정하는 결함을 말한다.

33 dunasteia는 소수의 권력자들(dunatoi)이 마음대로 권력을 행사하는 과두정의 가장 극단적인 정치 형태다. 정치체제 중에서 최악인 참주정에 가장 가깝다. 다시 말해 그들이 그 결함을 해소하기 위해 사용하는 방책이 '법에 의해' 통치되는 정치체제(입헌 정치체

관직자들이 혹은 몇몇의 사적인 개인들이 작당해서 공모함으로써 코스모이들을 내몰았는데, 코스모이들이 그들의 임기 도중에 관직을 사임하는 것이 허용되기 때문이다. 그러므로 이 모든 일들은 인간의 의지에 따라서가 아니라, 법률에 의해서 행해지는 것이 더 나은 것이다. 인간의 의지는 안전한 기준이 될 수 없으니까.

하지만 모든 것 중에 최악인 대책은 유력자들[34]이 법의 처벌을 회피하고자 할 때 종종 일으키는 방식으로 유력자들에 의한 코스모이의 직무 정지[35]이다. 이러한 점에서 사실상 크레타의 조직은 [법에 의해 통치되는] 어떤 방식의 정치체제적인 요소를 가지고 있긴 하지만, [법에 의해 통치되는] 정치체제가 아니라 오히려 '소수 권력 독재의 집단 체제'라는 것은 분명하다. 크레타의 유력자들은 습관적으로 인민들과 그들의 친구들을 파벌로 나눠 무정부 상태[36]로 만들고, 파당을 짓게 해서 서로 싸우게 하곤 한다.[37] 그렇다면 이러한 상태[38]가 일시적으로 폴리스를 더 이상 폴리스로 존재하지 못하게 하는 것이지만, 폴리스를 형성하는 공동체를

제)가 아니라, 강력한 권력을 가진 자들의 임의적인 방편에 의한 통치체제에 더 가깝다는 것이다. 페르시아전쟁 기간에 테바이가 그러한 정치체제였다고 한다(투퀴디데스, 『펠로폰네소스전쟁』 제3권 62-63).

34 '유력한 가문의 권력자들'을 말한다.

35 akosmia는 문자 그대로는 '무질서'를 의미한다. 이것은 진행 중인 재판에 대해 법적 심판을 원하지 않는 귀족 가문 출신의 '유력자들이 코스모이의 직무의 중지를 선언하는 것'을 말한다. 이로 인해 '무질서'를 초래할 수 있다.

36 anarchia를 사본에 따라(Bernays, 뉴먼), monarchia(1인 독재체제)로도 읽는다. 뉴먼은 유력자들이 인민과 그들의 친구인 추종자들을 분열시켜 파당을 형성시켜서 1인 독재정을 만든다고 해석한다. 왜냐하면 앞서 아리스토텔레스는 dunasteia가 '1인 독재정에 가까운'(1272b2-3) 것으로 간주했기 때문이다.

37 유럽 중세의 봉건 제도 시대와 유사한 특징을 말하는 것 같다.

38 즉 '방금 언급한 사태'(to toiouton)를 말한다.

해체하는 것과 어떤 차이가 있다는 말인가?

이러한 상태에 처한 폴리스는 위태롭다. 폴리스를 공격하기 원하는 자들이 또한 [그렇게 할 수 있는] 힘을 가지고 있으니까. 하지만 무엇보다 앞에서 말한 바와 같이, 크레타는 그 위치 덕분에 안정을 유지했던 것이다. [외국으로부터] 외따로 떨어져 있는 것이 외국인을 축출하는 효과를 낳고 있기[39] 때문이다. 이런 까닭에 또한 크레타인들에게는 페리오이코이(주변에 거주하는 사람들, 즉 농노) 제도가 안정되어 있는 데 반해,[40] 스파르타의 헤일로테스들은 종종 반란을 일으켰다.[41] 왜냐하면 크레타인들은 외국 영토에 대한 지배에 참여하지 않았고,[42] 외국과의 전쟁[43]이

39 문자 그대로 옮기자면, '그 거리가 xenēlasias를 만들어 냈다'다. 즉 '그 거리가 외국인을 추방하는 법의 효과를 만들어 냈다'는 것이다. xenēlasia는 외국인을 추방하는 스파르타의 악명 높은 관행을 말한다. 스파르타에 외국인(metoikos)으로 거주하려면 특별한 허가를 받아야 했다. 에포로스들은 바람직하지 않은 행위를 한 자들을 추방할 수 있는 권한을 가지고 있었다. 플라톤, 『법률』 848a 참조. 크세노폰, 『라케다이모니아의 정치체제』 14.4 참조.

40 다른 지역으로부터 멀리 떨어져 있는 크레타의 지정학적인 조건이 페리오이코이들의 반란까지도 잠재울 수 있었다는 것이다. 또 설령 크레타에서 폴리스들 간에 서로 전쟁 중이었다고 할지라도 반란을 일으킨 페리오이코이에 맞서 서로 원조했다고 한다.

41 플라톤, 『법률』 777b.

42 이 대목이 왜 페리오이코이들이 스파르타의 헤일로테스들처럼 반란을 일으키지 않았는지를 설명하는 것이라면, 아리스토텔레스는 어떻게 외국 영토의 지배가 페리오이코이들의 반란을 이끌었는지를 제대로 설명하고 있지 못하다. 앞서(1269a40 아래), "그 이유는 아마도 크레타의 이웃하는 폴리스들이 서로 간에 전쟁을 벌이기는 하지만, 그들 중의 어느 한 폴리스도 반란을 일으킨 자들과는 결코 손을 잡지 않았기 때문일 것"이라고 말하면서, 계속해서 몇몇 폴리스의 경우를 들어서 외국과의 전쟁이 반란을 일으키는 하나의 계기가 되었음을 지적하고 있다. "텟살리아인들의 경우도 또한 마찬가지인데, 그들이 처음으로 반란을 겪은 것은 그들이 여전히 이웃들인 아카이아인, 페르라이비아인, 마그네시아인과의 전쟁 중이었기 때문이다."

43 명확하지는 않지만, 페니키아인인 팔라이코스(Phalaikos)가 크레타에서 펼친 군사작전(기원전 345~343년)을 말하거나 기원전 333년에 스파르타의 왕 아기스의 동생인 아게

최근에야 비로소 크레타섬에까지 밀어닥치게 되었는데, 이것이 거기에서 법 체계의 약점을 명백하게 밝혔기 때문이다.[44]

크레타의 정치체제에 대한 언급은 이 정도로 해 두기로 하자.

실라오스의 크레타의 정복을 말하는 것 같다.

44 아리스토텔레스의 생각에 따르자면, 크레타가 독립을 유지할 수 있었던 이유는 (1) 외국의 영토를 지배(exōterikēs archēs)할 만큼 강력하지 못했고, (2) 지정학적으로 크레타가 고립되어 있었기 때문이라는 것이다. 그들의 내적인 결함이 이로써 명백해졌다는 것이다.

제11장

카르타고의 정치체제와 사회체제에 대한 비판

카르타고인[1]들도 그들의 폴리스를 잘 다스리고 있으며, 다른 폴리스와 비교했을 때 많은 점에서 주목할 만하다고 생각된다.[2] 더구나 그 정치체제는 몇 가지 점에서 특히 라코니케인들의 정치체제를 닮았다. 왜냐하면 이 세 가지 정치체제들, 즉 크레타인과 스파르타인의 정치체제, 그리고 이것들 중에 세 번째인 카르타고의 정치체제는 어떤 면에서는 서로 닮았으며, 다른 정치체제와는 너무도 다르기 때문이다. 카르타고인들이 조직화한 많은 제도들은 잘 작동되고 있는데, 그 안에 인민 계급을 포함하고 있으면서도 인민들이 카르타고의 정치체제의 구조 속에 자발적으로[3] 머물러 있으며, 또 심지어 뭔가 언급할 만한 내란[4]조차 카르타고에서 일어나지 않았고, 어떤 참주도 대두된 적 없었다.[5] 이는 그 정치체제

1 헬라스어로는 카르케돈(Karchēdōn)이다. 익숙한 관용(慣用)에 따라 카르타고로 표기하겠다. 오늘날의 튀니지의 카르타고 주민을 말한다.

2 여기서 아리스토텔레스가 보고하는 것 이외에 카르타고의 초기 정치체제에 대해서 달리 알려진 바가 없다.

3 hekousion 대신에 echousan으로 읽기도 한다. 그러면 "충실하게 지속적으로 머물러 있는 것으로 족하다면" 정도로 옮겨진다.

4 기원전 344년에 카르타고의 안논(Annōn)이 참주가 되려는 구상을 했었다고 한다(1307a5).

5 그러나 카르타고에서는 참주정이 귀족정(aristokratia)으로 바뀌었다고 말하는 대목도 있다(1316a34). 그렇다면 여기서의 아리스토텔레스의 언급은 귀족정의 시기로만 한정하는 것이 된다.

가 잘 조직되어 있다는 증거다.

카르타고의 정치체제가 라코니케의 정치체제와 닮은 점은 다음과 같다. 정치 클럽[6]의 공동 식사가 피디티아와 비슷하고, 다음으로 104인의 관직은 에포로스와 닮았지만(단, 이것은 카르타고의 그것만큼 나쁘지 않다는 것이다. 왜냐하면[7] 에포로스는 누구나[8] 뽑힐 수 있는 반면, 카르타고의 이 관직은 공적에 따라서 선출되기 때문이다). 또 그들의 왕들과 원로회는 스파르타의 왕들과 원로회에 해당한다. 그러나 이곳의 왕은 동일한 혈통의 가문에서[9] 뽑히는 것이 아니고, 평범한 가문에서 뽑히는 것도 아니다. […][10] 만일 어떤 가문이 두드러지게 특출하면, 나이가 들었다고 해서 선출되는 것이 아니라 그 가문의 구성원으로부터 선거에 의해 뽑힌다. 이 점에서 카르타고의 제도가 뛰어나다. 왜냐하면 왕들은 중요한 일들을 관장하는 최고의 권한을 행사하는 위치에 있으므로, 그들이 보
1273a 잘것없는 인물이라면 폴리스에 커다란 손실을 끼칠 수 있으며, 사실상 라케다이모니아 왕은 이미 폴리스에 손실을 끼치고 있었기 때문이다.

그런데 카르타고의 정치체제는 [최선의 정치체제로부터] 벗어나고 있다는 이유로 비판받을 수 있지만, 그 비판(결점)의 대부분[11]은 사실

6 이 말(hetaireia)은 흔히 '정치적 클럽이나 연합체'(1305b32 아래), '친밀한 동료'를 의미하는데(Liddle & Scott), 여기서는 그 의미를 정확히 한정하기가 어렵다. 뉴먼은 느슨하게 'the common meals of the messes'(동료들과의 회식에서의 공동 식사)로 옮길 것을 제안한다. 투퀴디데스, 『펠로폰네소스전쟁』 제8권 65.2 참조.

7 hoi men gar… 로 읽는다.

8 1270b26 참조. 즉 ex hapantōn(아무나에게서).

9 kata to auto einai genos가 아니라, kath' hauto einai genos로 읽기도 한다(주제밀). 그렇게 읽으면 '동일한 가문'에서가 아니라 '별도의 독립된 단일 가문에서'로 옮겨진다.

10 원문 텍스트가 탈문된 것으로 보는 학자도 있다.

11 여기서 아리스토텔레스는 계속해서 카르타고의 정치체제에 대한 언급을 하고 있다.

상 지금까지 언급한 모든 정치체제에 공통적으로 적용될 수 있다. 그러나 이러한 벗어남 중에서 귀족정[12]이나 '혼합정'[13]의 기본 원리[14]에 관련해서 볼 때,[15] [카르타고의 정치체제에서 생겨날 수 있는] 비판들 중에서 [16] 어떤 것은 민주정[17]으로 기울고, 다른 어떤 것은 과두정으로 더 기운다는 점이다.[18] 왜냐하면 카르타고의 왕과 원로들은 의견이 모두 일치하

따라서 이어지는 문장이 끊어지는 곳이나 다른 적절한 위치(5행이나 6행)에 카르타고의 정치체제에서(tois Karchēdoniois)란 말을 덧붙일 필요가 없는 것처럼 보인다(W. Newman, vol. 3, p. 364).

12 귀족정(aristokratia)에 대한 골격은 1297a7 아래에서 언급되고 있다. 귀족정은 부자에게 지나친 권력을 주는 경우가 있다. 귀족정은 '최선의 정치체제'를 의미할 수 있다(1293b1). 여기서는 1294b10-11처럼, 귀족정과 혼합정(1265b28)은 동일한 의미로 사용되고 있다.

13 아리스토텔레스가 염두에 두고 있는 이상적인 정치 형태인 '혼합정'(Politeia)은 귀족정의 변형이라 할 수 있다. 아리스토텔레스는 '귀족정'을 과두정과 민주정의 중간 형태인 혼합 정치 체제(1265b26-28)의 한 구성 요소로서 언급하기도 한다. 그러나 여기서는 '귀족정'을 1294b10-11에서처럼 '혼합정'과 같은 것으로 놓고 있다.

14 혹은 '근본 정치 원리'(hupothsis)를 말하는 것으로, 귀족정이나 혼합정의 정치적 목적을 말하는 것이다. 1269a32 참조.

15 이 대목은 제9장 1269a29-34에서 언급한 방향에서 이해될 수 있다. 거기서 아리스토텔레스는 "하나는 최선의 정치 제도와 비교해 판단해 볼 때, 규정된 법규 안에 어떤 좋은 것과 나쁜 것이 있는가 하는 것이고, 다른 하나는 규정된 법규 안에 내세워진 그 정치체제의 근본적 가정과 성격(hupothesis kai tropos)에 반대되는 어떤 것이 있는가 하는 것이다"라고 말했다.

16 바로 앞서 언급된 결함들(tōn epitimēthentōn)을 가리킨다.

17 원문은 dēmon이지만 이는 demokratian(민주정)과 동일한 의미로 쓰인다(1290a16).

18 귀족정(aristokratia)은 '덕(탁월함), 공적(axia), 능력'이라는 근본적 가정과 원리에 따라 작동하는 정치체제다. 이 기준을 양보하게 되면, '부'의 원리에 따르는 과두정적 특징을 가지게 되고, 덕과 공적을 희생하게 되면 '다수'의 원리에 따르는 민주정적인 특징으로 기울게 된다. 그렇게 되면 귀족정은 그 자체의 원리로부터 더 멀어지게 되는 것이다. 한편 혼합정은 과두정과 민주정의 혼합 형태다. 과두정적인 원리는 민주적 원리를 희생하게 하고, 민주정적인 원리는 과두정적인 원리를 희생하게 만든다. 그렇게 되면 혼합

는 경우라면 그들이 특정 사안을 인민에게[19] 가져가거나 혹은 가져가지 않을 최고의 권위를 가지나, 만일 의견이 일치하지 않는다면 인민은 [그들이 동의해서 보내온 사안들뿐만 아니라] 동의하지 않은 이러한 사안들에 대해서도 최고의 권위를 가지기 때문이다. 게다가 그들이 어떤 사안을 제안했을 경우에도 그들은 인민에게 관직자의 결정들에 대해 듣는 것을 허용할 뿐만 아니라 인민은 그것들에 대해 최종적인 결정을 내릴 수 있는 최고의 권위를 가진다.[20] 그리고 원하는 사람은 누구든지 제안된 사안에 대하여 이의를 주장하는 것이 허용된다. 바로 이 관행이 다른 두 정치체제[21]에서는 존재하지 않는 것이다.

한편, 중요한 많은 사안에 대해 최고의 권위를 갖는 5인 위원회가 (1) 그들 자신의 구성원을 선출하고,[22] (2) 최고의 지위인 100명[23]의 관직도 그들에 의해 선출된다는 점, 더군다나 (3) 그들의 임기가 다른 관직자들보다 더 길다는 점(그들은 그 관직을 맡기 전에도 권력을 행사하고, 떠난 뒤에도 권력을 행사하니까[24]), 이 모든 것은 과두정적 특징이다. 그러나

정은 이쪽 방향이든 저쪽 방향이든 그 자체의 원리로부터 벗어나게 된다.

19 즉 인민으로 구성되는 '민회'를 말한다.

20 이는 호메로스의 경우와 대조된다. "이것은 또한 호메로스가 묘사했던 고대의 정치체제에서도 분명하다. 왜냐하면 왕들은 자신들이 합리적으로 선택했던 것을 백성들에게 선포했기 때문이다"(『니코마코스 윤리학』1113a7-10).

21 라케다이모니아와 크레타.

22 5인 위원회의 성격은 분명치 않다. '스스로 선출한다는 것'은 과두정적인 특징이다(1292b1 아래).

23 1272b34-35에서는 104명으로 언급되고 있다.

24 임기가 끝난 후에 관직자에 대해 감사하고, 재판에 관여하는 것은 민주정의 특징이기도 하다(1317b24).

우리는 (4) 그 관직이 보수를 받지 않으며,[25] (5) 추첨을 통해서 선출되는 것이 아니라는 점과 이런 종류의 다른 어떤 것을 귀족정적이라고 간주해야 한다. 또한 (6) 모든 소송(訴訟)이 5인 위원회의 위원들에 의해 판결 내려지고, 또한 라케다이모니아의 제도와 같이 소송의 종류에 따라 재판하는 사람이 다른 것이 아니라, 모든 소송이 5인 위원회의 위원들에 의해 재판이 이루어지는 것[26]도 귀족정적인 특징으로 봐야 한다.

그러나 카르타고인들의 조직화된 제도는 무엇보다도 다중(多衆)에게 공유되는 어떤 특정한 생각에 따르면, 귀족정에서 과두정으로 크게 벗어나고 있다. 즉 그들은 가치(우수함)[27]뿐만 아니라 부(富)에 근거해서 관직자들을 선택해야 한다고 생각하는데, 그들의 생각에 따르면 돈이 없는 사람은 좋은 지배자가 될 수 없다. 즉 여가를 갖는 것이 불가능하기 때문이라는 것이다. 그래서 만일 부(富)에 따른 선출이 과두정의 특징이고, 덕에 근거한 선출은 귀족정의 특징이라면, 카르타고인의 정치체제에서 볼 수 이러한 조직을 확립하는 것은 바로 이러한 제3의 조직 체제가 될 것이다. 왜냐하면 그들은 관직자를 선출하는 경우 이 두 가지 점[28]

25 관직자에게 보수를 지급하는 것은 민주정의 특징이다(1317b35-38). 관직자에게 보수를 지급하지 않는 것은 귀족정과 과두정과 양립할 수 있다.

26 스파르타에서와 같이 어떤 사안은 어떤 사람에 의해 다른 어떤 사안은 다른 사람에 의해 재판이 이루어지지 않는다는 것이다. 사실상 추천에 의해 선출되지 않고, 행정에서 사법권이 독립된다면 귀족정적이다. 사법 권한을 상이한 집단에게 할당하는 것은 과두정적이다. 왜냐하면 라케다이모니아에서 사형이나 추방형을 선고할 수 있는 권한은 소수의 손안에 있기 때문이다(1294b33-34). 그러나 카르타고에서는 그렇지 않다는 것이다. 라케다이모니아에서는 감독관마다 상이한 소송들의 판결을 담당한다(1275b9-11).

27 aristinden(우수함, 1273a23)과 아래의 kat' aretēn('덕에 따라서', '덕에 근거한' 1273b26-27) 동일한 의미로 바꾸어서 사용될 수 있다. 이 밖에도 1293b10-11 참조.

28 앞서 언급된 '부와 덕'.

을 다 고려하는데, 최고의 관직자인 왕과 장군을 선출하는 경우에 특히 이 두 가지 요구 사항을 고려했기 때문이다.

그러나 귀족정으로부터의 이러한 벗어남은 입법가의 잘못으로 간주되어야 한다. 왜냐하면 입법가가 처음부터 배려해야 할 가장 중요한 일들 중 하나는 가장 뛰어난 자들이 관직에 있을 때뿐만 아니라 관직에서 물러나 사인(私人)으로 살 때조차도 여가를 가질 수 있도록 해 주고, 또 품격에 맞지 않는 그 어떤 행위를 하지 않도록 유의해서 살펴보는 것이기 때문이다. 그러나 우리가 여유 있는 삶을 위해 또한[29] 부에도 눈을 돌려야 한다고 할지라도, 가장 중요한 관직인 왕이나 장군과 같은 지위를 돈으로 살 수 있는 것으로 보는 것은 잘못된 일이다. 왜냐하면 이러한 법률은 덕보다 부를 더 명예롭게 만들고, 폴리스 전체에 금전욕을 만연시키기 때문이다. 최고의 권위[30]를 가진 사람들이 무엇을 명예로운 것으로 받아들이든 간에 다른 시민들은 그들의 생각을 추종하는 것은 필연적이
1273b 다. 또 덕이 가장 높이 존중받지 못하는 곳에서 그 정치체제는 귀족정으로서 확고하게 다스려질 수 없다. 게다가 돈을 주고 지배의 자리에 올랐을 때에는 돈으로 지위를 산 사람은 관직을 이용해 이익을 도모하는 데에 습관을 들이는 것[31]은 당연한 노릇이다. 왜냐하면 훌륭한(공정한) 사람[32]이라도 가난하면 [관직을 통해] 자신의 이익을 도모하기를 원하는데, 열등한 사람이 지위를 얻기 위해 돈을 들였음에도 불구하고 그 지위

29 즉 덕뿐만 아니라.

30 혹은 권력.

31 돈을 써서 높은 지위를 얻은 사람은 관직을 이용해서 그 관직을 위해 쓴 돈을 회수하는 데 익숙해질 것이라고 해석할 수 있겠다(W. Newman, vol. 2, p. 369, 싱클레어와 손더스[Sinclair & Saunders] 번역 참조).

32 원어로는 epieikēs이다.

를 이용해 돈 벌기를 원하지 않을 것이라고 한다면 이상한 이야기가 될 것이기 때문이다. 따라서 최선으로 다스릴 수 있는 사람들이 정말로 다스려야 한다는 것이다.[33] 그리고 설령 입법자가 훌륭한 사람들이 부유하게 되는 것을 그대로 방치한다고 할지라도[34] 적어도 그들이 지배의 자리에 있을 동안에는 그들이 여가 있는 삶을 살 수 있도록 노력해야 한다.

카르타고 사람들 사이에서 높은 평가를 받는 바로 그 관행, 즉 한 사람이 여러 관직을 맡는 것 역시 좋지 않은 일로 생각될 수 있다. 왜냐하면 한 사람이 하나의 일을 할 때, 그 일은 가장 잘 완결될 수 있기 때문이다.[35] 입법자는 이런 일이 일어날 수 있도록 배려해야 하고, 동일한 사람에게 아울로스 연주와 신발 만드는 것 모두를 명해서는 안 된다. 그래서 작지 않은 폴리스에서는 많은 사람이 관직에 참여하는 것이 더 폴리스다운 것이고,[36] 더 민주정적인 것이다. 왜냐하면 우리가 앞서 말한 것처럼,[37] 이렇게 하는 것이 더 공평한 데다가,[38] 또 같은 일의 각각의 임무가 동일한 사람에게 속하는 것처럼,[39] 더 잘, 그리고 보다 신속하게 완결되

33 argein('여가를 잘 지낼 수 있는 사람들이', OCT) 대신에 archein(다스리다, 지배하다)로 읽는다(W. Newman).

34 '자산'(euporia)은 훌륭한 사람들에게 안정(安定)을 취할 수 있게 해줄 터이지만, 자산을 충분하게 확보해 주지 못한다고 할지라도, 여가(scholē)는 그들에게 주어져야 한다는 것이다.

35 1252b1-5 참조.

36 원어로는 politikōteron이다. 즉 이런 정치체제에서는 다수가 관직에 참여하게 되면, 폴리스에 더 이익이 되는 것이고, 참여한 시민은 폴리스에 더 관심을 갖게 된다는 것이다.

37 명확하지는 않지만, 뉴먼은 1261b1 아래를 가리키는 것 같다고 지적한다(vol. 2, p. 370).

38 즉 '모든 사람에게 더 공평하고'(뉴먼의 해석). 원어인 koinoteron('더 공평하다'(fairer))은 포괄적인 이해와 폭넓은 관심을 불러일으킨다는 의미를 가진다.

39 공공의 일에 관련된 임무들이 여러 사람에게 분배되어 수행되기 때문에 더 낫고 더 빠르게 수행될 수 있다는 것이다. 뉴먼은 "하나며 동일한 종류의 임무는 그것이 무엇이 되

기 때문이다. 이것은[40] 육군과 해군의 업무의 경우에서 분명하다. 왜냐하면 이들 양자의 경우에서 지배하고 지배받는 것[41]을 말하자면 모든 요원이 맡고 있기 때문이다.

그러나 카르타고인의 정치체제가 과두정적이었음에도 불구하고, 그들은 지속적으로 인민의 일정 부분을 차례로 카르타고에 종속된 다른 폴리스들[42]로 내보내서 이들을 부유하게 해 줌으로써 과두정이 가져올 내분[43]을 매우 뛰어난 방법으로 회피할 수 있었다. 왜냐하면 그들은 이러한 방책을 통해 자신들의 정치체제의 결점을 치료하고 정치체제를 안정시키고 있기 때문이다. 그럼에도 이것은 우연의 산물이고, 오히려 내란은 입법자 덕분에 막을 수 있어야 했다. 그런데 현재로서는 어떤 불운한 사건이 닥쳐서 지배받는 사람들 다수가 반란을 일으킨다면, 카르타고의 법을 통해 평화를 회복할 수 있는 어떠한 치료 방책이 아무것도 존재하지 않는다는 것이다.

었든지 간에(hekaston)…"(W. Newman, vol. 2, p. 370)로 옮긴다.

40 '이것'(touto)은 아르케(관직)를 나누어 맡게 하는 것의 이점을 가리킨다.

41 즉 명령과 복종. 헬라스의 함대와 보병에서는 모든 요원이 명령하고 복종하는 위치 관계가 동시에 이루어진다고 한다. 돛대 위에서 감시하는 자가 소리쳐 위험을 알리고 명령하는 것처럼.

42 카르타고 식민지나 카르타고의 지배하에 있었던 도시들을 말한다. 주로 그들이 개척한 리뷔에(리비아)의 페니키아 지역을 말할 것이다. 과두정은 자칫하면 가난한 사람들의 폭동에 직면할 수 있다. 그 치유 방책은 때때로 그들을 자신들이 지배하고 있었던 식민지에 내보내서 돈을 벌 수 있는 위치(관직자)를 부여해 주는 것이다. 이러한 방책을 언급하고 있는 플라톤, 『법률』 740e 참조.

43 '정치체제가 갖고 있는 불리한 점'이란 의미로 이해할 수도 있지만, 'stasin'(stasis; 내분, 내란)을 삽입해 읽는다. 아리스토텔레스는 종종 너무도 명확하게 알아볼 수 있는 말을 빠뜨리기도 한다. 이러한 의미로 ekpheugein, diapheugein(회피하다; 헤로도토스, 『역사』 제1권 10)을 독립적으로 사용하기도 한다.

이렇게 해서 정당하게 높이 평가받고 있는 라케다이모니아인, 크레타인, 카르타고인의 정치체제들에 관련해서는 이 정도로 해 두기로 하자.

제12장

솔론의 정치체제에 대한 옹호, 다른 입법자들의 중요한 정책

정치체제에 대해 어떤 의견을 표명한 사람들[1] 중, 한편으로 전혀 어떤 정치적 활동과 관계없이 사인(私人)인 채로 평생을 지낸 자들이 있다. 이러한 사람들에 대해 언급할 만한 가치가 있는 것은 거의 모두 이야기되었다. 반면에 다른 어떤 이들은 스스로 정치 활동에 참여한 후에 자신이 속한 폴리스에서 혹은 다른 특정한 폴리스에서 입법자가 되었다. 이들 중에 어떤 이들은 단지 법률을 만든 사람이 있는가 하면, 뤼쿠르고스와 솔론과 같이 법률뿐 아니라 정치체제의 제작자가 된 사람도 있다. 왜냐하면 이 두 둘은 법률과 정치체제 둘 다를 확립했기 때문이다.

그런데 우리는 뤼쿠르고스가 확립한 라케다이모니아인들의 정치체제에 대해서는 이미 논의한 바 있다.[2] 그래서 솔론에 대해 말하자면, 어떤 사람들은 그가 훌륭한 입법자라고 생각하는데,[3] 그 이유는 (1) 그가 지나치게 묽어진[4] 당시의 과두정을 철폐하고, (2) 인민의 노예 상태를

1 즉 플라톤, 힙포다모스, 팔레아스.

2 제2권 제9장.

3 솔론의 입법에 대한 아리스토텔레스의 옹호에 대해서는 1281b21-1282a41 1296a18 아래, 1318b27 아래 참조. 솔론의 정치체제에 대해서는 『아테나이의 정치체제』 5~12장.

4 묽어진(akraton)의 문자적인 의미는 '혼합되지 않은'이다. '물이 섞여지지 않은' 포도주의 경우에도 사용될 수 있는 말이다. 혼합되었다가 묽어져 순화되었다는 얘기이다. 그렇다면, 혼합되지 않은 과두정으로, '순수한' 형태의 과두정을 말한다. 이는 지나치게 절대화된(absolute) 과두정을 말하는 것으로 이해된다.

종식시키고,[5] (3) 정치체제를 잘 혼합시킴으로써 전래의 아테나이 민주정을 확립했다는 것이다. 다시 말해 그들의 생각에 의하면 아레이오스 파고스 평의회에는 과두정적인 특징,[6] 관직자를 선거하는 관행에는 귀족정적인 특징, 법정 제도에는 민주정적인 특징이 있기 때문이라는 것이다.[7] 그러나 앞의 두 가지, 즉 아레이오 파고스의 평의회와 관직자의 1274a
선거는 이미 이전부터 존재했으므로, 솔론은 단지 그것들을 폐지하는 데까지는 나아가지 않았을 뿐이라고 생각된다. 이와 반대로 솔론은 법정 구성원을 모든 시민으로부터 선출하도록 함으로써 민주정[8]을 확립했던 것으로 보인다.[9]

5 당시 많은 사람들이 부채로 인해 노예가 될 수 있었는데, 솔론은 현존하는 부채를 탕감시키고, 사람과 토지를 담보로 성립하는 계약 관계 및 채무로 인한 노예가 되는 관행을 금지시켰다고 한다. 솔론의 이 입법(부채 탕감법[seisachtheia])은 기원전 594년이나 그 후에 이루어진 것으로 보인다. 디오게네스 라에르티오스,『유명한 철학자들의 생애와 사상』제1권 45; 플루타르코스,『솔론의 생애』제15장 2~6절 참조.

6 귀족정이기보다는 부유한 계급에서 선출되었기 때문에 과두정적인 것으로 간주하는 것에 대해서는 1304a20, 1290a27 참조. Areios pagos는 '아레스의 언덕'으로 아테나이의 아크로폴리스 맞은편에 있는 북서쪽의 바위가 많은 언덕이다. 흔히는 '아레이오파고스'라고 불리는데, 초기부터 살인죄에 대한 재판권을 가지고 있었지만 '정치적 삶의 중요한 측면에 대한 광범위한 감독 권한'을 갖게 되었다(『아테나이의 정치체제』 8.4 10-12). 솔론은 그것을 자신의 정치체제에 대한 특별한 수호자로 만들었다. 아레이오스 파고스는 거대한 기구로 전직 아르콘들이 자동적으로 종신토록 그 구성원이 되었으며, 매해 아홉 명의 새로운 아르콘이 생겨난다. 그 구성원들은 모두 부유했기 때문에, 그 정치체제는 강력한 과두정적인 요소를 가지고 있다. 솔론은 나중에 부자 귀족들(Eupatridae)의 정치적, 경제적 힘을 박탈했다. 이들이 가난한 사람을 채무 관계를 통해 노예로 전락시켰다고 한다(『아테나이의 정치체제』 1~14장).

7 이상은 솔론의 찬양자들의 견해다. 좋은 정치체제는 과두정적인 요소, 귀족정적인 요소, 민주정적인 요소를 포함해야 한다는 것이다,

8 원문은 demos(인민)로 되어 있으나, 명확히 '인민에 기반을 둔 정치체제'를 말하고 있다. 즉 솔론의 개혁은 '민주정을 향해 나아가는 길'로 향하는 것이었다.

9 이곳은 아리스토텔레스의 명확한 주장인 것으로 이해된다. 아리스토텔레스의 표현

사실상 사람들이 솔론을 비난하는 이유는 이것에 있다. 즉 추첨으로 뽑힌 법정에 모든 사안을 심판할 최고의 권한을 부여함으로써, 그가 정치체제의 그 밖의 다른 부분들[10]을 망치게 했다는 것이다. 그렇게 말할 수 있는 것은, 법정의 힘이 강력하게 되었기 때문에 사람들은 참주의 환심을 사기라도 하는 듯이, 인민의 환심을 사고 정치체제를 현재의 민주정으로 바꾸어 놓았기 때문이라는 것이다.[11] 예를 들어 에피알테스와 페리클레스[12]는 아레이오스 파고스 평의회 권한을 축소시켰고, 페리클레스는 법정의 재판관들에게 공무에 대한 수당을 도입했다.[13] 이러한 방식으로 각각의 인민 선도자[14]들이 인민의 힘을 증대시켜가면서 아테나이

인 '인 것처럼 보인다'(eoike)는 '명확하다'(phainetai)를 의미하는 경우가 많다. 이 밖에도 아리스토텔레스의 솔론의 입법에 대한 언급은 1281b21-1282a41, 1296a18 아래, 1318b27 아래 참조. 솔론은 극단적인 민주정을 시도하지는 않았다. 그의 개혁은 가진 자들과의 타협으로 끝났다고 한다. 관직이나 토지 재산에 대해서 솔론은 "카코이(태생이 미천한 자들인 인민들)와 에스트로이(태생이 고귀한 자들)에게 비옥한 토지와 동등한 몫이 주어지는" 토지의 분배를 거부하였다(장 피에르 베르낭, 『그리스 사유의 기원』 pp. 130~131, 김재홍 역, 길, 2006).

10 폴리스의 다른 정치적 체제들.

11 아리스토텔레스 당대의 아테나이가 극단적 민주정(teleutaia dēmokratia)이었다는 것일까? 실상 아리스토텔레스는 극단적 민주정을 비난하면서도 아테나이를 언급하는 것을 피하고 있다. 극단적 민주정에 대한 비판적 언급은 1292a11('인민이 1인 권력자가 된다'), 1313b38, 1320a4 아래 참조.

12 아테나이의 '인민의 지도자들'이었다. 에피알테스(Ephialtēs)는 기원전 462~461년경에 아레이오스 파고스의 정치적 권한을 빼앗고, 고의적 살인죄를 심판하는 것과 같은 재판의 기능만을 남겨 놓았다. 그는 그해에 살해당했다고 한다. 페리클레스(기원전 495~420년)는 에피알테스의 동료였다.

13 이 개혁은 기원전 460년경에 있었다.

14 이 말(dēmagōgos)은 '인민'을 의미하는 dēmos와 '이끄는 사람'을 의미하는 agōgos로부터 유래되었다. 데마고고스는 여기에서처럼 페리클레스와 같은 영향력 있는 민주정의 지도자를 묘사하는 데 사용되는 상당히 중립적인 용어지만, 더 빈번하게 그 말은 인민

를 현재의 민주정으로 이끈 것이다. 그러나 이 일은 솔론의 의도에 따라서 일어났다기보다는 우연적으로 일어난 결과라고 생각된다(왜냐하면 페르시아와의 전쟁 당시[15] 해상 패권의 장악은 인민의 힘[16]에 의한 것이었기 때문에 인민은 스스로 기고만장해져서, 품위 있는 사람들이 자신들의 뜻에 맞지 않는 정치를 하게 되자 그들은 열등한 사람을 인민 지도자로 맞이했기 때문이다[17]). 왜냐하면 적어도 솔론 자신은 관직자의 선거와 직무 심사라는 최소한의 필수적인 권한을 인민에게 부여한 것에 불과하다고 생각했던 것으로 보이기 때문이다[18](만일 그들에게 이런 일에 대한 최고의 권한마저 갖지 못하게 된다면 인민은 노예나 다름없는 자가 되어 적대자가 되고 말 것이기 때문이다[19]). 한편, 솔론은 모든 관직자를 명망 있는 사람(귀족)들과 부유한 사람들 중에서, 즉 펜타코시오메딤노스 계급과 제우기테스[중장비 보병] 계급, 그리고 (세 번째 계급)[20]인 이른바

들에게 환심을 사고 법치를 훼손하는 사람들(1292a4-37)을 가리키는 부정적인 의미를 내포한다.

15 en tois Mēdikois. 이 표현('메데이아와의 전쟁에서')은 역사가들에 의해 페르시아와의 전쟁(기원전 499~449년)을 일컫는 말이다(1304a20).

16 극빈 하층 시민 계급 출신이 복무한 해군의 다수가 민주정을 더 강력하게 만들었다는 언급에 대해서는 제5권 제4장 1304a22-25. 플라톤, 『법률』 707a-d 참조.

17 이에 대해서는 1304a17-24 참조. 플라톤, 『법률』 707a-d. 중무장 병기를 살 수 없었던 가난한 인민이 해군에 복무하여 살라미스해전에서 아테나이가 승리하게 되자 아테나이에서는 인민의 권력이 강화되기에 이르렀다.

18 이에 대해서는 1281b32 아래와 1318b21 아래 참조.

19 1281b21-38 참조.

20 주제밀은 이 구절(tritou telous; '세 번째 계급')을 삭제할 것을 제안한다. 그렇다면 '기사계급'은 '제우기테스'(Zeugitēs, Zegitai는 복수)와 연결된다. 하지만 이어 나오는 '네 번째' 때문에 이 말은 필요하다. 기사계급을 의미하는 '히페이스'(hippeis)란 말은 '말을 탄 사람들'을 가리킨다. 통상 이 대목이 솔론의 계급 순서를 정확히 매긴 것으로는 보지 않는다(주제밀). 그렇게 되면 '제우기타이'와 기사계급인 '히페이스'의 위치가 바뀐다

기사 계급 중에서 임명하도록 했다. 하지만 네 번째 계급인 일용직 노동자 계급(테테스)는 어떤 관직에 참여하는 것이 허용되지 않았다.[21]

또, 잘레우코스는 제퓌리온 곶(岬)에 살던 로크리스인들[22]을 위해 입법한 사람이며,[23] 카타나의 카론다스[24]는 자신의 동료 시민과 이탈리아와 시켈리아에 있는 칼키스인들이 건설한 다른 폴리스[25]를 위해 입법자가 되었다. 어떤 사람들은 심지어 오노마크리토스가 입법에 관한 최초의 전문가였다는 이유를 대서 그들 간의 연결 관계를 확립하려고[26] 시도

(장 피에르 베르낭, 앞의 책, p. 131 참조).

21 솔론이 폴리스의 구성원을 네 계급으로 나누었다는 것은 역사적 사실이다. (일단 아리스토텔레스의 논의를 받아 주면) 제1계급은 1년에 500메딤노스(Medimnos; 복수형 Medimnoi)에 상당하는 곡식, 올리브 오일, 포도주 등을 생산할 수 있는 재산을 가진 자들로 구성된다. 제2계급(zeugitai)은 한 쌍의 황소(zeugos)를 유지할 수 있을 정도의 300메딤노스를 생산할 수 있는 재산을 가진 자들이고, 제3계급은 200메딤노스를 생산할 수 있는 재산을 가진 자들인데, 이들은 말을 보유하고 유사시 기병(hippeis)으로 전쟁에 나갈 수 있는 자들이다. 나머지가 네 번째 계급(테테스[thētes]는 '품을 파는 고용인'을 의미한다)을 구성한다. 솔론은 전적으로 혈통이 아니라 재산과 부에 따라 계급을 나누었다고 하며 계층 상승을 허용했다고 한다(『아테나이의 정치체제』 제7장). 요컨대 상위 세 계급은 땅을 소유하고, 맨 끝 계급은 땅을 소유하지 못했다. 각주 9 참조.

22 남부 이탈리아의 제퓌리온(Zephurion) 곶에 살던 로크리스 출신 주민들(Epizephurioi)을 일컫는 말이다.

23 기원전 664년경(대략[circa] 29번째 올륌피아드. 4년마다 개최된 최초의 올륌피아 경기가 기원전 776년에 열렸으니, 29번째는 776에서 116을 뺀 660년에서 664년에 해당한다).

24 1252b14에서 언급되었다. .

25 에우보이아섬의 칼키스인들이 개척한 식민지들. 칼키스는 아리스토텔레스가 만년에 아테나이에서 물러나 임종을 맞은 곳이며, 자신의 어머니의 고향이기도 하다. 아리스토텔레스는 의도적인지는 알 수 없으나, 자신과 연관을 맺고 있는 여러 지명을 『정치학』 여기저기서 언급하고 있다.

26 직역하면 '이러저러한 사실들을 한데 모으려 하다'. 다시 말해 '일련의 입법자들의 연결고리'를 만들려 한다는 것이다.

한다.[27] 다시 말해 그는 로크리스인이지만 자신의 예언술을 업(業)으로 삼아[28] 크레타에 머무는 동안에 그곳에서 훈련을 받았다. 그리고 탈레스는 이 사람의 동료가 되었고, 뤼쿠르고스와 잘레우코스는 탈레스의 제자였고, 카론다스는 잘레우코스의 제자였다는 것이다. 그러나 그들이 이러한 것들을 말할 때, 이들의 연령대의 순서를 거의 개의치 않고 이 이야기를 하고 있다.[29]

또한 테바이인을 위한 입법가가 된 코린토스인 필롤라오스[30]가 있다. 그는 박키아다이 가문[31] 출신으로, 올림피아 경기의 승리자[32]인 디오클레스의 애인[33]이 되었다. 이 디오클레스는 자신의 어머니 알퀴오네가 향하는 애욕이 혐오스러워 모국을 떠나 테바이로 갔다. 그때 필롤라오스도 테바이로 가서 두 사람 모두 그 땅에서 생을 마감했다. 오늘날 사람들은 서로 간에 잘 보일 수 있는[34] 그들의 무덤을 안내해 보여 주는데, 하나

27 일련의 입법자들의 연결 관계를 만든다는 의미다.

28 즉 예언술(점술)에 관련하면서 또는 예언술을 목적으로.

29 잘레우코스는 남부 이탈리아에 살던 로크리스인들을 위한 기원전 7세기경의 입법자였고, 카론다스는 기원전 6세기경의 입법자고, 오노마크리토스는 기원전 6세기 끝 무렵에 아테나이에서 활동한 시인이거나 오르페우스적인 예언을 하던 아테나이에서 영향력을 가졌던 사람이었을 것이다. 탈레스(혹은 Talētas)는 크레타 출신의 시인으로 기원전 7세기경에 스파르타에 활동했던 사람이다(기원전 664년경). 이 탈레스는 '만물의 근원은 물'이라고 말했던 밀레토스 출신의 탈레스와는 다른 사람이다.

30 필롤라오스에 대해서는 달리 알려진 바가 없다.

31 코린토스의 과두정 가문.

32 13번째 올림피아드로 기원전 728년경.

33 헬라스에는 이른바 소년애(paiderastia)라는 풍습이 있었다. 성인의 사랑의 대상이 되는 소년을 에로메노스(eromenos), 소년을 사랑하는 성인을 에라스테스(erastēs)라고 부른다. 에로메노스는 대체로 12세에서 20세 이르는 소년이었다. 에라스테스는 주로 40세 아래로 아직 결혼 생활로 정착하지 않은 사람이다(제10장 각주 22 참조) .

34 '마주보고 있다'는 의미.

는 코린토스인들의 땅의 방향을 향하고 있는 반면에, 다른 하나는 향하지 않고 있다. 그 이야기인 즉, 그들 자신이 이와 같은 식으로 그들의 묏자리를 잡았다는 것인데, 어머니의 정념을 혐오하는 디오클레스의 무덤에서 코린토스의 땅이 보이지 않도록 했으며, 필롤라오스는 그 땅이 보
1274b 일 수 있도록 했다는 것이다.[35] 이러저러한 이유로 그들은 테바이인들 사이에 정착하게 되었다. 필롤라오스는 테바이인들을 위해 법률을 제정했다. 어떤 다른 사안과 그중에는 아이 만들기[36]에 관한 법률이 있는데, 이것을 두고 테바이인들은 '놓음[37]의 법'(입양법)이라고 부른다. 이는 필롤라오스 입법에 특이한 것으로, 할당받은 토지의 수를 일정하게 유지하는 것이 그 목적이었다.[38]

그런데 카론다스의 입법에는 위증에 대한 소송을 제외하고는 고유한 것이 아무것도 없다(그가 위증에 대한 고발을 고안한 최초의 사람이니까). 하지만 법률의 정밀성에서는 오늘날의 입법자들과 비교해도 카론다스의 것이 더 세련되었다. 반면, 팔레아스에게 고유한 입법은 재산의

35 왜 이런 일화를 상세하게 이야기하고 있는 것일까? 헬라스 중부 지역인 보이오티아에 있는 테바이와 코린토스의 긴밀한 연관 관계를 보여 주기 위함일까? 비극의 주인공인 오이디푸스 왕에 관련된 이야기와는 어떤 관련이 있을까?

36 paidopoiia는 gamos(결혼)과 밀접하게 연결된다(플라톤, 『국가』 423e, 459a, 『향연』 192b). '자손을 얻는다'는 teknopoiia와는 다른 의미다.

37 이 말(thetikous)은 '입양과 관련된'이다. 그 말의 의미는 '어떤 아이를 어떤 집안에 입양해 잘 배치시키도록 하는 것'이다.

38 테바이에서는 아이들을 집 밖에 내다 버리는 것을 금지했다고 한다. 위반하면 사형의 징벌이 내려졌다. 생활이 궁핍한 가난한 사람들은 아이들을 포대기에 싸서 관직자들에게 보낼 수는 있었다. 그러면 관직자는 가장 낮은 입찰가를 부르는 사람(tō timēn elachistēn donti)에게 계약을 통해 팔았고, 아이는 생계비에 대한 보답으로 성장할 때까지 머슴처럼 봉사했다고 한다.

균등화다.[39] 또 플라톤에게 고유한 것은 부인과 자식 및 재산의 공유제와 여자를 위한 공동 식사 제도다. 게다가 주연(酒宴; 연회)에서 술 취하지 않은 사람이 좌장[40] 노릇을 맡아야 한다는 명정(酩酊)에 관한 법률과 군사훈련에 관한 플라톤의 고유한 법률이 있다. 즉 양손 중에 한 손은 쓸 수 있지만 다른 손은 쓸 수 없어서는 안 된다는 이유로[41] 양손을 잘 쓸 수 있도록 훈련을 해야 한다는 것이다.[42] 또 드라콘이 제정한 법률[43]도 있지만, 그 법률은 현행하는 정치체제에 맞게 만들어진 것이었다. 그의 법률에는 징벌의 무거움으로 인한 가혹함을 제외하고는[44] 언급할 만한 가치가 있는 고유한 것이라곤 아무것도 없다.

핏타코스[45] 역시 법률 제정자였지만, 정치체제의 제정자는 아니었다.

39 anomalōsis(재산의 평준화)에 대해서는 1266a34-36 참조. 1267b9-10에서는 팔레아스가 단지 토지만을 평준화(anomalōsis)했다고 지적하고 있다.

40 sumposiarchein는 주연(연회; sumpōsia)에서 술의 농도와 양을 조절하는 '좌장 노릇을 하는' 것을 말한다(플라톤, 『법률』 637a-b, 671a-672d, 637d 아래).

41 플라톤, 『법률』 795c 참조. 여기에서 플라톤은 양손 사용의 필요성을 언급하고 있다.

42 플라톤, 『법률』 794d-795d. 플라톤에 따르면, 왼손과 오른손의 차이는 '옳게 이용하지 않음으로써 습관을 통해'(dia ta ethē) 차이가 생겼다는 것이다. 아리스토텔레스는 이와 반대로 본성적으로 차이가 난다고 주장한다(『니코마코스 윤리학』 1134b33 아래, 『천체론』(*de Caelo*) 284b6 아래, 『동물 탐구』 497b31). 『대도덕학』에서는 훈련을 통해 양손을 잘 사용할 수 있게 된다고 말한다(1194b32).

43 솔론 직전의 아테나이의 최초의 입법자였던 드라콘은 기원전 621년경 아테나이에 그 가혹함으로 유명한 법을 만든 사람이다.

44 그의 법의 가혹함에 대해서는 『수사학』 1400b21 아래에서 언급되고 있다.

45 핏타코스는 7현인 중의 한 사람으로 기원전 589년에 내전 동안의 질서를 회복하기 위해 레스보스섬의 뮈틸레네의 참주로 선출되었다. 솔론과 더불어 초기 헬라스의 7현인 중의 한 사람이다. 1285a35-40에서 다시 언급된다. 취중의 잘못에 대해서는 2배의 형벌이 가해진다는 언급에 대해서는 『니코마코스 윤리학』 1113b30-33, 『수사학』 1402b8-12 참조.

그의 법률에서 고유한 점은, 술 취한 사람이 어떤 범죄를 저질렀다면, 그 벌에는 술 취하지 않은 사람보다 더 가혹한 벌금을 물려야 한다는 것이다. 실제로 술 취한 사람이 취하지 않은 사람보다 더 많은 불손한 죄를 범하므로, 그는 술에 취한 까닭에 마땅히 더 주어질 수 있는 용서를 고려하지 않고 공공의 편익을 중시했기 때문이다.[46]

또한 레기온의 안드로다마스[47]는 트라키아 지역에 있는 칼키디케[48]인들을 위해 입법자가 되었다. 그는 살인과 여자 상속인에 관련된 법률을 만들었지만, 적어도 그에게 고유한 어떤 것으로 언급할 만한 것은 없다.

이렇게 해서 정치체제에 관해서는, 현재 통용되고 있는 것이거나 어떤 사람들이 말하고 있는 것에 대한 우리의 탐구는 이 정도로 마친 것으로 하자.[49]

46 공리주의적 태도를 말하는 것일까? 핏타코스의 법률은 취중에 잘못을 범했을 때에는 두 배의 형벌을 가했다고 한다(『니코마코스 윤리학』 1113b30-33, 1110b24-33, 『수사학』 1402b8-12; 디오게네스 라에르티오스, 『유명한 철학자들의 생애와 사상 』 제1권 76). 핏타코스는 사회적 유익함의 견지에서, 다시 말해 공리주의적 입장에서 술 취한 자에게 배가된 징벌을 규정했던 것 같다. 핏타코스가 참주 노릇을 했던 레스보스섬은 포도주 산지로 유명했던 곳이다.

47 달리 알려진 바가 없다.

48 칼키디케는 에게해 북부에 있는 3개의 반도 중 맨 위에 위치하며, 에우보이아섬의 칼키스인에 의해 식민지가 되었다. 아리스토텔레스의 고향인 스타게이로스(오늘날의 올림피아다 시(市) 근처의 스타기라)가 이곳에 있다.

49 이 장의 대부분이 실제로 아리스토텔레스의 진작인지에 의문을 갖는 학자들이 많이 있다(에크아르트 쉬트룸프[Eckart Schütrumpf]의 논의 참조).

제3권

폴리스와 정치체제

제3권은 누가 폴리스의 시민으로 적절한지를 묻는 것으로 시작해서 자신이 구상하는 정치 이론을 전개하고 있는데, 이것이 현존하는 폴리스의 정치체제에 대한 분석(제4~6권)과 이상 국가에 대한 자신의 설명(제7권)을 위한 토대가 되고 있다.

제1장

시민의 정의: 관직과 판결에 참여해야 한다

정치체제에 관해, 그 각각의 정치체제가 무엇이며(본성) 또 어떤 성질[1] 1274b 32
을 가지고 있는지를[2] 고찰하는 경우, 거의 맨 먼저 고찰해야 할 것은 폴리스에 대한 고찰이며, 도대체 폴리스가 무엇인지를 살펴보는 것이다.

1 tís kai poia tis(무엇이며 어떤 종류의 성질을)는 '학문의 본성과 성격'을 묻는 물음이다. 다른 식으로 동질의 물음을 묻는 표현인 ti estin hē poion ti(무엇이며 어떤 종류의 성질을)도 이와 마찬가지다(『니코마코스 윤리학』 1098a32). 이 표현은 1288b23(tís esti kai poia tis), 1253b8(tí hekaston kai poion dei einai[각각의 것이 무엇이며 어떤 종류의 것이어야 하는지])에도 나온다. tís와 tis의 악센트 차이를 주목하라. 일반적으로 tís는 '그 유(genos)가 무엇인지'를 묻는 것이고, poia tis는 '그 종차(diaphora)가 무엇인지'를 묻는 것이다. 전자의 답변은 '정의'(horismos)로 주어지고, 후자의 답변은 예증이 되는 사례들로 주어진다(『니코마코스 윤리학』 1106a12-15 참조). 요컨대 이 물음은 '각각의 본질이 무엇이고, 어떻게 각각이 설명될 수 있는가'라는 의미를 가진다.

2 제1권 끝에서 '최선의 정치체제에 대한 탐구'를 해 보자는 말과 제2권 끝에서 '현재 통용되고 있는 여러 정치체제'에 대해 탐구를 마쳤다는 언급을 미루어 짐작해 보면, 제3권은 최선의 정치체제에 대한 논의가 순서상 이어져야 할 것이라고 추론할 수 있다. 그러나 실제로는 최선의 정치체제뿐 아니라 모든 정치체제를 탐구하고 있다. 『니코마코스 윤리학』 제10권 끄트머리 마지막 절(22-23)에서 아리스토텔레스는 이렇게 말한 바 있다. 이 대목을 기억해 둘 필요가 있다. "우리가 수집한 정치체제들에 대해서 어떤 종류의 것들이 폴리스들을 보전하거나 파괴하는지, 또 어떤 종류의 것들이 각각의 정치체제를 보전하거나 파괴하는 것인지, 그리고 어떤 폴리스들은 정치를 잘 해 나가는 반면, 어떤 폴리스들은 그 반대로 나아가는 것은 무슨 이유 때문인지 고찰해 보기로 하자. 이런 것들을 다 고찰한 뒤에야 어떤 종류의 정치체제가 최선의 것인지, 각각의 정치체제들이 어떻게 질서 지어졌는지, 또 어떤 법과 관습을 사용하면서 그렇게 되었는지를 아마 더 잘 알게 될 것이다."

우리가 당면한 이 상태에서[3] 그 점에 대한 논쟁이 있기 때문이다. 예를 들어 (1) 어떤 행위를 둘러싸고 폴리스가 한 일이라고 주장하는 사람도 있고, 폴리스가 아니라 오히려 과두정이나 참주가 한 일이라고 주장하는 사람도 있기 때문이다. 또한 (2) 정치가와 입법가[4]의 일은 모두 폴리스와 관련된 것임을 우리는 보고 있으며,[5] (3) 정치체제란 폴리스에 사는 사람들의 어떤 구조(조직)라고 보기 때문이다.[6]

그러나 폴리스는 복합체의 일종으로, 하나의 전체가 여러 부분들로 구성된 다른 모든 것과 마찬가지기 때문에,[7] 우리가 폴리스보다 먼저 시민을 탐구해야 한다는 것은 분명하다. 사실상 폴리스는 시민들로 이루

3 구체적인 시점('지금')을 언급하는 것은 아니다. 즉 '출발점이 되는 이 점에 대해서는'.

4 '정치가와 입법가'는 자주 함께 어울려 사용된다(1326a4, 1288b27, 1309b35).

5 따라서 그들에게는 폴리스의 본질에 대한 연구가 필요하며, 그 연구는 politikē epistēmē('정치술에 관한 앎')의 영역에 속한다는 것이다.

6 이 질문은 시민은 무엇인가라는 다른 것으로 이끈다. 이상에서 정치체제를 탐구 이전에 폴리스의 본질을 먼저 탐구해야 하는 이유를 세 가지로 제시했다. (1)은 1276a6 아래에서 논의되고, (2)에 대해서는 "참된 정치학자는 무엇보다도 탁월성(덕)에 관해 많은 연구를 했던 것으로 보인다. 그는 시민들을 좋은 시민으로, 법을 잘 따르는 시민으로 만들고자 하기 때문"(『니코마코스 윤리학』 1102a7-10)으로 말할 수 있겠다. 여기서 '참된 정치학자'란 표현은 정치학과 정치가에 대한 자신의 개념이 현실의 정치가들이 실제로 행하는 것과 맞아떨어지지 않는다는 사실을 말하는 것이다. (3)은 1278b8 아래, 1289a15 아래, 1290a7 아래 등에서 언급된다.

7 폴리스는 부분들로 구성된 '전체'(holon)라는 의미에서 복합체다. '어떤 종류의 전체'(ti holon)가 아닌 것은 '하나의 형태를 갖지 않은 것'이다(『형이상학』 1016b12-13). '전체'란 일종의 '하나'(hen)로서(『형이상학』 1084b30), 단순히 부분들의 총합과는 다른 형상과 질료를 가진 복합물이다. 전체는 본성적으로 형상을 가진 본질을 가지고 있는 실체인 복합체이다(『형이상학』 1041b11-33, 1052a22). 그래서 복합체인 폴리스의 정체성은 주민(=질료)보다는 구성(=형태, 형상)에 의해 결정되는 것이다(1276b6-9). 그렇기에 복합체는 다른 복합체와 마찬가지로 그 부분들로 분석된다(1252a17-20). 즉 전체의 본질을 알기 위해서 우리는 부분들을 검토해야 한다. 여기서 부분이란 '시민들'을 말한다.

어진 어떤 종류의 집합체[8]이기 때문이다. 따라서 어떤 사람을 시민으로 1275a
불러야 하고, 또 시민이 무엇인지를 탐구해야 한다. 종종 시민에 관한 의견이 엇갈리고 있으니까. 사실상 모든 사람이 동의해서 동일한 사람을 시민으로 인정하는 것은 아니니까. 예를 들어 민주정에서 시민인 사람이 종종 과두정에서는 시민이 아니기 때문이다.[9]

그렇다면 [태생 이외의] 뭔가 다른 방식으로[10] [시민이라는] 호칭을 얻은 자들, 예컨대 '시민으로 된 자들'은 제외해야 한다.[11] 또 특정한 어딘가에 살고 있다고 해서 시민이 되는 것은 아니다(거류 외국인들과 노예들도 시민과 거주 장소를 공유하니까[12]). 또, 재판을 받거나 재판을 일으키는 것이 인정되는 정도의 법적인 정의에 참여할 수 있는 자들이라고 해도 그것만으로 시민이 될 수는 없다(왜냐하면 이것[13]은 [물건을 사고파는] 통상 협정에 의해 공동 관계에 있는 사람들에게도 그 일이 해당되기 때문이다. 이런 종류의 사람들에게 법적 정의가 주어지니까.[14] 물론 많은 곳에서 체류 외국인들은 그런 법정 정의조차 완전히 부여받지 못한

8 ti plēthos(어떤 종류의 집합체, 일종의 집합체, une multiplicité determinee de citoyens[시민의 한정된 다수성])는 1275b20에서 "폴리스는 삶의 자족을 위해 충분한 만큼의 그러한 사람들의 집합(다중; plēthos)"이라고 말해진다. 즉 자족적인 삶을 누리기에 충분한 수의 시민들로 이루어진 '집단'을 말한다.

9 민주정과 달리 과두정에서는 태생과 재산 자격 요건이 시민의 기준이니까.

10 폴리스의 법령에 의해 명예 시민이나 귀화 시민이 된 경우.

11 왜? 여기서 논의의 초점은 폴리스의 결정에 의해 누군가가 시민으로 되는가가 아니라, '누가 참된 의미에서 시민인가'이기 때문이다.

12 거류 외국인들(metoikoi)과 노예들도 시민들과 더불어 거주하지만 시민은 아니다.

13 즉 이와 같은 식으로 법적인 사안에 참여하는 것.

14 뉴먼을 좇아 kai gar tauta toutois huparchei를 삭제하지 않고 읽었다.

다. 그들은 신원 보증인을 반드시 지정함으로써,[15] 그렇게 해서 이런 종류의 공동 관계[16]에서 불완전한 방식으로 참여하고 있다). 이와 마찬가지로 또한 나이가 어리기 때문에 아직 시민명부에 등재되지 못한 아이들과 고령 때문에 시민의 의무로부터 면제된[17] 노인들도 같은 방식으로 시민으로 불려야 한다. 즉 그런 아이들과 노인들은 어떻게 보면 시민이라고 해야 하는데, '무조건적인 의미에서의 시민들'[18]이 아니라 '어떤 의미에서의 시민들'[19]로 불려야 한다. 그 대신에 아이들에게는 '불완전한'[20]이란 말을, 노인들에게는 '한물이 지난'[21]이나 그와 같은 무슨 말을 덧붙여서 불러야 한다[22](덧붙여진 것이 무엇이냐는 중요하지 않다. 우리가 말

15 아테나이에서는 거류 외국인들은 반드시 자신을 대변한 '보증인'(prostatēs)을 '두어야' 법적인 소송을 진행할 수 있었다. 그들의 보증인들이 그들 대신에 법적 대행 절차를 맡았다. 다른 폴리스에서도 보증인(후원자)이 그들을 위해 소송의 일을 수행했던 것으로 보인다.

16 이 부분에서는 맥락상 '소송을 제기하고 법적 소송 절차를 밟을 수 있는' 공동의 관계(koinōnia)를 말하는 것으로 이해된다.

17 아테나이인들은 18세가 되면 각 deme(dēmos; 행정 구획 단위)의 지도자가 가지고 있던 시민 등록 명부(lēxiarchikon grammateion)에 등재되었다고 한다. 그제야 비로소 완전한 시민이 되었다. 이후 2년간 군사적 훈련을 비롯한 국가에서 요구하는 다른 복무를 마쳐야 한다. 일정한 나이에 이른 아테나이의 노인들은 군사적 복무, 배심원의 의무, 민회에 참석할 의무를 비롯한 시민의 의무로부터 면제되었다(1336b37 참조). 플라톤, 『국가』 498c 참조.

18 즉 '완전한 의미에서의 시민'을 말한다.

19 즉 '불완전 의미에서의 시민'을 말한다.

20 아직 나이가 차지 않았으므로 정치적인 사안에 참여할 수 없다. 따라서 잠정적인 시민(politai ex hupotheseōs)에 불과하다.

21 '전성기가 지난', 즉 '퇴직한, 은퇴한'.

22 앞 문장에서의 phateon einai를 첨가해 읽었다. 제7권에서는 이상적 폴리스에서의 시민을 '젊고', '늙은', 그리고 '기력이 쇠잔한' 등으로 세 부류로 나눈다(1329a33, 1342b21). 이상적 폴리스에서 여성은 남성 시민의 부인으로 등장한다. 신체적으로 전성기에 있

하는 바는 분명하니까). 왜냐하면 우리가 탐구하는 것은 무조건적인 시민이고, 수정을 필요로 하는 이런 종류의 결점이 없는 시민이기 때문이다. 공민권(公民權)을 정지당한 자들과 국외로 추방된 사람들에 대해서도 이와 같은 문제들을 제기하고 마찬가지로 해결할 수 있을 테니까 말이다.

무조건적인 시민을 다른 무엇보다 잘 정의하는 것은 판결과 지배에 참여한다는 것이다. 그런데 관직 중에 어떤 것은 기간에 따라 구분되는 것이 있고,[23] 그런 종류의 관직에는 동일한 사람의 연임을 일체 허용되지 않거나 혹은 일정한 기간이 지나야 다시 인정되는 것이 있다.[24] 반면에 관직자 중에 그러한 기간 제한이 없는 것은, 예를 들어 재판관이나 민회 의원이 그렇다. 그렇기에 어떤 이는 아마도 이와 같은 사람들이 전혀 관직에 있는 자들이 아니며, 그런 역할을 수행한다고 해도 그들이 관직에 종사하고 있지 않다[25]고 말할 수 있을 것이다. 그럼에도 최고의 권한을 가진 자들로부터 관직이라는 직함을 빼앗는 것은 어처구니없는 일이다. 하지만 이 점은 그냥 지나치기로 하자. 그 논의는 단지 이름을 둘러싼 것에 불과하니까. 왜냐하면 재판관과 민회 의원 모두에게 공통되는

는 젊은이는 군인으로, 지적으로 성숙한 나이 든 사람은 지배자로, 나이 든 사람은 사제로 봉사한다. 시민의 의무에서 면제된 은퇴한 시민은 정치와 철학으로 삶을 지낸다(1255b35-37). 여기서는 지배자로서 나이 든 사람은 완전한 의미에서의 시민이고, 무조건적인 시민(politai haplōs)이다(1275a19, 1278a4-5). 젊은이들은 지적으로 성숙하게 되면 완전한 시민으로 등록하게 되나, 아직은 완전하지 않은 시민(politēs atelēs)이다. 정치적 의무에서 벗어난 나이 든 사람들은 전성기가(한물이) 지난 시민들(politai parēkmakotes)이다(1259b1-4, 1275a14-17, 1278a4-6).

23 기간이 제한되는 것을 말한다. 즉 연속적으로 취임할 수 없다.

24 라케다이모니아에서는 동일한 사람이 장군에 두 번씩 취임할 수 없었고, 투리오이에서는 동일한 사람이 5년 간격이 지난 다음에야 장군이 될 수 있도록 해 놓았다(1307b7).

25 사실상 배심원이나 민회 구성원은 아테나이에서 '관직자'(공직자, archontes)로 불리지 않았다고 한다.

것에는 이름이 빠져 있으므로, 이 양자에 적용되는 것을 어떻게 부르면 좋을지 모르기 때문이다. 그러므로 다른 관직과 구별하기 위해 그것을 '임기 제한이 없는 관직'이라고 부르기로 하자. 그런 다음 우리는 이런 방식으로 '관직에 참여하는 자들'을 '시민'으로 정의하기로 했다.

그렇다면 거의 이와 같은 것들이 '시민'이라 불리는 모든 사람들에게 가장 잘 들어 맞는 정의가 될 것이다. 그러나 다음과 같은 점을 빠뜨려서는 안 된다. 즉 기체[26]들을 포함한 각각의 사물이 종적으로 달라서, 그 가운데 어떤 것은 첫 번째 것이고, 다른 어떤 것은 두 번째 것이나 기타 등등으로, 거기에 있는 것이라는 구별이 있는 사물들의 경우에는[27] 그러한 사물 사이에 공통적인 것은 무엇 하나, 혹은 거의 존재하지 않는다는 사실이다.[28] 우리는 이제 여러 정치체제들이 서로 간에 종류를 달리하고,

26 직역하면 '밑에 놓여 있는 것'(hupokeimenon)이다.

27 서로 다른 정치체제에서의 그러한 '시민들로서' 있는 한에서.

28 '사물들'(pragmata)이 시민들(politai)을 가리킨다면 시민들이 속하게 되는 '기체'[즉 '밑에 놓이게 되는 것들'(hupokeimena)]인 '정치체제들'(politeiai)은 종적으로 다르고, 그 장단점에 따라 서열이 매겨지게 된다. 그렇게 되면 하나의 정치체제(예를 들어 과두정) 밑에 있는 시민들은 또 다른 정치체제(예를 들어 민주정) 밑에 있는 시민들과 근본적으로 다르게 되는데, 이는 양자 사이에 그들이 단순히 '인간 혹은 동물'이 아니라 하나의 정치체제에 귀속하는 '시민'인 한에서 공통되는 것이 없기 때문이다. 정치체제에 따라 '시민들'은 같은 이름으로 불리지만, 그 '지시하는 것'은 다르다는 것이다. 가령 '좋음'은 여러 대상에 대해 술어가 될 수 있지만('좋은 원[圓]', '좋은 사람', '좋은 사과', '좋은 포도주' 등에서처럼) 그 본질은 다르다. 이 대목의 해석에 대해서는 주제밀과 힉스의 해당 각주(pp. 357~358)와 W. Newman(vol. 3, p. 242), C. D. C. Reeve의 해당 각주 pp. 286~287 참조. 이에 관련해서는 아리스토텔레스의 다음의 논의도 참조. "이 견해를 도입한 사람들은 선후가 이야기되는 것들에 대해서는 이데아를 설정하지 않았다. 그런 까닭에 그들은 수들의 이데아 또한 세우지 않았던 것이다. 그러나 '좋음'은 무엇임에 있어서나 어떠함에 있어서도, 또 관계에 있어서도 이야기된다. 그런데 그 자체로 존재하는 것, 즉 실체는 본성상 관계보다 먼저다. 관계는 존재(on)의 곁가지, 존재에 부수하는 것처럼 보이기 때문이다. 따라서 이러한 것들에 대해 하나의 공통된 이데아가 있지는

어떤 정치체제는 더 이후의 것들이고, 다른 어떤 정치체제는 더 이전의 것임을 보고 있다. 왜냐하면 잘못된 정치체제나 벗어난(파생된) 정치체제들이 잘못되지 않은 정치체제들 더 이후에 필연적으로 있어야 하기 때문이다[29](우리가 '벗어난'[30]이라는 말로서 의미하는 바가 무엇인지는 나중에 명백해질 것이다). 따라서 각각의 정치체제에 대응하는 시민들도 필연적으로 달라야 하는 것이다. 1275b

이런 까닭에 앞서 정의한 의미에서의 시민[31]은 특히 민주정에서의 시민이고, 다른 정치체제들에서는 시민일 수 있다고는 하지만 필연적으로 시민인 것은 아니다. 왜냐하면 몇몇 정치체제에서는 '인민'[32]도 없고 또한 [법적으로] 승인된 '민회'[33]도 존재하지 않고, 특별 소집 위원회[34]만이

않을 것이다"(『니코마코스 윤리학』 1096a17-23, 『에우데모스 윤리학』 1218a1-9 참조). 선후 관계가 이야기되는 것들의 예로 수를 들 수 있다. 수의 경우 가령 2는 3에 선행하는데, 3이 성립한다면 이전에 이미 2가 성립했다는 점이 함축되지만 그 역은 성립하지 않는다. 선후 관계를 이야기할 수도 없는 '사람과 개, 말' 등의 경우를 보자면, 하나가 다른 하나를 함축하는 관계가 성립하지 않고 이것들을 통괄하는 '동물'이라는 유개념 혹은 이데아를 놓을 수 있겠지만, 선후 관계가 얘기되면서 뒤에 나오는 것이 앞의 것을 포함하는, 가령 수 계열의 경우에는 그런 방식으로 수 일반의 이데아를 설정하지 않았다는 것이다(『형이상학』 999a6-14, 『에우데모스 윤리학』 1218a1-9 참조).

29 파생된 정치체제는 올바른 정치체제로부터 정의되는 것이기 때문에, 논리적 선후라는 점에서 올바른 정치체제가 파생된 정치체제에 앞서는 것이다.

30 '파생(벗어난, 이탈한)'을 의미하는 parekbaseis란 말은 제2권 제11장 1273a3에서 사용된 바 있다.

31 앞서 1275a32에서 '재판관이나 민회의 구성원으로 임기 제한이 없는 관직에 참여하는 자들'을 말한다.

32 여기에서 "인민"(dēmos)은 '민회에 모인 사람' 혹은 '인민으로 이루어진 기구'를 의미한다.

33 '제도 자체로서의 민회'를 의미한다.

34 정기적인 간격을 두고 소집되는 민회(ekklēsia)와 달리 원할 때마다 소집되는 회의체(sungklētos)를 말한다. 카르타고에 이런 회의체가 있었다고 한다.

있으며, 재판들은 [개별적인 사항에 따라] 부문별로 따로 나누어 [특별 법정에서] 이루어지기 때문이다. 예를 들어 라케다이모니아에서는 어떤 감독관들(에포로이)은 계약에 관련된 소송들을 담당하는데, 그들 중 어떤 소송은 어떤 감독관이, 다른 감독관은 다른 소송을 다루는 데 반해, 원로회 의원들은 살인에 관련된 소송들을 맡게 돼 있다. 아마도 어떤 관직에 있는 자는 다른 종류의 것들과 관련된 소송들을 담당할 것이다. 카르타고(카르케돈)에서도 이와 동일한 방식이 해당한다. 왜냐하면 그곳에서는 일부 관직자가 모든 소송들을 담당하고 있기 때문이다.[35]

그럼에도 앞서 언급한 시민에 대한 우리의 정의는 옳지만 수정될 수 있을 것으로 생각된다. 즉 민주정 이외의 정치체제들에서 재판관과 민회 의원은 맡는 것은 임기가 정해지지 않은 관직에 있는 자가 아니라 임기가 정해진 관직에 있는 자들이다. 왜냐하면 그런 종류의 관직에 종사하는 모든 사람들[36] 혹은 그 일부 사람들에게, 모든 사안들 혹은 일부 사안들[37]에 관한 심의[38]와 재판의 의무가 할당되어 있기 때문이다.

그렇다면 이러한 고려들로부터 시민이란 어떤 자인지는 명백하다. 우리는 이제 심의[39]나 판결에 관계되는 관직에 참여할 자격이 있는 자를 해당하는 '그' 폴리스의 시민이라고 말할 수 있는데, 한마디로 말해서 그런 자들이 자족적인 삶을 살기에 충분한 크기의 집단이라면, 그것을 우리는 폴리스라고 말한다.

35 1273a18-20 참조.

36 즉 임기가 정해진 관직에 있는 자들.

37 귀족정이나 혼합적의 특징일 것이다(1298b5 아래, 1301a13 아래 참조).

38 to bouleuesthai는 '정치적 결정권'을 말한다.

39 hē(뉴먼 및 사본) 대신에 kai(OCT판)로 읽으면, "숙고하고 판결하는".

제2장

시민의 조건

그러나 실제적으로 적용되는[1] 시민은 양쪽 부모 모두가 시민인 자로 정의되지 어느 한쪽만, 예컨대 아버지 또는 어머니만 시민인 자로 정의되지는 않는다. 어떤 이들은 심지어 이것[2]을 앞 대에까지 더 거슬러 올라가 요구하는데, 예를 들면 두 번째 세대의 조상, 세 번째 세대의 조상,[3] 그 이상 세대의 조상으로 거슬러 올라가는 식으로 요구한다. 하지만 이런 식으로 직접적이고[4] 정치적인(통속적인)[5] 정의에 대해서 어떤 이들은 세 번째 세대의 조상 또는 네 번째 세대의 조상이 어떻게 시민이 될 수 있는지에 관한 의문을 제기한다. 그래서 레온티노이의 고르기아스[6]는 아마도 얼마간은 당혹스러운 의문을 제기하고 얼마간은 조롱해 대며 말하기를 "절구 항아리들이 절구 항아리 만드는 사람들이 만든 것이었듯, 마찬가지로 라리사인들도 장인(匠人)들에 의해서 만들어진 것이다. [그들 중

1 pros tēn chrēsin은 앞서 시민에 대한 아리스토텔레스 자신의 정의에 대해 다른 입장인 '현실적으로 통용되는 관례적인 시민의 정의'를 말하기 위한 것이다. '이론적인 앎'(pros tēn gnōsin)에 대응하는 '실제적인 사용'을 말한다.

2 즉 이 자격 요건을.

3 증조부를 의미한다.

4 pacheōs(OCT판, 거칠게, 섣부르게) 대신에 tacheōs(재빠르게)로 읽는다.

5 원어 politikōs를 달리 옮기자면, '통속적으로', '외견상으로'이다.

6 고르기아스는 연설자이자 소피스트였다(대략 기원전 485~380년경). 기원전 427년경에 자신의 조국인 시켈리아섬의 동쪽 해안에 위치한 폴리스 레온티노이가 쉬라쿠사이의 공격을 받자 도움을 청하기 위해 외교사절로 아테나이를 방문했다.

의] 어떤 사람들은 '라리사인들'의 제작자들이니까".[7] 하지만 이 사안은 간단하다. 만일 우리 조상들이 앞서 주어진 정의에 부합하는 방식에 따라서[8] 정치체제에 참여했다면 그들은 이미 시민이었을 테니까. 사실상 '시민 신분의 아버지나 혹은 시민 신분의 어머니로부터 태어난 것이라는 그 시민의 정의'는 폴리스의 최초의 정착민들이나 창건자들에 대해서는 적용될 수 없기 때문이다.

하지만 아마도 다음과 같은 경우에는 더 큰 어려운 문제가 제기된다. 정치적 변혁이 일어난 후에 정치체제에 참여했던 자들, 예를 들어 참주들을 축출한 후에 아테나이에서 클레이스테네스[9]에 의해 시민권을 획득한 사람들의 경우가 그렇다. 왜냐하면 그는 많은 자유민 신분의 거류 외국인들과 노예의 거류 외국인들[10]을 부족 명부에 등록시켰기 때문이다. 하지만 이 사람들의 경우에 관련된 논쟁은 그들 중의 누가 시민인가

7 텟살리아 지방의 폴리스 라리사와 다른 지역에서, '장인'(dēmiourgos)이란 말은 '손기술자'를 의미하고, 동시에 어떤 종류의 '관직'의 직함이었다. '라리사인들'(Larisaious)이란 말은 '라리사의 시민'과 '그곳에서 만들어진 일종의 원통형의 [돌로 만든] 도가니(절구 항아리; holmos[mortar])'를 뜻한다. 여기에 일종의 말장난(word play)이 작동하고 있다. "'라리사인들'의 제작자들"이란 관직인 '장인'(dēmiourgos)을 가리킨다. 여기서 고르기아스의 입장은 폴리스나 시민은 만들어진 인공적 산물이라는 것이다. 즉 장인(관직)에 의해 '만들어진' 시민(라리사인들)이 시민의 기준이 된다는 것이다. 아리스토텔레스의 입장은 시민의 자격은 폴리스의 권위에 의해 부여될 뿐만 아니라, 관직에 참여함으로써 자격을 부여할 권리도 소유하게 된다는 것이다.

8 1275b17-21.

9 클레이스테네스는 기원전 6세기 아테나이의 정치가다. 페이시스트라토스 참주정이 전복된 이후 아테나이의 폭넓은 정치 개혁을 이끌었으며(기원전 510년), 솔론에 버금가는 중요한 인물이었다. 그는 원래 있던 4개의 고대 부족을 폐기하고 새로운 시민들을 수용하기 위해 10개의 지역에 부족(phulai)을 세웠다.

10 거류민 노예(doulos metoikos)는 '노예 혈통을 가진 거류 외국 자유민'을 말한다(W. Newman). '해방된 노예'를 포함하는 것으로 보인다.

가 아니라[11] 그들이 부당하게 시민이 된 것인가 혹은 정당하게 시민이
된 것인가 하는 것이다. 그럼에도 이것에 대해서조차 한층 더 문제를 제
기해서 부당한 것[12]과 거짓인 것이 동일한 힘을 가질 수 있기 때문에, 시 1276a
민인 것이 정당하지 않은 자가 시민이 아닌 것이 아닌가라고 의문을 제
기하는 사람이 있을 것이다. 그러나 우리는 부당하게 어떤 관직을 맡고
있는 자들을 또한 볼 수 있기 때문에, 그 경우에 우리는 그것이 정당하
다는 것을 부정함에도, 그 사람들이 관직을 맡고 있는 것 자체는 인정할
것이다. 또 시민은 어떤 종류의 관직에 참여함으로써[13] 정의되기 때문에
(우리가 말했던 바와 같이 그러한 종류의 관직에 참여하는 누군가는 시
민이니까), 이러한 사람[14]들조차도 시민으로 인정해야 한다는 것은 분
명하다.

11 즉 누가 시민인가 하는 사실적인 물음이 아니라.

12 혹은 '잘못된 것'.

13 '어떤 종류의 관직에 참여함으로써'란 말은 '정치적 사안에 대해 심의하거나 의결하는 관직이나 재판 관직에 참여함으로써'를 의미한다.

14 부당하게 시민이 된 사람들.

제3장

폴리스는 정치체제를 공유하는 시민의 사회

그러나 그들이 '정당하게' 또는 '정당하지 않게' 시민이 되었는지 아닌지에 대한 문제는 앞서 말해진 논쟁과 관련되어 있다.[1] 왜냐하면 어떤 사람들은 어떤 경우에 폴리스가 행한 일이 되고 어떤 경우에 폴리스가 행한 일이 되지 않았는가 하는 물음을 제기하기 때문이다. 예를 들어 과두정이나 참주정으로부터 민주정이 생겨났을 때, 그것이 문제가 된다(그러한 상황에서는 어떤 사람들[2]은 협정[3]을 체결한 당사자[4]가 폴리스가 아니라 참주라는 이유를 들어[5] 협정을 이행하려 들지 않거나 어떤 종류의 정치체제가 강제력에 기반을 두고 성립되는 것이지 공통의 유익함[6]을 위해 존재하는 것이 아니라는 이유를 들어, 그 밖에도 이와 유사한 많은 것을 이행해서는 안 된다는 사람이 생기는 것이다[7]). 그러면 실제로 어떤 사

1 1274b34-36. 이 시민들이 정당하게 시민인지 또는 정당하지 않게 시민인지에 대한 물음은 그들이 폴리스에 의해 시민이 되었는지의 물음과 관련되어 있다는 말이다. 여기서 아리스토텔레스는 클레이스테네스가 도입한 민주정이 공공의 좋음이 아니라 '힘'에 근거한 민주정이었다는 것을 암시하고 있다.

2 새로운 정치체제에 들어선 구성원으로 계약 이행을 거부하는 사람들.

3 주로 돈과 재물에 관련된 공적인 차관(借款)이 문제가 되었을 것이다.

4 즉 차관을 빌려온 당사자.

5 실제로 기원전 403년에 30인의 독재를 축출하고 난 후에 스파르타로부터 빌린 거금을 아테나이 폴리스가 갚아야 하는 문제를 두고 논쟁을 벌였다고 한다.

6 to koinē sumpheron에 대해서는 1279a17 참조.

7 이것 다음에 탈문(lacuna)이 있다고 보고, 주제밀은 '하지만 민주정도 이런 종류의 정치

람들이 이러한 방식으로[8] 민주정식의 주장을 내놓게 되는 경우라면 과두정이나 참주정에 의해 수행된 행위들이 해당하는 폴리스의 행위가 아닌 것처럼, 그러한 종류의 정치체제에서 이루어지는 행위도 해당 폴리스의 행위가 아니라고 말해야 한다.[9]

여기서 논하고 있는 것은 어떤 때에 폴리스가 동일하고, 어떤 때에 폴리스가 동일하지 않고 다르다고 말해야 하는가 하는 물음과 밀접한 관계가 있는 것처럼 보인다.[10] 그렇기에 이 문제에 대한 가장 알기 쉬운 탐구 방법은 장소(영토)와 사람(주민)을 다루는 것이다. 왜냐하면 장소와 사람은 나누어져서 어떤 사람들은 어느 장소에 거주하고 다른 사람들은 다른 장소에 거주할 수 있기 때문이다.[11] 그렇기에 정작 이 문제는 그리 어렵지 않은 것으로 생각해야 한다('폴리스'가 여러 가지로 말해질 수 있는 한, 이런 종류의 탐구는 어느 의미에서는 쉬운 것이니까).[12]

체제다'를 추가하기도 한다.

8 공통의 유익함(공공의 선)이 아니라 힘(강제력)에 의해서.

9 이 맥락을 '어떤 사람들'(10행)의 입장을 받아들여 달리 해석하면 '만일 참주의 정치적 행위가 공동의 유익함을 위해서 행해진 것이 아니라면 폴리스의 행위가 아니라고 주장할 수 있는 것처럼, 민주정의 행위들도 마찬가지로 공동의 유익함을 위한 것이 아니라면 폴리스의 행위가 아니라고 주장할 수 있을 것이다'.

10 폴리스가 어떤 행위를 수행했는지 아닌지의 문제는 전적으로 폴리스의 정치체제 조건에 달려 있으니까.

11 어쨌든 이런 종류의 변화는 폴리스의 동일성을 깨뜨릴 수 없다는 것이다. 폴리스는 다양한 의미를 가지고 있지만 '특정한 장소에 모여든 인간이나 시민'이 아니라, '인간이나 시민의 집합'이라면 어느 장소(영토)에 살든지 폴리스의 동일성을 유지할 수 있다는 말로 이해될 수 있다.

12 어떤 것을 '폴리스'라고 말할 때, 사람들이 의미하는 것은 (1) 정치적 공동체이거나 (2) 장소(영토) 혹은 다른 어떤 것이다. 만일 (1)이라면 '단일한' 폴리스는 쪼개진 인구와 장소를 가진다. 만일 (2)라면 그 인구와 장소로 쪼개진 폴리스는 하나가 아니라 두 개의 폴리스일 것이다.

마찬가지로 사람들이 같은 영토에 거주하는 경우에도, 어떤 때에 폴리스를 동일한 것으로 간주해야 하는가라고 물을 수 있다. 필시 동일한 성벽으로 둘러싸인 것에 의해서가 아니라는 것은 확실하니까. 그렇다면 펠로폰네소스반도 둘레를 하나의 성벽으로 둘러싸는 것도 가능할 수 있을 테니까. 의심할 바 없이 바빌론[13]의 경우도 그런 것일 수도 있고, 또 그 밖에도 폴리스라기보다는 오히려 민족을 경계로 하는 모든 폴리스도 그런 것일 수 있다. 적어도 과거 바빌론이 점령당했을 때 그 폴리스의 일부 사람들은 3일 동안이나 그 사실을 알아채지 못했다고 말해진다.[14] 그러나 이 문제에 대해 다른 기회에 고찰하는 것이 도움이 될 것이다. 그러나 폴리스의 규모와 관련해서 어느 정도의 것이 유익한지, 또 한 민족[혹은 장소]으로 이루어진 것과 아니면,[15] 여러 민족으로 이루어진 것 중 어느 쪽이 유익한가 하는 것은 정치가가 간과해서는 안 될 문제이니까 말이다. 그러나 동일한 사람들이 동일한 장소에 거주하고 있을 경우에는, 끊임없이 어떤 이들은 죽고 다른 어떤 이들은 새로 태어나더라도 거주하는 사람들의 종족이 동일한 한에서, 폴리스는 동일한 폴리스라

13 헤로도토스는 바빌론을 "광대한 평원에 위치해 있고 사각형 모양인데 각 변의 길이가 120스타디온에 이른다. 그래서 이 도시의 둘레는 모두 합해 480스타디온이 된다"고 묘사하고 있다(제1권 178).

14 헤로도토스, 『역사』 제1권 178~191. 페르시아의 퀴로스 왕에 의해 함락된 것을 말한다(기원전 538년경). 바빌론의 외곽이 함락되었음에도 그 중심부에 살던 사람들은 이를 알아차리지 못하고, 그것을 알게 될 때까지 축제를 즐겼다고 한다(191). 바빌론 도시의 크기가 엄청나다는 점을 강조하고 있다. 3일 동안의 기록은 전해지지 않는다.

15 뉴먼은 poteron ethnos hen ē pleiō로 읽는다. 텍스트가 불안한 대목인데, ethnos(민족)가 빠진 사본도 있다(Π2). ethnos를 지지하는 헤로도토스의 『역사』 제8권 73 및 플라톤, 『법률』 708c-d 참조. ethnos가 생략된 것으로 보고 topos(장소)를 삽입해 읽기도 한다(C. Lord, p. 66). 칸스 로드는 아리스토텔레스가 동떨어진 항구의 이점을 염두에 두고 있다고 생각한다(제7권 제6장 1327a31-35).

고 불러야 하는가?[16] (그것은 마치 끊임없이 어떤 물은 흘러 들어오고 다
른 물은 흘러나가더라도 강과 샘을 같은 것이라고 으레 우리가 말하는 것
처럼.)[17] 아니면, 이러한 종류의 이유 때문에[18] 살고 있는 사람은 동일하
다고 해야 하는데, [만일 정치체제의 변화가 있다면] 폴리스는 다르다고
말해야 하는가? 왜냐하면 폴리스가 어떤 종류의 공동체이며, 또 정치체 1276b
제를 공유하는 시민들의 공동체라면, 정치체제가 종적으로 달라지고 다
른 것이 될 때에는 필연적으로 폴리스 역시 동일한 것이 아니게 된다고
생각하기 때문이다. 적어도 이는 마치 합창가무단에서 합창하는 사람들
이 종종 동일한 사람들임에도 불구하고, 어떤 때는 희극 합창가무단이
고 다른 어떤 때는 비극 합창가무단인 그 합창가무단을 우리가 다른 것
이라고 말하는 것처럼 말이다.[19] 이와 마찬가지로 다른 모든 공동체나

16 아리스토텔레스의 관심은 폴리스를 구성하는 개별자의 정치체제성의 문제가 아니라 폴리스의 정치체제성의 문제다. 폴리스의 정치체제성은 개별자의 변화에 의해 일어나는 것이 아니라 폴리스의 정치체제의 변화에 의해 파괴된다는 것이다.

17 여기서 아리스토텔레스는 다음과 같은 헤라클레이토스의 말을 염두에 두고 있었을 것이다. "같은 강에 발을 담근 사람들에게 다른 강물이, 그리고 또 다른 강물이 계속해서 흘러간다"(*DK*22B12). "우리는 같은 강에 들어가면서 들어가지 않는다. 우리는 있으면서 있지 않다"(*DK*22B49a). 헤라클레이토스는 같은 강물임을 부정한다. 하지만 아리스토텔레스는 물을 구성하는 입자의 지속적인 변화가 강물이 동일한 것으로 남아 있는 것을 방해하지 못한다고 생각한다. 강은 폴리스, 선율, 합창단과 같은 복합체(sunthesis)나 전체(holon)가 아니다. 강이 물의 입자로 구성되어 있는 한 동일한 것으로 남아 있듯이, 폴리스는 동일한 종족의 인간으로 구성되어 있는 한 동일한 것으로 남아 있다. 하지만 폴리스의 변화는 정치체제나 복합체에서 일어난다.

18 즉 '거주하는 사람들의 종족이 동일하다는 것 때문에'(dia to einai to genos tauto tōn katoikountōn).

19 비극의 합창가무단은 각기 5명의 남자로 된 3종렬(stoichoi)[3명의 남자로 된 5횡렬(zuga)]로 구성되고, 희극의 합창가무단은 각기 6명의 남자로 된 4종렬[4명의 남자로 된 6횡렬]로 구성되었다. 따라서 이 두 드라마에서 복합체의 구성 형태(eidos tēs sunthesis)가 다른 것이다.

복합체[20]에 대해서 복합 종류[21]가 다르다면,[22] 그것을 다른 것이라고 우리는 말하는 것이다. 예를 들어 동일한 음표들로 구성된 음계라도 때로는 도리아조의 경우와 때로는 프뤼기아조의 경우라면,[23] 우리는 음조가 다르다고 말해야 할 것이다.[24] 사정이 이렇다고 한다면, 무엇보다도 정

20 eidos tēs sunthesis. 복합체의 의미와 개념 및 그 결합 방식의 차이에 대해서는 다음의 두 대목을 참조하라. "게다가 결합(sunthesis)의 방식을 말하지 않았는지를 살펴보아야 한다. 왜냐하면 무엇인가가 이것들로부터 만들어졌다고 말하는 것만으로 그것을 알기에는 충분하지 않기 때문이다. 사실상 각각의 결합물의 실체는 이것[이러저러한 요소]들로부터 생기는 것이 아니고, 마치 집의 경우에서처럼 이것들로부터 그러한 방식으로 생기는 것이기 때문이다. 사실상 이것들의 요소가 어떤 방식으로 결합된다고 하더라도 '집이 있다'는 의미는 아니기 때문이다"(『토피카』 150b22-26). "왜냐하면 결합을 말하는 것만으로 충분하지 않고 어떤 성질의 것인지를 더 부가해서 정의해야 하기 때문이다. 왜냐하면 이러이러한 것들이 어떠한 방식으로 결합해도 살이 생기는 것이 아니라, 오히려 **이러이러한 방식으로** 결합된다면 살이 생기고, 한편 **이러이러한 방식으로** 결합된다면 뼈가 생기기 때문이다"(『토피카』 151a23-26).

21 즉 정치체제를 표상한다. 이 대목을 통해서 우리는 '정치체제'가 폴리스의 '질료'(hulē; 제7권 1325b40-1326a5)에 의해 받아들여진 '형상'(eidos)으로 이해할 수 있다. 폴리스의 질료란 정치체제를 구성하는 사회적 조건(다양한 계급, 인구, 영토, 기술적 발전 등)을 말한다.

22 1274b39 참조.

23 즉 '음표(phthonggos)들의 복합체(결합체)의 구성 형태'가 다르다. 도리아조와 프뤼기아조의 언급 대해서는 1340b3-5 참조.

24 9행의 legomen('우리는 말한다', W. Newman) 대신에 드라이젠터와 사본에 좇아 legoimen으로 읽는다. 동일한 음표들로 구성된 가락의 비유를 통해 아리스토텔레스가 무엇을 말하는지는 분명하지 않으나, 어쨌든 정치체제(politeia)는 폴리스의 요소들의 '복합체의 구성 형태'일 것이다. "폴리스의 어떤 정치체제와 어떤 성질의 상태(diathesis)를 최선이라고 놓아야 하는가"(1324a17)라는 대목은 '정치체제'가 '폴리스의 상태'를 함축하는 것으로 보인다. 그렇다면 각 정치체제에서 폴리스의 시민들은 다른 방식으로 배열될 것이다. 즉 귀족정에서는 '가장 최선의 인간'이 맨 앞에 위치하고, 과두정에서는 '부유한 자'가, 민주정에서는 '가난한 자'가 맨 앞에 올 것이라고 생각해 볼 수 있다(W. Newman, Vol. 3, p. 153 해당 각주 참조).

치체제에 주목함으로써 폴리스가 동일하다고 말해야 하는 것[25]은 명백하다. 이와 달리 폴리스의 호칭에 대해서는 거주하는 사람들이 동일한 사람이든 완전히 다른 사람이든 간에 폴리스를 다른 이름으로도 동일한 이름으로도 부를 수 있다.[26]

하지만 폴리스가 다른 정치체제로 바뀌었을 때, 폴리스가 [공식적 협정을] 이행하는 것이 정의로운지, 아니면 이행하지 않는 것이 정의로운지 하는 문제는 또 다른 논의가 필요하다.

25 즉 폴리스의 동일성(正體性)은 정치체제에 의존한다는 말이다.

26 아리스토텔레스에 따르면 한 사물의 이름(onoma)은 그 사물의 본질(to ti en einai)를 나타내는 설명(logos)이나 정의(horismos)로 대체될 수 있다(『토피카』 101b38, 『형이상학』 1012a22-24, 1045a26). 그러니까 아리스토텔레스가 말하는 바는 거주민이 동일하든 동일하지 않든 간에 코린토스가 '코린토스'로 지속적으로 불리는 것도 아니고, 그 이름이 '아르고스'로 바뀔 수 있다는 것도 아니라는 것이다. 실제로 코린토스는 거주민이 바뀌지 않았음에도 393년경에 아르고스로 바뀐 적이 있다고 한다(크세노폰, 『헬레니카』 제4권 4. 6). 요컨대 한 폴리스의 '정치체제', 즉 그 정치 형태를 나타내는 그 이름은 그 거주민이 바뀌든 바뀌지 않든 간에 동일한 것으로 남아 있다.

제4장

좋은 사람의 덕과 좋은 시민의 덕, 그리고 좋은 지배자

막 말한 것들 다음으로 고찰해야 할 것은, 좋은 사람의 덕과 훌륭한 시민의 덕이 같은지, 같지 않은지 하는 문제다.[1] 하지만 이 문제가 정말 탐구되어야 한다면, 우선 시민의 덕(탁월함)에 대해 어느 정도 개략적으로라도[2] 파악해 두어야 한다.

그런데 선원이 어떤 종류의 공동체 구성원 가운데 한 사람인 것처럼 시민도 어떤 공동체의 구성원 가운데 한 사람이라고 우리는 말한다.[3] 비

1 agathos(좋은)와 spoudaios('진지한', '건전한', '훌륭한', '올곧은')는 상호 교환해서 사용할 수 있다. 이 두 말은 도덕적 덕을 함축한다. 1276b35, 1277a14에서 spoudaios는 1277b5, 13-14에서의 agathos 의미로 사용되었다. 델빈은 아리스토텔레스가 대개 agathos는 '훌륭한 인간'의 경우에, spoudaios는 자신의 직분을 충실하게 수행할 수 있는 '훌륭한 혹은 올곧은 시민'을 말하는 경우에 사용되는 것으로 이해한다(David Keyt, The good man and the upright citizen in Aristotle's *Ethics* and *Politics*, in *Social Philosophy and Policy*, Vol. 24, pp. 220~240, 2007; Robert Develin, The Good Man and the Good Citizen in Aristotle's "Politics", *Phronesis*, Vol. 18, No. 1, 1973, pp. 71~79 참조).

2 tupō(개략적으로). 아리스토텔레스는 (1) 앞으로 더 완전한 설명을 나올 수 있는 주제에 대해 잠정적으로 개요나 요점을 말하는 경우에 개요(tupos)란 말을 사용한다(『니코마코스 윤리학』 1107b14-16). 또 (2) 주어진 주제가 확정적인 경우, 즉 그것에 대한 참이 이미 개략적으로 말해진 경우에 이 말을 사용한다. "행위들에 관한 모든 논의는 개략적이며 엄밀한 논의를 요구할 수 없다는 것도 미리 합의된 것으로 해 두자"(1104a1-5 참조). (2)의 해당하는 것은 '윤리학'과 '정치학'에 관한 대부분의 논의이다. "따라서 이런 것들에 관해 논의하고, 이와 같은 전제들로부터 출발하는 우리들은 그 대강에서 개략적으로 참을 밝히는 것으로 만족해야 할 것이다"(1094b20-22).

3 선원의 비유는 플라톤에 의해 더 자주 사용된다(『국가』 488a 아래, 『정치가』 297b,e 참조). "정치체제는 폴리스의 어떤 종류의 삶"(1295a40-b1)이기 때문에, 이것은 '항해 중

록 선원들은 기능이란 점에서 같지는 않지만(어떤 이는 노 젓는 이고, 다른 이는 키잡이고,[4] 또 다른 이는 망보는 이고, 또 다른 이는 그와 같은 다른 어떤 이름을 가지고 있기 때문에), 분명한 사실은 선원들 각자의 탁월성을 가장 엄밀하게 정의[5]한다면, 그 정의는 선원 각자에게 고유한 것이 될 것이며, 그들 모두에게 적합한 어떤 공통적인 정의가 있을 것이라는 점이다. 왜냐하면 항해하는 동안 각각의 선원들은 배의 안전을 원하는 한, 항해를 안전하게 유지하는 것이 그들 모두의 일이기 때문이다.

그렇다면 시민들에게도 이와 마찬가지인데,[6] 비록 시민들 각자는 서로 다르다고 해도, 공동체의 안전은 시민들 전체의 일이다.[7] 그들의 공동체가 곧 정치체제다. 그러므로 시민의 덕은 필연적으로 정치체제와 관련된 덕이어야 한다. 따라서 여러 종류의 정치체제들이 있다면, 훌륭한 시민의 덕은 하나의 완전한 덕으로 있을 수 없다는 것이 분명하다. 이에 대해 우리는 좋은 사람[8]이라고 할 때, 한 가지의 덕, 즉 완전한 덕을 바탕으로 그렇게 말한다. 그렇다면 누군가가 훌륭한 사람이 지니는 덕을 갖

인 배'에 비유되고 있다. 시민은 곧 선원에 비유된다.

4 키잡이(kubernētēs)는 배의 항해에 책임지는 선장의 역할을 맡는다.

5 이 말(logos)은 horismos(정의)보다 더 넓은 의미로 흔히 사용된다. horismos는 '본질'(to ti en einai)을 나타내는 더 학문적인 정의를 의미한다. horismos는 logos이지만, 모든 logos가 다 horismos는 아니다.

6 시민들은 각자의 능력에 따라 민회의 구성원으로, 재판의 배심원으로, 그 밖의 다른 관직에 대한 역할을 떠맡는다.

7 공동체의 안전(sōtēria)과 항해에서의 안전이 대조되고 있다. 여기서는 시민의 '공통의 기능'을 공동체의 안전이라고 말하고 있는데, 앞서는 시민의 '특별한 기능'을, "무조건적인 시민은 판결과 관직에 참여"하는 것이라고 말한 바 있다(1275a22-33, b13-21).

8 일반적인 의미에서의 인간이 아닌 남성(anēr)을 말한다. 여성은 정치 활동에 참여할 수 없으니까.

추지 못하고서도 훌륭한 시민이 될 수 있다는 것은 명백하다.

그뿐 아니라 다른 관점에서 그 물음을 검토함으로써, 최선의 정치체제와 관련해서도 동일한 논의(결론)를 만들어 낼 수 있다. 즉 폴리스가 전적으로 훌륭한 사람들로 이루어진다는 것이 불가능하다고 해도, 적어도 각 시민은 그 자신의 일을 반드시 잘 수행해야 하는데, 그러기 위해서는 덕(시민의 탁월성)으로부터[9] 행해져야 한다고 하면,[10] 모든 시민들이 다 똑같아지는 것이 불가능하므로, 시민의 덕과 좋은 사람의 덕은 하나의 동일한 덕일 수 없을 것이기 때문이다. 왜냐하면 훌륭한 시민의 덕은 모든 시민에게 속해야 하는 것이지만(이렇게 될 때에만 폴리스는 필연적으로 최선의 폴리스가 될 수 있으니까), 훌륭한 폴리스의 시민들 모두가 필연적으로 좋은 사람들이 아닐 경우에는 좋은 사람의 덕이 모든 사람에게 갖추어져 있는 것은 있을 수 없기 때문이다.

게다가 폴리스는 동질적인 않은 요소들로 구성되기 때문에, 예를 들면 동물은 우선 영혼과 신체로 이루어지고, 영혼은 이성과 욕구로 이루어지고, 가정은 남자와 여자로 이루어지고, 재산(소유물)은 주인과 노예로 이루어지듯이,[11] 폴리스도 역시 동일한 방식으로 이 모든 것들로, 그리고 이에 덧붙여 같지 않은 다른 종류들로 구성되는 것처럼,[12] 모든 시

9 이 표현에 대해서는 1332a12 참조(『니코마코스 윤리학』 1106a22 참조).

10 즉 '이것은 덕을 필요로 한다'는 의미다.

11 주인은 노예처럼 재산의 일부가 아니지만, 관리가 필요한 것으로서 재산은 두 가지 모두를 포함한다.

12 베르나이스(Jacob Bernays)는 ktēsis를 괄호를 치고 있지만, 첫 번째 예(euthus)에서부터 주어지는 것처럼, 여기서 주어진 예들의 쌍들이 자연적인 지배자와 피지배자의 짝으로 이루어지고 있음을 주목해야 한다. 소유권은 소유하는 '사람'과 소유된 '사물'이 있어야 하지 않겠는가? 자연적으로 지배하는 부분과 자연적으로 지배받는 부분에 관한 논의와 이에 상응하는 것들의 덕(탁월성)은 다르다는 논의에 대해서는 제1권 제13장의

민들의 덕은 필연적으로 하나의 덕일 수는 없는데, 그것은 마치 합창 합창단의 장(長)과 일반 단원의 탁월성(덕)이 하나일 수 없는 것과 마찬가지다.[13]

따라서 [훌륭한 인간의 덕과 훌륭한 시민의 덕은] 무조건적으로 동일하지 않음은 이러한 것들로부터 명백하다.[14] 하지만 어떤 특정한 사람[15]의 경우에는 훌륭한 시민의 덕과 훌륭한 사람의 덕이 동일할 수 있겠는가? 분명히 우리는 훌륭한 지배자는 좋고 동시에 슬기로운 사람[16]이라고 하고, 정치가는 반드시 슬기로운 사람이어야 한다고 말한다.[17] 어떤 사람들이 말하길, 지배자가 받는 교육조차 [지배받는 자의 교육과] 애초부터[18] 다르다고 한다. 사실상 왕의 아들들의 경우에 마술(馬術)과 전쟁술의 교육을 받는 것은 잘 알려져 있고, 에우리피데스[19]도 "나를 위해서

논의를 참조.

13 비극 합창가무단이 극장에 입장할 때 5명의 남자로 3종렬을 이루어 파로도스(parodos)를 통해 행진해 들어오고, 그 왼쪽 종렬은 관중 쪽으로 돌아서고 그 오른쪽 종렬은 무대로 향한다고 한다(1276b4 참조). 그러면 자연적으로 왼쪽 종렬이 3종렬 중에서 가장 눈에 띄게 된다. koruphaios는 이 종렬에서 세 번째고, 두 parastatai는 두 번째와 네 번째고, 두 tritostatai(『형이상학』 1018b27)는 첫 번째와 다섯 번째가 된다(W. Newman, vol. 3, p. 159 참조).

14 즉 1276b17에서 제기된 질문에 따라, '훌륭한 시민의 덕과 훌륭한 사람의 덕이 동일하지 않은 것'을 말한다.

15 '어떤 특정한 사람'(tinos)은 '지배하는 자'를 말한다.

16 혹은 '실천적 지혜(사려)를 가지고 있는 사람'(phronimos)

17 politikon으로 읽는다(W. Newman). ton de politēn ouk …(OCT)으로 읽으면 "시민은 반드시 슬기로울 필요가 없다"(P. Pellegrin)가 된다. "시민은 반드시 슬기로워야 한다"(드라이젠터).

18 혹은 '곧장'.

19 아테나이의 비극 극작가(기원전 480~407/6년).

는 어떠한 미세한 것들[20]이 아니라 … 폴리스가 필요로 하는 것을"이라고 말하고 있는데,[21] 이것은 요컨대 지배자는 어떤 종류의 특별한 교육을 받아야 한다는 것을 말하려는 것이다. 그런데 좋은 지배자의 덕과 좋은 사람의 덕이 동일하다고 해도, 지배받는 자 또한 시민이라고 한다면, 설령 어떤 종류의 시민은 그럴 수 있다고 하더라도, 시민의 덕과 사람의 덕은 무조건적으로 같지는 않을 것이다. 지배자의 덕은 시민의 덕과 같을 수 없는 것이니까. 그렇기 때문에 아마도 이아손[22]은 '참주가 아니었을 때에는 굶주렸다'고 말했을 것이다. 이는 그가 사인(私人)으로서 어떻게 삶을 살아 나가야 하는지를 알지 못했다는 것을 말하려는 것이다.

하지만 한편, 지배할 수도 있고 지배를 받을 수도 있는 것이 칭찬을 받는 것은 확실하며, 좋은 평판을 받는 시민의 덕이란 잘(아름답게) 지배하고, 잘(아름답게) 지배를 받는 능력인 것으로 생각된다.[23] 그래서 우리가 좋은 사람의 덕을 지배하는 덕으로 받아들이는 반면, 시민의 덕을 양쪽의 [잘 지배하고 지배받는] 능력으로 받아들인다면, 이 두 가지 능력은 마찬가지로 칭찬할 만한 것은 아닐 것이다.

이와 같이 이 두 가지 것이 때때로 다르게 보이고, 지배하는 자와 지배를 받는 자가 배워야 하는 사항이 다르다고 생각되는 경우도 있고, 반

20 미세한 것들(ta kompsa)은 음악, 계산법, 기하학, 천문학, 변증술, 철학 등에 관련된 것을 말할 것이다. 1341a28 아래 참조. 소크라테스의 이런 것들에 대한 배움의 한계를 두는 언급에 관해서는 크세노폰, 『회상』 제4권 제7장 참조. 플라톤, 『프로타고라스』 318e; 『고르기아스』 485e-486a 참조.

21 지금은 상실된 『아이올로스』(Aiolos)(Nauck 367, 「헬라스 비극 단편들」 16. 2-3행)에 나오는 말이다. 아이올로스 왕이 자신의 아들이 받게 될 교육에 관해서 말하는 것이다.

22 이아손은 텟살리아 지방의 페라이의 악명 높은 참주였다(기원전 380~370년).

23 dokei를 삽입해서 읽었다(W. Newman). '완전한(teleos) 시민'은 '정의에 따라'(meta dikēs) 지배할 줄도 알고 지배받을 줄도 아는 자이다(플라톤, 『법률』 643e-644a 참조).

면에 시민은 [지배하고 지배에 복종하는 것] 양쪽 모두를 알아야 하고 양쪽의 능력을 공유해야 하기 때문에,[24] … [25] 우리는 이로부터 어떤 일이 따라 나오는지를 [단번에] 볼 수 있을 것이다. [지배의 종류에는] 한편으로 주인의 지배가 있는데, 여기서 우리가 말하는 것은 필수적인 일들과 관계되는 종류의 지배다. 이 경우 지배하는 자가 반드시 알아 두어야 할 것은 그 일을 어떻게 하느냐가 아니라 오히려 [이것들을 직접 행하는 자들을] 어떻게 사용하는가다.[26] 사실상 전자는 노예의 일이다.

(내가 전자에 의해 의미하는 바는, 노예의 행위들을 실제로 수행하는 능력이다.) 그러나 노예에 어울리는 일에는 몇 가지 종류의 일이 있으며, 그것에 따라 우리는 몇 가지 종류의 노예가 있다고 말한다. 그중 일부를 차지하는 것은 손으로 일하는 노동자들이다. 그들의 이름 자체가 보여
주듯, 자신들의 손을 움직여 먹고사는 자들이며, 또 그중에는 비천한 직 1277b
공(職工) 기술자[27]들이 포함된다. 바로 이런 이유로[28] 한때 몇몇 폴리스에

24 W. Newman은 dokei hetera kai ou tauta dein으로 읽으며 "때때로 지배하는 자와 지배를 받는 자는 동일한 것이 아니라 상이한 것을 배워야 하고, 시민은 양쪽을 이해해야 하고 양쪽에 참여해야 하기 때문에…"로 옮긴다.

25 맥락상 모호한 문장이다. 아마도 원문이 훼손되었거나, 탈문이 있을 것으로 추정된다(주제밀). 추정해 보충하자면, '어떻게 이 양쪽의 능력을 획득할 수 있는지를 살펴보아야 하고' 정도일 것이다.

26 1255b20-37 참조.

27 원래 banausos는 화덕이나 쇠를 녹이는 용광로를 가리키는 '바우노스'(baunos)에서 유래한 말로 '대장장이'를 의미하지만, 일반적으로는 귀족 계급에 대해서 '기술자 계급'을 총칭한다. 『니코마코스 윤리학』에서는 '저속한 사람', '비속한 사람', '품위 없는 사람'을 가리키기도 한다(1123a20 참조). 이 말의 추상 명사인 '품위 없음'(banausia)이란 의미도 있다.

28 노예이기 때문에.

서는 장인들은 극단적 민주정[29]이 생기기 전까지는 관직 참여가 허용되지 않았다.[30] 그러므로 이러한 종류의 지배를 받는 자들이 행하는 일은 자신과의 관계에서 자신에게 일어나는 어떤 필요를 충족하기 위한 경우를 제외하고는[31] 좋은 사람이나[32] 정치가, 좋은 시민은 배워서는 안 된다. 왜냐하면 그 경우에는 한 사람이 주인이 되고 다른 사람이 노예가 되는 관계는 더 이상 일어나지 않기 때문이다.

그러나 이것과는 다른 어떤 종류의 지배로서, 종적으로 자신과 같은 태생인 자유인에 대해 행하는 지배가 있다.[33] 우리는 이 지배를 '정치적인'(시민적) 지배[34]라고 부른다. [노예에 대한 지배와 달리] 이러한 종류의 지배를 행하는 방법은 지배하는 자가 지배에 받음으로써 배워야 하는 것이다. 예를 들어 기병대 지휘관 휘하에서 일을 함으로써 기병대를 지휘하는 법을 배우고, 장군 지휘에 따라 부대장이나 백부장을 맡아 일을 함으로써 장군으로서 지휘하는 법을 배운다.[35] 그러므로 '지배를 받

29 1296a2 참조.

30 테테스(thētes, 고용 노동자들) 집단이 관직이 참여하지 못했다는 점에 대해서는 플루타르코스의 「솔론」 18 참조.

31 1341b10-15 참조.

32 oude ton을 삭제하지 않고 읽음.

33 시민들 중에 어떤 이는 다른 사람들보다 더 고귀하게 태어날 수는 있지만, 태생에서는 비슷하다. 왕은 그들이 지배하는 자들보다 태생에서 더 고귀하다(1284a11 아래 참조, 1310b12 참조). "왕은 자연적으로 우월해야 하지만 종적으로는 [지배받는 자들과] 동일해야" 한다(1259b15). '종적으로' 동일하다는 말은 '혈통적으로' 혹은 '종족적으로' 동일하다는 것을 의미한다.

34 즉 '자유롭고 태생이 비슷한 시민들 간에 행해지는 지배'를 말한다.

35 부대장(taxiarchos)은 백부장(lochagos)보다 더 많은 병력을 거느린다. 아테나이의 보병은 부족(phulē) 중에서 한 사람씩 뽑아 10taxeis(부대)로 구성되었다고 한다. 오늘날의 '대대'(大隊)나 '연대'쯤에 해당한다. taxis는 lochoi(중대)로 나뉜다. 그들의 지휘관을

지 않으면 잘 지배할 수 없다'[36]고 말하는데, 이것 또한[37] 옳은 말이다. 반면에 이 양자[지배하고 지배받는]의 덕은 다르다고 하지만, 좋은 시민이기 위해서는 지배하는 것과 지배를 받기 위한 앎과 능력[38]을 가져야 하며, 또 자유인들의 지배를 양쪽에 걸쳐[39] 아는 것이 시민의 덕(탁월성)이다. 설령 지배하는 것과 관련된 절제와 정의가 [자유로우나 지배받는 사람의 절제와 정의와] 다른 종류의 것이라 하더라도 사실상 좋은 사람의 덕은 양쪽의 덕에[40] 걸쳐 있다. 왜냐하면 만일 좋은 사람이 지배를 받지만 자유인이라면, 좋은 사람의 덕은, 예를 들어 정의라는 덕은 하나가 아닐 것이며, 오히려 지배하고 지배받는 데에 따라서 다른 종류의 덕을 가진다는 것은 분명하기 때문이다. 그것은 마치 남성과 여성의 절제와 용기가 다른 것과 마찬가지다[41](왜냐하면 어떤 남자가 용감한 여자만큼 용감하다고 해도, 그 남자는 남자로서 비겁한 자로 보일 것이고, 어떤 여자

lochagoi라고 불렀다. 기병대 지휘관에게는 2hipparchoi가 주어지고, 이들 밑에는 각 부족 중에서 한 사람씩 뽑아 10phularchoi가 있었다. 장군(stratēgos)은 해마다 뽑히는 10명이 있었다고 한다. 장군들이 10taxeis를 지휘했다.

36 "지배하기 앞서 지배받는 것을 배워라"(arche prōton mathōn archesthai, 디오게네스 라에르티오스, 『유명한 철학자들의 생애와 사상』 제1권 60). 이 말은 아폴로도로스(Apollodoros)에 의해 솔론에게로 돌려진다. 지배받는 것을 해 보지 않은 자는 칭찬받을 만한 주인이 될 수 없다. '잘 지배하는 것보다 잘 섬기는 것'(to kalōs douleusai)에 대해 자부심을 가져야 한다(플라톤, 『법률』 762e).

37 앞서 이미 자유인은 지배받고 지배하는 것을 배워야 한다고 했으니까.

38 앎(epistasthai)은 능력(dunasthai)의 조건 중의 하나다. 따라서 능력이 앎보다 더 넓은 개념이다.

39 즉 지배자로서와 지배받는 자로서.

40 즉 지배하고 지배받는 능력.

41 "또한 소크라테스가 생각했던 것처럼 용기와 정의도 여성과 남성에게 동일한 것이 아니라는 것은 명백하다. 하나는 지배하는 자의 용기이고, 다른 하나는 보조자(하인)의 용기이다"(1260a21-23).

가 좋은 남자만큼 예절이 바르다고 해도, 그녀는 여자로서 수다스러운 여자로 보일 테니까 말이다.[42] 심지어 남자와 여자는 가정에서의 역할조차 다르기 때문이다. 즉 남자의 일은 재물을 획득하는 것인데 반해, 여자의 일은 재물을 지키는 것이다.[43]) 그렇지만 실천적 지혜(슬기)만큼은 지배자에게 고유한 유일한 덕이다.[44] 왜냐하면 그 밖의 덕들[45]은 필연적으로 지배받는 자들과 지배하는 자들 모두에게 공통적인 것처럼 생각되지만[46] 적어도 지배받는 자의 경우에는 실천적 지혜(슬기로움)는 덕이 아니라, 오히려 '진정한(올바른) 신념'이 덕이기 때문이다.[47] 이것은 마치 지배받는 자는 아울로스를 만드는 자인 반면에, 지배하는 자는 아울로스

42 1260a28-31 참조("여자에게 침묵은 품위[예절바름]를 가져다준다"). 헬라스의 여자들은 말을 적게 하는 것이 덕이었다면, 남성들에게 말을 잘 하는 것은 남성의 덕(탁월성)이었다. 주제밀은 lalos 대신에 sōphrōn(절제 있는)에 반대되는 akolastos(방종한)로 읽고 있지만, 다수의 사본처럼 lalos로 읽는 것이 무난해 보인다.

43 플라톤, 『메논』 71e 참조. 아리스토텔레스, 『가정 경제학』 1343b26-1344a8 참조. 크세노폰, 『가정 경영술』 7.25 참조.

44 플라톤도 이미 실천적 지혜(슬기로움)가 지배자에게 속하는 덕이라고 말한 바 있다(『국가』 433c).

45 즉 도덕적 덕.

46 "지배받는 것과 지배하는 것의 차이는 종(種)적으로 차이가 나는 것이며, 보다 많음과 보다 적음에서의 차이는 전혀 그와 같은 것이 아니다"(1259b37-39 참조). 『니코마코스 윤리학』에서는 도덕적 덕은 실천적 지혜(슬기)없이는 생길 수 없다고 말하지만(1144b14-17, 31-33), 이 점은 '주된 의미의 탁월성'(hē kuria aretē), 즉 완전한(telea) 도덕적 덕에만 해당한다. '지배하는 자는 도덕적 덕을 완전하게 가져야' 하니까(1260a14-20).

47 플라톤, 『법률』 632c, 734e 참조. '참된 의견'을 갖는다는 것은 올바른 질서를 유지하기 위해 '아름다운 것과 정의로운 것, 좋은 것들과 그 반대되는 것들을 올바르게 파악하는 능력'을 말한다(플라톤, 『정치가』 309c 참조). '참된 의견'에 대한 보다 자세한 설명은 박종현 역주, 『법률』 p. 87 각주 84 참조.

를 부는 아울로스 연주자인 것과 같은 것이다.[48]

이렇게 해서 좋은 사람의 덕과 훌륭한 시민의 덕이 같은 것인지 다른 것인지, 또 어떤 의미에서 같으며 어떤 의미에서 다른지에 대해서도 이러한 고찰로부터 명백해졌다.

48 1282a17-23 참조. 플라톤, 『국가』 429b-430c, 433c-d, 473c-480a, 601d-602b("동일한 도구의 제작자는 그것을 아는 자와 함께 있으면서 아는 자한테서 듣지 않을 수 없게 됨으로써, 그것의 아름다움(kallos)과 나쁨(ponēria)에 관한 올바른 믿음(pistis orthē)을 갖게 되지만, 그것을 사용하는 자는 그것에 관한 지식(epistētē)을 갖게 될 걸세") 참조. "정치가의 기술이 인간을 만드는 것이 아니라, 자연으로부터 그들을 받아들여 사용하는 것처럼"(1258a21 아래 참조), 요컨대 '만드는' 기술은 '사용하는' 기술에 보조적이거나 종속적이라는 것이다(1256a5 아래 참조). 마찬가지로 지배받는 사람은 지배하는 사람에게는 보조자이기 때문에, 따라서 지배받는 사람은 보조적인 종류의 덕(탁월성)을 갖는다는 것이다. 영혼에서도 '지배하는 부분의 덕은 지배받는 부분의 덕을 사용한다'(『에우데모스 윤리학』 1246b11).

제5장

노동자와 직공 기술자들도 시민일 수 있는가

아직도 시민에 관한 문제들 가운데 하나가 남아 있다. 즉 진정으로 시민은 관직에 참여가 허용된 자일 뿐인가, 아니면 직공 기술자도 시민으로 봐야 하는가 하는 문제다.[1] 그런데 관직에 종사할 일이 없는 이러한 사람들도 시민으로 간주해야 한다면, 앞서 말한 것과 같은 덕[2]을 모든 시민이 갖는다는 것은 있을 수 없는 일이 될 것이다(직공 기술자들[3]도 시민의 일원이 될 테니까). 한편, 이런 사람들 중 어느 누구도 시민이 아니라면, 우리는 그들 각각을 폴리스의 어떤 부분(신분) 속에 두어야 하는가? 그들은 거류 외국인도 또한 외국인도 아니니까 말이다.

1278a 아니면, 적어도 이 논의[4]로부터는 아무런 불합리한 점도 따라 나오지 않는다고 말해야 하는 것인가?

왜냐하면 노예도 앞서 말해진 어느 신분[5]에도 속하지 않고, 해방 노예 또한 마찬가지기 때문이다. 사실 그들 없이는 폴리스가 존립할 수 없

1 이 질문은 앞서 1277b1에서 몇몇 폴리스에서는 직공 기술자들이 '극단적 민주정'이 들어설 때까지는 관직에 참여할 수 없었다는 것 때문에 제기된 것으로 보인다.

2 1278a9에서 '우리가 시민의 덕(탁월성)이라 말했던 것'으로 '잘 지배하고 지배받을 수 있는 탁월성'을 말한다.

3 즉 관직에 참여하지 못하는 사람들.

4 'banausos(직공 기술자)들은 시민도 아니고, 거류 외국인도 아니고, 또한 외국인도 아니라'는 논의를 가리킨다.

5 거류 외국인과 외국인 시민.

는 모든 사람들[6]을 시민들로 간주해야 하는 것은 아니다.[7] 왜냐하면 [시민의 부모로부터 태어난] 자식들조차 [직공 기술자들보다는 더 시민에 가깝기는 하지만] 어른과 같은 의미로 시민은 아니기 때문이다. 어른들은 무조건적으로 시민이지만 아이들은 단지 가정적(假定的)으로[8] 시민일 뿐이다. 즉 시민이라고 해도 아이들은 불완전한[9] 시민일 수밖에 없다. 그런데 옛날에는 직공 기술자를 맡는 것은 노예거나 외국인이었던 몇몇 폴리스가 있었다. 바로 이런 까닭에 오늘날에도 대부분의 직공 기술자들이 노예거나 외국인인 것이다. 최선의 폴리스라면 직공 기술자를 시민으로 인정하지 않을 것이다. 그러나 만일 직공 노동자조차도 시민이라면, 적어도 우리가 앞서 말했던 시민의 덕은 모든 시민에게, 혹은 자유인이면 누구에게나 속할 수 있는 것도 아니고, 오히려 필수 불가결한[10] 일들로부터 면제된 자유인들에게만 속한다고 말해야 하는 것이다. 그리고 이 필수 불가결한 일에 관해서 말하자면, 그런 일을 행함으로써 한 인간에게 봉사하는 것은 노예들인 반면에, 공동체를 위해서 봉사하는 것은 직공 기술자들이거나 [일용] 고용 노동자들이다.

여기에서 좀 더 나아가 고찰을 수행하는 자들에게는 이런 사람들[직공 기술자들, 고용 노동자들]의 경우에 사정이 어떠한지 명백해질 것이다. 사실상 우리가 이미 말한 것 자체[11]로부터 그것은 분명해질 테니까.

6 아래에서는 '필수불가결한 일'에 종사하는 자들을 말한다.

7 gar를 사용해서 '직공 기술자들은 시민이 아니라'는 결론을 정당화해 주고 있다.

8 그들이 성장해서 나이가 들면 시민이 될 수 있다는 가정에서만.

9 나이가 들지 않았으니까.

10 이 말 속에는 '비천하다'는 의미가 들어 있는 것일까?

11 혹자는 넓게 제3권 제1장으로 추정하기도 한다(싱클레어와 손더스). 뉴먼은 1275a 38 아래를 지적한다. 다음과 같은 구절이 이 대목을 이해하는 데 도움이 될 성싶다. "만일

즉 여러 종류의 정치체제들이 있기 때문에, 여러 종류의 시민들이 필연적으로 있어야 하는 것이다. 지배를 받는 시민들에게는 특히 그런 것들이 해당한다. 따라서 어떤 정치체제에서는 직공 기술자와 고용 노동자가 반드시 시민이 되어야 하지만, 다른 어떤 정치체제에서는 시민이 되는 것은 불가능하다. 예를 들어 이른바 귀족정('우수한 자들의 지배정')이라고 불리는 어떤 정치체제가 있을 경우에, 즉 관직이라는 명예가 덕(탁월성)과 가치(공적)[12]에 따라 주어지는 정치체제에서는 그들은 시민들일 수가 없다. 왜냐하면 직공 기술자나 일용 고용 노동자의 삶을 영위하는 동안에는 덕을 함양하는 것이 불가능하기 때문이다.[13]

반면, 과두정에서 일용 고용 노동자는 시민이 될 수 없지만(거기에서는 재산 사정액[14]이 높아야 관직에 종사할 수 있으니까), 직공 기술자는 시민이 될 수 있다. 왜냐하면 많은 장인들도 실제로 부자가 될 수 있기 때문이다.[15] 무엇보다 테바이에는 아고라(시장) 활동을 그만둔 지 10년이 지나지 않은 자는 관직에 참여해서는 안 된다는 법률이 있었다.[16]

이에 대해 많은 정치체제들에는 일부 외국인들까지도 시민으로 받아

여러 종류의 정치체제들이 있다면, 훌륭한 시민의 덕이 하나의 완전한 덕이 될 수 없다는 것은 분명하다. 이에 대해 우리는 좋은 사람이라고 할 때, 한 가지의 덕, 즉 완전한 덕을 바탕으로 그렇게 말한다. 그렇다면 누구가가 훌륭한 사람이 지니는 덕을 획득하지 않고서도 훌륭한 시민이 될 수 있다는 것은 명백하다"(1276b31-35).

12 덕(아레테)과 가치는 동일한 것이 아니다. axia(가치)는 덕뿐만 아니라 재산과 같은 폴리스에 중요한 다른 것(태생, 자유롭게 태어남)과도 연관되어 있다.

13 1260a38-b1, 1337b4-21 참조.

14 재산 사정평가액(timēma)은 과세시 기준이 되는 것이다. '재산자격 평가'로 번역할 수도 있다.

15 호메로스, 『오뒷세이아』 제17권 386행 참조.

16 1321a26-29 참조.

들이는 법률이 있다. 왜냐하면 몇몇 민주정들에서는 어머니가 시민이기만 하면 그 아이도 시민으로 간주되기 때문이다. 또한 많은 부분에서는 서자(庶子)와 관련해서도 그와 마찬가지 방식이 적용된다. 그럼에도 그런 자들을 시민으로 인정하는 것은 진정한 시민이 부족한 데 따른 것이기 때문에(그들은 인구의 부족 때문에 이러한 방식으로 법률을 채택하는 것이니까), 사람이 충분히 많아지면 그들은 단계적으로 시민에서 제외되는 것이다. 즉 먼저 노예 신분의 아버지나 어머니에게서 태어난 자가, 그다음으로 시민 신분의 어머니[와 시민이 아닌 아버지]에게서 태어난 자가 제외되며, 최종적으로는 부모 모두가 시민인 사람들만을 시민으로 인정받는 것이다.

그러므로 이상에서 살펴본바, 시민에는 몇 가지 종류가 있다는 것과 관직이라는 명예를 가진 자가 특히 시민이라 불린다는 것은 명백하다. 예를 들어 호메로스가 "어떤 명예도 없는 유랑민처럼"[17]이라고 말하고 있는데, 또한 이것을 함축한다. 관직이라는 명예를 받지 못하는 자는 거류 외국인과 같기 때문이다. 그리고 이와 같은 것[18]이 숨겨진 곳에서는, 그것은 함께 폴리스에 사는 동료들을 속이기 위한 것이다.[19]

따라서 좋은 사람에 속하는 덕과 훌륭한 시민에 속하는 덕을 같은 것으로 간주해야 하는지, 아니면 다른 것으로 간주해야 하는지에 대해서

17 『일리아스』 제9권 648행, 제16권 59행. 아킬레우스가 아가멤논이 자신을 어떻게 취급했는지를 보이면서 터뜨리는 불만이다. 아리스토텔레스는 atimētos(명예도 없는)를 '관직에서 배제된'이란 의미처럼 사용하고 있다.

18 관직에 참여하는 것이 배제된 것.

19 1264a19-22 참조. 관직에서 배제된 것을 숨기는 것은 같은 폴리스에 거주하는 사람을 속이려는 나쁜 동기 때문에 그렇게 한다는 것이다.

1278b 는, 앞서 말해진 바로부터 분명하다.[20] 즉 어떤 폴리스에서는 좋은 사람과 훌륭한 시민은 서로 동일하지만, 다른 폴리스에서는 양자가 다르다. 또 좋은 사람의 덕과 훌륭한 시민의 덕이 일치하는 곳에서도, 그 일은 모든 시민이 아니라,[21] [단지] 정치가에만 적용된다. 다시 말해 좋은 사람과 훌륭한 시민이 일치하는 것은 한 사람뿐이거나 다른 사람들과 더불어 공적인 업무들을 돌보는 권한을 행사하는 혹은 그 권한을 행사할 수 있는 사람에게만 해당되는 것이다.

20 이 요약에 대해서는 앞의 34행을 보라.

21 즉 '그 둘[좋은 사람의 덕과 훌륭한 시민의 덕]이 동일한 폴리스에 있는 모든 시민이 아니라'.

제6장

올바른 정치체제와 타락한 정치체제

이러한 사항들이 규정되었으므로[1] 다음으로 고찰해야 할 정치체제는 하나의 종류밖에 없다고 해야 하는가, 아니면 몇 가지 종류가 있다고 해야 하는가와 여러 종류의 정치체제가 있다면 그것들은 무엇이며, 얼마만큼의 수가 있는가, 그리고 그 정치체제들 간에는 어떤 차이들(종차)이 있는가[2] 하는 문제다.

그런데 정치체제란 폴리스의 여러 관직들에 대한 조직으로, 그중에서도 특히 모든 일에 대해 최고의 권한(권위)을 갖는 조직이다. 왜냐하면 모든 폴리스에서 통치자 집단(정부)[3]은 최고의 권위를 가지며, 정치체제는 통치자 집단이기 때문이다.[4] 내가 의미하는 바는, 예를 들어 민주

1 제3권 1장 1275a에서 "누구를 시민으로 불러야 하는지, 그리고 누가 시민인지를 탐구해야 한다"는 물음에 대답이 되었기 때문에, 다음에 이어지는 물음은 '폴리스는 무엇인가' 하는 것이다. 그런데 이 물음은 1275b20에서 답해졌기 때문에, 제3권 제1장 첫 문장에서 제시됐던 '정치체제와 관련해서 각각의 정치체제가 무엇이며(본성), 어떤 종류의 것(성질, 특성)을 가졌는지를 탐구'하는 것이 남은 과제가 되고 있다.

2 이 물음은 정상적인 정치체제와 거기서 파생된 정치체제를 다루고 있는 제3권 제7장에서 논해지고 있다. 또 제8장 1279b39에서도 논의된다. 이 물음은 제4권 제13장 1297b31에서는 "정치체제들 간의 차이가 무엇인지, 어떤 이유 때문에 그 차이들이 생겨나는지"라고 말해지고 있다.

3 politeuma는 폴리스의 '지배하는 계층'으로, 다른 말로 표현하자면 '통치자 집단'은 기본적으로 '시민 집단', '정치적 공직에 취임할 자격이 있는 사람들의 집단'을 나타낸다.

4 이 문장에서 politeia 대신에 politeuma(정부, 통치계급, 통치자 집단)를 주어로 잡는 학자들도 있다. 이 두 개념은 상호 교환해서 사용되기도 한다(1308a6, 1306a14 아래 참조).

정에서는 인민이 최고의 권위를 가지며, 과두정[폴리스]에서는 반대로 소수가 최고의 권위를 가지고 있다는 것이다. 우리는 또한 이 두 경우에서 [통치자 집단뿐 아니라] 정치체제라는 점에서도 다르다고 말한다. 우리는 다른 정치체제들과 관련해서도[5] 마찬가지로 동일한 설명을 할 것이다.

그래서 우리는 먼저 (1) 폴리스가 무엇을 위해서 존재하는가 하는 점과 (2) 인간과 공동체의 삶에 관련해서[6] 얼마나 많은 종류의 지배가 있는지를 결정해 두어야 한다.

(1) 그런데 첫 번째 논의에서[7] 가장으로서 다스리는 것과 주인의 지배와 대해 규정했으며, 그 가운데 인간은 본성상 폴리스적 동물이라고 말했다. 이런 까닭에 사람들은 서로 어떤 도움을 필요로 하지 않을 때조차도 못지않게 함께 살기를 욕구한다. 확실히 공통의 유익함 또한, 그것에 의해 각자가 훌륭하게 사는 것에 관여하는 한, 사람들을 연결시키는 역할을 한다. 실제로 무엇보다도 그것이 공동체 전체에게나 개개인에게도

아리스토텔레스는 "폴리스와 모든 다른 체제(sustēma)는 무엇보다 최고의 권위를 갖는 그것의 부분"이라고 말한다(『니코마코스 윤리학』 제9권 8장 1168b31-33). 정치체제의 성격은 누가 최고의 권위(권력)을 갖고 있느냐에 달려 있다. 이것이 정부의 형태를 결정한다. 따라서 정치체제는 정부 혹은 지배하는 계층에 따라 달라지는 것이다.

5 원어로는 peri tōn allōn이다. 혹시 인민, 소수가 아닌 '다른 최고의 권위 밑에 사는 사람들'을 가리키는 것은 아닐까? allōn은 '다른 정치체제들'로 받아들이는 것이 더 그럼 직해 보인다(주제밀, 뉴먼의 견해 참조).

6 이 말은 다른 하등 동물의 삶에 관계된 것이 아니라 인간의 삶에 관련된 것이니, 가정, 마을, 폴리스에 관련된 지배의 종류에만 관심을 가진다는 말로 이해된다.

7 제1권 제2장 1253a1-4("따라서 이러한 것들로부터 분명한 것은, 폴리스는 자연적으로 존재하는 것들에 속하며, 인간은 본성적으로 '폴리스를 형성하며 살아가는 동물(politikon zōon)'이라는 것이다").

궁극 목적이 되는 것이다.[8]

그렇지만 사람들은 단지 삶 그 자체만을 위해서도 함께 모여서 폴리스적(정치) 공동체를 형성하고 그것을 유지하는 것이다. 아마도 살아가는 데 지나친 고난이 따르는 것이 아닌 한, 오직 산다는 것 그 자체에도 뭔가 고귀한(아름다운) 것의 몫이 포함되어 있기 때문이다. 많은 사람들이 삶을 갈망하며 수많은 고통을 참고 견디고 있지만, 그것은 삶 그 자체 안에 내재하는 어떤 기쁨[9]과 자연적인 달콤함이 있다고 생각하기 때문이라는 것은 분명하다.

(2) 그러나 또한 일반적으로 이야기되는 지배의 다양한 형태를 구별하는 것은 어려운 일이 아니다. 사실상 우리는 '대중을 위한 논의들에서'[10] 종종 그것들을 구별하고 있으니까. 즉 그 하나가 '주인의 지배'다. 자연에 근거한 노예와 자연에 근거한 주인의 경우, 사실상 양자의 유익은 일치하지만, 그럼에도 노예에 대한 주인의 지배는 주로 주인의 유익함을 목적으로 하는 지배고, 단지 노예의 유익함은 부수적으로만 목적

8 이 점은 제7권 제1~3장에서 논의된다.

9 euēmeria(기쁨)는 '행복'을 말한다.

10 1323a22에서도 다시 언급된다. 이 작품들은 『정치학』보다 더 넓게 일반 대중을 위해 쓰인, 지금은 상실되어 이름만 전해지는 어떤 작품들(『정치가』나 『왕정에 관하여』)을 가리키는 것으로 보인다(『에우데모스 윤리학』 1217b22-23 참조). 첼러(E. Zeller)는 이 말을 두고 아리스토텔레스학파 바깥에서 옹호되던 견해를 가리키는 것으로 보기도 한다(『니코마코스 윤리학』 1098b12 참조). 아리스토텔레스 저작 전체에서는 이 표현이 6번가량(『자연학』 217b30-31, 『형이상학』 1067a28-29, 『니코마코스 윤리학』 1102a26-27, 1140a3, 『에우데모스 윤리학』 1217b22-23, 1218b33-34, 『정치학』 1278b31-32) 나온다. 기원후 2세기경에 활약했던 아울루스 겔리우스(Aulus Gellius)는 아리스토텔레스가 아침에는 전문가를 위한 강의를 하고, 저녁에는 '외부 강의'를 했다고 보고하고 있다(『아티카의 밤(*Noctes Atticae*)』 20. 5).

이 되는 지배다[11](노예가 없어지게 되면, 주인의 지배를 보존할 수 없으니까).

이것에 대해 자식, 아내, 가족 전체에 대한 지배, 즉 우리가 바로 '가정 경영'(가장적 지배)이라고 부르는 것은 지배받는 자들의 이익이거나 또는 지배하는 자들과 지배를 받는 자들 양자에게 공통의 유익함을 목적으로 하는 것이다.[12] 이러한 종류의 지배는 예를 들어 의술이나 체육 훈련과 같은 다른 기술들의 경우에서 보는 것처럼, 그 자체로는 지배받는 자들의 이익을 목적으로 하는 것이다. 그러나 이 지배는 부수적인 방식으로 지배하는 자의 자신의 이익이 될 수도 있을 것이다. 왜냐하면 마치 키잡이가 항상 선원들 중의 한 명인 것처럼, 체육 훈련가 자신도 때때로 훈련받는 자들 가운데 한 명임을 방해하는 것은 아무것도 없기 때문이다. 그러므로 체육 훈련가나 키잡이는 지배받는 자들의 좋음을 고려하게 되는데, 자기 자신들 또한 지배받는 자들 가운데 한 명이 될 때, 그는 부수적으로 이득을 갖게 된다. 왜냐하면 그 경우에는 키잡이는 선원 중의 한 사람이고, 체육 훈련가는 여전히 체육 훈련가로 있으면서도 동시에 지도를 받는 자들 가운데 한 사람이 되기 때문이다.

따라서 정치적 관직의 경우에도[13] 정치체제가 시민들의 동등함과 동질성에 토대를 두고 확립되었을 때, 시민들은 번갈아 가면서 폴리스의

11 주인이 노예를 보살피고 먹여 살리는 것은 그렇게 하는 것이 주인에게 이익을 가져다 주기 때문이다(1252a31-34, 1254b15-1255a3, 1255b5-15 참조).

12 여기서는 가정 경영의 지배(oikonomikē archē)와 노예에 대한 주인의 지배(despotikē archē)가 배타적인 것으로 말해지고 있으나 『정치학』에서는 대개 주인의 지배는 가정 경영의 지배의 부분으로 이야기된다(1253b1 아래, 1259a37 아래 참조).

13 접속법 eimi(be) 동사인 hēi의 주어를 '폴리스'로 볼 수도 있겠다. 이 맥락에서는 '폴리스'보다는 '정치체제'가 더 그럴듯해 보인다.

관직을 수행하겠다고 요구하는 것이다. 예전에는 사람들이 자연스럽게 자신의 차례가 왔을 때 관직을 맡아 공공의 봉사[14]를 수행하겠다고 생각했고[15] 그 자신이 재임 중 다른 사람의 유익함을 고려했던 것처럼, 이제는 다른 사람이 자신의 좋음을 고려해야 한다고 생각했다. 그런데 오늘날에는 공공의 재원과 관직의 지위로부터 얻을 수 있는 이득을 위해, 마치 병에 걸리더라도 관직의 자리에 눌러앉음으로써 건강을 유지할 수 있을 것처럼, 사람들은 관직의 자리에 언제까지나 머물러 있기를 원하는 것이다. 실제로 이것이 사실이라면, 사람들은 아마도 이러한 방식으로 관직을 추구했을 것이기 때문이다.[16]

그렇다면 공통의 유익함[17]을 고려하는[18] 정치체제들은 무조건적으로 정의로운 것[의 기준]에 따른 올바른 정치체제인 반면에 지배하는 자들 자신만의 유익함에 관심을 기울이는 정치체제들은 죄다 잘못된 것이며,[19] 이는 어느 것이나 올바른 정치체제로부터 벗어난(타락한) 것[20]이

14 공적인 봉사(leitourgia)는 연극 합창단 기금 마련, 해군을 위한 장비 삼단 노 부착, 폴리스를 위한 잔치 제공과 같이 부자들의 사적 자금으로 지불되는 모든 공공 봉사를 말한다(『니코마코스 윤리학』 1122b22-23). '공적 봉사를 하다'(leitourgein)란 말은 부자들의 '자선 기부 행위'라 말할 수 있다. 그 밖에도 이 말이 언급되는 것에 대해서는 1272a20, 1291a38, 1305a5(공적 부담금), 1309a18, 1314b14, 1320b4, 1321a33, 1330a13(공적 예배) 참조.

15 10행의 archein에 대조되는 말이다.

16 1277a24-25 참조.

17 "공통의 유익함"(to koinē sumpheron)은 정의, 공동체의 좋음이나 목적으로 이어 나오는 "단적으로 정의로운 것"을 말한다. '단적으로 정의로운 것'에 반대되는 것은 '상대적으로 정의로운 것'(dikaion ti)이다.

18 겨냥하는.

19 1279b9-10 참조.

20 원어로는 parekbasis이다.

라는 점은 명백하다. 왜냐하면 그러한 정치체제들은 노예에 대한 주인의 지배와 같은 것들이지만 폴리스는 원래 자유로운 사람들의 공동체이기 때문이다.[21]

21 아리스토텔레스를 염두에 두고 있는 맥락에서 홉스는 『리바이어던』에서 정치체제의 형태는 군주정, 민주정, 귀족정만 있다면서 참주정, 과두정은 잘못된 명칭이라 말한다. 군주정에 불만을 가진 사람들은 그것을 참주정이라 부르고, 귀족정을 혐오하는 사람들은 그것을 과두정이라 부르며, 민주정을 못마땅하게 생각하는 사람들은 그것을 '무정부 상태'(anarchia)라고 부른다는 것이다(제19장). 홉스는 주권을 위임받은 주권자, 즉 정부의 목적은 플라톤과 아리스토텔레스와 달리 인민의 '도덕적 성격'에 있지 않고 '인민의 안전'(safety)이라고 주장한다(제30장).

제7장

정치체제의 분류

이러한 사안들이 규정되었으므로 다음으로 정치체제들에는 얼마나 많은 종류가 있으며, 또 정치체제들은 무엇인지(본질)를[1] 고찰해야 하는데, 정치제제 중에서 먼저 올바른 정치체제들을 고찰해야 한다.[2] 왜냐하면 올바른 정치체제들이 규정되었을 때, 그것에서 벗어난(파생된 혹은 타락한) 정치체제들도 명백하게 밝혀질 것이기 때문이다.

그런데 '정치체제'와 '통치자 집단'(정부)은 동일한 것을 의미하며,[3] 통치자 집단(정부)은 폴리스에서 최고의 권위(권한)를 갖는 한, 필연적으로 1인 혹은 소수나 다수 중 어느 하나가 최고의 권한을 가지고 있어야 한다. 그러므로 최고의 권한을 갖는 1인 혹은 소수나 다수가 공통의 유익함을 목적으로 지배한다면 그 정치체제들은 필연적으로 올바를 수밖에 없지만, 1인 혹은 소수나 다수의 사람이 사적 이득을 목적으로[4] 지배한다면 그 정치체제들은 벗어난 정치체제들이다(왜냐하면 [모든 시민에게 유익함의 몫으로 인정하지 않는 한, 그들은 참된 기준에서 벗어난 것이고] 그 정치체제[5]에 참여하는 자들[6]은 시민으로 불리지 않거나, 그렇

1 1274b32-33 참조.

2 올바른 정치체제는 아래의 1279a25-b10에서 논의되고 있다.

3 1278b11 아래 참조.

4 pros to idion에다 sumpheron(유익함)을 덧붙여서 읽는다.

5 즉 모든 시민들이 유익함을 공유하는 것을 허용하지 않는 벗어난(이탈한) 정치체제.

6 로스(OCT)와 J. Bernays는 mē를 삽입해서 읽고 읽지만("이익을 얻지 못하는 사람들을

지 않으면 그들은 그 정치체제에서 파생되는 유익함을 함께 공유해야 하기 때문이다).[7]

그런데 우리는 으레 1인 지배정들[8] 가운데 공통의 유익함을 고려하는 정치체제를 왕정이라 부르고,[9] 1인보다 많지만 소수가 지배하는 정치체제를 귀족정[10]이라 부르며(이렇게 부르는 것은 최선의 사람들이 지배하는 것이기 때문이거나 폴리스와 폴리스에 참여하는 사람들에게 최선의 것을 제공할 목적으로 지배하는 것이기 때문이다), 이에 대해 다중이 공통의 유익함을 위해 통치하는 경우, 이것은 모든 정치체제들에 공통되

시민이라고 불러서는 안 되기 때문이거나, 시민이라고 불러야 한다면 그 사람들은 이익을 공유하는 것이어야 하기 때문이다") 뉴먼과 다수의 사본을 좇아 삭제하고 읽는다. 이 문장의 해석도 뉴먼을 따랐다(vol. 3, pp. 192~193).

7 '시민'이라고 불린다면 그들은 폴리스가 목적으로 하는 '행복과 안녕'(공적인 유익함)을 공유해야 하니까 말이다. 아리스토텔레스는 이렇게 말한다. "모든 공동체는 정치적 공동체의 부분들과 비슷하다. 왜냐하면 사람들이 함께 모이는 것은 어떤 유익함을 위해서며 삶을 위해 필요한 어떤 것을 산출해 내기 위해서고, 정치적 공동체 역시 유익함을 목적으로 처음부터 함께 모여 지속하는 것으로 보이기 때문이다. 법을 제정하는 사람들이 겨냥하는 것도 바로 이 유익함이며, 또 정의는 공통의 유익함이라고 하는 것이다"(『니코마코스 윤리학』 제8권 9장 4절 1160a9-14).

8 여기에는(monarchia) '왕정'(basileia)과 '참주정'이 포함된다(플라톤, 『정치가』 302d,e). 소수 지배정에는 '과두정'과 '귀족정'이 있고, 다수 지배정에는 '민주정'이 있다. 헬라스적 정치체제에서 과두정에는 민주정적인 요소가 있다.

9 왕정은 공동의 유익함을 위해 지배하는데, "왕정은 인민에 맞서(epi ton dēmon) 품위 있는 자(epieikēs)에게 도움을 주기 위해서 생겨났고"(1310b9), 그리고 "왕은 재산을 가지고 있는 사람들이 그 어떤 부정의를 당하지 않도록 하기 위해서, 또 인민이 어떠한 오만함을 겪지 않게 하기 위해서 수호자가 되기를 원"하는 정치체제다(1310b40-1311a1).

10 aristokratia는 직역하면 '최선자의 지배'다.

는 이름인 폴리테이아(혼합정, 공화제)라고 불린다.[11] ([이것[12]은] 이치에 맞게 일어난다. 왜냐하면 1인이나 소수는 덕(탁월성)이라는 점에서 두드러질 수 있지만 다수에 이르게 될 때에는 그들이 모든 덕에서 온전하게 되기란 어렵기 때문이다. 하지만 다수는 특별히 군사적인 탁월성 1279b 에서 완전할 수 있다. 이러한 종류의 덕[13]은 다중 속에서 생겨나는 것이니까. 이런 이유로 해서 이 정치체제에서는 폴리스를 방어하는 전사계급들에게 최고의 권위가 있으며, 무기를 소유하고 있는 자들이 통치 체제에 참여하는 것이다.)[14]

11 아리스토텔레스는 왕정이나 귀족정과 같은 뛰어난 자의 고귀한 덕을 나타내는 특별한 이름이 아닌 모든 정치체제에 공통된 이름을 이렇게 부른다(W. Newman, vol. 3 p. 194 참조). 폴리테이아를 '모든 정치체제에 공통되는 이름'으로 부르는 것에 대해서는 1289a36-38 참조.

12 즉 '모든 정치체제들에 공통된 이름'을 갖는다는 것으로 이해했다. 즉 '이렇게 부르는 것이 합리적이다'. 이것을 '뒤에 따라 나오는 것이 이치에 맞는다'로 해석하기 좀 어렵다. 어차피 선행하는 내용을 받을 수밖에 없을 것 같다. 그런데 이것이 왜 이치에 맞게'(합당한 이유로) 일어난다는 것일까? 쉽지 않은 문제다. 다음에 이어지는 아리스토텔레스의 논의에서 모종의 암시('왜 모든 정치체제에 공통되는 이름으로 불리는가')를 찾아낼 수 있다.

13 '군사적인 탁월성'을 말한다.

14 이러한 정치체제가 '혼합정'(입헌 공화제)이다. politeia라는 말이 다수가 지배하는 '민주정'을 가리키는 것처럼 보이기도 한다. 일반적으로 귀족정적인 요소가 배제된 민주정과 과두정적인 요소가 혼합되어 있는 정치체제라고 말할 수 있다. 이 정치체제는 중장비 병장기를 소유한 계급들이 통치한다. 무기를 소유한다는 것은 스스로 장비를 갖출 충분한 재산을 가지고 있다는 것을 의미한다. 이런 의미에서 '중산계급의 공화제'라고 할 수 있다. 이 정치체제에서는 그 통치계급이 가능한 한 덕이 있는 자들이기 때문에 다수에 의한 올바른 정부 형태를 가진다. 그들은 특히 군사적인 탁월성을 소유하기 때문이다. 이 탁월성은 넓게 공유할 수 있는 덕이다. 이런 이유로 아리스토텔레스는 다수에 의한 올바른 정부 형태를 '혼합정'(politeia)이라 부른다. 군사적 탁월성에 관해서는 1271a41-b2 참조. 이 점에 대한 리브(C. D. C. Reeve, p. 294)의 주석을 들어 보자. (1) 왕정, 귀족정, X의 세 가지 올바른 헌법이 있다. (2) X를 왕권이나 귀족이라고 부르는 것은

앞서 말해진 정치체제들에서 벗어난 정치체제들은 왕정으로부터는 참주정이고,[15] 귀족정으로부터는 과두정이며, 혼합정(입헌 공화정)으로부터는 민주정이 있다(왜냐하면 참주정은 지배하는 자 1인의 유익함을 목적으로 하는 1인 지배정이지만[16] 과두정은 부유한 자들의 유익함을 위한 것이고, 민주정은 가난한 자들[17]의 유익함을 목적으로 하는 정치체제기 때문이다). 그렇지만 벗어난 정치체제들 중 그 어떤 것도 시민 전체의 공통의 이익이 되는 것을 목적으로 하는 것은 아니다.[18]

합리적이지 않다. 다중이 이 정치체제들 중의 통치자에 요구되는 모든 수준의 덕을 가질 수 있다고 생각하는 것은 합리적이지 못하기 때문이다. (3) 그러나 그것은 공동의 이익을 위한 다수에 의한 지배이기 때문에 왕권과 귀족 정치와 공통점이 있고, 따라서 두 가지 모두에 공통된 이름을 가져야 한다는 것은 합리적이다. (4) 일탈(벗어남)한 정치체제는 그것들이 벗어난 올바른 정치체제와 관련해서 politeiai로 불려진다. (5) 따라서 X는 올바르거나 일탈하는 모든 politeiai에 공통된 이름을 갖는 것이 합리적이다. (6) 그리고 그 이름이 물론 politeia이다.

15 "절대왕권(pambasileia)에 짝이 되는, 가장 완벽한 의미에서의 참주정"(1295a18-19). 이는 참주정이 '절대왕권정'에서 벗어난 것임을 함축한다.

16 투퀴디데스, 『펠로폰네소스전쟁』 제1권 17 참조.

17 '충분히 주어진 사람들'(euporoi)에 반대되는 말로 '충분히 주어지지 못한 사람들', '처지가 좋지 못한 사람들'을 의미한다. 이어지는 제8장에서 다수가 부자인 폴리스의 가능성을 고려하고 있다. 아리스토텔레스는 모든 시민이 가난한 폴리스의 가능성을 부정하지만(1283a18), 이것이 논리적으로 불가능하다고는 보지 않는다. 민주정이 더 안정적인 이유는 중간계급이 많기 때문이다(1296a12-15).

18

정치체제	지배자의 수	지배의 목적
왕정	1인	공동의 유익
귀족정	소수	공동의 유익
공화정(혼합정)	다수	공동의 유익
참주정	1인	지배자의 유익
과두정	소수	지배자의 유익

제8장

과두정과 민주정을 정의하는 어려움

그러나 이들 정치체제들[1] 각각이 무엇인지에 관해 좀 더 자세하게 말해야 한다. 사실상 여기에는 몇 가지 어려운 문제를 포함되어 있기 때문이다. 또 무엇을 연구하든 단지 실용적인 목적만으로 바라보지 않고 철학적으로 문제를 고찰하려는 사람에게는 어떠한 점도 간과하거나 빠뜨리지 않고, 각각의 사항에 대한 그 참을 분명하게 밝히는 것이 고유한 일이기 때문이다.[2]

그런데 참주정은 앞에서 말한 바와 같이[3] 폴리스 공동체를 [노예에 대한] 주인의 지배와 같이 지배하는 1인 지배정이다. 과두정은 재산을 갖고 있는 자들이 통치의 최고의 권한을 행사할 때 있게 되는 것이며,[4] 이와 반대로 민주정은 재산이 많지 않은 가난한 자들[5]이 [정치체제에서] 최고의 권위를 행사할 때 있게 되는 것이다.

그러나 첫 번째 어려운 문제는 이 정의에 관련되어 있다. 만일 부유한 다수가 폴리스에서 최고의 권위를 갖고 있는 경우에도 다중이 최고의 권위를 갖고 있는 한, 그것은 민주정이기 때문이다. 그 반대의 경우에도

1 즉 벗어난 정치체제들.

2 이러한 철학적 탐구 태도에 대해서는 『분석론 후서』 96b35-97a6 및 『천체론』 287b28 아래 참조.

3 1279b6(7장), 1279a21(6장) 참조.

4 플라톤, 『국가』 550c 참조.

5 aporos는 재산이 전혀 없는 사람이 아니라 많지 않은 사람을 말한다는 것을 알 수 있다.

마찬가지여서, 만일 가난한 자들이 부유한 자들보다 수적으로 더 적지만 부유한 자보다 힘이 세고 폴리스 통치의 최고 권위를 가졌다고 하더라도 소수 집단에 최고의 권위가 있는 한, 그것은 과두정이라고 불리게 된다. 그렇다면 이들 정치체제에 대한 앞선 정의는 올바르지 않다고 생각될 것이다.[6]

그러나 한편으로 부와 소수를 결합하고, 다른 한편으로 가난과 다수를 결합시킨 다음, 그에 따라 이들 정치체제를 다음과 같이 부른다 해도 다른 어려운 문제점을 가지게 된다. 즉 수가 적은 부유한 자들이 관직을 차지하는 정치체제를 과두정이라고 부르고, 수가 많은 가난한 자들이 관직을 차지하는 정치체제를 민주정이라고 일컫는다 하더라도 말이다. 그 까닭은 이렇다. 즉 실제로 앞서 언급한 정치체제들 이외에 다른 어떤 정치체제가 존재하지 않는다면[7] 방금 전에 말한 두 정치체제에 대해서, 다시 말해 부유한 자들이 다수고 가난한 자들이 소수인데, [부유한 자들과 가난한 자들] 각각이 폴리스 통치의 최고의 권위를 갖는 경우에 우리는 이것을 어떤 정치체제라고 불러야 하는가?

그렇다면 이 논의에서 분명하게 드러날 것으로 생각되는 것은 소수가 과두정에서 최고의 권위를 갖고, 다수가 민주정에서 최고의 권위를 행사하는 것은 우연적인 결과에 지나지 않으며, 이는 모든 곳에서 부유한 자들이 소수고 가난한 자들이 다수기 때문에 그렇게 되어 있다는 것

6 아리스토텔레스는 앞서 주어진 민주정과 과두정에 대한 정의를 거부한다. 왜냐하면 인민에 의한 통치를 '민주정'이라 정의하는 것은 그 인민이 대단히 부자인 경우에는 잘못된 것일 수 있으며, 소수에 의한 통치를 과두정이라 부르는 것은 소수가 가난하고 또 그들이 지배하는 다수가 부유하다면 잘못된 것일 수 있기 때문이다.

7 아마도 제7장에서 언급한 여섯 가지 정치체제의 목록을 말하는 것으로 보인다.

이다(이런 까닭에 앞서 말해졌던 근거들[8]은 과두정과 민주정의 차이들[9]
들을 가져오는 원인이 아닌 것이다). 민주정과 과두정을 서로 구별하는
진정한 근거는 가난과 부이다.[10] 즉 소수인지 다수인지에 관계 없이 사 1280a
람들이 부 때문에 지배의 자리에 오른다면 이 정치체제는 필연적으로
과두정이지만, 반면에 가난한 자들이 지배의 자리에 오른다면 이 정치
체제는 필연적으로 민주정인 것이다. 그러나 우리가 말했듯이 결과적으
로는 부유한 자들은 소수가 되고, 가난한 자들은 다수가 되는 일이 일어
난다. 왜냐하면 부를 얻는 것은 소수의 사람들만이 가능하지만 [가난한
자든 부자든] 모든 사람들은 [시민적] 자유를 공유하기 때문이다. 그리
고 '부'와 '자유'야말로[11] 이 두 집단이 정치체제를 요구할 때 양쪽이 논
쟁하는 근거로 드는 것이다.[12]

8 구성원의 다수와 소수에 의한 구별.

9 본질적 성질을 나타내는 종차(種差)를 말한다. 즉 '다수와 소수'는 우연적인 것이지 본질적 성질의 차이를 보여 주는 '종차'가 아니라는 것이다.

10 이것이 민주정과 과두정의 본질적 차이이고, 이를 통해 정치적 대립도 확연히 드러난다.

11 즉 '부와 자유'가 이 두 정치체제의 기본 원리기 때문에.

12 과두정과 민주정의 논쟁에 관해서는 제4권 1290a30-b20 참조. 이 두 집단은 자유나 부를 얻기 위해 싸우는 것이 아니며, 부자와 가난한 자 간의 차이는 정치적 싸움에서 초래하는 상이한 목적과 이해에 달려 있다.

제9장

민주정과 과두정에서의 정의

먼저, 과두정과 민주정의 기준[1]은 무엇이며, 과두정적 정의와 민주정적 정의란 각각 무엇이라고 그들이 말하고 있는지를 파악해 두어야 한다.

왜냐하면[2] (1) 양쪽의 사람 모두[3]는 어느 종류의 정의를 포착하고 있지만, 어느 쪽도 어느 정도까지만 나아갈 뿐이며, 가장 주된 의미에서의 정의 전체[4]를 말하는 데는 이르지 못했기 때문이다. 예를 들어 한편으로 [민주정 옹호자들은] 정의는 동등함(평등)이라고 생각하는데, 사실상 분명히 그렇다. 그러나 모든 사람들에게 해당되는 동등성이 아니라 '같은 사람들에 대해서'만 동등함이 정의다. 또 다른 한편으로 [과두정 옹호자들에게] 정의는 동등하지 않음인 것으로 생각되고, 이것도 분명히 그렇다. 그러나 모든 사람들에게 동등하지 않음이 아니라 '동등하지 않은 사람들에 대해서' 동등하지 않음이 정의다.[5] 그런데 이들은 '누구에

1 혹은 '구별하는 원리'내지는 '특징'.

2 여기서 아리스토텔레스는 민주정 옹호자와 과두정 옹호자들이 갖는 정의에 대한 생각이 부분적으로만 옳을 뿐, 완전히 참이 아니라는 것을 보여 주고자 한다.

3 여기서 pantes는 amphoteroi(양쪽의 사람들) 의미로 사용되었다. 즉 민주정과 과두정을 지지하는 사람들을 말한다.

4 pan to kuriōs dikaion이란 말은 아래의 22행에서는 to haplōs dikaion(무조건적인 정의, 절대적인 정의)이란 말과 같은 의미다. 앞에 오는 '어느 정도로 정의'(dikaiou tinos)와 대조되어 사용되었다. '어느 정도로 정의'란 말은 '어느 정도로 정의인 원리'를 의미한다.

5 전자는 민주정 옹호자들의 견해고, 후자는 과두정 옹호자들의 견해다(1266b38-1267a2,. 1267a37-41).

게'라는 점을 빼 버리고 잘못된 판단을 내린다. 그 이유는 그 판단이 그들 자신에 대한 것이라는 데에 있다. 대다수의 사람들은 그들 자신의 것에 대해서는 일반적으로 신통하지 못하게 판단 내리기 때문이다.[6]

그래서 정의는 '사람들과 관계되는' 것이며, (이전에 『윤리학』에서 말했듯[7]) [분배되는] 사물과 [이것을 분배받는] 사람에 '대해서' 동일한 방식으로 구별되기 때문에 그들은 사물의 동등성에 대해서는 의견이 일치하지만, 사람의 동등성에 대해서는 논란을 벌이고 있다. 이 일에 대한 주된 원인은 방금 말했듯이, 사람들은 자기 자신과 관계되는 일들에서는 판단을 잘못하기 쉽다는 점에 있고, 뿐만 아니라 그다음으로는 그들 각자가 '어느 정도까지'는 정의를 말하고 있으므로 자신들이 무조건적으로 정의를 말하고 있다고 믿기 때문이기도 하다. 왜냐하면 한쪽 사람은 어떤 측면, 예컨대 부(富)라는 점에서 다른 사람과 동등하지 않으면 자신들은 다른 사람들과 전적으로 동등하지 않다고 생각하는 반면에, 다

6 1287a41-b3 참조.

7 『니코마코스 윤리학』 제5권 3장 참조. 특히 다음 대목을 참조. "정의로운 것은 필연적으로 최소한 네 개의 항에서 성립한다. 정의로운 것에 관계하는 당사자가 둘이고, 정의로운 것이 그 안에서 성립하는 사물 또한 둘이기 때문이다. 사람들 사이에서 성립하는 동등함(isotēs)과 사물들 사이에서 성립하는 동등함은 동일하다. 사물들 안에 있는 관계 그대로가 사람들 안에도 있으니까. 만일 사람들이 서로 동등하지 않다면 동등한 것을 갖게 되지는 않을 테니까"(1131a15-24). "정의로운 것 역시 최소한 네 개의 항에서 성립하며 그 비율은 서로 동일하다. 사람들에 있어서나 그 사물에 있어서나 마찬가지 방식으로 나누어지니까. 그러므로 A항이 B항에 대해 가지는 관계를 C항은 D항에 대해 가지며, 상호 교환해서도 그런 관계를 가진다. 즉 A항이 C항에 대해 가지는 관계를 B항이 D항에 대해 가진다. 따라서 전체[A+C]가 전체[B+D]에 대해 가지는 관계 역시 동일할 것이다. 분배는 바로 이러한 것을 둘씩 짝짓는 것이며, 이러한 방식으로 조합되기만 하면 정의롭게 짝지어지는 것이다"(1131b3-9).

른 쪽 사람들은 어떤 측면, 예컨대 자유인[8]이라는 점에서 다른 사람과 동등하면 자신들은 다른 사람들과 전적으로 동등하다고 생각하기 때문이다.[9] 하지만 그들은 가장 중요한 것[10]을 말하고 있지 않다.

사람들이 공동체를 이루고 모여 사는 것이 재화 때문이라면, 그 경우에 그들은 재산을 가진 만큼에 따라 그 정도로만 폴리스의 지배에 참여하면 될 것이므로,[11] 따라서 과두정 지지자의 주장에 무게가 실릴 것이라고 생각할 수 있을 것이다[12](즉 그들의 주장에 따르면, 100므나 가운데 1므나를 기부했던 자가 그 나머지 전부[99므나]를 기부했던 자와 더불어 원금으로부터든지 불어난 이득으로부터든지 간에 몫을 동등하게 나눠 갖는 것은 정의롭지 않으니까).[13] 그러나 (2) 사람들이 그렇게 하는 것은 오직 살기 위해서만이 아니라, 오히려 잘 살기 위해서 [폴리스라는 공동체를 형성했다고 하면 어떨까][14](그렇지 않았다면 노예들[15]의 폴리스나

8 eleutheria(자유)는 '태생에서의 자유와 자유로운 시민'이라는 의미를 다 포함한다.

9 이와 동일한 주장이 1301a28 아래에서도 개진되고 있다("왜냐하면 민주정은 이러저러한 면에서 동등한 사람이 스스로 단적으로 동등하다고 생각하는 사람들로부터 생겨났으며 … 반면에 과두정은 한 가지 면에서 동등하지 않은 사람이 스스로는 전적으로 동등하지 않다고 가정하는 사람들로부터 생겨났기 때문이다").

10 가장 중요한 것(kurion)은 '폴리스가 세워진 목적'을 말한다.

11 즉 '재산에 비례해서 폴리스에 참여한다'는 말이다.

12 1316a39 아래 참조("재산에 있어서 훨씬 월등한 사람들이 아무것도 소유하지 못한 사람들과 가진자들이 폴리스에 동등하게 참여하는 것을 정의롭지 않다고 생각하"니까).

13 아리스토텔레스는 과두정이 폴리스를 '비즈니스 파트너십(공동체)'인 양 취급하는 잘못을 범한다는 것이다.

14 1252b29, 1278b24 참조.

15 "육체적 즐거움은 아무나, 심지어 노예까지도 가장 훌륭한 사람에 못지않게 향유할 수 있다. 그러나 노예가 [진정한] 삶에 참여하고 있다는 것을 부정하지는 않더라도 행복에 참여하고 있다고까지 할 사람은 아무도 없을 것이다"(『니코마코스 윤리학』 1177a7-9).

인간 이외의 동물들의 폴리스도 있었을 텐데 말이다. 그러나 실제로는 그런 폴리스는 존재하지 않으니까. 그들은 행복을 공유하지도 못하며 또한 선택에 근거한 삶을 누릴 수도 없을 테니까 말이다).

또, (3) 사람들이 그렇게 하는 것은 군사동맹을 맺어 누군가로부터 부정의를 당하지 않도록[16] 하기 위해 [공동체를 형성하지] 않았다면 어떨까. 또한 (4) 만일 사람들이 교역이나 상호 이용을 위해[17] [공동체를 형성하지] 않았다면 어떨까.—만일 그랬다면 튀르레니아[18]인들과 카르타고인들, 또한 서로 협정을 맺고 있는 사람들 모두가 실제로 한 폴리스에 속하는 시민들이 되었을 것이기 때문이다. 그렇지만 그런 사람들에게는 수입에 관한 계약, 부정행위 금지에 관한 협정, 군사동맹에 관한 문서가 있다. 그러나 이러한 일들을 총괄하기 위한 양쪽의 공통 기관은 이들 모두에게는 설립되어 있지 않았으며, 그 대신에 이들은 각각 폴리스에 각 1280b
기 다른 기관을 갖고 있을 뿐이다. 게다가 이들은 양쪽 모두 상대방이 어떤 성격의 사람[19]이어야 하는지에 대해서는 신경 쓰지 않고, 계약 상대방 중에 부정의한 사람이 생기지 않도록, 혹은 사악하지 않게 되는 일에 신경 쓰지 않으며, 그들이 염려하는 것은 오직 서로 상대방에 대해 부정

16 적을 침략을 방어하기 위한 상호방위조약 같은 것을 의미하는데, 헬라스어로는 주로 epimachia가 사용된다.

17 폴리스의 생성 기원에 대해서는 플라톤, 『국가』 369a 아래를 참조. 여기서도 자족적인 생존을 위한 생필품의 교환의 필요성을 언급하고 있다. 아리스토텔레스도 이와 동일한 의견을 1321b14 아래에서 개진하고 있다.

18 이탈리아 에트루니아(Etruria) 지방을 말한다. 기원전 560년에 이오니아 지방의 포카이아(Phokaia)인들이 정착하려던 것을 에트루니아와 카르타고의 연합함대가 적을 쫓아낸 것을 동맹으로 말하고 있는 듯하다. 카르타고는 에트루니아 지방의 중심 도시보다는 해안의 여러 도시들과 교섭했던 것으로 여겨진다.

19 '도덕적 성품을 가진 사람'을 말한다.

의한 행위를 결코 범하지 않도록 하는 것뿐이다.

그러나 좋은 법질서[20]에 신경 쓰는 자들이라면 누구나 폴리스적인 덕과 악덕에 관해 주의를 기울이기 마련이다.[21] 그러므로 이를 통해 명백해지는 것은 (단순히 이름뿐인 폴리스가 아니라 참으로 그 이름에 걸맞은 폴리스는) 덕을 배려해야 한다는 사실이다. 그렇지 않으면 그 정치적 공동체는 군사동맹이 될 테니까. 그것이 다른 군사동맹과 다른 것은 동맹자가 서로 떨어진 곳에 있는 것이 아니라 같은 장소에 있다는 점뿐이다. 게다가 덕을 배려하지 않는다면 법률은 하나의 계약이 되거나 소피스트 뤼코프론[22]이 말했듯이 '서로에 대해 정의로운 것[행위]들의 보증인'이지만 시민들을 좋은 사람, 정의로운 사람들로 만드는 그러한 것은 아닌 것이다.

이러한 것들이 사실 그대로라는 것은 분명하다. (5) 왜냐하면 설령 누군가가 [메가라와 코린토스 두 폴리스의] 영토를 결합해 하나로 만들고, 그래서 메가라인들의 폴리스와 코린토스인들의 폴리스를 성벽으로 둘러싸서 한데 붙게 했다고 하더라도[23] 여전히 그것은 하나의 폴리스로 되지는 않을 것이기 때문이다. 또한 [두 폴리스의] 사람들이 상호 결혼[24]이

20 혹은 '좋은 정부(통치)'.

21 1281a4, 1340b41-1341a3, 1254b27-32, 1334a11-40 참조.

22 뤼코프론은 아리스토텔레스 저작에서만 알려져 있다. 수사학자로 유명한 고르기아스(기원전 483~376년)의 제자였던 것 같다. 이 주장이 근대 국가에 대한 '사회계약론'의 원조쯤 될까? 하지만 아리스토텔레스는 연맹이나 결연에서 '정치적 공동체'를 구별하지 못하기 때문에 이 입장을 거부한다.

23 메가라와 코린토스(『성경』에서 고린도)는 국경은 접해 있지만 도시 자체는 상대적으로 떨어져 있다.

24 대개 헬라스에서 동일한 폴리스인 두 사람 간에만 법적인 혼인 계약을 할 수 있다. 그러나 다른 구역의 개인이나 외국인에게도 허용되었다(헤로도토스, 『역사』 제5권 92 참조).

허용된다고 하더라도, 상호 결혼이란 것이 폴리스에 특징적인 교류 형식들 가운데 하나일지라도 그것 역시 하나의 폴리스로 태어나게 하는 것은 아닐 테니까. 또한 마찬가지로, 설령 어떤 사람들이 따로 살고 있으나, 아무런 공동 관계가 없을 정도로 멀리 떨어져 있진 않지만, 또 그들 사이에 물건 교환을 할 때 서로에게 부정의를 범하지 말라는 법률들이 있더라도, (예를 들어 거기에는 설령 한 사람은 목수, 다른 한 사람은 농부, 또 다른 한 사람은 제화공, 또 다른 한 사람은 이와 같은 다른 어떤 것, 그리고 그들의 인구가 만 명에 이른다고 할지라도),[25] 그들의 공동 관계가 교역과 군사동맹과 같은 그러한 것들을 제외한 다른 어떤 것도 공유하지 않는다면, 그런 식으로는 결코 그 공동체는 아직 폴리스가 아닌 것이다.

그렇다면 도대체 어떤 이유에서 폴리스가 아닌 것일까? 틀림없이 그들 공동체에는 가까이 있음(근접성)이 결여되고 있으나[26] 그것이 원인이 아님은 확실하다. 설령 사람들이 그러한 공동 관계에 있는 사람들이 한 곳에 모였더라도[27](그럼에도 각자가 자신의 가정을 한 폴리스처럼 대하지만), 방어 동맹을 맺고 있는 폴리스가 그렇게 하듯이 부당한 침략자에 대항하기 위해 서로를 돕는 것이라면, 또 설령 함께 모였을 때나 떨어져 있을 때와 같은 교제를 하고 있는 한, 사물을 엄밀하게 고찰하는 사람들이라면 그런 공동체를 폴리스로 생각하지 않을 것이기 때문이다.

특별한 경우에는 계약상으로 다른 폴리스와의 결혼도 인정되었다.

25 아리스토텔레스는 단지 몇몇 생활필수품만을 충족하는 생활 공동체(sunoikia)만으로 폴리스의 기원을 설명하려는 플라톤에 동의할 수 없었기에 불만을 내놓는 것처럼 보인다(플라톤, 『국가』 369a 아래 참조).

26 즉 그들이 서로 간에 충분히 가까이 살지 않기 때문이 아니다.

27 즉 '교환과 동맹을 공유하면서'(koinōnountes).

따라서 (5) 폴리스는 장소를 공유하는 공동체도 아니며, 또 서로에 대해 (4) 부정의를 범하지 않도록 하는 공동체도 아니고, (3) 물건을 교환하는 것만을 목적으로 존재하는 공동체도 아니라는 것이 명백하다. 확실히, 실제로 폴리스가 성립하기 위해서는 이런 일들이 반드시 이루어져야 한다. 그러나 이것들 모두가 이루어졌더라도 그것만으로 이미 폴리스가 성립된 것은 아니다. 오히려 폴리스란 (2) 완전하고 자족적인 삶을 살기 위해 여러 가족과 일족이 잘 사는 것을 나누는 공동체다.[28] 그렇지만 이것[29]은 사람들이 하나의 동일한 장소에 거주하고, 다른 가족이나 일족과 결혼하는 것이 아니라면 그러한 공동체는 생겨나지 않을 것이다. 이런 까닭에 폴리스에는 인척 관계, 형제단에 의한 연결고리가 생겨나고, 희생 제의나 모듬살이를 위한 오락적 활동[30]이 생겨난 것이다. 이러한 것들은 친애의 산물(작용)이다.[31] 왜냐하면 모듬살이를 선택하는 것이 친애의 특징이기 때문이다.[32] 그러므로 폴리스의 궁극 목적은 잘 사는 것이지만, 이러한 다른 것들은 그 목적을 위해서 있는 것이다. 그리고 폴리스는 여러 일족과 마을이 완전하고 자족한 삶을 나누는 공동체

28 앞서 26행의 "그럼에도 각자는 자신의 가정을 폴리스처럼 대하지만"에 반대되는 의미를 가진다. 여러 가정이나 가문이 그 자체적으로 홀로 '잘 살' 수 없다는 것이다. 그 공동체 안에서 모든 것을 공유하면서 폴리스의 구성원으로서만 잘 살 수 있다는 것이다.

29 즉 '잘 삶을 위한 공동체', '더불어 사는 것'.

30 "모듬살이를 위한 오락"(diagōgai tou suzēn)은 '사회적 삶에 속하는 소일거리의 방식'을 말한다. 모듬살이는 '사회적 삶'을 가리키는 것이다. 공동의 제의와 축제는 고대 헬라스 도시에서 꼭 필요한 형식이었다. 시민들이 폴리스 중심에 모여 살지 않고 변경에 산재해 살았기 때문이다.

31 "정치학의 기능은 무엇보다도 친애(philia)를 만드는 것으로 여겨지고, 또 덕은 이것 때문에 유용한 것으로 말해지는 것이다"(『에우데모스 윤리학』 1234b22 참조).

32 『니코마코스 윤리학』 1157b19에는 "친구들에게 함께 사는 것(to suzēn)처럼 특징적인 것은 없다"라는 말이 나온다.

인데, 우리의 주장으로[33] 완전하고 자족한 삶이란 행복하고 훌륭한(아름 1281a
다운) 삶이다.

따라서 폴리스적 공동체는 훌륭한 행위들을 위해 있는 것이지, 단순히 모듬살이[34]를 하기 위해 있는 것이 아니라고 보아야 한다. 그렇기 때문에 그러한 공동체에 가장 크게 공헌을 한 사람들은 자유와 태생이라는 점에서는 동등하거나 우월한 사람이지만 폴리스적(정치적, 시민적) 덕이란 점에서는 동등하지 않은 사람들보다도, 혹은 부라는 점에서는 우월하지만 덕이라는 점에서는 뒤떨어진 사람들보다도 한층 더 폴리스[의 지배]에 어울리는 것이다.

따라서 (1) 정치체제들에 관해 논쟁을 벌였던 자들 모두가 정의의 어떤 부분만[35]을 말하고 있다는 것은 앞서 말해진 것들로부터 명백해진다.

33 『에우데모스 윤리학』 1219a38 참조("행복은 완전한 덕(탁월함)에 따른 완전한 삶의 활동").

34 잘 삶과 훌륭한 행위들이 배제된 모듬살이('더불어 사는 삶').

35 아래의 1282a36의 morion을 새겼다(W. Newman).

제10장

누가 지배자가 되어야 하는가?

여기에 폴리스의 최고의 권한이 어디에 있어야 하는지 하는 곤란한 문제가 있다. 왜냐하면 필시 [최고의 권한을 갖는 것은] 다중이거나 부자거나, 훌륭한 자들 또는 모든 사람 중에 가장 뛰어난 한 사람이거나 참주거나, 둘 중 어느 하나일 테지만, 이것들 중 어느 것도 명백히 어려운 점이 있어 보이기 때문이다. 어째서 그럴까? 만일 가난한 자들이 다수임을 근거로 내세워서 부유한 자의 재산을 자신들 사이에 분배한다고 하자. 이것은 부정의한 것이 아닌가? 이 의문에 대해 "아니오, 제우스에게 맹세코, 그것은 부정의한 것이 아니다. 최고의 권한을 가진 자가 올바른 것으로 판단했기 때문에"라고 답하는 사람이 있을지도 모른다. 그러나 이것을 부정의의 극단이라고 부르지 않는다면 우리는 무엇을 극단적인 부정의라고 부르면 좋을 것인가. 게다가 이번에는 다수가 모든 것을 취하고서 소수자의 재산을 자신들 사이에서 분배한다고 하자. 그렇게 하면 폴리스를 파멸시키는 것은 명백하다. 그렇지만 분명한 것은 덕은 덕을 가지고 있는 것을 멸망시키지 않으며,[1] 정의 또한 폴리스를 멸망시키

1 "모든 덕은 그것이 무엇의 덕이건 간에 그 무엇을 좋은 상태에 있게 하고, 그것의 기능을 잘 수행하게 한다"(『니코마코스 윤리학』 1106a15-16).

지 않는다는 것이다.[2] 따라서 바로 그러한 법률[3]이 정의에 부합하는 것이 아닐 수 있다는 것도 분명하다. 게다가[4] [그것이 정의로운 것이라면] 참주가 행했던 모든 행위들도 필연적으로 정의롭다고 간주하지 않을 수 없게 된다. 왜냐하면 참주는 누구보다도 힘을 갖고 있으므로 다중이 부자들에게 행하는 것처럼 힘(폭력)을 사용하기 때문이다.[5]

그러나 그렇다면 부유한 소수가 지배하는 것은 정의로운가?[6] 만일 그들도 또한 다중과 같은 방식으로 일을 저질러 다수의 재산을 빼앗고 몰수한다면 그것은 정의로운 것일까. 이것이 정의롭다면 다중이 같은 일을 하는 경우에도 정의로운 일이다. 그러므로 이 모든 것들이 나쁘고 정의로운 것이 아니라는 것은 명백하다.

그러면 훌륭한 자들[7]이 지배하고 모든 것에 대해 최고의 권한를 가져야 하는가?[8] 그러나 이럴 경우 다른 모든 사람들은 폴리스의 정치적 관직에서 오를 명예를 부여받지 못하고, 필연적으로 명예를 빼앗긴 자들이[9] 되지 않을 수 없다. 왜냐하면 우리는 관직을 명예로운 자리라고 말하는데, 항상 동일한 자들이 관직을 차지하고 있다면 그 밖의 사람들은 필

2 "폴리스를 보존하는 것은 보상적 동등함이다"(1261a30). "폴리스는 비례적 보상에 의해 유지되니까"(『니코마코스 윤리학』 1133a1). "각각의 것의 좋음은 각각의 것을 보존한다"(1261b9).

3 최고의 권위가 다수에게 주어지게 하는 법, 즉 부를 나누도록 요구하는 법.

4 두 번째 대안.

5 참주는 흔히 '부정의'(adikia)의 화신으로 간주된다(1324a35 아래 및 플라톤, 『국가』 344a 참조).

6 세 번째 대안.

7 누군가로부터 재산을 빼앗지 않는 '좋은 사람'(tous epieikeis).

8 네 번째 대안.

9 '공민권의 박탈(정지)'(atimos)을 말한다(1275a21 참조).

연적으로 명예를 빼앗긴 자들이 될 수밖에 없기 때문이다.[10]

그렇다면 가장 뛰어난 한 사람이 지배하는 것이 더 나은 것인가? 하지만 이 경우에는 심지어 과두정적 경향이 더욱 강해진다. 왜냐하면 명예를 빼앗긴 자들의 수가 더욱 많아지기 때문이다. 그러나 아마도 누군가는 이에 대해 법률이 아니라 인간에게 최고의 권위를 부여하는 것이 나쁘다고 주장할지도 모른다.[11] [누가 되었든 간에] 인간은 적어도 영혼에 따라붙는 감정을 가지고 있으니까. 그렇지만 우리가 그것을 법률에 부여한다면, 그 법률이 과두정적이든 민주정적이든 간에[12] 우리가 당면한 문제들에 관련해서 그것은 어떤 차이를 만들어 낼 수 있을 것인가? 앞서 말해진 것과 같은 결론이 따라 나올 수밖에 없을 테니까.

10 이것은 플라톤적인 정치체제가 위험하다(episphales)고 불리는 이유이기도 하다. 다수가 관직에서 배제되었을 때의 위험성에 대해서는 1281b28 참조.

11 플라톤, 『법률』 713e 아래 참조. 플라톤은 거기에서 신들의 보호받던 시대는 끝나고 이제 인간사는 인간 스스로 해결하는 법의 지배가 필요한 시대가 되었음을 언급하고 있다. "지성(nous)의 배분(dianomē)"을 법(nomos)이라고 규정한다(714a). 플라톤 이전에 핏타코스가 법의 지배를 주장한 바 있다(디오게네스 라에르티오스, 『유명한 철학자들의 생애와 사상』 제1권 77~78 항목 참조).

12 법 자체도 민주정과 과두정에 대해서 '편견'을 가질 수밖에 없으니까. 따라서 부정의를 피할 수 없을 것이다.

제11장

다중의 최고 관직 참여와 최고 권력으로서의 법

그러면 이 밖의 다른 견해들에 대해서는 다른 곳에서 논하기로 하자.[1] 여
기서는 소수인 최선의 인간들보다 오히려 다중이 최고의 권위를 가져야
한다는 견해가 말해질 수 있다고 생각된다.[2] 확실히 여기에는 어떤 곤란
한 문제가 포함돼 있지만 어쩌면 어떤 진리마저 담겨 있을 수 있다. 왜냐
하면 다수는 개개인으로서는 훌륭한 인간이 아니더라도 그들이 모여 함 1281b
께할 때에는 개개인이 아닌 전체 집합으로 보는 한, 소수인 가장 좋은 사
람들보다 월등하다고[3] 할 수 있기 때문이다. 마치 많은 사람이 가져온 공
적인 식사[4]가 한 사람의 지출로 준비한 식사보다 더 나을 수 있는 것처

1 앞장의 논의에 이어 최고의 권위를 누구에게 맡기는가에 관련된 다른 대안이나 가능성을 말한다(제3권 제12장-13장).

2 전해지는 사본의 원문이 luesthai이지만 리차즈(H. Richards)의 수정을 받아들이고 로스를 좇아 legesthai로 읽었다(doxeien an legesthai). an을 eu로 바꿔 legesthai, 즉 '잘 말해진 것처럼 보일 수 있다'로 읽는 학자도 있다(C. D. C. Reeve). luesthai를 보존하면서 읽어보면 "하나의 해결책으로 받아들일 수 있을 것이다"이다. 사본의 luesthai-alētheian 구절을 그대로 보존하는 것은 어쨌든 맥락상 곤란하다. 전해지는 사본 처리의 어려움에 대해서는 뉴먼(W. Newman, vol. 3, pp. 212~213)의 설명을 참조. 뉴먼은 leipesthai를 제안한다("가능한 대안(해결책)으로 남아 있을 수 있다").

3 호메로스, 『일리아스』 제13권 237행 참조. 오늘날 식으로 말하자면, 다수의 '집단 지성(지혜)'이겠다. "어떤 지성(noos)이나 생각(phrēn)을 그들이 갖고 있는가? 그들은 대중 시인들을 믿고 군중을 선생으로 삼는다. '다수의 사람들은 나쁘고, 소수의 사람들이 좋다'는 것은 알지도 못하면서"(헤라클레이토스, *DK*22B104).

4 여기서 언급되는 식사(deipna)는 'potluck dinner'(참가자가 음식을 지참하여 행하는 식사)다. 그리고 이 유비에서 보여 주는 정치적 활동에 대한 다중의 기여는 다양한 지식,

럼. 왜냐하면 많은 사람이 있을 경우에는 그들 각자가 탁월성(덕)과 슬기(사려)를 부분적으로 가질 수 있는 것이지만, 많은 사람이 모일 때에 다중은 마치 많은 발과 손, 많은 감각을 갖춘 한 사람과 같을 수 있으며,[5] 마찬가지로 성격과 사고[6]라는 측면에서도 한 사람처럼 될 수 있기 때문이다.[7] 이런 까닭에 시가(음악) 작품들이든 시인들의 작품들이든[8] 다수가 한층 더 낫게 판정을 내리는 것이다.[9] 왜냐하면 어떤 사람들은 어떤 부분을, 다른 사람은 다른 부분을 판정함으로써 다수 전체는 그 모든 부

지혜, 통찰과 경험이라는 것이다.

5 여러 눈과 귀, 손과 발을 갖는 것에 대해서는 제16장 1287b26 아래 참조.

6 바로 앞에서 언급한 '덕과 실천적 지식'의 구분에 상응한다. 즉 여기서의 ta ēthē와 dianoia는 바로 앞에서 언급된 aretē와 phronēsis의 반복에 지나지 않는다.

7 일종의 '집단 지성'(Collective Intelligence; Collective Wisdom)을 말하는 것이다. 게다가 아리스토텔레스는 도덕과 지적인 영역까지 확대해서 해석하고 있다. '다수의 지성은 지혜로운가?'를 논하는 이 대목을 분석하는 리브의 논의를 참조(C. D. C. Reeve, pp. 297~299). 그 밖에도 이른바 '다중의 지혜 논변'을 논하고 있는 김재홍, 「다중이 소수보다 더 지혜로운가」(서양 고전 철학회 발표문, 미간행); 『아리스토텔레스 정치학—최선의 공동체를 향하여』, 쌤앤파커스, pp. 171~185, 2018. 내가 보기엔 '다중이 소수인 가장 좋은 사람들보다도 더 최고의 권위를 가져야 한다'는 견해가 어떤 문제를 갖고 있지만, 아리스토텔레스는 '어떤 진리'마저 가지고 있다고 주장하며, 이 주장을 뒷받침하기 위해 엄밀한 의미에서의 '논리적 증명'(logical proof)을 사용하기보다는 '수사적 유비'를 통해서 이 논변을 '우리에게 이해시키려는 목적으로' 어떤 '설명'을 내놓고 있는 것으로 생각된다.

8 극장에서 상영할 목적으로 만들어진 드라마를 말한다.

9 플라톤은 이러한 상황에서(그림, 음악, 정치에서) 다중을 '크고 힘센 짐승'(thremma mega kai ischuron; 『국가』 493a-b)으로 비유하고, 그들을 판단의 주인으로 모실 경우에 대해서 언급하고 있다(493d). 소크라테스는 "덕을 대중 법정의 지혜로 판단해서는 안 된다"고 말하고(디오게네스 라에르티오스, 제2권 42), 플라톤은 다중의 견해가 전문적 지식이 될 수 없음을 비판하고 있다(493b). "다수의 군중(polus ochlos)이 선법에 잘 맞음과 리듬이 좋음 또는 그렇지 못함을 충분히 이해하는 것으로 스스로를 믿는다는 것은 실은 가소로운 일이기 때문입니다"(『법률』 670b).

분을 판정하게 되니까.[10]

하지만 훌륭한 자들이 다수의 개개인과 다른 것[11]은, 아름다운 사람들이 아름답지 않은 사람에게 말하는 것이나 기술을 구사해서 그린 그림이 실제 대상들과 다르다고 말하는 것과 같은 이유 때문이다. 말하자면, 따로 흩어지고 분리되어 있는 요소들이 한데 모아져 있기 때문이다.[12] 왜냐하면 하나로 모인 요소들이 적어도 따로따로 분리된다면 어떤 실물의 눈이 그려진 눈보다, 다른 실물의 다른 어떤 부분이 그려진 [상응하는] 그 부분보다 더 아름답다고 말할 수 있기 때문이다.

그런데 다수가 소수의 훌륭한 자들보다 이런 의미에서 우월하다는 것[13]이 모든 인민 및 모든 다중의 경우에 있을 수 있는지는 분명하지 않다. 그렇지만 제우스에 맹세코 일부 인민이나 다중에게는 그럴 수 없다는 것이 아마도 분명할 것이다([모든 종류의 인민이 소수의 훌륭한 사람들에 대해 우월성을 가지고 있다고 주장한다면] 짐승들에게도 동일한 논

10 제비뽑기로 선출된 평가단원이 아테나이에서 해마다 개최되는 드라마 축제에서 최고의 희극과 비극을 세 편씩 뽑았다고 한다.

11 diapherousin을 ' …보다 우세하다'(are superoor to 혹은 l'emportent sur[P. Pellegrin])로 옮기기도 하는데, 1281b16, 19행을 고려해서 '…과 다르다(differ from)로 옮긴다. 훌륭한 사람(spoudaious)과 지혜를 사랑하는 '철학자'의 모습을 기술하는 플라톤 참조(『국가』 484a 아래, 『테아이테토스』 144a-b).

12 "게다가 실로 아름다운 모습을 그린다고 할 때, 한 인간으로서 그 모든 완전함을 갖추고 있는 사람을 만나기란 쉽지 않으므로, 여러 사람들로부터 각자가 가진 아름다운 것들을 한데 모음으로써 그 신체 전체를 아름답게 보이도록 만드는 것이네"(크세노폰, 『회상』 제3권 제10장 2). 실제로 유명한 화가였던 제욱시스는 헬레네를 그릴 때 이런 절차를 이용했다고 한다. 각각의 특별한 아름다움을 결부시키기 위해 그 도시의 가장 아름다운 소녀 5명을 모델로 취했다고 한다.

13 '다수를 개개인으로서가 아니라 전체적으로 보면'이라는 조건부 우월성을 말한다.

의가 적용될 수 있을 테니까. 그럼에도 굳이 말하자면 일부의 인민들[14]이 짐승들과 무슨 차이가 있는가?) 어쨌든[15] 지금 말한 것이 어떤 다중에게 진실이라고 해도, 그것에 아무런 장애가 되지 않는다.[16]

그러므로 이러한 고찰을 통해 앞서 언급된 어려운 문제[17]도 그와 관련된 다음과 같은 어려운 문제를 해소할 수 있을지도 모른다. 즉 시민들이 다수를 차지하는 곳의 자유인들은 무엇에 대해 최고의 권위를 가져야 하는가[18]라는 어려운 문제다(그런데 이러한 사람들은 부유하지도 않고, 도대체 덕을 근거로 요구할 수 있는 것을 아무것도 가지지 못한 자들이다). 확실히 그들이 가장 중요한 관직을 맡는 것은 안전하다고 할 수 없다(왜냐하면 부정의하고 또 실천적 지혜의 결여[19]로 말미암아[20] 그들은 필연적으로 어떤 경우에는 부정의를 저지르고 또 다른 경우에는 잘못을 범할 테니까). 이와 달리 다른 한편으로 이들에게 관직을 조금도 분배하지 않고, 그들에게 어떤 관직에도 전혀 참여하지 못하게 하는 것도 위

14 노예적 근성을 가진 비천한 인민들, 즉 "그들의 삶은 하잘것없으며, 장인(匠人)의 다중과 장사하는 '인간들'의 다중"을 말한다(1282a15와 1319a24-25 참조). 노예는 짐승에 가깝다(1254b24). 다중을 짐승에 비교하는 것에 관해서는 헤라클레이토스 「단편」에서도 찾아지며, 아리스토텔레스 자신은 "다중은 짐승의 삶을 선택함으로써 완전히 노예와 다름없음을 보여 주지만"이라고 말하고 있다(『니코마코스 윤리학』 1095b19-20).

15 15행의 제한적인 의미의 '그런데'에 대한 답으로 '어쨌든'이 응답되고 있다.

16 다중이 소수의 훌륭한 자들보다 더 우월하다는 견해가 어떤 '다중'에게는 완전히 참일 수 있다는 것이다.

17 제10장 첫머리에서(1281a11) 제기된 '폴리스의 어떤 부분이, 즉 누가 최고의 권한을 가져야 하는가'라는 아포리아를 말한다.

18 즉 자유로운 자들과 시민들 다수가 갖는 최고의 권한을 어느 정도까지 확장하는가라는 아포리아가 두 번째의 것이다.

19 '슬기롭지 못함', '사리 분별을 못함'(aphrosunē)으로도 옮길 수 있다.

20 플라톤은 더 혹독하게 '다중의 광기'(mania)라는 표현도 사용한다(『국가』 496c).

험한 일이다(명예롭지도 않고 돈도 없는 사람들의 수가 많은 폴리스에는 필연적으로 적대자로 넘쳐나고 있으니까). 그렇다면 이제 남아 있는 선택지는 그들에게 심의와 판결의 역할[21]을 맡기는 것이다. 바로 이런 이유로 솔론과 그 밖의 몇몇 입법가들은 관직자의 선출과 관직자의 직무심사를 그들에게 맡기는 한편, 그들 자신 단독으로 관직에 오르는 것만은 허용하지 않았던 것이다.[22] 그러므로 모든 사람들이 모여 하나가 되면 그들은 사물을 분별할 수 있는 충분한 지각을 갖게 되고, 또 더 나은 자들과 어울린다면 그들은 폴리스에 유익함을 가져다줄 것이기 때문이다. 마치 그것은 순수하지 못한 음식[23]이 순수한 음식과 섞이면, 그 음식 전체는 소량의 순수한 음식보다 더 유용하게 되는 것처럼 말이다.[24] 하지만 개별적으로 보면 그들 각자는 판단하는 것에 관해 불완전한 자일

21 민회에 부여된 '재판'의 기능을 말하는 것일까? 1275b18-19에 archēs bouleutikēs kai kritikēs(숙고하고[심의, 의결하고] 판결하는 관직)란 표현이 나온다. 여기서는 필시 kritikēs가 dikastikēs(재판)의 의미로 사용되었다(1275b16; to bouleuesthai kai dikazein). 감사(euthunē)는 아테나이를 비롯한 여러 폴리스에서 해마다 행해지는 관료들의 업무에 대한 형식적 조사였다.

22 제2권 1274a15-21. 『아테나이의 정치체제』 제7장 및 플루타르코스의 「솔론」 제18장을 참조. 아테나이에서는 관료가 관직을 마친 다음에는 시민들 중에서 추첨으로 선출된 배심원에게서 감사(euthuna)를 받아야 했다. 힙포다모스는 인민에게 관료를 선출하는 권한을 부여했지만(1268a11) 아리스토텔레스는 중요한 관직에는 농부들과 기술자들을 배제해야 한다고 생각했다(1268a20 아래). 하지만 과두정에서는 인민이 비록 관직에서 배제되었지만 최고의 관료를 선출하는 권한을 가지고 있었다(1305b30아래).

23 즉 순수한 곡분에 가공이 더 필요한 순수하지 않은 밀기울이 혼합된 것(『동물의 생성에 대하여』 728a26 아래 참조). 순수한 음식이라기보다는, 아마도 그것에다가 소화하기 더 쉬우며, 위액이 먼저 작용해야 하는 음식을 혼합했을 때 포만감을 더 많이 주는 음식을 말하는 것일 것이다.

24 아리스토텔레스는 순수한 것과 순수하지 않은 것이 혼합된 음식이 소량의 순수한 음식보다 더 영양이 풍부한 것으로 생각하고 있는 듯하다.

뿐이다.

그러나 정치체제를 그렇게 조직하는 데는, 다음과 같은 어려운 문제가 있다. (1) 첫째로, 누가 환자를 올바르게 치료했는지를 판단하는 것과 환자를 치료할 수 있고 또 환자가 현재 걸려 있는 질병을 치료하고 건강하게 만드는 것이 동일한 사람에게 속하는 일, 즉 의사의 일이라고 생각하는 것이다.

이와 동일한 것이 의술 이외의 다른 경험적 지식들과 기술들에도 해
1282a 당한다. 따라서 의사의 일은 의사들 사이에서 심사되어야 하는 것과 마찬가지로, 그 밖의 사람들의 경우에도 그 일은 동업자들 사이에서 심사되어야 하는 것이다.[25] 그런데 무엇보다 '의사' 중에는 실제로 치료에 임하는 실행자, 의술에 정통한 총 기획자,[26] 세 번째로 해당 기술에 대해 교육을 받은 자[27] 등이 있다(말하자면 거의 모든 기술 분야에 관련해서도 세 번째 부류의 어떤 이들이 있으니까). 그리고 우리는 전문가[28]들에 못지않게 잘 교육받은 자들에게도 판단하는 일을 할당하고 있다.

그러므로 관직자의 선출과 관련해서도 사정이 똑같다고 생각할 수 있다. 왜냐하면 올바르게 선택하는 것도 [올바르게 판단하는 일 못지않게] 또한 전문가들의 일이기 때문이다. 예를 들어 측량 기사를 선택하는 일은 측량에 능통한 자들의 일이고, 키잡이를 선택하는 일은 조타술에 능통한 자들의 일이다.[29] 어떤 종류의 일이나 기술에 관련해서는 비록

25 다중에 의한 감사를 거부하고 있다.

26 여기서 architektonikos는 의술의 전 분야를 마스터한 전문적인 사람.

27 오직 학적인 흥미로만 의술의 지식을 획득한 교육받은 비전문가.

28 기하학자들이나 키잡이들 같은.

29 플라톤, 『프로타고라스』 318c 참조.

어떤 문외한들 중에서 선택받아 참여하더라도, 적어도 이들이 전문가들 이상으로 대접받지는 않는다. 그러므로 이 논의에 따라면 관직자 선출에서도 관료 감사에서도 다중에게 그 권한을 부여해서는 안 될 것이다.

그러나 아마도 앞서 이야기된 이 모든 것은 [두 가지 이유 때문에] 올바르게 말해진 것은 아닐지도 모른다. [하나의 이유는] 다중이 노예와 다를 바 없는 자들인 경우를 제외하면 앞서 말한 논의가 통용되기 때문이다(왜냐하면 다중 각자는 개개인으로서는 전문가들보다 열등한 판단자일 수 있지만, 모두가 함께 모였을 때에는 이들이 더 나은 판단자이거나 열등하지 않은 판단자일 수 있으니까). [또 다른 하나의 이유는] 어떤 종류의 기술들의 경우에는 제작자가 유일한 판단자가 아니거나 또는 최선의 판단자가 아닐 수 있기 때문이다. 즉 그러한 종류의 기술에서는 기술을 몸에 익히지 않은 자들이라도 그 기술의 생산품들을 식별할 수 있는 경우가 있다.[30] 예를 들어 집을 제작하는 자만이 집을 아는 것이 아니라, 집을 사용하는 자가 더 낫게 판정하고[31](집을 사용하는 자는 가장이다), 마찬가지로 키에 대해서는 키잡이가 목수보다 더 잘 판단하고, 요리에 대해서는 요리사가 아니라 손님이 음식(잔치)를 더 잘 판단한다.[32] 그렇기에 누군가는 아마도 이 어려운 문제를 이런 식으로 충분하게 해결할 수 있을 것으로 생각할 수 있다.

30 (1) 자유민의 집합적(집단적) 판단은 전문가들의 판단보다 우월할 수 있다. (2) 스마트폰의 제작 과정을 아는 자보다 제작 과정을 모르는 그 사용자가 그것에 대해 더 많은 것을 말하듯이, 법의 사용자가 법을 만든 자보다 더 나은 실제적 판단을 할 수 있다. 요컨대 전문가의 지식이 항상 유익한 것만은 아니라는 논의이겠다.

31 사용자가 경험을 통해 제작자에게 잘 만들었는지, 잘못 만들었는지를 알려준다는 점에 대해서는 플라톤, 『국가』 601d-e 참조.

32 1277b25-30.

(2) 그러나 이와 연관된 또 다른 문제가 있다. 왜냐하면 열등한 자들이 훌륭한 자들보다 더 중요한 일들에서 최고의 권한을 갖는 것은 이치에 맞지 않아 보이기 때문이다. 그런데 관직자의 직무 심사와 관직자의 선거는 가장 중요한 사항임에도, 앞서 말해진 것처럼[33] 몇몇 정치체제에서는 그 임무가 인민에게 할당되어 있다. 왜냐하면 거기에는 민회가 그 종류의 일에 대해 최고의 권한을 가지기 때문이다. 특히, 민회에 참가하는 것과 심의나 재판을 맡는 것은 재산 사정액이 낮은 사람들로 연령에 관계없이[34] 인정되고 있는 데 반해, 회계 관리관[35]이나 장군, 그 밖의 가장 중요한 관직을 맡을 수 있는 것은 재산 사정액이 높은 자들에게 한정되어 있다.

그렇다고 해도 이 문제도 앞과 동일한 방식으로 실제로 해결할 수 있을 것이다. 아마도 이러한 구조들[36]도 올바르게 조정되어 있을지도 모르기 때문이다. 왜냐하면 지배자가 되는 것은 개별적인 재판관이나 개별적인 평의원 혹은 개별적인 민회의원이 아니라, 법정이나 평의회 혹은 민회이기 때문이다.

지금 말해진 자들 각자는 그 조직의 한 부분[37]에 지나지 않을 뿐[38]이

33 1281b32에서의 솔론과 다른 그 밖의 입법자들.

34 나이에 구애받지 않고.

35 아테나이에서는 '여신의 회계 관리관'으로 불리고 상당히 높은 지위를 누렸다고 한다.

36 앞서 39행에서 언급된 "이 정치체제의 질서"에서 제기되는 난제(難題)를 말하는 것으로, 즉 '관료를 감사하고 관료를 선출하는 권리를 기술이 모자라는 사람들에게 주는 것 못지않게, 높은 재산 자격 조건을 소유한 사람에게 보다는 나이 상으로도 젊고 낮은 재산 자격 조건을 소유한 사람에게 보다 큰 권한을 주는 것'을 말한다.

37 즉 어떤 특정 기구의 '구성원'을 말한다.

38 '뿐'은 맥락상 삽입했다.

다. (내가 의미하는 부분[39]은 평의원, 민회의원, 재판관을 말한다.)[40] 그러므로 다중이 더 중요한 일들에 대해 최고의 권한을 갖는다는 것은 정당하다. 왜냐하면 민회, 평의회, 재판정은 다수의 개인으로 구성되어 있어서, 그들 모든 구성원[41]의 집합적 재산평가액은 개별적으로든 소수 집단으로든 중요한 관직을 맡고 있는 한 명의 소수자의 재산평가액보다 더 높을 수 있기 때문이다. 따라서 이러한 문제들은 이러한 방식으로 결정된 것으로 해 두자.

그런데 우리가 가장 먼저 거론했던 난제[42]는 다음과 같은 점을 명백하게 밝혀 주고 있다. 즉 법률들이 올바르게 제정되어 있는 한, 법률들이 최고의 권위를 가져야 하지만, 그 지배하는 자가 한 명이든 다수든 간에 법률들에 의해 엄밀하게 규정할 수 없는 그러한 사안들에 관해서만 최고의 권위를 가져야 한다. 왜냐하면 모든 개별 사례들에 적용하는 일반적인 규칙을 정하는 것은 쉽지 않기 때문이다.[43]

그렇지만 올바르게 제정된 법률들이 어떤 것이어야 하는지는 아직 아무것도 분명하지 밝혀지지 않았으며, 이전의 어려운 문제는 여전히

39 뉴먼을 좇아 삭제하지 않고 읽었다.

40 사실 이 설명은 불필요해 보인다.

41 인민, 평의회, 재판정의 구성원들.

42 1281a11 아래 및 1281a34에서 제기했던 '폴리스에서 누가 최고의 권한을 가져야 하는가'(ti dei to kurion einai tēs poleōs) 하는 난제를 말한다. 이 논의는 법률에 대한 점검이 부정의를 저지르는 소수와 다수를 제어하는 것으로서 필수적임을 분명히 하고, 법률이 이것을 수행하기 위해서는 법률이 정의로워야 한다는 것을 밝혀 주고 있다.

43 『니코마코스 윤리학』 1137b12-19 참조. 플라톤, 『정치가』 294a-303a 참조. 플라톤은 앎(epistēmē)이 법보다 더 우월하며, 지성(nous)은 그 어떤 것에도 종속되지 않으며 종살이를 하지 않는다고 말하고 있다(『법률』 875c).

해결되지 않고 남아 있다.[44] 왜냐하면 [그 법률이 속하는] 정치체제가 그렇듯이, 마찬가지로 법률도 반드시 열등하거나 훌륭하거나, 정의롭거나 정의롭지 못하거나 둘 중의 하나여야 하기 때문이다. 적어도 법률을 정치체제에 맞춰 제정해야 한다는 것[45]은 명백하다. 그러나 그렇다고 한다면, 올바른 정치체제에 따른 법률은 필연적으로 정의로워야 하고, 벗어난 정치체제에서 따른 법률은 필연적으로 정의롭지 않다는 것은 분명하다.

44 즉 누가 폴리스의 최고 권한을 가져야 하는가 하는 어려운 문제(1281a11-13, 1281a34-39 참조).

45 다시 말해 역으로 '정치체제가 법에 맞춰져서는 되어서는 안 된다'는 의미다. 법이 정치체제에 따라 다양하다는 견해에 대해서는 플라톤 『법률』 714b 아래 참조("정치체제들이 있는 그만큼 법의 종류들이 있다"). 1289a13에서는 "왜냐하면 실제로 늘 그래 왔던 것처럼 법이 정치체제에 적합하도록 규정되어야 하지, 정치체제가 법에 적합하도록 규정되어서는 안 되기 때문"이라고 말하고 있다. 이소크라테스, 『아레오파기티코스』 14 참조.

제12장

정치적 정의, 동등성, 최고의 권위

모든 학문과 기술에서 그 목적은 어떤 좋음이기 때문에, 최고로 권위 있는 학문과 기술에서의 목적은 가장 크고 가장 좋은 것이다.[1] 그런 학문 내지 기술이란 곧 정치적 능력[2]일 뿐이다. 정치적 좋음은 정의고, 정의는 공통의 이익을 가져오는 것이다.[3]

그런데 모든 사람들은 정의는 어떤 종류의 동등성(평등)[4]을 의미한다고 생각한다. 그들의 생각은 적어도 윤리학적 문제들에 관한[5] 우리의 철

1 정치학과 최고의 좋음에 대해서는 『니코마코스 윤리학』 제1권 제2장 참조.

2 politkē dunamis에서 능력(dunamis)은 technē(기예)와 같은 의미를 가진다. 다시 말해 뛰어난 정치가가 가져야 하는 '능력이나 앎'을 의미한다. 정치학의 목적에 대해서는 『니코마코스 윤리학』 1094a26-b7 참조.

3 따라서 '정치적 좋음은 공동의 이익이다'. 『니코마코스 윤리학』 제5권 6장 4절; "정치적 정의(to politikon dikaion)는 자족적이기를 목표로 삼으며 삶을 함께 나누는 공동체 구성원들, 자유로우며 비례에 따라서든 수에 따라서든 동등한 공동체 구성원들 사이에 성립한다. 따라서 이러한 조건들을 갖추지 못한 사람들에게는 서로에 대한 정치적 정의가 있지 않고, 다만 [정치적으로 옳은 것과의] 유사성에 따른 어떤 정의로움이 있을 따름이다." 또 아리스텔레스는 "모든 공동체는 정치적 공동체의 부분들과 비슷하다. 왜냐하면 사람들이 함께 모이는 것은 어떤 유익을 위해서이며 삶을 위해 필요한 어떤 것을 산출해 내기 위해서이고, 정치적인 공동체 역시 유익을 목적으로 처음부터 함께 모여 지속하는 것으로 보이기 때문이다. 법을 제정하는 사람들이 겨냥하는 것도 바로 이 유익이며, 또 정의는 공통의 유익이라고 하는 것이다"(『니코마코스 윤리학』 제8권 제9장 4절). 『수사학』 제1권 제6장 1362b27 아래 참조.

4 '비례에 따른 동등함'(ison kat' analogian)을 말한다. "모든 사람이 정의와 비례에 따른 동등함(to kat' analogian ison)에 관해 동의하지만"(1301a26).

5 『니코마코스 윤리학』 제5권 제3장 1131a9-b29. 일반적으로는 『니코마코스 윤리학』과

학적 논의에서[6] 규정했던 것과 어느 정도까지는 일치한다(왜냐하면 정의는 어떤 사람들에게는 무엇인가인데,[7] 그것은 동등한 자들에게는 동등한 것[몫]이어야 한다고 말하고 있기 때문이다). 그러나 동등함이 어떤 것에서의 동등함이고, 동등하지 않음이 어떤 것에서의 동등하지 않음인지를[8] 말하는 문제를 빠뜨려서는 안 된다. 왜냐하면 여기에는 어려운 문제들이 포함되어 있어서 정치철학[9]이 필요하기 때문이다.

아마도 어떤 사람은 이 문제에 대해 다음과 같이 주장할지도 모른다. 즉 어떤 좋음이든[10] 어떤 좋음에서 우월한 사람들에 대해서는 그들이 그 이외의 모든 점에서 다른 사람들과 전혀 다를 바가 없으며, 같은 사람들이라고 하더라도 그 우월한 점에 근거해서 폴리스의 관직을 동등하지 않은 방식으로 분배해야 한다.[11] 왜냐하면 다른 사람 사이에 차이가 있을 때 정의도, 즉 가치에 근거한 정도의 차이가 있기 때문이다.[12] 그렇다

『에우데모스 윤리학』을 말한다.

6 엄밀한 학문적 논의, 즉 철학적 논의와 변증술적 또는 일상적 논의의 대비에 대해서는 『형이상학』 1004b15-27, 『토피카』 105b30-31, 『에우데모스 윤리학』 1217b22-23, 『니코마코스 윤리학』 1096b29-30 등 참조.

7 정의는 어떤 사람들에게 부여된 어떤 상태(헥시스)다. 한 사람의 권리 또는 한 사람의 정당한 몫이 정의다. 현대적 개념으로는 '권리'라고 말할 수 있다. 요컨대 정의란 '사람들에게 무언가를 할당하는 것'이다.

8 1280a18-20 참조.

9 즉 '폴리스에 대한 철학적 탐구'를 의미한다. 이 표현은 『정치학』에만 나온다. "즐거움과 고통에 대해 탐구하는 것은 정치학에 관해 철학적으로 생각하는 사람에게 속하는 일이다"(『니코마코스 윤리학』 1152b1-3).

10 재산(자산), 명예, 외모와 같은 '외적인 좋음'(external good)을 말한다.

11 이 견해에 대해서는 플라톤, 『고르기아스』 490b 아래 참조.

12 즉 서로 다른 사람들은 서로 다른 권리와 각자의 상대적 가치를 갖는다. 서로 다른 가치에 따라 서로 다른 권리를 가진다. '가치에 따르는 것'이 '정의'에 대한 설명이라면, 여기서 말하는 '정의는 가치에 근거하는 것'이다. 한편 민주정에서의 정의는 "가치(axia)

고 해도 이 주장이 참이라면 피부색이나 신장, 그 밖의 다른 그 어떤 외적인 좋음이라는 측면에서 우월한 자들이 더 많은 정치적 정의를 받게 될 것이다.[13] 그러나 그것이 잘못된 것임은 분명하지 않은가? 이 점은 다른 학문이나 능력의 경우에도 명백하다. 예를 들어 그 기예에서 아울로스 연주자들이 기술적인 측면에서 모두 똑같이 유능하다면, 태생이 더 좋은 연주자들이 있다고 하더라도 그 자에게 더 나은 아울로스를 주지 않아야 한다(태생이 좋다고 해서 그만큼 아울로스를 더 잘 연주하는 것은 아니니까). 오히려 그 기능이라는 점에서 뛰어난 연주를 하는 자들에게 더 뛰어난 도구가 주어져야 한다. 만일 앞에서 말해진 설명이 아직 명료하지 않아서, 그 문제를 더 끌고 나가게 되면, 우리가 말하려고 하는 바는 명백해질 것이다. 예를 들어 누군가가 연주 기술에서는 다른 연주자보다 뛰어나지만, 좋은 태생과 미모(美貌)에서는 다른 연주자보다 훨씬 열등한 아울로스 연주자가 있다고 해 보자. 이 경우, 설령 그들 각각('좋은 태생과 미모'를 의미하는데)[14]이 아울로스 연주 기술보다도 더 큰 좋음이고, 게다가 아울로스 연주술에서 아울로스[악기]가 다른 아울로스[악기]보다 나은 비율보다 좋은 태생과 미모가 아울로스 연주술보다

에 따라서가 아니라 수(arithmos)에 따라서 [시민들이] 동등한 몫을 갖는 것"이라고 정의된다(1317b3).

13 아리스토텔레스는 실제로 1254b 아래와 1332b16 아래에서 신체적 우월성을 지배할 수 있는 자격으로 간주하는 듯한 말을 하고 있다. 이 주장은 크세노파네스의 시를 연상시킨다(*DK*21B2). 발 빠른 이와 레슬링 선수, 5종 경기 선수, 권투 선수, 판크라티온 선수가 승리를 획득하면 영예를 얻고, 공적 비용의 식사가 주어지고, 보물이 선물로 주어지지만, 이들에게는 그만한 자격이 없다. 왜냐하면 "사람의 힘보다 또 말(馬)의 힘보다도 우리의 지혜(sophia)가 더 낫기 때문이다". 이들은 결코 폴리스에 훌륭한 법질서(eunomia)를 가져다주지 못한다.

14 불필요한 말로 여겨진다.

더 우월하다고 할지라도, 훌륭한 아울로스[악기]는 역시 그 아울로스 연주자에게 주어져야 할 것이다. 왜냐하면 그렇지 않다면 부[15]와 태생의
1283a 우수성이 그 연주 기능에 기여해야 하겠지만, 사실상 그 연주 기능에는 아무런 기여를 못하기 때문이다.[16]

게다가 적어도 앞의 논의에 따르면[17] 모든 좋은 것은 다른 모든 좋은 것과 비교가 가능할 것이다.[18] 왜냐하면 만일 어떤 일정한 신장이 [부나 좋은 태생과 같은 어떤 다른 좋음보다] 더 나은 것[19]이라고 한다면, [그래서 보다 많은 관직을 맡을 자격을 준다면,] 일반적으로 키는 [그 양과 무관하게] 부나 자유와도 경합이 가능한 것이 되기 때문이다. 그래서 한 사람이 키에서 우월한 정도가 다른 사람이 덕이란 점에서 우월한 정도보다 크다고 한다면, 또 일반적으로 키가 덕보다 훨씬 뛰어나다고 한다면, 모든 좋은 것은 비교 가능할 수 있다. 왜냐하면 어떤 크기의 키가 어떤 크기의 덕보다 낫다고 하면, 그 크기의 덕과 동등하게 좋다고 생각되는 어떤 크기의 키가 있다는 것은 분명하기 때문이다.

그러나 이런 일은 불가능하기 때문에, 정치적인 영역에 속하는 사항

15 이 맥락에서는 부가 아니라 아름다움(tou kallous)이 나오리라 기대되는 곳이다. 아리스토텔레스의 경우에 이런 부주의함은 여러 곳에서 발견된다(1323b35, 1259b39-1260a2, 1295b6-9, 『니코마코스 윤리학』 1103a4-8 참조).

16 P. Pellegrin의 구두점 방식에 따랐다. W. 뉴먼(로스, 리브)의 방식에 따르면, "우월성은 그 기능에 이바지해야 하며, 부와 태생에서의 우월성은 그것에 이바지하지 않기 때문이다".

17 1282b23 아래에서 전개된 반대되는 생각의 논의.

18 대단히 큰 차이를 갖는 것들은 측정 불가능하다(『니코마코스 윤리학』 1133b18). "이런 까닭에 교환되는 모든 것은 어떤 방식으로든 서로 비교될 수 있어야 한다"(『니코마코스 윤리학』 1133a19).

19 뉴먼과 사본에 따라서 enamillon(…와 동등하게 경쟁에 참여하다) 대신에 mallon으로 읽었다.

의 경우에도[20] 다른 사람들과 동등하지 않은 점이 있다면 그것이 어떤 것이든 그것에 따라서 정치적 관직을 요구하지 않는 것이 합당하다(왜냐하면 어떤 사람들은 걸음이 느리고 다른 어떤 사람들은 걸음이 빠르다고 해서, 한쪽에 더 많이 [정치적 권력이] 주어지고, 다른 쪽에 더 적게 주어져야 하는 것은 아니기 때문이다. 하지만 이러한 사람들이 갖는 우월성[21]은 운동경기에서 명예를 얻는 것이니까). 오히려 관직의 요구는 필연적으로 폴리스를 성립하기 위해 없어서는 안 되는 그러한 것들을 근거로 해야 하는 것이어야 한다.[22] 이런 까닭에 태생이 좋은 자, 자유인, 또 부유한 자들이 관직에 맞는 명예를 요구하는 것은 이치에 맞다. 폴리스에는 자유인과 평가된 재산을 가진 사람들[23]이 있어야 하니까(사실상 폴리스는 노예만으로 성립될 수 없듯이, 전적으로 가난한 사람들만으로도 성립될 수 없을 것이기 때문이다). 그러나 이러한 것(부와 자유)들이 폴리스에 필요한 것들이라면, 정의와 정치적 덕(군사적 탁월성[24])도 필요하다는 것은 분명하다. 왜냐하면 폴리스는 그것들이 없으면 폴리스를 다스릴 수 없기 때문이다. 다만 전자[부와 자유]가 필요한 것은, 그들이

20 즉 '다른 학문과 능력에서' 뿐만 아니라(1282b30).

21 diaphora는, 즉 우월성을 말한다.

22 폴리스를 구성하는 것들은 부, 태생, 고귀함, 교육(문화) 등으로 이루어진다. "모든 폴리스는 질과 양으로 이루어진다. 내가 말하는 '질'이란 자유, 부, 교육, 좋은 태생이고, '양'이란 크기(수)의 우월성이다"(1296b17).

23 원어로는 timēma pherontas이다. 이는 폴리스에 세금을 낼 수 있는 사람을 말한다. timēma 자체가 '세금'을 의미하지는 않는다. 즉 "평가된 재산 자격 조건을 갖춘 사람"(1297a20)을 말한다.

24 몇몇 사본과 드라이젠터, 뉴맨, 쉬트룸프(Schütrumpf) 같은 학자는 polemikēs(군사적 탁월성)로 읽는다. 1291a24 아래에서는 법적인 것과 군사적인 것이 함께 언급되고 있다(1334a18 아래 참조).

없으면 폴리스는 존립할 수 없기 때문이고, 후자[정의와 정치적 덕]가 필요한 것은, 그들이 없으면 폴리스는 훌륭하게 다스려질 수 없기 때문이다.[25]

25 폴리스의 존립과 잘 다스려짐이 대조되고 있다.

제13장

정치적 관직에 대한 요구

그런데 폴리스의 존립이라는 관점에서 보면, 이러한 것들 모두 또는 적어도 그중 몇 가지는 관직을 요구하는 올바른 것으로 생각될 수 있겠다. 그렇지만 앞에서도 말했던 것처럼,[1] 좋은 삶과 관련해서는 특히 교육과 덕(탁월성)이 가장 정당한 요구를 하고 있는 것으로 보인다.[2] 그렇지만 오직 한 가지 점에서만 동등한 자들이 모든 것을 동등하게 소유할 수도, 오직 한 가지에서만 동등하지 않은 자들이 모든 것을 동등하지 않게 소유할 수도 있기 때문에,[3] 그런 것을 인정하는 정치체제들[4]은 모두 필연적으로 벗어난(타락한) 정치체제들이다.

앞서 말했듯이[5] 모든 사람들은 어떤 의미에서는 [나름대로] 정당한 요구를 하고 있지만, 그들 모두가 무조건적으로 정당하게 요구를 하고

1 1281a1-8.

2 교육과 덕은 아리스토텔레스의 경우에 상호 교환되어 사용된다(플라톤, 『법률』 757c 참조).

3 이 점은 이미 언급된 바 있다. "왜냐하면 어떤 사람들은 어떤 측면(kata ti), 예컨대 부(富)에서 동등하지 않다면 전적으로 동등하지 않다고 생각하는 반면에, 다른 어떤 사람들은 어떤 측면, 예컨대 자유에서 동등하다면 전적으로 동등하다고 생각하기 때문이다"(1280a21 아래). 제5권 제1장에서는 다음과 같이 반복되고 있다. "민주정은 이러저러한 면에서 동등한 사람이 스스로 단적으로 동등하다고 생각하는 사람들로부터 생겨났으며, (그들이 모두 비슷하게 자유롭기 때문에 그들은 단적으로 동등하다고 생각하니까 말이다)"(1301a25 아래).

4 타락된 정치체제(민주정과 과두정)에 대해서는 제3권 제6장, 제7장 참조.

5 제9장 1280a7-25 참조.

있는 것은 아니다.

우선 부자들의 요구가 정당한 것은 그들에게는 더 많은 몫의 땅이 할당되어 있으며, 땅은 공공적인 것[6]이고, 게다가 부자들은 계약과 관련해서 대개의 경우 더 신뢰할 만하기 때문이다.[7] 다음으로 자유인들과 태생이 좋은 자들[귀족][8]의 요구가 정당한 이유에는 서로 간에 밀접하게 연관된[9] 점이 있다는 것이다(즉 태생이 좋은 자들이 태생이 비천한 자들보다 한층 더 시민의 이름에 어울리는 것이다. 또한 좋은 태생은 어디서에서든 그 사람의 고향에서 존중을 받는다[10]). 게다가 더 나은 사람들로부터 태어날 아이들이 더 나을 수 있는 가능성이 크다는 이유도 있다. 이는 좋은 태생은 가문(일족)의 덕(탁월성)이기 때문이다.[11] 마찬가지로 우리는 덕을 근거해서 관직을 요구하는 것도 정당하다고 말해야 한다. 왜냐하면 정의는 공동체를 지탱하는 덕[12]이며, 그 밖의 다른 모든 덕은 필연

6 폴리스에 꼭 필요한 것.

7 헬라스에서 부자들은 대개 땅을 소유한다. 그러나 1267b10 아래에서는 부(富)가 노예, 가축, 돈의 형식으로 존재하며, 이른바 동산(動産)이라 불리는 많은 것들이 많이 있을 때도 부가 있다고 말한다.

8 원어로는 hōs enggus이다. 자유인은 태생이 좋은 자와 함께 분류되기도 하고, 때로는 자유인이 태생이 좋은 자를 가리키기도 한다(1283b16, 1290b9 아래). 자유인의 최상의 정도가 곧 태생이 좋은 자라고 할 수 있다(1283b19 아래).

9 이는 양쪽이 뿌리가 같은 '친족인 관계'를 맺고 있다는 것을 암시한다.

10 1255a32-37 참조.

11 1294a21 참조.

12 원어로는 koinōnikē aretē이다. 즉 정의는 폴리스라고 불리는 공동체(koinōnia)에 본질적인 덕이라는 것이다. 왜냐하면 정의는 '다른 사람들과의 관계에서 완전한 덕(탁월성)'이기 때문이다(『니코마코스 윤리학』1129b25-1130a5). 디오게네스 라에르티오스는 "정의는 공동체와 거래에서 정의롭게 행동하는 원인이다"라고 플라톤에게 돌려지는 말을 전해 주고 있다(제3권 91).

적으로 정의에 부수된다고 우리는 주장하기 때문이다.[13] 그러나 그뿐만 아니라, 다수도 소수에 맞서 정당한 요구를 하는데, 그 이유는 다수를 한데 모아서 소수와 비교할 때, 다수는 더 강하고, 더 부유하고, 더 나은 자들이기 때문이다.[14]

그러므로 만일 모든 사람(내가 의미하는 바는 예를 들어 좋은 사람들, 1283b
부유한 자들과 태생이 좋은 자들,[15] 이에 덧붙여 이들과 구별되는 다른 어떤 정치적인 다중[16]을 말하는데)이 하나의 폴리스에 있다고 하면, 누가 지배해야 하는지를 둘러싸고 논쟁이 일어날 것인가 혹은 일어나지 않을 것인가?[17] 그런데 분명히 앞서 언급된 각각의 정치체제들 안에서는 확실히, 누가 지배해야 하는지를 결정하는 것은 논란의 대상이 되지 않는다(왜냐하면 이 정치체제들은 최고의 권위가 어디에 있는지에 따라 서로 구별되기 때문이다. 예를 들어 어떤 정치체제는 부유한 자들에게 최고의 권위가 있음에 따라서, 다른 정치체제는 훌륭한 사람들이 최고의 권위가 있음에 따라서 다른 정치체제들로부터 구별되고, 그 밖의 각각의 정치체제도 이와 같은 방식으로 구별되는 것이다). 그렇다고 할지라도 우리는

13 1259b24 참조. 『니코마코스 윤리학』 1129b25-1130a5 참조('정의는 완전한 덕이다').

14 아마도 아리스토텔레스는 플라톤, 『고르기아스』 488d-e("다수의 사람들이 한 사람보다 자연의 측면에서는 더 강하지 않나?")를 염두에 두고 있었을 것이다.

15 태생이 좋은 자들 앞에 정관사(hoi)가 생략된 것은 부유한 자들과 태생이 좋은 자들이 함께 묶여서 좋은 자들(덕이 있는 자들)과 대비됨을 보여 준다(1283b2 참조).

16 plēthos politikon은 다수의 시민을 말한다. politikon이 덧붙여진 것은 시민이 아닌 다중(plēthos)도 있기 때문이다.

17 필시 아리스토텔레스는 플라톤, 『고르기아스』 490b("우리가 지금처럼 여럿이 한 곳에 모여 있고 먹을 것과 마실 것을 공동으로 많이 가지고 있다고 해 보세. …")를 염두에 두고 있었을 것이다.

그것을 근거로 한 다음, 이런 사람들[18] 모두가 동시에[19] 한데 있다고 할 때, 그 사안[20]이 어떻게 결정되어야 하는지를 고찰하는 것이다. 그렇다면,[21] 예를 들어 덕을 지닌 자들이 수적으로 극히 적다고 하면, 그 사안을 어떤 방식으로 결정하면 좋은 것인가?[22] 그 일과 관련해서 [그들의 숫자 자체는 문제 삼지 않고] 그들에게 부과되는 일(기능)에 비추어 '소수'라는 말을 고찰해야 하는데, 즉 그들은 폴리스를 다스릴 수 있을지 아니면 그들의 인원 수가 폴리스를 구성하기에 충분한 다수인지를 고려해 '소수'를 고찰해야 할까?

그러나 정치적인 관직이라는 명예를 요구하는 모든 사람들과 관련된 한 가지 어려운 문제가 있다. 즉 자신들의 부를 근거로 지배의 자리를 요구하는 사람들만 하더라도, 또 비슷하게 태생에 근거해 지배의 자리를 요구하는 사람들만 하더라도 아무런 정당한 것을 말하지 않았다고 생각될지도 모른다는 것이다. 왜냐하면 [그것이 정당하다고 한다면] 다른 모든 사람들보다 부유한 어떤 사람이 있는 경우에는 바로 그와 같은 정당성에 입각해서,[23] 이번에는 그 한 사람이 다른 모든 사람을 지배해야 하

18 "좋은 사람들, 부유한 자들과 태생이 좋은 자들, 이에 덧붙여 그들과 다른 어떤 정치적인 다중"을 말한다.

19 앞서 '하나의 폴리스'(en mia polei)에 대응되는 표현이다.

20 즉 누가 지배해야 하는가?

21 아래의 대목(ei dē ton arithmon … ex autōn)을 1284a4 아래로 위치를 바꾸어야 하다고 보는 학자들도 있다(주제밀, 샤를 투로[Charles Thurot]). 'dē' 문제이긴 하나 그리 성공적이지 않아 보인다. 이대로 놔두어도 충분히 이해 가능하다(F. Susemihl and R. Hicks, p. 410 참조).

22 즉 우리는 어떤 방식으로 그 물음을 결정해야 하는가?

23 원어로는 kata to dikaion이다. 즉 '동일한 정의 개념에 입각해서'.

는 것[24]이 분명하기 때문이다. 마찬가지로 태생의 좋음이라는 측면에서 돋보이는 어떤 사람이 있는 경우에는 그 한 사람이 태생을 근거로 요구하는 모든 사람을 지배해야 할 것도 분명하기 때문이다. 그리고 귀족정의 경우에도 덕에 관해 이와 동일한 일이 일어날지도 모른다. 즉 어떤 한 사람이 정부(통치자 집단)[25]의 다른 훌륭한 사람들보다 더 뛰어나다고 하면, 앞서와 같은 정당성에 입각하여 그 한 사람이 최고의 권위를 가져야 하는 것이다. 그렇기에 설령 다수가 소수보다 힘이 있다는 이유로 최고의 권위를 가져야 한다면, 한 사람이거나 한 사람보다는 많지만 다수보다는 적은 사람들이 그 밖의 다른 사람들보다 더 우월한 경우에는, 다중이 아니라 오히려 이들이 최고의 권위를 가져야 할 것이다.

앞의 이 모든 것들이 명백하게 밝혀 주는 것으로 생각되는 것은, 그들이 스스로 지배할 것을 요구하고, 반면에 다른 자들에게는 그 지배에 복종할 것을 요구하는 근거로서는 이런 기준[26]들 중 어느 것 하나 옳아 보이지 않는다는 것이다. 틀림없이[27] 덕을 바탕으로 통치자 집단의 지배를 요구하는 사람들에 대해서도, 또 마찬가지로 부를 바탕으로 그렇게 하기를 요구하는 자들에 대해서도 다중은 어떤 종류의 정당한 논거를 이용해 대응할 수 있을 것이기 때문이다. 왜냐하면 다중을 개개인이 아니라 집합적으로 파악한다면, 때로는 다중이 소수보다 훨씬 뛰어나거나 부유하다고 해도 이상하지 않기 때문이다.

24 참주정(turannis)을 말한다.

25 지배 계층(politeuma).

26 여기서 horos(정의)는 정치적 우월성을 갖는, 즉 지배할 수 있다고 요구하는 정의로운 원리로서 부나 덕과 같은 '기준'을 의미한다.

27 원어로는 kai gar dē이다.

따라서 어떤 사람들[28]이 탐구하고 제기하고 있는 이 어려운 문제에 대해 이런 방식으로[29] 대처할 수도 있다. 왜냐하면 가장 올바른 법률의 제정을 바라고 있는 입법가는 방금 말한 일이 일어나고 있을 때,[30] 뛰어난 소수의 사람들에게 유익이 되도록 입법해야 하는지 다수에게 유익이 되도록 입법해야 하는지 하는 어려운 문제를 제기하는 사람이 있기 때문이다. 그러나 '올바른 것'은 '동등하게 올바른'[공정하게][31]이란 의미로 이해해야 한다. 동등하게 올바른 것[32]은 폴리스 전체의 유익함과 시민들의 공통의 유익함을 위해 옳다는 것이다.[33] 더욱이 일반적으로[34] 시민이
1284a 란 지배하고 지배받는 양쪽에 해당하는 자를 말하는데, 각각의 정치체제에 따라 시민은 차이가 난다. 다만, 최선의 정치체제에서 말하면, 시민이란 지배받고 지배할 수 있는 능력을 가진 자이며, 덕(탁월성)에 입각한 삶의 방식을 목표로 그 양쪽을 스스로 선택하는 자를 말한다.

이에 반해, 만일 어떤 한 사람이나 혹은 한 사람보다는 많지만 폴리스의 구성원을 충당하기에는 부족한 수의 사람들이 덕의 우월성 측면에서 아주 특출 나고 있고,[35] 그것이 여러 사람일 경우에는 그 복수의 사람들

28 누구를 말하는가? 고약한 문제다. 플라톤, 『고르기아스』 488b 아래, 483b의 대화적 논의를 참조하라.

29 즉 더 나은 자와 다수의 요구를 받아들이는 것에 입각해서.

30 즉 집합적인 다수가 소수보다 더 나은 경우. 이 반대의 경우는 1284a3에서 다루어진다.

31 isōs의 이러한 의미는 1298b22에서도 사용된다("그 부분들에서 동등한 숫자로 투표로 선출하거나").

32 원어로는 to isōs orthon이다.

33 플라톤, 『국가』 420b(폴리스를 수립할 때 유념할 것은 "어느 한 집단이 특히 행복해지도록 하는 게 아니라, 시민 전체가 최대한으로 행복해지도록 하는 것입니다") 참조.

34 혹은 일반적으로(koinē).

35 원어인 diapherōn kat' aretēs huperbolen("덕의 우월성의 측면에서 아주 특출해서")에 대

이, 또는 그것이 단 한 사람이라면 그 단 한 사람이, 덕이든 정치적인 능력[36]이든 그 밖의 다른 모든 사람들과 비교가 되지 않을 정도라면, 이제 더 이상 그러한 사람들은 폴리스의 일부분으로 간주해서는 안 된다. 왜냐하면 덕과 정치적 능력이란 측면에서 그만큼이나 동등하지 않음에도 불구하고, 나머지 사람들과 동등한 몫[37]으로만 간주된다면 그들은 부당하게[38] 대접받고 있는 셈이 될 것이기 때문이다.[39] 사실상 그러한 종류의 사람은 아마도 '인간들 가운데 신'[40]과 같은 것으로 간주되어야 할 것이기 때문이다.

여기에서 분명하게 드러나는 것은, 법률의 제정은 또한 필연적으로 태생과 능력이란 점에서 동등한 사람들에 대해서만 관계되는 것이어야

해서는 다음을 참조. "만일 세상 사람들이 말하는 바와 같이, 인간들이 남달리 뛰어난 덕(탁월성) 때문에(dia aretē huperbolēn) 신이 된다면, 이것이야말로 분명히 짐승 같은 품성에 반대하는 품성일 것이다. 왜냐하면 실제로 짐승에게 탁월성이나 악덕이 없는 것처럼 신에게도 이런 것들이 없지만, 한편 [신적인 탁월성]은 [인간적] 탁월성보다 더 존경할 만한 것이요, 다른 한편[짐승 같은 품성]은 악덕과는 다른 어떤 종류이기 때문이다"(『니코마코스 윤리학』 1145a22-27). '특출한 덕이 뛰어난 사람'이 신의 경우처럼 전적으로 덕을 넘어설 필요는 없다. 그러나 여기서 그런 인간의 덕은 단순히 동료들에 비하면 특출해서 인간 사이에서는 신과 같은 사람으로 간주되고 있을 뿐이다. 실제로 신과 같은 존재는 인간의 모듬살이인 폴리스의 삶에 종속될 필요가 없다. 1253a1-4에서의 주장처럼 신과 같은 존재는 '폴리스를 형성하며 살아가기에 적합한 동물'(politikon zōon)일 수 없다.

36 '지배받고 지배하는 능력을 가진 자'(dunamenos)는 '정치적인 능력'(dunamis politikē)에, '합리적으로 선택하는 자'(prohairoumenos)는 '덕'(aretē)에 조응한다(바로 앞 문장 참조).

37 1283b40에서 언급된 'to orthon lēpteon isōs'를 의미한다.

38 부정의하게.

39 즉 이런 자들은 지배받지 않고 지배해야 한다는 것이다.

40 '인간들 중에서 신'(theon en anthrōpois)은 theon en theois(신들 중에서 신)과 대비되는 표현으로, '초월적인 우월성의 위치'를 점하고 있다는 것을 의미한다.

하고, 이러한 자들에 대해서는 법률이 존재하지 않는다는 것이다. 그들 자신이 법률이니까.[41] 실제로 누군가가 그들에 대해 입법하려고 시도한다면 우스운 일이 될 것이다. 왜냐하면 아마도 안티스테네스[42]의 우화에 있는 것처럼 산토끼가 모든 동물이 동등한 것을 요구하는 대중 연설을 했을 때,[43] 사자가 거기에서 [산토끼에게] 대답하고 말했던 바로 그것을 그들도 말할 것이기 때문이다.[44]

따라서 민주정적으로 통치되는 폴리스들이 [다른 민주정적인 수단에 덧붙여] 도편추방제도[45]를 확립하고 있는 것도 [앞서 언급된] 바로 이런

41 "교양 있고 자유인다운 사람은 자기가 자신에게 일종의 법인 양 그러한 태도를 취할 것이다"(『니코마코스 윤리학』 1128a31-32).

42 안테스테네스는 소크라테스의 임종시에 참석했던 학생으로 퀴니코스(견유)학파의 창시자였다. 아마도 이 이야기는 그의 저서로 이름만 전해지는 『퀴로스, 또는 왕정에 관하여』와 관련을 맺고 있는 듯하다(디오게네스 라에르티오스, 『유명한 철학자들의 생애와 사상』 제6권 16).

43 1274a10-15 참조.

44 사자는 토끼에게 "너의 발톱과 이빨은 어디에 있느냐?"라고 대답하였다고 한다(아이소포스, 『우화』 241). 요컨대 그대의 '말'에는 우리가 가지고 있는 발톱과 이빨이 없다는 뜻이다.

45 아래의 35행에 가서는 과두정 역시 지나치게 힘(권력)이 강한 개인을 비인간적인 방식으로 추방하거나 사형에 처했음을 말하고 있다. 민주정적으로 지배되는 폴리스들은 아테나이를 포함하여 아르고스, 밀레토스, 메가라 등을 말한다. 민주정을 채택한 폴리스들에서 채택된 오스트라키스모스(ostrakismos)는 도편(ostrakon)에 폴리스에 위해(危害)가 될 만한 사람의 이름을 적어 내서 아고라의 투표 장소에 가서 던지게 되면, 행정관들은 가장 많은 표가 나온 사람을 10년 혹은 나중에는 5년간 시민권과 재산을 박탈하지 않고 해외로 추방하는 제도로 클레이스테네스에 의해 도입된 제도다(『아테나이의 정치체제』 22). 참여자가 6천 명에 미달하는 경우는 무효로 처리되었다. 추방된 사람이라도 자신의 재산을 처분할 수 있었다고 한다. 이 제도의 시행으로 초래된 나쁜 결과에 대해서는 플루타르코스의 「아리스테이데스」 제7장 참조; "도편추방은 어떤 범죄적 행위에 대한 벌이 아니라 외견상으로 지나친 절대적 힘과 권력에 대한 단순한 억제와 굴욕감을 주는 것이라고 말해졌다. 그리고 사실상 시기하는 감정의 부드러운 경감과 완화였

이유[46] 때문이다. 왜냐하면 이 민주정의 폴리스들은 무엇보다도 동등성(평등)을 추구하는 것으로 [나에게] 생각되지만,[47] 확실히 바로 그 때문에 그 폴리스들은 부나 많은 친구들, 어떤 다른 정치적 힘에 의해 특출나게 강력하게 보이는 자들 있다면 도편추방제를 시행하여서[48] 일정한 시간 동안 폴리스에서 국외로 쫓아내 왔기[49] 때문이다. 또한 아르고스호(號) 선원들은 이러한 종류의 비슷한 이유로 해서 헤라클레스[50]를 뒤에 남겨 두고 떠났다는 이야기가 전해지기도 한다. 즉 다른 선원들보다 그의 몸무게가 훨씬 초과한다는 이유로, 아르고스호[51]가 그를 다른 선원

다. 이것은 전혀 회생할 길 없는 침해를 가하지 않은 채로 그 자체로 [시민들의 감정을] 해소하려는 것으로 단 10년간의 추방이었다. 그러나 이 제도가 미천하고 비열한 사람에게 적용할 수 있게 되자, 이 제도는 폐지되었다. 휘페르볼로스(Huperbolos)는 도편추방제에 의하여 추방된 마지막 사람이었다."

46 즉 특정한 사람을 그의 특출한 우월성 때문에 다른 사람들과 동등하게 대우할 수 없다는 것.

47 이렇게 생각되는(여겨지는) 것은 동등성에는 이중적인 의미가 있기 때문이다. 민주정에서 추구하는 동등성은 수적인 동등성이다. 즉 가치에 따른 동등성을 무시한다는 것이다. "동등함은 이중적이다. 하나는 수적인 것이고 다른 하나는 가치에 따른 것이다. 수적인 동등성에 의해 내가 의미하는 것은, 수와 크기에서의 동일함과 동등함이다. 가치에 따른 동등성에 의해 내가 의미하는 것은, 비율(logos)에서의 동등함이다"(1301b29 아래).

48 문법적으로 미완료 시제를 쓴 것은 아리스토텔레스 시대엔 이미 오스트라키스모스가 불필요하게 된 것을 말하는 듯하다.

49 methistēmi(methistasan)는 '한 곳에서 다른 곳으로 이주한다'는 뜻으로 사용되고 흔히는 오스트라키스모스와 함께 사용된다.

50 제우스와 알크메네의 아들로, 헬라스의 최고의 영웅.

51 아폴로도로스(Apollodoros), 『책 두는 곳』(*Bibliotheka*) 제1권 제9장 19("아르고스 호가 그의 무게를 견딜 수 없다고 말했기"[tēs Argous phthegxamenēs mē dunasthai phrein to baros])를 참조. 고유명사인 아르고(Argō)는 살아 있는 피조물로서 목소리와 이성, 부분적으로는 신적인 것을 가졌으며, 아테나는 '말할 수 있는 판재'(audēen doru)를 그 배의 이물로 건조했다.

들[52]과 함께 태워 가고 싶어 하지 않았기 때문이라는 것이다. 따라서 참주제를 비판하거나 페리안드로스가 트라쉬불로스에게 준 충고를 비판하는 사람들에 대해 우리는 그들의 비판을 무조건적으로 옳다고 생각해서는 안 된다. 사실상 전해지는 이야기에 따르면, 페리안드로스는 조언을 받아 오라고 자신에게 보내졌던 사자(使者)에게 아무것도 말하지 않고, 특출 나게 자란 이삭을 잘라냄으로써 옥수수 밭을 평평하게 했을 뿐이었다. 페리안드로스가 행했던 일의 까닭을 알지 못했던 사자가 일어났던 일을 보고 했을 때, 트라쉬불로스는 특출 난 사람들을 제거해야 한다는 것으로 이해했던 것이다.[53]

사실상 이러한 정책은 단지 참주들에게만 유익한 것은 아니며, 또한 참주만이 그것을 이용한 것도 아니고, 오히려 이와 동일한 것이 과두정과 민주정에도 마찬가지로 해당되기 때문이다. 왜냐하면 어떤 의미에서 도편추방은 특출 난 사람을 깎아내리거나 혹은 추방하는 것과 같은 동일한 효력을 갖고 있기 때문이다. 또 최고의 권력을 장악한 자들은 이와 같은 일을 다른 폴리스와 민족들에 대해서도 시행한다. 예를 들어 아테

52 황금 양털을 찾기 위해 이아손과 동행한 일단의 영웅 무리. 그들은 배의 이름을 따서 명명되었으며, 아테나의 지도하에 그 배를 건조한 아르고스(Argos Panoptēs; '사방을 볼 수 있는 아르고스')의 이름을 따서 명명되었다.

53 페리안드로스는 코린토스의 참주였다(기원전 626~585년). 그는 헬라스의 참주의 역사에서 가장 찬란하면서도 가장 비극적인 인물이었다. 페리안드로스와 동시대에 살았던 트라쉬불로스는 밀레토스의 참주였다. 이 이야기 전체는 헤로도토스의 『역사』 제5권 92에 나온다. 하지만 헤로도토스의 『역사』에는 그 역할이 반대로 나온다. 페리안드로스에게 충고한 사람이 트라쉬불로스이다. 아리스토텔레스의 기억이 잘못된 탓일까? 아마도 아리스토텔레스는 페리안드로스를 참주에 대한 전통적인 전형으로 보았기 때문에 그렇게 표현했을 것이다. 소아시아 출신인 헤로도토스는 소아시아 지방인 밀레토스의 참주 트라쉬불로스를 내세운 것이고, 에우로페(유럽) 출신의 아리스토텔레스는 코린토스의 참주를 대표 격으로 내세운 것으로 추정된다.

나이인들은 사모스인들, 키오스인들, 레스보스인들에 대해서[54] 이와 동일한 것을 행했다(아테나이인들이 그들의 강력한 제국적 패권을 견고하게 확립하자마자 그들과 맺었던 조약을 어겨 가며 이들을 비천하게 다루었으니까).[55] 또 페르시아인들의 왕은 종종 메디아인들과 바빌로니아인 1284b
들, 또 그 밖에 한때 제국이었던 적이 있었기 때문에 떠오르는[56] 다른 민족들[57]의 크기를 여러 번 줄이곤[58] 했던 것이다.

[특출 난 장점을 가지고 있는 사람과 관련된] 이 문제는 모든 정치체제들에 보편적으로 적용되는 것이며, 심지어 올바른[59] 정치체제조차도 예외가 아니다. 왜냐하면 벗어난 정치체제의 경우에는 지배자의 사적인 이익을 내다보고 이 일을 행하는 것[60]이지만 공통의 이익에 눈을 돌리는 정치체제에서도 사정은 다르지 않기 때문이다. 그리고 이러한 것[61]은 다른 기술들과 학문들 경우에서도 분명히 알 수 있다.

예를 들어 어떤 화가가 동물을 그릴 때 그 동물에게 균형[62]을 손상시

54 각각의 폴리스에서 각각 차례로 기원전 439, 424, 427년에 사건이 일어났다. 이들 폴리스는 아테나이의 연맹에서 가장 강력했던 도시들이다. 아테나이는 페르시아전쟁 이후에 결성된 이들 폴리스에 대해서 다른 폴리스들에 비해 더 호의적으로 대했다(『아테나이의 정치체제』 24).

55 어떤 사건을 언급하는지가 확실하지 않다.

56 원어로는 pephronēmatismenous이다. 즉 '떠오르고 있는'.

57 폭동이나 반란을 일으켰던 민족들.

58 원래 이 말(epikoptō; 잘라대곤)의 의미는 '가지를 치다, 잘라내다'이다. 즉 '제압하다'. 바로 앞 a41행의 '비천하게 다루다'(etapeinōsan)라는 의미와 유비적으로 사용되었다.

59 혹은 '정상적인'.

60 페리안드로스가 충고한 것.

61 즉 그 전체와 균형이 맞지 않은 전체의 한 부분을 관대히 묵인하지 않는다는 사실.

62 "아름다움에 속하는 가장 큰 종들에 속하는 것으로는 질서(taxis)와 균형과 확정성(hōrismenon)이 있는데, 수학의 학문들이 이런 것들을 가장 잘 밝혀 낸다"(『형이상학』

킬 정도로 큰 발을 그리는 것은, 설령 그 발이 아름다움에서 두드러진다 하더라도 결코 허용하지 않을 것이고, 조선공은 또한 선미(船尾)나 배의 다른 어떤 부분에서도 균형을 해치는 것을 허용하지 않을 것이다. 마찬가지로 코로스 장(長)은 전체 코로스보다 더 크고 더 아름다운 목소리 내는 자가 합창단에 참여하는 것을 허용하지 않을 것이다.

이러한 일들을 미루어 볼 때, 1인 지배자들이 이 일을 한다고 하더라도[63] 그들의 지배가 폴리스에 유익하다면, 1인 지배자들과 그들이 지배하는 폴리스가 조화를 이루는 데 방해가 되지 않는다. 그러므로 일반적으로 인정되는 어떤 종류의 우월함들[64]에 관해서 도편추방을 옹호하는 논의에는 어떤 종류의 정치적 정의의 요소[65]가 포함되어 있는 것이다.

물론 입법가가 처음부터 이러한 치료(조치)가 필요하지 않도록 정치체제를 조직해 둔다면 그보다 더 좋은 일을 없을 것이다. 그러나 그럴 필요가 생긴 때에는 무엇인가 그 같은 교정 조치에 의해 정치체제를 바로잡으려는 것이 '두 번째 항해'[66](차선책)다. 하지만 실제로는 여러 폴리스에서 그런 일은 이루어지지 않았다.[67] 그래서 사람들은 그들 자신들의

1078a36-1078b1).

63 즉 '페리안드로스 충고한 것을 1인 지배자들이 행할 때'.

64 복수의 표현을 사용한 것(huperochas)은 하나 이상의 더 많은 종류의 '우월함'이 있기 때문이다. 덕, 부, 친구, 태생에서의 우월함 같은 것들. '우월성'(huperochē)은 정치체제의 변화, 즉 혁명의 원인이 된다(제5권 2장 1302b1-4 참조).

65 원어로는 ti dikaion politikon이다.

66 '최선의 것'으로 옮길 수 있다. 속담에서 흔히 사용되는데 항해하는 경우에 바람이 불지 않으면 '두 번째 항해'(deuteros plous), 즉 차선책으로 노를 저어가는 사람들이 사용하는 방법을 의미한다.

67 사실상 헬라스의 폴리스들은 정치체제에서의 결함을 치료하기 위해 오스트라키스모스를 사용하지 않았다. 이 문장의 의미는 '폴리스들은 자신의 정치체제의 유익함을 위

정치체제에 대한 유익함에 눈을 돌리기보다는 오히려 파당 정쟁(政爭)을 목적으로 도편추방을 이용했다. 그러므로 타락한(벗어난) 정치체제들에서는 그러한 조치가 각 정치체제에게 유익하고[68] 정의롭다는 것은 명백하지만, 무조건적으로 정의로운 것이 아니라는 것도 명백하다.

그러나 최선의 정치체제의 경우에는 [오스트라키스모스에 관련된 조치가] 심각한 난제를 가지고 있는데, 이 난제는 정치적 힘, 부, 동료의 많음과 같은 다른 좋음에서 우월함에 관련된 것이 아니라, 덕에서 특출한 사람이 있을 경우에 어떻게 대처해야 하는가에 관련된 것이다. 왜냐하면 확실히 그러한 사람을 추방하거나 혹은 국외로 내보내야 한다고 주장하는 사람은 없을 것이기 때문이다. 게다가 그렇다고 해서 그러한 사람을 지배해야 한다고 주장하는 사람도 역시 없을 것이다. 그것은 마치 관직을 분담함으로써[69] [지배하는 문제에서 제우스와 동등한 입장을 취하고서] 제우스를 지배할 만하다고 요구하는 것과 다름없기 때문이다.[70] 그렇게 되면 남아 있는 가능성은 지극히 자연스러운 것이라고 생각되는 것으로서, 그러한 사람의 지배에 모든 사람이 기꺼이 복종한다고 하는 것이다. 그래서 그와 같은 사람들이 '영속적인'[종신의] 왕으로 그들의 폴리스에 군림하게 될 것이다.

한 수단으로 도편추방을 사용하지 않았다'는 것이다.

68 즉 지배자의 사적 이익.

69 그래서 제우스도 번갈아 가며 지배하고 지배받는다는 의미다.

70 이와 유사한 대목에 대해서는 『니코마코스 윤리학』 1145a10-14("더 나아가 [실천적 지혜가 [철학적] 지혜를 지배하고 있다고 주장하는 것은] 어떤 사람이 정치술은 폴리스 안에 있는 모든 것들과 관련해서 명을 내리는 것이므로 신들까지 다스리고 있다고 주장하는 것과 유사한 것일 수 있다") 참조.

제14장

왕권의 유형

앞서 논의된 것들 다음에는 주제를 바꿔서 왕정에 대해 고찰하는 것이 아마도 좋을 것이다. 왜냐하면 우리는 왕정이 올바른 정치체제들 가운데 하나라고 주장하기 때문이다. 그런데 우리가 고찰해야 할 것은 장차 폴리스와 영토를[1] 잘 다스리기 위해서는 왕에 의한 지배가 유익한지, 아니면 유익하지 않고 오히려 다른 어떤 정치체제가 더 유익한지, 아니면 그것은 한 폴리스에서는 유익하지만 다른 어떤 폴리스에서는 유익하지 않은가 하는 것이다.

그래서 먼저 하나의 단일한 종류(유형)의 왕정만이 있는지, 아니면 왕정에는 몇 가지 다른 형태(차이)가 있는지를 규정해야 한다. 물론 이것은, 즉 왕정에는 여러 종류가 포함되어 있으며, 또 그것들 모두에서 지배 방식이 동일하지 않음을 보기란 적어도 쉽다. 왜냐하면 라코니케 정치체제에서의 왕정은 법률에 근거한 왕정의 전형적인 예로 여겨지고 있는데, 왕이 모든 사안들에 대해 최고의 권위를 갖는 것이 아니라, 왕이 영토 밖으로 나갔을 때 왕은 전쟁과 관련된 사안에 대해서만 지휘권을 맡을 뿐이기 때문이다.[2] 게다가 신들과 관련된 사안들은 라코니케 왕들

1 아리스토텔레스는 마케도니아와 페르시아와 같은 곳은 폴리스로 인정하고 있지 않다. 여기서 '영토'란 표현은 특정한 민족(ethnos)에 의해 점유된 땅을 말한다.

2 전시에서의 스파르타의 왕의 특권에 대해서는 헤로도토스, 『역사』 제6권 56 참조. 그 밖의 신들에 관련된 왕의 특권에 대해서는 헤로도토스, 『역사』 제6권 57 참조.

에게 할당된다.

(1) 그렇다면 이 왕정 유형은 일종의 절대적 권력을 가진 종신[3] 장군직과 흡사하다.[4] 왕은 어떤 특정한 종류의 왕권[5]을 행사하는 경우를 제외하고 생살여탈의 권한을 갖지 못하기 때문인데, 이는 흡사 옛 시대에 왕은 군사 원정 중에 힘의 법률에 근거해서[6] 사형에 처할 수 있었던 것과 유사한 것으로, 호메로스가 이것을 분명하게 보여 준다. 왜냐하면 아가멤논은 회합에서 나쁜 소리를 들었어도 참았지만, 군사 원정 동안에는 생살여탈권을 가졌기 때문이다. 어쨌든 아가멤논은 이렇게 말한다.

> "싸움터에서 도망치려다가 내게 발각된 자는 … 개들과 큰 새들[의 밥이 되는 것]을 틀림없이 피할 길이 없을 것이다[7]. 죽음이 나에게 달려 있으니까."[8]

3 aidios(종신의)은 아래 15행의 dia biou(일생 동안)로 설명된다.

4 '절대적인 권력을 가진 종신의(aidios) 장군직'은 생살여탈권을 가지고 있지 못하니까.

5 사본과 뉴먼에 따라 en tini basileia(어떤 특정한 왕권에서)로 읽었다. 로스에 좇아 heneka deilias로 읽으면 '비겁함을 이유로 하는 경우'로 옮겨진다. 혹자(H. Richards)는 en tini kairō 또는 en tini anangkē(어떤 긴급한[불가피한] 경우)로 읽기도 한다.

6 원어로는 en chreios nomō로, 어떤 사람이 우월한 힘이나 강제력이 부여하는 권리를 행사하는 경우에 죽음에 처해지는 것을 말한다. manuum iure(엄격한 전투 교범)에 따라, 예를 들어 적 앞에서 겁을 먹은 자는 왕에 의해 죽음에 처해진다.

7 직역하면 '그에게는 피하는 것이 확실한 것일 수 없으리라'이다.

8 호메로스, 『일리아스』 제2권 391~393행. 『니코마코스 윤리학』에서는 헥토르의 말이라고 하면서 "싸움터에서 슬그머니 도망치려는 자가 내 눈에 들키기만 하면, 그는 틀림없이 개들을 피할 수가 없을 것이다"(1116a32)라고 인용되고 있다. 하지만 아리스토텔레스는 헥토르의 말이 있는 『일리아스』 제15권 348~151행과 혼동하고 있음이 틀림없다. 아리스토텔레스의 저작 중에는 더러 잘못된 기억에 바탕을 둔 인용이 등장한다.

그렇다면 이것은 왕정의 한 유형, 즉 종신의 장군직이다. 종신의 장군직들 가운데 어떤 것은 가문에 따라 정해진 것[9]이고, 다른 것들은 선거에 의해 정해진[10] 것이다.

(2) 한편, 이것 이외에도 다른 유형의 1인 지배정이 있는데[11], 이것은 몇몇 비헬라스인들 가운데 존재하는 왕정과 같은 것이다.[12] 이런 종류의 왕정 모두가 소유한 권력은 참주정들과 비슷한 권력을 갖지만, 그것들은 법률을 따르며 또 세습적이다.[13] 왜냐하면 비헬라스인들은 헬라스인들보다 본성적으로 그 성격의 측면에서 더 노예적이고, 아시아에 있는 사람들이 에우로페(유럽)에 있는 사람들보다 더 그러한 까닭에, 그들은 전혀 불만을 내놓지 않은 채로 주인에 의한 지배[14]를 묵인하기 때문이다. 그렇기에 이러한 종류의 왕정들은 이와 같은 이유 때문에[15] 참주정

9 즉 세습정을 의미하는 것이겠지만, 아버지 왕에서 아들로 필연적으로 왕권이 계승된다는 것을 말하는 것이 아니라, 단지 가문의 구성원에게 계승된다는 것을 말한다.

10 더 넓은 의미에서는 선출이든 다른 방식으로든 간에 '번갈아 가며'(kata meros)를 의미한다.

11 원어로는 monarchia(1인 지배정)이다. 아리스토텔레스는 1285b20행 아래에서 이를 요약하면서 왕정의 네 가지 유형을 분류하고 있다.

12 예전의 헬라스의 1인지배자인 아이쉼네테스(Aisumnētēs; 선출된 군주)에 대해서는 제4권 10장 1295a 10~14행 참조.

13 원어는 patrios이다.

14 여기서 말하는 주인의 지배(despotikē archē)는 1278b35 아래에서의 "노예에 대한 주인의 지배는 주로 주인의 유익함을 목적으로 하는 지배고, 단지 노예의 유익함은 부수적으로만 목적이 되는 지배"와는 다른 '전제적인 지배'를 말한다(1295b21 참조).

15 정확히 '이와 같은(위와 같은) 이유'란 무엇을 가리키는가? 피지배자가(백성)이 노예적이란 것을, 아니면 왕의 권력이 참주의 권력만큼이나 강하다는 것을 가리키는가? 전자인가 아니면 후자인가, 아니면 양쪽 모두일까? 후자로 보인다. 피지배자가 자발적으로 왕의 지배에 복종하는 것은 아마도 조상으로부터 내려온 관습이고 전통이기 때문일 것이다. 그래서 왕정이 안정적인 것이다. 그렇다면 이 맥락에서 '자발적'(hekontōn)이란

적 유형이지만, 그것들은 세습적이고 법에 따르기 때문에 안정적인 것이다. 또한 그들의 호위대도 같은 이유로 해서 왕정적이지 참주정적이지는 않다. 왜냐하면 자신의 무기를 소유한 시민들이 왕들을 수호하는 반면에, 참주를 수호하는 것은 외국의 용병들이기 때문이다. 사실상 왕들은 법률에 따라서 자발적으로 복종하는 자들을 지배하지만, 참주들은 자발적이지 않은 자들을 지배하기 때문이다. 이런 까닭에 왕들은 시민들 중에서 호위대를 갖추는 반면에,[16] 참주들은 시민들에 맞서 [자신들을 방어하기 위해서] 호위대를 갖추는 것이다.[17]

그렇다면 이것들이 두 유형의 1인 지배정이다. (3) 하지만 별도로 예전의 헬라스인들 사이에 존재했던 아이쉼네테스[18]라 불렸던 다른 유형의 1인 지배정이 있다. 단적으로 말해서 이것은 선출된 참주정으로, 법률을 따르지 않는다는 점에서가 아니라 단지 세습적이지 않다는 점에서만 비헬라스 1인 지배정과 다른 것이다. 이들 가운데 어떤 이들은 종신

말은 '세습적'(patrios)이란 의미를 내포한다(W. Newman, vol. 3, p. 266 주석 참조).

16 라케다이모니아의 왕들은 시민들에 의해서 수호되었다고 한다.

17 플라톤, 『국가』 567a-568a 참조.

18 제4권 제10장 1295a11-14 참조. aisumnētēs는 로마의 '독재 집정관'(독재자)과 비슷한 것으로 여겨지나 독재 집정관은 집정관 중의 한 사람이 그렇게 불려지고('선임 집정관'), 임기가 6개월인 데 반해서 아이쉼네테스("후원자들을 염려하는 자")로 선출되어 뮈틸레네를 지배했던 핏타코스는 10년간이나 집권하였다(디오게네스 라에르티오스, 『유명한 철학자들의 생애와 사상』 제1권 75). 더 중요한 사실은 아이쉼네테스는 인민에 의해 법에 따라 선출된다는 것이다. 핏타코스는 기원전 6세기 초엽에 뮈틸레네 사람들에 의해 독재관(아이쉼네테스)으로 선출되었다. 그는 무질서한 사회를 10년 동안 다스리면서 질서를 회복시켰는데, 시민들은 그가 더 통치하기를 바랐음에도 불구하고 그 자신은 관직에서 물러나려고 했다. 한때 뮈틸레네 사람들과 핏타코스 사이에는 '마음의 일치'가 존재했지만, 10년 후에는 그 '마음의 일치'가 끝난 것이다(『니코마코스 윤리학』 1167a 30 아래 참조).

직으로 이 관직에 있었던 반면에, 다른 어떤 이들은 한정된 어떤 기간 동안 혹은 한정된 어떤 직무를 수행할 때까지만 이 관직에 있었다. 예를 들어 뮈틸레네[19]인들은 한때 안티메니데스와 시인 알카이오스[20]가 이끄는 추방자들에 맞서고자 핏타코스를 선출했다. 알카이오스는 자신의 주연의 노래들 중의 하나에서 그들이 핏타코스를 참주로 선출했다는 것을 분명히 밝히고 있다. 그는 뮈틸레네의 인민을 책망하면서 이렇게 노래하고 있다.

> 그들은 비천하게 태어난[21] 핏타코스를 무기력하고[22] 전조(前兆)가 좋지
> 1285b 않은 폴리스의 참주로 세웠지. 떼를 지어 모여 크게 찬양하면서.[23]

그러므로 이러한 1인 지배정들[24]은 '주인 지배적'이라는 점에서는 참주정적이고(eisi) 참주정적이었지만(hēn),[25] 그러나 선출되고 [피지배자

19 에게해 레스보스섬의 항구이자 주도(主都)이다.

20 안티메니데스와 알카이오스는 형제간이다. 다른 형제의 이름은 키키스(kikis)였다. kikus는 '힘'을 의미하기에, 이들 형제의 세 이름은 힘과 용감함을 상징한다. 알카이오스와 핏타코스의 일화에 대해서는 디오게네스 라에르티오스의 『유명한 철학자들의 생애와 사상』 제1권 81 참조.

21 즉 '비천한 아버지를 둔'(kakopatris)을 의미한다. 핏타코스의 아버지는 트라키아인이자 노예였을 것으로 추정된다.

22 achlos는 '굴종적이고 기백 없는' 것을 의미한다.

23 Diehl I. 427, 「단편」 87.

24 즉 비헬라스(오리엔트)와 예전의 헬라스의 1인 지배정(1285a18과 1295a14).

25 왜 현재와 과거를 동사에 사용하고 있는가? 그래서 나는 말미에 "또 과거에 있어서, 그랬던 것이다"를 덧붙였다. '현재'는 비헬라스의 1인 지배정을, 과거는 예전의 헬라스의 아이쉼네테스를 가리키는가? 그렇다면 비헬라스의 왕권도 선출되었다는 것을 함축한다. 이 점은 앞서 언급되지 않았지만, 제4권 1295a11-14에는 '절대적인 1인 지배자'를

들이] 자발적으로 지배받았다는 점 때문에 왕정적인 성격을 가지며, 또 과거에 있어서, 그랬던 것이다.

(4) 왕정 성격의 1인 지배정의 네 번째 유형은 영웅시대[26]에 있었던 것으로 자발적으로 복종하고,[27] 세습적이고, 법률에 따르는 것을 특징으로 한다. 왜냐하면 최초의 왕들은 기술[28]이나 전쟁에 관련해서[29] 다중에게 은전(恩典)을 베푸는 사람이 되었던 까닭에, 혹은 다중을 함께 모아 폴리스를 만들거나[30] 다중에게 땅을 마련해 줌으로써 그들은 자발적 복종하는 자들의 왕이 되었고, 또 그 지위는 자손에게 대대로 계승되었기 때문이다.[31] 그들은 또한 전쟁에서의 지휘와 관련해서 사제직이 요구되지 않는 희생 제의[32]에 관련해서도 최고의 권위를 가졌으며, 이것에 더해 소송 사건들을 판결하는 것도 그들의 임무였다. 어떤 왕들은 서약하지 않은 채 이것을 행했고, 다른 어떤 왕들은 서약하고서 이것을 행했다. 그런데 서약은 왕홀(王笏)의 높이 치켜듦이었다.[33] 옛날에는 그들의 지

선출했다고 언급되고 있다.

26 호메로스 시가에서 기술되는 시대를 말한다. 펠로폰네소스반도에 도리아인들이 침입하기 전 혹은 그것과 더불어 끝난 것으로 보인다.

27 즉 피지배자들의 관습을 좇아 왕에 자발적으로 복종함을 말한다.

28 여기서는 기술의 발명이나 의술을 포함하는 광범위한 의미를 가진다.

29 벨레로폰테스는 전쟁에서 공을 세워 뤼키아의 왕이 되었다(호메로스, 『일리아스』 제6권 189행 아래).

30 다중을 모아 '폴리스를 형성한다'(sunagein)는 의미다.

31 제5권 10장 1310b9-11에서는 '왕정은 인민에 맞서 품위 있는 자들에게 도움을 주기 위해' 생겨났다고 말하고 있지만, 1310b31 아래에서는 여기와 비슷하게 왕정은 가치(axia)에 따르는 것으로 '은전(恩典)의 베풂(erergesia)에 결부된 힘'이라고 말하고 있다. 그러나 실제로 왕들은 자신의 왕권을 제우스로부터 받았다고 주장할 것이다.

32 원어로는 thusia이다.

33 호메로스, 『일리아스』 제1권 234행, 제7권 412행, 10권 321, 328행 참조. 홀(skēptron)을

배가 폴리스의 사안들과 국내나 국외의 사안들에 대해 [기한 없이] 지속적으로 미치고 있었다. 그러나 나중에 접어들어 왕들은 특권 중 어떤 것을 포기했고, 다른 특권들은 군중에 의해 빼앗겼으며, 다른 여러 폴리스들에서는 단지 희생 제의만이 왕들에게 남겨졌으며, 또 왕정이라 불릴 만한 가치가 남아 있는 곳에서조차 그들은 단지 국경을 벗어난 곳에서 일어나는 전쟁과 관련된 사안들에서만 지휘권을 가졌을 뿐이다.

그렇다면 이러한 것들이 왕정의 유형이고, 수적으로 네 가지가 있는 셈이다. 하나는 영웅들의 시대에 속하는데, 이것은 자발적으로 복종하는 자들에 대해 실행되는 것이고, 왕의 권한은 어떤 한정된 범위(목적)에 머무르는 것이었다. 즉 왕은 장군이자 재판관이었고, 신들과 관련한 문제들에 관해 최고의 권위를 가졌으니까. 두 번째 왕정은 비헬라스인들의 유형이다. 이것은 법률에 따른 세습의(가문에 기초한)[34] 주인의(전제적) 지배이다. 세 번째는 독재 관직제[35]라고 불리는 왕정이다. 이것은 선출된 참주정에 불과하다. 왕정들 중 네 번째는 라코니케의 왕정이다. 이것은 단적으로 말해서 가문에 따르는[36] 영원한(종신제의) 장군직이다.[37] 그렇다고 하면 네 가지 왕정은 이와 같은 방식으로 서로 다르다.

(5) 그러나 왕정에는 다섯 번째 유형이 있게 되는데, 이는 각 민족과

치켜드는 것은 판결의 정직성을 내거는 것일 테고, 어떤 말도 말해지지 않고, 어떤 신도 불려지지 않는다. 후기에 들어서는 모든 판결이 서약으로 이루어졌다. 이 비유는 그만큼 서약에 의한 판결이 왕권만큼이나 권위를 지녔다는 것을 말하는 것이다.

34 세습을 말한다.

35 독재(선임) 관직제(aisumnēteia)에 대해서는 앞의 각주 18 참조.

36 세습을 말한다.

37 아리스토텔레스는 앞서 언급한(1285a15, 1285b39) 라케다이모니아(라코니케)의 왕정의 유형에 포함됐던 세습적일 뿐만 아니라 선출된 왕정을 빠뜨리고 있다. 따라서 여기서의 그의 요약은 정확하지 않다.

각 폴리스가 공공의 일에 대해 최고의 권한을 갖는 것과 같은 방식으로, 한 사람이 모든 일에 대해 최고의 권한을 가질 경우다. 이것은 가정 관리술[38]의 방식에 따라 지배하는 것이다.[39] 왜냐하면 마치 가장으로서의 지배가 가정에 대한 일종의 왕정인 것처럼, 마찬가지로 이러한 [절대적] 왕정[40]은 하나의 폴리스 혹은 하나의 민족 혹은 여러 민족에 대한 가정 관리술처럼 지배하기 때문이다.

38 즉 '가장으로서의 지배 방식'.

39 여기서 말하는 가정 관리술(oikonomikē)은 아버지와 아들의 관계로만 한정된다.

40 주제밀은 pambasileia(절대적 왕정)로 읽는다.

제15장

왕정과 법

따라서 우리가 고찰해야 할 것은 사실상 두 종류의 왕정인데, 말하자면 맨 나중에 언급된 왕정[1]과 라코니케의 왕정이다. 왜냐하면 그 밖의 다른 왕정들 대부분이 이 두 왕정들 중간에 위치하기 때문이다. 그 이유는 이 왕정들은 절대적 왕정[2]보다는 더 적게 권한을 갖지만 라코니케 왕정보다는 더 많이 권한을 갖고 있으니까. 그러므로 우리가 고찰해야 할 문제는 대략 다음 두 가지로 모아진다. 하나는 폴리스들에 종신제 장군이 존재하는 것은(그것이 가문에 따른 것[3]이든 혹은 차례대로 선택되든 간에) 폴리스에 유익한 것인가 하는 문제고, 다른 하나는 한 사람이 모든 것에 대해 최고의 권위를 갖는 것이 유익한가 하는 문제다. 그런데 이런 종류의 장군직에 대해 고찰하는 것은 정치체제에 대한 연구라기보다는 오히려 법률들에 대한 연구 영역에 속한다[4](이것[5]은 모든 정치체제에서 있을 수 있으니까). 따라서 첫 번째 문제는 따로 놔두기로 하자. 이에 반해 남아 있는 다른 형태의 왕정은 실제로 어떤 종류의 정치체제이기에, 우리는 이것에 관해 이론적으로 살펴보아야 하고, 또 이것에 포함된 난제들

1 앞장에 마지막으로 언급된 것으로 '절대적 왕정'을 가리킨다.

2 pambasileia는 문자 그대로는 '모든 것에 대한 왕권'이다.

3 세습을 말한다.

4 법률이 정치체제에 적합하도록 규정되어야지, 정치체제가 법률에 적합하도록 규정되어서는 안 된다는 언급에 대해서는 1289a11 아래 참조.

5 관직의 이런 형태, 즉 이런 종류의 장군직.

을 철저히 훑어보아야 한다.

이 탐구의 출발점은, 최선의 한 사람에 의한 지배와 최선의 법률에 의한 지배 중 어느 쪽이 더 유익한가 하는 물음이다. 왕에 의해 지배되는 것이 유익하다고 보는 사람들은[6] 법률이 단지 보편적인 것만을 말할 뿐 그때마다 맞닥뜨리는 상황에 대응하기 위한 명령을 내리지 않는다고 생각한다. 그러므로 어떠한 기술에서 글자로 쓰인 규칙에 따라 지배하는 것은 어리석은 일이다. 실제로 아이귑토스[7]에서는 나흘째[8]가 지나면 의사가 [교본에 규정된] 기존의 치료법을 변경하는 것이 허용된다(단, 이보다 앞서 변경한다면 의사들 자신의 위험을 무릅쓰고 그렇게 하는 것이다).[9] 따라서 이와 동일한 이유로 글자로 쓰인 규칙이나 법률에 따르는 정치체제가 최선의 정치체제가 아니라는 것은 명백하다.[10] 그럼에도 지배하는 사람은 그러한 보편적인 원리(원칙)을 갖추고 있어야 한다.[11] 그러나 정념적 요소[12]가 덧붙여지지 않은 것은 본래 정념적 요소를 갖고 태어난 것보다 일반적으로 더 나은 것이다.[13] 그런데 법률에는 이 요소

6 플라톤, 『정치가』 294a 참조.

7 오늘날의 이집트를 말한다.

8 3일(triēmeron)로 읽는 사본도 있다. 4일에 관련해서는 『동물 탐구』 553a9 참조.

9 당사자인 의사가 '위험을 짊어진다'는 말이니, 목숨을 걸 만한 '책임을 진다'는 말이겠다. 헤로도토스의 『역사』 제2권에는 이런 보고가 나와 있지 않지만(84 참조), 아이귑토스(이집트)에서는 고대에 가장 유명한 의사들에 의해 편집된 글로 쓰인 의약전에 따라 환자를 치료했고, 국가로부터 녹봉을 받았다고 하며, 그 처방 규정에 따라 치료하지 않으면 중대 범죄로 고발되었다고 한다.

10 이 논의는 아래의 제16장 1287a33-1287b5에서 계속 이어진다.

11 전문가와 이론가가 되기 위해 보편적인 것에 대한 앎의 필요성을 논의하는 『니코마코스 윤리학』 1180b21-31 참조.

12 to pathetikon(정념적인 것)은 욕구, 욕망, 감정을 포괄하는 영혼의 비이성적 요소.

13 이에 관련된 논의에 대해서는 1272b5-7과 1287a28-32 참조.

가 속하지 않지만, 모든 인간의 영혼은 필연적으로 이 요소를 가지고 있다.[14] 그러나 아마도 이 견해에 대해서, 그 대신 인간은 개별적인 일들에 관해서 한층 잘 숙고한다고 답하는 사람이 있을지도 모른다. 따라서 한편으로는 이 사람이 필연적으로 입법가여야 하고, 또 법률들이 제정되어야 한다는 것은 분명하다. 하지만 법률이 그 밖의 경우에는 틀림없이 최고의 권위를 가져야 한다고 하더라도 올바른 방향에서 벗어나는 한에서는 법률에 최고의 권위를 부여해서는 안 되는 것이다.

한편, 법률에 의해 결정할 수 없거나 혹은 제대로 결정할 수 없는 사안에 대해서는 최선의 한 사람이 지배해야 하는가, 아니면 시민 전체가 지배해야 하는가? 현재 실제로 그런 바처럼, 시민들이 모임을 열어 재판이나 심의, 그리고 결정을 내리고 있는데, 이러한 결정들은 모두 [법률이 다루지 않는] 개별적인 사안과 관련되어 있기 때문이다.

그렇지만 개별적으로 봤을 때는, 그곳에 모이는 사람들 한 사람 한 사람은 아마도 최선의 사람에 견주어서 더 뒤떨어질 것이다. 그러나 폴리스는 많은 사람들로 구성되고, [폴리스는 어떤 단일한 개인보다 더 나은데] 이것은 마치 여러 사람이 가져온 음식이 단 하나의 단조로운 음식보다 더 나은 것처럼,[15] 그와 같은 이유로 군중도 어떤 한 개인보다 더 많은 것에 관해 더 나은 결정을 내리는 것이다.

게다가 수가 많으면 그만큼 더 타락하기 어려워진다. 이는 마치 다량

14 이 대목은 법률의 지배를 배제하는 왕의 지배를 옹호하는 사람의 반론에 맞서, 법률의 지배에 대한 옹호를 펼치고 있다. 보편적인 원리(원칙)를 말하는 것은 법률과 인간에게 공통적인 것이며, 또 정념적 요소(to pathētikon)에 대해서는 그것이 배제된 것이 그것을 내재하고 있는 것보다 좋으므로, 인간과 달리 법률은 정념적 요소를 배제하고 있기 때문에, 따라서 법률의 지배가 좋다고 주장한다.

15 이와 비슷한 논의가 이야기 되는 1281a42-b3.

의 물이 소량의 물보다 더러워지기 어려운 것처럼, 다수가 소수보다 한결 타락하기 어려운 것이다. 또한 한 사람의 성냄이나 그 밖의 무언가 그러한 감정에 의해 압도될 때, 그 사람의 판단이 필연적으로 손상되는 것은 불가피한 노릇이다. 그 반면에 이와 동일한 상황에서 모든 사람이 동시에 분노에 사로잡혀 동시에 실수를 저지른다는 것은 그리 쉽게 일어나는 일이 아니다.[16]

그러나 정작 [해당 논의의 대상이 되는] 다수는 모두 자유인이며, 법률이 필연적으로 포괄하지 못하는 사안들을 제외하고, 그 사람들을 법률에 어긋나는 어떤 행위도 결코 하지 않는 자들이라고 상정해야 한다. 그러나 다수의 경우에[17] 그 일[18]은 쉽지 않을지도 모르지만,[19] 그럼에도 좋은 사람들이며 좋은 시민들인 한 무리의 사람이 있다고 상정해 보자. 이 경우 단 한 사람과 수는 많지만 모두가 좋은 자들인 한 무리의 사람들 중, 어느 쪽이 지배자로서 타락하기 어려울 것인가? 후자인 한 무리의 사람들임은 분명하지 않은가? 이 견해에 대해, "하지만 한 무리의 사람 1286b
들은 파당으로 갈라지지만, 반면에 한 사람은 파당으로 갈라지지 않을 것이다"라고 답하는 사람이 있을지도 모른다. 하지만, 아마도 이 견해에 대해서는 '그들은 영혼이 훌륭한 것이지, 그 점에서는 어느 한 사람과 다르지 않다'라고 지적함으로써 반박해야 할 것이다.

16 '어렵다'는 의미이겠는데, 하지만 실제로 많은 군중이 쉽사리 군중심리에 빠져 그릇된 결정을 내리거나 쉽사리 감정에 좌우되어 타락하는 경우를 역사적 사건으로 많이 찾아볼 수 있지 않은가? 히틀러의 치하에서 다수의 독일인의 경우는? 소크라테스를 죽게 한 시민 법정은 또 어떤가?

17 1278a6-11, 1279a39-b4 참조

18 즉 법에 어긋나게 어떤 것도 행위하지 않는 것.

19 1278a6-11, 1279a39-b4 참조.

따라서 수는 많지만 모두가 좋은 사람들인 한 무리의 사람들에 의한 지배를 귀족정[20]으로 간주하고, 또 한 사람에 의한 지배를 왕정으로 간주해야 한다면, 왕의 지배가 병력의 힘[21]을 동반하든 동반하지 않든, 왕정보다 귀족정이 폴리스에 더 바람직한 일이 될 것이다.[22] 무엇보다 그것이 서로 비슷한 성질을 가진 한 무리의 좋은 사람들을 찾아낼 수 있다면 말이다.

아마도 또한 다음과 같은 이유로 이전 사람들은 왕의 지배에 복종했을 것이다. 즉 덕의 측면에서 걸출한 사람들을 발견하는 일은 특히 그 당시에 사람들이 거주했던 작은 폴리스들에서는 드문 일이었을 것이기 때문이다. 게다가 사람들이 왕을 옹립한 것은 은전의 베풂을 받았기 때문이다. 또 은전을 베푸는 것은 좋은 사람들이 하는 일임이 틀림없기 때문이다.[23] [그리고 좋은 사람은 드물었다.] 그러나 덕(탁월성)에 관련해서 비슷한 사람들이 많이 나타나게 되었을 때, 사람들은 더 이상 왕의 지배

20 원어로는 aristokratia이다.

21 뉴먼은 여기서의 힘을 '군사적 힘'(호위대)으로 보는 데 반해서(W. Newman, vol. 3 p. 286), 리브는 이 '힘'을 1284a3-4에서 언급된 '정치적 능력'(dunamis politikē)으로 해석한다. 이와 달리, 비헬라스 왕권(1285a24-29)과 관련하여 언급된 종류의 '힘'은 경호대(호위대)를 보유함으로써 발생하는 일종의 군사적 또는 강압적 힘이다. 그러나 아래의 1286b27-40에서 언급되는 '힘'은 '군사적 힘'을 말한다. 따라서 리브의 해석에 따르면 여기의 논증은 군사력이 아니라 선량하거나 덕이 있는 사람이 되는 것과 관련된 일종의 '정치적 능력'에 관한 것이며, 그러한 능력을 가진 사람이 폴리스에 한 명만 있는 것보다 여러 명이 있는 것이 더 낫다는 결론을 내리고 있다(C. D. C. Reeve의 주석, p. 304 참조).

22 요컨대 '왕정보다 덕이 많은 사람들의 귀족정이 더 낫다'(리브의 해석), 혹은 '왕에게 호위대가 없다'고 해도 귀족정이 왕정이 더 낫다는 것을 말한다(뉴먼의 해석).

23 왕정 발생에 대한 언급은 1310b10-12 참조. 좋은 사람의 '선행'('은전의 베풂', euergesia)에 대해서는 『니코마코스 윤리학』 1120a33-34, 1155a5-11 참조.

를 견디려 하지 않았다. 그들은 대신 뭔가 공통적인 것을 찾아 새로운 정치체제를 세우기에 이르렀다.[24] 그러나 그들이 점차 열등해져서 공공의 기금으로 이용해서 자신의 욕심을 채우기 급급해졌고, 바로 이 점에서 과두정이 생겨난 원인을 찾는 것은 참으로 온당하다.[25] 왜냐하면 그들은 [덕이 아니라] 부를 명예로운 것으로 존중했기 때문이다.[26] 그 이후, 이 정치체제[27]는 처음에는 참주정으로 바뀌었고, 다음으로 참주정에서 민주정으로 바뀌었다.[28] 왜냐하면 그들은 이득에 대한 부끄러운 욕망 때문에 권력을 소수의 손아귀에 집중시킴으로써, 결과적으로 그 일은 다중의 힘을 강화시켜 [참주정에 반감을 품고] 다중이 반란을 일으켜서 마침내 민주정을 수립하기에 이르렀기 때문이다.[29] 이제는 폴리스들의 규모가 예전과 비교해 심지어 커지고 있으므로, 민주정 이외의 다른 정치체제가 생겨나기란 아마도 더 이상 쉽지 않을 것이다.[30]

24 플라톤, 『정치가』 301c-d 참조. 여기서 말하는 '폴리테이아'(politeia)란 왕정이 몰락한 이후 다수가 최고의 권위(권력)를 갖는 정치체제를 말한다.

25 플라톤, 『국가』 550d 참조. 이와 관련된 정치체제 변화에 대해서는 1316a39 아래 참조.

26 1311a9-10 참조. 과두정 그 자체의 목적은 부이니까. 플라톤, 『국가』 554a 참조.

27 과두정을 가리킨다.

28 이와 다소 다른 설명에 대해서는 1297b16-28, 1316a1-b27.

29 플라톤은 『국가』에서(555b 아래) 과두정에서 민주정으로, 민주정은 참주정으로 변화한다고 말한다. 이 변화의 이유는 부에 대한 '만족할 줄 모르는 욕망'(aplēstia)이다. 그러나 아리스토텔레스는 과두정이 참주정으로, 참주정은 민주정으로 바뀐다고 말한다. 참주정은 과두정의 극단화고, 이 두 정치체제는 부를 '획득하려는 부끄러운 탐욕'에 대한 사랑에 기초하고 있다고 지적한다(1311a8 아래). 소수의 결정을 정의라고 한다면 과두정이고, 홀로 지배하는 것이 정의라고 하면 참주정이다(1318a22 참조). 과두정은 종종 참주정이 되고(1316a34 아래), 참주정은 민주정이 되기도 한다(1316a32). 그러나 아리스토텔레스는 정치체제의 확정된 변화를 거부하는 것처럼 보이기도 한다(1316a20-39). 그렇다고 한다면 과두정이 늘 참주정으로 변하는 것은 아니다.

30 정치체제의 변화에 대한 또 다른 방식의 설명은 1297b16-28과 1316a1-b27에서 주어지

그렇지만 누군가가 왕의 지배를 폴리스에 최선의 것으로 상정한다고 해도, 왕의 자식들에 관한 문제는 어떻게 되는 것일까? 왕의 일족도 왕으로서 군림해야 하는가? 그럼에도 왕의 자식들이 여느 사람들과 같은 부류의 사람들이라는 것이 밝혀지게 되었을 때에는 그것은 해로울 것이다. 이 견해에 대해 "허나 왕에게 그렇게 할 권한이 있다고 해도, 왕은 그러한 자식들에게 왕위를 물려주지 않을 것이다"라고 대답하는 사람이 있을 것이다. 그러나 그것을 믿는 것은 훨씬 더 쉽지 않다.[31] 왜냐하면 그것을 행하기란 어려운 노릇이고, 또 인간적인 본성에 기대할 수 없을 정도의 큰 덕을 요구하기 때문이다.

또한 [자식에 관련된 문제뿐 아니라] 왕의 군사적 힘[32]과 관련해서도 어려운 문제가 있다. 장차 왕으로서 지배하려는 자는 자신의 지배에 복종하기를 원하지 않는 자들을 강제할 수 있는 그러한 어떤 힘[군사적 힘]을 자신에게 갖추어야 할까. 그렇게 하지 않는다면 그는 어떻게 자신의 지배를 용케 꾸려 나갈 수 있겠는가? 설령 그가 법률을 어기고 자신이 원하는 대로 하는 것이 아니라 법률에 따라 권한을 행사하더라도, 그에게는 법률을 보호하기 위한 어떤 힘(군사적 힘)이 반드시 있어야 하기 때문이다. 그렇기에 아마도 이러한 종류의 왕[33]에 관한 한 그 해결책을

고 있다.

31 즉 '이것을 믿는다는 것이 더 이상 쉽지 않다는 점에 이르렀다'는 의미다. 세종대왕의 아들 문종이 자신의 자식이 설령 어리고, 병약하며, 무능하다고 해서 왕위를 다른 사람에게 물려주겠다는 생각을 했을 것인가? 문종은 왕위 계승과 관련해서 선대에 있었던 피비린내 나는 혈육 간의 상쟁을 기억하고 있었으므로 여전히 그 같은 나쁜 기억을 상기해서 왕위 계승을 둘러싼 논란을 없애기 위해서 여전히 아들에게 왕위를 물려줄 생각을 하지 않았을까?

32 왕의 호위대 및 상비군과 치안대를 가리킨다.

33 법에 따라서 지배하는 왕(ton kata nomon basilea).

결정하기란 어렵지 않을 것이다. 왜냐하면 그러한 왕이라면 힘을 가져야 하는데, 이 힘은 한 개인이나 여러 개인들이 모인 집단보다는 더 강한 정도여야 하나 다중[34] 전체보다는 더 강하지 않을 정도여야 하기 때문이다. 이것은 마치 옛 사람들이 아이쉼네테스(선임 독재관)나 참주라고 불렸던 지위에 폴리스의 누군가를 앉혀 놓았을 때 호위대를 인정했던 방식이며, 또 디오뉘시오스 1세[35]가 호위대를 요구했을 때 누군가가 쉬라쿠사이인에게 디오뉘시오스 1세에게 그가 요구한 만큼의 호위대를 줄 것을 조언했던 방식인 것이다.[36]

34 즉 시민 전체.

35 1259a28-36 참조. 그는 무제한적인 권력을 가진 장군으로서 지명 받은 뒤에 이러한 요구 사항을 내놓았다.

36 1259a28-36 참조,

제16장

절대적 왕정

1287a 그런데[1] 이제 우리의 논의가 무엇이든 자신이 원하는 대로 행하는 왕[2]을 논하는 데에 이르렀으며, 우리가 탐구해야 하는 것은 그 왕이다. 앞서 말했듯,[3] 법률에 따라 왕으로 불리는 것은 정치체제[4]의 한 형태로 볼 수 없기 때문이다(왜냐하면 종신제의 장군직이라면 모든 정치체제에서, 예를 들어 민주정과 귀족정에서도 존재할 수 있는데, 다수가 폴리스 통치 권한을 단 한 사람에게 부여하는 것이기 때문이다. 실제로 에피담노스[5]에는 그러한 관직이 있으며, 권한이 이보다 덜한 정도기는 하지만 오푸스[6]에도 이런 관직이 존재하는 것이다).

이에 대해 이른바 절대적 왕제에 관련해서 (이것은 왕이 자신이 원하는 대로 모든 것[7]을 지배하는 곳에서의 왕정이다[8]) 말하자면, …[9] 어떤 사

1 이 절은 앞선 34행의 tacha men oun으로 시작되는 선행절에 대한 답변(de)으로 나온 것이다.

2 페르시아의 왕과 같은 왕을 말한다. "그럼에도 페르시아인들의 왕에게는 자신이 원하는 것이면 무엇이든 다 할 수 있다는 법이 있다"(헤로도토스, 『역사』 제3권 31).

3 1286a2 아래.

4 politeias 대신 사본으로 전해지는 basileias를 받아들이지 않는다.

5 아드리아해에 있는 두라초(Durazzo).

6 에우보이아의 해협에서 가까운 로크리스 지방에서 가장 중심이 되는 도시다.

7 모든 사안들(panta)이지 모든 사람(pantōn)이 아니다.

8 이에 관련해서는 1285b13 아래를 참조.

9 주제밀은 이곳에 텍스트의 상당한 공백이 있는 것으로 보고 원문을 재배열하고 있다

람들은 폴리스가 서로 간에 비슷한 사람들로 이루어지는 곳에서는 모든 시민 중 단 한 사람이 최고의 권위를 행사하는 것이 자연스럽지 못하다고 생각한다. 자연적으로 비슷한 사람들에게는 동일한 정의와 동일한 가치를 부여하는 것이 필연적이기 때문에, 동일한 음식을 먹거나 혹은 동일한 옷을 입는 것이 [체격이] 동등하지 않은 사람들의 신체에 해로운 것인 만큼, 관직이라는 명예에 대해서도 그와 동일한 것이 적용된다고 하면, 동등한 사람들이 동등하지 않은 것을 갖는 것에 대해서도 마찬가지로 말할 수 있을 것이다. 그러므로 [동등한 사람들이] 지배받는 것 못지않게 지배하는 것을 하지 않는 것이 정의로운 것이고, 따라서 번갈아 가면서 지배하는 것이 정의로운 것이다.[10] 그러나 이것은 이미 법률의 문제다. 그런 일을 조직하는 것이 법률이니까.[11] 그렇다면 시민 중 누군가 한 사람이 지배하는 것보다 법률이 지배하는 것이 더 바람직하다. 그리고 이와 동일한 논의에 따라서, 설령 어떤 일부 사람들이 지배하는 편이 낫다고 할지라도, 그 사람들은 법률의 수호자들과 법률의 봉사자들[12]로 임명되어야 한다. [그렇지 않다면 법률이 지배하지 못할 테니까.] 왜냐하면 몇몇 관직은 반드시 있어야 하지만, 적어도 모든 시민이 비슷한 사람들일 경우에, 단지 한 사람만이 지배한다는 것은 정의에 어긋난다

(주제밀과 힉스, p. 430 이하 참조).

10 차례로(번갈아 가면서) 지배받고 지배하는 것에 대해서는 1261a30-b6 참조.

11 번갈아 가면서 지배하고 지배받는 제도는 법률에 의해 규정된다. "법률은 어떤 종류의 질서이고, 좋은 법률은 필연적으로 좋은 질서여야 한다"(1326a29-30).

12 법률의 수호자와 법률의 보조자에 대해서는 플라톤, 『정치가』 305c 참조. 플라톤, 『법률』에도 법률의 봉사자(hupēretēs)들에 대한 언급이 나온다(715c-d). 아테나이에서는 아르콘들이 '법률의 수호자'임을 서약했다고 한다.

고 주장되기 때문이다.[13]

더욱이 적어도[14] 법률로 규정할 수 없는 것처럼 보이는 모든 사항들에 대해서는 인간도 역시 알 수 없을 것이다. 오히려 법률은 이를 근거로 지배자들을 교육시킴으로써, 규정되지 않은 사항에 대해서는 '가능한 한 가장 정의로운 판단에 따라서'[15] 판정하고 대처하도록 그들에게 위임하고 있다. 게다가 지배자들이 경험에 의해 기존 법률들보다 낫다고 생각하는 것이 있으면 무엇이든, 법률은 그들에게 개정할 수 있도록 허용하고 있다.[16]

따라서 법률에 의한 지배를 명하는 자는 신, 즉 지성만이 지배할 것을 명하고 있다고 생각되지만, 반면에 인간에 의한 지배를 명하는 자는 거기에 짐승적인 것을 덧붙이는 것이다.[17] 왜냐하면 욕망은 짐승과 같은 것이고, 또 기개는 지배자들이 비록 최선의 사람들일 때조차도 그들을 잘못된 방향으로 이끄는 것이다. 그렇게 때문에 법률은 욕구 없는 지성인 것이다.[18]

게다가 또, 기술들을 끌어내는 것(예증, 비교)[19]은 잘못이라고 생각된다. 즉 쓰인 규칙(처방)에 따라서 치료받는 것은 나쁜 것이고, 오히려 의료 기술이 있는 사람들에게 진료 받는 것이 더 바람직하다고 생각한다.

13 지배자가 꼭 필요한 것은 법률이 통제하지 못하는 것들이 있기 때문이다(1287b19-25).

14 원어로는 alla mēn … ge이다. 앞 문장에 대한 반대의 입장을 표명하는 것이라기보다는 '설명'으로 이해한다.

15 아테나이의 재판관들은 이렇게 서약했을 것이다.

16 경험을 통한 법률의 개선에 대해서는 플라톤, 『법률』 772a-b 참조.

17 이 비유에 대해서는 1253a27 아래 참조.

18 1286a17 아래 참조.

19 원어로는 paradeigma이다.

왜냐하면 어느 한쪽은 친애 때문에 의술적인 이성(원리)에 어긋나는 조
치를 결코 하지 않으며 환자들을 건강하게 만들고 보상을 받는 반면에,
정치적 관직에 종사하는 사람들은 많은 것을 악의에서[20] 행하고 호의를
얻기 위해서 으레껏 행하기 마련이기 때문이다. 사실상 사람들은 의사
들에 대해서도 적들에게 뇌물로 매수되어 자신들을 파멸하려고 하는 것
이 아닌가라고 의심할 때는,[21] 오히려 쓰인 규칙에서 나온 치유책을 추
구할 것이기 때문이다. 게다가 적어도 의사들은 자신이 아플 때에는 자 1287b
신들을 치료하도록 다른 의사들을 부르고,[22] 체육 지도자들은 그들 자신
이 훈련을 할 때 다른 체육 지도자들을 불러서 돌보는 것은 확실하지만,
그들이 그렇게 하는 것은 그들 자신의 사안들에 관해 판단하고 있기 때
문이며 또 격한 감정 상태에 처해 있으므로, 제대로 판단할 수가 없다고
생각하기 때문이다.[23] 따라서 사람들은 정의로운 것을 추구할 때 중간
(중립적인 것)을 추구하고 있다는 것은 분명하다. 법률은 중간이니까.[24]

20 원어로는 epēreia이다.

21 애매한 구문이긴 하지만, "적들이 이익을 위해서 환자들을 파괴하도록 그들의 의사들을 설득했다고 환자들이 의심할 때에도"라고도 옮길 수 있다. '이익을 위해서'(dia kerdos)를 처리하기가 고약하다.

22 『니코마코스 윤리학』 1112b10-11("중대한 사안에 관해서는, 우리 자신이 충분히 잘 판단할 수 없다고 불신하여 함께 숙고할 사람을 부른다").

23 아리스토텔레스는 병든 의사나 운동하고 있는 체육 훈육관도 어떤 감정 상태에 처해 있으므로, '중립적일' 수 없고, 따라서 올바른 판단을 내릴 수 없다고 보고 있다.

24 "이런 까닭에 분쟁이 생기면 사람들은 재판관에게 의지하는 것이다. 그런데 재판관에게 의탁한다는 것은 정의에 의탁하는 것이다. 재판관은 말하자면 정의의 화신이니까. 또 그들은 재판관을 중간으로서 찾고 어떤 사람들은 재판관을 '중재자'라고도 부르는데, 이것은 그들이 중간을 획득할 경우 정의로운 것을 얻을 수 있다고 생각하기 때문이다. 그러므로 재판관 또한 어떤 중간인 한, 정의로운 것은 어떤 중간이다"(『니코마코스 윤리학』 1132a19-25).

게다가 관습에 기초한 법률들은 쓰인 법률보다 더 권위가 있으며, 또 한결 더 중요한 일[25]에 관련되어 있다. 따라서 설령 인간에 의한 지배가 쓰인 법률에 지배받는 것보다 더 안전하다고 할지라도, 관습에 기초한 법률에 지배받는 것보다 더 안전한 것은 아니다.[26]

게다가 단 한 사람의 지배자가 많은 것을 감독하는 것은 결코 쉽지 않은 일이다. 그러므로 그 한 사람은 많은 관직자들을 임명해야 할 것이다. 그렇다면 처음부터 즉각 많은 지배자가 있는 것과 한 사람이 이런 식으로 나중에 임명하는 것에는 어떤 차이가 있는 것일까? 게다가 앞서 말했던 것처럼,[27] 만일 훌륭한 자가 더 낫기 때문에 그가 지배하는 것이 정당하다면[28] 두 명의 좋은 자들이 적어도 한 명의 좋은 자보다 훨씬 낫다. 바로 이것이 "두 사람이 같이 갈 때…"라는 말이고, 또 아가멤논의 기도인 "나에게 저러한 조언자가 열 명만 있다면"[29]이라는 말이다.

오늘날에도 예를 들어 재판관이 그렇듯이 법률로 규정할 수 없는 몇

25 신에 대한 숭배, 부모에 대한 의무, 도덕적인 문제들, 감사와 은혜에 대한 보답과 같은 도덕성을 포함하는 문제들일 것이다.

26 인간보다 쓰인 법(성문법)이 지배하는 것이 더 낫다고 생각하는 사람들은 (1) 기개(thumos)와 욕구(orexis) 같은 판단을 왜곡하는 요소에 호소하지 않음으로써 자신의 주장을 옹호한다. 반면, 인간의 지배가 더 낫다고 생각하는 사람들은 (2) 법률이 특정 사안에 관련된 모든 상황을 다 고려할 수 없다는 사실 때문에 특정한 경우에 경험에 따른 인간의 판단을 선호할 수 있다고 호소한다. (2)가 간과하는 것은 재판관도 역시 관습에 기초한(kata ta ethē) 성품을 갖고 있다는 사실이다. 어쨌든 관습 자체는 쓰인 것이든 그렇지 않든 법률(1287a25-26)에 따라 양육된 결과이기 때문에, 그러한 법률보다 더 안전하지도 좋지도 않은 것이다.

27 1286b3-5.

28 "지배하는 것이 정당하다면"(archein dikaios)은 '지배하는 것이 정당하다고 주장하는 권리'를 말한다. '요구와 권한'을 포함하고 있다.

29 앞의 인용은 『일리아스』 제10권 224행이고, 뒤에 것은 『일리아스』 제10권 372행이다. 후자는 아가멤논이 네스토르에게 하는 말이다.

몇 사안들에 관해서는 관직자들의 판단이 최고의 권위를 가진다. 그 이유는 적어도 법률이 규정할 수 있는 사안들에 관해서는 법률이 최선으로 지배하고 또 판단할[30] 것이라는 것에 그 누구도 이의를 달지 않을 테니까. 하지만 어떤 사안은 법률의 범위에 포함될 수 있지만 다른 어떤 사안들은 포함될 수 없기 때문에, 후자가 원인이 되어 [사람들로 하여금] 최선의 법률에 의한 지배가 최선의 인간의 지배보다 더 바람직한[31] 것인가 하는 어려운 문제가 제기되어[32] 탐구가 이루어지는 것이다. 심의의 대상이 되는 사안들에 대해 법률을 제정하는 것은 불가능한 일이니까. 그러므로 [법률의 지배를 옹호하는 자들은] 그러한 일에 관해서 사람이 판단할 필요가 없다고 주장하는 게 아니라, 오히려 단 한 사람이 아니라 많은 사람이 판단해야 한다는 주장을 펼치는 것이다. 왜냐하면 그렇게 하는 것은 법률에 의해 교육받아 왔다면 각각의 지배자들은 모두 잘 판단을 내리기 때문이다. 그리고 만일 어떤 한 사람이 한 쌍의 눈과 한 쌍의 귀를 가지고 판단하면서, 두 발과 두 손을 가지고 행위할 때, 많은 사람이 많은 그것들을 사용해 그렇게 하는 것보다 더 잘 볼 수 있다면, 이는 아마도 이치에 맞지 않을 것이라고 생각될 것이다. 실제로 그런 바와 같이, 1인 지배자들도 그들 자신을 위해 많은 눈과 귀와 손과 발을 만들고 있으니까.[33] 사실상 그들은 자신의 지배에 있는 자신에게 호의적인

30 1287a26에는 krinein kai dioikein란 표현이 사용되었다.

31 혹은 '바람직한'.

32 여기서 원어 diaporein(문제를 제기하고)은 aporein과 같은 의미로 사용되었다(『에우데모스 윤리학』 1216a11 참조; "누군가 이러한 문제들을 제기하며, 무엇을 위해서…").

33 페르시아의 왕의 호위대 중에는 여러 직분과 역할이 있었다고 한다. 어떤 직분은 '왕의 눈'(ophthalmon basileos)이라고 불렸고, 다른 직분으로는 정보를 전달하는 메신저(anggelia)가 있었다고 한다(헤로도토스, 『역사』 1권 114 참조).

자들(친구)[34]을 공동-지배자로 삼고 있으니까 말이다. 분명 그 사람들이 이런 식으로 그의 동료가 아니라면, 그들은 1인 지배자의 선택에 따라 행위하려고 하지 않을 것이다. 그러나 그 사람들이 그 자신과 그의 지배에 대해 친애를 주는 자들이라면, 적어도 친애를 주는 자인 한 그와 동등하고 비슷한 자가 되는데, 그래서 1인 지배자가 그들이 지배해야 한다고 생각한다면, 그는 자신과 동등하고 비슷한 사람들이 자신과 마찬가지로 지배해야 한다고 생각하는 것이다.[35]

왕정(1인 지배정)에 대해서 이의를 제기하는 자들의 논증은 개략적으로 이런 것들이다.

34 플라톤은 친구를 "우리는 덕과 관련해서 비슷한 사람에 대해 비슷한 사람을, 동등한 사람에 대해 동등한 사람"(『법률』 837a)이라고 말하고, "비슷한 사람들 사이에서 생기는 친애는 온유하고 평생토록 상호적"(『법률』 873b)이라고 말한다.

35 뉴먼은 아리스토텔레스가 아킬레우스의 "나와 동등하게 왕이 되고 내 명예의 반을 나누어"라는 말을 기억하고 있을 것으로 추정한다(『일리아스』 제9권 616행).

제17장

최고로 탁월한 자가 왕이 되어야 한다

그러나 이러한 논의들은 아마도 어떤 사람의 경우[1]에는 들어맞지만 다른 사람의 경우에는 그렇지 않을 것이다. 왜냐하면 어떤 것은 주인의 지배, 다른 것은 왕에 의한 지배, 또 다른 것은 정치가에 의한(정치적) 지배[2]로 다스려지는 것이 자연과 맞는 것이며, [각각의 것이 각각에 적합한 방식으로 지배되는] 이것이 그들에게 정의롭고 유익한 것이기 때문이다. 이에 대해 참주에 의한 지배는 자연에 근거한 것이 아니며, 또한 그 밖의 다른 벗어난 정치체제들도 모두 자연에 근거한 것이 아니다. 왜냐하면 이런 정치체제들은 자연에 반해서 생겨나기 때문이다. 그러나 말해진 것들로부터 적어도 비슷하고 동등한 사람들 사이에서는 단 한 사 1288a
람이 모든 것들에 대해 최고의 권위를 갖는 것은 유익하지도 정의롭지도 않다는 것은 명백하다.

이 점은 법률이 존재하지 않고 그 자신(왕)이 법률이 되어 최고의 권위를 갖는 경우, 또는 법률이 실제로 있는 경우에도 마찬가지다. 또 좋은 사람이 좋은 사람을 지배하는 경우, 혹은 좋지 않은 사람이 좋지 않은 사람을 지배하는 경우에도 마찬가지다. 게다가 이 사람이 덕에서 다른 사

1 뉴먼은 주제밀과 달리 베르나이(Bernays)를 좇아 '어떤 사람들의 경우에'로 이해한다.

2 정확히 어떤 정치체제를 언급하는 것일까? '시민 정치가들'에 의한 지배를 말하는 것일까? 그렇다면 시민들이 차례로 번갈아 가면서 지배하고 지배받는 정치체제일 것이다. 뉴먼은 1288a6-15를 언급하면서 '혼합정'을 지시하는 것으로 새기기도 한다.

람보다 더 뛰어나다고 해도 어떤 특정한 방식으로 그렇지 않는 한, 그 한 사람이 최고의 권위를 갖는 것도 유익하지 않으며 정의로운 것도 아닌 것이다. 그러므로 그 특정 방식이 무엇인지에 대해 이제 말해야 하는데, 그러나 이것은 어떤 의미에서 이미 언급되었다.[3]

그러나 먼저[4] 왕정, 귀족정, 혼합정(공화정) 각각에 적합한 것이 무엇인지 규정해야 한다. 왕정에 적합한 것은 정치를 주도하는 것[5]에 관한 덕에 맞는 우월한 일족을 자연스럽게 만들어 내는 그런 성향을 지닌 집단이다. 귀족제에 적합한 것은 그들의 덕에 따른 정치적(시민적) 지배[6]를 주도하는 사람들[7]이 자유인들에게 어울리는 지배를 할 때, 그 지배를 받아들일 수 있는 다수를 자연스럽게 만들어 내는 집단이다. 혼합정(공화정, 시민정)에 적합한 것은 가치에 따라 부유한 자에게 관직을 배분하는 법률 밑에서 지배하고 지배받을 수 있는 군사적인 다수[8]를 자연스럽게 만들어 내는 집단이다.

그러므로 한 가문(일족) 전체든 다른 나머지 사람들 중 한 개별적인 사람이든 다른 모든 사람들의 덕을 웃도는 덕이란 측면에서 특출날 만큼 도드라지게 되었을 경우에는, 이 가문이 왕족으로서 모든 일에서 최

3 1284a3-b35.

4 주제밀은 여기부터 아래 15행의 archas까지를 1인 지배정과 귀족정에 적합한 사람들의 규정에서 의미 없는 동어반복으로 보고 괄호 속에 채우고 있다. 나중에 아리스토텔레스 자신이나 다른 사람에 의해 삽입된 것으로 여겨진다. 이에 대해서는 뉴먼의 해당 주석(N. Newman, vol. 3, pp. 303~304)을 참조.

5 원어로는 hegemonia politikē이다. 헤게모니아는 왕권에 속하는 말이다.

6 즉 politikē archē는 “태생과 자유라는 점에서 그들 자신과 비슷한 자들을 지배하는 어떤 종류의 지배”를 말한다(1277b7 아래 참조).

7 부와 힘에 따르는 것은 과두정에 적합하다(『니코마코스 윤리학』 1161a2).

8 뉴먼과 사본에 좇아 genos politikon(정치적 일족) 대신에 plēthos polemikon으로 읽었다.

고의 권위를 갖고,[9] 또 바로 이 개별적인 사람이 왕이 되는 것은 정당한 일이다. 왜냐하면 앞서 말했듯이[10] 이것이 귀족정이든 과두정이든, 심지어 민주정이든 간에 정치체제들을 확립하는 자들이 관례적으로 앞에 내놓는 정의[11]에 따라 그렇게 될 뿐만 아니라(동일한 종류의 우월성은 아니지만, 그들은 우월함에 근거해서 지배의 정당성을 요구하니까), 앞서 말해진 것[12]에 따라 그렇게 되기 때문이다. 왜냐하면 그러한 사람을 사형시키거나 국외 추방시키거나 도편추방에 처하는 것은 어울리지 않으며, 또 그러한 사람이 차례로 번갈아 가며 지배를 받도록 요구하는 것도 어울리지 않기 때문이다. 부분이 전체보다 웃도는 일은 자연스럽지 않지만, 이런 정도의 엄청난 우월성을 지닌 자에게서 바로 그 일[13]이 일어나고 있으니까. 그러므로 이러한 사람에게 남아 있는 유일한 기능성은, 이러한 사람에게 [모든 사람이] 복종하고, 번갈아 가면서 그렇게 하는 것이 무조건적으로 최고의 권위를 갖게 해 주는 것이다.

그렇다면 왕정을 둘러싼 물음, 즉 왕정에는 어떤 종류가 있는지, 또 왕정이 폴리스들에 유익한지 혹은 유익하지 않은지, [만일 유익하다면] 또 어떤 폴리스의 어떤 조건 아래에서 유익한지 하는 그러한 문제는 이런 정도로 해결된 것으로 하자.

9 모든 왕이 모든 것들에서 최고의 권위를 갖는 것은 아니다(1285a4).

10 1284b25 아래.

11 즉 우월성에 따른 정의(1283b17).

12 1284b25-34.

13 즉 부분이 우월해서 전체를 지배하는 것.

제18장

왕의 교육과 이상적인 정치체제

우리의 주장에 따르면, 올바른 정치체제에는 세 가지 종류가 있으며, 이것들 중에서도 최선의 사람들에 의해 다스려지는[1] 정치체제가 필연적으로 최선의 정치체제여야 한다. 그러한 정치체제에서는, 덕이란 측면에서 다른 모든 나머지 사람들보다 우월한 어느 한 사람이든, 가문(일족) 전체든 하나의 집단이 생겨나며 가장 바람직한 삶을 위해서 어떤 이들은 지배받고 다른 이들[2]은 지배한다. 또한 우리의 첫 번째 논의에서 보듯이[3] 한 인간의 덕은 최선의 폴리스에 사는 시민의 덕과 필연적으로 일치해야 한다. 따라서[4] 귀족정의 폴리스나 왕정의 폴리스는 한 인간이 훌륭하게 되는 것과 같은 동일한 방식과 동일한 수단들에 의해 확립될 수
1288b 있다는 것은 명백하다. 그러므로 사람을 훌륭한 인간으로 만드는 교육과 습관은 그를 정치가답게 혹은 왕답게 만드는 교육이나 습관과 거의[5] 동일한 것이다.

이제 이러한 문제들이 규정되었으므로, 이제 우리는 **최선의 정치체제**와 관련해서 그것이 어떤 방식으로 자연적으로 발생하고, 어떻게 확립

1 원어로는 oikonomoumenēn이다.

2 덕이란 측면에 다른 사람들보다 우월한 사람.

3 제3권 제4~5장.

4 41행의 hoste를 내용상 이해해서 앞으로 끄집어내어 옮겼다.

5 내용상으로는 '실제로' 정도로 이해할 수 있다.

되는지를 논의하려고 시도해야 한다.[6] [그러므로 이 정치체제와 관련해서 장차 적절한 방식으로 고찰을 행하려는 사람은 필연적으로 ….[7]]

6 1294a 30 아래에서 이 두 물음은 혼합정에 관련해서 동일하게 제기되고 있다.

7 이 문장은 제7권의 처음 부분에서 다소 상이한 문장 형식으로 거의 동일하게 재등장한다. 그래서 어떤 학자들(가령, 주제밀과 뉴먼이나 피터 심슨[P. L. P. Simpson], 로드[C. Lord])은 제3권과 제7권을 연속적인 책으로 구성된 것으로 이해하고, 이 부분이 제7권과 제8권이 탐구하려는 토픽을 언급하는 것으로 해석한다. 과연 아리스토텔레스는 독자로 하여금 제3권에서 제7권으로 넘어가면서 읽어 주기를 바라는 바람을 가지고 있었을까? 만일 그렇다면 제3권 다음에 제7권과 제8권이 오고, 다음으로 제4권, 제5권, 제6권이 순서적으로 놓여야 할 것이다. 이 점에 대한 논란에 대해서는 제7권 처음의 주석을 참조. 로스는 이 부분을 불완전한 것으로 괄호에 넣고 있다. 나중에 삽입된 것으로 보는 학자들도 있다.

제4권

정치체제의 유형

전해지는 제4권에서 제6권까지는 현존하는 폴리스들을 분석하면서, 그 구조와 그 정치체제의 변화를 논의하는 '경험적인' 작품으로 이해될 수 있다(W. Jaeger). 자연스럽게 독해하자면, 이 세 권에서 행해지고 있는 현존하는 폴리스들에 대한 분석은 아리스토텔레스 자신의 규범적인 '이상 국가'에 대한 논의를 전개하고 있는 제7권을 위한 준비 작업으로 해석될 수 있다. 그런데 제3권은, "이제 이러한 문제들이 규정되었으므로, 이제 우리는 **최선의 정치체제**와 관련하여 그것이 어떤 방식으로 자연적으로 발생하고, 어떻게 확립되는지를 논의하려고 시도해야 한다. [그러므로 이 정치체제와 관련하여 장차 적절한 탐구를 하고자 하는 사람은 먼저 어떠한 삶이 가장 바람직한지를 필연적으로 …]"로 끝나고 있다. 그렇다면 논의 순서상 최선의 정치체제가 논의되어야 하지만, 제4권은 최선의 정치체제에 대해 논의하고 있지 않다. 또 제4권 제2장 첫째 문단은 최선의 정치체제에 관해 논의를 이미 마친 것처럼 이야기하고 있는 것으로 보인다. 실제로 제7권은 "최선의 정치체제에 대해 장차 적절한 탐구를 하고자 하는 사람은 먼저 어떠한 삶이 가장 바람직한지를 필연적으로 규정해 두어야 한다"라는 말로 시작하고 있다. 그렇다면 외견상 제3권과 제7권은 자연스러운 논의의 연결로 이어지고 있는 것으로 보인다. 이런 이유로 주제밀과 뉴먼을 비롯한 연구자들은 『정치학』의 순서를 다시 정렬해 보려고 시도하였지만, 주어진 텍스트의 상태만으로는 확정적인 결론을 내리기는 어렵다.

제1장

정치학의 탐구 영역과 과제

어떤 기술이든 어떤 학문[1]이든 그것이 단편적인 것이 아니라[2] 어떤 하나 1288b10
의 종류에 관해 완결된 것이라면, 각각의 종류에 속하는 것은 같은 하나의[3] 기술 내지는 학문의 연구 대상이 되는 것이다.[4] 예를 들어 (1) 신체 훈련의 경우 어떤 훈련이 어떤 신체에 유익한지를 연구하는 것도, 말하자면 (2) 어떤 훈련이 최선인지를 연구하는 것도(소질 면에서, 또 필요한 자원의 측면에서 타고난 신체에는 당연히 최선의 훈련이 적합한 것이니

1 에피스테메(epistēmē)는 기술(technē)과 동일한 의미를 가진다. "체육과 일반적으로 모든 기술들과 기능들(dunameis)이 그래 왔던 것처럼 말이다. 그래서 정치가의 기술(정치학; politikē)도 이것들 중의 하나로 간주해야 하기 때문에"(1268b34-38)라고 언급한 대목에서 보듯이 hē politikē epistēmē(정치가의 앎)는 technai kai dunameis 중의 하나로 말해지고 있다. 아리스토텔레스는 정치학을 '앎', '기술', '능력', '철학'(1282b14-23), '지혜'(1289a12)로 간주하고 있다. 또 그는 정치학을 "가장 지배적이고 통제적인 학문, 즉 가장 총괄적인 역할을 하는 학문"이라고 말하면서, 다른 실천적인 학문을 수단으로 사용하는 정치학의 목적을 "다른 학문의 목적을 포함할 것이고, 따라서 정치학의 목적은 '인간적 좋음'"이라고 규정하고 있다(『니코마코스 윤리학』 제1권 제2장).

2 '정치학'이 종종 '단편적으로 생겨나는 것'(kata morion ginomenais)을 다룬다는 것에 관해서는 플라톤, 『법률』 630e 참조. 어떤 입법자는 상속과 여자 상속인에 관한 법규를, 어떤 이는 폭행에 관한 법규를, 다른 이들은 그 밖의 다른 것을 다룬다. 아리스토텔레스는 부분(kata morion)과 전체(완성; teleios)에 연관해서, 돌들을 맞춰 놓는 것과 원주 기둥에 홈을 파는 것을 부분으로 상정하고, 신전 건축은 완성된 것으로 놓는 대비를 통해 설명한다(『니코마코스 윤리학』 1174a24-28).

3 여기서 mias(하나의)는 '하나의 동일한 기예와 앎'을 의미한다.

4 불변화사(particle) 없이 시작하는 문장이 아리스토텔레스 경우에 때때로 나타난다.

까) 같은 하나의 기술 내지는 학문의 일이다. 그리고 (3) 대부분의 신체에 적합한 모든 사람을 위한 하나의 훈련이 어떤 것인지를 연구하는 것도 그렇다(이것도 사실상 신체 훈련술의 일이니까). 게다가 (4) 신체 상태든 전문 지식이든 운동경기[5]에 관련해 필요한 만큼의 훈련을 원하지 않는 사람이 있다면, ⟦그에 따른 이러한 힘을 주는 것도 앞에서 말한 것 못지않게 체육 지도자와 체육가[6]의 일에 속한다.⟧[7] 또한 의술의 경우도, 조선이나 의복 제작의 경우도, 그 밖의 다른 모든 기술에 경우도 이와 동일한 것을 우리는 보고 있다.

따라서 정치체제를 고찰하는 경우에도 다음과 같은 것이 모두 한 학문[8]의 일에 속한다는 것은 분명하다. 즉,

(1) 최선의 정치체제가 무엇인지, 그리고 [그것을 실현하기 위한] 어떠한 외적인 방해가 없을 경우에 우리가 가장 바라는 대로[9] 정치체제가 되는지를 연구하는 것이다.

또한, (2) 어떤 정치체제가 어떤 사람들에게 적합한지를 연구하는 것이다(왜냐하면 최선의 정치체제를 성취한다는 것은 많은 사람들에게는

5 레슬링과 복싱을 하나의 '학문'으로 분류하는 『범주론』 제8장 10b3-4 참조.

6 1338b6-8 참조. 체육가(gumnastikos)는 신체의 올바른 상태(hexis)를 돌보고, 체육지도자(paidotribēs)는 실제의 체육 활동에서의 기술과 앎에 관여한다. 체육가에 대한 언급에 대해서는 플라톤, 『정치가』 295c, 『고르기아스』 464a, 『프로타고라스』 313d 참조.

7 뉴먼은 이 ⟦ ⟧ 부분이 파손되거나 불완전한 것으로 본다. 체육가와 체육 지도자에 대해서는 제8권 제3장 1338b6-8 참조.

8 '같은 하나의 학문'(tēs autēs epistēmēs)이란 앞서 12행의 '하나의'와 마찬가지로 '하나의 동일한 기예와 앎'을 의미한다. 곧 정치학을 말한다. 아리스토텔레스는 정치학을 하나의 '앎과 기예', '능력'(dunamis), '철학'(1282b14-23) 그리고 '지혜'(1289a12) 등으로 규정한 바 있다.

9 현실과 반대되는 의미로 '소망하고 바랄 수 있는', '가장 우리의 기도에 일치하는는'(malista kat' euchēn) 것을 말한다.

아마 불가능할 것이기 때문이다. 따라서 훌륭한 입법자와 진정한 정치가는 무조건적으로 최선인 정치체제뿐 아니라 주어진 그 상황에서 볼 때 최선의 정치체제에도 [즉 둘 다에][10] 눈을 돌려야 하는 것이다).

게다가 (3) 세 번째로 어떤 종류의 가정(假定)에 기초한 정치체제를 연구하는 것이다(실제로 주어지고 있는 정치체제에 대해서도 처음에는 그것이 어떻게 생겨났는가, 또 일단 생겨난 다음에는 그 정치체제를 가능한 한 오래 보존하려면 어떻게 해야 하는가를 [좋은 입법자와 진정한 정치가는] 고찰할 수 있어야 한다. '어떤 종류의 가정'이라고 내가 말하는 것은, 예를 들어 한 폴리스가 최선의 정치체제와 그것을 뒷받침하기 위해 필요한 것들이 부족할 뿐 아니라, 상황적으로 실현될 수 있는 최선의 정치체제조차 가지고 있지 않으며, 그러한 정치체제보다 열등한 정치체제에 의해 통치되고 있는 경우를 의미한다).

이 모든 것 외에도[11] (4) 정치가는 어떤 정치체제가 모든 폴리스에 가장 적합한지를 알고 있어야 한다. 이는 정치체제에 대해 견해를 표명하는 대부분의 사람들은 설령 다른 점에서는 옳게 말하고 있지만, 적어도 유용성이라는 점에서는 온전히 빗나가고 있기 때문이다. 그렇다고 하면 우리는 최선의 정치체제뿐 아니라 [현재의 상황에서 볼 때] 실현 가능한 정치체제[12]를 고찰해야 하고, 또한 마찬가지로 모든 폴리스에서 보다 쉽

10 이상적으로 바랄 수 있는 최선의 정치체제와 주어진 상황 밑에서 가능할 수 있는 정치체제를 말한다.

11 아리스토텔레스는 신체적 훈련에 대한 앎의 기능과 정치학의 역할을 비교하고 있는 듯하다. 신체 훈련에서의 첫 번째 기능은 정치학에서는 두 번째에, 두 번째는 첫 번째에, 세 번째는 네 번째에 상응한다고 볼 수 있다. 네 번째는 세 번째에 해당한다.

12 즉 '현실적으로 성취할 수 있는 정치체제'를 말한다. "[가정으로 주어진] 그 상황에서의 최선의 정치체제"(26행)와 "주어진 [현실적] 상황에서도 실현될 수 있는 것"(32행)과 동일한 의미다.

게, 보다 널리 공유할 수 있는 정치체제를 고찰해야 하기 때문이다.

그러나 현실에서는 어떤 사람은 많은 외적인 자원[13]을 필요로 하는 최상의 정치체제를 탐구하고, 반면 다른 사람은 오히려 널리 공유될 수 있는 정치체제를 논의하고 있지만 현존하는 정치체제를 깡그리 무시해 버리고 라코니케인들의 정치체제나 혹은 다른 어떤 정치체제를 찬양하고
1289a 있을 뿐이다.[14] 그러나 우리가 마땅히 해야 하는 일은 현존하는 체제로부터 시작해서, 사람들이 쉽게 납득하고 또 실제로 받아들일 수 있는 그러한 정치체제의 구조를 도입하는 것이다. 왜냐하면 다시 배우는 것이 처음부터 배우는 것 못지않게 까다롭듯이, 정치체제를 개혁하는 것은 처음부터 정치체제를 만들어 내는 것 못지않게 까다로운 일이기 때문이다.[15] 그러므로 막 말한 것들 외에도, 정치가는 앞서 말한 것처럼[16] 현존하는 정치체제에 대해 도움을 줄 수 있어야 한다.

하지만 정치가가 (5) '한' 정치체제[17]에 대해 얼마나 많은 종류가 있는지 알지 못하고서는 이것을 행한다는 것은 불가능하다.[18] 실상 어떤 사

13 이 말(chorēgia)은 원래 '폴리스의 공적 행위에 동원되는 합창가무단을 위해 비용을 대는 것'을 의미한다. 배우나 합창대를 장식하기 위해 필요한 의복 따위를 마련하기 위한 것이다. 주로 부유한 사람들의 공적 의무였다. 따라서 여기서 그 의미는 주로 물질적 장비를 말하는 것으로 이해된다. 1325b37 아래, 1295a27 아래 참조.

14 스파르타의 정치체제를 상세히 논하고 찬양하는 플라톤, 『법률』의 내용을 상기하라. 『국가』 544c 참조.

15 솔론의 개혁을 두고 하는 말일까?

16 1288b28-39.

17 단수에 주목했다. 한 정치체제에도 다양한 정치형태가 있을 수 있다는 말로 이해된다.

18 민주정과 과두정을 바로잡으려는 자는 이 정치체제들의 상이한 종류를 구별할 줄 알아야 하고, 또 상이한 방식으로 각각의 종류들을 다루어야 한다. 한 종류의 민주정만을 알거나 한 종류의 과두정만을 아는 자는 이 정치체제들을 올바르게 바로잡을 수 없다.

람들은 한 종류의 민주정(인민정)과 한 종류의 과두정만이 있다고 생각하지만 이것은 진실이 아니다. 따라서 우리는 각각의 정치체제에서의 변형[19]들, 즉 얼마나 많은 종류들이 있는지, 그것들[20]을 조합하는 방식에는 몇 가지가 있는지[21]를 간과하지 않아야 한다.

(6) 또한, 이와 같은 지혜(슬기)[22]를 발휘해서 최선의 법률과 각각의 정치체제에 적합한 법률을 찾아내야 한다. 왜냐하면 실제로 늘 그렇게 하고 있듯이, 정치체제에 맞춰 법률을 정해야지 법률에 맞춰 정치체제를 정해서는 안 되기 때문이다. 왜냐하면 정치체제란 폴리스에서의 여러 관직에 대한 조직(조정, 질서)이며, 어떤 방식으로 관직이 사람들에게 분배되어야 하는지, 또 무엇이 정치체제의 최고 권위(권한)을 가지고 있는지, 각각의 공동체는 무엇을 목적으로 하고 있는지를 규정하는 것[23]

19 즉 '정치체제 각각의 변형들'(diaphora)을 말한다.

20 즉 '정치체제 각각의 변형들'.

21 이에 대해서는 1290b25-1293a34, 1317a18-1318a3 참조.

22 "정치술과 실천적 지혜(슬기)는 같은 상태지만, 그 무엇임(to einai)은 동일하지 않다. 폴리스에 관한 실천적 지혜 가운데 하나는 총기획적인 것으로 '입법적' 실천적 지혜고, 다른 하나는 개별적인 것들에 관계하는 것으로서 양 부분에 공통되는 이름인 '정치적' 실천적 지혜다"(『니코마코스 윤리학』 제6권 제8장, 1241b23-27). 정치술과 실천적 지혜는 달리 정의되지만, 마음의 동일한 기능으로부터 나온다는 것을 의미한다. 즉 정치적 지혜는 특별한 종류의 실천적 지혜가 아니라 그것의 특별한 적용이다. 왜냐하면 '실천적 지혜'라는 말은 일상적 용법에서는 개인의 사사로운 일에서의 실천적 지혜에 한정되지만, 실제로 그러한 지혜를 발휘하는 마음의 능력은 자신의 가정과 공동체까지 확장될 수 있기 때문이다.

23 '정치체제'를 규정하는 중요한 대목이다("정치체제는 폴리스의 어떤 종류의 삶이니까"; 1295a40-1295b1). 정치체제는 그 목적에서 특징지어지는 것이기 때문에 '최선의 정치체제가 무엇인가' 하는 물음은 최선의 목적이 무엇인가를 알아야 답해질 수 있다. 민주정과 과두정은 서로 다른 목적을 가진다(1310a29 참조).

이기 때문이다. 이와 달리 법률은 정치체제가 무엇인지를 밝히는 것[24]과는 구별된다. 오히려 통치자들이 그것에 따라 지배하고, 그것에 따라 법률을 위반한 자들을 감시하고 억제해야[25] 한다.

따라서 각각의 정치체제의 다양한 종류가 어떠한 것이며, 그 수가 얼마나 되는지를 파악하는 것은[26] 법률을 제정하기 위해서도 필요하다는 것은 분명하다. 왜냐하면 민주정이나 과두정, 어느 쪽이든 하나의 종류밖에 없는 것이 아니고, 각각에 몇 가지의 종류가 있다고 하면, 동일한 법률이 모든 종류의 과두정과 민주정에 도움이 된다는 것은 있을 수 없기 때문이다.

24 밝혀 놓은 원리들로 '정치체제를 정의하는 법들'을 말한다.

25 뉴먼에 쫓아 phulattein(감시하다)라는 말을 좀 더 강하게 해석했다.

26 '가지고 있다'라는 것은 그에 대해 알고 있음을 의미한다.

제2장

여러 정치체제와 그것들 간의 우수함의 서열

정치체제에 관한 처음의 탐구에서[1] 우리는 세 가지의 올바른 정치체제들로서 왕정, 귀족정, (시민에 의한 통치를 포함하는) 혼합정(공화정, 폴리테이아) 세 가지로 구별하고, 이것들 각각에서 벗어난 세 가지 정치체제로서 왕정으로부터 참주정, 귀족정으로부터 과두정, 혼합정으로부터 민주정(인민정)을 구별한 바 있다. 또 귀족정과 왕정에 관해서는 이미 말했다.[2] (사실상 최선의 정치체제에 대해 고찰하는 것은 이 '이름'[3]으로 불리는 정치체제에 대해 말하는 것과 동일한 것인데, 이는 귀족정과 왕정 모두 덕과 이를 뒷받침하는 외적 수단[4]에 근거해서 체제를 확립하려고 하기 때문이다.[5]) 게다가 귀족정과 왕정은 서로 간에 어떤 차이가 있는지,[6] 또 왕정은 어떤 경우에 받아들여져야 하는지도 앞서 결정했다.[7] 그래서

1 제3권 제6~8장.

2 제3권 제14~18장.

3 이름(onoma)은 그 사물의 본질을 나타내는 것이므로, 이름을 말한다는 것은 그 이름이 나타내는 본질인 '정치체제'를 탐구하는 것과 동일하다는 것이다(제3권 1276b11-13).

4 제1권 제6장 각주 7 참조. 외적 좋음(ektos agathos)인 물질적 자원을 말한다.

5 최선의 삶이란 각각의 개인에게도, 또 공적으로 폴리스에 있어서도 덕에 따른 활동들에 참여할 수 있을 만큼 [외적인 좋음을] 충분히 구비한 덕을 갖춘 삶이다(1323b40-1324a1).

6 제3권 제7장 1279a33 아래, 제15장 1286b3 아래, 제16장 1287b35, 제17장 1288a15.

7 제3권 제17장 1288a15 아래.

남아 있는 과제는, 모든 정치체제에 공통되는 이름[8]으로 불리는 그 정치체제와 다른 정치체제들, 즉 과두정, 민주정, 참주정에 관해 논의하는 것이다.

그런데 이 벗어난 세 가지 정치체제들 사이에 어떤 것이 가장 나쁜 것이고, 어떤 것이 두 번째로 나쁜 것인지도 명백하다. 왜냐하면 첫 번째이고 가장 신적인 정치체제[9]로부터 벗어난 정치체제는 필연적으로 가장 나쁜 정치체제기 때문이다. 그러나 왕정은 단지 [권력이 주어지지 않는]
1289b 이름만을 갖는 것을 제외하면,[10] 왕으로 군림하는 사람의 최대의 우월성에 근거해서 존재해야 한다. 따라서 [왕정에서 벗어난] 참주정이 이 '정치체제'[11]로부터 가장 멀리 떨어진 가장 나쁜 정치체제인 셈이다.[12] 그다음으로 과두정이 두 번째로 가장 나쁘다(귀족정이 이 정치체제로부터

8 이른바 '혼합정'(politeia)을 말할 것이다. 이에 대해서는 제4권 제8장과 제9장 참조.

9 왕정이 "가장 신적인" 것이다. 제우스는 왕이 지배하는 것과 같이 다른 신들을 지배하기 때문이다(1252b24-27, 『형이상학』 1076a3-4 참조). 신적인 것은 첫 번째 가는 것이다(1328b11 아래). 참주정은 제5권 제10장에서 설명된 대로 "가장 나쁘다". 1인 지배정과 참주정은 1인이 지배한다는 점에서는 공통적이다. 『니코마코스 윤리학』에서는 "최선은 1인 지배정이며 최악은 금권정(timokratia)이다. 참주정은 1인 지배정의 타락한 형태다. … 참주는 군주의 반대이다. 자기 자신에게 좋은 것을 추구하니까. 참주정의 경우 그것이 최악이라는 사실은 [금권정이 최악이라는 것보다] 더 분명하다. 최선의 것에 반대되는 것은 최악"이라고 말하고 있다(1160a31-b22).

10 달리 번역하자면, "실질적인 왕권이 주어지지 않는 단지 이름만을 갖는 것이거나 혹은 왕으로 군림하는 사람의 최대 우월성에 근거해서 존재해야 한다"이다. 하지만 1인 지배정은 필연적으로 으뜸가고 가장 신적인 정치체제여야 한다는 말이겠다. 1284a3 아래, 1288a15 아래, 1310b10 아래 참조.

11 '혼합정'을 말하는 것일까? 앞서 "첫 번째이고 가장 신적인 정치체제"를 가리키는 것일 수 있다. 다시 우리가 논의하고 탐구하고 있는 '정치체제'를 말하는 것으로 새길 수도 있다.

12 플라톤도 참주정을 가장 나쁜 것으로 본다(『국가』 544c, 576d).

멀리 떨어져 있으니까). 반면에 민주정은 이 가운데 [벗어남에서] 가장 온건한 정치체제다.[13] 앞선 사람들 중에 누군가[14]가 이미 이런 견해를 표명했지만, 그는 우리와 같은 식으로 그것을 보지는 않았다. 그에 의하면, 이들 세 개의 정치체제들이 모두 훌륭해지는 경우에는, 예를 들어 과두정 및 다른 정치체제들이 유익한 것인 경우에는 민주정이 그것들 중에서 가장 나쁜 것이지만, 그것들이 나쁜 경우에는 민주정이 그것들 중에서 최선의 정치체제라는 것이다. 반면 우리는 이 벗어난 정치체제들이 전체적으로 잘못되었고, 한 형태의 과두정이 다른 것들보다 더 나은 것으로 말하는 것은 옳지 않고, 오히려 다른 과두정만큼은 나쁘지 않다고 말해야 한다고 주장한다.

하지만 이러한 사항에 대한 판단[15]은 당분간 한쪽으로 치워두기로 하자. 그보다 우리는 다음을 명확히 해야 한다. 먼저, (1) (만일 정말로 여러 종류의 민주정과 과두정이 있다고 한다면) 각각의 정치체제에는 얼마

13 "벗어난 정치체제 중에서는 민주정이 가장 덜 나쁘다"(『니코마코스 윤리학』 1160b19-20)

14 플라톤, 『정치가』 302e-303b. 실제로 『정치가』에서 플라톤은 과두정을 결코 좋은 정치형태로 보지 않았다. 아리스토텔레스가 제대로 기억하지 못했든가, 잘못 기억했던 것 같다. 플라톤의 후기 저작인 『정치가』는 아리스토텔레스에 의해 언급된 적이 없는 저작이다. 그렇다면 『정치가』란 작품은 아리스토텔레스가 아카데미아를 떠난 이후에 저술된 것일까? 아리스토텔레스는 '누군가, 어디선가'(pou)란 말로 흔히 플라톤을 지칭하고, 불명료하게 플라톤의 저작을 가리키는 경우가 많다. 플라톤은 명예 지배정인 크레타, 라코니케의 정치체제, 과두정, 민주정, 질병(noesēma)에 걸린 참주정 등으로 서열을 자리 매김하고 있다(『국가』 544c)

15 즉 벗어난(타락한) 정치체제 형태들 간에 가치 서열을 매기는 것을 말한다. 우리에게 전해진 『정치학』에서는 이 문제를 더는 다루지 않는 것처럼 보인다. 제11장 1296b3 아래에서는 민주정과 과두정의 변형된 형태들의 가치 서열의 문제를 제기하고 있다.

나 많은 종류가 있는지를 결정해야 한다.[16] 그다음으로 (2) 어떤 정치체제가 가장 널리 공유될 수 있는 것이고,[17] 어떤 정치체제가 최선의 정치체제 다음으로 바람직한지를 물어야 한다. 그리고 (3) 만일 그 밖에 귀족정의 성격[18]을 가지며 잘 조직된 정치체제이면서도, 동시에 대다수의 폴리스에 적합하다고 한다면 그것은 어떤 것인가? 다음으로 (4) 다른 정치체제들 가운데 어느 것이 어떤 사람에게 바람직한가? (아마도[19] 어떤 사람들에게는 과두정보다 민주정이 더 필요하고, 다른 사람들에게는 민주정보다 더 과두정이 더 필요할지도 모를 테니까.[20]) 이것들에 뒤이어 (5) 이 정치체제들, 즉 각각의 종류의 민주정이나 과두정을 세우기를 원하는 사람은 어떤 방식으로 그것을 확립하면 좋을 것인가.[21] 그리고 끝으로, 우리가 이 모든 문제들에 대해 가능한 범위에서 간결하게 설명한 후에, (6) 정치체제들은 어떻게 붕괴하고, 어떻게 보존되는가에 대해 일반적인 관점에서 또한 각각의 정치체제에 따른 개별적인 관점에서 논의하기 위해 노력해야 하고, 그러한 붕괴와 보존은 어떤 원인에 의해 가장 자연스럽게 일어날지에 대해서도 논의하도록 노력해야 한다.[22]

16 1317a10 아래, 1297b28 아래 참조.

17 혹은 가장 성취 가능한가.

18 원어로는 aristokratikē이다. 여기서 그 의미는 '귀족정'이기보다는 이 말의 어원적 의미인 '최선의 방식으로 통치되는 것'으로 사용된 것으로 보인다(C. D. C. Reeve, P. Pellegrin).

19 아리스토텔레스의 경우에 '아마도'(tacha)는 의심스럽다는 것보다는 자신의 주장과 신념을 나타내는 데에도 흔히 쓰인다.

20 제4권 제12장 1296b13 아래 참조.

21 이 문제는 제5권에서 다루어진다.

22 제1장에 이어 제2장도 『정치학』의 과제의 목록을 제시하고 있다. 제1장의 목록과 꼭 일치하지 않는다. 그렇지만 여기서 제시된 과제의 목록대로 나머지 책(제4권)에서 그대

로 서술되고 있는 것은 아니다. 가령 (5) 물음, 즉 정치체제의 보존과 파괴는 제5권에서 다루어지고 나머지 물음들은 제6권에서 논의된다. 이러한 사항을 두고 몇몇 학자들은 제5권과 제6권의 순서가 바뀌어야 한다고 생각한다. 하지만 이 해석은 제6권에서(1316b31-36, 1317a37-38, 1319b4-6, 1319b37-1320a4) 선행하는 논의가 언급되는 것으로 보아 그럴듯해 보이지 않는다.

제3장

왜 여러 종류의 정치체제가 있는가[1]

그런데 정치체제에 몇 가지 종류가 있는 것은 어느 폴리스에나 여러 부분이 있기 때문이다.[2]

(1) 우리가 보는 바처럼, 첫째로 모든 폴리스가 가정(家庭)들로 구성되어 있으며, (2) 다음으로 그 집단 속에는 반드시 어떤 사람들은 부자여야 하고, 다른 어떤 사람들은 가난해야 하며, 또 다른 어떤 사람들은 그 중간층이어야 하고, 게다가 부자와 가난한 자에 대해, 전자는 중무장 병장기를 소유하지만 후자는 중무장 병장기를 소유하고 있지 않다. 우리는 또한 인민 중 일부는 농민이고, 일부는 상인이고, 일부는 수공업자인 것을 보게 된다.[3] 또 귀족들[4] 중에서 부(富)와 재산의 크기[5]에 따른 차

1 제3장과 제4장은 제2장의 1289b12-14, 제1장의 1289a7-11 및 20 아래에서 제안된 탐구에 대한 답변을 내놓고 있다. 그러나 각각의 정치체제의 변형이 얼마나 있는가에 대한 답변이기보다는 오히려 '왜 여러 정치체제가 있는가'에 대한 답변을 제시하고 있다.

2 이에 대해서는 1301a25-33, 1301b29-1302a2 참조. 하나 이상의 정치체제가 있는 것에 대한 설명은 제3권 제6-7장, 1328a37 아래와 1301a25에서 찾아진다. 제3권 제6장과 제7장에서는 다스리는 자가 얼마냐에 따라 6가지 정치체제를 언급하고 있다.

3 아리스토텔레스는 대개 인민을 농민, 장인(손 노동자), 상인, (일용) 고용 노동자 등 네 개의 계급으로 나눈다(1321a5 아래). 양치기를 추가하면 다섯 개의 계급이 된다(1319a-19 아래).

4 귀족(gnorimoi, 상위계급, 부르주아 계급)은 인민(dēmos)에 계급적으로 대립되는 표현이다. 이 말은 부자들뿐 아니라 태생의 고귀함이나 덕에 기초하는 사람들을 포함한다(1291b28 아래, 1317b38 아래).

5 '자산의 크기'를 덧붙인 것은 '부'(ploutos)를 더 명확히 하기 위한 것이다. 부는 '재산의

이가 있는데, 예를 들면 말 사육의 경우처럼[6] 말을 기르고 있는지의 차이이다(부자가 아니라면 말을 기르는 것은 쉽지 않으니까. 이런 까닭에 옛 시대에 군사력을 기병[7]에 의존하는 폴리스들은 과두정이었다. 그 폴리스들은 이웃하는 나라들과 전쟁할 때에 말을 사용하곤 했는데, 이를테면 에레트리아인들과 칼키스인들,[8] 마이안드로스[9] 강변의 마그네시아인들, 그 밖에도 아시아 지방의 많은 민족들이 그랬다). (3) 게다가 부의 차이 외
에도 태생(혈통)과 덕[10]에 따른 차이가 있으며,[11] 또 무엇이든 그런 종류 1290a
의 다른 요소, 즉 귀족정에 관한 논의에서 언급했던 폴리스의 요소(부분)에 따른 차이가 있다. 왜냐하면 거기에서 우리는 모든 폴리스에서 꼭 필요한 모든 부분들이 얼마나 있는지를 분석했기 때문이다.[12]

정치체제에 참여할 수 있는 것은 이 모든 부분일 수도 있고, 때로는 소수의 부분, 때로는 다수의 부분이 참여할 수도 있다. 그러므로 이들 부

탁월함'(hē aretē tēs ktēseōs)을 의미한다(1259b20)

6 2격을 사용한 설명적 보족어로 쓰였다.

7 말은 헬라스에서 주로 전쟁과 경주, 그리고 이와 비슷한 목적을 위해 사용되었다.

8 1306a35 아래 참조. 에레트리아("노잡이들의 도시")와 칼키스는 에우보이아섬의 주요 폴리스들이다. 에레트리아는 좁은 에우보이아만을 가로질러 아티카 해안을 마주하고 있다. 에우보이아섬의 주요 도시인 칼키스는 아리스토텔레스의 어머니의 고향으로 그가 두 번째로 아테나이를 떠나 위장병으로 죽기 직전 마지막으로 머물렀던 곳이다.

9 소아시아 지방(이오니아) 남서쪽에서 에게해로 흘러드는 꼬불꼬불한 강. Maiandros란 말에서 'meander'(꼬불꼬불 굽이쳐 흐르는 강물 지형)가 유래했다. 여기에 마그네시아라는 지명이 있다. 에페소스에서 25킬로미터가량 떨어져 있다. 또 헬라스 중앙 텟살리아 남동쪽에도 마그네시아라는 지명의 지방이 있었다.

10 개인적인 훌륭함(aretē).

11 플라톤, 『법률』 711d.

12 이것이 무엇을 가리키는 것일까. 뉴먼은 아마도 제3권 제12-13장에서 1283a14-26을 언급하는 것으로 추정한다. 또한 제7권 제7-9장에서 이 주제가 일정 부분 논의된다.

분 자체가 종적으로 차이가 나는 이상, 서로 종류를 달리하는 여러 가지 정치체제가 필연적으로 있다는 것은 분명하다.[13] 왜냐하면 정치체제는 여러 관직의 조직(조정)으로서, 그것은 관직을 담당하는 자들의 힘에 따라 혹은 그들에게 공통되는 어떤 종류의 동등성을 근거로 분배되는 것이기 때문이다. (내가 의미하는 바는, 예를 들어 가난한 사람이나 부유한 사람의 힘, 혹은 그 양자에 공통되는 어떤 [힘의] 동등성이다.[14]) 그러므로 관직은 폴리스 여러 부분의 우월성[15]과 차이[16]에 근거해서 조직(조정)하는 방식이 있는 만큼, 정치체제들도 그 조직하는 종류만큼의 종류가 필연적으로 있어야 하는 것이다.

그러나 정치체제의 종류는 주로 두 개밖에 없다고 사람들은 생각한다.[17] 마치 바람의 종류를 열거할 때, 하나는 북풍, 다른 하나는 남풍이라고 불리고 나머지 것은 모두 이것들로부터 파생한 것이라고 말해지듯, 정치체제도 민주정과 과두정 이 두 가지밖에 없다는 것이다. 사람들은 귀족정을 일종의 '과두정'[18]과 같은 것이라고 생각하고,[19] 이른바 '혼합

13 민주정에서는 모든 종류의 상위계급과 모든 종류의 인민들이 정치체제에 참여하지만, 극단적인 형태인 과두정에서는 말을 사육하는 자들(hippotrophoi)만이 참여한다(1328b31-33).

14 덕(탁월함)과 부, 자유의 동등성 내지는 평등성. 여기에 뉴먼은 힘(dunamis)을 보충해 읽고 있다. 가난한 자들 간에 성립하는 동등성은 자유로운 태생에 따른 것이고, 부자들 간의 동등성은 재산 자격 요건에 따른 것일 수 있겠다.

15 부, 혈통, 덕, 숫자상의.

16 상위 계급은 덕, 태생, 부에 따른 차이가 나오고, 인민은 직업(농업, 상업, 장인)에 따른 차이가 생길 것이다.

17 아리스토텔레스는 고대 헬라스에서 대부분의 정치체제는 민주정 아니면 과두정이었다는 역사적 사실을 언급하고 있다(1296a22 아래, 1301b39 아래).

18 즉 소수가 지배하기 때문에. 1인이 지배하는 1인 지배정도 마찬가지일 것이다.

19 아리스토텔레스도 귀족정은 일종의('어떤 의미에서') 과두정(oligarchia pōs)임을 받아

정'은 민주정의 일종으로 간주하기 때문이다.[20] 그것은 마치 바람도 서풍은 북풍의 일종으로, 동풍은 남풍의 일종으로 간주되는 것처럼 말이다.[21] 누군가가 주장하고 있는 것처럼, 음계(선법)의 경우에서도 이와 마찬가지다. 즉 음계에도 도리아조와 프뤼기아조 두 종류밖에 없다고 간주하고, 그 밖의 모든 음계의 결합을 도리아식 혹은 프뤼기아식이라고 부른다.[22] 그래서 사람들은 정치체제에 대해서도 일반적으로 이런 식으로 생각하는 데에 익숙하다. 그러나 우리가 분류에 따라 정치체제를 다음과 같이 분류하는 것이 더욱 진실에 가깝고 또 한층 나을 것이다. 즉 잘 구성된 정치체제는 둘이거나 하나뿐이며, 그 밖의 정치체제는 모두 거기에서, 어떤 것은 조화로운 음계[23]에서, 어떤 것은 최선의 정치체제에서 벗어난 것밖에 없기 때문에, 벗어난 정치체제 가운데, 한층 더 팽팽하게 되고, 더욱더 전제적인 정치체제[24]를 과두정이라 하고, 느슨하고 부드러운 정치체제는 민주정이라 하는 것이다.[25]

들인다(1306b24).

20 혼합정은 일종의 다수의 지배이기 때문에(1279a37-39).

21 아리스토텔레스, 『기상학』 364a18-27. 서풍은 북풍으로 분류하고, 동풍은 남풍으로 분류하고 있다. 해가 지는 곳으로부터 불어오는 바람은 차갑고, 해가 뜨는 곳으로부터의 바람은 따뜻하기 때문이라는 것이다. 이처럼 바람은 차가움과 따뜻함에 따른 이 구분에 따라서 남풍이나 북풍으로 불린다는 것이다.

22 제8권 제5장 1340a40-b5 참조. 플라톤, 『국가』 399a-c 참조.

23 '조화롭고 균형 잡힌 혼합'을 말한다. 조화로운 혼합은 정치체제에서 요소들의 균형 잡힌 혼합을 말한다. 잘 혼합된 정치체제에 대해서는 제4권 제9장에서 논의된다.

24 즉 '노예에 대한 주인의 지배와 같은'(despotikos) 것을 말한다.

25 이 대목은 음악의 선율과 정치체제를 비교하면서 논의하고 있다. '음계'는 정치체제에서 잘 혼합된 것에 대한 비유이다. 잘 혼합된 정치체제는 제4권 제9장에서 밝혀진다. 과두정은 믹소뤼디아조와 같이 조이는(긴장하게 하는) 음계에 비유되고, 민주정은 이완시켜 주는 음계에 비유된다. 제8권 1340a42 아래에서는 선율(멜로디)과 성격의 모방물

(mimēmata)의 연관 관계를 다음과 같이 설명하고 있다. "우선 첫째로 다양한 음계(선법, harmonia)의 자연 본성은 다르기 때문에, 따라서 듣는 사람들은 서로 다른 성향(상태)에 놓이게 되며, 또 그 음계의 각각에 따라 반응하는 동일한 상태가 아니며, 어느 음계(예를 들어 이른바 혼합 뤼디아조[mixoludia]라고 불리는 것)에는 더 슬픔에 잠겨 가라앉아 장엄해지고, 또 (예를 들어 완만한 음계에는) 더 부드러운 마음을 갖게 되고, 또 다른 예를 들어 여러 음계 중에서 도리아조만이 그 효과를 만들어 낸다고 여겨지는 음계에는 특히 균형을 잡고 차분한 상태(mesōs kai kathistasthai)가 되며, 나아가 프뤼기아조는 영감(靈感)으로 충만한 상태로 되게 한다."

제4장

폴리스의 부분들과 민주정의 종류

어떤 사람들[1]이 오늘날 흔히 그러는 것처럼, 민주정을 단순히 '다수가 최고의 권위(권한)를 갖는 정치체제'라고 규정하지 말아야 한다[2](과두정이든 다른 어느 정치체제든 더 큰 부분이 최고의 권위를 갖고 있으니까[3]). 또 과두정에 대해서도 '소수가 정치체제에 대해 최고의 권위를 갖는 정치체제'로 규정하지 않아야 한다. 왜냐하면 만일 시민 총수를 1천3백 명으로 할 경우, 이 중에서 1천 명의 부유한 사람들이 자유인이라는 점에서 자신들과 다르지 않음에도 불구하고, 3백 명의 가난한 사람들에게 관직을 맡기지 않으면, 누구도 이들이 민주정적으로 지배받고 있다고 말하지 않을 것이기 때문이다. 마찬가지로 가난한 사람이 소수지만 다수를 차지하는 부유한 사람들보다도 더 힘이 더 강하고, 그 소수의 가난한 사람들만 관직에 종사하고 부유한 사람들은 명예(관직)에 참여하지 못하게 한다면, 누구도 그러한 정치체제를 과두정이라 부르지 않을 것이기 때문이다. 그러므로 우리는 오히려 자유인들이 최고 권위를 가질 때 그 정치체제를 민주정이라고 말하고, 부유한 사람들이 최고 권위를 1290b
가질 때 그 정치체제를 과두정이라고 말해야 한다. 다만 우연의 결과로

1 "어떤 사람들"(tis)은 플라톤을 염두에 둔 것이다.

2 플라톤, 『정치가』 291d. 민주정을 어떻게 정의하느냐 하는 문제는 제3권 제7~8장에서 논의된 바 있다.

3 즉 귀족정, 과두정, 민주정을 막론하고 "정치체제에 참여한 사람들의 많은 부분들"이 최고의 권력을 가지니까(1294a11-14).

민주정에서는 다수가, 과두정에서는 소수가 권한을 갖고 있을 뿐이다. 이는 일반적으로 자유인의 수는 많고, 부유한 사람은 수가 적기 때문이다. 그렇지 않고 [즉 과두정을 소수가 권한을 가진 정치체제로 규정하면] 어떤 사람들[4]이 아이티오피아에서 그렇게 한다고 말하는 것처럼, 비록 관직이 키에 따라 혹은 아름다움에 따라 분배된다고 할지라도 과두정이 있게 될 것이다. 왜냐하면 아름다운 사람이나 키가 큰 사람이 숫자상으로 적을 테니까 말이다.

그렇다고 해도 이것[5]만으로는 이 두 정치체제를 정의하기에 충분하지 않다. 오히려 민주정과 과두정은 많은 부분으로 이루어지고 있기 때문에, 우리는 더욱 세밀하게 그 정치체제들을 다음과 같이 구별해서 말해야 한다. 예를 들어 이오니아만[6]에 있는 아폴로니아와 테라[7]에서 볼 수 있는 것처럼, 소수의 자유인[8]이 다수지만 자유인이 아닌 자들을 다스리는 경우에 그것은 민주정이 아닌 것이다.[9] (이 폴리스들 각각에서 최초의 식민도시 개척자들의 후손이자 태생이 좋은 귀족들은 다중과 비교하면 소수파였음에도 불구하고 명예를 독점하고 있었기 때문이다.) 또 부유한 사람들이 지배하는 경우에도 [그들의 부 때문이 아니라 가난한 사람보다] 단순히 수적으로 우세하기 때문에 지배하는 것이라면 그것을

4 헤로도토스는 에티오피아(아이티오피아)인들은 실제로 왕을 이런 식으로 선출한다고 보고하고 있다(『역사』 제3권 20; 1282b27 참조).

5 부와 자유만으로(ploutō kai eleutheriai).

6 1329b20 참조.

7 지금의 에게해의 산토리니섬의 메사 부노산의 산등성에 있던 도시.

8 자유인들(hoi eleutheroi)은 '완전한 시민으로 태어난 자들'을 말한다.

9 민주정을 구성하는 요소인 '자유인, 다수, 가난한 사람'이 지배자에 속해야 한다는 것이다.

과두정으로 간주해서는 안 된다.[10] 예를 들어 예전의 콜로폰[11]이 그랬었던 것처럼(여기에서는 뤼디아와의 전쟁[12]이 일어나기 전까지 많은 사람들이 큰 자산을 소유하고 있었으니까). 오히려 민주정이란 다수인 자유인과 가난한 사람이 관직의 최고 권위(권한)를 갖는 정치체제이며, 과두정[13]은 소수인 부유한 사람과 태생이 좋은 자들이 최고 권위를 갖는 정치체제라고 말해야 한다.

이렇게 해서 여러 종류의 정치체제가 있다는 것, 그리고 어떤 이유로 그러한지는 이미 말한 셈이다.[14] 그래서 다음으로, 우리가 방금 언급한 것보다 더 많은 종류의 정치체제가 있다는 것과,[15] 그리고 그것들이 무엇이며, 왜 그런가를 앞서 말한 것[16]을 출발점으로 삼아 논의해 보도록 하자. 우리는 모든 폴리스가 하나가 아니라, 여러 부분을 가지고 있다는 점에서 우리의 의견은 일치하고 있기 때문이다.

그런데 만일 우리의 목적이 동물들의 종류를 파악하는 데 있다면, 먼

10 민주정은 그 구성 요소인 '자유인, 다수, 가난한 사람'이 지배자에 속하고, 과두정은 그 구성 요소인 '부자, 소수, 태생이 고귀한 자'가 지배자에 속해야 한다. 그렇다고 하면 민주정과 과두정의 지배층은 어떤 '교차하는' 공통의 요소를 갖는 셈이다.

11 소아시아 자방의 레베도스와 에페소스 사이에 위치한 도시.

12 헤로도토스, 『역사』 제1권 14. 기원전 7세기 초반에 귀게스가 뤼디아의 왕이었을 때를 말한다. 귀게스는 콜로폰을 함락시켰다. 당시 콜로폰은 기병뿐 아니라 함대도 가지고 있었다고 한다.

13 1279b39-1280a6.

14 이 문장은 1291b14에서 반복되고 있다.

15 주요한 두 정치체제의 변형들 모두에 대한 탐구를 말하는 것으로 이해된다. (1) 1289a26-30에서 언급된 여섯 가지 정치체제의 목록. (2) 1289a35-30에서 언급된 과두정, 민주정, 참주정. (3) 1289b6에서 언급된 두 가지 정치체제인 과두정과 민주정.

16 제4권 제3장(1289b27) 참조. 폴리스는 하나 이상의 부분을 가진다는 점.

저[17] 우리는 모든 동물이 반드시 가지고 있어야 할 것을 명확히 해야 할 것이다[18](예를 들어 몇몇 감각기관,[19] 음식물을 씹고 섭취를 하는 기관인 입[20]과 위(胃) 같은 것, 이것들 외에도 각 동물이 그것에 의해 운동하는 부분들이 그렇다). 이것들이 모든 동물에게 있어야 하는 유일한 부분들이긴 하지만, 이것들 간에 각각의 차이들을 포함하고 있다면(내가 의미하는 바는, 예를 들어 입에는 여러 종류[21]가 있고, 위나 감각기관, 게다가 운동을 할 수 있는 부분에도 여러 종류가 있다고 하면), 그러한 차이[22]의 가능한 조합의 수에 따라 필연적으로 여러 종류의 동물이 있게 될 것이다.[23] (왜냐하면 동일한 종류의 동물이 많은 다른 종류의 입을 가질 수 없을 것이며, 또한 그런 귀도 다른 종류의 귀를 가질 수는 없을 것이기 때문이다.) 따라서 이러한 차이들의 가능한 조합을 모두 파악한다면, 그렇게 함으로써 동물의 종류가 만들어지게 된다.[24] 동물의 종류는 필수적 부

17 '먼저'에 연결되는 다음의 논의는 각 부분들의 가능한 차이를 지적하는 일이다.

18 가장 완성된 형태의 동물이 가져야 하는 가장 필요한 것들(anangkaiotata)을 언급하는 『동물의 부분에 대하여』 655b29 아래와 『동물의 생성에 대하여』 733b1과 737b16, 26 참조.

19 아리스토텔레스는 필수 불가결한 감각기관으로 촉각과 미각을 들고(『영혼에 대하여』 434b11 아래), 다음으로 후각을 들고 있다. 어떤 동물이 시각과 청각을 갖는지를 논의하는 대목도 있다(『동물 탐구』 535a13).

20 『동물 탐구』 501b29.

21 genos, eidos, diaphora 등은 아리스토텔레스 논리학, 생물학에서 사용되는 중요한 개념들이다. 흔히는 논리학에서 종개념, 유개념, 종차(specific difference)로 옮겨진다. 그러나 경우에 따라 genos와 eidos는 상호 교환적으로 사용될 수 있다. 33행의 genos는 36행의 eidos와 동일한 의미로 사용되었다.

22 즉 기관들의 차이.

23 이를테면 특이한 새의 입과 코끼리의 코.

24 완전한 동물이 되기 위해 필요한 부분의 모든 차이 혹은 어떤 차이가 종의 차이를 만들어 낼 수 있을까? 매부리코와 돼지 코의 차이는 어떤가? 아니면 푸른 눈과 검은 눈의 차

분의 조합의 수만큼 있게 될 것이다.[25] 우리가 앞에서 말한 정치체제들에 대해서도 이와 동일한 방식으로 생각할 수 있다. 우리가 여러 번 말한 바와 같이,[26] 폴리스는 한 부분이 아니라 많은 부분으로 구성되기 때문이다.

그런데 폴리스의 부분들 가운데 (1) 하나는 농민이라고 불리는 식량에 관련된 집단이고, (2) 두 번째는 수공예업자[27]로 불리는 사람들이다. 이 사람들은 그것이 없으면 폴리스가 생활할 수 없는 기술과 관련되어 있다(그 기술들 중에서 어떤 것은 필수적인 것[28]이며, 다른 것들은 사치스러운 생활이나 훌륭하게 사는 데 도움이 되는 것이다). (3) 세 번째는 상인이다(내가 의미하는 상인이란 판매나 구입, 도매와 소매에 종사하는 사람들이다). (4) 네 번째는 일용(임) 노동자다. (5) 다섯 번째 부류는 폴리스 수호자인데, 시민들이 침략자의 노예가 되고 싶지 않다면 이 부류는 다른 어느 부분들 못지않게 폴리스에 반드시 존재해야 한다. 폴리스

이가 종적 차이를 가져올 수 있을까? 필요조건이지만 충분조건은 될 수는 없을 것이다. 아리스토텔레스는 여기서 이런 의미로 말한 것은 아닐 것이다. 이어지는 논의에서 아리스토텔레스는 생물학적 종적 차이를 찾아내는 방법을 정치체제에 적용하고 있는 것으로 보아 가능할 수 있는 하나의 유비의 방법으로 도입한 것으로 보인다.

25 이 대목에서 논의된 동물의 종들 간의 종차를 발견하는 방법의 중요성에 대해 『토피카』에서는 "우리가 각 개별적인 것의 있음(본질; 우시아)에 대한 고유한 설명을 개별적인 것에 관한 고유한 종차에 따라 구분하는 것에 익숙해져 있기 때문에, 개별적인 것이 무엇인지를 인식하기 위해서도 종차의 발견은 유용한 일"이라고 말하고 있다(108b5-8).

26 1274b38 아래, 1283a14 아래, 1289b27 아래, 1290b23 아래.

27 원래 쇠를 녹이는 용광로를 가리키는 baunos에서 유래한 말로 '대장장이'를 의미하지만 상위 계급인 귀족에 대해서 기술자 계급을 총칭하는 말이다. 『니코마코스 윤리학』에서는 '속물적인 사람'(1123a20)을 의미하기도 하고, 명사로는 '품위 없음'(1122a31)을 의미하기도 한다.

28 생존을 위해 꼭 필요한 생필품에 관련된 기술.

가 본성적으로 노예적일 수 있는 한에서는 그 어떤 폴리스도 '폴리스'라는 이름에 걸맞을 수 있다는 것은 불가능하기 때문이다.[29] 폴리스는 자족한 것이어야 하지만, 예속되어 있는 것은 자족적이지 않기 때문이다.[30]

이런 까닭에 『국가』[31]에서 이 문제를 능숙하게 말하고는 있지만, 충분히 말하고 있다고는 할 수 없다. 그 가운데 소크라테스는 폴리스를 만들기 위해서는 절대로 빠뜨릴 수 없는 네 개의 부분들이 있다고 주장하고, 네 개의 부분들로서 직물을 짜는 이(織造工), 농부, 제화공, 목수를 들고 있다. 그런 다음, 이것들만으로 자족적이지 않다는 이유로, 그는 대장장이와 필요한 가축을 돌보는 사람, 거기에다가 도매상과 소매상을 덧붙인다. 이 모든 것들이 갖춰져 그가 말하는 '첫 번째 폴리스'[32]가 완성되게 된다. 이것은 마치 모든 폴리스가 생활의 필수품을 충족시키기 위해 만들어지는 것이지, 오히려 그 이상의 아름다운 것을 위해 만들어지는 것이 아니라고 말하는 것과 같으며, 거기에 또 폴리스가 제화공과 농부 둘 다를 어느 쪽이든 동등한 정도로 필요로 한다고 말하는 것과 같은 것이다. 게다가 그는 폴리스를 지키는 전사의 부류를 영토가 확대되고 이웃나라와 접촉하게 되어 전쟁 상태에 휘말려 드는 단계가 될 때까지는, 폴

29 직역하면, "불가능한 것 중에 하나가 아니라는 것인가?"라는 부가 의문문으로 이해된다. 불가능하다는 것을 강조하는 표현으로 볼 수 있다. "폴리스 없이 사는 사람(ho apolis)은 우연(tuchē)이 아니라 자연에 근거한 한 사람으로서 열등한 사람이거나 인간을 넘어서는 자 중 하나일 것이다"(1253a3-4). 제3권 제12장 1283a20-22에서는 "폴리스는 부와 자유 없이는 존립할" 수 없다고 말하고 있다.

30 1252a26-34, 1254b20 아래.

31 플라톤, 『국가』 369b-371e.

32 소크라테스는 '최소한의 폴리스' 또는 '최소 필요를 충족하는 폴리스'(hē anankaiotatē polis, 『국가』 369d), '작은 폴리스'(polichnion, 『국가』 370d)란 말을 사용한다.

리스에 폴리스 수호자 부분을 앞서서 할당하지 않는다.[33]

(6) 그러나 네 명의 공동체로 하고 있든 혹은 몇 명의 공동체로 하고 있든 이 공동체에는 정의에 대해 심판하고 판결 내리는 사람이 필연적으로 있어야 한다.[34] 그러므로 만일 우리가 실제로 영혼을 신체 이상으로 동물의 부분으로서 간주한다면, 폴리스의 경우에서도 필요를 충족시키는 데 도움이 되는 부분 이상으로 그것에 상응하는 부분들[35]을 폴리스의 부분으로 간주해야 한다. 즉 폴리스 수호자(군인)들, 법정에 관계하는 사람들, 이것들 이외에 심의를 맡는 사람들이다. 이 심의라는 것은 정치적 이해력[36]일 뿐이다. 이 세 가지 역할을 담당하는 것이, 각각 다른 사람들이든가 혹은 같은 사람들일지도 모르지만, 우리의 논의에서는 어느 쪽이든 아무런 상관이 없다. 실제로 동일한 한 사람이 중무장 보병과 농업 모두에 종사한다는 것은 종종 일어나기 때문이다. 따라서 이것과 저것[37]을 폴리스의 부분으로 간주한다면 적어도 중무장 병기를 가진 사람

33 플라톤, 『국가』 373d-e.

34 아리스토텔레스는 이 부분을 여섯 번째로 번호를 매기고 있지 않다. "정의에 대해 심판하고 판결 내리는 것"에 대한 언급에 대해서는 1253a37-39, 1328b13-15 참조. "최선의 폴리스에는 전사 부분과 유익한 것을 심의하고 정의로운 것에 대해 판단을 내리는 부분이 포함되며, 또 그것들이 그 무엇보다도 폴리스의 부분임이 명백하기 때문에"(1329a3-4)

35 영혼에 해당하는 '그러한 것들'(ta toiauta)로 '폴리스의 정치적 삶을 위해 유용한 것들', '폴리스에 고귀한 것들'을 가리킨다.

36 실천적 지혜와 이해력(sunesis)의 차이에 대해서는 『니코마코스 윤리학』 1143a6-12 참조. 실천적 지혜가 무엇을 행하고 무엇을 행하지 말아야 하는지에 대해 '명을 내리는 것'(epitaktikē)인 데 반해서, 이해[력]은 "오직 의문을 가질 수 있고, 숙고할 수 있는 대상에만 관계"하고, "오로지 판단(kritikē)을 내리는 것"이다. 그 밖에도 『정치학』에서 '이해'와 '판단'의 중요성을 언급하는 1181a17-19 참조.

37 '저것은' 생필품에 관계된 일에 종사하는 이들로 소크라테스가 언급한 것들의 목록을 말하고, '이것은' 폴리스 수호자를 비롯한 사법에 관여하는 이들과 심의에 참여하는 자

들[38]도 필연적으로 폴리스의 한 부분이어야 한다는 것은 명백하다.

(7) 일곱 번째는[39] 자신의 재산을 가지고 공적 봉사[40]를 하는 자들로, 우리가 부유층이라 부르는 사람들이다. (8) 여덟 번째는 여러 관직과 관련하여 폴리스에 봉사하는 사람들이다. 폴리스는 관직자 없이는 존립할 수 없으니까.[41] 그러므로 관직자로서 일하는 능력을 갖고 있어 폴리스를 위해 이와 같은 공적 봉사[42]를 지속적으로든 혹은 번갈아 가면서든 수행할 수 있는 사람이 반드시 있어야 한다.

마지막으로 남아 있는 것은 우리가 방금 우연하게 구별했던 부분, 즉 심의를 맡는 사람들과 싸우는 자들을 위해서 올바른 일에 대해 판결을 내리는 사람이다. 그러므로 이런 일들이 폴리스에서 필히 일어나야 한
1291b 다면, 게다가 아름답고 올바른 방식으로 일어나야 한다면, 필연적으로

들로 아리스토텔레스가 덧붙인 것들이다. 군인 계급에는 해군도 포함된다(제7권 제5장).

38 즉 중무장한 군인들로 전사계급을 말한다.

39 여섯 번째 부분이 빠졌다. 앞서 언급된 '정치적 심의와 재판을 담당하는 부분'을 말하는 것일까? 1328b11-13에서 언급된 폴리스에서 가장 중요한 부분으로 종교의식을 담당하는 계급일 수도 있다. 아니면 플라톤의 『국가』에 관한 논의를 끌어들이다가 제대로 숫자 매김을 놓친 것일까? 아니면, 원문에서 어떤 논의가 빠져 버린 것(탈문)인가? 뉴먼은 방금 앞서 논의된 재판을 담당하는 자들을 여섯 번째 부분으로 추정한다. 그러나 1291a39행 아래에서 재판 기능을 담당하는 부분을 논의하고 있다.

40 이것(leitourgia)은 아테나이에서 '주로' 부유한 시민들이 폴리스의 공적 행위—종교적 제전, 드라마 공연, 합창제, 운동경기, 군함 건조와 같은 일—를 위한 경제적 비용을 대는 것을 말한다(1179a11). '주로'라고 한 이유는 경제적 비용을 대지 않는 경우도 있기 때문이다. 이를테면 관직에 봉사하거나(1291a37), 아이를 갖는 것(1335b28)이 그렇다.

41 일곱 번째와 여덟 번째는 돈을 가지고서나 혹은 공직자(관직자)로서 폴리스에 '공적으로' 봉사한다는 점에서 공통점을 가진다.

42 이 경우 leitourgia는 경제적 비용을 대는 것이 아니라, 공적인 관직을 갖는 것을 말한다.

정치에 관련된 덕[43]을 공유하는 사람도[44] 있어야 하는 것이다.

그런데 대부분의 능력에 대해서는, 그중 일부를 같은 사람에게 속할 수 있다고 일반적으로 생각되고 있다. 예를 들어 동일한 사람이 전사와 농민, 장인, 심지어 심의의원, 재판관을 동시에 맡을 수 있을 테니까. 게다가 모든 사람은 자신이 [정치에 관계되는] 그 덕조차[45] 소유하고 있다고 주장하며, 또 대부분의 관직은 자신도 맡을 수 있다고 생각하고 있다. 그러나 동일한 사람이 가난하면서 동시에 부유하다는 것은 있을 수 없는 노릇이다. 그러므로 폴리스를 구성하는 것은 특히 이 두 부분, 즉 부자와 가난한 자들이라고 생각되는 것이다.[46] 게다가 부자의 수는 적고 가난한 자의 수가 많은 것이 보통이기 때문에, 폴리스의 부분들 중에서 이 두 개는 대립하는 부분인 것처럼 보인다. 그 결과 정치체제는 어느 부분이 우월한가에 따라 만들어지게 되고, 또 정치체제에는 민주정과 과두정이라는 두 가지 종류밖에 없다고 생각되는 것이다.

정치체제는 몇 가지 종류가 있다는 것, 그리고 어떤 이유 때문에 그런지는 앞서 이야기했다. 그래서 다음으로 민주정과 과두정에도 몇 가

43 정치가의 덕은 실천적 지혜(phronēsis)를 요구한다. "실천적 지혜는 다스리는 자에게 고유하고 유일한 덕(탁월성)이다. 왜냐하면 다른 덕들은 필연적으로 다스림을 받는 자들과 다스리는 자들 모두에게 공통적인 것처럼 보이지만, 다스림을 받는 자의 덕은 실천적 지혜가 아니라 참된 의견이기 때문이다"(1277b25-28). 정치적(폴리스적)인 실천적 지혜에 대해서는 『니코마코스 윤리학』 제6권 제8장 1절 참고. OCT는 "politōn(시민들의) 덕"으로 읽고 있다.

44 이 부분을 어떤 학자는 '어떤 개인적 훌륭함을 가진 어떤 시민'(리차드 로빈슨)으로 옮기기도 한다.

45 정치가에 요구되는 프로네시스(실천적 지혜)를 말할 것이다.

46 부자와 가난한 자는 폴리스를 구성하는 원초적인 부분이며, 전사계급, 심판관, 심의관의 부분은 온전한 의미에서 폴리스의 부분들이라는 것이다.

지 종류가 있다는 것을 말하기로 하자.[47] 어쨌든 이 점은 앞에서 이미 말한 것으로부터도 명백하다.[48] 인민과 우리가 이른바 귀족이라 부르는 것에도 여러 종류가 있으니까.[49] 예를 들어 인민[50]의 종류에는 농부, 기술에 관련된 부류의 사람들, 매매에 종사하는 상인, 바다에 관련된 사람들 중에는 수병(해군), 무역 상인, 배로 승객을 날라 주는 사람, 어부가 있다(실제로 이들은 어떤 작업을 하든 여러 지역에서 많은 사람들이 종사하고 있는데, 예를 들어 타라스[51]와 뷔잔티온에서는 어부가 많고, 아테나이에는 삼단노의 갤리선(군선)에 종사하는 사람이 많고, 아이기나[52]와 키오스에는 무역에 종사하는 상인이 많고, 테네도스[53]에는 배 운송업자가 많다). 이것들에 더해서 일용직의 수공업 노동자[54]와 재산이 부족하고 여가를 누릴 수 없는 사람들, 나아가 부모 중 한쪽만이 시민인 자유인[55]들

47 제6권 제1-7장. 플라톤, 『정치가』 302d 아래.

48 1289b28 아래. 민주정에 여러 종류가 있다는 것에 대한 또 다른 이유와 설명은 1317a22 아래 참조(여기서는 인민이 농민, 장인, 일용 임금 노동자로 분류된다).

49 상층계급을 이르는 총칭. 1289b27-1290a13.

50 때로 인민은 귀족이 아니라, 부자(euporos)와 대조되어 사용되기도 한다(1296a28, 1297a9 아래, 1310a5 아래). 가장 가난한 인민의 부류는 어부였다고 하며, 아테나이에서는 삼단 노를 젓는 사람들이 가난했다고 한다.

51 타라스는 이탈리아반도의 발등에 위치하며, 스파르타의 식민도시였다(1306b29-31).

52 아테나이에서 15킬로미터가량 떨어져 있는 사로니코스만에 있는 섬.

53 테네도스는 에게해 북동쪽 지금의 터키에 속하는 섬. 『일리아스』에도 언급되는 섬으로 트로이아 전쟁 때는 헬라스인들이 그들의 함대를 숨겨 놓았던 곳이다.

54 일용 임금 노동자(thētikos).

55 '자유로운'(eleutheros)은 정치적 권리를 가진 시민(politēs)에 대립되는 말로 시민권이 없다는 말로 이해된다. 안티스테네스는 "그의 부모 두 사람이 다 자유인 태생(ek duo eleutherōn)이 아니라고 비난을" 받은 적이 있다는 표현이 나온다(디오게네스 라에르티오스, 『유명한 철학자들의 생애와 사상』 제6권 4).

이 있고, 그 밖에도 이와 같은 부류가 있다고 하면, 그것도 인민에 포함된다. 한편 귀족의 종류는 부와 태생, 덕과 교육에 따라 그리고 이와 유사한 것으로 들 수 있는 특징에 따라서 구별된다.

그래서 (1) 민주정의 첫 번째[56] 종류는 무엇보다도 동등함(평등)[의 원칙]이라는 점에[57] 근거해서 민주정으로 불리는 것이다. 이러한 민주정에서의 법률에 따르면, 동등함이란 가난한 자나 부자 중 어느 쪽도 우월성을 갖지[58] 못하고, 어느 쪽도 권위(권력)를 잡지도 않고, 양쪽이 비슷하다는 것을 의미한다. 왜냐하면 어떤 사람이 상정하는 것처럼[59] 자유와 동등성이 무엇보다 민주정에서 성립한다면,[60] 그것이 가장 잘 실현되는 것은 모든 사람이 가능한 한 똑같이 정치체제에 참여하는 경우이기 때문이다. 그리고 이러한 정치체제는 인민이 다수를 차지하고, 그 다수의 의견이 지배적인 힘을 가지기 때문에, 이 정치체제는 필연적으로 민주정이어야 한다. 따라서 이것이 민주정의 한 종류라는 것이다.[61]

(2) 민주정의 다른 종류는 관직이 재산 사정액[62]에 따라 주어지지만, 요구되는 액수는 그리 높지 않다. 거기에서는 일정한 재산을 획득한 사

56 '첫 번째'가 함축하는 바는 민주정 중에서 참으로 '평등'을 실현한 민주정이란 것이다.

57 기초하는.

58 1318a6-7에도 이와 유사한 구절이 반복되고 있는데, 거기에서는 archein(지배하다)이란 말이 사용되었다. 그렇다면 이를 미루어서 huparxein(밑에 놓는다, 종속시킨다)으로 추정할 수 있겠다(P. 빅투리우스, 뉴먼, E. 쉬트룸프 참조). 로스(Ross)는 huperechein(우월함을 누리다)으로 읽는다. 어느 쪽으로 읽든 의미상의 차이는 없다.

59 플라톤, 『국가』 557a-c, 562b-563d.

60 자유와 동등성은 민주정과 병행하는 것이다(1284a19, 1310a28 아래).

61 이런 종류의 민주정은 제6권 제4장과 제5장에서 내놓고 있는 민주정의 목록에는 나오지 않는다.

62 '재산의 정도에 따라 관직을 분배하는 것'을 말한다.

람은 관직에 참여가 허용되지만, 그것을 잃어버린 사람은 관직에 참여할 수 없다.

1292a (3) 또 이것과는 다른 종류로서, 태생에서 흠결이 없어 나무랄 데 없는[63] 시민은 누구라도 관직을 맡을 수 있는 민주정이 있다. 단, 이 민주정에서는 폴리스를 지배하는 것은 법률이다.

(4) 시민인 한[64]에서만 누구나 관직에 참여할 수 있는 민주정이 있다. 여기서도 역시 폴리스를 지배하는 것은 법률이다.[65]

(5) 다른 종류 민주정은 그 밖의 점에서는 지금 든 것과 같지만,[66] 법률이 아니라 다중[67]에게 최고 권위가 있다는 점에서 다르다. 이 민주정은 법률 대신에 민회의 결의(법령)[68]가 최고의 권위를 가질 때 일어나는

63 hosoi anupeuthunoi는 직역하면 '(관직자, 사람에 대해) …을 추궁당하지 않은 사람'을 뜻한다. '태생에서 그 어떤 문제가 발생하지 않은 사람인 한에서'를 의미한다. 즉 태생적으로, 부모 양쪽이 시민임이 분명한 경우를 말한다(1275b22-26, 1292b35-36 참조).

64 "자유인인 한 누구라도 정치체제에 참여하는 것이 허용될 수 있다"는 언급과 같은 의미다(1292b39).

65 (3)보다 (4)가 더 많은 시민이 정치에 참여하게 된다(1275b34-1276a6). 관직에 정당하게 참여하기만 하면 시민이다. 시민의 조건에 대해서는 제3권 제2장 참조. 그 밖에도 부모 중의 한쪽이 외국인 경우, 즉 반쪽의 혈통을 가진 nothos(서자)의 시민의 조건에 대해서는 1278a17-26 참조.

66 '동일하다'(tauta)는 '방금 말한 민주정의 종류(4)와 동일하다'는 것을 의미하는 것으로 보인다.

67 즉 인민(ho dēmos).

68 민회에서 결정된 사항. 일반적으로 '결의'(법령, psēphisma)와 법(nomos)은 구별된다. 전자는 예기치 않은 사태나 일시적인 상황들에 대처하기 위해 만들어지고 공포된 것들이다. 그러나 후자는 국가에 영속적으로 필요한 것들을 구현하기 위해서 또 사물의 자연적 적합성에 따라서 만들어진 보편적인 것이다(『니코마코스 윤리학』 1137b27 아래). 결의는 극단적 민주정에서 법의 항존성을 무너뜨리는 것이고, 개별적 시민들도 마음대로 그렇게 한다는 것이다(1310a25-36 아래).

것이지만, 그러한 상황을 만들어 내는 것은 인민 선도가들일 뿐이다. 그렇다면 법률에 근거한 민주정 하의 폴리스에서는 인민 선도가들이 나타나지 않고, 시민 중 가장 뛰어난 사람들이 선도적 위치를 차지하기[69] 마련이다.[70] 법률들이 최고의 권위를 갖지 못하는 곳에서는 인민 선도가가 생겨나는 것이니까. [법들이 최고의 권위를 갖지 못하는 곳에서는] 다수의 집단이 하나로 모여 인민이 1인 지배자가 되는데, 이는 다중이 개개인으로서가 아니라 집합으로서 최고의 권위(권한)를 잡는 것이다. 호메로스는 "많은 이의 지배는 좋지 않다"[71]고 말하고 있지만, 그가 의미하는 것이 이런 종류의[72] 지배인지, 아니면 다수의 지배자가 각각 따로 지배하는 경우를 가리키는지는 분명하지 않다. 그러나 어쨌든 지금 말한 이런 종류의 인민은 법률에 의해 지배받지 않기 때문에 1인 지배자처럼 1인 지배를 요구하며 주인으로서의 지배자(전제 독재자)와 동등한 사람이 된다. 그리하여 아첨꾼들이 명예를 받게 되고, 또 이런 종류의 민주정은 1인 지배정 중에서도 참주정에 상응하는 것이다. 그러므로 이 두 가지는 성격이 동일하고, 어느 정치체제에서나 지배자는 더 나은 사람들에 대해 독재자(주인)처럼 행동하며, 참주정에서는 참주의 칙령(勅令)이

69 낱말의 뜻은 '공공의 게임, 회합, 극장 등에서 앞자리를 차지한다'(en proedria)는 것이다. 그러니까 '가장 유력한 지위 또는 권위를 가진다'는 말로 이해된다. hoi megistoi(가장 유력한 자들; 1308a22)란 표현과 동일한 의미다.

70 여기서는 인민 선도가(dēmagōgos)와 최선의 시민들(상위 계급의 시민들; hoi beltistoi tōn politōn)이 대조되어 사용되었다. 아리스토텔레스는 인민 선도가를 인민에 아첨하는 자로 흔히 묘사한다. '나쁜 인민 선도가들'(dēmagōgoi ponēroi; 1304b26)이란 표현도 등장한다. 그렇다면 '좋은' 인민 선도가도 있을 수 있다는 말이 아닐까? 인민 선도가의 발생에 대해서는 1274a10 아래 참조.

71 호메로스, 『일리아스』 제2권 203~204행.

72 다수의 개인으로 구성된 집합으로서 하나의 지배.

있으나, 이 민주정에서는 민회의 결의가 있다.[73] 또한 인민 선도가와 아첨꾼[74]은 같거나 유사하다. 또 이들 각각은 각각에 경우에 아첨꾼은 참주들에게, 인민 선도가는 그와 같은 인민에게서 특히 힘을 발휘한다. 법률이 아니라 민회의 결의에 최고 권한이 있다는 상황을 만들어 내는 것은 모든 안건을 민회에 가져다주는 인민 선도가들의 탓이다. 사실상 그들이 큰 힘을 갖게 되는 것은 인민이 모든 것에 대해서 최고의 권위를 갖고 있는 가운데, 인민의 의견을 지배하는 것은 인민 선도가들이기 때문이다. 이는 다중이 그들에게 설득당하니까. 게다가 관직자들을 고발(비난)하는 사람들은 인민에게 판단을 맡겨야 한다고 주장한다. 인민은 기꺼이 그 제안을 받아들이기 때문에, 그 결과 모든 관직이 권위를 잃는 것이다.[75]

실제로 이런 종류의 민주정이 정치체제라는 이름을 받을 자격이 없다고 주장하는 사람은, 법률의 지배가 없으면 정치체제는 존재하지 않는 이상, 옳은 비난을 하고 있는 것으로 생각된다.[76] 왜냐하면 법률은 〈일반적인〉[77] 사건의 모든 것을 지배해야 하지만, 개별적인 경우들은 관직자와 시민체제[78]가 관리하는 것이 올바른 방법이며, 그런 것이야말로

73 민주정과 참주정이 대비되고 있다. 민중의 '결의'와 참주의 '칙령'을 말한다.

74 『니코마코스 윤리학』 1127a7-10 참조.

75 즉 법률을 파괴뿐 아니라. 1299b38에는 극단적 민주정은 Boulē(평의회)도 무력화시킬 수 있다고 말한다.

76 플라톤, 『국가』 557c-558c 참조.

77 리차즈에 의한 삽입. 법률의 안전성과 보편성에 대하여 1272b5-7, 1286a9-20 참조.

78 뉴먼, 드라이젠터에 따라서 tēn politeian으로 읽는다. 여기서 이 말은 일반적 의미의 정치체제라기보다는 구체적으로 '시민의 구성 체제'을 언급하는 것 같다(보니츠, 뉴먼, Liddell & Scott).

정치체제가 판단해야 하기 때문이다. 그러므로 민주정이 정치체제들 중의 하나라고 하면, 이와 같이 모든 것이 [인민의, 혹은 민회의] 결의에 의해 정해지는 구조는 가장 주된 의미에서조차 민주정이 아니라는 것은 명백하다. 왜냐하면 어떤 민회의 결의도 보편적일 수 없기 때문이다.[79]

이렇게 해서 민주정의 종류에 대해서는 이만한 정도로 규정한 것으로 해 두자.

79 정치체제는 일반적인(보편적인) 규칙이다. 또 법률은 정치체제 안에서 지배한다. 법률은 일반적인 것을 구체화한 것이다.

제5장

과두정의 종류

과두정의 종류 중 (1) 하나는, 일정한 재산 사정액에 근거해 관직이 주어지는 것이다. 이 경우 재산 사정액은 비록 가난한 자들이 다수를 차지하고 있다고 해도 관직에 참여하지 못하도록 가난한 자들이 부담할 수 없을 정도의 금액이지만, 요구되는 재산 사정액에 도달하고 있는 사람은 누구나 정치체제[1]에 참여하도록 허용한다.

1292b (2) 과두정의 두 번째 종류는 높은 재산 사정액에 근거해 관직이 주어지고,[2] 현직에 있는 관직자 자신들이 남아 있는 자격을 갖춘 사람들[3]을 선출하는 것이다. 그 선출을 할 때, 그만큼의 재산을 가진 모든 사람들[4]로부터 선출한다면, 이것은 오히려 귀족정의 성격을 가진 것처럼 생각된다. 그러나 특정하게 한정된 이들로부터 선출한다면, 더욱 과두정적 성격을 가진 것으로 생각된다.[5]

(3) 또 다른 종류의 과두정은 아들이 아버지의 관직을 계승하는 것이다.[6]

1 즉 '관직'을 말한다.

2 1278a 21 아래.

3 흔히는 tous elleipontas을 '빈자리를 보충하다', '결원을 보충하다' 정도로 옮기지만 옮긴이는 뉴먼의 해석을 받아들였다.

4 재산 자격 조건을 갖춘 이들.

5 1300a8-b7 참조.

6 '세습 귀족정'을 말한다.

(4) 그리고 네 번째 종류는 방금 말한 세습제라는 특징이 있는 것에 더해서, 법률이 아니라 관직자들이 지배하는 것이다. 그리고 이 네 번째 종류가 과두정 중에서 차지하는 위치는 참주정이 1인 지배정 중에서, 또 우리가 맨 나중에 언급한 종류의 민주정[7]이 민주정 중에서 차지하는 위치와 짝을 이룬다. 이런 종류의 과두정을 '[소수] 권력 집단 정치체제'[8]라고 부른다.

그렇다면 과두정과 민주정에는 이만큼의 종류가 있는 셈이다. 그러나 간과해서는 안 되는 것은 법률 면에서는 민주정의 성격을 갖지 않는데, 그럼에도 관습과 훈련을 통해 민주정적으로 통치되는 정치체제들이 적지 않다는 점이고,[9] 또 반대로 법률 면에서는 민주정의 성격이 강한데 훈련과 관습에 의해 오히려 과두정의 통치가 이루어지고 있다는 점이다. 이러한 일은 특히 정치체제의 변혁(혁명)[10]이 있은 다음에 일어나기 쉽다. 왜냐하면 정치체제의 이행은 당장에 [한 정치체제에서 다른 정치체제로] 완료되는 것이 아니라, [변혁을 일으킨 측은] 상대측보다 얼마간 우위에 서면 처음에는 다른 쪽으로부터[11] 조금씩 이점을 취하는 것으

7 '극단적 민주정'을 말한다.

8 1272b3 참조. dunasteia는 '폐쇄된 과두정'으로 오늘날 식으로 말하자면, 군벌(軍閥)로 뭉쳐진 것과 같은 '엘리트 권력 집단'에 해당할 수 있다. 오늘날 전두환을 중심하는 군사 권력 집단이나 윤석열을 중심으로 하는 검찰 권력 집단에서 그 예를 찾아볼 수 있다. 플라톤 『국가』에서(544d) 이 단어는 '세습 군주제'(박종현 역)를 의미한다.

9 위에서 논의한 민주정과 과두정의 목록이 그 문제를 다 설명해 주지 못한다는 말이다. 실질적으로는 그렇지 않다고 하더라도 '현실적으로' 그러한 정치체제를 운영하는 폴리스도 있다는 말이겠다. 아고게(교육, agōgē)는 흔히 스파르타의 시민 교육과 훈련에 대해 사용되는 말이다.

10 원어로는 metabolē(변혁, 혁명)이다.

11 가령 과두정에서 민주정으로의 변화라면, 민주정에서 이점을 조금씩 취한다는 의미다. 그 역도 마찬가지다.

로 만족하기 때문이다.[12] 따라서 변혁을 일으킨 자들이 권력을 잡고 있긴[13] 하지만, 법률은 예전의 것이 그대로 남아 있는 것이다.

12 1266b37 아래 참조.

13 즉 주도권을 가진다는 의미.

제6장

과두정과 민주정의 네 가지 종류

민주정과 과두정에 이만큼의 종류가 있다는 것은 앞서 말한 것[1]으로부터 명백하다. 왜냐하면 필연적으로 앞서 말한 인민의 부분들 모두가 정치체제에 참여해야 하거나, 혹은 그중 일부는 참여하고 어떤 부분은 참여하지 않아야 하든, 그 어느 쪽 중 하나여야 하기 때문이다.

그런데 (1) 농사짓는 부분과 적절한 만큼의 재산을 갖고 있는 부분[2]이 정치체제에서 최고의 권위(권한)를 가지고 있는 경우에는, 폴리스는 법률에 따라 통치된다. 왜냐하면 그들은 일함으로써 생계를 세우고, [관직에 참여할] 여가를 누릴 수는 없기에,[3] 그들은 평소에는 [관직자가 하는 일을] 법률에 지배를 맡기면서 필요한 경우에만 민회를 소집하기 때문이다. 다른 사람들[4]은 법률에 의해 정해진 재산 자격 조건(등급)을 획득했을 때 비로소 관직에 참여할 수 있게 된다. 그러므로 일정한 재산을 가지고 있는 모든 사람은 관직에 참여할 수 있다. 일반적으로 말해서 통치의 참여를 누구에게나 허용하지 않는 것이 과두정적 특징이지만,[5] [모든 시민이 관직에 참여할] 여가를 누리는 것을 불가능하게 만드는 것이 [폴

1 1291b17 아래, 1289b32 아래, 1290a3-5.

2 농사짓는 사람들도 적절한 만큼의 재산을 가진 부분에 속한다. 목축을 하는 사람들(nomeis)도 토지와 가축을 소유하고 있음으로 또한 이 범주에 속한다(1318b9 아래).

3 1318b11 참조.

4 적절한 만큼의 재산을 가지면서 농사를 짓는 사람 이외의 시민들을 말한다.

5 어떤 상황에서 일부는 관직에 참여할 수 없다는 말이겠다.

리스에 특별한] 수입이 없기 때문이라면 과두정적이지 않은 것이다.[6] 따라서 이것이 이러한 이유로부터 생겨난 민주정의 한 종류라는 것이다.

민주정의 또 다른 종류는 다음과 같은 구별에 기초하고 있다. (2) 일정한 재산을 소유한 자 외에, 태생에서 흠결이 없어 나무랄 데 없는 사람에게는 누구에게나 관직에 참여하는 것이 허용되지만, 실제로는 여가를 누릴 수 있는 사람들만이 폴리스 통치에 참여하는 것이다. 그러므로 이런 종류의 민주정에서는 법률이 지배하게 되는데, [정치 활동을 하기 위한 여유를 줄 수 있는] 어떠한 수입이 없기 때문이다.

(3) 세 번째 종류는 자유인이라면[7] 누구라도 정치체제에 참여하는 것이 허용될 수 있지만, 그럼에도 방금 언급한 이유 때문에 실제로 모두가 정치체제에 참여한다는 것은 아니다. 따라서 이런 종류의 민주정에서도 법률이 필연적으로 지배하게 된다.

1293a (4) 민주정의 네 번째 종류는 시간상으로 맨 나중에 폴리스에서 생겨난 것이다. 왜냐하면 폴리스가 애초보다 훨씬 커져 특별한 수입이 더 풍부해진 덕택에 다중(多衆)이 활동의 폭을 넓힐 수 있게 됨에 따라 모든 시민이 관직에 참여하게 되고, 또 [정치 활동을 하기 위한] 수당을 받음

6 텍스트가 파손된 부분이다. 내용이 불명료하다. to de exeinai, scholazein d' adunatein, prosodōn mē ousin, ou로 읽었다(로스판의 주석 참조). 1309a2를 받아들여 주제밀 식으로 읽으면[즉 … exeinai 〈pasi dēmokratikon, all' ou metechousi. pasi gar〉 scholazein 식으로 〈 〉 부분을 삽입하면], "〈모든 사람이〉 관직에 참여하도록 허용하는 것은 〈민주정이지만, 모든 사람이 다 참여하는 것은 아니다. 〉 수입이 없기 때문에 〈그들 모두가〉 여가를 누리는 것이 불가능하니까". 뉴먼은 문장 순서를 조금 달리하며 읽고 있다. "… 과두정의 특징이지만, 〈모든 사람에게〉 관직을 허용하는 것은 〈민주정의 특징이다〉. 이런 까닭에 재산을 가지고 있는 모든 사람이 관직에 참여할 수 있다. 그러나 여가를 누리는 것을 불가능하게 하는 것은 수입이 없기 때문이다. …"

7 부모 양쪽이 시민인 사람(1291b26 참조).

으로써 가난한 사람조차 여가를 누릴 수 있기에 모든 시민이 정치체제에 참여하고 통치하기에 이르렀기 때문이다. 사실상 이런 종류의 민주정 아래에서 특히 여가를 갖는 것은 이러한 부류의 다중[8]이다. 왜냐하면 자신의 사적인 일들에 대한 돌봄이 가난한 사람들에게는 전혀 방해가 되지 않았지만, 부자들에게는 방해가 되어서, 결과적으로 부자들은 민회나 재판에 자주 참여하지 못하게 되었기 때문이다. 이런 연유로 법률이 아니라 가난한 다중들이 정치체제에 대해 최고의 권위를 행사하는 상황이 일어나게 되는 것이다. 따라서 민주정의 종류들에는 이러한 필연적인 사정 때문에 이러한 특징을 갖는 것이고 그렇게 많은 것[9]이다.

다른 한편, 과두정의 종류들도 있다. (1) 첫 번째 종류는 많은 시민들이 재산을 소유하지만 그 액수는 작고 지나치게 많지 않다는 것이다. 여기에서는 그 정도의 재산을 획득한 사람은 누구라도 관직에 참여하는 것이 허용되기 때문에, 많은 시민이 통치자 계급(정부)에 참여하고 있는 것이다. 그러므로 필연적으로 인간이 아니라 법률이 최고의 권위를 가진다(왜냐하면 거기서 행해지는 지배는 1인 지배와는 거리가 더 멀고, 게다가 시민들이 재산을 신경 쓰지 않고 다른 일을 할 만한 여가가 있다고 할 정도로 크지 않으며, 또 폴리스의 도움을 받아 먹고살 만큼 그렇게 작지도 않기 때문에, [그만큼 더][10] 그들은 필연적으로 그 자신들이 지배하는 것보다 법률에 의해 지배되기를 요구할 것이기 때문이다).

다음으로, (2) 그러나 첫 번째 종류의 과두정에 비해 재산을 가진 시민의 수는 적지만 소유하고 있는 액수가 크다고 할 경우에, 두 번째 종류

8 수당을 받는 가난한 사람들.

9 민주정의 특징과 양.

10 tosoutō mallon을 삽입하고 읽었다.

의 과두정이 생겨난다. 이 과두정에서는 재산의 소유가 더욱 강한 힘을 갖기 때문에, 그들은 더 많은 권한을 갖기를 요구한다. 그러므로 그들 자신이 다른 시민들 중에서 통치자 집단에 참가하는 자를 선출한다. 그럼에도 아직은 법률을 무시하고 지배할 수 있을 만큼 힘이 강하지 못하기 때문에, 그러한 것을[11] 인정하는 법률을 제정하는 것이다.

(3) 그러나 이 경향이 더욱 강해져[12] 소수의 시민들이 많은 재산을 소유하게 되면 과두정의 세 번째 단계가 생겨난다. 여기에서는 그러한 일부의 시민들이 관직을 그들의 손아귀에 차지하게 되지만, 무엇보다 현직에 있던 구성원이 죽은 후에 그 자리는 아들이 계승하도록 요구하는 법률이 정해져 있기 때문에 그들은 법률에 따라 관직을 독점하게 되는 것이다. (4) 그러나 이제 일부 시민이 재산의 크기와 친구의 수에서 훨씬 지나칠 정도로 이 경향이 더욱 강화되는 단계에 이르게 되면, 이러한 부류의 '소수 권력 집단'은 1인 지배정(독재정)에 가까운 것이 되어,[13] 법률이 아니라 인간들이 최고의 권위를 붙잡게 된다. 이것이 과두정의 네 번째 종류로, 민주정의 마지막 종류에 짝이 되는 것이다.[14]

11 현존하는 과두정의 계급들이 지배하는 새로운 관직자를 뽑는 것을 말한다.

12 지나침의 방향으로 뻗어가게 되면 또는 강화되면. epiteinein은 악기의 현을 '팽팽하게 늘인다'는 의미다.

13 1292b7.

14 1298a31 아래. 앞에서 논의한 '극단적 민주정'을 말한다.

제7장

여러 종류의 귀족정

게다가 민주정과 과두정 이외에 또 다른 두 가지 정치체제가 있다. 그중의 하나[1]는 모든 사람이 인정한 것으로, 네 가지 정치체제들 중의 하나라고 앞서 말한 것이다(사람들이 말하는 네 가지 정치체제란 1인 지배정, 과두정, 민주정 그리고 네 번째는 이른바 귀족정이다). 다섯 번째는 모든 정치체제에 공통되는 이름으로 불려지는 것이다. (사람들은 그것을 '폴리테이아'[2]라고 부르니까.) 어쨌든 이 정치체제는 자주 나타나지 않기 때문에 정치체제의 종류를 세고자 하는 사람들은 그것을 빠뜨리기 쉬운데, 플라톤이 하는 것처럼[3] 그들은 단지 정치체제의 논의에서 네 가지만 1293b
을 사용한다.

그런데 첫 번째 논의에서[4] 우리가 상세하게 다루었던 정치체제를 귀족정이라 부르는 것은 물론 옳은 일이다. 왜냐하면 귀족정이라는 이름이 정당하게 적용되는 것은 어떤 조건에 비추어 좋은 인간들이 아니라 덕(德)에 관련해서 무조건적으로 최선의 인간들로 구성된 정치체제로

1 귀족정.

2 이른바 '혼합정치체제'(politeia), 즉 '혼합정'(공화정)을 말한다.

3 플라톤, 『국가』 제8-9권. 플라톤은 [철학자들의] 최선자 정치체제(arisokratia) 외에도 이른바 라코니케식의 귀족정인 명예 지배정(timokratia), 과두정, 민주정, 참주정 등으로 순서적으로 열거하고 있다(544c 참조).

4 그것을 논의한 대목들은 아마도 1276b34-1277a1, 1278a17-21, 1278b1-5, 1279a34-37, 1286b3-7, 1288a37-1288b2 등일 것이다.

국한되기 때문이다(단지 여기서만[5] 동일한 사람이 좋은 인간인 동시에 좋은 시민이라는 것이 무조건적으로 성립되는 것은 이 정치체제의 경우뿐이고, 다른 정치체제의 경우에는 좋은 사람들은 자신들의 정치체제에 비추어 좋을 뿐이다). 그럼에도 과두정적으로 통치하는 정치체제나 이른바 '혼합정'(공화제)이라고 불리는 정치체제와는 다른 어떤 정치체제가 있는데, 귀족정이라 불리는 여러 정치체제들이 그것이다. 거기에서는 관직자들이 부(富)뿐만이 아니라 우수성[6]도 고려하여 관직자가 선출되기 때문이다. 그러한 정치체제는 지금 말한 두 정치체제[7]와는 다르며, 또 귀족정이라 불린다. 실제로 덕이 공통의 관심사가 되지 않는 폴리스들에서조차도, 그럼에도 좋은 평판을 누리고 품위 있다[8]고 생각되는 어떤 사람들이 있기 때문이다. 그러므로 카르타고(카르케돈)가 그렇듯, 인민뿐 아니라 부와 [개인적인] 덕을 중시하는 곳에서 그 정치체제는 귀족정인 성격을 가진다.[9] 또한 예를 들어 라케다이모니아의 정치체제가 그렇듯이 그중 두 가지만, 즉 덕과 인민만을 중시하는 정치체제가 있고,[10] 민주정과 덕, 이 두 가지 요소를 혼합한 정치체제도 귀족정적 성격을 가진다. 그러므로 최선의 정치체제인 첫 번째 것 외에도 귀족정에는 두 종류가 있게 되는 것이다. 게다가 귀족정의 세 번째 종류로는 이른바 '혼합

5 귀족정을 가리킨다.

6 원어로는 aristindēn(우수함)인데, '덕'(아레테)과 같은 의미로 사용됐다.

7 과두정과 혼합정.

8 원어로는 epieikeis로 사회적, 정치적 함의를 가지며 양식 있고 교양 있는 훌륭한 인간을 말한다.

9 1273a21-b1 참조.

10 스파르타의 이런 특징에 대해서는 1270b15-17, b25, 1271b2-3 참조.

정' 가운데 과두정 쪽으로 더 기울어지는 것도 있다.[11]

11 귀족정이 과두적인 특징을 갖는 것에 대해서는 제3권 제7장과 제4권 제2장 참조.

제8장

귀족정과 구별되는 혼합정의 특징

우리에게 남겨진 과제는 '폴리테이아'(혼합정)라는 이름으로 불려진 것(공화제)과 참주정에 대해 논의하는 것이다. 이런 식으로 늘어놓았다고 해서 혼합정이나 방금 말한 귀족정이 올바른 정치체제에서 벗어난 정치체제라는 것은 아니다. 우리가 이것들을 이런 배열로 놓은 것은,[1] 진실로 그것들 모두[2]가 가장 올바른 정치체제에 이르지 못하고 있으며, 그래서 벗어난 정치체제와 나란히 셀 수 있었기 때문인 것이다. 그 경우에 벗어난 정치체제란 우리가 처음에 말했던 것처럼[3] 이러한 정치체제들[4]로부터 벗어난 것이다.[5] 이에 반해 참주정을 맨 나중에 다루는 것은 이치에 맞는데, 그 이유는 참주정이 모든 정치체제 중에서 가장 나쁘다는 것[6]과 우리의 탐구가 정치체제를 대상으로 하고 있기 때문이다. 이렇게 해서 정치체제들을 이렇게 배열하는 이유를 말한 셈이다.

1 즉 '벗어난 정치 형태들 중에 놓는 것'을 말한다.

2 혼합정과 방금 언급한 귀족정들.

3 제3권 제7장, 특히 1279b4-6. 여기서 과두정은 '이른바' 귀족정의 변형 형식이 아니라 일반적으로 귀족정의 변형이라 말해졌다. 제4권 제2장, 특히 1289a26-b5("귀족정으로부터 과두정").

4 혼합정과 방금 언급한 귀족정들.

5 1290a16 아래; "귀족정은 일종의 '과두정'이라는 이유로 과두정의 한 유형으로 간주하고, 이른바 '혼합정'은 민주정의 한 유형으로 간주하기 때문이다." 과두정은 이른바 귀족정의 변형이지만 참된 귀족정은 아니다. 참주정은 참된 왕정의 변형이다(1289a40).

6 1289a39 아래.

이제 우리는 혼합정에 관해 우리의 견해를 명확히 내놓아야 한다. 왜냐하면 우리가 과두정과 민주정에 대해 이미 규정했으므로, 이제 혼합정이 어떤 것인지[7]도 상당히 명료해져야 하기 때문이다. 혼합정은 무조건적으로 말해서 과두정과 민주정의 혼합 형태니까. 하지만 그 혼합 형태 중, 흔히 혼합정으로 불리는 것은 민주정 쪽으로 기울고 있는 것뿐인데,[8] 또 과두정 쪽으로 한층 기울고 있는 것은 부유한 사람일수록 교육과 고귀한 태생을 더 많이 동반하기 때문에 귀족정이라고 불리는 것이 보통이다.[9] 게다가 부자들은 부정의한 자들이 그것을 얻으려고 부정의를 저지르는 것들[10]을 이미 가지고 있다고 생각되며,[11] 바로 이것 때문에 사람들은 부자들을 '고귀하고 아름다운 사람'[12] 또는 '귀족'(뛰어난 사람)[13]으로 부르기도 한다. 그래서 귀족정은 시민들 중에 최선인 사람들에게 우월한 지위를 할당하기를 원하기 때문에, 사람들은 과두정 또한 '고귀

7 직역하면, '그 힘'(hē dunamis).

8 아리스토텔레스는 이미 앞에서 두 번이나 이와 같은 생각을 피력한 바 있다(1290a22 아래, 1290a30 아래).

9 귀족정과 교육의 연관성은 1299b24에서, 덕(德)이 고귀한 태생의 요소가 되는 것에 대해서는 1294a20 아래에서 언급된다. 교양과 고귀한 태생이 부(富)와 긴밀하게 연관된다는 것에 대해서는 1317b38 아래에서 언급된다.

10 외적인 좋음을 말한다. '부, 명예, 부, 외모'와 같은 원천적으로 인간의 삶에 도움이 되는 외적인 이점을 말한다.

11 사람들의 일반적인 생각으로 통념(endoxa)이다. 아리스토텔레스의 생각은 아닌 것 같다(1267a2 아래).

12 이 말(kalos kagathos)에 대해서는 플라톤, 『국가』 박종현 옮김, 서광사, 2005, pp. 163~164 각주 참조(플라톤, 『국가』 376b-c, 569a).

13 gnōrimos를 어쩔 수 없어 귀족으로 옮기지만, dēmos(인민)에 대립되는 계급으로 도덕적으로나 정치적으로도 인품이 훌륭한 자들을 가리키는 말이다. 즉 문자적으로 이해하면, '덕으로서 널리 알려진 사람'을 의미한다.

1294a 하고 아름다운 사람들'로 구성된다[14]고 말하는 것이다.[15] 그런데 최선의 인간이 아니라 열등한 사람들에 의해 통치되고 있는 폴리스가 좋은 법질서에 있다는 것을 불가능하다고 생각되며, 마찬가지로 좋은 법질서에 있지 않은 폴리스가 귀족정적으로 통치되고 있다는 것도 또한 불가능하다고 생각되고 있다. 그러나 제정된 법률이 좋은 것이라도 그것이 지켜지지 않는다면 좋은 법질서[16]란 존재할 수 없다. 그러므로 우리는 '좋은 법질서'를 두 가지 방식으로 받아들여야 하는데,[17] 하나는 좋은 법질서에는 제정된 법률에 사람들이 복종하는 측면과 다른 하나는 사람들이 준수하는 법률이 실제로 잘(좋게) 제정된 것이라는 측면이 있는 것으로 이해해야 한다(나쁘게 제정된 법률에도 복종할 수 있을 테니까). 이것[18]은 두 가지 방식으로 가능할 수 있다. 즉 사람들이 자신들에게 가능한 한에서 최선의 법률을 따르거나, 혹은 무조건적으로 최선인 법률을 따르는 것일 수 있기 때문이다.

그러나 귀족정의 가장 두드러진 특징은 덕에 따라 관직(명예)을 분배하는 것에 있다고 생각된다.[19] 귀족정을 정의하는 기준은 덕인데 반해,

14 내용적으로 이해하면, '이들이 정부에 참여하는 최고의 권위를 가져야 한다'는 것이다.

15 이 부분도 『국가』(박종현 역) p. 164 각주 참조.

16 '좋은 법에 의한 통치'(eunomia).

17 이것을 디오게네스 라에르티오스가 보고하는 플라톤의 말과 비교하라. "훌륭한 법질서(eunomia)는 셋으로 나뉜다. 하나는 법이 훌륭할 때, 우리가 그것을 훌륭한 법질서라고 말하는 경우다. 또 다른 것으로는 기존의 법을 시민들이 준수할 때, 그것도 우리는 훌륭한 법질서라고 말한다. 세 번째로 법이 있지 않더라도 관습과 관례에 따라 공동체가 잘 운용되면, 이것도 훌륭한 법질서라고 우리는 부른다"(디오게네스 라에르티오스, 『유명한 철학자들의 생애와 사상』 제3권 103).

18 두 번째 상황으로 '잘(좋게) 제정된 법을 준수하는 것'을 말한다.

19 이 원칙이 부에 따라 관직을 분배하는 과두정과 구별되는 지점이다.

과두정을 정의하는 기준은 부이고, 민주정을 정의하는 기준은 자유이기 때문이다. 그러나 다수의 의견이 원칙이라는 것은 이러한 모든 정치체제에서 발견된다. 사실상 과두정, 귀족정, 민주정의 어느 쪽에서도 정치체제에 참여하는 사람들 가운데 다수의 의견이 결정적인 힘을 가지는 것이다.

그런데 대다수의 폴리스에서 '혼합정'의 형태가 [귀족정이라고] 잘못[20] 불리고 있다. 왜냐하면 그 정치체제가 목표로 하는 것은 단지 부자와 가난한 자, 부와 자유의 혼합에 지나지 않기 때문이다. 그 이유는 거의 대다수의 사람들에게 부자들이 '고귀하고 아름다운 사람들'의 지위를 차지한다고 생각되고 있기 때문이다. 그러나 사실상 정치체제에서의 동등성[21]을 요구하는 근거가 되는 세 가지, 즉 자유, 부, 덕(탁월성)의 요소가 있기 때문에(네 번째로 이른바 고귀한 태생을 말할 수 있으나, 이것은 뒤의 두 가지 요소에 동반하는 특징이다. 고귀한 태생은 조상의 부와

20 '잘못'(kakōs)은 로스의 삽입이다(F. 주제밀[1879], Vol. I, p. 574 각주 3 참조). 전해지는 원문 자체에 뭔가 결함이 있어 보이기도 한다. 벤자민 조웻은 "대부분의 폴리스에서 혼합정이라 불리는 정치체제가 존재한다. 혼합은 가난한 자의 자유와 부자의 부를 결합시키는 것 이상으로 더 나아가지 않기 때문"이라는 식으로 옮긴다. 로웹판의 래컴(H. Rackham)은 touto까지 삽입하고 이 대목이 귀족정을 언급하는 것으로 이해하고 있는 듯한데(C. 로드 역시 그렇게 이해한다[p. 111, 각주 38 참조]), 당최 이해가 안 된다. 앞의 politeia를 정치체제이기보다는 '혼합정'으로 이해하는 뉴먼은 그대로 '혼합정이라 불리는 형태가 존재한다'로 이해한다. 그러면 대부분의 폴리스에서 혼합정이 존재하지만, 혼합의 방식에서 충분하지 못한 요소를 가지고 있는 것으로 이해될 수 있을 것이다(쉬트룸프Eckart Schütrumpf 번역 및 주석, 어니스트 바커 참조). 나는 여기서의 politeia를 설령 '혼합정'으로 이해한다 해도, 그것은 과두정과 민주정이라는 정치체제들 간의 혼합이 아닌, 넓은 의미에서 정치체제를 결정하는 요소들 간의 혼합만을 의미하는 것으로만 이해한다. 22~23행에 이르러, "부자와 가난한 자, 이 둘의 혼합"이 바로 '혼합정'인 것이다. 즉 과두정과 민주정의 혼합이다.

21 참여의 동등성.

덕을 갖는 것이니까), 따라서 부자와 가난한 자라는 두 가지 요소만을 혼합한다면 '혼합정'이라고 마땅히 불려야 하고, 반면에 세 가지 요소들을 혼합한다면 '진정한 첫 번째 종류의 귀족정'[22]을 제외하고는 다른 것들 무엇보다도 귀족정으로 불릴 만하다는 것은 명백하다.

이렇게 해서, 우리는 1인 지배정, 민주정, 과두정 이외에 다른 종류의 정치체제가 있다는 것과 그것들이 어떤 것인지, 또 다양한 종류의 귀족정들이 서로 어떻게 다른지, 그리고 혼합정이 귀족정과는 어떻게 다른지에 대해 이야기한 셈이다. 그리고 이 두 정치체제[23]가 서로 간에 그다지 멀지 않다는 것도 이상에서 말한 것으로부터 분명하다.

22 오직 '덕'에만 관련된다.

23 혼합정과 귀족정.

제9장

혼합정은 어떻게 구성되는가

지금까지 말한 것에 이어[1] 다음으로 민주정, 과두정과 나란히 이른바 '혼합정'이 어떻게 생겨나고, 또 어떻게 그것을 확립하면 되는지를 말해 보기로 하자. 그렇게 하면 동시에 민주정과 과두정은 무엇에 의해 정의되는지도 분명해질 것이다. 왜냐하면 우리가 해야 할 일은 이러한 정치체제들 간의 차이를 파악한 다음, 이것들 각각으로부터 징표[2]와 같은 것을 취해서 그 두 정치체제를 결합시키는 것이기 때문이다.

그런데 이 경우의 결합이나 혼합에는 그것의 방식을 정하는 세 가지 기준[3]이 있다. (1) 민주정과 과두정 각각에서 법률로 정하고 있는 것을 양쪽에서 받아들이는 것이다. 예를 들어 재판에 관한 법률에 관련해서, 과두정에서는 부자들이 재판관을 맡지 않으면 벌금이 부과되고, 가난한 자는 재판관을 맡아도 수당이 전혀 지급되지 않지만, 민주정에서는 가난한 사람이 재판관을 맡으면 수당이 지급되고, 부자가 재판관을 맡지

1 1293b22-30.

2 징표(sumbolon)는 일종의 신표(信標)로서, 어떤 하나의 물건(뼈 조각 같은)의 '절반'(pars)을 가지고 있으면, 그 소유자가 나머지 절반을 가지고 있다는 것을 식별할 수 있는 것이다. 『동물의 생성에 대하여』 제1권 제18장 722b10-13 참조("엠페도클레스는 수컷과 암컷에는 sumbolon[무언가의 절반]과 같은 것이 있다고 말하고 …"). 그러니까 여기서 말하고자 하는 요지는 민주정과 과두정을 정의하는 특징을 구별하게 되면, 민주정의 특징을 그에 상응하는 과두정의 특징과 한데 결부시켜야 '혼합정'이 어떻게 생겨나고 구성되는지를 알 수 있다는 것이다.

3 척도, 표식.

않아도 벌금이 부과되지 않는다. 그렇지만 이것들 모두를 채택한다면 민주정과 과두정에 공통되는 것 중간의 것을 채택하게 됨으로써,[4] 따라
1294b 서 그 방식은 '혼합정'의 특징이 되는 셈인데, 혼합정은 두 정치체제로부터 혼합된 것이기 때문이다. 그러므로 이것이 민주정과 과두정을 결합하는 첫 번째 방식이 된다.

(2) 또 다른 방식은 각각의 정치체제가 정하고 있는 것의 중간을 채택하는 것이다. 예를 들어 민회에 참석하는 자격에 대해서 민주정에서는 재산평가 사정액은 전혀 고려하지 않거나 약간의 사정액밖에 요구되지 않은 것에 비해, 과두정에서는 높은 재산 사정액이 요구된다. 이 경우 민주정과 과두정에 공통된 것은 그 어느 쪽이 요구하는 금액이 아니라 이것들 각각이 정하고 있는 재산 사정액의 중간[5]이다.[6] (3) 세 번째 방식은 양쪽의 법 구조 체제로부터 받아들이는 것으로, 일부는 과두정의 법률에서 채택하고, 일부는 민주정의 법률에서 채택하는 것이다. 내가 의미하는 바는 다음과 같은 방식이다. 예를 들어 관직자를 추첨으로 선출하는 것은 민주정적 특징이지만 선거에 의한 선출은 과두정적 특징으로 생각되고 있으며,[7] 또 재산평가 기준과 관계없이 선출하는 것은 민주정적인 특징이지만, 재산평가 기준에 의한 선출은 과두정적 특징으로 생

4 그러면 결과적으로 양 정치체제를 다 혼합시키면, 과두정에서는 '가난한 자에게 수당을 주는 것'과 민주정에서는 '부자에게도 벌금을 부과하는 것'이 첨가된다.

5 적절한 만큼.

6 혼합정에서 '관직'에 임명되기 위해선 재산 자격 조건이 문제되지 않는다(1294b12 아래).

7 민주정이 항시 관직자들을 추첨에 의해 임명하는 것은 아니다(1317b20 아래). 과두정에서도 일정 부분 추첨에 의해 임명된다(1300b 아래, 1266a8 아래). 선거에 의한 관직자의 임명도 과두정에만 고유한 것이 아니다. 귀족정도 덕에 기초해서 선거로 임명될 수도 있다(1273a25). 과두정의 특징은 부에 기초해서 관직자를 선출한다는 것이다. 세습도 있다(1292b4 아래).

각되고 있다. 그러므로 양쪽 각각으로부터 하나의 것을 선택하고, 다시 말해 과두정으로부터는 선거로 관직자를 선출하는 것을 취하고, 민주정으로부터는 재산평가 기준에 관계 없이 선출하는 것을 취한다면, 관직자 선출 방식은 귀족정적인 '혼합정'의 특징이 되는 것이다.[8]

따라서 이것들이 그것들을 혼합하는 방식이다. 그러나 민주정과 과두정을 잘 혼합했다고 하는 기준(지표)이 되는 것은, 동일한 정치체제를 민주정이라고도 과두정이라고도 부를 수 있는 경우다. 왜냐하면 그렇게 부르는 사람들이 그러한 인상을 받는 것은 분명히 양자가 적절히 혼합되어 있기 때문이다. 중간적인 것에 대해서도 또한 이와 같은 인상을 받는다. 왜냐하면 중간적인 것에는 각각의 극단이 포함되어 있는 것처럼 보이니까. 바로 이것[9]은 라케다이모니아의 정치체제가 그 좋은 예가 되고 있다. 즉 라케다이모니아의 정치체제를 민주정이라고 부르려는 사람이 많은 것은 그 조직에 민주정적 요소가 많이 포함되어 있기 때문이다. 예를 들어 우선 아이들의 양육에 관한 규정이 그렇다. 거기에서는 부유한 집의 아이들이 가난한 집의 아이들과 마찬가지로 양육되고, 심지어 가난한 집의 아이들이 받을 수 있는 그러한 방식으로 교육이 행해지고 있기 때문이다. 그들이 다음 연령에 이르러서도, 또 어른이 되고 나서도 그 방침은 변하지 않는다. 즉 부유한 자와 가난한 자를 구별하는 것은 아무것도 없다.[10] 음식에 관해서도 이것과 마찬가지이며, 또한[11] 이런 식

8 귀족정과 혼합정을 연결시키는 것에 대해서는 1273a4("귀족정이나 '혼합정'의 가정에 관련시켜 볼 때") 참조.

9 "동일한 정치체제를 민주정이고 과두정이라고 부를 수 있는 경우."

10 플라톤, 『법률』 696a 참조.

11 뉴먼의 제안에 따라 houtō(이런 식으로 또한)를 뒤에 붙여 읽었다.

으로 공동 식사에서 모두가 동일한 것을 먹는다. 또 부유한 자가 입는 의복은 가난한 사람 누구라도 구비할 수 있는 것이다. 게다가 두 개의 가장 중요한 관직[12] 중에서 하나를 인민이 선거에서 선택하고, 다른 하나는 인민이 직접 맡는다는 점에서도 민주정적이다. 즉 인민이 원로들을 선거로 선택하며, 에포로스(감독관) 직에는 자신들이 직접 참여하기 때문이다.[13] 그러나 한편으로, 다른 사람들은 많은 과두정적인 요소를 갖고 있기 때문에 라케다이모니아의 정치체제를 과두정이라 부른다. 예를 들어 모든 관직자(관직)[14]는 선거에 의해 선출되고, 추첨에 의해 선출되는 관직은 하나도 없으며, [삶과] 죽음과 추방을 결정할 권한을 소수의 사람들에게 부여하고 있으며, 그 밖에도 이와 같은 다른 많은 것들이 있다.

그러나 잘 혼합된 혼합정은 민주정과 과두정[15]의 두 요소를 모두 포함하고 있거나 어느 쪽 요소도 포함하고 있지 않은 것처럼 보여야 한다.[16] 그리고 그 정치체제는 외적인 힘 때문이 아니라[17] 그 자체 힘에 의해서 존속되어야 한다. '그 자체 힘에 의해서'라는 것은 그 정치체제의 존속을 원하는 사람들이 다수인 것에 의한다는 의미가 아니라(그것만이라면 또한 열등한 정치체제에서도 일어날 수 있으니까), 전체로서 폴리스의 그 어떤 부분들도 다른 정치체제를 원하지 않는다는 것에 의해서라는

12 왕들은 "중대한 일들을 관장하는 최고의 권한(megalōn kurioi)"을 가진다고 말한다(1272b41).

13 에포로스의 선출 방법에 대해서는 1270b25-28 참조.

14 29행의 tas archas를 보충해 읽는다.

15 과두정과 민주정.

16 포도주와 물을 혼합한 것에는 물과 포도주가 있어야 하며, 동시에 혼합된 것에는 물도 포도주도 없으며, 단지 물과 포도주가 '혼합된 것'만이 있으니까.

17 1273b18-24 참조.

의미다.[18]

이렇게 해서, 이제 우리는 '혼합정'에 대해서, 또한 '귀족정이라는 이름으로 불리는' 정치체제들에 대해서도 어떤 방식으로 확립하면 좋을지를 말했다.[19]

18 1270b21-22 참조. "왜냐하면 정치체제가 앞으로도 존속할 수 있으려면, 폴리스의 모든 부분이 그것이 존재하기를 원해야 하고, 또 그와 동일한 조정이 지속되어야 하기 때문이다."

19 이 장에서는 10~11행에서 귀족정이 언급되고 있다. "과두정으로부터는 관직자를 선출하는 것을 취하고, 민주정으로부터는 재산평가 기준에 따르지 않고 관직자를 선출하는 것은 귀족정과 '혼합정'의 특징인 것이다." 실상 '귀족정이라는 이름으로 불리는' 것이 무엇을 가리키는지는 명확하지 않다. 추정해 볼 수 있는 것은 과두정으로 기울어진 혼합정이다(1293b33-38). 그렇게 보면 잘 혼합된 혼합정을 어떻게 확립하는가의 논의가 과두정적 요소와 민주정적 요소를 가미한 '귀족정이라는 이름으로 불리는 것'을 논의한 것으로 볼 수 있을 것이다(1295a31-34 참조).

제10장

참주정의 세 가지 종류

1295a 그런데 우리에게는 참주정을 논해야 하는 과제가 남아 있다. 여기서 참주정을 논하는 것은 그것에 관해 이야기할 만한 것이 많기 때문이 아니라, 참주정이 우리의 탐구에서 일부를 차지하도록 하기 위해서다. 이는 우리가 참주정도 정치체제 중의 일부로 놓고 있기 때문이다.

그런데 우리는 첫 번째 논의에서[1] 왕정이란 무엇인가를 정의한 바 있다. 거기에서 우리는 가장 일반적으로 의미로 왕정이라고 말해지는 것을 다루고, 그것이 폴리스에 유익하지 않은지 유익한지, 또 누구를 어디에서 선택해 어떤 방식으로 왕으로 세워야 하는지를 고찰했었다.[2] 우리는 왕정에 대해 살펴보면서 또한 두 종류의 참주정을 구별했다. 그 이유는 두 가지 유형의 참주의 성격이 두 지배의 종류 모두 법률을 따르고 있기에 어떤 방식에서 왕정과 겹치는 곳이 있기 때문이다. (1) 사실상 몇몇 이민족(비헬라스인)은 절대적인 권력을 행사하는 1인 지배자를 선거에 의해 뽑았으며, 또 옛 헬라스인들 사이에서도 (2) 아이쉼네테스(선임 독재자)[3]라 불리는 1인의 지배자를 선거로 뽑았다. 그렇지만 이 두 종류의 참주정은 서로 간에 어떤 차이가 있다.[4] 하지만 양자가 법률에 따

1 제3권 제14-17장.

2 1290b4 아래 참조.

3 제3권 제14장 1285a30-31 참조.

4 제3권 제14장 1285a16-b3 참조. 거기에서는 이 두 종류의 지배 형태가 참주정이 아니라

라 지배하고 있다는 점과 자발적 지배를 받는 자들을 1인이 지배하는 한에서는 왕정의 성격을 가지며, 양자가 1인 지배자 자신의 판단에 따라 주인처럼 1인이 지배하는 한에서는 참주정의 성격을 가진다고 할 수 있다.[5] 또한 (3) 세 번째 종류의 참주정은 왕정의 종류로 말하면 절대 왕권정[6]에 짝이 되는 것으로, 이것이 가장 완전한 의미에서의 참주정으로 보인다.[7] 어떤 1인 지배정이라도 1인 지배자가 자신과 비슷한 사람들과 자신보다 더 뛰어난 사람들을, 책임 추궁을 당하지 않으면서(설명의 요구를 받지 않으면서)[8] 지배하고, 그러나 지배받는 자의 이익을 위해서가 아니라 자신의 이익을 추구해 지배하면 1인 지배정은 필연적으로 이런 종류의 참주정이 된다. 이런 까닭에 이것은 지배받는 사람들의 뜻에 반하는 것이다. 어떤 자유인도 이러한 지배를 자발적으로 견뎌 내지는 않을 테니까.

이렇게 해서 이러한 것들과 그만큼의 수가 참주정의 종류이며, 그 이유는 이와 같은 것들임을 말했다.

왕정의 종류로 분류되고 있다.

5 제3권 제14장.

6 절대 왕권정(pambasleia)에 대해서는 제3권 제17장 참조.

7 '최고 정도의 참주정'에 대한 정의에 대해서는 1325a41 아래와 『수사학』 1365b37 참조.

8 anupeuthunos는 일반적인 맥락에서는 '직무 감사를 받는다'는 의미다.

제11장

중간적 정치체제

대다수의 폴리스와 대부분의 사람들에게 최선의 정치체제란 무엇이며, 최선의 삶은 어떤 것인가? 여기서 우리가 문제로 삼고 있는 것은 보통의 사람들을 넘어서는 덕이나 자연적인 자질과 운[1]에 의존하는 풍부한 외적 자원을 필요로 하는 교육, 또 바라는 대로의 정치체제에 의해서가 아니라, 대부분의 사람들이 공유할 수 있는 삶과 대다수의 폴리스가 참여할 수 있는 정치체제를 기준으로 한 경우의 최선의 정치체제며, 최선의 삶이다. 왜냐하면 이것을 문제로 삼는 것은, 우리가 앞서 논의했던[2] 귀족정이라고 불리는 정치체제들 중 어떤 것은 대다수의 폴리스에서 손이 닿지 않는 곳에 있으며, 또 다른 것은 '이른바 혼합정'과의 경계에 접하고 있는 것이기 때문에 그 두 정치체제는 하나인 것으로 말해야 하기 때문이다.

그러나 이 모든 문제들[3]에 관한 결정은 동일한 기본 원리[4]에 따라 이

1 운(tuchē)은 '자연적인'과 대립되는 의미로 쓰였다(1323b27 아래, 1331b41).

2 1293b7-21. 1279a3-5에서 정의했던 '귀족정'은 아니다.

3 '대다수 폴리스와 대부분의 인간들에게 최선의 정치체제는 무엇이고, 최선의 삶은 어떤 것인가?' 하는 문제를 가리킨다. 이 대목은 현존하는 정치체제에 대한 경험적 탐구와 제7권과 제8권에서의 최선의 가능한 정치체제에 대한 구상이 서로 상충하거나 배타적일 이유가 없다는 것을 보여 준다. 예거의 견해, 즉 정치학으로서의 경험적인 접근을 위해 초기의 플라톤적인 이상적 논의에서 벗어났다는 주장은 그럴듯해 보이지 않는다.

4 '기본이 되는 원칙'을 말한다.

루어질 수 있다. 즉 『윤리학』에서 말한 대로,[5] 행복한 삶이란 덕에 따라 방해받지 않고 사는 삶[6]이며, 그 덕은 중용의 상태에 있는 것[7]이 옳다면,[8] 중간의 삶, 즉 각각의 사람이 실제로 성취할 수 있는 것이 가능한 중간의 삶[9]이야말로 필연적으로 최선의 삶이어야 한다. 이와 동일한 그러한 기준이 또한 필연적으로 폴리스와 정치체제의 덕과 악덕[10]에도 들어맞아야 한다. 정치체제는 폴리스의 어떤 종류의 삶의 방식이니까.

어느 폴리스라도 폴리스에는 세 부분이 있다. 즉 너무 부유한 자들, 1295b
너무 가난한 자들, 세 번째로 이들 사이 중간층에 있는 사람들이다. 거기

5 『니코마코스 윤리학』 1108b11, 1153b9-12 및 『에우데모스 윤리학』 1222b12 참조. "우리와의 관계에서 중간은 … 모든 사람에게 하나이지도 않고 동일하지도 않다"(『니코마코스 윤리학』 1106a32-33). 레슬링 선수와 체조 선수의 음식 섭취 양의 중간은 같은 것이 아니니까.

6 원어로는 anempodiston bion이다. "그렇다면 완전한 탁월성에 따라 활동하며 외적인 좋음들을 충분히 구비하고 있는 사람을, 어떤 특정한 시간 동안만이 아니라 전 생애에 있어서 행복한 사람이라고 부르지 말라는 법이 어디 있단 말인가?"(『니코마코스 윤리학』 1101a14-16)

7 『니코마코스 윤리학』 1108b11; "중용이라는 덕(탁월성)의 성향". 감정에서뿐 아니라, "행위에 관련해서도 지나침과 모자람, 그리고 중간이 있다. … 덕은 중간적인 것을 겨냥하는 한 어떤 종류의 중용이다"(『니코마코스 윤리학』 1106b22-28). 『니코마코스 윤리학』 1106b36-1107a3 참조.

8 "그렇다면 완전한 덕에 따라 활동하며 외적인 좋음들을 충분히 구비하고 있는 사람을, 어떤 특정한 시간 동안만이 아니라 온전한 삶 속에서 행복한 사람이라고 부르지 말라는 법이 어디 있단 말인가?"(1101a14-16) 외적 좋음이 없으면 덕을 가지고 있는 사람도 그의 덕을 행동으로 옮기는 데에 방해가 될 수 있을 것이다. "덕은 합리적 선택과 결부된 품성으로 우리와의 관계에서 성립하는 중용에 의존한다. 이 중용은 이성에 의해 정의되고, 실천적 지혜를 가진 사람이 정의하는 상태다"(『니코마코스 윤리학』 1106b36-1107a3).

9 플라톤, 『국가』 619a("중용의 삶").

10 훌륭함과 모자람 또는 좋음과 나쁨(aretē kai kakia).

에서 적도(적절함)와 중간이 최선이라고 일반적으로 인정되고 있기 때문에[11] 좋은 운[12]의 중간을 소유함이 또한 최선이라는 것은 명백하다.[13] 왜냐하면 그러한 상태[14]가 이성에 가장 잘 복종하기 때문이다. 반면에 지나치게 아름답거나 지나치게 힘이 세거나 지나치게 잘 태어나거나 지나치게 부유한 사람, 이와 반대로 지나치게 가난하거나 지나치게 약하거나 지나치게 명예가 없는 사람은 누구든지 이성에 따르는 것이 어렵기 때문이다. 전자에 속하는 종류의 사람들은 더 오만해지며 큰 악을 저지르게 되기 쉽고, 후자에 속하는 종류의 사람들은 지나치리만치 악의(惡意)를 품고 사소한 악을 저지르는 사람이 되기 쉬우므로, 부정의한 행위들 중 어떤 경우에는 오만이, 어떤 경우에는 악의가 원인이 되어 일어나기 때문이다[15](게다가 관직의 자리를 기피하는 것도 그것을 열심히 추구하는[16] 것도 모두 폴리스에서 해로운 것이지만, 그러한 일을 가장 할 것

11 1342b14 아래 참조.

12 신체적인 좋음과 외적인 좋음을 포함한다. 즉 부, 명예, 외모, 태생 등등. "우연과 운은 영혼에 외적인 좋음들의 원인"이 되는 것으로 이것 때문에 정의롭거나 절제 있게 되지 않는다(1323b27 아래). 외적인 좋음에 대해서는 『니코마코스 윤리학』 1098b12-14, 에우데모스 윤리학 1218b32-33 참조. "왜냐하면 영혼의 외적인 좋음들의 원인은 '저절로 일어난 우연한 일'과 '운'이지만, 그러나 어느 누구도 운에 의해서, 운 때문에 정의로운 사람이거나 절제 있는 사람이거나 하는 사람은 없기 때문이다"(1323b27-29).

13 입법자는 자원(자산)을 '중간(중용)'을 목표로 해야 한다는 것에 대해서는 1266b28-29를 참조. 재산의 동등화보다는 오히려 큰 몫을 바라지 않도록 '중용'의 성품을 가르는 것에 관해서는 1267a41 아래 참조.

14 중간의 상태.

15 1271a17, 『수사학』 1389b7-8, 1378b26-1379a9, 1390a17-18.

16 로스 그리고 베르네이(Bernays)는 전승하는 사본의 boularchousin(뉴먼) 대신에 spoudarchousin으로 읽기도 한다. 의미상의 큰 차이는 없다.

같지 않은 사람들이 중간층의 사람들이다[17]).

이것들 외에도[18] 체력, 부, 친구, 뭔가 다른 그런 것들인 좋은 운을 너무 많이 가지고 있는 사람들은 지배받기를 원하지도 않고 지배당할 줄도 모른다(이 경향은 어릴 적 일찍부터 곧장[19] 가정에서부터 시작되었다.[20] 그들은 응석받이로 자라기 때문에 배움의 장소(학교)에서조차도 남을 따르는 습관이 몸에 배지 않은 것이다). 이와 반대로 지나치게 이러한 좋은 운들을 결핍한 사람들은 너무나 비천하다.[21] 그래서 이들은 지배하는 모든 것을 알지 못하고 노예가 복종하는 방식으로 지배받는 것만을 알 뿐이고, 어떤 한 사람(전자)은 어떤 방식으로든 지배받는 것을 전혀 알지 못하고 주인이 노예를 지배하는 것과 같이 지배하는 것만을 알 뿐이다. 여기에서 생겨난 것은 노예와 주인으로 구성된 폴리스며 자유인으로 구성된 폴리스가 아니다. 그것은 한 집단은 시기심으로 가득 찬 사람들이, 다른 집단은 경멸[22]하는 사람들이 있는 폴리스다.[23] 이러한 폴리스는 친애와 폴리스적 공동체로부터 멀리 떨어져 있다. 공동체는

17 이 대목을 여기에 놓는 것이 적합한지에 대해서는 논란의 여지가 있다. 뉴먼은 이어지는 28행 poleōs 다음으로 혹은 이 단락 맨 끝의 34행 einai 다음으로 옮길 것을 제안한다.

18 지나친 부를 가진 사람들이나 지나치게 좋은 운을 가지지 못한 사람의 도덕적인 결함으로부터 정치적인 문제로 돌아서고 있다(플라톤, 『법률』 728d-729a 참조). 아리스토텔레스는 좋은 운이 원대한 마음(megalopsuchia)을 갖는 데 기여한다고 말하기도 한다(『니코마코스 윤리학』 1124a21-25).

19 혹은 '애초부터'.

20 플라톤, 『법률』 695a-b 참조. 사치와 굴종이 아이들의 성격을 다르게 변화시킨다는 것에 대해서는 『법률』 791d 참조. 굴종은 '자유롭지' 못한 성격을 심어 준다.

21 즉 변변치 못한 사람이다.

22 '남을 내려다본다'(kataphroneō)는 뜻이나, 앞서 나온 '오만'과 같은 의미다.

23 각각 노예와 주인 집단을 말한다.

친애에 근거하고 있는 것이기 때문이다.[24] 왜냐하면 사람은 누구라도 적과는 길을 함께 걷는 것조차 원하지 않으니까. 그러나 폴리스는 적어도 가능한 한 동등하고 비슷한 사람들로 이루어지는 것을 목표로 삼고 있는데, 이 조건은 특히 중간층[25]에게 속하는 것이다. 따라서 그러한 중간층 사람들로 이루어진 폴리스[26]야말로 필연적으로 최선으로 통치될 수 있는 폴리스여야 한다. 그러한 폴리스는 우리가 말한 자연스러운 구성원들[27]로부터 이루어져 있는 것이니까.

게다가 모든 시민들 중에서 중간에 있는 사람들이 다른 시민에 비해 가장 안전한 위치에 있다. 왜냐하면 그들은 가난한 사람들처럼 다른 사람의 것을 원하지도 않고, 또한 가난한 사람이 부유한 사람의 것을 원하는 것처럼 다른 사람들이 그들의 것을 원하지도 않기 때문이다. 또한 그들은 음모를 당하지도 않고 남에 대해서 음모를 꾀하지도 않으므로, 그들은 위험에 빠지지 않은 채로 살아갈 수 있다. 그러므로 포퀼리데스가 다음과 같이 기도한 것은 옳았다. "많은 것들이 중간 사람들에게 최선이니, 나는 폴리스에서 중간 사람이 되길 바란다."[28]

24 "함께 사는 것(모듬살이)에 대한 합리적 선택이 친애다"(1280b38). 『니코마코스 윤리학』 제8권 제9장 1159b25-26; '모든 공통의 교제(공동체; koinōnia)에는 … 친애가 존재한다.' 그 밖에도 제8권 제9장에서 제11장에 걸쳐 정치적 공동체(politikē koinōnia)와 친애에 관한 논의가 계속되고 있다. 기본적으로 koinōnia는 공통의 교제로서, 공동체적 성격을 가지기 때문에 친애적 성격을 가질 수밖에 없다. 어떤 공동체라도 '사귐'으로부터 시작하는 것이니까. 그렇지만 politikē는 philia가 아니라 koinōnia를 동반한다.

25 즉 중간계급(to meson).

26 즉 중간계급들로 구성된 폴리스(tēn ek tōn mesōn sunestōsan polin)를 말한다. 최선의 민주정에서는 부자와 가난한 사람은 배제되어야 한다.

27 동등하고 비슷한 사람들, 즉 중간계급들. 가난한 사람과 노예로 구성된 것은 폴리스일 수 없다(1283a18 아래).

28 Diehl, E.(*Anthologia Lyrica Graeca*), 「단편」 12. 포퀼리데스(Phōkulidēs)는 기원전 6세기

그러므로 폴리스적 공동체[29]의 경우에, 중간에 있는 사람들 때문에 또한 최선이라는 것은 분명하며, 잘 통치되는 폴리스란 중간층이 많아서 되도록이면 다른 두 부분[부유층과 빈곤층]보다 힘이 있거나, 그럴 수 없다면 그들 중의 한쪽 부분보다는 힘이 있는 폴리스라는 것은 분명하다.[30] 왜냐하면 그 경우에 중간층은 어느 한쪽에 덧댐으로써[31] 정반대의 극단적인 정치체제가 생기는 것을 방해해서 균형추를 기울게 만들기 때문이다.[32] 그러므로 통치에 참여하는 시민들[33]이 중간 정도의 재산을 가지고 있다면 그것은 매우 큰 좋은 운이다. 왜냐하면 막대한 재산을 가진 자와 나머지 아무것도 갖고 있지 못한 자로 나뉘는 것에서는 극단적 민주정이나 혼합되지 않은 과두정이 생겨나거나, 아니면 이들 양극단의 지나침으로 말미암아 참주정이 생겨나기 때문이다.[34] 사실상 민주정과 과두정[35]에서, 그것이 과격해지면 참주정이 생겨난다. 그러나 중간층으

경 밀레토스의 잠언 시인이다. 핀다로스, 『퓌티아 송가』 II. 52(Bergk).

29 여기서 hē koinōnia hē politikē는 '그 정치체제' 또는 '폴리스'를 의미한다(1260b27).

30 아리스토텔레스가 말하는 '중간계급'은 오늘날의 '중산계급'과는 의미가 다르다. 중간계급이란 표현은 모호하다. 다만 아리스토텔레스 명확히 언급하는 것은 '지나치게 부자도 지나치게 빈자도 아니'라는 점이다. 그렇다면 오늘날의 중산계급은 무엇을 혹은 누구를 지칭하는가? 역시 모호할 수 있다. 어쨌든 지금까지 논의에서 드러나듯이 중간계급에 기반을 둔 정치체제는 아리스토텔레스가 말한 '혼합정'에 가까운 것 같다. 올바른 혼합이 중간이라는 생각은 수사학적인 표현에 지나지 않는 것처럼 보이기도 한다.

31 즉 '힘을 보탠다'는 의미이겠다.

32 가난한 자들에게 가담해서 극단적인 과두정(oligarchia akratos)(혹은 '혼합되지 않은 과두정')을 억제하고, 부자 쪽에 가담해서 극단적인 민주정(dēmos eschatos)을 억제한다는 것이다.

33 1328a17.

34 극단의 민주정과 극단의 과두정이 참주정으로 바뀌는 이유에 대해서는 1308a20 아래 참조.

35 1312b34-38, 1310b3-4.

로 구성된 정치체제와 그것과 가까운 정치체제들[36]로부터는 참주정이 생겨나는 것은 한층 드물다. 이것에 대한 이유는 나중에 우리가 정치체제들의 변화에 대해 논의할 때 말하겠다.[37]

그런데 중간 형태의 정치체제가 최선이라는 것은 명백하다. 그 정치체제에서만 파당(내란)이 일어나지 않으니까. 왜냐하면 중간계급이 두꺼운 곳에서는[38] 시민들 간의 내란이나 갈등이 가장 적게 일어나기 때문이다. 큰 폴리스들 또한 동일한 이유로 해서, 즉 중간계급이 두껍다는 것 때문에 내란으로부터 자유로운 것이다. 한편 작은 폴리스에서는 모든 시민이 두 계급으로 나누어지기 쉽고, 그 결과로 중간층[39]은 전혀 남아 있지 못하고, 거의 모든 사람이 가난한 사람이거나 부자가 된다.[40]

게다가 민주정은 중간에 있는 사람들 덕분에 과두정에 비해 더 안정적이고 훨씬 더 길게 존속한다. (그들이 과두정에서보다 민주정에서 중간층의 숫자가 더 많고, 또 한층 더 많은 관직에 참여하니까.) 그 이유는[41] 중간층이 없을 때, 가난한 사람들의 수가 압도적으로 많아지면 민주정에 불운이 닥치게 되어 급속히 붕괴하고 말기 때문이다.

또, 최선의 입법자들이 중간 시민들 중에서 나온다는 사실도 우리의

36 '중간적 형태의 과두정'(1320b21)과 '민주정'을 말한다.

37 아마도 1308a18-24를 가리키는 것 같다.

38 중간계급의 증가에 대해서는 1308b30 참조.

39 부자와 빈자 사이의 중간.

40 왜냐하면 공통의 이익을 목표로 한 강한 집단을 형성할 수 있는 충분한 중간계급을 가질 수 없으니까.

41 epei는 "민주정이 또한 중간에 있는 사람들 때문에 과두정보다 더 안전하고 훨씬 더 오래 존속"하는 정당한 근거를 제시한다.

주장에 대한 징표로 간주되어야 한다.[42] 예를 들어 솔론은 그의 시로부터 분명히 알 수 있는 것처럼 그러한 시민들 중 한 사람이었고,[43] 뤼쿠르고스(왕이 아니었으니까)도, 카론다스도, 다른 사람들 거의 대부분도 그랬으니까.

이상의 논의로부터 또한 대다수의 정치체제들이 왜 민주정의 성격이거나 과두정적 성격인지도 명백하다. 왜냐하면 대다수의 폴리스에서 중간계급이 얇아지는 경우가 많아짐으로 말미암아, 어떤 시점에서 재산을 가진 자들이든 인민이든 어느 한쪽이 유력해지면, 그들은 항상 그 중간의 것을 밟고 넘어서서[44] 그들 자신 쪽으로 정치체제를 이끌어감으로써, 그 결과 민주정이나 과두정이 생겨나기 때문이다. 이것에 덧붙여, 인민과 부자 사이에는 서로 간의 내분이나 투쟁이 일어나게 되므로, 어느 편이 되었든 그 반대편보다 더 큰 권력을 획득하게 될 때마다, 승리한 쪽은 양쪽이 '공유할 수 있는' 정치체제나 양쪽에게 '동등한' 정치체제를 세우지 않고, 오히려 승리의 전리품으로서 정치체제에서 우월성을 획득하려고, 한쪽은 민주정을 수립하고 다른 쪽은 과두정을 수립하게 되는 것이다. 게다가 또한 헬라스에서 패권을 달성했던 폴리스들[45]의 시민들은

42 아마도 '중간계급에게 최고의 권력을 주는 것이 최선의 정치체제라는 것에 대한 징표'일 것이다.

43 『아테나이의 정치체제』 제5장 참조. 이점은 플루타르코스의 「솔론」 편에서(제16장) 입증된다. 그의 「단편」 15에는 단지 부자가 아니라는 것만 나온다. 아리스토텔레스 주장과 달리 최고의 입법자 중 한 사람인 클레이스테네스는 부자였다고 한다. 이어 나오는 뤼쿠르고스도 실제로 스파르타의 왕이었다(플루타르코스, 「뤼쿠르고스」 제3장). 그렇다면 그는 부자였고, 중간계급이 아니었다. 카론다스는 여기서와 달리 1297a23 아래에서는 '귀족정'(aristokratia)의 옹호자로 나온다.

44 ekbainō를 '(그 중간을) 떠나서'로 새길 수도 있겠다.

45 민주정 체제의 아테나이와 과두정 체제의 라케다이모니아(1307b22 아래).

각각 그들 자신들에게 있는 정치체제를 바라다보면서, 한쪽은 민주정을 다른 쪽은 과두정을 여러 폴리스에 수립했던 것이다.[46] 그렇게 한 것은 해당하는 폴리스들[47]의 유익 때문이 아니라, 그들 자신들의 유익을 위해서였다.

따라서 이러한 이유들로 말미암아 중간의 정치체제가 전혀 생겨나지 않거나, 아주 드물게 생겨나거나, 그것도 몇몇 곳에서만 생겨났던 것이다.[48] 실제로 한때 헬라스에서 최고의 권위의 지위를 누렸던 사람들 중에서 설득에 따라[49] 이러한 조직을 폴리스에 도입하려고 한 사람은 오직 한 명[50]밖에 없다. 게다가 이제는 각 폴리스의 시민들[51]이 동등함을 바라
1296b 는 것조차 하지 않게 되었고, 그곳에서는 지배할 것을 요구하거나 혹은 패배자로서 지배를 견뎌 내는 습관이 이미 몸에 배어 버린 것이다.

이렇게 해서 이러한 고찰로부터 [대부분의 폴리스에서][52] 최선의 정

46 중간의 정치체제가 부족한 세 가지 이유는 이렇다. 첫째, 중간계급이 소수라는 것. 둘째, 그 정치체제가 부자와 빈자의 싸움의 결과에 따른 승리의 부산물이라는 것. 셋째, 헬라스에서 패권을 차지했던 폴리스들이 이러한 정치체제를 선호하지 않았다는 점 등이다. 그러나 1301b39 아래에서는 민주정과 과두정이 발생하는 다른 이유가 제시된다.

47 아테나이와 라케다이모니아에 의존하거나, 그 영향력이 미쳤던 폴리스들을 말하는 것으로 이해된다.

48 oligakis kai par' oligois와 같은 표현은 아리스토텔레스에게서 종종 등장한다(1317b23). "소수의 사람에게만, 그것도 드문 경우에만"(『니코마코스 윤리학』1151b30 참조).

49 sunepeisthē는 '그렇게 하자는 데 동의하도록 설득당하다'라는 의미다.

50 누군지 알 수 없다. 혹자는 솔론을 언급하고, 뉴먼은 아테나이의 정치가 테라메네스(Theramenēs)를 언급하기도 한다(투퀴디데스, 『펠로폰네소스전쟁』 제8권 97 참조). 테라메네스는 펠로폰네소스전쟁 끝 무렵에 활동했던 아테나이의 정치가로 기원전 404년에 죽었다.

51 맥락상 의미는 '주도적인 폴리스들의 정치 지도자들은 물론 그 폴리스의 시민들조차'로 읽혀진다.

52 1295a25로부터.

치체제란 어떤 것이며, 어떤 이유로 최선인지도 명백해졌다. 또 다른 정치체제들에 대해서(여러 종류의 민주정과 과두정이 있다고 우리가 말하고 있으니까), 그것들 중에 어느 것이 더 낫고 더 나쁜가라는 점에서, 어느 것을 첫째로 놓아야 하고, 어떤 것을 두 번째로 놓으며, 이와 동일한 방식으로 어느 것을 뒤에 오는 것으로 해야 하는지를 살펴보는 것은 최선의 정치체제가 정의되고 있는 이상은 어려운 일이 아니다. 왜냐하면 이 최선의 정치체제에 가장 가까운 것이 항시 더 뛰어난 것이며,[53] 이 중간의 것으로부터 더 멀리 떨어져 있을수록 열등한 정치체제인 것은 필연적이기 때문이다. 무엇보다 어떤 가정에 조회해서[54] 판단하는 경우에는 이야기가 달라진다. 내가 "어떤 가정에 조회해서"라고 말하는 것은, 어떤 하나의 정치체제가 더 바람직한 것이라 할지라도, 어떤 사람[폴리스]에게는 다른 정치체제가 더 유익하다는 것도 종종 있을 수 있다는 것을 방해하는 것은 아무것도 없기 때문이다.[55]

53 가장 잘 혼합된 첫 번째 과두정은 혼합정에 가깝다(1320b21 아래).

54 혹은 '어떤 전제에 관련해서'는 '단적으로'(haplōs)에 대조되는 표현이다. 즉 '가장 바람직한 것이 가장 유익하지 않다는 주어진 상황의 전제에 관련해서'.

55 『수사학』 1289b37-1390a1, 『니코마코스 윤리학』 1129b5-6 참조.

제12장

시민의 양과 질에 적합한 정치체제: 과두정과 민주정

이상에서 언급한 것에 이어 어떤 정치체제가 어떤 사람에게 유익하고, 또 어떤 종류의 정치체제가 어떤 종류의 사람들에게 유익한지를 논의해야 한다. 그래서 먼저 모든 정치체제에 보편적으로 적용되는 하나의 원칙[1]을 파악해 두어야[2] 한다. 즉 정치체제의 존속을 원하는 사람들이 그것을 원하지 않는 사람들보다 폴리스의 부분으로서 큰 힘을 갖고 있어야 한다는 것이다.[3]

그런데 모든 폴리스는 질과 양으로 이루어진다. 여기서 내가 말하는 '질'이란 자유, 부, 교육, 좋은 태생이고, '양'이란 수에서의 우월성이라는 것이다. 그러나 질과 양에 대해서 폴리스의 구성 요소들 중 어느 부분은 질에 속하고, 다른 부분은 양에 속한다고 할 수 있다. 예를 들어 천한 태생의 수가 고귀한 태생의 수를 웃도는 경우가 있거나 혹은 가난한 자의 수가 부자의 수를 웃도는 경우가 있을 수 있다. 그럼에도 이 경우의 웃돌고 있는 쪽은 질이라는 점에서 열등한 만큼 양적으로 그만큼보다

1 즉 모든 정치체제에 두루 적용될 수 있는 일반적 원칙.

2 lēpteon(파악해야 한다)을 hupotheteon(가정해야만 한다)으로 새겼다.

3 같은 정치체제가 지속적으로 유지되어야 한다는 의미다. "왜냐하면 그 정치체제가 안전하게 유지되기 위해서는 폴리스의 모든 부분 자체가 이 정치제제가 존재하기를 원해야 하고, 또 그와 동일한 조정이 지속되기를 원해야 하기 때문이다"(1270b21-22). 이 원칙은 1309b15-17에서 재차 언급된다.

더 우월할 수는 없다. 그러므로 이 두 가지 관점들[4]을 서로 비교해서 판단해야 한다. 그런데 가난한 자들의 집단이 지금 말한 비율[의 비교]에서 우위가 될 정도로 큰 그곳[5]에서는 민주정이 생겨나는 것이 자연스럽다. 그리고 민주정의 각각의 종류는 우세를 차지하는 인민의 각각의 특정한 종류에 따라 정해진다. 예를 들어 농민 집단이 우세를 차지한다면, 첫 번째 종류의 민주정이 생겨나고, 수공예업자(匠人)[6]와 일용(임) 노동자의 집단이 우세를 차지하게 되면, 마지막 종류의 민주정이 생겨나게 된다.[7] 이것들 사이에 놓이는 다른 종류의 민주정에 대해서도 마찬가지다. 이에 비해 부자와 귀족의 집단이 양이라는 점에서 떨어지는 것보다 질이라는 점에서 더 우월한 그곳에서는 과두정이 생겨나는 것이 자연스럽다. 그러므로 민주정의 경우와 마찬가지로 각각의 종류의 과두정은 우세를 차지하는[8] 과두정 파의 집단의 종류에 따라 결정되는 것이다.[9]

하지만 입법자는 언제나 중간층을 그의 정치체제 안에 포함시켜야 한다.[10] 왜냐하면 그가 과두정적인 법률을 제정할 때에는 중간층을 겨냥

4 질적인 요소와 양적인 요소.

5 즉 가난한 자가 질적인 면에서 열등함보다 양적으로 더 우세한 경우.

6 손을 사용하는 일에 종사하는 자(baunausos). 헬라스인들은 이런 일을 하는 자를 비천하게 여겼다. 이런 일을 하도록 외국인들을 거류민(metoikoi)으로 받아들였다.

7 앞서 제6장의 민주정의 종류에 관한 논의 참조. 1295b25 아래에서는 첫 번째 민주정이 논의되었고, 마지막(네 번째) 종류의 민주정에 대해서는 제6장1293a1 아래에서 논의되었다. 마지막 민주정은 폴리스로부터 정치 활동에 참여할 수 있는 수당 세입을 받기 전까지는 존재할 수 없는 정치체제다.

8 과두 계급이 가지고 있는 '질적인 우월성의 정도'.

9 이상의 민주정 및 과두정의 여러 종류에 관해서는 제4권 제6장에서 이미 논의되었다.

10 즉 입법자는 자신이 속한 호혜적인 계층을 포함하여 중간계급을 반드시 포함해야 한다는 말이다. 과두정의 경우는 중간계급을 소수의 부자에다, 민주정인 경우인 경우에는 가난한 자의 다수에다 덧붙여야 한다.

해야[11] 하고, 민주정적인 법률을 제정하려 한다면 중간층을 끌어들이는 법률로 해야 하기 때문이다.[12]

중간층 집단이 양 극단[13] 전부(총합)보다 혹은 심지어 그들 중 단지 한 쪽보다 능가하는[14] 곳에서는 정치체제를 안정시킬 수 있다. 왜냐하면 언
1297a 제나 중간층에 맞서기 위해 부자가 가난한 사람과 한통속이 되어 결탁할 두려움이 없을 것이기 때문이다. 이들 어느 쪽도 상대방에 예속당하는 것을 원하지 않을 테니까. 부자와 가난한 사람에게 더 공유하기 쉬운 정치체제를 찾는다 해도 더 이상 다른 어떤 것도 발견되지 않기 때문이다. 실제로 양자가 번갈아 가며 지배하는 구조[15]로 한다고 해도, 어느 쪽도 상대방을 신뢰하지 않는 이상 양자 모두 그것을 견뎌 내지 못할 것이다. 이에 대해 중재자는 어디서든 가장 신뢰받으며, 중간적인 사람이 그곳의 중재자일 뿐이다.[16]

정치체제는 혼합하는 방법이 좋을수록 그만큼 더 안정적이다. 그러나 귀족정 정치체제를 확립하기를 원하는 많은 사람들조차 부자들에게 너무 많은 것을 제시하는 점에서뿐만 아니라 인민의 눈을 기만하는 점에서도 잘못을 범하고 있다. 왜냐하면 시간이 지나면 거짓된 좋음으로부터 진정한 악이 생겨나는 것은 필연적이기 때문이다. 부유한 자들이 더 많은 부를 탐하는 것은 인민이 그것을 탐하는 것보다 정치체제(폴리

11 혹은 '목표해야'.

12 1296a13 아래.

13 즉 부자와 빈자.

14 '보다 중요하다' 또는 '보다 가치가 있다'.

15 이것은 자유를 전제하는 지배, 피지배 관계다.

16 『니코마코스 윤리학』 1132a19-24 참조.

스)의 붕괴로 이어지니까.[17]

17 1307a12-20에서는 부자가 가난한 자보다 더 많은 것을 가지려는 탐욕이 있음을 지적하고 있다. 인민은 대개 가난한 것이 보통이다. 탐욕은 불과 같아서 처음에는 미미하나 시간이 지나면 "부에는 끝이 없다. koros(지나치게 많음, 과식)는 휘브리스(hubris)를 낳는다"(솔론). "오늘 가장 원하는 것을 소유한 사람들은 그 두 배를 소유하고자 한다. 부(돈, ta chrēmata)는 사람을 미치게 한다."(테오그니스)

제13장

중무장 보병의 정치체제

다양한 정치체제에서 인민을 기만하기 위해 능숙하게 고안해 낸 것에는[1] 수적으로 다섯 가지가 있는데, 그것들 각각은 민회, 관직, 법정, [인민의] 중무장 병기, 신체 훈련에 관련된 것들이다. (1) 우선 민회에 관련해서는, 모든 시민에게 민회 참석이 허용되지만, 참석하지 않은 경우에는 단지 부자에게만 벌금이 부과되거나[2] 혹은 그들에게는 다른 사람보다 훨씬 더 무거운 벌금이 부과되는 것이다. 다음으로 (2) 관직에 관련해서는 서약[3]을 하고 관직을 거부하는 것은 과세가 될 만큼 평가된 재산 자격 조건을 갖춘 사람[4]들에게는 허용되지 않지만[5] 가난한 사람들에게는 허용되는 것이다. (3) 게다가 법정과 관련해서는 재판관으로 참여하지 않는 부자에게 벌금이 부과되는 것에 대해, 가난한 사람에게는 그런 걱정이 없게 하는 것이다. 혹은 카론다스의 법률에서처럼 부자에게는 많은 벌금을 부과하지만 가난한 사람에게는 적은 벌금밖에 부과하지 않는 것이다. 몇몇 폴리스에서는 명부에 등록한 사람이라면 누구나 민회

1 아리스토텔레스가 여기서 비판하는 것은 인민에게 외견적으로나마 참여하는 것인 양 환상을 갖도록 만드는 '정치적 고안물'을 갖는 정치체제다.

2 민회에 참석하는 것이 부자들의 의무이다(1266a9).

3 경제적 혹은 다른 이유를 대고 관직을 맡을 수 없다고 하는 서약.

4 평가받은 재산을 가지고 있는 사람(1283a17, timēma pherontas).

5 이 점은 관직을 맡은 자에게 어떤 보수도 받지 않는다는 것을 함축한다. 1273a17에서는 보수를 받지 않는 것을 귀족정적인 특징으로 언급하고 있다.

에 참석할 수 있고 재판관을 맡는 것이 허용되지만, 일단 명부에 등록한 사람이 민회나 재판에 참석하지 않거나 역할을 맡지 않으면 무거운 벌금이 부과된다. 이것은 벌금이 두려워서 명부에 등록하는 것을 회피하도록 하고, 명부에 등록하지 않은 사람이 민회에 참여하거나 재판을 맡지 못하도록 하려는 목적에서 그렇게 하는 것이다. 중무장 병기 소유와 신체 훈련에 관련해서도 이와 유사한 법률이 정해져 있다. 즉 (4) 가난한 사람에게는 병기를 소유하지 않는 것을 허용하고, 부자들은 병기를 소유하고 있지 않으면 벌금이 부과된다. (5) 훈련을 받지 못하면 가난한 사람에게는 벌금이 부과되지 않지만, 부자에게는 벌금이 부과된다. 이렇게 함으로써, 부자는 벌금이 두려워 신체 훈련에 참가하고, 가난한 사람은 그 걱정이 없기 때문에 신체 훈련에 참여하지 않게 된다.

그런데 이와 같은 것들이 과두정적인 성격을 갖는 입법상의 교묘한 방안들[6]이다. 한편, 민주정에서는 이것들과 반대되는 교묘한 방안들이 이루어지고 있다. 즉 민주정의 경우, 가난한 사람은 민회에 참석하고 재판관을 맡으면 수당이 지급되지만, 부자는 그것을 게을리했다고 하더라도 전혀 벌금이 부과되지 않기 때문이다.[7] 따라서 누군가가 양쪽을 올바르게 혼합하기를 원한다면 양편에서 나온 그 방안들을 조합해서, 가난한 사람에게는 수당을 지급하고 부자에게는 벌금을 부과하도록 해야 한다는 것은 명백하다. 왜냐하면 이와 같은 방식을 사용하면 모든 사람이

6 원어로는 복수형 sophismata이다. 정치적인 문제를 해결하기 위한 정책적인 궁리, 묘안, 방안(clever device) 등을 말한다. 논리학에서는 '소피스트적 논변'을 가리키기도 한다. 나쁜 의미로는 교묘한 술책(trick)을 부리는 것으로 사용되기도 한다. 제13장 시작에서 사용된 sophizontai(sophizō, 교묘하게 고안해 내다, 1297a14)와 연관된 말이다.

7 아테나이의 민주 정치체제에서 그렇다.

정치체제[8]에 참여할 수 있게 되지만, 앞의 두 가지 방식으로는 어느 쪽이든 한쪽만이 정치체제에 참여하게 될 것이기 때문이다.

1297b 그런데 혼합정의 구성원은 중무장 병기를 소유한 사람들로 한정되어야 한다.[9] 하지만 통치를 담당하기 위한 평가된 재산 사정액에 대해서는 그 금액을 무조건적으로 정해서 이만큼의 재산이 있어야 한다고 말하는 것은 불가능하다. 그 대신에 최대 얼마만큼의 금액까지라면 정치체제에 참여하는 사람들이 참여하지 않는 사람들보다 수적으로 많아지는지를 조사한 다음,[10] 그 금액을 확정해야 한다. 왜냐하면 가난한 사람들은 그 누구라도 관직에 참여하지 않을 때조차도 자신들에게 오만한 행동을 하거나 자신의 재산을 빼앗아 가지 않는다면 소란을 피우려는 생각을 하지 않기 때문이다.[11] 하지만 이것은 쉬운 노릇이 아니다. 통치자 집단에 참여한 사람들이 늘 교양이 있는 사람들이라고는 말할 수는 없으니까. 또한 가난한 사람들이 음식을 얻지 못하고 곤궁한 처지에 있을 때에는 전쟁이 일어나는 경우 싸움에 참여하는 것을 싫어하는 습관을 가지고 있다. 그러나 식량을 지급한다면 그들은 기꺼이 싸울 것이다.[12]

8 즉 민회나 재판정에.

9 여기서 사용된 politeia(정치체제)는 어떤 정치체제를 말하는가? '혼합정'의 정치체제를 말하는 것 같다. 요컨대 혼합정에서는 중무장 병기를 소유할 수 있는 사람들이 정치적 권력을 가져야 한다는 말로 이해된다.

10 이와 유사한 원칙을 언급한 예들은 1309b15-17, 1297b4-6, 1320b25-28에서 찾아진다.

11 관직자들의 부패와 공금 횡령 같은 행위를 하지 않으면, 관직에 참여하지 못한 사람들도 평온을 유지한다(1308b34 아래, 1318b14 아래).

12 아테나이에서는 살라미스해전에 각자에게 8드라크마(48오볼로스)를 주면서 해군으로 복무하게 했다고 한다. 플라톤, 『국가』 420a 참조. 헬라스의 화폐 단위는 탈란톤(talanton), 므나(mna), 드라크마(drachmē), 오볼로스(obolos)로 구성됐다. 1탈란톤은 60므나, 6,000드라크마, 36,000오볼로스에 해당한다.

몇몇 폴리스에서는 중무장 보병으로 현역 복무한 자들뿐 아니라, 일찍이 중무장 보병으로 복무했던 자들이 혼합정(폴리테이아)[13]의 구성원에 포함된다. 예를 들어 말리스[14]인들에게 정치체제는 이들 양자로 구성되지만, 관직자들은 현역의 군인들에게서 선출되었다. 또한 헬라스인들 사이에서 왕정 다음에 성립한 첫 번째 정치체제 역시 전사들로 구성되었다.[15] 애초에는 기병만이 정치체제의 구성원이었는데, 이는 전쟁에서 위력을 발휘하고 적의 우위에 선 것이 기병대였기 때문이다. 중장비 보병은 조직된 대형을 짜지 않으면 쓸모가 없는데, 옛 사람들에게는 그러한 일들에 대한 경험과 전술상의 체제가 존재하지 않았기 때문에, 위력을 발휘한 것은 오로지 기병대였을 뿐이었다. 그러나 폴리스들이 점차 커지게 되고 중장비 보병의 세력이 늘어남에 따라 한층 더 많은 사람들이 정치체제에 참여하게 되었다. 이런 까닭에 우리가 지금 혼합정이라고 부르고 있는 것을 이전에는 한때 민주정이라 불렀던 것이다.[16] 한편 옛 정치체제들이 과두정이나 왕정적 성격이 강한 것이었는데, 그것은 이해할 만하다. 그 이유는 폴리스의 적은 인구로 해서 중간계급이 두툼하지 않았기 때문이다. 그 결과로 인민의 수가 부족하고 조직도 빈약했으므로 인민들은 지배받는 것을 그대로 견뎌 냈다.

13 명확히 '혼합정'이 아닌 일반적 '정치체제'를 의미한다. 이어지는 16행의 경우도 마찬가지다. 하지만 이 해석은 의문의 여지가 있다.

14 정확하지는 않지만, 흔히는 말리아(Malia)라고 부른다. 크레타의 해라클레이온(이라클리오)에서 35킬로미터가량 떨어져 있는 북부 해안에 있는 도시다. 크레타의 고대 청동기 궁정 문명이 자리 잡았던 곳 중의 하나다.

15 1289b11-13.

16 '초기의' 민주정은 혼합정이었다는 것이고, 오늘날의 민주정은 혼합정의 타락된 형태라는 것이다.

이렇게 해서 우리는 (1) 어떤 이유로 여러 정치체제가 있는지,[17] (1.1) 일반적으로 손꼽을 수 있는 것들[18] 외에 왜 다른 정치체제들이 있는지를 말했다[19](민주정의 종류는 숫자상 하나가 아니며, 다른 정치체제들의 경우도 마찬가지니까[20]). 게다가 (1.2) 정치체제들 간의 차이가 무엇인지, (1.3) 어떤 이유로 그 차이들이 생겨나는지를 말했다.[21] 이에 덧붙여, (2) 일반적으로 말하면 어떤 정치체제가 최선인지,[22] 그리고 (3) 다른 정치체제들 중 어떤 정치체제가 어떤 사람들에게 적합한지를[23] 말했다.

17 이 문제는 1289b27-1291b13에서 다루어졌다.

18 알려진 정체들은 1인 지배정, 민주정, 과두정, 한 종류의 민주정과 과두정 등이다.

19 이 문제는 1291b15-1294a25에서 다루어졌다.

20 1인 지배정의 두 가지 형태는 왕정과 참주정이고, 과두정은 네 가지를 형태를 가지고 있으며(제5장), 귀족정에는 여러 가지가 형태가 있다(제7-8장). 혼합정에는 귀족정적 혼합정이 있다(1298b10, 1300a41).

21 1293a10 아래, 1278b8 참조.

22 이 문제는 제11장에서 다루어졌다.

23 이 문제는 1317a10 아래에서 다루어졌다.

제14장

관직자를 임명하는 방식: 정치체제에서 심의하는 부분

이다음에 오는 사항들에 관련해서 그것들[1]의 적절한 출발점을 파악한 후, 다시 한번 일반적 관점에서도, 그 각각에 대한 개별적인 관점에서도 논의해 보도록 하자.[2] 실제로 모든 정치체제에는 세 부분이 있는데, 훌륭한 입법가는 그것들에 관련해서 각각의 정치체제에서 무엇이 유익한지를 고찰해야 한다. 이 각 부분들이 좋은 상태에 있으면 그 정치체제는 필연적으로 좋은 상태에 있게 되며,[3] 이것들 각각의 부분들의 차이로 말미암아 필연적으로 정치체제들은 서로 간에 차이가 생겨나는 것이다.[4] 정치체제의 세 부분들 중 (1) 첫 번째는 공공의 사안에 대한 심의와 관련된 부분이다. 두 번째 부분은 (2) 관직에 관련된 것이다(여기서 어떤 관직이 있어야 하고, 무엇에 대해 그 권한을 행사해야 하고, 어떤 방식으로 관직자들을 선출해야 하는지[5]가 문제가 된다). 세 번째 부분은 (3) 법정

1 '그것들'(autōn)은 논의 순서상 '다음에 오는 것들'(tōn ephexēs)을 가리킨다.

2 1316b31 아래에서 앞으로 논의하게 될 주제(심의권, 재판권)에 관해 이미 언급했다는 대목이 나온다. 그러나 1289b12-26에서 내놓았던 프로그램에서 준비됐던 것이 아니다. 다만 민주정과 과두정에 관련해서만 언급이 있었다.

3 전체가 좋은 상태에 있지 않으면 부분도 좋은 상태에 있을 수 없다는 주장은 트라키안인 자몰시스(Zamolxis)에게로 귀속된다(플라톤, 『카르미데스』 156e 참조).

4 1278b8 아래에서는 최고의 권한(권위)이 어디에 있느냐에 따라 정치체제가 달라진다고 말한 바 있다.

5 제4권 제15장에서 논의된다(1299a10 아래).

에[6] 관련된 부분이다.[7]

그런데 심의와 관련된 부분이 갖고 있는 권한은 전쟁과 평화, 군사동맹의 체결과 파기, 입법, 사형과 국외 추방과 재산 몰수, 관직자 선출과 직무 감사 등에 관한 것이다.[8] 이런 문제들에 대한 결정에 대해서 (1.1) 모든 결정을 시민 전체에게 맡길 것인가, 또는 (1.2) 그 모든 결정을 일부 시민에게 맡기거나(예를 들어 어느 한 명의 관직자이거나, 혹은 여러 명의 관직자에게 맡길 것인가, 아니면 어떤 것은 어떤 시민에게 맡기고, 다른 것은 다른 시민에게 맡기는 것과 같은 식으로[9]) 혹은 (1.3) 어떤 것은 모든 시민에게 맡기고, 다른 어떤 것은 일부 시민에게 맡기든지 하는 것처럼, 사안에 따라 어느 쪽 중 하나에 맡기는 것이다.[10]

그렇기에 (1.1) 모든 사안에 대해 모든 시민이 심의하는 것[11]은 민주정의 특징적 방식이다. 이와 같은 동등성을 인민이 요구하고 있으니까. 그러나 모든 시민이 심의하는 방식에도 여러 가지가 있다. (1.1.1) 첫 번째는 모든 시민이 동시가 아니라 차례로 심의하는 방식이다(예를 들어 밀레토스의 텔레클레스[12]의 정치체제에서 볼 수 있는 것처럼). 또한 다른 정치체제들에서는 관직자 협의회[13]가 함께 모여 거기서 심의를 행한

6 제4권 제16장에서 논의된다.

7 정치체제를 구성하는 세 부분은 입법, 사법, 행정으로 말할 수 있다.

8 1282a26 아래 참조.

9 과두정.

10 혼합정 또는 귀족정.

11 demotikon 앞에 bouleuesthai(심의하다)를 넣고 읽었다.

12 달리 알려진 바가 없음. 주제밀은 정치체제에 대한 이론가로 힙포다모스와 팔레아스와 같은 부류로 간주한다.

13 밀레토스에 존재했던, 일종의 고위 관직자들로 구성된 위원회(sunarchiai)라 할 수 있다. 오늘날의 내각과 같이 당면한 문제들에 대해 조언하고, 자문하고, 심의하던 기구라 할

다.[14] 그 협의회에는 각 부족으로부터, 혹은 폴리스의 보다 작은 단위[15]로부터 한 사람도 빠짐없이 차례로 참가해서, 최종적으로는 모든 시민이 참여하게 되는 것이다. 이 방식의 경우에 모든 시민[16]은 단지 법률 제정과 정치체제에 관련되는 것을 심의할 때, 또 관직자들로부터의 공표를 들을 때만 함께 모인다.

(1.1.2) 두 번째 방식은 관직자의 선출이나 입법, 전쟁과 평화를 둘러싼 사항, 그리고 직무 감사에 대해서는 모든 시민이 모여 심의하지만, 그 밖의 다른 사항들은 해당하는 특정한 사항들을 대처하기 위해 임명된 관직자들에 의해 심의받는다. 이 경우에 관직자는 모든 시민들 중에서 투표나 추첨에 의해 선출된다.

(1.1.3) 세 번째는 관직의 선출이나 직무 감사, 전쟁과 군사동맹에 대해서는 모든 시민이 모여 심의하지만, 그 밖의 다른 사항들에 대해서는 가능한 한 선거로 선출되는 관직자가 대처하는 방식이다. 즉 전문 지식을 필요로 하는 관직의 경우에는 선거에 의한 선택이 필연적이다.[17]

(1.1.4) 네 번째 방식은 모든 시민이 함께 모여 모든 사안에 관해 심의하지만 관직자는 아무것도 결정하지 않으며, 단지 시민들의 투표를 위한 예비 심의만을 실행하는 것이다. 이것은 오늘날에도 실제로 운영되

수 있다.

14 이 정치체제는 아마도 텔레클레스의 것보다는 더 민주정에 가까운 것으로 판단된다.

15 '세대'를 의미하는 것일까? 아니면, 아테나이에 존재하던 작은 행정 구획 단위인 데모이(dēmoi) 유형의 정치적 구획 단위를 말하는가?

16 시민의 전체 모임을 말한다.

17 보다 진보된 형식의 민주정이다. 민주정은 추첨제를 선호하지만, 관직에 전문 지식을 요구하는 경우도 있다. 예를 들어 해군 장군직을 뽑는 것은 투표로만 이루어질 수 없고, 전문 지식을 요구한다(1317b20-21).

는 최종적(극단적) 민주정의 방식이다. 최종적 민주정이란 '소수 권력 집단적 과두정과 참주적인 1인 지배정'[18]과 대응한다고 우리가 말하는 것이다. 따라서 이 모든 방식은 민주정적인 특징을 가진다.

이에 대해 몇몇의 사람들이 모든 일에 대해 심의하는 것은 과두정적 특징의 방식이다. 그러나 이 심의 방식에도 몇 가지 종류(차이)[19]가 있다. (1.2) 첫 번째는 그들[20]이 비교적 적당한 재산평가 금액[21]을 기준으로 선출되는 경우다. 이 경우에 요구되는 재산평가 사정액이 적당하기 때문에 선택되는 사람의 수도 비교적 많아서, 선택된 사람들은 법률에 따라 법률이 금지하고 있는 것에 대해 바꾸려고 하지 않는다. 또 일정한 재산평가 사정액에 이른 사람이면 누구나 심의에 참여하도록[22] 허용한다. 이러한 정치체제는 실제로는 과두정적이긴 하지만, 그 온건함이라는 점에서 보면 '혼합정'에 가까운 과두정이다.[23] (1.2.2) [일정한 재산 자격 조건을 획득한] 모든 사람이 심의회에 참여하는 것이 아니라, 거기에서 선
1298b 출된 일부 사람들만이 참여하는 방식이 있다. 이 경우는 앞의 경우와 마찬가지로 법률에 따른 지배가 이루어진다. 이러한 방식은 과두정적 성격을 가진다. (1.2.3) 게다가 심의에 대한 권한을 가진 일부 사람들이 자신들 사이에서만 서로 선출하며, 그만둔 후에는 아들이 그 지위를 이어받는 방식도 있는데, 이 사람들은 법률을 좌우할 만큼의 힘을 가진다. 이

18 1292a4-37, 1293a32 아래.

19 민주정에 관련해서는 tropos(방식)란 말을 사용했는데, 과두정에 대해서는 차이들(diaphora)이란 말을 사용했다.

20 심의하는 기관의 구성원들.

21 즉 과도하지 않은 재산평가를 말한다.

22 즉 심의기구의 위원으로 선출될 수 있는 자격 요건을 부여하는 것.

23 즉 '혼합정에 근접한 과두정'이라는 것이다(1305b10 참조).

런 체제는 필연적으로 가장 과두정적인 성격을 가진 정치체제다.

그러나 (1.3) 몇몇 사람이 어떤 특정한 사안들에 대해 심의의 권한을 갖는 방식이 있다. 예를 들어 모든 시민이 전쟁, 평화, 직무 감사에 대해서는 권한[24]을 갖지만, 그 밖의 일에 대해서는 선출되거나 혹은 추첨에 의해 뽑힌[25] 관직자들이 권한을 가지는 그러한 정치체제는 귀족정이거나 혹은[26] 혼합정이다. 그러나 그 밖의 것들 중 어떤 사안에 대해서는 선거에서 선출된 관직자가 권위를 갖지만, 추첨에 의해 뽑힌 관직자들은—이들은 아무런 제한 없이[27] 뽑히든가 미리 선출된 자들 중에서 뽑히는데—다른 사안에 대해서 권위를 갖는다면, 혹은 선거로 선출된 관직자와 추첨으로 뽑힌 관직자들이 공동으로 결정하는 권한을 갖는다면, 이러한 방식들 중에는 어떤 것은 귀족정적인 혼합정의 특징을 나타내는 것도 있고, 다른 것은 본래의 혼합정의 특징을 나타내는 것도 있다.

이렇게 해서 우리는 심의에 관련된 부분을 여러 정치체제의 종류에 따라서 이와 같이 구별했다. 그리고 각각의 정치체제는 앞서 언급한 구별에 따라서 통치되는 것이다.

그러나 오늘날에 가장 특별한 의미에서 민주정이라고 불릴 만한 가치가 있다고 생각되는 민주정[28]에서(내가 의미하는 것은, 인민이 심지어

24 '결정권'을 가진다는 말이다.

25 로스는 "추첨에 의해 뽑힌 것이 아니라 선출된"(hairetoi, mē klērōtoi)으로 읽는다. 뉴먼은 주제밀을 좇아"선출된(hairetoi)"만을 읽고 "혹은 추첨에 의해 뽑힌(ē klērōtoi)"을 삭제하기를 제안한다. 나는 전해진 사본을 그대로 살려 hairetoi ē klērōtoi로 읽었다(드라이젠터).

26 앞서 ē로 읽었으므로 정관사 hē로 읽지 않고 ē(혹은)로 읽었다(드라이젠터). "그 정치체제는 귀족정이다"(OCT).

27 즉 '모든 사람으로부터'(ek pantōn).

28 이 대목에서 아리스토텔레스는 민회에 귀족이 참여하는 것을 권장하고 있다. 부자와

법률에 대해서조차 최고 권위를 갖는 한에서의 그런 종류의 민주정[29]을 말한다), 심의의 질을 더 나은 것으로 향상시키기 위해서는 과두정 하에서 재판과 관련해 행해지는 것과 같은 동일한 일을 시행하는 것은 도움이 된다. 즉 재판 참석을 촉구하기 위해 재판관을 맡고 싶어 하는 사람들에게 [참석하지 않을 경우에] 벌칙으로서 벌금을 부과하는 것이다. 이에 대해 민주정의 경우에는 가난한 자에게 출석의 보수로서 수당을 지급한다. [민주정의 경우에] 이와 동일한 것이 또한 민회에 대해서도 실행되어야 한다. 왜냐하면 인민이 귀족과 귀족이 다중(多衆)과 더불어 모두 함께 심의한다면, 심의의 질은 향상되기 때문이다. 게다가 심의를 맡는 사람들을 양쪽 부분들[30]에서 동등한 수만큼 선거로 선출하거나 추첨으로 뽑는다면 그것 또한 유익한 방식일 것이다. 또한 민주정 옹호자들[31]의 수가 시민들[32]의 수를 훨씬 웃도는 경우에는 [참석한 경우에] 그들 모두에게 수당을 지급하는 것이 아니라, 오히려 귀족의 인원수에 맞춰 같은 인원수만큼 수당을 지급하거나 혹은 초과한 숫자만큼의 인원수를 추첨을 통해 배제하는 것도 유익한 일이다.

이에 대해 과두정에서는 인민의 일부를 심의 기구에 관직자로서 참여시키거나, 혹은 몇몇의 정치체제에서 볼 수 있듯이 이른바 예비위원

빈자 어느 쪽도 우월하지 않은 계급 상호 간에 균형 잡힌 민주정을 말하고 있다. 그렇다면 이 문장에서 앞에 나오는 민주정은 '균형 잡힌 민주정'을 말하는 것이겠다.

29 바로 앞의 민주정과는 다른 '극단적 민주정'을 가리킨다(1295a5 참조).

30 부족이나 폴리스의 여러 계급들(인민이나 귀족과 같은)을 가리킨다. 대의(代議) 민주정을 말하는 것일까?

31 이것은 '인민'을 가리킨다.

32 로스를 좇아 대부분 사본의 정치가들(politikōn) 대신에 시민들(politōn)로 읽었다. 뉴먼은 '정치가들'로 읽으면서, 이들은 아랫줄(25행)에서 말해지는 '귀족들'(gnōrimōn)과 같은 것으로 본다. '인민'에 대비되는 것은 '정치가'일 테니까.

회[33]나 호법관[34]과 같은 관직자 위원회를 마련해서, 거기에서 사전에 심의된 것만을 민회에서 심의하게 하는 것도 유익한 일이다.[35] 이와 같은 방식으로 하면, 인민이 심의에 참여하지만 정치체제에 관련된 사안을 폐기로 몰고 갈 정도로 충분한 힘에는 미치지 못할 것이기 때문이다. 게다가 인민은 투표를 하더라도 그들 앞으로 제출된 원안과 같은 것만을 가결할 뿐 그 원안에 위배되는 것을 가결하지 못하도록 제한을 가하거나, 혹은 모든 인민이 누구나 토론에 참여하는 것은 허용하지만 심의 결정은 관직자들이 맡도록 하는 것[36] 또한 유익하다.

또, 과두정 아래에서도 '혼합정'에서 행해지고 있는 것과 반대되는 일을 실제로 행해야 한다. 즉 다중은 안건의 부결에 관해서는 결정권을 가지지만, 가결에 관해서는 결정권을 갖지 못하며, 승인하는 결정권을 행사했을 경우에는 다시 한번 그것을 관직자에게로 회부되도록 해야 하는 것이다. 왜냐하면 혼합정에서는 이와 반대되는 일이 이루어지고 있기 때문이다. 즉 소수인 관직자가 안건을 부결하는 결정권을 가지지만, 가결에 관해서는 결정권을 갖지 않고, 그때마다 그 안건을 다수자에게로 항시 회부해야 하는 것이니까.

이렇게 해서, 심의와 관련된 부분, 즉 정치체제에서 최고의 권위를 갖 1299a
는 부분에 대해서는 이와 같은 방식으로 규정되어야 한다.[37]

33 오랫동안 과두정을 유지했던 코린트에는 민회, 심의회(boulē)와 더불어 예비 위원회(probouloi) 기구가 있었다고 한다.

34 스파르타, 아테나이를 비롯한 여러 곳에 있었다고 한다.

35 맥락상 sumpherei(유익하다)을 보태서 읽는다.

36 결정권은 관직자들에게 있다는 말이다.

37 dei … diōristhai(드라이젠터).

제15장

정치체제와 관직자의 임명 방식에 대해서

(2) 이것들 다음으로 문제가 되는 것은 관직에 대한 구분이다.[1] 왜냐하면 정치체제의 이 부분은 많은 다른 방식을 가지고 있기 때문이다. 그 문제는 이런 것이다. (1) 관직에는 얼마나 많은 수가 있는가, (2) 그들은 무엇에 대해 최고의 권위를 가지는가, (3) 관직의 임기는 각각 어느 정도로 지속되는가(관직의 임기를 어떤 곳에서는 6개월로 정하고, 어떤 곳에서는 그보다 더 짧고, 어떤 곳에서는 1년으로 정하고, 어떤 곳에서는 더 긴 기간으로 정하고 있으니까), 그리고 종신의 임기나 오랜 기간의 임기를 인정해야 하는가, 아니면 그 어느 쪽도 인정해서는 안 되는가, 어느 쪽도 인정하지 않을 경우에 같은 사람이 몇 번이나 동일한 관직을 맡는 것을 인정해야 하는지, 그것도 두 번은 인정하지 않고, 단 한 번으로 해야 하는지, 나아가 (4) 관직자의 임명에 관련해서, 누구에 의해 어느 사람들을 대상으로 하고,[2] 어떤 방식으로 실행해야 하는지[3] 하는 차이가 있다.[4] 이 모든 문제에 대해 각각 얼마나 많은 방식으로 가능한지를 정할 수 있어야 하고, 그런 다음 어떤 종류의 정치체제에 어떤 종류의 관직을

1 이 주제는 제6권 제8장에서 다시 논의된다.

2 어떤 사람들 중에서 선출하는가 하는 '피선거 자격'을 말한다.

3 관직자의 임명에 관련해서 '누가 뽑히고, 누가 뽑으며, 어떻게 뽑을 것인가' 하는 문제. 여기서 '어떻게'는 '투표, 추첨, 이 둘의 결합'을 말한다.

4 이 대목은 한 문장으로 되어 있다. '왜냐하면'(gar) 아래는 관직의 구분(diairesis)에 관한 문제를 '왜 다루어야 하고, 어떤 문제를 다룰 것인가'를 세분해서 설명하고 있다.

할당하는 것이 유익한지를 정할 수 있어야 한다.

그러나 어떤 것을 관직이라고 부르면 좋을지를 결정하는 것조차 쉽지 않은 일이다. 폴리스를 형성하는 공동체가 필요로 하는 감독자의 종류가 너무 많기 때문에 선거에서 선출된 사람들이든 추첨에 의해 뽑힌 사람들이든, 그 모든 이를 관직자로 간주할 수는 없다. 예를 들어 첫 번째로 제사장이 있다. 즉 사제직은 폴리스(정치적)의 관직과는 별개로 간주되어야 한다. 게다가 합창대의 후원자[5]와 전령사가 선출되고, 사절단 또한 그렇지만 그들은 관직자가 아니다.[6] 하지만 공무 책임자들[7] 중에 어떤 종류의 것은 폴리스적(정치적)인데, 그중에는 전쟁에서 지휘를 맡는 장군처럼 어떤 특정 활동에 관해 모든 시민를 감독하는 것[8]이거나, 혹은 부인 감독관이나 소년 교육 감독관[9]처럼 시민의 일부만을 감독하는 일이 있다. 또한 특정 감독직은 경제와 관련된 것이다(즉 곡물 배급관[10]은 종종 선거로 선출되니까). 반면에 감독직 가운데 비천한 일[11]에 관련

5 아테나이에서는 축제의 경연대회에 참가할 드라마의 합창단 훈련과 그 의상에 드는 비용 등, 운영비를 부자로 하여금 내게 했는데, 이를 위해 임명된 자들을 코레고스(chorēgos)라고 불렀다.

6 이 세 가지 일에 종사하는 사람들이 '선출된다'고 해도 '관직(관직자)일 수 없다'는 것을 첨가해 읽어야 한다. 그런데 어떤 이유로 그런지는 설명하고 있지 않다.

7 문자적 의미로는 '돌보는 사람'이다.

8 맥락상 '돌봄'(epimeleia)을 보충해서 읽어야 할 것이다. 즉 '모든 시민을 감독하고 돌보는 일'.

9 그렇다면 여성과 아이들도 시민이라는 말일까? 엄격한 의미에서 이들은 정치에 참여할 수 없으므로 시민에 속하지 않는다. 스파르타의 '아이 감독관'(paidonomos)에 대해서는 크세노폰의 『라케다이모니아의 정치체제』 2.2, 2.10, 4.6 참조.

10 식량이 부족할 때나 폴리스가 외부로부터 식량을 증여받았을 때 경우에 따라 시민들에게 식량을 배급하기 위한 식량 배급관(식량 측정관, sitometrēs)을 선출했다.

11 '공공의 노예'(hupēretai)가 담당하는 일. 라케다이모니아, 아테나이에서는 사환(소사)

된 것도 있지만, 이런 종류의 일은 폴리스가 부유하다면 노예에게 할당된다.

간략히 말하자면, 관직이라는 이름으로 특히 불려야 하는 것은 무엇인가에 대해 심의하고 결정하고 명령하는 것을 직무로 하는 것이며, 그 중에서도 명령하는 것을 주요 직무로 한다. 왜냐하면 다른 무엇보다도 명령을 내린다는 것이야말로 관직에 가장 어울리는 일이니까. 그렇지만 이런 문제[12]는 실용적인 면에서는 전혀 중요하지 않다(이것은 명칭을 둘러싼 논란이며, 아직 어떠한 판단도 내려지지 않았기 때문이다). 무엇보다 이 문제는 이론적[13] 탐구 대상이 될지도 모른다.

그러나 이것보다 오히려[14] 폴리스가 존립하기 위해서는 어떤 종류의 관직이 얼마나 필요한지,[15] 또 설령 필요하지 않다고 해도 정치체제를 뛰어난 것으로 만들기 위해서는 어떤 종류의 관직이 유익한지 하는 물음을 제기할 수 있을 것이지만, 모든 정치체제에서, 그 물음은 특히 작은 폴리스에서는 더욱 중요한 것이 될 것이다.[16] 왜냐하면 큰 폴리스에서는

같이 막일을 부리는 '공공의 노예'를 채용했다고 한다. 관직자와는 명확히 구별된다(플라톤, 『정치가』 290b 참조). 아테나이에는 koprologos라는 '똥 치우는 관직'도 있었다고 한다.

12 관직이 무엇인가, 누가 관직자인지 아닌지를 정확히 정의하는 문제.

13 앞 문장의 '실제적으로는'과 대구(對句)과 되는 표현이다.

14 앞서 논의했던 관직과 관직에 대한 규정에 대한 물음보다 더 중요한 물음이 있다는 것이다.

15 이 질문에 대한 답변은 1322b29 아래에서 논의된다.

16 아리스토텔레스는 이따금씩 작은 폴리스의 상황을 논의한다(1296a10 아래, 1308a35 아래, 1273b12 아래). 훌륭한 영혼을 가진 자가 작은 폴리스에서 태어나면 정치적 문제를 경시하고, 오히려 지적인 관심사를 철학으로 옮겨간다는 언급에 대해서는 플라톤, 『국가』 495b 참조. 플라톤의 말은 정치적 경력을 덜 가진 사람이 철학에 더 이끌린다는 것이다.

하나의 일에 대해 하나의 관직을 할당하는 것이 가능하며, 또 실제로 그렇게 할당해야 하기 때문이다. 거기에는 시민의 수가 많기 때문에 관직을 맡을 수 있는 많은 사람이 있으므로, 어떤 관직에 대해서는 재임까지 오랜 간격을 둘 수도 있고, 어떤 관직에 대해서는 단지 한 번만 맡을 수 있기 때문이다. 게다가 각각의 일은 [해당 당사자가] 여러 직무에 종사하는 것보다 한 가지 직무에 전념해서 종사하는 경우에 더 낫게 수행하는 것이니까.[17] 이와 반대로 작은 폴리스에서는 소수의 사람들 손에 많 1299b
은 관직이 필연적으로 몰리게 될 수밖에 없다.[18] 적은 인구로 말미암아 많은 사람들을 관직에 앉히기가 쉽지 않으니까. 설령 많은 사람들이 관직에 올랐다면 이번에는 누가 그들의 자리를 차례로 이어갈 수 있겠는가? 하지만 때때로 작은 폴리스라도 큰 폴리스와 같은 관직과 법률[19]을 필요로 하는 경우가 있다. 단, 큰 폴리스에서는 종종 동일한 관직들을 필요로 하는 반면, 작은 폴리스에서는 오랜 기간을 두고 필요로 할 뿐이므로, 이런 까닭에 작은 폴리스에서는 동일한 관직자들에게 동시에 감독의 일을 몇 개씩 겸임시키는 것을 방해하는 것은 아무것도 없으며(그 공무들은 서로 방해가 되지 않을 테니까[20]), 게다가 적은 인구를 보충하기 위해서는 관직자 위원회를 '촛대를 겸하는 구이 꼬챙이'[21]와 같은 것으

17 이밖에도 1252b1-5, 1273b9-15 참조. 플라톤, 『국가』 370a-b, 374a-c, 394c, 423c-d, 433a, 443b-c, 453b 참조.

18 한 사람이 여러 관직을 맡을 수밖에 없다는 말이다.

19 재산 보유에 대한 규제와 관직자들의 행정에 관한 법일 것이다.

20 한 사람이 여러 직무를 동시에 수행하더라도, 작은 폴리스이므로 그다지 할 일이 많지 않을 테니까.

21 그 형태는 정확히 알려진 것은 없으나, obeliskoluchnion은 고기를 굽는 '쇠꼬챙이'와 '램프 지지대'로 사용할 수 있는 전장에서의 군사용 도구이다. 하나의 도구가 두 가지 용도로 사용되는 예이다. 1252b1-2에서는 다목적용 칼인 '델포이 칼'을 언급하면서, 자

로 만드는 것은 불가피한 노릇이다.

그래서 만일 우리가 모든 폴리스에 어느 정도의 관직이 필요한지, 또 필요하지 않더라도 어느 정도의 관직이 있어야 하는지에 대한 물음에 답할 수 있다면, 이 지식에 비추어서 어느 관직을 하나로 묶는 것이 적합한지를 결정하는 것[22]은 비로소 더 쉬워질 것이다. 또한 다음과 같은 문제도 간과해서는 안 된다. 즉 여러 관직이 각각의 관할 구역에서 감독해야 할 일이란 어떤 것이며, 모든 구역에 걸쳐 하나의 관직이 권한을 가져야 할 일이란 어떤 것인가 하는 문제다. 좋은 질서를 유지하는 것을 예로 든다면, 아고라에서는 시장 관리인[23]에게 최고의 권한이 있어야 하고, 다른 곳에서는 다른 관직자에게 권한이 있는 것으로 해야 하는가, 아니면 어디서든 좋은 질서에 관해서는 동일한 한 명의 관직자에게 권한이 있는 것으로 해야 하는가. 또한 관직은 그 대상으로 하는 사항에 따라 구분해야 하는 것인가, 혹은 그것이 취급하는 대상으로 하는 사람에 따라 구분해야 하는가 하는 문제가 있다. 내가 의미하는 바는 예를 들어 좋은 질서는 모두 한 관직자만이 감독해야 하는가, 아니면 다루는 아이들을 대상으로 하는가 부인을 대상으로 하는가에 따라 다른 관직자가 감독해야 하는가 하는 것이다.

또 정치제도에 관련해서 말하면, 각각의 정치체제에 따라 관직의 종류에 차이가 있느냐, 아니면 전혀 차이가 없느냐 하는 문제도 있다. 예를 들어 민주정, 과두정, 귀족정, 1인 지배정 모두에서 같은 관직에는 같은

연은 '하나의 목적을 위해서 하나의 것'을 만들었다고 말한 바 있다.

22 앞의 sunagein은 '한데 결부시키다'는 의미로, 뒤에 것(sunagein)은 '추론하다'(결론을 이끌어 낸다)는 의미로 쓰였다.

23 물건을 사고파는 일을 통제하는 사람.

만큼의 권한이 갖추어져 있는가. 즉 관직을 맡는 사람들은 동등하거나 비슷한 사람들 사이에서 선택되는 것이 아니고(귀족정에서는 교육을 받은 자들이, 과두정에서는 부유한 자들이, 민주정에서는 자유인이 선택되는 것처럼), 정치체제에 따라 각각 다르지만 관직의 권한 그 자체는 어느 정치체제에서도 차이가 없는 것인가, 아니면 관직 중 일부는 정치체제의 차이에 따라[24] 그 권한이 다르고, 어떤 경우에는 동일한 권한을 갖는 것이 유익하지만 어떤 경우에는 다른 권한을 갖는 것이 유익하다는 것인가(동일한 관직이라도 어떤 정치체제에서는 큰 권한을 갖는 것[25]이 적합하지만 다른 정치체제에서는 작은 권한을 가지는 것이 적합하니까[26]).

어쨌든 한 정치체제에만 고유한 관직이 몇 가지 있다. 예를 들어 '예비위원회' 관직[27]이 그러한데, 이것은 민주정에 맞는 것이 아니다. 반면에 평의회(협의회)는 민주정에 적합하다. 왜냐하면 인민이 자신의 생업에 전념할 수 있도록 하기 위해서는 인민을 대신하여 사전에 심의를 맡는 이런 종류의 관직이 있어야 하기 때문이다. 그래야만 여가가 없는 인민들이 생업에 종사할 수 있을 테니까. 단, 구성원들의 수가 적은 경우에는 예비위원회는 과두정적 성격을 가진다. 그러나 예비위원회 구성원들은 필연적으로 소수일 수밖에 없어서, 따라서 이 제도는 과두정적 성격을 가진다. 그러나 이 두 관직이 있는 곳에서는 예비위원회 위원들이 평

24 '정치체제에 따른' 것 이외에도 앞서 '장소에 따라, (다루는) 업무에 따라, (관련된) 사람에 따라' 구분해서 논의했다.

25 여기서 '크다 작다'는 것은 역할과 기능 그리고 권한이 넓고 좁은 것을 의미한다.

26 민주정에서는 큰 관직이 매우 드물다(1317b24 아래, 29 아래, 41 아래). 민주정에서는 민회가 주로 최고의 권위를 가지니까.

27 1298b26-1299a2 참조. 아마도 스파르타의 게로우시아(원로회; gerousia) 역시 그 정치체제에만 고유한 것으로 보인다.

의회 의원들을 견제하는 상위의 위치에 놓여 있다. 왜냐하면 평의회 의원은 민주정적 성격을 갖지만, 예비위원회 위원은 과두정적 성격을 갖기 때문이다. 그러나 이 평의회조차도 인민 자신들이 함께 모여 모든 일을 처리하는 그러한 종류의 민주정[28]에서는 그 기능이 훼손되고 만다.
1300a 이런 일은 민회에 참석한 사람들이 부유하거나 수당을 받을[29] 때 흔히 일어난다. 왜냐하면 그 경우에는 여가가 있으므로 인민은 종종 회의를 열고 모든 일을 스스로 결정하기 때문이다.

아이들 교육 감독관과 부인 감독관[30]도, 이러한 종류의 감독에 대해 최고의 권한을 갖는 어떤 다른 관직도 귀족정에 적합하지만, 민주정에는 적합하지 않다(가난한 사람들의 부인들이 일[31]로 밖으로 싸돌아다니

28 '극단적 민주정'을 말한다.

29 euporia tis ēi ē misthos(사본과 C. 로드)로 읽었다. euporia tis ēi misthou로 읽으면 "많은 보수가 주어질 때"로 옮겨진다.

30 이에 대해서는 1322b37 아래에서 다시 언급된다.

31 생업을 위해 시장에 가거나 외출하는 것을 말한다. 아테나이에서는 여염집 여자들은 혼자 결코 외출할 수 없었다고 한다. 여성은 공식적으로는 축제나 장례 등과 같은 행사의 경우에 외출했다(exodos). 여성은 주로 집안일을 돌보면서 집안 친척의 여자나 노예만을 상대할 수 있었다. 하지만 희곡 작품과 테오프라스토스의 몇몇 스케치에서 나오듯이 바깥 활동도 가능했던 것처럼 보인다(David Cohen, Seclusion, Separation, and the Status of Women in Classical Athens, *Greece & Rome*, Vol. 36, 1989, pp. 3~15). 남녀 간의 만남이 엄격하게 제한됐던 아테나이의 여성은 스스로 원하는 상대방을 선택할 수 없었다. 그녀의 미래 배우자를 선택하는 것은 그녀의 법적인 주인인 아버지나 친족이었다. 소녀들의 간절한 바람과 무관하게 그들의 동의 절차는 필요하지 않았다. 모든 결혼은 사회적 계층과 무관하게 사랑이 아니라, 이해와 편익의 결합이었다. 결혼 후에도 여성의 지위는 변화되지 않았다. 좀 더 많은 바깥출입의 자유만이 허용될 뿐, 그의 주인이 아버지로부터 남편으로 바뀌는 것이다. 가정에서 여성은 아이를 돌보고, 노예를 다스리고 생필품을 관장하는 노릇을 맡았다. 종교적 의무나 개인적 쇼핑, 제의를 제외하고는 결혼한 여성이나 그렇지 않은 여성이나 원칙적으로 자유롭게 바깥출입을 할 수 없었다. 경제적인 이유로 해서 계급적으로 낮은 여성들은 지독한 빈곤을 극복하기 위해

는 것을 어떻게 막을 수 있겠는가?). 또한 그러한 관직은 과두정에도 어울리지 않는다(과두정의 지배층 부인들은 사치스러운 생활을 보내고 있

밖에서 일해야 했다. 그들은 자신이 만든 물건을 시장에 내다 팔았지만, 고작 수공예에 관련된 물품에 불과했다. 이웃들 간에는 물건을 빌리거나 신변 잡담을 나누기 위한 마실만 있었다. 정상적으로 말하자면 중대한 이유 없이는 '고귀한 여성들'은 공개적인 장소에 나타나지 않았다. "영예로운 혹은 예의 바른 [자유민인] 여성들('귀부인'; eleuthera gunaiki)은 그녀의 집에 있어야 한다. 길거리는 가치 없는 곳이다"(메난드로스, 「단편」 546행; 플라톤, 『법률』 937a 참조』). 심지어 바깥에 잠시 머무는 것조차 여성에게는 치명적인 일이었다. 일상적 쇼핑도 남성과 노예에 의해서 이루어졌다. 손님이 집을 방문했을 때도 집안의 여성들이 접대하지 않고 집안 여성의 명(命)을 받은 노예가 손님을 돌봤다. 반면, **스파르타에서 여성의 지위**는 아테나이 여성과 사뭇 달랐다. 기원전 5세기에 스파르타의 시민 여성은 아테나이 여성에 비해 더 많은 법적, 정치적 권리를 가졌다. 그들은 재산을 상속받고 재산을 소유할 수 있었다. 장사도 할 수 있었고, 농토도 소유할 수 있었으며, 운동경기와 정치에도 참여할 수 있었다. 남자와 마찬가지로 헐거운 옷을 입고 남자와 동일한 신체 단련을 했다. 여성에게 혼외 성(性)행위까지도 허용되었는데(크세노폰, 『라케다이모니아인들의 정치체제』 1.7-9, 플루타르코스, 「뤼쿠르고스」 15, 폴리비오스 12 6b.8), 이는 폴리스를 위해 더 많은 군인을 생산해 내려는 목적 때문이었다. 이런 측면에서 폴리스를 위한 여성의 삶은 남성의 삶과 별반 다를 바가 없었다. 남성과 여성은 동등하게 자유로웠고, 폴리스를 방어하고 지원해야 하는 시민의 삶에 종속하는 사회와 긴밀하게 결부되어 있었다. 기원전 4세기에 들어 스파르타의 힘이 쇠약해지면서 오히려 여성의 힘은 경제적으로도 성적으로도 더 증대되었다. 이 기간 동안에 산아 출생률이 급격하게 떨어지면서, 여성은 스파르타 토지와 재산의 2/5가량을 통제했다고 한다. 스파르타 여인들의 방종(anesis)과 그들의 정치적 행태에 대해서는 제2권 제9장(특히 1269a29-1271b19) 참조. 스파르타의 어머니들은 남편과 아들의 비겁함에 관용을 베풀지 않았으며, 전쟁에서 비겁함을 보여 준 자식을 직접 죽이기까지 했다. 아들이 전쟁에 나가면 '어머니가 준 방패를 들고 오든가 시신으로 방패에 실려 와야 했다'(플루타르코스, 『모랄리아』(*Moralia*) 240-246 참조). 트로이아 전쟁의 원인이 되었던 미모의 헬레네가 스파르타 여인이었다는 것을 상기하라. 아름다운 가슴을 지녔던 헬레네는 죽은 후 스파르타에서 에로스의 권능을 가진 신성으로 숭배되어 성소에 모셔졌다고 한다(헤로도토스, 『역사』 61). "메넬라오스가 헬레네의 벗은 몸의 젖가슴을 보고 칼을 내동냉이친 것처럼"(아리스토파네스, 『뤼시스트라테』 155행). 스파르타 귀족의 이름을 지닌 람피토(Lampitō)는 '아름다운 가슴(kalon to chrēma titthiōn)을 가졌고 황소를 목조를 수 있는' 능력을 가졌다는 표현이 나온다(아리스토파네스, 『뤼시스트라테』 80~84행).

으니까).[32]

이런 문제들에 관해서 말하는 것은 이제 이런 정도로 해 두자. 여기서는 관직자 임명에 대해 처음부터 상세히 설명하도록 노력해야 한다. 관직자의 임명에는 세 가지 항목과의 관계에서 여러 가지 다른 방식이 있으며, 이것들을 한데 모아 조합함으로써 필연적으로 [관직자를 선출하는] 가능한 모든 방식을 얻을 수 있게 된다. 이 세 가지 항목 중 첫 번째는 (2.1) 누가 관직자를 임명하는가고, 두 번째는 (2.2) 어떤 사람들 중에서 임명하는가며, 나머지 하나는 (2.3) 어떤 방식으로 임명하는지다. 그리고 이것들 세 가지 항목 각각에는 세 가지 다른 변형(방식)이 있다. (2.1.1) 모든 시민이 임명하느냐, 아니면 (2.1.2) 시민들 중 일부만이 임명하느냐의 차이가 있다. 다음으로, (2.2.1) 모든 시민 중에서 임명할 것이냐, 아니면 (2.2.2) 어떤 특정한 일부 시민들 중에서 임명하는 것(예를 들면 재산평가 기준이나, 태생의 좋음,[33] 덕[34]에 따라 혹은 다른 그와 같은 기준에 의해 좁혀진 일부 시민 중에서 임명하느냐의 차이가 있다. 가령 메가라에서는 국외 추방에서 다같이 귀국해서 인민[35]에 맞서 함께 싸웠던 자들[36] 가운데서 관직자를 임명했던 것처럼. 더욱이 관직자들을 (2.3.1)

32 과두정의 여성들에 대해서는 1269b12-39에서 언급된 바 있다(플라톤 『국가』 550d, 556b-c 참조). 아테나이의 부유한 여성들은 가정에서 집안에 일종의 가림막(휘장)을 쳐서 공중(公衆)에 노출되는 것을 허용하지 않았다. 그렇지만 가난한 집의 여성들은 먹고 살기 위해서 들판이나 공공의 장소에서 일했다고 한다.

33 크레타의 코스모이(1272a33 아래).

34 라케다이모니아의 게로우시아(1270b23 아래).

35 민회를 중심으로 '인민'이 권력을 잡은 체제를 의미한다.

36 민주정에서 과두정에서 정치체제의 변화가 일어나는 이 사건이 언제 일어났는지는 불분명하다. 이 사건에 대한 더 이상의 언급은 1302b30-31, 1304b34-39에서 주어진다. C. 로드는 기원전 424년에 일어났던 메가라에서의 민주정의 전복을 말하는 것으로 보기

선거에 의해 임명하느냐, (2.3.2) 추첨에 의해 임명하느냐의 차이가 있다. 다시 이러한 방식들이 조합되기도 한다. 내가 의미하는 바는, (2.1.3) 어떤 관직은 일부 시민이 임명하고, 어떤 관직은 모든 시민이 임명하는 방식과 (2.2.3) 어떤 관직은 모든 시민들 중에서 임명하고, 어떤 관직은 일부 시민들 중에서 임명하는 방식이 있으며, 또 (2.3.3) 어떤 관직은 선거에 의해 임명하고, 어떤 관직은 추첨으로 임명하는 방식이다.[37]

이들 각각에는 네 가지[38]의 다른 방식이 있을 수 있다. 우선 모든 시민이 임명하는 경우에는 모든 시민 중에서 선거로 임명하는 방식과, 모든 시민 중에서 추첨으로 임명하는 방식이다[39](그리고 '모든 시민들 중에서'라고 하는 경우에는, 부분별로—예를 들어 부족이나 거주구인 데모스(행정 구역[區]), 씨족이라는 구획 단위로 차례로 임명해 최종적으로 전 시민이 다 지명될 때까지[40] 임명 대상에 포함되도록 하거나 혹은 그때마다 모든 시민들 중에서 임명하는 것 중 하나다). 혹은 [모든 시민 중

도 한다(투퀴디데스,『펠로폰네소스전쟁』제4권 66~74 참조).

37 관직자를 선출하는 아홉 가지 방식은 다음과 같다. '(1) 모든 사람이 선출하거나[2.1.1], (2) 어떤 사람이 선출한다'[2.1.2], '(3) 모든 사람이 어떤 관직을 선출하고 어떤 사람은 다른 관직을 선출한다'[2.1.3], '(4) 모든 사람으로부터 선출되거나(모든 사람이 선출될 수 있다)[2.2.1], (5) 어떤 사람으로부터 선출된다(어떤 사람만이 선출될 수 있다)'[2.2.2], '(6) 어떤 관직은 모든 사람으로부터 선출하고 다른 관직은 어떤 사람으로부터 선출한다'[2.2.3], (7) '선거에 의해서[2.3.1], (8) 추첨에 의해서[2.3.2]', (9) '어떤 관직은 투표에 의해서 그리고 다른 관직은 추첨에 의해서'[2.3.3].

38 tettares(네 가지) 대신에 로스는 hex(6)로 추정한다. 1300a23-b5까지는 텍스트가 파손되었기 때문에 여러 학자들에 의해 수정, 보완되었다(뉴먼의 텍스트 참조). 텍스트 내용도 이해하기가 좀 고약하다. 이 대목에서의 원전 텍스트는 '주로' 뉴먼의 교정본을 받아들였다.

39 로스가 삽입한 부분은 "혹은 모든 시민이 어떤 시민들 중에서 투표로 선출하거나 모든 시민이 어떤 시민들 중에서 추첨으로 선출하고"이다.

40 혹은 "모든 시민을 다 거쳐 갈 때까지".

에서] 어떤 관직은 한쪽 방식으로 임명하고, 어떤 관직은 다른 한쪽 방식으로 임명하는 방식이 있다.[41]

또, 일부 시민이 임명하는 경우에는, 모든 시민들 중에서 선거에 의해 임명하거나 모든 시민들 중에서 추첨으로 임명하는 방식이 있다, 혹은 어떤 시민들 중에서 선거에 의해 임명하거나 일부 시민들 중에서 추첨으로 임명하는 방식이 있다. 혹은 일부 시민들 중에서 어떤 관직은 이러한 방식으로 임명하고 어떤 관직은 저러한 방식으로 임명하는 방식이 있다. 내가 의미하는 바는, 어떤 관직은 선거에 의해 임명하고, 어떤 관직은 추첨으로 임명한다는 것이다.[42] 이렇게 해서 두 개를 조합을 별도로 치더라도, 임명하는 방식은 열두 가지가 생겨난다.[43]

41 이 문장을 뉴먼의 수정에 좇아 a28-29(ē pantes ek tinōn hairesei ē pantes ek tinōn klērōi)에서 보충해서 읽으면, "혹은 모든 관직을 어떤 시민들 중에서 선거로 임명하거나 어떤 시민들 중에서 추첨으로 임명할 수 있다".

42 뉴먼(로스)은 "또 어떤 관직(관직자)은 어떤 사람들 중에서 투표로 선출하고 어떤 관직(관직자)은 추첨으로 선출할 수 있다(kai ta men ek tinōn hairesei ta de klērōi)"를 삽입하고 있다.

43 12가지 방식은 다음과 같다. (1) 모든 시민이 모든 시민 중에서 투표로 선출한다. (2) 모든 시민이 모든 시민 중에서 추첨으로 선출한다. (3) 모든 시민이 어떤 사람들 중에서 투표로 선출한다. (4) 모든 시민이 어떤 사람들 중에서 추첨으로 선출한다. (5) 모든 사람이 모든 사람들 중에서 부분적으로는 투표로, 부분적으로는 추첨으로 선출한다. (6) 모든 사람이 어떤 사람들 중에서 부분적으로는 투표로 선출하거나 부분적으로 추첨으로 선출한다. (7) 어떤 사람들이 모든 사람들 중에서 투표로 선출한다. (8) 어떤 사람이 모든 사람들 중에서 추첨으로 선출한다. (9) 어떤 사람들이 어떤 사람들 중에서 투표로 선출한다. (10) 어떤 사람이 어떤 사람들 중에서 추첨으로 선출한다. (11) 어떤 사람들이 모든 사람들 중에서 부분적으로는 투표에 의해 선출하고 부분적으로는 추첨에 의해 선출한다. (12) 어떤 사람들이 어떤 사람들 중에서 부분적으로 투표에 의해 선출하고 부분적으로 추첨에 의해 선출한다. 여기서 제외된 두 개의 조합은, (2.1.3) 모든 사람들이 어떤 관직에 대해 선출하고 어떤 사람들은 다른 관직에 대해 선출한다는 것과, (2.2.3) 모든 사람이 어떤 관직에 대해 선출될 수 있고 어떤 사람들은 다른 관직에 대해

이것들 중에서 민주정에 걸맞은 세 가지의 임명 방식은, 즉 모든 시민이 모든 시민 중에서 선거로 임명하는 방식과 모든 시민이 모든 시민 중에서 추첨으로 임명하는 방식이다. 혹은 이 두 가지 방식으로, 즉 어떤 관직은 추첨에 의해 임명하고, 어떤 관직은 선거에 의해 임명하는 방식인데 이것은 민주정에 적합하다. 이에 반해, 모든 시민이 동시가 아닌 순서대로[44] 모든 시민 혹은 일부 시민 중에서 추첨에 의해서든 선거에 의해서든, 아니면 이 둘 다에 따라 임명하는 방식이나, 모든 시민이 동시가 아니라 순서대로 어떤 관직은 모든 시민 중에서 어떤 관직은 일부 시민 중에서 〈추첨에 의해서든 투표에 의해서든 아니면〉[45] 이 양자에 따라(여기서 '양자'에 의해 내가 의미하는 바는, 어떤 관직은 추첨에 의해서 또 어떤 관직은 선거에 의해서라는 것이다) 임명하는 것은 '혼합정'(공화정)에 적합하다.

《그리고 일부 시민이 모든 시민 중에서 투표나 추첨이나 〈또는 이 양자의 방식에 따라, 즉 어떤 관직은 추첨으로 다른 관직은 선거에 의해 임명하는 방식은 혼합정 중에서도 과두정의 성격이 강한 임명 방식이다.〉 이 중 양자에 의해[46] 임명한다면 더욱더 과두정적 성격이 강해진다. 또

선출될 수 있는 것이다.

44 이것은 민주정적 특징이다.

45 뉴먼(로스)의 삽입이다.

46 "양자로부터"(to ex amphoin)란 말이 왜 자리에 있을까? 전승된 텍스트 자체가 의심스러운 대목이다. 요령부득이다. 혹자들은 이를 두고 "어떤 관직은 모든 사람들 중에서 선출하고, 다른 관직들은 어떤 사람들 중에서 선출하는 것"(T. A. 싱클레어), "두 계급"(H. 래크햄) 등으로 이해하기도 하는데 만족스럽지 못하다. 그런대로 제일 깨끗한 해결책은 "또는 이 양자의 방식에 의해(어떤 관직은 추첨으로 다른 관직은 투표로 선출하는 것이다) [관직을] 임명할 때, 이것은 과두정의 특징이다"를 삭제하고 연결시켜 읽는 것이다. 다만 고전학자의 미덕이 가능한 한 전해지는 사본을 보존하면서 관용적으로 읽어

어떤 관직은 모든 시민 중에서 임명하고, 어떤 관직은 일부 시민 중에서 〈투표와 추첨으로〉[47] 임명하거나, 혹은 어떤 관직은 선거로 임명하고 다른 어떤 관직은 추첨에 의해 임명하는 식이라면, 이것은 '귀족정으로 기
1300b 울어진 혼합정'에 걸맞은 임명 방식이다.》[48] 이에 반해, 과두정에 걸맞은 것은 일부 시민이 일부 시민 중에서 선거에 의해 임명하는 방식과 일부 시민이 일부 시민 중에서 추첨으로 임명하는 방식(설령 이런 일이 실제로 행해지지 않았더라도 과두정에 적합하다는 것은 마찬가지다)과 일부 시민이 일부 시민 중에서 양쪽의 방식[49]으로 임명하는 방식이다. 한편, 일부 시민이 모든 시민 중에서 후보자를 뽑은 뒤 모든 시민이 그 후보자들 중에서 선거로 임명한다면, 그것은 귀족정에 걸맞은 임명 방식이다.

이렇게 해서, 관직에 대해서는 이만큼 수의 임명 방식이 있으며, 이와 같은 식으로 그 방식들은 정치체제에 따라 구별된다. 한편, 어떤 관직이 어떤 사람들에게 유익한가, 그리고 그 경우의 임명은 어떤 방식으로 이루어져야 하는가 하는 문제는 각각의 관직에 어떤 힘이 있는가가 밝혀지면 그와 동시에 분명해질 수 있을 것이다. 여기서 내가 의미하는 "관직의 힘"이란, 예를 들어 세수입(稅收入)에 관한 최고의 권위나 폴리스의 수호에 대한 최고의 권위다. 예를 들어 장군직의 경우와 시장에서의 계약을 관장하는 관직의 경우는 힘의 종류가 다르기 때문이다.

주는 것이라고 할 때, 아쉬우면 아쉬운 대로 그대로 보존하는 것도 좋을 성싶다.

47 뉴먼의 삽입이다.

48 이 부분은 텍스트의 의미가 대단히 불확실하기 때문에(locus vertiginosus) 논란의 대상이 되고 있다. 드라이젠터는 아예 이 부분(《 》)을 삭제하고 있다.

49 투표와 추첨.

제16장

정치체제와 법정의 구성: 여덟 가지 종류의 법정과 재판관을 임명하는 방식

정치체제의 세 부분들[1] 중에서 아직 논의하지 않은 부분은 법정과 관련된 부분이다. 이 부분의 모습에 대해서도 우리는 같은 원칙에 따라 파악해야 한다. 즉 각각의 법정은 어떤 사람들로 구성되는지, 어떤 사항을 다룰 것인지, 어떤 방식으로 임명될 것인지[2]에 대한 세 가지 항목에서 차이가 있다. '어떤 사람들로부터'에서 내가 말하는 것은 재판관이 모든 시민 중에서 임명될 것인가 아니면 어떤 시민 중에서 임명될 것인가 하는 것이고, '어떤 사항을 다룰 것인가'는 법정에 얼마나 많은 종류가 있는지 하는 것이며, '어떤 방법으로'는 추첨으로 선출할 것인가 아니면 선거에 의한 것인가 하는 것이다.

그러면 먼저 얼마나 많은 종류의 법정이 있는지를 구별해 보기로 하자. 숫자상으로는 여덟 가지가 있다. 하나는 (1) 관직자 직무 감사를 다루는 것, 다른 것은 (2) 누군가가 공공의 이익을 해치는 부정의한 어떤 짓[3]을 저질렀을 경우를 다루는 것, 또 다른 것은 (3) 정치체제에 영향을 미치는 일들을 다루는 것, 네 번째는 (4) 관직자와 사인(私人)과의 벌금을 둘러싼 다툼을 다루는 것, 다섯 번째는 (5) 규모가 큰 개인들 간의 상

1 이에 대해서는 제14장 첫머리에서 논의되었다.

2 1299a11-12.

3 "간통의 죄나 어떤 특정한 사람을 부정의하게 폭행하는 사람, 공동의 이익에 반해 군대를 회피한 사람"(『수사학』 1373b23-24).

업 거래를 다루는 것이다. 이것들 이외에, (6) 살인 사건을 다루는 법정이 있고, (7) 외국인 문제를 다루는 법정이 있다. 그런데 살인을 다루는 법정에는 여러 종류가 있으며, 어떤 경우에는 같은 재판관들에게 심리되고, 어떤 경우에는 다른 재판관들에게 심리된다. (6-1) 첫 번째는 계획적인 살인에 관련된 것이고, (6-2) 두 번째는 의도치 않은 살인에 관련된 것, (6-3) 세 번째는 살인 사실에는 이론의 여지가 없지만, 그 정당성을 둘러싸고 다툼이 벌어지는 사례를 다루는 것이 있다. 네 번째로는 (6-4) 살인죄로 국외로 추방되어 있던 자가 귀국 시점에[4] 새롭게 살인죄로 고발되는 사례를 다루는 것이 있다(그 예로, 아테나이의 프레아투스[5]의 법정이 이에 해당한다고 알려져 있다). 그러나 이러한 사례는 큰 폴리스조차도 역사를 통해서 좀처럼 일어난 일이 아니다. 외국인을 다루는 법정에도 여러 종류가 있는데, 하나는 (7-1) 외국인 대 외국인이 다투는 사건에 관련된 것이고, 다른 것은 (7-2) 외국인 대 시민[6]의 다툼을 다루는 것이다. 게다가 이 모든 것들 이외에도 (8) 1드라크마, 5드라크마, 혹은 그보다 약간 넘는 정도의 작은 거래를 다루는 법정이 있다. 그렇다고 다수의 재판관 앞에서 심리할 필요는 없다고 하지만, 이러한 문제에 대해서도 또한 판단이 내려져야 하기 때문이다.

그러나 이런 종류의 법정이나 살인과 외국인에 대한 법정은 이 정도로 제쳐 두기로 하고, 정치적 법정에 대해, 즉 올바르게 이루어지지 않으

4 혹은 "귀환하기를 노리고", "귀환에 직면해서".

5 비자발적으로 살인하고 도망간 자가 두 번째 자발적 살인 죄목으로 소추당했다면, 그는 아티카 지방에 들어올 수 없었다고 한다. 하지만 그는 아테나이의 외항 페이라이에우스의 동편에 있는 프레아토(en Phreattō) 해안 지역의 앞바다에 정박한 선박에서 자신을 변호할 수 있었다고 한다(『아테나이의 정치체제』 57. 3-4 참조).

6 우리가 말하는 '시민'보다 넓은 의미에서 '내국인'을 의미하는 듯하다.

면 내란이나 정치체제의 변혁이 일어날 수 있는 것에 대해 얘기하기로 하자. 우선 모든 시민 중에서 재판관을 임명하는 경우, 임명 방식은 필연적으로 다음의 여러 가능성 중 하나여야 한다. 즉 (3.1) 앞서 구별한 모든 종류의 안건에 관련해서 재판관을 (3.1.1) 추첨에 의해 임명할 것인가 혹은 (3.1.2) 선거에 의해 임명할 것인가. (3.1.3) 혹은 한 법정의 재판관은 추첨에 의해, 다른 법정의 재판관은 선거에 의해 임명하는 것. 또는 (3.1.4) 어떤 안건에 대해서는 추첨으로 선택되는 시민과 선거로 선택되는 시민 양쪽 모두를 동일한 법정의 재판관에 임명한다. 이렇게 해서 모 1301a
든 시민 중에서 재판관을 임명하는 방식은 숫자상 네 가지가 된다.[7]

한편, (3.2) 일부 시민 중에서 임명하는 경우에도 이와 동일한 수만큼의 방식이 있다. 여기에도 즉 (3.2.1) 모든 종류의 안건에 대하여, 재판관을 선거에 의해 임명하거나, (3.2.2) 아니면, 추첨에 의해 임명하거나, 아니면 (3.2.3) 어떤 법정의 재판관은 추첨에 의해 또는 다른 법정의 재판관은 선거에 의해 임명한다.[8] 혹은 (3.2.4) 일부 법정에서는 추첨으로 뽑히는 시민과 선거에 의해 선출된 시민 모두를 재판관으로 임명해 양측이 동일한 안건을 다루도록 한다. 이미 우리가 말한 바처럼,[9] 이것들은 앞서 언급한 네 가지 방식들에 대한 '짝'이 되는 것이다. 게다가 (3.3) 이러한 방식들[10]이 조합되기도 한다. 내가 말하는 것은, 예를 들면 어떤 법

7 즉 모든 시민 중에서 배심원을 선출하는 경우인 (3.1)에는 (3.1.1), (3.1.2), (3.1.3), (3.1.4)가 있다는 것이다.

8 아마도 투표에 의해 선출된 배심원이 더 중요한 사안을 다루었을 것이다.

9 다시 말해 '어떤 사항들과 어떤 사항들이 대응될 때, 그렇게 말해 왔던 것처럼'을 의미한다. 그래서 '짝'(hoi antistrophoi)이란 말을 삽입해서 읽는다(뉴먼). 빅토리우스(Victorius)는 '…과 동일한 것들이다'(hoi hautoi eisi)로 읽는다.

10 무엇을 말하는 것일까? '모든'과 '어떤' 그리고 '투표'와 '추첨'과 규칙들이 결합되어, 다

정의 재판관은 모든 시민 중에서, 다른 법정의 재판관은 일부 시민 중에서, 또 다른 법정의 재판관은 양자 중에서(즉 동일한 법정의 재판관들 중 어떤 자는 모든 시민 중에서, 다른 자는 일부 시민 중에서) 추첨이나 투표로, 또는 양자에 의해서 임명하는 방식이다.

이렇게 해서 우리는 법정의 구성에는 어느 정도의 방식이 있을 수 있는지를 밝혔다. 이것들 중 첫 번째[11]로, (3.1) 모든 종류의 안건에 대해 모든 시민 중에서 재판관을 임명하는 방식은 민주정적이다. 두 번째로 (3.2) 모든 종류의 안건에 대해 일부 시민 중에서 재판관을 임명하는 방식은 과두정적이다. 세 번째로 (3.3) 한 법정의 재판관은 모든 시민 중에서, 다른 법정의 재판관은 일부 시민들 중에서 임명하는 방식은 귀족정과 혼합정에 적합하다.

시 법정의 다양한 구성이 만들어지고, 나아가 이것이 정치체제의 종류를 만들어 낼 수 있다는 것을 말하는 것일까?

11 첫 번째 법정을 말한다.

제5권

정치체제의 보존과 파괴

제1장

동등성, 정의, 정치체제의 변화와 보존

이렇게 해서 우리가 말하려고 의도했던 문제들 중 다른 것들은 거의 모두 논의되었다. 논의해 왔던 것에 뒤이어, 우리가 고찰해야 할 것은 다음과 같은 것이다. 즉 (1) 어떤 원인들로부터 각 폴리스의 정치체제들이 변화하는가,[1] 그 원인은 얼마나 많이 있는가, 어떤 종류의 것인가, 또 (2) 무엇이 각각의 정치체제를 파괴하는가,[2] 그리고 (3) 어떤 종류의 정치체제에서 어떤 종류의 정치체제들로 대개 바뀌는가, 게다가 (4) 정치체제를 보존하는 방책은 일반적으로 무엇이며, 개별적으로는 무엇인가, 그리고 끝으로 (5) 어떤 수단을 통해서 각각의 정치체제가 가장 잘 보존될 수 있는가이다.[3]

1 이와 비슷한 언급은 1302a16 참조. '변화'(metabolē)란 말이 '파괴'(붕괴, phthora)란 말과 함께 쓰이고 있다(1276ab1 아래 참조). 이것은 정치체제의 변화들 중에는 단순히 개조가 아니라 생성과 파괴를 닮은 근본적인 변화가 있다는 것을 암시한다. 하지만 여러 가능한 정치적 변화가 있을 수 있기 때문에, 오늘날의 '혁명'(revolution)이란 말은 적합한 번역어가 아니다. 『자연학』에서는 변화 일반에 대해서 metabolē란 말을 사용한다. 『자연학』에서 언급되는 변화는 네 가지로, 실체적 변화, 질적 변화, 양적 변화, 장소 이동이다(제1권 제6-7장 참조).

2 제5-7장에서.

3 이 다섯 가지의 물음은 각각은 정치체제의 변화, 파괴(붕괴), 변혁, 보존을 묻는 것이다. 정치체제의 보존을 묻고 있는 (4)와 (5)에 대해서는 1319a34-b32, 1319b37-1320b17 참조. (4)와 (5)가 동일한 물음이라면 왜 반복되고 있을까? 난외의 주석이 본문으로 끼어들어 간 것일까? 하지만 동일한 물음이 비슷한 말로 1289b23-26과 1316b34-35에서 제기되고 있다.

우리가 먼저 출발점[4]으로 받아들여야 하는 것은, 앞에서도 말한 것처럼[5] 모든 사람이 정의, 즉 비례 관계에 따른 동등함[6]에 동의하지만, 많은 정치체제들이 그것에 대한 잘못을 저지르기 때문에 생겨났다는 것이다. 왜냐하면 민주정은 이러저러한 면에서 동등한 자들이 무조건 자신들이 동등하다고 생각하는 것으로부터 생겨났으며(즉 모든 사람이 똑같이 자유롭기 때문에 무조건적으로 동등하다고 생각하니까), 반면에 과두정은 어느 한 가지 면에서 동등하지 않은 자들이 전적으로 자신들이 동등하지 않다고 상정하는 것으로 생겨났기 때문이다(즉 재산이란 점에서 동등하지 않기 때문에 무조건 자신들이 동등하지 않다고 상정하니까).[7] 따라서 전자는 자신들이 동등하다는 이유로 자신들이 모든 것을 동등하게 나누어 가질 만하다고 생각하는 반면, 후자는 자신들이 동등하지 않다는 이유로 더 많은 이익을 가지려고 추구한다. 더 많이 얻는 것은 동등하지 않은 것이니까.[8] 사실상 모든 정치체제[9]는 어느 정도의 정의를 갖고 있지만, 무조건적으로 말하자면 잘못되었다. 이런 이유로 양편[10] 모

4 혹은 원리(archē).

5 제3권 제9장(1280a7-25), 제3권 제12장(1282b14-23) 참조.

6 이에 대해서(to kat' analogian ison)는 1280a17-20 참조. 『니코마코스 윤리학』 1131a24 아래(30행, "정의로운 것은 일종의 비례적인 것[analogon]이다"). 분배적 정의는 이렇게 규정될 수 있다. 두 사람과 두 개의 것이 있다고 하자. A:B=C:D일 때, (사람 A+가치 C)는 (사람 B+가치 D)와 동일한 비율을 가진다. 부분과 부분이 동일한 비율을 가지는 것처럼. 그렇다면 (A+C):(B+D)=A:B가 성립한다. 따라서 애초의 비율은 분배 후에도 보존된다(『니코마코스 윤리학』 제5권 제3장 참조).

7 1302a26-27 참조.

8 즉 동등하지 않음과 더 많은 것을 추구하는 것(과두정의 특징)은 동등하지 않은 것이다.

9 민주정과 과두정.

10 '각자들'로 이해해도 무방하다.

두 정치체제에 참여하여 자신들이 가질 수 있음직한 [정의에 대한] 가정
(개념)에 반하는 경우,[11] 그들은 내란(파당)[12]을 일으킨다. 그런데 누구
보다 내란을 일으킬 수 있는 가장 정당한 동기를 가질 수 있으나,[13] 그럼
에도 그런 일을 할 가능성이 가장 적은 사람들은,[14] 덕이란 면에서 뛰어
난 자들이 될 것이다. 이들만[15]을 무조건적으로 동등하지 않다고 간주하 1301b
는 것이 가장 이치에 맞으니까. 또한 가문이란 점에서 우월한 사람은, 바
로 이 동등하지 않음 때문에 스스로 단지 동등한 것(몫)들만을 가질 만
하다고 생각하지 않는 어떤 자들이 있다. 선조의 덕과 부를 물려받은 자
들은 태생이 좋은 자라는 평판을 받기 때문이다.[16]

11 헬라스에서 가장 기본적인 관직은 민회 의원(ekklēsiastēs)과 배심원(dikastēs)이다. 아리스토텔레스는 완전한 시민(politēs haplōs)을 민회의 의원이나 재판정에서 배심원으로 앉아 있을 수 있는 권리를 가진 자들로 규정한다(1275a22-23, b13-21).

12 '파당을 형성함' 내지는 '내란을 일으킴'(to stasiazein)은 폴리스의 구성원들이 합법적으로 혹은 비합법적으로 어떤 정치적 목적을 달성하려고 할 때 일어난다. 당파(party)는 합법적 수단을 통해 정치적 목적을 달성하려는 것이고, stasis(내란)는 필요하다면 불법적 수단도 사용한다. stasis는 정치체제의 완전한 변화를 추구하거나 그것에 좀 미치지 못하는 것을 목표로 삼는다. stasis란 말은 정치체제의 전복을 위한 파당, 모반, 내란 등을 포괄하는 말이다. stasis는 일체감(homonoia)의 결여(플라톤, 『국가』 352a)를 보여주며, '친족(국내인) 사이의 적대감'(『국가』 470b)을 함축한다. 외국인에 대한 적대감을 함축하는 stasis는 공격(to epitithesthai; 1302b25)이나 외국과의 전쟁(polemos, machai)과는 다른 의미다. 플라톤은 stasis가 "전쟁 중에서 가장 가혹하다"라고 말한다(『법률』 629d 참조).

13 이 말은 때론 파당이 정의로울 수 있다는 것을 말하는 것일까? 1283a24 아래 참조.

14 이것에 대한 이유는 1304b2-5에서 주어진다.

15 덕에서 동등하지 않는 자들.

16 eugeneia(eugenēs; 좋은 태생)의 사용에 대해서는 1283a37("좋은 태생은 가문의 덕[탁월성]"), 1294a21-22 참조. genaios(잘 자란)의 사용에 대해서는 1283a35, 1296b22 참조. 『수사학』(1390b22-24)에서는 이 두 말을 구별해서 전자는 '좋은 가문 출신의 덕'으로 한정해서 사용하고 있다. 『정치학』에서는 상호 교환해서 사용되고 있다. 민주정과 과

그렇기에 이런 것들[17]이 한마디로 말하자면 파당(내란)의 기원이고 원천이며, 이것들로부터 사람들은 파당을 형성한다.[18] 이런 까닭에 [파당으로 인한] 정치체제의 변화[19]는 두 가지 방식으로 일어난다. (1) 때로는 확립되어 있는 현행의 정치체제에서 다른 정치체제로의 변화며, 예를 들어 민주정에서 과두정으로, 혹은 과두정에서 민주정으로, 이 정치체제들로부터 혼합정과 귀족정으로, 혹은 반대로 혼합정과 귀족정으로부터 민주정과 과두정으로[20] 변화하는 경우다.[21] (2) 때로는 확립되어 있

두정은 네 가지 점에서 다르다. (1) 민주정은 다수의 지배지만, 과두정은 소수의 지배다(1278b12-13, 1279b21-22, 24-25, 1328b32-33). (2) 민주정은 가난한 자들의 지배지만, 과두정은 부유한 자들의 지배다(1279b7-9, 1279b39-1280a5, 1291b7-13). 민주정은 자유민들의 지배지만, 과두정은 자신의 재산을 가진 자들의 지배다(1301a28-33, 1279b17-19, 1290b1-3, 1294a11, 1317a40-41). (4) 민주정은 천한 태생, 가난, 비속함에 의해 정의되지만, 과두정은 좋은 태생과 부, 교육에 의해 정의된다(1317b38-41).

17 자신들의 당연한 권리로서 간주되는 정치체제 하에서 마땅한 지위를 누리지 못하는 사람들의 편 가르기.

18 즉 '시민들 간에 내분을 일으키거나 당파로 갈라진다'(stasiazousin).

19 파당(stasis)으로 인해 생겨나는 정치체제의 '변화'(metabolē)를 말한다. 이것을 '정부 체제의 완전한 전복'을 뜻하는 '혁명'(revolution)으로 옮기는 것은 오도될 수 있다. 아리스토텔레스가 사용한 '변화'(metabolē)라는 말은 '정부 체제의 완전한 변혁'이 아니라, 현존하는 체제의 변화와 또 다른 체제로의 교체를 의미하기 때문이다(데이비드 케이트, p. 66). 이 점은 (1)과 (2) 주장에서 찾아질 수 있다. stasis는 개인과 개인, 집단과 집단 간의 반목에도 사용된다(1303b21-22, 31-32).

20 직역하면 "저것들 대신에 이것들을".

21 올바른 정치체제인 혼합정에서는 지배자가 다수고, 귀족정에서는 소수다. 이것들 각각으로부터 민주정과 과두정이 파생한다(제3권 제7장). 올바른 정치체제란 폴리스의 지배자들이 자신의 이익이 아니라 공동의 이익을 추구하는 것이다(1279a17-21). 또한 그것은 적어도 어떤 도덕적 덕(군사적 덕)을 가지고 있어야 한다. 올바른 정치체제의 덕에 대한 기준에 대해서는 제3권 제7장의 논의 참조. 귀족정(aristokratia)은 '최선자들(hoi aristoi)의 지배'를 의미한다. 최선자들에 대해서는 1293b37-42, 1294a17-19, 1266a20-21, 1301b40 참조.

는 현행의 정치체제에 반대하는 것이 아니라, 오히려 현행과 같은 정치체제를 선택하지만, (2.1) 과두정이나 1인 지배정과 같은 정치체제가 자신들의 손아귀에 놓여 있기를 원하는 경우다. 게다가 (2.2) 더함과 덜함의 정도에 관계되는 경우에도 파당을 만든다(예를 들어 사람들은 과두정인 경우, 더욱 과두정적으로 또는 덜 과두정적으로 변화되기를 원할 수 있다. 혹은, 민주정인 경우, 더욱 민주정적으로 또는 덜 민주정적으로 하기 위해서). 또 다른 나머지 정치체제에 대해서도 마찬가지인데, 이는 그들이 자신의 정치체제를 죄거나 느슨하게[22] 하는 것이 목적이다. 게다가 (2.3) 사람들은 정치체제의 특정한 부분을 변화시킬 목적으로 파당을 만든다. 예를 들어 라케다이모니아에서의 뤼산드로스는 왕정을 폐지하고, 또 파우사니아스 왕[23]은 에포로이 제도를 폐지하려 시도했다고 누군가가 말한 것처럼, 어떤 관직을 확립하고 폐지하기 위해 파당을 만든다.

22 정치체제와 음계 간의 비유에서 '조이거나 느슨하게 하는'(epitathōsin ē anethōsin)이란 은유에 대해서는 1293a26-34, 1308b3-6, 1309b-1310a2 참조.

23 뤼산드로스는 라케다이모니아의 정치가이자 장군으로 펠로폰네소스전쟁에서 아테나이에 맞서 싸웠다. 그는 라케다이모니아에 선거를 통해 왕을 뽑는 제도를 도입하려다 실패했다. 기원전 395년에 죽임을 당했다. 헬라스에서 이름을 명명하는 전통에 따라서 '파우사니아스'란 이름을 가진 사람이 둘이 있었다고 한다. 여기서 언급되는 인물로 보이는 '늙은' 파우사니아스는 기원전 479년에 플라타이아 전투에서 페르시아에 대승을 거두었다. '젊은' 파우사니아스는 기원전 405년에 아테나이 항구를 봉쇄한 인물이다. 페르시아전쟁 동안에 혼자 지배하려고 파당을 일으켰던 파우사니아스를 언급하고 있는 1307a2-5 참조. 또한 그는 실질적으로 왕권을 견제할 수 있는 에포로이 제도를 폐지하려 했다(1301b20). 여기서처럼 파우사니아스를 왕으로 언급하는 1333b34 참조. 그냥 '페르시아전쟁 동안의 장군'으로 언급하는 1307a4-5 참조(뉴먼, vol. 4, p. 287 참조). 그밖에도 늙은 파우사니아스가 '왕'이 아니었다는 점에 관해서는 헤로도토스의 『역사』 제9권 10 및 투퀴디데스 『펠로폰네소스전쟁』 제1권 132 참조. 언급된 파우사니아스가 동일 인물인지에 대한 논란에 대해서는 뉴먼의 1333b34에 대한 각주 참조(W. Newman, Vol.3, pp. 446~447).

에피담노스에서도 정치체제가 부분적으로 변화했다. 부족장 회의 대신 평의회를 만들었지만,[24] 무언가 어떤 관직을 선출하는 경우, 민회[25] 참석을 의무화할 수 있는 것은 통치계급 구성원들 중에서도 여전히 관직을 가진 자들만이 그랬다면, [이것은 과두정적 제도다][26]. (이 정치체제에서 한 명의 최고 관직자 역시 이 정치체제에서 과두정적 특징이었다.[27])

실제로 동등하지 않은 자들에게 그들의 우월성에 따른 비례 관계가 주어지지 않을 때에는, 어느 곳에서나[28] 동등하지 않음이 원인에 되어 파당(내란)이 일어나기 때문이다[29]([뤼산드로스가 폐기하려고 했던 것과 같은] 영구적 왕정은 동등한 사람들 사이에서 존재한다면 동등하지 않은 것이다). 일반적으로 사람들은 동등성을 요구하여 내란을 일으키는 것이니까.

그러나 동등함에는 두 종류가 있다.[30] 하나는 수에 따른 동등함과 다

24 에피담노스에서의 정치체제 변화는 1304a13-17에서도 언급된다. 투퀴디데스, 『펠로폰네소스전쟁』 제1권 24-30 참조.

25 원어로는 Hēliaia이다. 몇몇 헬라스의 폴리스에서는 부자들이 민회에 참석하는 것이 강제적이었다고 한다(1297a17 아래).

26 이 문장을 덧붙이면, 이어지는 문장에서 "kai(역시) … 과두정적 특징이다"가 설명된다. 하지만 깔끔하게 이어지는 맥락은 아니다.

27 1287a4 아래, 1281a32 아래, 1310b22 아래 참조. 과거시제(ēn)으로 된 것도 조금 부자연스럽다.

28 파당을 일으킨 사람들이 정치체제를 타도하려 시도하는 곳과 그들이 타도하려는 시도를 멈춘 곳.

29 플라톤, 『법률』 757a 참조("동등하지 않은 사람들에게는 동등한 것들이 알맞은 정도로 맞아 떨어지지 못할 경우에는 동등하지 않은 것들로 되니까요"). '동등함은 전쟁을 일으키지 않는다'라고 말한 사람은 솔론이다(플루타르코스, 〈「솔론」 14장). 친구는 동등하다(isotēs philotēs)(『니코마코스 윤리학』1168b8).

30 플라톤 『법률』 757a 아래("두 가지 동등함(평등)이 있어서, 둘이 이름은 같으나…"). 플라톤이 말하는 두 가지는 산술적 평등(『국가』 558c)과 기하학적 평등(『고르기아스』

른 하나는 가치에 따른 동등함이다.[31] 내가 말하는 수에 따른 동등성이란 양과 크기에서의 동일함과 동등함이다. 가치에 따른 동등성이란, 비율에 따른 동등함이다. 예를 들어 수에 있어서는 3이 2를, 2가 1을 동일한 양만큼 초과하지만, 비율에서는 4가 2를, 2는 1을 동일한 양만큼 초과한다. 2와 1은 4와 2의 동일한 부분들인데, 이 둘(2와 1)은 절반이니까.[32]

그러나 사람들은 가치에 따른 동등함이 무조건적으로 정의로운 것이라는 데에 동의하지만, 앞서 말한 것처럼[33] 그들은 여전히 차이를 가지는데, 어떤 사람은 어떤 점에서 동등하다면 전적으로 같다고 생각하고, 반면에 다른 어떤 사람은 자신들이 어떤 점에서 동등하지 않다면 동등하지 않은 모든 것에 가치가 있다고 생각하는 점에서 차이가 나는 것이다.[34]

이에 특히 민주정과 과두정이라는 두 가지 정치체제가 생겨난다. 왜냐하면 [귀족정의 기초인] 좋은 태생과 덕은 소수에게만 있지만, 반면에 1302a
이런 것들[자유민의 신분과 부]은 다수에게 있기 때문이다. 사실상 좋은 태생의 좋은 사람들은 어디서도 100명의 수에 달하지 못하지만, 부유한

508a)이다.

31 1280a19 아래 참조.

32 수적인 동등성은 3-2=2-1이고, 가치에 따른 비례적 동등성은 4/2=2/1이다.

33 이 장의 1301a25-28 참조. 또한 이 대목이 가리키는 제3권 제9장 참조.

34 『니코마코스 윤리학』 1131a25 아래("분배에 있어 정의로운 것은 어떤 가치에 따라 이루어져야 한다는 것에 대해서는 모든 사람이 동의하지만, 그럼에도 모든 사람이 동일한 것을 가치로 주장하는 것은 아니다. 민주주의자들은 자유[민의 신분]를 가치라고 말하고, 과두정의 지지자들은 부(富)나 좋은 혈통을 가치라고, 또 귀족정체를 지지하는 사람들은 탁월성(덕)을 가치라고 말한다").

자들은[35] 여러 곳에 많이 있으니 말이다.[36]

그러나 모든 면에서 무조건적으로 이러한 동등하지 않음 중 어느 한쪽의 동등성에 따라 조직된 정치체제는 나쁜 것이다. 그것은 일어난 결과로부터 명백하다. 즉 이러한 종류의 어떤 정치체제도 오래 지속되지 못하니까. 이것에 대한 원인은, 애초에 첫 출발점에서 잘못되면, 종국에 가서 나쁜 결말에 직면하지 않기란 불가능하다는 것이다.[37] 그러므로 어떤 경우에는 수적 동등성을 사용해야 하고, 다른 경우에는 가치(공적)에 따른 동등성을 사용해야 한다.[38]

그럼에도[39] 민주정이 과두정보다 훨씬 안정적이고, 파당에 덜 노출된다.[40] 과두정에서는 두 종류의 파당이 일어나는데, 파당 중의 하나는 서로 간에 대한 파당이고, 다시[41] 인민에 대한 파당이지만, 반면에 민주정에서는 단지 과두정파에 대한 파당만이 있을 뿐이고, 인민들끼리 사이

35 kai aporoi('그리고 가난한 자들은', W. D. 로스)는 삭제한다. 왜? 그 '사실'이 너무도 명백하니까(뉴먼).

36 이 대목은 아리스토텔레스 당시에 과두정과 민주정이 지배적이었다는 것을 보여 주고 있다.

37 시작이 나쁘면 결과도 나쁠 수밖에 없다는 말로, 동등성 중의 한편으로만 시작하면 불가피하게 결과도 나빠진다는 것이다. '시작이 반이다(hē archē hēmisu einai pantos; 1303b28-31), 시작이 가장 중요하다(『소피스트적 논박에 대하여』 183b23), 시작이 좋으면 끝도 좋다(archēs kalēs kalliston einai kai telos)'와 같은 격언은 헬라스에서 일찍이 유포되었다.

38 동등성과 비동등성에 관한 1301b26-1302a8에서의 논의와 플라톤, 『법률』 제6권 756e8-758a2에서의 논의는 유사한 구조를 가지고 있다. 이소크라테스의 『아레오파기티코스』(*Areopagitikos*) 21 참조.

39 한쪽의 동등성에만 기초하는 민주정과 과두정 둘 다가 안정적이지 못하지만.

40 1296a13-18 참조.

41 이 표현(eti)에 대해서는 『니코마코스 윤리학』 1152b21 참조.

에서는 이렇다고 언급하기에 충분할 정도의 파당이 일어나지 않는다.[42] 게다가 중간계급에 기반해 구성된 정치체제는 소수로 구성된 정치체제[43]보다는 인민의 정치체제[44]에 더 가까우며, 또 그것[45]이 [언급된] 이러한 종류의 정치체제들 중에서 가장 안정적이다.

42 1296a13-18에서는 이에 대한 다른 이유가 제시되고 있다("민주정이 또한 중간에 있는 사람들 때문에 과두정보다 더 안정적이고 훨씬 더 지속된다").

43 즉 과두정.

44 즉 민주정.

45 hē mesē politeia(중간 정치체제) 혹은 과두정과 민주정 사이의 정치체제를 말하는 것으로 보인다. 그렇다면 '모든 정치체제' 중에서 가장 안정적인 것이 아니라, '참된 귀족정으로부터 변형된 정치체제들' 중에서 가장 안전정인 것일 것이다(1293b22-27, 1296a13-18). 조윗(B. Jowett)은 "정치체제의 가장 불완전한 형식들 중에서"라고 옮긴다. 중간에 있는 사람들(hoi mesoi)은 부자도 가난한 자도 아니다(1289b29-31, 1295b1-3).

제2장

정치체제 변화의 일반적 원인

우리는 정치체제와 관련되는 내란과 변화가 무엇으로부터[1] 생기는지를 탐구하고 있으므로, 이제 우리는 먼저 일반적 방식으로[2] 이것의 기원(발단)들과 원인들을 파악해야 한다. 대략적으로 말하자면 그것들은 숫자상 세 가지인데, 우리는 그것들 각각을 그 자체만으로 우선은 윤곽을 그리듯이 규정해야 한다. 우리는 (1) 파당을 일으킨 사람들의 마음의 상태(성향)가 무엇인지, 또 (2) 그 목적이 무엇인지, 세 번째로 (3) 정치적 혼란[3]과 서로 간에 파당의 발단들은 무엇인지를 파악해야 한다.[4]

그런데 (1) 그들이 어떻게든 변화 쪽으로 향하는 이러한 마음의 상태를 가지고 있으므로, 이미 우리가 말한 바 있는 것을[5] 주된 일반적 원인으로서 반드시 상정해야 한다. 왜냐하면 동등성을 요구하는 사람들은, 자신보다 더 많은 것을 갖고 있는 사람들과 자신들이 동등함에도 불구

1 원어로는 ek tinōn으로, 파당이 일어나는 '원인 내지는 원천들'을 가리킨다.

2 '먼저 일반적 방식으로'는 '나중에 각각의 정치체제를 개별적으로' 다룬다는 것을 의미한다.

3 가족 간에 또 폴리스 간에도 혼란(tarachē)이 있으니까.

4 (2)와 (3)을 아리스토텔레스의 이른바 4원인(aitia)설 중 '목적인'(즉 정치체제의 목적과 목표)과 '작용인'(즉 정치체제를 설계하는 입법자) 관점에서 설명하는 논의에 관해서는 데이비드 케이트를 참조(pp. 75~78). 일반적인 아리스토텔레스의 철학적 혹은 형이상학적, 자연학적 설명틀을 적용하면 '질료인'은 폴리스의 시민과 영토, '형상인'은 폴리스의 정치체제인 "폴리스에 거주하는 자들의 어떤 질서"(1274b38)일 것이다.

5 1301a33-35 아래, 1301b35-39 아래.

하고 자신들은 덜 가졌다고 생각하면 파당을 일으키며, 그 반면에 동등하지 않은 우월한 것을 요구하는 사람들은 동등한 사람이 아님에도 불구하고 자신들이 더 많이 갖지 못하고 동등하거나 덜 가진 것으로 생각할 때, 파당을 일으키게 되기 때문이다. (그들이 동등함과 동등하지 않음을 욕구하는 것은 정당할 수도 있고 또 정당하지 않은 경우도 있다.) 사실상 덜 가진 자들은 동등한 사람이 되고자 파당을 일으키고, 동등한 자들은 더 큰 자[6]가 되기 위해 파당을 일으키기 때문이다. 이렇게 해서 사람들이 파당을 일으키는 어떠한 마음의 상태를 말한 셈이다.

한편, (2) 사람들이 파당을 일으키는 목적에는 이득, 명예, 그리고 그것들[7]에 정반대되는 것들이 있다.[8] 왜냐하면 사람들은 자신을 위해서든 혹은 자신의 친구들을 위해서든,[9] 불명예와 손실을 벗어나려는 경우라도 각각의 폴리스에서 파당을 일으키는 것이다.

(3) 그리고 사람들이 우리가 말한 것과 같은 방식으로 성향을 갖게 되고, 말해진 목적에 관계되는 정치체제의 변동의 원인과 발단은 어떤 의미에서는 숫자상 단 일곱 가지가 되지만, 다른 의미에서는[10] 더 많아질 수 있다.[11] 그것들 중 두 가지[12]는 우리가 말한 것과 동일하지만, 마찬가

6 meizous(더 큰 사람)는 '우월한 자'를 의미한다.

7 명예와 이득을 말했으니, 이것에 반대되는 것들은 불명예와 재산의 손실이다.

8 플라톤은 폴리스에 내란(stasis)을 일으키는 원인 중의 하나가 재물[이나 아이들과 친족들]의 소유(chrēmatōn ktēsis)임을 밝힌다(『국가』 464d). 팔레아스는 토지 재산 때문에 일어난다고 말한다(1266a38 아래). 따라서 내분, 내란, 분쟁이 일어나는 것은 재산의 동등하지 않음과 명예의 동등하지 않음 때문이다(1266b38 아래).

9 1315a27 아래 참조.

10 즉 달리 세어진다면.

11 1302b3 아래에서 언급된 네 가지의 부가적인 원인을 덧붙인다면.

12 이득과 명예.

지 방식은 아니다. 왜냐하면 사람들은 (1) 이득과 (2) 명예[13]로 인해 실
제로 사람들을 서로 격렬하게 적대하게 되는데,[14] 바로 앞서 말한 것처
1302b 럼[15] 자신을 위해서 무언가를 얻기 원하기 때문이 아니라, 정당한 방법
이든 부당한 방법이든 간에, 다른 사람들이 자신보다 더 많은 것을 얻고 있는 것을 보기 때문이다. 게다가 그것[16]의 원인은, (3) 오만(무례한 태도),[17] (4) (통치하는 자들의) 공포, (5) 우월, (6) 경멸[하는 태도], (7) 비례에 어긋나는 증대 등이다. 또한 그것은[18] 다른 방식으로, 즉 (8) [편애적인] 관직 선거 운동,[19] (9) 하찮게 여김, (10) [신분상의] 비천함,[20] 혹은 (11) 비슷하지 않음[21] 때문에도 발생한다.[22]

13 이득과 명예, 이 둘은 상이한 방식으로 파당의 '목적이 되는 원인이자 작용하는 원인'이다. 다른 사람들의 명예와 이득을 보는 것이 파당을 형성하게 만들며, 파당의 목적인이 되는 것은 그들의 친구와 구성원을 위한 이득과 명예다. 아리스토텔레스는 사람들이 참주들을 공격하는 것은, '그들이 참주가 소유한 큰 이득과 큰 명예를 보기 때문'이라고 말한다(1312a22-24). 그러나 그 목적(telos)은 그들 자신이 그러한 이득과 명예를 누리는 것이다(1311a28-31).

14 "서로에 맞서 자극을 받게 되는 것"(paroxunontai pros allēlous). 1266b38 아래, 1308b30 아래.

15 1302a31 아래.

16 서로에 맞서 자극을 받게 되어 적대하게 되는 것, 즉 서로서로에 대해 분노를 일으키는 것을 말한다.

17 hubris의 개념에 대해서는 『수사학』 1378b23-29 참조.

18 다른 종류의 자극으로 서로에 맞서 분노를 일으키는 것.

19 부정한 수단으로 관직을 얻는 것일 수 있다.

20 혹은 '작은 변경'.

21 정리해서 말하면 이렇다. 파당(내분)을 일으키는 원인은 일곱 가지다. (1) 이득, (2) 명예, (3) 오만(무례한 태도), (4) 통치하는 자들의 공포, (5) 우월성, (6) 경멸[하는 태도], (7) 비례에 어긋나는 증대. 이 가운데 (1), (2), (3), (4)는 정치적 지위에서 비켜난 사람들이 가지는 심리적 태도에 영향을 미치는 것들이고, 나머지 세 가지는 정치적 지위가 높은 사람들이 보이는 외적 태도 혹은 성향을 말하는 듯하다.

22 쉬트룸프(E. Schütrumpf)는 '동질성의 결여'(anomoiotēs)라고 옮기는데, '인종' 또는 '사람'의 차이를 말하는 것이다. 데모크리토스는 원자들이 공간 속에서 stasis 상태에 있는 것은 '비슷하지 않음' 때문(dia tēn anomoiotēta)이라고 말한다(아리스토텔레스 「단편」 202). 아마도 아리스토텔레스가 염두에 두고 있었던 것은 '인구와 땅의 같지 않음'(1303a25-b17)인 것 같다. 그렇다면 이것은 파당의 '물질적 원인'으로 생각된다. 앞에 것들과 달리 이것들 즉 (8) 편애적인 관직 선거 운동, (9) 하찮게 여김, (10) 신분상의 비천함, (11) 비슷하지 않음 등은 직접적인 개인적 모멸감의 문제가 아니라, 폴리스의 권위에 의해 발생하는 공적인 잘못들로 인해 생기는 것들이다. 이 네 가지는 제3장 1303a13-b17에서 자세히 논의된다.

제3장

정치체제 변화의 개별적 원인

그런데 그것들[1] 가운데 오만과 이득이 어떤 종류의 힘을 갖고, 어떻게 그 원인이 되는지는 매우 명백하다. 왜냐하면 관직에 종사하는 자들이 오만을 부리면서 더 많은 것을 가지려 할 때,[2] 서로에 대해서도, 또 그들에게 그런 권위를 부여하고 있는 정치체제에 대해서도 사람들은 파당을 일으키기 때문이다. 더 많은 것을 가지려 하는 행위, 즉 탐욕은 어떤 때는 개인의 재산으로부터 취하고, 어떤 때는 공공의 재산으로부터 취하는 것이다.

명예[3] 또한 그것이 무엇을 할 수 있는지, 어떻게 파당의 원인이 되는지도 분명하다. 즉 자신들만이 자신들의 가치에 반해 불명예를 당하거나 하면, 또 다른 사람들이 명예를 누리고 있는 것을 볼 때 파당을 일으키기 때문이다. 그러나 이것들[4]이 부정의한 방식으로 이루어지고 있으며, 다른 사람들이 그들의 가치에 어긋나게 명예를 받거나 혹은 사람들이 불명예를 받으면 파당을 일으키기 때문이다. 그들의 가치에 부합한다면 그것은 정의롭다.

또한 우월이 파당의 원인이 되는 것은, 누군가(그것이 혼자든 집단이

1 앞서 열거된 파당과 정치체제의 변화에 대한 열한 가지의 원인들과 기원.

2 여기에 대해서는 1308b31-1309a14에서 답해진다. 오만과 탐욕은 늘 함께 동반된다(1307a20). '히브리스'의 산물은 부정의(adikia)다(플라톤, 『법률』 691c).

3 명예는 외적인 좋음들 중에서 가장 큰 것이다(『니코마코스 윤리학』 1123b20-21).

4 명예를 누림과 불명예를 당함.

든)가 폴리스와 통치계급의 권력보다 힘이라는 점에서보다 강대해질 때이다. 이러한 상황에서는 거기에 흔히 1인 지배정이나 소수 집단적 권력 체제[5]가 생기곤 하기 때문이다. 그러므로 예를 들어 아르고스나 아테나이와 같은 어떤 곳에서는 오스트라키스모스(도편추방제) 관행이 있었던 것이다. 그럼에도 그런 두드러진 인물들이 생겨나도록 놔두었다가 나중에 치료하는 것보다 그 누구도 그런 자들이 대두하지 못하도록 애초부터 살펴보는 것이 더 낫다.[6]

사람들은 공포로 인해 파당을 일으킬 수 있으며, 부정의를 저지른 자들이 처벌을 받는 것을 두려워하는 경우, 또 앞으로 부정의를 당할 것이라는 생각이 드는 사람들은 그것을 당하기 전에 선수를 치려고 하는 경우에 파당을 일으킨다. 마치 로도스에서 귀족들이 갖가지 소송을 당하자 인민에 맞서 함께 결속한 것처럼 말이다.[7]

사람들은 또한 경멸 때문에 파당을 일으키고 공격[8]하기도 한다. 예를 들어 과두정에서 정치체제에 참여할 수 없는 사람들이 참여한 자들보다 더 많아질 때(즉 그들은 자신들이 더 강하다고 생각하니까)[9] 파당을 일

5 뒤나스테이아(dunasteia)는 한 사람 이상에 의해 권력이 소유되는 정치체제. dunasteia는 흔히 참주정과 유사한 것으로 말해진다(1298a32-33, 1306a22-25, 1320b31-32).

6 1308b16-19참조. 오스트라키스모스 관행에 대해서는 1284a17-25 참조.

7 아마도 아래의 1302b32-33과 1304b27-31에서 언급된 사건을 가리키는 듯하다. 이것에 이어지는 내용은 인민에 맞선 귀족들의 연대(連帶)에 대한 사례들이다. 로도스의 폴리스는 세 도시들의 연합으로 기원전 408~407년에 형성되었다. 에게해(海)에서의 아테나이와 스파르타의 힘의 부침에 따라서 로도스는 아테나이의 영향 하에서는 민주정을 유지했고, 기원전 412년 이후 스파르타의 영향 하에서는 과두정으로 변모했다. 이후에도 시기별로 아테나이와 스파르타의 힘의 득세(기원전 390년)에 따라 몇 번의 정치적인 변화를 겪었다고 한다.

8 파당이 반드시 공격(to epitithesthai), 즉 적대 행위를 수반하지는 않는다.

9 다수는 관직에 참여한 소수가 보여 주는 오만 때문에 파당을 일으킨다.

으키고, 민주정에서는 부유한 자들이 무질서와 무법적 상태[10]를 경멸하는 경우에 파당에 빠진다. 예를 들어 이런 식으로 테바이에서는 오이노퓌타 전투[11] 이후에 나쁘게 통치되었기 때문에 민주정이 타도되었고, 메가라의 민주정은 무질서와 무법적인 상태[12] 때문에 뒤집혀 타도되었고, 쉬라쿠사이에서는 게론[13]이 참주가 되기 전에 〈민주정이 무질서로 인해 경멸을 불러 일으켰으며〉, 로도스에서는 [인민에 대한 귀족의] 봉기[14]에 앞서 인민이 〈유사하게 무질서와 무법적 상태에 의해 경멸을 불러일으켰다〉.[15]

정치체제의 변화는 또한 비례에 어긋나는 증대 때문에도 일어난다. 마치 신체가 부분들로 구성되고, 이것들이 균형을 유지하기 위해서는 비례적으로 성장해야 하는 것처럼(그렇지 않고 발은 4페퀴스[16]지만 신체의 나머지는 2스피타메[17]일 때 신체는 소멸하거나, 혹은 때때로 신체의 부분들이 양적으로뿐만 아니라 질적으로도 비례에 어긋나게 성장한다면 신체는 또 다른 동물의 형태로 변화될 수 있다[18]), 마찬가지로 폴리스 또

10 혹은 '무정부 상태'(anarchia).

11 기원전 457~456년에 아테나이와의 전투(투퀴디데스, 『펠로폰네소스전쟁』 제1권 108 참조).

12 아마도 1300a17-19와 1304b34-39에서 언급된 사태.

13 게론은 기원전 485년에 참주가 되었다(1312b10-16 참조).

14 아마도 1302b23-24와 1304b27-31에서 언급된 사태.

15 뉴먼의 견해를 취하여 ho dēmos를 '민주정'이 아니라, '인민'으로 해석했다. 여기는 '경멸'이 파당을 형성하는 여러 사례를 적시하고 있는 대목이기 때문에! 〈 〉 부분은 뉴먼을 보충을 받아들인 것이다.

16 72인치. 1페퀴스(pēchus)는 팔꿈치부터 가운뎃손가락까지의 거리.

17 spithamē는 엄지에서 새끼손가락까지의 거리(span, 한 뼘, 15인치).

18 아리스토텔레스, 『동물의 생성에 대하여』 768b27-37 참조. 아리스토텔레스는 남자의 음란증(saturiasis; 사튀로스의 뿔과 같이 관자놀이 부근의 뼈가 돌출되는 질병)이 얼굴의

한 부분들로 구성되어 있어서, 예를 들어 민주정과 혼합정에서 가난한 1303a
사람들의 집단이 대다수가 되도록[19] 그중의 어떤 부분이 알아차릴 수 없게 증대하는 것이 자주 일어나기 때문이다. 이러한 변동[20]은 때로는 우연[21] 때문에 발생할 수 있다. 예를 들어 타라스에서는 메디아와의 전쟁[22] 직후에 이아퓌기아[23]인들과의 싸움에 패하고 많은 귀족들이 살해되었을 때, 혼합정이 민주정이 되는 변동이 일어났다. 또 아르고스에서는 그 달의 일곱 번째 날[24]에 라케다이모니아의 왕 클레오메네스에게 시민들

변화를 일으킬 수 있다고 말한다. 즉 동물의 얼굴을 닮게 된다는 것이다. 그러나 동물(의 부분)이 실제로 다른 종의 동물(의 부분)로 바뀔 수 있다고 생각하지는 않는다. 괴물에 대한 논의는 769b10-30 참조. 그밖에도 『동물의 생성과 소멸에 대하여』 321b28 아래 참조. 신체의 부분의 변화와 정치체제의 변화에 대한 논의는 1309b18 아래 참조. 부분의 지나친 증가는 부분을 포함한 전체뿐 아니라, 그 부분 자체에도 치명적일 수 있다.

19 가난한 사람이 지나치게 많으면 민주정을 위험에 빠뜨릴 수 있다(1296a16 아래). 과두정에서도 가난한 사람이 증가할 수 있지만, 가난한 사람은 폴리스의 부분이 아니다(1292a39 아래). 따라서 가난한 사람의 증대는 폴리스의 부분의 증대가 아니다.

20 폴리스의 부분의 비례에 어긋나는 증대에서 생겨나는 정치체제의 변화.

21 우연(tuchē)이란 '생겨난 원인이 특정되지 않고, 무언가를 위해서 생겨나지도 않고, 항상 일어나는 것도 아니고, 대개의 경우에 일어나는 것도 아니며, 질서 있게 일어나지도 않는 것'을 말한다(『수사학』 1369a32-34, 『자연학』 제2권 제4~6장 참조).

22 헬라스인들은 '페르시아와의 전쟁'을 이렇게 부른다.

23 이탈리아의 남부 지역으로 반도의 발뒤꿈치에 위치하며, 로마 시대에는 카라브리아(Calabria)로, 현재는 아푸리아(Apulia)로 불린다. 타라스(Taras)는 이탈리아반도의 발등에 위치하며, 스파르타의 식민도시였다(1306b29-31). 로마 시대에는 타렌툼(현재는 타란토)으로 불렸다. 기원전 473년에 타라스는 이아퓌기아와의 전쟁에서 대패했다. 헤로도토스는 "우리가 알고 있는 헬라스인들의 최대의 도살(屠殺)"(헤로도토스, 『역사』 제7권 170)이었다고 보고하고 있다.

24 en tē hebdomē(7번째 것에)가 무엇을 의미하는지 모호하다. 전투가 벌어진 그 달의 특정한 날을 가리키는 것일까? 뉴먼의 해석에 따라 옮겼다. 아폴론은 그 달의 일곱 번째 날에 태어났다고 한다. 라케다이모니아 사람들은 그날(혹은 첫 번째 날)에 특히 영예를 받쳤다고 한다. 클레메노스는 라케다이모니아의 왕(기원전 519~487년)이었다(헤로도

이 살해당했을 때,[25] 얼마간의 농노들(페리오이코이)을 시민으로 받아들이지 않을 수 없었다. 또 아테나이에서도 라코니아와의 전쟁[26] 기간에 군대에 복무하는 일이 시민들의 등록[27]에 의해 결정되었기 때문에, 귀족들이 불운하게도 육상 전투에서 그 수가 줄게 되었다. 이러한 변동은 덜한 정도이긴 하지만 민주정에서도 일어날 수 있다. 왜냐하면 부유한 자들이 수적으로 많아지게 되고, 그들의 재산이 증대하면, 민주정은 과두정과 소수 집단적 권력 체제로 변화하기 때문이다.

그러나 정치체제는 파당이 없이도 헤라이아[28]에서처럼 (1) [술책을 통한] '관직 선거 운동' 때문에 변화하기도 하고(여기에서는 선거 음모를 꾸몄던 사람들이 뽑혔다는 이유로 해서 선거 대신에 추첨에 의해 관직을 채웠기 때문이다),[29] 또 (2) '하찮게 여김[30]' 때문에 변화하는 경우도 있는데, 그것은 정치체제를 지지하지 않는 자가 최고의 권위를 갖는 관

토스, 『역사』 제6권 57, 76~83). 이 구절에 대한 다른 해석 가능성에 대해서는 데이비드 케이트(D. Kyet) p. 87 참조.

25 기원전 495년경.

26 펠로폰네소스전쟁을 말한다.

27 여기서 언급된 시민의 등록은 18세에서 60세에 이르는 중무장을 할 수 있을 정도의 충분한 부를 소유한 모든 남성 시민들의 등록을 말한다. 일반적으로는 등록 목록(katalogoi)에는 기병, 중무장 보병, 해군으로 복무할 자격이 있는 시민들을 적어 놓았다. 펠로폰네소스전쟁 기간(기원전 431~404년) 동안에 군은 부유한 시민들 중에서 모집되었지만, 아리스토텔레스 당대에는 종종 용병으로 구성되었다고 한다.

28 펠로폰네소스반도 중앙에 위치하고 아르카디아 지방 서쪽에 흐르는 알페오스(Alpheos) 강변에 있던 폴리스.

29 즉 제비뽑기 선거로 대체함으로써 술책을 통한 선거를 끝장냈다는 것이다. 선거보다는 추첨(제비뽑기)을 통해 관직을 채우는 것은 민주정의 특징이다(1317b17-21, 『수사학』 1365b31-32; 플라톤, 『국가』 557a2-5).

30 중대한 것으로 생각하지 않고 사소한 것으로 여김.

직에 들어가는 것을 허용하는 경우며, 이런 식으로 해서 오레오스에서는 헤라클레오도로스가 관직자 중의 한 사람이 되어 과두정 대신에 혼합정을, 혹은 보다 바르게는 민주정을 세웠을 때 과두정이 전복되었다.[31]

게다가 정치체제는 (3) '작은 차이' 때문에도 변화하기도 한다. 내가 의미하는 작은 차이라는 것은, 시민들이 사소한 무언가를 간과해서 종종 깨닫지 못하는 동안 법률[32]과 관습에 큰 변화가 생기는 것을 말한다. 이런 식으로 암브라키아[33]에서는 재산평가액이 소액으로 정해져 있었지만, 소액이 아무것도 가지고 있지 않음에 너무 가깝거나 아무것도 가지고 있지 않음과 아무런 차이가 없다고 해서, 결국에는 재산이 없는 자도 관직을 차지할 수 되었다.[34]

(4) 종족의 다름 또한 폴리스가 한데 융합[35]될 때까지는 파당을 일으

31 헤라이아의 사태는 달리 알려진 바가 없다. 에우보이아섬 북쪽 끝 아르테미시온 서쪽에 있었던 헤스티아이아(제4장 1303b33)라고도 불리는 오레오스에서의 변화는 라케다이모니아에 대항해 폭동을 일으켜 등을 돌리고 두 번째 아테나이 동맹에 가입했을 때인 기원전 377년에 발생했다. 페르시아와의 전쟁 중 아르테미시온 전투에 대해서는 헤로도토스의 『역사』 제8권 23, 투퀴디데스, 『펠로폰네소스전쟁』 제1권 144, 크세노폰, 『헬레니카』 V. 4. 56~57 참조.

32 성문법과 비성문법을 포함해서.

33 암브라키아의 참주정 역시 민주정으로 변화했다는 것을 말해 주고 있다. 암브라키아는 헬라스 북서부 암브라키아만 북쪽에 흐르던 아라퀴토스(Arachthos) 강변에 있던 폴리스였다. 이 폴리스는 코린토스의 식민도시로서, 첫 번째 참주였던 퀴프셀로스(kupselos)의 서출인 고르고스가 기원전 625년경에 구축했다. 고르고스의 아들인 페리안드로스 역시 아버지와 마찬가지로 참주였다고 한다(130404a31-33, 1311a39-b1).

34 소액의 재산 자격 조건에 따라서 관직을 갖도록 허용하는 것도 민주정의 한 형태다(1291b39-41).

35 '일체감(함께 호흡함; sumpneusis; conspiratio)을 가질 때까지.' 좀 더 의역하면, "공동의 정신을 나눌 때까지".

키는 원인이 된다.[36] 왜냐하면 폴리스가 우연히 모인 다수로부터 생겨나지 않는 것과 마찬가지로,[37] 또한 폴리스는 시간의 우연한 기간 안에서 생겨나는 것도 아니기 때문이다. 이런 까닭에 과거에 공동의 식민지 이주자를 받아들이거나[38] 혹은 새로운 식민지 이주자[39]를 받아들인 곳에서는 대부분이 파당을 경험하고 있다. 예를 들어 아카이아인들[40]은 트로이젠인들과 공동으로 쉬바리스에 식민도시를 건설했지만, 그 후 아카이아인들이 더 수적으로 많아지면서, 그들은 트로이젠인들을 쫓아냈는데, 바로 이것이 쉬바리스인들에게 닥쳤던 저주의 이유가 되었다.[41] 또 투리오이에서는 쉬바리스인들이 그들과 공동으로 식민지를 개척했던 사람들과 싸우게 되었다(쉬바리스인들이 그 영토가 자신들의 것이라는 이

36 이것은 1302b5에서 말한 바 있는 anomoiotēs(비슷하지 않음)인데, 인종과 장소의 '비슷하지 않음'을 말한다. 전자는 1303a25-b3에서, 후자는 1303b7-17에서 다루어진다. 앞서 정치체제의 변화를 가져오는 일곱 가지 원인 이외에 여기에서는(1303a13-1303b17) 다른 네 가지의 원인을 덧붙이고 있다. 이 중 네 번째만이 파당과 결부된 정치체제의 변화를 만들어 내고 있다.

37 1290b38-1291b13, 1326a16-25, 1328b16-17 참조.

38 모(母) 도시에서 온 식민 개척자들.

39 식민 개척 시작에서부터였든 나중에 가담했든 간에, 모(母)도시에서 오지 않은 식민 개척자들.

40 아카이아인들은 펠로폰네소스반도 북쪽 해안에 있는 아카이아의 작은 폴리스 출신이었다. 트로이젠인들은 사르니코스만(Sarōnikos kolpos) 건너 아티카를 마주한 아르골리스반도에 있는 트로이젠 출신들이었다. 쉬바리스(Subaris)는 남부 이탈리아반도 발등에 기원전 720년경 아카이아인들과 트로이젠인들이 구축한 폴리스다. 서쪽에서 가장 부유한 도시로 번창하여 인구가 50만 명에 달했다고 한다. 이 도시의 호사스러움 때문에 쉬바리스인들, 즉 'sybarite'(사치와 향락을 일삼는 무리)라는 말이 유래했다고 한다.

41 축출된 트로이젠인들은 크로톤이 수용하고, 크로톤은 기원전 510년에 쉬바리스를 파괴했다. 저주의 정확한 성격은 알려져 있지 않지만, 동료 식민 이주자들을 내쫓는 것은 대단히 큰 신성 모독죄로 간주되었다고 한다.

유로 더욱더 많은 것을 취할 것을 요구했기 때문에 그들은 축출되고 말았다). 그리고 뷔잔티온에서는 나중에 연대한 식민 개척자들이 원래 뷔잔티온 주민들에 맞서 음모를 꾸미다가 발각되어 무력으로 축출되고 말았다.[42] 또 안팃사인들은 키오스로부터 망명자들을 받아들였다가 무력으로 축출하고 말았다.[43] 장클레인들은 자신들이 받아들였던 사모스인들에 의해 축출당하고 말았다.[44] 또 흑해 연안에 있는 아폴로니아[45]인들은 나중에 온 식민 개척자들을 끌어들였다가 내란에 휘말리고 말았다. 또
쉬라쿠사이인들은 참주정 기간 이후에 외국인과 용병들에게 시민권을 1303b
부여했을 때, 내란이 일어나 내전 상태에 이르게 되었다.[46] 또 암피폴리스인들은 칼키디케인들 중에서 나중의 식민 이주자를 받아들였지만, 그 다음에 그들에 의해 대다수의 암피폴리스인들이 축출되고 말았다.[47]

42 이 사건에 대해서는 알려진 바가 없다. 뷔잔티온(Buzantion)은 기원전 657년에 메가라인들이 개척한 식민도시로 나중에 콘스탄티노플이 자리 잡은 도시이다.

43 레스보스섬의 도시인 안팃사의 사건에 대해서도 알려진 바가 없다. 안팃사는 레스보스섬 북쪽 해안에 위치했다. 안팃사인들은 소아시아(Aiolis)인들이었고, 키오스인들은 이오니아(Iōnes)인들이었다.

44 시켈리아의 도시 장클레(Zangklē; 현재의 메사나[Messàna])에서의 분쟁은 헤로도토스 『역사』 제6권(22-24)에서 서술되고 있다. 헤로도토스에 따르면 장클레인들은 사모스인들을 초대하지 않았다고 한다. 장클레는 메세나(Messēna)해협의 시켈리아 쪽에 위치한다. 사모스섬은 소아시아의 에페소스와 밀레토스 중간쯤인 해변에서 얼마 떨어져 있지 않다.

45 아폴로니아 폰티카는 가장 헬라스적인 신의 이름(아폴론)을 가진 흑해 서쪽 해안에 자리 잡고 있다(1306a7-9).

46 가령 기원전 467년에 트라쉬불로스의 몰락 이후. 이후 혼합정이 되었다가 기원전 413년에는 민주정으로 바뀌었다(1304a27-29 참조).

47 1306a2-4에서 다시 언급된다. 최초의 아테나이인 개척자들은 축출되고, 마케도니아 지역에 있던 암피폴리스는 기원전 370년경에 강력한 칼키디케 동맹에 통합되고 말았다. 암피폴리스는 마케도니아 지역의 부유한 도시였다. 기원전 436년에 건설된 아테나이

⟦우리가 앞서 말한 바와 같이,[48] 과두정에서는 다중(多衆)이 동등한데도 동등한 몫을 갖지 못하기 때문에 부정의하게 대우받고 있다는 이유로 해서 내란을 일으키는 것이며, 반면에 민주정에서는 귀족들이 자신들이 동등하지 않음에도 불구하고 동등한 몫을 갖지 못하기 때문에 내란을 일으키는 것이다.⟧[49]

폴리스들은 때로는 지리적 조건 때문에 내란에 빠질 수 있는데, 이는 그 영토가 [단일체로서의] 하나의 폴리스가 되기 위해 자연적으로[50] 적합하지 않을 때, 그 장소 때문에[51] 때때로 파당으로 갈라질 수 있다. 예를 들어 클라조메나이에서는 퀴트론[52] 가까이에 거주하는 사람들이 섬에 사는 주민들에 맞서 내란을 일으켰고, 콜로폰인들과 노티온인들도 내란 상태에 빠졌다.[53] 또 아테나이 폴리스에서는 페이라이에우스[54]에 사는

의 식민도시였던 암피폴리스는 '[강으로] 둘러싸인 도시'를 의미한다. 실제로 칼키디케 동쪽에 있는 스트뤼몬강이 에워싸고 흐르고 있다.

48 1301a25-35, 1301b35-40 참조.

49 이 대목(⟦ ⟧)은 여기에 적합한 것으로 보이지 않는다. 뉴먼은 이 대목이 1301a39의 stsiazousin 다음에 삽입되어야 한다고 보고 있다(W. Newman, vol. 4, p. 316).

50 즉 본성적으로.

51 '인종 또는 인간 때문'이 아닌 것과 대조된다.

52 오늘날 터키의 이즈미르에서 20마일쯤 떨어져 있는 클라조메나이(Klazomenai)는 자연철학자 아낙사고라스의 출생지로 소아시아 스뮈르나만 안에 있는 작은 섬에 위치한다. 원래는 퀴트론에 위치한 내륙에 있었으나 페르시아인들에 대한 공포로 섬으로 이주했다고 한다. 알렉산드로스 대왕이 내륙과 섬 사이에 뚝방길을 건설했다고 한다. 퀴트론(Chutron)은 비명에 나온 지명에 따라 퀴톤(Chutōi; Chuton)으로 읽기도 한다(F. Sylburg).

53 클라조메나이에서 내륙인과 그 바깥 해안가에 사는 사람들 간의 대립으로 보인다. 노티온은 콜로폰의 항구다. 크세노파네스의 출생지인 콜로폰은 소아시아 해안 클라조메나이 남쪽 인근에 위치한다.

54 아테나이의 항구다. 바닷가 항구에 사는 사람과 내륙에 사는 사람들은 삶의 방식에서

사람들이 [아테나이 폴리스 사람들과] 마찬가지로 민주적이지 않지만, 도성(都城; astu)에 사는 사람들보다는 더 민주적이다. 전쟁에서 아주 작은 것이라고 할지라도 수로를 건너는 것이 부대의 대오를 흐트러뜨리는 것처럼, 그렇듯이 어떠한 차이도 분열의 원인을 만드는 것처럼 보이기 때문이다.[55] 그런데 분열[56]의 가장 큰 원인이 되는 것은 아마도 덕과 나쁨(열등함) 사이의 분열일 것이고, 그다음은 부와 가난 사이의 분열이며, 또 그와 같이 한쪽이 다른 쪽보다 더 나은 경우며, 방금 언급한 것[57]도 그 한 예다.

차이가 나고 따라서 관심사도 다를 수밖에 없었을 것이다. 게다가 노를 젓는 선원들이 더 민주적일 수밖에 없다(1291b23-24, 1304a22-24, 1321a13-14). 민주정은 가난한 사람의 지배이고, 가난한 자들만이 노 젓는 선원으로 복무할 수 있었을 테니까(1327b7-14).

55 이 간결한 표현은 단단한 역사적 진리로 여겨진다. 요컨대 차이가 알력, 불화의 원천이라는 것이다. 참으로 아리스토텔레스다운 명확한 통찰이라 생각된다. 너와 나의 '차이'를 구별 짓는 역사의 무서움을 기억하자.

56 앞 문장에서의 diaphora(차이)가 기대되는 곳에서 '분열'(diastasis)이라는 말을 사용했다(플라톤, 『국가』 360e 참조).

57 '지역적인 차이'로 인한 것. 이것에 앞서 언급된 '인종의 차이'를 포함하는 것일 수 있다.

제4장

정치체제 변화의 파당의 직접적 원인

내란은 작은 것들에 관련해서가 아니라 작은 것들로부터 일어난다. 그러나 사람들이 내란을 일으키는 것은 큰 것들[1]에 관련된다.[2]

예를 들어 예전에 쉬라쿠사이에서 일어났던 것처럼,[3] 작은 파당조차 최고의 권위를 가진 사람들 중에서 일어날 때에는 가장 큰 영향을 미친다.[4] 관직에 있던 두 젊은이[5]가 연애 사건에 연루되어 파당에 개입하게

1 공적이고 정치적인 것들.

2 전치사 peri(관련해서, 1302a31-32 참조)와 ek(…로부터)는 각각 파당의 목적인과 작용인을 암시하는 듯하다. 하지만 아리스토텔레스는 계속해서 사람들이 관련을 맺고 있는 큰 것들과 파당을 일으키는 작은 것을 비교하고 있다. 그는 파당의 목적인이 항상 큰 것들이라고 생각하지 않는다. 그랬다면 그는 '이득'이 큰 것이라고 생각했을 것이다. 얼마든지 사소하고 작은 것들이 그 원인이 될 수 있다는 것이다. 아리스토텔레스는 사적인 논쟁이 불을 붙인 공적인 다툼을 가져온 예를 언급하고 있지는 않다. 하지만 크나큰 결과가 미약한 시작에서 나올 수 있다는 것이다. 우리는 얼마든지 역사적 사건 중에서 개인적이고 사적인 의견의 차이가 나라 전체의 혼돈을 가져온 예를 찾아볼 수 있다(조선의 당쟁과 사화를 상기하라). 데이비드 케이트는 아리스토텔레스의 이 생각의 비유를 '하나의 불똥에 의해 불붙은 낙엽 더미가 아니라 산골짝 옹달샘에서 기원한 넓은 강'으로 해석하고 있다. 이에 대한 논의는 데이비드 케이트(D. Kyet, pp. 94~95) 참조.

3 1302b31.

4 플라톤, 『국가』 545c-d.

5 관직을 가진 neaniskoi(젊은이들)에 어떤 의문을 가질 수 있을 것이다. 그래서 혹자는 '통치계급에 속하는 젊은이들'로 해석한다. 그러나 결혼을 했고, 군인이 아님에도 외국에 나갈 정도라면 충분히 관직을 맡을 수 있는 나이에 있었던 것으로 보인다.

됨으로써 정치체제가 변화했기 때문이다.[6] 한 사람이 외국에 나가 있는 동안 그의 벗이긴 하지만 다른 사람[7]이 그의 애인[8]을 설득해, 마침내 자기 것으로 끌어들였고, 보복으로 다른 사람에게 화가 난 이 사람이 그의 부인을 자신에게 오도록[9] 유혹했다.[10] 이렇게 해서 그들은 통치계급의 구성원들을 자기 편 지지자로 끌어들이게 되어 모든 사람이 파당으로 분열되고 말았다. 따라서 이런 일[11]이 시작되면 신중해야 하며, 지도자와 실력자들의 파당을 해소해야 하는 것이다. 왜냐하면 잘못은 시작에서 일어나며, 사람들이 말하듯이 '시작이 모든 것의 절반'이기 때문이다. 따라서 시작에서의 작은 잘못조차도 다른 부분들에서의 잘못에 비례하는 것이다.[12]

6 이 파당은 가모리(Gamori)의 과두정 동안에 일어난 것으로 생각된다. 이 과두정은 게론이 기원전 485년에(1302b31) 권력을 잡기 직전에 인민에 의해 전복되었다.

7 어떤 사람(tis)를 hateros(다른 사람)로 받아들인다.

8 erōmenos(애인)는 eran(사랑하다)의 남성 수동 분사. 즉 동성애인 소년애(paiderastia)에서 '사랑을 받는 나이의 어린 쪽'을 말한다. 그의 상대가 되는 성인(나이 많은 쪽)을 에라스테스(erastēs)라고 한다. 자신의 erōmenos와 놀아난 자에게 복수하기 위해 그의 부인을 유혹했다는, 전형적인 헬라스의 양성애(bisexuality) 관습을 정확히 묘사하고 있다. 이 이야기는 플루타르코스의 *Praecepta Gerendae Reipublicae*, 제32장[825c]에도 나온다.

9 자신과 잠자리를 같이 하도록.

10 일반적으로 헬라스 사회에서 간통은 중대한 범죄로, 모욕당한 남편은 간통한 자를 살해할 수도 있었다. 이에 관한 법적 소송에 관해서는 따로 알려진 바가 없다.

11 우리가 지금까지 언급해 온 파당과 반목(反目).

12 archē는 '시작'과 '지배', '관직'을 의미한다(『형이상학』 1013a10-13 참조). 지배로 해석하면, "잘못은 지배자(archē)에게 있다가 된다. 지배자는 전체의 절반이다. 지배자의 작은 잘못조차도 다른 부분들의 잘못에 비례한다"(뉴먼). 그렇지만 이 맥락의 강조점은 '시작에서의 잘못'이 '나머지 다른 모든 부분(단계)에서의 잘못 못지않게 동등할 수 있다'는 점에 있는 것 같다. '잘 시작한 것은 이미 절반은 성취한 것이다'. '시작이 반'이라는 속담은 헬라스에서 흔히 통용되었다. '시작이 가장 중요할 것'(『소피스트적 논박에 대하여』 183b23).

일반적으로 귀족들의 파당은 전체 폴리스가 함께 고통을 겪게 만든
다. 예를 들어 이런 일은 두 형제가 자신들의 유산 분배에 서로 차이를
보였을 때 페르시아전쟁 뒤에 헤스티아이아에서 일어났다.[13] 더 가난한
자는 다른 쪽이 재산과 아버지가 발견한 보물[14]에 대한 전말을 밝히지
않았다는 이유로 자기 편 인민들에게 도움을 청했고, 많은 재산을 가지
고 있는 다른 사람은 부자에게 도움을 청했다.[15] 델포이에서는 혼인 결
맹(結盟)에서 차이가 생겨났을 때, 그것이 나중에 모든 파당의 시작이 되
1304a 었다. 신랑이 [신부를 맞이하러] 왔을 때 어떤 불운한 일을 나쁜 징조로
서 해석하고, 그녀를 맞아들이지 않은 채 떠나가 버렸다.[16] 신부의 친척
들은 모욕을 당했다는 이유로 그가 희생제물을 바치고 있는 동안 그에
게 약간의 성스러운 물품을 [숨겨] 넣어 두고, 신전 도둑놈으로 몰아 살

13 1303a18에서는 오레오스로 언급되고 있다.

14 보물의 발견은 『니코마코스 윤리학』에서도 언급된다(1112a27; 『수사학』 1362a9). 어떤 보물일까? 누군가가 자신과 가족을 위해 저장해 둔 보물(thēsauros)에 대해서는 플라톤, 『법률』 913a-d 참조. 그 밖에 침몰된 4백 척의 페르시아 함선에서 물으로 밀려 나온 보물을 발견한 어느 마그네시아인의 이야기는 헤로도토스, 『역사』 제7권 190 참조. 보물을 습득한 이 마그네시아인도 제 자식을 제 손으로 죽이는 재앙을 맞이했다고 한다.

15 1303a18에서 오레오스의 사건으로 언급되었다. 에우보이아섬에 있는 헤스티아이아는 후에 오레오스로 이름이 바뀌었다. 이 사건에 대해서는 알려진 바가 없다. 아마도 기원전 446년에 헤스티아이아가 아테나이에 병합되기 전에 일어났을 것이다. 당시 헤스티아이아는 과두정이었을 것이다.

16 새 신부를 데리고 가지 않았다는 의미이겠다.

해해 버렸다.[17] 또 여자 상속인[18]으로 인해 파당이 발생한 뮈틸레네의 경우에서는, 이 파당이 많은 재앙의 시작이었고, 특히 아테나이인들과의 전쟁의 시작이었는데, 이 전쟁에서 파케스가 그들의 폴리스를 함락시켰다.[19] 부유한 자들 중 한 사람인 티모파네스가 두 딸을 남기고 죽었을 때,

17 이 이야기는 플루타르코스(*Praecepta Grendae Ripublicae*, 32장[825b])에 상세하게 나온다. 신랑의 이름은 오르실라오스(Orsilaos)였다. 신부 아버지 집에서 결혼 축연으로 헌주(獻酒)를 올리고 있을 때, 포도주와 물을 섞은 사발 한가운데가 저절로 깨지고 말았다. 그래서 이것을 나쁜 징조로 해석하고 돌아가 버렸다는 것이다. 그 후에 일어난 일은 대략 본문에 나온 그대로, 신부 아버지인 크라테스는 신전에서 금으로 된 성스러운 물건을 훔쳤다는 죄목으로 신부를 차 버린 오르실라오스와 그의 형제를 절벽에서 내던져 버렸다. 최후에는 델포이인들이 크라테스와 그들의 파당을 잡아 죽음에 처하고, 그들의 재산을 몰수했다는 것이다.

18 아들, 손자, 증손자와 같은 적법한 남자를 남기지 못한 채 죽은 사람의 딸. 법률상 여자 상속인(epiklēros)의 아들이 상속받을 때까지 재산은 그녀에게 귀속되어 있었다. 그녀는 가족 재산을 돌볼 적법한 아들을 생산하기 위해서 다른 사람과 결혼할 수도 있었다. 그렇지만 상속녀 자신에게는 가정에서 전혀 발언권이 없었으며, 그녀가 지배하는 것같이 보이는 것은 재산 때문에 그럴 뿐이었다(『니코마코스 윤리학』 1161a1-2). 두 딸이 있을 경우에는 공평하게 분배했다. 아래에서 아리스토텔레스는 '법적 소송'이 어떤 것인지를 명확히 하고 있지 않다. 우리로서는 티모파네스가 유언장을 남겼는지, 유언장에 뮈틸레네 시민 덱산드로스의 두 아들 이외의 다른 사람에게 자신의 두 고아 상속녀를 맡겼는지도 알 수 없는 노릇이다. 왜 가까운 친척에게 두 딸을 맡기지 않았는지도 알 수 없다. 짐작할 수 있는 것은 덱산드로스의 아들들이 티모파네스의 유언장에 재산을 승계할 이름으로 올라 있었으나, 그 유언장이 법정에서 거부된 것으로 추정해 볼 수는 있을 것이다. 아니면 아테나이에 적용되는 법이 뮈틸레네에는 엄격하게 적용되지 않았을지도 모른다(뉴먼, vol. 4, pp. 325~326; 데이비드 케이트, p. 97).

19 레스보스섬에 있는 네 개의 도시(메투므나, 에레소스, 안팃사, 퓌라)와 더불어 과두정을 유지했던 뮈틸레네는 페르시아전쟁과 펠로폰네소스전쟁 기간 동안에 아테나이와 동맹을 맺고 있었다. 펠로폰네소스전쟁 기간인 기원전 428년에 메투므나를 제외하고 전체 섬이 그 동맹에 반기를 들었다. 파케스는 폭동을 진압하기 위해 파견된 아테나이의 장군이다. 그러자 과두정 지배자들은 시민들에게 저항하도록 중무장 병장기를 나누어 주었으나, 오히려 자신들의 지배자들에게 등을 돌려 아테나이인들과 타협하기에 이르렀다(기원전 428년). 폭동의 보복으로 아테나이 민회는 뮈틸레네의 모든 성인 남성을

[법적 소송에서] 거부당하고 그 자신의 아들을 위해 두 딸을 맞이하지 못했던 덱산드로스가 파당을 시작하고, 그리고 그가 뮈틸레네의 아테나이 대리인(영사)[20]이었기 때문에 아테나이인들을 [개입하도록] 부추겼던 것이다.[21] 또 포케이스[22]에서는 므나손의 아버지 므나세아스와 오노마르코스의 아버지 에우튀크라테스에 관련해서 여자 상속인으로 인해 파당이 발생했을 때, 이 파당 자체가 포케이스인들이 말려든 '신성 전쟁'의 발발을 가져오게 했던 것이다.[23] 또한 에피담노스에서는 혼인 때문에 정치체제가 변화했다.[24] 얘기인 즉슨 이렇다. 누군가가 자신의 딸을 약혼시켰다. 그녀와 약혼했던 사람의 아버지가 관리 중의 하나가 되어서 이 사람에게 벌금을 부과했는데, 그 때문에 다른 사람, 즉 딸의 아

처형하고 여성과 아이들은 노예로 삼도록 투표로 결정했다. 그러나 다음날 이를 번복했으며, 치형 직전에 이전의 처형 명령을 취소하기 위해 파견된 배가 도착했다고 한다. 하지만 아테나이로 보내졌던 천 명의 과두정 지배자들은 처형되었다고 한다. 이에 대해서는 투퀴디데스, 『펠로폰네소스전쟁』 제3권 2~50 참조.

20 proxenos는 영사와 대사와 같은 것으로 다른 폴리스 인으로 한 폴리스를 대표하는 자였다. 덱산드로스는 실제로 아테나이인 아니라 뮈틸레네의 시민이었다.

21 아테나이에 대한 뮈틸레네에 대한 반란은 펠로폰네소스전쟁 기간에 일어났다(투퀴디데스, 『펠로포네소스 전쟁』 제3권 2).

22 포케이스(Phōkeis; 포키스)는 헬라스의 중앙을 차지하는 보이오티아 지방의 북서쪽에 위치하며, 델포이를 포함한다.

23 기원전 355~347년까지 벌어진 테바이와의 전쟁으로, 중부 헬라스 보에오티아 북서부에 있는 포케이스의 영토에 위치한 델포이에 있는 아폴론 신전의 통제에 관련된 것이었다. 이 전쟁은 마케도니아의 필립포스 왕의 개입에 의해 종결되었다. '신성 전쟁'이라고 불리는 이유는 전쟁이 벌어진 헬라스의 심장인 델포이 땅이 아폴론 신전이 있는 곳이어서 신성 모독으로 여겨지기 때문이었다. 오노마르코스는 포케이스의 장군으로 필립포스와의 전쟁 중에 죽었으며(기원전 352년), 이듬해에 죽은 포케이스의 장군 므나손은 아리스토텔레스의 친구로 보고되고 있다(아테나이오스, 제6권 264d).

24 앞서 1301b21-26에서의 정치제제의 변화가 동일한 것인가?

버지가 악의를 품고 모욕을 주었다는 이유로 해서 정치체제 바깥에 있는 사람들[25]과 도당(徒黨)을 맺게 된 것이다.

정치체제는 또한, 폴리스의 관직이나 폴리스의 일부가 어떤 방식으로 평판을 얻거나 권력에서 증대되는 결과로서 과두정으로, 민주정으로, 혼합정으로 변화한다. 예를 들어 아레이오스 파고스 위원회는 페르시아전쟁 때 높은 평판을 얻음으로써 아테나이의 정치체제를 한층 엄격하게 옥조였던 것으로 여겨진다.[26] 이와 반대로 살라미스해전[27]의 승리의 원인이 되었고, 그 덕분으로 해상권을 장악함으로써 아테나이가 주도권을 잡는 원인이 되었던 해군의 무리[28]가 민주정을 더욱 견고하게 만들었다.[29] 아르고스에서는 라케다이모니아에 맞선 만티네이아 전투[30]에

25 tous ektos는 '아웃사이더'를 말한다.

26 더 과두정으로 접근하는 것이고, 덜 민주정이라는 것이다(1290a22-29). 기원전 5세기 중반 이전에 아레스 언덕에서 개최되었다고 해서 붙여진 아레이오스 파고스는 귀족 출신의 부자들로 구성되었다. 이것은 아테나이의 정치체제가 강력한 과두정적인 요소였음을 보여 준다(1273b39-40).

27 기원전 480년에 페르시아 함대를 초토화시킨 해전.

28 ochlos는 삼단노 군선의 노 젓는 사람들을 가리키는 말로, 경멸적인 의미가 있어 보인다. 해군에 복무한 사람들은 주로 중무장 보병으로 복무할 수 없었던 극빈 하층 시민(테티스를 포함한 다중) 출신이었다. 아레이오스 파고스 위원회는 이들에게 일당 8드라크마를 주고 기원전 480년에 있었던 살라미스해전에 복무시켰다고 한다(『아테나이의 정치체제』 23,1-2; 플루타르코스, 「테미스토클레스」 10). 살라미스해전은 페르시아와의 전쟁에서 헬라스의 결정적 승리를 가져왔다(헤로도토스, 『역사』 제8권 40~97 참조). 전쟁 이후에 해군에 복무한 이들이 정치적 힘을 얻게 되는데, 이는 아테나이 정치체제에서 강력한 민주정적인 힘을 보여 준다(1321a13-14). 플라톤, 『국가』 396a-b 및 『법률』 707b-c 참조.

29 과두정은 기병의 우세를, 혼합정은 중무장 보병의 우세를, 민주정은 경무장 보병과 해군의 우세를 반영한다(1289b33-40, 1297b16-24, 1321a6-14 참조).

30 기원전 418년에 벌어진 이 전투에서 스파르타와 그 동맹군들은 아르고스, 만티네이아, 아테나이의 친 민주 연합군에게 대승을 거두었다. 만티네이아는 아르고스 서쪽으로

서 평판을 얻게 되었던 귀족들[31]이 인민(민주정)을 넘어뜨리려고 시도하였다.[32] 쉬라쿠사이에서는 아테나이에 맞선 전쟁에서 승리의 원인[33]이 되었던 인민이 혼합정을 민주정으로 변화시켰다. 또 칼키스에서는 귀족과 손을 잡고 참주 폭소스[34]를 무너뜨린 인민이 곧장 정치체제를 확고하게 장악했다. 또 암브라키아에서는 다시 비슷한 방식으로 공모자를 도와 참주 페리안드로스를 내친 후에 인민이 정치체제를 그들 자신의 주위로 가져왔다.[35] 따라서 일반적으로 이것을 간과하지 않아야 하는데, 즉 사적 개인이든, 관직자든, 부족이든, 일반적으로 말해서 어떤 종류의 부분이든 어떤 종류의 다수가 되었든 간에, [폴리스에 대해] 힘의 원인이 된 자들이 파당을 일으킨다는 점이다. 왜냐하면 명예를 얻게 된 이들을 시기하는 사람들이 내란을 시작하거나, 평가된 자들 자신이 자신들의 우월성 때문에 동등하게 대우받는 것을 기꺼워하지 않기 때문이다.

30킬로미터 떨어져 있다. 아르고스의 귀족들은 전투에서 좋은 평판을 얻었고, 곧 스파르타의 도움으로 아르고스의 민주정을 전복시켰다. 투퀴디데스, 『펠로폰네소스전쟁』 제5권 63~84 참조.

31 부유한 계층에서 뽑힌 천 명의 전사. 이들이 기원전 418년의 만티네이아 전투에서 승리하고 아르고스의 민주정을 무너뜨리고 얼마간(혹은 몇 개월간) 권력을 잡았다고 한다.

32 투퀴디데스, 『펠로폰네소스전쟁』 제5권 72.3.

33 쉬라쿠사이는 아테나이 원정군에 맞서 중무장 보병보다는 경보병과 해군의 활약으로, 아테나이 군을 항구에서 일련의 해전으로 완전히 파괴했다고 한다(기원전 415~413년). 그렇다면 인민은 경보병과 해군으로 복무하는 가난한 시민일 것이고, 따라서 승리의 공은 친민주정주의자들에게 돌려진다.

34 알려진 바가 없다. Phoxos는 '머리가 뾰족한'이란 뜻이다. 이 말은 관상학적으로는 '뻔뻔하다, 건방지다'는 것을 표시한다. "뾰족한 머리를 가지고 있는 사람들은 부끄러움[수치심(羞恥心)]을 모른다"(아리스토텔레스, 『관상학』 812a8).

35 암브라키아는 헬라스 북서부 도시다. 이 사건은 기원전 580년경에 일어났고 인민이 세운 정치체제는 민주정이었다(플루타르코스, 「아마토리오스」 23). 보다 상세한 논의는 1311a39-b1에서 다루어진다.

또한 정치체제는 예를 들어 부유한 자들과 인민[36]처럼 폴리스의 정반
1304b 대되는 것으로 여겨지는 부분들의 힘이 서로 같아 중간계급[37]이 전혀 없거나 극히 미미할 경우에도 변화를 겪는다. 만일 그 부분 중 어느 쪽이 더욱 우월해지면, 나머지 부분은 명백하게 강한 부분에 맞서 기꺼이 위험을 무릅쓰려고 하지 않기 때문이다. 따라서 일반적으로 말하면 덕에서 뛰어난 자들은 파당을 일으키지 않는다. 왜냐하면 그들은 다수에 대한 소수자에 지나지 않기 때문이다.

따라서 일반적으로 모든 정치체제에 관련해서 내란과 변화의 기원과 원인은 이상과 같은 성격을 가진다. 그러나 사람들은 때로는 폭력으로 때로는 속임수로 정치체제를 변화시킬 수 있다.[38] 폭력으로 변화시킬 때에는 (1) 강제력을 처음부터 곧장 사용하거나 (2) 나중에야 강제하는 경우가 있다. 속임수도 두 가지 방식이 있다. (1) 때로는 다른 사람들을 처음부터 철저하게 속인 후에 다른 사람들과의 자발적인 상태로 정치체제를 바꾸고, 그다음으로 나중에는 폭력으로 다른 사람과의 비자발적인 상태로 정치체제를 그대로 유지하는 것이다.[39] 예를 들면 [아테나이에서는] 400인 위원회[40] 시대에, 그들은 페르시아의 왕이 라케다이모니아인

36 이 두 계급('부유한 자와 인민')은 늘 상반된다(1291b2-11).

37 '중간계급'은 기병, 중무장 보병, 경무장 보병, 해군 중에서 중무장 보병에 해당한다.

38 '참주정은 누군가에 의해 기만되거나 힘에 의해 통치를 받는 정치체제이다'(디오게네스 라에르티오스, 『유명한 철학자들의 생애와 사상』 제3권 83). 크세노폰, 『회상』 3.9.10 참조.

39 '다른 사람들과의 자발적 상태나 비자발적 상태'라 함은 다른 사람들의 동의를 받았거나 받지 않았음을 의미한다.

40 아테나이에서 민주정을 대체한 과두정은 기원전 411년에 성립되었다(투퀴디데스, 『펠로폰네소스전쟁』 제8권 45~98). 본문의 내용처럼 이들은 과두정을 세우기 위해 인민들을 속였다.

들에 맞서는 전쟁을 위한 돈을 대출 것이라고 말함으로써 인민을 완전히 속였지만, 이 거짓을 떠벌린[41] 후에는 정치체제를 그대로 유지하려고 시도했다. 그러나 (2) 어떤 때에는 처음부터 인민들을 설득하고 나중에 반복해서 설득하여, 설득되었기 때문에 그들[42]을 자발적인 상태로 지배하는 경우가 있다.

이렇게 해서 무조건적으로 말하자면, 모든 정치체제에 관련해서 그 변화는 앞서 말한 원인으로부터 발생하게 되는 것이다.

41 phseusamenoi는 10행의 exapatēsantes(철저하게 속이는)와 동일한 의미를 갖는 것으로 이해하는 편이 좋겠다(보니츠).

42 그 정치체제 아래에 있는 사람들.

제5장

민주정이 무너지는 개별적 원인: 참주정이 발생한 이유

그러나[1] 각각의 종류의 정치체제를 따로따로 취해서, 이제 우리는 앞서 논의한 원칙들에 근거해[2] 거기에서 무슨 일이 일어나는지를 살펴보아야 한다.

그런데[3] 민주정은 주로 인민 선도자들[4]의 오만한 방종 때문에[5] 변화한다.[6] 때로 사적으로는 그들이 재산을 가진 사람들에 대해 부당하게 고소를 남발함으로써 그들을 결속시켜 주고(공통하는 두려움은 가장 냉혹한 적들조차도 한데로 모으니까), 때로 공적으로는 다중을 부자들에

1 제4장에서 논의한 모든 정치체제에 공통되는 체제 변혁의 일반적 원인을 탐구하는 것으로 만족하지 않아야 한다는 것이다.

2 다음 논의의 출발점으로 삼자는 의미다.

3 여기서의 men oun과 1305a34의 men oun은 1305a37(6장)의 de로 이어진다. 즉 1305a37에서는 과두정의 정치체제가 변화하는 이유가 제시되고 있다.

4 인민 선도자란 말의 다른 변형에는 인민들의 우두머리들(hoi prostatai tou dēmou)이란 말이 있으며, 또 아리스토텔레스는 이 말을 다중의 선도가를 모방하는 소수 중에서 권력을 추구하는 인민 선도가에도 적용하고 있다(1305b23-27). 고대에는 인민 선도자가 장군들에서 나왔지만, 현재는 공적으로 웅변가들이 인민 선도자가 되었다는 언급에 대해서는 1305a10-13 참조. 인민 지도자를 인민에게 빌붙는 자(kolax)라고 규정하는 대목은 1313b40-41에서 나온다.

5 즉 '오만한 언동'. 1302b6 아래에서는 관직자의 오만(hubris)과 탐욕(pleonexia)이 정치체제의 변혁의 원인이라고 말한 바 있다.

6 1292a2-38, 1320a4-17. 플라톤, 『국가』 565a-c 참조("인민은 언제나 어떤 한 사람이, 특히 자신들의 앞장을 서게 하여, 이 사람을 보살피고 키워 주는 버릇이 있지 않은가?").

게로 몰아간다.[7] 우리는 많은 경우에 이것[8]이 이러한 방식으로 일어나고 있음을 볼 수 있다. 즉 코스[9]에서도 사악한[10] 인민 선도자가 출현했기 때문에 민주정은 변했다(귀족들이 결속했기 때문이다).[11] 로도스에서도 마찬가지였다.[12] 인민 선도자들이 공적 봉사[13]에 대한 일당은 주면서도, 삼단노선 지휘관에게 의당 주어야 할 돈의 지불을 거부했기 때문이다. 지휘관들은 자신들에게로 향한 소송까지 당했기 때문에, 이들은 어쩔 수 없이 함께 결속하여 인민(민주정)을 붕괴시켰다.[14] 헤라클레이아[15]에서도 식민도시를 건설한 직후에 인민 선도자들 때문에 민주정이 무너졌

7 epagontes는 '부자들에게 맞서도록 부추긴다'는 의미이겠다. 마치 사냥꾼이 개를 몰아대듯이(호메로스, 『오뒷세이아』 제19권 445행).

8 인민 선도자의 그릇된 행동 때문에 민주정이 무너지는 것. 아래에서 그러한 예들이 여럿 열거되고 있다.

9 할리카르나소스 반대편 소아시아 남서 해안 쪽에 있는 섬.

10 '인민 선도자'(dēmagōgos)가 늘 나쁜(ponēros) 것은 아니라는 것을 보여 준다.

11 이 사건에 대해선 달리 알려진 바가 없다. 혹자(A. Schäfer)는 이것을 기원전 357년에 코스의 아테나이 동맹 탈퇴와 연관짓기도 한다.

12 로도스에서 민주정이 전복되는 정치적 사건에 대해서는 1302b23-24 참조.

13 시민들이 민회나 법정의 배심원으로 참여하는 것.

14 인민 선도자가 마땅히 정부에서 부담해야 할 배의 건조, 수선, 외장 설비, 장비 등을 갖추기 위한 돈을 해군 관직자(삼단노선의 책임자; triērarchoi)에게 지불하지 않았기 때문에, 해군 관직자는 아마도 그로 인해 그 일을 담당했던 사람들에게 소송을 당했던 것 같다. 인민 선도자는 해군 책임자에게 지불할 돈을 가난한 사람들에게 썼을 것으로 추정된다.

15 '흑해 연안에 있는'(tēi en tōi Pontōi)이 생략되어 사용되는 듯하다(디오게네스 라에르티오스, 『유명한 철학자들의 생애와 사상』 제7권 166). 이곳은 흑해에 있는 기원전 6세기 중반에 개척된 메가라의 식민시(植民市)이다. 본문의 내용대로라면 이것은 민주정 도시의 매우 빠른 시기의 예일 것이다. 이런 이유로 메가라와 헤라클레이아는 동일한 정치적 운명을 겪었던 것 같다.

다. 왜냐하면 귀족들이 그들에 의해 부당한 대우[16]를 받아 추방되어 쫓겨났고, 그 후에 추방된 자들이 한데 뭉친 다음, 본국으로 되돌아와서 인민(민주정)을 붕괴시켰기 때문이다. 메가라에서의 민주정도 이와 아주 흡사한 방식으로 무너졌다.[17] 왜냐하면 인민 선도자들은 귀족의 자산을 몰수할 수 있도록 추방된 자가 다수가 될 때까지 많은 귀족을 추방했기 때문이다.[18] 추방된 자들이 되돌아와서 인민과 싸워 승리를 거두고, 과두정을 수립했다.[19] 이와 동일한 일이 민주정 시대에 퀴메에서도 일어나 트라쉬마코스[20]가 민주정을 전복했다. 다른 폴리스들의 경우에서도 마찬가지로, 이 문제를 관찰한 사람은 정치체제의 변화가 거의 이러한 성격을 가진다는 것을 볼 수 있을 것이다. 왜냐하면 때로는 인민에게 환심을 사기 위해서[21] 인민 선도자들은 귀족들을 부당하게 대우함으로써, 즉 공공 부담금에 의해 귀족들의 재산이나 수입[22]을 재분배함으로써, 때로

16 혹은 '정의롭게 대우하지 않음으로써'(adikoumenos).

17 1302b31에서는 메가라의 민주정이 무질서(ataxia)와 무법적 상태(anarchia)로 무너졌다고 말했다.

18 여기서도 몰수된 재산은 가난한 사람에게 분배되거나 민회나 배심원으로 참석한 사람들에게 보수로 지불됐을 것이다.

19 1302b31에서 언급되었다.

20 이 사건에 관해선 달리 알려진 바가 없다. 어떤 퀴메를 지시하는지도 명확치 않다(1269a1). 퀴메는 소아시아 지방의 아이올리스(Aiolis)에도 있고, 에우보이아섬에도 있고, 이탈리아의 나폴리만에도 있었다고 한다. 그러면 트라쉬마코스는 누구일까? 플라톤, 『국가』에 나오는 칼케돈(Chalkēdōn; 비잔티온[콘스탄티노폴리스, 현재의 이스탄불] 반대편에 위치한 소아시아에 있는 비튀니아의 해안도시) 출신의 소피스트일까? 아리스토텔레스는 여러 저작에서 5번이나 그 이름을 언급하고 있지만, 소피스트인 트라쉬마코스와의 구별을 명확히 밝히고 있지 않다.

21 인민 선도자의 특징이다(1274a5, 플라톤, 『고르기아스』 502e).

22 수입을 '공공 부담금'으로 재분배한다는 것은 다소 이상하다.

는 부유한 자들의 재산을 몰수할 수 있도록 중상무고(中傷誣告)를 사용함으로써 그들을 결속시켜 버리기 때문이다.

그러나 예전에 동일한 사람이 인민 선도자와 장군이 될 수 있었던 때에는 민주정이 참주정으로 바뀌었다. 즉 오래된 시대의 거의 대부분의 참주는 인민 선도자에서 생겨났기 때문이다.[23] (1) 그때에는 참주가 생겨났으나 지금은 그렇지 않은 이유는 그때에는 인민 선도자가 장군이었던 사람들에게서 나왔기 때문이다(사람들이 아직 공적으로 말하는 데 능숙하지 않았으니까). 오늘은 웅변하는 기술이 발달하여 공적으로 말할 수 있는 사람들이 인민 선도자가 되지만 군사 경험이 없기 때문에 아주 드문 그런 종류의 경우가 어떤 곳에서 일어났던 것을 제외한다면 그들은 참주정을 세우려고 시도하지 않는다. (2) 또한 참주정이 지금보다 이전에 더 빈번하게 생겼는데, 그 이유는 밀레토스에서 참주정이 프뤼타니스 제도로부터 생겨난 것처럼[24](의장[25]은 많은 것과 큰일에 대해서 최고의 권위를 가지고 있었으니까), 높은 관직이 몇몇의 어떤 개인들의 손안에 놓여 있었기 때문이다. 게다가 (3) 당시에는 폴리스가 크지 않았고, 인민들은 들판 가까이에 살았고, 자신들의 일에 바빴기 때문에, 인민의 우두머리들[26]은 군사에 숙달되면 참주정을 세우려 시도하였다. 그들

23 민주정으로부터 참주정의 변화에 대해서는 플라톤, 『국가』 546d-566d 참조. 그냥 '고대'라고 하면 대략 기원전 7세기, 6세기를 가리킨다.

24 '프뤼타니스 제도(職)'(prutaneia)는 최고 관직을 말한다. 그것을 맡고 있는 최고 관직자가 prutanis이다. 프뤼타니스란 관직은 아테나이를 비롯해서 여러 폴리스에도 존재하였으나 그 관직의 기능은 달랐던 것 같다(1322b28-29). 이것은 트라쉬불로스(Thrasuboulos)가 참주가 된 일을 언급하는 것이다. 이에 대해서는 헤로도토스, 『역사』 제1권 20 참조.

25 prutanis(총통)는 밀레토스에서 유일한 관직자였던 듯하다.

26 여기선 hoi prostatai tou dēmou(인민의 우두머리들)는 hoi dēmagōgoi(인민 선도자) 대신

중의 누군가가 인민의 신망을 얻은 후에 이것을 실행했으며, 이 신망은 부유한 자들에 대한 그들이 품고 있는 반감(反感)에 기인한다. 예를 들어 아테나이에서는 페이시스트라토스[27]가 평원(平原)에 거주하는 자들에 맞서 내란을 일으켰기 때문에, 그리고 메가라에서는 테아게네스[28]가 부자들의 가축 떼가 강변을[즉 그들 자신의 땅 방향을] 따르지 않고 어긋나게 다른 사람의 토지 쪽으로 나오면서 풀을 뜯어먹는 것을 포착했을 때 그들의 가축 떼를 도살해 버렸기 때문에,[29] [참주가 될 만한 자격이 있다고 생각되었다[30]]. 또 [쉬라쿠사이에서는] 디오뉘시오스가 다프나이오스와 부유한 자들을 비난함으로써 참주가 될 만한 자격이 있다고 생각되어, 그가 보여 준 적의(敵意) 때문에 인민 편의 한 사람으로서 신망을 받았던 것이다.[31]

에 쓰였다. 인민의 우두머리가 반드시 '인민 선도자'일 필요는 없다.

27 가난했고, 수적으로 다수였으며, 민주정을 옹호했던 '언덕(산기슭)에 거주하는 자들'의 지도자였다. 그는 솔론의 개혁 이후에 아테나이에서 발생한 당파적 투쟁 속에서 '언덕에 거주하는 자들'을 이끌면서, 책략을 쓰고 군사적 평판을 이용해서 나중에 아테나이의 참주가 되었다(기원전 561~527년) '평원에 거주하는 자들'은 전통적인 지배 계급인 지주 귀족들과 그들을 따르는 소작농들로 구성된 부유한 땅 소유자들이었다(헤로도토스, 『역사』 제1권 56~64).

28 테아게네스는 기원전 7세기 후반에 메가라의 참주가 되었다.

29 이 사건에 대해서는 달리 알려진 바가 없다.

30 맥락상 아래 문장에서 끌어와 보충했지만, 내용적으로 '참주가 되었다'(ēxiōthē tēs turannidos)로 보충하는 것이 더 어울릴 듯하다.

31 쉬라쿠사이의 장군 다프나이오스는 카르타고에게 함락당한 아그리젠툼을 구하는 데 실패했다는 이유로 디오뉘시오스 1세에게 고발당했다. 나중에 디오뉘시오스가 그 자리 중의 하나를 차지해, 최고 군사력을 가진 장군(stratēgos autokratōr) 되었다. 책략을 통해 인민을 설득해서 6백명의 사병을 갖게 되고 마침내 참주에 올랐다. 그때까지 자신의 최대의 정적으로 남아 있었던 다프나이오스를 처형했다(Diodorus Siculus, XIII. 86-96).

민주정은 또한 조상으로부터 전해진 민주정[32]에서 가장 새로운 종류의 것[33]으로 변화하고 있다. 왜냐하면 관직이 재산 자격 기준이 필요하지 않게 선출되고, 또 인민이 [관직자의] 선출을 행하는 곳에서는 관직을 열망하는 사람들이 인민의 환심을 사기 위해,[34] 인민이 법에 대해서조차 최고의 권위를 갖도록 하는 그곳으로 몰아가기 때문이다. 이런 일이 일어나지 않게 하거나 덜 자주 일어나게 하기 위한 예방책은 인민 전체에서 선출하지 않고 부족마다 관직자를 선출하게[35] 하는 것이다.

따라서 민주정의 거의 모든 변화는 이러한 원인으로 인해 발생하는 것이다.

32 바커(Ernest Baker)는 이 용어("조상의 민주정")가 펠로폰네소스전쟁이 끝난(기원전 404년) 이래로 생긴 것으로 본다. 이 정치체제의 내용은 솔론의 정치체제로 해석하는 것이 옳다(1273b33-1274a7, 1318b6-1319b1). 대개 '고대(예전)'라는 표현은 기원전 7세기와 6세기를 가리킨다.

33 새로운 종류의 민주정은 '인민이 법에 대해서조차 최고의 권위를 갖는 것'으로 '극단적 민주정'을 말한다(1292a4-37, 1292b41-1293a10, 1319b1-32).

34 dēmagōgountes를 직역하면 "인민을 이끌어 가는 행위를 함으로써"이다.

35 혹은 '지명하게'. 어떤 방법일까? 부족이 번갈아 가며 투표하는 방법일 수 있다(뉴먼, 바커). 서로 다른 부족이 서로 다른 관직자를 뽑는 것이거나, 각 부족이 각각의 관직자 위원회에 한 명의 구성원을 선출하는 것이다. 어떤 경우이든 인민의 힘을 약화시키는 방법일 것이다.

제6장

과두정이 무너지는 이유와 원인

과두정은 주로 가장 두드러진 두 가지 방식으로 변화한다. (1) (1.1)[1] 첫 번째는 과두정 지배자가 대중을 부정의하게 대우할 때다.[2] 그 상황에서 어떤 사람이라도 지도자로 충분히 적합할 수 있는데, 과두정 내부에서 지도자가 나타날 때 특히 그렇게 보이고,[3] 낙소스의 뤽다미스[4]의 경우, 그는 나중에 심지어 낙소스인들을 지배하는 참주가 되었다. 외부인들로 1305b
부터[5] 내란이 일어나는 경우에도 다양한 차이가 있다. (1.2) 때로는[6] [과

1 (1)은 과두정 지배 계층 바깥으로부터의 변화를 말하는 것으로 두 종류가 있는데, (1.1)과 (1.2)이다. (2)는 과두정 지배 계층 내부로부터의 변화. 이 장의 맨 끝에 가서 언급되는 부가적인 것으로 (3)은 우연의 소산에 의한 변화다.

2 1305b22에 가서야 비로소 구체적으로 논의된다.

3 "특히 그렇다"는 어떤 의미일까? 특히(malista)가 '충분히 적합하다'(hikanos ginestai)를 꾸밀까? 아니면 '(정치체제가) 변화한다'(metaballousin)는 것을 수식하는 말일까? 전자로 해석하는 편이 더 좋을 성싶다.

4 뤽다미스는 기원전 540년경부터 524년까지 퀴클라데스 제도 중에서 가장 큰 섬인 낙소스의 참주였다(헤로도토스, 『역사』 제1권 61, 64). 과두정 지배 계급 출신인 그는 과두정에 반대해 인민을 이끌다가 나중에 참주가 된 인물이다. 여기서의 정치체제의 변화는 부유한 젊은이들에 의해 촉발된 것 같다.

5 '다른 것들로부터'(외부인들로부터, ex allōn)[남성]은 누구일까? '대중들 이외의 다른 사람으로부터'일까 아니면 '다른 원인들로부터'일까? autōn으로 수정해 읽으면 '과두정 지배자들'을 의미한다. 뉴먼은 '과두정 지배자들 이외의 다른 사람들에서 유래된 파당들'로 본다. 이어지는 내용이 관직에서 배제된 '귀족들'이나 '부자들'에 의한 파당이라는 점에서 뉴먼의 견해가 옳아 보인다.

6 hote men(때로는)에 대응하는 다른 hote de(때로는)는 어디에? 부자에 대응하는 가난

두정의] 전복은 관직에 종사하는 사람들이 적을 경우,[7] 공직에 종사하지 않는 부유한 사람들로부터 붕괴가 일어날 수 있다. 예를 들어 이런 일은 맛살리아,[8] 이스트로스,[9] 헤라클레이아와 그 밖의 다른 폴리스에서 일어났다.[10] 왜냐하면 관직에 참여하지 않은 사람들이 소동을 일으켰고, 처음에는 더 나이 든 형들이, 나중에는 다시 더 젊은 동생들이 관직에 참여할 때까지 흔들어 댔기[11] 때문이다. (어떤 곳에서는 아버지와 아들이 동시에, 다른 곳에서는 더 나이 든 형과 더 젊은 동생들이 동시에 관직을 맡을 수 없었으니까.)[12] 또 거기[맛살리아]에서는 과두정이 한층 더 혼합정이었고, 이스트로스에서는 과두정이 민주정으로 끝맺음했으며, 헤라클레이아에서는 매우 소수로 구성되어 있던 것이 육백 명으로 구성되는 일까지 있었다.[13] (1.3) 크니도스[14]에서도 귀족들이 자신들 사이에서 파당을 일으켰을 때 과두정은 변화했는데, 파당이 일어난 이유는 소수가 관직에 참여하고 있었기에, 앞서 말한 바와 같이, 만일 아버지가 관직에

한 자들인 '인민'에 대한 언급이 있었어야 하지 않을까?

7 즉 지배하는 무리의 범위의 협소함을 말한다.

8 지금의 마르세유. 아리스토텔레스의 『맛살리아 정치체제』가 있었던 것에 대해서는 「단편」 549(Rose) 참조.

9 오늘날의 다뉴브강을 가리키지만, 이스트로스는 그 근처 어딘가에 있었던 폴리스 이스트리에(Istriē)를 가리킨다. 밀레토스가 세운 식민도시.

10 이스트로스에서는 과두정의 완전한 붕괴가 일어나고, 맛살리아, 헤라클레이아에서는 극단정 과두정에서 보다 온건한 형태의 과두정으로의 변화가 일어났다.

11 ekinon는 '소동을 일으켰다' 혹은 '소란(소동)을 피워 댔다'(turbas ciebant)라는 의미다.

12 이는 특정 가문의 관직 독식을 막으려는 정책이었다.

13 1305b34와 어떤 연관이 있는지는 분명치 않다.

14 소아시아 남서쪽 구석에 돌출된 긴 반도에 있던 폴리스. 아프로디테의 성지와 크니도스 의학 학파로 인하여 알려졌다.

참여하면 아들은 참여할 수 없고, 여러 형제가 있다면 장남을 제외하고는 누구도 참여할 수 없다는 사실이었다. 귀족들이 파당으로 갈라졌을 때, 인민은 그 기회를 포착해 귀족들 중에서 한 명의 지도자를 선택해서 귀족들을 공격하고 타도했다. 파당으로 갈라지는 것은 힘이 약화되는 것이니까. (1.4) 또, 에뤼트라이[15]에서는 예전에 바실리다이[16] 가문(家)의 과두정 동안에는 그 정치체제 안에 있던 사람들[17]이 아름답게 꾸려 나갔지만, 그럼에도 소수에 의해 지배받는 것 때문에 인민이 분개해서 정치체제를 바꾸어 버렸다.[18]

(2) 과두정은 또한 내부로부터 바뀔 수 있는데, (2.1) 경쟁심에 의해 그 내부에서 인민 선도자가 출현함으로써 변화되는 경우다. 이 인민 선도력(선동)[19]은 이중적 측면을 가진다. (2.1.1) 한쪽은 소수자[20] 내부에서 선동하는 경우다. 선동가는 과두정 지배자들이 소수일 때조차 그들 중에서 생길 수 있으니까. 예를 들어 아테나이에서 30인 정권 사이에서는 카리클레스 일파[21]가 삼십 명을 선동하여 권력을 획득했고, 400인 위원회 중에서 프뤼니코스 일파가 동일한 방식으로 권력을 획득했다.[22]

15 키오스섬 반대편 소아시아의 해안에 있던 이오니아 폴리스.

16 문자적 의미는 '왕가'(basileis; 王家)를 의미한다. 그렇다면 예전 왕의 자손으로 이루어진 가문이었을 것이다.

17 정치체제 안에서 최고의 권위를 가지고 있는 사람.

18 이 사태에 대해서도 달리 알려진 것이 없다. 크니도스에서의 폭동에 관해서는 1306b3-5에서 언급되고 있다.

19 dēmagōgia는 대중의 인기에 영합하여 환심을 사기 위한(dēmagōgountes) 경향성을 말한다. 이것은 소수, 다중, 한 사람에게 조차 의존할 수 있다(1312b12 아래).

20 과두정 지도자들.

21 카리클레스 추종자들.

22 카리클레스도 그 구성원이었던 30인 참주의 과두정은 짧은 기간 동안(기원전

(2.1.2) 혹은 다른 한쪽은 과두정 정권 내에 있는 자가 군중을 선동하는 경우다. 예를 들어 라리사[23]에서는 폴리스의 수호자들[24]은 자신들을 선출하기 때문에 군중의 환심을 사려 했다.[25] 또 그것[26]은 관직자로 뽑히는 사람들이 관직을 선출하는 사람들은 아니나 관직이 큰 재산 자격 조건을 가진 사람들(계급) 중에서 혹은 어떤 정치적 결사에서 채워지지만, 중무장 보병과 인민이 투표하는 그러한 모든 과두정에서는 일어날 수 있다. 바로 이것이 아뷔도스[27]에서 일어난 일이고, 법정이 통치계급에서 채워지지[28] 않은 곳 어디에서도 그런 일은 일어난다. 왜냐하면 판결을 유리하게 이끌기 위해서 인민의 환심을 삼으로써 과두정 지배자들은 정치체제를 변화시키기 때문이다.[29] 바로 이것이 흑해 연안에 있는 헤라클레이아에서도 일어났던 일이다.[30] 게다가 (2.1.3) 그것[31]은 과두정의 몇

404~403년) 아테나이를 통치했다. 이들은 민주정을 타도하고 라케다이모니아의 도움을 받아 과두정을 설립했다. 400인 위원회의 과두정은 기원전 411년에 권력을 획득했다(『아테나이의 정치체제』 28-38).

23 라리사는 텟살리아 지방의 주요 폴리스였다(1275b26-30, 1306a29-30, 1311b17-20).

24 폴리스의 수호자(politophulax)는 그 임무가 분명하지 않으며, 임기가 1년인 관직자였다. 장군과 비슷한 관직자이거나 내부의 적으로부터 폴리스를 수호하는 역할을 맡았던 것 같다(1268a21-23, 1322a33-34 참조).

25 '대중적 인기를 추구했다'는 말이다.

26 위에서 말한 인민의 환심을 끄는 '인민 선도력'(선동)을 말한다.

27 헬레스폰토스(오늘날에는 다르다넬스해협으로 불리고 에게해와 마르마라해를 잇는 터키의 해협)의 소아시아 해안에 있는 폴리스. 기원전 411년경에는 과두정이었을 것으로 추정된다.

28 혹은 '구성되지'.

29 이 사태에 대해서 알려진 바가 없다.

30 1304b31-34 참조.

31 두 번째 유형의 예가 되는 '인민 선도력'(선동)을 말하는 것일까? 두 번째 유형은 과두정에서 권력으로부터 배제된 자가 인민의 환심을 사는 것이었다(데이비드 케이트와 리

몇 구성원들이 과두정을 소수의 손아귀로 이끌려 할 때[32] 일어난다. 왜냐하면 동등성을 추구하는 사람들[33]은 필연적으로 인민을 자신들의 협력자로 끌어들여야 하기 때문이다.

(2.2) 과두정의 정치체제의 변화는 또한 몇몇의 과두정 지배자들이 자신들의 사적인 자산을 방종한 생활로 탕진할 때에도 일어난다.[34] 이렇게 된 사람들은 새로운 변화를 추구하게 되어, 자신들이 참주가 되는 것을 목표로 삼거나 혹은 누군가를 참주로서 옹립하는 일을 돕는다. 힙파 1306a
리노스가 디오뉘시오스를 쉬라쿠사이의 참주로 옹립하는 데 도움을 준 것처럼 말이다.[35] 암피폴리스에서는 클레오티모스라는 이름을 가진 자가 칼키디케인들 중에서 후기 이주민들을 끌어들여, 그들이 도착한 후에 그들을 부유한 자들에 맞서도록 파당으로 갈라 놓았다.[36] 또 아이기

브의 번역 참조). 리브는 이것을 세 번째 유형의 '인민 선도력'으로 보는 듯하다. 아니면, '정치체제의 변화'(뉴먼, 쉬트룸프)를 말하는 것일까? 과두정에서 통치자의 숫자를 줄이게 되면, 관직에서 배제된 자들은 '동등성'을 회복하기 위해 인민과 협력해서 정치체제의 변화를 꾀한다. 이 과정에서 인민과의 협력은 '인민 선도력'을 발휘하는 것이다. 여기서는 '정치체제의 변화'를 가져오는 '인민 선도력'의 두 번째 유형의 예로 보는 것이 더 그럴듯한 것 같다.

32 과두정을 축소하려는 것이다. 다른 방식으로의 정치체제의 변화가 일어날 수가 있는데, 통치자들의 수가 줄어들면 인민이 득세하게 됨으로써 민주정으로 변화될 수 있다(1286b18).

33 즉 '권력에서 배제됨으로써, 동등한 권력의 지위를 확보하려는 자들'을 말한다.

34 플라톤, 『국가』 555c-d 참조. 과두정에서 부를 잃게 되면 통치계급에서 배제될 수밖에 없을 테니까. 그렇게 되면 민주정으로 바뀌는 것이 아닐까?

35 이 사건은 기원전 406~405년에 일어났다. 힙파리노스는 쉬라쿠사이의 시민으로 원로였던 디오뉘시오스 1세와 마찬가지로 전임자가 인민의 투표로 해임 당한 후에 장군 중의 한 사람으로 선출됐다. 힙파리노스의 아들인 디온(Dion)은 플라톤의 학생이자 친구였고, 나중에 디오뉘시오스 2세의 적이 되었다(플라톤, 『일곱째 편지』).

36 이 사건에 대해서는 알려진 바가 없다. 이 맥락에서 분명한 것은 재산을 탕진하고 나서

나[37]에서는 카레스와 교섭을 행했던 사람이 비슷한 이유로 정치체제를 변화시키려 시도했다.[38] 따라서 어떤 때는 이런 자들은 무언가를 바꾸려는 직접적인 시도를 하고, 다른 때는 공공의 기금을 횡령하기도 한다. 그 경우에 그들 자신이 혹은 그들의 약탈에 맞서 싸우던 사람들이 과두정에 맞서 파당을 만든다.[39] 바로 이 일이 흑해 연안의 아폴로니아에서 일어났던 것이다.[40] 그러나 일치된 마음으로 있는 한 과두정은 언제나 내부로부터 쉽게 붕괴되지 않는다.[41] 이에 대한 징표는 파르살로스의 정치체제다.[42] 그곳에서는 비록 과두정의 통치자가 소수지만 서로를 공정하

자신이 참주가 되려 했든 혹은 남을 그 자리에 앉히려 했든 간에, 그런 목적으로 그런 행위를 저질렀다는 것이다. 이 사건의 결과에 대해선 아리스토텔레스는 아무런 설명을 하고 있지 않다. 암피폴리스에 대해선 1303b2-3 참조.

37 아이기나는 아테나이의 외항인 피레이오스에서 멀지 않은 사로니코스만(Saronikos kolpos) 중간에 있는 섬으로 아테나이와는 그다지 좋은 관계를 유지하지 못했다.

38 카레스는 기원전 367년에 코린토스에 주둔한 용병 부대의 우두머리였던 아테나이의 장군이었다. 아마도 이 사건은 '흥청망청한 삶으로 자산을 탕진한'("비슷한 이유로") 아이기나의 부유했던 자가 거사에 성공하면 후한 사례를 약속한 뒤 코린토스에서 주둔 중인 카레스의 도움을 받아 자신이 참주가 되거나 남을 참주로 앉히려는 시도를 한 것으로 보인다. 그러나 확인할 도리는 없지만 카레스가 약속을 파기했다는 것이다. '카레스의 약속'은 격언이 되다시피 대표적인 약속 불이행으로 전해지고 있기도 하다. 이 사건은 시도는 되었지만 실패했음이 틀림없다.

39 그러니까 약탈한 자들은 (1) '두려움'(1302b21 아래) 때문에 징벌을 회피하기 위해 파당을 일으켜 과두정을 공격한다. 그들의 반대자들이 (2) 공금 도둑질을 방조했다면 그들도 그렇게 해야 하는 것이다. 오히려 (2.1) 반대자들은 이를 묵인한 정부를 향해 비난하면서 파당을 일으킬 수도 있다. 이 사건에 대해 역사적으로 알려진 바는 없다.

40 1303a36-38 참조.

41 플라톤, 『국가』 545d 참조. 어떤 정치체제라도 "집단이 한마음 한뜻일(homonoein) 때에는 … 변혁될 수가 없겠지?"라고 말한다. 플라톤과 달리 아리스토텔레스는 한마음 한뜻일 때에도 '인민에 의해 혹은 관직에서 배제된 자들'에 의해 파당이 일어나고 정치체제가 변화될 수 있는 가능성을 열어 놓고 있다.

42 파르살로스는 헬라스 중부 텟살리아에 있는 폴리스이다. 여기서의 언급은 파르살로스

게 대우하기 때문에 다중에 대해 최고의 권위를 장악하고 있으니까.

(2.3) 과두정은 또한, 과두정 지배자들이 애초의 과두정 안에 또 다른 과두정을 만들 경우에도 전복된다. 이런 일은 통치하는 집단 전체가 소수임에도 이들 소수 모두가 최고의 관직에 참여하지 못할 때 일어난다. 바로 이런 일이 한때 엘리스[43]에서 일어났다. 그 정치체제가 소수의 손아귀에 있었음에도 아주 소수만이 원로원 의원이 될 수 있었는데, 그 수는 겨우 90명밖에 안 되는 원로원 의원들이 종신직이었고, 그들의 선출 방식이 소수 권력 집단적인 특징을 가졌으며,[44] 또 라케다이모니아에서 원로를 뽑는 선출 방식[45]과 유사했기 때문이다.

(2.4) 과두정의 변화는 전시(戰時)와 평화시(平和時)에도 일어난다. (2.4.1) 전시에 그런 일이 일어나는 것은 과두정 지배자들이 인민에 대해 불신하기 때문에 용병을 사용하게끔 강요받을 때이다(코린토스에서의 티모파네스[46]처럼, 그들이 용병의 지휘권을 한 명의 손에 쥐어 주면, 바

의 지배자와 마케도니아의 관계가 우호적이던 시절이었을 것이다. 이 관계가 과두정의 안정을 이끌었던 부차적인 요소일 수 있다(크세노폰, 『헬레니카』 6.1.2 이하 참조). 뉴먼은 재미있는 해석을 덧붙인다. 파르살로스에 대한 아리스토텔레스의 찬양이 마케도니아와 관련된 것으로 보고 있다. 마케도니아의 필립포스 2세 왕이 파르살로스를 복속시켰다고 하는데(기원전 352년), 왕이 이 폴리스에 상당히 호의적이었다는 것이다. 그래서 찬양을 한 것일까? 아리스토텔레스 자신도 마케도니아 출신이었으니까!

43 엘레이아(Eleia) 인들이 펠로폰네소스반도 북서부에 정착해서, 기원전 471년경에 자신들이 살던 여러 작은 도시들이 연합해서 하나의 단일 폴리스를 형성했는데, 그것이 엘리스라고 불린다.

44 즉 '대단히 부유한 소수의 가문에 유리할 수 있는'.

45 1271a9-18 참조.

46 코린토스의 장군이었던 티모파네스는 아르고스와의 전쟁 동안인 기원전 365년에 참주가 되었다. 다른 보고에서는 '참주와 같은 행세'를 했다고도 한다. 후에 그는 그의 형제 티몰레온에게 살해되었다(플루타르코스, 『티몰레온』 제4권 4-8). 1304a7에 나온 티모파네스는 뮈틸레네 사람이었다.

로 그 인물[47]이 종종 참주가 되기 때문이다. 만일 지휘관을 준 사람이 복수라면, 그들은 자신들을 위해 집단 권력 체제를 만들어 버리는 것이다. 때로는 그러한 결과를 두려워해서, 과두정 지배자들은 인민을 이용하도록 강요받기 때문에 다중이 정치체제에 참가하는 것을 허용하게 된다).[48] (2.4.2) 평화 시에 과두정 지배자들은 서로에 대한 불신 때문에 폴리스의 경계를 용병과 중립의 지휘관[49]에게 맡겨 두는데, 때때로 그 인물이 대립하는 양편에 대해서 최고의 권위를 갖게 되는 일이 있었고, 바로 그런 일이 알레우아다이 가(家)의 통치 시절인 라리사에서 시모스 일파를 둘러싸고 일어났으며, 또 아뷔도스에서는 '정치적 결사 모임'을 둘러싸고 일어났는데, 그중 한쪽이 이피아데스의 정치적 당파[50]였다.[51]

(2.5) 또한 파당은 과두정 내부에서 몇몇의 구성원 자신들이 다른 사람들에 의해 밀려났거나, 결혼이나 소송에 연관해서 당파적으로 방해받는 경우에도 일어날 수 있는데, 예를 들어 혼인이 원인이 된 것에 대해서는 앞에서 언급한 파당[52]이 그렇다. 또 에레트리아에서 디아고라스는

47 자신의 손아귀에 그들을 용병으로 앉힌 자. 즉 지휘관을 말한다.

48 여기서 언급되는 과두정에서의 정치체제의 변화에 대해서는 플라톤, 『국가』 551d 참조.

49 원어로는 archonti mesidiōi이다. 다투는 양 당사자 사이에 있는 자의 역할에 대해서는 1297a4와 『니코마코스 윤리학』 1132a22 참조.

50 군벌과 같은 정치를 좌지우지하는 집단을 가리킨다. 실제로 이피아데스는 노련한 군인이었다.

51 알레우아다이 가(家)는 텟살리아의 귀족 가문이었다. 시모스는 아마도 기원전 342년에 텟살리아를 마케도니아의 필립포스에게 복속하도록 이끌었던 사람이었을 것이다. 또 그는 헤타이라(hetaera; 창녀 혹은 기생)를 배우자로 삼았던 사람으로 기록되어 있다(데모스테네스, 『왕권에 관하여』 48; 『네아이라(Neaira)에 반대하여』 24, 108, '네아이라'는 헤타이라였다). 아뷔도스 사건에 대해선 알려진 바가 없다. 아리스토텔레스는 여기서 시모스와 이피아데스의 등장 및 몰락을 언급하는 것일까?

52 1303b37-1304a17.

결혼과 관련해서 부당하게 대우받았기 때문에 기사(騎士)[53]들로 이루어진 과두정을 전복했다.[54] 이와 반대로 헤라클레이아[55]에서의 파당뿐 아니라 테바이에서의 파당은 법적 소송의 판결로 인해 내란이 일어났는데, 헤라클레이아 시민들은 에우뤼티온에 대해서 간통[56] 혐의로 정당하긴 하지만 당파적인 형벌을 부과했고, 또 테바이의 사람들은 아르키아 1306b
스에 대해서 그렇게 했던 것이다. 연인에 대한 경쟁심에 불타서 그들의 적들은 그들을 시장에다가 칼을 씌우고 묶도록 했던 것이다.[57]

(2.6) 또한 많은 과두정이 지나치게 주인 지배적[58]이기 때문에 그 정치체제 내부에서 불만을 품은 사람[59]들에 의해 전복되었다. 예를 들어 크니도스[60]와 키오스[61]에서의 과두정이 그랬다.

53 hippeus는 호메로스의 전통에서 내려오는 말을 탄 사람으로, 기병이나 전차를 타고 싸우는 군인들을 말하는데, 정치사회학적 의미에서는 귀족인 기사 계급을 말한다.

54 1289b33-41에서는 기병과 과두정간의 관계 및 에우보이아섬의 주요 폴리스들인 에레트리아("노잡이들이 도시")와 칼키스 간의 전쟁에서 기병의 사용에 대해 논의하고 있다. 에레트리아는 기원전 490년에 마라톤 전투에서 굴욕을 당한 페르시아 원정대에 의해 포위 공격당하고 불태워졌다.

55 1304b31-34 참조.

56 아테나이에서 남의 부인뿐 아니라 결혼하지 않은 여자, 과부 등과 성관계를 맺은 자는 남편이나 상대방의 법적인 대리인인 아버지, 형제, 할아버지에게 죽임을 당할 수 있었다.

57 이 사건에 대해 알려진 바가 없다. 나무로 만든 '칼'(kuphōn)은 귀족들에게 흔히 부과되는 형벌이 아니다. 이 형벌을 받았다는 것은 매우 모욕적인 일이다. 도둑들에게 적용되던 형벌이었다. '칼'은 마소의 목에 얹어 수레나 쟁기를 끌게 하는 '멍에' 모양의 도구로, 목에 걸어서 고개를 들지 못하게 하는 것이었다.

58 즉 전제적(despotikos).

59 혹은 혐오하는 사람.

60 1305b12-18 참조. 앞서는 내부가 아니라 인민에 의해 전복되었다고 언급되었다. 그렇다면 다른 사태를 말하는 것일까?

61 1303a34-35 참조.

(3) 더욱이 이른바 혼합정과 과두정에서도 그 정치체제가 변화하는데, 여기에서는 평의회 의원, 재판관 및 다른 관직에 참여하려면 재산 자격이 필요한 경우에[62] 우연[63]의 상황에 의해서도 일어난다. 사실상 대개 처음에는 과두정에서는 소수가, 혼합정에서는 중간층이 관직에 참여할 수 있도록, 그 당시의 상황에 따라 재산 자격이 규정되는데, 평화 때문이든 혹은 다른 어떤 좋은 행운 덕분으로 번영이 도래하게 되면, 동일한 재산이라도 원래보다 재산 자격의 몇 배의 가치로 평가받기에 이르고, 그 결과로 해서 모든 시민들이 모든 관직에 참여하게 되기 때문에 일어나는데, 어떤 때는 그러한 변화가 서서히 일어나 조금씩 눈에 띄지 않게 이루어지지만, 어떤 때는 더 급격하게 일어날 경우도 있다.

그리하여 과두정은 이러한 원인으로 말미암아 변화하고 파당을 일으키는 것[64]이다(그러나 일반적으로 말해서 민주정과 과두정은 때때로 그 반대의 정치체제로 바뀌지 않고 동일한 유형의 정치체제로 바뀐다. 예를 들어 법에 토대를 둔 민주정과 과두정은 절대적 민주정이나 과두정으로[65] 변화하거나 후자에서 전자로 변화하는 경우도 있다).

62 혼합정도 이러한 변화에 열려 있다는 점에 대해서는 1294b3, 1297b1 아래를 참조. 과두정은 경우에 따라 재산평가 기준에 영향을 받지 않을 수도 있다(1305b31 아래, 1291b1 아래, 1292b4 아래). 오히려 민주정은 재산평가 기준에 따라 영향을 받는다(1291b39 아래, 1318b27 아래).

63 원어로는 sumptōma이다. 1303a3에서는 단순히 우연(tuchē)으로 말해진다. 이 두 말이 결부되는 대목에 대해서는 『자연학』 199a1, 『수사학』 1367b24 참조.

64 1306a31 아래.

65 원어로는 eis tas kurious이다. 즉 '절대적 권위를 갖는 정치체제'를 말한다. 절대적 민주정은 "법이 아니라 다중이 최고 권위"(1292a4-6)를 갖는 정치체제이고, 과두정의 절대적 유형은 "법이 아니라 관직자들이 지배하는 경우"(1292b5-7)를 말한다.

제7장

귀족정에서의 파당과 정치체제 변화의 네 가지 원인

(1) 귀족정에서 소수만이 관직의 명예를 나눠 갖기 때문에 내란이 일어나는데, 이것이 바로 마찬가지로 과두정을 변동시키는 원인이라고도 말한 바 있다.[1] 어떤 의미에서는 귀족정도 과두정이기 때문이다.[2] (비록 양 정치체제에서 소수인 이유가 같지 않다고는 하지만[3] 어느 쪽의 경우라도 지배하는 자가 소수기 때문이다.) 적어도 바로 이런 이유로 귀족정도 심지어 과두정이라고 생각되고 있다. (1.1) 무엇보다도 지배하는 소수와 덕이란 점에서 그들 자신이 동등하다는 이유에서 자만심으로 팽배해진[4] 일단의 다중들[5]이 있을 때, 특히 이런 일은 필연적으로 일어난다. 예를 들면 라케다이모니아에서 이른바 파르테니아이[6]가 그랬다(그들은 동등

1 1306a13-22(1305b 아래 참조). 아래에 논의되는 귀족정에서 파당 형성과 정치체제 변화를 가져오는 네 가지 원인은 첫째 소수 지배자들의 독점적 권한, 둘째 부유한 자들의 비례적이지 않은 권력 소유, 셋째 지배자들의 지나친 소유욕, 넷째 알아차릴 수 없는 점증적인 변화 등이다.

2 1307a34 아래.

3 과두정에서는 부자가 소수고, 귀족정에서는 훌륭한 자들이 소수다.

4 '의기양양해진.'

5 인민들.

6 Partheniai는 Parthenios(처녀의 아들)란 뜻이다. '처녀의 아들'이란 초자연적인 임신을 통한 생산이 아니라, 제1차 멧세니아전쟁 동안에 불법적 교접으로 스파르타 아버지나 어머니에 의해 생겨난 자손들을 말한다. 스파르타는 라코니아 지방에서 북서쪽에 위치한 부유한 땅인 멧세니아를 정복하기 위해 기원전 8세기에 19년 동안을 전쟁을 치러야 했다. 얼마나 전쟁이 많았고 또 지속되었는지는 '스파르타인들은 전장에서 집에 돌아

한 자들의 후손이었으니까).[7] 그들은 음모를 꾸미다 발각되어서 타라스의 식민지 건설자로 보내졌다.[8] 혹은 덕이란 점에서 누구에게도 뒤지지 않는 훌륭한 사람들이 훨씬 큰 명예를 누리고 있는 어떤 자들로부터 굴욕을 당하는 경우에도 일어나는데, 예를 들면 뤼산드로스가 왕들에게 그런 수모를 당했던 것이 그 예다. 혹은 사내다운 성품[9]의 누군가가 명예 있는 관직에 참여하지 못할 경우에도 일어나는데, 예를 들면 키나돈이 아게실라오스 왕 시대에 스파르타인들에 대한 공격을 조직적으로 꾀한 것이 그 예다.[10] 게다가 (1.2) 다른 한편으로는 어떤 사람들은 지독하

와 샌달리아의 끈을 풀 새 없이 다시 전쟁에 나가곤 했다'라는 말에서 잘 드러난다.

7 아버지 쪽은 '동등한 자들'로서 혈통에 문제가 없으나, 어머니 쪽에 '열등한' 혈통이 있다는 얘기일까?

8 이들('처녀의 아들')이 기원전 708년에 식민지를 건설했다. '동등한 자들'(homoioi)은 부모를 시민으로 둔, 공동 식사 제도에 참여할 수 있는 부를 소유한 스파르타의 '시민'이었다(1271a25-37). '처녀의 아들들'에 대해선 여러 설명이 전해진다. (1) 그들은 첫 번째 멧세니아전쟁(기원전 8세기)에 복무하지 못해서 헤일로테스 계급으로 추락한 스파르타인들의 자손이었다는 것. (2) 전쟁 동안에 인구를 늘리기 위해 장려되었던 '결혼하지 않은 스파르타 여성들의 서출'이었다는 것. 혹은 (3) 그들의 남편이 전쟁에 나가 있는 동안 (다른 시민을 포함한 아마도 헤일로테스와도) 간음해서 임신한 여성들의 자식이라는 얘기도 있다. 어쨌거나 10여 년에 걸친 제1차 멧세니아와의 긴 전쟁 기간에는 인구를 늘리기 위해 여러 '결합'을 적법한 것으로 인정했으나, 전쟁이 끝난 뒤에는 시민과 시민의 법적인 결합을 빼고는 적법한 것으로 인정하지 않은 듯하다. 1278a28-33에는 시민으로 받아들이는 법에 대한 언급이 나온다("충분히 많은 [시민들이] 있게 되면, 먼저 아버지 또는 어머니가 노예인 사람이, 그다음에는 어머니만 시민인 사람이 점차 시민권을 박탈당하고, 최종적으로는 부모 모두가 토착 시민인 사람들만이 시민이 된다").

9 andrōdēs(남성답다, 사내답다)이기에 '명예를 사랑하는 것'(philotimos, 『수사학』 1391a22 아래)이고, 다스릴 수 있는 능력을 가진 사람(dunamenos archein, 『니코마코스 윤리학』 1126b1-3)이며, 정치체제를 이끌어 갈 만한 사람(hēgemonikos, 1308a8)인 것이다.

10 가난한 집에서 자라나고, 평생 스파르타적인 관습을 꿋꿋하게 지녔던 뤼산드로스는 스파르타의 정치가이며 장군으로, 펠로폰네소스전쟁 끝 무렵에 스파르타의 해군 사령관

게 가난하지만 다른 사람들은 부유할 경우에도 파당이 일어난다[11](그것은 특히 전쟁 기간에 일어난다). 바로 이런 일은 또한 멧세니아와의 전쟁 동안에 라케다이모니아에서 일어났다(이것은 튀르타이오스의 「좋은 법 지배」라는 제목의 시에서도 분명하다).[12] 왜냐하면 그 시에서 전쟁 때문 1307a
에 매우 쪼들리는 사람들은 토지 재분배를 시행하라고 요구하고 있었기 때문이다. 더욱이 (1.3) 만일 큰 권력을 쥐고 있는[13] 인물이 한층 더 큰 권력을 쥘 능력을 지녔다면, 혼자 지배하기 위해서 내란을 일으키는 경우가 있다. 예를 들어 라케다이모니아에서는 페르시아전쟁 동안에 장군이

으로 막강한 권력을 가질 수 있었다. 아테나이의 페이레이오스 항구를 봉쇄해서 아테나이인을 굶겨 항복을 받으려는 계획은 파우사니아스 왕의 개입으로 저지당했고(기원전 405~395년), 나중엔 스파르타의 왕위 계승권에 개입하려는 그의 계획은 아게실라오스 왕에게 좌절당했다고 한다. 한편 '동등한 사람'이 아니었던 키나돈은 비(非) 시민인 가난한 집안 출신이었지만, 나중에 장군이 되어 쿠데타(coup d'état)를 일으키려는 음모와 모반을 꾀했으나 적발되어 처형당했다고 한다. 그 음모는 스파르타의 과두정의 권력을 가난한 자와 헤일로테스들에게 나누어 주려는 것이었다(크세노폰, 『헬레니카』 제2권 4.29, 제3권 3.4-11 참조; 플루타르코스, 「뤼산드로스」 23). 크세노폰은 명확히 키나돈이 비-시민 계급 중에서 어느 계급에 속하는지를 말하고 있지 않다. 이것을 로마 시대 스파르타쿠스의 노예 반란에 비교할 수 있을까? 키나돈은 사내답게 행동하느냐는 질문에 '라케다이모니아에서는 누구도 열등해지려 하지 않는다'고 답했다고 한다. 맥락상 그는 '사내답고 강건한 사람'이었을 성싶다.

11 재산의 불평등이 초래하는 결과에 대해서는 1295b21 아래와 1296a1 아래 참조.

12 Eunomia라는 시이다. Diehl I.7-9, 단편 2-5. 튀르타이오스는 기원전 7세기 스파르타의 엘레기아(비가) 시인이다. 여기서 언급된 멧세니아전쟁은 첫 번째 전쟁으로부터 두 세대 후에 벌어진 두 번째 전쟁이다. 단편적으로 남아 있는 이 전쟁 시는 스파르타에서의 정치적 알력을 말하고자 쓰였다. 그는 덕을 용감함에서 찾았고, 전쟁에 대한 그의 훈계는 애국심과 전장에서의 죽음을 고양하는 것이었으며, 아울로스 반주에 맞춰 행진하는 군가와 비슷한 것이었다.

13 여기서 mega는 앞서 32행의 '훌륭한'과 유사하게 '큼'이라는 의미를 가지고 있으나, 여기서는 '강력한, 힘이 센'에 더 가까운 의미인 듯하다.

었던 파우사니아스[14]와 카르타고에서 안논[15]이 그 예라고 생각된다.

(2) 그러나 혼합정과 귀족정은 대개 정치체제 그 이름 속에 있는 올바름으로부터의 벗어남 때문에 붕괴된다.[16] 붕괴의 시작은 혼합정에서는 민주정과 과두정이 잘 혼합되지 않았기 때문이며, 귀족정에서는 그것들과 덕이 잘 혼합되지 않았기 때문이지만, 특히 민주정과 과두정이 잘 혼합되지 않았기 때문인 것이다. 내가 말하는 두 가지란 민주정과 과두정을 의미하는데, 혼합정과 대부분의 이른바 귀족정이 혼합하려고 노력하는 것은 그것들이기 때문이다. 즉 귀족정이 이른바 정치체제, 즉 혼합정과 다른 것은 그 혼합 방식에[17] 있으며, 또 이것 때문에 그것들 중의 어떤 것[18]은 덜 안정적[19]이고, 다른 것은 더 안정적인 것이다. 왜냐하면 과두정으로 더 기우는 정치체제들은 귀족정이라 부르지만 다중 쪽으로 더 기우는 정치체제들을 혼합정이라 부르기 때문이다. 따라서 후자의 정치체제들이 전자보다 더 안정적이다. 왜냐하면 다수가 [소수보다] 더 강하

14 그는 기원전 479년에 플라타이아 전투에서 큰 공을 세웠고, 기원전 478년에는 비잔티온을 회복하는 헬라스 함대를 이끌었다. 페르시아 왕 크세르크세스와 모반을 꾀하는 교신을 주고받던 것과 헤일로테스들에게 자유와 시민권을 준다는 것을 미끼로 헤일로테스들의 모반을 부추긴 것(투퀴디데스, 『펠로폰네소스전쟁』 제1권 132.4)이 에포로스들에게 발각되어 체포될 것을 예견하고 사원에 들어가 피난처를 구하고 굶어 죽었다고 한다.

15 정확히 실체가 누군지는 알려져 있지 않다. 기원전 400년경에 시켈리아의 디오뉘시오스 1세에 맞서 싸웠던, '위대한 자'라는 별칭으로 불린 카르타고의 장군일 듯싶다. 안논 역시 모반을 통해 참주가 되려 했던 것 같다. 카르타고와 스파르타의 정치체제의 유사성에 대해서는 1272b30-1273a2 참조.

16 그 정의를 위반하기 때문에 내분(stasis)에 빠진다. 이점에 대해서는 1297a6-13 참조.

17 '단지 이것에서만', 즉 민주정과 과두정을 혼합하는 그 방식에서만.

18 전자(前者)인 귀족정을 말한다. 뒤에 나오는 '다른 것'은 혼합정을 말한다.

19 원어인 monimos는 견고하다, 안정적이다.

며, 게다가 그들은 동등한 것(몫)을 갖는 것으로 더 만족하지만, 반면에 부유함을 누리는 사람들은 정치체제가 그들에게 우월한 지위를 인정하게 되면 오만을 부리려 시도하고 점점 더 많은 것을 취하려고 요구하기 때문이다.[20]

일반적으로 정치체제가 둘 중 어떤 쪽으로 기울어진 경우, 그 한쪽[21]이 자신 쪽으로 세력을 증대시킴으로써,[22] 예를 들면 혼합정은 민주정으로,[23] 귀족정은 과두정으로[24] 같이 기울어진 방향으로 바꾸거나 혹은 그 반대 방향으로, 예를 들어 귀족정은 민주정으로 바뀌며(더욱 가난한 자들이 정의롭지 않게 대우받고 있다는 생각 때문에 그 반대 방향으로 멀리 끌고 가니까), 또 혼합정은 과두정으로 바뀔 수 있는 것이다(왜냐하면 [정치체제가] 영속적인 것은 단지 가치에 따른 동등성과 그들 자신에게 적합한 것을 소유하는 것뿐이기 때문이다). 이것이 투리오이에서 일어났던 일이다.[25] 그 이유는 관직을 맡기 위한 재산 자격 요건이 높은 액수에게 낮은 액수로 바뀌고[26] 또 관직을 맡는 사람들이 더 많아지도록 변경이 이루어졌는데,[27] 다른 한편으로 귀족들이 법률에 어긋나게 모든 토지

20 부자들에게 권력이 주어지게 되면 오만해지기 쉽고, 점점 더 탐욕을 부리려 한다는 말이다.

21 부자 편이든 가난한 자 편이든 그 어느 쪽.

22 『니코마코스 윤리학』(제10장, 1160b21 아래)에서는 정치체제는 각 정치체제로부터의 '벗어남'(parekbasis)으로 인해("정치체제들은 주로 이러한 방식으로 변화한다") 변화한다고 말하고 있다.

23 타라스(1303a3 아래)와 쉬라쿠사이(1304a27 아래)에서.

24 카르타고에서의 변화를 말하는가?(1273a21 아래 참조).

25 귀족정에서 민주정으로의 변화. 하지만 이 사건에 대해서 알려진 바는 없다.

26 즉 eis elatton timēma metabē hē politeia를 말한다(뉴먼, 보니츠, 『색인』 458a35 아래).

27 즉 민주정적인 방향으로 변화했다는 말이다.

를 소유하고 있었기 때문이다(왜냐하면 정치체제가 더욱 과두정적이었기 때문에, 그래서 그들이 더 많은 것을 취득할 수 있었기 때문이다). …[28] 그러나 인민은 전쟁 속에서 훈련을 거듭하여 수호대[29]보다 더 강해지게 되었으므로, 마침내 귀족들은 [법률이 허용한 것보다] 더 많이 소유하고 있던 토지를 내놓게 되었다.

게다가 (3) 모든 귀족정적인 정치체제는 과두정적이기[30] 때문에 귀족들이 지나치게 많은 것을 가지려고 한다. 예를 들어 라케다이모니아에서조차 재산이 소수의 손아귀에 놓여 있다.[31] 또 귀족들에게는 자신들이 원하는 무엇이든지 훨씬 더 많이[32] 행할 수 있으며,[33] 그들이 원하는 누구하고도 결혼할 수 있으므로, 이런 까닭에 로크리스 폴리스는 디오뉘시오스와의 결혼에 의한 동맹의 결과로 멸망했지만,[34] 이런 일은 민주정에

28 원문이 파손됨.

29 phrouroi는 부자 계급 출신의 젊은이들로 1307b9에서와 같이 폴리스를 방어하기 위한 방어군 내지는 법률을 집행하는 군인의 분견대이었을 것으로 추정되며, 인민에 대비되는 세력이었다. 그 역할에 대해서는 플라톤, 『국가』 415d-e 참조.

30 과두정적이란 '소수에게 관직이 주어진다'는 의미일까(뉴먼)?

31 스파르타의 정치체제에 대한 논의에 대해서는 1270a15-39 참조.

32 여기서 mallon은 앞 문장에 나오는 '지나치게 많은 것을 가짐'(pleonektousin)과 짝을 이루며 병행하는 말이다.

33 요컨대 귀족들은 그들 마음대로 관직을 소유하고 또 임의대로 오랜 동안 유지할 수 있다는 말이다.

34 이탈리아반도 발끝 동쪽에 위치한 로크리스는 기원전 398년에 쉬라쿠사이의 참주였던 디오뉘시오스 1세(기원전 432~367년)와의 결혼 동맹을 받아들였다. 로크리스는 도리스라는 최고 평판을 받는 집안의 딸을 보냈다. 후에 이 결혼으로 생겨난 자손인 디오뉘시오스 2세가 기원전 367년에 참주가 되었다. 그는 12년 후에 쫓겨나게 되어 로크리스에 피난처를 구했다. 그 후 로크리스인들은 디오뉘시오스 2세의 억압적인 참주정 밑에서 고생을 당했다. 디오뉘시오스 2세가 쉬라쿠사이를 떠나 로크리스로 옮겨간 기원전 356년에 시작된 억압이 6년간이나 지속되었다. 로크리스인들은 나중에 그가 없는 사

서는 일어날 수 없으며, 또한 잘 혼합된 귀족정에서도 일어나지 않았을 것이다.

(4) 특히 귀족정은 조금씩 붕괴되면서 알아차릴 수 없을 정도로 변화한다. 이것이 모든 정치체제에 대해 일반적으로 앞서 말했던 것인데,[35] 사소한 일조차도 변화의 원인이 될 수 있기 때문이다. 왜냐하면 시민들이 일단 정치체제에 관련된 무언가를 포기하면, 이것 다음에는 그것보다 조금 더 큰 특징을 더 쉽게 변경하게 되고, 마침내 그들은 전체 체제를 바꾸는 데까지 이르게 되기 때문이다. 이런 일이 또한 투리오이 정치체제의 경우에서 일어났다. 법률에서는 한 사람이 5년 간격이 지난 다음에야 장군이 될 수 있도록 정해 놓았는데, 젊은이들 중에 몇몇이 전쟁에서의 기술에 능숙해져 수호자들 다수에게서 높은 평판을 얻게 되었을 때, 그들이 폴리스의 업무에 종사하는 자들을 경멸하기에 이르게 되고, 그들을 제압하는 것이 쉽다고 생각하게 되었다. 그래서 인민들이 기꺼이 자신들을 선거에서 투표로 선택할 것이라고 보고, 그들은 먼저 이 법률을 철폐해서 동일 인물이 연속해서 장군직에 가는 것을 가능하게 하려고 시도했다. 관직자 가운데 이러한 문제에 대해 책임을 지고 있던 '조

이 반란을 일으켜 그의 악정(惡政)에 대해 그의 가족과 부인에게 복수했다고 한다. 앞서 디오뉘시오스 1세는 레기온에도 동일한 결혼 동맹을 요구했는데, 레기온 사람들이 공공 사형집행인의 딸을 주었다는 것이다. 그는 같은 날 두 폴리스 출신의 두 여자(이름은 도리스와 아리스토마케[Aristomachē; '최선의 전쟁'])이었다)와 결혼했고, 이 이중 결혼에서 도리스에게 나온 아들이 바로 디오뉘시오스 2세다. 디오뉘시오스 1세는 기원전 387년에 그 모욕에 대한 보복으로 레기온을 파괴하고 시민들을 노예로 삼았다고 한다. 그러나 디오뉘시오스 2세는 단지 로크리스를 괴롭히기만 했다는 것이다. 그렇다면 아리스토텔레스의 설명과도 조금 다른 것 같다.

35 1303a20-1304b18 참고(특히 1303a20-25).

언자들'[36]이라 불리던 자들은 처음에는 이것에 반대하려고 했으나, 그들이 이 법을 바꾼 후에는 나머지 정치체제만은 그대로 놔둘 것이라고 생각하고 설득에 따라 승인해 주었다. 그러나 그 후에 관직자들이 다른 일이 변경되는 것을 막으려 해도, 그들은 더 이상 아무것도 할 수 없었던 것이다. 하지만 정치체제의 전체 구조는 정치적 변혁을 거쳐 새로운 질서를 만들려고 착수했던 사람들에 의해 지배되는 집단 권력체제로 바뀌었던 것이다.

어떤 정치체제든지 간에 그와 반대되는 정치체제가 가까이 있든 멀리 떨어져 있든 막강한 힘을 가지고 있는 경우에, 때로는 그들 자신의 내부로부터도 또 때로는 외부로부터도 전복될 수 있다. 바로 이런 일이 아테나이와 라케다이모니아 시절에[37] 일어났던 것이다. 즉 한쪽의 아테나이인들은 모든 곳에서 과두정을 전복하고, 또 다른 한쪽의 라케다이모니아인들은 모든 곳에서 민주정을 전복했기 때문이다.[38]

이렇게 해서 정치체제의 변화와 파당(내란)이 어떤 것으로부터 발생하는지를 이상에서 거의 다 논의되었다.

36 그 기능이 법을 지키는 것이었던 sumbouloi는 과두정적인 요소이다. 그 이름이 함축하는 바와 같이 probouloi(심의회 의원)와 비슷한 일을 했을 것이다(1323a8-9).

37 즉 아테나이와 라케다이모니아가 헬라스에서 절정의 패권적 지위를 누릴 때를 말한다.

38 펠로폰네소스전쟁 기간 동안에(1296a32-b1, 1312a39-b4).

제8장

파당을 막고 정치체제를 보존하는 방법 1

다음으로 정치체제를 보존하는 방법은 일반적으로는 무엇이며, 개별적으로는 무엇인지를 논해야 한다. 그런데 첫 번째로 분명한 것은 여러 정치체제들이 파괴되는 원인을 파악하게 되면, 우리는 또한 무엇에 의해 정치체제들이 보존되는지를 파악하게 된다는 것이다. 왜냐하면 반대의 것은 그 반대의 것에서 만들어지는 것이고, 파괴는 보존과 반대되는 것이기 때문이다.

(1) 그러므로 잘 혼합된 정치체제에서는 시민들 누구라도 다른 방식으로 법률을 위반하지 않도록 주의해야 하는데, 특히 작은 불법 행위조차 경계해야 한다. 왜냐하면 마치 조금씩의 지출이 자신의 재산을 종종 다 없애 버리는 일을 일으키는 것과 같이, 법률을 무시하는 태도는 알아차리지 못한 채로 스멀스멀 기어들어오기 때문이다.[1] 지출은 단번에 일어나는 것이 아니기 때문에 알아채지 못한다. 왜냐하면 마치 '각각이 작다면 모두 또한 작다'라는 소피스트적 추론처럼, 작은 소비에 의해 사고가 오류적으로 추론하도록 이끌어 버리기 때문이다.[2] 이것은 어떤 의미

1 유사한 표현에 대해서는 플라톤, 『국가』 424d3-4 참조.

2 다의성의 오류(para tēn homōnumiai)라 할 수 있다. 각각이 작다면 모두도 작아야 한다. 그래서 '전체'도 작은 것으로 추론된다. 하지만 '모두'는 '개별적으로 모아진 모두'와 '전체로 모아진 모두'라는 두 의미가 있다. 그러니 '개별적으로 모아진 모두'는 작은 것이지만, '전체로 모아진 모두'는 작은 것이 아니다. 이 추론은 저 유명한 '무더기의 역설'(sorites paradox)이라고 불리는 것과도 연관된다. "2가 적으면서 3이 적지 않은 것

에서는 사실 그대로이지만, 다른 어떤 의미에서는 그렇지 않은 것이다. 왜냐하면 전체로서의 모든 것은 작은 것이 아니지만, 그 모두가 작은 부분들로 구성되기 때문이다. 그래서 이러한 파괴의 시원(始原)에 대해 하나의 경계를 두어야 하는 것이다.

(2) 그다음으로, 사실에 의해 논박되기 때문에, 다중을 기만하기 위해 생각해 낸 교묘한 술책[3]에 신뢰를 두어서는 안 된다. (우리가 언급하는 어떤 종류의 정치체제적인 술책이 어떠한 것인지는 앞서 말한 바 있다.)[4]

(3) 게다가 더 관찰해야 할 것은, 일부 정치체제들이 오래 지속되고 있는 것, 귀족정뿐 아니라 과두정에서조차도 지속하는 것[5]은 그 정치체제 자체가 안정적이기 때문이 아니라 관직에 종사하고 있는 자들이 정치체제 바깥에 있는 사람들과 통치자 집단 내부에 있는 사람들을 잘 대우해 주기 때문이다.[6] 즉 그들[7]은 정치체제에 참여하지 않는 사람들에

은 참이 아니다. [적은 1이 더해졌으니까.] 또한 이것들이 그러면서 4가 그렇지 않은 것은 참이 아니다. 그리고 그런 식으로 10까지 그렇다. 그런데 2는 적다. 그러므로 10도 적다"(디오게네스 라에르티오스, 『유명한 철학자들의 생애와 사상』 제7권 82). "적은 수에 적은 수를 곱한 수는 적은 수일까?"(『소피스트적 논박에 대하여』 24장 179a35).

3 원어로는 sophismata이다.

4 제4권 제13장 1297a14-38에서 아리스토텔레스는 인민을 기만할 수 있도록 교묘하게 착안해 낸 술책 다섯 가지를 제안하고 있다. 그러나 1308a28-30에서는 이러한 술책을 사용할 것을 권장하는 것처럼 보이기도 한다.

5 과두정이 귀족정보다 덜 안전하다.

6 즉 관직을 책임진 사람들은 정치체제 바깥에 있는 사람들을 '정의롭고 친절하게' 대우하고, 통치계급 안에서 지배하기에 적합한 사람들은 정치체제 안으로 끌어들인다. 또 정치체제 안에 자신과 함께 있는 사람들은 관직에 접근할 수 있도록 동등한 관점에서 민주적 방식으로 대우한다. 여기서 정치체제(politeia)와 통치계급(politeuma)이 거의 동일한 의미로 사용되고 있다.

7 관직에 참여한 사람들.

게 부정의하게 대우하지 않고, 또 그들 중에 지도적인 사람들을 정치체제로 끌어들인다. 그리고 그들은 명예를 사랑하고 추구하는 자들에게는 불명예라는 점에서 부정의를 행하지 않으며, 또 다중에 대해서는 이익이라는 점에서 부정의하게 행하지 않는다. 관직에 종사하는 자신들에 대해서, 즉 [정치체제에] 참여한 사람들에 대해서, 그들은 서로 간에 민주정적으로 대우하기 때문이다. 민주정체론자들이 다중을 위해 요구하는 것, 즉 동등함은 동등한 자들에 대해서 정의로울 뿐만 아니라 유익하기 때문이다. 그러므로 통치자 집단에 속하는 자가 많을 경우, 민주정적 법적 제도 대부분이 유익한 것인데, 예를 들어 관직을 반년간의 임기로 하여 모든 동등한 사람이 관직에 참여할 수 있도록 하는 것이 있다. 동등한 자들은 이미 하나의 인민과 같은 것이니까(이런 까닭에 앞에서 말했던 바와 같이[8] 인민 선도자들이 심지어 그들 중에서도 자주 나타나는 것이다). 게다가 과두정과 귀족정은 집단 권력 체제로 빠지는 것이 더 적어진다. (왜냐하면 과두정과 민주정에서도 관직 기간이 길기 때문에 참주가 생겨나는 것이며, 짧은 기간 동안에 지배하는 관직자가 긴 기간을 지배하는 경우만큼 나쁜 짓을 행하는 것은 그렇게 쉽지 않기 때문이다. 사실상 이 두 정치체제에서도 참주의 지위를 노리는 것은 민주정에서는 인민 선도자나, 과두정에서는 명문의 유력자라고 하는 가장 중요한 인물이든가, 혹은 장기간에 걸쳐 가장 중요한 관직을 차지하고 있는 사람들 중 어느 쪽인가이기 때문이다.)

(4) 정치체제들은 파괴적 요소들로부터 멀리 떨어져 있음으로 말미암을 뿐 아니라, 때로는 그것들에 가까이 있음으로 말미암아서도 보존

8 1305b23-27.

된다.[9] 시민들이 두려워할 때 그들은 더욱 자신들의 정치체제를 견지하려고 하기 때문이다. 따라서 정치체제를 염려하는 사람들은 시민들이 정치체제를 경계하도록 하며, 야경꾼처럼 정치체제에 대한 경계 태세를 결코 게을리 하지 않도록 공포심을 불러일으켜서 멀리 떨어져 있는 위험을 가까이 있는 것처럼 느끼게 해야 하는 것이다.[10]

(5) 게다가 귀족들의 경쟁심과 파당을 법률을 통해서 감시할 수 있도록 시도해야 하고, 또 경쟁심 밖에 있는 사람들까지도 그것에 휘말리기 전에[11] 미연에 방지하도록 노력해야 한다. 왜냐하면 그 시작에서부터 악을 알아차리는 것은 평범한 사람의 일이 아니라 정치가의 일이기 때문이다.[12]

(6) 재산 자격 때문에 과두정과 혼합정에서 발생하는 변화에 대해서, 돈이 풍부해졌음에도 불구하고 재산 자격 기준은 동일한 것으로 남아

9 "모든 정치체제는 반대의 정치체제가 가까이 있든 멀리 떨어져 있든 간에 힘을 가지고 있는 한 그때에는, 때로는 그들 자신의 내부로부터도 또 때로는 외부로부터도 뒤집혀 엎어질 수 있다"(1307b19-21). 이 양자는 서로 대립되는 주장일까? 정치체제를 위협하는 위험 요소가 가까이 있는 것은, 오히려 그 체제 보존의 원인이 될 수 있을 것이다. 현명한 정치가라면 그 위험 요소를 미리 깨달아, 오히려 경계를 늦추지 않고 두려워하는 마음으로 늘 주의하는 태도를 갖추지 않겠는가?

10 아리스토텔레스가 여기서 말하는 바는, 지배자가 '가상의 위험'을 두려워하도록 인민을 기만하라는 것이 아니라 '실제적인 위험'을 생생하게 깨닫도록 해야 한다는 의미로 받아들여진다.

11 즉 '경쟁에 휘말려 들기 전에'.

12 핏타코스는 다음과 같이 말했다. "곤란한 사태가 일어나기 전에 그것이 일어나지 않도록 미리 생각해 두는 것이 분별 있는 사람이 하는 일이다. 그러나 일어나 버렸다면 잘 처리하는 것이 용기 있는 사람이 하는 일이다"(디오게네스 라에르티오스, 제1권 78). 플라톤, 『국가』 564c 참조.

있다면, 과거의 양과 비교해서[13] 공동체[14]의 평가된 재산의 총량을 살펴보는 것이 유익하다. 매년 재산을 평가하는 폴리스들에서는 그 기간에 따라 검토해야 하지만, 더 큰 폴리스들에서는 3년 또는 5년마다 고려해야 하고, 만일 평가된 재산의 총량이 그 정치체제에서 [정치적 목적을 위 1308b
한 누군가의 재산] 평가가 확립되었을 때인 그 이전의 평가된 재신 총액이 몇 배나 늘어나거나 몇 배로 줄어들면, [폴리스의 평가된 재산의 총량뿐 아니라] 재산 자격 기준을 인상하거나 완화하는[15] 법률을 마련해야 하며, 그 총량이 예전의 것을 초과했다면 그 증가율에 따라서 재산 자격 기준을 인상하고, 부족한 경우에는 완화해서 재산 자격 기준을 소액으로 해야 한다. 왜냐하면 과두정과 혼합정에서 이런 조치를 취하지 않으면, 총량이 부족한 경우에는 혼합정에서 과두정이 생겨나고, 과두정으로부터는 집단 권력 체제가 생겨나며, 총량이 초과하는 경우에는 혼합정에서 민주정이, 또 과두정으로부터는 혼합정이나 민주정이 생겨나기 때문이다.[16]

(7) 민주정과 과두정과 ⟦1인 지배정⟧[17]에서 그리고 모든 정치체제에

13 즉 비교해서.

14 폴리스.

15 직역하면 '조이거나 푸는'.

16 풀어서 요약하자면 이렇다. 폴리스의 부의 총량이 감소했는데 재산 자격 기준이 완화되지 않았다면, 혼합정(중산계급의 지배)은 과두정(소수의 지배)으로 변하고, 과두정은 집단 권력 체제(극소수의 지배)으로 변한다. 그와 반대로 폴리스의 부의 총량이 증대했는데 재산 자격 기준이 강화(인상)되지 않는다면, 과두정은 혼합정으로 변하고, 혼합정은 민주정(다수의 지배)으로 변할 것이다. 하지만 부의 총량이 감소됨에도 재산 자격 기준이 강화(인상)되는 경우와 부의 총량이 증대됨에도 재산 자격 기준이 강화되는 경우는 의미가 없다.

17 1인 지배정은 이 맥락에서 어울리지 않는다. Π2 사본에는 빠져 있다.

서 공통되는 방책은 적절한 비율에 어긋나게 누군가에게 지나치게 큰 명예를 주지 않는 것이며,[18] 오히려 짧은 사이에 큰 명예를 주기보다는 긴 시간에 걸쳐서 작은 명예를 주려고 노력해야 한다. (사람은 [큰 명예 때문에] 타락하며, 또 모든 사람이 좋은 행운을 감당하는 것도 누구나 할 수 있는 일이 아닐 테니까.)[19] 그러나 만일 [정치제제들이 혹은 통치자들이] 그렇게 하지 않는다면, 그들은 한꺼번에 주어진 모든 것을 어쨌든 한꺼번에 다시 회수하지 않고 점차 추가적으로 회수해야 하는 것이다. 그러나 무엇보다도 친구들과 재산의 힘에 의해 크게 우월해진 인물이 누구 한 사람으로 나오지 않게 법률에 의해서 사태가 조절되도록 시도해야 한다. 이것을 실패한다면 그들은 [오스트라키스모스에 의해서] 그런 자들의 해외로 추방해야 하는 것이다.[20]

(8) 게다가 사적인 삶의 방식으로[21] 말미암아 정치적 변화를 일으키려 하는 사람들도 있기 때문에, 정치체제에 어울리지 않게 살아가는 사람들, 다시 말해 민주정에서는 민주정에 어울리지 않고, 과두정에서는 과두정에 어울리지 않고, 또한 마찬가지로 각각의 다른 정치체제에서도 그 정치체제에 어울리지 않는 생활을 하는 자들을 감시하기 위한 관직을 마련해야 한다.

(9) 또 동일한 이유로 해서 폴리스의 일부만 번영하는 것에 대해서도 경계해야 한다. 이것에 대한 예방책은 그것과 대립하는 부분들의 수중

18 직역하면, '떠받쳐 내세우지 않는다'는 의미다.

19 1334a25-34 참조. 『니코마코스 윤리학』 1153b19-25 참조.

20 1302b15-21, 1307a2-5 참조. 국내로의 추방에 대해서는 플라톤, 『법률』 855c 참조("영토 밖 변방에 있는 사원으로의 추방").

21 과두정에서 '돈을 낭비하게' 되면 참주정으로 변혁될 수 있다(1305b39-1306a9). 개인의 '사치스러운 삶'도 정치제제를 위협할 수 있다는 것이다.

에 행동과 관직을 놓아두는 것이다.[22] 내가 말하는 바는, 훌륭한 자(공정한 자)[23]들은 다중에 대립하고, 또 가난한 자들은 부유한 자들에 대립한다는 것이다. 그리고 또 다른 예방책은 가난한 다중과 부유한 자들의 융화를 진행시키거나[24] 중산계급을 증대시키는 것이다[25](이것이 동일하지 않음[불평등]에서 기인하는 파당을 해소할 수 있으니까[26]).

(10) 그러나 모든 정치체제에서 가장 중요한 것은 관직에 있는 자가 이익을 구할 수 없도록 법률 및 다른 통치의 원칙을 통해서 정비해 두는 것이다.[27] 이것은 특히 과두정에서 경계해야 하는 것이다. 왜냐하면 많은 사람들은 관직에서 배제되는 만큼 그렇게 많이 억울해 하지도 않으며, 심지어 누군가가 그들에게 자신들의 사적인 일을 위해 여가를 보내

22 일종의 '균형추의 원리'라 할 수 있다. 폴리스의 안정을 유지하기 위해서는 반대되는 편(훌륭한 자, 다중, 부유한 자, 가난한 자)들 간의 균형을 잡아 주는 것이 가장 좋은 치유책이라는 것이다.

23 즉 품위를 가진 귀족으로서 지도층 계급을 구성하는 '상위 계층'(epieikēs)을 말한다.

24 어떻게 융화(혼합)한다는 것일까? 한 폴리스 안에 두 개의 정치체제를 허용하지 않겠다는 의미일 수도 있다(1310a4 아래). 두 계층 간의 결혼일까? 플라톤은 부자를 부자 집안과 결혼하지 않도록 강제하는 것은 우스꽝스럽다고 말한다(『법률』 773c). 그러나 아리스토텔레스는 계층 간의 결혼을 하나의 방책으로 생각한 듯하다(1266b2 아래). 두 계층을 결부시키는 것이 서로 간에 '유용'하다는 것이다(1320a35 아래). 이렇게 하는 것은 심의 기구에서도 유용할 수 있다(1298b15 아래).

25 아리스토텔레스는 중산계급을 늘리는 방법에 대해서는 언급하지 않는다. 1309a23에서는 상속 횟수를 한 번으로 규제함으로써 재산을 평준화하고자 한다. 그래야 가난한 자도 부자가 될 수 있다는 것이다.

26 즉 횡령 방지를 의미한다. 1302b5-10에서 언급된 파당의 원인에 대한 응답이다. 1266b38 아래 참조.

27 플라톤, 『국가』 520e-521b 참조. 관직자들이 뇌물을 받지 않도록 하고, 공적인 일을 처리하는 데에서 정실(情實)에 이끌리지 않도록 하며, 부패하지 않도록 하는 것은 법과 공적 감사(監査)제도를 통해서 가능할 수 있다(1271a3 아래). 여기서는 법 이외의 행정적 조정을 언급하고 있다.

도록 허용했다면 기뻐하기조차 할 테지만,[28] 그들이 만일 관직자들이 공공의 재산을 횡령하고 있다고 생각하면 그것에 분개하고[29] 말 것이기 때문이다. 적어도 그때에는 그들은 관직(명예)를 공유하지 못한 것과 이익을 공유하지 못한 것, 이 양자를 고통스러워한다. 실제로 민주정과 귀족정이 동시에 있을 수 있는 유일한 길은 누군가가 이것[30]을 확립할 수 있을 때뿐이다. 그렇다면 귀족도 다중도 자신들이 원한 것을 가질 수 있을 것이기 때문이다.[31] 사실상 모두가 관직을 맡는 것을 허용하는 것은 민주정적이지만 귀족이 실제로 관직을 맡는 것은 귀족정적이기 때문이다. 이것은 관직에서 이익을 구하는 것이 불가능한 때에나 일어날 수 있는 경우다. 왜냐하면 가난한 사람은 관직에서 어떤 이익을 구하지 못하므로 관직을 맡는 것을 원하지 않고, 오히려 자신들의 사적인 일에 종사하기를 원할 테지만, 반면에 부유한 자들은 공적 재산에서 아무것도 지원받을 필요가 없으므로 관직을 맡을 수 있을 것이기 때문이다. 따라서 일어날 수 있는 일은, 가난한 사람은 자신들의 일에 종사함으로써 부유해질 것이고, 귀족은 그렇고 그런 사람에게 지배받지 않아도 될 것이다.[32]

28 여기서의 다중에 대한 설명은 이른바 농민적 인민(geōrgikos dēmos)에 대한 설명과 부합한다. 인민은 명예보다는 이익을 욕망하며, 자신의 일에 방해되지 않고 어떤 것도 빼앗아 가지 않는다면 참주정도 과두정도 견뎌 냈다(1318b11-26). 그러나 에뤼트라이의 인민들은 과두정 통치자들이 정치를 잘 꾸려 나갔음에도 불구하고, '소수에 의해 지배받는 것 때문에' 분개해서 정치체제를 바꾸어 버렸다(1305b18 아래).

29 이 말은 앞서 옮긴 '억울해하다'와 같은 헬라스 낱말(ergō)이다.

30 즉 '관직이 이익을 구하는 것이 아니라는 것을 확실히 할 수 있는 방책', 즉 횡령을 방지하는 것. 귀족정과 민주정이 병존하는 정치체제에 대해서는 제4권 제9장 참조.

31 다중과 귀족이 다 같이 정치적 권리를 갖는 혼합된 정치체제에 대해서는 1293b14-18 참조.

32 귀족이 가장 싫어하는 일이다(1318b35 아래).

또 공공재산을 훔쳐가는 것을 막기 위해서는 공공재산의 인계[33]는 모든 시민의 면전에서 실행되도록 하고, 또 재산 목록의 사본을 형제단(씨족)에, 시민단[34]에, 그리고 부족에 보관하도록 해야 한다. 이익을 추구하지 않으면서도 관직을 맡을 수 있게 하기 위해서는 좋은 평판을 가진 관직자에게는 법률로 정한 명예를 주어야 한다.

(11) 한편, 민주정에서는 부자들은 적절하게 대우받는 것이 필요하고, 그들의 재산을 재분배하지 않아야 할 뿐 아니라, 그들의 수입 또한 재분배해서도 안 된다(이런 일은 몇몇 정치체제에서[35] 알아차리지 못한 채로 일어난다). 부유한 자들이 설령 원한다고 해도 [경연대회에 참가하는] 합창단을 장식하는 일,[36] 횃불 경주를 감독하는 일, 그리고 그와 같은 다른 공적 행사들[37]과 같은 비용은 많이 드나 유용하지 않은 공적 봉사를 부자들이 떠맡지 못하게 하는 것도 더 나은 것이다.

(12) 이와 반대로 과두정에서는 가난한 사람에 대해 많은 돌봄을 주어야 하고, 보수가 나오는 관직[38]은 가난한 사람들에게 할당해야 한다.

33 paradosis는 '후임 관직자에게 토지, 건물, 물품을 포함한 공적재산(이나 회계)을 인계하는 것'을 말한다. 토지를 어떻게 인계하는가? 이어 나오듯이 회계상의 사본을 통해서 그렇게 한다.

34 이 말(lochos)은 원래 군대의 편제를 가리킨다. 여기서는 폴리스의 시민 행정적인 여러 구분을 의미한다.

35 로도스의 정치체제(1304b27 아래)를 말하는 것일까?

36 『니코마코스 윤리학』 1123a18-27 참조.

37 그 밖의 어떤 공공의 향연이나 축제(hestiasis)를 말한다.

38 어떤 관직인지는 명확하지 않다. '뇌물을 받는다든가, 매수를 당해서 얻게 되는 사익'과 같은 권력을 가진 것을 말하는 것은 아닐 것이다(1272a40). 불법적인 이득이 아닌 '자연스럽게 발생하는 이익'을 말하는 것으로 보인다. 폴리스의 요직을 제외한 일반적인 사소한 관직으로 전연 불법이 개입될 수 없는 것을 말하는 듯하다(아래에 이어지는 논의 참조).

부유한 자들 중에 누군가가 그들에게 오만한 행위를 하면, 그 벌금은 그 자신의 계층 중 한 사람에게 행한 경우보다 더 큰 벌을 부과하는 것으로 해야 한다. 유산 상속은 유증[39]에 의한 것은 인정하지 않고 혈족에 의해서 이루어져야 하고,[40] 동일한 사람이 한 번 이상의 유산을 상속받도록 해서는 안 된다.[41] 왜냐하면 그렇게 하면 재산이 더 평준화될 수 있으며, 가난한 자들 속에서도 부유하게 되는 자가 더욱 많아질 것이기 때문이다. 그리고 민주정과 과두정에서도 정치체제에 가장 덜 참여한 사람들에게(민주정에서는 부유한 자들에게, 과두정에서는 가난한 자들에게) 정치체제에서 최고의 권위를 갖는 그러한 관직들을 제외한 다른 모든 사안들에서 동등권과 우선권을 나누어 주는 것도 유익하다. 단, 정치체제에서 최고의 권위를 갖는 이러한 관직들은 오로지 혹은 통치계급의 구성원 수중이거나 그들 대부분에게 놓여 있어야 한다.

39 dosis에는 '증여', '선물'이란 의미도 있다.

40 이미 부자인 사람에게도 상속될 수 있으니까.

41 법에 토대를 둔 상속에 관한 문제는 플라톤, 『법률』 922a-929d에서 자세하게 논의되고 있다.

제9장

파당을 막고 정치체제를 보존하는 방법 2

(13) 가장 중요한 관직[1]을 맡으려는 하는 자가 반드시 가지고 있어야 하는 것(특성)은 세 가지다. 첫째로 현재 확립된 정치체제에 대한 친애,[2] 다음으로 관직의 임무를 완수하기 위한 탁월한 능력, 셋째로 각 정치체제에서 그 정치체제에 적합한 종류의 덕과 정의다.[3] (정의로운 것이 모든 정치체제에 관련해서 동일한 것이 아니라고 한다면, 정의에 대한 종차[種差]가 있는 것이 필연적이기 때문이다.)[4]

하지만 하나의 난제가 있다. 이 세 가지 모두가 동일한 인물에게서 동시에 부합하지 않을 경우, 어떻게 선택해야 하는가?[5] 예를 들어 만일 한 사람이 장군직에는 적합하지만 악하며 또 정치체제에 친애를 가지고 있

1 여기서 tas kurias archas(최고 권한을 갖는 관직)은 '정치체제에서의 최고 관직'이 아니라 일반적인 주요 관직. '장군, 수호자, 회계 담당자' 같은 관직자를 말한다(1309b4 아래).

2 친애(philia)와 정치체제에 대해서는 『니코마코스 윤리학』 제8권 제10장, 제11장 참조. 여기서는 '공감'(sumpathie, '애착')으로 새길 수 있다.

3 정의 자체가 덕이라는 점에 대해서는 1277b19, 1283a38-39. 케이트는 '덕과 정의'를 '덕과 **특히**(especially) 정의'로 새긴다.

4 '정의'는 '정의로운 것'을 행할 수 있도록 하는 품성(습관)이라 할 수 있다. 민주정에서 시민이 가져야 하는 정의의 종(류)은 단적인 '정의'와 다르다. 민주정에서 정의는 '부와 덕'에 대조되는 '다수와 자유로운 태생'에 따르는 것일 테니까. '정의로운 것'은 법과 관습에 일치하는 '정의로운 행위'를 의미한다. 『니코마코스 윤리학』 제5권 제1장 참조.

5 (13)에 관련된 사항에서 생겨나는 첫 번째 난제다.

지 않은 반면,[6] 다른 사람은 정의롭고 또 정치체제에 친애를 가지고 있을 경우에는, 어떻게 선택을 해야 하는가? 두 가지 것을 살펴볼 필요가 있는 것처럼 보인다. 즉 모든 시민들 사이에 이 특성들 중 어느 것을 더 많이 공유하고 있으며, 어느 것을 더 적게 공유하고 있는가 하는 점이다. 그러므로 장군의 관직에서는 덕[7]보다는 오히려 경험에 집중해 살펴보아야 하지만[8](사람들은 장군다움을 덜 공유하지만, 성실성[9]을 더 공유하니까), 이에 대해서 보관 관리인[10] 혹은 회계 관리 담당자의 관직에서는 그 반대다(이 관직은 다중이 가지고 있는 것보다도 더 많은 덕을 필요로 하지만, 그 [관직에 요구되는] 앎[11]은 모든 사람에게 공통적이니까[12]).

6 정치체제에 대한 '공감'을 갖고 있지 않다면.

7 이 경우에는 '탁월함'이 적합한 번역어가 아니다. 장군의 탁월함은 전장 경험의 '뛰어남'일 것이고, 따라서 경험의 뛰어남이 '탁월함'일 테니까.

8 『니코마코스 윤리학』 1164b24 참조("장군을 선출 시 능력 있는 사람을 뽑아야 하는지").

9 원어인 epieikeia는 번역하기 정말 까다로운 말이다. 흔히는 인간의 '훌륭함', '고상함', '좋음'을 말하는 것으로 이해되지만, 정의와 연관되는 경우에는 '공정함'으로 옮길 수도 있다. "공정함은 정의로운 것"이니까(『니코마코스 윤리학』 제5권 10장). 앞의 경우로 이해될 때는 '덕'(aretē)에 근접하는 의미를 가지기도 한다.

10 여기서 이 말(phulakē)은 '수호자'를 가리키는 군사적 의미로 쓰이지 않은 것으로 보인다. 이어지는 '회계 관리 책임자'에 어울리는 경제적인 의미로 재산이나 돈을 맡아 관리, 보관하는 관직을 말하는 것으로 이해된다(1300b10 참조).

11 보관이나 회계를 위한 지식을 말한다.

12 재화를 보존하는 일은 여자도 할 수 있다(1277b24 아래). 여기서 아리스토텔레스가 묻는 것은 이런 것이다. 즉 장군의 지위에 적합한 큰 능력을 가졌지만 악하고 정치체제에 적대적인 사람과 좋은 사람이며 정치체제에 친애를 가지고 있지만 장군으로서의 큰 능력을 갖지 못한 사람 중 누구를 선택해야 하는가? 그가 세 가지 특성 중에서 가장 무게를 두는 '원칙'은 희귀성(稀貴性)이다. 장군의 경우 덕보다는 군사적 경험이 더 무게를 가져야 한다. 하지만 (13)이 정치체제의 전복을 막는 것을 그 목적으로 삼는다면, 정치체제에 대한 친애 역시 중요할 수 있다. 그렇다면 정치체제에 대한 '충성심' 역시 '희귀한' 능력 못지않게 중요한 것일 수 있다. 이는 아리스토텔레스가 제시한 원칙에 위반되

하지만 누군가는 이런 난제를 내놓을 수도 있을 것이다. 만일 관직에 대한 '능력'도 있고 또한 정치체제에 대한 '친애'(공감)도 있다고 하면, 왜 덕을 필요로 하는가? 앞의 두 가지 것만으로도 유익한 것을 만들어 낼 수 있을 텐데 말이다. 그에 대해서는 이렇게 반론할 수 있지 않을까. 이 두 가지를 다 가지고 있는 사람들은 자제력이 없을 수 있어서,[13] 그 결과로 사람들 자신이 어떻게 해야 할지를 잘 알고 있으며[14] 또 자신에 대해 친애적임에도 불구하고 자신에게 도움이 되지 않을 경우가 있는 것처럼, 또한 그와 마찬가지로 어떤 사람이 그 공공의 것[15]에 대해 그러한 상태가 되는 것을 방해하는 그 어떤 것도 없지 않을까?[16]

는 것 아닌가?(데이비드 케이트, pp. 134~135 참조) 보관 관리인이나 회계 관리 담당자의 경우는 이미 직무에 필요한 모든 것을 알고 있는 것으로 전제하는 것 같다.

13 '덕'이 있는 사람은 자제력이 없을 수 없지만! '정치체제 안에서 습관화되고 교육받은'(1310a16-17) 사람은 덕을 갖게 될 테니까.

14 '자신의 해야 할 관심이 무엇인지' 혹은 '그들의 도덕적 의무' 같은 것을 아는 것.

15 즉 공동의 이익이 관련되는 곳.

16 데이비드 케이트가 지적하는 것처럼 수사적 물음이다. 이 대목의 요지는 이런 것이다. 자제력 없는 사람은 "반쯤 나쁜 사람"이다. 그래서 자제력 없는 사람은 자신이 하는 행위가 나쁜 줄 알면서도 공금 횡령 같은 짓을 할 수 있다는 것이다. 자제력 없음(akrasia)에 대해서는 『니코마코스 윤리학』 제7권 제2~10장에서 상세하게 논의된다. "자제력 없는 사람(akratēs)은 자기가 무엇을 행하는지, 또 왜 그것을 행하는지를 어떤 의미에서 알고 있으므로 자발적으로 행하는 사람이기는 하지만, 그렇다고 나쁜 사람은 아니다. 그의 합리적 선택 자체는 훌륭하니까. 따라서 그는 반쯤 나쁜 사람이다. 그는 부정의한 사람이 아니다. 계획적으로 그러는 사람이 아니기 때문이다"(1152a15-18). 덕 없이 능력과 친애만 있어도 얼마든지 관직에 봉사할 수 있을 것이다. 그러나 자제력 없는 사람은 능력과 친애를 갖고 있다고 하더라도 관직에 성실하게 봉사할 수 없는 것처럼, 능력과 친애를 갖춘 사람이라도 관직에 성실하게 봉사하지 못할 수 있다는 것이다. "자제력 없는 사람은 자신이 하는 행위가 나쁘다는 것을 알면서도 감정(pathos) 때문에 그것을"(『니코마코스 윤리학』 1145b12-13) 행할 수 있다. 회계 관리인이 공금을 횡령하는 것은 악하기보다는 자제력이 없기 때문인가? 자제력 없는 사람이 반쯤 나쁘니, 따라서 반쯤은 '좋은 사람'일 것이다. 그러니 공금 횡령이 나쁘다는 것을 '알고' 있으면서도 자제

(14) 무조건적으로, 법률 속에서 정치체제에 대해 유익한 것으로 우리가 주장하는 이 모든 것은 정치체제를 안전하게 보존하는 것이지만, 그중에서도 종종 말해 온 가장 중요한 기본 원리는 정치체제를 원하는 사람들의 집단이 원하지 않는 사람들보다 더 강력해지도록 배려하는 것이다.[17]

(15) 이 모든 문제들과 함께 간과해서는 안 될 것이 있는데, 그것은 벗어난(일탈한) 정치체제가 지금 간과하고 있는 것, 즉 중간적인 것이다. 민주정적으로 생각된 많은 것들이 민주정을 파괴하고, 과두정적으로 생각되는 많은 것들이 과두정을 파괴하기 때문이다.[18] 이것[19]이야말로 유

력이 없기 때문에 그런 일을 한다는 것이다.

17 아리스토텔레스가 "종종 말했듯이"라고 말하고 있지만, 이 원리(준칙)에 대한 명확한 언급은 단 한 번 나온다. "정치체제가 지속되기를 원하는 폴리스의 부분들이 원하지 않는 어떤 부분보다 더 강해야 한다는 것이다"(1296b14-16). 다른 대목에서는 이렇다. "정치체제가 앞으로도 존속할 수 있으려면, 폴리스의 모든 부분이 그것이 존재하기를 원해야 하고, 또 그와 동일한 조정이 지속되어야" 한다(1270b21-22). 정치체제의 보존(존속)은 "전체로서 폴리스의 그 어떤 부분들도 다른 정치체제를 원하지 않는다는 점에서 이루어져야 한다"(1294b38-40). 이밖의 사항은 1297b4-6와 1320b25-28 참조.

18 '부와 자유'는 각각 과두정과 민주정의 정치체제를 가름하는 중요한 척도다. 플라톤에 따르면 과두정을 성립시킨 기본 요소는 '부'(ploutos)였다. 또 민주정에서는 '자유'였다. 과두정에서 민주정으로, 민주정에서 참주정으로 변화시킨 것도 그 정치체제들을 생기게 한 바로 그 요소였다는 것이다. 부에 대한 만족할 줄 모르는 '욕망'으로 인해 다른 것들에 대한 무관심을 불러일으키게 되어, 마침내 정치체제는 파괴되고 말았다는 것이다. 민주정의 경우에도 마찬가지라는 것이 플라톤의 주장의 핵심이다(플라톤, 『국가』 562b-c, 『법률』 701e 참조). '중용'을 권유하는 (15)에 관련해서 플라톤도 적도(적절한 비율; metriotēs)를 말하고 있으며(『법률』 701e), 지나침이 정치체제를 변화시킬 수 있음을 언급하는 플라톤에 대해서는 『국가』 562b 참조. 이런 관점에서 아리스토텔레스도 플라톤의 생각을 충실히 좇고 있는 셈이다. 이에 관련된 아리스토텔레스의 민주정에 대한 언급은 1310a25 아래에서, 과두정에 대해서는 1293a26 아래에서 주어지고 있다.

19 즉 '벗어난 정치체제'(to parekbebōkos).

일한 '덕'이라 생각한 사람들[20]은 그 정치체제를 그 극단까지 끌고 간다. 예를 들어 가장 아름다운 반듯한 코[21]에서 벗어나 매부리코나 들창코가 된 코가,[22] 그럼에도 여전히 겉보기에는 아름답고 매력을 가지고 있지만, 누군가[23]가 더욱더 극단적으로 밀고 나가면,[24] 먼저 그 부분의 아름다운 균형을 잃고, 또 이런 식으로 계속해 밀고 나가면 마침내 그 반대의 성질[25]의 지나침과 모자람으로 인해 심지어 코로조차 보이지 않게 된다. 그것은 신체의 다른 부분들의 경우에도 마찬가지다. 실제로 바로 이런 일이 또한[26] 정치체제에서도 일어난다는 사실에 그들은 무지하기 때문이다.[27] 왜냐하면 과두정과 민주정이 최선의 질서체제에서 벗어나고 있다고 하더라도 그런대로 충분할 수 있을 것이기 때문이다. 그러나 누군가가 그것들 중 하나를 더욱더 극단적으로 밀어 붙인다면, 처음에는 정치체제를 나쁘게 만들 것이고, 마침내는 전혀 정치체제조차 아닌 것으

20 즉 '벗어난 정치체제의 형태의 옹호자들'.

21 헬라스인들이 생각하는 가장 완전한 형태의 코.

22 이 비유는 비슷한 관점에서 『수사학』에서 사용되고 있다(1360a23-30).

23 예를 들면 조각가.

24 문자 그대로는 '단단하게 조이다'(epiteinō)라는 의미다. 뤼라의 현을 '조이고 풀고'라는 표현에서 그 본래의 의미가 드러난다. 비유적으로 사용해 '과도하게 증가하다'(increase in intensity, augment, heighten; Liddell & Scott)를 뜻하기도 한다.

25 즉 매부리코인 것과 들창코인 것.

26 이 문장에 나오는 allas는 선행절에서의 allōn의 반복으로 보기도 한다(Victorius). 벤자민 조웻은 allas가 부사적으로 사용된 것으로 보고, '마찬가지로' 정도로 새긴다.

27 과두정과 민주정은 각각 귀족정과 혼합정에서 '벗어난' 정치체제다(제3권 제7장 1279b4-6). 그는 또 혼합정을 자유와 부의 혼합으로 간주한다(1293b33-34). 때로는 과두정과 민주정을 혼합정에서 벗어난 것이라고도 말한다(1265b26-28, 1293b20-21, 1320b21-22). 그러면 여기서 비유로 들고 있는 '가장 아름다운 반듯한 코'는 어떤 정치체제일까? 케이트(D. Keyt)는 제4권 제8, 9, 11장에서 언급된 혼합정으로 보고 있다.

로 만들 것이다. 이런 까닭에 입법가와 정치가는 어떤 종류의 민주정적 방편들이 민주정을 보존하고, 어떤 종류의 것들이 파괴하는지, 또 어떤 종류의 과두정적 방편들이 과두정을 보존하고 파괴하는지에 대해 무지해서는 안 되는 것이다. 왜냐하면 이 정치체제들 중 어느 것도 부유한 자와 다중 없이는 존재할 수 없고 존속할 수 없기 때문이다. 그러나 재산의 균등화가 이루어졌을 때,[28] [그 결과로 초래되는] 이러한 정치체제는 다른 종류의 것[29]이 되는 것이 필연적이며, 따라서 극단적인 법률에 의해 이들 계급[30]을 소멸시킴으로써 정치체제도 소멸하게 되는 것이다.

1310a (16) 민주정과 과두정에 있는 사람들이 잘못을 저지르고, 민주정에서 다중이 법률보다 최고의 권위를 행사할 때[31] 인민 선도자들은 잘못을 저지른다. 왜냐하면 그들은 부유한 자들과 싸움으로써 늘 폴리스를 두 개의 폴리스로 만들어 버리지만,[32] 그와 반대로 그들은 항상 부유한 자들을 위해 변론하는 것처럼 보여야 하기 때문이다. 반면, 과두정에서는 과두정 지배자들이 인민을 위해 변론하고 있는 것처럼 보여야 하며, 그들은 현재하고 있는 것들과 정반대의 서약을 해야 한다. 사실상 현재 몇몇의 과두정에서는 그들은 "나는 인민에 적대해서 악한 마음을 가지고 있으며, 그들에 맞서 내가 할 수 있는 악한 것은 무엇이든지 궁리해 내겠

28 재산 균등화는 과두정적 방책보다는 민주정적인 것이지만(1266b40-1267a1), 여기서는 과두정과 민주정 둘 다를 파괴하는 것으로 말하고 있다. 부자와 빈자가 없게 될 테니까.

29 아리스토텔레스는 어떤 종류의 정치체제를 생각하고 있는가? 재산의 균등화가 초래한 정치체제가 올바른 것이 아님은 명백하다.

30 부유한 자들과 다중.

31 극단적 민주정(1305a31 아래 참조).

32 폴리스는 소수와 인민으로 구성되는 두 부분으로 나뉜다. 인민 선도자는 '다중을 위해 싸운다'라고 떠벌리는 특징을 가진다.

다"라고 맹서하고 있지만, 그러나 서약에 있어서는 그것과 정반대적으로 생각하고 있는 것처럼 "나는 인민을 부정의하게 대우하지 않겠다"[33] 라고 명확히 밝혀 줘야[34] 하는 것이다.[35]

(17) 오늘날에는 모든 사람이 사소하게 여기는 것이지만 정치체제의 존속을 위해서 지금껏 언급된 모든 것들 중에서 가장 중요한 것은, [시민으로 하여금] 정치체제에 어울리는 교육을 받게 하는 것이다.[36] 왜냐하면 사람들이 정치체제 안에서—법률이 민주정적이라면 민주정적으로, 법률이 과두정적이라면 과두정적으로—습관화되고 교육받지 못했다면, 가장 유익한 법률이 정해지고 그 법률이 정치체제를 유지하는 모든 사람[37]에게 승인받고[38] 있다고 하더라도 아무런 유익함도 얻지 못할 것이기 때문이다.[39] 만일 자제력 없음이 각 개별자에게 존재한다면 그것은 또한 폴리스의 차원에서도 존재하는 것이다.[40] 정치체제에 어울리게

33 아리스토텔레스가 왕의 방식을 흉내 내는 식의 참주에게 해 주는 충고에 대해서는 1314a29-1315b10 참조.

34 hupokrinesthai는 '무대에서 배우들이 말하다', '무대에서 어떤 역할을 연기하다'를 의미한다(『니코마코스 윤리학』 1147a23). 1314a40 참조('참주가 왕의 역할을 수행하다').

35 과두정의 지배자들은 인민을 정의롭게 대우해야 하고 또 그 사실을 드러내 주어야 한다는 것이다. 그 사실을 명확히 보여 주지 않으면 인민들은 그 사실을 알지 못할 테니까. 참주정을 보존하기 위해 참주에게 해주는 권고에 대해서는 아래의 제11장에서 논의된다(1314a29-1315b10).

36 플라톤 『국가』 552e(교육 부족[apaideusia]), 『법률』 793, 870a('나쁜 교육 부족'[apaideusia hē kakē]) 참조.

37 즉 '시민의 권리를 발휘하는 사람들'을 가리킨다.

38 즉 '일치된 목소리로 비준된'(sundedoxasmenōn; 분사형[分詞形]).

39 법에 복종하도록 교육받고 습관화되지 못했다면 법에 복종할 수 없다는 점에 대해서는 1269a20-24, 1294a3-7 참조.

40 "자제력 없는 사람은 마땅히 있어야 할 모든 것들을 투표로 가결하고 훌륭한 법률들을 가지고는 있지만 전혀 집행하지 않는 폴리스를 닮았다. 아낙산드리데스가 비아냥댔

교육받는 것은 과두정 지배자나 혹은 민주정을 원하는 사람들을 기쁘게 하는 것을 행하는 것이 아니라, 오히려 그로 인해 전자는 과두정적으로 지배할 수 있게 되고, 후자는 민주정적으로 지배할 수 있도록 하는 것이다. 하지만 오늘날의 과두정에서는 통치자들의 아들들이 사치스러운 삶을 살고 있지만,[41] 다른 한편으로 가난한 자들의 아들들은 훈련으로 단련되고 열심히 일하고 있기 때문에, 그래서 그들은 새로운 변혁을 하려는 강한 바람과 그렇게 할 수 있는 크나큰 힘을 축적하고 있다.[42] 이에 반해 특히 민주정적이라고 생각되는 민주정에서는 유익한 것과 정반대되는 것이 확립되고 있는 상태에 이르렀다.[43] 이것에 대한 원인은 인민이 자유에 대한 잘못된 정의를 내리고 있기 때문이다. 사실상 민주정을 정의(定義)한다고 생각되는 두 가지 것이 있는데, '다수[44]가 최고의 권위(권한)를 갖는다는 것'과 '자유'다.[45] 왜냐하면 정의(正義)는 동등함(평등)이며, 동등함은 다중이 그렇게 생각하는 것이고, 이것이 최고의 권위를 갖

던 것처럼 '폴리스는 법을 바라기는 했지만, 그 법을 집행하는 것은 완전히 관심 밖이다'"(『니코마코스 윤리학』 1152a20-23). "그는(아리스토텔레스) 때때로 장황하게 아테나이인은 밀과 법률을 발견했는데, 밀은 사용하고 있지만 법률은 사용하지 않고 있다고 말했다"(디오게네스 라에르티오스, 『유명한 철학자들의 생애와 사상』 제5권 17).

41 플라톤, 『국가』 544a, 556b-c 참조.

42 플라톤, 『국가』 556b-d 참조.

43 즉 '자신이 원하는 대로 살아가는' 극단적 민주정의 삶의 방식을 말한다. 자유를 '자신이 원하는 대로 행하는 것'으로, 즉 '제멋대로 할 수 있는 자유'(exousia)로 생각하는 견해에 대해서는 플라톤, 『국가』 557b4-6 참조.

44 다수의 자유로운 시민을 말한다.

45 이와 동일한 차원에서 아리스토텔레스는 1317a40-b17에 가서는 민주정에 대한 '다른 사람들의 생각'(dokei)이 아니라 자신의 진지한 견해를 통해 밝히고 있다. 실상 민주정은 자기가 원하는 대로 사는 것이 아니라, 다수의 의지에 따라 살아가는 것이다. 최고의 권위를 갖는 다수의 의지에 누구나 복종해야 하니까.

는 것이며, 자유와 〔동등함〕은 원하는 무엇이든 행하는 것이라고 생각되기[46] 때문이다.[47] 그래서 그러한 성격의 민주정에서는 정확히 에우리피데스가 "그때마다 간절히 원하는 것을 위해"[48]라고 말하고 있듯이 각자가 원하는 대로 살아가는 것이다. 그러나 이것은 열등하다.[49] 왜냐하면 정치체제에 어울리게 살아가는 것은 노예적인 것이 아니라, 오히려 안전한 것이라고 생각해야 하기 때문이다.[50]

이렇게 해서 이런 것들이 정치체제들을 변화시키고 파괴하는 원인들이고, 또 정치체제들을 보존하고 존속시키는 방책들은 일반적으로 이와 같다고 말할 수 있다.

46 혹은 '받아들여진다', '주장된다'. 주어(主語)는 '민주정 옹호자'일 것이다. 이에 대해서는 1317b3-10, 1280a11 참조. 자유와 동등성(평등)은 민주정에 늘 동반하는 것이다(1291b34 아래).

47 자유와 동등함이 동시에 특정한 민주정의 원리가 된다는 생각에 대해서는 제4권 1291b34-36 참조.

48 A. Nauck 646, 「단편」 891, *Tragicorum Graecorum Fragmenta*(2nd ed., Berlin, 1889). 1316b24, 1319b30 참조. '제멋대로의 자유'를 향유하는 것에 대해서는 플라톤, 『국가』 557b 참조. 스토아학파에 따르면 "자유란 자주적 행동(autopragia)의 권한(exousia)이고, 노예 상태란 자주적 행동의 결여"다(디오게네스 라에르티오스, 『유명한 철학자들의 생애와 사상』 제7권 121-122). 에픽테토스도 '자유로운 사람은 원하는 대로 사는 사람'(eleutheros estin ho zōn hōs bouletai)이라 했다(『강의』 제4권 제1장 1절).

49 플라톤, 『법률』 780a 참조.

50 플라톤도 비슷한 생각을 표명하고 있다(『법률』 715d). "폴리스의 안전(보존; sōtēria)은 법률 안에 있다"(『수사학』 1360a19).

제10장

1인 지배정의 기원과 몰락

1인 지배정에 대해서도 어떤 원인에서 소멸하고, 어떤 방책을 통해서 보
1310b 존되는 것이 자연적인지를 논의할 것이 남아 있다.[1] 하지만 왕정과 참주정에서 일어나는 것들은, 당연히 우리가 앞서 정치체제들에 대해 언급해 왔던 것들과 거의 비슷하다. 왜냐하면 왕정은 귀족정와 친근성이 있고, 참주정은 '가장 멀어진'[2] 과두정과 '가장 멀어진' 민주정으로 구성되기 때문이다.[3] 그러므로 참주정이 두 개의 악덕[4]으로 구성되어 있고 또 두 정치체제에서 생겨난 벗어남과 잘못을 가지고 있는 한에서, 참주정은 또한 지배받는 사람들에게 가장 해로운 것이다.

이런 종류의 1인 지배정의 발생은 각각 정반대의 기원에 놓여 있다.

1 1인 지배정에 대해서는 앞서 1295a 1 아래에서 논의된 바 있다. 현존하는 정치체제를 대신할 후보로서 아리스토텔레스는 마케도니아의 왕정을 염두에 두고 있는 것일까?

2 즉 극단적인.

3 1311a8 아래에서 이 점이 다시 논의된다. 왕정은 덕과 가치(공적)에 기초하기 때문에 귀족정에 상응한다(1289a30-35, 1310b32-34). '가장 멀어진' 과두정은 '집단 권력 체제'다(1293a30-34). '가장 멀어진' 민주정은 인민이 법보다는 권위를 갖는 경우다(1293a1-10). 이 두 정치체제의 혼합 형태로서의 참주정의 특징에 관해서는 1296a3-4, 1312b34-38 참조. 왕정은 귀족정에 대응하기 때문에 그 몰락의 원인도 닮았다. 귀족정은 법과 정의에서 어긋나기 때문에 파괴된다(1307a5 아래, 1307b30 아래). 왕정도 또한 그렇다(1313a1 아래).

4 kakon epi kakō(i)라는 속담이 있다. '악에다 악이'란 말로, 엎친 데 덮친 격으로 거푸 나쁜 것이 왔다는 말이니 가장 해로울 수밖에 없을 것이다.

왜냐하면 왕정은 인민에 맞서[5] 품위 있는 자[6]를 돕기 위해서 생겨났고, 또 왕은 덕(탁월함)의 우월성이나 덕에서 나온 행위의 우월성에서, 혹은 그러한 성격을 가진 일족의 우월성에 근거해서 품위 있는 자 중에서 선출되기 때문이다. 반면에 참주는 인민이 귀족들[7]에게 부정의한 대우를 당하지 않도록 귀족들에게 맞서 인민과 다중[8]에서 선출된다. 이것은 지금까지 일어난 것들로부터 명백하다. 왜냐하면 거의 대부분의 참주들은 귀족들을 비방함으로써 신뢰를 받아 인민 선도자들 속에서 생겨났기 때문이다. 참주제 중에서도 어떤 것은 폴리스들이 이미 크게 확장되었을 경우에는 이러한 방식으로 참주제가 확립되었지만, 이에 대해 이것들에 앞서 세습적인 특권에서 벗어나, 더욱더 전제적인(주인적인) 방식으로 지배하기를 열망했던 왕들에게서 생겨난 참주제도 있다. 또 다른 참주제들은 최고의 관직에 선출된 자들에게서 생겨났다(예전 시대의 민주정은 긴 기간의 임기로 일하는 시민 관직이나 종교적 관직을 두고 있었

5 왕정의 기원에 대한 세 가지 설명이 있다. 당장 눈앞에 보는 바와 같이 (1) 인민으로부터 더 나은 자들을 보호하려는 목적으로 왕이 생겨났다는 것, (2) 가정의 가부장적 구조를 보조하기 위해 마을 단계를 지나 폴리스에 가부정적 질서를 유지하려고 왕이 존재했다는 것(1252b15-27). (3) 영웅들로부터 도움을 받은 사람들이 감사와 보답의 표시로 그에게 왕을 수여했다는 것(1285b3-9, 1310b34-40) 등이다. 그런데 왕은 어느 한편에 파당적인 도움을 주는 것이 아니라, 양편에 도움을 주는 것(1310b40-1311a2)이라고 되어 있다. 그러면 (1)과는 잘 들어맞지 않는다. 한편 epi ton dēmon 대신에 여러 사본은 apo tou dēmou로 읽고 있다(드라이젠터). 그렇게 읽으면 '더 나은 자를 위해 인민에게서 도움을 받는 것'으로 이해해야 할 터인데, 여기서는 잘 어울리지 않는 해석이다. 아리스토텔레스의 강조점은 (1)에 있었을 것이다.

6 epieikēs는 모호한 말이다. 어떤 점에서 '더 나은 자'인지가 분명하지 않다. '덕'에서 훌륭한 자를 말하는 것으로 받아들일 수 있다(1273b3, 1281a12, 『니코마코스 윤리학』 1169a16-18 참조).

7 hoi gnōrimos는 부나 덕을 가진 사람일 것이다.

8 '다중'이 덧붙여진 것은 '인민'에 대한 강조다.

기 때문이다[9]).[10] 하지만 다른 참주제들은 최고의 관직에 대해 어떤 최고의 권위를 갖는 한 관직자를 선출했던 과두정에서 생겨났다. 어떠한 방식이든 이미 가지고 있는 권력이 왕의 지배권이나 명예 있는 다른 관직[11]에 연결되어 있었기 때문에, 그들이 원한다면 참주가 되려는 그 목적을 성취하는 것이 손쉬울 수 있었기 때문이다. 예를 들어 아르고스의 페이돈과 다른 참주들[12]은 앞서 존재하는 왕권을 토대로 참주정을 확립했으며, 한편 이오니아의 참주들과 팔라리스는 '명예 있는 관직'[13]으로부터 참주정을 확립했고, 또 레온티노이의 파나이티오스, 코린토스의 킵셀로스, 아테나이의 페이시스트라토스, 쉬라쿠사이의 디오뉘시오스와 다른 자들은 인민 선도자였던 지위로부터 동일한 방식으로 참주정을 세웠던 것이다.[14]

9 1308a19-24 참조. 시민 관직을 가진 자들(dēmiourgoi)은 '인민의 일을 담당하는 자'를 가리키고, 종교적 관직자들(theōroi; 직역하면 '구경꾼들')은 일종의 '성스러운 사절단(대사)'으로 종교적 축제 및 게임에 참관하거나, 신탁 자문을 받기 위해 파견되는 관리들을 말한다.

10 참주의 권력은 인민 선도자, 왕, 최고의 관직에서 생겨났다.

11 '고위 관직'을 말한다.

12 1316a33 참조.

13 명확하지는 않으나 '최고의 권력을 가진 장군'(statēgos autokratōr)으로 추정된다(『수사학』 1393b8-23). 한국에서는 군사 쿠데타를 통해 1980년대 정권을 탈취한 독재자 전두환의 예를 생각해 볼 수 있다.

14 페이돈은 기원전 7세기 중엽 아르고스의 참주로서 엘리스인들을 내쫓고 제멋대로 올림피아 경기를 주재했으며 펠로폰네소스인들에게 도량형을 도입한 자로 헬라스인들 중에 가장 오만했다고 한다(헤로도토스, 『역사』 제6권 127). 팔라리스는 기원전 6세기 잔인하기로 유명한 시켈리아 남부 해안에 있던 아크라가스(아그리겐툼)의 소문난 참주였다. 속이 빈 '청동 황소'에 산 사람을 집어넣어 불로 데워 죽였다고 하며(핀다로스, 『퓌티아 송가』 1. 95-96), 또 어린아이를 먹으려는 욕망(cannibalism)을 가진 것으로 악명 높다(『니코마코스 윤리학』 1148b19-24, 1149a13-14). 파나이티오스는 맨 처음의 시켈리

그런데 우리가 앞서 말했듯이[15] 왕정은 귀족정에 따르는 질서로 자리 잡고 있다. 개인적인 덕이든 혹은 일족의 덕이든 은전(恩典)을 베풀었거나, 이것들[16]과 결부된 권력(능력)이 더해졌든 간에, 그것은 가치(공적)[17]에 따르는 것이기 때문이다. 그 명예를 손에 넣은 모든 사람들[18]은 그들의 폴리스나 국가(민족)[19]에 혜택을 가져왔거나 혜택을 가져오는 힘이 있었다. 예를 들어 어떤 사람들은 [아테나이의] 코드로스처럼 전쟁에서 자신들의 백성이 노예화되는 것을 막았으며, 다른 사람들은 퀴로스처럼 자신들의 백성을 해방시켰다거나 혹은 라케다이모니아인들의 왕,[20] 마케도니아인들의 왕[21] 그리고 몰롯시아인들의 왕처럼 식민도시를 건설

아 참주로 군사령관이자 인민 선도자였다. 큅셀로스는 기원전 655년부터 625년경까지 코린토스에서 참주 노릇을 했다(1315b22-28 참조). 헤로도토스는 큅셀로스가 참주가 되어 수많은 코린토스인을 추방하고, 재산을 몰수했으며, 사람들을 죽였다고 기록하고 있다. 그의 아들 역시 참주가 되어 아버지보다 더 많은 피를 보았다고 한다(헤로도토스, 『역사』 제5권 92 참조). 디오뉘시오스는 디오뉘시오스 1세(기원전 405~367년)를 가리킨다. 페이시스트라토스와 디오뉘시오스에 대해서는 1305a23-28를 참조. '인민 선도자'로서 정권을 획득한 독일의 히틀러와 해방 이후 북한에서 정권을 손아귀에 넣은 김일성을 그 예로 생각해 볼 수 있다.

15 1310b2-3.

16 "은전의 베풂"(euergesia)'만'을 지시하는 것일까?

17 '가치'(axia)에는 부, 좋은 태생과 결부될 수 있지만, '덕'(아레테)에서 찾아지는 것이어야 한다. 그러나 귀족정과 왕정은 "외적 수단을 겸비한 덕(훌륭함; aretē)에 근거"하는 정치체제다(1289a32 아래).

18 즉 왕이 된 사람들.

19 폴리스와 국가(민족; ethnos)의 차이는 기본적으로 그 '규모'에 달려 있다.

20 스파르타의 두 왕족 가문이었던 아기스와 에우뤼폰을 언급하는 것일까?

21 마케도니아의 왕권을 손에 넣은 페르딕카스 1세를 말하는 것으로 보인다(헤로도토스, 『역사』 제8권 139).

하고 영토를 획득함으로써 [왕이 될 수 있었다.][22]

왕은 재산을 가지고 있는 사람들이 그 어떤 부정의를 당하지 않도록, 1311a 다른 한편으로는 인민이 어떠한 모욕적 취급을 당하지 않도록 하는 수호자가 되기를 바란다. 반면에 앞에서 종종 언급한 대로[23] 참주는 사적인 이익을 도모하는 것이 아니라면, 공동의 이익에 눈을 돌리지 않는다. 참주의 목표는 즐거움이지만, 왕의 목표는 아름다움이다. 따라서 돈에 지나치게 탐욕을 부리는 것이 참주의 특징이지만,[24] 명예[25]를 향하는 것이 왕의 더 큰 특징이다. 또 왕의 친위대는 시민이지만, 참주의 수호대는 외국인의 수중에 맡겨져 있다.[26]

참주정은 민주정과 과두정의 악덕을 모두 가진다는 것도 명백하다. 한편으로 과두정으로부터 따라 나오는 악이란 부(富)에 그 목적을 두는 것이고[27](그렇게 함으로써만 참주는 자신의 수호대와 자신의 사치스러운

22 코드로스는 아테나이의 전설적 왕이었다. 전통적인 설명에 따르면, 자신이 살아남게 되면 아테나이가 패할 것이라는 것을 알고, 도리스의 침입으로부터 아테나이를 구하기 위해, 자신의 생명을 스스로 내놓고 살해되었을 때 그는 '이미' 왕이었다고 한다. 그의 아버지 멜란토스(Melanthos)가 왕권을 가지고 있었다. 플라톤은 코드로스를 알케스티스 및 아킬레우스와 연결시키고 있다(플라톤, 『향연』 208d). 퀴로스는 기원전 6세기 중반에 페르시아를 메디아로부터 해방시켰던 페르시아 제국의 최초 통치자였다(기원전 559~529년). 퀴로스에 대해서는 플라톤, 『메넥세노스』 참조(239d-e 참조). 아킬레우스의 아들 네오프토레모스는 헬라스 북서부 지방인 몰롯시아를 정벌하고 그들의 왕이 되었다고 한다.

23 1279b6-10, 1295a17-22 참조.

24 부와 쾌락의 추구에 대해서는 1279b6-10, 1279a17-22 참조.

25 timē는 바로 앞의 '아름다움'('고귀한 것', to kalon)과 같은 의미로 사용되었다.

26 여기서 외국인은 용병을 말한다. 시민들은 자신들의 무기로 왕들을 수호하는 반면에, 용병들은 참주들을 수호한다(1285a24-29 참조). 시민에게 수호를 받는다는 것 또한 '고귀'할 수 있다.

27 과두정의 목적이 '부의 축적'에 있다는 언급은 1321a41-42과 『니코마코스 윤리학』

삶을 유지할 수 있는 것이 필연적이니까), 또 다중에게 전혀 신뢰를 두지 않는다는 것[28]이다(이런 까닭에 중무장 병장기를 빼앗는 것이고, 또 군중을 학대하고 도시 바깥으로 내쫓아 흩어져 살게 하는데, 이는 과두정과 참주정 양쪽 모두에 공통적인 것이다). 그 반면에 민주정으로부터 따라 나오는 악이란 귀족들에 맞서 싸우는 것, 그들을 은밀하고 또 공공연하게 파괴하는 것, [지배하는 기술에 대한] 경쟁 상대로서 또는 지배에 대한 방해자로서 그들을 추방하는 것이다. [참주의 지배에 대한 방해뿐 아니라] 실제로 귀족들 가운데서 스스로 지배하고 싶은 자나 노예가 되기를 원하지 않는 자들이 나타나 음모가 생겨나기 때문이다. 따라서 트라쉬불로스에 대한 페리안드로스의 충고, 즉 '돌출한'(도드라지게 자란) 곡식 줄기를 자르라고 충고한 것이며, 그것은 항시 '돌출한'(도드라지게 눈에 띄는) 시민들을 제거해야 한다는 것을 의미하는 것이었다.[29]

그렇기에 앞서 거의 다 언급한 바와 같이,[30] 여러 정치체제의 변화와 1인 지배정의 변화에 대해서, 그 기원은 동일하다고 보아야 한다.[31] 왜

1160b15 참조.

28 '인민에 대한 불신'은 1306a21에서 언급되었다.

29 1284a26-33 참조. 트라쉬불로스에 대한 페리안드로스의 충고에 대해서는 헤로도토스의 『역사』 제5권 92 참조. 그러나 이 둘의 역할이 반대로 나온다는 점에 대해서는 1284a26-33 주석에서 이미 언급한 바 있다.

30 1302a34 아래에서 정치체제 변화의 원인과 기원이 열거되었다. 그것들은 오만(무례한 태도, 모욕), 공포, 우월성, 경멸[하는 태도], 비례에 어긋나는 성장, [편애적인] 관직 선거 운동, 하찮게 여김, [신분상의] 비천함, 비슷하지 않음 등이었다.

31 politeia는 여러 의미로 사용되는데, 여기서는 1인 지배정을 제외한 정치체제를 가리키고 있는 것 같다. 경우에 따라서 넓은 의미에서 1인 지배정을 포함하기도 한다. 더 좁게는 정치체제 들 중에서 '혼합정'을 가리키기도 한다.

냐하면 다중[32]이 1인 지배정을 공격하는 것은 부정의, 공포, 경멸 때문인데, 부정의와 관련해서는 무엇보다도 오만(모욕; 휘브리스)[33]이 원인이 되기도 하지만, 때로는 사적 재산의 몰수가 원인이 되기도 하기 때문이다. [1인 지배정을 공격하는 자들의] 그 변화의 목적도 정치체제들에서와 마찬가지로 참주정과 왕정에 대해서도 동일하다. 즉 1인 지배자들은 모든 사람이 원하는 큰 부와 높은 명예를 가지고 있기 때문이다. 공격들 중에서 어떤 것은 지배자들의 신체를 향하기도 하고, 다른 것은 지배권을 향해 일어나기도 한다. 그러나 오만에 기인하는 공격은 그의 신체를 향해 일어난다. 오만(모욕)에는 다양한 종류가 있기는 하지만,[34] 그것들[35] 각각은 분노의 원인이 된다. 분노하는 사람들의 거의 대부분은 [사회적 지위의] 우월성이 아니라 보복을 하기 위해 공격한다. 예를 들어 페이시스트라토스 일가(一家)를 향한 습격은 그들이 하르모디오스의 누이의 얼굴에 진흙을 바르고 하르모디오스를 경멸했기 때문에 일어났다(즉 하르모디오스는 누이 때문에 공격했고, 아리스토게이톤은 그 하르모디오스 때문에 습격했으니까).[36] 또 사람들은 또한 암브라키아의 참주인

32 즉 피지배자들.

33 아래에서는 오만보다는 '모욕'으로 옮기는 것이 더 적합한 것으로 보인다.

34 '모욕'(오만)의 여러 종류에 대해서는 1315a14 아래 참조.

35 오만의 부분들.

36 아테나이의 참주 페이시스트라토스 일가의 공격은 기원전 514년에 일어났다. 페이시스트라토스에게는 힙피아스, 힙파르코스, 테살로스 등 세 아들이 있었다. 이에 대해서는 『아테나이의 정치체제』 18; 헤로도토스, 『역사』 제5권 55-65; 투퀴디데스 『펠로폰네소스전쟁』 제6권 54-59 참조. 아리스토게이톤과 하르모디오스는 각각 사랑하는 자(에라스테스)와 사랑받는 자(에로메노스)로서 동성(同性)의 연인 관계다. 플라톤, 『향연』에는 이 둘의 "친애가 확고해져서"(philia bebaios)란 표현이 나온다(『향연』 182c). 투퀴디데스에 의하면 아리스토게이톤과 하르모디오스가 아테나이의 참주 힙피아스(페이시스트라토스의 아들)와 그의 형제 힙파르코스를 축제장에서 살해하려 시도했는데, 힙파

페리안드로스[37]에 대해 음모를 꾸몄는데, 자신의 소년 연인과 술을 마시는 동안에 페리안드로스가 그에게 '아직 자신의 아이를 임신하지 않았 1311b
는지'를 물었기 때문이다. 필립포스[38]에 대한 파우사니아스의 습격은 그가 앗탈로스 주변의 패거리들에게 모욕당하도록 필립포스가 그대로 방치해 두었기 때문에 일어났다. 또 '작은 아뮌타스'에 대한 데르다스의 공격은 아뮌타스가 그의 청춘에 대해 떠벌렸기 때문에 일어났다.[39] 퀴프로스의 에우아고라스[40]에 대한 내시의 습격은 복수심 때문에 일어났다. 즉 에우라고라스의 아들이 내시의 아내를 호렸기 때문에, 내시가 모욕을 당했다며 에우라고라스를 살해했던 것이다.

1인 지배자들에 대해서는 그들이 다른 사람들의 신체를 욕되게 함으

르코스만 살해하는 데 성공했고, 하르모디오스는 그 자리에서 경호원에게 죽임을 당했으며, 현장을 피했던 아리스토게이톤도 나중에 잡혀서 고문당한 후 처형당했다. 참주정이 무너진 이후에 이들은 자유를 가져다준 인물로 추앙받았다고 한다. 그들의 자손(플라톤, 『소크라테스 변명』 참조)도 유공자에게 주어지는 프뤼타네이온에서의 식사 대접 특권을 받았다고 한다.

37 1303a23, 1304a31-33 참조. 그는 코린토스의 참주 페리안드로스의 조카였다.

38 마케도니아의 필립포스 2세는 소아시아 침략 직전에 젊은 마케도니아 사람인 파우사니아스에게 살해되었다(기원전 336년). 필립포스 2세의 눈을 사로잡았던 파우사니아스는 필립포스 2세의 가장 젊은 부인인 클레오파트라의 아저씨 앗탈로스에게 모욕을 당하자, 왕의 딸의 결혼을 축하하는 범 헬라스 제전에서 필립포스 2세를 단도로 살해한 것으로 알려져 있다. 필립포스 2세의 아들이 바로 알렉산드로스 대왕이다. 그렇다면 적어도 『정치학』이 혹은 이 대목을 비롯한 그 일부가 기원전 336년 이후에—아리스토텔레스의 생애 말년인 14년 기간 동안에—쓰인 것을 확증해 주는 증거가 될 수가 있다. 그렇다고 해도 결정적인 것은 못된다. 필립포스 2세에 대한 언급은 『수사학』 1397b31-1398a3에도 나온다.

39 데르다스와 아뮌타스에 대해서는 딱히 알려진 바가 없다. 아뮌타스의 떠벌림은 젊은 데르다스와 '육체적인' 즐김이 있었다는 것을 자랑한 것으로 이해된다.

40 에우아고라스는 기원전 411년에서 374년까지 퀴프로스에 있는 살라미스를 통치했다.

로써[41] 많은 습격이 또한 일어났다. 아르켈라오스[42]에 대한 크라타이오스의 습격이 하나의 예다. 크라타이오스는 아르켈라오스와의 성적 교제가 늘 견디기 힘들었기 때문에, 아르켈라오스가 그렇게 하기로 약속했음에도 불구하고, 그의 두 딸 중 어느 누구도 자신에게 주지 않았다는 구실보다 더 사소한 핑계거리조차 공격의 이유로 삼기에 충분했을 것이다. (대신에 아르켈라오스는 시르라스와 아르라바이오스에 맞서는 전쟁으로 공격을 당하자, 나이가 많은 큰 딸을 엘리메이아[43]의 왕에게 주고 또 나이가 적은 딸을, 그렇게 하면 아뮌타스가 클레오파트라에게서 태어난 다른 아들과 싸우는 일은 없을 것이라고 생각해서, 자신의 아들인 아뮌타스에게 주었던 것이다.) 그러나 크라타이오스와 아르켈라오스 사이가 소원(疏遠)해지기 시작한 것은 어쨌든 간에 그들의 성적 교제를 크라타이오스가 힘들어 했다는 데에 있다. 라리사의 헬라노크라테스 또한 이와 동일한 이유로 해서 그 습격에 가담했다. 사실상 아르켈라오스가 그의 청춘을 건드려 즐기면서 그렇게 하겠다고 언질을 한 뒤에도 그를 고향으로 되돌려 보내지 않았기 때문에, 그가 왕과 이루어진 성적 교제를 성적 욕망 때문이 아니라 모욕을 주려고 했기 때문이라고 생각했으니까 말이다. 아이니오스의 퓌톤과 헤라클레이데스는 자신들의 아버지를 위해 복수하려고 코튀스[44]를 죽였지만, 아다마스가 코튀스에게서 등을 돌린 것은 소년 시절에 코튀스에 의해 거세당했기에 모욕당했다고 생각했

41 성적 수치심을 불러일으킨 것을 말한다.

42 마케도니아의 왕(기원전 413~399년). 플루타르코스, *Amatorios* 23 참조. 크라타이오스의 공격은 기원전 399년에 일어났다. 에우리피데스가 기원전 408년에 그의 궁전으로 가서 거주하다가, 75세가 되던 기원전 406년에 거기서 죽었다고 한다.

43 마케도니아 남쪽의 중부 헬라스 지역.

44 트라케의 왕(기원전 382~358년)으로 기원전 359년에 살해되었다.

기 때문이다.

또한 많은 사람들이 채찍질을 당하고 학대당했기 때문에 분개하고 자신들이 모욕을 당했다는 이유로 심지어 관직에 있는 사람들이나 왕족 세력과 연관이 있는 사람들까지 살해하거나 살해하려고 시도했다. 예를 들어 뮈틸레네에서 메가클레스는 친구들과 연대해서 곤봉을 들고 돌아다니며 사람을 두들겨 패던 펜티로스 가문[45] 사람들을 습격해서 살해했다. 그리고 나중에 스메르데스가 펜티로스를 살해한 것은 그에게 매를 맞고, 자신의 아내 곁에서 끌려 나갔기 때문이다. 또 데캄니코스는 아르켈라오스의 적들을 맨 처음으로 부추겨서 그 습격하는 지도자가 되었다. 그가 분노한 이유는 아르켈라오스가 채찍질을 하도록 자신을 시인 에우리피데스에게 넘겨줬다는 것이었다. 또 에우리피데스 쪽은 데캄니코스가 자신의 나쁜 입냄새에 관해 어떤 말을 했기 때문에 화가 났었다. 또 다른 많은 사람들이 이와 같은 이유로 살해되고 음모의 표적이 되었던 것이다.

공포가 원인이 되는 경우도 마찬가지다. 왜냐하면 공포는 정치체제들의 경우에서와 마찬가지로 1인 지배정의 경우에서도 [우리가 언급한] 그 변화의 원인의 하나였기 때문이다.[46] 예를 들어 아르타파네스는 다레이오스 살해에 대한 책임 추궁이 두려워서 크세르크세스를 죽였다. 다시 말해서 크세르크세스가 식사를 겸한 술판을 벌이는 동안에 말한 것을 기억하지 못한 채 자신을 용서해 줄 것이라고 생각하고는, 아르타파네스는 크세르크세스의 명을 받지도 않고서 다레이오스를 교살했다는

45 레스보스섬에 있던 뮈틸리네의 초기 과두정에서 지배층 가문이었다. 이 가문은 오레스테스의 사생아인 펜티로스의 후손이라고 전해진다.

46 1311a25 참조.

것에 두려움을 느꼈던 것이다.[47]

1312a [1인 재배자에 대한 다른 공격들에는] 경멸이 원인이 되는 경우도 있는데, 예를 들어 사르다나팔로스[48]가 여자들과 더불어 양모를 빗질하는 것을 보고 어떤 자가 그를 죽인 것이 하나의 예다(만일 이 이야기를 만든 사람[49]이 말하는 것이 진실이라면. 그러나 그것이 그의 경우에 진실이 아니라면, 다른 사람의 경우였다고 말하는 것은 진실이 될 것이다).[50] 또 디온이 '젊은' 디오뉘시오스(2세)를 공격한 것은 경멸 때문인데, 시민들과 마찬가지로 그를 경멸하는 것을 보았고 그가 어느 때 고주망태가 되어 있는 것을 보았기 때문이다.[51] 심지어 군주의 몇몇 친구들도 경멸 때문

47 크세르크세스는 페르시아의 왕(기원전 486~465년)으로 기원전 480년에 헬라스를 침략했으며, 다레이오스는 그의 세 아들 중 장자였다. 아르타파네스는 크세르크세스의 경호대장이었다. 아마도 크세르크세스는 흔히 식사하는 동안에 술을 많이 먹곤 했었던 것 같다. 다른 보고에 따르면(디오도로스), 아르타파네스는 페르시아의 왕관이 탐이 나 크세르크세스를 먼저 죽이고, 그의 젊은 아들인 아르타크세르크세스로 하여금 아버지를 살해한 죄를 뒤집어씌워서 그의 형 다레이오스를 죽이게 한 다음, 아르타크세르크세스 마저 죽이려 했지만 실패하고 처형당했다고 한다. 그렇다면 아리스토텔레스가 전하는 이야기와는 다른 방식으로 판이 구성되어야 한다.

48 사르다나팔로스(Sardanapallos, Ashur-bani-pal)는 니네베(Nineveh)에 있던 앗쉬리아 제국의 마지막 왕(668-627년). 헤로도토스, 『역사』 2권 151 참조. 그의 향락적 삶에 대한 보고는 『니코마코스 윤리학』 1095b19-22와 『에우데모스 윤리학』 1216a16-19 참조. 양모를 다듬는 것(xainein; dressing)은 실잣기의 준비 단계로 주로 여자가 담당한 일이다. 사르다나팔로스가 화장을 하고, 보석으로 치장하고, 창부의 옷을 입고, 여성의 목소리를 흉내 내고, 눈을 음탕하게 굴려 댔다는 보고도 전한다(아테나이오스, XII, 528e-530c).

49 아리스토텔레스는 『동물의 생성에 대하여』에서 헤로도토스를 이렇게(ho muthologos) 부르고 있다(756b6).

50 이 사건에 관해서 두 가지 이야기가 전해진다. 아리스토텔레스가 전하는 대로 어느 메디아인으로 사르다나팔로스의 장군이었다는 것이다. 다른 하나는 그가 다른 나라와 전쟁하다가 패배함으로써 죽었다는 것이다.

51 1312b16-18. 플루타르코스, 「디온」 22-51. 디오뉘시오스 1세가 같은 날 두 여자와 결혼한 일화에 대해서는 1307a38-39 참조. 디오뉘시오스 2세는 로크리스 출신의 도리스에

에 공격하는 자가 있다. 왜냐하면 신뢰를 받기 때문에 눈치채지 못할 것이라고 생각하고 얕보게 되기 때문이다. 그러나 지배 권력을 잡을 힘이 있다고 생각하고 공격하는 자는 어떤 의미에서는 경멸이 원인이다. 사실상 지배권을 탈취할 만한 힘을 가지고 있는 자들은 어떤 의미에서는 경멸 때문에 공격을 하는데, 그들은 그 힘 때문에 그 힘이 그들에게 줄 수도 있는 위험을 가볍게 여기고 장군들이 하는 것처럼 1인 지배자들을 쉽게 공격한다. 예를 들어 퀴로스가 아스튀아게스를 공격한 것은 자신의 힘이 쇠약해지고 둔해졌는데도 아스튀아게스 자신은 사치스럽게 사는 그의 삶의 방식과 그의 힘을 경멸했기 때문이며, 또 트라케인인 세우테스가 장군일 때 아마도코스를 공격한 것도 마찬가지다.[52]

어떤 사람들은 또한 예를 들어 미트리다테스가 아리오바르자네스를 공격했던 것처럼, 경멸 때문에 또 이익을 위해서와 같은 이러한 여러 이

게서 태어난 아들이고, 디온은 디오뉘시오스 1세의 다른 부인인 아리스토마케의 동생이었다. 디온은 아리스토마케의 딸 아레테의 남편이었다. 그러니까 디온은 아레테의 남편이자 외삼촌이었다. 아리스토마케의 다른 딸 소프로쉬네는 디오뉘시오스 2세에게 주어졌다고 한다. 그렇다면 디온은 디오뉘시오스 2세의 동서고, 아저씨인 셈이다. 어쩌면 이러한 이유로 골육상쟁은 피할 수 없었을 것이다. 바로 이 디온이 플라톤의 친구이자 그의 가장 뛰어난 학생이었다는 것을 기억하자. 플라톤이 디온을 위해서 기원전 387년에 디온의 초청을 받아들여 시켈리아로 현실 정치에 참여하기 위해 떠났다는 것은 유명한 일화다. 디오뉘시오스 2세는 철학을 공부하는 것을 부끄럽게 생각하고, 철학이 자기를 망치는 독약이라고 생각했다는 것이다.

52 아스튀아게스는 메디아의 마지막 왕이었다(기원전 594~559년). 퀴로스는 그의 장군이자 손자였다(헤로도토스, 『역사』 제1권 108-130). 아마도코스는 오드뤼사이(Odrusai)의 왕이다. 트라케의 이 사건은 달리 알려진 바가 없다.

유로 1인 지배자를 공격한다.[53] ⟦이런 종류의 원인으로 말미암아[54] 공격을 하는 것은 주로 선천적으로 대담하고 1인 지배자에 의해 군사의 요직[55]을 맡고 있던 자들이다. 왜냐하면 대담함은 힘을 가진 용기며,[56] [용기와 힘] 양쪽이 있기 때문에, 쉽게 승리할 수 있을 것이라고 생각하고는 공격을 하는 것이다.⟧[57]

그러나 명예심 때문에 공격을 하는 자들의 경우, 그 동기는 앞서 언급한 것들을 넘어서는 다른 종류의 원인을 가진다. 어떤 자들이 참주들을 공격하는 것은, 그가 가진 큰 이익과 큰 명예를 바라보기 때문이지만, 명예심 때문에 공격하는 자들 각자는 그와 같은 동기에서 위험을 무릅쓸 길을 선택하지 않았기 때문이다. 전자는 앞서 말한 동기 때문인 반면, 후자는 오히려 무언가 다른 비범한 행위가 이루어짐으로써 이름을 날려 다른 사람들에게 알려지듯이,[58] 그들이 1인 지배자를 공격하는 것은 1인

53 아마도 아리오바르자네스는 페르시아 지방 폰토스의 태수(太守)였다(기원전 363~336년). 그의 아들 미트리다테스 2세가 태수직을 승계했다고 한다. 달리 다른 지역에서 태수였던 아리오바르자네스는 페르시아에 반란(기원전 362년)을 일으켰다가 잡혀서 처형되었던 인물로 보기도 한다.

54 즉 '경멸 때문에'.

55 장군을 제외한 고위 군인의 관직.

56 1258a10-11 참조. 참된 용기는 대담함과 두려움의 중용이다(『니코마코스 윤리학』 1107a33-b4, 『에우데모스 윤리학』 1229a11-12). 그렇다면 여기서 말하는 용기란 무엇일까? 아리스토텔레스가 『니코마코스 윤리학』에서 구별하고 있는 다섯 가지 용기 중의 하나인 분노일 것이다(『니코마코스 윤리학』 1116b24-1117a9, 『에우데모스 윤리학』 1229a20-29). 분노 내지는 격정(thumos)으로 간주되는 용기일까? 분노에서 나온 용기가 가장 자연스러울 것이다. 분노도 어떤 종류의 '힘'을 일으키는 것이니까!

57 뉴먼은 이 문장이 6행의 '고주망태가 된'(methuonta) 다음에 이어지는 것으로 본다.

58 플라톤, 『향연』 208c-d 참조.

지배를 얻고자 원하는 것이 아니라 명예를 원하기 때문이다.[59] 그럼에도 이러한 종류의 이유로 그런 일(企圖)을 추동(推動)하는 사람들은 분명히 수적으로 매우 적다. 만일 그 일을 성공시키지 못했을 경우에 그들 자신의 안전에 관해서는 전적으로 도외시해야 한다는 것을 필연적으로 전제해야 하기 때문이다. 그러한 사람은 항시 디온의 신념을 마음에 넣어 두어야 하는데,[60] 그런 신념은 많은 사람들에게 쉽게 동화되는 것이 아니다. 왜냐하면 디온[61]은 소수의 병력을 이끌고 디오뉘시오스를 목표로 진군했지만, 그는 자신이 어느 지점까지 나아갈 수 있게 되든 간에, 그러한 기도(企圖 혹은 擧事)를 감당할 수 있는 것만으로 자신에게는 충분할 것이고, 비록 상륙 후 곧장 죽음을 맞이한다고 할지라도 그 죽음은 자신에게는 아름다울 것이라고 말하고 있다.[62]

59 브루투스가 카이사르(시저)를 죽인 이유가 그가 가진 권력과 부 때문이 아니라, 자신의 '비범한' 행위를 통해서 영구적인 1인 독재를 막아냈다는 명성을 얻기 위해서인가?

60 즉 '그들의 마음속에 디온의 소신(신념)이 있어야 한다'.

61 경멸 때문에 디온이 디오뉘시오스를 공격한 이야기는 1312a4-6에서 언급된 바 있다. 1312b16-17에서도 디온의 이야기가 다시 언급된다. 디온과 아리스토텔레스는 플라톤의 아카데미아에서 10년간 친교를 나눴다. 디온이 추방되어 아테나이에 체류하는 동안 참주 디오뉘시오스는 배다른 자매인 디온의 부인 아레테를 다른 사람에게 주고, 그의 재산을 몰수했다고 한다(플루타르코스, 「디온」 18.1, 19.5, 21.1-3; 플라톤, 『제7서한』 345c4-347e5). 디온이 시켈리아로 다시 돌아온 뒤, 그의 어머니 아리스토마케가 디온에게 "[다른 남자를 억지로 맞아야 했던] 아레테가 너를 외삼촌이라 불러야 할까, 아니면 남편으로 맞아야 할까"라고 물었을 때, 디온은 아레테를 다정하게 안아 주었다고 한다. 디오뉘시오스에 대한 디온의 공격에는 명예, 경멸, 모멸감, 재산 몰수와 같은 복합적 원인이 있었던 것 같다. 『제7서한』에 나타난 바를 추론해 보면, 주된 공격 이유는 빼앗긴 아내보다는 빼앗긴 재산 때문이었을 것이다. 10년 동안 보지 못한 아내가 거사(擧事)를 일으키는 주요 동기가 될 수는 없을 테니까.

62 디온은 기원전 357년에 8백 명의 용병을 거느리고 시켈리아를 향해 항해했다(플루타르코스, 「디온」 22. 3-5, 25.1).

참주제가 무너지는 한 가지 방식은 각각의 다른 여러 정치체제와 마
1312b 찬가지로 그것에 반대되는 더 강한 정치체제가 있다면 외부로부터 오는 것이다.[63] (그 정책[계획]이 반대되는 것이기 때문에 그 파괴를 바라는 것은 분명하고, 자신들이 원하는 것을 이룰 수 있는 힘이 있다면 원하는 바를 행하기 때문이다.) 참주정에 대해서 한편으로는 헤시오도스가 '옹기장이는 옹기장이에게 [화를 낸다]'라고 말한 것처럼,[64] 민주정이 반대되는 정치체제가 된다(극단적 민주정이 또한 참주정이니까[65]). 다른 한편으로는 정치체제의 상반되는 성격 때문에 왕정과[66] 귀족정이 서로 반대되는 것이 된다.[67] 그렇기에 라케다이모니아인들은 여러 번 참주정을 전복시켰고, 잘 통치하던 시대 동안에도 쉬라쿠사이인들은 그렇게 했던 것이다.[68]

참주정이 무너지는 또 다른 방식은 그 체제에 참여한 자들이 파당을 일으키는 경우로, 마치 게론을 둘러 싼 일족의 참주정과 우리의 시대에는[69] 디오뉘시오스를 둘러 싼 일족의 참주제가 그랬던 것처럼 내부 자체

63 1307b19-25 참조. 1인 지배자라는 사람 또는 1인 지배자의 옥좌에 대한 공격, 즉 왕이나 참주에 대한 공격이 아니라, 1인 지배정 자체에 대한 '외부로부터'의 공격을 말하고 있다.

64 헤시오도스, 『일과 나날』 25행.

65 1292a2-38 참조.

66 1310b7-1311a8 참조.

67 귀족정은 왕정과 비슷하다(1310b2-32).

68 쉬라쿠사이에서 게론 참주정이 몰락한 시기(기원전 466~465년)와 귀족정을 민주정으로 바꿨던 시기(기원전 413년 혹은 412년).

69 『정치학』이 쓰이기 오래전인 기원전 356년을 말하는 듯하다. 디온이 디오뉘시오스를 축출한 것을 두고 말하는 것이다. 아리스토텔레스의 경우에 '지금'(nun)은 '아주 최근'의 사건을 두고 말하는 것이 아니다. 로스는 여기서의 '지금'이 시켈리아에서 디온에 의한 디오뉘시오스의 축출 사건을 말하는 것으로 보고, 아리스토텔레스가 『정치학』을 첫

로부터 오는 것이다. 게론의 참주정의 경우, 히에론의 형제인 트라쉬불로스가 스스로 지배자가 되기 위해 게론의 아들의 환심을 사서 끌어들여 그를 관능적 쾌락으로 빠져들도록 만들었는데,[70] 그러자 그 일족 사람들은 참주정을 완전히 타도하기 위해서가 아니라 단지 참주가 된 트라쉬불로스만을 타도하기 위해서 한데 결속했다.[71] 그러나 그들과 함께 가담했던 사람들은 그들에게 호기(好期)가 닥쳐오자 그들 모두를 다 내쫓아 버렸다. 한편, 디오뉘시오스(2세)의 경우는 배다른 여동생과 결혼했던 디온은 그를 향해 군사를 이끌고 진격했으며, 인민의 지지를 받은 다음에 그를 내쫓았으나, 그다음에 디온 자신도 살해당했다.[72]

특히 사람들로 하여금 참주정을 공격하게 하는 두 가지 이유가 있는데, 그것은 증오와 경멸이다.[73] 이것들 중에 앞의 것인 증오는 늘 참주들에게 귀속하는 것이지만, 참주정의 전복들 중 많은 것을 일으키는 것은 그들이 초래하는 경멸의 결과다. 이것에 대한 징표는, 관직을 스스로 획득했던 대부분의 사람들은 또한 권력을 지켜 내지만, 권력을 물려받은

번째 아테나이에 머물던 시점에서 저술되기 시작한 것으로 본다(Ross, W. D., *Aristotle*, London: Routledge, 1923, p. 15). 로스의 견해를 받아들이지 않는다.

70 플라톤, 「제7서한」 333c 참조. 여기서와 비슷한 목적으로 디온이 마치 디오뉘시오스를 현혹시켜 통치권을 빼앗으려는 계략을 꾸몄다는 소문이 있었다고 말하고 있다.

71 게론은 쉬라쿠사이의 참주였다(기원전 485~478년). 그는 기원전 467년에 죽은 자신의 형 히에론을 계승했다. 트라쉬불로스는 히에론이 죽었을 때 쉬라쿠사이의 참주가 되었다. 그는 기원전 466년에 참주정이 전복되기 전까지 10개월 동안 통치했다. 1315b34-39 참조.

72 디온이 인민을 도움을 받았다면, 응당 완전한 민주정을 도입해야 했으나 그러지 않았던 것 같다. 디온은 아테나이 출신의 칼리포스의 음모에 빠져 용병들에게 살해당하고 말았다.

73 1311a31-1312a20에서 따라 나왔다. 마키아벨리 『군주정』 제19장('경멸과 미움을 피하는 것')을 참조(곽차섭 옮김, 길, 2015).

모든 자들은 일반적으로 말해서 그 권력을 곧장 잃고 말았다는 사실이다.[74] 왜냐하면 그들은 쾌락에 젖은 삶을 살기 때문에 쉽게 경멸당하게 되고 자신들을 공격하는 사람에게 많은 호기(好期)를 줄 수 있기 때문이다. 화 또한 증오의 일부[75]로 간주해야 한다. 어떤 의미에서는 화는 동일한 종류의 행동을 유도하는 원인이 되니까. 심지어 화는 종종 증오보다도 더 행동을 일으키도록 부추긴다. 왜냐하면 화난 자들은 그들의 감정이 이성적인 헤아림을 사용하지 않게 하기에, 더욱 격렬하게 공격하기 때문이다. (특히 오만으로 말미암아 격한 감정에 굴복하는 일이 특히 사람들에게 일어난다. 그것이 원인이 되어 페이시스트라토스 일족의 참주정과 다른 많은 참주정이 타도된 것이다.) 그러나 이것에 대해, 증오는 화보다 헤아림을 더 많이 사용한다. 왜냐하면 화는 고통을 수반하기에, 쉽게 이성적으로 헤아리지 못하지만, 적대감(증오)[76]에는 고통이 없기 때문이다.

요약해서 말하자면, 혼합하지 않은 최종적인(극단적) 과두정과 극단적 민주정을 파괴하는 원인들로 우리가 언급한 모든 것을 참주정의 파괴하는 원인으로 또한 간주해야 한다.[77] 왜냐하면 이러한 정치체제들은 사실상 나누어진 참주정들이기 때문이다.[78]

74 이 대목에서 알 수 있듯이 참주도 하나의 '관직'(archē)이었다.

75 morion(일부)는 '어떤 종류'(eidos ti)를 의미한다.

76 여기서 원어인 적대감(echthra)은 '증오'(misos)와 같은 의미로 사용되고 있다. 화는 적대감(증오)을 만들어 내는 것들 중 하나다.

77 예를 들어, 부자를 억압하는 것은 극단적 민주정에 치명적인 것이고, 가난한 자들을 억압하는 것은 극단적 과두정에 치명적인 것이다. 이것들은 또한 참주정에도 치명적인 것이다.

78 즉 '권력이 단지 한 사람의 수중에 있지 않은 참주정'이라는 의미다. 복수의 인간에 의한 참주제에 대해서는 1292a15 아래, 1293a30 참조.

왕정은 외부의 힘에 의해서 파괴되는 경우가 가장 적기 때문에, 이것이 왕정이 오래 지속되는 이유가 된다. 그 붕괴의 대부분은 내부 자체로부터 일어난다. 왕정은 두 가지 방식으로 붕괴되는데, 하나는 왕정에 참여한 사람들[79]이 파당을 일으키는 경우며, 다른 방식은 왕이 참주적인 1313a
지배를 거쳐 법률에 반해서 심지어 더 많은 것에 대해서 최고의 권위를 요구하는 경우다. 오늘날 왕정은 더 이상 일어나고 있지 않으며,[80] 비록 일어난다고 해도, 오히려 그것은 1인 지배정이나 참주정이다.[81] 이것은 왕정이 지배받는 사람들에게 자발적으로 받아들여진 권력이기 때문이며, 더 중대한 문제들에 대해서 최고의 권위를 갖는 것이지만, 비슷한 자들은 다수이고, 또 그 왕의 권력의 위대함과 위엄에 걸맞을 수 있을 만큼 걸출한 사람은 아무도 없기 때문이다. 그러므로 바로 이것 때문에 사람들은 자발적으로 복종하지 않는다. 만일 누군가가 기만과 힘으로 지배하려 한다면, 이것은 이미 참주정으로 받아들여질 것이다.

혈연관계에 기초한 왕정들에서,[82] 붕괴의 원인으로서 앞서 언급한 것에 덧붙여 많은 왕이 경멸을 불러일으키기 쉬운 자가 되는 것, 그리고 기

79 즉 왕의 권력과 우월성에 참여하고 사람들. 왕의 가족, 형제간의 분규가 몰락의 원인이 되는 일은 매우 흔하다.

80 이 말이 더 이상 왕정이 존재하지 않는다는 것을 의미하지는 않는다. 마케도니아, 라케다이모니아, 몰롯시아에는 왕정이 존재하고 있었다(1310b39-40, 1313a23-33 참조).

81 monarchiai kai turannides mallon을 일종의 중언법(重言法)으로 받아들여 '참주적 1인 지배정'으로 옮기기도 한다(P. Pellegrin, 리브). monarchia(1인 지배정)는 아리스토텔레스의 경우에 흔히 왕정과 참주정을 포괄하는 의미로 쓰인다. 여기서 그 말은 '참주정'에 가까운 의미로 사용되었다(1302b17). kai(그리고)는 '혹은'으로 새긴다.

82 반드시 아버지에서 장자(長子)로, 아버지에서 아들로 왕관이 계승되는 것을 의미하지는 않는다. 아마도 특정한 가문을 한정하지 않고 여러 가문에서 자유롭게 선출되는 것을 말하는 듯하다. 왕정에는 혈연에 의한 것과 선거에 의한 것이 있다.

껏해야 가지고 있는 힘은 참주의 권력이 아니라 왕에게 주어지는 명예인데도 오만하게 행동한다는 것을 붕괴의 원인으로 꼽아야 한다. 즉 왕정들의 전복은 쉽게 초래되기 마련이다. 왜냐하면 그의 피지배자들이 그것을 원하지 않는다면, 왕은 즉시 왕일 수 없지만,[83] 참주는 그의 피지배자들이 원하지 않을 때조차도 참주로 남아 있기 때문이다.

따라서 1인 지배정은 이런 원인들과 다른 그러한 원인들에 의해 붕괴되는 것이다.

83 피지배자들이 원하지 않을 경우에 왕은 참주가 되거나 권력을 잃고 사인(私人)이 되고 말 것이다.

제11장

1인 지배정과 참주정을 보존하는 방법

그런데 무조건적으로 말해서 1인 지배정들이 보존되는 원인은 붕괴와는 반대되는 원인에 의해서라는 것은 분명하며, 각각에 대해 말하면 왕정은 좀 더 온건함 쪽으로 이끎으로써 보존된다.[1] 왕이 최고의 권위(권한)를 갖는 것이 적으면 적어질수록 그만큼 더 오랜 시간 동안 그 지배 전체가 온전히 유지되는 것이 필연적이기 때문이다. 왜냐하면 그 경우에 그들 자신은 전제적(주인적)이지 않고, 그들의 성격에서 한층 동등한 사람이 되고, 피지배자에 의해 덜 시샘을 받게 되기 때문이다. 이것[2] 때문에 몰롯시아인들 사이에서는 왕권이 그렇게 오랜 기간 동안 지속되었고, 또 라케이다이모니아인들 사이에서 왕권이 지속되고 있는 것은 처음부터 지배권을 두 부분으로 나누었으며, 나아가 테오폼포스[3]가 왕권을 다른 방식으로 알맞게 제한했으며, 게다가 그가 에포로스(감독관)의 관직 제도를 확립했기 때문이다. 그는 왕의 권력을 줄임으로써 시간상으로 왕권의 지속 기간을 늘렸고, 그렇게 해서 어떤 의미에서는 그는 왕권을 더 약화시킨 것이 아니라 더 강화시켰던 것이다. 그가 자신의 부인

1 metrion(온건함, metriōteron[비교급])에 대한 플라톤의 충고에 대해서는『법률』690d-e, 691d 참조.

2 touto(이것)는 '왕권의 제한'을 말한다.

3 테오폼포스는 에우뤼폰 가문의 스파르타의 왕으로(기원전 720~675년) 첫 번째 멧세니아전쟁의 지휘자였다(1306b27-31). 에포로스는 왕에 대한 견제 역할을 수행했다(1270b6-17).

에게 대답했다고 사람들이 말하는 바가 바로 그것이라고 한다.[4] 그의 아내가 그에게 왕을 아버지로부터 물려받았던 것보다 더 작게 해서 왕권을 그의 아들에게 물려주는 것을 조금도 부끄럽게 생각하지 않는가라고 얘기했을[5] 때, "전혀 그렇지 않소"라고 대답했다. "보다 더 오랜 기간 지속되는 왕권을 물려줬기 때문이오."

반면에, 참주정들[6]은 정반대되는 두 가지 방식으로 보존된다.[7] 그것들

4 이 이야기는 플루타르코스의 「뤼쿠르고스」 제7장에도 나온다.

5 원문은 erōtēsasan(질문했을 때)가 아니라 eipousan이다. 그러니까 남편에게 그 문제에 관한 약간의 '콘멘트'를 한 셈이다.

6 참주정에 대한 플라톤의 설명과 비교해 보라(『국가』 562a-569c).

7 플라톤, 『국가』 제8권 562a-569c 참조. 하나는 시민들이 참주에게 적대감을 가질 수밖에 없으므로, 그들을 가난하고, 비열하고, 무지하고, 서로 믿지 못하게 만듦으로써 '음모를 꾸밀 수 있는 능력을 갖지 못하도록' 하는 것이고, 다른 하나는 참주가 피지배자들에게 사신이 참주가 아니라 oikonomos(가정 관리자)나 왕처럼 보이게 하고, 공금 횡령자(spheteristēs)가 아니라 감독자(epitropos)라는 인상을 줌으로써 애초부터 '음모를 꾸밀 생각조차 갖지 못하도록' 하는 것이다(1315b1 아래 참조). 『정치학』 제5권 제10장과 제11장에서 논의된 참주들에 대한 권면 내지는 그들의 교육 지침에 관한 논의는 마키아벨리의 『군주론』(제15장-19장, 특히 제19장, '경멸과 미움을 피하는 것에 대하여')에서 논의된 참주교육에 대한 여러 사항을 연상시킨다. 아리스토텔레스가 사람들에게 참주가 아니라 선하고 유능한 1인 지배자처럼 보이도록(phainesthai, dokein) 충고하는 데 반해, 마키아벨리의 관심은 군주의 권력 유지에 초점을 맞추고 있다. 아리스토텔레스와 달리 마키아벨리는 "따라서 군주가 스스로를 유지하고자 한다면, 어떻게 선하지 않을 수 있을지를 그리고 필요가 요구하는 것에 따라 그 지식을 사용하거나 사용하지 않을지를 배워야 한다"(제15장 6)라고 말한다. 또 아리스토텔레스가 주장하는 바와 달리 도덕적 성품에 관련해서 마키아벨리는 "그 성품들을 갖추고 항상 그대로 준수한다면, 그것들은 [군주에게] 해가 되며, 그것들을 갖추고 있는 것처럼 보인다면 그것들은 유용할 수 있다"(제18장 13)라고 말한다. 그렇다고 해서 "참주는 앞서 언급한 거의 모든 것에 정반대되는 것을 행해야 한다"(1314b35-36)라는 아리스토텔레스의 말을 앞서 인용된 마키아벨리의 말과 동일한 차원의 의미로 받아들이는 것은 올바른 해석이 아닌 것 같다. 맥락상 1314b35-36은 전혀 다른 의미로 해석될 수 있다(해당 각주 참조). 어쨌거나 마키아벨리가 『군주론』에서 아리스토텔레스를 언급하고 있지는 않으나, 필시 아리

중의 하나는 전통적으로 계승되어 왔기 때문에, 대부분의 참주들이 그
것에 기초하여 자신들의 지배를 집행했던 방식이다. 그중 많은 참주적
방책들은 코린토스의 페리안드로스가 제정했다고 말해지지만, 이와 비
슷한 많은 것들을 또한 페르시아인들의 통치로부터 취할 수 있다.[8] 가능
한 한 참주정을 보존하기 위한 방책은 언젠가도 언급한 바 있는데—(1)
돌출한(도드라지게 눈에 띄는) 사람들을 잘라 내고, 높은 기상(氣像)을
가진 사람을 제거하는 것이고[9]—또한 (2) 공동 식사[10]와 정치적인 모
임,[11] 교육 및 그 밖의 그런 종류의 다른 어떤 것[12]도 허용하지 않는 것이 1313b
고, (3) 습관적으로 자부심과 신념이란 이 두 가지의 것을 생기게 하는
모든 것을 경계하는 것이고, (4) 학파(학원)[13]나 다른 학문적인 동아리[14]

스토텔레스의 『정치학』을 참조했을 것으로 추정된다. 이런 문제에 대해서는 다양한 관점에서 논의가 있을 수 있겠다(곽준혁, '마키아벨리와 아리스토텔레스—참주교육의 정치철학적 재고', 『대한정치학회보』 21집 3호, 2013 참조).

8 페르시아의 통치 방식에 대해서는 플라톤, 『법률』 697c-d 참조.

9 돌출한 사람을 제거하는 것에 대해서는 1311a8-22 참조.

10 사적인 향연이나 잔치를 포함한다. 아리스토텔레스도 플라톤과 마찬가지로 이 제도의 도입에 찬동하고 있다(1330a3-8).

11 hetairiai는 부유한 자와 권세 있는 자들의 파벌적 모임(투퀴디데스, 『펠로폰네소스전쟁』 제3권 82.6, 제8권 48.3). 스파르타에서 정치적인 클럽의 구성원은 15명가량이었다고 하며, 새로운 멤버로 가입하려면 장로의 만장일치 찬성을 요구했다고 한다(플루타르코스, 『뤼쿠르고스』 12. 1-10).

12 철학 훈련과 체육 교육의 효과, 즉 자부심을 심어줄 수 있다는 것에 대해서는 플라톤, 『파이드로스』 269e 아래와 『향연』 182b-c, 『국가』 411c 참조.

13 여기서 scholē는 철학이나 수사학과 같은 '연구를 위한 모임'이란 의미로, '누군가의 밑에서 배우는 모임'을 의미한다.

14 scholastikos sullogos는 이소크라테스 주변에 모여들었던 집단 및 아리스토텔레스의 뤼케이온과 같은 형식적 학원뿐 아니라, 학술 토론(sumposia), 소크라테스와 그 추종자들이 아고라나 체육관에서 벌였던 대화 모임(sullogos)까지도 다 포함하는 듯하다.

가 생겨나는 것을 허용하지 않는 것이고, 가능한 한 모든 사람들이 서로를 모르는 상태가 되도록 모든 조치를 취하도록 하는(아는 것은 서로에 대해 더 신뢰하게 만드니까[15]) 그러한 것들이다.

(5) 또 다른 방책은 도성에 거주하는 사람들은 항시 [공개적으로] 보이는 곳에 있도록 요구하고, 또 궁전의 문 주위에 달라붙어 시간을 보내게 하는 것[16]이다(이러한 방식으로 그들이 무슨 짓을 하는지를 알아채지 못하는 일이 최소화되고, 그들은 항시 노예처럼 생활함으로써 작은 것만을 생각하는 일에 습관을 몸에 익힐 수 있을 테니까). (6) 그 밖에도 그와 비슷한 페르시아와 비헬라스인들이 이용하는 다른 방책들도 참주정의 특유의 방책들이다(그것들은 모두 동일한 효과를 만들어 낼 수 있을 테니까). (7) 또 참주들은 피지배자들 중 누군가가 말하는 것이나 행위하는 것이 자신의 주의(注意; 시야)를 빠져나가지 않도록 노력해야 하고, 예를 들어 쉬라쿠사이의 이른바 '여자 밀고자', 또는 회합이나 모임[17]이 있는 곳 어디든지 히에론[18]이 내보냈던 '엿듣는 자'(밀정)와 같은 염탐꾼(스파이)을 두어야 한다. 왜냐하면 사람들이 그러한 자들을 두려워하게 될 때 자유롭게 말하는 것이 가장 작아지며, 설령 자유롭게 말한다고 해도 알려지지 않는 일이 최소화되기 때문이다. (8) 또 다른 방책은 사

15 사람을 더 잘 알게 되면 그가 신뢰할 만한 사람인지 아닌지를 더 잘 알 수 있을 테니까. 이것은 서로 신뢰하고 있는 자들 사이에서 성립한다,

16 페르시아의 풍습으로 참주의 부름이나 요청에 늘 즉각적으로 응할 수 있도록 하기 위해서. 크세노폰, 『퀴로스의 교육』 제8권 제1장 6-8, 16-20 참조.

17 sunousia(회합)가 사회적, 사교적 모임의 성격이라면, sullogos(모임)는 주연(酒筵), 공개적인 토론, 종교 제의에서의 모임 등을 가리킨다. 주연 자리에 스파이를 내보내는 것은 속담처럼 'in vino veritas'(술 속에 진리가)를 이용하는 것일 게다.

18 쉬라쿠사이의 참주(기원전 478~467년).

람들을 서로 싸우게 하는 것인데, 친구는 친구와 귀족은 인민과 부유한 자들은 그들 자신들끼리 싸우도록 하는 것이다.

(9) 또 피지배자들을 가난하게 만드는 것도 참주의 방책인데, 그렇게 하면 그들은 어떤 수비병[19]도 양성할 수 없게 되고,[20] 또 일상에 매달리게 함으로써 음모를 꾸밀 틈이 없어지도록 하기 때문이다. 이것[21]의 예들은 아이귑토스의 퓌라미스(피라미드)들,[22] 큅셀로스 집안의 신에게 바치는 봉납물, 페이시스트라토스 집안에 의한 올륌포스의 주신인 제우스 신전 건축 사업, 사모스의 건조물들 중에서 폴뤼크라테스의 대사업이다.[23] 왜냐하면 이 모든 것들은 동일한 효과를 가져오는데, 피지배자들에게 여가를 갖지 못하게 하고 그들을 가난하게 만드는 결과를 가져오기 때문이다.

(10) 또 다른 방책은 쉬라쿠사이에서 행해진 것과 같은 세금을 징수

19 참주의 용병과 어깨를 나란히 하는 시민군을 가리킨다.

20 mēte로 읽는다.

21 즉 '피지배자들을 가난하게 해서 여가를 갖지 못하도록 하는 것'.

22 헤로도토스, 『역사』 제2권 124 아래 참조.

23 큅셀로스(1315b22-29)는 코린토스의 참주였고, 그와 그의 아들 페리안드로스는 올륌피아에 거대한 황금 제우스 조상을 봉헌하고(플라톤, 『파이드로스』 236b 참조), 델포이와 그 밖의 다른 곳에 기념 건조물을 세웠다고 한다. 아테나이에 지금도 남아 있는 15개 기둥 자리에 세워진 거대한 신전, 즉 올륌포스의 주신인 제우스 신전은 기원전 6세기에 참주 페이시스트라토스 시대부터 건축이 시작되어 7세기 후인 로마의 하드리아누스 황제에 이르러서야 완성되었다고 한다. 폴뤼크라테스는 기원전 6세기경 사모스의 참주(기원전 535~522년)였다. 헤로도토스는 사모스에 3개의 큰 건조물이 있었다고 보고하고 있으나, 그것들 중에 어떤 것이 폴뤼크라테스가 건축했는지는 말하고 있지는 않다(헤로도토스, 『역사』 제3권 60). 지하 터널의 도수관, 항구 앞에 세운 방파제, "내가 본 것들 중에 가장 큰 신전"이 그것이다.

하는 것이다. 디오뉘시오스[24]가 통치하는 5년 동안에 개인의 전체 재산이 세금으로 다 바쳐지는 일이 일어났기 때문이다. (11) 참주는 또한 전쟁 도발자이기도 하다.[25] 이는 피지배자들에게 여가가 없게끔 하고, 지속적으로 지도자가 끊임없이 필요한 상태에 있도록 하기 위함이다. 또한 왕정은 그 친구들[26]에 의해 보존되는 데 반해, 반면에 그의 친구들을 신뢰하지 못하는 것은 특히 참주의 특징인데, 그 이유는 모든 사람이 그를 타도하려는 바람을 갖고 있지만, 이들이 특히 그럴 만한 힘을 가지고 있기 때문이다.[27]

또 극단적 민주정에서 일어나는 것들은 모두 참주정의 특징이기도 하다. 예를 들어 (12) 가정에서 여자에게 지배권을 주는 것은 남편을 밀고하도록 하기 위해서이며, (13) 그와 동일한 이유로 노예들에게 멋대로 하도록 놔두는 것이다.[28] 왜냐하면 노예들과 여성들은 참주들에 대해서 음모를 꾀하지 않을 뿐만 아니라, 참주들 밑에서 자신들이 잘 지낼 수 있다면,[29] 참주정과 민주정 양쪽에 대해서 호의를 품는 것은 필연적이기

24 디오뉘시오스 1세를 가리킨다(기원전 409~367년).

25 플라톤, 『국가』 566e 참조. "그는 첫째로 전쟁을 언제나 일으키는데, 이는 민중으로 하여금 지도자가 필요한 상태에 있게끔 하기 위해서일 걸세."

26 친구(philos)는 '친밀한 관계'뿐 아니라 자신의 '친척'을 가리키는 말로, 부인과 형제 및 자식들을 포함한다.

27 "모든 사람은 힘을 가지고 있을 때 그들이 바라는 바를 행한다"(1312b2-3). 즉 '힘과 바람이 일치할 때 행동이 따른다'는 말이다.

28 즉 '남자들의 험담을 밀고하게 하기 위해 가정에서 여성에게 주도권을 주고, 또 자신의 주인을 배반할 수 있도록 허용하는 방임적 자유'를 말한다. 플라톤도 노예의 자유 및 남녀의 동등함(isonomia), 그리고 자유에 대해 언급하고 있다(『국가』 563b 참조). 참주들이 노예를 자유의 몸으로 풀어 준 다음, 그들을 믿을 만한 자신의 수호자로 삼는 것에 대해서는 『국가』 567e-568a 참조.

29 참주가 노예들을 잠재적인 협력자로서 생각하는 이유에 대해서는 플라톤, 『국가』 567e

때문이다(인민 또한 1인 통치자가 되기를 원하니까). 그러므로 빌붙는 자(아첨꾼)가 또한[30] 어느 정치체제에서도 중시된다. 민주정에서는 인민 선도자(인민 선도자는 인민에게 빌붙는 자이니까)가, 참주정에서는 자기 비하를 하며 둘러싸는 패거리[31]가 그러한 것인데, 바로 이것이 아첨꾼의 일이다. 참주들이 악한 인간의 친구인 것은 이것 때문이다. 참주들은 아첨 받는 것에 기뻐하니까 말이다. 그러나 자부심이 있으며 자유로운 정신의 소유자라면 누구든지 그런 일은 하지 않을 것이며, 오히려 훌륭한(공정한) 사람은 친애를 보이며 적어도 아첨하지는 않는다.[32]

악한 자들은 또한 악한 일에 대해서 유용하다.[33] 속담이 말하는 것처럼, '못에 대해서는 못'[34]이니까. 또 위엄이 있거나 자유인다운 사람에 대해서 기뻐하지 않는 것은 참주의 특징이다. 왜냐하면 참주들은 자신만이 그런 종류의 사람일 수 있는 가치가 있다고 생각하고, 자신의 위엄으로 맞서거나 자유인처럼 행동하는 사람은 자신의 참주적 지위의 우월성과 전제적 힘을 빼앗아 간다고 생각하기 때문이다. 그래서 참주들은 그

참조.

30 여성과 노예뿐 아니라.

31 자기 비하를 일삼으며 참주를 둘러싸고 있는 무리들.

32 『수사학』 1371a17-24 참조.

33 참주가 악한 자들에 비교되고 있다. 아첨이 주는 쾌락을 즐기고, 아첨이 참주에게 유용하니까.

34 'hēlō hēlos ekkrouetai'는 흔히 '못이 못을 제거한다'로 옮겨진다. 요컨대 '같은 것을 같은 종류의 것에 의해 없애 버린다'는 의미겠다. '악을 악으로 치료한다'(kakon kakō iasthai), '도둑을 잡기 위해 도둑을 배치한다'라는 속담처럼. 축자적 의미로 받아들여서, '악을 악한 행위의 실천을 통해 고친다'라는 것으로 이해하면 안 된다. 악한 행위가 여기서는 '못이 필요한 작업을 하기 위해 못을 사용한다'라는 정도의 의미로 새겨진다.

러한 사람들을 자신들의 권력을 해체하는 자로 보고 증오하는 것이다.[35] 또 회식 동료와 말동무[36]로서 함께 보내는 사람으로서 시민보다는 오히려 외국인을 초대하는 것도 참주의 특징이다. 그 이유는 시민은 적대적일 수 있지만, 외국인은 적대하지 않는다고 생각하기 때문이다.

이러한 방책들 또 이와 비슷한 종류의 방책들이 참주정의 특징이며 그 지배를 보존하는 것이지만, 그것들[37]의 사악함에는 무엇 하나 부족함이 없다. 대체적으로 말하자면, 이러한 모든 방책들은 세 가지로 정리된다. 왜냐하면 참주는 이 세 가지 것들을 겨냥하고 있기 때문이다. 첫 번째는 피지배자들이 작은 것을 생각하도록 하는 것이다.[38] 왜냐하면 소심한 사람은 누군가에 맞서 모반을 꾀하지 않을 테니까.[39] 두 번째는 피지배자들 서로 간에 철저하게 믿지 못하게 하는 것이다.[40] 왜냐하면 참주는 어떤 사람들이 서로를 신뢰하기 전까지는 참주제가 결코 전복되지

35 위의 두 대목은 여지없이 오늘날에도 그대로 적용된다. 늘 독재자 곁에는 간신배들이 있기 마련이어서, 그들은 모든 정책에서 독재자의 뜻에 따라 아첨을 하며, 빌붙어 살아가면서 영예를 받기 마련이다. 독재자의 딸에 의해 역사 교과서 국정화가 자행되고, 겨우 명맥을 유지하던 민주주의가 30년 이전의 독재시대로 후퇴하며, 유린된 한국의 박근혜 정부를 생각해 보라! 자신의 권위에 도전하거나, 민주주의 원칙을 내세우는 사람들(가령 새누리당의 유승민 의원과 같은 자)을 자신의 독재적 지위의 우월성과 시민에 대한 '주인적인 지배력'을 빼앗아 간다고 생각해서, 도전하는 세력을 독단적으로 제거하는 행태는 이 대목에서 말하는 바와 한 치의 오차 없이 맞아떨어진다.

36 원어인 sunēmereutēs는 참주가 좋아하는 사람이나 친구를 가리키는 말이다. 진정한 의미의 친구는 아니다.

37 "이러한 방책들 또 이와 비슷한 종류의 방책들."

38 이 표현은 아래의 29행과 1313b9(phronein mikron)에도 나온다.

39 『니코마코스 윤리학』 1123b9-26, 1125a19-27 참조. "자신이 실제로 할 수 있는 것보다 작은 것에 적합하다고 생각하는 사람은 '소심한 사람'(mikropsuchos)이다."

40 1313a40 아래, 1313b16 아래 참조.

않을 테니까. 그러므로 참주들은 자신의 권력에 위험한 사람으로서 훌륭한(공정한) 사람들과 싸움을 벌이는데, 이는 그들의 생각으로는 훌륭한 자들이 '주인 지배적으로'(전제적으로) 지배받기를 원하지 않기 때문만이 아니라, 또한 그들이 그들 자신들 사이에서도 신뢰하고 또 다른 사람들에게도 신뢰를 받으며, 또한 그들 자신들에 대해서도 다른 사람에 대해서도 고발하지 않기 때문이라는 것이다. 세 번째 목표는 행동들에 대해 그들이 무능력하다는 것이다.[41] 왜냐하면 그 누구도 능력이 없는 것에는 도전하지 않기에, 참주가 힘을 갖추고 있지 않은 경우라도 참주를 전복하려고 시도하려는 사람은 아무도 없을 것이기 때문이다. 따라서 참주의 바람이 도달하려는 목표는 사실상 이 세 가지가 되는 것이다. 사람들은 참주정의 특징이 되는 이 모든 방책을 이 근본적인 세 가지 원칙들로 환원할 수 있기 때문이다. 즉 피지배자들이 서로 신뢰하지 못하도록 하는 것, 피지배자들이 능력(힘)을 갖지 못하게 하는 것, 피지배자들이 '작은 것을 생각하도록' 만드는 것으로 모아질 수 있다.

따라서 앞서 설명한 것들이 참주정을 보존하게 하는 한 가지 방식이다. 그러나 또 다른 방식은 지금까지 설명해 온 것과 거의 정반대되는 돌봄(배려)을 하는 것이다. 왕정의 붕괴를 살펴봄으로써 그 방식을 파악할 수 있다. 왜냐하면 왕정을 붕괴하는 하나의 방식이 그 지배를 보다 더 참주정적으로 만드는 것이었듯이, 이와 마찬가지로 참주정을 보존하는 하나의 방책은 지배를 보다 왕정식으로 만드는 것이기 때문이다. 단 하나의 것인, 즉 지배를 원하는 자뿐 아니라 원하지 않는 자를 지배할 수 있도록 참주의 권력을 수호하는 것이다. 참주가 권력을 포기할 때, 그는 또

41 원문은 adunamia tōn pragmatōn(행위들에 대한 무능력)이다. '정치적 행위의 무능력'을 의미하는 듯하다.

한 참주임을 포기하게 되기 때문이다.[42] 그러나 이 힘(권력)의 유지가 근본적인 원칙으로서 남아 있어야 하지만, 참주는 다른 것들[43]에 관련해서는 왕의 역할을 잘(아름답게) 연기하고 있는 것[44]을 수행하는 것처럼 생각되어야 한다(dokein).

첫째, 참주는 (1) 공공기금에 대해 숙고하는 듯이 생각되어야 한다
1314b (dokein). 참주가 노동하며 힘들게 궁핍 속에서 수고한 다중들로부터 탐욕스럽게 거둬서[45] 제멋대로 창녀들이나 외국인들 또 기술자들[46]에게 홍청망청 준다면 군중이 분노할 만한 그러한 종류의 선물들에 공공 기금을 낭비해서는 안 된다. 또 참주는 참주 중 몇몇이 과거에 해 왔던 것인, 자신이 거둬들인 것과 소비한 것에 대한 해명[47]을 내놓아야 한다(어떤 참주들은 이미 이것을 행하고 있는 일이다). 왜냐하면 그런 식으로 관리하면 참주가 아니라 재정 관리인이라고 생각될 것이다.[48] 그는 언젠가

42 왕정과 달리 참주는 '비자발적인 피지배자들'을 통치해야 하는 것이기 때문에.

43 공공의 행복 또는 안녕 같은 것을 말한다

44 원어로는 hupokrinomenon(배우의 역할을 연기하다)이다. 다음 문장의 동사인 dokein(인 것으로 생각되다)를 염두에 두고 읽어야 한다.

45 부사 glischrōs를 '취하다'(lambanōsin)에 연결해서 옮겼다. glischrōs는 glischros의 부사인데, '끈적끈적한', '찰진', '곤궁한', '가난한', '절박한', '힘들게' 등 여러 의미로 사용되는 말이다.

46 technitai는 조각가, 미술가, 요리사, 의사, 배우, 춤꾼 및 참주를 위해 옷 만드는 사람을 포괄하는 말이다. 여기다 참주의 군대와 함선의 장비를 위해 고용된 사람들일 수도 있다. 참주가 호사스러운 삶을 살기 위해서는 이들이 필요했을 텐데, 맥락상으로는 외국인과 기술자들이 구별되고 있으나 외국인 상당수가 이런 일에 종사했을 것이다.

47 즉 공공 재원의 수익과 지출 내역을 말한다. 참주는 재산 몰수나 무거운 세금을 통하여 재화를 축적한다.

48 가정 관리자는 자신을 위해 돈을 쓰는 것이 아니라 가정 전체를 위해 돈을 쓰는 것이니, 참주가 이런 인상을 주면 사적으로 공공 재원을 낭비한다고 생각하지 못할 테니까.

돈이 떨어져 곤란을 당하지 않을까 두려워할 필요가 없는데, 이는 그가 폴리스의 최고의 권위를 가지고 있는 자이기 때문이다. 그러나 여하튼 간에 출정 때문에 고국을 떠나 외국에 체류하고 있는 참주들에게는 이렇게 하는 것[49]이 재화를 엄청나게 축적해서 그것을 뒤에 남겨 두는 것보다 한층 더 유익하다. 왜냐하면 그렇게 하는 것이 [폴리스에 남은] 도시 수비대들[50]이 참주의 권력을 빼앗고자 기도할 가능성을 줄일 수 있으며, 또 외국에 나가 있는 참주들에게는 도시 수비대들이 시민들보다도 더 무섭기 때문이다.[51] 시민들은 참주와 함께 해외 원정길에 나서지만 도시 수비대들은 뒤에 그대로 남아 있으니까 말이다. 다음으로 참주가 세금과 공공 비용을 부과하는 것이 폴리스의 행정을 위한 것으로 보여야 하고, 또 꼭 필요한 상황이 일어날 때면 전시(戰時)에 사용하기 위한 대비로 그러는 것으로 보여야 한다.[52] 총체적으로[53] 참주는 자신을 사적인 축재를 위해서가 아니라, 공공 기금의 수호자나 관리자로 보이도록(phainesthai) 만들어야 한다.

(2) 또 참주는 성깔이 고약한 사람이 아니라 위엄 있는 사람으로 보이도록 해야 하며, 심지어 만나는 사람들이 두려움을 느끼지 않고 경외심을 느끼게 하는 그러한 자가 되어야 한다. 그렇지만 그 일은 경멸당하기 쉬운 자에게는 쉽게 않다. 이런 까닭에 설령 다른 덕(탁월성)에 주의를

49 즉 '공공 재원의 내역을 공개하는 것'으로, 이는 재화를 축적하고 있다는 인상을 주지 않을 테니까.

50 즉 참주 자신과 참주의 재화를 지켜주는 호위병들.

51 그래서 참주들이 해외로 원정을 떠나는 경우에 자식이나 동생 혹은 가장 신뢰할 만한 사람으로 하여금 폴리스를 관장하도록 맡겨 두는 것이다.

52 참주가 이렇게 하는 것은 왕이 행하는 것을 모방하는 것이다(1315b1 아래).

53 즉 세금과 공공 비용뿐만 아니라 폴리스의 수입 전체에 관련해서.

기울이지 못하더라도, 전쟁과 관련한 탁월성은 돌봐야 하고, 그 자신은 그런 종류의 덕에 대한 평판을 만들어 내야 한다.[54]

게다가 (3) 참주 자신은, 소년이든 소녀든 간에 그의 피지배자 누구에게도 오만하게(모욕을 주는) 행동하는 것으로[55] 보이지(phainesthai) 않도록 해야 할 뿐만 아니라, 자신의 주위의 사람들 다른 누구에게도 그렇게 보여서는 안 된다. 그의 집안 여자들도 다른 여자들에게 마찬가지 태도를 취해야 한다. 많은 참주정이 여성의 오만함 때문에 몰락했으니까.

육체적인 향락에 관련해서 참주는 오늘날 어떤 참주들이 행하는 것과 정반대인 일을 행해야 한다. 왜냐하면 그들은 이른 새벽부터 곧장 시작해서 며칠씩이나 연속해서 향락을 즐길 뿐만 아니라, 또한 그들은 사람들이 자신들을 얼마나 행복하고 축복받았는지를 보여 줘서 사람들을 경탄할 수 있도록 다른 사람들에게 자신이 하고 있는 것을 볼 수 있기를 바라기 때문이다. 그러나 무엇보다도 참주는 이러한 일에서 절도를 지켜야 하고, 만일 그렇게 할 수 없다면, 적어도 다른 사람에게 홍청망청 향락을 즐기는 모습으로 보이는 것은 피해야 한다. 왜냐하면 쉽게 공격받거나 쉽게 경멸을 당하는 사람은 제정신인 사람이 아니라 술 취한 사람이며, 깨어 있는 사람이 아니라 잠자고 있는 사람이기 때문이다.

(4) 참주는 앞서 언급한 거의 모든 것[56]과 정반대되는 것을 행해야 한

54 1인 지배자(군주)가 전쟁의 기술과 제도, 훈련 이외의 다른 어떤 목적, 생각, 기술을 가져서는 안 되고, 자신의 생각이 전쟁의 연습에서 벗어나서는 안 되며, 평화시에도 전시보다 더 전쟁을 연습해야 한다는 마키아벨리의 주장을 비교 참조(『군주론』 제14장 1.7).

55 누구에게 부당하게 해악을 끼치는 것으로 이해해서, 성적으로 '능욕하다'는 의미로 새길 수 있다.

56 1313a34-1313b32(특히 b18-25).

다.[57] 즉 참주는 참주가 아니라 청지기(감독관)[58]인 것처럼 폴리스를 건설하고 장식해야 한다.[59]

게다가 (5) 신들에 관련한 문제들에서는 참주는 항상 극도로 열성적인 것처럼 보여야 한다.[60] 왜냐하면 만일 그들의 지배자가 신성을 두려워하고 신들을 염려하는 것으로 보이는 경우에는, 그러한 사람들로부터 1315a
불법한 무언가를 겪을 우려가 적어지고, 또 심지어 신들 마저도 편들고 있다고 생각하기 때문에 [참주에 맞서는] 음모를 꾸미는 일도 적어지기 때문이다. 그러나 참주는 어리석음으로 빠져들지 않고, 그와 같은 것[61]으로 보여야 하는 것이다.

(6) 참주는 어떤 점에서 뛰어난 자[62]가 나타나면, 자신들의 법률에 따라서 살아가는 시민들에 의해서도 결코 주어질 수 없다고 생각될 만큼의 큰 명예를 주어야 하고, 그런 종류의 명예는 참주 스스로가 분배해야 하고, 반면에 징벌은 관직자나 법정을 통해서 주어야 한다.[63]

57 참주가 피지배자들을 가난하게 만들고, 그들의 안녕을 위해 일하는 감독관인 것처럼 행동한다는 말이다.

58 혹은 어떤 일을 책임지기 위해서 위탁된 '관리자'(epitropos) 혹은 '집사'.

59 참주는 피지배자들을 가난하게 만들기 위해 거대한 건축물을 세운다(118b18-25). 다만 참주는 청지기(epitropos)로서 봉사해야 한다는 것인데, 청지기는 다른 사람을 위한 하인이다. 건축물을 관리함으로써, 청지기는 그 주인에게 정치와 철학에 필요한 여가를 확보해 준다(1255b35-37). 따라서 참주가 청지기처럼 행동하게 되면, 그는 마치 자신의 사적 이익보다는 공공의 이익을 위해 행위하는 것처럼 보일 수 있다.

60 이것 역시 왕의 모습과 닮았다.

61 즉 '신을 열성적으로 경외하는 자'로.

62 공적(功績)을 이룬 것을 말한다. 즉 군사, 웅변, 철학의 영역에서 뛰어난 사람들. 명예는 사회적 위치의 우월성의 표지로서, 참주와 같은 테이블에 앉는다든가, 호화스러운 옷을 입는 것 등으로 부여된다. 영국의 작위(爵位) 부여와 비슷하다고 할 수 있다.

63 마키아벨리, 『군주론』 제21장 27 참조. "군주는 유능한 사람(virtú)을 알아보고, 어떤 기

모든 1인 지배정에 공통되는 방호책은 어떤 한 사람을 고위직에 올려놓지 않는다는 것이다.[64] 그러나 어쩔 수 없는 경우라면 여러 명을 고위직에 올려놓는 것이다(그들은 서로 간에 경계하게 될 테니까). 하지만 결국에 가서 꼭 누군가 한 사람을 고위직에 앉힐 필요가 있다고 하더라도, 적어도 대담한 성격의 소유자만큼은 결코 그렇게 해서는 안 된다(그러한 성격을 가진 사람은 모든 행위에서 대단히 공격적이니까). 또한 누군가로부터 그 권한을 제거하는 것이 좋다고 생각되는 경우에는 서서히 제거해야 하며, 단숨에 그 권력(특권)을 모조리 빼앗아서도 안 된다.[65]

(7) 게다가 참주는 모든 종류의 오만을 물리쳐야 하는데, 모든 것들 중에서 특히 두 가지, 즉 신체적인 징벌과 청춘의 젊은이들을 향한 오만(능욕)을 물리쳐야 한다. 특히 참주는 명예를 사랑하는 자(명예욕)들에 관련해서 조심을 기울여야 한다. 왜냐하면 돈을 사랑하는 자들은 자신의 돈을 향한 경멸을 잘 견뎌 내기 힘들 듯이, 명예를 사랑하는 자들과 훌륭한 자들은 불명예를 잘 견디기 어렵기 때문이다.[66] 그러므로 참주는 이러한 사람을 아예 상대하지 말든지, 혹은 얕잡아 봄 때문이 아니라 아

술에 탁월한 사람들을 명예롭게 만듦으로써 스스로가 다양한 덕을 찬양하는 인물임을 보여 줘야 한다"(『군주론』 제21장 25). 명예를 수여하고 징벌을 부과하는 지배자의 덕목에 대해서는 크세노폰, 『히에론』 9.3 참조.

64 마케도니아의 필립포스 2세는 두 명의 장군(파르메니온과 안티파트로스)만을 위대하게 만들었고, 알렉산드로스는 그 누구도 다른 사람 위에 있도록 높이 올리지 않았다고 한다.

65 여기서 아리스토텔레스는 디오뉘시오스 2세에게 쫓겨난 디온을 염두에 두고 있는 것인가?

66 1308a9 아래 참조. '불명예에 수반된 작은 것'에는 '분노로 말미암은 신체에 대한 징벌'과 '청춘의 젊은이에 대한 성적 모멸감'이 포함된다. 작은 것(oligōria)은 '모역, 모멸'(hubris)을 의미하면서도, 좀 더 넓은 의미를 가진다.

버지로서 징벌을 주고 있는 것으로 보이게 하고,[67] 또 청춘의 젊은이와의 성교는 그의 지배욕 때문이 아니라 성적 욕구(애욕) 때문으로 보이도록 해야 하며, 일반적으로 참주는 불명예로 생각되는 것은 더 큰 명예로 보상해 주어야 한다.

참주의 신체적 파괴를 목표로 공격하는 자들 중에서 가장 두렵고 가장 경계할 필요가 있는 자들은 참주의 삶을 파괴할 수 있다면, 그들 자신이 살아남기를 원하지 않는 자들이다. 그러므로 특히 참주가 조심해야 하는 것은 그들 자신이나 혹은 그들 자신이 돌보는 자가 모욕당했다고 생각하는 자들이다. 이는 격정에 사로잡혀 공격하는 자들은 마치 헤라클레이토스가 '격정과 맞서 싸우는 것은 어렵다. [그것이 무엇을 원하든] 그것은 영혼을 대가로 치르니까'[68]라고 말했던 것처럼, 그들은 그들 자신을 전혀 개의치 않기 때문이다.

(8) 폴리스는 두 부분으로, 즉 가난한 자들과 부유한 자들로 구성되어 있으므로, 무엇보다 필요한 것은 참주의 지배 덕분에 그 어느 쪽이 구원받고 있으며, 한쪽이 다른 쪽으로부터 부정의하게 대우받는 일이 결코 없다고 생각하게 하는 것이다.[69] 그러나 두 부분 중의 어느 한쪽이 더 강력해지면 이 부분의 개별자들을 특히 참주의 권력 측에 최대한 끌어들

67 즉 아버지의 마음으로 징벌을 가하는 '징벌'이라는 인상을 명확히 하는 것을 말한다.

68 헤라클레이토스, 「단편」 22B85. 『소크라테스 이전 철학자들의 단편 선집』(정암학당, 아카넷 2014, 14쇄) 헤라클레이토스 128번 참조. 거기에서는 thumos가 '충동'으로 옮겨졌다. 여기서는 맥락상 '격노'(분노)가 더 어울린다. 『니코마코스 윤리학』 1105a8, 『에우데모스 윤리학』 1223b22 참조. 플라톤, 『법률』 863b, 『국가』 375b 참조.

69 이는 참된 왕정에서 이루어지는 일이다(1310b40 아래).

여야 한다.[70] 왜냐하면 이들의 지원이 참주의 이익[71]에 보태진다면, 참주가 반드시 노예들을 해방시킬[72] 필요가 없거나, 중무장 병장기를 몰수할 필요도 없기 때문이다. 두 부분들 가운데 한 편이 참주의 권력에 덧붙여졌다는 것은 그의 공격자들보다 그들을 더 강력하도록 충분히 만들 수 있을 테니까 말이다.

그러나 이러한 종류의 사안에 대해 개별적으로 일일이 언급하는 것은 불필요한 일이다. 그 목표는 명백하니까. 즉 참주는 자신의 피지배자
1315b 들에게 참주로서가 아니라, 재정 관리인으로 보여야 하고,[73] 또 왕이라면 횡령자가 아니라 청지기로서 보여야 한다.[74] 또 참주는 과도함이 아니라 절도 있는 삶을 추구해야 한다.[75] 게다가 참주는 귀족에게는 일상적 교제를 통해 회유해야 하고, 다른 한 편으로 다중의 비위를 맞춰야 하는 것이다.[76] 왜냐하면 이러한 방책으로부터 필연적으로, 비루하지 않은

70 이것은 1309b16 아래에서 규정된 원리에 따르는 것이다.

71 이 말(tois pragmasin)은 1259a30-31에서도 비슷한 의미로 사용됐다.

72 플라톤, 『국가』 567e 참조. 참주들은 종종 노예들에게 자유를 부여해서 자신의 경호원으로 삼는다.

73 1314b7 참조.

74 1314b16 참조. 청지기는 '관리자'로서 자신을 이익이 아니라 다른 사람의 이익을 위해 일하는 사람이다.

75 쾌락에 관련해서는 1314b28 아래, 쾌락의 비용과 선물에 관련해서는 1314b1아래, 건축에 관련해서는 1314b36 아래 참조.

76 kathomilein과 dēmagōgein의 차이는 무엇일까? 아리스토텔레스는 '다중에게 일상적 교제를 통해 호감을 사라'고 충고하고 있지 않다. 오히려 참주는 다중에게는 은혜를 베풀고 돌봄(epimeleia)으로써 환심을 사야 한다는 것이다(1315b17 아래 참조). 『아테나이의 정치체제』 16 참조. 오늘날 우리 현실 정치에서도 '전제적 대통령'이 상류층 인사들과 교제를 나누며 친밀감을 표시하고, 힘없고 가진 것 없는 자들에게는 시혜를 베풀든지 하사품을 내려줌으로써 환심을 사고 있는 모습을 보고 있지 않은가?

더 뛰어난 자들을 지배하게 되고, 또 끊임없이 그를 증오하지 않고 두려워하는 일 없이, 그 지배가 더 아름답고 더 바람직해질 수 있을 뿐만 아니라, 또한 그의 지배도 더 영속적으로 되고, 나아가 참주 자신이 그 성격에서도 덕을 향해 아름답게 성향 지어질 수 있거나, 적어도 반쯤은 선(善)해지고,[77] 또 악덕(惡德)해지지 않고 반쯤만 악덕해질 것이기 때문이다.[78]

77 『니코마코스 윤리학』 1103b340-b2 참조. 정의로운 일을 행함으로써 정의로운 사람이 되고, 절제 있는 일을 함으로써 절제 있는 사람이 된다는 아리스토텔레스의 기본적 생각을 반영한다.

78 이와 반대되는 플라톤의 견해에 대해서는 『국가』 580a 참조. 이런 '절도 있는 방책'을 추천하는 이유는 참주를 가능한 한 왕의 지배에 가깝게 끌어들이려는 것일 수 있다. 이 대목을 통해서도 몇 차례 언급한 바 있는 아리스토텔레스와 마키아벨리의 정치적 입장 차이가 노정되고 있다고 볼 수 있다. 『니코마코스 윤리학』 1152a17 참조.

제12장

오래 지속되는 참주정: 플라톤의 정치체제 변화에 대한 비판

[1]⟦그럼에도 모든 정치체제 중에서 과두정과 참주정이 가장 짧게 지속된

1 이 장은 서로 관련이 없는 두 부분으로 이루어진다. 전반부는 (1) 오래 지속되는 참주정의 목록이 이야기되고, 후반부는 (2) 플라톤의 정치체제의 변화에 대한 논의로 구성된다(『국가』 제8권). 그래서 일부 학자들은 (1) 부분을 아리스토텔레스가 직접 쓴 것이 아니라고 해석한다. 여기부터(1315b11) 1315b39행까지(⟦ ⟧)의 논의는 (2)에 해당하는 주제에 적합하지 않은 것으로, 혹은 누군가의 삽입으로 보고 괄호에 넣는 학자도 있다(주제밀, 뉴먼). 그 이유는 세 가지 정도다. 하나는 50년 동안이나 지속된 디오뉘시오스 1세의 참주정을 빠뜨리고 있다는 점이다. 그리고 참주정(1인 지배정)의 논의 과정에 과두정을 불쑥 집어넣어 언급되고 있다(1315b12). 사실상 과두정에 관해서는 아래에서 전혀 언급되고 있지 않다. 제5권에서의 논의 맥락은 단지 1인 지배정의 형태만 다루고 있을 뿐이다. 11행 "모든 정치체제 중에서"(pasōn tōn politeiōn)란 구절에서 참주정이 정치체제들(politeiai)에 포함되고 있지만(1312a39-40에서도 정치체제들에 포함되고 있다), 이 책의 다른 곳에는 이러한 언급이 없다는 점이다. 보다 중요한 것은 제5권에서 가장 빈번하게 언급되어 왔던, 50년간이나 지속된 디오뉘시오스 1세와 그 계승자들의 참주정이 왜 빠졌느냐는 것이다. 데이비드 케이트의 지적이지만, 그것은 아리스토텔레스가 여기서 강조하고 싶은 것이 참주정이 오래 존속하는 이유인, 즉 '온건하게(절도 있게, metriōs) 피지배자들을 대우'하는 것과 '법률에 대한 복종'이었기 때문인 것으로 추정해 볼 수 있을 것이다. (2)는 아리스토텔레스가 직접 쓴 것으로 보이며, 다루는 논의 주제는 제5권 전체의 구조와 잘 맞아 떨어지지 않는다. 플라톤을 비판하는 이 부분은 아리스토텔레스가 어떤 논의를 본격적으로 시작하기 앞서 철학 방법상 선행 철학자들의 견해를 비판적으로 음미하는데, 그 관행을 제5권 맨 끝 장에 위치시킨 것도 자연스럽지 못하다. 데이비드 케이트는 적절한 위치를 찾지 못한 아리스토텔레스나 그의 편집자가 완결되지 못한 이 에세이를 제5권의 부록 격으로 여기다 놓은 것으로 추정한다(D. Keyt, pp. 181~182).

다. 실제로 가장 오랜 기간 지속된 참주정은 오르타고라스의 아들[2]들과 오르타고라스 자신의 것인 시퀴온에 있는 참주정으로, 이것은 백 년 동안 지속되었다.[3] 오랜 동안 계속된 이유는 그들이 피지배자들을 '온건하게' 대우했고, 그들 자신은 여러 면에서 법률에 복종했기 때문이다. 또한 클레이스테네스는 군사에 능숙했기 때문에 쉽게 경멸을 받지 않았으며, 그들이 여러 면에서 돌봄의 행위를 통해서 인민의 환심을 샀던 데에 있다. 어쨌든 클레이스테네스는 자신에 맞서 경기의 승리를 놓쳐 버리도록 판정을 내린 자에게조차 화관을 씌워 주었다고 한다. 어떤 사람은 그 아고라에 세워진 앉은 모습의 조상이 그렇게 심판을 내린 자의 동상이라고 말한다. 또한 사람들은 페이시스트라토스[4]도 언젠가 아레이오스파고스의 법정에 소환되는 것에 따랐다고 말한다.

두 번째로 오래 지속된 참주정은 코린트의 퀍셀로스 일족의 참주정이다.[5] 실제로 이것 역시 73년 6개월 동안 오래 지속되었으니까. 퀍셀로스가 30년 동안, [그의 아들] 페리안드로스가 40년하고 반년[6] 동안, 고르

2 직계의 아들이 아니라 '자손들'을 말한다.

3 이 시퀴온 참주정은 기원전 670년에 세워져서 기원전 570년까지 지속되었다. 시퀴온은 펠로폰네소스반도 북부 코린토스 서쪽 가까이 있는 폴리스다. 클레이스테네스는 오르타고라스의 손자이며, 헤로도토스의 보고에 따르면 오르타고라스와 동일 인물로 보이는 안드레아스는 클레이스테네스의 증조 할아버지이다(『역사』, 제6권 126). 클레이스테네스는 동일한 이름을 가진 아테나이의 정치 개혁가의 할아버지였으며, 또 페리클레스의 고조부였다.

4 아테나이의 참주(기원전 561~527년). 1305a23 참조. 페이시스트라토스는 살인 협의로 기소되었지만, 그를 고발한 사람은 재판에 참석하는 것을 두려워했다고 한다(『아테나이의 정치체제』 16.8, 플루타르코스, 「솔론」 31) 참조.

5 퀍셀로스는 기원전 657년경에 참주로 등장해서 이후 30년간 통치했다(헤로도토스, 『역사』 제5권 92 참조).

6 헬라스적 특유의 표현으로 44년을 가리킨다.

고스[7]의 아들 프삼미티코스가 3년간을 참주 노릇을 했기 때문이다. 이 참주정이 오래 지속된 이유 역시 동일하다. 왜냐하면 큅셀로스는 인민의 선도자로 그의 재위 기간 동안에 쭉 경호원 없이 지냈고, 페리안드로스는 참주적이었지만 군사에 능숙했기 때문이다.[8]

세 번째로 오래 지속된 것은 아테나이에서 페이시스트라토스 일족의 참주정이다.[9] 그러나 그것은 연속적이지는 못했다. 왜냐하면 페이시스트라토스는 참주의 지위로부터 두 번씩이나 국외 추방당했었고, 그래서 33년 기간 중에 그가 참주로서 재위한 것은 17년간이며, 그의 아들들이 참주로서 있었던 것은 18년간이므로, 따라서 그 참주정은 통틀어 35년간 존속했던 셈이다.[10]

나머지 참주정들 중에서 쉬라쿠사이에 있던 히에론과 게론에 연관된 참주정이 가장 길었다.[11] 그러나 이 참주정은 여러 해 동안 지속되지 못했으며, 모두 합해야 18년간에 불과하다. 왜냐하면 게론은 7년 동안 참주의 지위에 있었지만, 8년째에 그의 생을 마감했고, 히에론은 10년간 참주로 있었지만, 트라쉬불로스는 10개월을 참주로 있다가 추방되었기

7 고르고스는 페리안드로스의 이복형제로 후계자였다(1284a26).

8 따라서 경멸받지 않았다는 뜻이다. 가장 억압적인 참주 페리안드로스에 대해서는 1313a34-37 참조.

9 1305a23-24, 1311a26-39, 1313b23 참조.

10 페이시스트라토스의 아들은 힙피아스다. 헤로도토스는 페이시스트라토스에 대해 "기존 관직들을 폐지하거나 법을 바꾸지 않고 확립된 관습에 따라 고귀하게 잘 지배하면서 다스렸다"고 찬양하고 있다(『역사』, 제1권 59; 투퀴디데스, 『펠로폰네소스전쟁』 제6권 54). 『아테나이의 정치체제』에서는 그가 "참주적이기보다는 온건하고 더 정치적으로"(metriōs kai mallon politikōs hē turannikōs) 다스렸다고 말하고 있다(16.2).

11 히에론과 게론에 대해서는 1302b31-33, 1303a38-b2, 1312b9-17 참조.

때문이다.[12] 대다수의 참주정은 죄다 아주 짧은 기간 존속했다.]

이렇게 해서 여러 가지 정치체제와 1인 지배정에 관련해서, 어떤 이유로 그것들이 파괴되고, 그리고 보존되는가에 대해서 그 대부분을 거의 다 말한 셈이다.[13]

그러나 『국가』에서 소크라테스가[14] 정치체제의 변화에 관해서 논의 1316a
한 바 있지만 제대로 논의하지는 못했다.[15] (가) 최선이자 첫 번째인 정치체제[16] 변화에 대하여 그는 그것에 고유한 변화를 논의하고 있지 못하기 때문이다. 소크라테스는, 그 변화의 원인은 무엇이든 영원히 지속하는 것은 없지만, 모든 것은 어떤 정해진 주기(週期) 따라 변화하고 있기 때문이며, 또 그 변화의 시작은 '4대 3의 비율을 부여받은 가장 작은

12 기원전 466년으로 추정된다. 이 맥락에 따르면 트라쉬불로스는 히에론의 후계자였던 것으로 보인다. 1312b10 아래에서는 게론의 아들이 히에론의 권좌를 이어받은 것으로 되어 있다.

13 이 대목(1315b40-1316a1)은 마치 제5권을 끝맺음하는 상투적 어구로 되어 있다.

14 hupo tou Sōkratous('그' 소크라테스에 의해). 소크라테스 앞에 정관사가 붙여진 것은 대화 편에 '등장하는 소크라테스'를 말하는 것이다. 하지만 아리스토텔레스가 염두에 두고 있는 것은 역사적 소크라테스보다는 플라톤일 것이다(1274b9, 1293b1). 이후 이장의 후반부에서 정치체제 변화에 관한 플라톤의 설명에 대한 네 가지 주된 비판은 제5권의 자연스러운 논리적 구조와 잘 들어맞지 않는다. 진작임을 의심하지 않는 데이비드 케이트는 아리스토텔레스 혹은 작품의 편집자가 적절한 장소를 찾지 못해 부록으로 제5권에 붙여 놓은 독립적인 논구이거나 완결되지 못한 것으로 생각한다. 아래에서는 플라톤의 『국가』 제8권, 9권에서의 정치체제 변화에 대한 세 가지 정도의 비판이 이루어지고 있다. 하지만 『국가』에서 플라톤의 의도가 정치적 변화에 대한 포괄적 분석이 아님에도 불구하고, 아리스토텔레스는 자신의 입장을 강화하기 위해서 플라톤의 생각을 이용하고 있다. 아리스토텔레스는 단지 플라톤의 텍스트를 자신의 접근 방식을 옹호하기 위한 '돋보이게 하는 것'(foil)이나 '허수아비를 공격'하는 수단쯤으로 사용하고 있다(R. Polansky, Aristotle on political Change, in *A Companion to Aristotle's Politics*, p.343 참조).

15 플라톤, 『국가』 545c-569c 참조.

16 이른바 플라톤의 '최선자 정치체제'(aristokratia)를 말한다(『국가』 544e7, 545c9, 547c6).

수의 쌍이 5와 결합되어서, [다시 세 제곱됨으로써] 두 개의 하르모니아(조화)를 이루는' 곳의 수에 있다고 여겨지며, 그 기하학적 수가 입방수가 되는 경우에, 자연은 때로는 열등하고 교육으로 통제할 수 없는 자들을 낳을 것이라고 말하고 있다.[17] 이 주장 자체를 내놓음에 있어 아마도 그는 잘못을 저지르지는 않았지만(교육받을 수 없는, 뛰어난 인간이 될 수 없는 자도 있을 테니까), 그러나 왜 그 변화가 다른 모든 정치체제나 생성하는 모든 것보다 그가 최선이라고 여기는 정치체제에서 더욱 고유한 변화가 되는 것일까? 또한 정말로, 시간이 원인이기 때문에 그것으로 해서 모든 것이 변화한다고 그는 주장하고 있지만, 생성의 시작이 동시가 아닌 것들조차 동시에 변화한다는 것일까? 예를 들어 [사물들의] 주기[18]의 역행 전날에 발생한 것도 [오래전에 있었던] 다른 모든 것과 동시에 변화하는 것인가?

(나) 이것에 덧붙여 어떤 이유로 정치체제가 이 최선의 정치체제로부

17 이 표현에 대해선 『수사학』 1390b25 참조. 이 대목에 관해서는 플라톤, 『국가』 546a-d 참조. 이에 관한 보다 자세한 사항은 플라톤, 『국가』, 박종현 옮김, 서광사, 2005, p. 515 주석 20 참고(J. Adam의 『국가』 해당 주석 참조). 요약하자면, $3\times4\times5=60$에다가, 다시 세 제곱됨으로써 $60\times60^3=12,960,000$ 하르모니아가 제공된다는 것이다. 3, 4, 5는 퓌타고라스의 직각 삼각형의 세변을 나타내는 수이다. 33+43+53=216은 인간이 태어나기 위해서 필요한 최소한의 회임(懷妊) 일수를 말한다. $(3\times4\times5)^4=60\times60^3=12,960,000$은 360일 ×36,000인 우주년이고, 36,000일 = 360×100은 인간의 수명에 해당하는 100년이다. $12,960,000=3600^2=4800\times2700$이고, 여기서 3600^2과 4800×2700이 두 개의 하르모니아라는 것이다. 요컨대 기하학적 수 전체가 좋은 출생과 그렇지 못한 출생을 좌우한다는 것이고, 적기(適期)에 잘 맞추어 신랑과 신부를 동침시켜야 훌륭한 자질을 타고난 아이들이 태어날 수 있다는 것이다.

18 megistē kai teleōtatē tropē(가장 크고 완전한 회전[주기])를 말한 것일까?(플라톤, 『정치가』 270c, 271b7 참조) 최선의 정치체제가 타락하기 시작하는 전환점을 말한 것일까?

터 라코니케의 정치체제로 변화한다는 것인가?[19] 왜냐하면 모든 정치체제는 이웃하는 것[20]보다 그 정반대되는 것으로 종종 더 변화하기 때문이다.[21] 같은 논의가 또한 다른 정치체제의 변화들에도 해당한다. 실제로 소크라테스는 라코니케식으로부터는 그 정치제제가 과두정으로 변화하고, 과두정으로부터는 민주정으로 변화하며, 또 민주정에서는 참주정으로 변화한다고 말하고 있으니까 말이다.[22] 그럼에도 정치체제들은 또한 그 반대 방향으로 변화하는 것이고, 예를 들면 민주정에서 과두정으로 변하는데,[23] 심지어 더 많은 경우에 그것은 1인 지배정으로 변화하기 때문이다.

게다가 참주정에 관련해서 소크라테스는 (1) 그것이 변화하는지 변화하지 않는지, 변화한다면 (2) 어떤 원인에 의해 (3) 또 어떤 종류의 정치체제로 변화하는지를 전혀 말하지 않았다. 말하지 않은 이유는 소크라테스가 그것을 말하는 것이 쉽지 않았을 것이라는 점이다. 실제로 그것을 명확히 규정할 수 없었는데, 그 이유는 소크라테스에 따르면 참주정은 첫 번째의 최선의 정치체제로 반드시 변화해야 하기 때문이다.[24]

19 플라톤, 『국가』 545a 참조. 즉 timokratia(timarchia; 명예욕이 지배하는 정치체제)를 말한다. timēma(재산평가등급)에 따라 명예나 관직이 주어질 경우라면 금권정(ploutokratia)의 일종이 된다(『니코마코스 윤리학』 1160a33-35).

20 '가까이에 있는 정치체제'. 1307a20-27 참조.

21 정상적인 정치체제의 변화는 왕정에서 참주정으로, 귀족정에서 과두정으로, 혼합정(제헌정)에서 민주정으로 변화하는 것을 말한다.

22 그러나 플라톤의 『국가』에서는 라코니케의 정치체제에서 과두정으로(550c 아래), 과두정에서 민주정으로(555b 아래), 민주정에서 참주정으로(562a 아래) 변화한다고 말하고 있다.

23 민주정에서 과두정으로의 변화에 대해서는 1304b20-1305a7 참조.

24 이런 변화가 가능하지 않다는 주장이겠다.

사실상 이러한 방식으로 그 변화가 연속적이며 또 순환적으로 일어날 수 있었을 테니까. 그러나 참주정은, 예를 들어 시퀴온의 참주정[25]이 뮈론의 참주정에서 클레이스테네스의 참주정으로 변화한 것처럼[26] 또 다른 참주정으로 변화하거나, 칼키스에서 안틸레온의 참주정처럼[27] 과두정으로 변화하거나, 쉬라쿠사이의 게론 일족의 참주정처럼[28] 민주정으로 변화하거나, 라케다이모니아에서의 카릴로스의 참주정[29]과 … 카르타고(카르케돈)에서처럼[30] 귀족정으로 변화할 수도 있는 것이다.

또 과두정에서 참주정으로 변화하는 것으로, 예를 들어 시켈리아에서는 예전에 거의 대부분의 과두정이 그러했으며, 레온티노이에서는 파나이티오스의 참주정으로,[31] 게라에서는 클레안드로스의 참주정으로,[32] 레기온에서는 아낙실라오스의 참주정으로 변화했다.[33] 다른 많은 폴리

25 시퀴온의 참주정에 대해서는 1315b11-22 참조.

26 1315b11-12 참조.

27 1304a29-31 참조.

28 게론 가문에 관해서는 1312b10-14, 1303a38-b2 참조.

29 에우뤼폰 가문의 카릴로스(혹은 카릴라오스)는 기원전 780~750년경에 스파르타를 통치하던 자로서, 1271b25에서는 참주보다는 왕으로 언급되고 있다. 그에 대해서는 참주적 왕이었다는 설과 온건한 왕이었다는 두 전승이 있다. 여기서 아리스토텔레스는 '참주가 되었던 왕'을 염두에 두고 있는 듯하다(1310b18-20, 1313a1-3).

30 아리스토텔레스는 1272b29-33에서 카르타고에는 참주가 없었으며 의미 있는 내란조차 일어난 적이 없다고 말한 바 있다. 또 1316b5-6에서는 정치체제가 바뀐 적이 없다고 말한다. 그래서 학자들은 이 대목을 삽입으로 보고(래컴) 괄호로 묶어 두기도 한다. 한편 뉴먼은 약간의 탈문이 있었던 것으로 해석한다.

31 1310b29 참조.

32 헤로도토스, 『역사』 제7권 154-155 참조. 게라는 남부 이탈리아의 도시.

33 기원전 494~476년. 레기온은 메시나해협의 이탈리아 쪽에 위치한 도시. 헤로도토스, 『역사』 제6권 23, 제7권 165, 170 참조.

스들에서도 이와 비슷한 변화가 일어났다.[34]

그리고 정치체제가 과두정으로 변화하는 이유를,[35] 관직에 있는 사람들이 돈을 사랑하는 자로 돈벌이를 하는 사람이기 때문이라고 소크라테
스가 생각하고, 재산에 있어서 훨씬 월등한 사람들이 아무것도 소유하 1316b
지 못한 사람들과 폴리스에 동등하게 참여하는 것[36]은 정의롭지 않다고 생각하기 때문이라고 생각하지 않은 것은 이상하다.[37] 그뿐 아니라 많은 과두정에서 관직에 있는 자들이 돈벌이 하는 것이 허용되지 않고, 그것을 금지하는 법률조차 존재하고 있으며, 한편 민주정적으로('명예가 지배하는 정치체제')[38] 통치되고 있는 카르타고에서는 관직에 있는 사람들

34 파나이티오스에 대해서는 1310b26-31, 클레안드로스에 관해서는 헤로도토스, 『역사』 제7권 154-155, 레기온에서 기원전 494~476년까지 참주로 있었던 아낙실라오스에 관해서는 같은 책 제6권 23, 제7권 165, 170 참조. 클레안드로스는 겔라에서 7년간 참주로 있다 기원전 498년에 살해되었다. 레기온은 시켈리아가 아니라 실제로 메시나해협의 이탈리아 쪽에 있었다.

35 플라톤이 언급한 것은 '명예가 지배한 정치체제'에서 과두정으로의 변화다. 그것은 지배자가 (1) 덕보다 돈을 더 높이 평가하고, (2) 돈을 사랑하고 버는 자가 되고, (3) 재산평가 등급에 따라 관직을 부여하게 되는 경우다(『국가』 550d3-551b7). 여기서 아리스토텔레스는 플라톤의 입장을 조금 수정해서 주장하고 있을 뿐이다. "재산에 있어서 훨씬 월등한 사람들이 아무것도 소유하지 못한 사람들과 가진 자들이 폴리스에 동등하게 참여하는 것을 정의롭지 않다고 생각하기 때문"이라는 아리스토텔레스의 비판을 플라톤이 거부할 이유가 있겠는가?

36 혹은 '동등한 몫을 갖는 것'.

37 플라톤, 『국가』 550d-551b, 551a, 555d 아래에서 소크라테스가 말하는 내용을 참조.

38 1293b14-16에서 카르타고의 정치체제가 '귀족정'이라고 나와 있다. 그래서 이런 불일치를 피하기 위해 슈나이더(J. G. Schneider)는 귀족정 정치체제(aristokratoumenē)로, 뉴먼은 timokratoumenē(명예가 지배하는 정치체제)로 읽을 것을 제안한다. 관직자에게 돈 버는 일을 허락했다고 하면, 맥락상 뉴먼의 수정이 그럴듯해 보인다. 게다가 과두정은 일종의 명예정(timokratia)이거나, timēma(재산평가 등급)에 따라 명예나 관직이 주어질 경우라면 일종의 금권정(ploutokratia)이니까. 여러 사본과 로스, 드라이젠터는 수정하지 않고 그대로 읽는다. 카르타고의 정치체제는 민주정적 요소와 과두정적 요소를

이 돈벌이하는 일에 종사하지만, 아직 그 정치체제의 변동은 없었다.

또한 과두정은 부유한 사람들의 폴리스와 가난한 사람들의 폴리스라는, 두 폴리스라고 소크레테스가 주장하는 것도 이상하다.[39] 왜 이런 일이 라코니케 정치체제[40]보다, 혹은 모두가 동등한 재산을 갖고 있지 않거나 모두가 마찬가지로 좋은 사람이 아닌 어떤 다른 정치체제에서보다 오히려 더 이 정치체제(과두정)에 적용된다는 말인가? 그 누구도 이전보다 더 가난해지지 않는다고 해도, 그래도 가난한 자들이 다수가 되면 정치체제는 못지않게 과두정에서 민주정으로 변화하고,[41] 또 다중보다 부유층이 더 강력해지고, 다중은 아무런 주의도 기울이지 않지만 부유한 자들이 변화를 가져오려고 그들의 정신을 집중한다면 민주정은 과두정으로 변화할 것이다.

게다가 [과두정에서 민주정으로의] 그 변화를 일으키는 원인은 여럿이 있지만, 소크라테스는 단지 하나만을 말한다. 즉 애초에는 모든 사람이나 그 대다수 사람들이 부자였던 것처럼 그들이 지나치게 낭비하는 생활을 하고 고리대금의 이자를 짊어짐으로써,[42] 사람들이 가난해진다는 것뿐이다. 그러나 이것은 거짓이다. 오히려 지도자들 중의 일부가 자

다 가지고 있는 듯하며, 실질적으로는 인민의 힘이 우세한 민주정적 요소도 다분히 가지고 있음을 볼 수 있다(1273a6-13). 과두정으로의 변화를 언급하는 대목이기 때문에 '과두정'으로 바꾸는 것은 잘못인 것 같다.

39 플라톤, 『국가』 551d 참조. 이제부터는 플라톤의 과두정에서 민주정으로의 정치체제 변화에 대한 비판이다.

40 즉 '명예가 지배하는 정치체제'를 말한다.

41 플라톤, 『국가』 552a 아래, 555b-557a 참조.

42 플라톤, 『국가』 555c 아래 참조.

신의 재산을 잃어버린 경우에는, 그들은 혁신[43]을 도모하지만 그 밖의 다른 사람들의 일부가 재산을 잃어버린 경우에는 아무런 무서운 일도 일어나지 않으며, 또 그때 변화가 일어나더라도, 다른 어떤 정치체제를 향하는 것보다 민주정 정치체제로 향하는 것은 아니다.

게다가 시민들이 명예로운 관직에 참여하지 못하고, 또 부정의를 당하거나 모욕을 당한 경우에는[44] 파당이 일어날 것이고 정치체제를 변화시킬 것이다. 그들이 원하는 것은 무엇이든 할 수 있기 때문에, 설령 재산을 탕진하지 않았어도 그들을 그렇게 할 것이다. 소크라테스는 그것의 원인을 너무 지나친 자유라고 주장한다.[45]

여러 형태의 과두정과 민주정이 있지만, 소크라테스는 각각에 대해 단지 하나의 형태밖에 없는 것처럼, 두 정치체제들의 변화를 논의하고 있다.[46]

43 원어로는 kainotomousin(새로운 변화를 꾀하다, 혁신하다)이다.

44 여기서는 구별되어 쓰이지만, 경우에 따라서는 휘브리스는 일종의 부정의이다(1311a27).

45 플라톤, 『국가』 555d, 557b4-6, 563d-564d 참조. 소크라테스는 지나친 자유를 과두정 폴리스가 아니라 민주정에서의 특징으로 보고 있다. 아리스토텔레스는 소크라테스가 말하는 민주정에서의 자유를 과두정에도 대입해서 설명하고 있는 듯하다.

46 아리스토텔레스의 비판의 요지는 세 가지다. (가) 최선이자 첫 번째인 정치체제, 즉 최선자 정치체제의 변화에 대한 이유가 그 정치체제에 고유한 것이 아니다. 다시 말해 특정한 정치체제에서의 정치적 변화에 대한 이유나 원인을 제대로 설명하고 있지 못하다. (나) 플라톤의 주장처럼, 정치적 변화는 한 방향으로만 이루어지지 않는다. (다) 각각의 정치적 변화에는 하나의 가능한 원인만이 있는 것이 아니라 여러 원인이 있을 수 있다. 유심히 읽어 본 독자는 알겠지만, 이 장은 갑작스럽게 끝나고 있다. 이어지는 내용으로 무엇이 있었을까? 마지막 문장은 이 장이 완결된 것이 아님을 잘 보여 준다. 민주정에서 과두정으로의 변화를 이야기하고 있지 않았을까?

제6권

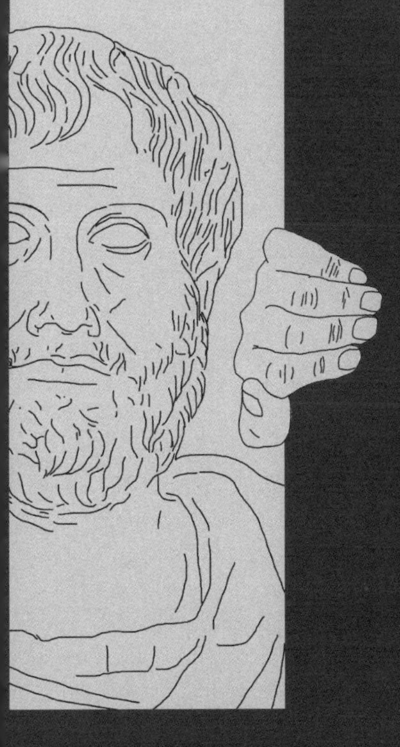

정치체제의 종류와 정치제도 : 민주정과 과두정

제1장

혼합된 정치체제들과 민주정의 여러 종류

(1) 이렇게 해서 우리는 (a) 정치체제의 심의에 관련된 부분, 즉 최고의 권위가 갖춰야 하는 부분들에 대해,[1] (b) 관직의 조직에 대해, 그리고 (c) 법정의 조직에 대해 그 종류는 몇 가지며 또 무엇인지, 그리고 (2) 어떤 것이 어떤 종류의 정치체제에 적합한지,[2] 게다가 (3) 정치체제의 파괴와 보존에 관련해서는 그것이 어떠한 것으로부터 어떤 원인에 의해 생겨나는지를[3] 논해 왔다.[4]

그러나 여러 종류의 민주정이 있으며, 마찬가지로 다른 정치체제들에도 여러 종류가 있기 때문에, 그것들에 관해 무엇이든 [탐구되어야 할] 남아 있는 것을 검토해 보는 동시에 각각의 정치체제에 대해 고유하고 유익한 조직 방식을 결정해 보는 것도 나쁘지 않을 것이다. 게다가 우리는 또한 앞서 언급한 [세 가지] 부분들[5]을 조직하는 모든 방식의 조합을 검토해야 한다.[6] 왜냐하면 이 방식들의 조합에 의해서 정치체제들

1 1299a1 아래 참조. 이후 심의 기구에 대한 언급은 1329a31, 38에 나타난다.

2 1298b11 아래 참조.

3 제5권 제1~12장.

4 (a), (b), (c)를 포함해 모든 사항은 제4권 제14~16장, 제5권 제1~12장에서 논의되었다.

5 혹은 부분(요소)들. 즉 심의 기구, 관직(행정) 기구, 사법 기구.

6 표면상으로 상이한 4개의 정치체제(민주정, 과두정, 귀족정, 혼합정[공화정, politeia])에 적합한 3개의 부분(심의, 관직, 사법)를 가지고 있다면, 가능하게 결합시킬 수 있는 조합의 수는 4x4x4=64가 될 것이다. 그러나 그 가운데 4개는 동일한 유형이 될 것이기 때문

은 부분적으로 겹쳐지게 되어, 그 결과로 과두정적 성격을 가지는 귀족정과 다소 민주정적인 혼합정(공화정)이 만들어지기 때문이다. 내가 말하는 것은 반드시 검토되어야 했으나 현재까지 검토되지 않았던 조합이다. 예를 들어 심의와 관련되는 부분과 관직자의 선출에 관련된 부분은 과두정적으로 조직되어 있으나, 법정에 관련된 부분은 귀족정적으로 조직되어 있거나, 혹은 법정에 관련된 부분과 심의에 관련된 부분들은 과두정적으로 조직되어 있는 반면, 관직자의 선출에 관련된 부분은 귀족정적으로 조직되어 있거나, 혹은 뭔가 다른 방식에 따라서 개별적인 정치체제에 고유한 모든 요소들을 결합하지 않는 경우들이다.[7]

그런데 어떤 종류의 민주정이 어떤 폴리스에 적합하고, 마찬가지로 또한 어떤 종류의 과두정이 어떤 집단들에게 적합한지, 또 남아 있는 정치체제들 중에 어떤 것이 어떤 사람들에게 유익한지에 대해서는 앞서 논의한 바 있다.[8] 그럼에도 이 정치체제들 중에서 어떤 종류의 것이 폴리스들에 최선인가 하는 것뿐 아니라, 이 최선의 정치체제든 그 밖의 다른 정치체제든, 그것을 어떻게 확립해야 하는지를 분명히 해야 하기에, 이

에, 따라서 혼합된 결합 방식은 60개가 된다. 만일 왕정과 참주정이 기본적 정치체제에 더해지게 되면 216개가 조합되나, 그중에서 순수한 형태 6개를 빼게 되면 210개의 결합 방식이 나타난다.

7 여기서 두 가지 논의 주제가 제시되고 있다. 첫 번째는 민주정의 종류고, 두 번째는 각각의 정치체제에 고유한 제도상의 방식과 상이한 정치체제에서 서로 혼합될 수 있는 가능한 조합이 그것이다. 제1장에서 제7장까지는 민주정과 과두정의 확립에 대해 논의하고 있고, 제8장은 관직의 종류와 기능에 대한 논의가 이루어지고 있는데, 이는 두 번째 논의 주제를 위한 예비적 사항을 검토하는 것으로 보인다. 하지만 두 번째 주제는 우리가 가지고 있는 『정치학』에서는 논의되고 있지 않다.

8 제4권 제12장 1296b13-1297a6 참조. 아리스토텔레스는 제6권에서 주로 민주정에 관심을 기울이고 있다.

문제들을 간략히 논의해 보자. 먼저 민주정에 대해 말해 보자. 그렇게 함으로써, 이와 동시에 민주정에 반대되는 어떤 사람들이 과두정이라 부르고 있는 정치체제에 대해서도 명백해질 것이기 때문이다.

이 탐구[9]를 위해서 우리는 민주정을 특징 짓는 것과 민주정에 수반하는 것으로 생각되는 모든 것들의 특징을 파악해야 한다. 이러한 것들을 조합함으로써 여러 종류의 민주정이 생겨나고, 또 하나의 민주정 이상의 서로 다른 민주정들이 존재하게 되기 때문이다. 왜 여러 종류의 민주정이 있는가 하는 데에는 두 가지 원인이 있기 때문이다. 첫 번째는 앞서 말한 바 있는데,[10] 인민들에게는 다양한 종류가 있다는 것이다. 즉 농부 집단[11]이 있고, 수공업자[12] 집단과 일용의 임금 노동자[13] 집단이 있으니까[14] 말이다. 이 중 첫 번째 집단이 두 번째에 추가되거나, 세 번째가 이번에는 그들 양자에 추가된다면, 민주정은 더 낫고 더 나쁘게 '되는 점에서' 차이가 날 뿐 아니라, 또한 그 '되는 점에서도'[15] 동일한 것이 아니

9 각각의 종류의 민주정을 어떻게 확립하는가에 대한 탐구. 탐구(methodos)는 문자적으로 '지식으로의 길' 혹은 '방법'을 의미한다. 이론적인 연구와 탐구를 말하는데, 앎을 얻는 과정과 학문(epistēmē) 자체의 논구 과정을 가리킨다. 다시 말해서 사물의 성립을 말을 통해 탐구해 가는 논구 과정을 일컫는다. 이를 통해 우리는 사물에 대한 '기예' 내지는 '지식'을 얻는다.

10 인민이 세 종류로 구분되고 인민이 다르기 때문에 민주정이 달라진다는 점에 대해서는 1291b15-28, 1292b22-1293a101, 1296b24-31 참조.

11 집단(plēthos)은 인민(dēmos)과 같은 의미로 사용되고 있다.

12 원어인 banausos는 구두장이, 대장장이, 목수와 같은 장인(匠人)들을 가리킨다(1291a1-4, 『형이상학』 996a33-34 참조).

13 비숙련 손 기술자로 일용 노동자들(thētes, 1258b25-27, 플라톤, 『정치가』 290a4-5).

14 이 세 부류에 하층 인민에 대해서는 1258b35-39, 1278a8-25, 1337b8-15 참조.

15 즉 이전과 같은 종류가 아니게 된다는 점.

다.[16] 두 번째 원인은 우리가 지금 말하려고 하는 것이다. 사실상 민주정에 수반하고 이 정치체제에 고유한 것으로 생각되는 특징들은 이것들이 조합되는 방식에 따라 민주정을 다른 것으로 만든다. 왜냐하면 이러한 특징들의 약간은 하나의 종류의 민주정에 수반하고, 이러한 특징들의 비교적 많음은 두 번째 종류의 민주정에 수반하고, 이러한 특징들 전부는 세 번째 종류의 민주정에 수반하는 것이기 때문이다. 이러한 각 특징들[17]을 알아 두면, 사람이 때마침 원하는 어떤 종류의 민주정을 확립하려는 목적을 위해서, 또 [기존의 민주정을] 개선하려는 목적을 위해서도 유용할 수 있다. 왜냐하면 정치체제를 세우려는 사람들은 그 정치체제의 기본 원리에 고유한 모든 특징을 조합하려고 하지만, 정치체제의 파괴와 보존에 둘러싼 논의에서 이미 언급한 것처럼[18] 이것을 행하는 데에서 그들은 잘못을 저지르고 있기 때문이다.

이제 민주정적 정치체제의 기본 전제들(원리들)과 윤리적 성격,[19] 또 이러한 정치체제가 목표로 하는 것들에 대해 앞으로 말해 보기로 하자.

16 민주정의 질적인 차이뿐만 아니라 그 종류를 변하게 만든다는 의미다. "민주정의 각각의 종류는 우세를 차지하는 인민의 각각의 특정한 종류에 따라 정해진다. 예를 들어 농민 집단이 우세를 차지한다면, 첫 번째 종류의 민주정이 생겨나고, 수공예업자(匠人, baunausos)와 일용 (임)노동자의 집단이 우세를 차지하게 되면, 마지막 종류의 민주정이 생겨나게 된다"(1296b26-31) 농부 집단과 장인 집단이 최고의 권위를 가질 때 다른 것에 비해 더 나은 민주정이 된다.

17 즉 '민주정에 수반하는 것들'을 말한다.

18 1309b18-1310a2, 1310a12-36.

19 이어서 '기본 전제들'(원리들, axiōmata, 1317a40 참조)과 이 원리들을 통한 정치체제의 목표에 대해서 논의되고 있지만, '윤리적 성격'(ēthē)에 대해서는 제대로 언급되고 있지 않다.

제2장

민주정의 원리와 제도

그런데 민주정적 정치체제의 기본 원리는 자유다(이것[1]은, 단지 이 정치
체제에서만 시민들이 자유롭게 참여할 수 있다는 이유로, 사람들이 말하
는 데 익숙해져 있는 것이기 때문이다. 실제로 이것이야말로 모든 민주정 1317b
이 목표로 하는 것이라고 말해지니까).[2] 그런데 (1) 자유의 하나의 구성
요소는 번갈아 가며 지배하고 지배받는 것이다.[3] 왜냐하면 민주정적 정
의는 가치에 따른 동등함이 아니라, 숫자에 따른 [시민들의] 동등한 몫
을 갖는 것이기 때문이다.[4] 이것이 정의라고 한다면, 다중이 필연적으로

1 나는 touto를 앞 문장 "민주정적 정치체제의 기본 원리는 자유다"를 가리키는 것으로 읽었다. 혹자는 뒤에 따라 나오는 "단지 이 정치체제에서만 시민들이 자유롭게 참여할 수 있다"는 것을 가리키는 것으로 읽어서, "시민들은 단지 이러한 정치체제에서만 자유를 실제로 누릴 수 있다는 것은 아주 일반적인 주장이다" 정도로 새긴다.

2 플라톤, 『국가』 562b-c 참조. 필시 아리스토텔레스는 플라톤의 말('민주정을 좋은 것으로 규정하는 것은 자유')을 염두에 두고 있었을 것이다.

3 오늘날 우리가 생각하는 '자유'의 개념과 다르다는 것을 기억해 두어야 한다. 민주정에서 말해지는 자유(eleutheria)는 (1) 각자 시민에게 동등한 몫이 주어지는 것과 (2) 자신이 좋아하고 원하는 대로 살아가는 것을 포함한다. 즉 민주정에서는 각자 시민에게—재산을 포함한 모든 것에서—동등한 몫이 주어져야 하고, 시민들이 동등해졌으므로, 번갈아 가며 지배하고 지배받게 되며, 가난한 자가 다수이기 때문에 다수의 의지가 최고의 권위를 가지게 된다. 그러면서 자신이 원하는 대로 살아갈 수 있어야 한다.

4 다음 장(1318a11-b1)의 논의에서는 이 주장("민주정적 정의는 가치에 따른 동등함이 아니라, 숫자에 따른 [시민들의] 동등한 몫을 갖는 것")이 받아들여지지 않을 것 같다. 수에 따른 동등성(to ison kata arithmon)은 모든 시민이 관직에 동등하게 참여할 수 있어야 하고, 그렇기에 다시 번갈아 가면서 지배하고 지배당해야 한다는 것을 포함한다

최고의 권위를 갖고, 다수에게 옳다고 생각되는 것은 무엇이든지 이것이 궁극 목적[5]이고, 이것이 정의인 것이다. 왜냐하면 사람들이 주장하는 바에 따르면, 시민들 각자가 동등한 몫을 가져야 한다고 말하며, 그 결과로 민주정에서는 가난한 사람이 부유한 자들보다 더 큰 최고의 권위(권한)를 가진다는 것이다. 그들이 다수고, 민주정에서는 다수의 의견이 최고의 권위를 가지니까. 따라서 이것이 자유에 대한 하나의 지표이며, 모든 민주정 옹호자들은 이것을 그 정치체제의 특징으로 간주하고 있다.

(2) 자유의 또 다른 요소는 사람이 자신이 원하는 대로 사는 것이다. 왜냐하면 그들의 주장에 의하면, 실제로 원하는 대로 살지 못하는 것이 노예의 삶의 방식이라면, 원하는 대로 사는 것은 자유의 기능이기 때문이다. 따라서 이것이 민주정의 두 번째 특징이 된다.[6] 그리고 여기로부터 가능한 최대한으로 그 누구에게도 지배받지 않아야 한다는 것과 이렇게 되지 않으면 번갈아 가면서 지배하고 지배받게 되는 요구 사항이 나오게 되는 것이다.[7] 확실히 이러한 방식으로 민주정의 두 번째 특징은 동등성에 기초한[8] 자유에 이바지하게 된다.

이러한 것들이 전제가 되어 민주정적인 지배가 이러한 성질의 것으로 된다면, 다음의 제도들은 민주정에 걸맞게 될 것이다. 즉 (1) 모든 시민이 모든 시민 중에서 관직자를 선출한다. (2) 모든 시민이 각 시민을

(1261a30-b6, 1317b15-16). 그렇다고 해도 필연적으로 재산의 동등성을 함축하지는 않는다. 재산의 재분배에 대해서는 제6권 제3장에서 논의되고 있다.

5 즉 '완전하고 절대적인 것'(telos).

6 첫 번째는 번갈아 가면서 지배하고 지배받는 것이었다.

7 지배하고 지배받아야 한다는 민주정의 원리는 민주정의 목표가 자유라는 제일 원리로부터 나온다는 것이다.

8 즉 토대를 둔.

지배하고, 각 시민은 교대로 모든 시민을 지배한다.[9] (3) 모든 관직이나 혹은 경험이나 기술이 필요로 하지 않는 많은 관직은 추첨으로 임명한다. (4) 관직은 어떠한 재산 자격 조건도 요구하지 않거나 가능한 한 낮은 재산 자격 조건을 요구한다.[10] (5) 어떤 관직도 동일한 사람이 두 번씩 차지할 수 없으며, 아주 적은 횟수로 한정하거나, 혹은 [그렇더라도] 군사술과 관련된 관직들 이외에는 몇몇 관직에 한해서 허용한다. (6) 모든 관직의 혹은 가능한 한 많은 관직의 임기를 단축한다. (7) 모든 시민이나 모든 시민 중에서 선출된 사람들이 모든 사안들에 관해, 혹은 대부분의 또 가장 중대하고 가장 주요한 사안에 관해 재판을 한다. 예를 들어 관직자의 직무 심사, 정치체제나 사적인 계약과 같은 사안들이 있다. (8) 민회는 모든 것에 대해서 혹은 가장 중대한 사안에 대해서 최고의 권위를 갖지만, 어떤 관직도 어떤 사안에 대해서 최고의 권위를 갖지 못하거나 가능한 한 소수의 사안에 대해서만 최고의 권위를 가진다(평의회[11]는 모든 사람에게 [공적 봉사에 대한] 충분한 수당이 지급되지 않는 곳에서 '가장' 민주정적인 것이다.[12] 왜냐하면 그것이 지급되는 곳에서는

9 모호한 문장이긴 하나, 여기서 '모든'은 집합적으로도 분배적으로도 받아들여질 수 있다(1307b30-40 참조). 그렇다면 이 문장은 '자유민들이 하나의 총체로서 지배하거나 개별자들로 지배할 수 있다'는 것을 의미한다. 여기서는 자유민 전체가 투표권을 가지는 민회를 언급하는 것이 아니라 관직을 논의하는 것이기 때문에, 이 문장은 모든 자유민들 사이에서 관직을 교대하는 민주정의 관행을 언급하는 것이다. 따라서 모든 자유민은 생애의 일정 기간 동안 관직자로서 복무하면서 다른 모든 자유민을 지배하는 것이 민주정의 원리라는 것이다(데이비드 케이트, p. 202).

10 1299a10 아래, 1275a24 아래 참조.

11 아마도 그 규모 때문에 '가장'이라고 표현한 듯하다. 실제로 아테나이에서 평의회(boulē)는 오백 명으로 구성되었다고 한다. 평의회에 대해서는 아래의 1322b1-17 참조. 평의회는 민회에 중요 안건을 올리기 전에 예비적으로 심의하는 역할을 맞는다.

12 명예의 박탈에 대해서는 1281a29 아래 참조.

사람들은 이 관직으로부터 이 권력조차 빼앗기 때문이다. 즉 이에 앞서 그 탐구에서도 이미 말한 바와 같이,[13] 충분한 수당을 지급받게 되는 경우 인민은 모든 결정을 그들 자신에게로 끌어들이기 때문이다). (9) 또한 되도록 가능한 경우 정치체제의 모든 부분들—민회, 법정, 관직—에 대해 수당을 지급하는 것으로 하지만, 만일 그럴 수 없다면 관직, 법정, 평의회에 대하여 수당을 지급하고, 민회는 주요한 회합[14]에 한해서 지급하는 것으로 한다. 혹은 관직에 대해서는 공동 식사를 열 필요가 있는 관직에 한해서 수당을 지급하는 것도 민주정적이다.[15] ⟦게다가 과두정은 [좋은] 태생과 부, 그리고 교육에 의해 정의되는 것이기 때문에 민주정적인 특징들은 그 반대의 것들로 천한 태생, 가난, 비속함이라고 생각되고 있다.⟧[16] 게다가 (10) 관직에 관련해서 그 어떤 것도 종신직이지 않다는 것
1318a 도 민주정적이다. 만일 그러한 관직이 옛날의 정치체제의 변화 이후에도 여전히 존속하고 있다면, 적어도 거기에서 그 권력을 빼앗을 때, 즉

13 1299b38-1300a4("이 두 관직이 있는 곳에서는 예비위원회 위원들이 평의회 의원들에 대해 견제하는 상위의 위치에 놓여 있다. 왜냐하면 평의회 의원은 민주정적 성격을 갖지만, 예비위원회 위원은 과두정적 성격을 갖기 때문이다. 그러나 이 평의회조차도 인민 자신들이 함께 모여 모든 일을 처리하는 그러한 종류의 민주정에서는 그 기능은 훼손되고 만다. 이런 일은 민회에 참석한 사람들이 부유하거나 수당을 받을 때 흔히 일어난다. 왜냐하면 그 경우에는 여가가 있으므로 인민은 종종 회의를 열고 모든 일을 스스로 결정하기 때문이다").

14 tas ekklēsias tas kurias(주요한 회합)에 대해서는 『아테나이의 정치체제』 42.4 참조. 아테나이의 이 회합에서는 관직자의 임기 연장에 대한 비준, 식량과 폴리스 방어에 대한 주요 사안, 탄핵 발효의 같은 중요 사항에 대한 결정이 이루어졌다고 한다. '주요한 회합'에 대해서는 제5장 각주 10 참조.

15 이 관행은 민주정 아테나이에서 실행되었다(『아테나이의 정치체제』 43.3, 62.2).

16 제도의 목록을 언급하는 맥락과는 어울리지 않는다. 주제밀(뉴먼, 드라이젠터)에 따라 괄호를 친다.

더 이상 선출에 의해서가 아니라 추첨에 의해서 임명하는 것도 민주정적이다.

따라서 이러한 것들이 민주정에 공통되는 특징들이다. 그러나 무엇보다도 민주정[17]과 '인민'에 의한 지배[18]의 전형으로 받아들여지는 것은 민주정적이라고 동의되는 정의(正義)로부터(즉 이것은 모든 사람이 수에 따른 동일한 몫을 갖는다는 것인데[19]) 따라 나오는 것이다. 왜냐하면 [이 민주정의 관점에서는] 동등하다는 것은 가난한 자들이 부유한 자들 이상으로 지배하는 것도 아니고, 또한 오로지 가난한 자들만이 최고의 권위를 갖는 일도 없으며, 모든 사람이 그 수(數)에 따라서 동등하게 지배하는 데에 있기[20] 때문이다. 실제로 그러한 방식이라면, 그 정치체제에는 동등성과 자유가 있다고 사람들은 생각할 테니까.[21]

17 이것은 부자와 가난한 사람의 상이한 비율에 따른 다수가 지배하는 평등적 민주정이다. 제4권 제4장에서 언급된 민주정의 다섯 가지 유형 중 첫 번째 것에 상응한다(1291b30-38). 즉 "민주정의 첫 번째 종류는 무엇보다도 동등함(평등)이라는 점에 근거해서 민주정으로 불리는 것이다. 이러한 민주정에서의 법률에 따르면, 동등함이란 가난한 자나 부자 중 어느 쪽도 우월성을 갖지 못하고, 어느 쪽도 권위(권력)를 잡지도 않고, 양쪽이 비슷하다는 것을 의미한다. 왜냐하면 어떤 사람이 상정하는 것처럼 자유와 동등성이 무엇보다 민주정에서 성립한다면, 그것이 가장 잘 실현되는 것은 모든 사람이 가능한 한 똑같이 정치체제에 참여하는 경우기 때문이다. 그리고 이러한 정치체제는 인민이 다수를 차지하고, 그 다수의 의견이 지배적인 힘을 가지기 때문에, 이 정치체제는 필연적으로 민주정이어야 한다. 따라서 이것이 민주정의 한 종류라는 것이다". 다시 말해 이것은 부자나 가난한 사람 어느 쪽도 우월하지 못해서 동등한 계급이 되는 평등함을 확보하는 민주정이다.

18 여기서 '인민'은 부자와 빈자를 포괄하는 말로 쓰였다. '수에 따른 동등성'이 인민의 기본적 토대다.

19 가난한 사람들(무산계급)인 다수가 권력을 잡고 지배하는, 평등에 기반을 둔 '프롤레타리아 민주정'의 원리다(1317b5-9).

20 직역하면, "수적으로 모두가 동등하다는 것".

21 요컨대 민주정에서 정치적 관직이 자유를 기반으로 분배되어야 하고, 또 모든 자유민

은 동등하다면, 정치적 관직은 모든 자유인에게 동등하게 분배되어야 한다(1280a7-25, 『니코마코스 윤리학』 1131a25-28 참조).

제3장

민주정의 동등성과 정의

그러나 다음과 같은 어려운 문제가 생겨나는데, 어떻게 해서 사람들[1]은 이 동등성을 성취하게 될 것인가. 예를 들어 재산평가액을 둘로 구별하고 오백 명의 재산평가액이 천 명의 재산평가액과 동등하도록 한 후, 그 천 명의 집단에 오백 명의 집단과 동등한 힘을 부여해야 하는가?[2] 아니면 이 마땅한 동등함[3]은 이러한 방식으로 확립되어서는 안 되며, 먼저 앞서와 같은 방식으로 구별한 다음에 오 백명의 집단과 천 명의 집단에서 동일한 수의 사람들을 취해서, 그 사람들에게 관직자에 대한 선출이나 재판을 맡을 최고의 권한을 갖도록 해야 할까? 민주정적 관점에서 볼 때, 가장 정의로운 것은 이런 정치체제일까. 아니면, 오히려 수의 우위에 근거하는 정치체제일까. 왜냐하면 민주정 옹호자들은 무엇이든 다수가 결정하는 것이 정의롭다고 주장하기 때문이다.[4] 이에 대해 과두정 옹호

1 즉 '가난한 자들과 부유한 자들'.

2 두 그룹이 있다고 하자. 하나는 부유한 사람 오백 명과 다른 하나는 가난한 사람 천 명으로 이루어져 있다. 이 두 집단은 동일한 재산의 총량을 가지고 있다. 이 동일한 재산의 총량을 가지고 있는 두 집단에 정치적 권력을 분배한다면, 우리는 부유한 자와 가난한 자 양자를 수적인 동등성이 요구하는 것으로서 다루어야 하는가? 즉 수학적으로는 $500 \times 2x = 1000 \times 1x$가 성립하게 된다. 그래서 부유한 집단은 '두' 개의 투표권을 갖게 하고 가난한 집단은 '하나'의 투표권을 행사하게 할 것인가? 그러면 수적 요구에 따라 부자와 가난한 사람을 동등하게 대우한 것인가?

3 즉 '수적인 비례에 따른 동등성'을 말한다.

4 1317b5-7 참조.

자들은 더 큰 재산을 소유하는 자들이 결정하는 것은 무엇이든 정의로운 일이라고 주장한다.[5] 즉 그들의 주장에 의하면 재산의 크기에 따라 결정이 내려져야 한다. 그럼에도 어느 견해에도 동등하지 않음과 부정의가 포함되어 있다. 그것은 소수가 결정하는 것이 정의로운 것이라면 참주정을 받아들이는 것이기 때문이다(왜냐하면 어떤 사람이 다른 부유한 사람보다 더 큰 재산을 소유하고 있다면 과두정적 정의의 관점에 볼 때, 그 사람이 단독으로 지배하는 것은 정당한 일이기 때문이다[6]). 반면에 수(數)에서 우위인 사람들이 결정하는 것이 무엇이든지 정의에 부합하는 것이라면, 앞서 말한 바와 같이,[7] 그들은 부유한 소수자의 재산을 몰수함으로써 부정의한 짓을 저지르려는 것이다.

그렇다면 어떤 종류의 동등함이라면 양편이 합의에 이를 수 있는 것일까? 우리는 양편이 내놓은 '정의'의 정의(定義)에 비추어서 검토해야 한다. 즉 그들은 어느 쪽이든 시민 다수파의 의견에 권위가 있어야 한다고 말하고 있으니까. 그래서 이 입장이 성립한다고 해 보자. 단, 전적으로 성립되는 것은 아니지만.[8] 오히려 폴리스는 부유한 사람들과 가난한 사람들이라는 두 부분으로 구성되어 있기 때문에, 무엇이든 양쪽의 의견에 혹은 양쪽의 각각 다수파[9]의 의견에 권위가 있다고 해야 한다. 양쪽의 의견이 대립할 때에는[10] 무엇이든 더 많은 사람들의 의견, 즉[11] 재산평

5 1280a22-31, 1301a31 아래, 1316a39 아래 참조.

6 1283b13-27(특히 16~18행) 참조.

7 1281a14-28(특히 14~17행) 참조.

8 '모든 면에서 그런 것은 아니지만.'

9 즉 '열 중에는 여섯 명의 부자가, 스무 명 중에는 열두 명의 가난한 자가 동의한다면'.

10 부자의 다수와 빈자의 다수가 의견을 달리했을 경우.

11 여기서 kai는 설명적 효력을 가진다.

가액의 총계가 큰 쪽의 사람들의 의견에 권위가 있다고 해야 한다. 예를 들어 열 명의 부유한 사람과 스무 명의 가난한 사람이 있고, 전자 중 여섯 명과 후자 중 열다섯 명 사이에 의견이 대립할 때, 남은 네 명의 부유한 사람이 가난한 사람 쪽에 붙고 다섯 명의 가난한 사람이 부유한 사람 쪽에 붙었다고 하자. 이 경우에 각 측에서 양 계층의 재산평가액을 합산했을 때 어느 쪽이든 한쪽이 다른 쪽을 웃돌면 그쪽보다 이쪽의 의견에 권위가 있는 것이다.[12] 그러나 지금 각 측의 총량이 우연히 같아지면, 그것은 오늘날 민회나 법정에서 표가 같은 수로 분할되는 경우에 공통되는 곤란함으로 간주해야 한다. 그 경우에는 추첨을 하거나, 뭔가 그런 종류의 방편을 써서 해결해야 하기 때문이다.

그러나 동등함과 정의와 관련해서, 진리를 발견하는 것은 매우 어렵다고 해도, 그럼에도 더욱더 많은 것을 얻을 수 있는 힘을 가진 사람들을 설득하는 것에 비하면 진리에 도달하는 것은 더 쉽다. 왜냐하면 언제나 동등함과 정의를 추구하는 것은 약자들 편이지만, 힘센 자들 편은 그러한 것을 전혀 신경 쓰지 않기 때문이다.[13]

12 아리스토텔레스가 든 이 예를 살펴보자. 앞서 보았듯이 부자는 $2x$의 재산을 갖고 2개의 투표권을 가진다. 가난한 자는 $1x$ 재산에다가 1개의 투표권을 가진다. 그러면 부자 쪽(A)은 (부자 6명×2)+(가난한 자 5명×1) 투표 = 17이 되고, 가난한 자 쪽(B)은 (부자 4명×2)+(가난한 자 15명×1) 투표 = 23이 된다. 따라서 B쪽이 부의 전체 총량이 많아지므로 B쪽의 의견이 받아들여지게 된다.

13 플라톤, 『고르기아스』 483b-c 및 『국가』 359a 참조.

제4장

민주정의 유형과 서열

이에 앞선 논의들에서 우리가 말한 바처럼,[1] 민주정에는 네 가지 종류(유형)가 있지만, 순서상 첫 번째 것이 최선의 민주정이다.[2] 이 민주정은 그것들 전부에서 가장 오래된 것이니까. 하지만 내가 그것을 첫 번째라고 부르는 것은 [이런 이유에서가 아니라,] 우리가 [집단을 형성해 첫 번째 혹은 두 번째로서] 인민을 분류할 수 있다는 방식에 따라서다.[3] 인민 가운데 농민이 가장 낫기 때문이다.[4] 그래서 다중이 농업과 목축으로 살아가는 곳에서 또한 [과두정과 같은 다른 정치체제뿐만 아니라] 민주정을 만드는 것이 가능할 수 있다.[5] 왜냐하면 그들은 많은 재산을 갖지 못하므로 생활의 여유(여가)가 없기에, 민회에 빈번하게 참석할 수 없기 때문이다. 또 생활필수품을 가지고 있지 못하므로[6] 자신들의 일(생업)

1 제4권 제4장 1291b30-1292a38에서는 다섯 가지 유형으로 분류하고 있으며, 제4권 제6장 1292b22-1293a10에서는 네 가지 유형으로 나누고 있다.

2 농민 중심의 민주정. '최선의 것'에 대해서는 1296b3 아래에서 언급되었다. 민주정의 첫 번째 형식에 대해서는 1291b30-33 참조.

3 "우리가 지금 혼합정이라고 부르는 것이 예전에는 민주정으로 불렸던 것이다"(1297b24).

4 농민이 첫 번째로 여겨지는 이유는 다른 직업군과 달리 일정 정도의 '덕'을 가질 수 있기 때문이다(1319a24-28). 그 덕은 군사적인 덕(polemikē aretē)이다.

5 농업적 민주정.

6 여러 사본과 뉴먼에 좇아 mē를 읽는다.

에 전념하면서 다른 사람들의 소유물을 탐내지도 않기 때문이다.[7] 실제로 관직에서 큰 수익(受益)이 얻어질 수 없는 곳에서는 정치에 참여하거나 관직에 있는 것보다 자기 일에 힘쓰는 편이 그들에게는 더 즐거운 일이다. 다중은 명예보다 이익을 더 원하니까. 여기에 징표가 있다. 일하는 것을 방해받거나 아무것도 빼앗아 가지 않는다면, 다중은 옛 참주정을 견뎌 냈고, 또 현재는 과두정을 견뎌 내고 있는 것이다. 다중의 일부는 그렇게 짧은 시간 안에 부를 쌓을 수 있으며, 그 밖의 사람도 가난에 시달리지 않기 때문이다. 게다가 만일 다중에게 무언가 명예심이 있다고 해도, 관직자 선출과 관직자 직무 심사의 최고의 권위를 부여받게 되면, 그들의 결핍은 채워진다. 사실상 민주정 중에, 만티네이아에서처럼 다중이 관직자의 선출에 참여하지 못하고, 단지 모든 시민들 중에서 번갈아 가며 선택된 일부 사람들만이 선출에 참여한다고 할지라도 그래도 그들에게 심의의 권한이 주어지면 다중은 그것으로 만족하기 때문이다. 또 한때 만티네이아[8]에 있었던 것과 같은 이런 제도조차도 민주정의 한 형태로 간주되어야 한다.

따라서 앞서 언급한 민주정에 유익하고, 또 그런 종류의 민주정에서 일반적으로 굳어져 있는 관행은, 모든 시민이 관직자를 선출하고, 직무 심사를 시행하고, 재판을 맡으며, 몇몇 최고의 관직은 재산 자격을 충족한 사람들 중에서, 나아가 관직이 고위직일수록 한층 높은 재산 자격 조건을 충족하는 사람 중에서 선택하도록 하거나, 아니면 재산 자격에 관계 없이 [지배할 수 있는] 능력에 따라 선택하도록 하는 것이다. 이런 식으로 통치한다면 폴리스는 필연적으로 잘 다스려지게 된다(왜냐하면 한

7 1295b25 아래 참조.

8 만티네이아에 대해서는 1304a25-27 참조.

편으로는 가장 훌륭한 사람들이 항상 관직을 차지하게 되고, 다른 한편으로 인민은 그것을 원하고, 훌륭한 사람들에 대해 질투를 갖지 않기 때문이다). 또 이러한 구조(제도)는 훌륭한 사람들과 귀족들에게[9] 충분히 만족스러울 것이 틀림없다. 왜냐하면 그들은 자신들 이외의 열등한 사람들에 의해 지배받는 일이 없을 것이고, 또 다른 사람들이 직무 심사의 권한을 쥐고 있음으로써 그들은 정의에 맞는 지배를 하게 되기 때문이다. 사실상 모종의 제약을 받고 있고,[10] 자신이 좋다고 생각하는 것이라면 무엇이라고 해도 그것을 행할 수 없는 입장에 있는 것[11]은 분명 유익한 일이니까. 왜냐하면 무엇이든 자신이 원하는 대로 행할 수 있는 방종[12]은 인간들 각자에게 잠재되어 있는 나쁜 것(惡)을 억제할 수 없게 하기
1319a 때문이다. 이렇게 해서 정치체제에서 가장 유익한 것이 필연적으로 따라 나오는데, 즉 한편으로는 훌륭한 사람들은 잘못을 저지르지 않은 채로 지배하지만, 다른 한편으로 다중은 권한이 조금도 줄어들지 않을 것이다.

그렇다면 이것이야말로 민주정에서 최선의 유형이라는 것과 또한 어떤 이유로 그런지도 명백하다. 즉 그것이 최선인 것은 인민은 [정치체제

9 "tois epieikesi kai gnōrimois"에서 정관사 하나가 생략되었다. 그렇다면 gnōrimos(귀족)과 epieikēs(훌륭한 사람)은 서로를 함축하는 의미를 가진 것으로 보인다. 귀족이라면 훌륭한 사람이어야 할 테니까. 귀족들(hoi gnōrimoi)은 흔히 부를 소유한 사람들(1291b28)이지만, 여기에서는 훌륭한 사람들(hoi epieikeis)과 동일시되고 있다(1318b35, 1319a3). 훌륭한 사람은 덕을 가지면서도 때로는 가난하다(1310b12-14, 1273b3).

10 즉 '매달리다, 의존하다'(epanakremasthai)는 뜻으로 드물게 쓰이는 말이다.

11 좀 더 의역해 보면, '어떤 것이라도 자기가 옳다고 믿는 것에 따라 제멋대로 행하는 것을 허용하지 않는 것'을 말한다.

12 즉 '지나친 자유'(exousia).

속에서] 어떤 종류의 성질인 것이기 때문이다. 인민을 농사짓게 하려면, 예전 여러 폴리스에서 입안되었던 법률 중에서 그 몇 가지가[13] 대단히 도움이 될 수 있는데, 예를 들어 일정한 크기를 초과하는 토지의 소유를 금지하는 법률이 그렇고, 여기에는 장소를 불문하고 전면적으로 금지하거나 성시(城市)[14]나 도시 중심지 지역에서 일정한 거리에 있는 장소에 한해 금지하는 것도 있었다.[15] 또한 예전에는 적어도 여러 폴리스에서 최초에 할당된 토지를 매각하는 것조차 금지하는 법률이 있었다.[16] 또한 이와 유사한 종류의 효력을 가지고 있는 옥쉴로스[17]의 것으로 말해지는 법률이 있는데, 이것은 각자가 소유하는 토지의 일정 부분 이상을 담보로 넣는 것을 금지하는 법률이다. 그러나 현재 상황에서도 [앞에서 언급한 것들뿐 아니라] 아퓌티스[18]인들의 법률을 이용해서도 폴리스가 직면한 사태를 시정하여야 한다. 실제로 그 법률은 우리가 논하고 있는 것에도 유용하기 때문이다. 사실상 아퓌티스에는 많은 시민이 있어, 각 사람들이 소유하는 토지가 작음에도 불구하고, 그들은 모두 농업에 종사하고 있으니까. 왜냐하면 거기에서는 토지 전체[19]가 아니라 분할된 토지를

13 이에 대한 구체적인 언급은 없다.

14 astu(성시)는 '도시 중심지'를 가리킨다. 아테나이의 경우라면 아크로폴리스 부근을 말하는 것으로 이해된다. 그래서 kai tēn polin(…와 폴리스)이 덧붙여진 것으로 보인다.

15 토지 소유의 금지에 대해서는 제2권 제7장 1266b17 아래 참조. 도시와 가까이 인접한 땅이 가치가 있었을 것이고, 중심과 가까운 토지는 대개 부유한 자들이 소유할 수 있었을 것이며, 따라서 이들의 정치적 활동이 더 활발할 수 있었을 것이다.

16 1266b19-24 참조.

17 옥쉴로스는 엘리스 지방의 전설상의 왕이자 입법자였다. 1306a15-19 참조.

18 아퓌티스는 칼키디케의 서쪽, 팔레네의 북동 해안에 위치한 작은 폴리스이다. 아퓌티스의 입법에 대해서는 달리 알려진 바가 없다.

19 즉 최초의 할당된 토지(?).

기준으로 재산평가가 이루어짐으로써, 가난한 사람들조차도 [시민으로서 요구되는 최소한의] 재산평가액을[20] 초과할 수 있기 때문이다.[21]

농민 집단[22] 다음으로 최선의 인민은 목축으로 생계를 꾸려가는 목자(牧者)들로 이루어진다. 목축은 여러 면에서 농업과 비슷하며, 게다가 전쟁의 행위들과 관련해서 그들은 특히 그 습관상 아주 잘 준비되어 있으며, 신체적으로 쓸모가 있고, 야외 진지(野外陣地 혹은 야전)에서 잘 보낼 수도 있기 때문이다. 나머지 민주정을 구성하는 다른 다중은 거의 모두가 이들에 비해 훨씬 더 뒤떨어진다.[23] 그들의 삶의 방식은 하잘것없으며, 수공업자든 장사하는 '인간들'[24]이든 임금 노동하는 계층이든, 그런 다중이 손을 대는[25] 그 어떤 일도 덕과는 아무런 연관이 없기 때문이다.[26] 게다가 이들은 시장이나 성시(城市)를 떠돌아다니기 때문에, 이와 같은 부류 모두는, 말하자면 쉽게 민회에 참여할 수 있었다.[27] 반면에 농사를

20 뉴먼이 동의하는 웰동(J. E. C. Welldon)의 해석과 데이비드 케이트의 견해를 덧붙여 읽었다.

21 이 대목이 말하는 바가 정확히 무엇인지를 규명하기란 어렵다. 농민 민주정에서는 인구가 많고 땅이 좁아서 재산을 전체로서 평가하기보다는 세분화해서 평가하기 때문에, 가난한 자라 할지라도 시민으로서 활동하는 데에 필요한 최소한의 자격 요건을 갖출 수 있었다는 것으로 이해된다(1266b22-24 해당 각주 참조). 그래서 가난한 사람도 시민으로서 참여할 수 있었다는 것이다.

22 '다중'(plēthos)은 인민(dēmos)의 의미로 쓰였다.

23 열등하다.

24 'anthrōpōn'에는 다소 경멸적인 의미가 내포되어 있다.

25 즉 '종사하는'.

26 1260a39-b1, 1337b4-21 참조.

27 많은 도시에서 민회가 아고라(시장)에서 열렸다고 한다. 예전 우리나라에서 시골장이 서면, 물건을 사고팔고, 최근 소식과 정보를 교환하고, 정치적 논의가 벌어지고, 볼거리가 펼쳐졌다는 것을 생각해 보면 우리의 시장이나 헬라스의 아고라가 유사한 기능을 수행했던 것 같다.

짓고 살아가는 사람들은 지방 주변에 흩어져 있기 때문에, 그들은 한자리에 모일 기회도 없고, 또 다른 인민만큼 그런 종류의 회합을 가질 필요성도 없다. 또한 지방이 도시(폴리스) 지역에서 멀리 떨어져 위치한 곳에서는 심지어 양질의 민주정이나 혼합정(공화정, 입헌정)[28]을 세우기가 쉽다. 왜냐하면 그런 곳에서는 다중은 자신들의 주거지를 들판 주변에 만들지 않을 수 없어서, 그 결과 설령 아고라를 오가는 다중의 무리들이 있다고 할지라도,[29] 그 민주정에서는 지방에 사는 다중이 없이 민회를 열지 않아야 하기 때문이다.[30]

이렇게 해서 최선의, 즉 첫 번째 민주정을 어떻게 만들어 낼 수 있을지는 말한 셈이다. 그 밖의 민주정을 어떻게 만들어 내야 하는가 하는 것도 명백하다. 즉 [최선의 민주정의 유형으로부터] 벗어날 때마다 차례대로 더 열등한 인민을 [시민으로부터] 제외해야 하는 것이다.[31]

그러나 극단적 민주정에서는 모든 사람이 정치체제에 참여하는 것이 1319b

28 '양질의 민주정이거나 혼합정'(D. Keyt). '양질의 민주정, 즉 혼합정'(une démocratie de bonne qualité c'est-à-dire un gouvernement constitutionnel, P. Pellegrin). 혼합정에 대한 논의에 대해서는 1265b28 아래 참조.

29 이렇게 되면 민회를 열 수 있는 충분한 숫자를 쉽사리 확보할 수 있으니까.

30 요컨대 '농업적 민주정'에서는 자주 민회에 참석할 수 있는 상당수의 한가한 사람들(시장 통에서 배회하는 사람들)이 있다고 할지라도, 농부가 참석할 수 있도록 민회를 빈번하게 개최하지 않는 것이 최선이라는 것이다. 이 민주정에서는 민회가 자주 열리지 않는 것이 좋다는 말인가?

31 최선의 민주정 유형은 단지 최선의 다중인 농부를 포함하고, 조금 나쁜 가축지기인 다중을 배제한다. 다음 유형의 민주정은 가축지기를 포함하고 그다음으로 나쁜 다중인 수공업자를 배제한다. 이런 식으로 민주정의 유형을 확립해 간다는 말이다. 이렇게 됨으로써 각 단계에서 나쁜(열등한) 다중이 배제되는 것이다. 그 순서는 농부(geōrgoi), 가축지기(nomeis), 장인(baunausoi technitai), 장사꾼(agoraioi), 일용 고용 일꾼(허드렛일 하는 사람; thētes)이다. 고용된 일꾼은 요즘 식으로 말하자면 '장그래'로 대표되는 '알바'인 셈이다. 이런 알바들이 토대가 되어 세워질 정치체제는 '알바 민주정'인 셈이다.

기 때문에, 모든 폴리스가 버텨 낼 수 있는 정치체제가 아니다.[32] 또한 그 법률과 관습으로 잘 조직되어 있지 않으면 존속시키는 것도 쉽지 않은 일이다.[33] (이런 종류의 정치체제와 그 밖의 다른 정치체제를 붕괴로 이끄는 요인들에 대해서는 거의 대부분을 앞서 이야기한 바 있다.[34]) 이런 종류의 민주정을 수립하기 위해 지도자들은 가능한 한 많이 인민의 시민 수를 불림으로써, [민주정뿐만 아니라] 인민의 힘까지도 강하게 하려는 일을 계속하고 있다. 즉 적법한[35] 사람들뿐 아니라, 적법하지 않은 사람들이나 혹은 단지 한쪽 부모만, 다시 말해 아버지나 어머니만이 시민인 자들을 —내가 의미하는 바는 아버지나 어머니 쪽이다—시민으로 인정하는 것이다. 이런 자들도 모두 [다른 어떤 것보다도 우리가 말하고 있는] 이런 종류의 민주정에 훨씬 더 적합하기 때문이다. 그래서 인민 선도자들은 언제나 이런 방식으로 이러한 민주정 정치체제를 만들어 내는 데에 익숙하다. 그렇지만 그들이 시민을 새롭게 불려 갈 때에는 다중의 수가 귀족과 중간층의 수를 웃도는 지점에서 멈춰야 하며, 한도를 넘어서 나아가서는 안 된다. 왜냐하면 그 한계를 넘어서게 될 때에, 다중은 정치체제를 한층 더 무질서하게 만들며, 귀족의 분노를 한층 더 끌어올려 그 민주정이 그들에게 견딜 수 없는 정도에까지 이르게 되는데, 사실

32 극단적 민주정을 취하는 폴리스들 중에 단지 부유한 폴리스만이 참여한 모든 사람에게 지불될 수당을 감당할 수 있을 뿐이다. 극단적 민주정이 적합한 폴리스의 모습은 1292b41-1293a10에서 묘사되고 있다. 기본적으로 폴리스의 수입이 풍부해야 하고, 가난한 사람 모두가 참여 수당을 받을 수 있어야 한다.

33 특히 부자들에게서 재판, 공공 기여, 몰수를 통해 재산을 빼앗지 않은 것이 중요하다.

34 제5권 제5장(및 전체에서).

35 gnēsios는 '진짜의', '적법하게 얻는', '순종 혈통의'란 의미다. 적법하지 않다는 것은 서자(nothos)를 말한다.

상 이것[36]이 퀴레네의 내란의 원인이 되었기 때문이다.[37] 사소한 나쁜 요소는 깨닫기 어렵지만, 커지게 되면 눈에 훨씬 잘 들어오게 마련이니까.

게다가 이러한 종류의 민주정을 위해서는 민주정 강화를 원하는 클레이스테네스가 아테나이에서 사용했던 방책이나 퀴레네에서 민주정을 시작한 사람들이 사용했던 종류의 방책들이 도움이 된다.[38] 왜냐하면 상이한 수많은 부족과 씨족이 새롭게 만들어져야 하고, 사적인 종교 제의[39]들은 소수의 공적 종교 제의로 흡수되어야 하며, 모든 방책을 고안해 내어 가능한 한 모든 시민을 서로 섞이게 하는 것과 동시에, 다른 한편으로 이전의 좁은 결합[40]이 해체될 수 있도록 하면 되기 때문이다.

게다가 참주적인 특징을 갖는 방책들도 모두 민주정적인 특징을 갖

36 즉 민주정에 대한 귀족들의 불만족.

37 기원전 401년에 일어난 혁명으로 오백 명의 부자들이 죽임을 당했고, 그중의 많은 이들은 도주했다고 하며, 양편의 손실이 커짐에 따라 타협하게 돼서야 도주한 이들이 비로소 돌아올 수 있었다고 한다(디오도로스, 14. 34). 퀴레네는 테라(산토리니)섬 출신의 밧토스가 아프리카 리뷔에(현재는 리비아) 해안에 구축한 식민도시였다(기원전 630년경). 이에 연관된 이야기에 대해서는 헤로도토스, 『역사』 제4권 150-205 참조.

38 클레이스테네스의 개혁은 『아테나이의 정치체제』 21-22에서 기술되고 있다. 1275b34-37, 1300a25 아래, 헤로도토스, 『역사』 제5권 66, 69-73 참조. 클레이스테네스의 목적은 서로 뒤섞여 살게 함으로써 새로운 시민을 오래된 시민과 혼합시키는 것이었다. 그는 아버지나 어머니가 아테나이인이든 아니든 간에 전 시민을 폴리스의 구성원으로 삼도록 해서 '가족의 배타성'을 깨뜨리려고 했다. 퀴레네의 민주정에 대한 언급은 기원전 462년경에 확립된 것을 가리키는 것 같다.

39 이를테면 게퓌라이오이 가문은 어떤 일로 보이오티아인들을 피해 아테나이로 가서 자신들만의 비밀 제의를 위한 신전을 세우고 아테나이인들의 출입을 금지시켰다고 한다(헤로도토스, 『역사』 제5권 61).

40 원어로는 친밀성(sunētheia)으로, 부족, 씨족, 사적인 희생 결합, 시민들의 구분 지음에 근거한 친밀성을 말한다.

고 있는 것으로 생각된다.[41] 내가 의미하는 것은, 예를 들어 노예들에 대해 통제하지 않는 것(이것은 [극단적 민주정에 적합할 뿐만 아니라] 어느 정도까지는 유익할 것이다),[42] 여자들과 아이들에 대해 통제하지 않는 것,[43] 그리고 각 사람이 자신이 원하는 대로 살도록 그대로 놔두는 것 등이다. 이러한 종류의 정치체제는 많은 지지를 받게 되니까. 왜냐하면 절도 있게 사는 것보다 규율 없이 사는 것이 다수의 다중에게 더욱 즐거운 일이기 때문이다.

41 극단적 민주정과 참주정의 연관성에 대해서는 1319b27-30, 1320b30-32 참조.

42 노예와 여성들의 방임이 민주정에 유익함을 가져다주는 것에 대해서는 1313b37 아래 참조.

43 이러한 종류의 통제와 감독에 대해서는 1300a4-8, 1322b37-1323a6 참조. 통제를 하지 않는 것(자유로운 행동을 허용하는 것)에 대한 민주정에서의 이점에 대해서는 1313b32-39, 1323a3-6 참조.

제5장

민주정의 보존[1]

그러나 입법자와 이러한 종류의 어떤 정치체제를 세우기를 원하는 사람들에게는, 그 정치체제를 확립하는 일이 그들의 가장 크고 유일한 임무가 아니라, 오히려 그것이 보존되도록 하는 것이 그 임무이다. 왜냐하면 어떠한 방식이 되었든 하루나 이틀, 사흘 동안 자신들의 정치체제의 토대를 유지하는 것[2]은 통치하는 사람들에게 어려운 일이 아니기 때문이다. 그러므로 우리는 정치체제들의 보존과 붕괴의 원인에 대해 이전에 연구한 것[3]에 근거해서 이것들로부터 정치체제들의 안정을 확립하려고 시도해야 한다. 그러기 위해서는 정치체제를 붕괴시키는 것에 주의를 기울이면서, 불문법이든 성문법[4]이든 무엇보다도 정치체제를 보존하는 특징을 포함하는 법률을 제정해야 한다. 또 민주정에 적합한 것이나 과 [1320a] 두정에 적합한 것은 민주정에 의한 폴리스의 통치나 과두정에 의한 폴리스의 통치를 최대한 실현시키는 것이 아니라, 각각의 정치체제를 가

1 이 장은 앞장(4장)의 극단적 민주정에 대한 후편으로 생각된다.

2 즉 '정치체제를 보존하는 것'(tēn politeian sōzesthai)을 말한다.

3 재5권을 말하는가. 그렇다면 이 제6권 보다 제5권이 선행하는 것으로 해석할 수 있다.

4 앞서 아리스토텔레스는 '글로 쓰인 것에 따른(kata gramata) 법'과 '관습에 따른(kata ethē) 법'을 구분한 바 있다(1287b5-6). 플라톤, 『국가』 제8권 563d 및 『법률』 제7권 793a9-d5 참조. '글로 쓰이지 않은 법'의 예는 근친상간을 금지한다거나(『법률』 838a-b), 벌거벗고 시장에 가서는 안 된다거나 여자 옷을 입어서는 안 된다는 것 등이다(디오게네스 라에르티오스, 『유명한 철학자들의 생애와 사상』 제3권 86).

능한 한 길게 존속시키는 것이라고 생각해야 한다.[5]

그러나 오늘날 인민 선도자들은 인민의 환심을 사기 위해 법정을 통해 많은 재산을 몰수하고 있다. 그러므로 정치체제의 보전에 신경 쓰는 자[6]는 이를 막기 위해 유죄 판결을 받은 사람들에게 속하는 어떤 재산도 공공의 재산으로 해서도 안 되며, 공동체에 귀속되는 것이 아니라, 신에게 바쳐진 재산이라고[7] 법률로 정해야 한다. 그렇게 하면 부정을 저지른 사람들은 여전히 경계를 풀지 않겠지만(그들에게 벌금이 부과되는 것은 변함이 없을 테니까), 군중은 아무것도 얻을 전망이 없을 때에는 심판받는 사람들에게 유죄 판결의 표를 던지는 것이 그 어느 때보다 적게 될 것이다. 게다가 공적 소송은 항시 가능한 한 적은 수로 억제해야 하며, 무작정 고소하는 자들에 대해서는 무거운 벌금을 부과함으로써 그것을 억제할 수 있게 만들어야 한다.[8] 왜냐하면 그러한 사람들은 민주정 옹호자에 대해서가 아니라 귀족을 향해 고소하는 데 익숙하기 때문이다. 그러나 될 수 있는 한, 시민 모두가 [최고의 권위를 가진 자들에 대해서뿐 아니라] 그 정치체제에 대해서도 좋은 감정을 품도록 해야 하겠지만, 만일 그렇지 못하다면 그들이 적어도 최고의 권위를 가진 사람들을 적으로

5 1309b20-21, 1310a19-20 참조.

6 원어인 tous kēdomenous tēs politeias인데, 이것은 "정치체제를 염려하는 사람들"(tous tēs politeias phrontizontas과 비슷한 표현이다(1308a28).

7 공공재산과 신성한 재산의 구별에 대해서는 1267b34 참조.

8 1268b25 참조. 아테나이에서 고소인이 재판관의 표들 가운데 5분의 1을 얻지 못하면, 1,000드라크마의 벌금과 더불어 앞으로 비슷한 소송을 제기할 권리를 상실했다고 한다(플라톤, 『변명』 36b1-2). 소크라테스의 재판은 공적 소송이었다(플라톤, 『에우티프론』 2a). 사적 소송(idiai dikai)은 도둑질, 강간, 폭행, 살인과 같이 당사자들에게 영향을 주는 사건들이다.

간주하지 않도록 해야 한다.[9]

극단적 민주정에서는 시민의 수가 많고, 또 그 시민들이 수당 없이는 민회에 참석하는 것이 어렵기 때문에, 이런 상황은 폴리스에 특별한 세입(재원)[10]이 없는 곳에서는 귀족에게는 바람직하지 않은 것이다.[11] 왜냐하면 민회를 위한 수당은 필연적으로 재산세와 재산의 몰수, 그리고 부패한 법정을 통해[12] 확보할 수밖에 없으니까. 그러나 이러한 일 때문에 이미 많은 민주정이 전복되었기 때문이다.[13] 따라서 특별한 세입이 없는 곳에서는 민회는 적게 열리게 해야 하고, 법정은 그 구성원을 많게 하는 반면, 개정 일수는 단지 며칠만으로 한정해야 한다.[14] (이렇게 하면, 부유한 자에게는 재판관 수당이 없고, 가난한 자[만]이 보수를 받는다고 해도, 넉넉한 자들은 그 비용을 걱정하지 않아도 되기 때문이다. 그것이 또한 법정에서의 재판에서 훨씬 낫게 판단하도록 이끈다.[15] 왜냐하면 부

9 1270b21-22 참조.

10 이것(세입, prosodos)은 20행에 나오는 재산세(eisphora)와는 구별된다. 아테나이에서는 페이라이에오스에 있는 대규모의 상점이나 라우리온의 은광에서 나오는 비용으로 충당했다고 한다. 아리스토텔레스 당대에 아테나이에서 민회에 참석하면, 참석자들은 주요 안건을 처리하는 민회(kuria ekklēsia)에서는 9오볼로스를 받고, 그 밖의 경우는 1드라크마를 받았다고 한다(『아테나이의 정치체제』 62). 1년에 40번의 일상적 회합과 함께 분기마다 4번이 열렸으며(prutaneia), 그중 하나가 kuria ekklēsia였다고 한다(『아테나이의 정치체제』 43). 1드라크마는 6오볼로스의 가치에 해당한다. 이런 것을 미루어 짐작해 보면 그 비용이 상당했다고 하겠다.

11 즉 유해하거나 치명적이다.

12 즉 '바람직하지 않은 벌금의 부과'를 의미한다.

13 코스, 로도스, 메가라, 헤라클레이아, 퀴메 등에서 그런 사태가 일어났다(1304b25 아래, 1302b23 아래 참조).

14 아테나이에서는 축제 기간이나 운수가 좋지 않은 날, 민회가 열리는 날을 제외하고는 법정이 개정(開廷)되었다고 한다.

15 아리스토텔레스는 부자와 가난한 자들이 함께 참여해야 민회의 '심의나 재판'이 더 나

유한 자들은 여러 날 동안 사적인 용무에서 떠나 있기를 원치 않지만, 짧은 기간이라면 상관없다고 생각하기 때문이다.)

이와 반대로 특별한 세입이 있는 곳에서는 인민 선도자들이 오늘날[16] 행하고 있는 것 같은 일을 해서는 안 된다(그들은 잉여금을 뿌리고 있지만, 가난한 자들[17]이 이것을 한번 받자마자 다시 같은 것을 원하기 때문이다. 이런 식으로 가난한 자들을 돕는 것은 '구멍 뚫린 항아리'와 같은 것이니까[18]). 그러나 진정한 의미에서 민주정적인 사람은 오히려 다중이 지나치게 가난해지지 않도록 살펴보아야 한다.[19] 지나친 가난은 민주정을 악화시키는 원인이니까. 그러므로 번영을 오래 지속시킬 수 있는 방안이 고안되어야 한다. 이것은 또한 부유한 자들에게도 유익한 것이기 때문에, 진정한 의미에서 민주정 옹호자가 해야 할 일은 특별한 세입에서 생겨난 잉여금을 한데 모았다가 가난한 자들에게 일괄 지급금으로 분배하는 것이다. 그렇게 할 수 있다면 무엇보다도 그들이 작은 토지를 구하기에 충분한 돈을 모아야 하는데, 만일 그렇지 못하다면 장사나 농사를
1320b 시작할 수 있는 밑천으로 삼을 정도의 액수로 충분하다. 또한 전체에게

을 수 있다고 생각하고 있다.

16 혹은 원어 nun(오늘날)은 당위적인 의미와 대조되는 '사실상'을 의미하지는 않을까?

17 혹은 인민. 인민은 늘 가난한 자들이니까.

18 인민에게 그냥 돈을 주는 것은 욕구를 증가시키기 때문에 인민을 타락시킨다는 언급에 대해서는 1267a41-b5 참조. "인간의 악행은 물릴 줄 모른다(aplēston). 맨 처음에는 단지 2오볼로스의 일당만으로 만족하지만, 일단 그것이 관습으로 굳어지게 되면, 더 많은 액수를 액수를 끊임없이 요구하게 되어, 그 요구는 모든 한계를 넘어설 때까지 그치지 않는다." 다나이오스의 50명의 딸 중에 49명이 결혼 첫날밤에 자신들의 남편을 살해했기 때문에, 하데스에서 '물이 새는 항아리'에 쉼 없이 물을 붓는 형벌을 받았다고 한다(아이스퀼로스, 『구원을 청하는 여인들』 참조).

19 가난한 사람들에게 폴리스의 돌봄이 필요하다는 것에 대해서는 1293a19 참조.

분배할 수 없는 경우에는 그 기금을 부족별로 혹은 어떤 다른 구분에 따라 순서대로 분배해야 한다. 그러는 동안에 필수적인 회합[20] 수당 마련을 위해 부자들에게는 과세해야 하지만, 그들은 의미 없는 종류의 공공봉사는 면제받아야 한다.[21]

카르타고 사람들은 이러한 방식으로[22] 통치함으로써, 인민을 아군(친구)으로[23] 삼았다.[24] 지속적으로 인민 중 일부를 인근의 작은 마을(위성마을)로 내보내서 그곳에서 부유하게 만들어 주었기 때문이다.[25] 또한 품위 있고 지각 있는 귀족들은 가난한 사람들을 나누어 맡아서, 그들에게 어떤 방향의 일에 종사할 수 있는 출발을 하게 해주는 것도 가능하다. 또한 타라스인들의 정책을 본받는 것도 좋을 것이다. 그들은 소유물을 공유하는 것으로 하고, 가난한 사람들이 사용할 수 있게 함으로써,[26] 그

20 민회와 법정에서의 모임.

21 1309a18 참조. 거기선 '쓸모없는'(mē chrēsimous)으로 되어 있다.

22 인민을 부유하게 만드는 방식(1273b18 아래). 카르타고의 정치체제에 대해서는 제2권 제2장 참조.

23 정치체제와 지배계급에 대해(1320a14 아래).

24 "각각의 정치체제에서 분명히 친애는 정의가 있는 만큼 있다"(『니코마코스 윤리학』 1161a10-11). "그런데 친애(philia)는 폴리스들도 결속시키는 것처럼 보인다. 입법자들도 정의를 [구현하기 위해] 애쓰는 것보다 친애의 [구현을 위해] 더 애쓰는 것 같다. 입법자들은 무엇보다도 친애와 비슷한 것으로 보이는 화합(homonoia)을 추구하며, 무엇보다도 [폴리스에] 해악을 미치는 분열을 몰아내기 때문이다. 또 서로 친구인 사람들 사이에서는 더 이상 정의가 필요하지 않지만 서로 정의로운 사람들 사이에서는 친애가 추가적으로 필요하고, 정의로운 것들 중 가장 정의로운 것은 '친애적인 것'(philikon)처럼 보인다"(『니코마코스 윤리학』 1155a22-27).

25 1273b18-24 참조.

26 고대 스파르타에서 있었던 재산의 공동 사용 관행을 이어받은 것일 수 있다(1263a35 아래 참조). 타라스(라틴명; 타렌툼[Tarentum])는 스파르타인들이 개척한 식민도시였다. 타라스에서의 정치적 변화에 대해서는 1303a3 참조.

들은 다중에게 호의를 품도록 만들었다. 게다가 그들은 모든 관직을 두 종류로 나누어서, 어떤 것은 선거로 임명하게 하고 다른 것은 추첨에 의해 임명토록 했다. 한쪽을 추첨에 의해 맡도록 하는 것은 인민이 관직에 참여할 수 있도록 하는 것이고, 다른 쪽을 선거에 의해 맡도록 하는 것은 그들이 더 낫게 통치받을 수 있도록 하기 위해서다. 어쨌든 이것은 동일한 관직에 종사하는 사람들을 두 종류로 나누어서, 한쪽은 추첨에 의해 임명하고, 다른 쪽은 선거로 임명함으로써 이와 같은 결과를 얻을 수 있는 것이다.[27]

이렇게 해서 우리는 어떻게 민주정을 확립하여야 하는지를 말한 셈이다.

27 하지만 전쟁 전문가인 '장군'의 경우에는 이런 방식으로 임명할 수 없다.

제6장

과두정의 확립과 보존 1

이러한 고찰로부터 또한 과두정에 대해서도 그것을 어떻게 확립하면 좋을지도 아주 명백해졌다. 각각의 과두정은 각각 그 반대의 민주정으로부터 유추하면서, [민주정과] 반대의 제도들로부터 각각의 과두정의 유형을 이끌어 내야 하기 때문이다.

예를 들어 과두정 중에서 가장 잘 혼합된 첫 번째 종류의 것은 순서상[1] [첫 번째 종류의 민주정으로부터] 유추하는 것이어야 한다. 이것은 이른바 혼합정[2]에 가까운 유형의 과두정이다. 이러한 종류의 과두정에서는 재산 자격을 높은 것과 낮은 것으로 나누어 낮은 편에 속하는 사람들을 필수적인 관직에 참여하도록 자격을 부여하고,[3] 보다 높은 편에 속하는 사람들은 더 중요한 관직에 참여하도록 자격을 부여하는 것이다. 또한 일정한 재산 자격 조건을 갖춘 자는 정치체제에 참여하게끔 인정되어야 하지만, 재산 자격을 통해서 추가되는 그만큼의 인민의 수는, 이 총수(總數)를 가지고 정치체제에 참여한 사람들이 참여하지 못한 사람들보다 더 강력해질 수 있도록 해야 하는 것이다. 또한 정치체제에 참여

1 민주정의 최선이자 첫 번째 종류와 관련해서.

2 1293b33-34, 1294a22-23.

3 폴리스의 생존의 필요를 위해 요구되는 필수 불가결한 관직들(1283a17-22, 제6권 제8장, 제5권 제9장).

하는 사람들은 언제나 더 나은 인민들[4]로부터 받아들여야 한다.

이다음에 오는 두 번째 종류의 과두정은 그 자격 조건을 어느 정도 엄격하게 한 뒤[5] 이와 같은 방법으로 입법가는 확립해야 한다. 과두정 중에서 극단적 민주정과 대립되는 정치체제는 가장 집단 권력적이고 가장 참주적인 것이다. 이런 종류의 과두정은 그것이 최악인 한에서 그만큼 더 엄중한 경계를 필요로 한다. 예를 들어 건강에 관련해서 좋은 상태에 있는 신체들과 선원들에 관련해서 항해하기에 잘 정비된 배라면, 여러 실수를 저지르는 것을 허용할 수 있어서, 그로 인하여 붕괴에 이를 것은 아니지만, 질병에 걸린 신체와 그 [선재(船材)의] 이음새가 느슨해지고 또 나쁜 선원이 타는 배는 작은 실수에도 견딜 수 없는 것이다.[6] 이와 마찬가지로 또한 최악의 정치체제는 가장 엄중한 경계를 필요로 한다.[7]

그런데 일반적으로 민주정은 시민의 수가 많음[8]에 의해 보존되는 것이다(인구의 많음은 가치에 따른 정의[9]와 대립되는 것이니까). 그러나 과두정은 그와 반대로 좋은 질서[10]에 의해 그 안정을 확보해야 한다는 것은 분명하다.

4 1319a39-b1에서, 인민은 농부, 목자, 장인, 장사꾼 등으로 순서가 매겨진 바 있다.

5 혹은 '그 자격 조건을 바짝 조임으로써', 1290a22-29 참조.

6 즉 '항해할 수 없음'을 말한다.

7 플라톤, 『국가』 487e-489c, 556e와 비교하라.

8 '시민의 인구수', '시민의 큼'(poluanthrōpia). 인민의 수의 많음에 대해서는 1317a3-7 참조.

9 '가치(axia)에 따른 정의'는 과두정을 보존시켜 주는 것이다.

10 '좋은 질서'(좋은 구조; eutaxia)는 '사람 수의 많음'(poluanthrōpia)에 대립하며, 양자는 양립할 수 없다.

제7장

과두정의 확립과 보존 2

다중은 주로 네 부분으로, 즉 농부, 수공예업자(匠人), 상인, 일용(임) 노동자로 나누어지며,[1] 또 전쟁에 도움을 되는 네 종류의 집단으로 기병, 중무장 보병, 경무장 보병, 수병으로 나뉜다. 그러므로 영토가 말몰이에 적합한 곳[2]에서는 강력한 과두정을 확립하기 위한 자연적 조건이 잘 갖춰져 있는 것이다[3](그곳 거주민의 안전은 이 기병대의 힘에 의존하지만, 말을 보유할 수 있는 것은 많은 재산을 소유하고 있는 사람으로 한정되니까).[4] 한편 영토가 중무장 보병에 적합한 곳은 그다음 종류의 과두정[5]을 확립하기 위한 자연적 조건이 잘 갖춰져 있는 셈이다(중무장 보병대는 가난한 자들보다는 부유한 자들로 이루어지는 것이니까).[6] 반면에 경무장 보병과 수군은 전적으로 인민에게 적합한 군대다.

따라서 실상이 그러한 대로 이러한 군대의 규모[7]가 큰 곳에서는 내란

1 '대략 네 부분들'로 새길 수도 있다. 1289b32에서는 인민을 세 부류로 언급한다.

2 지배자의 수가 적은 과두정.

3 소아시아 지방의 넓은 평원 위에 세워진 폴리스들이 그렇다(1289b39 아래). 플라톤, 『법률』 625d 참조. 플라톤은 예로 주로 평야 지대로 이루어진 텟살리아를 들고 있다.

4 1289b33-40 참조. 재산이 많은 자는 땅을 많이 가지고 있을 테니까.

5 1292b35.

6 중무장 병장기가 값이 비싸니까. 그래서 가난한 사람들은 소유할 수 없다.

7 '경무장 보병과 삼단노 군선의 노 젓는 사람들.'

이 일어났을 때,[8] 과두정 지지자들이 종종 최악의 악전고투(惡戰苦鬪)를 겪는다. 이런 상황을 개선하는 방안은 전쟁이 능숙한 장군들에게서 그 방안을 받아들이는 것이다. 즉 그들은 기병대와 중무장 보병대에 적당한 규모의 경무장 보병을 연합시킨다. 내란에서 인민이 부유한 자들을 압도하는 것은 바로 이러한 방식에서다.[9] 왜냐하면 그들은 비록 경무장을 하고 있지만,[10] 기병대과 중무장 보병대에 맞서 손쉽게 싸워 낼 수 있기 때문이다. 그러므로 과두정 지지자가 인민의 이러한 요소들[11]로부터 그러한 군대를 조직하는 것은 자기 자신에 적대하는 군대를 조직하는 것과 같은 것이다.[12] 그러나 나이는 기간으로 나누어지며,[13] 연장자에 포함되는 사람이 있으면 연소자에 포함되는 사람이 있으므로 과두정 지지자들은 아들들이 아직 젊은 동안에 그들에게 경무장 보병 훈련과 장비를 착용하지 않은 훈련을 배우게 했다가, 그들이 소년기에서 벗어났을 때 그들 스스로가 그 임무에 정통한 사람[14]이 될 수 있도록 해야 한다.

그런데 다중에게도 통치자 집단에 참여하는 것을 인정해야 하지만, 앞서 말한 바와 같이[15] 거기에 참여하는 것이 허용되는 것은 일정한 재산 자격을 가진 자, 혹은 테바이에서처럼 비속한 일을 그만둔 후 일정 시

8 즉 시민들이 두 적대 세력으로 분열할 때.

9 즉 경무장 보병을 이용하는 것.

10 경무장 보병은 창과 작은 방패로 무장하고, 또 전문적으로 특화되어 활과 투석을 사용해서 기병에 맞섰을 것이다.

11 민주정적인 요소들.

12 오히려 인민의 민주정적 요소를 받아들이는 것은 부자 자신(과두정 옹호자)들에게 독이 된다는 의미이겠다.

13 즉 연령층으로 나누어진다는 의미다.

14 즉 '충분히 기술을 갖춘 정통 숙련자'(athlētēs)인 마스터(master)를 말한다.

15 1320b25-29.

간을 거친 자들,[16] 혹은 맛살리아에서처럼 이미 통치자 집단 내부에 있는 자인지 그 바깥에 있는 자인지를 가리지 않고 통치자 집단에 속할 가치가 있다고 판단된 자들에게로[17] 국한되어야 하는 것이다.

게다가 최고의 권위를 갖는 관직은 정치체제 안에 있는 사람들[만]이 차지해야 하지만, 이런 종류의 관직에 대해서도 [부자들과 마찬가지로] 공적 봉사를 부과해야 하는데, 이는 인민이 자발적으로 관직에 참여하지 못하도록 하고, 그 관직을 위해 높은 대가를 지불해야 하는 관직자에 대해 관용을 가질 수 있도록 하기 위한 것이다. 또한 관직에 취임할 때에는 성대한 희생 제의를 열어 공적인 무언가를 세우는 것[18]이 적합하다. 그렇게 하는 것은 인민이 공적인 잔치[19]에 참가하고, 또 폴리스가 봉헌물과 건축물로 장식된 것을 보고, 정치체제가 존속하고 있음을 보는 데 기쁨을 느끼도록 하기 위해서다. 또한 귀족들에게는 그들이 내놓은 큰 비용의 지출을 기념하는 것이 남게 될 것이다.[20] 그러나 오늘날에는 과두정의 지배자들은 이런 일을 행하지 않고, 오히려 그 반대의 일을 하고

16 1278a25-26("테바이에는 십 년 동안 시장에서 판매를 삼가지 않은 자는 관직에 참여하지 못하게 하는 법이 있었다"). 장인의 일은 덕에 바람직하지 못하다(1319a26 아래, 1328b37 아래 참조).

17 무엇을 말하는지 명확하지는 않으나, 통치 행위에 참여할 만한 자격을 갖춘 사람의 '명단'을 작성했다는 말로 이해된다. 그렇다면 이 방법은 '덕'에 좀 더 무게를 두는 것으로 이해된다(뉴먼의 해당 주석 참고).

18 봉헌물로 사원을 장식하거나(헤로도토스, 『역사』 제2권 44) 벽들을 재건축하고 그 밖의 다른 공공건물을 세우는 것을 말한다.

19 estiasis는 일종의 공적 봉사(leitourgia)로 동료 시민들에게 베풀어지는 잔치.

20 희생제물이나 잔치는 곧 잊혀지는 것이니, 조형물이나 건물을 짓는 것을 선호했을 것이다. 현대 그리스의 문화 유산으로 전해진 상당량이 이런 기념물로 추정된다. 요즘 우리나라 지방 자치 단체의 장(長)들이 엄청난 돈을 들여 호화스러운 건물을 남기는 것도 이와 비슷한 이유에서이다.

있다. 왜냐하면 그들은 관직의 명예 못지않게 이득을 추구하고 있기 때문이다. 그러므로 이런 정치체제를 '작은 민주정'[21]이라 부르는 것은 잘하는 일이다.

1321b 이렇게 해서, 민주정과 과두정이 세워져야 하는 방법을 이러한 방식으로 규정한 것으로 해 두자.[22]

21 '작은'(mikros)은 다수 대신에 소수(과두정 옹호자들)가 지배하기 때문이며, '민주정'은 소수가 다수와 같이 돈(이익)을 추구하기 때문이다(1318b16-17).

22 앞서 1317a14에서 "또한 이 최선의 정치체제[과두정과 민주정]이든 그 밖의 다른 정치체제들이든, 그것을 어떻게 확립해야 하는지를 분명히 해야 한다"고 말했지만, 후자('다른 정치체제')에 대해서는 아무런 논의가 이루어진 바가 없다.

제8장

정치적 관직의 종류

말해 왔던 것에 이어서, 앞서 이미 언급한 것처럼[1] 관직에 관련된 것을, 즉 관직은 어느 정도의 수가 있으며, 또 각각의 관직은 무엇이며 무엇을 대상으로 하는가 하는 것을 적절히 규정해야[2] 한다. 필수적인 관직들 없이는 폴리스는 존속할 수 없으며, 좋은 구조와 질서[3]에 관련된 관직들[4] 없이는 폴리스는 훌륭하게 통치될 수 없기 때문이다.[5]

게다가 앞서 말한 것처럼,[6] 관직의 수는 작은 폴리스들에는 필연적으로 적을 수밖에 없으며, 반면에 큰 폴리스들에는 관직이 훨씬 더 많다. 그래서 어떤 종류의 관직은 통합하기에 적합하고,[7] 어떤 종류의 관직은 따로 떼어 내는 것이 적절한가 하는 문제를 놓치지 말아야 한다. 그런데 필수적인 일에 관련되는 감독직으로서, 첫 번째 것은 (1) 아고라(시장)

1 1298a1-3, 제4권 15장(1299a3 아래).

2 이 말(to diērēsthai['나누는'])은 여기서 '규정하는'(diorizein)이라는 의미와 비슷하게 쓰였다.

3 좋은 질서(eutaxia), 질서(kosmos)는 거의 비슷한 의미를 갖는다. 이밖에도 eukosmia('좋은 질서', 1321b14, 1322b39, 1299b16, 19)란 말도 사용된다.

4 1322b37 아래.

5 관직은 필수적인 것과 최고의 권위를 갖는 것으로 구분된다(1320b24 아래).

6 1299a31-b30.

7 1299b13 참조.

를 감독하는 것이 있다.[8] 실제로 아고라[9]에는 계약[10]과 좋은 질서를 감독하는 어떤 관직이 있어야 한다. 왜냐하면 거주민들이 서로 간에 필요한 것을 채워 주기 위해서, 어떤 것을 팔고 다른 것을 사는 것은 거의 모든 폴리스에 필연적이기 때문이다.[11] 또한 사람들은 자족적인 생활을 위해 하나의 정치체제로 한데 모인다고 생각되고 있지만, 매매를 하는 것은 그것을 얻기 위한 가장 가까운 수단이다.[12]

이것 다음에 오는, 이것과 관련된 유사한 감독직으로 (2) 도심에 있는 공공 부동산과 사적 부동산에 관해서 좋은 질서가 유지되도록 감독하는 관직이 있다. 그 직무는 무너진 건물과 도로의 보존 및 보수(補修), 사람들이 서로의 토지의 경계를 둘러싸고 싸움을 일으키지 않게 하는 것, 또 이와 비슷한 다른 사항을 감독하는 관직이다. 대부분의 사람들은 이런 종류의 관직을 '시정(도심[都心]) 감독관'이라고 부르고 있지만,[13] 여기에는 여러 부문이 포함되어 있다. 보다 인구가 많은 폴리스에서는, 예를 들면 성벽 건축관, 수원(水原) 관리관, 항구 경비관 등 시역 감독관의 다른 부문에는 다른 관직자가 배치된다. 그 밖에도 이것과 비슷한 필수적

8 아테나이에는 시장을 관리하는 관직의 종류로 불량한 생산품이 팔리지 않도록 관리하는 시장관리인(agoranomoi), 무게나 양의 측정을 관리하는 도량 관리인(metronomoi), 곡물, 고기, 빵의 가격을 규제하는 곡물 감시인(sitophulakes) 등이 있었다. 아리스토텔레스는 이 셋을 포괄해서 '필수적인 관직'인 '시장 관리인'이라 부른 듯하다.

9 무엇을 지시하는가? 관리인가, 시장인가? 아니면 시장에 대한 관리를 말하는 것인가?

10 모든 계약이 시장에서만 이루어지는 것은 아니다. 시장 계약에 대해서는 1300b11 참조.

11 1257a14에서 말하듯이 필수품을 사고파는 것은 '이득'을 위한 것이 아니라, 생활 필수품을 공급하기 위한 것이다. 아리스토텔레스는 교환경제를 옹호한다.

12 여기서 '생각된다'(dokousin)라는 표현은 이런 경우가 전적으로 그렇다는 것을 확신할 수 없다는 것이다. 자족 이외의 다른 목적이 있다는 것에 대해서는 1278b18-30 참조.

13 이 관직에 하나의 이름을 부여했지만.

인 관직이 있다. (3) 그 관직이 시정 감독관과 동일한 일을 취급하기 때문이지만, 그 대상이 되는 것은 시골과 시역 이외의 전반적인 사항들이다. 사람들은 이 관직에 종사하는 사람들을 '농지 관리관'이라고 부르기도 하고, '삼림 관리관'이라고 부르기도 한다.[14]

따라서 이들은 이러한 일들[15]에 관련되는 세 가지 종류의 감독직이지만, 또 다른 종류의 관직으로서 (4) 그 직위를 통해서 국고 수입을 수령하고 보관해 두었다가, 그것을 각각의 행정 부문에 분배하는 것이 있다. 이 관직에 종사하는 사람들은 '수납관'이나 '회계관'[16]이라 불린다.

이 밖에도 다른 관직으로서, (5) 그 직위를 통해서 사적인 계약과 법정의 판결 기록을 직무로 하는 관직이 있는데, 또한 소송 고소장의 수리와 소송 재판 개시의 수속도 이들 관직자에게서 이루어져야 한다. 그런데 이 관직이 있는 어떤 곳에서는 이것을 여러 부문으로 나누지만, 다른 곳에서는 하나의 관직이 이 모든 것에 대해서 권한을 갖고 있다. 이 관직에 종사하는 사람들은 '신성(神聖) 기록관',[17] '감독관', '기록관'으로 불리거나, 이것들과 가까운 다른 이름으로 불리기도 한다.

이것 다음으로 따라 나오는 관직 중—아마도 가장 필수적이고 가장 힘든 일로—(6) 유죄 판결을 받은 자 및 [폴리스에 대한 채무자로] 그 명단에 따라 공시된 자[18]에 대해 형을 집행하거나 벌금을 강제 징수하는 일과 죄수들의 감시하는 관직이 있다. 이 관직이 괴로운 것은 많은 원한 1322a

14 1331b15 참조.

15 필수적인 것들.

16 즉 수령 영수증과 비용 지출을 통제하는 사람.

17 신성 기록관(hieromnēmones)에 대해서는 『아테나이의 정치체제』 15, 2-5 참조.

18 아고라에 명단을 공시하는 것에 대해서는 플라톤, 『법률』 762c, 946d 참조.

을 사기 때문이다. 그래서 이 관직으로부터 큰 이득을 얻지 못하는 곳에서는 사람들이 그 일을 맡으려 하지 않고, 또 고스란히 맡았다고 하더라도 규정대로 직무를 수행하는 것을 좋아하지 않는다. 또 그것이 필수적인 관직인 것은 정의를 놓고 재판을 해도 그 목적이 달성되지 않으면 아무런 소용이 없기 때문이다.[19] 따라서 만일 재판이 이루어지지 않는 곳에서는 사람들이 서로 공동으로 살아가는 것이 불가능하다고 하면,[20] 형이 집행되지 않을 때도 서로 공동으로 살아가는 것이 불가능하게 된다. 그러므로 이 [벌금을 징수하는] 관직을 하나로 할 것이 아니라, 각기 다른 법정으로부터 각기 다른 사람들이 담당하는 것이 더 좋을 것이며, 또 채무자의 공시에 관련해서도 마찬가지로 그 임무를 나누도록 노력하는 것이 좋다. 게다가 그 밖의 관직자들도 또한[21] 어떤 경우에 벌금을 강제 징수해야 하고,[22] 특히 전임 관직자[23]가 부과한 형은 신임 관직자가 집행하며, 현직 관직자가 행하는 경우에는, 예를 들면 시장 감독관이 부과한 형을 시정(도심[都心]) 감독관이 집행하고, 시정 감독관이 부과한 형을 다른 관직자가 집행하는 것처럼, 형을 부과하는 자와 이를 집행하는 자를 나누어야 한다. 왜냐하면 형을 집행하는 사람에 대한 적의가 작아지면 작아질수록, 그만큼 더 그 행위의 목적은 달성되기 쉬워지기 때문이다. 이와 대조적으로, 동일한 사람들이 형을 부과하고 집행하는 것 모두를 수행한다면, 그 사람에 대한 적의는 두 배가 되지만, 동일한 사람들이

19 플라톤, 『크리톤』 50b 참조.

20 1253a29-39 참조.

21 즉 관직자의 정상적인 업무에 덧붙여서.

22 즉 판결에 따라 벌금을 강제 징수해야 한다는 의미다.

23 즉 임기가 1년씩이라면 지난해에 임명된 전임자를 말한다.

모든 형을 집행한다면, 그 사람들은 모든 사람에게 적이 되는 것이다.

실상 많은 곳에서는, 죄수를 감시하는 관직과 형을 집행하는 관직을 징수하는 관직에 결합시켰다.[24] 예를 들어 아테나이의 이른바 '11인회'라는 관직[25]이 그렇다. 그러므로 이 관직[26]을 또한[27] 따로 떼어 내는 편이 더 낫고, 그 관직에 관련해서도[28] 이와 동일한 적절한 묘책을 찾아내는 것이 더 나을 것이다.[29] 왜냐하면 이 관직도 앞서 말한 것[30] 못지않게 필수적인 것인데도, 실상 벌어지는 일이란, 훌륭한 사람들이 무엇보다도 이 관직을 회피하고 있으며, 그렇다고 해서 사악한 사람들에게 이런 권한을 부여하는 것은 안전하지 않기 때문이다. 그런 사람들이 다른 사람들을 감시할 수 있기보다는, 외려 앞서 그들 자신이 감시받을 필요가 있

24 전해지는 사본에는 'diērētai'(구별했다, 분리했다)라고 나와 있다. 주제밀은 이 문장을 괄호 치고 있다. 여백에 있던 구절이 본문으로 삽입된 것으로 여겨진다. 실제로 아테나이에서 추첨으로 뽑힌(아리스토텔레스, 『아테나이의 정치체제』 제52장 1) '11인 위원회'는 죄수를 구금하거나 사형 선고를 집행하고, 폴리스의 빚을 징수하는 두 역할을 맡고 있었다(아리스토텔레스, 『아테나이의 정치체제』 제52장 참조). 그러니까 어느 정도는 '죄수 구금'과 '벌금 징수' 기능을 포함하고 있었던 셈이다. 따라서 엄밀히 말하자면, 이 두 기능이 분리되어 있다고 할 수 없다. 문장 맥락상 앞선 언급된 두 기능의 분리를 말하는 것이라면, 예로서 제시된 사례가 만족스럽지 못하다. 전해지는 역사적 사실대로 수정해서 읽어도 그 맥락을 따라잡기가 어렵지만은 않다. 그래서 역자는 역사적 사실을 받아들여 수정해서 읽었다. 하지만 아리스토텔레스가 죄수의 구금을 우선시하는 것으로 보고 사본 그대로 받아들이기도 하며, 아테나이에서는 이와 별도로 이런 일을 담당하는 관직자를 praktōr(수행자)라고 불렀음을 지적해서 사본을 보존하기도 한다(C. 로드, p. 184 각주 참조).

25 hē를 첨가해 읽는다.

26 죄인을 구금하는 관직.

27 벌금을 강제 징수하는 관직뿐만 아니라.

28 즉 그 관직을 수행함으로써 적대감을 불러일으키는 것과 같은 사항.

29 다시 말해 '죄인을 구금하는 관직도 다른 기능으로부터 분리해야 한다'는 말인가?

30 벌금을 강제 징수하는 관직.

으니까 말이다. 따라서 죄수[31]를 담당하는 하나의 관직이 있어서는 안 되며, 또 동일한 관직이 연속적으로 이 일을 맡아서도 안 된다. 오히려 이들의 감독은 다른 사람들이 번갈아 맡고, 생도들[32]이나 경비 훈련병[33] 조직이 있는 곳에서는 그 젊은이들 중에서 그리고 관직자들 중에서 뽑혀서 잇달아 번갈아 가면서 감독을 맡아야 한다.

따라서 앞서 열거한 이러한 관직들이 가장 필수적인 것들 중에서 첫 번째로 위치해야 하고, 이것들 다음으로 못지않게 필수적인 것이라는 점에서는 이것들과 다를 바 없지만, 위계[34]에서 보다 상위에 매겨져야 하는 관직들이 자리 잡아야 한다. 그것들은 풍부한 경험과 신뢰성이 필요로 하는 것이니까. 이러한 것들은 (7) 폴리스 수호와 관련된 관직일 수 있으며, 전쟁에 필요한 일을 위해 조직되는 관직이 그러한 종류의 것에 해당한다. 전시뿐 아니라 평화시에도 마찬가지로 성문과 성벽의 수호 및 시민들의 검열과 시민들의 질서 있는 정렬[35]을 실시하는 사람들을 빼놓을 수 없다. 그런데 이 모든 것을 여러 관직에서 분담하는 곳이 있다면, 다른 곳에서는 적은 수의 관직으로 꾸려 나가기도 한다. 예를 들어 작은 폴리스에는 단 하나의 관직이 그 모든 것을 담당하기도 한다. 이런
1322b 종류의 사람들을 장군이나 '총사령관'(폴레마르코스)이라 부른다. 게다

31 즉 '구금된 사람들(죄수)'. 또는 '이들을 책임지는'.

32 ephēbos(i)[견습병, 생도]에 대해서는 아리스토텔레스, 『아테나이의 정치제제』 제42장 참조.

33 아테나이뿐 아니라 다른 여러 곳에서 18살에서 20살에 이르는 젊은이들은 강제적으로 군사훈련을 위한 훈련소에 등록했다고 한다. 이들이 군인이나 시민 순시병으로 근무했다고 한다.

34 원어로는 schēma이다. 플라톤, 『법률』 685c('제국의 위용' 내지 '위엄') 참조.

35 전쟁에 참여하는 순서를 정하는 것(suntaxis).

가 기병이나 경무장 보병, 궁수나 수병이 있는 곳에서는, 때때로 이들 각각을 관장하는 관직이 마련될 수 있으며, 각각 이 관직들은 해군 지휘관, 기병대 장관, 보병 지휘관[36]으로 불린다. 또한 이러한 이름에는 예하(隸下) 부대를 맡는 관직이 있어, 각각 차례로 삼단노 군선 지휘관, 보병 부대장,[37] 부족 기병 지휘관[38]이라 불리며, 또 이들 예하에 있는 부대에 대해서도 이와 마찬가지다. 그럼에도 이것들 전체는 하나의 부문을, 즉 군사에 관한 감독직이라는 부문을 형성하고 있다.

따라서 이 관직에 관련해서, 이 정도가 그 사정이 처한 방식이다. 그러나 관직의 전부는 아니더라도, (8) 관직 중에 어떤 것은 공공재산의 상당한 양을 취급하는 것 이상으로 회계 보고서와 계산서를 수령하고 또 회계감사를 담당하고, 그 자체로는 다른 어떤 일도 종사하지 않는 관직을 수행하는 별도의 관직이 있어야 하는 것은 필연적이다. 어떤 사람은 이런 관직에 종사하는 사람들을 직무 감사관, 다른 사람들을 회계관, 감찰관, 옹호자[39]라고 불렀다.

이 모든 관직 이외에도 (9) 폴리스의 모든 일에 대해서 최고의 권위를 갖는 관직이 있다. 왜냐하면 그와 동일한 하나의 관직이지만, 종종 법령의 제출과 최종적인 결정 권한 모두에 대한 권한을 갖고 있거나, 혹은 인민에게 최고의 권위가 있는 곳에서는 다중(민회)을 통괄하기 때문이다. 그 이유는 그런 곳에서는 폴리스 통치의 권한을 갖는 집단을 소집하는

36 경무장 보병과 궁수들의 지휘관(taxiarchia).

37 백 명가량을 지휘한다. 로마 시대에 천 명가량을 지휘하면 천부장, 백 명가량을 지휘하면 백부장이라고 하듯이.

38 phularchos는 문자 그대로의 의미는 '부족 지휘관'이다.

39 보이오티아에서 회계감사를 하는 관직을 이렇게(sunēgorous) 불렀다고 한다.

권위(기구[機構])가 있어야 하니까.[40] 이 관직은 의안의 사전 심의를 맡는 것이기 때문에 어떤 곳에서는 예비 위원회라고 부르지만, 다중이 지배하는 곳에서는 그 대신에 평의회라고 부른다.

그렇기에 정치적인 관직들에는 대략 이만큼의 수가 있다. 그러나 그것과는 다른 종류의 감독직으로서 신들과 관련된 것이 있다.[41] 예를 들어 제사장과 사원에 관련된 일들(현존하는 건물들의 보전과 무너져 가는 건물들의 복구와 같은 것)을 감독하는 것이 그렇고, 신들에 관해 정해진 다른 모든 사항들[42]의 감독이 그런 것이다. 어떤 곳에서는 이 감독직이 하나로 통합되어 일어나는데, 예를 들어 작은 폴리스에서는 한 가지 종류밖에 없다. 그러나 다른 곳에서는 제사직과는 별도로 많은 종류의 감독직이 있다. 예를 들어 희생 제의의 감독관, 신전 지킴이, 신성한 기금(基金) 지킴이(재무관) 등이 그렇다. 이와 관련해 모든 공공의 희생 제의를 전담하는 관직이 있다. 이런 종류의 희생 제의는 법률상 제사장 직무로 되어 있지 않지만, 공공의 화덕 제단[43]에서 기려지기 때문에

40 예비 위원회에 대해서는 1298b26-34 참조.

41 정치적 관직과 사제의 관직의 구별에 대해서는 1299a18 아래와 1331b4 아래 참조. 사제직도 관직(archai)이다.

42 1318b12 참조. 신들의 제의에 관련해서 별도로 정해졌던 다른 모든 것들을 관리하는 것을 말하는 것으로, '신성한 재산' 일반을 의미한다. 여기에는 제의를 준비하는 노예와 희생제물용 가축 및 성스러운 제의 물품이나 도구들(ta peri ta hiera)을 포함한다. 특히 '성스러운 기금 수입 또는 재원'을 가리킨다. 그러나 이 관직은 정치적인 것은 아니었다(1299a17-23).

43 공공의 화덕(koinē hestia)은 실제적이고 마법적인 의미를 가진 왕궁의 화덕에서 유래한다. 고대 헬라스에서는 각 가정마다 불씨를 간직해 두던 곳을 헤스티아라고 불렀다. 헬라스인들은 이 헤스티아를 신성한 장소로 여겨 하나의 종교적 관념으로 매우 중시하였다. 헤스티아 숭배는 원래 가족과 씨족들 사이에서 행해졌으나, 나중에 가서는 폴리스에서도 성행하였다. 대개 아고라 위에 있었던 프뤼타네이온(Prutaneion) 안에 많

명예가 되고 있다. 이 관직자들은 아르콘(최고 관직자)이나 바실레우스(왕), 혹은 프뤼타니스(최고 성직자)로 불린다.

요약해서 말하자면, 필수적인 종류의 감독자는 다음 사항에 관련된 것이다. 신에 관련된 종교적인 문제들,[44] 군사적인 문제, 세입과 지출, 아고라(시장), 도심, 항구 및 시골에 관련된 것, 나아가 재판, 계약의 등기, 형 집행, 죄수의 감시, 회계 보고서의 수령과 감사, 그리고 관직자의 직무 심사와 회계감사에 관련되고, 끝으로 공적인 업무에 대한 심의다.

한편, 더 많은 여가를 보내며 더 많은 번영을 구가하고, 게다가 좋은 질서를 염려하는 폴리스들의 고유한 관직으로는, (11) 여성들의 감독에 대한, (12) 법률의 수호에 대한, (13) 아이들의 교육 감독에 대한, (14) 체육에 대한 관직이 있으며, 이것들에 더해서 (15) 체육제전과 디오뉘소 1323a
스 축제 제전[45]을 감독하되, 다른 어떤 그와 같은 볼거리 행사가 있으면

은 가정의 화덕들과의 연결성을 맺고 있는 이 공공의 화덕이 설치되었을 때, 이것은 일종의 정치적 공동체의 상징이었다. 행정의 중심 역할을 맡았던 프뤼타네이온은 폴리스의 화덕을 놓았던 공공 건물로 여기에서는 공공의 회합이 열리고, 공적을 세운 시민들이나 방문객을 위한 공적인 환영 행사가 열렸다. "필롤라오스에 의하면, [우주의] 중심부 한가운데에는 불이 있다—이것을 그는 우주의 화덕(헤스티아), 제우스의 거처, 신들의 어머니, 제단(bomos), 자연을 결속시키는 것(sunochē), 그리고 자연의 척도라고 부른다—그리고 다시 제일 상층에 우주를 둘러싼 또 다른 불이 있다. 그런데 한가운데 것은 본성상 첫째가는 것이며, 그 주위로 열 개의 신적인 물체들이 춤을 춘다. 붙박이 별들(항성들)의 구 다음에 다섯 개의 떠돌이별(행성)들이 [있고], 그다음에 해가, 그 밑에는 달이, 그 밑에는 지구가, 그 밑에는 반대편 지구가, 이 모든 것 다음에는 중심부에 자리를 차지하고 있는 '헤스티아'라는 불이 있다"(Aetios 2.7.7). 이 말은 호메로스에게서는 '집에 있는 화덕'의 뜻으로 사용되고, 집 자체를 의미하기도 하며, 또 제단으로서 Heskhara와 동의어로 사용된다. 피타고라스에서는 헤스티아는 우주의 중심 불을 의미한다.

44 원어인 ta daimonia는 신성한 것들(ta theia)보다는 좀 더 포괄적인 의미를 가진다.

45 비극과 희극 시인들이 경쟁했던 드라마 경연 축제로 여기선 음악 경연과 체육 시합을

감독하는 관직이 있다. 이런 관직들 중에는 어떤 것은, 예를 들어 여성 감독관이나 아이들 교육 감독관과 같은 것은 명백히 민주정적이지 않다. 왜냐하면 가난한 사람에게는 노예가 없기 때문에, 그들의 아내나 자녀들을 딸려 있는 사람들(하인)처럼 사용할 수밖에 없기 때문이다.[46]

또, 중요한 관직자들 선출을 감독하는 관직이 있는데, (16) 법률 수호자들(호법관), (17) 예비 (법안 심의) 위원회, (18) 평의회 등이다. 이것들 중 법률 수호자들은 귀족정적인 관직이고,[47] 예비 위원회는 과두정적인 관직이며,[48] 평의회는 민주정에 적합한 관직이다.

이렇게 해서 우리는 관직들에 관련해서 그것들의 거의 모든 것에 대해 개략적으로나마 다 말한 셈이다.

포함하며, 이 제전은 헬라스인의 삶에서 중요한 부분인 신의 영예를 기리는 것이었다 (1341a9-12 참조, 플라톤, 『법률』 764c-765d 참조).

46 아테나이 민주정에도 노예가 없는 사람들이 있었다는 것을 알 수 있다. 또 거의 모든 민주정에서 시민들은 가난했다는 것을 암시하기도 한다. 그런 의미에서 아테나이의 민주정이 귀족정이라고 말하는 것은 옳지 못하다. '하인'으로 옮겨지는 akolouthoi는 문자적으로 '딸려 있는 자들'이다.

47 왜? 1298b26-29에서는 '법률 수호자들'(호법관)이 과두정적이라고 말한 바 있다.

48 예비 심의자들(예비 위원회, probuloi)은 숫자가 적기 때문에 과두정적이다.

제7권

교육과 최선의 정치체제

아리스토텔레스는 현존하는 폴리스에서의 정치체제가 갖고 있는 결함을 지적한 다음(제4권에서 제6권까지), 여기서부터(제7권) 다시 제2권, 제3권의 논의 주제로 되돌아가고 있다. 아주 분명한 사실은 제7권과 제8권이 일련의 연속적인 저술로 보인다는 점이다. 현존하는『정치학』의 구조를 살펴보면 제1권을 별도의 논의로 치더라도, 제2권, 제3권, 제7권, 제8권의 이론적 연결성은 제3권의 마지막 대목과 제7권의 처음 부분이 맥락상으로도, 또 언어적으로도 얼추 맞아떨어지고 있음을 보여 준다. 제3권의 마지막 부분에서 "이제 우리는 최선의 정치체제와 관련해서 그것이 어떤 방식으로 자연적으로 발생하고, 어떻게 확립되는지를 논의하려고 시도해야 한다. [그러므로 이 정치체제와 관련해서 장차 적절한 방식으로 고찰을 행하려는 사람은 필연적으로…]"고 말하는 것과 제7권의 시작 부분은 논의의 일관성을 보여 주고 있다. 실제로 어떤 사본에는 제3권의 마지막 말들과 제7권의 시작하는 말들이 거의 일치하고 있다. 그렇다고 해서 우리가 과연 제3권의 마지막 문장이 말하는 지침을 반드시 따라야 할까? 여하튼 제3권의 마지막 문장에 복종하는 뉴먼 같은 학자(주제밀과 힉스, 최근의 P. L. P. 심슨[Simpson: pp. xvi-xx 참조])들은 제7권과 제8권을 제3권과 제4권 사이에 삽입하기도 한다. 그래서 뉴먼은 제7권과 제8권을 전통적 순서 매김과 다르게 제4권과 제5권으로 재배열해서 작품을 새롭게 구성한다(이 점에 대해서는 C. Lord[2013]의 pp. xxiv-xxvii 논의 참조). 주제밀과 힉스, 예거 같은 학자는 제3권과 제4권이 언어적으로 연결되고 있지 않고 단절되어 있음을 지적하기도 한다. 아리스토텔레스 연구자들 간의 이 오래된 '뜨거운 감자'는 지금은 별 관심을 끌고 있지 못하지만, 그럼에도 여전히 유효한 논쟁거리가 될 수 있다. 어쨌든지 간에 이런 점에 비추어 볼 때, 『정치학』이란 작품이 여러 논구들이 한데 모아졌다는 점과 긴밀하게 논리적으로 묶여 있는 하나의 유기적 전체를 이루는 작품이 아니라는 점은 보여 주고 있음을 틀림없는 것 같다. 그래서 리차드 로빈슨은 이 책을 "한 권의 논구로 만들려는 긴 에세이들과 짤막한 글들의 모음"(a collection of long essays and brief jottings pretending to be a treatise"(p. ix)으로 평가한다. 그렇다고 『정치학』의 배열과 순서를 가리는 문제가 중요하지 않다는 것은 아니다. 어떤 정치학적인 원리와 관점에 따라 현존하는 정치학이 배열되고 순서 지어졌는가 하는 문제는 아리스토텔레스의 정치 철학을 이해하는 데 여타의 문제들 못지않게 중요한 사항이겠기 때문이다. 대체로 보아 제7권과 제8권은 제1권이나 제3권 이후에 쓰인 것으로, 혹은 이 두 권 이후에 쓰인 것으로 보인다. 따라서 이상 국가에 대한 논의를 전개하는 순서는 한 묶음으로 엮기는 제2권, 제7권, 제8권으로 파악된다. 정작 문제가 되는 것은 이것이다. 광범위한 정치체제의 경험적 사례를 모으고 있는 제4권, 제5권, 제6권과 '이상 국가'를 논의하는 제7권, 제8권의 관계는 무엇이란 말인가? '플라톤주의로부터 경험주의로의 전환'을 아리스토텔레스의 사상의 발전 단계로 보는 예거는 제2권, 제3권, 제7권, 제8권을 '유토피아적 책들'이라 부르며 이 책들을 일련의 통일된 독립된 저작으로 보고, 나중에 '순수 경험적인' 저작들이 삽입된 것으로 보고 있다(W. Jaeger, 1921). 그러나 아리스토텔레스는 늘 다른 많은 전거와 데이터들을 모아서 논의하고, 이것들을 비판한 후 나중에 자신의 입장을 개정해서 내놓곤 했다. 게다가 『니코마코스 윤리학』을 비롯한 실천 철학에 속하는 작품들이 이상적인 것에 대한 논의를 늘 미루어 왔음을 비추어 볼 때, 이상 국가를 논의하는 『정치학』에서 제7권, 제8권이 맨 뒤에 나오는 것이 자연스러워 보이기도 한다. 하지만 논의의 초점을 '이상 국가'에 맞추고 있다 해서, 반드시 제7권과 제8권이 맨 나중에 쓰였다는 것을 확증해 주는 것은 아니다. 예거의 생각과 달리 현실적인 정치체제에 대한 경험적 탐구(제4권에서 제6권까지)와 이상적 정치체제를 논하는 제7권, 제8권 간의 양립 가능성을 논하는 로웨의 글(Rowe, C. J., Aims and Methods in *Aristotle's Politics*, *The Classical Quarterly*, Vol. 27, 1977, pp. 159~172) 참조.

제1장

가장 바람직한 삶: 행복

최선의 정치체제와 관련하여 장차 적절한 탐구를 하고자 하는 사람은 1323a 먼저 어떠한 삶이 가장 바람직한지를 필연적으로 규정해 두어야 한다. 왜냐하면 그것이 불명확하다면, 최선의 정치체제 또한 불명확해지는 것은 필연적이기 때문이다.[1] 사실상 생각지도 못한 일이 일어나지 않는 한,[2] 자신들에게 주어진 상황이 허락하는 가운데 최선의 정치체제 아래

1 최선의 정치체제는 그 시민의 삶이 최선이 되는 정치체제다. 아리스토텔레스는 최선의 정치체제를 알기 위해서는 현실로 존재하는 정치체제를 살펴본 다음, 거기에서 정치체제의 보전과 붕괴를 가져오는 원인과 이유를 검토한 다음에야 비로소 어떤 종류의 정치체제가 최선인지를 더 잘 알 수 있다고 말한다(『니코마코스 윤리학』 제10권 제9장 1181b13-23). 『니코마코스 윤리학』의 대단원을 장식하는 이 마지막 대목은 가장 바람직한 삶과 최선의 정치체제가 연결되고 있음을 언급하는 것으로 보인다. 한편, 제7권의 논의의 출발은 제1권 말미에서 제기했던 '최선의 정치체제는 무엇인가'라는 물음을 암묵적으로 전제하고 있으며, 이 물음에 대하여 제7권, 제8권에서는 자신의 '이상적인 폴리스'에 대한 입장을 내놓고 있다. 아리스토텔레스가 그리고 있는 '이상적인 폴리스'는 한편으로는 '최선자'가 지배하는 귀족정(최선자 정치체제; aristokratia)과 유사해 보인다. '최선의 것'(ariston; 1279a36)을 목표로 한다는 점, 그 목적이 '덕'이라는 점(1294a9-11), 농민과 기술자들은 그 정치체제에서 배제된다는 점(1278a17-21) 등이 그렇다. 다른 한편으로는 민주정적인 성격과 특징을 가진다. 모든 시민이 동일한 교육을 받아야 한다는 점(1337a21-23; 1294b19-29), 공동 식사 제도를 통해서 동일한 음식을 먹어야 한다는 점(1330a3-6; 1294b19-29), 모든 시민이 관직을 공유해야 한다는 점, 즉 번갈아 가면서 지배해야 한다는 점(1332b26-27; 1317b19-20) 등이 그렇다.

2 변화무쌍한 인생에는 모든 종류의 운과 우연이 생겨나며, 이것이 인간의 행복에 깊은 영향을 미친다. "이렇게 불운을 당하고 비참하게 최후를 맞이하는 사람을 누구도 행복하다고는 말하지 않는다"(『니코마코스 윤리학』 1100a5-9 참조).

에서 사는 사람이 최선의 삶을 사는 것이 적합한 것이니까.[3] 따라서 첫째, (1) (말하자면) 모든 사람들에게 가장 바람직한 삶이 무엇인지에 대해서 동의해야 하고,[4] 그다음에 (2) 공동의 관점에서도 또 개인의 관점에서도 가장 바람직한 삶이 동일한 것인지, 아니면 다른 것인지에 대해서 합의해 두어야 한다.[5]

그런데 최선의 삶에 대해선 '대중을 위한 작품들(혹은 논의들)'[6]에서 많은 것들이 충분히 말해진 것으로 생각하기 때문에, 이제 그것들을 이용해야 한다. 적어도 [좋음들에 대한] 하나의 나눔과 관련해서 즉 외적인 좋음, 신체의 좋음, 영혼의 좋음이라는 세 가지로 나누는 데 있어,[7] 축

3 최선의 삶은 가장 행복하게 사는 것이다. 이 말은 단순히 '이상적인 폴리스'가 이상적인 것에 그치지 않고 현실적으로 가능할 수 있어야 한다는 것이다. 무조건적인 의미에서의 최선의 정치체제와 주어진 상황에서의 최선의 정치체제에 대해서는 제4권 제1장 1288b25-29, 30-32 참조.

4 이 답은 1323b21-23에서 주어진다("각자가 덕과 [실천적] 지혜(phrinēsis), 그리고 이것들에 따른 활동(prattein)을 가지고 있는 만큼 각자가 행복을 가지고 있다"). 1324a18-19에서는 폴리스에 참여하는 것이 모든 사람에게 '절대적으로' 가장 바람직할 수 없다고 지적하고 있다.

5 이 물음에 대한 답은 1323b29-36에서 주어진다. 개인의 행복과 폴리스의 행복이 맞물려 들어간다는 언급에 대해서는 1323b37-1324a5, 1332a7-10 참조.

6 이것("외부용 논의"[en tois exōterikois logois])에 대해서는 제3권 1278b31 해당 각주 참조. 제7권, 제8권에서 '윤리학'에 대한 언급을 『에우데모스 윤리학』으로 한정해 보는 학자들도 있다(J. Bendixon, W. Jaeger)

7 좋음을 세 가지로 분류하는 것에 대해서는 『니코마코스 윤리학』 1098b12-16("좋음들은 통상 세 가지 유형으로 나누어 왔다. 즉 외적인 좋음이라고 이야기되는 것, 영혼에 관계된 좋음, 육체와 관련된 좋음이라고 이야기되는 것이 그 세 유형이다. 우리는 영혼에 관계된 좋음이 가장 진정하고 으뜸가는 좋음이라고 말하고, 행위와 영혼의 활동을 영혼에 관계되는 좋음으로 규정한다")과 『에우데모스 윤리학』 1218b32-37("모든 좋은 것은 영혼 안에 있거나 밖에 있으며, 그 가운데 영혼 안에 있는 것이 더 바람직하다. 지혜와 덕과 쾌락은 영혼 안에 있으며, 이 중에서 일부 또는 전부가 모든 이에게 목적으로 생각된다. 영혼 안에 있는 것 중에 어떤 것은 성향이나 능력이고, 다른 것은 활동 내지 운동이다") 참조.

복받은 자들[8]은 그것들 모두를 갖추고 있어야 한다는 것에 설마 이의를 제기하는 사람은 아무도 없을 것이기 때문이다. 사실상 한 조각의 용기, 절제, 정의, 실천적 지혜(슬기)[9]를 전혀 갖지 못하고, 자신의 주변을 날아다니는 파리마저 두려워하지만,[10] 먹고 마시는 욕망에 사로잡히면 극단적으로 행동하여 아무런 자제 없이 4분의 1오볼로스[11]를 위해서 가장 소중한 친구들을 파멸시키고, 마찬가지로 생각과 관련해서도 어린이나 미친 사람처럼 슬기가 부족하고 실수를 저지르는 자를 행복하다고 말할 사람은 아무도 없을 테니까.

거의 모든 사람들이 이러한 주장에 동의하지만 그 양과 우월의 정도에 대해서는 의견을 달리한다. 덕(탁월함)에 대해서는 어느 정도만 가져도 충분하다고 여기는 반면 부, 재화, 권력, 명성이나 그와 같은 모든 것들에 대해서는 무한한 증가를 추구하는 사람들이 있기 때문이다. 그러나 우리는 그들에게 사실들을 고려해 봄으로써 이 사안들에 대한 확신을 얻기가 쉽다고 말할 것이다. 즉 그들이 보는 바처럼 사람은 외적인 좋음에 의해 덕을 얻거나 지키지 않으며, 오히려 덕에 의해 그 외적인 좋

'영혼 안에 있는 좋음'은 성격의 여러 덕들(용기, 절제와 같은 것들)과 사유의 덕(프로네시스, 이론적 지혜)을 포함한다.

8 이 말(makariois, 아래의 27행에도 같은 말이 나온다)은 여기서는 eudaimōn(행복하다)과 같은 의미로 쓰였지만, 에우다이모니아보다 좀 더 강한 의미를 내포하는 말이다(『니코마코스 윤리학』 1101a6-8). "그들은 즐거워한다는 말 '카이레인'으로부터 지극히 복된 사람 '마카리오스'라는 이름을 지어 불렀던 것이다"(1152b6-8). 주로 신이 누리는 행복에 사용되는 말이다(1178b25-32). 우리말로는 '지복한 삶'이라 할 수 있다.

9 네 가지 덕에 대해서는 플라톤, 『국가』 제4권 427d-435b 참조.

10 짐승적이고 병적인 것으로서의 겁쟁이를 표현하는 말로, "쥐 소리만 나도 무서워하는 사람"(『니코마코스 윤리학』 1149a7).

11 아테나이의 재판에 참여하는 사람의 일당이 3오볼로스였다고 한다. 그 12분의 일이니 적은 돈인 셈이다.

1323b 음을 얻고 지키는 것이고,[12] 행복하게 살아가는 것이 인간들의 즐거움에 있든 덕에 있든 혹은 둘 다에 있든, 그것은 사용되는 것 이상으로 외적인 좋음을 소유하지만 성격과 생각에서 결여된 게 있는 사람들보다는, 외적인 좋음의 획득은 적절하게 하지만 성격과 생각을 월등하게 갖출 때까지 갈고 닦는 사람들에게 있는 것이다.[13]

그렇지만 이론[14]에 기초해서 고찰하는 사람들은 또한 그 점을 쉽게 이해할 수 있을 것이다. 왜냐하면 외적인 좋음은 어떤 도구가 그런 것처럼 한계를 가지며, 그리고 모든 유용한 것들은 무엇을 위해 유용하기 때문이다. 외적인 좋음들이 지나치게 많으면, 그 소유자를 해치거나 아무런 이익을 가져다주지 않는 것은 필연적이다.[15] 그 반면에 영혼의 좋음들 각각의 경우에는 그것이 증가할수록 한층 더 유익해진다. 이런 좋음들에 대해 아름다울 뿐 아니라 유용하다고 말해야 한다면 말이다.

12 덕이 항상 외적인 좋음들을 획득하게 하지는 못하지만, 덕 없이는 부와 같은 외적인 좋음이 못지않게 해로울 수 있다는 것이다. 외적인 좋음을 통해 덕은 획득될 수 없지만, 그렇다고 덕이 있다고 해서 외적인 좋음을 많이 획득할 수 있다고 강하게 주장하는 것은 아니다. 덕이 있는 사람은 외적인 좋음에 매달리지 않는다. 이 장의 끝에 가서는 외적인 좋음들의 획득은 우연과 운에 크게 의존한다고 말한다.

13 『니코마코스 윤리학』에서의 솔론의 말("솔론이, '행복한 사람'이란 외적인 좋음들이 적당하게 주어져 있었고, 솔론 생각에 가장 훌륭한 행위들을 행했으며, 또 절제 있게 [자신의 삶을] 살아왔던 사람이라고 말했을 때, 아마도 그는 행복한 사람의 모습을 잘 그려 낸 것일 터이다")과 비교하라(1179a9). 헤로도토스의 『역사』 제1권, 30-32에 나오는 솔론과 크로이소스의 대화를 참조. 행복을 권력과 부와 같은 외적인 좋음과 연결시키는 또 다른 인물은 아낙사고라스이다. 그러면서도 아리스토텔레스는 아낙사고라스를 두고 "행복한 사람이 부자나 권력자라고 생각하지는 않았던 것 같다. 많은 사람들은 외적인 것들만을 지각하고 그것을 갖고 판단하니까. 따라서 지혜로운 사람들의 견해도 우리의 논의와 일치하는 것 같다"라고 말하고 있다(『니코마코스 윤리학』 1179a14 아래).

14 logos(이론, 논변)는 경험적 사실(erga), 현상(phainomenon)에 대조되는 말이다.

15 1256b35-36, 1257b28 참조.

일반적으로 어떤 사물의 최선의 상태와 다른 사물의 최선의 상태 간에 이루어지는 우월함의 관계는 그 상태[16]라고 말하는 것들 간에 이루어지는 차이에 대응하고 있음은 분명하다.[17] 따라서 무조건적으로, 또 우리에게도 영혼은 소유물이나 신체보다 더 가치가 있으므로, 각각의 최선의 상태 또한 필연적으로 서로 이러한 유비 관계를 가질 수밖에 없다.[18] 게다가 이들 소유물이나 신체는 영혼을 위해 바람직한 것이 되는 것이 자연적이며, 실천적인 지혜를 가진 사람이라면 누구든 영혼을 위해 그것들을 선택해야지, 영혼이 그것들을 위해 바람직한 것이 되는 것은 아니다.

그렇다면 각자는 덕과 실천적 지혜,[19] 그리고 이것들에 따른 활동[20]을 가지고 있는 만큼 각자가 행복을 누릴 수 있음을 우리가 동의한 걸로 해두자. 즉 신을 증인으로 이용하는데, 신은 외적인 좋음들 중의 어떤 것에 의해서가 아니라 자기 자신에 의해서, 자신이 본성상 가지는 어떤 성

16 '어떤 종류의 성질들'(diatheseis).

17 영혼은 신체보다 가치가 있으므로, 영혼의 최선의 상태는 신체의 최선의 상태보다 우월하다. 예를 들어 가장 훌륭한 인간은 종으로서의 인간이 종으로서의 원숭이보다 우월한 만큼 가장 훌륭한 원숭이보다 그만큼 더 뛰어난 것이다. 즉 인간(A)이 원숭이(B)보다 무조건적으로 좋다면, 인간에 속하는 가장 좋은 것(A)은 원숭이에 속하는 가장 좋은 것(B)보다 좋은 것이다(『토피카』 117b33-35).

18 영혼에 관련된 좋은 것들, 신체에 관련된 아름답고 좋은 것들, 재산 및 재물과 관련된 것들 간의 서열에 대한 언급은 플라톤, 『법률』 697b(727d 아래, 731c-d) 참조. 그밖에도 영혼의 우월성에 대한 언급은 『프로타고라스』 313a 참조.

19 실천적 지혜(슬기로움, phrinēsis)에 비해 sophia(지혜)는 이론적 사안들에 대한 지혜를 말한다. 프로네시스는 경우에 따라 지적인 덕을 포괄하는 보다 넓은 의미로 사용되기도 한다.

20 여기서 행복이 덕을 소유함에 그치는 것이 아니라, 이것에 더해서 '이것에 따른 활동'(prattein)이 행복의 본질이라는 점을 밝히고 있다.

질에 의해서 행복하고 지복한 것이다.[21] 그렇다면 그것으로 인해 행운은 행복과 다른 것임이 필연적이기 때문이다. 왜냐하면 영혼의 외적인 좋음들의 원인은 '저절로 오는 우연한 일'과 '운'[22]이지만, 그러나 어느 누구도 운에 의해서, 운 때문에 정의로운 사람이거나 절제 있는 사람이거나 하는 사람은 없기 때문이다.[23]

이와 관련해 동일한 논의들에 의존하는 그다음 사항은, 행복한 폴리스가 최선의 폴리스며, 아름답게 행하는[24] 폴리스임을 이끌어 내는 것이다. 그러나 아름다운 일들을 행하지 않는 자들이 아름답게 행동하는 것

21 신은 자신 이외의 어떤 것을 생각하지(noein) 않는다. 우리에게 좋음(to eu)은 우리 자신 이외의 다른 것에 관련되지만 '신에게는 자신이 자신의 좋음'인 것이다(『에우데모스 윤리학』 1245b18). "행복하고 축복받는다"(eudaimōn kai makarios)는 표현은 앞서 1314b28에 나온 바 있다. eudaimōn은 초기에는 신에 대해서 사용되지 않다가, 나중에 들어 신에 대해서 사용되기 시작했다. 신은 지극히 "복되고 행복하다"(makarious kai eudaimonas)(『니코마코스 윤리학』 1178b8 참조). 이 논의 구조와 유사한 대목('신은 관조의 활동에 의해 행복하다')은 『니코마코스 윤리학』 1178b7-22에도 나온다.

22 운(tuchē)과 우연(to automaton)의 차이에 대해서는 『자연학』 제2권 제4~6장의 논의를 참조. to automaton은 '저절로 일어나는 것'(自動)을 의미한다.

23 요컨대 행복도 운으로부터 혹은 운 때문에 생겨날 수 없다는 것이다. 행복이 '좋은 운'과 동일시될 수 없고, 정의가 행복과 관련해서 규정된다는 논의에 대해서는 『니코마코스 윤리학』 1153b19-25 참조. 좋은 것들은 돌봄이나 훈련, 그리고 가르침에 의해 생겨나지만, 이에 반대되는 것들은 본성적으로나 운에 의해 생겨난다는 논의에 대해서는 플라톤, 『프로타고라스』 323d 참조.

24 원어인 '고귀하게 행하는'(kalōs prattein)에서 kalōs를 직역하면 '아름답게'다. kalon은 아리스토텔레스의 경우에 동음이의(호모뉘미아)로 사용된다. 따라서 이 말은 맥락의 의미(도덕적 의미, 감각적 의미)에 따라 우리말로 옮기는 것이 좋다. 어머니의 어떤 행동을 '칼론'이라고 말할 때 그것은 '아름다운' 행동이며, '고귀한' 행동일 수 있다. 사실상 우리말의 '아름답다'도 감각적인 것과 도덕적 의미까지 내포하는 표현이다. "동물의 경우에는 '아름다운' 것에 대해 '추한' 것이 반대고, 집의 경우에 '아름다운' 것에 대해 '초라한' 것이 반대다. 따라서 '아름다운 것'(to kalon)은 동음이의적(homōnumon)다"(『토피카』 106a20-23).

은 불가능하다. 그리고 덕과 실천적 지혜(슬기) 없이는 사람도 또 폴리스도 아름다운 행위를 할 수 없는 것이다. 폴리스의 용기, 정의, 실천적 지혜는, 인간의 각각이 정의롭고 실천적 지혜(슬기)가 있고, 절제가 있다고 말해질 때 각자가 공유하는 것과 같은 하나와 동일한 힘과 형태[25]를 가진다.[26]

그렇다면 이 정도로 이것이 우리 논의의 머리말이라고 해 두자.[27] 왜냐하면 이 사안들을 건드리지 않기란 불가능하지만, 관련된 모든 논의들을 상세하게 전개하는 여유도 없기 때문에, 그것은 또 다른 연구[28]의 과제[29]로 삼기로 한다. 지금으로서는 다음 일만을 기본적인 전제로 내세우기로 하자. 즉 최선의 삶이란 각각의 개인에게도, 또 공적으로 폴리스

25 이 경우에 '형태'로 번역한 모르페(morphē)는 '속성', '성질', '특성'으로 이해하게 되면, dunamis(힘)가 의미하는 바를 담지하는 것을 말한다. 폴리스(국가)가 유기체거나 영혼을 가진다는 가정이 아니라, 폴리스의 활동이나 행위가 덕을 지닌 채로 행해진다는 것을 말한다.

26 로스의 판에 삽입된 kai sōphrosunē, andreios kai는 불필요한 것으로 보인다. 여기서 말하는 바는, 덕을 가지고 있는 폴리스이려면 그 시민들 모두가 그 덕들을 가지고 있어야 한다는 것이다. 그런데 만일 A 폴리스의 몇몇 사람들이 B 폴리스의 시민들을 정의롭게 대하지 않았다고 해서, A 폴리스가 B 폴리스를 부정의하게 대한 것이라고 말할 수 있을까? "우리 각자 안에는 폴리스에 있는 것들과 똑같은 종류들 및 성격들이 있다는 데에 우리가 동의하는 것은 지극히 필연적이겠지"(플라톤, 『국가』 435e, 544d-e 참조). 요컨대 아리스토텔레스와 플라톤은 한 폴리스의 성격은 그 폴리스의 구성원의 성격으로부터 유래한다는 것이다.

27 제7권 제1-3장이 서론이라는 점은 1325b33에서 명확히 하고 있다.

28 보통의 경우에 '여가', '짬', '한가'를 의미하는 스콜레(scholē)가 여기에서는 강의와 학술적 논의를 의미하는 말로 methodos(disciplina; 탐구)와 같은 의미로 사용되고 있다.

29 즉 윤리학적 탐구를 말한다. 여기서 아리스토텔레스는 정치적 탐구와 윤리적 탐구를 구별하면서 현재의 탐구는 정치적임 것임을 밝히고 있는 것 같다. 하지만 최선의 정치체제는 최선의 삶을 진작시킨다는 점에서 정치적 탐구와 윤리적 탐구는 긴밀한 연관성을 가진다.

1324a 에서도, 덕에 따른 활동들에 참여할 수 있을 만큼 [외적인 좋음[30]을] 충분히 구비한 덕을 갖춘 삶이다. 이것을 두고 논쟁하는 사람들과 관련해서는, 지금의 우리의 탐구에서는 일단 내버려 두고, 그 주장에 대해 뭔가 들어볼 만한 점이 있는지는 나중에 고찰해야 할 것이다.

30 '외적인 좋음'에 대해서는 제1권 제6장 각주 7 참조.

제2장

정치적 삶과 철학적 삶 1

그런데 인간 각 개인의 행복과 폴리스의 행복이 같다고 말해야 하는지, 아니면 같지 않다고 말해야 하는지는 논할 만한 물음으로 남아 있다.[1] 여하튼 이것 또한 분명하다. 모든 사람들은 그것들이 동일하다는 데 동의할 테니까 말이다. 왜냐하면 한 개인한테 '잘 사는 것'이 부유함에 있다고 생각하는 사람들은 또한 폴리스가 부유한 한에서 폴리스 전체를 축복받은 걸로 여기기 때문이다. 또한 참주적인 삶을 가장 명예롭다고 여기는 사람들은 최대한 많은 사람들을 지배하는 폴리스가 가장 행복하다고 주장할 것이다. 그리고 만일 어떤 사람이 한 사람을 그의 덕 때문에 [호의적으로] 찬양한다면, 그는 더 훌륭한 폴리스가 더 행복한 것이라고 주장할 것이다.[2]

그러나 지금 여기에서 고찰을 필요로 하는 두 가지 물음이 있다. 하나는 다른 시민들과 더불어 살기에 폴리스에 [공동으로] 참여하여 사는 것과[3] 오히려 정치적 공동체로부터 차단된 이국인으로서 사는 것 중[4] 어느

1 방금 아리스토텔레스는 폴리스의 용기와 정의는 개인에게서 상응하는 덕과 동일하다고 말한 바 있다. 또 '공동으로 가장 바람직한 삶이 각 개인에게 있어(chōris) 가장 바람직한 삶과 동일한 것인지'를 물은 바 있다(1323a20 아래).

2 요컨대 행복이 무엇인가에 대해서는 의견을 달리할 수 있지만, 특정한 정치체제를 가진 폴리스일지라도 개별 시민의 행복과 폴리스의 행복은 동일하다는 것이다.

3 폴리스에서 적극적인 정치적 삶을 사는 것을 말한다.

4 클라조메나이 사람이었던 아낙사고라스(Anaxagoras)는 아테나이에 오래 거주했지만,

쪽이 더 바람직한 삶인가 하는 질문이다. 다른 하나는 폴리스에 참여하는 것이 누구에게나 바람직하거나, 또는 어떤 사람들에게는 그런 것이 아니지만 대다수 사람들에게는 바람직하든지 간에, 폴리스의 어떤 정치체제를 또 어떤 폴리스의 상태를 최선으로 받아들여야 하는가라는 물음이다. 각 사람에게 무엇이 바람직한 것인가라는 앞의 질문이 아닌 후자의 물음은 정치에 관련된 사고와 이론[5]의 과제며, 우리가 지금 이 고찰을 착수하고 있기 때문에, 전자의 질문은 부차적인 것에 지나지 않을 것이며, 후자의 질문이 이 탐구의 과제가 될 것이다.[6]

그런데 최선의 정치체제란 필연적으로 누구든지 그것에 따라 어떤 방식이든[7] 최선으로 살며 행복하게 살 수 있는 조직(체제)이어야 한다는 것은 명백하다.[8] 그러나 가장 바람직한 삶은 덕을 동반한 삶이라는 데 동의한 바로 그 사람들은, 정치에 관련된 실천적인 삶과 오히려 모든 외적인 일들에 결부되지 않은 삶, 즉 어떤 사람들이 이것만을 철학적 삶(철학자에게 걸맞은 삶)이라고 주장하고 있는, 이른바 어떤 종류의 관조적인 삶 중[9] 어느 것이 바람직한 것인가에 관해 논쟁을 벌이고 있다. 왜

어떤 정치적 사건에 연루되어 아테나이를 떠나야 했다. 하지만 그는 고향으로 돌아가지 않고 람프샤코스에서 외국인(xenos)으로 지내다가 그곳에서 죽었고, 그곳 사람들은 그의 영예를 기려 줬다고 한다(『수사학』 1398b15 참조).

5 1325b20에는 '관조와 생각들'(theōrias kai dianoēseis)이란 표현이 나온다.

6 정치 이론을 연구하는 철학자의 최선의 삶은—아리스토텔레스 자신과 같이—어떤 폴리스에도 속하는 않는 삶을 의미하는 것일까?

7 실천적이든 이론적이든.

8 이상적인 폴리스는 잘 살 수 있는 능력을 가진 사람이라면 누구든지 수혜를 누리면서 살 수 있다는 것일까?

9 『니코마코스 윤리학』 제10권 7-8장 참조. 특히 제7장 7절에서 정치적 삶보다 철학적(관조적) 삶(theōrētikos bios)의 우월성을 다음과 같이 말하고 있다. 즉 "그래서 만일 탁월

냐하면 옛날이든 지금이든 덕에 관계되는 명예를 가장 중시하는 사람들은 말하자면 이 두 가지 삶의 방식의 한쪽을 선택해 온 것은 명확하기 때문이다. 내가 말하는 두 가지 삶이란 정치적인 삶과 철학적인 삶이다. 둘 중 어느 것이 참인지에 따른 차이는 결코 작은 것이 아니다.[10] 왜냐하면 적어도 인간 개개인에게서도, 공공적인 점에서도 정치체제에 대해 양식 있는 실천적인 지혜를 가진 사람이라면, 반드시 더 나은 과녁(목적)을 겨냥해 주목함으로써 자신의 일을 계획해야 하기 때문이다.

어떤 사람들은 이웃을 주인으로서(전제적으로) 지배하는 것이 매우 심각한 종류의 부정의를 수반한다고 생각하고,[11] 정치적으로 지배하는 것[12]은 비록 부정의를 수반하지 않는다고 하더라도 자신의 안녕에 대하

성에 따른 행위들 중 정치적인 행위들과 전쟁과 관련한 행위들이 그 고귀함이나 위대함에 있어 뛰어나다고 할지라도, 이 행위들은 여가와 거리가 먼 것이며 어떤 목적을 지향하는 것이고 그 자체 때문에 선택될 만한 것이 아니라면, 반면에 지성의 활동은 관조적인 것으로서 그 진지함에 있어 특별한 것이며 활동 자체 이외에는 어떤 다른 목적도 추구하지 않고 자신의 고유한 즐거움을 (이 즐거움이 활동을 증진시킨다) 갖는 것이라면, 또 [마지막으로] 만일 인간에게 가능한 한에 있어서 자족성과 여가적인 성격, 싫증나지 않는 성질, 그리고 지극히 복된 사람에게 귀속하는 모든 성질들이 바로 이 활동에 따르는 것임이 분명하다면, [그렇다면] 그 활동이 삶의 완전한 길이를 다 받아들이는 한, 이 활동이야말로 인간의 완전한 행복일 것이다".

10 여기서 아리스토텔레스는 정치적인 삶과 철학적인 삶 중에 어느 것이 더 나은지를 명확하게 말하고 있지 않다. 이 두 삶의 옹호자 간의 논쟁에 대해서는 플라톤, 『고르기아스』 484c-486d와 『테아이테토스』 172c-177b 참조. 정치적인 일과 철학적인 일에 대한 언급은 1255b35-37 참조.

11 플라톤은 참주정을 가장 완전한 부정의(hē teleōtatē adikia)를 행하는 정치로 보고 있다(『국가』 344a).

12 '자유롭고 동등한 사람에 대한 지배'를 말한다(1277b7 아래 및 1155b20 참조). "신체에 대한 영혼의 지배는 주인의 지배이고, 욕구(orexis)에 대한 정신(nous)의 지배는 정치가의 지배이거나 왕의 지배이다"(1254b2-6).

여[13] 걸림돌을 포함한다고 생각한다. 하지만 다른 사람들은 이와 정반대
로 생각하고 있다. 즉 실천적이고 정치적인 삶만을 남자에게 적합한 유
1324b 일한 삶으로 본다.[14] 왜냐하면 각각의 덕에 따른 행위들은 공적인 것들
을 행하고 정치에 참여하는 사람들보다 사적인 개인들이 더 많이 할 수
있는 일은 아니기 때문이다.[15] 그런데 어떤 사람들은 이러한 생각을 받
아들이지만, 다른 사람들은 전제적이고 참주정적인 방식으로 지배하는
정치체제만이 행복한 유일한 것이라고 주장한다.[16] 실제로 어떤 사람들
에게는 이웃을 전제적으로 지배하는 것이 법률과 정치체제의 기준이 되
고 있다.[17]

그러므로 대부분의 관습들이 대부분의 경우, 말하자면 거의 마구잡이 방식으로 쌓아 올려진 것이지만, 그럼에도 법률들이 무엇인가 어떤

13 원어로는 tē peri auton euēmeria(자신의 행복에 대해)이다. 이것과 내조되는 것은 hē ektos euēmeria(외적인 안녕[well-being]), 즉 외적인 좋음(ektos agathos)이다. '외적인 안녕'은 물질의 풍요함을 말하는데, 재물, 건강, 음식, 의복과 같은 것이다. "행복한 자도 인간이라 외적인 풍요(hē ektos euēmeria)를 필요로 할 것이다. 인간의 본성은 관조를 하기 위한 자족성을 갖추고 있지 못하며, 오히려 [관조를 하려면] 육체도 건강해야 하고 음식이나 그 밖의 보살핌이 있어야 하기 때문이다"(『니코마코스 윤리학』 1178b33-35). 문자 그대로 '좋은 날'을 의미하는 euēmeria는 경우에 따라 '행복'(eudaimonia)과 교환되어 사용되기도 한다(『에우데모스 윤리학』 1215a27). 『정치학』 1278b29, 1339b4-5에서도 이 말이 쓰이는데, 거기에서도 '행복'과 비슷한 의미로 사용되었다.

14 원어인 인간(anēr)은 남성임을 함축한다. 플라톤, 『메논』에서 표명된 고르기아스의 견해는 이런 것이다(71e). 즉 남자의 덕은 "폴리스의 일을 수행하는 데 능하고, 폴리스의 일을 수행할 때 친구들을 이롭게 하되 적들은 해롭게 하며, 자신은 이와 같은 일을 결코 겪지 않도록 조심하는 것"이다.

15 이와 대조적인 견해('사적인 사람들도 권력을 가진 사람들 못지않게 훌륭한 일을 할 수 있다는 것')에 대해서는 『니코마코스 윤리학』 1179a6-7 참조.

16 마케도니아의 알렉산드로스 대왕과 같은 정치체제일까?

17 라케다이모니아, 크레타 폴리스들이 이런 목적으로 법률과 정치체제를 구성했다. 이 문장에서 horos는 '특징' 내지는 '기준'을 의미한다(1317b10 참조).

한 가지 목적을 목표로 하고 있다면,[18] 라케다이모니아와 크레타에서의 교육과 대부분의 법률들이 거의 전적으로 전쟁을 염두에 두고 조정된 것처럼,[19] 그 모든 것이 지배를 목표로 하고 있는 것이다. 게다가 다른 것을 능가해서 더 많은 것을 점유할 수 있는 힘을 가진 모든 비헬라스 민족들에게는 그러한 전사적 능력이 존중되었다. 예를 들어 스퀴타이인들, 페르시아인들, 트라케인들, 켈토이인들이 그렇다. 사실상 어떤 곳에서는 심지어 이러한 종류의 덕을 고무하는 어떤 법률들조차 있다. 예를 들어 케르케돈에서는 사람들이 전투에 출전한 그 횟수만큼 장식된 팔찌를 받는다고 한다. 한때 마케도니아에서는 전투에서 어떤 적도 죽인 적 없는 남자는 자신의 말고삐 줄을 [허리띠 대신] 매야 한다는 법이 있었다. 또한 스퀴타이인에게는 적을 한 명도 죽인 적 없는 자는 어떤 축제에서 돌려 마시는 잔[20]으로 마시는 것이 허용되지 않았다. 호전적인 민족인 이베리아인들[21] 사이에서는, 어떤 사람이 죽였던 적의 수만큼 작은 오벨리스크[22]들을 그의 무덤 주위에 둘러서 꽂아 둔다고 한다. 다른 민족들

18 플라톤, 『법률』 963a 참조. 플라톤은 법이 늘 주목하는 한 가지 것은 '덕'이라고 말하고 있다.

19 라케다이모니아의 호전적이고 상무(尙武)적인 기질 언급은 1333b5-35, 1334a40-b5, 1271b2 아래, 1325a3 및 플라톤, 『법률』 626a 참조.

20 컵(skuphos)은 목자나 촌락민들이 사용하던 것이었다고 한다. 스퀴타이와 이베리아에서는 이것이 법이 아니라 관습이라는 점에 주목해야 한다. 스퀴타이는 흑해 북부 연안에 살던 유목민이었다. 혹자는 스퀴타이와 스쿠포스의 어원 간의 연관성을 상상하기도 한다. 헤로도토스의 『역사』 제4권 66에는 동이에 술을 준비하고 적을 죽인 남자와 죽인 적 없는 남자를 구별하여 적을 죽인 적이 없는 자들은 같이 마시지 못하고 한쪽으로 물러나 있었다고 한다. 이것이 스퀴타이인에게는 가장 큰 치욕이었다고 한다.

21 동 스페인 쪽에 살던 민족. 이들의 호전성은 플라톤(『법률』 637d)과 투퀴디데스(『펠로폰네소스전쟁』 제6권 90)에도 언급되고 있다.

22 오벨리스크(obeliskos)는 '작은 꼬챙이'를 말한다. 우리가 알고 있는, 헤로도토스 이래로

중에도 이와 유사한 다른 많은 것들이 있으며, 어떤 것은 법률에 의해 재가(裁可)된 것들[23]이고, 다른 것은 관습에 의해 정해진 것이다.

그럼에도 만일 이웃들이 지배를 원하든 원하지 않든 간에, 어떻게 그들을 지배하고 또 [누가] 어떻게 주인으로서 그들을 지배할지를 심사숙고하는 것이 정치 지도자의 일에 포함된다면, 이 문제를 고찰하기 원하는 사람들에게 그것은 매우 이치에 맞지 않는 일이라고 생각될 것이다. 이것은 법적으로도 전혀 맞지 않는데, 어떻게 이것이 정치적인 일이나 입법적인 일에 속할 수 있겠는가? 그러나 정의롭게 지배하는 것뿐 아니라 부정의한 방법으로 지배하는 것도 법에 맞지 않을 뿐더러, 실제로 복종시키는 것은 정의롭지 않게 힘을 행사하는 방식으로도 할 수 있다.[24] 확실히 다른 지식의 분야(학문)에서는 우리가 그러한 것[25]을 결코 보지 못한다. 왜냐하면 의사나 선장의 일은 (한 경우에) 환자들이나 (다른 경우에) 선원들을 설득하거나 강제하는 것이 아니기 때문이다. 그렇지만 많은 사람들은 전제적(주인) 지배가 정치가의 지도력이라고 생각하는 것 같고,[26] 누군가가 자기 자신에게 행해졌을 경우에는 정의롭지도 유익하지도 않다고 주장하는 바로 그것[27]을 다른 사람들에게 행사했을 때에

헬라스인들에게 알려진 이집트의 사원 입구에 놓여 있던 것에서 유래한 4각형의 '길고 뾰족한 돌기둥'(obelisk)은 아닌 것 같다.

23 '법에 의해서 재가(裁可)된 것들'(ta nomois kateilēmmena)에 관련해서 플라톤, 『법률』 823a 참조.

24 누군가는 '힘이 정의'라고 주장할 테니까(1255a18). kratein은 다른 쪽을 지배하기(archein) 위해 정복하는 단계로 힘을 사용하는 것을 말한다(1333b30).

25 원하든 원하지 않든 간에 이웃을 지배하기 위한 주인으로서의(전제적) 지배 기능을 말한다.

26 1257a7-16 참조.

27 즉 원하지 않는 자들을 지배하는 것 혹은 주인으로서 지배하는 것. 이에 대해서는

는 부끄러워하지 않는다. 왜냐하면 그들은 자기 자신들에게 적용되었을 때에는 정의로운 지배를 요구하지만, 다른 사람들에 대한 취급에서는 정의의 문제에 대해 아무런 관심을 기울이지 않기 때문이다. 그러나 본성적으로 전제적 지배를 받는 것이 적합한 자와 전제적 지배를 받는 것이 적합하지 않은 자가 있지 않다고 하면, 이것은 이치에 맞지 않는다.[28] 따라서 만일 사정이 이와 같다면, 모든 사람에 대해서가 아니라, 전제적 지배를 받는 데 적합한 사람들만을 전제적 지배를 받도록 해야 한다. 그것은 마치 향연이나 희생 제의를 위해 인간들을 사냥해서는 안 되지만, 오히려 그 목적에 적합한 동물만을 사냥해야 하는 것과 같다. 이 경우 사냥할 만한 것은 먹을 수 있는 야생동물이다.[29]

게다가 하나의 폴리스가 단독으로 행복한 것도 가능할 것이며,[30] 폴리스가 그 자체로 어딘가에 구축되어 자리 잡고 있으며, 또 훌륭한 법들을 채택하고 있다면, 폴리스는 분명히 아름답게 통치될 것이기 때문이다. 그러한 폴리스의 정치체제의 구조는 전쟁을 목적으로 하는 것이 아니며, 적의 정복을 목적으로 하는 것도 아닐 것이다. 즉 그러한 목적이 존

1287b41 아래 참조.

28 자연적으로 한편은 지배해야 하고, 다른 한편은 지배받아야 하는 것이 유익하고 정의롭다는 언급에 대해서는 1187b37과 1255b6 아래 참조. 아리스토텔레스는 알렉산드로스 대왕이 헬라스인들은 선도적으로 지배하고(hēgemonikōs), 헬라스인이 아닌 사람은 노예에 대한 주인으로서 지배한다(despotikōs)고 주장했다(아리스토텔레스, 『단편』 81. 1489b27 아래 참조).

29 "식물은 동물을 위해서 있는 것이고, 또 다른 동물들은 인간을 위해서 있는 것이라고 생각해야 한다는 것은 분명하다"(1256b16-17).

30 폴리스가 자족적인 공동체라는 점을 언급하는 대목에 대해서는 1252b29, 1253a1, 1261b11-14, 1275b21, 1281a1, 1291a10, 1321b17, 1326b2-9, 1326b27-30, 1328b16-19 참조. 플라톤, 『법률』 704c 참조.

재하지 않도록 하는 것이다. 그러므로 전쟁을 위한 모든 임무를 아름답다고 간주해야 하지만, 그것이 모든 것 중에 최고의 목적이 되는 경우가 아니라, 최고의 목적[31]을 위해 그것이 수행되는 경우일 뿐이라는 것은 분명하다.[32]

훌륭한 입법가의 임무는 어떻게 하면 폴리스나 인간들의 종족,[33] 그 밖의 모든 공동체가 어떻게 좋은 삶을 공유하며, 그들에게 가능할 수 있는 행복을 누릴 수 있는지를 통찰하는 것이다. 하지만 실제로 제정되는 법률들은 부분적으로 어떤 차이가 있을 것이다. 그리고 만일 어떤 이웃한 민족들이 있다면,[34] 어떤 유형의 민족에 대해서는 어떤 종류의 군사 훈련이 필요한지, 각 민족에 따라 어떤 방안을 강구해야 하는지를 고찰하는 것도 입법술의 일에 속한다.

그러나 최선의 정치체제가 어떤 목적을 지향해야 하는지에 대해서는 나중에 적절한 고찰이 이루어질 것이다.[35]

31 최고의 목적은 행복이니까. 플라톤은 올바른 정치가라면 폴리스와 개인의 행복을 도모해야지 전쟁에 주목해서는 안 된다고 말하고 있다. 그는 또 전쟁에 관련된 것들을 위해서가 아니라 평화를 위해서 전쟁에 관련된 것들을 입법해야 한다고 주장한다(『법률』 628d).

32 전쟁에 관한 아리스토텔레스의 입장에 대해서는 『니코마코스 윤리학』 1177b5-11 참조("행복은 여가 안에 들어 있는 것 같다. 우리는 여가를 갖기 위해 여가 없이 바쁘게 움직이며, 평화를 얻기 위해 전쟁을 하기 때문이다").

33 여기서 genos는 ethnos(민족)와 같은 의미로 사용되었다(1269b25 참조).

34 즉 폴리스가 이웃들을 가지고 있다면.

35 제7권 제3장 및 13장 1331b26 아래, 제14장 1333a11 아래.

제3장

정치적 삶과 철학적 삶 2

덕에 따른 삶이 가장 바람직하다는 것에는 동의하지만 그 실천에 있어 의견을 달리하는 사람들에 대해, 우리는 그 양편의 논쟁에 관해 언급해야 한다(즉 한쪽의 사람들은 자유로운 인간[1]의 삶이 정치가의 삶과 다르고 또 모든 것 중에서 가장 바람직하다고 믿기 때문에,[2] 정치적 관직[3]을 가치가 없는 것으로 보고 관직을 거부한다. 하지만 다른 사람들은 정치가의 삶이 최선이라고 믿는데, 그 이유는 아무 일도 하지 않고 잘하는 것은 불가능하며,[4] 잘함(번영)과 행복은 동일하기 때문이다[5]). 우리는 양쪽이 어떤 점에서는 올바른 주장을 하고 있고, 어떤 점에서는 어느 쪽의 주장도 옳지 않다고 말해야 한다. 한쪽은 자유로운 인간의 삶[6]이 주인의 삶보다 더 낫다고 주장한다. 확실히 이것은 진실이다. 왜냐하면 노예를 노예로

1 여기서 자유로운 사람은 '관직과 시민적 의무에서 자유로운 사람'을 말한다.

2 그 이유는 26행의 "필수 불가결한 일에 관해 명령을 내리는 것은 고귀한 것에 결코 참여하지 않기 때문"에 자유롭지 않은 삶을 살 수밖에 없다. 플라톤, 『테아이테토스』 175d7-e5 참조.

3 가정의 수장, 키잡이, 체육 훈련가, 사제(1299a18)와 같은 직분은 배제된다.

4 이 견해에 대해서는 아래의 1325b14 아래 및 『니코마코스 윤리학』 1095b32 아래 참조.

5 따라서 아무것도 행하지 않는 사람은 행복할 수 없다. 『수사학』에서 행복은 '덕을 동반한 잘함'(eupraxia met' aretēs)이라고 정의된다(1360b14). 잘 사는 것(eu zēn)과 잘 행위하는 것(eu prattein)은 행복하다는 것(eudaimonein)과 동일하다(『니코마코스 윤리학』 1095a18-19).

6 정치적 삶을 거부하거나 회피하는 자들.

사용하는 것은 아무런 존경심도 일으키지 않으며, 필요한 명령을 내리는 것[7]은 아무런 아름다운 일에 참여하는 것이 결코 아니기 때문이다. 그럼에도 그들의 모든 지배를 주인에 의한 전제적 지배로 보는 것은 옳지 않다. 왜냐하면 자유인을 지배하는 것과 노예를 지배하는 것의 차이는 자연적으로[8] 자유로운 것과 자연적으로 노예가 되는 것의 차이보다 더 작지 않기 때문이다. 우리는 이것들에 대해서는 우리의 첫 번째 논의에서 충분하게 구별했다.[9]

하지만 또한 그들이 행하는 것보다 행하지 않음을 더 찬양하는 것도 옳지 않다. 왜냐하면 행복은 활동이고, 게다가 정의롭고 절제 있는 사람들의 행위가 많은 아름다운 것들을 완성[10]하기 때문이다.

그러나 이렇게 규정된다면 누군가는 아마도 이러한 차이들[11]에 바탕을 두고,[12] 최고의 권위(권한)를 가지는 것이 최선이라고 이해할 것이다. 왜냐하면 이러한 방식으로 가장 아름다운 행위의 가장 많은 것들을 행하는 최고의 권위를 손에 넣을 수 있을 테니까.[13] 따라서 지배할 수 있는 권한을 이웃에게 넘겨줘서는 안 되고, 오히려 이웃으로부터 그것을 빼앗아야 하며, 그리고 아버지는 자식을, 또한 자식은 아버지를, 일반적으

7 즉 '주인으로서 노예를 지배하는 삶'을 말하며, 이러한 삶은 '잘 사는 삶'이 아니다(1255b33-37).

8 혹은 본성적으로(태생적으로).

9 제1권 제4~7장(특히 1255b16-17) 및 제3권 제4장 1277a33-b1.

10 플라톤, 『티마이오스』 90d, 『에피노미스』 985a 참조.

11 즉 행복이 '잘 행위함'(to eu prattein)과 동일하다는 아리스토텔레스의 주장.

12 즉 '이러한 결론을 받아들인다면'.

13 여기서는 극단적인 견해를 발전시켜, 실천적인 삶이 권력을 함축하는 것처럼 권력이 더 많을수록 더 낫다는 주장을 이야기하고 있다.

로 친구는 친구를 전혀 주의하거나 고려하지 않아야 하며,[14] 또한 그는 이것[15]에 견주어서 그들을 전혀 신경 쓰지 말아야 한다. 왜냐하면 최선인 것이야말로 가장 바람직하고, 잘 행위 하는 것이 최선이기 때문이다.

더욱이, 만일 실제로 존재하는 것들 중에서 가장 바람직한 것[16]이 강 1325b
탈하는 자와 폭력을 행사하는 자의 손에 들어간다면,[17] 그들이 그렇게 주장하는 것이 아마도 옳을지도 모른다. 그렇지만 우선 그것은 아마도 그러한 사람들에게 속할 수 없을 것이고, [그들의 논증의 토대로서] 그 가정은 거짓이다. 왜냐하면 남편이 아내보다 탁월하거나, 아버지가 아이보다 탁월하거나, 주인이 노예보다 탁월한 만큼, 즉 사람이 지배하는 상대보다 그만큼 탁월하지 않으면 더 이상 아름다운 행동을 하는 것은 가능할 수 없기 때문이다. 그러므로 배덕자(背德者)[18]들은 이전의 덕에서 벗어난 그만큼의 크기를 나중에 결코 벌충할 수 없는 것이다. 확실히 비슷한 사람들 사이에서는 교체하면서 지배하는 것이 아름답고 정의로운 것이다.[19] 이것이 동등하고 비슷하게 대우하는 것이니까. 그러나 동등한 사람에게 동등하지 않음을, 또 비슷한 사람에게 비슷하지 않음을 나누어 주는 것은 자연에 어긋나는 것이고, 자연에 어긋나는 그 어떤 것들에

14 아버지와 아들도 일종의 친애(philia)를 관계를 맺고 있다. 여기서 '일반적으로'는 모든 종류의 친애를 맺고 있는 관계를 말한다.

15 즉 지배하는 것.

16 즉 '잘 행위 하는 것'을 말한다.

17 참주(정) 같은 것을 말한다.

18 전두환과 같은 독재자(참주)를 말하는 것이다. 애초부터 덕을 벗어나 범법을 저지른 자는 아무리 나중에 성공을 해도 처음에 덕(탁월함)에서 벗어난 그 모자람을 벌충할 수 없다는 것이다.

19 비슷한 사람 사이에서는 번갈아 가며 맡는 것이 고귀하고(아름답고) 정의롭다(to kalon kai dikaion)는 언급은 종종 나온다(1287a10 아래 참조).

서 아름다운 것은 아무것도 없다. 그러므로 다른 누군가가 덕에서 우월하고 또 최선의 것을 실행할 수 있는 능력에서 우월하다면, 그 사람을 따르는 것은 아름다운 일이고, 그 사람에게 복종하는 것이 정의로운 것이다.[20] 그러나 [최고의 권위를 가지며 누군가를 따르게 하고 복종하게 한다면] 그 사람은 단지 덕을 가질 뿐만 아니라, 덕을 바탕으로 행위할 수 있는 힘 또한 갖춰야 하는 것이다.

어쨌든 이것이 잘 말해진 것이고, 또 우리가 행복을 잘 활동함[21]이라고 가정해야 한다면, 공공의 관점에서 폴리스 전체에서도 또 개개인에게서도[22] 활동적인 삶은 최선의 삶이 될 것이다. 그러나 활동적인 삶이 어떤 사람들이 생각하는 것처럼,[23] 다른 사람들과의 관계 맺음을 포함하는 것은 필연적이 아니며, 또한 행위에서 생기는 결과를 얻기 위해서 이루어진 그러한 사고만이 활동적인 것도 아니다. 오히려 관조나 사고 자체가 목적이 되어, 그것들이 그 자체를 위해서 이루어지는 편이 '훨씬 더' 활동적이다. 왜냐하면 잘 행위함(훌륭한 행위)은 목적이기 때문에, 어떤 종류의 행위도 목적이 되기 때문이다. 그 때문에 외적인 대상과 관

20 마라톤 전투에서 아리스티데스는 밀티아데스에게 지휘권을 양보했다. 그는 군대를 잘 지휘하는 사람에게 기꺼이 지휘권을 맡기고 복종하며 따르는 것이 정의로운 것이라고 생각했다(플루타르코스, 「아리스티데스」 편과 「아리스티데스와 카토」 편 참조).

21 원어인 eupragia는 eupraxia(잘함, 훌륭한 행위)와 같은 의미로 사용되고 있다.

22 여기서 언급된 개인의 '활동'을 통한 행복에 대해서는 『니코마코스 윤리학』 제10권 제7장의 '관조적 활동'으로서의 행복에 대한 논의를 주목하라. 특히 1177a30 아래, 1178b32 참조. 여기서 활동이란 말은 타인과의 관계적 행위뿐만 아니라, '관조적 활동'까지도 포괄하는 넓은 의미로 사용되었다.

23 1325a21 아래에서 피력했던 견해를 가진 사람들. 그들은 관조적 삶을 살아가는 사람들은 아무것도 행하지 않고, 활동하지 않는 사람이라고 했으니까. 이튼(Eaton)은 플라톤(『국가』 443d-e)과 비교하고 있지만, 플라톤을 굳이 염두에 둘 필요는 없을 것 같다.

련한 행위의 경우에서조차 사고를 통해서 이끄는 [총기획적인] 대목수[24]를 최대한 그 본래의 의미로 행위하고 있다고 우리는 말하는 것이다.[25]

게다가 폴리스가 그 자체만으로 따로 위치해 세워져 있고, 또 그러한 자족적인 삶의 방식을 의도적으로 선택하고 있는 경우, 그 폴리스들이 필연적으로 아무것도 하지 않는 것은 아니다.[26] 이 활동 또한 폴리스의 여러 부분에서 일어날 수 있으니까. 왜냐하면 폴리스의 여러 부분에는[27] 서로에 대해서 관계를 맺는 수많은 공동체[28]가 존재하고 있기 때문이다. 그 일[29]은 저 홀로 [선택된] 어떤 한 개인에게도 마찬가지로 적용된다.[30] 왜냐하면 그렇지 않으면 신[31]도 전체 우주도 자신 자신들에게 고유

24 『니코마코스 윤리학』 1094a14 참조. 대목수(건축가, architektōn)의 생각이 그에게 종속되어 있는 소목수들의 생각보다 그 자체로 그 행위의 목적에 더 가깝다고 할 수 있다. 하위의 목적은 상위의 목적에 종속되는 것이니까. 플라톤은 '손기술'(cheirotechnikē)을 실천적인 것(praktikē)으로, 왕의 통치술과 같은 architektōn은 '앎의 기술'(gnōstikē)이라고 말하고 있다(『정치가』 259c).

25 1253b27-1254a8 참조.

26 1324b41 아래에서는 이런 폴리스들이 행복할 수 있을 것이라고 말한 바 있다. 여기서는 반드시 비활동적이라고 할 수는 없다고 말한다.

27 무엇을 의미하는 것일까? 지배하고 지배받는 관계를 맺는 부분들을 말하는 것일까?(1326b12와 1332b12, 1327b4-6 참조) 정치적 활동은 폴리스의 부분들이 어떤 종류의 정치적 관계를 맺는 것이고, 하나가 다른 것에 대해서 지배와 피지배 관계를 맺을 때 활동적이니까.

28 koinōnia를 '공공의 관계들', '공유되는 활동들'(C. Load)로 옮길 수 있다.

29 즉 '그 자체로 의도된 선택에 의해 살아가는 사람이 필연적으로 비활동적인 것이 아니라는 것'.

30 이 폴리스와 인간의 비유가 적절한지는 의문이다. 개별적인 인간이 늘 '관조적'인 것을 제외한다면 인간의 활동이 종국에는 다른 사람을 향하게 마련이니까.

31 신이 외적 좋음을 얻기 위한 도구적 활동을 할 수 없다는 점은 1323b23-25에서 언급된 바 있다. 아리스토텔레스의 신 개념에 대해서는 『천체에 대하여』 292a22, 『형이상학』 1072b3 참조(특히 제7권, 제9권, 제10권). 신들에게는 어떤 외적인 활동(praxis)도 할당

한 [내적인] 활동[32] 외에 그 어떤 외적인 활동도 갖지 않기 때문에, 아름다운[33] 본연의 자세를 유지하기 어려워져 버릴 것이기 때문이다.

그러므로 인간 각자에게나, 공공의 관점에서 폴리스에게도, 인류들에게도[34] 필연적으로 동일한 삶이 최선의 삶이라는 것은 명백하다.

될 수 없다는 생각에 대해서는 『니코마코스 윤리학』 1178b8-22 참조. 최초의 원동자로서의 신의 활동은 오직 '생각의 생각'일 뿐이다(『형이상학』 1074b33; auton ara noei, eiper esti to kratiston, kai estin hē noēsis noēseōs noēsis).

32 '외적인 활동들'(exōterikai praxeis)에 대비되는 말이다.

33 즉 '좋은 상태로 있는 것'(echein kalōs)을 말한다. 우주가 좋은 상태로 있다는 것은 그 행복함(eudaimonein)과 같은 것이다.

34 뉴먼은 tois anthrōpois를 tois politais(시민들에게도)로 이해한다.

제4장

인구: 이상적 폴리스의 크기

이러한 문제들에 대해 지금까지 말한 것은 서론이며, 다른 여러 정치체제에 대해서는 앞서[1] 고찰했기 때문에, 남아 있는 고찰의 출발점은 먼저, 우리의 원하는 대로(우리의 바람[기도]에 따라)[2] 장차 세우려고 하는 폴리스[3]에 대해 반드시 있어야 하는 어떤 가정들[4]을 전제해야 하는지를 논하는 것이다. 왜냐하면 적절한 만큼의 준비된 자원이 없이는 최선의 정

1 제2권. 특히 1260b29의 "우리는 다른 정치체제들도 탐구해야 하는데 …". 다른 정치체제의 연구에 대한 중요성을 언급하는 『니코마코스 윤리학』 마지막 부분(1181b12-24) 참조.

2 이 말(kat' euchēn)은 제2권 1265a18에서 처음으로 나왔고, 이후에도 1327a4, 1330a25-26, 1330a37, 1331b21, 1332a29 등에서 나온다.

3 즉 '이상적인 폴리스'를 말한다. 플라톤도 이상적인 폴리스(플라톤은 '아름다운 나라'[kallipolis]란 말을 527c에서 처음으로 사용한다)가 불가능하지 않다고 말한다(『국가』 502c, 540d). "지혜에 대한 사랑(philosophia, Mousa)이 나라를 장악하게 될 경우, 우리가 언급한 이상 국가는 실현될 것이며, 실현되어 있고 또 실현될 것이라고 말이네. 이런 일이 일어나는 것이 불가능하지 않으며, 우리가 불가능한 것들을 말하고 있는 것도 아니기 때문일세. 그렇지만 그런 일들이 일어나기 어려운 것이라는 것은 우리도 동의하고 있네"(플라톤, 『국가』 제6권 499c-d). 플라톤이 이상 국가를 하나의 영혼의 모델로 말하는 부분은, "나는 말했네. (논의상에서) 성립하는 그 나라는 지상에 있지 않고 저 하늘 위에 아마 하나의 본(本)으로서 위치해 있을 것이네. 그래서 쳐다보기를 원하는 사람은 그것을 쳐다보면서 스스로를 그렇게 꾸밀 수 있게끔 말일세. 그것이 정말 있는지, 또는 있을 것인지는 사실 상관없는 일이지. 그것을 쳐다보는 사람은 그것에 속한 것만을 행하지 다른 것에 속한 것은 행하지 않을 터이니까"(플라톤, 『국가』 제9권 592b).

4 혹은 조건들(hupothseis).

치체제는 실현될 수 없기 때문이다.[5] 그러므로 우리의 최대한도의 바람에 따라 많은 것이 전제되어야 하지만, 그럼에도 그것들 중 어느 것 하나라도 실현 불가능해서는 안 된다.[6] 내가 말하는 것은, 예를 들어 시민들의 수와 영토의 넓이다.[7] 왜냐하면 이것은 직조공이나 조선공과 같은 다른 장인(제작자)들에게는 그들의 일을 위해 적합한 재료가 갖추어져야 하지만(이는 준비된 재료가 더 나을수록 그 기술에 의해 만들어지는 것은 필연적으로 더 아름다워질 수밖에 없을 테니까), 그와 마찬가지로 또한 정치가나 입법가에게도[8] 고유의 질료(재료)가 목적에 맞는 상태로 갖추어져 있어야 한다.[9]

폴리스에 필요한 자원[10]중의 첫 번째는 [폴리스를 구성하는] 인간[11]의 수(數)다. 본성상 얼마나 많은 수가 있어야 하고, 어떤 종류의 사람을 갖춰야 하는가? 영토에 대해서도 마찬가지다. 어느 정도의 넓이만큼 커야 하고, 또 어떤 종류의 토지를 갖춰야 하는가? 그런데 대부분의 사람들은

5 이와 유사한 표현은 1288b39에도 나온다("오늘날의 어떤 사람들은 많은 외적인 수단(자원; chorēgia)이 필요한 최고의 정치체제만을 추구한다").

6 이와 유사한 표현은 1265a17-18에도 나온다. 플라톤, 『국가』 456c에도 유사한 대목이 있다.

7 1265a17-18. 플라톤은 『법률』에서 폴리스를 건설하는 데에서 역시 이 문제를 고려하고 있다(737c 아래 참조).

8 '정치가와 입법가'란 표현에 대해서는 1274b36 참조.

9 플라톤, 『법률』 709c 참조. 이 비유는 제1권 제10장 1258a20-28에서 사용된 바 있다. 여기서 재료, 질료로 번역된 말의 원어는 hulē이다. eidos란 말이 사용된 제3권 1276b1-9 참조. 여기서 말하는 질료란 폴리스를 구성하는 시민의 다양한 계급, 영토와 같은 물질적 자원, 기술적 발전 등을 의미한다. 이것들은 정치체제의 배경이 되는 사회적 조건을 말한다(W. 뉴먼, vol. 1, p. 223).

10 "정치적 기술(politikē)의 자원". 즉 폴리스에 필요한 자원(수단).

11 즉 시민들.

행복한 폴리스가 커야 한다고 생각한다. 그러나 설령 그것이 진실이더라도 어떤 폴리스가 크고, 어떤 폴리스가 작은지에 대해서는 그들은 무지하다. 왜냐하면 그들은 거주민의 수가 많아서 폴리스가 크다고 판단하지만, 그 수가 아니라 그 능력에 주목해야 하기 때문이다. 폴리스는 또한 수행해야 할 어떤 임무가 있으므로, 따라서 그것을 최대한도로 성취할 수 있는 힘이 있는 폴리스야말로 가장 위대하다고 생각해야 한다.[12] 예를 들어 사람들이 힙포크라테스[13]를 신체의 크기라는 점에서 더 나은 인간보다 위대하다고 말하는 것은 단순히 인간으로서가 아니고, 의사로서 그렇게 말하는 것일 게다. 그렇지만 누군가가 수에 주목해서 판단해야 할 경우라도 닥치는 대로 모은 다수로[14] 판단해서는 안 된다(왜냐하면 당연히 폴리스에는 아마도 수많은 노예와 거류 외국인, 외국인들[15]이 존재하고 있기 때문이다[16]). 오히려 폴리스의 부분이 되고, 폴리스가

12 『니코마코스 윤리학』 1098a7-20 참조.

13 코스섬 출신의 기원전 5세기 후반에 활동했던 '의학의 아버지'라 불리는 유명한 의사이다. 그러나 그의 생애에 대한 정보는 많지 않다. 그의 이름으로 많은 저서가 전해지지만, 그의 진짜 작품을 명확히 식별하기란 쉽지 않다. 아리스토텔레스가 위대한 의사 '힙포크라테스'를 언급한 유일한 대목이다. 아리스토텔레스와 힙포크라테스의 사상적 연관성은 어떤 것일까? 아리스토텔레스의 생각 속에는 힙포크라테스의 사상이 직간접적으로 스며들어 있지만, 아리스토텔레스는 그를 직접적으로 언급하고 있지 않다.

14 원어는 kata to tuchon plēthos이다. '모든 종류의 다수의 사람들'을 가리킨다.

15 헬라스 폴리스들에서 외국인들은 대개 수공예업에 종사했다(1278a7).

16 고대 헬라스에는 약 6백개의 폴리스가 있었으며, 가장 큰 폴리스로 평가되는 아테나이에는 2만1천 명가량의 성인 남성과 1만 명가량의 거류 외국인이 있었다고 하며, 여기에 성인 여성 및 아이들, 노예들이 포함되어야 한다. 노예는 40만명가량 되었다고 하나 좀 부풀린 듯하다. 또 다른 추정에 따르면, 5만명의 성인 남성과 2만5천명의 재외 거류민, 여기다 10만명의 노예가 있었다고 한다(R. 크라우트[2002], p. 279 참조).

그 사람들로 구성될 고유한 성원의 수가 얼마나 될지를 주목해야 한다.[17] 이러한 사람들의 수가 우월하다는 것이 위대한 폴리스의 징표니까. 반면 많은 수의 비천한 장인들은 전장에 내보내면서, 소수의 중장비병[18]만을 전장에 내보내는 폴리스는 위대한 폴리스가 될 수 없다. 즉 위대한 폴리스와 인구가 많은 폴리스는 동일하지 않은 것이다.

게다가 이 사실로부터 필시 분명한 것은, 인구 과잉 폴리스를 잘 다스리는 것은 어렵고, 아마도 불가능하다는 것이다.[19] 어쨌든 실제로 아름답게 통치되고 있다고 생각되는 폴리스에서 인구 초과에 관심이 없는[20] 폴리스를 하나라도 우리는 찾아볼 수 없다. 또 이론(논증)의 입증을 통해서도 그 사실이 명백하다는 확신을 가져온다. 즉 법률이란 어떤 종류의 질서이고,[21] 좋은 법률이란 필연적으로 좋은 질서여야 하지만, 수가 지나치게 초과되고 있는 것은 질서에는 어울리지 않기 때문이다. 그러

17 아래의 제8장 참조.

18 중무장병은 둥근 방패(hoplon)을 들고 창으로 무장하고, 백병전에서는 단검으로 적으로 상대하는 군인으로서, 당시엔 장비(창, 검, 방패)가 폴리스로부터 지급되지 않았으므로 상당한 재산을 가지고 있었다고 봐야 한다. 더 많은 재산을 가진 사람은 말을 소유할 수 있었으므로 기병으로 종사할 수 있었다.

19 즉 인구가 많은 폴리스는 필연적으로 큰 폴리스가 아니며, 그 폴리스는 잘 통치될 수 없다는 것이다. 잘 통치될 수 없는 폴리스는 진정한 의미에서의 폴리스가 아니라 단지 허울만의 폴리스일 뿐이다(1280b5-12). 실제로 쉬라쿠사이(아크라가스)에는 80만명이 거주했다고 한다(디오게네스 라에르티오스, 『유명한 철학자들의 생애와 사상』 제8권 63). 플라톤은 '가장 강대한 폴리스'를 나라를 방어할 수 있는 1천명의 전사를 보유한 나라로 제시한다(『국가』 423aa-b). 또 그는 가구주('토지 소유자들과 그것을 방어하는 자들')로는 5천4십 명을 적절한 수로 제안한다(『법률』 737e). 『정치학』 1265a10-17에서는 1천명이 너무 많다고 반대한다. 힙포다모스도 1천명의 시민을 보유한 폴리스를 제안한다(1267b30-31, 1268a17-18).

20 이 동사(aneimenē n)는 뤼라 따위의 현을 '느슨하게 한다'는 의미다.

21 1287a18 참조.

한 일[22]은 [인간의 능력을 넘어서는] 모든 것을 총괄하는 신적인 힘의 과업이 될 것이다. 이러한 힘은 사실상 이 전체 우주를 함께 붙들어 매 주는 그런 것이다. [또한 지나치게 작은 수 역시 좋고 아름다운 질서에 적합하지 않기는 마찬가지다.][23] 아름다움[24]은 흔히 수와 크기를 포함하는 것이니까. 그러므로 폴리스 또한 그 크기에 앞서 언급된 것과 같은 한도[25]를 갖추고 있는 것이 필연적으로 가장 아름다운 것이다. 그러나 폴리스의 크기에는 다른 모든 것들, 즉 동물, 식물 및 도구와 마찬가지로 어떤 적도(適度)를 가지고 있다.[26] 즉 그것들 각각은 너무 작거나 크기가 초과되면 그 자체의 기능을 유지하지 못하고, 어떤 경우에는 그 본성을 완전히 빼앗겨, 어떤 경우에는 열악한 상태가 될 것이기 때문이다. 예를 들어 한 뼘 길이의 배는 전혀 배일 수 없으며, 또한 2스타디온[27]이나 되는 길이의 배도 그렇다. 어느 길이에 다다르게 될 경우에도, 어느 때에는 너무 1326b
작고, 어느 때에는 초과 때문에 배가 항해하는 데 불편하게 하는 일이 있을 것이다.

마찬가지로 폴리스에 대해서도 비슷하다. 폴리스의 구성원이 너무

22 사물들이 큰 수로 질서 지어짐.

23 내용상 첨가했다(C. 로드 번역 참조).

24 아름다움은 질서와 밀접하게 결부된다(『형이상학』 1078a36). "아름다움이란 크기와 배열 속에 있다"는 것에 대해서는 『시학』 1450b6-37 참조. 이 대목의 논의에 연관해서는 『시학』 제7장의 논의와 비교하라.

25 잘 질서 지어지기 위해서는 지나치게 크지 않아야 한다는 기준.

26 '적도'(metron)에 대해서는 『니코마코스 윤리학』 1170b29 아래 참조.

27 1스타디온(stadion)은 1마일의 1/8로, 약 201.17(177.6)미터, 2 Furlong에 해당한다. 1스피타메(spithamē)는 한 뼘 길이(엄지와 새끼손가락 사이의 거리, 22cm)를 말한다. 당시의 대형 삼단노선은 기껏해야 40미터가량 되었다고 한다.

적으면 자족적일 수 없고[28](그러나 폴리스라면 자족할 수 있어야 한다), 다른 한편으로 지나치게 많은 경우에는 민족의 경우처럼[29] 필수품에 대해서는 자족할 수 있어도, 그런 폴리스는 있을 수 없다.[30] 그런 폴리스가 정치체제를 갖추는 것은 쉽지 않으니까. 도를 훨씬 넘는 인원수를 이끄는 장군은 도대체 누가 될 수 있을까. 스텐토르[31]와 같은 목소리의 소유자가 아니면 도대체 누가 전령이 될 수 있을까?

그러므로 정치적 공동체 아래에서 '잘 살기 위해' 자족할 수 있는 인구에 처음 도달했을 때, 그것이 첫 번째[32] 폴리스가 되는 것이 필연적이다. 그 첫 번째 폴리스보다 수적으로 넘어서는 폴리스가 더 커지는 것은 가능하지만, 우리가 말했듯이[33] 그 증대는 무한정일 수 없다.

폴리스의 증대 한계가 어떤 것인지는 사실들을 살펴봄으로써 쉽게 알 수 있다. 왜냐하면 폴리스의 활동 중에는 지배자들의 활동과 지배받

28 1291a11 아래와 비교하라. 플라톤, 『국가』 369d.

29 바빌론 같은 큰 폴리스를 연상하라(1276a27). ethnos는 '폴리스의 연합된 형태' 내지는(1261a27) 절대적 왕권이 지배하는 나라일 수 있다(1285b31 아래). ethnos의 구성원들은 시민의 표징이 되는 동료들의 '시민적 덕'을 진작시키려는 욕구가 없다(1280b1 아래). 그렇다면 ethnos는 동맹(summachia)이거나, 혹은 정치적 공동체를 넘어서는 어떠한 것이다.

30 왜냐하면 시민들이 너무 많으면 하나의 정치체제로 존속하기가 힘들기 때문이다. 폴리스는 어떤 종류의 연합 공동체이고, 정치체제를 공유하는 시민들의 연합공동체이다. 따라서 정치체제가 동일해야 동일한 폴리스로 남아 있을 수 있다(1276b1 아래).

31 스텐토르(Stentōr)는 호메로스에 등장하는 영웅으로, 대단히 강력한 소리를 내지르는 재능을 가졌다(『일리아스』 제5권 785~786행). 그 목소리가 다른 사람 50명만큼이나 컸다고 한다.

32 '최초의' 혹은 '맨 처음의'. '폴리스를 구성하는 최소한의 기준을 만족시키는 것'을 의미한다.

33 1326a 34 아래 참조.

는 자들의 활동이 있고, 지배자에게는 명령을 내리고 판결[34]을 내리는 일이 있기 때문이다. 그러나 소송에서 판결을 내리기 위해서, 또 각각의 가치(공적)에 따라 관직을 적절하게 할당하기 위해서도 시민들은 서로 각자가 도대체 어떤 종류의 인물인지 알고 있어야 한다. 그것[35]을 모르는 곳에서는 필연적으로 관직을 선출하거나 판결하는 일이 나빠지기 마련이니까. 왜냐하면 이 두 부문에 관련해서 경솔하게 행하는 것[36]은 정의롭지 못한 일지만, 바로 그 일이 지나치게 인구가 불어난 폴리스에서는 분명히 일어나고 있다. 또한 외국인이나 거류 외국인들이 정치체제에 참여하는 것도 쉬워진다. 인구의 초과 때문에 눈치채지 못하게 그렇게 하는 것이 어렵지 않으니까.

이렇게 해서 폴리스의 최선의 한계는 다음과 같다는 것은 분명해졌다. 즉 전체를 한눈에 내려다보고 쉽게 살펴볼 수 있는[37] 범위 내에서 생활의 자족을 촉진하기 위해 증대시킨 최대의 인구수이다. 폴리스의 크기에 대해서는 이러한 식으로 결정되는 것으로 해 두자.

34 재판에 관련된 결정을 말한다.

35 즉 '시민들 서로 간에 아는 것'.

36 원어로는 autoschediazein(즉흥적으로 말하고 행동하는 것)이다.

37 이 말(eusunoptos)의 의미는 앞서 '시민들 각자는 다른 시민들이 어떤 종류의 사람인지를 알아야 한다'는 것을 고려하면 '지배자와 시민의 시야 안에서 쉽게 포착되어야 한다'는 것으로 새겨진다.

제5장

영토

영토[1]에 관한 문제들도 마찬가지 방식으로 다루어질 수 있다. 어떤 종류의 영토여야 하는지에 관련해서, 모든 사람은 가장 자족적인 영토를 찬양할 것이라는 점은 분명하니까[2](그런 폴리스는 모든 물자를 산출해야 한다. 왜냐하면 모든 것이 갖춰져 있고, 무엇 하나 빠지지 않는 것이 자족이기 때문이다).[3]

그 규모와 크기는 거주민들이 자유롭고 동시에 절제 있게 여유로운 생활을 할 수 있을 정도여야 한다.[4] 그러나 우리가 표명한 이러한 한계 규정이 정당하게 기술되어 있는지 여부는 나중에 일반적으로 소유물[5]

1 폴리스는 좁은 의미로 '주요 도시 지역'을 가리키고, 사회 조직으로서의 '폴리스'는 중심인 '주요 도시 지역'과 그것을 둘러싸고 있는 '경작지'를 포함하는 영토(chōra)를 가진다. 그러니까 chōra는 농작을 하는 '농촌 지역'을 가리키는 말이다.

2 기원전 5세기부터 기원전 4세기 걸쳐 헬라스 본토의 토지 부족 문제는 식민도시 건설로 해결되었다고 한다. 따라서 새로운 도시 설계에서 어떤 영토가 이상적인지, 어떻게 토지를 분할하는 것이 최선인가가 중요한 현실적 과제가 되고 있었다.

3 플라톤, 『법률』 704c 참조("온갖 것을 산출하는가요, 아니면 어떤 것들은 부족한가요?").

4 '한눈에 쉽게 전체를 살펴볼 수 있'을 만큼만 폴리스는 커야 하고(1327a1), 또한 자급자족할 수 있어야 하며, 절제 있고 자유롭게 여가를 즐길 수 있을 만큼의 생활을 지탱해 줄 수 있어야 한다. 이에 대해서는 앞서 1265a31-38에서 언급된 바 있다. 폴리스의 전체 영토의 크기와 개별적 시민이 소유할 수 있는 땅의 크기를 염두에 두고 있는 듯하다. 본문 내용의 흐름이 뭔가 어줍은 듯 보인다. 영토의 질에 대한 언급이 빠진 것으로 보인다. 입법가는 자원의 동등화를 넘어 중간을 목표로 해야 한다는 것에 대해서는 1266b24-31 참조.

5 이에 대해서는 1256a1 아래에서 논의되었다. 플라톤도 재산의 소유의 과다함과 부족함

과 재산의 풍족함[6]에 대해 언급하고, 어떤 방법으로 그것들을 이용해야 하는지를 말할 필요가 생겼을 때, 보다 엄밀히 고찰해야 한다.[7] 왜냐하면 이 고찰에 대해서는 한쪽은 인색함으로, 다른 한쪽은 호사스러움으로, 생활을 각각의 극단적인 방향으로 끌어당기는 자들이 있기 때문에 이에 대해 수많은 논란이 있기 때문이다.[8]

영토의 지형에 대해[9] 말하는 것은 어렵지 않다(그렇지만 몇 가지 점에 대해서는 군대를 통솔한 경험자에게 듣고 따라야 한다). 즉 영토는 적들에게는 침입이 곤란하고, 시민 자신들에게는 밖으로 나가는 것이 쉬워야 한다.[10] 게다가 인간의 수는 전체를 한눈에 쉽게 살펴볼 수 있는 범위 1327a

에 대해 언급하고 있다(『국가』 591d-e).

6 "풍족함(euporia)은 누군가가 삶에 유용한 것을 친구들까지 잘 쓰고 사회적 요구에도 경쟁적으로 풍족하게 부응할 정도로 갖고 있는 경우다. 이 모든 것이 갖추어져 있는 사람은 완벽하게 행복하다. 따라서 행복에는 현명함, 예민한 감각과 육신의 건강, 성공, 명성, 풍족함이 있다"(디오게네스 라에르티오스, 『유명한 철학자들의 생애와 사상』 제3권 99).

7 맥락상으로는 부의 획득과 그 사용을 구별하고 있는 것처럼 보인다.

8 '나중에'라는 언급이 있기는 하지만, 이 대목에 대한 논의는 『정치학』 어디에도 눈에 띄게 드러나지 않고 있다. 아리스토텔레스가 염두에 두고 있는 것이 어떤 철학적 삶의 방식, 이를테면 견유학파인 디오게네스의 금욕적 삶의 방식과 같은 것일까? '한계 규정'에 대해서는 1265a28-38, 1266b24-31에서 언급되고 있다. 재산의 소유권과 그 사용에 대해서는 1262b37-1263a40에서 논의되었다.

9 즉 폴리스가 위치하는 '지정학적 특징', '지형'(eidos)을 말한다. 모든 것을 산출해 낼 수 있는 '땅'의 지질(地質)에 대해서는 1326b26-30에서 이미 언급되었다. 플라톤도 폴리스의 지형에 대해 언급하고 있다(『법률』 625c-d).

10 비상시에 탈출이나 피난의 용이함을 말하는 듯하다. 지원군의 접근의 편리함에 대해서는 이 장의 1327a6-7 참조. 어느 경우든 적의 침입과 공격의 염두에 두고 있는 것으로 보인다. 폴리스의 위치에 관련해서 군사적 효율성을 따지는 1330a41 아래와 1331a3 아래 참조. 영토에 관련해서 여기서 언급되지 않은 것으로, 아리스토텔레스는 제5권에서 "하나(mia)의 폴리스가 되기 위해 자연적으로 적합하지 않을 때, 그 장소(chōra) 때문에

로 해야 한다고 말했듯이, 또한 영토도 그와 마찬가지여야 한다.[11] 영토 전체를 한눈에 쉽게 살펴볼 수 있다면, 방어가 쉽기 때문이다.

도시(폴리스)[12]의 배치를 원하는 대로 정해야 한다면, 바다에 대해서도, 주변 영토에 대해서도 잘 위치한 곳에 세우는 것이 적합하다. 그런데 규정의 하나는 앞서 언급되었다. 즉 영토의 모든 곳에 지원군이 접근할 수 있도록 해야 한다. 남아 있는 규정은 산출되는 농작물의 수송에 적합해야 한다는 것이다. 그렇게 하면 목재나 주변의 영토가 부수적으로 주는 다른 산물들을 쉽게 반입할 수 있기 때문이다.[13]

때때로 파당으로 갈라질 수 있다"라고 말하고 있다(1303b7-8).

11 즉 '한눈에 쉽게 전체를 살펴볼 수 있어야 한다'.

12 폴리스라는 말을 사용하고 있으나, 이 경우에 폴리스는 나라 전체를 가리키는 것이 아니라 그 중심부의 '도시'를 가리킨다.

13 아리스토텔레스는 아테나이 같은 연안에 접하고, 산물(나무, 대리석, 금속)을 쉽게 수송할 수 있는 폴리스를 염두에 두고 있었을까? 아니면, 자신의 고향인 칼키디케 해안가에 위치한 아름다운 스타게이로스의 도시(폴리스)를 연상하고 있을까?

제6장

시장과 해군의 힘

바다의 교통은 잘 통치되는 폴리스들에게 유익한지, 해가 되는지를 둘러싸고 많은 논란이 있었다. 왜냐하면 서로 다른 법률 아래에서 성장한 외국인들을 손님으로 맞이하는 것은 좋은 법질서에 해롭고, 인구 과잉이 될 것이라고 주장하는 사람들이 있기 때문이다. 즉 바다를 이용해서 많은 무역 상인들이 보내고 받아들이는 것이 인구 과잉을 낳고 그것이 잘 통치되는 것[1]에 반하는 것이라고 말한다.[2]

그러나 그러한 사태[3]가 일어나지 않는다면, 도시(폴리스)나 영토가 안전을 위해서도, 필수품을 손에 넣는 편리성에서도 바다로 통하는 것이 더 낫다는 점은 의심의 여지가 없다. 왜냐하면 보다 쉽게 전쟁에 견딜

1 혹은 '좋은 통치 형태'(to politeuesthai kalōs).

2 이에 대해서는 제6권 제4장 참조. 바다에 연접해 있으면, 잘 통치되는 폴리스에 해가 미칠 수 있다는 사람들의 주장은 두 가지다. (1) 다른 정치체제에서 성장한 외국 거주민이 많다면 시민들에게 바람직하지 않은 도덕적 영향을 끼칠 수 있다. (2) 상인들의 수가 증가하게 되면, 이들을 시민으로 받아들일 수밖에 없으며 이렇게 되면 인구가 증가하지 않을 수 없다. 바다와 인접해 있는 폴리스들이 나쁜 도덕적 품성을 가질 수 있다는 주장에 대해서는 플라톤이 언급하고 있는 『법률』 704d-705b 참조("이 지역에 인접해 있는 바다는 날마다 즐거움을 주는 것이기는 하나, 참으로 몹시 짜고 쓴 이웃이지요"). 하지만 아리스토텔레스는 바다를 끼고 있는 것이 반드시 이 두 결과를 초래하지 않는다는 것이다.

3 즉 외국인을 허용하는 것과 인구 과잉의 발생(to epixenousthi tinas kai hē poluanthrōpia). poluanthrōpia는 함대의 노 젓는 선원과 연동되어 있다. 노 젓는 선원은 반드시 시민일 필요가 없다는 것이다(1327b7-9).

수 있도록 하고, 시민이 자신의 안전을 지키기 위해서는 육지로부터도 바다로부터도 그 양쪽에 대해 스스로를 쉽게 방어할 수 있어야 하기 때문이다. 공격해 오는 적을 쏘기 위해서라도, 육지와 바다 양쪽에 통하고 있으면 양쪽에서 쏘지 못하고, 어쨌든 한쪽에서는 쏠 수 있는 가능성이 한층 커지니까.

또, 자신들에게 없는 것들을 수입하거나 남아도는 생산된 것을 수출하는 것은 필수 불가결하다.[4] 즉 폴리스가 무역을 해야 하는 것은 다른 나라를 위해서가 아니라 자국을 위해서니까.[5] 그런데 자신들의 시장을 모든 사람에게 개방하고 있는 사람들이 있지만, 그들은 공공의 세수를 위해서 그렇게 하는 것이다.[6] 그러나 폴리스가 그러한 탐욕스러운 돈벌이에 참여해서는 안 된다면, 폴리스는 이런 종류의 무역 거래소를 소유해서는 안 된다.

그런데 오늘날에조차도 많은 영토(지역)와 폴리스에 있는 항구와 정박지가 도시와의 관계에서 자연적으로 적절한 위치[7]에 위치하고 있음을 보고 있다. 즉 그 자체[부두 도시와 항구들]는 [폴리스의 건축물들과

4 헬라스에서 실제로 상품 교역은 바다뿐 아니라 육지를 통해서도 이루어졌다고 한다(플라톤, 『정치가』 289e 참조).

5 1277a33-b7, 1337b17-21 참조. 이소크라테스는 무역의 중심인 항구 도시인 페이라이에우스(Peiraieus)를 가진 것은 아테나이가 큰 혜택을 입은 것으로 말한다(*Panēgurikos*, 42). 그러나 아리스토텔레스는 여기서 무역이 자국 시민의 이익뿐 아니라 다른 폴리스의 시민도 위한 것이라고 주장한다. 또한 강한 해군력을 유지하는 것 역시 자국뿐 아니라, 이웃 폴리스에 도움을 주기 위한 것이다(1327a41-b2). 결국, 이것은 이웃의 폴리스에 도움을 줌으로써, 폴리스가 '정치적 지도자의 위치를 갖는 삶'을 누리기 위한 것이다(1333b41-1334a1). 페이라이에우스의 무역의 역할에 대해서는 투퀴디데스, 『펠로폰네소스전쟁』 제2권 38 참조.

6 아테나이는 공공의 수입원의 절반이 수출입 과정의 조세를 통해 발생했다고 한다.

7 예를 들어 아테나이, 코린토스, 메가라 등.

같은] 동일한 시역(도성)[8]에 할당되어 있지는 않지만, 시역(도성)에서 그다지 멀리 떨어진 것도 아니다. 항구는 성벽이나 그 밖의 유사한 장벽에 의해 지켜지고 있기 때문에, 항구와의 관계에서 어떠한 이익이 생기면, 그 이익은 폴리스에 속하게 될 것임은 명백하다. 그러나 어떤 해악이 발생하더라도 서로 누가 누구와 교제해야 하는지, 교제하지 말아야 하는지를 법률로 규정하고 포고함으로써 그 피해를 막는 것은 쉬운 일임은 분명하다.[9]

해군력에 관련해서 어느 정도까지 유지하는 것이 최선이라는 것은 의심할 여지가 없다(왜냐하면 폴리스는 육지와 마찬가지로 바다로부터 1327b
도 자신들을 위해서만이 아니라 이웃 국가를 위해서도 두려워할 수 있도록 방어하는 힘을 보태야 하기 때문이다). 그러나 이 해군력의 정도와 크기에 대해서는 폴리스의 삶의 방식을 고려해야 한다. 만일 폴리스가 지도적 위치의 삶[10]과 정치적 삶[11]을 선택한다면, 그러한 행동에 걸맞은 해군력을 갖출 필요가 있으니까. 그러나 많은 선원들 때문에 폴리스가 인구 과잉[12]이 된다고 할 수 없을 것이다.[13] 선원들을 폴리스의 일부에 추가

8 astu는 폴리스의 중심인 아크로폴리스 주위에 있는 폴리스의 중심지인 다운타운을 가리키는 말로 사용된다.

9 외국인 관리에 대해서는 플라톤, 『법률』 952d-953a 참조.

10 헬라스에서 해군 없이는 지도적 위치의 삶(hēgemonikon bion)을 차지할 수 없었다.

11 '정치적 삶'(politikon bion)은 다른 폴리스와의 관계를 유지하는 것으로서, 이는 hēgemonikon bion보다 더 넓은 의미를 가진다. hēgemonikon bion 없이도 다른 폴리스들과 관계를 맺을 수 있기 때문이다.

12 1327a11 참조.

13 아테나이는 삼단노의 갤리선(군선)에 종사하는 사람이 많았다(1291b23).

할 필요는 없으니까.[14] 왜냐하면 선상의 전투원[15]들은 자유 시민이 되어 보병에 속하게 되어서, 지휘권을 가지고 배를 통제하면 되기 때문이다. 그리고 변경에 사는 펠리오이코이나 땅을 경작하는 농민은 수두룩하기 때문에,[16] 선원은 남아돌 것이 틀림없는 노릇이다.[17] 우리는 현재 어떤 폴리스에서 이것을 또한 보고 있다. 예를 들어 헤라클레오테스[18]와 같은 폴리스가 그렇다. 왜냐하면 다른 폴리스들과 비교해서 [그 시민들의 수의] 크기에서는 그저 그만한 규모의 폴리스임에도, 그곳에서는 선원들이 수많은 삼단노 군선(갤리선)에 충분히 탑승하고 있기 때문이다.

이렇게 해서 영토, 항구, 도시(폴리스)[19] 및 바다와 해군력에 관련해서는 이상과 같은 방식으로 규정된 것으로 해 두자.

14 선원은 시민일 수 없으니까.

15 시민인 hopolitēs(전투원).

16 예를 들어 스파르타, 크레타, 텟살리아 등을 말한다.

17 이 문장을 어떻게 이해해야 할까? 노를 젓는 선원(1304a22)은 반드시 시민일 필요가 없는데, 이는 폴리스 변경에 사는 다수의 경작자들(perioikoi)이 생길 수 있는 것처럼, 선원 부족 또한 필연적으로 있을 수 없기 때문이라는 것이다. 그렇다면 아리스토텔레스의 생각에 따르면 농노들이 좋은 선원이 될 수 있다는 말일게다. 실제로 아테나이에서는 삼단노 군선의 노 젓는 사람으로 외국인, 농노, 기술자들은 물론이고, 노예들도 고용되었다고 한다. 물론 전투원(hoplitēs)은 시민이었다. 이 배의 노를 젓는 선원은 한쪽 열이 170명 정도였다고 한다. 중노동일 수밖에 없으니, 시민이 아니고 펠리오이코이나 농민에게 할당했다는 것이다.

18 혹은 헤라클레이아로 불리며, 흑해 연안의 폰토스에 있는 폴리스이다. 크세노폰은 『아나바시스』에서 헤라클레오테스의 대규모 해군의 힘을 언급하고 있다(제5권 6. 10).

19 즉 도성(astu)과 그에 딸린 부두 도시(epineion).

제7장

기후와 성격

또한 시민들의 수에 어떤 한계를 정해야 하는지에 관해서는 앞에서 언급되었다.[1] 이제 시민이 어떤 종류의 본성을 가져야 하는지를 논해 보자. 우리는 이것을 헬라스에서도 높은 평판을 받는 폴리스들로 눈을 돌려 인간이 사는 전 세계가 어떻게 여러 민족으로 나누어지고 있는지에 주목하면 아마 이해할 수 있을 것이다. 추운 지역에 있는 민족들, 특히 에우로페(유럽)의 민족들[2]은 기개[3]는 충만하나 사고와 기술에서는 뒤떨어진다.[4] 따라서 그들은 비교적 자유롭게 살 수 있으나, 정치적 제도가 없어서[5] 이웃을 지배할 수 없다. 이와 대조적으로 아시아에 사는 민족들은

1 제4장 1326b22 아래. 이 문장은 제7장으로 분류하고 있지만, 앞 장(제6장)의 맨 마지막 문장에 해당할 것이다.

2 이를테면, 스퀴티아나 트라키아.

3 무모한 용기. 여기서 thumos는 '지배에 대한 저항'을 의미를 가진다(1328a7). '튀모스(분노)로서의 용기(andreia)가 가장 자연스러운 것이다'(『에우데모스 윤리학』1229a26). 튀모스란 말은 맥락에 따라 '기개', '격정', '분노', '화' 등으로도 옮겨질 수 있다. 호메로스에서는 의지나 생각이 깃드는 심장이나 마음을 가리킨다.

4 기후와 동물의 기질의 상관성에 대해서는 『동물의 생성에 대하여』 783a15 아래 및 플라톤, 『국가』 435e-436a 참조. 기후와 인간 성격(아시아인, 유럽인) 형성의 큰 영향을 주고 있다는 점에 대해서는 힙포크라테스의 「공기, 물, 장소에 관하여」(특히 제13장, 제16장, 제23장), 플라톤, 『법률』 747d-e, 『국가』 435e-436a 참조. 아리스토텔레스, 힙포크라테스, 플라톤의 이에 대한 논의에 관해서는 김재홍, '아리스토텔레스와 관상학'(해제), 특히 pp. 29~36 참조(아리스토텔레스, 『관상학』 김재홍 옮김, 길, 2014).

5 원어인 apoliteutos는 '정치적 정치체제가 없어서'라는 의미다.

사고와 기술지가 넘치는 정신을 가지고 있지만, 기개는 부족하기 때문에, 지배당하고 노예로 머무는 것이다.[6]

그러나 헬라스의 민족은 지리상 양자의 중간 지역에 위치하도록,[7] 그 양쪽의 힘을 공유하고 있다. 즉 기개와 사고력을 가진다.[8] 이러한 이유로 그들은 자유로움을 유지하면서 최선의 정치 통치를 하고 있으며, 어느 하나의 정치체제[9]를 채택할 기회를 얻으면 다른 모든 민족을 지배할 수 있을 것이다. 그러나 헬라스의 민족들은 또한 서로를 비교하면 양자와 동일한 차이를 보인다. 즉 양자의 힘의 한쪽밖에 없는 민족이 있는가 하면, 반면에 그 두 힘을 잘 조화시킨 민족도 있다.[10]

6 그래서 아시아의 민족들은 대부분 왕권이 지배하고 있다는 것이다.

7 헬라스인들은 델포이 신전에 있는 옴팔로스(omphalos)를 헬라스와 인간이 거주하는 중심으로 생각했다.

8 사고력이라 함은 '정치적 문제에 대하여 숙고할 수 있는 능력'을 가지고 있음을 말한다.

9 아리스토텔레스가 어떤 종류의 정치체제를 염두에 두고 있는지는 분명하지 않다. 마케도니아가 헬라스의 패권을 차지한 것을 염두에 두고서 어떤 단일한 정치체제(mia politeia)를 언급하는 것일까? 그의 말을 상기해 보면 이건 단호히 부정된다. 하나의 연방체가 되어 페르시아에 대한 지배를 꿈꾸는 발언일까? 일정한 크기의 한계를 가진다고 말한 점을 생각해 보면 이것도 아닐 것이다. 그의 기본적 전제에 따르면, 서로 다른 폴리스들에는 상이한 정치체제가 적합하다. 하나의 정치체제로 흡수된다면, 지나치게 비대해진 폴리스가 될 것이고, 폴리스의 다양성이 파괴될 수 있다. 이것은 아리스토텔레스의 입장일 수 없다. 그는 앞서 "시민들 각자는 다른 시민들이 어떤 종류의 사람인지를 알아야" 할 정도로 작은 폴리스를 언급한 바 있다(1326b2-24). 아리스토텔레스는 각각의 폴리스의 상황에 적합한 정치제제를 갖는 여러 폴리스들의 연맹체를 염두에 두고 있는 것으로 보인다.

10 플라톤도 『법률』에서(제5권 747d) 폴리스를 세우고자 하는 사람은 인간의 영혼과 몸에 영향을 끼칠 수 있는 지리적, 환경적 요인, 즉 일조량, 바람, 물, 땅을 고려해야 한다고 말하고 있다. 우리식으로는 일종의 '풍수지리설'에 해당한다고 하겠다. 이는 힙포크라테스의 직간접적인 영향으로 보인다. 여기서의 언급은 인종적, 민족적 편견을 보여 주고 있다.

그러므로 사람들이 입법가에 의해 덕을 향해 쉽게 이끌릴 수 있으려면, 그 본성에서 사고력과 기개를 가져야 하는 것은 명백하다. 왜냐하면 어떤 이는 수호자에게 걸맞아야 할 성격으로, 아는 자들에 대해서는 애호적이지만,[11] 낯선 자들에 대해서는 사나워져야 한다고 말하는데,[12] 이
기개가 우리를 애호적이게 해 주는 영혼의 능력이다.[13] 다음이 그 징표 1328a
다. 즉 기개는 자신이 경멸을 당했다고 생각할 때 낯선 사람들보다는 친분이 있는 사람과 친구에 대해서 기개[14]가 한층 더 솟구친다는 것이다.[15] 그래서 아르킬로코스는 어울리는 방식으로 자신의 친구에게 비난을 퍼부으며, 자신의 기개를 향해 말을 건넨다.

11 즉 애호심을 느끼게 하는, 사랑하게 하는, 애정을 품게 하는(philētikos).

12 이것은 플라톤이 수호자의 성격("사납다[agrios]", 375b9)을 혈통 좋은 개에 비유한 것에 대한 비판이다. 플라톤, 『국가』 375b-376c 및 『국가』 374e-376d 참조. 플라톤은 수호자를 개에 비교해서, "말이든 개든 또는 그 밖의 어떤 동물이든 격정적이지(thumoeides) 못한 것이 용맹스러워지겠는가? 혹시 격정(기개)이란 것이 얼마나 당해 낼 수 없고 극복할 수 없는 것인지를, 그리고 또 그것이 일게 되었을 때의 마음이 한결 같이 모든 것에 대해서 겁이 없고 꺾이지 않는다는 것을 알아차리지 못했는가?"(375a-b)라고 말했다. 플라톤이 수호자의 성격을 '온순함과 격정'을 함께 갖는 것으로 언급하는 『법률』 제5권 731b-c 참조.

13 튀모스란 결국 '그것에 의해서 애호적(친애적)임(to philētikon)을 느끼는' 능력이라는 것이다.

14 튀모스는 힘차게 움직이거나 격노하는 것을 표현하는 동사 thuō에서 왔다. 우리말로는 맥락에 따라 기개, 격정. 격노, 분노, 격분, 용기, 혈기 등으로 옮겨질 수 있다. 헤라클레이토스는 '격노(격정; 분노)와 맞서 싸우는 것은 어렵다. 그것은 영혼을 대가로 치르니까'라고 말한 바 있다(1315a30-31). 호메로스의 시대에 이 말은 운동과 정동(精動)을 일으키는 '감정의 기관'으로, '튀모스가 그의 뼈를 떠났다'와 같은 것에서 그 예를 찾아 볼 수 있다. 신체상의 활동을 규정하는 것으로 튀모스가 melea(뼈와 사지, 근육)를 떠난다는 것을 의미한다.

15 『수사학』 제2권 제2장 1379b2 참조.

"맞아, 너야. 친구 탓에 분노로 숨이 막히는 건."[16]

또한 [애호뿐 아니라] 지배하는 것도 자유로운 것도,[17] 모든 경우에 이 능력으로부터 갖추어지는 것인데, 기개는 지배하게끔 하는 것이고 또 결코 굴복당하지 않으니까 말이다.[18]

그러나 수호자들이 낯선 사람들에 대해 사나워야 한다고 주장하는 것은 옳게 말한 것이 아니다. 왜냐하면 누구에게나 그럴 필요가 없고, 또한 원대한 마음을 품은 사람[19]은 부정의를 저지르는 자에 대한 경우를 제외하고는 본성적으로 사납지 않기 때문이다. 그러나 앞서 말한 것처럼, 친분이 있는 사람들에게 부정의를 당했다고 생각되는 경우에는 더욱 강하게 그 생각을 품는 것이다. 이런 일은 논리적으로 따져 봐도 당연히 일어날 수 있다. 왜냐하면 자신에게 은혜를 입었다고 보는 당사자에게 해코지를 당한 데다가 그 은혜를 배신당했다고 생각하기 때문이다. 그 때문에 다음과 같이 말하는 것이다.

"형제 사이의 싸움은 잔인하다."[20]

16 "너의 혹독한 고통(고문; excruciat)은 분명히 친구로부터 왔으니까." Diehl I.230.「단편」67b. 아르킬로코스는 기원전 7세기 파로스 출신의 서정 시인으로, 용병으로 이곳저곳을 방랑했다고 한다. 이암보스(iambeios) 보격을 발견한 것으로 알려져 있다.

17 원어로는 archon kai eleutheron이다. 즉 '지배와 자유의 원리'.

18 튀모스에 대해서는 플라톤,『국가』375b 참조. '튀모스는 굴복당하지 않는다'라는 말은『에우데모스 윤리학』1229a27에도 나온다.

19 '원대한 마음을 가진 사람'(megalopsuchos)에 대해서는『니코마코스 윤리학』제4권 제3장 참조.

20 이 말은 에우리피데스의 상실된 작품에 나온다(「단편」975[Nauck, 2nd edn. 672]).

그리고

"지나치게[21] 사랑하는 자는 또한 지나치게 미워하게 된다."[22]

이렇게 해서 정치에 참여하는 시민들[23]에 대해 그 수가 얼마나 되어야 하고 또 어떤 본성을 가져야 하는지, 또한 영토의 어느 정도의 크기로, 어떻게 되어야 하는지도 대략 결정되었다. 왜냐하면 우리는 이론과 관련된 문제들과 감각을 통해 얻을 수 있는 사항들에 대해 동일한 엄밀성을 요구해서는 안 되기 때문이다.[24]

21 혹은 '한도를 넘어'.

22 미상의 작자 Nauck, 2nd edn. 854 「단편」 78.

23 이 말(politeuomenon)은 1295b40, 1310a16, 1293a4 등에서 사용되었다.

24 이 방법론적인 주장은 무엇을 말하는 것일까? 앞서(1323a38-b7, 1326a25-29) 그는 논의를 통해서(kata ton logon)보다는 '사실들을 고려해 봄으로써도 이 사안들에 관한 확신'에 이를 수 있으며, "또 이론(논증)의 입증을 통해서도 그 사실이 명백하다"(1326a29)라고 말했다. 모순되는 것일까? 일반적으로 아리스토텔레스는 논의(이성)를 통해 어떤 결론을 이끌어 내면, 그것을 현상에 잇대어서 검사함으로써 확신에 도달하고자 하는 개념 분석적 방법론을 취한다(『니코마코스 윤리학』 제7권 제1장 5절; 1145b3-8). 그는 또한 『니코마코스 윤리학』에서는 주제가 허용하는 만큼의 명료성(diasaphētheiē)이 추구되어야 하며, 기하학과 같은 정도의 정확성(akribeia)을 정치적 문제들에 대해서는 추구되지 않아야 한다고 말한 바 있다(제1권 제3장 1094b11-27, 1098a26-33 참조).

제8장

폴리스의 부분들과 필수 불가결한 것들

그런데 자연에 맞게 구성된 다른 것(유기체)들[1]의 경우, 그것 없이는 전체[2]가 존재할 수 없는 것들[조건][3]은 그 전체를 구성하는 부분들이 아니듯이,[4] 폴리스의 경우에 필연적으로 존재해야 하는 조건들을 또한 폴리스의 부분들로 간주해서는 안 된다는 것은 분명하다.[5] 그것은 무엇인가 하나의 종류[6]를 형성하는 다른 공동체에 대해서도 마찬가지다. 왜냐하

1 즉 동식물. 제1권 제2장 1252b 30 아래 참조. 복합체

2 '복합된 전체'(to holon)에 대해서는 『형이상학』 1023b26-36 참조.

3 즉 필수불가결한 것들.

4 "폴리스는 복합체의 일종으로, 하나의 전체가 여러 부분들로 구성된 다른 모든 것과 마찬가지이기 때문에"(1274b39-40).

5 아리스토텔레스는 여기부터 '폴리스의 부분들'은 누구인가 하는 문제를 다루고 있다. 자연적으로 존재하는 모든 것들 중에서 그 사물이 존재하기 위한 필연적 조건들은 그 부분들과는 구별된다는 것이다. 모든 필연적 조건이 그 사물의 부분들이 아니라, 단지 공통적인 어떤 것만이 그 부분이라는 것이다. 여기서 아리스토텔레스는 (1) 그것 없이는 전체가 존재할 수 없는 것들과 (2) 폴리스의 부분들을 구별한다. 동식물은 단순히 부분들의 모음이 아니다. 이는 폴리스도 마찬가지다. 공기, 물, 식물 없이는 동물은 존재할 수 없다. 그러나 이것들은 다리와 뼈처럼 동물 부분들일 수 없다. 폴리스에서 '공통적이고 동일한 것'이란 '최선의 가능한 삶'(1328a36)이고, 다른 말로는 '행복'이다. 이것은 또한 덕과 분리될 수 없다(1329a22). 덕의 성취에서 배제되는 직업들, 즉 '그것 없이 폴리스가 경영될 수 없는 것들', 가령 농사꾼, 기술자, 일용 노동자, 상인들은 폴리스의 부분일 수 없고, 시민이 될 수 없다는 것이다. '그것 없이는 폴리스가 경영될 수 없는 것들'에 대해서는 1290b38-1291a10 참조.

6 '종'(genos)은 단순하게 모아진 집합적 의미의 통일체가 아니라, '유기적 통일성'을 갖는 것을 말한다. 여기서 아리스토텔레스는 폴리스를 '자연적 실재물들의 부류'에 속하

면 공동체는 그 구성원이 동등하게 나누든 동등하지 않게 나누든 간에,[7] 공동체의 구성원들은 무엇인가 하나의 공통적인 것[8]이며 동일한 것을 가져야 하기 때문이다. 예를 들어 그것은 식량[9]이거나 어느 크기의 영토이거나, 뭔가 다른 그러한 종류의 것이다.

그러나 무엇인가 다른 것을 위해 있는 것과 그 자체 목적이 되는 것이 있는 경우에, 한쪽은 작용을 미치고(만들어 내고), 다른 쪽은 그 작용을 받는 것[10]을 제외하고는 그것들 간에 적어도 공통되는 것은 아무것도 없다. 내가 의미하는 바는, 예를 들어 모든 도구와 제작자, 그 만들어진 작품(산물)과의 관계다.[11] 왜냐하면 집에는 목수와 공통되는 것은 아무것

는 것으로 보고 있다.

7 공동체가 반드시 동등한 몫을 가져야 하는 것은 아니라는 점을 보여 준다. 가정의 경우에 남편이 부인보다 더 권위를 가지며, 가정을 지배하기 때문이다.

8 koinon(공통적인 것)과 koinōnia(공동체)가 어원이 같다는 것을 주목할 필요가 있으며, 이 양자의 관계에 대해서는 1260b40 참조(폴리스는 '하나의 영토를 공유'해야 한다). 여기서는 "폴리스는 동질적인 자들(homoioi)의 공동체이며, 가능한 한 최선의 삶을 목적으로 한다"(35~37행)라는 점이 강조되고 있다. 비슷한 혹은 같은 사람들(homoioi)만이 이러한 삶으로 이끌어 갈 수 있다. 이런 점에서 아리스토텔레스는 '민족주의'를 반대하며, 시민들을 한데 결부시켜 하나의 정치적 공동체를 구성할 수 있는 가장 중요한 유사성을 역사적, 언어적, 영토적, 종교적 동질성에서 찾고 있다.

9 음식은 공동 식사(sussition)의 경우에 '공동의 것'이다.

10 원어는 lambanein(받아들인다)이다. 원래 poiein(작용을 미치고[만들어 내고])에 대비되는 말은 paschein(작용을 받다)이지만, lambanein이 쓰였다.

11 『니코마코스 윤리학』 제8권 제11장 1161a32행 아래 참조. "지배자와 피지배자 사이에 공통의 것이 전혀 없는 경우에는 친애가 없다. 정의 또한 없으니까. 예를 들어 장인이 도구에 대해 갖는 관계나 영혼이 육체에 대해 갖는 관계, 또 주인이 노예에 대해서 갖는 관계처럼 말이다. 이 모든 것들[즉 도구, 육체, 노예]은 그것을 사용하는 것들에 의해 관리는 받지만, 영혼이 없는 물질적인 것에 대해서는 친애가 성립하지 않고 정의(正義) 또한 성립하지 않기 때문이다. 말이나 소에 대한 친애도 없을 뿐더러 노예인 한에서의 노예에 대한 친애도 없다. 아무런 공통의 것이 없으니까. 노예는 살아 있는 도구이며 도구

도 없으며, 목수의 기술이 집을 목적으로 할 뿐이다. 따라서 폴리스는 재산을 필요로 하지만, 재산은 폴리스의 어떤 부분도 아니다.[12] 비록 재산의 부분에는 많은 생명체[13]가 포함되지만 말이다.

그러나 폴리스는 동질적인 자들의 공동체이며,[14] 가능한 한 최선의 삶을 목적으로 존재하는 것이다. 최선의 것은 행복이니까. 또 이것은 덕의 활동이며, 덕의 완전한 실현이다.[15] 따라서 그 결과로 그것을 공유할 수 있는 사람이 있는가 하면, 어떤 사람은 단지 작은 정도로만 공유할 수 있

는 생명이 없는 노예이니까"(『니코마코스 윤리학』 1161a35-b4). 『에우데모스 윤리학』 1241b17-24 참조). 정치적 공동체가 그런 것처럼, 친애와 정의가 있는 곳에는 그것들을 공유하는 사람들에게 공통적인 무언가가 있다.

12 필수불가결한 조건이기는 하지만. 재산과 폴리스는 수단과 목적의 관계에 있다.

13 가축과 노예를 말한다. 노예의 부류에 대해서는 1277a37 아래 참조. 노예들이 폴리스의 부분이 아니라는 점에 대해서는 1326a19-20, 1327b7-9 참조. 이들은 폴리스의 부분이 아니다. 이들에게는 공동체가 없으며, 친애(philia)도 없고 정의도 없으니까(『니코마코스 윤리학』 1161a30-b5, 『에우데모스 윤리학』 1241b17-24 참조).

14 '어떤 공동체'인 이유는 '비슷한 사람들의 공동체'에는 폴리스 이외에도 교역을 하는 사람들의 공동체나 종교적 공동체도 있기 때문이다. 폴리스가 동등하고 비슷한 사람들로 구성된다는 언급에 대해서는 1279a8, 1295b25 참조. 1261a22-24에서는 폴리스가 비슷한 사람들로부터 생겨나지 않는다고 말하고 있는데, 이 경우는 지배자들과 피지배자들의 구분을 염두에 두고 있는 것 같다.

15 "[행복은] 덕에 따른 영혼의 활동일 것이다. 만일 덕이 여럿이라면 최상이며 가장 완전한 덕에 따른 영혼의 활동이 인간적인 좋음(행복)일 것이다. 더 나아가 그 좋음은 완전한 삶 안에 있을 것이다. 한 마리의 제비가 봄을 만드는 것도 아니며, 좋은 날 하루가 봄을 만드는 것도 아니니까. 그렇듯 행복한 하루나 짧은 시간이 지극히 복되고 행복한 사람을 만드는 것도 아니다"(『니코마코스 윤리학』 1098a15-20), "[보편적 정의가] 완전한 덕이다. 하지만 무조건적으로 완전한 것이 아니라, 다른 사람에 대한 관계에서 완전한 덕이다. 그리고 이런 이유로 정의는 종종 덕 중에서 최고의 것으로 생각되며, … 또한 정의는 무엇보다도 완전한 덕인데, 그것은 정의가 완전한 덕의 활용이기 때문이다"(1129b25-31) 참조.

거나, 아예 공유하지 못하는 사람들이 있다.[16] 그것이 여러 종류의 폴리스와 폴리스의 여러 차이, 여러 정치제도를 생기게 하는 원인이라는 것은 분명하다. 왜냐하면 각각의 사람들은 서로 다른 방식과 다른 수단을 통해 행복을 추구함으로써, 그들 각자는 서로 다른 삶의 방식과 다른 정 1328b
치체제를 만들어 내기 때문이다.[17]

그러나 폴리스가 그것들 없이는 존재할 수 없는 그런 것들이 얼마나 있는지에 대해 여기서 고찰해야 한다. 왜냐하면 우리가 폴리스의 부분이라고 부르는 것이 그것들 속에 필연적으로 포함되어 있을 수 있기 때문이다. 그러므로 거기에 얼마나 많은 수의 일들[18]이 있는지를 확정해야 한다. 그럼으로써 이것으로부터 그 부분들의 수가 명확히 밝혀질 테니까. 첫째로 식량이 있어야 한다.[19] 다음으로 기술(살기 위해서는 많은 도구를 필요로 하니까)이 있어야 한다. 세 번째 무기(공동체의 구성원은 복종을 거부하는 자들에 대해 지배권을 유지하기 위해서도, 또 외부로부터 부정의를 저지르려고 침입하는 자들을 격퇴하기 위해서도 자신들의 수중에 무기를 가지고 있어야 한다)가 필요하다. 게다가 [넷째로] 폴리스 내에서의 자신들의 사용과 전쟁에 대비한 재화의 축적이다. 다섯 번째로, 혹은 이것이 첫 번째로 중요한 것인데 사람들이 사제직이라 부르는 신에 대한 종교적 관장의 일이다.[20] 숫자상으로 여섯 번째지만, 모든 일

16 노예들은 행복에 참여할 수 없다(1280a32-33 참조). 그 밖에도 이 점에 대해서는 1260a14-17, 1328b40 아래 참조.

17 제4권 제4장 참조. 1301a25-33, 1301b29-1302a2 및 제6권 제1장~7장 참조.

18 즉 폴리스에 필요한 일들. 사회적 기능을 담당하는 '직업'을 말한다.

19 폴리스를 만들기 위해 꼭 필요한 일에 대해서는 플라톤, 『국가』 369c-370b 참조.

20 아리스토텔레스의 자신의 신관과 전통적 신관을 기술하고 있는 『형이상학』 제12권 제8장 1074a38-b14 참조.

중에서 가장 필수적인 것일 수 있는데, 서로 간의 관계에서 무엇이 유익하고 무엇이 정의로운 것인지에 대해 판단하는 것이다.[21]

그렇기에 앞에서 열거한 이런 일들이, 말하자면 모든 폴리스들이 필요로 하는 일들이다[22](왜냐하면 폴리스는 우연히 모인 다중이 아니라 우리가 주장하는 것처럼 생활을 위해 자족적인 것이지만, 만일 이것들[23] 중에 무엇인가가 부족하다면 그 공동체는 무조건적으로 자족적일 수 없기 때문이다). 따라서 폴리스는 필연적으로 이러한 활동을 기초로 해서 조직화할 필요가 있다. 그러므로 식량을 공급할 수 있는 다수의 농민이 필요하고,[24] 또 장인들, 전사, 부유한 자, 제사장들, 필요한 것(정의)과 유익에 관계되는 것들[25]을 판단하는 사람들이 필요하다.

21 심의적 판단은 공공의 유익함에 관련된 것이고, 법적인 판단은 정의와 부정의에 관한 판단이다(1291a22-24).

22 여기서 열거된 일들은 모든 것을 다 포함하고 있지 않다. 가령, 제8권에서 주요한 논의 주제가 되고 있는 '교육'의 문제가 빠져 있다.

23 즉 과업들(직업들; erga)를 가리킨다.

24 아리스토텔레스는 어부, 사냥꾼, 목자(牧者) 직업을 빠뜨리고 있다.

25 '재판'(dikaiōn)에 관련된 사항을 말한다(주제밀, Lambinus의 추정). '필요한[강제적인] 것'(anankaion)은 '서로의 관계에서의 정의'(ta dikaia ta pros allēlous)가 요구하는 것이다(1328b14, W. Newman).

제9장

사회적 역할과 재산

이런 사항들이 규정되었으므로, 이제 남겨져 있는 고찰의 과제는 (1) 모든 사람이 이 모든 일(과업)을 공유해야 하는가(동일한 사람 누구나 농민이고 장인이며 심의회 의원이며 재판관인 것이 가능하니까[1]), 혹은 (2) 앞서 언급했던 각각의 일을 다른 사람에게 할당해야 하는가, 혹은 (3) 어떤 필연성에 따라 어떤 일은 고유한 것으로 하고, 어떤 일은 공통으로 해야 하는가 하는 것이다. 그러나 모든 정치체제에서 그것이 동일한 것은 아니다. 왜냐하면 우리가 말한 바와 같이[2] 모든 사람이 모든 것을 공유할 수 있고, 모든 사람이 모든 일이 아니라 어떤 사람이 그중 어떤 일만 공유할 수 있을 것이기 때문이다. 이러한 차이가 또한 정치체제를 다르게 만드는 것이다.[3] 즉 민주정에서는 모든 사람이 모든 일을 공유하지만 과두정에서는 그 반대다.[4]

그러나 우리는 최선의 정치체제를 고찰하고 있으며, 그것은 폴리스가 최대한 행복하게 할 수 있는 정치체제고, 앞서 말한 바와 같이[5] 행복

1 민주정에서나 가능한 일이겠다.

2 제2권 제1~5장 참조.

3 이러한 구분에 대해서는 제2권 제1장 1260b37-39, 제4권 제14장 1298a7-9 참조.

4 (2) 경우에서와 같이, 과두정에서 재산을 갖고 있지 못한 사람들은 부를 창출할 수 없으므로 결정을 하는 과업(재판이나 심의)에는 허용될 수 없다. 기술자나 농민과 같이 다른 과업에 종사하는 사람들은 결정하는 일이나 사제의 일에는 제한될 수밖에 없다.

5 1323b29-36, 1328a37-b2 참조.

은 덕 없이는 있을 수 없으므로, 결국 이러한 것들로부터, 가장 아름답게 통치되는 정치체제를 채택하는 폴리스에서는, 즉 어떤 전제 조건에 관련해서 [정의로운 것이 아닌[6]] 무조건적으로 정의로운 사람들을 갖게 되는 폴리스에서는, 시민들이 반드시 비천한 장인(수공예업자)이나 상인의 생활을 지내서는 안 된다는 것[7]이 명백하게 따라 나온다(그러한 생활은 천박하며, 덕을 저버리는 것이니까). 또한 그 시민이 되고자 하는 자는 농민이어서는 안 된다(덕의 계발이나 정치적 활동을 위해서는 여가가 필요하니까[8]).

그러나 이 최선의 폴리스에는 전사 부분과 유익한 것을 심의하고,[9] 정의로운 것에 대해 판단을 내리는 부분이 포함되며, 또 그것들이 무엇보다도 폴리스의 부분임이 명백하기 때문에,[10] 서로 다른 직무들을 이런

6 즉 폴리스의 정치체제에 근거한 원리에 따르는 상대적인 정의로움을 말한다(1293b3-7, 1296b9-12, 1309a36-39 참조).

7 플라톤은 『법률』 846d-e에서 이런 부류들은 '시민'이 될 수 없음을 이미 언급한 바 있다(847d, 849c 아래, 920a 참조).

8 이에 대해서는 1341a28("부의 축적으로 말미암아 여가를 더 갖게 되며 덕에 대해서 원대한 마음(호연지기)이 더 커지게 되고")과 1273a24("돈이 없는 사람은 좋은 지배자가 되는 것이, 즉 여가를 갖는 것(kai scholazein)이 불가능하기 때문이라는 것이다"), 그리고 1269a34 아래 참조. 이상에서는 과두정에서의 제한 사항을 언급하고 있다.

9 즉 결정을 내리는.

10 그렇기 때문에 기술자나 농사꾼은 시민이 될 수 없다는 것이다. 하지만 제7권과 제8권에서의 '이상적 폴리스'에 대한 논의가 아닌, 제3권 제11장(민주정적 경향을 표출하는 장)에서는 '다중'이 최고의 권위를 가지는 문제에 호의적 태도를 보이기도 한다. 여기서는 요즘 흔히 쓰는 말로 '집단 지성'을 높이 평가하기도 하고, 가장 나은 자들과 다중이 혼합될 때 폴리스에 유익함을 가져다줄 수 있다고 주장하기도 한다. 그럼에도 아리스토텔레스는 그들이 최고의 관직을 차지할 수 없다는 제한을 가하고 있다.

경우들에도 다른 사람들에게[11] 할당해야 하는가, 아니면 양쪽[12]의 일을 동일한 자에게 부여해야 하는가? 이것의 답변 또한 명백하다.[13] 왜냐하면 어떤 의미에서는 그 직무들을 동일한 자에게, 어떤 의미에서는 다른 사람에게 부여해야 한다.[14] 이 두 직무들에 대한 전성기는 다르기[15] 때문에, 한편으로는 실천적 지혜(슬기)를 필요로 하고, 다른 한편으로는 체력[16]이 필요하다는 점에서, 그 직무들은 다른 사람들에게 주어야 하는 것이다. 이와 반대로 힘을 행사할 수 있고 힘으로 저항하는 자들을 언제까지 지배받는 상태로 머물러 있게 놔둘 수 없으므로, 그 점에서는 동일

11 위치가 어디가 되었던 주제밀(hetera 다음에 삽입)과 로스에 따라 heterois를 삽입해서 읽는다.

12 양쪽(amphō)은 erga(직무, 과업)를 말하는 것으로, 전사적인 것(to polemein)과 심의하는 부분 및 정의로운 것에 관해 판단하는 부분(to bouleuesthai kai krinein)을 가리킨다.

13 1328b37에서 이미 시민은 수공예업자(장인, banausos)이나 상인, 농사꾼일 수 없다고 언급한 바 있다.

14 "그러므로 우리는 한 측면에서는 동일한 사람이 지배하고 지배를 받아야 하고, 다른 측면에서는 지배자와 지배받는 사람이 다르다고 말해야 한다"(1332b41-42).

15 전쟁 활동은 신체(soma)가 절정기(akmē)일 때 적합한데, 『수사학』에 따르면(1390b9 아래) 30세에서 35세에 해당한다. 반면에 심의하고 재판에 참여하는 시기로는 영혼과 지혜가 절정기인 49세(『수사학』 앞 대목) 혹은 50세가 적합하다(『정치학』 1335b32 아래 참조). 플라톤은 구별하지 않고 신체와 영혼의 절정기를 30세에서 55세까지로 놓고 있다(『국가』 460e-461a). 공자가 말하는 '지천명'(知天命)에 해당하는 것일까? 공자는 「위정편(爲政篇)」에서 다음과 같이 말한다. "나는 나이 열다섯에 학문에 뜻을 두었고(吾十有五而志于學), 서른에 뜻이 확고하게 섰으며(三十而立), 마흔에는 미혹되지 않았고(四十而不惑), 쉰에는 하늘의 명을 깨달아 알게 되었으며(五十而知天命), 예순에는 남의 말을 듣기만 하면 곧 그 이치를 깨달아 이해하게 되었고(六十而耳順), 일흔이 되어서는 무엇이든 하고 싶은 대로 하여도 법도에 어긋나지 않았다(七十而從心所欲 不踰矩)."

16 힘(dunamis)은 신체의 힘(ischuos)를 의미한다. 젊은이와 노인의 대비에 대해서는 『니코마코스 윤리학』 1142a12-16 참조. 실천적 지혜를 가진 사람의 능력에 대해서는 1143a26-b9 참조.

한 사람에게 그 직무들을 주어야 한다. 무기를 붙들고 있는 자들이 또한 정치체제가 지속되느냐 지속되지 않느냐를 붙잡고 있기 때문이다.[17]

따라서 그 정치체제에 남아 있는 유일한 길은, 이러한 직무 둘 다[18]를 동일한 사람들에게 주는 것인데, 그러나 동시적인 것은 아니라 체력은 젊은이에게, 실천적 지혜는 연장자에 있는 것이 자연적인 것인 것처럼 나누어 주는 것이다. 이와 같은 식으로 양쪽의 일은 양쪽에게[19] 분배하는 것이 유익하기도 하고 또 정의로운 것이다. 그 분배는 적합한 자격에 근거하고 있으니까.

더욱이 이들은 재산도 소유하고 있어야 한다. 시민들에게는 부의 축적이 있어야 하는데,[20] 이 사람들이 그 시민이라는 것은 필연적이니까. 즉 수공예직공 계급은 그 폴리스에 참여할 수 없으며, 그 구성원이 '덕을 만드는 사람'[21]이 아닌 다른 어떤 계급도 결코 그 폴리스에 참여하지 않기 때문이다. 이것은 우리의 기본적 전제로부터 분명하다. [그 전제란] 행복하기 위해서는 덕을 필연적으로 동반해야 하고, 폴리스의 어떤 부분을 주목하여 폴리스를 행복하다고 말하지 않아야 하며, 오히려 시민들 전체를 주목하고서 그렇게 불러야 한다.[22] 또한 농민은 필연적으로

17 그들에게 정치체제의 존망이 걸려 있다는 것을 의미한다. 이 대목에 관련해서는 이튼(Eaton)의 지적처럼, '인간이 무기를 늘 가까이할수록 더 완벽한 지배권을 가질 수 있다'고 말하는 크세노폰의 『퀴로스의 교육』 한 대목을 참조(제7권 5장 79). 투퀴디데스, 『펠로폰네소스전쟁』 제3권 27 참조.

18 tautēn 대신에 tauta로 읽었다(주제밀, 로스).

19 힘을 갖고 있는 사람과 지혜를 가지고 있는 사람.

20 그렇지 않으면 정치에 참여할 수 있는 여유(scholē)가 없게 되니까.

21 철학자는 '덕을 만들어 내는 자'(tēs aretēs dēmiourgon)이다. 이것은 플라톤, 『국가』 500d에 나오는 표현이다.

22 이 대목에 관련해서 C. D. C. 리브는 이렇게 정리한다. '최선의 정치체제는 행복해야 한

노예거나 변방에 사는 비헬라스인[23]의 페리오이코이[24]여야 한다면, 재산은 이 사람들[25]의 소유여야 한다는 것도 명백하다.

그렇다면 앞서 열거된 것들 중에 남아 있는 계급은 제사장의 부류다. 그들의 편성(질서, 조직) 또한 명백하다. 즉 농민도 기술자도 제사장으로 임명해서는 안 된다(그 이유는 신들은 시민들에 의해 경배를 받는 것이 알맞기 때문이다). 시민체(市民體)[26]는 두 부분으로 나누어졌는데, 하나는 전사가 되는 부분과 다른 하나는 심의하는 부분인데, 나이가 들면서 기력이 쇠잔해진 사람들[27]은 신에게 봉사하고 안식을 얻는 것이 적절하므로,[28] 그들에게 사제직을 맡겨야 할 것이다.

〔이렇게 해서 이제 우리는 그것 없이는 폴리스를 구성할 수 없는 필수불가결한 것들과 폴리스의 부분을 이루는 것이 몇 가지인가에 대해서 논의했다. 즉 농민과 장인, 모든 종류의 일용 임금 노동자 계급이 폴리스에 속한다는 것은 필연적이지만, 전사계급과 심의하는 계급은 폴리스의 부분을 이룬다. 그러한 계급들의 각각은 다른 쪽 계급들로부터 분리되

다. 폴리스의 모든 부분이 행복하다면 그 정치체제는 행복하다. 행복은 덕을 동반한다. 그래서 모든 부분들은 덕을 가져야 한다. 기술자, 장사꾼들은 덕을 가질 수 없다. 그러므로 그들은 행복할 수 없다. 그렇기 때문에 그들은 최선의 정치체제의 부분들일 수 없다.' 이 부분과 아리스토텔레스 자신이 '해석한' 플라톤의 입장을 거부하는 1264b16-23 참조.

23 외국인 농노를 가리키는 것일까?

24 뉴먼과 주제밀의 읽음에 따랐다.

25 시민, 즉 군인, 재판관, 심의하는 자.

26 원어로는 politikon이다.

27 이와 유사한 표현에 대해서는 제8권 1342b21 참조.

28 플라톤은 군사와 정치에서 물러난 기운이 쇠락한 나이에는 전적으로 철학에 종사함으로서 행복해질 수 있다고 말하고 있다(『국가』 498c).

는데, 그중 어떤 사람들은 계속 그대로 이어지만, 다른 어떤 사람들은 교체된다.〕[29]

29 34행부터 여기까지는 아리스토텔레스가 아닌 다른 사람에 의한 삽입으로 보인다(〔 〕).

제10장

공동 식사 제도와 땅의 분배

그런데 폴리스가 계급별로 나누어져야 하며, 전사계급은 농민계급과 달라야 한다는 것은, 정치체제에 대해 철학하는 사람들에 의해 현재나 최근에야 비로소 발견된 일이 아니라고 생각한다.[1] 아이귑토스나 크레타 1329b
에서는 여전히 그런 방식으로 행해지고 있으며, 아이귑토스에서는 세소스트리스가, 크레타에서는 미노스가 그렇게 입법했다고 한다.[2]

공동 식사 제도 역시 고대의 것으로 여겨지며, 크레타의 것은 미노스 왕권 시절 동안에 생겨났지만, 이탈리아의 것은 그보다 훨씬 오래된 것 같다. 연대기 편찬자(역사가)들의 말에 의하면, 거기에 정착한 자들 중, 이탈로스라는 어떤 인물이 오이노트리아의 왕이 된 것에 따라 그들은 오이노트리아인 대신 이탈리아인이라고 이름을 바꾸어 부르게 되었고, 스퀼레티온만과 라메티코스만 사이에 놓여 있는 에우로페 곶(岬)이 이탈리아라는 이름을 얻게 되었다고 한다(덧붙여 말하자면, 두 만(灣)은

1 자신의 주장을 정당화하기 위해서 고대의 권위에 의존하는 일은 흔하다. 이소크라테스도 가장 오래된 법률이 최선으로 받아들이고 있다(Isokratēs, *De Antidosis* 82).

2 아이귑토스(이집트)에서의 지역 출신에 따른 전사계급 형성에 대해서는 헤로도토스, 『역사』 제2권 164~167 참조. 아이귑토스의 전사계급이 나머지 계급들로부터 분리된다는 언급에 대해서는 플라톤, 『티마이오스』 24a-b 참조. 세소스트리스(혹은 세소오시스 III, 기원전 2099~2061년)는 아이귑토스의 왕이었다(세소스트리스에 대한 서술에 대해서는, 헤로도토스, 『역사』 제2권 102-110 참조). 미노스는 크레타의 청동기 시대에 전설적인 왕이었다(기원전 3000~1000년).

서로 반나절 여정 거리만큼 떨어져 있다).[3] 그들이 말하는 바에 따르면, 바로 이 이탈로스가 유목민이었던 오이노트리아인들을 농민으로 만들었으며, 이들을 위해 제정한 다른 법률들 외에 공동 식사를 최초로 도입했던 것으로 알려져 있다.[4] 그러므로 그의 후손들 중에는 공동 식사 제도를 유지하고 그의 법률들 중 몇 가지를 오늘날에도 여전히 사용하는 자들이 있다. 튀르레니아 근교에는 일찍이 아우소네스인(아우소니아인)이란 별칭으로 불리는 오피코이인들이 정착해 왔다. 반면에 이아퓌기아 근교와 시리티스로 불리는 이오니아 연안에는 코네스인들이 정착하고 있었다. 코네스인들 또한 오이노트리아 민족이었다. 공동 식사 제도는 이들 땅에서 맨 먼저 생겨났지만, 시민 집단을 계급별로 나누는 것은 아

3 연대기 편찬자는 기원전 5세기 쉬라쿠사이의 안티오코스(Antiochos)로 추정되며, 안티오코스는 라메티코스(현재는 S. Eufemia)를 Napētinos 혹은 Napitinos라고 불렀다. 라메티코스는 라메티니라는 도시의 이름에서 유래하였다. 이곳은 S. 에우페미아만의 해안과 라메토스(Lamētus)라는 이름의 작은 강가 근처에 위치했다. 이탈리아반도의 발끝 부분에 해당하는 이 만(灣)들은 각각 남부 이탈리아에 있으며, 현재는 각각 Golfo di S. Eufemia와 Golfo di Squillaci로 불린다. 지리 연대기 학자인 스트라본(Strabōn)은 이 크기를 160스타디아(stadia; stadion의 복수)로 기술하고 있는데, 반나절 동안 여행할 수 있는 크기로 약 18마일(약 29킬로미터)이라고 한다. 이탈리아라는 이름은 애초엔 반도의 남서 곶 지역으로 한정된다. '오이노트리아'는 '포도의 땅'을 의미하고, '이탈로스'는 '황소'를 의미하므로 이탈리아는 곧 '황소들의 땅'이다. 경작을 의미하는 황소는 목축에서 농업으로의 이행을 상징한다. '이탈리아' 종족의 기원에 대해서는 분분한 얘기가 전해진다. 투퀴디데스는 이탈로스 왕이 오이노트리아인이 아니라 시셀(Sicel)인이라고 말하고 있다(『펠로폰네소스전쟁』 제6권 2.4).

4 공동 식사를 의미하는 헬라스어 sussitia('함께 먹음'; 『아테나이의 정치체제』 42. 3, 43. 3)에서 sitos는 '곡물'을 의미한다. 그렇다면 sussitia는 농업과 깊은 관련을 맺고 있었을 것이다. 모든 시민을 동등하게 취급한다는 측면에서, 이것을 민주정 제도로 언급하는 1265b40-41, 1271a32-33, 1294b19-29, 1317b38 참조.

이귑토스로부터 온 것이다.[5] 이는 세소스트리스[6] 왕권은 미노스의 왕권보다 훨씬 오래전으로 더 거슬러 올라가기 때문이다.

그렇게 때문에 거의 다른 모든 제도들도, 아마도 오랜 세월의 흐름 속에서 종종 발견되어 왔다기보다는, 오히려 수없이 거듭해서 발견되어 왔다고 보아야 할 것이다.[7] 왜냐하면 필요 불가결한 것은 필요 자체가 그것을 가르치는 것처럼 생각되고, 일단 그것들이 갖추어지면, 이번에는 그러한 세련됨과 풍부함을 목표로 한 것이 늘어나는 것이 합당한 노릇이기 때문이다.[8] 그러므로 우리는 정치체제에 관한 사항들도 이와 마찬가지로 생각해야 한다. 그리고 이러한 모든 것이 오래되었다는 것은 아이귑토스에 있는 것이 그 징표가 된다. 왜냐하면 아이귑토스인들이 가장 오래된 민족으로 생각되지만,[9] 그들의 법률과 정치적 제도는 〈늘〉[10] 어느 시대나 존재했기 때문이다. 따라서 우리는 이미 충분히 발견된 것을 이용해야 하며, 아직 빠뜨리고 있는 것은 탐구하도록 힘써야 한다.

5 플루타르코스도 「뤼쿠르고스」편(4장)에서 뤼쿠르고스가 아이귑토스를 방문해서 다른 제도와 더불어 전사계급을 다른 계급들로부터 분리하는 것을 배워 왔다고 보고하고 있다. 그런데 아리스토텔레스는 1271b22 아래에서 스파르타의 법체계가 크레타에서 온 것으로 말하고 있다.

6 세소스트리스는 오시리스와 이시스의 아들로 오루스 다음에 왕이 되었다. 그의 생애에 대해서는 분분한 보고가 전해진다. 이소크라테스는 전사계급을 분리한 것을 세소스트리스가 아니라 부시리스(Busiris)로 돌리고 있다(『부시리스』 §15 아래).

7 모든 것이 거듭해서 새로 발견되었다는 언급에 대해서는 『형이상학』 1074b10 아래 및 『천체론』 270b19, 『기상론』 339a29 참조.

8 1252a24-b30, 1264a1-7 참조. 기술의 발견이 처음엔 필요한 것과 즐거움, 나중엔 이를 벗어나 지식 자체를 위해 생겨났다는 발전 과정에 대한 아리스토텔레스의 생각은 『형이상학』 981b13-25, 982b22-24 참조.

9 헤로도토스, 『역사』 제2권 2.

10 맥락을 이해하기 위해 추정해서 삽입한 것이다(주제밀).

영토는 무기를 소유한 자들과 정치체제에 관여하는 자들에게 속해야 한다는 것, 농민들은 그들과는 구별되어야 한다는 것, 뿐만 아니라 영토가 어느 정도의 넓이를 갖고, 어떤 종류의 토지여야 하는지에 대해서는 앞서 논의한 바 있다.[11] 이제 토지의 분배와 농민에 대해서—그들이 누구고 또 어떤 종류의 사람이어야 하는지에 대해[12]—우선[13] 말하지 않으면 안 된다. 마치 어떤 사람들[14]이 주장했듯, 재산을 공유해야 한다는 데 우리는 동의하지 않기 때문이며, 그러나 친구들에게 걸맞은 방식으로 공동으로 사용함으로써,[15] 시민들 누구나 식량에 곤궁하지 않도록 해야 한다고 우리는 주장하기 때문이다.[16] 공동 식사에 대해서, 잘 조정된 폴리스는 그것을 갖추는 것이 유익하다는 데에 모든 사람이 동의하지만,[17] 우리 또한 그렇게 동의하는 이유에 대해서는 나중에 말할 것이다.[18] 이

11 차례로 1329a18-26, 1328b41-1329a2 참조.

12 이에 대해서는 1330a25 아래에서 언급되었는데, tinos(누구)에 대해선 '노예거나 비헬라스인 농노'며, poios(어떤 종류의 사람)에 대해선 '한 종족이 아니고 또한 성격에서는 혈기가 왕성하지 않은 자'들이다.

13 이것 다음으로 논의되는 것이 폴리스의 위치다.

14 플라톤. 플라톤에 대한 언급에 대해서는 1327b38.

15 koina ta tōn philōn(친구들의 것은 공동의 것)이라는 격언을 상기하자(1263a29 참조).

16 1263a21-41. 1263a21 참조. 음식이 결핍되어서는 안 된다는 플라톤의 주장에 대해서는 『법률』 735e 참조.

17 플라톤도 공동 식사 제도를 채택하고 있다. 플라톤, 『국가』 416e, 458c, 『법률』 762b-c, 780b-781a 참조.

18 이에 대한 설명은 전해지는 『정치학』에는 나오지 않는다. 그러면 왜 아리스토텔레스는 공동 식사 제도에 찬동하는가? 공동 식사가 시민들에게 '자유롭고 동시에 절제 있는 방식'(1326b30)을 키워 주고, '공동 식사 제도에 의한 재산의 공유화'(1263b39-40)를 이루어내고, '높은 기상'을 드높이고, 서로 알게 됨으로써 서로 간에 신뢰를 갖게 해 주는(1313a40-1313b5) 것으로 추정해 볼 수 있다(뉴먼의 제3권 해당 주석 참조). 플라톤, 『법률』 780b-c 참조.

공동 식사에는 모든 시민이 참여해야 하지만 가난한 사람[19]이 개인의 자산으로 사정 평가되어 부과된 몫(경비)을 지불하고, 거기에 덧붙여 나머지 가정의 일을 꾸려 나가는 것은 쉬운 노릇은 아니다. 게다가 신들에 관련된 비용 지출은 폴리스 전체가 공동으로 분담해야 한다.

따라서 영토를 두 부분, 하나는 공동으로 소유하고 다른 하나는 사적으로 소유하도록 나누는 것이 필연적인데, 이것도 각각 다시 둘로 나누어 공공 토지의 한 부분은 신들을 위한 공적 예배를 위해서 사용해야 하고,[20] 다른 한 부분은 공동 식사 비용에 충당해야 한다.[21] 이에 비해 사적인 토지의 한 부분은 국경 가까이에, 다른 한 부분은 도시(폴리스) 가까이에 있도록 해야 한다.[22] 그에 따라 각자에게 두 구획의 토지를 할당해서 누구나 그 양쪽 장소의 토지를 나누어 가질 수 있도록 해야 한다. 그렇게 하는 것이 동등성과 정의에 일치하는 것이고, 또 국경을 맞대고 있는 이웃 나라와의 전쟁에 대해 모든 사람의 마음을 더욱 하나로 모을 수 있기 때문이다. 그러한 방식이 채택되지 않는 곳에서는, 한쪽은 국경을 맞대고 있는 사람들과 다툼을 가벼운 것으로 생각하며, 반면에 다른 쪽은 그것을 지나치게 걱정해서, 고상함을 저버리게 될 것이다.[23] 이런 이유로, 어떤 곳에서는 국경 근처에 사는 사람들에게는 이웃 나라 사람들

19 아리스토텔레스의 이상 국가에도 '가난한 사람'은 존재한다는 말인가! 가난하다기보다는 특정한 경우에 한시적으로 공동 식사에 참여할 재산이 없는 사람들을 말하는 것일까?

20 신들에게 제사 의식과 공동 식사를 공적 비용으로 처리하는 크레타의 방식에 대해서는 제2권 제10장 1272a12-27 참조.

21 공공 토지는 신들에게 바치는 제물, 사원 보수, 공적 축제에 쓰이는 공공 비용에 충당된다.

22 플라톤, 『법률』 745c-d 참조.

23 즉 전쟁에 대한 두려움을 회피하려는 절망적인 태도로 보이며, 노심초사한다는 의미다.

에 맞서는 전쟁에 관한 심의에 참여시키지 않는 법률이 있는 것이다.[24] 왜냐하면 그들의 사적인 이익으로 말미암아 그들이 잘 심의할 수 없다고 생각하기 때문이다. 따라서 여기서 말한 이유로 [앞서 언급한] 그런 방식으로 영토를 분할하는 것은 필연적이다.

한편, 농민에 대해서 가장 큰 바람을 표명해야 한다면,[25] 그들은 노예며,[26] 마땅히 그들은 모두 하나의 종족이어서는 안 되고, 또한 그들은 기개를 갖지 않는 것이 최상이다(그래야 그들이 하는 일을 위해서도 유용할 것이고, 그래야 반란을 일으키지 않는다는 점에 관련해서도 안전하다). 두 번째 좋은 것으로서, 그들이 변경 지역에 사는 비헬라스인[27]의 페리오이코이여야 하며, 그 본성은 방금 언급한 자와 유사한 자다. 농민들 중 개인 소유의 토지에서 일하는 자들은 그 재산을 소유한 사람들의 사적 재산에 속하지만, 공공 토지에 할당된 자들은 공공재산에 속한다.

어떤 방식[28]으로 노예를 사용해야 하는지, 또한 모든 노예에게 포상으로 자유를 제시하는 것이 왜 더 나은 것인지 하는 이유[29]에 대해서는 나

24 스파르타의 2차 멧세니아전쟁에서 국경 지방의 땅을 소유하던 사람들의 고통을 노래한 튀르타이오스의 *Eunomia*에 나온다(1306b37 아래).

25 즉 '이상적으로 말하자면'.

26 플라톤, 『법률』 806d-e.

27 농노들을 말하는 것일까?

28 이에 대해서 플라톤은 『법률』 777c에서 언급하고 있다.

29 이 점에 대해서도 아리스토텔레스의 약속은 이행되지 않았다. 진작 여부가 논란이 될 수 있지만, 노예의 해방에 대해서는 아리스토텔레스의 『가정 경제학』(*Oikonomika*) 1344b11-21 참조. 아마도 노예는 돈으로 자신의 자유를 샀을 수도 있고, 주인에게 헌신적으로 봉사함으로써 자유라는 보상(포상; athlon)을 얻을 수도 있으며, 돈벌이가 되는 손재주를 가진 노예들은 그 덕에 해방될 수도 있었을 것이다. 아리스토텔레스의 유언장에는 자기를 진정으로 섬긴 노예에게 자유의 몸이 되게 해 준다고 쓰여 있다(디오게네스 라에르티오스, 『유명한 철학자들의 생애와 사상』 제5권 15 참조.

중에 논의하게 될 것이다.

제11장

시민의 건강과 안전: 폴리스의 위치와 지형

그런데 도시(폴리스)는 주변의 사정이 허락하는 한, 본토와 바다 그리고 마찬가지로 전체 영토와 똑같이 접근할 수 있어야 한다는 것은 앞에서 말한 바 있다.[1] 도시 자체의 위치에 관련해서,[2] 다음 네 가지 사항[3]에 유의해서 그 장소가 원하는 대로 되도록 기도해야 한다. 첫째는 필수 불가결한 것으로, 건강에 유의해야 한다[4](즉 동쪽 방향으로 기울어진 면을 갖고, 태양이 떠오르는 방향에서 불어오는 바람을 맞는 것이 더욱 건강하다. 다음으로 북풍을 등으로 받아들이는 곳이 겨울철을 잘 견뎌 낼 수 있으니까).[5]

1 1327a3-1327a40.

2 prosantē(높은 곳, 언덕) 대신에 pros hautēn으로 읽는다(뉴먼, 주제밀, 드라이젠터). 이 전체 문장 구조에 대한 해석에는 논란이 많다. kat' euchēn 대신에 katatungchnein으로 읽으면 "[그 위치가 정해지는 것이] 성공적이기를 기원해야 한다"거나 "최대한 가능할 수 있기를 기원해야 한다"로 새겨진다.

3 네 가지 유의 사항이 무엇인지는 명확하지 않다. 이상적인 폴리스의 위치는 건강(① 신선한 공기, ② 깨끗한 물), ③ 정치적 필요를 위한 적합성, ④ 군사적 필요를 위한 적합성(1331a12 참조), 이 밖에도 아름다움(미관, kosmos, 1330b31) 등이 고려되어야 한다.

4 덕에 따른 활동에 참여할 수 있기 위해서는 외적인 좋음 중의 하나인 건강이 필요하다(1323b40-1324a2). 건강을 강조하는 것에 대해서는 1258a29 참조. 플라톤, 『법률』 743e, 744a 참조. 플라톤의 대화편에 나오는 한 주연가(酒宴歌)는 이렇게 노래되고 있다. "가장 좋은 것은 건강이요, 두 번째는 아름다워지는 것이요, 세 번째는 거짓 없는 부이네"(『고르기아스』 451e).

5 바람에 대한 설명에 대해서는 『기상론』 제2권 제4~6장 참조. 진작 여부가 의심되는 『자연학적 문제들』에서는 남풍 혹은 남서풍이 가장 쾌적한 기후를 가져온다고 말하고 있

남아 있는 고려 사항 가운데 하나는 정치적 활동[6]이나 군사적 활동을 1330b
아름답게(잘) 할 수 있도록 유의하는 것이다. 군사적 행동을 위해서는, 자신들은 출동하기 수월하고, 적들은 공격하기 어렵고, 포위하기도 힘들어야 한다.[7] 게다가 특히 몇 개의 샘[8]을 근원으로 하는 대량의 물 공급을 그 자체로서[9] 갖출 필요가 있으며, 그렇지 못하다면 전쟁에 의해 영토로부터 차단되어도, 결국 물 부족이 일어나지 않도록, 빗물을 모으는 거대한 저수지를 많이 만드는 방법이 마련되어 있다.[10]

다(943b21-22, 946b21-22). 기후 조건과 건강의 상관관계를 논하는 힙포크라테스는 아리스토텔레스와 정반대 주장을 한다. 그에 따르면 어떤 나라가 더운 바람이 불어오는 쪽을 향해 있고, 또 그러한 바람이 일상적으로 불어오며, 북풍으로부터 보호받는다면, 이 지역에 사는 사람들의 머리는 습하고 체질은 점액질이고, 그들의 모습(eidea)은 무기력해 보이며 잘 먹지도 마시지도 못한다고 한다(힙포크라테스, 『공기, 물 장소에 관하여』 제3장, 여인석, 이기백 옮김(『힙포크라테스 선집』, 나남 2011, pp. 27~28). 이에 대한 보다 자세한 논의는 『관상학』의 「해제」 참조(아리스토텔레스, 『관상학』, 김재홍 옮김, 길 2014).

6 정치적 활동이 이루어지기에 편리한 폴리스의 지형에 대해서는 제12장 1331a24 아래 끝까지를 참조.

7 스파르타와 같이 배후로 높은 산에 둘러싸인 것을 말한다.

8 빗물(ombrios)에 대조되는 단수로 nama(복수로는 namata)는 도시 안에 자연적으로 '흐르는 물'이나 '강물', '샘물'을 말한다. 헬라스의 폴리스들에는 올림피아의 피사의 샘터(아테나이오스, *DK* 21B2), 코린토스의 페이레네, 텟살리아 남동쪽에 위치했던 페라이의 휘페레이아(핀다로스, 「퓌티아 송가」 4. 125)와 같은 유명한 샘물이 많았다. 아테나이에는 서너 개의 샘물이 있었는데, 칼리르호이에 있는 샘물만이 식용할 수 있었다고 한다. 여기서 아리스토텔레스는 폴리스 밖에서 물을 끌어온다는 생각을 하지 못하고 있다. 헤로도토스는 사모스에서 산에 터널(Tunnel of Eupalinos)을 뚫어 수도관을 이용해 도시로 물을 대는 대공사를 언급하고 있다(『역사』 제3권 60). 아마도 아리스토텔레스는 밖에서 물을 끌어오는 방식은 침입자의 손에 좌지우지 될 수 있다고 생각했을 것이다.

9 즉 폴리스 안에.

10 touto ge heurētai('이러한 방법이 찾아져야 했다')는 '문제가 이미 해결되었다면, 그것에

또 거주민의 건강에 대해서는 주의 깊게 생각해야 하는데, 그것은 도시가 건강한 땅으로, 또 건강한 방향을 향해 잘 위치해 있는 것이다.[11] 둘째, 그것은 건강한 물을 사용하는 데 달려 있기 때문에, 그것에 대해서도 어쩌다 틈틈이 하는 것 이상으로 주의를 기울여야 한다. 왜냐하면 우리가 신체를 위해 가장 많은 양을 또 가장 자주 사용하는 것[12]이 건강에 가장 크게 기여하기 때문이다. 즉 물과 공기의 힘은 자연 본성상 그러한 성질을 띠고 있다.[13] 그러므로 잘 계획된(현명한) 폴리스라면, 샘의 모두가 동질이 아니거나 건강에 좋은 샘이 풍부하지 않은 경우에는, 음료수와 다른 용도의 물을 나누어 구별해야 한다.

요새(要塞)의 장소에 대해서는 같은 것이 모든 정치체제에 유리한 것이 아니다. 예를 들어 아크로폴리스(언덕 성채)[14]는 과두정과 1인 지배정에서 유리하고, 평탄한 토지는 민주정에 유리하고,[15] 귀족정에는 어느 쪽도 유리하지 않고, 오히려 수많은 성채를 두는 것이 유리하다.[16]

개인 주택의 배치는 최근의 힙포다모스[17]의 양식에 따라, 바둑판 모양

관해서 탐구를 시작할 필요가 없다는 것'을 의미한다.

11 플라톤, 『국가』 401c 참조.

12 여기서 아리스토텔레스는 물 이외의 다른 종류의 것이 건강에 중요하다는 점을 말하고 있지 않다. 아이귑토스인들은 음식과 계절의 변화가 만병의 근원이라 믿었다(헤로도토스, 『역사』 제2권 77).

13 물과 공기, 건강의 중요성에 대해서는 『동물의 발생에 대하여』 767a28-35 참조.

14 폴리스의 건립에 대해서는 플라톤, 『법률』 745b 참조.

15 만티네이아와 메가로폴리스의 도시들이 그렇다.

16 하나의 요새는 왕과 참주를 지키기 위해, 귀족정은 다수의 귀족을 위해 수많은 요새가 필요하기 때문에, 민주정은 모든 것을 공유하기 때문에 평탄한 평지에 적합하다는 것이다. 실제로 민주정을 구성하는 다수의 인민이 활동하기에도 평지가 유리할 것이다.

17 밀레토스의 힙포다모스(제2권 제8장 참조). 폴리스를 구획지어 반듯한 길을 낸 격자형 도시를 만드는 것으로 이해된다.

으로 구획 정리되면, [전쟁을 위한 활동 이외의] 다른 활동[18]에는 더 쾌적해서 도움이 되는 것으로 간주되지만, 전시의 안전을 위해서는 그 반대의 방식, 즉 낡은 시대에 있던 양식(樣式)[19]이 더 안전하다. 왜냐하면 낡은 시대의 양식이 외국군을 빠져나가기 어렵게[20] 만들고, 또 [외국군이든 아니든] 공격하는 자들에게는 자신들의 길을 탐지하는 것을 어렵게 만들 것이기 때문이다. 그러므로 도시는 이 두 가지 배치를 반드시 받아들여만 한다(즉 다만 농민들 중 일부가 포도를 '군집'[덩어리][21]이라고 불렀던 것과 같은 방식으로 주택을 세울 수 있다면, 그것은 가능한 일이다[22]). 다시 말해 전체 도시를 규칙적으로 잘 구획지어 만들어서는 안 되지

18 필수적인 활동(1331b13)과 정치적 활동.

19 아테나이와 같은 방식 혹은 네로에 의해 로마가 재구축되기 이전의 방식을 연상하면 되겠다.

20 dusexodos의 읽음과 해석에 대해서는 일단 뉴먼, 주제밀과 힉스, H. 잭슨 등의 입장을 받아들였다. 그럼에도 duseisodos(들어오기 어렵게, 리차즈)로 읽어도 큰 무리가 없을 성싶다. 앞서(1330b2-3) 폴리스는 "적들에게는 접근하기 쉽지 않고(dusprododos) 에워싸기도 어려워야 한다"는 대목을 상기하면 말이다. 그러나 이 구절은 방어하기 위해 성 밖에서 도성(polis)으로 들어오기 어렵게 만드는 것으로 이해된다. 여기서의 논의는 개인이 거주하는 집의 경우다. 적이 일단 도성 안으로 들어 왔지만, 아군이 용맹하게 적을 무찔렀을 경우에 퇴각하는 패잔병을 소탕하기 위해서는 개인 집은 오히려 빠져 나가기 어렵게 만드는 것이 더 옳지 않을까?(투퀴디데스, 『펠로폰네소스전쟁』 2.4.2,5 참조) 어떤 의문이 든다! 그렇다고 해도 들어오기 어렵게 하는 것과 벗어나기 어렵게 하는 것 간에 무슨 큰 차이가 있겠는가? 들어오기가 힘들면, 또한 나기기도 힘든 것 아닌가?

21 원래 sustas(덩어리)는 '포도나무를 빽빽하게 심어 놓은 것'을 이르는 말이다. 여기서 '군집'이란 말은 주사위 혹은 카드 상에 모서리와 가운데에 다섯 점을 찍은 모양(quincunx)으로 세워진 것을 말한다. 이런 식으로 말이다. ∴∵∴∵∴ 포도는 흔히 기하학적인 도형처럼 일정한 패턴인 앞의 그림과 같은 quincunx식으로 심는다. 외관상으로도 보기 좋고, 이렇게 심는 방식이 더 생산성이 높기 때문이다.

22 요컨대 맥락상 이해해 보자면, 아리스토텔레스의 의도는 두 방식을 결합하자는 것이다. 사각형 형태의 격자와 격자 사이에 위치하는 도로는 넓고 반듯하게 하고, 그 내부는 좁고 엉켜 있는 길을 내자는 것이다. 그렇다면 "다시 말해 전체 도시를 규칙적으로 잘

만, 단지 어떤 부분과 어떤 장소에 따라서만 바둑판 모양으로 하는 것이다. 그러면 안전과 미관을 위해 훌륭히 이바지할 수 있을 테니까.

성벽[23]에 관해서, 용맹한 덕을 겨루는 폴리스라면 성벽을 세워서는 안 된다고 주장하는 사람들[24]은 너무도 시대에 뒤떨어진 주장을 하고 있는 것이고, 게다가 이 점은 [성벽이 없다고 하는] 그와 같은 것에 자부심을 보여 줬던 폴리스가 자신들에게 일어났던 사실[25]에 의해 그 잘못이 증명되었다는 것을 보게 되었기 때문에 특히 그렇다. 또 대등하게 견줄 만하고 숫자상으로도 그다지 많이 뒤지지 않는 상대에게 맞서서 성벽에 의지하는 방어를 통해 안전을 도모하려는 시도가 보기 흉하다는 것도 맞는 말이다.[26] 그러나 공격해 오는 적의 수가 훨씬 우세하고, 인간적인 덕[27]과 적은 수의 인간의 덕[28]을 웃도는 일이 있을 수 있고 실제로 그렇기

구획지어 만들어서는 안 되지만, 단지 어떤 부분과 어떤 지역에 따라서만 그래야 하는 것"(29행)이라는 말과는 어딘가 잘 들어맞지 않는 구석이 있는 듯하다.

23 아테나이 같으면 '시벽'(市壁, teichos, city-wall)을 말한다. 즉 내성과 항구를 포괄하여 세워진 성벽이다.

24 플라톤, 『법률』 778d-779b 참조.

25 천혜의 지형 조건(2,405m 높이의 타이게토스산맥)으로 성벽이나 그 밖의 다른 장벽이 필요 없었던 스파르타는 기원전 369년에 테바이의 장군 에파미논다스(Epaminondas)의 침입으로 굴욕적인 패배를 당했다(1269b37).

26 성벽이나 성문에 의지해서 보호받으려는 자들을 비난한다는 점에서는 플라톤과 일치한다(『법률』 779a). 강한 성벽이 '여성성의 징표'라는 주장에 대해서는 플라톤, 『법률』 778e 참조.

27 용기의 덕.

28 1296a26에는 "보통 사람들을 넘어서는 덕"이란 표현이 나온다. 『니코마코스 윤리학』에는 "우리를 넘어서는 [초인간적인] 덕(탁월성), 영웅적이고 신적인 어떤 덕"이란 표현이 나온다(1245a18). 이를 통해서 보면 여기서 말하는 덕이란 대부분의 사람에 의해서 성취될 수 있는 비-영웅적인 덕이라 할 수 있다. 실상 윤리학과 정치학에서 추구하는 목적은 '인간적인 좋음'(anthpion agathon)이고, 인간적인 덕이다(『니코마코스 윤리학』

때문에, 폴리스가 해를 겪지 않고 또 굴욕을 겪지 않고 그 안전을 보존해
야 한다면, 성벽에 의한 방어를 가장 안전하고 가장 좋은 전술로 생각해
야 한다. 특히 오늘날 성채 공격에 사용하기 위해 발명되고 있는 공성 투 1331a
석기나 성을 공격하기 위한 장비들[29]의 정확성을 봐서도 그렇다. 왜냐하
면 도시를 시벽(市壁)으로 둘러싸지도 않도록 요구하는 것은 높은 산지
대(구릉지) 제거하여 영토를 쉽게 침략받도록 요구하는 것이나 다름없
고, 또한 거주민들이 겁쟁이가 될 수 있다는 이유를 들어 개인 집을 울타
리로 둘러싸지 않는 것과 마찬가지인 것이다.

더욱 간과해서는 안 되는 것은 도시를 시벽으로 둘러싸고 있는 경우에는 시벽을 가진 거주민들은 성벽을 가진 듯이 혹은 갖지 않은 듯이 도시를 어느 방법으로든 이용할 수 있지만, 시벽으로 덮지 않은 도시는 그렇게 할 수 없다는 것이다. 따라서 현재의 사정이 그렇다면, 도시는 둘러싼 시벽을 구축해야 할 뿐만 아니라, 거기다가 그 시벽이 얼마나 걸맞게 도시의 미관을 높이는지, 전쟁에 필요한 것을 충족하는지를 따져 보고, 특히 최근의 발명된 공성 장비에 대처할 수 있는지를 여러모로 고려해야 한다. 왜냐하면 공격하는 쪽이 어떤 방법으로 상대를 물리치느냐에 세심한 주의를 기울이듯이, 마찬가지로 방어하는 쪽도 이미 발견된 방법뿐 아니라 다른 방법을 탐구하고 지혜를 찾아야 하기 때문이다. 잘 방어 태세를 굳히고 있는 자들에게는 애초부터 공격하려는 시도조차 하지 못하니까 말이다.

1094b7).

29 공성 투석기뿐만 아니라 공성(攻城) 망치, 투석기에 일하는 사람들을 위한 방어 장비, 성을 넘어서기 위한 나무로 만든 이동 가능한 타워 및 사다리 같은 것을 포함한다. 이것들은 아마도 최근에 도입된 것으로 보인다. 『아테나이의 정치체제』 제42장 3절 참조.

제12장

도시 설계

많은 시민들에게 공동 식사를 할당해야 하며, 또 시벽은 적절한 장소에서 망루와 성탑으로 간격을 두고 구분되어 있어야 하므로, 명백하게 어떤 공동 식사는 이들 망루에서 제공될 것이 요청된다. 사람들은 그런 식으로 그것들을 준비하게 될 것이다. 그러나 신에게 봉헌된 건물과 관직자들을 위한 가장 중요한 공동 식사는 법률이나 다른 어떤 퓌티아[1] 신탁에 의해 따로 하기로 한 신전들을 제외하고는, 동일한 적절한 장소를 차지하는 것이 어울릴 것이다.[2] 그리고 그런 장소란 그 자리의 덕(우수성)이 충분히 두드러져 나타남을 받을 수 있는 곳이어야 하며, 또한 폴리스의 인접한 다른 장소보다 더 훨씬 견고한 곳이다.

이러한 장소 아래에 텟살리아 지역에서 명명된 것처럼, 이를테면 사람들이 '자유 아고라'[3]라고 부르는 그와 같은 종류의 아고라(시장)를 설치하는 것이 적절하겠다. 거기는 온갖 상거래(商去來)에 의해 더럽혀지지 않아야 하는 시장으로서, 관료 중의 한 사람에 의해 소환받지 않는

1 델포이의 아폴론 신에게서 주어진 신탁.

2 공동 식사의 장소는 최고 관료와 성직자에게는 사원이 있는 언덕에, 군인에게는 성벽의 적절한 장소에, 덜 중요한 관료들에게는 시장(아고라)이 가까운 곳에 두어야 한다는 것이다.

3 "이론적 고찰은 자유인에게 적합하지만, 경험은 필수적인 것(anagkaios)들에 대처하게 하는 것이다"(1258b11). 아래 1331b11에는 "필수품을 취급하는 아고라"라는 표현이 나온다. 아테나이의 아고라는 두 부분으로 나누어졌는데, 남쪽에서는 정치적인 행위가, 북쪽에서는 상품 거래와 사회적 교제가 이루어졌다.

한, 그 어떤 바나우소스(수공예기술자)나 농민, 또한 그와 같은 자들 누구도 입장이 허용되지 않는다. 게다가 그 자리에 연장자를 위한 몇 개의 체육관[4]을 배치하면, 이곳은 우아한 장소가 될 것이다. 그리고 연령별로 구별하여 또한[5] 질서를 부여하여, 젊은이들에게는 일부의 관직자들과 함께 시간을 보내고, 관직자에게는 연장자들과 더불어 시간을 보내는 것은 알맞은 일이기 때문이다.[6] 누군가가 지배자들의 눈앞에 현전(現前)하고 있을 때, 다른 무엇보다도 이것이 자유인에게 어울리는 진정한 존경심과 두려움을 마음속에 만들어 낼 테니까 말이다.

그러나[7] 이 자유 아고라와는 별도로, 바다에서 운반되는 물품과 육지 1331b
에서 운반되는 물품 모두가 용이하게 한데 모이는 편리한 장소에서 상품을 파는 다른 아고라도 있어야 한다.

폴리스의 지도적 지위에 있는 자[8]는 제사장과 관직자로 나누어지기 때문에, 제사장들의 공동 식사는 또한 신성한 건물 주위에 미련하는 것이 좋다.

한편, 다양한 관직자 가운데 계약, 재판의 기소, 소환이나 그 밖의 그와 같은 종류의 다른 행정적 문제들을 처리하기 위한 집무실, 또 시장을

4 아리스토텔레스 당시에 아테나이의 체육관(gumnasia)은 성 밖에 있었다고 하며, 스파르타와 엘리스, 메가로폴리스 같은 곳은 도시 안에 있었다.

5 즉 공동 식사뿐 아니라.

6 아고라에 체육관이 필요한 이유는 노인에게 필요한 체력 단련을 용이하게 하기 위해서일까? 아테나이에는 세 개의 체육관이 있었고, 나이별로 따로 마련되지는 않았으며 성문 밖에 있었다고 한다.

7 de(그러나) 아래서는 30행의 men 문장에서 언급된 아고라의 알맞은 위치에 대해 답하고 있다.

8 뉴먼의 지적대로(로스도 이에 따름) 사본의 plēthos(다중) 대신에 proestos(통치계급)로 읽는 것이 맥락상 더 옳아 보인다.

통제하는 시장 감독관[9]이나 이른바 시역 감독관의 집무실[10]은 아고라 근처나 어떤 공공 집회소 가까이에 마련되어야 한다. [더 높은 곳에 위치한 자유인의 아고라가 아닌] 필수품을 취급하는 아고라 인근이 거기에 알맞은 장소이다. 왜냐하면 더 높은 곳에 위치한 아고라는 여가 활동을 위해 배치했으며, 반면에 이 [낮은 곳의] 아고라는 필수적인 활동을 위해 설치했기 때문이다.

앞서 기술했던 설비는 또한 지역에 위치한 관직자에게도 할당할 필요가 있다. 왜냐하면 그곳에서도 또한 산림 관리관이라든지 농지 관리관이라 불리는 요직에 있는 사람들에게 그 경비 의무를 하기 위해 망루나 공동 식사를 반드시 갖추어야 하기 때문이다. 게다가 지방 곳곳에 신들과 영웅들에게 바쳐진 신전을 배치해야 한다. 그러나 지금으로서는 이런 문제들에 대해 엄밀한 단어를 선택해서 논의하며 시간을 보내는 것은 낭비일 것이다. 왜냐하면 그런 것들은 생각하는 것은 어렵지 않으나, 오히려 실행하는 것이 더 어렵기 때문이다. 말하는 것은 최고의 바람(euchē)의 일(ergon)이지만, 실현(to sumbēnai)은 운(tuchē)에 따르는 일이다.[11] 그러므로 당장은 그것들에 대해서는 더 이상의 논의를 삼가기로 하자.

9 1299b17, 1321b12-18 참조.

10 1300b10 아래 참조. 아리스토텔레스는 이들의 기능을 높이 평가하고 있지 않다.

11 언급된 네 헬라스어는 발음이 비슷하며, 대구(對句)로 사용되고 있다. 인간의 성공은 외적인 좋음을 필요로 하는 것이니까. '운'의 역할을 강조하는 이와 비슷한 대목에 대해서는 아래의 1332a28-32 참조.

제13장

행복에 관한 논의 재정리: 행복과 덕[1]

그러나 우리가 논해야 하는 것은 정치체제 그 자체[2]에 관한 것이며, 또 폴리스가 지복 있고 아름답게 통치되기 위해서는 폴리스가 어떤 사람들로부터, 또 어떤 성격을 가진 사람들로 구성되어야 하는가다.

그런데 모든 경우에서 '잘 됨'[좋은 상태]은 두 가지로 인해 생겨난다.[3] 이것 중 하나는 행위들의 목표[4]와 목적을 올바르게 결정하는 데에 있고, 다른 하나는 그 목적에 도달하는 행위들을 발견하는 데에 있다[5](즉 그것들[6]은 서로 어긋날 수도 있고 일치할 수도 있으니까. 왜냐하면 어떤 때는 그 목적이 올바르게 설정되어 있어도, 그 목적을 달성하는 행위에는 잘못될 수도 있고, 또 어떤 때는 그 목적에 이르는 모든 행위에

1 여기서 아리스토텔레스는 제3권 제4장에서 제기된 '좋은 사람'과 '좋은 시민' 간의 관계에 대한 난제에 답하고 있다.

2 정치체제 바깥의 문제와 구별되는 것으로서. 외적인 문제들이란 앞에서 논의해 왔던 폴리스의 배치와 같은 외형적인 문제들을 말한다.

3 이에 대한 귀결절은 아래의 39행 아래에서 말해진다.

4 원래 이 말(skopos)은 화살 쏘는 과녁을 의미한다. 목적으로 옮긴 원어는 telos이다.

5 이와 대등하게 논의가 전개되는 유사한 대목은 『에우데모스 윤리학』 1227b19-22에서도 발견된다. 리차드 크라우트는 이 대목과 『에우데모스 윤리학』의 해당 부분 간의 밀접한 유사성을 들어 『정치학』의 이 부분이 『니코마코스 윤리학』보다 앞서 쓰인 것으로 보고 있다(R. Kraut, 1997, pp. 129~130). 『정치학』이 『에우데모스 윤리학』에 의존해 있다는 주장에 대해서는 W. Jaeger(1948), pp. 283~285 참조. 이밖에도 목적과 목적을 달성하는 수단의 중요성에 대해서는 플라톤, 『법률』 962a 참조.

6 즉 목적과 목적으로 이끄는 행위들.

는 성공했지만, 세워진 그 목적이 나쁜 경우가 있는데, 예를 들어 의술의 경우처럼 양쪽에서 다 잘못되는 경우도 있기 때문이다. 왜냐하면 의사들이 어떤 때는 신체의 건강에 어떠한 것이 필요한지에 대해 잘못 진단하는 경우가 있고, 또 그들 스스로가 상정한 목표를 달성하는 처방을 잘못하는 경우도 있기 때문이다. 그러나 기술과 지식에서는 이것들 양쪽을, 다시 말해 목적과 목적을 달성하는 행위들 모두에 정통해야[7] 한다[8]). 그런데 모든 사람이 잘 삶과 행복을 목적으로 하고 있음은 분명하나, 어떤 사람들은 이것들을 할 수 있는 힘을 얻지만[9] 어떤 사람들은 어떤 운이나 자연 본성[10] 때문에 그것을 얻지 못한다(왜냐하면[11] '아름답게(잘) 산다는 것'에는 어떤 외적 자원[12]이 필요하기 때문이다. 단, 더 뛰어난 상태에 있는 사람들은 그것을 덜 필요하고, 열등한 상태에 있는 사람들은 그것을 더 많이 필요로 한다). 반면에 다른 어떤 사람들은 그 힘(능력)을 가지고 있음에도 불구하고 애초부터 곧장 행복을 올바르지 않게 추구하는 것이다.

그러나 우리에게 주어진 과제는 최선의 정치체제를 고찰하는 것이며, 그 최선의 정치체제란 이것을 바탕으로 폴리스가 최선의 방법으로 통치되는 정치체제며, 또 폴리스가 행복을 더할 나위 없이 누릴 수 있는

7 원어로는 krateisthi(통제하고)이다.

8 26~38행까지는『에우데모스 윤리학』1227b19-22에도 그대로 나타난다.

9 즉 '확보하고'(obtineri).

10 '자연적 노예'가 그 예일 수 있다(1280a33 아래).

11 이것은 '어떤 운 때문에'를 다시 설명하는 것이다. 외적인 방편을 결여하고 있다는 것은 운의 결여이니까.

12 원어로는 choēgia('대비')이다. 최선의 정치체제에 '외적 자원'이 필요하다는 것에 대한 언급은 1325b38 참조. '외적인 좋음'을 언급하는 대목은 1323b27-1324a2 참조.

경우에 폴리스가 최선의 방법으로 통치되고 있는 것이므로, 마땅히 '행복은 무엇인가'라는 물음을 간과해서는 안 된다는 것은 분명하다.

우리는 (그 논의들에서 어떤 도움을 받을 수 있다고 한다면, '윤리적 저작'에서 이미 규정하고 있었듯이[13]) 행복은 덕의 완전한 활동과 사용(발현)이며,[14] 더구나 덕의 완전한 사용은 조건적으로가 아니라 무조건적으로[15] 그렇다고 주장한다. '조건적으로'라는 말로 내가 의미하는 것은 필요한 것[16]이며, '무조건적으로'라는 말로는 그냥 아름다운 것(고귀한 것)을 뜻한다.[17] 예를 들어 정의로운 행위들과 관련해서, 정의로운 보복과 징벌은 덕으로부터[18] 나온 것이다. 그러나 정의로운 보복과 징벌은 필요한 것이며,[19] 필수 불가결이라는 조건에서 아름다운 것이다[20](왜냐하면

13 『에우데모스 윤리학』 1219a38-39, 1219b1-2. 『니코마코스 윤리학』 1098a7-20, 1101a14-17, 1102a5-7 참조.

14 1328a37-38에서 이미 '행복은 덕[탁월함]의 어떤 종류의 활동(energeia)이고 완전한 사용(발현; chrēsis)'이라고 말한 바 있다. 이와 비슷한 표현은 『에우데모스 윤리학』 1219a38-39, 1219b1-2에서도 발견된다.

15 완전하다는 것은 무조건적이라는 것과 연관된다. "부정의를 행하는 것은 악덕을 동반하는 것이며 비난받아 마땅한 것이되, 그때의 악덕은 완전하고 무조건적인(teleios kai haplōs) 악덕이거나 …"(『니코마코스 윤리학』 1138a32). '조건적으로'(ex hupotheseōs)와 '무조건적으로'(haplōs)란 의미에 대해서는 1288b25-30, 1293b3-4, 1296b7-12 참조.

16 필요 조건. 관습이나 법에 의해 강요된 필연적으로 불가피한 탁월한 행동을 말하는 것으로 보인다. 보니츠(Bonitz, *Index* 797a43)는 '좋음이 없지 않은 것들'(hōn ouk aneu to eu)로 새긴다. "어떤 것들 없이는 좋은 것을 이루거나 삶을 유지할 수 없을 때, 바로 그런 것들이 필연적인 것이며 그런 원인은 일종의 필연이다"(『형이상학』 1015b3-5).

17 "무조건적으로 좋은 것들은 무조건적으로 바라고, 그(친구)에게 좋은 것들은 조건적으로(ex hupotheseōs) 바라는데, 가난이나 질병에 도움이 되는 한에서"(『에우데모스 윤리학』 1238b5-6).

18 apo aretēs, 즉 덕의 사용.

19 그 행위 자체로는 바람직하지 않으니까!

20 불가피한 악덕을 가질 수 있다. 이 대목에 관련해서 플라톤, 『법률』 728c 참조.

사람이든 폴리스든, 그러한 것들을 전혀 필요로 하지 않는 것이 더 바람직하기 때문이다). 반면에 명예와 풍요를 목표로 하는 올바른 행위는 무조건적이며 가장 아름답다. 왜냐하면 둘 중에서[21] 전자의 행위는 무언가 악한 것을 선택함[22]이지만, 후자의 그러한 행위들[23]은 그와 반대되는 것이기 때문이다. 즉 그러한 행위들은 좋음을 만들고, 만들어 내는 것이니까.[24] 훌륭한 사람이라면, 심지어 가난과 질병, 그 밖의 나쁜 불운까지도 아름답게 사용할 수 있을 것이다. 그러나 지복(행복)은 그것들과는 정반대의 것 중에 있다.

(이러한 규정은 '윤리적 저작'에서와 일치한다.[25] 즉 훌륭한 사람은 스스로의 덕 때문에 무조건 좋은 것들[26]이 자신에게 좋은 것으로 있는 그러

21 조건적인 행위들로서 "정의로운 보복과 징벌"을 말한다.

22 미묘한 사항이다. hairesis(선택)를 살리는 이대로의 번역은 두 악 중에서 보다 덜한 악을 선택함(『수사학』 1374b31 아래 참조; "정의와 징벌은 치료이다")으로 이해한 것이다. 사본과 다른 편집자들은 '제거함'(anairesis)으로 읽기도 한다(슈나이더, 로스, 드라이젠터 등). 플라톤의 입장은 징벌을 '악의 제거'로 간주한다(『고르기아스』 478c-d). 사실상 징벌이나 보복은 정의의 이름으로 부정의한 행위에 대해서 나쁜 것을 행하는 것이다. 하지만 정의로운 사람은 그들 자신을 위해서 무조건적으로 그런 행동을 선택하지 않을 것이다.

23 명예와 풍요를 목표로 하는 행위들.

24 혹은 '좋은 것들을 [하도록] 준비시키는 것이고 만들어 내는 것이니까'.

25 『니코마코스 윤리학』 1113a15 아래 참조. "훌륭한 사람에게는 진리에 따른 좋음이 바람의 대상이지만 나쁜 사람에게는 [그때그때] 우연히 걸리는 좋음이 바람의 대상이다"(1113a25). "본성상 좋은 것은 훌륭한(epieikos) 사람에게도 좋다"(『니코마코스 윤리학』 1170a21). "좋은 사람에게는 그에게 본성적으로 좋은 것들이 좋다"(『에우데모스 윤리학』 1248b26). 『대도덕학』 1207b31-33 참조.

26 단적으로 좋은 것들(ta haplōs agatha)이란 '건강', '부', '명예', '친구'와 같은 외적인 좋음이거나 신체적인 좋음이고, 본성적(자연적)으로 좋은 것은 '정의'와 같은 것이다. '의술'은 조건적으로만 좋은 것이다. "또한 단적으로 좋은 것이 어떤 사람에게 그러한 것보다 한결 더 선택될 만하다. 가령, 건강을 유지함이 절단 수술보다도 한결 더 선택될

한 사람이다.[27] 따라서 그 사람이 그와 같은 것들을 사용[28]하는 경우에도 필연적으로 무조건적으로 훌륭해야 하고 아름다워야 한다는 것은 분명하다.) 그러므로 사람들은 외적인 좋음들을 행복의 원인이라고 간주하는 것이다.[29] 마치 사람들이 뤼라 연주의 아름답고 멋진 원인을 연주자의 기술이 아니라, 그 악기의 덕분으로 돌리는 것처럼 말이다.

따라서 앞에서 말한 것으로부터, 어떤 좋음들은 처음부터 있어야 하고, 다른 좋음들은 입법가에 의해 마련되어야 한다는 것이 따라 나온다. 그러므로 운이 지배하는 데 관해서는 우리의 최대한의 바람대로 폴리스의 건설에도 부합하기를 우리는 기도하는 것이다(운이 그것들을 통제한다고 가정하니까). 그러나 폴리스를 훌륭하게[30] 만드는 것은 더 이상 운의 일이 아니라, 학문적 지식과 선택의 일이다. 여하튼 분명히 훌륭한 폴

만하다. 왜냐하면 한쪽은 단적으로 좋은 것이지만, 다른 한쪽은 어떤 사람, 즉 절단을 필요로 하는 사람에게만 그렇기 때문이다. 또한 자연적으로(본성적으로) 좋은 것이 자연적으로 그렇지 않은 것보다 더 선택될 만하다. 가령, 정의는 정의로운 사람보다 더 그렇다. 한쪽은 자연적으로 좋음이지만 다른 쪽은 획득된 것이기 때문이다"(『토피카』 116b8-13). '단적으로 좋은 것들'이 모든 경우에 모든 사람에게 좋은 것은 아니다. 어떤 경우에 어떤 사람에게는 나쁠 수도 있다. 정직하지 않은 성향을 가진 사람이 부를 아무리 많이 가지고 있더라도 그 부는 오히려 그를 나쁜 지경으로 이끌어 갈 수 있기 때문이다.

27 『에우데모스 윤리학』 1236b36-1237a3, 1249a12-13("단적으로 좋은 것들은 … 좋은 사람에게 좋다") 참조. 『에우데모스 윤리학』 1248b26("좋은 사람에게는 자신에게 본성적으로 좋은 것들이 좋다"), 『니코마코스 윤리학』 1113a25-27, 1170a21-22("본성상 좋은 것은 훌륭한 사람에게도 좋다") 및 『니코마코스 윤리학』 1196b1-6 참조.

28 단적으로 좋은 것들에 대한 좋은 사람의 사용을 말한다.

29 훌륭한 사람의 행복이 '외적인 좋은 것들'에 달려 있는 것이 아니라, 그 자신의 덕에 달려 있다는 것을 잊은 채로 말이다.

30 여기서 '훌륭하게'로 번역하는 spoudaios는 agathos(좋음)와 교환해서 쓸 수 있는 말이다.

리스는 그 정치체제(폴리스 통치)에 참여한 시민들이 훌륭하기 때문에 훌륭한 것이다. 그리고 우리 폴리스에서는 모든 시민들이 정치체제에 참여한다.[31] 그러므로 우리는 어떻게 하면 한 인간이 훌륭해지는지를 고찰해야 한다. 왜냐하면 설령 시민들 각자가 [개별적으로는] 훌륭하지 않고도 모든 시민이 [전체적으로] 훌륭해질 수 있다고 하더라도, 시민들 각자가 훌륭한 것이 더 바람직하기 때문이다. 시민들 각자가 훌륭하다면, 결과적으로 시민들 전체가 훌륭하다는 것이 따라 나오니까.[32] [하지만 이 역은 참이 아니다.]

그러나 분명히 세 가지 것을 통해서 좋은 사람이 되고 또 훌륭한 사람이 되는 것이다.[33] 이 세 가지 것이란 본성, 습관, 이성이다.[34] 즉 (1) 첫째, 다른 어떤 동물의 본성이 아니라 태어날 때부터 인간은 자연적 본성을 소유해야 한다. 마찬가지로 신체와 영혼도 어떤 성질을 가져야 한다. 그러나 몇몇의 성질들[35]은 타고난 것만으로는[36] 아무런 유익이 되지 않는

31 정치체제에 참여하지 않고는, 즉 피선거권 없이는 시민이 될 수 없다(1275a22-23). 그래서 아리스토텔레스가 추구하는 폴리스의 모든 시민은 훌륭해야 한다.

32 "대부분이나 모든 부분 혹은 어떤 부분이 행복을 소유하지 않고, 그 전체가 행복해지는 것은 불가능하다"(1264b17-18). 폴리스는 그 구성원들이 행복한 경우에만 행복할 수 있다는 것이다. 『토피카』 제3권 제2장 117a 16 아래 참조.

33 여기부터 제7권, 제8권의 나머지 부분에서는 아리스토텔레스의 주된 관심인 교육(paideia)에 대한 본격적 논의로 접어들기 시작한다.

34 좋은 사람이 되는 것과 관련해서 '본성', '습관', '가르침'(didachē)이 언급되고(『니코마코스 윤리학』 1179b20-22), 또 행복의 성취에 관련해서는 배움, 습관, 다른 어떤 훈련 방식, 신적 운명이나 우연 등이 언급되기도 한다(1099b9-11). 행복한 삶을 성취하기 위한 세 가지 가능성, 즉 '본성'(phusis), '훈련'(askēsis), '배움'(mathēsis)을 논구하고 있는 『에우데모스 윤리학』 제1권 제1장 참조.

35 '감정'과 같은 것.

36 이렇게 저렇게 태어났다는 것.

1332b 것들이다. 습관이 그것들을 변하게 하니까. (2) 즉 몇몇의 성질들은 습관에 따라 나쁜 것이라도 좋은 것으로 변하며, 어느 쪽으로도 될 수 있는 자연 본성을 갖는다. 그렇지만 다른 대다수의 동물들은 대개 본성에 따라서 살아가며, 소수의 동물만이 또한 습관에 따라서 살아가지만,[37] (3) 인간은 이성에 의해서도 살아가고 있다. 인간만이 이성을 가지고 있으니까.[38] 그러므로 이 세 가지 것들을 서로 조화시켜야 한다.[39] 왜냐하면 사람들은 이성에 따라 달리 행위하는 것이 더 낫다고 설득한다면, 습관과 본성에 어긋나는 많은 것들을 하기 때문이다.

이렇게 해서 사람들이 입법자에게 쉽게 이끌리려면 어떤 자연 본성을 가져야 하는지를 앞서 규정했으므로,[40] 이제 남아 있는 과제는 교육의 임무에 대한 것이다. 사람들은 어떤 것은 습관에 의해서 배우고, 다른 것은 경청함으로써 배우니까.[41]

37 '습관'에 따라 살아가는 소수의 동물이 있다.

38 "동물들 중에서 인간만이 말(logos)을 가진다"(1253a9).

39 1334b6-28에서 다시 언급된다. 거기에서는 이 세 가지 것들이 '서로서로에 대해 가장 최선의 방식으로 조화되어야' 한다고 말하고 있다(1334b9).

40 제7권 제7장 1327b19 아래에서.

41 여기서 배움은 '습관'과 '경청함'을 포함하고 있다. 『니코마코스 윤리학』제2권 제1장 1103a13-16에서는 '지적인 덕은 가르침을 통해서 생겨나고 성격적 덕은 습관을 통해서 생겨난다'라고 말하고 있다.

제14장

동등성과 교육: 시민을 위한 교육

모든 정치적 공동체는 지배하는 자들과 지배받는 자들로 이루어지므로, 우리는 지배하는 자들과 지배받는 자들이 일생을 통해서 다른지, 아니면 같은지를 고찰해야 한다.[1] 왜냐하면 분명히 그들의 교육은 반드시 이 구분을 따를 필요가 있기 때문이다.[2] 그러므로 만일 우리가 신들이나 영웅들이 인간보다 뛰어나다고 생각할 정도로 다른 사람들이 다른 사람들보다 뛰어나다면, 즉 그들이 먼저 육체와 관련해서 큰 우월성을 갖고, 그 다음으로 영혼과 관련해서 큰 우월성을 가지며, 그 결과로 지배받는 자에 대한 지배하는 자의 우월성이 논란의 여지없이 명백하다면, 딱 잘라 말해서 동일한 사람이 항시 지배하고, 다른 사람들은 항시 지배받는 것이 더 나을 것임은 분명하다. 그러나 그러한 것을 찾아내는 것은 쉽지 않고, 스퀼락스[3]가 인도에 존재한다고 말하는, 지배받는 자보다 훨씬 뛰어

1 지배자와 피지배자의 기능의 할당의 평생성과 일시성에 관하여; (1) 지배자는 지배당해서는 안 되고, 피지배자는 지배자가 되어서는 안 된다. (2) 지배와 피지배의 교체에 관련해서, 어느 때는 X가 지배하고 Y는 지배당하고, 다른 때는 Y가 지배하고 X는 지배당해야 한다. 그런데 '일생을 통해 동일한 사람(heteros einai와 tous autos dia biou의 해석의 문제)'이라고 했을 경우에, (a) '같은 사람이 늘 지배하고, 같은 사람이 늘 지배받는다'와, (b) 그 역할이 교체되는 경우에는 '같은 사람이 지배하고 또 지배받는다'를 의미할 수 있다. 동시에 이 두 의미로 사용될 수는 없다. 1332b22는 (1)의 의미로 쓰인다. 그렇다면 불일치가 발생한다. 그렇다면 dia biou를 heteros einai에 붙여 읽는 편이 좋겠다.

2 지배자의 지배받는 자의 교육이 달라야 한다는 것에 대해서는 1277a16 참조.

3 카리아 지방 카뤼안다섬 출신의 스퀼락스는 다레이오스(Darius Hystaspis)에 의해서 인

난 왕들에 필적하는 사람은 실제로 존재하지 않기 때문에, 그 밖의 여러 가지 이유에서도 필연적으로 모든 사람이 번갈아 지배하고 지배받는 데에 마찬가지로 참여해야 한다는 것은 명백하다. 왜냐하면 동등함은 비슷한 자에게 같은 것을 주는 것이고,[4] 또 정의에 반하는 방식으로 형성된 폴리스는 존속하기도 어려운 노릇이기 때문이다. 왜냐하면 지배를 받고 있는 자들에다 영토 주변에서 변혁을 일으키고자 모든 자들[5]이 모두 더해지면, 통치자 집단에 포함된 자들이 숫자로 그들 모두를 능가하는 힘이 될 수 있도록 커진다는 것은 불가능한 것 중의 하나기 때문이다.

그럼에도 적어도 지배하는 자가 지배받는 자보다 나을 필요가 있다는 것은 논란의 여지가 없다. 그래서 입법가는 이것이 어떻게 하면 가능해지는지, 또 그들이 어떻게 역할을 분담하는지 고찰해야 한다.[6] 그러나 이것에 대해서는 이미 앞에서 말한 바 있다.[7] 즉 자연은 종적으로 동일한 것 자체[8]를 한쪽은 젊은이로, 다른 쪽은 연장자로 나누는 선택[9]을 부여했으며, 그것의 한쪽(전자)은 지배받는 것이 다른 쪽(후자)은 지배하는

더스 강의 입구를 탐사하도록 파견되었다 한다. 다레이오스가 인도를 정복했다는 보고를 보면 스퀼락스는 이 원정에 따라갔다고 추정할 수 있겠다(헤로도토스, 『역사』 제4권 44).

4 1261a30-b5, 1325b7-10.

5 '시골 주변에 흩어져 사는 농민들 혹은 주민들'(1319a30, 38). 이들은 늘 폭동을 일으키려는 경향을 지니고 있다(1262b1-3, 1330a28).

6 즉 "어떻게 그들 서로가 [번갈아 가며 지배하고 지배받게 됨으로써] 함께 지배에 참여하게 할지를".

7 1329a2-17.

8 뉴먼에 따라 auto tō genei tauto로 읽었다. '종적으로 동일한 것'은 '인간'을 가리킨다.

9 hairesis를 뉴먼, 주제밀 등은 diairesis(구분)로 읽는다.

것이 적합하도록 하고 있다.[10] 누구도 나이에 따라 지배당하는 것을 화내는 사람은 없을 것이며, 또한 자신이 더 낫다고 보는 사람도 없을 것이다.[11] 특히 적령에 이르렀을 때, 이 복종의 기여[12]에 대해 [관직의 몫으로] 보상받게 돼 있으니까.

그러므로 우리는 어떤 의미에서는 동일한 사람이 지배하고 지배받는다고 해야 하지만, 어떤 의미에서는 다른 사람이 지배하고 있다고 말해
1333a 야 한다.[13] 따라서 교육 또한 필연적으로 어떤 의미에서는 동일해야 하고, 어떤 의미에서는 달라야 하는 것이다. 사실상 장차 이름답게(잘) 지배하려는 사람은 먼저 지배받아야 한다고 사람들이 말하고 있으니까.[14] (즉 첫 번째 논의에서 말한 바와 같이,[15] 지배의 종류에는 지배하는 자를

10 지배하는 자격 조건들에 대해서는 플라톤, 『법률』 690a-c 참조(어버이, 고귀한 사람, 나이 든 사람, 주인, 강한 쪽, 지혜로운 자, 추첨을 통해 결정). "지배자들은 더 나이 든 사람이어야 하고 지배받는 사람은 더 젊은 사람들이라는 것은 분명하지"(플라톤, 『국가』 412c).

11 호메로스, 『일리아스』 제1권 259행(나이 든 네스토르가 아가멤논에게 하는 말, "내 말을 들으시오, 둘 다 나보다 나이가 젊으니까"), 제9권 160행("그가 나에게 굴복하게 하시오, 나는 더 큰 왕이고, 나이를 보더라도 내가 그보다 많으니까").

12 원어로는 eranos인데, 맥락상 이렇게 이해된다. "지배할 수 있는 영예로운 특권"(주제밀, 웰돈[Welldon]). 뉴먼은 젊은 시절에는 그들의 지배자들에게 복종하고, 나이가 들어 보답으로 다른 사람으로부터 복종을 받게 됨으로써 얻게 되는 보상을 의미하는 것으로 이해한다.

13 즉 '지배자와 지배받는 사람이 다르다고'. 젊은이는 지배받아야 하고 나이 든 사람은 지배해야 한다. 젊은이가 나이가 들면 지배하게 된다. 이런 측면에서 지배자와 지배받는 사람은 인생의 시기에 따라 동일한 사람이기도 하다. 이런 의미에서 지배자와 지배받는 사람은 동일한 사람이면서 다른 사람이다. 이 점은 교육에 관련해서도 마찬가지다.

14 1277b11-13 참조. 젊은이는 지배받는 것을 배워야 하고, 나중에 지배받는 것을 통해서 지배하는 것을 배우니까. 그래서 지배자와 지배받는 사람의 교육은 어떤 의미에서는 동일하고 어떤 의미에서는 다른 것이다.

15 1277a29-1277b16, 1278b32-37, 1279a25-b10.

위한 지배와 지배받는 자를 위한 지배가 있다. 이것들 중에서 전자는 전제적(주인의) 지배라고, 후자는 자유인에 대한 지배라고 우리는 주장한다. …[16] 그런데 어떤 경우에 명령을 받는 것이라도 일 자체는 다르지 않지만, 그 목적에 따라 다를 수 있다.[17] 그러므로 노예의 것에 속하는 일로 생각되는 많은 것들을 자유인인 젊은이들이 과업으로 수행하는 것조차 아름다운 의무가 된다.[18] 즉 행위들이 아름다운지, 아름답지 않은지에 관련해서, 그 차이는 행위 그 자체에 있는 것이 아니라, 행위 자체의 목적에, 즉 그것들이 무엇을 위한 것인지에 달려 있는 것이기 때문이다.) 우리는 시민의 덕과 지배자의 덕이 최선의 사람의 덕과 같다고 주장하기 때문에,[19] 또 동일한 사람이 먼저 지배받아야 하고 나중에 지배해야 한다고 주장하기 때문에, 어떻게 하면 인간이 좋은 인간이 되고,[20] 그것은 어떤 훈련에 의한 것인지, 또 최선의 삶의 목적이 무엇인지를 결정하는 것이 입법가의 과제가 되어야 한다.

그런데 영혼은 두 부분으로 나누어진다.[21] 그중 하나는 그 자체로 이

16 원문이 파손된 것으로 보인다. 아마도 가장 바람직한 폴리스에서의 '자유 시민에 대한 지배'에 관한 이야기가 나왔을 것으로 추정된다. 따라서 장차 시민으로 성장할 젊은이들은 노예를 위한 지배를 배우지 말고 자유인을 위한 지배를 배워야 한다는 내용이 이어졌을 것으로 보인다. 그러니 자유인을 위한 지배는 젊은이들이 지배하게 되기 이전에 복종하는 데에 적당한 지배일 것이다.

17 즉 내려진 명령의 그 목적을 위한 사람에 관련해서는 다른 것이다.

18 예를 들어 비천한 행위일지라도 젊은 군인이 자신의 말을 돌보는 행위는 아름다울 수 있다. 아름다운 것(고귀한 것, to kalon)에 대한 교육을 언급한 것은 137715-20 참조.

19 1288a37-39, 1293b5-6, 1316b9-10, 1332a32-35(제3권 제4장). 이 점은 이상적 폴리스에서만 타당하다. 시민의 덕과 지배자의 덕이 동일하다(1277a20-21).

20 복종을 통해서 배워야 하는 덕은 지적인 덕이 아니라 도덕적인 덕일 것이다. 시민은 지배하면서 또 복종해야 하니까.

21 영혼은 아래의 1334b12-28에서 '이성을 가진 것'과 '이성을 갖지 않은 것'(to alogon)

성을 가지고 있고, 다른 하나는 그 자체로 그것을 가지고 있는 것은 아니지만, 그럼에도 이성에 귀를 기울일 수는 있다. 여러 가지 덕(탁월함)들은 그 부분에 속하며, 그 덕들을 바탕으로 사람은 어떤 의미에서 좋은 사람이라고 부른다고 우리는 주장한다. 또한 우리가 주장하는 것처럼 영혼을 구분하는 사람들에게는 그 부분들 중 어느 쪽에서 목적을 더 찾아낼 수 있는가 하는 물음에, 어떻게 대답해야 할지가 명확하다. 즉 열등한 것은 언제나 더 뛰어난 것을 위해서 존재하는 것이며,[22] 또 이 점은 기술과 관련되는 것에서도, 자연과 관계되는 것에서도 마찬가지로 명백하기 때문이다.[23] 그리고 이성을 가진 부분이 더 낫다. 더욱이 우리가 익숙한 분할 방식에 좇아서[24] 그것[25]은 둘로 구분된다. 즉 한쪽은 실천적 이성이고, 다른 쪽은 이론적 이성이 있으니까.[26] 따라서 분명하게 이 이성을 지니는 부분[27]도 마찬가지로 이와 동일한 방식으로[28] 구분되는 것은 필연

으로 구분된다. 영혼의 구분에 대해서는 『니코마코스 윤리학』 제1권 제13장 1102a 26-1103a10과 『에우데모스 윤리학』 1219b28-31, 이론적 이성과 실천적 이성에 관해서는 『니코마코스 윤리학』 제6권 제1장 1139a6-17 참조.

22 욕구적 부분(나쁜 부분)이 늘 이성적 부분(보다 나은 부분)을 위해서 존재한다는 언급에 대해서는 『대도덕학』 1208a12-16 참조.

23 이 원리가 적용되는 구체적 사실들에 대한 언급은 『기상론』 381a10 아래, 『동물 부분에 대하여』 639b15 아래, 『동물 생성에 대하여』 775a20 아래 참조.

24 『영혼에 대하여』 433a14('실천적 지성과 이론적 지성[nous]') 및 『니코마코스 윤리학』 1102a26-28, 1139a3-4('이성적인 것과 비이성적인 것') 참조.

25 즉 '이성을 가진 것'(to logon echon).

26 이론적 이성의 우월성에 관해서는 『니코마코스 윤리학』 제6권 제13장 1145a6-11, 제10권 제7~8장. 앞서 『정치학』 1325b14-30에서는 관조적 삶이 정치적 활동에 참여하는 것보다 더 활동적이라고 말한 바 있다.

27 즉 영혼의 이성적인 부분으로, '그 자체로 이성을 가진 부분'(to logon echon meros kath' hauto)을 말한다.

28 즉 이성과 마찬가지로 to logon echon praktikon과 to logon echon theōrētikon으로 나누

적이다. 그리고 [영혼의] 그 행위들[29] 또한 [서로 간에] 유비적으로 관련되었다고 우리는 말할 것이다. 또한 자연 (본성적으로) 더 나은 부분에 속하는 행위는 그것들[30] 세 가지 모두를 실행할 수 있거나 그것들 중에 두 가지를 실행할 수 있는 자들에게 반드시 더 바람직해야 한다. 왜냐하면 이것[31]이 항상 각 사람에게서 가장 바람직한 것인데, 즉 최고의 것(좋음)을 성취하는 것이니까.

그러나 삶 전체[32]는 일과 여가, 전쟁과 평화 둘로 나누어지며,[33] 활동들 중에서 어떤 것은 필수적인 것이거나 유용한 일을 지향하는 것이고,

어야 한다.

29 (1) 이론적 이성을 가진 부분의 행위(sophia[지혜]와 같은 지적인 덕의 행위), (2) 실천적 이성을 가진 부분의 행위('실천적 지혜'의 행위, 즉 슬기로운 행위), (3) 이성의 두 번째 부분으로서 '그 자체로 이성을 갖지 못한' 활동이지만 이성에 귀를 기울일 수 있는 행위(자유인다움, 절제와 같은 성격적인 덕의 행위). 이에 대해서는 『니코마코스 윤리학』 제1권 제13장 참조. 단순하게 말하면, 영혼의 부분은 (1) 이론적 이성, (2) 실천적 이성, (3) 이성을 갖지 못하나, 이성에 귀 기울일 수 있는 부분이다. 이들 부분 간의 우월함과 열등함은 그 행위들에 상응해서 우열이 드러난다. (1)과 (2)가 (3)보다 우월하다. 또 (1)이 (2)보다 더 우월할 것이다(『니코마코스 윤리학』 1145a6-11, 제10권 제7~8장). 이론적 이성의 활동인 '관조적 삶'이 정치적 삶에 참여하는 것보다 더 활동적이다(1325b14-32). 따라서 '관조적 삶'이 가장 선택할 만하고, 가장 바람직한 것이다.

30 앞의 각주 참조.

31 각주 29의 해석을 견주어 보자면, 여기서 이것(touto)은 '이론적 이성에 따르는 관조적 삶'을 말한다. 바로 앞 문장 "그것들 모두를 실행할 수 있거나 그것들 중에 두 가지를 실행할 수 있는 사람에게는 반드시 더 바람직해야 한다"에 비추어 보면, 이상 국가의 모든 시민들이 '관조의 삶'을 성취할 수는 없다. 최소한 시민일 수 있으려면, 이 세 가지 중에서 두 가지는 달성할 수 있어야 한다. 그러니까 단지 한 가지만 달성할 수 있는 사람은 시민일 수 없을 것이다.

32 폴리스적 삶 전체(1254b30).

33 일('여가의 결여', ascholia)과 여가(scholē), 전쟁(polemos)과 평화(eirēnē) 간의 연관성 대해서는 1334a38 아래 및 『니코마코스 윤리학』 1177b4 아래 참조.

다른 것은 아름다운 것을 지향하는 것으로 구분된다. 이것들에 대해서 영혼의 각 부분들과 그 부분들의 행위에서 이루어지는 선택과 같은 동일한 선택을 필연적으로 해야 한다. 즉 전쟁은 평화를 위해 선택되어야 하고,[34] 일은 여가를 위해, 또 필수적이고 유용한 것들은 아름다운 것을 위해서 선택되어야 한다.[35] 그러므로 정치적 지도자는 모든 것들을 살펴보고, 특히 그것들의 보다 나은 것과 그 목적에 눈을 돌려 영혼의 부분들과 그 부분들의 행위 전체를 고려해서 입법해야 한다. 그리고 그는 삶의 [상이한] 방식과 추구(행위)들 간의 구분[36]에 관련해서도 이와 동일한 1333b 방식으로 입법해야 한다. 왜냐하면 우리는 일을 할 수 있어야 하고, 또 싸울 줄도 알아야 하지만, 오히려 그 이상으로 평화롭게 살고 여가를 즐길 수도 있어야 하며, 또 필수적인 일과 유용한 일을 해야 하지만, 오히려 그 이상으로 아름다운 것을 해야 하기 때문이다. 따라서 아직 어린이들이나 교육이 필요한 한 다른 나이대에서도 그러한 목표를 향하여 반드시 교육해야 하는 것이다.

그렇지만 오늘날 헬라스인들 가운데 최선의 정치체제로 통치하고 있다고 생각하는 사람들과 입법가들 가운데 그 정치체제를 확립한 사람들도 최선의 목적을 향해 자신들의 정치체제와 관련한 다양한 사안들을 조직하지 않았고, 또한 모든 덕을 목표로 법률이나 교육을 조직하지

34 플라톤, 『법률』 628d 참조("평화를 위해서 전쟁과 관련된 것들을 입법하지 않는다면"). 플라톤, 『법률』 803d 참조.

35 여가와 자유(eleutheria)를 연결시키는 플라톤의 견해(175d)와, 아리스토텔레스와 달리 전쟁과 여가를 관련시키지 않는 플라톤의 견해에 대해서는(172d) 플라톤, 『테아이테토스』 참조. 아리스토텔레스는 전쟁보다 평화를 찬양하는 기조를 플라톤으로부터 명백히 이어받은 것 같다. 그러나 '일은 여가를 위해' 있는 것으로 여가를 찬양하는 것은 플라톤의 견해가 아닌 것 같다.

36 사본과 뉴먼에 좇아 diaireseis로 읽는다.

도 않았다. 오히려 그 대신에 그들은 유용하고 더 많은 이익을 가져다줄 수 있다고 생각되는 덕들[37]을 향해 통속적으로[38] 기울어졌다는 것은 분명하다.[39] 이들과 가까운 입장을 취하는 나중의 저술가들에게 동일한 견해를 표명한 자들이 있다. 왜냐하면 그들은 라케다이모니아인들의 정치체제를 찬양하고, 모든 것을 [전쟁에서 승리하는 군사적] 힘(정복)과 전쟁의 목적을 위해 법률로 정했다고 그 입법가가 세운 목표를 찬양하기 때문이다. 그 생각은 이론에 의해 쉽게 반박될 수 있지만, 지금은 사실에 의해서도 반증되고 있다. 왜냐하면 대다수의 인간이 많은 인간의 지배자가 되기를 열망하는 것은 성공을 위한 풍부한 물품들[40]이 많아지기 때문인 것처럼, 티브론[41]도 라코니케인들의 정치체제에 관해 썼던 모든 다른 저술가들[42] 각각도 라코니케인들의 입법가를 명백히 숭상하고 있는 것은, 위기에 맞아 대처할 수 있도록 단련되었기에[43] 그들이 수많은 사

37 즉 전쟁에 관련된 덕.

38 품위 없는 것으로, 즉 순전히 실용적으로 혹은 돈을 위한 목적으로.

39 최선으로 통치되고 있다는 곳은 스파르타나 크레타와 같은 폴리스들을 가리킨다. 이들 폴리스에 대한 유사한 비판은 1271a41-b10, 1324b5-11, 1334a2-b5 참조.

40 우연적 자산과 물품들. 좋은 태생, 부, 정치적 권력(『니코마코스 윤리학』 1124a20 아래).

41 티브론(Thibrōn) 혹은 팀브론(라코니케식 이름; 크세노폰, 『아나바시스』 제7권 6.1, 8.24, 『헬레니카』 제3권 1.4-8, 제4권 8.17 참조)은 소아시아의 헬라스 도시들을 방어하기 위해 파견된, 기원전 399년에 페르시아와 싸웠던 스파르타의 장군으로 알려진 인물이다. 크세노폰이 이끄는 헬라스의 용병을 도움을 받아 페르가몬을 비롯한 몇몇 도시를 정복했지만 군사적 허술함을 물어 추방당했다고 한다.

42 여기서 언급된 "다른 저술가들"에는 크세노폰이 포함되는 것 같다

43 스파르타의 아고게(agogē) 교육을 언급하는 것으로 보인다. 신체 교육(gumnasia)에 대해서는 제8권 제4장 참조. 신체 교육과 다른 지배와의 관련성에 대해서는 플라톤, 『프로타고라스』 354a-b, 그리고 라케다이모니아의 훈련 방식에 대한 설명은 플라톤의 같은 책 342b-c 참조. 여기서 아리스토텔레스는 라케다이모니아의 입법가인 뤼코르고스 법 자체의 잘못을 탓하고 있지만, 플루타르코스는 그 법률로부터의 이탈을 라케다이모

람들을 지배하고 있었기 때문이다.

그럼에도 현재는 그 (제국의) 지배권이 적어도 더 이상 라코니케의 수중에 있지 않으므로,[44] 그들은 행복하지 않고 또한 그들의 입법자도 좋지 않다는 사실은 분명하다. 게다가 그 입법가의 법률에 충실하며, 또 어느 누구도 그 법률의 사용을 방해하지 않았는데도, 그들이 아름다운 (좋은) 삶의 방식을 잃어버렸다면 그것은 더욱 웃기는 노릇[45]이다. 이들은 또한 입법가가 분명히 존중해야 하는 지배[의 종류]에 관해 제대로 이해하지 못하고 있다. 왜냐하면 전제적으로 [노예를] 지배하는 것보다 자유인을 지배하는 것이 더욱 아름답고 또 덕을 더욱 수반하기 때문이다. 게다가 이웃을 정복하고 지배하기 위해 훈련하고 있다는 것을 이유로, 폴리스를 행복하다고 생각하고 입법가를 찬양해서는 안 되는 것이다. 그러한 것은 큰 해악을 초래하기 때문이다. 여기다가 시민 가운데 그렇게 행할 수 있는 능력을 가진 사람이라면, 자신의 폴리스를 지배할 수 있도록 추구하는 노력을 해야 하는 것은 분명하다.[46] 바로 그 일로 라코

니가 몰락한 원인으로 본다(1270a19). 라케다이모니아의 정치체제에 대한 비판은 제2권 제9장 참조.

44 기원전 371년 레욱트라(Leuktra) 전투에서 테바이군이 이끄는 보이오티아인 연합군에게 패한 스파르타는 멧세니아의 광대한 영토와 그 헤일로테스 대부분을 잃었다.

45 geloion(웃긴다)은 atopos(이치에 맞지 않는다)라는 의미다. 아마도 아리스토텔레스는 그 잘못이 입법가에 있거나 스파르타의 시민들이 입법가가 제정한 법을 실제로 준수하지 않았다는 것을 암시하고 있는 듯하다.

46 1325a34-41 참조. 자유인에 대한 지배가 아니라 주인이 지배하는 방식에서는, 덕에 따른 지배가 아니라 단지 무력을 통해 이웃들을 지배하도록 훈련받았으므로, 그렇게 훈련받은 자들은 스스로 독재자가 되어 권력을 자신의 손아귀에 쥐려고 시도하고, 외국을 침탈하여 제국화하려고 시도한다는 것이다. 일본의 군국주의도 하나의 명백한 역사적 실례다. 그래서 이들은 틈만 있으면 군사적 힘을 통해 반란과 쿠데타를 일으킴으로써 폴리스에 큰 해악을 가져올 수 있다. 한국의 현대사에서 박정희, 전두환 같은 획일적

니케인들은 매우 높은 영예를 받고 있던 그들의 왕 파우사니아스를 향해 비난하고 있었던 것이다.[47]

따라서 이와 같은 종류의 언설과[48]과 법률 중 그 어떤 것도 정치가답지도, 유용하지도, 또 진실하지도 않은 것이다. 개인에게도 공공에서도 동일한 것이 최선이며,[49] 또 입법가라면 그것을 인간의 영혼에 심어 놓아야 하기 때문이다. 군사훈련을 쌓는 것은 그렇게 되는 것이 어울리지 않는 사람들을 노예로 만들기 위한 것이 아니라, 오히려 첫째로 자기들 자신이 다른 사람들의 노예가 되지 않기 위해서고, 그다음으로는 지배받고 있는 자들의 이익을 도모하고 정치적 주도권을 찾기 위해서지, 모 1334a 두에 대해 지배자가 되기 위해서가 아니다. 세 번째로는 노예가 되기에 적합한 사람들을 주인으로서 지배하기 위해서다.[50]

입법가가 여가와 평화를 위해서 군사적 사안들과 그 밖의 다른 입법에 관련된 것들을 조정하는 데에 한층 진지하게 노력해야 한다는 것은, 사실들이 논증들의 증거가 된다. 왜냐하면 그러한 폴리스들[51] 대부분이

인 군사적 통치를 맹신하는 자들은 끝없이 권력을 찬탈하려는 음모를 꾀했다는 것도 이를 확증하는 하나의 역사적 사례일 수 있다.

47 페르시아전쟁 동안에 혼자 지배하려고 파당을 일으켰던 파우사니아스에 대한 언급은 1307a2-5 참조. 또한 그는 실질적으로 왕권을 견제할 수 있는 에포로이 제도를 폐지하려 했다(1301b20). 그 밖에도 파우사니아스가 왕이 아니었다는 점에 관해서는 헤로도토스, 『역사』 제9권 10, 투퀴디데스, 『펠로폰네소스전쟁』 제1권 132 참조.

48 이웃을 정복하기 위해서 시민들을 훈련시키는 입법자에 대한 찬양의 말.

49 1334a11 아래와 1325b30 아래 참조. '최선의 것들'이란 이웃을 정복하기 위한 능력에 반대되는 것으로서 절제, 정의, 지혜를 가리킨다.

50 이소크라테스와 아리스토텔레스의 전쟁 목적의 유사성에 대해서는 이소크라테스의 *Panathēnaikos* 219 참조.

51 즉 전쟁을 그 목적으로 삼는 폴리스들.

전쟁하는 동안에는 보전되지만, 일단 통치권을 획득하면 붕괴에 이르기 때문이다.[52] 마치 철검처럼 평화롭게 살다 보면 칼날의 예리함(기질)[53]을 잃게 마련이듯.[54] 이것에 대한 책임은 여가를 보낼 수 있도록 시민들을 교육하지 않은 입법가에게 있다.

52 "일단 승리해서 [제국의] 통치권을 획득하게 되면서 그들은 몰락하기 시작했는데, 이는 그들이 어떻게 여가(scholē)를 누려야 할지를 알지 못했기 때문이고, 또 전쟁을 위한 훈련보다 더 최고인 다른 어떤 종류의 훈련을 결코 연습해 보지 않았기 때문이다"(1271b4-6).

53 원어인 baphē는 불에 달구어진 쇠를 물에 담금으로써 생겨나는 '기질' 내지는 '성질'을 말한다. 쉽게 이해하자면 무쇠로 된 칼날은 사용하지 않으면 그 날카로움을 잃는다는 것이다.

54 펠로폰네소스전쟁이 끝났을 때 그들은 제국의 패권을 차지했지만, 자신들을 전쟁 동안에 강화시켰던 정의와 절제들을 잃어버렸다. 아테나이도 해상 제국으로 우뚝 서면서 비도덕화되었다.

제15장

교육과 여가: 습관과 이성

공공적으로나 개인에 있어서도, 인간의 목적은 분명히 동일한 것이며,[1] 또 최선의 인간과 최선의 정치체제에서도 동일한 목표[2]가 필연적으로 있어야 하기 때문에, 여가를 위한 덕들이 반드시 있어야 한다는 것은 분명하다. 여러 번 언급한 바와 같이,[3] 평화가 전쟁의 목적이고 여가가 일의 목적이기 때문이다.[4] 유용한 덕들 중에는 여가와 소일거리(여가 활동)[5]를 하는 데 도움이 되는 것이 있으며, 그중 어떤 덕은 여가 속에서 그 기능을 성취하고, 다른 덕은 일할 때에 그 기능을 성취한다. 여가를 보낼 수 있게 되기 위해서는 많은 필수 불가결한 것들을 반드시 갖추고 있어

1 인간에게 동일한 목적이 있다는 언급은 제7권에서 반복되고 있다(1325b30, 1333b37). 여기서의 '목적'은 14행 아래에서 논의되는 '여가'다.

2 여기서 horos는 telos(목적)와 같은 의미로 쓰였다.

3 1333a35.

4 "우리는 여가를 갖기 위해서 여가 없이 바쁘게 움직이며, 평화를 누리기 위해서 전쟁을 하기 때문이다(『니코마코스 윤리학』 1177b5-6). 일(ascholia)은 '여가'(scholē)가 없다는 말이다.

5 '시간을 보냄'(消日; 『동물 탐구』 589a17, 『형이상학』 1072b14 참조)을 의미하는 디아고게(diagōgē는 diagō[to pass 혹은 to go를 의미] 동사에서 유래함)는 그 자체로 바람직한 일에 '시간을 보내는 것', 즉 여가를 사용하는 것을 말한다. 이를테면 인간의 궁극 목적인 행복을 위한 고귀한 (철학, 예술, 음악과 같은) 활동을 하는 것을 말한다. 즉 디아고게는 그 자체로 행복과 마찬가지로 즐거운 것과 고귀한 것에 결합되어야 한다. 맥락에 따라 조금씩 상이한 디아고게(오락, 놀이, 사회적 교제 등)의 의미에 대해서는 『형이상학』 981b18, 982b23 아래, 『니코마코스 윤리학』1127b33 아래, 1171b13, 1176b12-14, 『정치학』 1334a17, 1339b17, 1341b48 등 참조.

야 하니까.[6] 그러므로 폴리스는 절제와 함께 용기와 인내를 갖추는 것이 적합한 것이다. 왜냐하면 속담에 '노예에게는 여가가 없다'라고 하는 것처럼, 용기를 내어 위험을 무릅쓸 수 없는 자들은 침략하는 자들의 노예가 되기 때문이다. 그런데 일을 위해서는 용기와 인내가 필요하지만, 여가를 위해서는 철학[7]이 필요하며, 또 절제와 정의는 이 두 시점에서 다 필요한데, 특히 평화를 누리고 여가를 보낼 때는 더욱 필요하다. 왜냐하면 전쟁은 인간에게 정의롭게 되고 절제 있게 되기를 강요하지만,[8] 행운을 누리는 것과 평화를 동반하는 여가는 오히려 인간을 반드시 오만하게 만들기 때문이다.[9] 그러므로 최선으로 가장 행복하게 살고 있다고 생각되는 사람들과 축복이란 축복을 모두 향유하는 사람들이 있다면, 그 사람이야말로 더 많은 정의와 더 많은 절제가 필요할 것이다. 그와 같은 사람들이 얼마간이라도 있다고 한다면, 그들은 시인들이 말하는 바처럼 '지복자의 섬'[10]에 사는 사람일 것이다. 왜냐하면 이러한 좋음들의 풍부

6 이러한 물품들의 획득과 적절한 사용에는 일에 관련된 덕이 요구되는 것이니까.

7 뉴먼은 philosophia(철학)가 학적 의미에서가 아니라, '문화적-지적 활동(인문적 소양)을 위한' 철학함을 의미하는 것으로, 즉 '지적인 덕'으로 보고 있다. 보니츠(*Index*, 821a6)는 'virtus intellectualis', 'investigatio'로 새긴다. 그럼에도 말 그대로 '철학'으로 새겨도 될 성싶다.

8 사람들이 실제로 정의와 절제를 가지고 있지 않더라도.

9 모든 외적인 좋음을 소유하는 것은 인간을 무례하고 오만하게 만든다(『수사학』 제2권 16, 1390b32 아래). 플라톤은 '철학에서 길러진 자들에게는 언제나 여가가 있으며, 그들은 평화롭고 여유롭게 논의를 한다'라고 말하고 있다(『테아이테토스』 172d).

10 헤시오도스, 『일과 나날』, 170~174행. 핀다로스, 『올림피아 송가』 II, 70행 아래. 호메로스, 『오뒷세이아』 제4권 561행 아래. 호메로스는 이곳을 '엘뤼시온 들판'(Elusion pedion)이라고 부른다. 서쪽 땅 끝에 위치한 오케아노스 강 옆에 있는 곳으로, 소수의 선택받은 인간[영웅]들이 죽은 후 신들에 의해 옮겨져 아무런 걱정 없이 지복(至福)을 누리고 사는 곳.

함이 넘치는 속에서 여가를 보내면 보낼수록, 이들에게는 철학과 절제와 정의를 절실하게 필요하게 되기 때문이다. 그러므로 장차 행복해지고 훌륭해지려는 폴리스가 되려고 한다면, 이러한 덕들을 왜 공유해야 하는지는 명백하다. 왜냐하면 좋은 것들을 사용하지 못하는 것을 부끄러워해야 한다면, 게다가 일을 완수하고 전쟁하는 동안에는 좋은 사람임을 보여 주면서도, 여가를 보낼 때는 좋은 것들을 사용하지 못하고, 평화를 누리고 살면서 여가를 보내는 동안에는 노예와 같은 것을 보여 주는 것은 더욱 부끄러운 일이기 때문이다.[11]

따라서 라케다이모니아인들의 폴리스가 행했던 것과 같은 방식대로 덕 훈련을 해서는 안 된다.[12] 왜냐하면 그들이 다른 사람들과 마찬가지로 동일한 것을 좋음들 중에서 최고의 것으로 믿었다는 점에서는 다른
사람들과 다르지 않지만,[13] 오히려 특히 어떤 특정한 덕[14]을 통해서 그러 1334b
한 좋음들이 더 생겨난다고 믿었다는 점에서는 다르기 때문이다. 그들은 그러한 좋음들과 이것들을 누리는 것[享有]을 덕의 ⟦향유⟧ 보다도 더 큰 것으로 간주하여, ⟦이것들을 위해 단지 유용할 수 있는 덕으로 생각

11 "무시케란 여가에서의 소일거리(hē en tēi scholēi diagōgē)를 위한 것이고, 바로 이런 이유로 사람들이 무시케를 교육에 포함시켰다는 것은 명백하다. 왜냐하면 그들은 그것이 자유인들에게 적합하다고 생각해서 소일거리(여가의 즐김, 여가의 활동)에 놓았기 때문이다"(1338b21-24).

12 라케다이모니아의 군사적 훈련 방식에 대한 언급은 1324b7-8 참조.

13 라케다이모니아인들도 다중들과 마찬가지로 외적인 좋음(ektos agathos; 명예, 부, 외모, 혈통 따위)을 최고의 좋음으로 생각한다(『니코마코스 윤리학』 1168b17). "그들[라케다이모니아인들]은 사람들이 [인생을 통해] 분투해서 얻고자 하는 좋은 것들(tagatha ta perimachēta)이 악덕(kakia)이기보다는 덕(aretē)을 통해서 획득할 수 있는 것으로 올바르게 믿고 있지만, 그럼에도 그들은 이러한 좋음들이 덕보다 더 우월한 것이라고 가정하고 있다는 점에서는 옳지 않다"(1271b7-9).

14 용기나 군사적인 덕.

되는 것만 훈련시켰다. 그렇기 때문에 그들은 여가를 즐기는 동안에도 발휘되는 덕을 무시했던 것이다.』[15] 그리고 이러한 고려들로부터 명백한 것은 덕 그 자체를 위해서 『덕을 훈련해야 한다』는 것이다.[16] 그러나 우리는 그것이 어떻게 생기고 또 어떤 수단을 통해 생기게 되는가를 고찰해야 한다.

그런데 우리는 앞서 본성, 습관, 이성이 필요하다는 것을 구분했다.[17] 이것들 중에서 시민이 가져야 하는 어떤 종류의 자연적 본성을 앞서 규정한 바 있다.[18] 이제 남아 있는 것은 우선 시민들을 이성에 의해서 교육되어야 하는지, 아니면 습관에 의해서 교육되어야 하는지를 고찰하는 것이다. 왜냐하면 이것들 세 가지가 서로에 대해서 최선의 조화를 가지고 일치해야 하기 때문이다.[19] 왜냐하면 이성도 최선의 가설[20]에 관련해 잘못을 저지를 수 있고, 또 마찬가지로 습관을 통해서 잘못된 방향으로

15 『』 부분은 원문에 탈루가 있는 대목이다. Thurot("덕이 또한 여가에서도 훈련되어야 한다는 것"(hoti men oun dei tēn aretēn kai scholazontas askein)과 뉴먼의 추정을 고려해서 빠진 부분(lacuna)을 보충했다. 이 결함을 가진 대목에 대한 자세한 논의는 W. Newman, vol. 3, pp. 452~453과 F. Susemihl & R. Hicks(1894), p. 544 참조(뉴먼의 추정; nomizousi, tēn pros tauta chrēsimēn einai dokousan aretēn askousi monon. hoti men oun holēn askēteon tēn aretēn).

16 즉 전쟁에서의 좋음들(ta perimachēta agatha)을 위해서 덕이 활용되어서는 안 된다.

17 1332a38-b11.

18 앞의 제7장에서.

19 앞서 "이 세 가지 것들이 서로서로 조화를 이루어야 한다"고 말한 바 있다(1332b5), 여기서는 이것들이 최선의 목적(즉 '행복')에 부합하도록 조화되어야 한다는 점을 덧붙이고 있다. 요컨대 라케다이모니아에서는 최선의 종류의 조화가 없었다는 것이다. 즉 라케다이모니아인들의 훈련은 본성과 습관을 이성과 조화시키지 못했고, 이성을 최선의 목적과 조화시키지도 못했다. 플라톤, 『법률』 653d, 659d 참조.

20 최고의 좋음, 즉 행복이 무언가에 대한 올바른 가설이거나 정치체제의 성격을 결정하는 일반적 원리.

이끌릴 수 있기 때문이다.[21]

무엇보다 먼저 적어도 이것은 명백하다. 즉 다른 것들의 경우들에서처럼, [인간의 경우도] 태어남(발생)은 어떤 출발점[22]에서부터 비롯되고, 또 어떤 출발점으로부터 도달된 그 끝(목적)은 또 다른 끝(목적)[23]을 위한 출발점이 된다. 더욱이 이성과 지성은 우리 자연 본성의 목적[24]이므로, 이성과 지성을 위해 태어남과 습관의 돌봄(훈련)을 준비해야 한다는 것이다. 다음으로, 영혼과 신체가 두 개인 것처럼, 또한 우리는 영혼에도 두 개의 부분, 즉 한쪽은 이성이 없고, 다른 쪽은 이성을 가진 부분이 있음을 본다. 이 부분들의 상태[25]도 숫자상으로 둘인데,[26] 그것 중 하나는 욕구고 다른 하나는 지성이지만, 신체가 발생이란 점에서 영혼에 앞서는 것처럼, 마찬가지로 또한 비이성적 부분이 이성적 부분보다 앞

21 이와는 달리 '습관을 통해 잘 이끌렸다[자랐다]'는 말은 『니코마코스 윤리학』 1195b4에 나온다.

22 출발점(archē)은 출산이 시작되는 혼인을 통한 섞임과 남녀의 결합을 말한다(플라톤, 『법률』 720e-721a 참조).

23 또 다른 생명을 위한 시작으로서의 탄생의 목적이었던 자식들의 성적 결합이 있으며, 인간의 태어남과 성장의 연속에서 한 시대와의 완결이 이루어지고, 이어서 그 완결은 또 다른 시대의 시작이라는 의미다.

24 즉 '인간의 자연적 성장의 목적'. 이성과 지성은 발생(태어남)의 궁극적 목적이 된다는 것이다.

25 상태(hexis)도 하나의 성향(diathesis)이지만, 성향보다는 더 영속적인 상태를 가진다(『형이상학』 1022b10). 여기서 orexis(욕구)는 기개, 바람, 욕망으로 이루어진다(『영혼에 대하여』 제2권 제3장 414b2; "오레시스는 욕망, 기개, 소망으로 이루어지니까"). 욕망(epithumia)은 감각적 욕구를 가리키고, 오레시스는 인간 활동을 위한 추구와 동기를 유발하는 어떤 욕구다. '소망'(바람)(boulēsis)에 관해서는 『니코마코스 윤리학』 1111b19 아래 참조. 『영혼에 대하여』에서는 '소망'을 영혼의 이성적인 부분과 연결시키고 있다(432b5). 욕망은 항시 가능한 것으로 향하고, 소망은 항시 그런 것은 아니다.

26 1277a6에서는 영혼은 이성과 욕구로 이루어진다고 말한 바 있다.

서는 것이다. 이 점 또한 명백하다. 왜냐하면 격정(기개), 소망, 게다가 욕망[27]은 아이가 태어나자마자 곧장 아이들에게 속하는 것이지만, 헤아림(이치를 아는 것)의 기능과 지성은 오랜 시간이 지나서야 생기는 것이 자연스럽기 때문이다.[28] 따라서 필연적으로 육체에 대한 돌봄이 영혼에 대한 돌봄보다 먼저고, 그다음으로 욕구에 대한 돌봄이 있어야 한다. 그럼에도 욕구에 대한 돌봄은 지성을 위한 것이어야 하고,[29] 신체에 대한 돌봄은 영혼을 위한 것이어야 하는 것이다.

27 격정(thumos), 소망(boulēsis), 욕망(epithumia)은 영혼의 다른 부분인 욕구(orexis)들에 대한 이름들이다. 여기서 아리스토텔레스는 영혼의 이성적인 부분을 욕구하는 소망(boulēsis)이 이성적인 부분이 발달하기 앞서 아이들에게 이미 현존하고 있다는 것을 말하고 있다. 소망은 이성적 부분에 위치할 수 있다. 아리스토텔레스, 『영혼에 대하여』 제3권 제9장 432b5-6 참조.

28 플라톤, 『국가』 441a-b, 586c 참조.

29 욕구는 지성에 복종하기 위해 훈련되는 것이다(1254b5).

제16장

성, 혼인과 아이들: 우생학

따라서 입법가는 양육되는 아이들의 여러 신체가 가능한 한 최선이 될 수 있도록 출발점[1]부터 지켜봐야 하므로, 먼저 남녀의 결합[2]에 대해, 즉 어느 시기에 어떤 사람끼리 서로 혼인을 맺어야 하는지를 배려해야 한다.[3] 그는 이 결합을 법률로 정하는 데에 당사자들을 살피는 것과 동시에 그들의 생애 기간[4]을 염두에 두면서, 그들이 비슷한[5] 시기에 노령에 이

1 즉 남녀가 결합할 때부터(apo tēs suzeuxeōs). 실질적으로는 임신 이전부터 교육이 이루어져야 한다는 것이다. 플라톤, 『법률』 제4권 721a, 제6권의 774-776, 783d 아래 참조. 스파르타의 여성 교육에 관한 모델에 대해서는 플루타르코스, 「뤼코르고스」 14 참조.

2 '남녀의 짝짓기'(suzeuxis)를 말한다.

3 언제(어떤 나이에)의 문제는 1334b32-1335a35에서, 어떤 신체의 상태에 대해서는 1335b2-12에서 논의된다. 남녀의 결합에 의한 아이들이 생산의 문제에 대해서는 플라톤, 『국가』 460d-461a, 『법률』 721a-d, 772e, 785b 참조. 아리스토텔레스는 동물의 세계에서는 자연이 교미가 일어나는 나이와 계절을 정했다고 말한다(『동물 탐구』 542a19). 헬라스의 관습은 혼인하는 나이와 계절을 규정했다(1335a15 아래, 1335a36 아래). 기원전 4, 5세기경에 헬라스에서는 대개는 남자가 30세, 여자는 초경이 시작된 후 14~15세에 이르러 결혼했다고 한다. 폐경기는 40~50세 사이였다고 한다(리차드 크라우트, p. 148).

4 즉 그들이 살게 되는 인생의 전체 기간.

5 즉 적절한.

르도록 이 결합[6]을 위해 입법해야 한다.[7] 다시 말해 남자는 여전히 생식능력이 있는데 여자가 생식능력이 없다든지, 여자는 생식능력이 있으나 남자는 생식능력이 없다든지 하는 능력의 불일치가 있어나지 않도록 해야 한다(이런 것들이 서로 간에 다툼과 차이[8]를 낳기 때문이다).

다음으로 입법가는 자식들의 상속이라는 점을 배려해야 한다.[9] 즉 아
버지와 아이들의 나이 간격이 너무 멀리 떨어지지 않도록 하고(왜냐하
면 나이가 지긋한 아버지들에게는 자식들로부터의 보은의 마음이 아무
런 소용이 없으며, 그들의 아이들에게는 그러한 아버지들로부터 도움이
1335a 아무런 소용이 없기 때문이다[10]), 또한 연령 차이가 지나치게 가깝지도
않도록 해야 한다(많은 성가신 문젯거리를 안길 테니까. 즉 동년배들 사
이에서 그런 것처럼, 아버지와 아이 사이에 [아버지에 대한] 조심성이 덜
해지고, 또 이 나이 차이의 가까움은 가정 경영과 관련한 불만을 일으키
기 쉬우니까[11]).

6 남편과 아내로 결합된 공동체(koinōnia)로 정치적 공동체의 기초가 된다. 앞서 언급된 남녀 성(性)의 결합(suzeuxis)을 말한다(1335a36 참조). koinōia의 발생에 관해서는 제1권 제2장 1252b9-10 참조.

7 아이를 임신할 수 있는 능력을 잃게 될 때를 고려해서('생식의 끝'[telos tēs gennēseōs]; 1335a7). "함께 내리막길에 이르도록"하는 것에 대해서는 아래 133a6-10, 31에서 재차 언급된다.

8 차이(diaphora)가 파당(내분, stasis)을 일으킨다는 것에 대해서는 1303b37 참조.

9 부모와 자식 간의 나이 차이를 고려해야 한다는 의미다. 다시 말해 아버지가 가장의 역할을 아들들에게 양도하는 단계와 재산 분할을 고려해야 한다는 것이다.

10 플라톤, 『법률』 717c 참조.

11 자식이 한창일 때 아버지의 나이는 70세에 도달해야 한다(1335a32-35). 이 즈음이 재산을 자식(아들)들에게 넘겨주는 적절한 때이다. 나이 차이가 적은 사람들에게(tois enggus) 시기심이 일어난다는 점에 대해서는 『수사학』 1388a5-8 참조(아이스퀼로스, 「단편」 298).

자, 여기서 우리의 논의가 벗어났던 바로 그 시작 지점으로 되돌아가, 입법가는 양육되는 아이의 신체를 어떤 방식으로 자신의 소망에 따르게 할 수 있도록 [이 결합을 위해 입법해야 하는지를 고찰해 보도록 하자].[12]

아마 그 모든 것들은 단 한 가지 사항[13]을 배려함으로써 거의 다 이루어질 수 있다. 즉 대략적으로 말하면 남성에게 생식의 끝은 기껏해야 연수로 70세에, 여성은 50세에 막바지에 이르는 것으로 정해져 있으므로, 남녀 결합의 시작은 그러한 연령대에서 동시에 끝이 나는 시기로 정해야 한다.[14]

그러나 젊은 사람들의 성적 결합(결혼)은 자식을 생산한다는 측면에서 좋지 않다. 왜냐하면 모든 동물에서 어린 것들이 낳은 자손들은 불완전하며, 즉 암컷을 더 많이 낳고 형태에서도 왜소하며,[15] 따라서 인간의 경우에서도 필연적으로 이와 동일한 일이 일어난다. 이것에 대한 증거가 있다. 어린 남자가 어린 여자와 결혼하는 관습을 가진 모든 폴리스에

12 뉴먼의 제안대로 33행(dei nomothetein tautēn tēn koinōnian)을 끌어들여 읽었다.

13 즉 그 주제를 다루는 한 가지 방식. 이어지는 문장이 바로 그 주제를 다루는 방식일 것이다.

14 남자는 70세에, 여자는 50세에 생식의 끝에 이르므로 적어도 남녀 간 나이 차이가 20살은 되어야 한다는 것이다. 실제로 아리스토텔레스 자신은 그의 후견인이었던 헤르미아스(Hermias)가 딸로 입양한 질녀 헤르퓔리스와 40세 무렵에 재혼했다고 한다. 그의 유언장에 따르면, 그는 자신의 전처인 퓌티아스의 뜻에 따라 먼저 죽었던 그녀의 유골도 자신의 무덤에 옮겨 묻어 주었다고 한다(디오게네스 라에르티오스, 『유명한 철학자들의 생애와 사상』 제5권 4, 16).

15 『동물 탐구』(제5권 12장 544b16)에는 '자손이 약하고 체구가 왜소하다'라고만 나온다. 한편 『동물의 발생에 대하여』 제4권 제2장 766b29-30 아래에는 "젊은 부모들과 늙은 부모들은 한창때의 부모들에 비해서 여자아이를 출산한다"라고 말하고 있다. "작은 사람들은 단아하고 균형이 잘 잡혔지만 아름답지는 않고"(『니코마코스 윤리학』 1123b7-8).

서는 사람들의 신체가 불완전하고[16] 체구가 작다는 점이다.

게다가 출산에서도 어린 여자들이 산고를 더 많이 겪고 [출산하다가] 더 많이 죽는다.[17] 그렇기에 어떤 사람은 말하기를, 이런 이유로 트로이젠 사람들에게 저 같은 신탁[18]이 내려졌다는 것이다. 즉 많은 아이들이 죽는 것은 어린 처녀들을 혼인시키는 것 때문이지, 수확물을 거두어들이는 것과는 관계가 없다는 것이다.

게다가 여자들이 나이가 더 들었을 때 혼인시키는 것이 절제라는 관점에서도 유익하다. 왜냐하면 젊은 여자가 성교를 맛보게 되면 더 음탕해질 수 있는 것으로 생각되기 때문이다. 또 남성의 신체[19]도 여전히 씨

16 사지나 신체 기관의 결여는 물론, 감각기관이 결여되거나 미성숙하다는 것을 포함한다(『영혼에 대하여』 425a9 아래, 432b21-26 참조). 언어와 생산능력의 결여(『동물 탐구』 581b21 아래, 『영혼에 대하여』 415a26 아래, 432b21 아래 참조). 불완전하다(atelēs)는 것은 신체적인 능력을 미약함을 포함해서 정신적인 불완전성을 가리킨다(1335b29 아래).

17 여성은 노예가 아니고(1252a7-16, 1259a37-b1, 1260a9-13, 1260b8-20), 또 단순히 생산의 도구도 아니며, 나아가 폴리스는 여성들의 '잘 삶'을 진작시키기 위해서 구상되어야 하기 때문이다.

18 Π1, Π2 사본의 난외주석(Scholia)에는 '젊은 밭고랑을 갈지 말라'(to mē temne nean aloka)고 되어 있다. 문자 그대로 새기면 '개간하지 않은 땅을 갈지 말라'로 옮겨진다(nea는 '개간하지 않은 땅'을 말한다). 난외주석(Scholion)이란 본문 밖의 가장자리에 쓰여 있던 것을 말한다.

19 sōmatos(Gamma 사본과 Π1, 주제밀과 힉스) 대신에 spermatos(로스, 뉴먼, 드라이젠터 등)를 받아들이면, "남성의 정액이 여전히 성장하는 때에 성교를 가지면'으로 옮겨진다. 경우에 따라 spermatos와 sōmatos는 교환 가능하다(이에 대한 분분한 해석에 대해서는 뉴먼, 제3권 465~466쪽 참조). 아리스토텔레스에 따르면, 정자(hē gonē)는 몸 전체에서 나오는 것이 아니라, 영양분의 최종적 형태인 피(혹은 이와 유사한 것이나 이것들로부터 형성된 어떤 것)와 같은 잔존물(혹은 응고된 효소; perissos, perittōma)이다(『동물 발생의 대하여』 726b). 남자만이 정자를 제공하며, 열기가 '부족한' 암컷은 정자의 작용에 의해 더 열처리되어야 할 재료만 제공한다. 정자는 여자가 제공한 질료(ta katamēnia; 월경 피)에 작용을 가하여 생명체를 발생시킨다는 이론을 아리스토텔레스는 주장한다. 남성의 정자는 월경 피를 분화시키고, 그렇게 함으로써 '고유한 기능과

았이 성장하고 있는 단계에서 성관계를 가지면, 남성의 신체적인 요소들이 성장하는 데에 해를 입는 것으로 생각되기 때문이다. 왜냐하면 이 성장에도 일정한 한정 기간이 있어서, 그 기간을 넘어서면 더 이상 성장하지 않기 때문이다. [〈혹은 조금만〉[20] 성장할 뿐이다.] 따라서 여성은 18세 무렵에 이르렀을 때 혼인하는 것이 적절하고, 남성은 37세쯤 〈혹은 그 조금〉 전쯤에 이르렀을 때 혼인하는 것이 적절하다.[21] 왜냐하면 이쯤의 나이가 되면 신체가 전성기에 이르러서 남녀 결합이 이루어지게 될 것이고, 자식을 낳는 생식력이 멈추게 될 적절한 시점에서 함께 아이 만들기의 내리막에 이르게 될 것이기 때문이다. 게다가 아이의 출생도 순리에 따라 혼인한 직후에 곧장 생긴다면, 아이들의 상속도 아이들 인생의 전성기가 시작될 때에 있게 될 것이고, 또 그들의 부모는 70세로 접어

생명력을 갖춘 몸의 부분과 유기체 전체가 생겨나며', '영혼 즉 어떤 몸의 우시아(ousia sōmatos tinos)'는 수컷에서 온다는 것이다. 이는 데모크리토스와 힙포크라테스의 범성설(Pangenesislehre)을 거부하는 것이다. 이른 나이의 성교, 즉 정자의 배출은 신체의 성장에 필요한 영양분을 정자를 만드는 데 사용하기 때문에 신체의 발달에 장애를 가져온다는 것이 아리스토텔레스의 주장이다.

20 hē mikron을 로스와 달리 뉴먼, 드라이젠터, 로웹 판 등은 삭제하며, 쉬트룸프, 리브와 크라우트 등은 읽지 않는다. 또 29행의 hē mikron을 27행의 eti 다음으로 옮기는 학자도 있다(K. W. Göttling).

21 그러면 남성의 성적 교접은 언제부터 시작해야 하는가? 이 점에 대해서는 아무런 언급이 없다. 그렇지만 아리스토텔레스는 남성 간의 동성애(男色)를 반대하고 있다(『니코마코스 윤리학』 1148b24-31). 플라톤은 『국가』(제5권 460e)에서 혼인 적령기(metrios chronos)를 수호자 계급의 경우에 여성은 20세에서 40세까지로, 남성은 25세에서 55세까지로 확정짓고 있다. 그러나 『법률』에서는 남성의 혼인 시기를 한 곳에서(제4권 721a, 제6권 785b)는 30세에서 55세까지로, 다른 곳에서(제6권 772d)는 25세에서 35세까지로 말하고 있다. 딸들의 경우는 20세 이하로 말하고 있는데, 한 곳에서는 16세로(제6권 785b), 다른 곳에서는(제8권 833d) 18세로 언급하고 있다. 『동물 탐구』 582a16-29 참조.

듦으로써 인생의 쇠퇴기에 이르게 될 것이다.

이렇게 해서 남녀 간의 성적 결합이 언제 이루어져야 하는지에 대해서 논의했다. 그러나 혼인 계절에 관련해서는 많은 사람이 이용하고 있는 시기를 이용해야 한다. 요즘은 겨울로 한정해서 이러한 남녀의 동거[22]를 시작하도록 사람들이 아름답게(잘) 정하고 있기 때문이다.[23] 더욱이 당사자들 역시 아이 만드는 일에 관련해서는 의사들이 말하는 것뿐 아니라 자연학자들이 말하는 것을 잘 고려해야 한다. 왜냐하면 의사들은 [애 만드는 일에 대한] 신체 상태에 관련해서 신체에 주기적으로 찾아오
1335b 는 적절한 때를 충분히 논하고 있으며, 자연학자들은 바람과 관련해서 남풍보다 북풍을 더 권장하기 때문이다.[24]

어떤 종류의 부모 체질이 태어날 자녀들에게 가장 유익할지에 관련해서,[25] 아이들 교육에 대해 논할 때 더 주의하면서 자세하게 논의해야 하겠지만,[26] 지금으로서는 개략적으로 말하는 것으로 충분하다.[27] 즉 운

22 sun(함께)+aulē(집)이 결합된 말이다.

23 좀 더 정확히 표현하면 요즘의 1월과 2월에 해당하는 Gamelion이 관습적으로 혼인하는 달로 알려져 있다. 퓌타고라스의 말을 전하는 디오게네스 라에르티오스에도 성애(性愛)를 여름에 금하고 겨울에 할 것을 주장하고 있다(『유명한 철학자들의 생애와 사상』 제8권 9).

24 플라톤, 『법률』 747d-e. 겨울과 북풍이 사내아이를 생산하는 데에 좋다는 것은 『동물의 발생에 대하여』 766b34-767a1 및 『동물 탐구』 574a1에도 언급된다.

25 이 점은 1344b31에서 언급되었다.

26 이 약속 또한 『정치학』에서 이루어지고 있지 않다.

27 플라톤은 이미 이 주제(혼인한 남녀가 생식하는 경우에 건정한 신체 상태에다 방자함이나 부정의에 관련된 일이 없어야 한다는 점을 강조. 가령 술 취한 상태에서 수태하면 "인격적으로나 신체적으로 반듯한 데라곤 전혀 없는 아이를" 출산한다)에 대해 자세히 언급한 바 있다(『법률』 755c-e 참조).

동선수와 같은 신체 상태는 시민의 좋은 신체적 상태[28]를 위해 유익하지도 않고, 또한 건강을 위해서도 아이를 낳는 데도 유익하지 않으며, 또 전혀 노고를 견디지 못하는 허약한 상태 역시 유익하지 않다. 그것들의 중간이 유익하다. 따라서 신체 상태는 훈련을 받아야 하지만, 격렬한 활동에 의해 훈련되어서는 안 된다.[29] 또한 운동선수들의 신체 상태처럼 단 한 가지 목적으로만 훈련되어서도 안 된다.[30] 오히려 자유 시민에게 적합한 행위를 목적으로 훈련되는 신체 상태를 유지해야 한다.[31] 이러한 것들은 남자나 여자에게 마찬가지로 당연히 적용되어야 한다.

[혼인하는 여성뿐 아니라] 임산부도 자신의 신체를 돌봐야 한다. 움직이는 것을 그만두거나 또한 음식을 적게 먹도록 조절해서도 안 된다. 입법가는 산모들에게 출생에 대한 영예를 가진 신들[32]에게 매일같이 걸어서 참배하기 위해 나갈 것을 그들에게 명령함으로써[33] 이 일을 쉽게 성

28 시민이나 군인으로서 주어진 역경을 견뎌 낼 수 있는 그만한 신체 상태. 군인은 극단적 상황에서도 적은 음식을 먹으며 견뎌야 한다. 또 군인은 하나의 신체적 기술보다는 다양한 기술을 익혀야 하니까.

29 "신체를 전력으로 발휘하는 것은 정신을 방해하고, 정신을 전력으로 발휘하는 것은 신체를 방해하니까"(1339a7-10).

30 운동선수들의 훈련이 건강에 미치는 나쁜 영향에 대해서는 플라톤, 『국가』 403d-404b 참조. 결혼한 여성에게도 가볍고 다양한 가사(家事)에 관련된 일을 하도록 권장하고 있다. 요컨대 여성도 남성 못지않게 신체를 돌보는 일에 힘써야 한다는 것이다. 여성에게도 남자와 마찬가지로 신체 단련이 필요하다는 점에 대해서는 플라톤, 『법률』 804d-805a 참조.

31 아리스토텔레스는 운동선수로서 훈련받아 경쟁에 참여하는 것을 거북해 하는 것 같다. 그렇다면 당시 헬라스에서 통용되는 일반적 가치를 받아들이지 않는 것처럼 보인다.

32 아르테메스(Artēmis)(플라톤, 『테아이테토스』 149b)와 에이레이튀이아(Eileithuia)(호메로스, 『일리아스』 제2권 270행 아래)와 같은 신들로 생각된다. 이 신들은 수태를 관장하는 여신(아르테메스)이거나 출산과 임산부를 보호하는 여신(에이레이튀이아)이다.

33 산책 등을 법률로 세세하게 의무화하는 것에 대해서는 플라톤, 『법률』 789d-e 참조. 걷

취할 수 있다. 그렇지만 정신에 관련해서는 신체를 돌보는 것과 반대로 활동을 떠나 더 느긋하게 시간을 보내는 것이 적합하다.[34] 왜냐하면 태어날 아이들[35]은 마치 식물이 땅으로부터 빨아들이는 것과 같이[36] 이득을 그들을 낳는 어머니[자궁]로부터 명백하게 빨아들이기 때문이다.[37]

태어난 아이를 유기(遺棄)할지 양육할지에 대하여, 불구아는 양육하지 못하게 하는 법이 있어야 한다. 그러나 만일 아이들을 유기하는 것을 관습법이 금지한다면,[38] 자녀가 많다는 이유로 일단 태어난 아이를 유기해서는 안 된다. 하지만 아이 만들기 횟수는 제한되어야 한다. 하지만 만일 누군가가 이것을 위반해서 성교를 함으로써 임신하게 되었다면, 감

기 형태에 대해서는『법률』833b 참조.

34 이 이유에 관해서는 1339a7-10 참조. 지나치게 신체적 활동을 하는 것은 정신을 해칠 수 있고, 지나치게 정신 활동에 몰입하는 것은 신체를 훼손할 수 있기 때문이다.

35 태아로 생각하는 편이 이해하기 쉽다.

36『동물의 생성에 대하여』740a24-27 참조.

37 산모의 운동이 태아에게 유익하다는 점에 대해서는『동물의 생성에 대하여』775a30 아래 참조.

38 신생아 유기는 고대 헬라스에서 일반적인 산아 제한의 방법이기도 했다. 아리스토텔레스는 플라톤과 마찬가지로 태어난 시점에서 불구인 아이들과 법을 위반해서 임신된 아이들은 유기되어야 한다고 생각했다(플라톤,『국가』459d-461c). 당시 헬라스 도시 폴리스에서 아이들의 유기 권한은 아버지의 결정 소관이었다고 한다. 스파르타에서는 퓔레의 원로 위원회에서 불구인 아이와 약한 아이들을 결정하고, 그들을 타이게토스 산에서 절벽으로 내던졌다(Apothetai)고 한다. 그러나 아리스토텔레스는 당시 헬라스의 유기 관습에 따라(테바이와 에페소스에서는 불법이었다), 산아를 제한하기 위해, 아이들이 과다한 숫자 때문에 유기되어서는 안 된다고 주장한다. 이것은 유아들의 불완전성과는 다르기 때문이다. 아리스토텔레스는 감각을 가진 태아를 유산하는 것을 비난하고 있다. 가난한 사람들은 의도적으로, 특히 여아를 기르지 않았다고 한다. 스파르타에서 불구로 혹은 신체가 미약하게(amorphon kai agennes) 태어난 아이들을 유기하는 관습에 대해서는 플루타르코스,「뤼쿠르고스」16 참조.

각과 생명[39]이 생기기 전에 낙태해야 한다.[40] 왜냐하면 경건과 불경건을 나누는 것은 감각과 생명에 있느냐 없느냐에 달려 있기 때문이다.[41]

남자와 여자의 결합(결혼)을 몇 살부터 시작해야 하는지, 남자와 여자에게 결혼할 수 있는 연령의 시작점을 규정했기 때문에, 이제 아이를 낳음으로써 어느 정도의 기간까지 공공 봉사를 하는 것이[42] 적절한지를 규정해 보자. 왜냐하면 너무 늙은 부모에게서 태어난 자녀들은 너무 어린 나이의 부모에게서 태어난 아이들과 마찬가지로 신체와 정신에서 불완전하고, 실제로 늙은 부모에게서 태어난 자녀들은 허약하기 때문이다. 따라서 그 기간은 정신이 그 절정기에 있는 때와 맞춰져야 한다.[43] 이것은 대개의 경우에 7년을 주기로 나이를 측정했던[44] 어떤 시인들[45]이

39 식물은 이에 해당하지 않는다.

40 아리스토텔레스에 따르면, 동물은 감각이 생간 단계에서는 동물이라고 할수 있으나, 그 이전은 식물 상태와 같다(『동물의 발생에 대하여』 제5권 제1장 778b32-34 참조).

41 감각과 생명이 들기 시작한 태아를 살해하는 것은 성스러운 것을 위반하는 것이다. 친족에 가까운 사람들을 살해하는 것과 같은 행위는 신성한 것이 아니다(1262a28 참조).

42 leitourgia는 일반적으로는 부유한 자에게 부여되는 것이었다. 흥미진진한 점은 왜 아리스토텔레스가 아이 낳는 일을 부자가 공동체에 기부하는 공적 기여 내지는 의무로 보았느냐 하는 것이다(1329a17-26). 이 일이 '공동의 좋음', '공공의 이익'에 이바지할 수 있는 것으로 보았던 것 같다. 젊은이들은 군대에 봉사함으로써, 나이 든 사람은 입법과 사법에서 결정을 해야 하는 것이기 때문에(1329a2-17) 아이 낳는 일은 반드시 필요하다. 플라톤은 결혼해서 아이를 낳는 것을 불사성(영생; athanasia)에 참여하는 것으로 보고 있다. 그래서 플라톤은 35세가 되어서도 자식과 아내에 대해 관심을 끊고, 결혼하지 않으면 해마다 얼마만큼의 벌금을 내도록 강제하고 있다(『법률』 721b-c). 하지만 아리스토텔레스는 영생의 문제라기보다는 좋은 삶과 연관해서 '온전히 혼자 사는 사람은 행복하기 어렵다'고 말한다(『니코마코스 윤리학』 1099b3-4).

43 남자의 신체의 절정기는 30~35세였다(1335a 28). 영혼의 절정기는 49세라고 한다(『수사학』 1390b10-11).

44 1336b40-1337a1 참조.

45 솔론, Diehl I. 31-32, 『단편』27(17). 솔론은 정신의 절정기를 42~56세로 보았다.

언급한 바로 그 나이다. 즉 그 시기는 50세 언저리라고 한다. 따라서 이 연령을 4~5세 넘어서면 공공을 위해 아이를 낳은 일에서 벗어나야 한다. 그 후에도 성교를 한다면 건강을 위해서거나[46] 그 밖에 그와 유사한 이유임이 명백해야 한다.[47]

또한 적어도 남편이거나 그런 이름으로 불리는 동안, 어떤 다른 여자나 어떤 다른 남자와 성교하는 것에 대해서는,[48] 그 누구와 그 어떤 형식이 되었든지 간에 성행위를 가졌다는 것이 명백히 드러났다는 것[49]은 무조건적으로 아름답지 않은 일로 간주되도록 하자.[50] 그리고 출산 기간
1336a 동안 누군가가 그런 짓을 한 것으로 밝혀진다면, 그 잘못[51]에 걸맞은 공

46 퓌타고라스는 성교가 건강에 좋지 않다고 말한다(디오게네스 라에르티오스, 『유명한 철학자들의 생애와 사상』 제8권 9).

47 아리스토텔레스에 따르면 남자는 관습보다 조금 늦은 37세에, 여자는 18세에 결혼하고, 남자는 55세에 여자는 36세 정도에서 생산을 끝내야 한다는 것이다. 플라톤도 아이를 낳는 기간이 지나면 원하는 상대와 자유롭게 성적 교섭을 갖도록 허용한다. 단 남자는 자신의 딸이나 어머니, 여자는 아들이나 아버지 등에게서는 단 하나의 태아조차도 세상에 나와서는 안 된다는 점을 강조하고 있다(『국가』 461c 참조).

48 플라톤, 『법률』 784e 참조.

49 '명백히 드러나지'(phanesthai) 않았다면 무관하다는 얘기일까? 그럼에도 아리스토텔레스는 간통을 도적질이나 살인 행위와 같은 나쁜 것이라 말하고 있다(『니코마코스 윤리학』 1124b26-31).

50 dei(반드시 … 해야 한다)가 생략되고 있지만 그 효력은 여전히 미치고 있다고 봐야 한다. 『니코마코스 윤리학』1107a9-17; "마땅히 해야 할 여자와 간통하는지, 혹은 마땅히 해야 할 때에, 혹은 마땅히 해야 할 방식으로 간통하는지에서는 잘하는 것도, 잘하지 못하는 것도 없다. … 무조건적으로 잘못을 범하는 것이다."

51 아테나이의 법에 따르면, 남편은 간통한 부인과의 이혼을 요구할 수 있다. 일반적으로 남성의 간통은 규제받지 않았다고 한다. 아리스토텔레스는 여기서 공공의 의무로서 출산할 수 있는 기간만큼은 간통을 법적으로 금해야 한다고 생각한다. 왜냐하면 사생아의 출생을 금해야 한다는 원칙을 법에 적용하려는 아리스토텔레스의 의도 때문이다. 동성 간의 간통을 저지른 사람은 보다 덜한 명예의 박탈이 있었다. 결혼 관계에 있는 남

민권 정지[52]로 징벌이 가해지도록 하자.[53]

편과 부인의 성적 신실성에 대한 언급은—위작일 수 있는—『가정 경제학』 제3권 제2장 참조. 아리스토텔레스는 동성애에 의한 성적 교접에는 반대했다. 후손의 생산이라는 공적 의무를 다하는 것이 아니기 때문에. 스파르타에서는 부인이 외간 남자와 성교하는 것이 한때 허용되기도 했다(플루타르코스, 「뤼쿠르고스」 15). 간통에 대한 플라톤의 생각에 대해서는 『법률』 840d-841e 참조.

52 atimia(공민권 박탈)는 법적인 용어로 시민이 가지고 있는 권리나 특권을 박탈이나 정지하는 것을 말한다.

53 여기도 dei(반드시 … 해야 한다)가 생략되고 있지만 그 효력은 여전히 미치고 있다고 봐야 한다. 부부간에 정절을 지키는 문제에 대해서는 플라톤, 『법률』 840d-841e 참조.

제17장

가정 내에서의 교육

아이들이 태어났을 때, 어떤 종류의 음식이 신체의 힘에 큰 차이를 만들어 내는지를 인식하고 있어야 한다.[1] 다른 동물들을 통해서, 또 군사적 싸움에 적합한 상태를 기르는 데 열심인 민족들[2]을 통해서 이 문제를 관찰한다면, 젖[3]을 많이 함유한 음식이 아이들의 신체에 특히 적합하고 포도주는 질병을 야기하기 때문에 적은 것이 좋다는 것은 명백하다.[4]

게다가 그만한 나이의 아이들에게 시행할 수 있는 운동을 시키는 것도 유익하다.[5] (그러나 그들의 사지가 아직 부드럽기 때문에 사지가 뒤틀리지 않도록 하기 위해[6] 몇몇의 민족에서는 심지어 오늘날에도 그만한 나이의 아이들의 신체를 똑바로 만드는 어떤 기구를 사용하고 있다.) 그리고 어릴 때부터 곧장 추위에 익숙하도록 해 두는 것이 유익하다. 그것은

1 플라톤, 『법률』 제7권 첫머리도 아이들의 양육과 교육에 대한 논의로부터 시작하고 있다(788a).

2 스퀴타이인들, 페르시아인들, 트라케인들, 켈토이인들(13224b10).

3 헬라스인들은 주로 염소젖을, 드물게는 양젖을 먹었다. 초기 헬라스인들은 아이들에게 젖이 아닌 벌꿀을 먹이기도 했다.

4 『동물 탐구』 588a3-8 참조. 포도주는 때때로 어린아이들에게 경련을 야기한다. 어린아이에게 포도주가 좋지 않다는 것에 대해선 『잠과 깸에 대하여』 457a14-15 참조. 플라톤은 18세에 이르기까지는 포도주를 마시는 것을 금지하고 있다. 뜨거운 몸에 뜨거운 것을 부음으로써 광기에 빠뜨릴 수 있으니까(『법률』 666a).

5 플라톤, 『법률』 789d, 『테아이테토스』 153a-b 참조.

6 플라톤, 『법률』 789e 참조.

건강을 위해서도 군사적 활동을 위해서도 매우 도움이 되니까. 그러므로 많은 비헬라스인 민족들 중에서 어떤 민족은 새로 태어난 아이를 차가운 강물에 담그는 습관이 있고,[7] 또 예를 들어 다른 어떤 나라는—켈토이(켈트)족이 그렇지만—아이들에게 얇은 옷을 입히는 습관이 있다. 왜냐하면 익숙해질 수 있는 것은 모두, 즉시 길들이기 시작해서 서서히 익숙해지게 하는 것이 더 좋기 때문이다. 아이들의 신체 상태는 그 열 때문에[8] 신체 상태를 추위에 맞서도록 훈련시키는 것이 자연적인 성질로 적합한 것이다.

그렇기에 확실히, 인생의 첫 시기에는[9] 이러한 돌봄과 이와 유사한 일을 행하는 것이 유익하다. 이어서 5세까지 지속되는 연령기에는 성장에 방해되므로 아직 그 어떤 배움으로 이끌어 나가거나 강제적인 훈련을 부과하는 것은 좋지 않지만, 신체의 게으름을 피할 수 있도록 운동을 시킬 필요가 있으므로, 놀이나 그 밖의 활동을 통해 운동을 시켜야 한다. 더욱이 놀이도 자유인답지 않은 것은 좋지 않고, 많이 고되거나, 아무런 규율이 없이 제멋대로 하는 것이어서는 좋지 않다. 또 이 나이 또래의 아

7 플루타르코스에 따르면 스파르타는 갓난아이를 물이 아니라 포도주에 담갔다고 한다. 포도주로써 아이의 신체 상태를 시험하기 위해서였다고 하는데, 체질이 약한 아이는 놀라는 데 반하여 건강한 아이는 그 반대라는 것이다(플루타르코스, 「뤼쿠르고스」 16). 아마도 당시에 아이들에게 어떤 방식으로든 세례(洗禮)를 주는 것은 널리 퍼져 있는 관습이었던 것 같다.

8 태아와 태어난 아이에게서 찾아지는, 생명을 지탱하는 열로써 사는 동안 점차 없어지게 되면서 늙어가고, 마침내 열이 소멸하게 되면 죽음에 이른다. 힙포크라테스로부터 전해지는 견해로서 『수사학』 1389a19, 『자연학적 문제들』 872a6 참조. 플라톤, 『법률』 664e, 666a 참조.

9 23행으로부터 hēlikan(해, 년)을 첨가해서 읽는다. 두세 살 무렵을 가리킨다(동일한 표현이 『잠과 깸에 대하여』 457a4에서도 사용된다).

이들이 들어야 하는 그런 종류들의 설명과 이야기[10]에 관련해서는 '아이
감독관'[11]이라 불리는 관직자들이 돌봐야 하는 일거리로 해 두자. 왜냐
하면 [우리가 언급한] 이러한 모든 것들[12]은 나중에 학습 과업을 위해 미
리 준비해 둬야 할 것들이기 때문이다.[13] 그러므로 그들 놀이의 대부분
35 은 노력이 필요한 이후의 성실한 일을 흉내 낸 것이어야 한다. 『법률』에
서 어떤 사람들이 아이들이 긴장해서 소리 지름[혀로 긴장한 모습의 발
작]과 울어 대는 것이 없도록 그것을 금지하고 있는 것은 옳지 않다.[14] 그
것들은 성장에 유익함을 가져다주는 것이니까. 사실상 그것들은 신체에
서 어떤 종류의 체조가 되기도 하는 것이기 때문이다. 즉 숨을 억제하는
것이 힘든 일하는 사람에게 힘을 주는데,[15] [훈련하는 사람에 못지않게]
아이가 소리를 지를 때[16]에는 바로 그 일이 생기기 때문이다.[17]

39 아이 교육 감독관은 아이들의 소일거리[18]의 방식에도 면밀히 주의해

10 사실적인 이야기와 허구적인 이야기(logos kai muthos)(플라톤, 『국가』 376e 참조). 아마도 아리스토텔레스는 미래의 시민이 되고 군인이 되기에 부적합한 단순한 흥미 위주의 시시한 이야기는 배제하려 한 듯하다(뉴먼의 해당 주석 참조). 이 점에서는 그 역시 플라톤, 『국가』에서 제시된 기본적 기조(基調)를 따르고 있는 듯하다.

11 아이 감독관(paidonomos)에 대해서는 1299a22-23, 1300a4 참조.

12 즉 설명, 이야기, 놀이.

13 이 생각은 철저하게 플라톤의 생각을 반영하고 있다(『법률』 643b). 요즘에도 어린아이들이 말 타기, 간호사, 의사, 건축가, 왕, 재판관, 장사꾼 놀이 따위를 하듯이 말이다. 물론 아리스토텔레스가 바랐던 놀이는 아닐 것이다. 원칙적으로 그는 아이들이 폴리스의 시민과 군인이 되는 놀이를 하기 바랐을 것이다.

14 플라톤, 『법률』 791d-792e.

15 『동물의 생성에 대하여』 737a36-738a1, 775a37, 『잠과 깸에 대하여』 456a16.

16 아이들이 울면서 호흡을 하며, 사지를 움직이는 것을 말한다.

17 『자연학적 문제들』 918b14-15 참조.

18 아이들에게 허용해서는 안 되는 소일거리(diagōgē)에 대해서는 1339a29 참조.

야 하는데, 어울리더라도 노예들과 함께 지내는 것을 최대한 줄여야 한다. 왜냐하면 이 일곱 살을 먹을 때까지의 연령기에는 반드시 집에서 양 1336b 육되어야 하기 때문이다.[19] 사실 이런 나이대라면 그들이 듣고 보는 것으로부터 자유인답지 못한 모습[20]에 물드는 것도 무리가 없다.[21] 따라서 일반적 관점에서 보자면[22] 다른 어떤 부끄러운 짓거리에 대해 그러는 것처럼 입법자는 부끄러운 말[23]을 폴리스에서 추방해야 한다[24](왜냐하면 부끄러운 농짓거리를 서슴없이 해대는 것으로부터 그런 행위를 하도록 가까이 가게 하기 때문이다). 그러므로 특히 입법자는 자식에게서 그런 말을 하거나 듣지 않도록 추방해야 한다.[25]

19 플라톤은 3세에서 6세까지의 아이들은 마을의 신전에서 교육받아야 한다고 말한다(『법률』 794a). 스파르타에서는 7세가 되면 agelē라 부르는 '소년 학교'에 보냈다고 한다(플루타르코스, 「뤼쿠르고스」 16). 페르시아에서는 5세부터 시작해서 20세까지 교육했다고 한다(헤로도토스, 『역사』 제1권 136).

20 『니코마코스 윤리학』 제4권 제1~3장에서 논의되는 '자유인'이기보다는 일상적 의미에서 자유인을 말한다. 즉 '노예근성'을 드러내는 것을 말한다.

21 즉 이 나이쯤에 집에서 노예와 어울리다 보면, 그들이 보고 들은 것을 통해 쉽게 노예근성을 배우게 되고 또 쉬이 물들 수 있다는 것이다. 모방하는 것은 어린 시절부터 사람들과 함께하는 본성이니까(『시학』 1448b5-8).

22 여기서 holōs(일반적으로)는 '추방해야 한다'에 걸어 읽어야 한다.

23 더러운 독서를 포함하여 외설이나 음담패설을 포함하는 부끄러운 말(aischrologia)에 대하여서는 『니코마코스 윤리학』 1128a9-32(농짓거리를 해 대는 것[skōptein]도 금지하고 있다)와 『수사학』 1405b8-16 참조. 같은 생각을 피력하는 플라톤에 대하여서는 『국가』 395e-396a 참조.

24 여기서 알 수 있듯이 '부끄러운 말'이 '자유인답지 못한 모습'의 징표가 되고 있다. 부끄러운 말을 모방하게 놔두어서는 안 된다는 입장에 대해서는 플라톤, 『국가』 395e-396a 참조.

25 외설이 농후하게 깔려 있는 코메디아를 폴리스에서 추방하지 않는 이유는 포도주를 먹을 수 있는 일정한 나이가 되어야 코메디아를 볼 수 있도록 허용하고 있기 때문이다(1336b20).

만일 누군가 금지하고 있는 말을 하거나 행하는 것이 드러났을 때에는,[26] 그가 자유인이기는 하지만 아직 공동 식사 자리에 앉을 만큼 그 나이에 이르지 못했다면[27] 욕설과 매질로써 징벌을 주어야 하지만, 그 나이를 지나 더 나이 든 사람이라면, 그 노예근성 때문에 자유인답지 않은 사람에게 합당한 불명예[28]로 처벌을 내려야 한다.

뭔가 그런 상스러운 말을 하는 것을 우리가 추방한 이상, 꼴사나운 그림이나 이야기[29]를 보는 것도 추방해야 한다는 것도 명백하다. 따라서 관직자들[30]에게는 어느 신들의 신전 제의[31]에서 관습[32]이 상스러운 조롱조차 허용하는 것을 제외하고는, 그런 행위들을 모방한 어떤 조각상이나 그림들이 존재하지 않도록 주의를 기울이도록 하자. 이것에 덧붙여 관습은 이미 적절한 나이에 이른 사람들에게 그들 자신을 위해, 그들의 아이들을 위해, 아내를 위해 그 신들에게 그런 경배를 올리는 것을 허락하고 있다. 그러나 젊은이가 이암보스 운율(조롱시와 익살극을 포함)이

26 아테나이에서는 '어머니와 아내에 대한 성적인 중상'을 비롯해서 특정한 욕설("살인자", "제 아비를 때린 놈", "제 어미를 때린 놈")을 하는 사람을 법적으로 처벌했다고 한다). 이에 대해서는 R. Kraut(1997), pp. 161~163 참조.

27 공동 식사에 참여할 수 있는 나이는 21세이다(1336b37-40).

28 시민으로서의 정치적, 법적 권리를 중지시키는 것과 같은.

29 무대에서 행해지는 상스러운 이야기.

30 아마도 도심 관리관들을 말하는 것일 게다. 관리의 종류에 대해서는 1321b18 아래에서 자세히 논의되었다.

31 디오뉘소스, 데메테르, 아폴로디테, 코레와 같은 신을 기리는 축제에서는 상스러운 조롱이 허용되었다. 디오뉘소스 제전의 한 부분이었던 가장(komos) 행렬에서 남근(男根)이 주제가 되고 있었다는 사실은 이를 뒷받침한다(『시학』 1449a11 아래; "희극은 지금까지도 여전히 여러 도시국가에서 관행으로 남아 있는 남근 찬가(phallikos)를 이끌던 선창자들로부터 생겨나—조금씩 성장했는데").

32 여기서 nomos는 '기록되지 않은 법'이다.

나 코메디아[33]의 관중이 되는 것은 그들이 정해진 연령에 이르러 공동체에 참여해 식사 자리에 앉아 포도주를 함께 마시는 것이 허용되고,[34] 교육이 그러한 것들에서 오는 해악을 온전하게 겪지 않도록 해줄 때까지는 법률로 금해야 한다.

그런데 우리의 논의에 대해서는, 지금까지는 수박 겉 핥기 식으로 해왔지만, 나중에 우리가 멈춰 서서 여기서 논해 온 문제[35]들을 먼저 과연 그대로 행해야 하는지, 아니면 행하지 않아야 하는지를, 다음으로 [행해져야 한다면] 어떻게 행해져야 하는지를 더 자세히 결정해야 한다.[36] 그러나 당장은 단지 필수적인 것만은 언급해 놓았다. 아마도 비극 배우인 테오도로스[37]가 말했던 다음과 같이 말한 것[38]이 나쁘지만은 않으니까. 즉 그는 어느 때고 다른 누구에게나 자신에 앞서 무대에 등장하는 것을 허용하지 않았는데, 심지어 청중들이 맨 처음에 [목소리를] 들은 배우에게 익숙해질 수 있다는 이유로, 아주 보잘것없는 역할을 맡은 배우조차

33 공통적으로 욕(psogos)을 사용한다. 이암보스로부터 코메디아가 생겨났다(『시학』 1448b24-1449a15 참조). 하지만 코메디아가 생겨난 후에도 이암보스는 존재했다. 이암보스는 조롱 혹은 풍자하는 노래이고, 고희극을 대표하는 아리스토파네스의 코메디아에는 욕설과 음담패설이 풍부하게 나온다.

34 플라톤, 『법률』 935e 참조. 큰 아이들은 코메디아를 좋아하고, 교육받은 여자들과 좀 더 나이 든 젊은이들은 비극을 좋아한다(『법률』 658d). 코믹한 모방물들은 노예와 외국인들에게 허용된다(『법률』 816d-e).

35 즉 젊은이들이 이러한 공연(이암보스와 코메디아)에 참여하는 것을 금지할 것인지 금지하지 말아야 하는지를 입법하는 문제.

36 이 약속은 『정치학』에서 이뤄지지 않았다.

37 기원전 4세기의 유명한 비극 배우. 『수사학』(1404b22-24)에서는 그 목소리가 작위적이지 않고 자연스럽게 들렸다고 찬양하고 있는데, 『소피스트적 논박에 대하여』(183b32)에 나오는 인물과 동일 인물로 추정된다.

38 방금 말했던 것.

무대에 먼저 서도록 허용하지 않았다. 그와 같은 것이 사람들끼리의 교제(관계, 친숙함)나[39] 사물들과의 관계에서도 동일하게 일어난다. 즉 우리는 맨 처음으로 접하게 되는 모든 것들에 대해 더 많은 애착을 가지니까. 따라서 우리는 젊은이들이 온갖 나쁜 일, 특히 그 안에 사악함이나 적대감을 포함하고 있는 그러한 모든 것들에 익숙해지지 않도록 해야 하는 것이다.[40]

5세를 지나 7세가 되기까지 2년간은 그들이 배울 필요가 있을 학과들[41]을 견학하게 해야 한다.[42] 그런 다음 교육이 필연적으로 분리해야 하는 두 시기가 있는데, 하나는 7세부터 사춘기까지에 상응하는 교육 기간이고,[43] 또 다른 하나는 사춘기부터 21세까지에 상응하는 교육 기간이다.[44] 왜냐하면 인생의 단계를 일곱 살마다 나눈 사람들은 대체로 나쁘
1337a 게 말하지 않았다. 우리는 자연의 구분에 따라야 한다. 왜냐하면 모든 기술과 교육은 자연이 남겨 놓은 것[45]을 채우려는 목적을 가지고 있기 때

39 이것은 테오도로스가 가졌던 견해다.

40 이러한 것들의 예에 대해서는 플라톤, 『국가』 378d 참조.

41 체육과 무시케 교육.

42 7년을 주기로 인생은 나누는 대목은 이 밖에도 1335b32-34, 1338b40-1339a7 참조. 플라톤은 6세가 되면 소년들을 승마, 활쏘기, 투창 및 투석기로 돌 던지는 것을 배워야 한다고 말한다(『법률』 794c). 아리스토텔레스는 체육술과 신체 훈련술을 말하고 승마에 대해서는 언급하고 있지 않다.

43 7세에서 14세까지는 체육과 신체 훈련이 주어진다(1338b6-7). 또 이 기간 동안에는 문자, 체육, 음악, 그림 그리기가 교육된다(1337b23-25).

44 이 기간 동안에는 4년간의 엄격한 신체 훈련과 군사적 훈련이 끝난 21세 이후에는 폴리스의 정치적 활동에 대한 책임을 떠맡기 시작한다. 21세 이후에는 더 이상의 교육이 없다는 뜻일까?

45 결핍된 것.

문이다.[46]

따라서 지금부터 고찰해야 할 것은, 먼저 아이들을 위해서 어떤 제도를 만들어야 하는지를, 그다음에 아이들에 대한 돌봄을 공동의 방식에 위임하는 것[47]이 유익한지, 아니면 (현재 대다수의 폴리스에서 행해지고 있는 것처럼) 사적인 방식에 따르는 것이 유익한지,[48] 세 번째로 그 돌봄은 어떠한 것인가 하는 것이다.[49]

46 『자연학』 199a15-17 참조("일반적으로 기술은 어떤 경우에는 자연이 완성할 수 없는 것들을 완결하고, 어떤 경우에는 자연을 모방한다"[holōs te hē technē ta men epitelei ha hē phusis adunatei apergasasthai, ta de mimeitai]). '기술은 자연을 모방한다'(『자연학』 194a21).

47 공적 돌봄(교육)이 필요하다는 주장에 대해서는 『니코마코스 윤리학』 1180a29-32 참조.

48 첫 번째 질문은 1337a11-21에서, 두 번째 질문은 1337a21-33에서 답해진다.

49 공적 교육 방식에 대해서는 1337a34 아래에서 논의되고 있다.

제8권

최선의 정치체제에서의 교육과 무시케

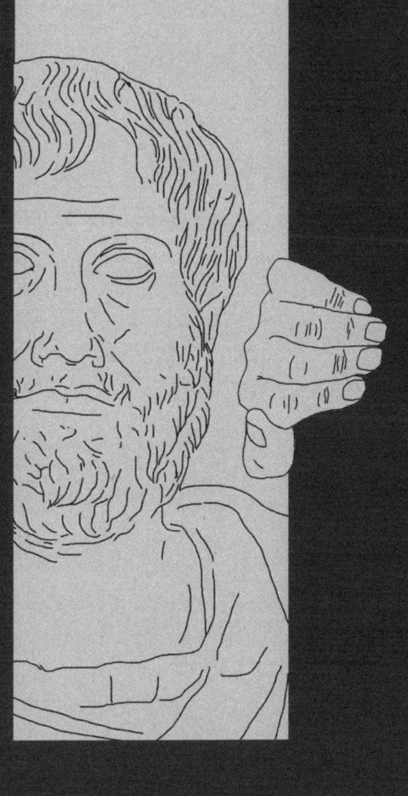

제1장

공교육의 필요성

그런데 입법가가 무엇보다 젊은이들의 교육에 노력해야 한다는 것에는 누구도 이의를 제기하지 않을 것이다. 실제로 폴리스에 교육이 없으면 정치체제를 손상시킬 테니까(각각의 정치체제에 맞추어 교육이 이루어져야 하기 때문이다[1]). 사실상 각각의 정치체제에는 고유한 성격이 있는

1 폴리스 정치체제의 존속을 위한 교육의 중요성은 앞서도 강조된 바 있다. 특정한 정치체제를 보존하기 위해서는 시민들이 특정한 성격을 함양해야 한다(1260b13 아래 및 1310a12-36). 아리스토텔레스의 주장은 자신이 생각하는 '이상적 폴리스'뿐만 아니라 어떤 정치체제가 되었든, 아이들은 교육받아야 한다는 것이다. 여기서 그는, 과연 교육이 아이들 자신에게 이로운지 아닌지의 여부는 전혀 논의하지 않고, 그저 정치체제에 좋다는 주장만 내세우고 있다. 정치체제를 유지하기 위해 폴리스에서 주어지는 교육만 획일적으로 행하는 것이 정말 좋은 것인지는 의문의 여지가 있다(나는 제도권에서만 주어지는 획일화된 교육 체제에 대해 찬동하지 않는다!). 아리스토텔레스는 여기서 "나은 성격은 보다 나은 정치체제의 원인"(17~18)이라는 점만을 염두에 두고 있다. '자유'를 좋아하는 사람들은 '민주정'을 형성하고, '덕'을 좋아 하는 자들은 '귀족정'을 형성할 것이다. 한 정치체제의 우월성은 시민의 성격의 우월성에 달려 있다는 것이다. 그래서 아리스토텔레스의 주된 관심은 좋은 폴리스를 만드는 것은 '좋은 시민'일 뿐 아니라, '좋은 인간'이 구성원이라는 데에 있다. '좋은 시민'과 '좋은 인간'이 같지 않다는 것에 대해서는 제3권 제4장의 논의를 참조. 당시 헬라스에서는 관례적으로 폴리스가 아이들의 교육에 강제적으로, 혹은 다른 공적 수단을 통해서 개입하지 않고 시민들 스스로가 자신의 아이들에게 읽고 쓰는 것을 가르쳤다고 한다. 아테나이에서 초등교육이 어떻게 이루어지고 있었는지에 대해서는 논란이 되고 있다. 플라톤은 의무교육을 강조하고 있다. "어른이고 아이고 간에 모두가 가능성에 따라 의무적으로(ex anangkēs) 교육을 받아야 합니다. 이들은 낳는 이들의 것이기보다는 오히려 폴리스의 것이니까요"(『법률』 804d-e 참조). * 박근혜 정권 시절에 불거진 국사 교과서 국정화 논란을 바라보며 든 생각이다. 설령 다른 방식의 교육과 내용을 가진 것이, 가령 자유 발행 국사 교과서 같은

데, 예를 들어 민주정적 성격은 민주정 정치체제를, 과두정적 성격은 과두정 정치체제를 말하는 것처럼, 으레 성격이 정치체제를 보호하고 애초부터 그 정치체제를 확립하는 것이었다.[2] 어떠한 경우에도 더 나은 성격이 더 나은 정치체제의 원인이 된다. 게다가 각각의 일을 수행하기 위해, 모든 능력과 기술[3]에 관련해서 미리 교육되고 또 미리 습성화되어야 하는 것들이 있어야 하기에,[4] 따라서 덕의 활동을 위해서도[5] 그런 것들이 미리 있어야 하는 것은 분명하다.[6]

폴리스 전체의 목적은 하나기 때문에,[7] 필연적으로 시민의 교육도 하나고 동일해야 한다는 것은 명백하다. 그리고 이 교육의 돌봄도 각 개인

것이 현재의 정치체제에 대해 나쁜 것이었다고 해서 다른 종류의 교육이 아이들에게 더 낫지 말라는 법이 어디 있는가?

2 성격과 정치체제의 관련성에 대해서는 플라톤, 『국가』 544d-e 참조. 『수사학』 1366a12-16.

3 1268b36 참조. "이런 이유에서 모든 기술(technē)과 제작적 학문들은 능력(dunamis)들이다. 왜냐하면 그것들은 다른 것 안에 또 다른 것인 한에서의 자기 안에 있는 변화의 원리들이기 때문이다"(『형이상학』 1046b2-4).

4 습관과 교육이 동시에 언급되는 곳이 여러 대목에서 나타나고(1288b1, 1310a16), 이와는 달리 교육(paideia)이 습관화(to ethizesthai)를 포함하는 것으로 말하는 구절도 있다(1332b10). 에우리피데스는 상실된 작품 『아우게』(*Augē*)에서 덕에 관해 "자유로운 상태로 내버려 두는 것이 최선"이라고 말했다. 그러자 소크라테스는 "사람들이 노예를 못 찾을 때는 그걸 찾는 것을 가치 있게 여기면서, 덕을 그처럼 사라지게 내버려 두는 것은 우스운 일"이라고 말했다고 한다(디오게네스 라에르티오스, 『유명한 철학자들의 생애와 사상』 제2권 33).

5 1337b9에는 "덕의 사용과 활동"이란 표현이 나온다.

6 기예의 경우와 덕의 경우가 다르다는 언급도 있다(『니코마코스 윤리학』 1105b26 아래). 덕은 기예의 경우와 달리 '앎'이 중요하지 않고, 행위 함에 있어 합리적 선택과 행위 자체, 그리고 확고하면서도 흔들리지 않는 상태로 행위하는 것이 더 중요하기 때문이다.

7 1323b40-1324a2 참조.

이 자신의 아이들을 개인적으로[8] 돌보고 자신이 가장 좋다고 생각하는 개별적인 교과목을 가르치는 현재의 개인 단위의 방식이 아니라[9] 공통적으로 이루어져야 한다.[10] 또, 공공 사항에 관한 훈련도 공통적으로 실시되어야 한다.

그리고 이와 동시에 시민은 누구든지 자신을 자신에게 속한다고 생

8 여기서 '사적으로'라는 말은 아이들의 아버지의 손에서 교육된다는 것을 의미한다.

9 기원전 5세기와 4세기의 헬라스에서 공적 의무교육을 실행한 폴리스는 존재하지 않는다. 라케다이모니아와 같은 소수의 폴리스에서만 공적 의무교육에 대한 관심이 있었고, 대부분의 폴리스에서는 이런 문제에 대해 소홀히 취급해 왔다. 아리스토텔레스는 이런 문제에 대해 공동의 관심을 기울이는 것이 최선이지만, 그렇지 않다면 가장(家長)의 뜻대로 자신의 자식을 덕으로 이끌면서 교육해 왔다는 언급에 대해서는 『니코마코스 윤리학』 1180a25-32 참조("이런 문제에 관해서는 공동의 관심이자 옳은 관심이 생겨나는 것이 최선이다"). 폴리스에 의한 의무교육에 대한 플라톤의 언급에 대해서는 『법률』 804c-e, 810a 참조. 플라톤은 개인의 아버지가 반대해도 국가에 의한 교육을 의무적으로 해야 한다고 주장한다. 플라톤은 소년, 소녀에게 공히 동일한 것을 교육 과정으로 제시하고 있다. 그러나 아리스토텔레스는 어디서에서도 여자에게도 동일한 교육을 제공하는 문제를 언급하고 있지 않다.

10 교육이 폴리스에 의해 이루어져야 한다는 주장에 대해서는 1263b36 아래 참조("교육(paideia)에 의해서 폴리스를 공동의 것과 하나로 만들어야 하는 것이다"). 훈련에 관해서는 플라톤, 『법률』 942b 아래 참조. 이 논증은 이렇게 정리된다. 1) 폴리스 전체는 하나의 목적이 있다. 2) 시민으로 교육받는 목적은 동일해야 한다. 따라서 각 시민은 동일한 목적을 가진다. 3) 그 목적은 덕의 활동이거나 행복이다. 4) 이것이 교육이 성취해야 하는 유일한 목표다. 5) 폴리스의 목적이 하나기 때문에, 다양한 목적을 가진 사교육이 아니라 하나의 목적을 지향하는 공공의 교육을 통해서 교육이 이루어져야 한다. 6) 그러므로 공동의 것들에 관한 교육은 필연적으로 공공적으로 이루어져야 한다. 반면, 교육이 하나고 동일한 것이어야 한다는 팔레아스의 주장에 반대하는 논증에 대해서는 제2권 제7장 1266b30-38 참조.

각해서는 안 되며,[11] 각자는 폴리스의 일부이므로[12] 모든 시민이 자신이 폴리스에 속한다고 생각해야 한다. 그리고 각각의 부분에 대한 돌봄은 전체에 대한 돌봄으로 향하는 것이 자연스럽다.[13] 이런 측면에서[14] 사람들은 라케다이모니아인들을 찬양할 수 있을 것이다.[15] 왜냐하면 그들은 아이들에게 최대한의 진지한 관심을 기울였고, 그 진지한 관심을 공동으로 행했기 때문이다.[16]

11 시민들이 폴리스에 속한다는 주장에 대해서는 플라톤, 『법률』 804d 참조. 스파르타인들은 그 누구라도 자기 자신에게만 속하지 않고, 조국의 공유물이라는 생각을 가지고 있었다(플루타르코스, 『뤼쿠르고스』 24, 25). 시민의 재산이 폴리스 전체의 것이라는 언급에 대해서는 플라톤, 『법률』 923a 참조.

12 1253a18-29, 1254a9-10("부분은 또 다른 것의 부분일 뿐만 아니라, 통째로(haplōs) 다른 것에도 속하는 것이니까"). 참조. 전체는 부분에 앞서기 때문에, 폴리스는 본성적으로 각각의 시민에 앞선다(1253a18-20). 1297a17 아래 참조.

13 "합당한 부분의 덕은 전체의 덕에 관련해서 살펴져야 하므로"(1260b14).

14 kai touto(이 문제들에서도 또한).

15 1333b5-1334a10 참조.

16 라케다이모니아의 아고게(agōgē)와 같은 교육 기관을 말한다.

제2장

교육의 목표

그래서 교육에 대한 법률을 제정해야 하고, 또 교육을 공통적으로 실시해야 하는 것은 분명하다. 그러나 그 교육이 어떤 것이며, 또 어떻게 교육되어야 하는가 하는 물음을 소홀히 해서는 안 된다. 왜냐하면 현재도 교육의 임무에 대해서는 논쟁이 있기 때문이다. 즉 (1) 덕을 위해서든 최선의 삶[행복]을 위해서든 젊은이는 동일한 것을 배워야 한다고 모든 사람이 생각하는 것은 아니며,[1] 또한 (2) 교육에 사고하는 것이 적절한지, 아니면 영혼의 성격을 위한 것이 적절한지도 명백하지 않으니까.[2]

통상적으로 바라보는 교육의 관점에서 생각해 보면, 교육에서 훈련

1 즉 첫 번째 논란이 되는 물음은 '덕과 행복이 교육의 주제라고 한다면, 모든 사람이 그것들에 관한 동일한 것을 배워야 하는가'거나, '모든 사람이 동일한 것을 배워야 한다면, 덕과 행복이 그 주제여야 하는가'다. 아리스토텔레스는 이미 제8권 제1장에서 교육은 '하나여야 하고 모든 사람에게 동일해야 한다'라고 답을 내린 바 있다(1337a22-23). 젊은이는 덕과 최선의 삶에 관해 배워야 한다는 것은 그의 기본적 가정이다(1332a28-b11). 또 덕은 행복의 가장 중요한 요소이기 때문에(1323b21-23), 행복에 대한 훈련은 덕에 대한 훈련을 요구한다. 이 점에 대해서는 『니코마코스 윤리학』 1172a24('덕과 행복한 삶'), 『토피카』 116b25("행복을 위해 기여하는 것이 실천적 지혜에 기여하는 것보다도 더 선택될 만하다") 참조. 나아가 음악을 배우는 것은 덕을 위해서이고, 또 여가에서 여가거리(tēn en tēi scholēi diagōgēn; 1338a10)를 위해서, 즉 최선의 삶(ton bion ton ariston)을 살기 위해서다.

2 아리스토텔레스 교육에 대한 입장은 '생각(정신)과 영혼의 성격' 양쪽을 다 계발하는 것이다(1323a41-b11). 행복은 이 두 기능('지적인 덕과 성격적 덕[탁월함]')을 발현하는 것으로 이루어지니까(『니코마코스 윤리학』 1103a3-8, 『에우데모스 윤리학』 1220a5-6['성격적 덕과 사유적 덕'[dianoētikē]).

해야 할 것은 (3) 생활에 유용한 것들인지, 덕을 목표로 한 것인지, 아니
면 특출 난 것[3]인지 명확하지 않고,[4] 그 탐구는 혼란스러운 결과가 된다
(그것들 모두가 [나름대로] 일정한 옹호자들의 지지를 받고 있으니까.[5])
1337b 게다가 (4) 덕에 이바지하는 교육에 관해서조차도 전혀 의견 일치를 보
고 있지 못하다. 누구나가 당장 동일한 덕을 존중하는 것이 아니므로, 덕
의 훈련에 대해서도 의견이 다를 수밖에 없는 것도 당연한 이치다.[6]

그렇기에 유용한 것들 중에서 필수 불가결한 것들[7]을 교육해야 한다는 것은 의심의 여지가 없지만, 모든 것을 교육시켜서도 안 된다는 것도 또한 의심의 여지가 없다(자유인의 일과 그렇지 않은 자의 일이 나뉘어

3 '특출 난 것'은 '유용한 것'과 대비되어 현실적으로는 유용하지 않은 것으로, 천문학, 기하학 같은 다른 과학적 주제를 말하는 것 같다(W. Newman, vol. 3, pp. 504~505 참조). 아낙사고라스, 탈레스 같은 철학자들은 유용한 것을 모르고 지냈기 때문에 '지혜로운 자'로 불릴 뿐 '실천적 지혜(슬기)를 가진 자'로 불리지 않았다. "사람들은 그들이 특출 나고(비범하고) 놀랄 만한 것들(peritta kai thaumasta), 어렵고 신적인 것들이지만, 쓸모는 없는 것들을 알고 있다고 주장한다. 그들이 인간적인 좋음을 추구하는 것은 아니기 때문이라고 말이다"(『니코마코스 윤리학』 1141b3-8).

4 교육의 목적은 (1) 삶에 유용한 것을 위해서(공리주의적 입장), (2) 도덕적 덕을 계발하기 위해서, (3) 지적인 기능을 위해서다. 그러나 아리스토텔레스는 즉각적으로 5행 아래에서 이 가운데, 삶에 '유용한 것들'에 대해서는 모두가 아니라 '어떤 것들'만을 가르쳐야 한다고 한계를 긋는다.

5 드라마 경연에서 빌려온 비유로 보인다(『형이상학』 989a6 아래 참조: '나름대로 심판관(찬동자)을 가져서').

6 스파르타인들은 덕의 일부에 지나지 않는 군사적 탁월함과 덕을 동일시해서, 자연히 덕의 훈련에서 잘못을 범하게 마련이다. 스파르타의 하나의 덕, 즉 용기만을 지나치게 강조하는 것에 대한 비판은 1324b7-9. 1333b12-14, 1334a41-b3 참조.

7 시민의 자격을 구비하는 데에 필요한 유용할 수 있는 것을 배워야 하는데, 그것들은 읽기, 쓰기, 체육, 그림 그리기 등을 가리키는 것일 수도 있고(1337b22-27 참조), '여가를 위한 활동에 필요한 것', '일을 위한 배움들'(1338a9-13)을 가리킬 수도 있겠다. 체육은 당연히 필요한 것에 속해야 할 것이다. 전쟁은 필요악이니까! 읽기는 여가를 위해 필요할 테니까.

있으니까). 그래서 배워야 하는 것은 유용한 것들[8]이지만, 배우는 자를 비천하게 만들지 않는 것에 한정된다는 것은 명백하다. 따라서 자유인의 신체나 [혹은 영혼이나][9] 생각을 덕의 활용이나 실천을 위해 도움이 되지 않게 하는[10] 일, 기술이나 배움을 비천한 것으로 간주해야 한다. 게다가 신체를 나쁜 상태로 하는 기술, 임금을 받고 노동을 하는 일[11] 모두를 비천하다[12]고 우리는 부른다. 왜냐하면 그 기술들은 생각을 위한 여가를 남겨 두지 않고 그것을 저질스러운 것[13]으로 만들기 때문이다.[14]

그러나 자유인에게 걸맞은 지식(학과)의[15] 경우에 무언가 어느 정도까지 도달하는 것이 자유인답지 않은 것은 아니지만, 엄밀성을 요구해[16] 지나치게 진지하게 몰입하게 되면 앞에서 언급한 해악을 입기 쉬운 것이다. 또 누군가가 어떤 목적을 위해서 행하거나 배운다는 것도 큰 차이

8 요리술은 배우지 말아야 한다(1339a39 아래).

9 주제밀은 생략하고 있다.

10 기술을 발휘하는 것이 덕에 방해가 된다는 점에 대해서는 1328b39-1329a2 참조.

11 원어 ergasia는 기술(technē)보다 더 넓은 의미로 사용되는 말이다. 『니코마코스 윤리학』 1121b33 참조.

12 『니코마코스 윤리학』 1123a19 참조.

13 '저질스러운 것'로 옮긴 tapeinos(비천한 사람)는 thētikos(고용된 머슴꾼)와 같은 의미로 사용된다(『니코마코스 윤리학』 1125a1).

14 즉 '정신에 여가(scholē)를 남겨 두지 않으며, 또한 정신을 저질스럽게 만들기 때문'에 기술들이 banausos한 것이며, 이 기술들을 익히게 되면 자유인답지 못한 노예의 삶을 살 수밖에 없다는 것이다.

15 tōn eleutheriōn epistēmōn(liberales artes). 요즘 흔히 말하는 '인문과학'(자유 학문)에 해당하는 헬라스 말이다. 자유 시민의 교육은 읽기와 쓰기, 체육, 음악, 그림 그리기를 비롯한 도덕적 진보를 위해 배워야 하는 것들을 포함한다. 그러나 문자를 배우는 것과 체육은 도구적 가치만을 가진다(1338a15-20 참조).

16 그 일에 대한 상세한 이해.

를 낳는다. 왜냐하면 자신을 위해서나 친구를 위해, 혹은 덕을 위해서 행하는 것은 자유인에게 어울리지 않은 일이 아니지만, 그러나 이와 같은 일을 남을 위해[17] 행하는 사람은 많은 경우에 임금을 받는 머슴꾼이나 노예의 일을 행한다고 대개 생각할 것이기 때문이다.[18]

17 다른 사람에게 복종해서 혹은 다른 사람의 명령에 따라서.

18 전문적인 음악가들은 다른 사람에게 봉사하고 생활하기 위해 자신의 신체를 이용하는 것이기 때문에 머슴꾼(고용된 임금노동자)이나 노예와 같다는 것이다.

제3장

교육과 여가, 음악의 역할

따라서 현재 확립되어 있는 학과(학습)는 앞서 언급한 바처럼[1] 두 방향성으로 잡혀 있다.[2] 통상적으로 사람들이 가르치기를 목표로 하는 것에는 대략 네 개의 교과가 있으며, 쓰기와 읽기,[3] 체육, 음악(무시케),[4] 그리고 네 번째로 어떤 경우에는 그림[5] 등이 있다. 한편으로 읽기와 그림은 삶을 위해서 유용하고 다양한 목적에 도움이 되기 때문에 가르쳐야 하고, 반면에 체육은 용기에 이바지하는 것으로 가르친다.[6] 그러나 음악에 대해서는 즉시 어떤 의문을 제기하는 사람이 있을 것이다. 왜냐하면 오

1 1337a39-42.

2 삶에 유용한 것과 덕에 이바지하는 것(1337a41-42).

3 grammata는 읽기와 쓰기, 문법 지식 등을 포함한다.

4 mousikē(시와 음악)가 『정치학』 제7권, 제8권에서 처음으로 언급되고 있다. 이후 제5장에서 제7장에서 걸쳐 무시케가 주요 논의 주제가 되고 있다. 헬라스 시가는 일종의 노래였다. 시와 음악 간의 명확한 구분이 그어지지 않는다. 대부분의 시는 음악을 동반했으며, 서정시는 전형적으로 노래였다. 헬라스의 악기는 그 자체로 연주되기도 했지만, 대개는 노래를 동반했다. 원칙적으로 시는 노래되기 위해서 쓰인 것이었다. 『정치학』 제7~8권에서 무시케를 '음악'을 가리키는 것으로 이해해도 별 무리가 없어 보인다. 다만 무시케가 시가(문학)를 포함한다는 점은 염두에 두어야 한다. 이후 논의의 초점은 '음악'의 세 가지 역할을 설명하는 것으로 모아지고 있다. 첫째는 음악이 '덕'(훌륭함)을 진작하는가? 둘째는 음악이 우리에게 즐거움을 주는가? 셋째는 음악이 여가 시간을 보내는 적절한 방법인가?(제5장 1339b13-15)

5 graphikē(그림)에 조각은 포함되지 않는다.

6 앞서 언급된 이상적 삶에서 벗어난 과학적 주제들인 '특출 난 것들'(천문학이나 기하학; 1337a33-b3)은 통상적 과목에서 배제되고 있다.

늘날 대다수의 사람들은 쾌락을 위해 음악에 참여하기 때문이다. 그러나 애초부터 사람들이 음악을 교육의 한 부분으로 자리매김한 것은 여러 번 언급된 것처럼 자연 본성 그 자체가 일을 올바르게 할 뿐만 아니라, 여가를 아름답게 보낼 수 있도록 요구하기 때문이다.[7] 이것[8]이 다른 모든 것의 출발점이다.[9] 그러므로 우리는 그 일에 대해 다시[10] 논의하기로 하자.[11]

일과 여가가 모두 꼭 필요하지만, 여가를 보내는 것이 일보다 더 바람직하고, 또 여가가 일의 목적이다. 그렇다면 무엇을 하고 여가를 보내야 하는지를 탐구해야 한다. 확실히, 그것은 놀이(오락)하는 데에 있는 것이 아니다.[12] 그렇지 않다면 [여가가 인생의 목적인 것처럼] 놀이가 필연적으로 우리에게 삶의 목적이 될 수밖에 없을 테니까. 그러나 이것이 불가능하고, 오히려 일하는 사이에 놀이를 사용해야 한다면(힘든 수고를 겪는 사람은 휴식이 필요하고, 놀이는 휴식을 위해 있는 것이며,[13] 일의 수행은 힘든 수고와 긴장을 동반하는 것이니까), 이런 이유로 마치 약을 투약하는 것처럼[14] 사용하는 경우와 같이, 사용할 때 주의하면서 놀이를

7 1271a41-b10, 1333a30-b5, 1334a2-b28, 『니코마코스 윤리학』 1177b2-18.

8 hautē(이것)는 '여가를 누리는 것'(scholazein)를 지시한다. 즉 "아름답게(잘) 여가를 누릴 수 있는 능력". 여가는 정치학의 목적이다(1334a4-5).

9 1323a14-21 참조.

10 1331b1 및 1334a2 아래.

11 여가가 아르케인 이유는, 그것이 모든 것이 목표로 하는 행복이기 때문이다.

12 『니코마코스 윤리학』 1176b27 아래("행복은 놀이 속에 성립하는 것이 아니다. 또 우리의 목적이 놀이이며, 고작 놀기 위해 우리가 전 삶에 걸쳐 애쓰고 어려움을 감내한다는 것은 이상한 일이기 때문이다"). 플라톤, 『법률』 803d-e 참조.

13 플라톤, 『필레보스』 30e 참조.

14 약은 필요하고 적절한 때에 복용한다는 점에서 지속적으로 제공되는 음식과는 다르다

도입해야 한다.[15] 왜냐하면 영혼의 이와 같은 종류의[16] 운동[17]은 [그것이 1338a
동반하는] 쾌락 덕분에 긴장을 푸는 것이고, 또 [그것이 동반하는] 쾌락 덕분에 휴식하는 것이기 때문이다.[18]

여가를 누린다는 것 자체가 쾌락과 행복, 행복하게 사는 것을 포함하는 것처럼 보인다.[19] 그러나 행복은 일을 열심히 하는 사람의 것에 속하는 것이 아니라, 여가를 보내는 사람의 것에 속한다. 왜냐하면 일을 열심히 하는 사람은 아직 소유하지 않은 어떤 목적을 위해 일에 종사하고 있지만, 반면에 행복은 목적이며, 고통이 아니라 쾌락을 동반한다고 누구나 생각하기 때문이다. 그럼에도 사람들은 이미 이 쾌락[20]을 모든 사람에게 동일한 것으로 받아들이지 않는다. 오히려 각자는 자신에게 맞는 것[21]과 자신의 상태를 쾌락으로 받아들이는 것이며, 최선의 사람은 최선의 것을, 즉 가장 아름다운 것으로부터 생기는 것을 쾌락을 받아들인다.[22]

(『가정 경제학』 1344b11-12). "질병에 걸렸을 때 약을 복용하는 것은 유익하지만 단적으로 유익한 것은 아니다"(『토피카』 115b26-27).

15 놀이와 휴식에 관한 논의는 『니코마코스 윤리학』 1176b9-1177a11 참조.

16 즉 놀이에 포함된.

17 여기서 kinēsis는 장소 이동이 아닌 (질적) 변화를 말한다.

18 즉 약을 적절할 때에 복용하는 것처럼 긴장이 있을 때만 놀이가 있어야 한다는 것이다.

19 따라서 놀이의 조력이 필요하지 않다.

20 행복을 동반하는 즐거움.

21 각자 자신에게 적합한 것(kath' heautous).

22 각각의 성격에 따라 아름다운 것과 즐거운 것의 척도가 달라진다(『니코마코스 윤리학』 1113a31-b2). 『니코마코스 윤리학』 1176a15-19("덕과 좋은 한에서의 좋은 사람이 각각의 사안에서 척도(metron)라는 것이 사실이라면, 즐거움 또한 좋은 사람에게 즐거움으로 보이는 것이 즐거움일 것이며, 이 사람이 기뻐하는 것이 즐거운 것일 게다") 및 1099a7-12 참조("즐거워한다는 것은 영혼적인 일이며, 자신이 애호하는 그것이 각자에

따라서 여가 시간을 보내기 위해 무엇인가를 배우고 교육되어야 하며,[23] 게다가 그러한 교과나 학습들은 그것들 자체를 위해 이루어지지만, 한편 일을 위한 교과 학습들은 필수 불가결한 것으로서 다른 것을 위해 이루어져야 한다는 것은 명백하다. 바로 이러한 이유로 우리의 선행자들은 음악을 교육에 놓아둔 것인데, 그것이 필수 불가결한 것이기 때문이 아니며(음악은 그러한 성격을 갖는 것이 아니니까), 또한 그것이 유용하기 때문도 아닌 것이다. 마치 읽고 쓰는[24] 것이 돈벌이나, 가정 경영이나, 학습이나,[25] 많은 정치적 활동을 위해서 유용하듯이 [그것은 유용하지도 않다]. 또 그림이 기술과 관련된 일을 더 잘 판단하기 위해서 유용한 것으로 생각되는 것처럼[26] [그것은 유용하지도 않다]. 또한 그것은 체육이 건강과 용감함을 위해서 유용한 것처럼 유용한 것도 아니다(우리는 음악에서부터 그것들 중 어느 것도 생겨나는 것을 보지 못하니까[27]).

게 즐겁기 때문이다. 예를 들어 말(馬)은 말의 애호자에게 즐거운 것이며, 볼 만한 구경거리는 구경거리를 좋아하는 사람에게 즐거운 것이다. 이와 같은 방식으로 정의를 사랑하는 사람에게는 정의로운 일이 즐거운 것이며 일반적으로 탁월성을 사랑하는 사람에게는 탁월성에 따른 것들이 즐거운 것이다"). 플라톤, 『법률』 658e 참조.

23 여가가 목적이니까. diagōgē는 '여가 시간을 보내는 것'을 의미한다. 여가로 번역되는 scholē와 연관되는 diatribē, diagōgē의 의미를 염두에 두는 것이 유익할 수 있다. 넓은 의미에서 후자의 두 용어는 스콜레의 하위 집합에 속한다. 이 두 용어는 기본적으로 '시간을 보낸다'는 의미를 지닌다. diatribē는 '대화한다' 의미로 확장되어 헬레니즘 시기엔, 하나의 '대화 문학의 형식'을 가리키는 말이 되기도 한다. 에픽테토스의 책 제목 자체가 『강의』(*diatribai*)이다. diagōgē는 여가를 지내는 수단으로서의 즐거움을 주는 '소일거리로서의 오락'을 의미하기도 한다. 『정치학』에서 맥락에 따라 diagōgē는 스콜레와 중첩되는 의미로 사용되기도 한다.

24 요즘 말로 하자면 '인문 교육'을 가리킨다.

25 즉 지식의 획득.

26 1338a40 아래 참조.

27 이와는 달리 플루타르코스는 스파르타인들은 '음악적일 뿐만 아니라 상무(尙武)적이라

따라서 거기서 남아 있는 이유는 음악은 여가에서의 여가거리[28]를 위해서고,[29] 분명히 바로 그런 이유로 선행자들은 음악을 교육으로 끌어들인 것이다. 즉 음악이 자유인들에게 걸맞은 시간을 보내는 방식으로 자리매김한 것이다.[30] 그래서 호메로스는 다음과 같이 시를 썼다. "그러나 흥겨운 향연에 그만이 불릴 것이다."[31] 이렇게 말한 다음, '시인이라 불리는' 어떤 다른 사람들을 덧붙이고 말하기를, '그는 모든 사람을 기쁘게 해줄 것'이라고 말한다. 다른 구절에서 오뒷세우스가 최선의 여가거리(여흥)는 사람들이 유쾌해 할 때, 또 '향연에 초대된 손님들이 홀에 죽 둘러앉아서 시인의 노래에 귀를 기울이고'[32] 있을 때라고 말한다.

따라서 유용하고 필수 불가결하기 때문이 아니라, 자유인답고 아름답기 때문에 아들들에게 가르쳐야 하는 어떤 교육이 있다는 것은 명백하다. 그러나 학과의 수가 하나든 여럿이든, 또 그것들이 어떤 것이며, 어떻게 가르쳐야 하는지에 관해서는 나중에 따져 보아야 한다.[33] 그러나 현재로서 옛날 사람들에게서 그들이 확립한 교과[34]에 바탕을 둔 증언을

고' 표현하고 있다. 실제로 그들은 전쟁을 하기 앞서 무사 여신들에게 제사를 지냈다고 한다. 테르판테스와 핀다로스는 음악과 용기는 서로 힘을 북돋아 주는 관계라고 생각했다고 한다(「뤼쿠르고스」 21 참조).

28 이성적인 즐김, 시간을 보냄.

29 음악은 여가를 위해서 유용하다는 결론이 따라 나온다. 무시케(시와 노래)가 '도덕적 덕과 지적인 덕'에 유용하다는 논의는 1340a40 아래에서 나온다. 아리스토텔레스가 염두에 두고 있는 무시케는 '가사가 있는 노래'이다.

30 노예에게는 여가가 없다(1334a20).

31 『오뒷세이아』 제17가 382~385행 참조. 명백하게도 아리스토텔레스가 언급하는 첫 시행이 『오뒷세이아』에는 나오지 않는다.

32 『오뒷세이아』 제9가 7~8행.

33 전해지는 『정치학』 어디에도 언급되어 있지 않다.

34 즉 필수 불가결한 것이 아니라 자유롭고 고귀한 것으로서 젊은이들에게 가르쳐 왔던

얻었기에, 사실상 우리에게 도움이 되는 이만한 정도의 진전이 이루어졌던 것이다. 다시 말해 음악이 이 사실을 밝혀 주고 있으니까.

게다가 유용한 것들 중 어떤 것은 아이들에게 교육되어야 하는데, 그것이 유용하기 때문만이 아니라(예를 들어 읽기와 쓰는 학습), 그것들을 통해 다른 많은 학습이 가능할 수 있기 때문이다. 이와 마찬가지로 그림 그리기도 교육받아야 하는데, 그들 각자의 구입에서 잘못을 저지르지 않기 위해서나, 물품을 구입하고 팔 때에 속지 않기 위해서만이 아니라,
1338b 오히려 그들로 하여금 다양한 신체상의 아름다움을 감상할 수 있도록 배워야 하는 것이다. 모든 면에서 유용성을 추구한다는 것은 원대한 마음을 가진 사람[35]과 자유인에게는 가장 어울리지 않는다.

이성보다 먼저 습관에 의해 교육해야 하고, 생각보다 신체에 대한 교육이 앞서야 한다는 것이 명백하기 때문에,[36] 이것들로부터 아이들을 체육술과 신체 훈련술[37]에 맡겨야 한다는 것이 분명해진다. 즉 이것들 중 전자는 신체를 어떤 상태로 만들어 주고, 후자는 다양한 훈련을 부과하는 것이다.

과목(커리큘럼).

35 '원대한 마음'(megalopsuchia)에 대해서는 『니코마코스 윤리학』 제4권 제3장 참조.

36 플라톤은 체육 교육에 앞서 무시케 교육이 있어야 한다고 주장한다(『국가』 403c).

37 플라톤에 따르면 '신체 훈련술'은 육체적으로 아름답고 강하게 만드는 것이다(『고르기아스』 452b). 아마도 여기서 '체육술'은 '신체를 좋은 상태'로 진작하는 것이고(『니코마코스 윤리학』 1138a31), '신체 훈련술'(paidotribikē)은 특정한 임무(중무장병, 활 쏘기, 투석기, 창 던지기와 같은)를 수행하도록 가르치는 훈련인 듯이 보인다(『아테나이의 정치체제』 제42장 3).

제4장

신체 훈련

그런데 오늘날 아이들을 돌보는 일[1]에 가장 신경을 쓴다고 여겨지는[2] 폴리스들 중에서도 어떤 폴리스는 아이들의 신체의 모습과 성장을 훼손함으로써 아이들을 경기 선수와 같은 상태를 만들어 놓는다.[3] 반면에 라코니케인들은 그러한 잘못을 저지르지는 않았지만, 고된 힘든 훈련을 통해서 아이들을 짐승의 상태로 만들어 내고 그것이 용기의 덕을 위해 가장 유익하다고 생각한다.[4] 그럼에도 여러 번 말한 바와 같이,[5] 단 하나의

1 원어로는 epimeleithai이다. 즉 교육을 말한다.

2 dokousai(여겨지는)이란 표현은 실제로는 그렇지 못하다는 의미를 함축한다. "입법자들은 오직 스파르타 사람들의 폴리스에서만, 혹은 소수의 폴리스에서만 시민들의 양육(교육; tropē)과 일상적 행동 방식들에 대해 관심을 가져왔던 것 같다"(『니코마코스 윤리학』 제10권 1180a24-26). 여러 폴리스들에서의 '아이 감독관'(paidonomos)이라 불리는 관료(관료)에 대해서는 제4권 1300a4 참조.

3 아이들을 올림피아, 네메아, 이스트미아, 퓌티아와 같은 제전에서의 운동경기에 출전하도록 가르쳤다는 것이다. 운동가의 신체 '상태'(체질)는 시민으로서 또 군인으로서의 의무를 다하는 데, 건강과 아이를 낳는 데도 유용하지 않다는 것에 대해서는 1335b5-7 참조. 퀴니코스(견유)학파의 디오게네스는 아이들을 다음과 같이 가르쳤다고 한다. 즉 "그는 다른 학업이 끝나면 말 타기, 활쏘기, 돌 던지기 창 던지기를 가르쳤고 그 후에 아이들이 레슬링 장에 다닌 다음부터는 체육교사로 하여금 경기 선수가 되는 훈련을 시키지 못하게 하고, 단지 혈색을 좋게 하고 신체를 좋은 상태로 유지하게 하는 정도의 훈련만 시키도록 하였다"(디오게네스 라에르티오스, 『유명한 철학자들의 생애와 사상』 제6권 30).

4 힙포크라테스도 강한 신체 훈련이 용기를 만들어 낸다고 보았다(뉴먼, Vol. 3, p. 521).

5 1271a41-b10, 1333b5-10, 1334a2-b28(특히 a40 아래).

덕을 지향해서는 안 되며, 또 무엇보다도 그 덕만을 지향하여 돌봐서도 안 된다. 설령 그 덕을 지향한다고 해도 그들은 그것을 성취하지 못 할 것이다. 왜냐하면 우리는 다른 동물이나 다른 이민족, 가장 야수적인 것에서도 용기를 수반하는 것을 보지 못지 못하며, 오히려 더 온순하고 사자와 같은 성격에 사로잡혀 있는 것을 보기 때문이다.[6] 사람을 죽이거나 인육을 먹는 것[7]을 아무렇지도 않게 여기는 민족 대부분은 마치 흑해 연안에 사는 아카이오이족이나 헤니오코이족[8]이나 대륙에 사는 다른 민족들[9]에서도 그들과 비슷하거나 그보다 더한 자들처럼, 이 민족들은 해적질을 일삼지만, 용기는 나누어 가지고 있지는 못하다.[10]

6 아리스토텔레스에 따르면 사자는 "자유롭고, 용맹하고, 고결하다(eugenē)"(『동물 탐구』 488b16-17). 음식을 먹는 동안에만 위험하고 더 이상 배가 고프지 않을 때는 점잖다(『동물 탐구』 629b8-9). 『관상학』에는 사자는 용맹하고, 대담하며, 고매하고, 사냥을 잘하고, 관대하며, 위엄이 있으며(megalopsuchos), 승리만을 원한다고 특징짓고 있다(807a31, 807a20, 813a13, 810b4, 809b35, 811a15-16 참조). 아리스토텔레스에게서의 인간의 성격과 동물의 유사성에 대한 논의는 아리스토텔레스의 진작으로 보이지 않는 『관상학』과 『동물 탐구』 제1권 488b12-25 참조(『관상학』 김재홍 역, 「해제」 pp. 71~72). 이 문제에 대한 언급은 『동물의 부분에 대하여』과 『동물의 생성에 대하여』에서도 간헐적으로 언급되고 있다.

7 『니코마코스 윤리학』 1148b20-24("짐승 같은 상태[thēriōdeis] … 임신 중인 여자들의 배를 가르고 그 안에 있는 아이를 먹어 치운다는 '암컷 인간', 혹은 흑해 연안의 미개인(agriotēs)들 중 일부가 좋아한다고 말해지는 일들—어떤 자들은 인육을, 또 어떤 자들은 날고기를 좋아한다고 하고, 잔치에 쓰라고 자기 자식들을 서로 꿔 준다고도 한다"). 스퀴타이 종족 중의 안드로파고이족이 인육을 먹었다(anthrōpophagia)고 한다(헤로도토스, 『역사』 제4권 106).

8 흑해(Euxine) 동쪽 해안에 살던 종족. 헤니오코이족은 라케다이모니아인들의 분파였다고 한다(스트라본, 제9권 416a 및 제11권 495 아래 참조). 인육을 먹는 흑해 연안의 미개인에 대한 언급에 대해서는 『니코마코스 윤리학』 1148b21-24 참조.

9 흔히 '내륙 민족'(ēpeirōtikos ethos)들이란 말은 섬에 사는 사람들에 대비되며, 아시아에 거주하는 민족들을 가리킨다.

10 교육을 통하지 않은 의견(doxa)은 짐승이나 노예가 갖는 것으로 용기라고 부를 수 없다

더욱이 라케다이모니아인 자신들이 격렬한 훈련에 몰두하는 동안에는 다른 사람들을 능가했지만, 지금은 체육 경기에서나 전투에서도 다른 사람들에게[11] 뒤처진다는 것을 우리는 알고 있다. 왜냐하면 젊은이들을 그런 방식으로 훈련시켰기 때문에 그들이 나은 것이 아니라, 그들만 훈련을 받고 있었지 싸울 상대방은 훈련하지 않았기 때문이다.[12]

그러므로 짐승적인 상태가 아닌, 아름다운 것이야말로 지도적 역할을 맡아야 한다. 왜냐하면 늑대와 다른 야수들도 고귀한(아름답기 위한) 위험에 맞서지 않지만, 오히려 좋은 인간은 그것에 맞서기 때문이다.[13] 그러나 아이들을 지나치게 혹독한 훈련으로 내몰며, 정작 필요한 것들을 교육하지 않고 내버려 두면 아이들을 진정으로 [좋은 인간이 아니라] 비천한 인간으로 만들어 버리고, 단지 정치와 관련된 한 가지에만 유용할 수 있을 것 같지만, 그러나 논란이 보여 주듯[14] 그 점에서도, 다른 사

(플라톤, 『국가』 430b 참조). "용감한 사람은 인간으로 할 수 있는 한 기가 꺾이지 않는 사람이다. …이성이 명하는 대로 고귀한(아름다운) 것을 위해 그것들(두려운 것들)을 견뎌 낼 것이다. 이것이 덕의 목적이니까"(『니코마코스 윤리학』 111512-14) 1338b29-31 참조.

11 특별히 테바이인들을 가리키는 것 같지만(플루타르코스, 「펠로피다스」 7 참조), 아리스토텔레스는 마케도니아인들을 염두에 두고 있었을 것이다(C. Lord).

12 아테나이에는 전쟁을 위한 공적인 훈련이 없었다(크세노폰, 『회상』(*Memorabilia*), 제3권 제12장 5). 이러한 비판은 『정치학』 제2권 제9장 및 제7권 제14장(1333b5-21)에서도 언급된다.

13 모든 사람이 짐승들을 용감하다고 생각하지만(플라톤, 『라케스』 196e) 그렇지 않다는 것이다. 고귀함 때문에 인간은 행위를 하는 것이지만, 짐승은 상처와 고통 때문에 행위한다(『니코마코스 윤리학』 1116b30-36 참조). 용감한 사람은 고귀한 죽음과 관련해서는 모든 위험을 두려워하지 않는다. 무엇보다도 전쟁에서 일어나는 위험을 두려워하지 않는다(『니코마코스 윤리학』 1115a32-34). 멧돼지가 용감하지 않지만, 용감하게 보이는 것은 정신이 나갔기 때문이다(『에우데모스 윤리학』 1229a25-26).

14 이런 표현(hōs phēsin ho logos)에 대해서는 플라톤, 『파이드로스』 274a와 『소피스트』

람들보다 못한 사람으로 만들어 버린다.[15] 우리는 라케다이모니아인들을 과거의 활동에 비추어서가 아니라, 현재의 활동에 비추어서 [그들이 다른 사람들이 하는 것보다 더 나쁘게 훈련하는지를] 판단해야 한다. 왜냐하면 현재는 체육 교육에 대한 경쟁자들이 있지만, 과거에는 없었기 때문이다.

이렇게 해서 우리는 체육을 이용해야 한다는 데에, 또 어떻게 이용하여야 하는지에 대해 동의했다. 즉 사춘기에 도달하기까지는 가벼운 체조[16]를 채택하고, 강제된 음식 조절이나 고통을 수반하는 훈련은 성장
1339a 에 방해가 되지 않도록 삼가야 한다. 그러한 영향이 성장에 방해를 가져온다는 적잖은 징표가 있다. 그것은 젊은이들을 훈련하는 동안 고통스러운 신체 훈련이 체력을 빼앗아 버리기 때문에[17] 올림피아 경기의 승리자 목록에서 성년부와 소년부 양쪽에서 승리한 같은 사람은 두세 명밖에 찾을 수 없다는 점이다.[18] 그러나 사춘기를 지나 다른 교과목[19]을 위해

259c 참조.

15 좋은 사람으로 만드는 교육의 중요성을 언급하는 플라톤, 『법률』 644a-b 참조. 스파르타에서는 읽기와 쓰기와 같은 인문적 분야를 가르치지 않았다. "이는 그들이 논의와 철학을 아울러 갖춘 참된 무사(Mousa)에 대해서는 소홀히 하면서도 시가보다 체육을 더 높이 산 탓으로, 설득이 아닌 강제에 의해서 교육을 받았기 때문일세"(플라톤, 『국가』 제8권 548b-c).

16 판크라티온(레슬링)이나 5종 경기와 같은 격렬한 경기는 배제함.

17 『니코마코스 윤리학』 1104a15-16 참조.

18 아리스토텔레스는 올림피아 경기(기원전 776년에 시작됨)의 우승자의 목록을 수중에 지니고 있었던 것 같다. 우승자의 목록은 소크라테스 당대의 엘리스의 힙피아스가 최초로 출판했다고 한다. 크로토나(Krotona)의 밀론은 올림피아의 레슬링 경기에서 소년과 장년 시절에(기원전 532~512 년 사이) 연거푸 우승했다고 한다.

19 읽기, 쓰기, 음악, 그림.

3년을 보냈다면,[20] 다음 연령기를 힘든 훈련과 엄격한 음식 조절[21]을 하면서[22] 보내게 하는 것이 적절하다. 왜냐하면 생각과 신체에 동시에 힘든 수고를 가해서는 안 되기 때문이다.[23] 그러한 각각의 힘든 수고는 반대의 결과를 자연스럽게 만들어 내므로, 신체의 힘든 수고가 생각에 방해가 되고, 생각의 힘든 수고는 신체에 방해가 되니까.

20 플라톤은 10세에서 13세까지 글쓰기를, 13세에서 16세까지 뤼라 연주를 하도록 할당하고 있다(『법률』 809e).

21 음식조절(anangkophagia)에 대해서는 『니코마코스 윤리학』 1104a13-15 참조.

22 사춘기 이후 3년이 지나고(17세?) 21세에 이르기까지 더 엄격한 체육 훈련이 있어야 하는 것으로 보고 있다(1336b35-41 참조). 다만 아테나이에서 실시됐던 군사훈련(19-20세)에 대한 언급은 없다. 플라톤은 혹독한 훈련인 레슬링과 판크라티온 같은 체육 경기를 배제하고 있다(『법률』 833d).

23 플라톤도 동일한 원칙을 밝히고 있다(『국가』 537b).

제5장

오락, 성격, 여가

음악에 대해서는 앞선 논의 과정에서도 몇 가지 문제를 논했지만,[1] 지금 또 그것들을 다루어 한층 더 이론을 전개하는 것은 음악에 대한 설명에서 생겨날 수 있는 논설(論說)에서 서론[2]이 될 수 있으므로 타당할 수 있겠다. 왜냐하면 음악이 어떤 힘을 가지는지, 무엇을 위해 그것에 참여해야 하는지, 놀이를 위한 것인지, 수면이나 음주처럼 휴식을 위한 것인지 등을 결정하는 것도 쉽지 않기 때문이다(즉 잠이나 음주는 그 자체로는 진지한 것[3]이 아니라, 오히려 기분 좋은 것이며, 동시에 에우리피데스가 말한 것처럼 '걱정 근심을 털어 내는 것'[4]이기 때문이다.[5] 그러므로 사람들은 음악을 그런 식으로만[6] 자리 잡게 하고, 수면, 음주, 음악 모두를 동

1 제8권 1337b25-1338b4.

2 endosimon(연주 시작할 때 pitch를 설정하기 위한 전주곡, 도입부, 서론, 머리말)에 대해서는 『수사학』 1414b24, 1415a7 참조.

3 '진지한 것'(spoudaios)은 '덕'과 같은 것을 말한다. 즉 수면과 음주는 '덕'(탁월함)과는 무관하다는 말이겠다.

4 에우리피데스, 『박코스 여신도들』 381행("apopausai te merimnas").

5 음악(무시케)의 궁극적 목적이 인간에게 쾌락(기분 좋음, hedonē)을 주는 데 있다는 점을, 우리는 호메로스에게서 찾아볼 수 있다. "그는 노래하고 싶은 마음이 내키면, 어떤 주제로도 사람들을 즐겁게 해줄 수가 있지요"(『오뒷세이아』 제8가 42~45행). "이윽고 먹고 마시는 욕망이 충족되었을 때, 구혼자들은 마음속으로 다른 것들에, 즉 노래와 춤에 흥미를 갖게 되었으니, 그것들이야말로 잔치의 절정이기 때문이다"(『오뒷세이아』 제1가 150~152행).

6 즉 오락거리로만.

일하게 취급하는 것이다. 또 춤까지도 그것들 안에 포함시키는 사람도 있다). 아니면 그 대신에, 체육이 신체에 어떤 성질을 형성해 주는 것처럼 음악도 올바른 방식으로 올바르게 기뻐할 수 있도록 습관을 들임으로써 성격에 어떤 성질을 만들어 내는 힘을 기르기 때문에, 음악이 덕을 위해 무언가를 기여하는 것으로 보아야 할까?[7] 아니면 [3-1] 여가거리(여가 활동)[8]와 [3-2] 실천적 지혜[9]에 대해 무언가 이바지하는 것일까(즉 이것을 언급된 것들[10]에다 덧붙여 세 번째 것으로 상정해야 하기 때문이다).

그렇기에 젊은이들을 교육시켜야 하는 것은, 놀이(오락)를 위해서가 아니라는 것은 아주 분명하다(배우면서 놀이를 할 수는 없으니까. 배움에는 결국 고통이 따르니까[11]). 그러나 아이들과 그와 같은 나이의 사람들에게 여가거리를 제공하는 것은 적절하지 않다(궁극의 목적은 그에 미치지 못하는 불완전한 자들에게는 어울리는 것이 아니니까).[12]

7 이 논의는 제5장 1339b13 아래에서 이루어진다. 아리스토텔레스는 음악 교육을 주로 도덕적 덕의 산출과 연관시키고 있다(1342a2 참조).

8 여가 활동(diagōgē)이란 문화적 삶의 여가로서(1334a11-b5), 이를테면 진지한 대화, 음악, 드라마와 같은 것을 추구하는 것이다.

9 1333a-16-30, 1337b22-33. 뉴먼은 '지적인 교양'으로 이해한다(V. 3, p. 529). 보니츠, 『색인』(*Index*) 813b4 아래 참조. 실천적 지혜는 성격의 덕을 포함한다(『니코마코스 윤리학』 1144b30-32).

10 음악의 목적은 첫째는 즐거움과 휴식이었고(오락, 1337b36-1338a1), 둘째는 성격 형성으로서의 덕에 이바지하는 것이었으며, 세 번째가 여가 활동과 실천적 지혜(슬기로움)에 이바지하는 것이다.

11 배움이 고통을 동반하는 것이라면, 가르치는 것은 어려운 일이다. 교육은 소피스트 식으로 머릿속에 '집어넣는' 것이 아니다(플라톤, 『국가』 345b, 518c). 사실상 행복은 고통을 동반하지 않고 즐거움을 동반한다(1338a6).

12 "아이도 그것을 가지고 있으나, 미완성의 상태에 있을 수밖에 없기 때문이다"(1260a12-14). 아이들은 아직 덕이 이루어지지 않았기에, 행복할 수도 없고(『니코마코스 윤리학』 1100a1-4) 따라서 여가거리(diagōgē)도 그들에게는 적합한 것일 수 없다. 따라서 행복을

하지만 어릴 적의 진지한 학업이 어른이나 성인이 되었을 때 그들이 갖게 될 놀이를 위해서라고 생각하는 사람이 있을 것이다.[13] 그렇다고 해도 그들 자신이 무엇을 위해 음악을 배워야 하는가?[14] 페르시아나 메디아의 왕들처럼 다른 사람이 연주하는 음악을 통해서 그것의 즐거움과 배움을 받아서는 안 되는가? 사실상 음악을 자신들의 일과 기술로 삼았던 자들이 단지 학습을 위해 필요한 만큼만 종사하는 사람들보다 뛰어난 연주를 하는 것은 필연적일 테니까. 그리고 아이들이 그러한 일들[15]에 열심히 노력해야 한다면, 그들은 또한 요리에 관한 과목에도 스스로 임할 필요가 있을 것이다.[16] 하지만 그것은 어리석은 짓이다.

설령 음악이 성격을 더 좋게 만드는 힘을 가졌다고 해도 동일한 문젯
1339b 거리가 생긴다. 도대체 왜 스스로 그것들[17]을 배울 필요가 있는가. 오히려 라코니케인들처럼, 남의 연주를 듣고 올바르게 기뻐하며 판단할 수 있으면 되지 않을까. 그들이 말하는 바에 따르면, 라코니케인들은 음악

구성하는 활동에 시간을 보내는 것은 쓸데없는 일일 수 있다. 이런 의미에서 '완전함'은 아이들에게 어울리는 것이 아니다. 여기서 diagōgē는 scholē와 밀접한 의미로 사용되고 있다(1338a10, a21-22). diagōgē는 행복(삶의 기쁨, 잘삶; euēmeria)과 연관되기도 한다(1339b4-5).

13 아리스티포스는 영특한 아이들이 배워야 할 것들이 무엇이냐는 질문을 받고 "어른이 되었을 때 쓸모 있는 것들"이라고 대답했다고 한다(디오게네스 라에르티오스, 『유명한 철학자들의 생애와 사상』 제2권 80).

14 음악을 공부한다는 것은 악기를 연주하고 노래하는 것을 배우는 것이다(1340b20-21).

15 '음악 연주'(뉴먼)만을 지시하는가? 아니면, 단순한 '즐거움을 가져다주는 것들로서의 과목'(주제밀과 힉스, 리차드 크라우트 번역 참조)을 말하는 것일까? 곧 바로 요리 공부를 언급하는 것을 보면 어쨌든 맥락상 '음악 연주와 같은 것들'을 의미하는 듯하다.

16 실상 헬라스인들에게 요리는 노예의 앎(doulikē epistēmē)이자 그들의 일로 여겨졌다.

17 음악 연주.

을 배우지 않았음에도,[18] 어떤 선율[19]이 좋은지 좋지 않은지를 올바르게 판단할 수 있었기 때문이다.

설령 음악을 삶의 기쁨[20]과 여가의 삶을 위해 자유인이 사용할 필요가 있다고 해도 동일한 논란이 생긴다. 왜 스스로 배워야 하고, 남이 연주하는 것을 즐겨서는 안 되는 것일까? 오히려 그들 자신이 왜 연주하는 것을 배워야 하는 것인가? 우리가 신들에 대해 품고 있는 상념을 생각해 보라. 왜냐하면 제우스 자신이 노래를 하거나 시인에 맞추어 키타라를 켜지 않을 것이며,[21] 오히려 우리는 연주하는 그런 자들을 수공예업자('비천하다')라고 부르고, 술에 취했을 때나 오락 삼아서가 아니라면, 그러한 행동[22]을 하는 것은 남자가 할 일이 아니라고 하기 때문이다.

그렇지만 그 문제들은 나중에 검토해 보아야 한다.[23] 첫 번째 탐구는 음악을 교육에다 놓아야 하는가 하는 것이고, 또 앞서 논의의 대상으로 삼았던 세 가지 영역 중 그 기능이 어떤 영역에, 즉 교육, 놀이, 혹은 여가 활동[24] 중 어느 것에 놓여 있는가 하는 것이다. 이 세 가지 모두에 할당하는 것이 마땅하고, 이 모든 것에 관여하는 것 같다. 왜냐하면 놀이는 휴식을 위해 있는 것이고, 휴식은 필연적으로 쾌락이며(힘든 수고로 생겨

18 1341a33에는 스파르타인들 중에 어떤 사람이 아울로스 연주를 배웠다고 말하고 있다.

19 melē는 가사를 지닌 노래이기보다는 여러 유형의 음악적 음계를 가리킨다.

20 원어인 euēmeria는 '잘 삶', 즉 행복을 의미한다. 이 말은 1324a38에도 나온다.

21 시인들이 표상한 뤼라를 켜고 노래를 부르는 신은 제우스가 아니라 아폴론이었다(에우리피데스, 『이온』 827). 다른 신화에 따르면 아폴론은 뤼라만 켜는 것으로 나오기도 한다. 여하튼 왜 아리스토텔레스는 아폴론 신을 언급하지 않는가? 의도적일 것이다.

22 즉 노래하고 키타라를 켜는 것. 호메로스에서 노래하는 사람은 장인(匠人; dēmiourgoi)으로 분류된다(『오뒷세이아』 제17권 382~385행).

23 앞서 제기된(1339a33-b10) 반대에 대해서는 제8권 제6장에서 논의된다.

24 고상한 취미 활동.

난 고통에 대한 일종의 치료니까[25]), 일반적으로 인정되는 생각에 따르면, 여가 활동[26]은 아름다움(고귀함)뿐 아니라 쾌락을 가져야 하기 때문이다(즉 [여가 활동에 동반하는] 행복은 이것들 양쪽에서 이루어지는 것이니까[27]). 그리고 음악은 기악만의 연주든,[28] 노랫가락에 따르는 것이든[29] 가장 즐거운 것들 중의 하나라고 우리 모두가 주장한다(어쨌든 무사이오스[30]는 '노래하는 것[31]이 죽어야 할 것들[32]에게 가장 즐거운 것'이라고 말한다. 그러므로 다양한 친교 회합이나 여가 활동에서 즐거움을 주는

25 "치료(iatreia)는 본성상 반대되는 것을 통하여 이루어진다"(『니코마코스 윤리학』 1104b17).

26 '여가로 소일하는 것'. 여가 활동(여가 생활)과 '휴식'의 차이는 전자가 아름다움(고상함)을 동반한다는 것이다.

27 음악은 행복을 구성하는 속성인 '고상함'(아름다움)과 '즐거움'을 가지고 있기 때문에 행복의 구성 요소일 수 있다. '행복은 가장 좋고 아름답고(고귀하고) 가장 즐거운 것이다'(『니코마코스 윤리학』 1099a13-25 참조). 이 점은 1338a1-2에서 언급된 바 있다. 음악이 표상 혹은 재현하는 행위의 고상함(아름다움)을 말하는 것일까? 음악 자체가 고상한 것은 아니니까.

28 원어 '아무런 장식이 없는'(psuilos) 음악이란 기악(instrumental music)으로, 노래를 동반하지 않는 것을 말한다. psuilos는 '벌거벗은', '중무장하지 않은', '머리나 깃털이 없는'을 의미한다.

29 원어인 meta melōdias이다. melos(노랫가락)는 노랫말(logos, rhēma), 음계(하르모니아), 리듬(rhuthmos)으로 이루어져 있다. '[노래에] 따른, 동반한'(meta)에 대해서는 플라톤, 『법률』 669d 아래 참조.

30 호메로스 이전의 역사적 인물이 아니라 전설적인 시인으로 시들의 시원에 관한 시를 썼다고 하고, 전해지는 많은 신화에 대한 시가 그가 지은 것으로 돌려지고 있다. 무사이오스에 대해서는 『소크라테스 이전 철학자들의 단편 선집』(김인곤, 이정호 외 정암학당 연구원들의 번역, 아카넷, 2005) pp. 55~59 참조.

31 aeidein은 서사시에서는 전문적인 가객(aoidos; 歌客)에 의해 악기를 동반해서 시를 음송하는 것을 가리킨다. 그러나 여기서는 일상생활에서 노래하는 것이 가장 즐겁다는 것을 의미한다.

32 brotos(필멸의 존재)는 '인간'을 가리킨다.

그 힘 때문에, 사람들이 음악을 받아들이는 것은 당연한 일이다). 따라서 또한 바로 이 점에서도[33] 젊은이들이 음악을 교육받아야 한다고 사람들은 이해할 수 있을 것이다. 왜냐하면 즐거운 것들[34] 중 해가 없는 것은 그 궁극 목적[35]에도 어울릴 뿐 아니라 휴식과도 어울리는 것이기 때문이다. 그러나 인간이 그 목적에 도달하는 것은 드물지만, 뭔가 다른 목적을 위해서만이 아니라 쾌락을 위해서라도 휴식을 취하고 놀이를 하는 경우도 종종 있으므로 음악으로부터 오는 쾌락 속에서 때때로 휴식을 취하는 것은 그들에게 유익할 수 있을 것이다.

하지만 인간에게는 놀이를 목적으로 삼는 일이 일어나곤 한다. 왜냐하면 어쩌면 그 목적 또한, 어떤 흔해 빠진[36] 쾌락이 아닌 '어떤 종류의 쾌락'을 갖고 있기 때문이며, 또 그 쾌락[37]을 추구하면서도, 흔해 빠진 쾌락이 여러 가지 행위들의 목적과 유사성을 가지기 때문에, 그 쾌락들을 흔해 빠진 쾌락으로서 파악하기[혼동하기] 때문이다.[38] 왜냐하면 그 [궁

33 즉 즐거움을 준다는 그 사실.

34 음악이 주는 즐거움이 해가 없다는 점에 대해서는 플라톤, 『법률』 670d 참조. 또한 플라톤은 667e에서 해 없는 즐거움을 여가 활동과 연결시킨다. 해 없는 즐거움(ablabē tōn hēdōn)에 대해서는 플라톤, 『필레보스』 51a-52b 참조.

35 즉 행복.

36 우연적인 일상적 감각적 즐거움.

37 그 목적의 쾌락.

38 유사성으로 말미암아 그 자체로 그 목적을 포함하는 높은 수준의 지적 즐거움과 일상적 즐거움의 차이를 간과한다는 말이다. 해 없고 필요한 일상적인 즐거움은 오락에 그 목적을 두고 있다. 놀이와 휴식 그리고 행복에 관련해서는 『니코마코스 윤리학』 1176b28-1177a1 참조("행복은 놀이 속에 성립하는 것이 아니다. 또 우리의 목적이 놀이이며, 고작 놀기 위해 우리가 전 삶에 걸쳐 애쓰고 어려움을 감내한다는 것은 이상한 일이기 때문이다. 행복을 제외한다면—행복이 바로 목적이니까—우리가 선택하는 거의 모든 것은 [그것과는] 다른 어떤 것을 목적으로 선택하는 것이다. 단지 놀이를 위해서 열심

극적] 목적은 앞으로 생기게 될 어떤 것을 위해서 바람직한 것이 아니며, 또 [우리가 언급했던] 이런 종류의 흔해 빠진 쾌락이 바람직한 것 역시 앞으로 생기게 될 어떤 것을 위해서가 아니라, 이미 생긴 것들 때문에, 이를테면 힘든 일과 고통으로 말미암아 바람직하기 때문이다. 확실히 이러한 쾌락을 통해 사람들이 '행복해지려는' 것은 바로 그런 이유에서라고 생각하는 것이 옳을 것 같다. 그러나 사람들이 음악에 참여하는 것[39]은 이런 이유에서뿐만 아니라, 휴식을 진작시키는 그 유용성 때문으로 생각된다.

1340a 그러나 그런 일이 부수적으로 일어나기는 해도,[40] 그럼에도 우리는 음악의 본질[41]이 앞서 이야기되어 온 그 필요성보다 한층 더 가치 있는 것이 아닌지를 반드시 탐구해야 하고,[42] 또 누구나가 누릴 수 있는 음악의 공통적인 쾌락을 나누는 것뿐만 아니라(음악은 자연 본성적인 어떤 쾌락을 가지고 있으며, 또 이런 이유로 음악의 사용은 모든 연령층에 있는, 어떤 성격의 사람에게나 사랑을 받으니까), 성격이나 영혼에 대해 음악이 어떤 방식으로 이바지하는지를 살펴봐야 한다. 어떤 종류의 성격이 음악에 의해 생겨난다면, 이것은 분명해질 것이다. 그런데 어떤 성격을

히 노력하고 수고를 감내한다는 것은 한심하고 어린아이 같은 짓으로 보인다. 아나카르시스가 말한 것처럼 오히려 "진지한 활동을 할 수 있도록 놀이를 한다"는 것이 옳은 이야기로 보인다. 놀이는 휴식과 같은 것이며, 사람은 연속적으로 일을 할 수 없기에 휴식을 필요로 하는 것이니까. 따라서 휴식은 목적이 아니다. 그것은 활동을 위해서 생겨나는 것이기 때문이다").

39 의지하는 것.

40 즉 이것이 음악에 우연적이라고 해도.

41 우연적인 것(sumbebēkos)이 아닌 본질(ousia)을 말한다.

42 많은 사람들은 참된 즐거움을 알지 못한다(『니코마코스 윤리학』 1179b). 즐거움에 대한 논의는 『니코마코스 윤리학』 제7권 제11~14장 참조.

띠게 된다는 것은 다른 많은 것에 의해서도 그렇지만, 특히 올림포스[43]에 의해 작곡된 멜로디(선율)에 의해서도 모종의 성격이 생겨나는 것은 명백하다. 일반적으로 동의하는 바에 따르면, 멜로디들은 영혼에 영감을 불어 넣지만, 영감은 영혼의 성격에 속하는 감정(파토스)이기 때문이다.[44]

게다가 재현물(모방된 소리)을 듣는 모든 사람들은, 재현물의 리듬이나 선율만을 떼어 내도,[45] 그 다양한 표현을 들은 모든 사람의 공감을 자아낸다.[46] 음악은 쾌감에 속하고, 덕은 올바른 방식으로 기뻐하며 사랑

43 기원전 7세기경의 소아시아의 프뤼기아 출신의 특별한 음계를 사용하여 아울로스를 연주한 작곡가. 헬라스에 처음으로 기악(kroumat) 곡을 도입했다고 한다. 무사이오스가 올륌포스를 가르쳤다고도 하며, 연주를 통해 "사람들을 신들리게 하며 신들과 입문 의례를 필요로 하는 자들이 누구인지를 드러내" 준다고 하는데, 이는 신적이기 때문이라는 것이다(플라톤, 『향연』 215c). 이는 음악 연주가 일종의 도취를 불러일으키는 마법과 같은 것임을 보여 준다.

44 '영감을 불어넣다'(enthousiastikas)는 문자 그대로는 '신이 자신 안에 있음'을 의미한다. 신적인 것과의 직접적인 접촉에 의해 야기된 '신들림', 즉 '황홀경', '도취', '무아지경'에 빠지는 것을 말한다. 음악이 영혼의 성격에 영향을 미치고, 이를 통해 생겨난 enthousiamos는 영혼의 성격의 겪음(pathē tou tēs psuchēs ēthous)일 것이다. 아니면, 신체적인 겪음(sōmatikon pathos)일까?(『니코마코스 윤리학』 1173b8-11) 또는 nous(정신)의 특정한 상태일까?(플라톤, 『이온』 534b 참조) 아리스토텔레스는 enthousiamos를 '어떤 행위함과 관련된 충동(hormē)'으로 본다(『대도덕학』 1207b4).

45 이어진 문장에서(a18-20) 리듬과 멜로디가 있을 때 "성격의 그 참된 본성에 대해 가장 큰 유사성"이 있다는 말을 미루어 보면, chōris를 빼고 읽을 필요가 없다. 다시 말해 리듬과 멜로디가 없어도 행위자들의 말은 여전히 '감정들의 유사성'을 담고 있다는 것이다.

46 1341b23에서는 "음악이 멜로디를 만드는 것(melopoiia)과 리듬(rhuthmos)으로 이루어진다"고 말한다. 이를 통해서 보면 아리스토텔레스는 음악을 다소 좁은 의미로 사용하고 있다. 여기서 아리스토텔레스는 플라톤과 마찬가지로 음악(무시케)이 인간의 영혼의 성격(to tēs psuchēs ēthos), 즉 도덕적 성격에 영향을 미치는 것으로 보고 있다(『국가』 401d-e). 아리스토텔레스는 『시학』에서 미메시스(mimēsis)에 대해 이렇게 말하고 있다. "사실 시인이란 화가 혹은 형상을 만들어 내는 다른 어떤 사람들과 마찬가지로 모방(재

하고 미워하는 것과 관련 맺는 것이기에, 훌륭한 성격과 아름다운 행동을 올바르게 판단하고 기뻐하는 것만큼 배우고 습관을 들여야 할 것은 따로 없다는 것도 분명하다. 그러나 리듬과 선율 속에는 분노와 온화함, 나아가 용기와 절제, 이것들에 반대되는 모든 성격, 그 밖의 여러 성격의 진정한 본성과 매우 큰 유사성이 포함되어 있다(이것은 사실로부터 분명하다. 즉 그런 것[47]을 들으면, 우리는 영혼에 변화를 겪으니까). 유사한 것들에게서 고통이나 기쁨을 느끼도록 습관을 들인 사람은 그 실물에 동일한 방식으로 반응하는 사람에 가깝다(예를 들어 누군가가 무언가의 모상을 보면서 다른 어떤 이유 때문이 아니라 그것의 형태 자체 때문에 기뻐한다면, 자신이 바라보고 있는 그 모상이 된 바로 그것 자체[해당 실물]를 보는 것이 그 사람에게서 즐겁다는 것은 필연적이다).[48]

그러나 감각되는 것들 중, 가령 촉각이나 미각 등 다른 감각 대상들에서는 성격의 유사성은 전혀 존재하지 않는다. 시각 대상에 가운데는 조금이나마 존재하고 있지만(희미하지만 형태들이 그러한 것[49]이며,[50] 또

현)하는 사람이므로, 수를 따져 볼 때 언제나 그는 존재하는 대상들 가운데 세 가지 중 반드시 어떤 하나를, 왜냐하면 [일정한 상태로 과거에] 있었거나 [지금] 있는 것들 또는 사람들이 [있었거나 있다고] 말하거나 그렇게 보이는 것들, 또는 있어야 마땅한 것들을 모방하는 것이 필연적이기 때문이다"(1460b8-10). 미메시스의 핵심은 '있어야 마땅한 것들을 모방하는 것'이다. 시적 모방에 대해서는 『시학』 1447a8-16 참조.

47 모방물들, 즉 리듬과 멜로디.

48 그림이나 조각과 같은 기술에 의해서 만들어진 모상의 관조를 즐기는 것에 대해서는 『동물의 부분에 대하여』 645a10-15 참조.

49 감정이나 윤리적 성격을 모방하는 힘.

50 크세노폰, 『회상』 제3권 10.3-5 참조. 화가인 파르라시오스(Parrasios) '그림은 영혼의 성격(to tēs psuchēs ēthos)을 모방할 수 없다'고 주장하지만, 소크라테스는 고귀함, 자유, 사려, 분별과 같은 영혼의 성격을 모방할 수 있다는 결론으로 이끌어 간다.

이런 종류의 감각은 아마 모든 사람이 공유하고 있으니까.[51] 게다가 이런 것들은 성격의 유사함이 아니라, 오히려 만들어진 형태나 색들이 성격의 징표고, 이 성격의 징표들이 다양한 감정을 겪는 신체를 묘사한다.[52] 그럼에도 이러한 것들[53]을 보는 것(관조)에도 차이가 있는 한, 한 젊은이는 파우손[54]의 작품이 아니라, 오히려 폴뤼그노토스의 작품이라든지, 성격을 그리는 그 밖의 화가나 조각가가 있으면 그 작품을 보아야 한다[55]), 그러

51 요컨대 아이들이나 보잘것없는 사람도 그런 종류의 지각에 참여한다는 것이다. 로스는 '모든 사람이 이런 종류의 지각에 참여하는 것은 아니니까(ou)'로 읽지만, 받아들이지 않았다. 뉴먼과 드라이젠터, 주제밀, 펠리그랭 참조.

52 episēma(로스) 대신에 epi tou sōmatos(뉴먼), apo tou sōmatos(주제밀)로 읽는 사본도 있다. 전자로 받아들이면, "이 성격의 징표들은 감정을 겪고 있는 신체에서[만] 일어난다", 후자로 읽으면 "이 성격의 징표들은 감정을 겪고 있는 신체로부터 나온다" 쯤으로 옮겨진다. 아리스토텔레스의 주장은, 색과 형태가 감정의 유사물로서 감정을 표현하는 사람을 모방한다는 것이다. 왜 성격의 '징표'(sēmeia)밖에 그릴 수 없는가? 아마도 그림은 그 인물의 '순간'을 표현했기 때문에, 성격이라는 지속적인 상태를 그릴 수 없기 때문일 것이다.

53 색과 형태들.

54 5세기에 활동한 화가. 희극작가 아리스토파네스는 그에 관한 기록을 남겼다. 기원전 425년에 상연된 아리스토파네스의 희극 작품 『아르카나이 사람들』 854행('대악당의 가난한 화가')과 그것에 대한 고대 주석(Scholion)에서 그에 관한 기록을 찾을 수 있으며, 『테스모포리아 축제의 여인들』 948행 및 『재물의 신 플루토스』 602행에서도 그에 관한 기록을 찾을 수 있다. 『형이상학』 제9권 제8장 1050a20에도 파우손의 '헤르메스의 그림'에 대한 언급이 나온다. 그림을 입체감 넘치게 그려서 헤르메스의 모습이 캔버스 내부(뒤에) 있는지, 외부에 있었는지 확인할 수 없었다고 한다. 일종의 trompe-l'oeil 기법을 즐겨 구사한 것으로 보인다.

55 이 대목에서 드러나는바, 최소한 파우손은 고귀한 성격을 표상하는 '성격으로 충만한'(ēthikos) 예술가는 아니다. 『시학』(1448a5-6)에는 "폴뤼그노토스는 [실제 모습보다] 더 빼어난 인물들을, 파우손은 더 모자란 인물들을 그렸다"라고 나온다. 이것은 나쁜 성격의 사실적 묘사냐, 기만적 묘사냐라는 특징적 조합을 대비시키는 것으로 보인다. 풍자를 위해서 실제보다 사람을 나쁘게 그렸다는 것이다. 또 아리스토텔레스의 같은 책 1450a26-28에는 "이는 마치 화가들 가운데 제욱시스가 폴뤼그노토스와 비교될 때 규정

나 멜로스[56] 그 자체에는 성격의 재현물(유사성)이 포함되어 있다는 것
도 명백하다.[57] 왜냐하면 우선 첫째로 다양한 음계[58]의 자연 본성은 다르
기 때문에, 따라서 듣는 사람들은 서로 다른 성향에 놓이게 되며, 또 그
음계의 각각에 따라 반응하는 동일한 상태가 아니며, 어느 음계(예를 들
1340b 어 이른바 혼합 뤼디아조라고 불리는 것)에는 더 슬픔에 잠겨 가라앉아
장엄해지고,[59] 또 (예를 들어 완만한 음계[60]에는) 더 부드러운 마음을 갖
게 되고, 또 다른 예를 들어 여러 음계 중에서 도리아조만이 그 효과를
만들어 낸다고 여겨지는 음계에는 특히 균형을 잡고 차분한 상태[61]가 되

되는 것과 같다. 왜냐하면 폴뤼그노토스는 성격을 잘 그려 내는 화가인 데 반해, 제욱시스의 그림은 어떤 성격도 담아내지 못하기 때문이다"라고 적혀 있다. 아리스토파네스 당대에 활약했던 것으로 여겨지는 폴뤼그노토스는 기원전 5세기경에 활동했던 타소스 출신의 화가로서 아르라오폰의 제자였다. 주로 벽화를 그린 것으로 알려져 있다. 키몬을 위해 그의 누이 엘피니케를 아테나이에 있는 포이킬레 스토아에다 그려 준 보답으로 아테나이 시민권을 얻었다. 파우사니우스의 기록(10, 10.25-31)에 따르면 그는 델포이에 트로이아의 함락과 지하세계를 주제로 두 개의 커다란 벽화를 그렸는데('트로이아의 함락', '오뒷세우스의 하데스 여행'), 매우 혁신적인 방법을 사용하여 이후 도자기 그림에 하나의 경향성을 만들었다고 한다.

56 플라톤에 따르면, 멜로스는 말(가사; logos), 음계(harmonia), 리듬(ruthmos)으로 구성된다(『국가』 398d). 그러나 좁은 의미에서는, 흔히 도리아 음계를 도리아 선율이라고 말할 수 있다. 여기서 선율은 노래의 구성 요소 중 하나로서 가사 및 리듬과 구별되는 것이다. 그러니 여기서 멜로스는 음계(하르모니아)로 봐야 할 것이다.

57 "가사가 없는 선율이 있더라도 성격을 갖는 것은 동일하다"(『자연학적 문제들』 919b26-27).

58 하르모니아는 기본적으로 '조화'를 의미하지만, 여기에선 음계(화음; mode)을 말한다. 플라톤의 생각을 받아들여, 아리스토텔레스는 음계들 간에는 차이가 있어서, 상이한 음계으로 구성된 음악은 사람의 성격과 영혼에 상이한 영향을 미친다고 주장하고 있다. 다양한 음계에 대해서는 플라톤, 『국가』 398d-399c 참조.

59 플라톤은 이 혼합 뤼디아 음계를 비탄조의 음계라고 말한다(『국가』 398e).

60 뤼디아와 이오니아 음계를 말하는 것처럼 보인다.

61 『에우데모스 윤리학』 1239b35 참조(eis to meson kathistantai).

며, 나아가 프뤼기아조는 영감(靈感)으로 충만한 상태로 되게 한다. 이런 종류의 교육에 대해 철학을 공부한 사람들은 이 문제들에 대해서 훌륭하게 말하고 있다.[62] 왜냐하면 그들은 논의의 증거를 사실 그 자체로부터 취하고 있기 때문이다. 그리고 리듬에 관해서도 동일한 방식이 적용된다. 어떤 리듬은 보다 차분한 성격을 갖고, 다른 어떤 리듬들은 동적인 성격을 일으키는데, 그것들 중에서 한쪽은 더 비속한 [노예적인] 감정의 움직임을 불러일으키며, 다른 쪽은 보다 자유인에게 어울리는 움직임을 불러일으킨다.[63]

이러한 논의들로부터[64] 음악이 영혼의 성격에 무언가 어떤 성질을 부여하는 힘을 가지고 있음이 명백하며, 음악에 그러한 힘이 있다면 젊은 이들을 음악으로 이끌어서 교육시켜야 할 것도 분명하다. 게다가 음악 교육은 그만한 연령 대에 있는 자들의 본성에도 적합하다. 왜냐하면 젊은이는 그 나이로 말미암아 스스로 즐겁지 않은 것을 기꺼이 견디지도 못하고,[65] 음악은 본성적으로 감미로운 즐거움을 주는 것들 중 하나기 때문이다. 또한 음계와 리듬에는 (영혼에 대한)[66] 어떤 친근성도 존재하

62 상이한 음계가 가져오는 효과에 대해서는 플라톤, 『국가』 397a-401b, 401d-402a, 423d-425a 참조. 이 대목에서(400b-c) 플라톤은 음악 교육을 연구했던 사람으로 다몬(Damōn)을 예시하고 있다. 다몬은 기원전 5세기 아테나이인으로서 프로디코스의 제자였으며, 페리클레스의 선생이었고, 소크라테스와 플라톤의 존경을 받았다고 한다.

63 뤼디아 음계, 도리스 음계, 프뤼기아 음계, 혼합 뤼디아 음계 등에 대한 자세한 설명은 박종현의 플라톤 번역본 『국가』 214쪽 각주 40 참조. 뤼디아 음계는 마음을 느슨하게 해 주므로 주연에 적합하다.

64 1339a25에서 제기한 '음악이 여가 거리(여가 활동)와 [실천적] 지혜에 대해 무언가 이바지하는 것인가?' 하는 물음에 대해서는 전혀 언급되고 있지 않다.

65 "아이들 역시 욕망에 따라 살고, 아이들 안에서 즐거운 것에 대한 욕구가 아주 강하게 있기 때문이다"(『니코마코스 윤리학』 1119b5-6).

66 뉴먼에 따라 pros tēn psuchēn를 첨가해서 읽는다.

는 것으로 보인다. 그래서 많은 현자들이 영혼이 '조화'(하르모니아)라고 말하고, 어떤 이들은 영혼이 조화를 이룬다고 말한다.[67]

67 전자는 피타고라스의 이론으로 여겨지는데, 플라톤, 『파이돈』에서 심미아스도 같은 견해를 내놓은 바 있다(85e-86d, 92a-95a; "영혼은 조화이다"[93c])와 아리스토텔레스, 『영혼에 대하여』 407b30-408a28 참조. 플라톤은 '영혼이 음계(조화)를 가진다'고 말한다(『국가』 443c-444e).

제6장

음악교육

앞서 제기됐던 것처럼,[1] 젊은이들이 노래하고 악기 연주를 스스로 배워야 하는지,[2] 배우지 않아야 하는지에 대해 이제 논의해야 한다. 누군가가 스스로 그러한 연주에 참여한다면, 어떤 성질[3]의 사람이 된다는 점에서[4] 큰 차이가 있다는 것은 의심의 여지가 없다.[5] 왜냐하면 연주에 참여하지 않는다면, 연주의 질에 대한 훌륭한 판단자[6]가 되는 것[7]은 불가능하거나

1 1339a33-b11 참조.

2 헬라스인들에게 이 두 가지는 동반되는 것이었다. 노래하는 사람은 뤼라를 가진 채로 노래하는 것이 통상적이었다.

3 poioi tines, 즉 어떤 성격(hexis)을 갖게 되는 것을 말한다(『범주론』 8b25 참조).

4 '어떤 성격을 갖게 되는 "과정"에서'를 의미한다.

5 음악을 제대로 판단하기 위해서 노래하는 것과 연주하는 것을 꼭 배울 필요가 없다는 다른 견해를 표명하는 1281b5-9와, 어떤 기술들에 관련해서, 가령 건축가, 키잡이, 요리사보다 그런 기술들을 '사용하는 자들'이 더 잘 판단한다는 대목에 대해서는 1282a17-24 참조. 그렇다면 음악은 이러한 기술들과는 다른 어떤 것임을 말하는 듯하다. 왜냐하면 음악은 인간의 성격에 영향을 주는 것이니까. 어릴 때, 악기를 다루는 손기술 훈련보다 어떤 종류의 올바른 음악에서 즐거움을 가져야 하는지를 배우는 것이 더 가치가 있으며, 또 그래야 나중에 어른이 되어서도 훌륭한 음악을 잘 판단할 수 있다는 것이 아리스토텔레스의 생각이다. 반면에 요리사, 제빵공, 구두 만드는 사람과 같은 다른 기술(기예)에서는 어린 시절에 어떤 종류의 올바른 기예에서 즐거움을 갖는 것을 배우지 않고도 올바른 판단을 할 수 있다는 것이다(1340b30-1341a9 참조).

6 여기서 '훌륭한 판단자'는 기술적인 관점에서의 전문가가 아니라, '도덕적으로 탁월한 음악에서 즐거움을 누릴 수 있는 사람'을 말한다(뉴먼의 해당 주석 참조).

7 '결과'를 의미한다.

어렵게 되기 때문이다.[8] 동시에 아이들에게 매달려 전념하도록 어떤 활동을 주어야 하기에, 사람들이 어린아이에게 주는 아르퀴타스[9]의 딸랑이는 그것을 갖고 노는 아이가 집에 있는 것들을 망가뜨리지 않도록 훌륭하게 만들어졌다고 생각해야 할 것이다. 어린 애는 가만히 있을 수 없을 테니까.[10] 따라서 딸랑이가 유아기의 아이들에게는 적합하지만, 반면에 어린 애들보다 더 큰 아이에게는 교육이 딸랑이인 셈이다.[11]

그렇기 때문에 이상과 같은 점으로부터, 이들이 연주에 참여할 수 있는 방식으로 음악을 교육해야 한다는 것은 명백하다. 연령기에 따라 그들에게 어울리는 것과 어울리지 않는 것을 구별하는 것은 어려운 일이 아니며, 음악 연습이 비천하다고 주장하는 사람들에 의해 [제기된 그 비판을[12]] 해소하는 것도 어렵지 않다.[13] 왜냐하면 먼저 음악을 판단하기

8 한편 아리스토텔레스는 다른 곳(1282a18-23)에서 '몇몇 기술에 관련해서 제작자가 훌륭한 판단자가 아니라, 마치 손님이 요리사보다 잔치를 더 잘 판단하는 것과 같이 사용자가 더 낫게 판단한다'고 말하고 있다. 집이나 요리와 달리 음악의 경우는—만일 음악이 영혼의 성격에 영향을 미치는 것이라고 한다면—조금 다를 수 있겠다.

9 아르퀴타스는 기원전 4세기 전반에 활동했던 타렌툼 출신의 피타고라스주의 철학자, 수학자, 음악 이론가로 플라톤 당대의 사람이다. 그는 아이들과 노는 것을 즐겼다고 한다. 만일 딸랑이(platagē)가 그의 시대 이전에도 있었다고 하면 동일한 이름을 가진 목수가 발견했다는 이야기도 있다.

10 어린아이들이 한시라도 조용히 있을 수 없다는 언급에 대해서는 플라톤, 『법률』 653d 참조, 664e 참조.

11 아이들에게 있을 수 있는 해악으로부터 벗어나게 하기 위한 교육의 필요성을 언급하는 이소크라테스의 말을 참조(*Areopagitikos* 45, *Panathēnaikos* 27). 아리스토텔레스의 아이들 '교육론'은 여러 측면에서 이소크라테스의 영향을 받은 것으로 추정된다.

12 아래 40행에서 tēn epitimēsin(비판을)를 끌어들였다.

13 이 문제는 1339b8-9에서 제기된 바 있다("오히려 우리는 연주하는 그런 자들을 수공예업자(비천하다; 바나우소스하다)라고 부르고, 술이 취했을 때나 오락 삼아서가 아니라면, 그러한 행동을 하는 것은 남자가 할 일이라 아니라고 하기 때문이다").

위해서는 연주에 참여해야 하고, 젊은 나이에 연주를 경험해야 하고 나이가 들면 연주를 그만둬야 하기에, 젊은 나이에 학습함으로써[14] 아름다운 것을 판단하고 또 올바르게 즐길 수 있게 해 둘 필요가 있기 때문이다.[15] 한편, 그런 음악이 사람을 비천하게 만든다고 어떤 사람들이 제기한 비난에 대해서는, 정치적 덕[16]을 위해 교육받은 사람은 어느 정도까지 연주에 참여해야 하는지,[17] 어떤 종류의 멜로디와 어떤 종류의 리듬 1341a
을 공유해야 하는지,[18] 나아가 어떤 종류의 악기로써[19] 학습해야 하는지를[20]—그것[21] 역시 차이를 만들어 낼 테니까—고찰하면 그것을 논박하기가 어렵지 않다. 즉 비난의 해소는 이런 것들에 달려 있으니까. 왜냐하면 어떤 양식[22]의 음악이 앞서 말한 효과를 가져온다는 것[23]을 방해하는 것은 아무것도 없으니까. 그렇기에 음악의 배움이 나중의 활동에 장애

14 즉 젊은 시절에 받았던 훈련 덕분에.

15 앞서 라코니케인들이 음악을 배우지 않았음에도 어떤 멜로디가 좋고 어떤 멜로디가 나쁜지를 올바르게 판단할 수 있었다는 것(1339b2-4)에 의문을 던지고 있는 것 같다.

16 즉 시민들에게 합당한 덕을 말한다.

17 이 물음에 대한 답은 1341a5-17에서 주어진다.

18 멜로디에 대해서는 1341a9 아래 1341b 19 아래에서 논의된다. 그러나 리듬에 대해서는 이 책 어디에서도 논의되고 있지 않다. 다만 1340b8-10에서 리듬 중에서 "어떤 것들은 보다 정적인 성격을 가지나"와 "다른 어떤 것은 더 자유인에 어울리는 움직임을 불러일으킨다"는 말에서 '인간의 성격을 침착하게 하는 것'으로 리듬 교육의 목적을 추론해 볼 수 있겠다.

19 '수단이 되는 악기'를 의미한다.

20 이 문제는 1341a17-b8에서 논의된다.

21 어떤 악기 연주를 배우느냐 하는 것.

22 여기서 tropos는 어떤 '종류'(eidos)의 음악을 말한다.

23 음악 연주가 비천한 결과를 가져온다는 것.

가 되어서는 안 되며, 또 신체를 수공업자의 것[24]으로 비천하게 만들어, 군사적 및 정치적(공민적) 훈련,[25] 현재의 사용[26]과 향후의 학습을 위해서[27] 쓸모없는 것이 되도록 만들어서는 안 된다는 것은 명백하다.[28]

학습에 대해 이런 일[29]이 잘 되는 것은, 음악을 학습하는 학생들이 전문가들 사이에서의 경쟁을 지향하거나 오늘날 경쟁 속으로 들어가, 경쟁으로부터 교육 속으로 들어온 놀랍고도 색다른 연주[30]를 지향하지 않으며, 그들이 이러한 종류의 것[31]을 배우되,[32] 대다수의 노예나 아이들도 기뻐하고 다른 동물들 중 일부도 즐길 수 있는,[33] 단지 음악의 통속적인

24 1254b27-32, 1341b14-17 참조.

25 즉 '폴리스의 정치적 공동체의 일원이 되는 훈련', 즉 '시민으로서의 훈련'을 말한다.

26 '배운 것을 실제적으로 행한다'는 의미다.

27 뉴먼에 따라(vol. 3, p. 550 해당 각주 참조) 로스와 달리 mathēsis(배움)보다 chrēseis(사용)을 먼저 읽는다(드라이젠터 참조).

28 음악 교육이 신체에 해가 되지 않고 나중의 '시민으로서의 삶'에 도움이 되는 방향으로 이루어져야 한다는 말이겠다.

29 앞 단락의 내용을 가리킨다.

30 '경쟁에서 이기는 데 효과적인 연주와 극도로 어려운 연주'를 말한다. 경쟁을 목적으로 하는 음악에 대해서는 제7장의 1342a16-26 참조. 아이들 사이의 경쟁적 연주 행위에 대해서는 플라톤, 『티마이오스』 21b 참조.

31 즉 '경쟁적이지도 않고 놀랍지도 색다르지도 않은 음악'를 말한다. 음악 연주의 배움에 대한 제한에 관련해서, 키타라의 교육과 키타라의 연주자들이 현(絃)들을 정확하게 조율하기 위해 뤼라의 음들을 이용해야 한다고 제한 조건을 언급하고 있는 플라톤, 『법률』 812b-e 참조.

32 뉴먼과 주제밀에 따라 부정어 mē를 빼고 읽었다.

33 음악이 가축에 미치는 효과에 대해서는 플라톤, 『정치가』 268b 참조. 플라톤은 '백조와 다른 음악적 동물'을 말하기도 한다(『국가』 620a 참조). 동물과 아이들을 결합시키는 것에 대해서는, 『수사학』 1371a14, 『에우데모스 윤리학』 1224a29, 1236a14 및 플라톤, 『테아이테토스』 171e("모든 여자와 아이, 그리고 모든 짐승이") 참조. 『에우데모스 윤리학』에는 모든 동물들이 협화음과 아름다움에 대한 즐거움은 거의 비슷하게 무감각하다

범위에 머물지 않고 아름다운 멜로디와 리듬을 즐길 수 있는 그 정도까지 노력하는 경우다.

이러한 사항들로부터 어떤 악기를 도구로 사용해야 하는지도 분명해졌다.[34] 즉 아울로스들[35]이나, 예를 들어 키타라나 그와 유사한 기술을 필요로 하는 다른 악기들[36]도 교육에 도입해서는 안 되고, 악기 중에서도 오히려 음악 교육이든 다른 분야의 교육이든 그 청강자를 좋게 만들 수 있는, 그러한 도구들을 포함해야 한다. 게다가 아울로스는 [도덕적] 성격에 관계되는 것이 아니라 오히려 비의적 열광을 북돋는 것[37]과 더 관계를 맺고 있으므로, 따라서 듣는 것[38]이 배움이 아니라, 오히려 정화(카타르시스)를 가져올 수 있는 힘을 발휘할 기회에 아울로스를 이용해야

(anaisthēseōs)는 언급도 있다(1231a2 아래 참조).

34 즉 축제에서의 경쟁이나 놀라운 기교를 발휘하는 데 사용되는 음악 도구들은 안 된다.

35 aulos는 헬라인들의 대표적인 목관 악기. 흔히는 플루트(피리)로 번역되지만, 실제로 이 도구는 부는 구멍(zeugos)이 있으며, 거기에 적합한 진동하는 리드(glōssa[reed], 즉 음을 생성하는 얇은 진동판)를 가지고 있기 때문에 요즘의 클라리넷 혹은 오보에와 유사하다. glōssa는 문자 그대로는 '혀'(tongue)라는 뜻이다. 아울로스는 대개 두 개를 짝으로 해서 연주된다. 그래서 tōn aulōn과 tous aulous라는 복수 표현을 사용한다. 이에 대한 보다 자세한 설명은 박종현, 『국가』 제3권 397a의 주석 46 참조.

36 기술적인 도구들(technika organa)은 축제에서의 경쟁에서 사용되도록 만들어진 음악적 도구들을 말한다(1341b10). 그 이유는 이런 악기를 연주하는 것은 정신을 도야하는 것이 아니라 '손'을 훈련하는 데 지나지 않기 때문일 것이다(1341b1 아래 참조).

37 종교적 황홀감을 말하는 것으로 보인다. 주신(Bakchos, Bacchus) 제의에서 생겨나는 감정의 변이를 말한다. 즉 윤리적 성격이기보다는 감정적인 것을 표현한다는 것이다. 술의 신 '바쿠스(Bacchus)적 홍청거림(bakcheia)'이란 표현을 참조(1342b4). 아울로스는 디오뉘소스 숭배에서 사용되었다.

38 원어인 theōria가 여기서 어떤 의미로 사용되고 있을까? 보니츠는 '봄'(spectaculum) 내지는 '관찰함'으로 해석한다. 맥락상 테오리아는 akroasis(들음)을 의미하는 것 같다. 물론 아울로스를 연주하는 것(aulēsis)은 연주자의 신체적 운동(1341b18)을 동반하기 때문에, 들을 뿐만 아니라, 보여지는 것도 있다.

한다. 거기에 덧붙여 두고 싶은 것은 아울로스를 이용하면 말을 방해하고, 아울로스를 위한 교육에 상반되는 결과를 가져온다는 점이다.[39]

그러므로 우리의 선행자들은 비록 처음에는 아울로스를 이용했더라도 젊은이들과 자유 시민에게는 아울로스 사용을 정당하게 금지한 것이다. 즉 그들은 한때 부의 축적으로 말미암아 더 많은 여가를 갖기에 이르렀고, 자신들의 덕에다 원대한 마음(자부심)을 높여서, 게다가 페르시아 전쟁[40] 이전과 이후의 자신들의 공적을 자랑하며, 모든 종류의 배움[41]에 아무런 차별 없이 손을 뻗어 그것들 모두를 추구했다.[42] 그러므로 그들은 또한 자신들의 학과에 아울로스 연주도 포함시켰던 것이다. 라케다이모니아에서조차도 코로스(합창대)의 어떤 지도자[43]가 합창대를 위해서 스스로 아울로스를 연주했으며, 아테나이에서는 자유 시민 대다수가 아울로스들 연주에 참여할 수 있을 만큼 하나의 지역적 관습으로 자리

39 말의 사용을 방해하기 때문에 아울로스의 사용은 교육의 수단이 될 수 없다. 멜로디와 가사(말)는 가수(歌手)에게 교육적인 영향을 미칠 수 있다.

40 ta Mēdika는 흔히 페르시아전쟁을 지시하는 데 사용하는 말이다.

41 그림, 조각, 건축, 드라마를 비롯한 모든 것.

42 헤로도토스의 『역사』에는 헬라스를 배워 오도록 파견된 아나카르시스가 돌아와서 스키타이족의 왕에게 보고하기를, "헬라스인들은 라케다이모니아인들을 제외하고는 어떤 종류의 것이든 지혜를 배우기에 너무도 바빠, 단지 라케다이모니아인들하고만 분별 있는 대화가 가능했다"라는 대목이 나온다(제4권 77).

43 일반적으로 choregos(후원자)는 공적 봉사의 일부로써 합창단의 훈련과 장비를 비롯한 재정을 지원하는 부유한 사람을 가리킨다. 여기서는 코로스와 함께 하는 choregos 자신이 아울로스 연주자로 활동하고 있다. 일상적으로는 아울로스 연주는 코로스의 choregos에게 할당되었다. 그러나 아울로스 반주는 부유한 사람 누군가가 아니라 열등한 사회적 지위를 가지는 전문적인 아울로스 연주자가 맡았다. 라케다이모니아에서는 드라마가 공연되지 않은 것으로 보아 여기서 코로스는 lyrical chorus일 것이다.

잡았다. 이것은 트라십포스가 합창 지도자였을 때, 에크판티데스[44]를 위해 봉납한 명판에서도 분명하다.[45]

그러나 나중에 그들은 덕에 이바지하는 것과 이바지하지 못하는 것을 더 잘 구별할 수 있게 되었을 때, 아울로스에 대한 그들의 경험으로 해서 그것을 [젊은이와 자유인을 위한 도구로서] 금지시키기에 이르렀다. 마찬가지로, 다른 고대의 많은 악기들도 금지되었다. 예를 들어 그것을 이용하면 듣는 사람들의 쾌락을 더해 주는 것들인 펙티스와 바르비토스, (헤프타고논, 트리고논[삼각 현악기], 삼뷔케)[46] 그리고 손재주가 1341b
뛰어난 기술이 필요한 모든 악기들이다.

아울로스들에 얽힌 고대인들의 이야기[47]는 합당하다. 왜냐하면 아테나 여신이 아울로스들을 발명했지만, 그것들을 내팽개쳤다고 말해지기 때문이다.[48] 또 여신이 아울로스를 불면 그녀의 얼굴의 외관이 일그러뜨

44 에크판티데스는 가장 초기의 희극 시인이다. 아테나이의 디오뉘소스 축제의 연극 경연 대회에서 네 번이나 우승했다고 한다. 트라십포스에 대해서는 달리 알려진 바가 없다.

45 choregos들은 때때로 드라마나 경연 대회에서 자신들이 성취한 승리, 그 명예와 영광을 기록한 명판을 디오뉘소스에게 헌정했다고 한다. 그 명판에는 아울로스 연주자의 이름이 새겨져 있었다고 한다. 극장이 가까운 아폴론 신전이나, 극장으로 나 있는 길에 위치한 사원들에 명판을 세웠다고 한다. 트라십포스가 choregos로서 직접 아울로스를 연주했다는 것이다.

46 바르비토스는 뤼라였다. 하프의 일종인 삼뷔케는 높은 피치며 음조는 날카롭다. 삼각 현악기인 트리고논(trigōnon)과 펙티스는 현악기로 하프의 일종이다. '많은 현과 모든 음조를 내는' 이 악기들은 플라톤에 의해 거부되었다(『국가』 399c-d 참조). 펙티스는 현의 수가 다양했던 것으로 보인다. 그러나 아리스토텔레스는 이들을 거부하는 이유를 제시하고 있지 않다.

47 1269b28 참조.

48 이 신화에 대해서는 오비디우스, 『축제일 혹은 절기』(*Fasti*) 6. 695행 아래 참조. 아폴론은 올륌포스의 아들인 마르쉬아스를 죽였다고 한다. 마르쉬아스는 아테나가 자신의 모습을 흉하게 만든다는 이유로 내버린 아울로스를 찾아서 아폴론과 음악 실력을

리고, 또 그녀를 불쾌하게 만들어서 이것을 싫어했다고 말하는 것은 틀린 말이 아닐 것이다. 그럼에도 더 그럼직한 생각은 아울로스 교육이 아무런 기여를 하지 못했기 때문이라는 것이다. 우리는 그 아테나 여신에게 지식과 기술을 귀속시키고 있으니까.[49]

이리하여,[50] 악기와 연주에서의 전문적인 교육을 우리는 배제한다(전문적 교육이란 경쟁을 목적으로 한 교육이라고 우리는 규정한다.[51] 왜냐하면 이런 종류의 교육에서[52] 연주자는 자신의 덕을 위해서[53] 배움을 추구하는 것이 아니라, 청중의 쾌락을 위해서, 그리고 그마저도 품위 없는 쾌락을 위해서 연습을 거듭하기 때문이며, 그러므로 우리는 그런 연주 활동이 자유 시민들에게는 어울리는 연주가 아니라, 오히려 비천한 하인들에게나 적합한 것이라고 판단하는 것이다. 그리고 실제로 그들이 비천하게 된다. 이는 그들 자신이 원하는 목표가 저급하기 때문이다. 왜냐하면 관

겨루다가 패하고 소나무에 매여 가죽이 벗겨지는 죽임을 당했다고 한다. 아폴론은 키타라를 뒤집어서 연주할 수 있었지만, 마르쉬아스는 아울로스를 그렇게 할 수 없었다[Apollodorus, 『도서관』(*bibliothēkē*), 강대진 역, 민음사 2005, 제1권 4장 2 참조]. 그래서 어떤 이들은 아울로스의 발견자를 아폴론으로 돌리기도 한다. 플라톤, 『향연』에는 올림포스가 연주한 곡이 마르쉬아스의 것이고, 마르쉬아스가 올림포스를 가르쳤다고 나온다(215c 참조).

49 아테나에 대해서는 호메로스, 『오뒷세이아』 제13권 297~299행 참조("계책과 영리함으로 명성을 얻고 있다)".

50 epei(…이기 때문에)라는 전제로 시작되고 있으나, 10~18행까지 삽입구가 이어지고 19행에 가서야 비로소 귀결절(skepteon d' eti …)이 나온다.

51 이 문장은 첨가된 것으로, 전문적인 것(technikos)을 규정하고 있다. 흔히 technikos는 다른 의미로 사용되고 있기 때문에. 플라톤, 『고르기아스』 501b-502a 참조.

52 즉 경쟁을 목적으로 하는 교육.

53 자유인은 자신의 덕을 계발하기 위해 배운다(1337b17 아래 참조). 자유인은 '다른 어떤 사람을 위해서가 아니라 자기 자신을 위해 사는 사람'을 말한다(『형이상학』 982b25-26, 『수사학』 1367a31 아래 참조).

객은 비속한 자이며 음악을 변화시키는 것이 정형적이므로, 그 결과 관객을 목표로 연주하는 그 전문가들[당시 기생들[헤타이라]을 포함한 연예인] 자신과 그 신체에 그들의 움직임[54]에 따라 어떤 성격[55]을 부여하게 되기 때문이다).

54 아울로스 연주자의 운동을 말한다. 이에 대한 실례는 『시학』 1461b29-31 참조("실제로 [어떤 사람은] 자신이 직접 [이런저런 동작을] 덧붙이지 않는다면 사람들이 느낄 수 없을 것이라는 판단에서 많은 동작을 몸소 행하곤 한다. 예를 들어 덜 떨어진 아울로스 연주가는 원반을 재현해야 할 경우 둥글게 원을 그리며 돌고, 스퀼라를 아울로스로 연주할 경우에는 코러스 지휘자를 잡아당긴다").

55 즉 비천하거나(bansusous), 비속한(phortikous) 성질을 가리키는 것 같다.

제7장

음악: 음계와 리듬

그러므로[나아가][1] 음계와 리듬에 대해서, 〈그리고 교육에 관련해서〉 우리는 또한 다음과 같은 것을 고찰해야 한다. 즉 과연 모든 음계와 모든 리듬을 다 사용해야 하는가, 아니면, 거기에 구별을 두어야 하는가, 다음으로 교육을 위해 힘쓰고 있는 사람들[2]에 대해서도 그것과 동일한 구별을 해야 하는가, 아니면 무언가 다른 세 번째 구별이 있어야 하는가?[3] 우리가 보는 바와 같이, 음악은 멜로디[선율]를 만드는 것과 리듬으로 이루어져 있기 때문에, 간과해서는 안 되는 것은 그것들 각각이 교육에 대하여 어떤 힘을 가지고 있는지, 그리고 멜로디가 아름다운 음악과 좋은 리듬을 가지고 있는 음악 중 어느 쪽을 선택해야 하는지이다.[4]

1 1341b19-26 대목의 독해에 대해선 오래전부터 학자들 간에 뜨거운 감자가 되어 여러 논란이 있었다. de를 dē로 바꾸어 b9-18의 귀결절로 볼 것인지, 사본대로 d' eti로 읽을 것인지, 아니면 de를 그냥 삭제해 버릴 것인지는 논란의 여지가 있다. 또 보니츠는 b20의 kai tous paideian를 삭제할 것을 제안한다. 리듬 및 화음에 관한 것과 교육에 관련된 문제는 다른 것이고, 교육에 관련된 사항은 21행의 epeita로 시작된 문장에 연관되어 있기 때문이다. 드라이젠터의 구두점에 따르면, 이 대목은 세 가지 문제를 제시하고 있다. (1) 모든 음계와 리듬이 사용되어야 하는가? (2) 교육의 목적을 위해 어떤 음계와 리듬을 금지해야 하는가? (3) 어떤 음계나 리듬도 금지되지 않아야 하는가? 즉 아이들에게 어떤 종류의 음계만을 교육해야 하지만, 그럼에도 폴리스는 모든 종류의 음악을 시민에게 허용해야 하는가?(리차드 크라우트, pp. 203~204 참조)

2 즉 '교육의 목적을 위해 음악에 종사하는 사람'.

3 역자는 전해지는 사본을 하나도 빠뜨리지 않고 그대로 옮겼다.

4 멜로디와 리듬이 가지고 있는 교육적 효과는 무엇인가? 아리스토텔레스는 이 점을 『정

그런데 우리는 이러한 문제들에 대해서는 오늘날의 몇몇 음악 전문가와 때때로 음악 교육을 통해 경험을 쌓은 철학에 종사하는 사람들[5]이 많은 것을 훌륭하게 말하고 있다고 보고, 각각의 개별적인 것들에 대해 엄밀한 논의를 원하는 사람들은 그들에게서 그것을 요구하기를 바란다. 그리고 그것에 대해 우리는 단지 개략적으로만 말하는 것으로 그치고, 지금은 입법에 맞는 방식으로 이야기해 보도록 하자.[6]

우리는 철학에 종사하는 어떤 사람들이 선율을 성격과 관련된 것, 행위에 관련된 것, 영감에 관련된(도취적인, 감화적인) 것으로[7] 나누는 구분을 정하고, 또한 각각의 음계에는 본성상 고유의 선율이 어울리며, 어떤 선율에는 어떤 음계를 정하는 것을 받아들인다.[8] 그렇지만 우리는 음악을 단 하나의 유익을 위해서 사용해서는 안 되고, 보다 많은 유익함을 위해서 사용해야 한다고 주장한다. 즉 그것은 교육과 정화[카타르시스]를 위해 사용되어야 한다(카타르시스란 말로 무엇을 의미하려고 하는지는 지금 당장은 일반적인 의미에만[9] 머무르고, 다시 『시학』에서 보다 명확하게 말하기로 하자[10]). 그리고 세 번째로 음악은 여가 활동을 위해, 휴

치학』에서 더 이상 언급하고 있지 않다. 이 점에 대해서는 플라톤, 『법률』 655a-b 참조.

5 1340b5 참조.

6 '음계에 관해서'는 아리스토텔레스의 저작이거나 그의 학파의 누군가의 작업으로 생각되는 『자연학적 문제들』 제19권에서 논의된다.

7 enthousiasmos(감화, 도취)는 일종의 감정(pathos)이다(1340a11). 청자에게 어떤 감정적인 상태를 만들어 낸다. 『시학』 1447a27 참조("왜냐하면 이들도 동작으로 구현된 리듬들을 통해 성격(ēthē)과 감정(pathē)과 행위(praxis)를 재현하기 때문이다").

8 도리아 음계는 덕을 모방하고 형성시키는 '성격적 멜로디'에, 프뤼기아 음계는 '도취적인 것'에 적합하다. 행위를 표상하는 선율 역시 성격을 표현한다(1340a38-b5 참조).

9 즉 '정교하지 않게', '기술적인 의미'로 사용하지 않는다는 말이다.

10 카타르시스란 말은 앞서 1341a23에서 사용된 바 있다. 카타르시스는 『시학』 1449b26-

식과 긴장의 완화를 위해 사용해야 한다.[11]

1342a 이러한 점들을 고려해 볼 때, 모든 음계를 사용해야 하는데, 그것들 모두를 같은 방식으로 사용해서는 안 되며, 교육에는 무엇보다 성격을 표현하는 것[12]을, 다른 사람의 연주를 들을 경우에는 행동[13]을 표현하거나 영감(靈感)을 주는 것을 사용한다는 것은 명백하다. (왜냐하면 누군가의 영혼에 강한 영향을 미치는 감정은 모든 사람에게 있는 것이지만, 예를 들어 연민과 두려움, 심지어 영적인 열광[도취]과 같은 감정처럼 많고 적다는 정도의 차이가 존재하기 때문이다.) 그러므로 이런 것들의 감정의 움직임(情動)[14]에 의해 사로잡히기[15] 쉬운 사람들이 있고, 영혼을 영적(靈的)인 열광으로 이끄는 선율을 사용할 때,[16] 성스러운 선율에 의해 치

28에서도 언급된다. 그리나 『정치학』에는 더 이상 이에 대한 언급이 나오지 않는다. 지금의 이 언급은 현존하는 『시학』이 아니라, 지금은 상실된 『시학』의 두 번째 책을 언급하는 것 같다. 혹자는 『정치학』의 상실된 부분을 언급하는 것으로 해석한다(C. Lord, 1982, pp. 146~150; S. Halliwell 1986, pp. 190~191).

11 여기서는 마치 여가 시간을 보내는 것(diagōgē)과 놀이('놀이는 휴식을 위해서 있는 것'; 1337b39)를 같은 것으로 놓고 있으나, 제8권 제3장에서는 구별되는 것으로 보고 있다(1337b35 아래 참조).

12 도리아 음계.

13 신체적인 운동이 아니라, 인간의 성격을 드러내는 행동. 덕은 인간의 활동 속에서만 성취될 수 있는 것이다. 이런 표현(1337a21의 '덕의 활동'(praxis), 1337b9의 '덕의 사용과 활동')에 주목하라. 엄밀한 의미에서 동물이나 아이들의 활동은 진정한 의미에서 '활동'이 아니다(『니코마코스 윤리학』 1100a2-3 참조). 덕을 발현할 수 없으므로 '완전한 덕의 활동'인 행복에 다다를 수 없기 때문이다.

14 즉 이러한 감정(pathos).

15 이 표현은 『니코마코스 윤리학』 1179b9에도 나온다. 플라톤, 『향연』에 나오는 katechesthai(신들리게 한다)는 말이 더 적합한 표현이겠다(215c).

16 즉 '영혼을 도취시키는 노래를 사용할 때'. '사용하다'(chrēsthai)를 비롯해서 '움직임', '안정적 상태로 되다', '가벼워지다' 등은 모두 의학적 용어이다.

료받고 정화를 받은 것처럼, 안정적 상태로 되는[17] 이러한 사람들을 우리는 볼 수 있다. 따라서 연민을 느끼기 쉬운 사람이나 두려움을 느끼는 사람, 일반적으로 감수성이 강한 사람들, 그리고 다른 사람들도 그러한 감정이 그들 각자에게 찾아온 정도에 따라 이와 같은 일을 필연적으로 겪게 되는 것이며, 모든 사람에게 일종의 정화(카타르시스)[18]가 일어나 쾌락과 더불어 가벼워지는 것이다. 이와 마찬가지로 카타르시스를 가져오는 선율[19]도 해가 없는 기쁨을 인간에게 제공한다.

17 즉 원래 자신의 상태로 '회복하는', '되돌아오는', '평온해지는'(kathistamenous), 즉 치료되었다는 것을 의미한다.

18 tina katharsis. 그런데 tina(일종의)란 말은 무슨 의미일까? 부처(Butcher)의 주장처럼, 카타르시스가 모든 경우에 동일한 종류의 것이 아니며(p. 247), 여기서의 카타르시스('종교적 열광', '병적인 엑스타시')는 비극(트라고디아)에서의 연민이나 공포의 카타르시스와 다른 어떤 것일까?(S.H. Butcher, *Aristotle's Theory of Poetry and Fine Art*, Dover Publication, Inc. 1951, p. 246, note 1). 어쨌거나 맥락상 '마음의 부담감은 즐거움을 동반해서 가벼워질 것'이라는 말은 일상생활의 고단함에서 느꼈던 감정의 고통을 '배설'(카타르시스)하는 것으로 이해된다. 『시학』에서 카타르시스는 단 두 번만 언급된다(1449b28, 1455b15). 이 중 후자(1445b15)는 정화 제의를 나타내는 것으로 쓰이고, 전자는 '트라고디아(비극)의 본질'을 논하는 중요한 대목에서 사용되어, 아리스토텔레스의 시학 이론에 직접적으로 연결되는 중요한 의미로 사용되고 있다("연민과 공포를 통해 그와 같은 감정들〔pathēmatōn〕의 카타르시스를 성취하는 모방이다"). 원래 문자 그대로는 의학적으로 '배설'이라는 의미와 결부된, 일반적으로 '깨끗이 함'을 의미하는 카타르시스의 본질과 기능이 '무엇'인지에 대해서는 전문 학자들 사이에서 여전히 논란거리이다. 할리웰(S. Halliewell)은 여섯 가지 유형으로 카타르시스에 대한 해석을 정리하고 있다. 첫째 도덕적 혹은 교훈적 견해, 둘째 감정의 단련, 셋째 중용으로서의 온건함(Moderation), 넷째 감정의 배출, 다섯째 지적 카타르시스, 여섯째 구조적 카타르시스 이론 등이다(S. Halliwell, *Aristotle's Poetics*, Chicago 1998[2nd ed.], pp. 350~356). 종교적 맥락에서는 도덕적으로 혼탁한 요소를 제거하는 제의적 과정(ritual process)을 의미하기도 한다.

19 뉴먼, 드라이젠터 및 다른 사본에 좇아 praktika(로스, 사우페[Sauppe])를 버리고, kathartika로 읽는다. 위의 1341b34의 '도취적인 멜로디'(enthousiastika)와 동일한 것으로 여겨진다. 신성한 선율과 마찬가지로 감정을 정화하는 선율도 해 없는 즐거움을 가

그러므로 이러한 음계와 이러한 선율은 극장 음악을 다루며 경쟁하는 자들에게 사용할 수 있도록[20] 허용되어야 한다.[21] (그러나 관객은 두 종류인데, 한쪽은 자유 시민으로 교양 있는 사람이지만, 다른 쪽은 수공예인이거나 임금 고용인, 다른 그런 부류로 이루어진 저속한 사람이다. 후자의 부류에 속하는 사람들의 휴식을 위해서도 경쟁과 볼거리[22]가 주어져야 한다. 그들의 영혼이 자연에 따른 상태에서 벗어나 있는 것처럼, 마찬가지로 또한 음계를 이탈하여,[23] 선율을 갑갑하게 하거나 불협화음을 내기도 하지만, 그러나 각자에게는 자연 본성에 따른 고유한 것이 쾌락이 되기 때문에, 극장에 오는 이런 부류의 청중 앞에서 경쟁을 하는 사람들에게는 그러한 유형의 음악을 사용할 자격을 주어야 한다.)

그러나 교육을 위해서는 앞에서 말한 것처럼,[24] 성격에 속하는 멜로디를 사용해야 하고, 그뿐만 아니라 그런 종류의 음계를 사용해야 한다. 도리아조가 그러한 것에 해당한다는 것은 앞에서 말한 바 있다.[25] 그러나

져온다. 활동에 속하는 선율은 음악이 diagōgē(여가 시간을 보내는 방식)의 목적에 기여할 때 사용되는 것으로 추정하는 학자도 있다(C. Lord, 1982, pp. 110~141). 우리가 음악을 듣는 것은 행복을 구성하는 하나의 활동이라는 것이다.

20 '사용할 수 있도록'(chrēsthai)을 삽입해서 읽었다.

21 이 주장은 아래의 26~28행에서 반복되고 있다. "그러므로 극장 음악을 다루며 경쟁하는 자들은 그러한 음계나 선율을 사용한다고 간주해야 한다."

22 1323a1 참조. 경쟁도 일종의 볼거리이고, 드라마 공연과 음악 연주도 볼거리일 수 있다. 볼거리는 축제(hertē)보다 더 넓은 의미를 가진다. tēs tou Dionusou thōrias(디오뉘소스 제전 볼거리)[플라톤, 『법률』 650a] 참조. 임금 노동자를 위한 음악이 있음을 언급하고 있다.

23 여기서 영혼과 음계 간의 관계가 다시 언급되고 있다(1340b17). 높은 피치나 낮은 피치의 음계는 변형(parekbasis)된 음계로 취급된다(1290a24 참조).

24 1342a3.

25 1340a38-b5.

철학 연구와 음악 교육의 일을 공유했던 사람들[26]이 우리를 위해 정밀하게 행했던 검사를 통과한 어떤 다른 것을 추천한다면 받아들여야 한다. 그러나 『국가』에서 소크라테스가[27] 도리아조와 더불어서 프뤼기아조만을 남겨 둔 것은 옳지 않은데, 악기들 중에서도 그가 아울로스를 금지하고 있으므로, 특히 그렇다.[28] 왜냐하면 음악 중에서도 프뤼기아 음계는 1342b
악기 중에서 아울로스가 가지고 있는 것과 동일한 힘을 가지고 있기 때문이다. 즉 양자는 종교적인 열광시키고 감정적으로 만들기 때문이다.[29]

작곡(시 짓기, poiēsis)은 이 점이 그렇다고 밝혀 주고 있다.[30] 왜냐하면 모든 종류의 바쿠스적 흥청거림(열광)[31]과 [시가 재현될 때] 모든 종류의 [영혼의] 움직임(정동)[32]은 어떤 다른 악기들 중에서도 특히 아울로스로 만들어지고, 음계들 중 프뤼기아조에서 그것들에 어울리는 것이기 때문이다. 예를 들어 [바쿠스적 흥청거림을 표현하는] 디튀람보스[33]는 프뤼기아조[34]라고 일반적으로 인정되는 것으로 생각된다. 음악에 대

26 "오늘의 음악 전문가들 중 몇몇에 의해서, 또 음악 교육에 대한 경험을 쌓은 철학에 종사하는 사람들"(1341b27-28).

27 이와 유사하게 『국가』 속의 소크라테스를 언급하는 표현에 대해서는 1316a 참조.

28 플라톤, 『국가』 399a-d 참조. 플라톤에 따르면, 도리아와 프뤼기아 음계는 전쟁에서 용기를 북돋우고 평화시에는 절제를 함양한다. 이와 반대로 아리스토텔레스는 프뤼기아 음계가 그러한 효과를 가져 오지 못하는 것으로 보고 있다. 프뤼기아 음계는 열광(혹은 亂心)과 결부될 수 있다는 것이다.

29 1341a21 참조.

30 즉 아울로스와 프뤼기아 음계는 비슷한 효과를 만들어 낸다.

31 박종현은 bakcheia를 '광란의 주연'으로 옮긴다.

32 1337b42 참조("영혼의 그와 같은 종류의 운동"). 플라톤, 『법률』 672b에서는 신체적 움직임으로 사용되기도 한다.

33 주신(酒神) 디오뉘소스를 찬양하는 합창 서정시.

34 물론 음계도 마찬가지다.

한 지식을 가진 사람들은 이것을 증명하는 많은 예들을 들고 있는데, 특히 필록세노스[35]가 디튀람보스—〈뮈시아인들〉—를 도리아조로 작곡하려고 시도했으나, 그러지 못했기 때문에 그 음계의 본성으로 말미암아 그것에 적합한 음계인 프뤼기아조로 다시 되돌아가고 말았다고 말한다.

도리아조에 대해서, 모든 사람이 그것이 가장 안정적이고, 특히 용감한 성격을 지닌다는 것에 동의한다. 게다가 우리는 양 극단의 중간을 찬양하고, 그것을 추구할 필요가 있다고 주장하며,[36] 도리아조가 다른 음계들에 비해 이러한 본성을 가지고 있으므로, 도리아조의 선율이 젊은이들을 교육하는 데 한층 적합하다는 것은 분명하다.

목표로 삼아야 할 것은 가능한 것과 어울리는 것, 이 두 가지다.[37] 왜냐하면 각자는 자신에게 더 가능한 일, 더 어울리는 일을 떠맡아야 하기 때문이다. 그러나 이것들도 자신의 인생의 단계(연령기)에 따라 정해지면,

35 퀴테라섬 출신의 디튀람보스 시인(기원전 435~380년).

36 중용 이론에 대해서는『니코마코스 윤리학』1106a26-b27 참조.

37 여기부터(17행) 끝까지(34행)를 후세의 삽입으로 보는 학자도 있다(주제밀과 뉴먼[vol. 3 pp. 571~572], C. Lord[1982], pp. 215~219). 그 이유는 첫째, 아리스토텔레스는 바로 앞 단락에서(1342b12-17) 도리아 선율이 젊은이들의 교육을 위해 사용되어야 한다고 말했다. 그러나 이 대목에서는 아이들에게 뤼디아 선율을 추천하고 있다. 둘째, 1340b2-3에서는 느슨한(긴장을 푸는) 음계를 감정에 나쁜 영향을 주는 것으로 좋지 않은 것으로 받아들였으나, 여기서는 그 사용을 옹호하고 있다. 셋째, 1340b37-38에서는 성인 시민들이 음악 연주하는 것을 금지해야 한다고 주장했으나, 여기서는 나이 든 사람들이 노래하는 것을 허용하고 있다. 이에 반해서 삽입이라고 보는 이유 하나 하나에 대해 그 반대의 주장을 논증으로 제시할 수도 있을 것이다. (1) 도리아조만이 아이들에게 유일한 권장 음계가 아니며, 다른 이유로 다른 음계가 적절할 수도 있다. (2) 완만한 음계가 일률적으로 부정되고 있는 것도 아니다. 아리스토텔레스는 나이로 인해 정신적 능력에서 문제가 있는 아이나 노인들에게는 완만한 음계를 적합한 것으로 생각할 수 있다는 것이다. (3) 아리스토텔레스가 시민들이 노래하는 것까지 금지 시킨다는 것에 의심스럽다는 반론을 제기한다(R. Kraut[1997], pp. 212~213).

예를 들어 나이 때문에 기력이 쇠잔한 사람들에게 팽팽한[38] 높은 음계[39]로 노래하기가 쉽지 않고, 자연은 그런 연령대의 사람들에게는 느슨한(긴장이 없는, 이완된) 낮은 음계[40]를 추천한다.[41] (그러므로 음악에 정통한 누군가가 이 점에 대해 소크라테스를 비난하는 것은 정당하다.[42] 왜냐하면 그 음계가 취하게 하기 때문이 아니라, 즉 그 음계가 취기의 힘을 지니기 때문이 아니라(취기는 바쿠스적 홍청거림을 더욱 격렬하게 만드는 것이니까), 기력을 약화시킨다는 이유로 느슨해진 음계를 교육에 넣는 것을 소크라테스가 금지했기 때문이다. 따라서 곧 다가올 늙은 연령기를 위해서도 그러한 느슨한 음계들과 그러한 선율을 친숙하게 생각해야 하는 것이다.

게다가 동시에 좋은 질서와 교육[43]을 동시에 줄 수 있기 위해, 어린 나이 시기에 어울리는 종류의 음계가 무엇인가 있으면(예를 들어 음계들 중에서 뤼디아조가 특히 잘 어울리는 것처럼 생각되지만), 그것들을 가까이해야 하며, 다음의 세 가지를 교육의 기준으로 삼아야 한다는 것이다. 즉 중간적인 것, 가능한 것, 어울리는 것이다. (…)[44]

38 고조(高調)된, 긴장된(suntonous). 즉 하이 피치 음계.

39 도리아 음계.

40 뤼디아 음계.

41 왜? 늙은이의 목소리는 보다 높은 피치의 영역에 도달할 수 없을 테니까!

42 플라톤, 『국가』 398e.

43 32행, 34행의 '교육'(paideia) 대신에 paidia(놀이, 오락)로 읽지는 못할까? 그러나 아리스토텔레스는 아이들이 놀이를 위해서 음악 교육을 시켜서는 안 된다고 주장한다(1342a26-29). 다른 사본처럼 dianoia(생각)로 받아들이면 어떨까?

44 뭔가 명확히 매듭지어지고 있지 않다. 이어지는 논의는 무엇일까? 아리스토텔레스는 다시 어떤 주장을 덧붙이고 싶었을까? 영원한 숙제다. 어딘가에 남아 있을지도 모르는 그 어떤 텍스트가 발견되지 않는 한!

해제

아리스토텔레스의 정치철학
: 윤리학과 정치학의 만남

I. 아리스토텔레스의 생애와 사상의 발전

여우인가 고슴도치인가

어느 특정한 철학자의 경우에만 나타나는 한정된 현상은 아니겠지만, 특별히 철학사적인 맥락에서 후대에 결코 무시할 수 없을 만큼의 지대한 영향력을 끼쳤던 철학자의 경우에는 그의 사상이 어떻게 형성되었고, 어떤 과정을 걸쳐 그러한 사상으로 형성되었는지를 온전하게 이해하는 작업은 매우 중요한 일이다. 더구나 한 철학자의 내적인 사상의 발전 과정을 탐색하고, 그의 사상 형성 과정을 논의하는 경우에는 상당한 논란이 벌어질 수밖에 없다. 나아가 한 철학자가 자신의 사상을 전개하기 위해 선택한 철학함의 방법을 연구 경력 내내 일관적으로 유지하고 있는지, 아니면 일생을 통하여 여러 번의 굴곡을 거쳐 그때그때마다 자신에게 부과된 철학적 문제를 해결하는 과정에서 서로 다른 철학적 방법을 내세웠는지를 고찰하는 문제는 그의 모든 사상을 전반적으로 이해하는 역사적인 문제와도 직결될 수밖에 없을 것이다.

서정시인 아르킬로코스(Archilochos, 기원전[1] 680~645년)는 "여우는 많은 것들을 알고 있지만, 고슴도치는 큰 것 하나를 알고 있다"(103; poll' oid' alopex, all' echinos hen mega; multa novit vulpes, verum echinus unum magnum)고 말했다. 그렇다면 플라톤은 고슴도치에, 아리스토텔레스는

1 앞으로 기원전(B.C.)과 기원후(A.D.)를 명확히 구분하기 위해 '기원전'은 표기하고, '기원후'는 연도만을 표기했다.

여우에 비교될 수 있을까?[2] 고슴도치는 방어하기 위한 단 하나의 수단만을 가지고 있지만, 여우는 여러 수단을 가지고 있다고 한다. 아마도 여우와 고슴도치의 비교는, 모든 것을 포섭하는 단일한 세계관에 흥미를 지니는 사상가와 자신 앞에 놓여 있는 경험적 사실들의 다양성과 그 다양한 측면에 흥미를 보이는 사상가를 대비해서 말한 것 같다. 플라톤이 항시 일반화에 자신의 노력을 기울였다는 측면을 고려하게 되면 그에게는 여우적인 측면보다는 고슴도치적인 측면이 더 강하다. 아닌 게 아니라 플라톤은 아리스토텔레스가 시도했던 생물학적 경험적 자료들의 수집과 같은 작업에 관심을 보이지 않았다. 플라톤은 이 세계에 널려 있는 우연한 사실들의 한갓 누적이나 실험적 연구가 아니라, 이 사실들을 포괄하여 하나의 체계적 통일성으로 묶어 낼 수 있는 하나의 관념을 찾고자 하였다.

생물학 저작들을 제외하고 현상들에 대한 관찰 및 '구제'(sōzein ta phainomena), 역사적 사실들의 집적, 데이터에 대한 상세한 분석을 통한 그의 경험적 탐구 방법을 가장 생동감 있게 적용하고 있는 저작을 꼽으라고 한다면 아마 『정치학』일 것이다. 그는 당시의 폴리스들에서 이루어지고 있는 정치체제에 관련된 사항을 수집하고, 그것들을 세세하게 분석한 다음 일반적인 결론을 이끌어 내려 했다. 이런 측면에서 『정치학』은 다른 어느 분야보다도 아리스토텔레스의 가장 여우적인 특징을 지닌다.

이런 관점에서 볼 때, 플라톤과 아리스토텔레스는 학문 방법상의 차이뿐 아니라 양자의 세계관의 차이가 극명하게 대조된다. 그렇지만 아

2 I. Isaiah Berlin, *The Hedgehog and the Fox; An Essay on Tolstoy's View of History*, Weidenfeld & Nicolson: London, 1953. 플라톤과 아리스토텔레스의 철학적 방법을 고슴도치와 여우로 비교하는 것에 대해서는 다음을 참조. W D. Ross, The Development of Aristotle's Thought, in *Aristotle and Plato in the Mid-Fourth Century*, ed. by I. Düring and G. E. L. Owen, Göteborg, 1960, pp. 1~17.

리스토텔레스가 여우일 뿐만 아니라 플라톤 못지않게 고슴도치적인 측면을 가지고 있음을 주목해야 한다. 실상 그는 어느 주제에 관련해서나 개별적인 문제들을 해결하기 위해서 그 자체적인 것과 부수적인 것, 본질과 우연, 형상과 질료, 가능태와 현실태와 같은 일반적 개념 도구를 자유자재로 사용하고 있기 때문이다.

독자들은 이런 전문적 용어들에 지레 기죽지 마시라! 헬라스에서 통용되던 속담으로 말하자면, '시작이 반'이라 하지 않던가! 이러한 전문적인 용어에 익숙해지면 익숙해질수록 아리스토텔레스 철학의 이해에 한 걸음 더 다가설 수 있을 것이기 때문이다. "교육의 뿌리는 쓴데, 그 열매는 달다"고 말한 사람이 바로 아리스토텔레스임을 기억하자.

스타게이로스에서의 어린 시절

아리스토텔레스(기원전 384~322년)는 아테나이에서 멀리 떨어진 헬라스 북동부 칼키디케반도 동쪽 끝, 에게 해안에 위치한 도시 스타게이로스(Stageiros, Stagira)에서 태어났다. 스타게이로스는 안드로스나 칼키스의 식민지였다. 그래서 아리스토텔레스는 별칭으로 '스타게이로스 사람'으로 불려 왔다. 그의 아버지 가계는 펠로폰네소스반도 남서쪽에 있는 멧세니아 지방에 그 뿌리가 있었다고 하며, 아버지 니코마코스 역시 아스클레피오스의 후손인 마카온의 아들로 마케도니아의 왕 아뮌타스 3세의 시의(侍醫)였다고 한다. 그 덕택으로 어린 시절 펠라에 있는 궁전에서 수준 높은 교육을 받으면서 성장할 수 있었다. 아테나이에서 얼마 떨어지지 않은 에우보이아섬의 칼키스 출신인 어머니 파이스티스(Phaistis) 역시 아스클레피오스 후손으로 의사의 가문에 속했다고 한다. 어머니의 고향 칼키스는 아리스토텔레스가 생애를 마친 곳이기도 하다. 아마도 아리스토텔레스의 편집자인 안드로니코스가 나중에 아리스토텔레스의 아버지와 어머니 가계 양쪽을 아스클레피오스 가문으로 만들어 냈을 것으로 추정된다.

의사였던 아버지의 경력 때문에 아리스토텔레스가 생물학에 대한 관심을 가질 수 있었으나, 어린 시절에 체계적으로 그 분야를 공부했다는 증거는 없다. 게다가 갈레노스의 보고처럼 당시 의사 가문의 관례대로 해부(解剖)에 대한 훈련을 받을 수 있었겠으나, 그가 아주 어릴 적에 부모를 여의고, 그의 후견인이 된 친척 프로크세노스에 의해 양육되었다는 사실을 보면 그럴 가능성은 매우 낮아 보인다. 프로크세노스의 아들인 니카노르는 나중에 아리스토텔레스의 양자로 입적되었으며, 아리스토텔레스는 그에게는 자신의 딸 퓌티아스와 혼인하라는 유언을 남기고 있기도 하다. 그럼에도 아리스토텔레스가 경험을 중시하고 주도면밀한 관찰을 수행하며 생물학적 탐구에 관심을 기울인 것과 『정치학』에서 드러나는 '정치적 자연주의'의 경향은 어린 시절의 경험과 자신의 아버지로부터 물려받은 DNA의 영향일 수 있다.

프로크세노스는 아리스토텔레스가 열일고여덟 살 정도 되던 기원전 367년경에 플라톤 밑에서 공부하도록 '철학자들의 도시'로 불리던 아테나이로 보낸 것으로 추정된다.[3] 어떤 보고에 따르면, 그가 아테나이에 도착할 무렵에는 플라톤은 아카데미아에 부재했으며, 플라톤은 기원전 365/364년경에야 비로소 시켈리아에서 돌아왔다고 한다.[4] 그래서 그는

3 *Vita Arabica IV*(Ibn Abi Usaibi'a) 4("철학자들의 도시"). 달리 알려진 바가 없는 에우메로스는 "독배를 마시고 일흔 살에 세상을 떠났"고, "플라톤에게 온 것은 30세 때였다"고 보고하는 사람도 있다(디오게네스 라에르티오스, 『유명한 철학자들의 생애와 사상』 제5권 6).

4 Anton-Hermann Chroust, *Aristotle: New Light on His Life and on Some of His Lost Works; Some Novel Interpretations of the Man and His Life*, Vol. 1, 2, Routledge Library Editions, London & N. Y., 2015/1973(vol 1, pp. 96~102).

당시 헬라스 세계에서 널리 유명세를 떨치고 있었던, 수사학을 '철학'으로 간주했던 연설가 이소크라테스의 수사학 학교에 먼저 등록했다는 보고도 있다. 당시 이소크라테스의 학교는 플라톤의 아카데미아에 버금가는 명성과 지위를 누리고 있어서 맞겨룸을 할 수 있을 정도였다. 처음에 아리스토텔레스 자신은 그다지 대중에 알려지지 않았지만, 수사학을 중시하는 이소크라테스의 교육철학에 대한 반대자로서 두각을 나타내면서 점차 그의 이름을 알리기 시작했다. 실제로 그는 수사학 강의를 했다고도 한다. 『소피스트적 논박에 대하여』라는 저작을 남긴 것을 보면, 아리스토텔레스 자신이 소피스트들의 논리와 수사술에 맞서 반박하는 논쟁 훈련에 직접 참여했던 것 같다.

이후 아리스토텔레스는 플라톤의 아카데미아에 머물며 플라톤이 죽은 기원전 347년경까지 20년이라는 긴 시간을 그의 문하에서 학문에 정진한다. 당시 플라톤의 아카데미아는 헬라스에서 가장 선진적인 학문이 연구되는 곳이었다. 그곳은 친애(philia)에 기반을 둔 종교 집단적 공동체(thiasos)[5] 성격을 띠고 있었으며, 단지 강의와 토론을 위한 공간만이 아니라 당대의 가장 유명한 철학자들 간의 만남의 장소기도 했다.[6] 최고

5 뮤즈들(무사이, Mousai)의 경배를 위한 종교적 터가 있는 곳을 의미한다(디오게네스 라에르티오스, 『유명한 철학자들의 생애와 사상』 제5권 51). 신들에게 헌정된 성스러운 장소(hiera)로 이곳에 뮤즈들의 신전(Mouseia, Mouseion)이 있었다. mouseia로부터 museum(박물관)이란 말이 유래했다.

6 최근까지 헬레니즘 시기의 아카데미아학파를 포함하여 철학 학파들이 특정한 경우에 뮤즈들의 성소(聖所)를 세웠다고 하는데, 이런 이유로 신들을 받드는 종교적 집단 사회들(thiasoi)이 아니었겠느냐 하는 견해가 있어 왔다. 이 견해는 빌라모비츠(Wilamowitz)가 내세운 이론이다. 그러나 체육관이나 아이들의 학교와 같은 공식적 기관에도 thiasos(뮤즈들이나 그들의 숭배 대상인 조상彫像)가 관례적으로 걸려 있었던 점에 비추어 보면 반드시 종교적 집단사회라고 볼 수 없다는 맞선 주장도 있다. 그렇기에 철학 학파들은 유용한 지식을 전달하는 세속적인 교육기관으로 보는 것이 옳다는 주장

의 지성들이 국내외에 모여들었을 정도로 명성이 높았던 곳이었다.

그런데 어쩌면 아리스토텔레스야말로 고향을 떠나 한곳에 정착하지 못하고 살아야 했던, '디아스포라의 고통'을 절실하게 체험했던 최초의 철학자일지도 모른다. 이 점은 그의 생애와 인생 편력이 고스란히 증명해 준다. 이제 그의 '지적 오뒷세우스의 여행'을 따라가 보기로 보자.

유언장에 나타난 인물됨

아리스토텔레스는 평생 정치적 행위에 참여할 수 있는 권리를 가진 시민이 아니라 외국인 거주자로 아테나이에서 살면서 현실적 정치에 참여할 수 없었다. 그가 상속받은 아버지의 재산은 스타게이로스에 있었고, 그의 어머니의 재산은 칼키스에 있었다. 그리고 그의 부인은 소아시아 출신이었다. 아테나이에서 인생의 절반을 보냈던 아리스토텔레스는 죽기 직전에 안티파트로스에게 보낸 편지에서 이런 상황에 대해 불편을 느끼던 자신의 처지를 솔직하게 피력하고 있다. "아테나이에서는 동일한 일들이 시민에게서만큼 이방인에게도 적당하지 않다. 아테나이에서 지내는 것은 어렵다"[7]라고. 실제로 아리스토텔레스는 『정치학』

을 펴기도 한다. 이런 이유로 여러 철학 학파들이 개인 기부가들의 재원으로 운영되었지, 국가나 혹은 어떤 권위에 의해서 움직였다고 보지 않으려 한다. 그러나 아카데미아는 실제로 일종의 공동체적 삶을 목표하고 있다는 점에서 어느 정도 종교적 경향을 가지고 있었던 것처럼 보인다. 이 점이 빌라모비츠의 이론을 지지한다. Tiziano Dorandi, "Organization and structure of the philosophical schools", in ed. by K. Algra, J. Barnes, J. Mansfeld, M. Schofield, *The Cambridge History of Hellenistic Philosophy*, Cambridge, 1999, pp. 55~62.

7 "epei de ta auta kathēkonta ouk ēn politēi kai xenōi peri tēn tōn Athēnaiōn polin … to Athēnēsi diatribein ergōdes." *Vita Marciana*(*Genos Aristotelous*) 42(in I. Düring[1957], p. 105).

에서 "다른 시민들과 더불어 살기 때문에, 폴리스에 공동으로 참여하여(koinōnein) 사는 것과 오히려 정치적 공동체(koinōnia)로부터 차단된 이국인으로서 사는 것 중, 어느 쪽이 더 바람직한 삶인가"라는 물음을 심각하게 논하고 있다.[8]

다른 관점에서 생각해 보면, 이 점이 오히려 그로 하여금 학문 연구 활동에 전심전력으로 몰입할 수 있게 동기를 부여해 주었는지도 모른다. 아테나이 출신이 아니었기 때문에 아웃사이더로서 아테나이의 현실 정치를 객관적으로 바라볼 수 있었을 것이고, 실제로 그는 『정치학』에서 중립적 관점에서 당시의 정치 상황을 비판적으로 기술하고 있다.

아리스토텔레스는 어떤 성품을 가진 인물일까. 지적으로 뛰어나지만, 밉살스럽도록 오만하고 거만한 인물이었을까? 아니면, 사려 깊고 동정심 많은 공감하는 능력을 가진 사람이었을까? 지적인 오만으로 느낄 만한 대목은 그의 저서 여러 군데서 찾아볼 수 있다. 추론(sullgismos)에 대한 연구를 마치면서, 그는 독자들에게 감사를 표시할 것을 강요하는 듯한 말을 하고 있다. 다음과 같은 말이 대표적인 것이라 하겠다.

> 만일 이 논구가 애초에는 이러한 상황으로부터 이루어졌다는 것을 본 후에, 이전 시대로부터 전해진 기존의 것을 바탕으로 진전시킬 수 있었던 다른 논구와 비교해서, 이 탐구 방법이 그런대로 만족할 만한 상태에 있다고 여러분의 입장에서 생각된다면, 여러분 모두에게, 즉 청강생들에게 남겨진 일은 우리의 탐구 방법으로 아직 남아 있는 사안에 대해서는 용서하고, 또 거기서 발견되고 있는 사안에 대해서는 깊은 감사의 마

8 『정치학』 1324a14-15.

음을 가져주는 일일 것이다.[9]

아리스토텔레스의 평판을 질시하면서 그를 두고 자기과시로 우쭐해하는 자라거나 스승 플라톤과의 관계에 대해서는 '제 어미를 발로 차 대던 망아지'란 표현으로 배은망덕한 자라 부르면서 아리스토텔레스를 향해 노골적으로 적대적인 입장에서 비판하던 전통은 그가 살아 있던 시절부터 시작되었으니, 그만큼 그 뿌리가 깊다 하겠다.[10] 우리는 이 점을 필로코로스(Philochros, 기원전 340~261년)의 전언을 통해서 확인할 수 있다.[11] 아리스토텔레스 자신의 말대로 큰 명예를 좇는 원대한 마음(megalopsuchia)[12]을 가진 사람은 오만한 사람으로 보이는 것일까? 그는 원대한 마음을 가진 사람을 이상적인 인간으로 보았다. 그가 생각하는 원대한 마음을 가진 사람(megalopsuchos)은 이런 사람이다.

그렇기에 원대한 마음을 가진 사람은 무엇보다도 명예와 불명예에 관심을 가진다. 그는 신실한 사람들에 의해 주어지는 큰 명예에 대해서, 자신에게 합당한 것을 얻는 것이라고 생각해서 적절한 정도로 즐거워할 것이다. 혹은 합당한 것보다는 작은 것을 얻는다고 생각하면서 그럴 것이다. 완전하고도 온전한 탁월성에 합당한 명예란 있을 수 없으니까. 그래

9 『소피스트적 논박에 대하여』 184b2-8

10 Themistius, *Orationes* 285c5; 디오게네스 라에르티오스, 『유명한 철학자들의 생애와 사상』 제5권 2.

11 아리스토텔레스에게 호의적이지 않았던 에피쿠로스적 전통에 대해서는 뒤에 가서 "프톨레마이오스의 '아리스토텔레스 생애'(*Vita Aristotelis*)와 디오게네스 라에르티오스" 장에서 다시 언급하겠다.

12 『니코마코스 윤리학』 1123a34-35.

도 그들이 자신에게 줄 수 있는 것 중 더 큰 것은 가지고 있지 않으므로, 그는 어떻든 수여되는 명예를 받을 것이다. 그러나 그는 아무에게서나 수여되는 명예나 작은 일에 대해 주어지는 명예는 전적으로 폄하할 것이다. 그의 가치는 그러한 것에 어울리지 않기 때문이다.[13]

이런 사람은 외형적 모습도 사자(獅子)가 그렇듯이 '완만한 움직임'으로 '깊은 목소리와 안정적인 말투'를 가져야 한다. 이런 사람들은 매사에 서두르지 않고, '대단한 일'은 아무것도 없다고 생각하므로 '긴장하는 일' 따위는 일어나지 않는다(1125a12-16). 위작(僞作)이지만 그의 이름으로 전해지는 『관상학』에는 '원대한 마음을 가진 사람'을 사자의 모습과 행태에 비교하고 있다. 그래서 그런 사람은 사자와 같이 "기품 있고, 근엄하고, 장엄하다"는 것이다(809b34-35, 811a15-16). "고귀한 탁월성(kalokagathia) 없이는 원대한 마음을 가진 사람이 될 수 없다"(1124a3-4). 이런 자격을 갖춘 아리스토텔레스가 행여 다른 사람들에게는 오만한 모습으로 비쳤을까? 20세기 아리스토텔레스 전문가인 로스의 말마따나 자기도취에 빠진 사람이었을까?[14] 아리스토텔레스의 개인적 인물됨에 대해 정확히 보고하는 문헌은 전해지지 않지만, 그의 생애에 대해 보고하는 여러 작품들을 통해서 그의 인물됨의 편린(片鱗)을 엿볼 수는 있다.

그의 생애를 보고하는 한 문헌은 그의 외관에 대해 "아리스토텔레스는 플라톤의 가장 유명한 학생이었고, 아테나이인 티모테오스가 『철학자 전기』에서 전하는 바처럼 어눌하게 말했다고 한다. 게다가 그의 다리

13 『니코마코스 윤리학』 1124a4-11.

14 W. D. 로스, 『아리스토텔레스: 그의 저술과 사상에 관한 총설』, 김진성 옮김, 누멘, 2011, p. 266.

는 가늘었다고 하며, 눈은 작았고, 늘 눈에 띄는 화려한 옷을 걸쳤고, 반지를 꼈으며, 수염을 짧게 깎았다"고 한다.[15] 이런 정도의 외모였다면, 헬라스의 인물 조각상을 통해 엿볼 수 있는 균형 잡힌 멋진 몸을 가진 사람은 아니다. 그렇다면 앞서 『니코마코스 윤리학』이나 『관상학』에서 말해지는 사자다운 모습으로 '원대한 마음을 가진 사람'으로 품위가 있거나, 거만하고 오만한 외모는 되지 못했을 것 같다. 어쩌면 그의 외모를 보고하는 평가마저도 그에 대한 호의적이지 않은 편견을 보여 주는 것인지 모른다.

'수염을 짧게 깎았다'(koura)는 말은 철학자답지 않은 모습을 가졌다는 것을 조롱하는 표현일 수 있다. 진실은 알 수 없지만, 이 말이 반드시 아리스토텔레스에게 긴 턱수염이 있었다거나 턱수염이 없었다는 것을 말하는 것은 아니다. 고대 헬라스의 철학자의 조상들에서 볼 수 있듯이 전통적으로 철학자를 상징하는 것은 '긴 턱수염'이었기 때문이다. 실제로 그에게 악의를 품은 적들은 그를 오만하고 제멋대로 삶을 산 것으로 표현하고 있다. 게다가 그는 남을 조롱하는 기질을 가지고 있었다고 말해지기도 한다. 어떤 이는 그를 '절제할 줄 모르는 식탐'을 가진 것으로 묘사하기도 하는데, 그의 생활 습관이 금욕적이지만은 않았던 것 같다.

잠들 때엔 청동 구슬을 손에 쥐고 밑에 용기를 놓아두었다고 하는데, 그것은 구슬이 그의 손에서 용기로 떨어지면 그 소리에 잠을 깨도록 하기 위해서였다는 것이다. 일생을 철학이라는 학문 연구에 몸 바친 아리스토텔레스여서, 그 때문에 근엄하고 딱딱하고 무미건조한 학자의 모습을 떠올리겠지만, 유언 집행자인 안티파트로스에게 남긴 그의 유언장[16]

15 디오게네스 라에르티오스, 『유명한 철학자들의 생애와 사상』 제5권 1.

16 그의 유언장과 그 내용을 전해 주는 작품으로는 디오게네스 라에르티오스(제5권 11-16), Ibn An-Nadim, AI-Qifti Gamaladdin, Ibn Abi Usaibi'a의 것 등이 남아 있다. 그의 유

에는 상당한 재산을 자신의 주변 사람에게 나누어 주면서 일일이 지인들을 챙겨주는 마음씨 좋은 가장(家長)의 '아름다운'(kalos) 모습이 그려지고 있다. 우리는 철학적 삶을 목표로 외롭게 진리를 추구했던 냉철한 모습과 자신의 주변에 머물렀던 몇몇 친구와 가족들에게 베푸는 인정어린 모습을 통해 아리스토텔레스라는 인간의 진면목을 이 두 측면에서의 면모를 겹쳐가면서 읽어 낼 수 있다.

자신의 제자이자 동료로, '계승자'가 되기를 바랐던 테오프라스토스에게는 첫째 부인의 소생이었던 자신의 딸과 결혼하기를 바란다면 결혼해도 좋다는 유언을 남기고, 자신에게 성심성의를 다한 두 번째 부인이었던 동향 출신(에우세비오스에 따르면)의 헤르필리스를 두고는 "누군가와 재혼하기를 바란다면 우리에게 어울리는 사람에게 시집갈 수 있도록 돌봐주기 바란다"는 유언을 남기고 있다.[17] 만일 사실상의 부인이 아

언장에 아테나이가 언급되지 않은 것으로 봐서 유언장은 아테나이에서 도망쳐 에우보이아섬에 있는 칼키스에서 죽기 직전에 쓰인 것으로 추정된다.

17 시리아판과 아라비아판 유언장에는 헤르필리스를 '여자 하인'으로 언급하고 있다. I. Düring, *Aristotle in the Ancient Biographical Tradition*, Acta Universitatis Gothoburgensis, vol. 68, 1957, p. 63. 뒤링의 이 책은 '아리스토텔레스의 생애'를 보고하는 모든 고대의 문헌[디오게네스 라에르티오스, 시리아판, 아라비아판, 라틴어판, 고대 문헌 주석가들의 주석 등]을 모아 정리하고 있다. 아리스토텔레스 생애의 문제에 관한 한, 뒤링의 이 책은 문헌 출전의 원 텍스트로 인용되고 있다. 디오게네스 라에르티오스는 그녀를 pallakē로 표시하고 있다. pallakē는 '첩' 혹은 '여자 하인'(therapaina), '기생'(hetaira)을 의미할 수 있다. 디오게네스 라에티오스는 헤르필리스를 니코마코스의 어머니임을 암시하고 있으나(*Vita Hesychii*[6세기]와 *Souda*[10세기경 비잔틴 시기에 만들어진 고대 지중해 세계에 대한 백과사전] 참조), 아라비아판은 '나의 하녀 헤르필리스'라고 되어 있다. 만일 니코마코스가 첩의 소생이었다면, 당시의 관례대로 유산을 상속받지 못했을 것이다. 그렇다면 원래는 첩의 소생이었지만, 나중에 아리스토텔레스가 니코마코스를 '법적 자식'으로 받아들였기 때문에 헤르필리스가 당연히 두 번째 부인이 된 것으로 추정할 수도 있겠다. 아니면, 니코마코스는 첫 번째 부인 퓌티아스의 소생이었고, 헤르필리스가 첫째 부인이 죽고 난 후 그녀 대신에 가정 관리 책임을 맡게 된 후견인이었

니었다면, 그녀를 법적인 노예 신분으로부터 해방시켜 주었던 것 같다. 헤르퓔리스에게서 당시의 관례대로 자신의 아버지 이름을 따른 니코마코스가 태어났다. 『니코마코스 윤리학』이란 제목도 여기에서 유래한다고 한다. 아리스토텔레스가 그 책을 아들에게 바쳤다는 이야기도 전해지지만, 아주 더 그럼직하지 않은 이야기는 아들 니코마코스가 아버지가 죽고 나서 『니코마코스 윤리학』을 편집했다고 하는 것이다.

어린 노예에게는 재물을 들려서 친족에게 돌려보내기도 하고, 자신의 유산을 자신과 인연을 맺었던 사람에게 골고루 나눠 줄 것을 당부하고 있기도 하다. 『정치학』 제1권에서 자연적 노예제를 옹호했던 아리스토텔레스가 노예에 대해서도 친절함을 베풀며, 자신을 돌봐 준 노예들을 적절한 시점이 되면 자유의 몸이 되게 해주라고 유언을 남긴 점은 조금은 당혹스럽다고 할 수 있다. 노예의 해방에 대해서 아리스토텔레스는 『정치학』 제7권에서 "모든 노예에게 포상으로 자유를 제시하는 것이 왜 더 나은지에 대한 이유는 나중에 우리가 논의하게 될 것"(1330a32)이라고 말하고 있지만, 그 약속은 『정치학』에서는 지켜지지 않았다. 그럼에도 유언장에 남긴 대로 노예를 해방시켜 준 점에 비추어 보면, '주인

을 수도 있다. "우리에게 어울리는 사람에게 시집갈 수 있도록"이란 표현은 자유인이었음을 보여 준다. 또한 이것은 그녀가 이전에 결혼하지 않았음을 보여 주는 것이 아닐까? 어떤 아라비아판에는 헤르퓔리스를 언급하고 있지 않다는 점은 고대의 저자들도 그녀에 대한 정확한 정보를 갖고 있지 못했음을 암시하는 것으로 해석할 수도 있다. 아리스토텔레스를 비방하는 내용도 전해지는데, "아리스티포스는 『옛 사람의 애정 행각에 대해』 제1권에서 아리스토텔레스가 헤르메이아스의 첩과 사랑에 빠진 것"으로 기술하고 있다(디오게네스 라에르티오스, 제5권 3). 헤르퓔리스의 지위에 대한 논란에 대해서는 다음을 참조. Guido Schepens, Jan Bollansee, Schepens(Editor), *Die Fragmente der Griechischen Historiker; Hermippos of Smyrna: A. Biography*, Brill, 1999; Anton-Hermann Chroust, "Estate Planning in Hellenic Antiquity: Aristotle's Last Will and Testament", Vol., 45, *Notre Dame Law Review*, 1970.

에게 헌신적으로 봉사함으로써 자유라는 보상(athlon)을 얻을 수 있다'는 점을 염두에 두고 있었을지도 모르겠다. 게다가 아리스토텔레스가 『정치학』에서 "자연에 의해 그들 양자에게 부여된 상응할 만한 가치를 가지고 있을 때, 노예와 주인 서로에 대해서 어떤 유익함과 친애(philia)가 있게" 된다(1255b12-13)라고 말하는 점과, 『니코마코스 윤리학』에서 "노예인 한에 있어서는 그를 향한 친애가 없지만, 인간인 한에 있어서는 그를 향한 친애가 존재한다. … 인간인 한에서 친애 또한 존재하는 것으로 보인다"(1161b2-8)라고 말하는 점을 고려하게 되면 충분히 납득이 가는 사항이다.

한편으로 "나를 어디에 묻건 그 무덤에는 죽은 아내 퓌티아스의 유골도 그녀의 뜻대로 옮겨 묻어 주기 바란다"며 죽은 부인에 대한 배려도 남기고 있다.

아레테(덕) 찬가

그가 쓴 시 한 편이 전해진다. 아리스토텔레스를 딱딱하고 엄격한 논리학자나 형이상학자로만 알고 있는 사람들에게는, 그가 남긴 시 한 편을 통해 그의 문학적 감수성과 우정을 나눴던 한 인간에 대한 추억을 기리는 애틋한 마음씨를 읽어 내는 것도 좋은 일이겠다. 아레테(aretē)를 처녀 여신으로 인격화해서 노래하는 것은 헬라스 정신에서는 너무도 자연스러운 일이었다. 아리스토텔레스는 자신을 돌봐준 헤르메이아스의 죽음을 겪고서 그와의 우정을 기리기 위해 '아레테(덕) 찬가'를 지어 바쳤다.[18]

18 디오게네스 라에르티오스, 『유명한 철학자들의 생애와 사상』 제5권 7~8 및 아테나이오스, XV 696a 그리고 Stobaios. 아테나이오스의 보고에 따르면, 운율상으로 합창시 격으

아레테여, 죽어야만 하는 종족에게는 크나큰 노고에 의해 획득되는 것,
그대는 이 세상의 삶에서 가장 아름다운 사냥물,
그대의 아름다운 모습 때문에, 처녀여.
죽어가는 것도, 또 끊임없이 모질고 거친 노고를 견뎌 내는 것도,
헬라스에게는 영광스러운 운명이었네.
그대는 불사와도 같은 이득을 사람의 가슴속에 가져다주네.
황금[19]보다, 부모보다, 편안한 잠보다도
훨씬 뛰어난 그러한 것을.
그대를 위해 제우스의 아들 헤라클레스와 레다의 아들들도,
수많은 고된 일을 견딘 것이네.
그대의 힘을 얻으려고.
그대를 그리워하면서 아킬레우스도 아이아스도 하데스의 집으로 향한 것이네.
그대의 사랑스러운 모습 때문에,
아타르네우스의 사랑하는 아들(헤르메이아스) 또한 태양의 빛을 잃고 만 것이네.

로 된 이 시는 아리스토텔레스와 그의 추종자들의 식탁에서 노래되었다고 한다. 이런 이유로 데모퓔로스는 이 시를 향연(sumposion)에서 불려지는 '아폴론 찬가'(skolion)로 생각했다. 그는 '죽을 수밖에 없는' 평범한 인간의 명예를 위해 이 시가 불린다는 것은 불경스러운 노릇이었고, 이것이 아리스토텔레스를 향한 법적 소송을 거는 토대가 되었다고 주장한다. 고대에도 이 시가 아폴론 찬가인지, 향연의 노래(skolion)인지, 인간에 대한 찬가인지에 대해 결정 내리지 못했던 것 같다. 향연의 노래가 아닌 이유는 시의 내용이 그만큼이나 진지하기 때문이다. 그렇다고 『니코마코스 윤리학』에서 논의되고 있는 덕과 같이 도덕적인 측면에서 이 시를 읽을 필요는 없다. 아리스토텔레스가 아폴론 찬가를 뛰어난 인간에 대한 찬양으로 이끄는 것으로 보인다. C. M. Bowra, "Aristotle's Hymn to Virtue", *The Classical Quarterly*, Vol. 32, No. 3/4(Jul.-Oct., 1938), pp. 182~189 참조.

19 전통적으로 시 속에서 사용되는 '황금'은 부를 상징함.

이렇게 되어 그 사람은, 그의 공적으로 해서 노래로 읊어지고,
므네모쉬네[20]의 딸들인 무사 여신들도 그를 불사하는 자로 높일 것이네.
손님의 수호자인 제우스의 명성과
흔들림 없는 우애(philia)의 선물을 더욱 크게 하면서.

아리스토텔레스 생애의 네 단계

아리스토텔레스는 일생 동안 마케도니아 시민으로 살았고, 당시의 아테나이의 법률에 따라 아테나이 시민이 아닌 그로서는 아테나이에 재산을 소유할 수 없었을 터이지만, 그의 유언장에서 나타나는 대로 그의 고향 스타게이로스와 어머니의 고향이었던 칼키스에 상당한 정도의 재산(부동산)을 가지고 있었던 것으로 보인다. 스타게이로스는 칼키스의 식민지였고, 칼키스는 아테나이의 지배를 받고 있었다.

아리스토텔레스의 생애(Vitae Aristotelis)는 대략 네 단계로 나누어진다.

첫째 시기는 기원전 384~367년에 이르는 마케도니아와 칼키아디케에서의 유년기이고, 둘째 시기는 기원전 367년으로부터 플라톤의 죽음에 이르는 기원전 347년 동안에 플라톤의 아카데미아에 체재하던 기간이다. 셋째 시기는 기원전 347~335년에 이르는 헤르메이아스(혹은 헤르미아스, Hermeias)의 초청을 받아 소아시아의 앗소스에 갔다가, 다시 자신의 제자 테오프라스토스(Theophrastos)를 만난 레스보스섬의 뮈틸레네에서 3년간 머무르고, 이어서 필립포스 왕의 초청을 받아들여 알렉산드로스 대왕의 선생 노릇을 하며 마케도니아의 펠라 등에 체재할 무렵이다.

20 기억의 여신.

끝으로 기원전 335년 혹은 334년부터 그의 죽음에 이르는 기원전 322년까지의 기간인 아테나이의 뤼케이온에서의 자신이 세운 학원[21]의 수장(首長)을 맡았던 기간이다. 거기에서 아리스토텔레스와 테오프라스토스, 그리고 그들 주변에 몰려든 학자들과 학생들이 모든 사람에게 개방된 공공의 체육관에 있던 뤼케이온에서 만나서 강의했을 것으로 추정된다. 아리스토텔레스 추종자들이 아카데미아 학원과 같은 의미에서의 페리파토스학파가 개설된 것은 아리스토텔레스 사후였을 것이다.

아리스토텔레스 생애 연대표

기원전 384/383년	마케도니아 스타게이로스에서 의사였던 아버지 니코마코스와 어머니 파에스티스 사이에서 태어남. 아버지가 마케도니아 왕 아뮌타스의 궁정에서 의사로 일했던 펠라에서 짧은 기간 머문 것으로 추정됨.
기원전 368/367년	시라쿠사이의 디오뉘시오스 1세 죽음.
기원전 367/366년	기원전 367년에 플라톤이 시켈리아를 방문. 이 기간 동안에 에우독소스가 아카데미아 수장을 대리함. 아리스토텔레스는 17세에 아테나이에 가서 아카데미아에 들어감. 아리스토텔레스는 플라톤이 시켈리아를 두 번 방문한 사이 약 3년간 아테나이에 머묾. 플라톤의 아카데미아에서 20년 동안 머물면서 대화 형식의 여러 작품을 저술함. 이

21 아리스토텔레스가 플라톤의 아카데미 학원과 비슷한 학원을 뤼케이온에 세웠다는 것을 부정하는 학자도 있다. 페리파토스학파를 설립하고 제1대 수장을 맡았던 사람은 아리스토텔레스의 제자인 테오프라스토스였다는 것이다. 설령 세웠다고 해도 플라톤의 아카데미아의 성격과는 다른 알렉산드리아학파와 비슷했다는 것이다. I. Düring (1957), p.346, p.361, pp.460~461.

작품들은 이른바 '엑소테리카'(exoterika)로 불림. 『오르가논』 작품 중의 일부는 아카데미아 체류 기간에 다소 결정적인 형태로 작성되었을 가능성이 매우 큼.

기원전 361년 봄에 플라톤이 세 번째로 시켈리아에 방문. 스페우시포스, 크세노크라테스, 에우독소스 및 헬리콘과 동행함. 헤라클레이데스가 수장을 대리함. 플라톤은 기원전 360년 후반에 아테나이로 귀환함.

기원전 348/347년 기원전 347년 5월경 플라톤이 죽음. 기원전 348년 가을에 오륀토스 함락. 기원전 347년 초에 데모스테네스를 중심으로 한 반(反)마케도니아 운동 세력이 권력을 잡음. 347년 봄에 아리스토텔레스는 아테나이를 떠나 헤르메니아스의 초대를 받아 소아시아 지방의 아타르네우스로 갔고, 이 직후에 헤르메이아스가 마련해 준 도시인 앗소스에서 아카데미아 시절의 동료 철학자들였던, 스케프시스 출신으로 형제 사이인 에라스토스(Erastos)와 코리스코스(Koriskos) 등과 같이 잠시 체류했던 것으로 보인다.

기원전 347~345/344년 아리스토텔레스는 크세노크라테스, 코리스토스, 에라스토스와 더불어 스케프시스와 가까운 앗소스에서 학교를 개소하고 학생을 가르친다. 그는 강의를 위한 작품의 완성에 전심전력을 기울이고, 아마도 일반 대중을 위한 작품은 중단한 것으로 보인다. 이 무렵에 쓰인 작품들의 연대기를 명확하게 재구성할 수는 없다.

기원전 345/344년 아리스토텔레스는 레스보스섬의 뮈틸레네에서 옮겨가 학교를 개소함. 뮈틸레네를 떠나 스타게이로스로 언제 갔는지는 모름.

기원전 343/342년 마케도니아의 필립포스는 아리스토텔레스를 자신의 아들 알렉산드로스의 선생으로 미에자로 초청한다.

기원전 341/340년 헤르메이아스가 페르시아인들에게 포로로 잡혀 죽임을 당한다. 이 기간 동안 아리스토텔레스는 헤르메이아스의 여동생 퓌티아와 결혼하여 어머니와 같은 이름을 갖게 될 딸을 얻게됨.

기원전 340/339년	필립포스가 비잔티온으로 떠나고 알렉산드로스가 섭정의 자리에 오름. 그 바람에 알렉산드로스는 학업을 중단한다. 아마도 이 기간에서 아리스토텔레스의 고향 스타게이로스가 재건된 것으로 보인다(아리스토텔레스가 아테나이를 떠나기 직전에 파괴되었다). 아마도 퓌티아가 스타게이로스에서 죽은 것으로 보인다. 아리스토텔레스는 헤르퓔리스와 결혼해서 그녀에게서 아들을 얻게 되는데, 그의 아버지를 기리기 위해 '니코마코스'라는 이름을 붙이게 된다.
기원전 339/338년	스페우시포스가 죽음. (뤼시마키데스에 따르면) 아리스토텔레스가 아카데미아 후계자로 지명되었으나, 크세노크라테스가 투표로 기원전 338년 봄에 수장으로 선출됨. 필립포스가 아리스토텔레스를 테바이로 외교사절로 보냄. 기원전 338년 여름 에우보이아섬에서 '카이로네이아전쟁'이 일어남.
기원전 336/335년	필립포스가 살해됨. 20살의 알렉산드로스가 기원전 336년 7월경에 왕위를 계승함.
기원전 335/334년	기원전 335년 10월에 테바이가 알렉산드로스에게 파괴됨. 아리스토텔레스가 아테나이로 돌아와 뤼케이온에서 학생들을 가르침. 335/334-323년 기간에 아리스토텔레스는 이곳에서 강의를 집중하면서 철학과 과학의 관련한 위대한 저작들을 정교화하고 정리한다.
기원전 323/332년	바빌론에서 기원전 323년 6월에 알렉산드로스가 죽음. 아테나이를 중심으로 한 헬라스의 폴리스들이 마케도니아에 맞서 독립 전쟁인 라미아 혹은 '헬라스전쟁'을 일으킴. 에피쿠로스가 18살에 아테나이에 옴. 이 와중에 아리스토텔레스는 아테나이를 떠나지 않을 수 없을 정도로 위협을 받게 되며 어머니의 고향인 칼키스로 돌아감.

기원전 322년	기원전 332년 9월(10월), 오늘날의 4월에서 5월 초에 해당)에 마케도니아 주둔군이 Munuchia 축제에 들어감. 카라우리아섬에서 아테나이의 민주정 옹호자 연설가 데모스테네스가 죽음. 아리스토텔레스는 데모스테네스의 죽음 직후에 어머니로부터 유산을 물려받은 칼키스의 집에서 몇 개월이 지나지 않아 63세(혹은 62세)로 위장병으로 죽음.

'아리스토텔레스 생애': 디오게네스 라에르티오스와 프톨레마이오스

'아리스토텔레스 생애'(*Vita Aristotelis*)를 보고하는 여러 판본이 전해진다.[22] 이 저작들이 보고하는 그의 생애를 재구성해 가면서 그 보고들을 비판적으로 살펴보도록 하자.

뒤링에 따르면, 아리스토텔레스 생전에도 그랬지만 반(反)아리스토텔레스 전통은 굳건했으며 그 뿌리가 깊었다고 한다. 그가 죽고 난 이후 아리스토텔레스에 대한 평가는 두 방향의 전통으로 명확히 금 그어졌다고 하는데, 하나는 그에 대해 호의적인 것이고, 다른 하나는 적대적이고 비방하는 전통이 그것이다. 후자에 속하는 대표적인 부류가 에피쿠로스학파 사람들로, 그들은 아리스토텔레스를 까탈스럽고 짐짓 아

22 여기에는 시리아(2개), 아라비아(4개), 라틴어(3개)로 번역되어 전해지는 판 등이 포함된다. 이것들은 대개 5세기경에 작성된 것으로 여겨지며, '프톨레마이오스의 판'에서 유래된 것으로 추정된다. 이것들을 전부 나열하면 다음과 같다. *Vita Hesychii*(혹은 *Vita Menagiana*; 헤쉬키오스[Hesuchios]는 밀레토스 출신으로 6세기경에 활동), *Pseudo-Hesychius*, *Vita Lascaris*, *Vita Marciana*(13세기), *Vita Vulgata*, *Vita Latina*(신新플라톤주의 시기 혹은 비잔틴 시대), *Vita Syriaca I*, *Vita Syriaca II*, *Vita Arabica I*(by an-Nadim), *Vita Arabica II*(by al-Mubassir or, Mubashir), *Vita Arabica III*(by al-Qifti), *Vita Arabica IV*(by Usaibia).

는 체하는 사람 정도로 평가절하했다고 한다. 에피쿠로스는 그의 교설의 상당 부분에서 아리스토텔레스를 따르고 있으나, 철학에 대한 생각과 그 기질은 매우 달랐다. 그는 아리스토텔레스를 교양(paideia)과 박식(polumathia)에 대한 적으로 간주했다. 이후에도 에피쿠로스학파와 아리스토텔레스를 추종하는 페리파토스학파 간의 알력은 지속적으로 이어져갔다.

플라톤이 살아 있을 때 아리스토텔레스가 플라톤과의 불화 때문에 아카데미아에 대적하는 학교를 세웠다는 최초의 보고는, 아리스토텔레스의 학생으로 『플라톤의 생애』를 썼던 아리스토크세노스(Aristoxenos, 기원전 375~335년)가 그 출처이다. 하지만 이 주장은 이미 필로코로스와 기원전 1세기경에 활약했던 로마 초기 역사서를 쓴 할리카르나소스의 디오뉘시오스에 의해 반박되었다. 아리스토텔레스가 죽고 난 후 20년이 채 지나지 않아 기원전 306년경에 아테나이에서 어떤 관직을 갖고 있었던 필로코로스는 '아테나이 역사에 대한 연대기'(atthidographos)인 *Atthis*를 저술했다고 한다. 그는 거기에서 페리파토스와 아카데미아의 관계에 대해 상당히 길게 기술했다. 현재 우리가 가지고 있는 세 가지 버전의 아리스토텔레스 생애에 대한 설명이 궁극적으로는 필로코로스에게서 유래한다는 것이다. 어쩌면 그가 최초의 아리스토텔레스 옹호자였을 수도 있는데, 그는 아리스토텔레스에게 제기된 비난을 반박하면서 아리스토텔레스가 머리가 둔했다(opsimathēs)는 것과 아카데미아를 떠나서 플라톤의 라이벌로 학교를 개설했다는 것은 참이 아니라고 주장했다고 한다.[23]

23 I. Düring (1957), p. 256 아래, p. 463 참조.

디오게네스 라에르티오스

정작 물어야 할 것은, 과연 앞서 제시된 이 보고들에 어느 정도의 신뢰를 줄 수 있을까 하는 점이다. 아리스토텔레스 생애에 관련해서 전해지는 두 개의 중요한 문헌 계열이 있다. 하나는 아리스토텔레스가 죽은 직후, 이어지는 다음 세기에 살았던 스뮈르나 출신의 헤르미포스(Hermippos)가 쓴 것을 받아들인 디오게네스 라에르티오스의 아리스토텔레스 생애이고, 다른 하나는 로도스의 안드로니코스의 것(기원전 60년경)을 받아들인 프톨레마이오스의 아리스토텔레스 생애다. 후자가 안드로니코스에게서 유래했다는 것은 프톨레마이오스가 전하는 안드로니코스의 아리스토텔레스 저작 목록(29-56항목)[24]을 통해 확인할 수 있다. 프톨레마이오스에 기록된 아리스토텔레스의 저작 목록에는 책 제목과 책의 권수가 오늘날 우리가 가지고 있는 것들과 거의 동일하다.[25] 전자가 아리스토텔레스에 대해 어느 정도 호의적이지만 상당한 비방을 가하고 있는데 반해서, 후자는 아리스토텔레스를 높이 찬양하고 있다.

그중 가장 중요한 저작은 3세기 끝 무렵에 저술된 디오게네스 라에르티오스의 『유명한 철학자들의 생애와 사상』이다. 그 책의 제5권 1-35항목에는 아리스토텔레스의 생애에 대해서 자세히 기록되어 있다. 이 책의 원제는 *Laertiou Diogenous biōn kai [gnōmon] tōn en philosophiai eudokimēsantōn tōn eis deka*(『디오게네스 라에르티오스, 10권으로 된 유명한 철학자들의 생애와 [사상]』)로 잘 알려져 있지만, 이 밖에도 다른 여러 제목으로 전해지고 있다. 더 정확히 제목을 달면 『디오게네스 라에르

24 프톨레마이오스가 전하는 안드로니코스의 아리스토텔레스 저작 목록에 대해서는 I. Düring (1957), pp. 224~226 참조.

25 이에 대해서는 아리스토텔레스의 저서 목록을 논의하는 대목에서 다시 언급하겠다.

티오스, 유명한 철학자들의 생애와 사상 그리고 각 학파에서 받아들여질 수 있는 이론들의 간결한 모음』쯤이 될 것이다.

실상 디오게네스 라에르티오스는 생애와 연대도 불명료하고, 그의 이름조차도 고대 세계에서는 희귀한 이름이었다. 대체로 1세기에서 4세기 사이에 활동한 것으로 추정된다. 그가 그 책에서 언급한 맨 마지막 시기의 인물들, 가령 섹스투스 엠피리쿠스는 3세기에 활동했기 때문이다. 그러니 적어도 3세기 이후에는 저술되지 않았다는 것이다.

흔히 약칭으로 『철학자들의 생애』(*Vitae Philosophorum*)로도 불리는 이 책은 철학의 시조로 알려진 탈레스로부터 에피쿠로스까지를 다루는 열전(列傳) 형식으로 된 '서양 고대 철학사'쯤으로 보면 된다. 전해지는 고대 철학자들의 생애와 사상을 집약적으로 보고해 주는 전거가 되는 중요한 책이다. 우리가 알고 있는 고대 철학자들의 전기에 대한 전승은 기본적으로 이 책에 근거한다. 다만 그 보고의 진실성에 대해서는 간혹 의문이 들기도 한다. 그럼에도 이 작품은 서양 고대인이 기술한 서양 고대 철학사라는 점에서, 동시에 작품 전체가 온전하게 전승된 유일한 작품이라는 점에서 학문적 가치가 큰 문헌이다.

『유명한 철학자들의 생애와 사상』은 총 10권으로 구성되어 있으며, 여기에 등장하는 표제 인물은 총 85명에 이른다. 특히 고대 스토아 철학, 에피쿠로스의 철학(쾌락주의), 퓌론 회의주의(회의주의)에 대한 전해지는 문헌 전거가 거의 없다시피 하기 때문에, 이 책이 그들 사상에 대한 골자를 전해준다는 측면에서 큰 가치를 가진다. 특히 스토아학파를 다루는 제7권과 에피쿠로스를 다루는 제10권은 1차 원전(原典)의 성격을 가진다. 특히 제10권은 사실상 에피쿠로스에 대한 원전이다. 제10권에는 에피쿠로스의 4개의 편지와 『주요 교설』이 온전한 형태로 실려 있다. 제7권은 제논을 위시해서 스토아학파의 주요 인물과 사상을 전해 주고 있다. 우리는 이것을 통해서 빈약하게 전해지는 스토아 사상에 관련된 원전을 보충해서, 스토아 철학을 재구성하기 위한 유용한 정보를 얻을 수 있다.

대부분의 학자들은 이 책의 제5권에서 보고하는 아리스토텔레스의 생애 부분이 헤르미포스의 『철학자들의 생애』로부터 전해진 내용을 담고 있는 것으로 믿고 있다. 기원전 3세기 중반에 활동했던 헤르미포스는 칼리마코스(Kallimachos)의 제자로, 알렉산드리아 도서관의 사서(司書)였다고 한다. 문법가인 헤르미포스는 칼리마코스학파의 추종자로 ho Kallimacheios로도 알려져 있다. 그를 페리파토스 학자라고도 불렀다는데, 당시엔 문학사나 전기 작가들을 무차별적으로 그렇게 불렀다는 주장도 있으므로 그를 확정적으로 페리파토스 계열의 학자라고 말하기는 곤란하지만, 아리스토텔레스의 찬양자였을 것으로 추정된다. 그가 아리스토텔레스의 생애와 유언장을 비롯해 테오프라스토스, 스트라톤, 뤼콘의 유언장을 케오스의 아리스톤이 수집한 책들(Collectanea)로부터 얻었던 것으로 추정된다(디오게네스 라에르티오스, 제5권 64).

디오게네스 라에르티오스의 '아리스토텔레스 생애'의 출처는 파보리아노스를 매개로 한 헤르미포스의 책인 것으로 짐작된다. 당시 알렉산드리아 도서관에는 아리스토텔레스에 대한 광대한 자료들이 있었던 것으로 추정되며, 그는 아리스토텔레스에 대한 상당한 자료를 마음대로 볼 수 있었던 형편에 있었던 것으로 보인다. 이즈음에 아테나이로부터 추방된 많은 철학자들이 알렉산드리아로 모여들었고, 이들 중에는 아테나이 뤼케이온 출신의 페리파토스 학자들도 다수 끼어 있었다. 물론 뤼케이온의 수장이었던 테오프라스토스는 이 초청을 거절했다고 한다. 이렇게 되어 페리파토스학파의 몇몇 중심 인물들도 이집트로 이동하게 되고, 뤼케이온 도서관의 장서와 아리스토텔레스 철학에 대한 정보가 상당 정도 알렉산드리아로 옮겨진 것으로 보인다. 테오프라스토스가 죽었을 무렵(기원전 288/287년)에는 알렉산드리아가 페리파토스학파의 중심지가 되었을 것이다. 이렇게 축적된 정보를 통해서 헤르미포스는 아리스토텔레스의 생애와 작품에 관한 많은 정보를 얻을 수 있었다.

이런 이상적인 그림에 반대하는 입장도 있다. 뒤링은 상세한 문헌학적 연구를 통해 이와 같은 아리스토텔레스에 대한 묘사들을 여지없이 무너뜨리고 있다. 뒤링에 의해 그 신뢰성이 상당히 훼손당했다. 요컨대 헤르미포스의 보고는 아리스토텔레스를 찬양하려는 목적을 위한 '무비판적인 설명'으로 가득 차 있다는 것이다. 뒤링에 따르면, 당시의 문학적인 경향과 추세에 보조를 맞추어 헤르미포스는 독자의 귀를 즐겁게 할 요량으로 사실과 허구, 역사와 일화, 참과 잡담, 찬양과 비난을 적절히 뒤섞어 버렸다는 것이다. 따라서 헤르미포스의 전기는 어느 정도 정확한 정보를 담고 있기는 했지만, 사실적 근거가 없는 공상적인 이야기들과 교묘하게 혼합되어 버렸다는 것이다.

헤르미포스의 스승이었던 칼리마코스는 이른바 '유희 문학'을 서양 문학사에 등장시킨 학자이었다. 브루노 스넬은 칼리마코스의 시작(詩作) 특징을 이렇게 설명한다.

> 모든 실제적인 것은 물론, 정치적인 사항도 그와는 무관하다. 그는 수집가다. 그는 진기한 물품을 특별히 선호한다. 그의 시는 해박한 지식을 유용하게 사용하지만, 듣는 사람을 교화하기보다는 오히려 그들을 홍겹게 하고, 더욱이 그들의 머릿속을 혼란스럽게 하는 것이 목적이다. 흔히 알 수 있는 것을 말하기보다는, 그는 아주 진귀하고 보통과 다른 것을 말하여 사람을 깜짝 놀라게 한다. 또 그는 다양한 놀이, 장난, 보물찾기, 수수께끼 놀이를 즐겨 한다. 무엇보다도 그의 기지(奇智)는 원래 아무런 관계

도 없는 것들을 서로 관련짓기 위해 활발히 움직인다.[26]

"칼리마코스에게서 지식이 단지 놀이와 기지(奇智)를 위해서만 사용되었을 뿐"이었듯이, 헤르미포스도 당시의 문학의 풍조에 따라 '사실들'을 짜깁기하는 허구 기법을 사용해 아리스토텔레스에 대한 생애를 썼을 것이다. 그래서 그는 일화나 가십거리를 중심으로 아리스토텔레스의 생애를 정리했다.

그가 만들어 낸 다소 공상적인 이야기들 중에서, 디오게네스 라에르티오스가 보고하는 것처럼(제5권 2항목) "아리스토텔레스가 플라톤의 가장 유명한 학생이었다"거나, "플라톤이 아직 생존해 있을 때 그를 떠났고"(apestē Platōnos eti periontos), 그래서 플라톤이 "아리스토텔레스는 나를 차 버렸다. 마치 망아지가 저를 낳은 어미를 그렇게 하는 것처럼"과 같은 전설로 굳어진 이야기들이 널리 퍼지게 되었다.[27] 이런 이야기들은 아리스토텔레스의 천재성을 드높이기 위해 만들어졌을 수도 있다. 그럼에도 "아리스토텔레스가 아테나이인을 대신해 필리포스 궁전에 가 있는 동안 크세노크라테스가 아카데미아에 있는 학원의 수장이 되었"고, 그래서 아테나이로 돌아와서 이것을 보게 되자 뤼케이온에 있

26 브루노 스넬, 『정신의 발견』, 김재홍·김남우 옮김(그린비, 2020), 제15장 '칼리마코스의 유희'(p. 463).

27 디오게네스 라에르티오스, 『유명한 철학자들의 생애와 사상』 제5권 2. 이와는 달리 플라톤이 아리스토텔레스를 '말'(hippos)로 불렀다는 보고도 있는데, '자신의 아버지를 물어대는(daknei) 말과 같기 때문'이라는 것이다. I. During (1957), p. 320 37b. 플라톤은 머리가 둔한 크세노크라테스와 아리스토텔레스를 다음과 같이 비유하고 있다. "한쪽(크세노크라테스)엔 몰이 막대가 필요하고, 다른 한쪽(아리스토텔레스)엔 고삐가 필요하군." 또 "말[아리스토텔레스]과 같은 자를 상대로 나는 당나귀와 같은 자를 훈련시키고 있어". 디오게네스 라에르티오스, 『유명한 철학자들의 생애와 사상』 제4권 6.

는 산책로를 오가면서(peripatein) 학생들과 함께 철학을 논했다는 헤르미포스의 보고는 사실이 아니더라도, 이것으로 해서 페리파토스학파란 명칭이 전통으로 굳어지게 되는 계기가 된 것만은 틀림없는 것 같다.

요컨대 디오게네스 라에르티오스가 헤르미포스에 의존해 전해 주는 이야기 상당 부분(제5권에서의 아리스토텔레스 생애에 관련된 일화와 역사적 사실들)은 사실과 허구를 교묘하게 뒤섞어서 사람들의 흥미를 유발하게 했으며, 아리스토텔레스를 찬양하려는 목적에서 그렇게 했다는 것이다.[28]

프톨레마이오스(Ptolemaios-el-Garib)

다른 하나는 기원전 4세기 초반에 쓰인 것으로 지금은 상실되었지만, 아리스토텔레스 저작을 편집했던 안드로니코스의 보고를 통해서 획득했던 정보를 기록하고 있는 프톨레마이오스의 『아리스토텔레스의 생애』(*Vita Aristotelis*)이다. 기원전 1세기경에 활동한 페리파토스학파인 안드로니코스는 소아시아 지방의 스켑시스에서 발견된 원본이나 그 복사본을 가졌을 것으로 추정된다(이 점은 나중에 다시 언급하겠다).[29]

28 전설로 굳어지게 만든 가공된 일화들을 정리하고, 그에 대한 문헌학적 전거들을 제시하는 것에 대한 더 자세한 사항은 다음을 참조하라. I. During (1957), pp. 464~467; A.-H. Chroust, "A Brief Account of the Traditional *Vitae Aristotelis*", In: *Revue des Études Grecques*, tome 77, fascicule pp.364~365, Janvier-juin 1964, pp. 50~69 참조. Anton-Hermann Chroust (2015) 참조. 아리스토텔레스의 생애에 대한 일반적 논의에 대해서는 Carlo Natali, *Aristotle: his life and school(BIOS THEORETIKOS: la vita di Aristotele l'organizzazione della sua sculoa*[Bologna, 1991]), edited by D. S. Hutchinson, Princeton University Press, 2013.

29 안드로니코스가 페리파토스학파에 속했다는 보고는 신플라톤주의자인 포르퓌리오스

프톨레마이오스는 이암블리코스(240~325)와 프로크로스(411~485) 등에 의해 언급된 신플라톤주의자였을 것이다. 여기서 우리가 문제 삼는 프톨레마이오스는 신플라톤주의자들인 포르퓌리오스(233~310)나 그의 제자인 이암블리코스학파의 구성원이었을 것으로 추정된다. 당시 알렉산드리아에 흔한 이름이었던 Ptolemaios-el-Garib(al-gharīb)란 이름은 '알려지지 않은 사람 프톨레마이오스 혹은 이방인'이라는 의미를 가진다. 그는 헬레니즘 시기의 전기(傳記)-서지(書誌) 작가로서 페리파토스학파로 알려져 있기도 하다. 그는 '아리스토텔레스 생애'와 '그의 작품에 대한 카탈로그'를 남긴 것으로 알려져 있다. 그가 아리스토텔레스의 전기를 쓴 목적은 신플라톤주의식으로 '신과 같은 아리스토텔레스'(dios Aristotelēs)[30]를 찬양하려는 데에 있었다. 그는 당시의 헬레니즘적인 전기 서술 방식에 따라 기록했다.

지금은 상실된 프톨레마이오스의 『아리스토텔레스의 생애』, 더 그럼직하게는 그것의 요약본에서 유래한 것으로 보이는 네 개의 아라비아 번역판과 5~6세기경에 만들어진 두 개의 시리아 번역판(*Vita Aristotelis Syriaca I*과 *Vita Aristotelis Syriaca II*)이 지금도 전해진다. 우리는 이 번역판을 통해서 프톨레마이오스의 『아리스토텔레스의 생애』의 전모를 파악할 수 있다. 최종적으로는 프톨레마이오스의 『아리스토텔레스의 생애』 아라비아판은 이븐 후나안(Ishaq Ibn Hunan)에 의해 900년경에 헬라스어나 시리아 번역판을 통해서 번역 완성되었다.

아라비아판들이 내용상 공통적인 유사성을 갖고 있는 점으로 미루어

도 자신의 스승의 삶을 다룬 『플로티노스의 생애』에서 전해 주고 있다(*Vit. Plot*. 24).

30 *Vita Marciana*(*Genos Aristotelous*) 1 참조. 뒤링은 이 경구를 프톨레마이오스가 만든 것으로 추정한다(I. Düring [1957], p. 107).

보면 이 판들은 기본적으로 프톨레마이오스의 『아리스토텔레스의 생애』에 근거해서 번역된 것으로 보인다. 이것들과 디오게네스 라에르티오스의 아리스토텔레스 생애는 줄거리 상으로는 대충 맞아떨어지지만 세세한 면에서 다소 차이가 있다. 이것들은 디오게네스 라에르티오스 것 못지않게 중요성을 갖는데, 아라비아판들에 실린 유언장이 오히려 헬라스 원전을 진실에 가깝게 전하는 것이므로 사실적인 내용만을 따져 해석하는 경우에 더 유용하기 때문이다. 뒤링은 아라비아판이 디오게네스 라에르티오스판보다 더 오리지널한 것으로 보고 있다.[31]

아라비아판에 따르면, 아리스토텔레스는 필립포스와 알렉산드로스에게 크나큰 영예를 받았으며, "도구로서 철학을 사용해서" 정치적 사안들에 큰 영향을 끼친 것으로 나와 있다.[32] 그는 알렉산드로스에게 징조가 좋지 않다고 말해서 페르시아 원정을 단념하도록 시도하기도 했다는 것이다. 거기에 등장하는 몇 가지 사항을 살펴보자.

플라톤은 아리스토텔레스를 찬양하면서 '위대한 독자'라거나 '정신'(nous)이라고 불렀다고 한다. 플라톤이 아리스토텔레스에 대해 호의적인 인상을 받았기 때문에, 플라톤은 그가 다른 사람에게서 배우는 것을 원치 않았으므로 그를 개인적으로 가르쳤다고 한다. 플라톤이 두 번째로 시켈리아로 여행을 떠날 때는 그가 없는 동안에 아카데미아의 수장이 되었다고 한다.[33] 플라톤과의 좋지 않은 관계를 비난하는 이야기와는 정반대로, 아리스토텔레스는 일생 동안 플라톤의 찬양자였으며 친구로 남아 있었다고 한다. 그 증거로 아리스토텔레스가 플라톤의 영예를

31 I. Düring (1957), p. 64, p. 470.

32 *Vita Marciana* (Genos Aristotelous) 15; I. Düring (1957), p. 99, p. 471.

33 *Vita Arabica IV* (Ibn Abi Usaibi'a) 4.

기리기 위해 제단에 비명을 새기기도 했으며, '왕과 같은' 플라톤의 제자였다는 것을 자랑하는 편지도 있다고 한다. 플라톤이 죽은 후, 스페우시포스가 새로운 아카데미아의 수장으로 뽑힌 것은 그즈음에 아리스토텔레스가 어떤 외교적 임무로 마케도니아에 가서 머물러 있었기 때문이라고 보고하고 있다.

아라비아판에 따르면, 알렉산드로스가 왕이 되었을 때 아리스토텔레스는 오륀토스 출신의 칼리스테네스를 그에게 남겨 두고 아테나이로 돌아왔다고 한다.[34] 헬라스어판에 따르면 아리스토텔레스가 페르시아 원정에 동반했다고 한다. 하지만 좋지 않은 징조에 마음이 어지러워져서 페르시아 원정을 단념하도록 알렉산드로스를 설득했다고 한다. 그는 페르시아전쟁이 끝난 후 혹은 알렉산드로스가 죽은 후에 아테나이로 돌아왔다. 돌아온 후, 크세노크라테스와 아리스토텔레스는 각각 아카데미아와 뤼케이온에서 스페우시포스를 계승했다고 한다. 아라비아판에 따르면 아리스토텔레스가 뤼케이온을 설립했다고 한다.

알렉산드로스가 죽은 후, 아테나이에서 잇달아 일어나는 폭동의 와중에 아리스토텔레스는 사제인 에뤼메돈에게 불경죄로 고발당했고, 이로 인해 아테나이에서 쫓겨나거나 스스로 물러났다는 것이다. 아리스토텔레스는 소크라테스의 운명을 공유하고 싶지 않았기 때문에 "아테나이에서 이방인으로 사는 것은 어렵다"라는 말을 남기고 에우보이아 섬에 있는 칼키스로 내뺐다고 한다. 그는 거기서 죽었으며 그의 유골은 스타게이로스로 옮겨졌고, 거기서는 회합의 장소를 그의 이름을 좇아 Aristoteleion이라 불렀다고 한다. 아리스토텔레스가 죽고 난 후 그의 고

34 디오게네스 라에르티오스, 『유명한 철학자들의 생애와 사상』 제5권 4 참조.

향인 스타게이로스 사람들은 그를 위해 많은 영예를 기렸다. 그들은 "아리스토텔레스가 유해가 묻혀 있는 장소에 오면 그들의 정신이 순화될 것"이라고 믿었다고 한다. 아리스토텔레스의 유골을 담고 있는 항아리 주변에는 벌 떼들이 모여들었다는 얘기도 전해진다.[35]

프톨레마이오스의 『아리스토텔레스의 생애』의 원래의 제목은 "이것은 [아리스토텔레스 철학의 애호가인] 갈루스(Gallus)에게 헌정된, 아리스토텔레스의 유언장과 그의 저술의 목록, 그의 생애의 부분을 포함하고 있는 논고"라고 되어 있다.[36] 그는 자신의 책을 헌정받는 로마의 고위 관리로 여겨지는 갈루스가 아리스토텔레스 철학의 애호가이기는 하지만 전문가가 아니라는 점을 고려하는 저술의 목적을 다음과 같이 밝히고 있다.

> 당신이 나에게 말했던바, 아리스토텔레스 책들의 [제목을] 포함하는 책이 필요하다는 것을 기억하면서, 나는 그 주제에 관해 로도스 출신의 안드로니코스에 의해 저술된 것을 당신에게 곧바로 지적하고자 합니다. 당신은 [이 주제에] 대해 가능한 한 간결하고 설명적인 책을 쓰도록 나에

35 전하지는 보고에 따르면 그의 무덤은 아리스토텔레스 영예를 기리기 위해 세워졌던 기념물에서 가까운 곳에 위치해 있으며, 당시의 아고라로부터 근접한 곳이었다고 한다. 아리스토텔레스 탄생 2400년 기념 콘펀런스가 2016년 5월에 그리스의 북부 마케도니아지방의 테살로니끼 아리스토텔레스 대학에서 열렸다. 그리스의 고고학자인 콘스탄티노스 시스마니디스(Konstantinos Sismanidis)가 아리스토텔레스 무덤을 발견했다는 보고를 발표해서 세상을 놀라게 했다. 그는 '명확한 증거는 없지만 확신할 수 있을 만큼의 강한 암시는 있다'라고 주장했다(2016, 05, 26, NY Times).

36 프톨레마이오스의 책의 아라비아판의 번역은 잉게마르 뒤링으로부터 중역했다. I. Düring, "Ptolemaios's *Vita Aristotelis* Rediscovered", in *Philomathes: studies and essays in the humanities in memory of Philip Merlan*, ed. Robert B. Palmer and Robert Hamerton-Kelly, The Hague: Nijhoff, 1971, pp. 264~269.

게 요청했습니다. 그래서 나는 당신을 위해 이 책을 쓰는 것과, 아리스토텔레스의 목적과 아리스토텔레스가 말한 것에 집중하는 것이 유용하다고 생각했습니다. 나는 당황스러움을 일으키는 것을 피하려 했는데, 그렇게 함으로써 어떤 장점[즉, 당신의 바람에 응하는 최선의 방법]이 있을 것이라고 생각했기 때문입니다. 그 이유는 당신이 아리스토텔레스의 저술에 대한 철저한 지식을 갖고 있는 사람들과는 다른 사람이기 때문입니다. 나는 또한 그의 책에서 그가 [우리에게 말하는] 사실들을 강조하기를 바랐습니다.[37]

그런 연후에 아리스토텔레스 전기와 여러 가지 경구(警句), 아리스토텔레스에 관련된 일화들, 그의 유언장, 이어서 아리스토텔레스 저작의 목록을 적고 있다. 그렇지만 이어지는 헌정하는 편지에서 이상스러운 말을 남기고 있다. 자신의 것은 누구에게 도움을 받거나 어떤 다른 책을 참고하지 않고서 아리스토텔레스의 책의 순서를 배열한 유일한 책이라고 말하면서, 자신에게는 안드로니코스의 책이 수중에 없었다고 덧붙이고 있다는 점이다. 이 주장은 참이 아닌 것으로 보인다.

우리는 이 책을 통해 프톨레마이오스가 안드로니코스가 전하는 아리스토텔레스의 유언장과 아리스토텔레스 저작 목록을 사용해서, 간접적으로는 헤르미포스나 케오스의 아리스톤의 도움을 받아 아리스토텔레스의 전기를 썼다는 사실을 알아낼 수 있다. 그리고 당시에 안드로니코스의 아리스토텔레스 생애에 대한 보고와 저작 목록(peri pinakos tōn Aristotelous sunggrammatōn)이 알려졌었다는 점도 알아낼 수 있다.

37 이와 비슷한 수사적 문체를 사용하는 디오게네스 라에르티오스의 『유명한 철학자들의 생애와 사상』 제3권 47, 제10권 29 참조.

그렇다면 고대에는 아리스토텔레스의 저작 목록이 두 종류가 있었다는 말인가? 로도스의 안드로니코스로부터 유래한 프톨레마이오스의 것(아리비아판)과 파보리아노스를 통한 헤르미포스의 것(디오게네스 라에르티오스)이 그것이다. 이 두 개 중 어느 것이 더 오리지널한 것일까? 어쨌거나 두 종류의 아리스토텔레스 저작 목록이 전해졌다는 것은 역사적 사실로 보인다. 한편, 뒤링은 헤르미포스의 것이 디오게네스 라에르티오스의 아리스토텔레스 저작 목록에 비해 오리지널한 것인지는 명확히 확언할 수 없다는 점을 수긍한다.

아카데미아 시절

플라톤은 아테나이의 아고라에서 북서쪽으로 케라미코스(Keramikos)의 길을 따라 대략 2.4킬로미터쯤 떨어진 '아카데미아'라는 곳에 학원을 세웠다. 그곳에는 체육관, 레슬링 경기장이 있었다고 한다. 그곳에는 개방된 강의 극장인 엑세드라(exedra)가 있어서, 그곳에서 담론하면서 철학을 가르쳤다. 플라톤은 그 근처에 작은 정원이 딸린 집을 구하고 그곳에 기거했다. 그 집은 4세기 말경 제3대 수장이었던 아테나이 출신의 폴레몬(Polemōn)에 이르기까지 그의 계승자들이 사용한 것으로 보인다. 아카데미아학파나 아리스토텔레스의 철학을 계승하는 페리파토스학파의 내적인 삶의 방식과 강의하는 방식은 희극 작가인 에피크라테스(Epikratēs)의 보고에서 알 수 있듯이, 플라톤과 그의 계승자 스페우시포스 등은 동물이나 식물의 다양한 종들을 구별하고 정의하곤 했다.

또 아리스토텔레스 저작에서 볼 수 있듯이, 칠판이나 해부학적 차트, 도표 등의 도구들을 사용해서 강의하곤 했다. 아리스토텔레스는 학생들에게 끝없이 과제를 부여해서 연구하게 하고, 그것을 발표하게 한 다음, 비판하도록 시키기도 하였다. 어떤 문제가 생기면 다음 번 모임에도 계속해서 그 논의를 반복적으로 전개하기도 했다. 아카데미아는 실제로 일종의 공동체적 삶(to suzēn)을 목표하고 있다는 점에서 어느 정도 종교적 경향을 가지고 있었던 것처럼 보인다. 특정한 철학적 이념과 공동체적 종교적 삶을 목표로 한다는 점에서 당시의 정치적 삶, 세속적 삶과는 어느 정도 거리를 두고 학문을 추구했다는 점은 분명한 사실이다.

아카데미아 학생들은 그 정원에 오두막을 세우고 함께 기거하였다. 일반적으로 아카데미아라는 말은 구체적인 지명에서 추상적인 의미로 전위된 것을 가리키는 말이 되어서, 즉 플라톤이 세운 학원, 학파를 가리킨다. 그 구성원에는 시니어와 주니어가 있었고, 하루의 일정은 규정된 절차에 따라 강의, 토론, 공동 식사(sussitia), 향연(sumposia)으로 이어졌다고 한다. 여기서 플라톤은 그의 대화편에서 논의했던 문제들을 토론했을 것이다. 그들이 논의했던 철학의 문제들은 윤리학, 정치 이론, 심리학, 형이상학, 인식론, 논리학 등을 포괄했다. 특별히 아카데미아 학원 입구에 쓰여 있었다는 '기하학을 모르는 자는 여기를 들어서지 말라'(ageōmetrētos mēdeis eisitō)[38]라는 모토가 보여 주듯이, 수학과 천문학에 대한 탐구가 깊이 있게 수행되었다.

초기에 주니어들은 소집단의 상류 계층 출신 젊은이들이 주류를 형성했지만, 분명히 아테나이 출신들만은 아니었다. 열일곱 살 때 그 학원에 발을 내디딘 후 플라톤이 죽은 해인 기원전 347년경까지 20년간이나

38 Joannes Philoponus(Philoponos, 490년~570년)가 그의 *in De Anima Commentaria* (in Aristoteles Graeca, XV, ed. M. Hayduck, Berlin 1897, p. 117, p. 129)에서 전하는 말이다. 정확히 말하자면 플라톤이 죽고 나서 10세기가 지난 이후에나 등장한 표현이다. 요하네스 필로포누스는 6세기경 활약했으며, 기독교인으로 신플라톤주의자 입장에서 아리스토텔레스 저작에 관한 많은 주석을 남겼다.

그 학원에 머물렀던 아리스토텔레스만 해도 마케도니아 지방 출신이었다. 아카데미아가 창설되었을 때, 플라톤은 무엇보다도 공적 생활에 두각을 나타내고자 하는 열망을 가진 사람들을 교육하고자 했을 것이다. 하지만 그는 출판된 대화편보다는 아카데미아를 통해 더 많은 청중들에게 자신을 생각을 전파하고자 하였다.

우리는 아리스토텔레스 저작 곳곳에 플라톤의 영향이 짙게 배어 있음을 쉽게 찾아볼 수 있다. 플라톤의 이데아론을 비판하고 있는 『니코마코스 윤리학』 제1권 제6장의 한 대목을 읽어 보자.

> 아마도 보편적 좋음을 검토하고 그것이 어떤 방식으로 이야기되는지를 따져 보는 것이 더 나을 것이다. 물론 이러한 탐구는 **이데아들을 도입한 사람들이 우리의 벗들**이기에 달갑지는 않은 것이다. 그래도 진리를 구제하기 위해서는, 더구나 철학자로서는, 우리와 아주 가까운 것들까지도 희생시키는 것이 아마 더 나을지도 모르겠다. 친구와 진리 둘 다 소중하지만 진리를 더 존중하는 것이 경건하기 때문이다(1096a 11-16).

여기서 볼 수 있듯이 아리스토텔레스는 "이데아들을 도입한 사람들이 우리의 벗들"이라고 표명하면서, 자신이 플라톤의 추종자에 속한다는 점을 명확히 하고 있다. 그가 스승에 대해 여러 분야에서 비판적인 입장을 취할 때조차도 그는 늘 스승에 대한 깊은 존경심과 감사하는 마음을 지닌 채로 애정을 표명하곤 했다. 아리스토텔레스는 플라톤을 두고, "사악한 사람은 찬양할 자리를 갖지 못하는 사람으로, 죽어야 하는 인간들 중에서 누구도 능가할 수 없는 플라톤만이 그 자신의 삶과 자신의 저술 탐구를 통해서 인간이 동시에 행복하고 좋은 사람이 될 수 있음을 명

확히 보여 줬다"고 말하고 있다.[39]

현존하는 플라톤의 저작 속에서 아리스토텔레스의 영향을 받은 자기 비판적인 논의를 발견할 수 있는데, 이는 뛰어난 학생이었던 아리스토텔레스의 비판이 자극제가 되어 플라톤 스스로 자기 생각에 대한 재반성을 하도록 이끈 것으로 추정할 수 있겠다. 플라톤은 명석한 학생이었던 아리스토텔레스를 가리켜 '아카데미아의 정신'이라고 추켜세웠다고도 한다.

이런 와중에도 아리스토텔레스는 아카데미아에서 플라톤에 맞서 조목조목 따져 가며 공부했다. 아리스토텔레스의 논리학 작품을 가리키는 『오르가논』에 속하는 작품들이 아카데미아 시절에 쓰인 것으로 받아들인다면, 플라톤의 학생으로서 자신의 선생의 철학에 도전하는 일에 대해 전혀 주저하지 않았던 것 같다. 일단 교육받고 지적 변모 과정을 거치면서 아리스토텔레스는 자만에 찬 학생처럼 플라톤에게서 돌아서서 그를 조롱하기도 했다. 플라톤 철학의 최고 성취인 이데아론에 대해서 "형상(에이도스)이여 안녕. 그것은 단지 새들의 지저귐(의미없는 소리)에 불과하다. 설령 그것이 존재한다고 해도, 사안을 밝히는 논의와는 전혀 무관한 것"(『분석론 후서』 83a32-34)이라고 빈정대면서 형상을 폐기하고 있다. 이런 점을 통해서 보면, 예거식으로[40] 아리스토텔레스가 아카데미아에 머무는 동안 전적으로 플라톤의 추종자였다고 자리매김하는 것은 온당치 않은 일이겠다.

디오게네스 라에르티오스의 보고에 따르면, 플라톤은 "마치 망아지

39 Frag. 673R3, Olumpiodoros(495~570), *In Platonis Gorgiam Commentaria* 41.9. 뒤링은 올륌피오도로스의 자료들이 프톨레마이오스(Ptolemaios-el-Garib)의 '아리스토텔레스의 생애'에서 유래된 것으로 본다(I. Düring [1957], p. 316).

40 예거의 발전사론적 해석에 대해서는 나중에 다시 언급될 것이다.

가 저를 낳은 어미를 그렇게 하는 것처럼, 아리스토텔레스는 나를 차 버렸다"(디오게네스 라에르티오스 제5권 2)고 했다. 이에 대해 진리를 추구하는 학생으로서 스승에 대한 비판도 서슴지 않았던 아리스토텔레스는 『니코마코스 윤리학』 제1권 제6장에서 "그렇기는 해도, 어쩌면 적어도 그 일이 진리를 구제하는 것이라고 한다면 우리와 아주 가까운 것들조차도 파괴하는 것이 더 나은 것으로 여겨지고, 심지어는 마땅히 해야 하는 것으로 여겨질 수 있다. 하물며 지혜를 사랑하는 자들로서 이 일을 해야 한다면야. 왜냐하면 친구와 진리 둘 다 소중하지만, 진리를 더 존중하는 것이 경건하기 때문"[41]이라고 화답하고 있다.

편력(遍歷)의 시기

기원전 347년에 플라톤이 죽고 그의 조카 스페우시포스가 아카데미아의 새 원장이 되자, 아리스토텔레스는 스페우시포스 이후에 아카데미아의 원장을 이어받는 크세노크라테스를 비롯한 몇몇 동료들과 함께 20년간 머물던 아테나이를 떠나 소아시아 북서부에 있는 앗소스로 향한다. 이것이 그가 떠난 주된 이유일 것이다. 아리스토텔레스의 학문적 관심사는 플라톤적인 입장에만 머물지 않고 대단히 광범위하다. 이것도 아리스토텔레스가 아테나이를 떠난 이유일 수 있다. 수장의 자격을 충분

41 중세에는 'Amicus quidem Plato sed magis amica veritas'(플라톤은 친구다. 그렇지만 진리는 한결 친구다)라는 말이 전해진다. *Vita Vulgata*와 *Vita Latina*에서는 이 말이 소크라테스에게로 돌려지고 있다. "소크라테스는 친구(philos; Amicus)지만, 진리는 더 친구다"(9/28, I. Düring [1957], p. 132, p. 154). 이 말의 뿌리가 되는 플라톤의 『국가』 595c에는 호메로스와 연관해서 "그렇지만 진리에 앞서 사람이 더 존중되어서는 아니되겠기에, 내 할 말은 해야 하겠네"라는 유사한 구절이 나온다.

히 갖추고 있었던 스페우시포스는 수학자이자 철학자였다. 아마도 수학으로 경도되는 아카데미아의 학문 방향이 아리스토텔레스 자신의 생각에 거슬렸을 것이다.[42]

예거 같은 학자는 스페우시포스가 원장 자리만을 차지했지, 아카데미아의 학문 정신을 이어받지 않았기 때문에 아리스토텔레스가 아카데미아를 떠난 것이라고 주장한다.[43] 그렇다면 오히려 플라톤의 충실한 추종자였던 크세노크라테스가 그 당시에 아카데미아를 이어받는 것이 더 그럴듯해 보인다.[44] 스페우시포스와 달리 크세노크라테스와 아리스토텔레스는 아테나이의 시민이 아니었고, 그래서 아테나이에서 재산을 상속받을 수 없었다는 점과, 더 중요한 점인 스페우시포스가 플라톤의 여자 형제의 아들이었다는 사실을 고려해야 할 것이다. 게다가 그는 아리스토텔레스보다 스물다섯 살이나 나이가 많았다.

2세기경의 로마의 작가이자 수사학자였던 아에리아누스(Claudius Aelianus)의 문학적 상상에 기반한 설명식으로, 아카데미아 내부의 정치적 권력 다툼만으로 그 사정이 충분히 다 설명될 수는 없다.[45] 그가 아카데마아를 떠나게 했던 학문 외적인 정치적 이유를 고려해야 한다. 마

42 아리스토텔레스, 『형이상학』 992a32.

43 W. Jaeger, *Aristoteles; Grundlegung einer Geschichte seiner Entwicklung*, Berlin, 1923; *Aristotle: Fundamentals of the History of his Development* Tr. by R. Robinson. Oxford University Press, London, 1934, 1948 [2nd edn.], 1962, pp. 110~111.

44 G. E. R. Lloyd, *Aristotle: The Growth and Structure of his Thought*, Cambridge University Press, 1968, p. 5.

45 아리스토텔레스와 그의 추종자들이 나이가 들어 나약해진 플라톤을 향해 철학적 린치(philosophical mugging)를 가해 칩거하게 만들었고, 나중에 크세노크라테스가 이들을 몰아냈다는 것이다(A. M. Leroi, *The Lagoon, How Aristotle Invented Science*, Viking, 2014).

케도니아에 의해 아테나이와 동맹 관계에 있었던 오륀토스[46] 함락(기원전 348년) 이후에 당시 아테나이에서 점차 강하게 일어나고 있었던 반(反)마케도니아 정치적 정서가 출발의 한 단초를 제공했을 것이다. 이즈음 아테나이에서 반마케도니아 운동의 선봉에 선 정치 지도자로 등장한 인물이 바로 연설가 데모스테네스였다. 그렇다면 마케도니아의 친구로서 아테나이에서 일어나고 있던 반 마케도니아 기운은 그를 더 이상 그곳에서 편안하게 살 수 없게 만들었을 것이다. 어쩌면 소크라테스를 재판하고 처형했던 반세기 이전의 철학에 대한 적대적인 분위기가 정치적으로 다시 형성되기 시작했을 수도 있다.[47] 자신의 고향 스타게이로스는 오륀토스가 함락되기 몇 달 전에 이미 필립포스에 의해 파괴되었기 때문에 고향으로 귀향할 수도 없었다.

이런 복잡한 정치적 환경 속에서, 아리스토텔레스는 아타르네우스의 통치자인 헤르메이아스의 초청을 받아들여 지금의 터키에 있는 소아시아 해안의 아름다운 도시였던 앗소스로 떠나간다. 헤르메이아스는 정치적으로 마케도니아의 필립포스 왕과 밀접한 연관을 지닌 인물이기도 했다. 그는 한때 노예였지만, 거세되어 풀려나 많은 부를 쌓고 나중엔 그 도시의 지도자가 되었다고 한다.[48] 거기서 아리스토텔레스는 헤르메이아스의 도움을 받아 독자적인 학문 연구에 정진한다. 아리스토텔레스를

46 문자적으로 olonthos(olunthos)는 '야생 무화과의 식용 열매'를 의미한다.

47 시리아 번역판(*Vita Syriaca II*) 3-4에는 "소크라테스의 처형으로 인해서 겁을 먹게 되어", 아리스토텔레스는 아테나이를 떠나 헬레스폰토스 근처에서 머물렀으며, 이어서 플라톤이 죽자 그의 조카였던 스페우시포스가 플라톤 학원의 수장을 맡게 되었고, 스페우시포스가 아리스토텔레스에게 돌아와서 학원의 수장 자리를 맡아 달라는 편지를 보냈다고 돼 있다. 그렇다면 플라톤이 죽기 전에 아카데미아를 떠났다는 얘기가 된다.

48 Strabōn(기원전 64/63~24년), 『지리지』(*Geographica*) 13,1,57.

초청했던 헤르메이아스는 아카데미아에서 철학을 공부했던 동료이자 친구 사이였다.[49] 그런 인연이 있었기 때문인지, 아타르네우스에는 아카데미아적인 작은 학문 공동체가 있었던 것처럼 보인다. 헤르메이아스는 아리스토텔레스와 그의 동료들에게 일상을 영위하기 위한 생활 터전과 철학 연구에 필요한 모든 수단을 제공했다.

그곳에 머무는 동안 아리스토텔레스는 헤르메이아스의 조카거나 양녀였던 퓌티아스와 결혼하여 딸을 낳았다(스트라본, 13.I.37; 디오게네스 라에르티오스, 제5권 3). 딸 이름 역시 어머니와 같은 퓌티아스였다. 안티파트로스에게 보낸 편지에서 그는 그녀를 참주의 여동생(adelphē)으로 명시하고, 오빠가 살해당하는 참극이 벌어진 이후 그들 간의 우정을 고려해서 그녀와 결혼했다고 기술하고 있다.[50] 그곳에서 3년을 머문 후, 기원전 345년에 참주 헤르메이아스가 점차 세력을 떨치던 아테나이의 사주를 받은 페르시아인들에 의해 사로잡혀 고문받다 죽임을 당함으로써, 아리스토텔레스는 다시 인근의 앗소스에서 손에 잡힐 듯 바라다보이는 레스보스섬의 뮈틸레네로 이주하게 된다.

거기서 아리스토텔레스는 아카데미아 시절에서부터 자신의 제자이자 동료였던 레스보스섬 남서쪽의 에레소스 출신의 테오프라스토스를 만나 뮈틸레네에서 3년간 머무르게 된다(기원전 345~343년). '학문에 미친 사람'(scholastikos)으로 불렸던 테오프라스토스의 이름은 원래 튀르타모스(혹은 튀르타니오스)였는데, 그 이름의 나쁜 어감(kakophōnia)

49 플라톤의 「여섯째 편지」 322e에는 "아직 (헤르메이아스와) 함께 지내보지 못했다(hosa mēpō sunggegonoti)"라는 구절이 나온다. 플라톤이 아카데미아에 없던 시절에 방문했을 수도 있다.

50 Aristoklēs; I. Düring [1957], p. 375.

을 피하고 그의 말투에 실린 신적인 여운 때문에(dia to tēs phraseōs thespesion) 혹은 '목소리의 선명함(zēlon) 때문에' 아리스토텔레스가 '테오프라스토스'로 이름을 바꿔주었다(D.L.5.38; 스트라본, 『지리지』 13.2.3; 키케로, 『연설가』 62). 테오프라스토스란 말은 문자적으로는 '신처럼 이야기한다'(theos phrazō; deus expono)를 의미한다. 아리스토텔레스는 그의 재능을 높이 평가했다. "테오프라스토스는 아리스토텔레스가 생각한 것 모두를 지나칠 정도로 예리하게 해석했다"(디오게네스 라에르티오스 제5권 39). 이 만남 이후 이 두 사람은 아리스토텔레스가 죽을 때까지 20년간이나 친밀한 관계를 유지하면서 함께 공동의 연구 작업을 수행하게 된다. 학문의 평생지기로서 테오프라스토스는 아리스토텔레스가 죽은 후, 그의 학파를 계승하기에 이른다.

여기서 아리스토텔레스와 그의 동료들은 경험적 탐구 방법을 따르면서 생물학의 탐구에 전심전력을 기울인다. 그의 생물학적 관찰, 특히 해양생물학 분야는 그 상세함과 정확성에서 선구(先驅)가 되는 놀라운 업적을 이루어 냈다. 이런 정확한 관찰은 그의 생물학에 관련된 저작에서 그대로 전해지고 있다. 그의 『동물 탐구』에는 소아시아 북서 지역과 헬레스폰토스해협과 프로폰티스 바다, 레스보스[51]섬 등의 지명이 언급되고 있는 점을 미루어 보면, 이곳을 중심으로 생물학적 탐구가 이루어졌을 것으로 생각된다. 진화론의 주창자인 찰스 다윈도 그의 생물학에 관련된 엄청난 경험적 축적에 대해 놀라움을 표하며, 또 그것의 허구성에 대해 또 한 번 놀랐다는 평가를 내린 바 있다.

뮈틸레네 이후 잠시 고향인 스타게이로스에 머물던 아리스토텔레스

51 호메로스, 『일리아스』 제24권 544행 참조.

는 기원전 343년 혹은 342년에 마케도니아의 아뮌타스의 후계자인 필립포스 2세 왕의 초청을 받아들여 알렉산드로스의 교육을 위탁받아 개인교사거나 왕자를 가르치는 여러 교수들 가운데 수석교수(preceptor)로서 마케도니아의 펠라에 체류하게 된다. 나중에 왕이 된 알렉산드로스가 아리스토텔레스에게서 어떤 사상적 영향을 받았는지에 대해서는 신뢰할 만한 보고가 전해지지 않는다. 설령 그 영향이 있었다 해도, 그 둘 간의 접촉 기간이 기껏해야 2, 3년에 불과하고, 알렉산드로스로서도 고작해야 열세 살에 만나 열다섯 살까지 그 만남이 이루어졌으므로, 사실상 아리스토텔레스의 사상적 영향의 흔적을 찾아보기란 쉽지 않다. 아마도 당대 최고 권력자와 최고 학자와의 획기적인 만남이 소설적인 상상력을 불러일으켜 많은 낭만적인 이야기(로망스)들이 만들어졌을 것으로 추정된다.

하지만 이 만남 자체를 의심해 볼 수 있는 여러 정황도 적지 않다. 기원전 4세기경에 만들어진 역사적 문헌에는 이를 확증해 주는 어떤 보고도 전해지지 않기 때문이다. 실제로 500여 년의 세월이 지난 디오게네스 라에르티오스가 전하는 이야기들은 거의 허구에 가깝다. 아리스토텔레스와 알렉산드로스가 함께 '길을 걸으며 서로 토론했다'(peripatein)거나, 알렉산드로스와 같이 지낸 시간이 충분하다는 생각이 들자 자신의 친척 누군가를 알렉산드로스에게 추천해 주고 아테나이로 떠났다거나, 그래서 알렉산드로스가 불쾌해 했다고 전하는 보고는 매우 그럴듯하지 않은 반(半)허구(semi-fictional)적인 것으로 생각된다.[52]

시노페 출신의 퀴니코스학파에 속했던 디오게네스의 제자로 크세

52 디오게네스 라에르티오스, 『유명한 철학자들의 생애와 사상』 제5권 2, 4, 10 참조.

노폰과 더불어 알렉산드로스 동방 원정에 참여했던 오네시크리토스(Onesikritos)의 알렉산드로스 교육에 대한 보고는 믿을 수 없거나, 찬양일색이거나, 비현실적인 왜곡된 설명을 담고 있다고 일찍이 첼러(Edward Zeller)가 주장한 바 있다. 디오게네스 라에르티오스는 "크세노폰은 『퀴로스의 교육』이란 책을 저술했고, 오네시크리토스는 '알렉산드로스가 어떻게 길러졌는지'에 관해 썼다. 크세노폰은 퀴로스의 찬미자고 오네시크리토스는 알렉산드로스의 찬미자다. 또 문체에 있어서도 다르지 않았다. 다만 오네시크리토스의 문체는 [크세노폰의 것을] 모방한 것인지라 그 원본에 비해 뒤떨어진다는 점을 제외하고"라고 전하고 있다.[53] 요컨대 오네시크리토스의 보고는 이른바 특정한 '군주 문학의 거울'(mirror-for-princes literature)의 일부였다는 것이다. 그렇다면 이 보고들은 반(半)허구적인 것이었을 것이고, 알렉산드로스의 훈련과 생애를 상세하게 논의하는 일종의 교육을 위한 에세이 정도로 이해할 수 있다.[54]

설령 미에자에서 양자 간의 만남을 통해 선생과 제자 관계를 맺고 있

53 디오게네스 라에르티오스, 『유명한 철학자들의 생애와 사상』 제6권 84 참조.

54 이 기간 동안에 아리스토텔레스가 알렉산드로스를 위해 『군주정』과 『식민도시들』에 대한 저작을 썼다고 하나 지금은 전해지지 않는다. 아리스토텔레스가 알렉산드로스에게 편지를 보냈다는 기록도 있다. 플루타르코스의 보고에 의하면(I. 6=단편 658[Rose]), 아리스토텔레스가 알렉산드로스에게 다음과 같이 충고했다고 한다. "헬라스인들에게는 지도자의 방식으로(hēgeminikōs) 대하고, 비(非)헬라스인들에게는 주인의 방식으로(despotikōs) 대하시오. 헬라스인들에 대해서는 친구와 혈연처럼 돌보고, 비헬라스인들에 대해서는 동물과 식물처럼 행동하시오." 아리스토텔레스의 라이벌이라고 할 수 있는 아카데미아 출신의 크세노크라테스가 알렉산드로스의 선생이었다는 보고도 있다. 당대의 최고의 철학자와 최고의 군주가 만났다는 얘기는 그 사실 여부를 떠나 많은 사람에게 흥미를 불러일으키는 이야기의 소재가 되지 않았을까? 이런 다양한 보고들이 전하는 진의 여부에 대한 논의에 대해서는 A.-H. Chroust (2016), 제10장 "Was Aristotle Actually Chief Preceptor of Alexander the Great?" 참조.

었다고 할지라도 아리스토텔레스가 『정치학』에서 1인에 의한 절대군주의 지배는 그 통치자가 지적인 면에서나 성품에서 가장 우월한 자일 경우에만 정당화될 수 있다고 말하고 있는 점에 비추어 보면, 나중에 가서 이 둘 간의 관계가 소원해졌다는 것은 충분히 납득이 간다. 게다가 아리스토텔레스에게는 인간이 달성할 수 있는 '관조적 삶'(theorektikos bios)이 최선의 삶이었던 데 반해(『니코마코스 윤리학』 제10권 제7장), 전쟁을 통해 제국을 건설하고 세계를 정복하려는 알렉산드로스의 행위적 삶은 그에게는 어울리지 않는 것이었다. 실제로 아리스토텔레스는 행복한 삶을 살기 위해 지나치게 많고 큰 외적 좋음(ektos agathos)은 필요하지 않다고 생각했으며, "비록 땅과 바다를 다스리지 않는다 하더라도 고귀한 것을 행할 수 있다"라고 말한다.[55]

아리스토텔레스 생애에 관련해서 마케도니아에 체류하는 이 기간을 주목해야 할 점은, 이즈음에 헬라스 전체에 걸쳐 현존하는 정치체제들 중에서 158개에 대한 연구를 착수했다는 사실이다. 기원전 336년에 필립포스가 살해되고 나서 알렉산드로스가 왕위를 계승할 즈음에도 그는 그곳에 머무르고 있었다. 알렉산드로스 대왕의 동방 원정에 참여했던 학자들로부터는 다양한 동물과 생물에 대한 구체적인 생생한 정보를 얻어 그의 생물학적 저서 여러 곳에 반영되었을 것으로 추정된다. 예거는 『동물 탐구』에서 보고되는 코끼리의 행태와 헬라스에서 알려지지 않은 동물들에 대한 보고는 알렉산드로스의 원정을 통해 얻은 지식이 없었다면 상상할 수 없었을 것이라고 말한다(예거 [1923], p. 330). 하지만 아리스토텔레스가 『동물 탐구』에서 책을 통한 신뢰할 만한 지식을 비판적으

55 아리스토텔레스, 『니코마코스 윤리학』 제10권 1179a3-5.

로 사용했다는 점도 주목해야 한다. 실제로 아리스토텔레스는 세 번이나 인도와 그 지역의 동물군에 대한 출처로 원정에 동반했던 역사학자이자 자연학 연구자였던 크테시아스(Ktēsias)를 언급하고 있다.[56]

두 번째 아테나이 체류 시기

이후 마케도니아에서 5년간 더 체류한 후, 테바이가 파괴된 기원전 335년 혹은 334년에 아테나이로 돌아와 죽음에 이르는 기원전 322년까지의 기간이 이어진다. 알렉산드로스가 아시아 원정 준비에 들어가던 시기에 아테나이로 돌아온 그는 뤼카베토스(Lukabēttos) 언덕과 일리소스강 사이에 위치한 아폴론 신전의 경내 뤼케이온(Apollo Lukeios)에 자신의 학원을 설립한다.[57] 그래서 그의 학원을 '뤼케이온'이라고 부른다.[58] 여기서의 생활도 아카데미아의 방식과 유사한 공동체의 삶을 살면

56 W. K. C. Guthrie, *A History of Greek Philosophy*, Cambridge University Press, Vol. VI, 1980, p. 43 각주 1 참조.

57 학원의 종교적 생활과 그 전체적인 모습은 테오프라스토스의 유언장을 통해 어느 정도 짐작해 볼 수 있다. 이 무세이온에는 뮤즈들의 조상과 페리파토스학파의 수장이었던 아리스토텔레스의 조상도 있었을 것으로 추정된다. "첫째로 여신들의 조상들이 있는 무세이온(mouseion, 뮤즈 신들을 경배하는 곳)의 복원을 마무리하는 일에 쓰이고, 또 그 밖에도 여신들의 상을 더욱 아름답게 하기 위해 무언가 할 수 있는 일이 있다면 그들 상에 장식을 덧붙이는 것이다. 그다음으로는 아리스토텔레스의 흉상을 그전부터 신전 안에(eis to hieron) 있었던 나머지 봉납품과 함께 신전 안의 원래 위치로 되돌릴 것이다. 다음으로 무세이온에 가까이 있는 작은 주랑(stōidion)을 이전 것보다 못하지 않을 정도로 재건하는 것이다"(디오게네스 라에르티오스, 『유명한 철학자들의 생애와 사상』 제5권 51).

58 1996년에 고고학자들이 고대 아테나이에 뤼케이온이 있던 장소에서 체육관을 비롯해 당시의 구조물의 잔해와 건물의 기반을 발굴했다고 하는데, 그들은 이것들이 아리스토텔레스 학원 터의 일부였을 것으로 믿는다.

서 강의와 공동 식사, 향연이 이루어졌다. 그가 남긴 저작에는 『공동 식사 규정』과 같은 것도 있었다(디오게네스 라에르티오스, 제5권 26). 이를 미루어 보면 정해진 규칙에 따라 공동 식사가 이루어졌던 것 같다.

로마 사람으로 2세기경에 플라톤주의자들(칼비시우스, 타우루스)에게서 철학을 공부하고 활약했던 아우루스 겔리우스(Aulus Gellius)는 아리스토텔레스가 가르치는 방식에 대해 흥미로운 보고를 다음과 같이 전해 주고 있다. 우리는 이 보고를 통해서 뤼케이온의 학문적 분위기와 당시에 엄격하게 시행되던 학문하는 자세 및 태도를 엿볼 수 있다.

> 철학자이자 알렉산드로스의 선생이었던 아리스토텔레스의 철학 강의 방식에는 두 종류가 있었다고 말해진다. 어떤 것은 exōterika라고 불리고, 다른 어떤 것은 akroatika라고 불린다. 엑소테리카란 시민을 위한 교육으로, 재치를 계발하는 수사술에 적용되는 것이고, 아크로아티카는 자연에 대한 탐구와 변증술적 논의를 통해서 더 심오하고 난해한 철학을 논의하는 것이었다. 뤼케이온에서 아리스토텔레스는 아침에는 아크로아티카 과목에 전념하는데, 누구나 참여할 수 있는 것이 아니라 자신의 능력과 교육적 토대, 배우고자 하는 열망과 기꺼이 그 일에 참여하겠다는 자세를 갖추고 충분히 그 능력을 보여 준 자들만이 허용되었다. 그러나 저녁에 같은 장소에서 열렸던 엑소테리카 강의와 말하기 훈련 교실은 제한 없이 모든 젊은이들에게 개방되었다. 아리스토텔레스는 이것을 '저녁 걷기'(deilinos peripatos)라고 부르고, 또 전자의 것을 '아침 걷기'(heōthinos peripatos)라고 불렀다. 이 두 시각에 공통적으로 그는 대화를 나누면서 걸어 다녔다. 그의 책들과, 이러한 동일한 주제에 관한 논고들 역시 비슷하게, 어떤 것들은 엑소테리카라 부르고 다른 것들은 아크

로아티카라고 부르면서 구분하였다.[59]

여기서 알 수 있듯이 소수의 전문가들을 위해서는 추상적인 학문들인 논리학, 자연학, 형이상학과 같은 과목을 강의했으며, 다수의 대중들을 위해서는 수사술, 소피스트적 논박, 정치술과 같은 다소 실용적인 과목들을 강의했던 것 같다.[60] 나중에 이 학원을 계승한 추종자들을 페리파토스(peripatos)학파, 즉 소요학파라고 부르는데, 이 말은 '걸어 다니면서 철학을 가르쳤다'(peripatein)는 습관 때문에 '이리저리 걷는 자들'이라는 의미를 가지고 있다. 더 그럼직한 것은 그의 학원에 유보장(遊步場, 페리파토스)이 있어서 그 이름이 유래된 것으로 보는 것이다. 페리파토스학파는 철학사에서 아리스토텔레스적 철학 전통을 일컫는 말이다.

아리스토텔레스는 마지막으로 아테나이를 떠나기 직전까지, 13년간을 더 머무는 이 시기에 가장 왕성한 연구 활동을 펼쳤다. 오늘날 전해지는 대부분의 철학적 저작이 이 시기에 완성된 것으로 보인다. 아리스토텔레스와 그의 동료들(테오프라스토스, 에우데모스, 아리스토크세노스)이 탐구한 분야는 단지 철학에만 국한하는 것이 아니라, 식물학, 동물학, 음악, 수학, 천문학, 의학, 우주론, 물리학, 수사학, 정부론, 정치 이론, 심리학, 자연학, 윤리학, 철학사 등 모든 영역을 망라하는 것이었다. 당시 그 학원은 모든 분야에 걸쳐 수고(手稿)를 수집해서 제일 큰 도서관이 되었다고 한다. 이 도서관이 나중에 페르가문과 알렉산드리아 도서관의 모델이 되었다.

59 『아티카의 밤』(*Noctes Atticae*) 20.5; I. Düring (1957), p. 431, p. 476 아래 참조.

60 뤼케이온 학원 내부의 강의와 강의실 소개에 대해서는 다음을 참조. H. Jackson, "Aristotle's lecture room and lectures", *The Journal of Philology* 35. 69, Jan 1, 1920.

기원전 323년에 동방 원정 중에 바빌론에서 32세의 젊은 나이로 알렉산드로스 대왕이 갑자기 죽자, 아테나이에는 반(反)마케도니아의 정치적 기운이 감돌기 시작한다. 그동안 내부로만 끓어오르던 반마케도니아 기운이 폭발적으로 터져 나오기 시작한 것이다. 두 번째로 아테나이에 체류하는 동안, 아리스토텔레스는 여전히 마케도니아의 장군으로 전 헬라스의 대리 통치자로 아테나이를 통치하고 있었던 안티파트로스(기원전 397~319년)와 우정 관계를 유지하고 있었으며, 마케도니아와 정치적으로 모종의 긴밀한 연결을 맺고 있었던 것으로 보인다.[61] 안티파트로스는 아리스토텔레스의 유언장에서 유언 집행자로 등장하는 인물이다. 아테나이 민회는 안티파트로스와의 즉각적인 전쟁을 결정하기에 이른다. 게다가 헬라스 전체에서 안티파트로스에 저항하는 반란이 일어났다. 결과적으로는 25년 전 아리스토텔레스가 첫 번째로 아테나이를 떠날 때와 동일한 상황이 반복되었던 셈이다. 어쨌거나 아리스토텔레스가 아테나이를 마지못해 떠나고 또 돌아오기를 반복한 것은 아테나이와 마케도니아 간의 정치적 측면에서 친소 관계의 부침 때문이었을 것으로 추정된다.

이런 혼란스러운 정치적 기조 속에서 아리스토텔레스는 소크라테스에게 가해졌던 동일한 죄목인 불경죄(asebeia)로 가장 높은 종교적 관직에 있었던 사제 에우뤼메돈에 의해 고발당했다. 당시 불경죄는 소크라테스와 같은 철학자들에 대한 오랜 불만이었다. 아리스토텔레스의 자기관조로서의 신관, 즉 신은 오직 자신만을 생각한다는 '생각의 생각'이란

61 아라비아 번역본에는 아테나이 의회의 결정에 의해 아크로폴리스에 아리스토텔레스의 수많은 선행과 봉사를 기리는 돌기둥을 세웠다고 한다. 그 기둥에는 아리스토텔레스가 아테나이 시민에게 베푼 공덕을 찬양하는 비명이 새겨져 있었다고 하는데, 특별히 필립포스 왕과의 교류를 통해 외교적으로 아테나이에 크게 기여했다는 것이다(*Vita Arabica IV* [Ibn Abi Usaibi'a], 17-18) · .

점에 비추어 보면 인간사에 관여하는 신은 아무런 의미가 없다. 그런 점에서 아리스토텔레스가 고발당한 불경죄는 소크라테스의 죄목과 하등 다를 게 없다고 생각된다. 그것은 순전히 정치적인 이유였을 것이다.

또 한 사람의 고발자인 데모필로스가 그를 고발한 직접적인 구실은 앗소소에서 그를 환대했던 참주 헤르메이아스의 성품을 찬양하는 데 인용한 찬가 혹은 '아폴론 찬가'였다. 아리스토텔레스는 실제로 델포이에 헤르메이아스의 덕을 기리는 비문을 담은 조상을 세웠다고 한다.[62] 그러자 누군가는 "머리가 빈 아리스토텔레스가 거세된 자이며 에우불로스의 노예인 헤르메이아스를 위해 빈 무덤의 표석을 세웠다"[63]라고 조롱해댔다. 환관으로 한때 노예였던 헤르메이아스를 헬라스의 영웅들에 비교해서 찬양한 것이 아테나이인들의 눈에는 좋지 않게 비쳤을 것이다. 게다가 마케도니아 궁전과 긴밀한 관계를 맺고 있었던 헤르메이아스이다 보니, 더더욱 정치적 이유로 고발당한 것으로 보인다.[64] 아리스토텔레스 자신도 그 속이 빤히 들여다보이는 이 고발에 대해 특별한 변명을 내놓고 있지 않다.

그러자 다시 그는 아테나이를 떠나 마케도니아의 영향력이 지배적이었던 어머니의 고향 에우보이아섬에 있는 가장 큰 도시인 칼키스로 서둘러 내뺐고, 이듬해인 기원전 322년에 위장병이 악화되어 62세로 세상을 떠난다.[65] 소크라테스의 죽음을 염두에 두었던지, 그는 "아테나이인

62 디오게네스 라에르티오스, 『유명한 철학자들의 생애와 사상』 제5권 5-6.

63 디오게네스 라에르티오스, 『유명한 철학자들의 생애와 사상』 제5권 11.

64 그의 부인 퓌티아스가 죽은 후, '아테나이인들이 데메테르 신에게 바치는 것과 같은' 희생 제의를 그녀에게 바쳤다는 법적인 죄과로 죽었다는 이야기도 전해진다(디오게네스 라에르티오스, 『유명한 철학자들의 생애와 사상』 제5권 6; I. Düring [1957], p. 278 참조).

65 그의 전기를 보고하는 것들 중에는, 본토인 보이오티아와 에우보이아섬 사이에 있는 에우리포스해협의 조류 현상을 설명할 수 없어 깊은 슬픔(athumia, 우울증)에 빠져 죽

들이 철학에 대해 두 번째로 죄를 짓는 것을 원하지 않았기 때문에"(hoti ou bouletai Athēnaious dis hamartein es philosophian)[66]라는 고대에 거의 전설로 굳어져 버린 말을 남기고 아테나이를 떠났다고 한다.

『정치학』에 반영된 아리스토텔레스 생애의 모습

어느 철학자라도 그러지 않을 수 없지만, 자신의 출신과 살아온 역정(歷程)이 자신의 철학적 사고의 형성에 영향을 미치지 않을 수 없었을 것이다. 더군다나 현실의 정치적 문제를 사상적으로 다루는 학자라면, 자신이 살아온 정치적 배경이 그의 정치사상 전반에 영향을 미쳤을 것이란 점은 능히 짐작할 수 있다. 이 점은 아리스토텔레스의 경우에도 정확히 해당한다. 『정치학』에도 아리스토텔레스의 생애와 시대적인 정치적 환경과 배경이 어떤 방식으로든 반영되어 있다.

먼저 『정치학』에 나타나는 자연주의적 경향과 생물학에 대한 관심은 의사였던 그의 아버지의 영향으로 추정된다. 『정치학』 제1권 제2장에서 피력된 아리스토텔레스의 정치적 자연주의에 기초하는 세 가지 기본 테제는 이런 것이다. 첫째, 인간은 자연적으로(본성적으로) 폴리스적 동물이다. 둘째, 폴리스는 자연적으로 존재한다. 셋째, 폴리스는 자연적으로 개인에 앞

었다는 설도 있다. 자살을 암시하는 듯하지만, 이것은 그를 찬양하기 위한 조작된 이야기일 뿐이다(I. Düring [1957], pp. 347~348).

66 Aelianus(Klaudios Ailianos), *Varia Historia* (Poikilē Historia), 제3권 36. 아에리아누스는 175~235년경에 로마에서 활동했던 수사학자였다. 아테나이를 떠나면서 아리스토텔레스가 남긴 이 유명한 말이 언급되는 출처는 오리게네스, 엘리아스, 세네카(『대화』 제8권 8, I) 등이다(I. Düring [1957], pp. 340~342 참조). 이 흥미로운 이야기 역시 조작되었음이 거의 틀림없다.

선다. 다음으로 『정치학』에서, 그가 냉정하고도 중립적인 태도로 정치체제에 대한 관찰자의 입장에서 정치적 자세를 취하는 것은 자신이 아테나이에서 거류 외국인(metoikos)으로 살 수밖에 없었기 때문일 것이다. 실제로 거류 외국인은 시민으로서 누리는 정치적 권리를 갖지 못했다.

자신의 고향 스타게이로스 폴리스의 환경과 입지, 영토의 크기, 인구 등이 아리스토텔레스가 생각하는 이상적 폴리스의 크기에도 간접적인 영향을 미쳤을 수도 있겠다. 가령, 『정치학』 제7권 제5장에서 폴리스의 크기와 규모를 논하면서 삶을 자족한 상태로 경영할 수 있을 만큼의 인구가 있어야 하고, 시민들 서로 간에 쉽게 알아볼 수 있을 정도의 인구 규모를 가져야 하며, 한눈에 쉽게 전체를 살펴볼 수 있는 정도의 영토의 크기를 가져야 한다는 한계 규정이 그런 예일 수 있다. 영토에서 생산되는 물자 수송이 용이하도록 바닷가를 끼고 있어야 한다는 규정도 스타게이로스의 지역적 환경을 반영하는 것일 수 있다.

오랜 기간 아카데미아에 머물렀던 그의 학문의 경력 때문에, 플라톤 철학에 대해 깊고 면밀하게 접하고 숙지할 수 있었으며, 그것을 통해 자신의 철학 자체도 상당한 영향을 받았다는 점은 의문의 여지가 없다. 그래서 그는 플라톤의 주요 정치적 저작들인 『국가』, 『정치가』, 『법률』에 대해 신랄한 비판을 가할 수 있었다. 물론 아리스토텔레스 자신은 이상국가를 비롯한 플라톤의 주요 정치적 사상과 정치적 개념들을 『국가』, 『법률』 등에서 차용하고 있기는 하지만 말이다.

『정치학』에서 아리스토텔레스가 옹호하는 정치체제는 다수가 번갈아 지배하는 민주정(인민정, 제3권 제11장: "다중이 소수인 가장 좋은 사람들[tous aristous oligous]보다도 더 최고의 권위가 있어야 한다는 견해는, … 어쩌면 어떤 진리마저 가지고 있는 것으로 주장될 수 있다고 여겨질 수 있겠다")과 가장 우월한 자가 지배하는 왕정(제3권 제17장)이라고 할 수 있는데, 이는 자신이 경험한 아테나이의 민주정과 마케도니아 왕 필립포스의 절대적 왕권의 영향으로 추정할 수 있겠다.

역으로 아리스토텔레스가 필립포스에게 어떤 영향을 끼쳤을 수도 있다. 그렇지만 아리스토텔레스에게는 필립포스나 알렉산드로스, 혹은 아테나이에서 유력한 인물로 부상해 반(反)마케도니아 운동의 지도자로 활동했던 데모스테네스에 대한 직접적 언급은 나오지 않는다. 다만 필립포스 왕의 암살에 대한 언급은 단 한 번(1311b1-2) 나온다. 하지만『정치학』곳곳에서 다른 여러 폴리스의 정치체제를 비판하면서도, 마케도니아 지역의 폴리스에 대한 비판은 자제하는 태도 역시 그의 고향에 대한 애정 어린 편견이었을지 모른다.

분명히 기억해 두어야 할 사항은, 설령 단편적으로 마케도니아의 정치체제에 대한 흔적이 남아 있더라도, 아리스토텔레스의 정치적 사고에 미친 마케도니아의 영향은 그리 크지 않다고 보아야 한다.[67] 아리스토텔레스 정치학의 목적은 플라톤으로부터 시작된 덕 있는 삶과 고귀한 삶을 진작시키기 위해 폴리스를 새롭게 개조하려는 작업을 완결하는 것이었다고 보아야 한다(W. 뉴먼, vol. 1, p. 478).

아리스토텔레스 저작의 성격과 전승

오늘날 우리가 읽고 있는 아리스토텔레스 작품(*Corpus Aristotelicum*, 중세부터 관례적으로 이렇게 불림)은 19세기 중반(1831년) 독일 고전학자인 임마누엘 벡커(Immanuel Bekker)가 편집한 프로이센 아카데미 판

67 I. Düring (1957), pp. 289~290 참조.

본의 편집 순서를 따른다. 예를 들어 아리스토텔레스 저작 표시인 벡커판 쪽수 '998a8와 b8'은 '998쪽 왼쪽 난(欄) 8행과 오른쪽 난 8행'을 가리킨다. 현대의 모든 번역과 연구서들은 관례적으로 벡커판의 페이지를 인용해서 사용한다. 벡커 이후 고전 문헌학의 발전과 새로운 사본들(manuscripts)의 발견으로 해서 벡커판보다 더 나은 새로운 비판 교정본과 새로운 독해법이 채택되고 있으나 여전히 벡커판의 페이지 숫자를 관용적으로 사용한다. 이 작업은 지금도 진행 중이다.

벡커판에 나오지 않는 고대에도 존재하지 않았고 또 중세의 사본 전통에서도 알려지지 않았던 그의 상실된 작품의 흔적을 전하는 언급들이 단편적으로 전해지고 있다. 발렌틴 로제(Valentin Rose)가 이 단편들을 *Aristotelis qui ferebantur librorum fragmenta* (Leipzig, 1886)로 편집했으며, 지금도 아리스토텔레스의 단편을 언급하는 경우 이것을 R^3로 표준적으로 언급한다. 이 밖에도 19세기 말에 파피루스로 발견된 『아테나이의 정치체제』가 있는데, 아리스토텔레스 자신이기보다는 그의 학파의 누군가가 쓴 것으로 간주되기도 한다. 『프로트렙티코스(철학의 권유)』는 시리아 출신의 신플라톤주의자인 이암블리코스(245~325)의 동일한 제목을 가진 그의 작품 속에 대체로 온존하게 보존된 것으로 믿어진다.[68]

키케로가 플라톤의 산문을 은으로 비교하면서, 아리스토텔레스의 산문을 '언사의 황금 강'으로 묘사하고, 그의 문체를 놀라울 정도로 '감미롭다'(매력적이다, suavitas)라고 평하고 있는데(*Topica*, I 3; *Ac.Pr.* 38.119;

68 I. Düring, *Aristotle's Protrepticus*, Göteborg, 1961. 토론토 대학의 허친슨(D. S. Hutchinson)과 샌디에고 대학의 존슨(M. R. Johnson)의 새로운 판본(*Iamblichus: Exhortation to Philosophy. Series: Ancient Commentators on Aristotle*, London, Bloomsbury Academic, 2023) 참조. 내가 토론토 대학에 머물 때(2000년) 고전학과 도서관에서 금요일 저녁마다 열리는 원전 독해 시간에 이분들과 더불어 이암블리코스의 책을 읽었다.

De or. 1.2.49), 이는 지금은 상실되었으나 당시 키케로가 읽을 수 있었던 플라톤식의 대화 방식으로 쓰인 그의 대중 강연서를 보고 그렇게 평가했던 것 같다. 이 작품들은 기품 있고 우아한 문체로 쓰였을 것이다. 그러니까 키케로가 보았던 아리스토텔레스 작품은 우리가 지금 읽고 있는 것과는 다른 작품들이었을 것으로 추정된다. 실제로 아리스토텔레스는 플라톤의 아카데미아 시절에 대화체의 작품을 썼다고 한다. 그의 스승과 마찬가지로 아카데미아 시절에 철학적 탐구의 수단으로 대화체를 사용해서 플라톤의 대화편과 같은 제목으로 된 몇 개의 대화편을 썼다고 하는데, 그 내용은 단지 약간의 단편을 통해서만 전해질 뿐이다. 키케로나 퀸틸리아누스('감미로운 말'[eloquendi suavitas])[69]가 그의 문체를 찬양한 것은 당시에 쓰인 그의 대화편이었을 것으로 추정된다.

오늘날 우리가 읽고 있는 현존하는 아리스토텔레스의 대부분의 저작들은 그다지 편안하고 안락하게 접근해서 읽을 만하지도 않으며, 또 유려하고 산뜻한 문체로 쓰여 있지도 않다. 아리스토텔레스의 저작의 저술 방식은 매우 간결하고 무미건조해서 읽는 독자에게 지독한 인내심을 요구한다. 게다가 전적으로 그렇다는 것은 아니지만, 그의 저작 상당 부분은 완결된 작품이 아니라는 점도 예사롭게 놓칠 수 없는 성실한 독자의 태도와 관용이 요청된다. 그럼에도 아리스토텔레스는 관찰과 경험을 토대로 해서 그 어떤 주제에 관해서든지 지나치리만치 상세하게 논리적인 분석을 가하면서 자신의 철학적 의견을 개진하고 있다. 독자들도, 만일 아리스토텔레스의 저술 방식의 논리적 구성의 치밀함과 '아름다움'에 매료된다면 더욱더 친밀하게 아리스토텔레스의 철학에 다가갈 수 있을 것이다.

69 Quintilianus, *Institutio Oratoria*, 10.1.83.

플라톤의 저작에 비교해서 볼 때 아리스토텔레스 저작의 전승과 원고의 보존 상태는 온전하다고 볼 수 없다. 플라톤의 주된 논의는 크게 왜곡될 수 없었는데, 그 이유는 그의 책들은 학자들이나 철학자들, 심지어 일반인조차도 쉽게 접근할 수 있었기 때문이다. 그러나 아리스토텔레스에게로 돌아서면, 그 상황은 사뭇 다르다.

보통은 유려(流麗)하고 매력적이고 대단히 문학적인 플라톤의 대화편을 접하다가 아리스토텔레스 저작을 처음 대면하게 되면 당혹해 하기 십상이다. 플라톤 산문의 화려한 수사적 문체나 비유, 유장(悠長)한 전개, 재치 있는 유머와 조롱, 돌연한 화두의 전환, 풍부한 상상력 등은 그의 작품 세계로 저절로 빠져들게 만들어 작품의 얼개 속에서 독자 자신도 대화 상대자의 한 사람이나 된 양 우쭐거리게 만든다. 플라톤의 대화 산문집은 생동적이고 역동적이라서 때와 장소를 가리지 않고 주제의 변전이 사유의 흐름에 따라 그대로 내맡겨질 수밖에 없다. 누가 어떤 질문을 했느냐에 따라 한참 동안 다른 주제로 흘러가다가도 또 다른 물줄기를 만나면 다시 새로운 주제로 포섭되어 등장하기도 한다.

하지만 아리스토텔레스 저작을 처음으로 접하는 독자에게는 대뜸, '이렇게 딱딱하고 문법적으로도 파격이 많고 무미건조한 작품이 정말 읽을 만한 가치가 있을까' 하는 의문을 품게 만든다. 수식 어구가 없는 그의 경제적 표현은 압축적이고 생략이 많고 함축적이며 숨어 있는 전제들이 들어 있어서, 그의 논의를 이해하기 위해서는 상당한 인내가 요청된다. 또 암호 찾기와 같은 스무고개 놀이를 하는 게임의 법칙을 늘 머릿속에 그리고 있어야 한다. 어느 시인(토머스 그레이Thomas Gray)의 표현처럼, 아리스토텔레스를 읽는다는 것은 '마른 건초를 씹는 것'과 같다. 이렇듯 수사적 어구를 사용하지 않는 아리스토텔레스가 『수사학』이란 작품을 남긴 것은 아이러니하다.

논의의 전환이 너무도 돌연적이라 아리스토텔레스의 저작을 읽는 것은 포장되지 않은 거친 자갈길을 급하게 걸어가는 것과 같다. 그러니 양옆에 펼쳐진 경치를 구경하기란 거의 불가능하다. 독자들은 그 길에서 그가 사용하는 기술적 용어에 질리고, 어색한 구문에 놀라고, 때로는 저자의 불친절함에 넌덜머리를 내기도 하고, 철학적 문제의 난해함에 지쳐 버리게 되어, 비전문가에게는 진리를 향한 거친 자갈길을 아리스토텔레스와 더 이상 함께 걸어가고 싶다는 마음을 잃어버리게 만든다. 그럼에도 우리가 아리스토텔레스의 사상에 매료되고, 철학적 문제를 내놓고 해답을 찾아가는 그의 특유의 진리 탐구 노정에 사로잡히게 되면, 어쩌면 우리는 그의 문체까지도 사랑하게 될지도 모른다. 단, 그것은 독자에게 내맡겨진 몫일 뿐이다.

아리스토텔레스 저작과 강의 방식은 두 가지 종류로 나뉜다. 앞서 언급한 대로 하나는 대중을 위한 강연 논집(exoterica)이고, 다른 하나는 학원 내부의 전문가를 상대로 한 강의 논집(esoterica)이다. 전자는 주로 대화 형식을 빌려 쓰였다고 하는데 그 전부는 대개 소실되었고, 후세 철학사가들에 의해 아주 적은 분량만 인용 형태로 보존되어 전해진다. 그는 작품 속에서 '대중을 위한 작품들에서'[70]라는 표현으로 강연 논집임을 밝혀 주고 있다. 후자는 전문 강의용이기 때문에 강의 노트 형식으로 남아 오늘날 우리에게 아리스토텔레스 저작으로 전해지고 있다. 현존하는 그의 작품들은 강의 노트 내지는 청강생들이 받아 적은 강의 노트이거나, 거듭해서 개작이 이루어진 초고 형태의 원고 내지는 지속적인 탐구

70 아리스토텔레스 저작 전체에서는 이 표현이 6번가량(『자연학』 217b30-31, 『형이상학』 1067a28-29, 『니코마코스 윤리학』 1102a26-27, 1140a3, 『에우데모스 윤리학』 1217b22-23, 1218b33-34, 『정치학』 1278b31-32) 나타나고 있다.

를 위한 기록물로, 일반적으로 말해서 일반 대중을 위한 편찬물이 아니라 학원 내부 청강생을 위한 기록물이었을 것이다.

그러면 왜 아리스토텔레스는 거듭해서 자신의 원고를 개작했을까? 같은 주제라 할지라도 시기에 따라 본래의 생각이 바뀌었다는 추측도 그럼직하다. 같은 주제에 대해 반복적으로 강의하다 보면 자신의 논변에 대한 반대의 견해가 있었을 것이고, 그에 대해 보충적으로 자신의 의견을 덧붙였을 수도 있다. 그렇다고 반드시 애초의 주장을 완전히 폐기하고 새로운 주장을 내세운 것으로 보면 안 될 듯하다. 오히려 보다 더 세련된 논의로 애초의 주장을 보강하고, 새로운 논의를 끌어들여 초기의 주장을 강화했을 것으로 추정된다. 아리스토텔레스의 철학적 탐구 경력 내내 이러한 작업은 반복적으로 이루어졌을 것이고, 이런 까닭에 우리가 그의 철학을 이해하기 위해서는 특정한 작품에만 매달리지 말고 같은 주제를 논의하는 여러 작품들을 상호 비교하면서, 크로스 레퍼런스(cross-reference)를 통해 아리스토텔레스의 철학의 핵심을 파악하여야 한다.

요컨대 반즈의 지적처럼 플라톤의 『파르메니데스』, 칸트의 『순수이성비판』을 읽듯이 아리스토텔레스를 읽을 수는 없다는 것이다.[71] 동일한 주제에 대해서도 형이상학에서 논의하는 방식이 있을 수 있으며, 생물학에서 논의하는 방식이 있을 수 있고, 논리학에서 논의하는 방식이 있을 수 있다. 우리가 독자로서 염두에 두어야 할 사항은, 아리스토텔레스가 다양한 주제와 그에 관련된 경험적 자료와 관찰, 그리고 사회·정치적인 경험적 사례들을 모으는 데 그치지 않고, 그것들을 한데 모아 하나

71 Barnes, J.(ed.), *The Cambridge Companion to Aristotle*, Cambridge University Press, 1995, pp. 14~15.

의 전체적인 체계화를 시도했다는 점이다. 이런 점들이 자신의 저작을 반복적으로 개작하고 더욱 세련된 논의를 첨가한 이유일 수 있다.

앞서 보았듯이, 아우루스 겔리우스는 아리스토텔레스가 아침에는 전문가를 위한 강의를 하고, 저녁에는 '외부 강의'를 했다고 보고하고 있다(『아티카의 밤』 20. 5). 페리파토스학파에 적대적이었던 에피쿠로스주의자인 필로데모스는 『수사학에 대하여』(*De Rhetorica*)에서 아리스토텔레스에 대해 이야기하면서, "그는 오후에는 수사학을 가르쳤다. 침묵하면서 이소크라테스에게 말하도록 허용하는 것은 부끄러운 일"이라 했다고 전하고 있다.

아리스토텔레스와 이소크라테스의 수사학에 대한 철학적 이해를 잠시 살펴보자. 아리스토텔레스가 이소크라테스를 높이 평가했다는 보고도 있지만, 이소크라테스가 철학의 본령을 수사학으로 보고 수사학이 넓은 의미에서 교육(paideia)이라고 생각했다는 점을 고려해 보면 반드시 그렇지만도 않았던 것 같다. 실제로 아리스토텔레스는 아카데미아 시절에 이소크라테스의 학원에서 가르치는 교육에 만족할 수 없어서 수사학을 직접 가르쳤다고 한다. 그는 정치적 활동에 참여하려고 준비하는 학생들을 위해 정치학(politikē) 교육과 연관해서 수사학을 가르쳤다고 한다.

아리스토텔레스는 이소크라테스의 수사학을 '순수한 연구'를 위한 진지한 철학으로 보지 않는다. 정치적 활동에 지나치게 일찍 개입하는 것은 순수한 연구를 방해할 뿐이라는 이유로 정치학에 대한 연구를 권했다고 한다. 기본적으로 아리스토텔레스에게서 정치학은 시민의 덕성을 함양하는 '교육'이었다. 그는 정치학과 수사학의 차이를 말하면서, '정치학은 철학의 한 부분'이라고 말한다. 물론 긴 시간의 노력이 없다면, 이론적인 연구가 정치에 참여해서 좋은 결과를 가져오기 위한 토대

를 제공해 주지는 못하지만 말이다.[72]

아리스토텔레스의 학문 분류상 제작학에 속하는 수사학을 '오르가논'(논리학)이나 정치학에 포함시키는 것이 그 목적에 더 적합한 것으로 생각되기도 한다.[73] 물론 변증술이나 수사학적 방법이 논증을 만들기 위한 기술(dunameis tines tou porisai logous)임은 틀림없다.[74] 그런 의미에서 아리스토텔레스는 수사학을 변증술에 대한 '짝패'(antistrophos)로 보았다.[75] 하지만 수사학은 논증을 만드는 데 그치는 것이 아니라, 그 이상의 목적을 가지고 있다. 설득적 논증을 고안하는 것 이외에도, 연설가는 청중의 심리와 그들이 처한 정치적 상황을 알아야 한다. 이런 의미에서 연설가의 앎은 학문적 지식이 아니라 '사실에 대한 실제적인 문제'를 향한다. 그래서 수사학은 인간의 감정에 대한 해부를 해야 하며, 설득을 목표로 하는 정치적 연설가들은 자유자재로 사용할 수 있는 경제적 문제, 군사적인 사항과 제도적인 정보를 포함한 앎을 소유해야 한다.[76] 그래서 아리스토텔레스는 수사학을 '『토피카』의 하나의 곁가지(paraphues ti)이자, 정당하게 정치학(politikē)이라고 부를 수 있는 도덕적 성품(ta

72 필로데모스의 『수사학에 관하여』(2.50-63)는 I. Düring (1957), pp. 299~311 참조.

73 스토아 철학은 수사학을 논리학을 포괄하는 진리를 발견하기 위한 도구로서의 '오르가논'의 범주에 속하는 것으로 보았다. 스토아 철학자들은 "수사술에 대한 앎이 세 부류라고 말한다. 그중 하나는 심의하기 위한 것이고, 또 하나는 변론하기 위한 것이며, 다른 하나는 찬사하기 위한 것이다. 한편 변론술(dikanikē)의 구분은 발견, 표현법, 배열, 연설의 실행으로 나뉜다고 한다. 한편 수사술에 따른 논의는 서론, 사건 진술, 상대방에 대한 반박, 결론으로 나뉜다"(디오게네스 라에르티오스, 『유명한 철학자들의 생애와 사상』 제7권 42-43).

74 아리스토텔레스, 『수사학』 1354a3, 1355b7-9, 1356a32-33.

75 아리스토텔레스, 『수사학』 제1권 제1장 첫머리 1354a1. 변증술과 수사학과 밀접한 관련성에 대해서는 『토피카』 제1권 제3장 참조.

76 아리스토텔레스, 『수사학』 1359b19-1360b1.

ēthē)에 대한 탐구'라고 말한다(『수사학』 1356a25-27).

요컨대 수사학은 논증의 기술일 뿐만 아니라, 심리학과 정치학에 대한 실제적인 앎을 포함한다. 그렇다면 수사학은 논리적 도구를 넘어 다른 것들을 포괄하는 혼합적 분야라 할 수 있다. 그래서 아리스토텔레스는 '수사학'을 철학을 위한 도구(organon)로서의 논리학에 한정시키지 않았다.[77] 이런 측면에서 아리스토텔레스가 이소크라테스의 철학에 대한 근본적 입장에 반대했을 가능성이 더 농후하다.

안드로니코스에 의한 아리스토텔레스 저작의 부활

아카데미아에서 필론의 학생이었던 아스칼론의 안티오코스(Antiochos, 기원전 125~68년)는 아테나이에 유학차 머물던 키케로를 가르쳤다. 안티오코스는 필론의 회의주의적 입장을 버리고 절충주의적 태도를 가졌던 것으로 보인다. 그래서 그는 스토아와 페리파토스의 철학적 입장을 플라톤주의자들의 철학으로 끌어들였다. 그는 필론이 아카데미아의 철학적 전통을 훼손한 것으로 간주했으며, 스토아적인 철학적 입장을 추종했다. 이런 입장에서 안티오코스는 아리스토텔레스 철학에 관심을 갖게 되었을 것으로 보인다. 키케로의 서한과 철학적 논고에는 아리스토텔레스 철학에 대한 관심을 표명하고 있는데, 이는 안티오코스에게 직접 영향받은 것으로 생각된다.[78]

77 M. Burnyeat, *A Map of Metaphysics Zeta*, Mathesis Publications; Pittsburg, 2001, pp. 104~115.

78 안티오코스학파는 아카데미아와 페리파토스의 사상에는 근본적인 차이가 없다고 믿었을까? 키케로는 안드니코스에 대해서도, 또 안드니코스의 아리스토텔레스 저작 판본에 대해서도 알지 못했다.

옛 페리파토스학파는 스트라톤의 죽음과 더불어 쇠락을 길을 걸었던 것 같다. 스토라톤은 이런 유언을 남겼다. "학원은 뤼콘에게 넘겨준다. 왜냐하면 다른 사람들은 너무 나이가 많거나 시간의 여유가 없는 사람들이기 때문이다. 그러나 나머지 사람들도 그에게 협력해 준다면 훌륭한 일이 될 것이다. 또한 나의 모든 장서도 뤼콘에게 넘겨준다. 단, 내 자신이 쓴 것은 제외한다"(디오게네스 라에르티오스, 제5권 62). 이후 아리스토텔레스의 주요 철학 이론은 심하게 왜곡되기 시작하였고, 그의 적들은 그를 공격하기에 이르렀다. 에피쿠로스는 주요 이론에서는 아리스토텔레스를 따랐지만, 철학에 대한 개념은 상당히 달랐다. 그는 아리스토텔레스를 학자연하는 자로, 중뿔나게 살아가는 학자로, 또 고약한 사람(chalepōtatos)쯤으로 간주했다.

소수의 대화편과 『프로트렙티코스』를 제외하고는 기원전 1세기경에 이르러 로도스의 안드로니코스가 아리스토텔레스 저작을 다시 편집하기 전까지 그의 저작을 찾아보기란 매우 어려웠다. 로도스는 한때 아리스토텔레스 연구의 중심지였다. 안드로니코스 이전에도 앞서 언급한 아리스토텔레스주의자라기보다는 스토아주의자였던 안티오코스가 아리스토텔레스를 소생시키는 운동을 했던 것 같은데, 그에 따르면 스트라톤 이후에 페리파토스학파는 사그러들기 시작했다는 것이다. 그의 야망은 옛 페리파토스학파의 전통을 복원하려는 것이었다. 이 복원의 결실은 2세기경에야 비로소 아리스토텔레스 저작을 편집한 안드로니코스에게서 맺어졌다.

스트라본(Strabōn, 기원전 64/63~기원후 24년)이 보고하는 아리스토텔레스 저작에 얽힌 동화 같은 이야기를 들어 보기로 하자. 이 이야기는 아리스토텔레스 저작이 온존한 상태로 보존되지 못했고 그 전승 상태가 불완전했다는 간접적인 반증일 수 있겠다. 아리스토텔레스가 죽은 후 그의 저작은 그의 제자인 테오프라스토스에게 넘겨졌다. 테오프라스토스는 아리스토텔레스의 저작을 포함해서 "내 모든 책은 네레우스에게 준다"는 유언을 남겼으며(디오게네스 라에르티오스, 제5권 52), 플라톤의 학생이었던 코리스코스의 아들인 네레오스가 이것을 소아시아 지방의 스켑시스로 옮겨 가고, 다시 그의 후손들에 전해져 부주의하게 보존되었다고 한다.

당시 그 지역을 다스리던 왕이 페르가문에 도서관을 세우기 위해 서적을 구한다는 소식을 듣고 그의 후손이 어느 지하 통로에(en diōrugi tini) 아리스토텔레스의 저작들을 숨겼다고 한다. 거기에서 곰팡이와 벌레에 의해 손상을 당한 채로 두 세기 동안이나 묻혀 있다가, 기원전 1세기경 아리스토텔레스 저작은 네레오스의 자손에 의해 아펠리콘이라는 서지 수집가에게 팔려 넘겨지게 되었다. 아펠리콘이 손상당한 저작을 새로 편집하려 했으나, 만족스럽지는 못했다고 한다. 이와는 달리 뤼케이온의 추종자들과 알렉산드리아의 학자들이 아리스토텔레스의 주요 작품들을 읽었다고 하는 상당한 증거들이 남아 있기도 하다.

그 후 아테나이를 정복했던 로마의 장군 술라(Sulla)가 아리스토텔레스 저작을 소장하고 있었던 아펠리콘 도서관을 탈취해서 그 책들을 기원전 84년경에 로마로 옮겼다. 그것이 다시 로마에서 안드로니코스에게 발견되어 비로소 세상에 나타나게 되었다는 얘기가 전해진다. 뒤링은 아리스토텔레스의 저작들이 키케로의 생존 기간 동안(기원전 106~43년)에 로마에 있었음에도 키케로가 침묵하고 있다는 점을 근거로 안드로니코스의 편집본은 기원전 40~20년 사이에 만들어진 것으로 추정한다.

고트샬크(H. B. Gottschalk)의 견해는 이와 다르다. 기원전 84년에 아펠리콘 도서들이 로마에 들어오고, 기원전 71년경에 루쿨루스

(Lucullus)에 잡혀서 노예로 로마에 왔던 문법가인 튜란니온(Turanniōn)이 도서관에다가 3만여의 두루마리를 편집했으며, 이 책들이 보관됐던 술라의 도서관에는 키케로를 비롯한 그의 친구들이 들락날락할 수 있었다는 것이다. 당시 튜란니온은 그들의 서클에서 상당한 평가를 받았다고 한다. 그렇다면 아리스토텔레스 원고의 편집은 늦어도 기원전 60년경보다는 늦지 않게 이루어졌어야 한다는 것이다. 대부분의 학자들은 기원전 60년경에 안드로니코스의 판본이 만들어진 것으로 받아들인다.

안드로니코스의 제자 시돈의 보에토스(기원전 1세기)가 '아리스토텔레스 철학'(ta Aristoteleia)을 공부했다는 보고도 전해진다.[79] 고대에는 안드로니코스가 아리스토텔레스 저작의 편집자로 '아리스토텔레스 부흥'을 일으킨 것으로 알려졌다. 페리파토스 계열로 알려진 안드로니코스[80]는 아테나이에서 활동했던 것으로 믿어지며, 이즈음부터 이미 아리스토텔레스의 저작에 대한 편집본을 만드는 작업을 시작했을 것으로 생

79 안드로니코스는 기원전 68년경에 죽은 것으로 여겨진다. 스트라본(Strabōn, 기원전 63~기원후 24년)은 "내 생애에 시돈에서 태어난 유명한 철학자가 [안드로니코스의 제자인] 보에토스이며, 그와 더불어 아리스토텔레스의 철학을 공부했다"라고 말하고 있다(16.757; I. Düring [1957], p. 413).

80 5세기경의 암모니오스(435/445~517/526년)는 안드로니코스가 아리스토텔레스 이후 열한 번째 페리파토스학파의 수장(hendekatos diadochos tēs Aristotelous scholēs)이었다(엘리아스도 이를 받아들인다[*in Cat.*; I. Düring [1957], p. 418])고 보고하면서(*in Interpr.* 5,24; I. Düring [1957], pp. 416~419), 동시에 안드로니코스의 제자였던 보에토스가 열한 번째 수장이라고 말하기도 한다. 그래서 첼러는, 전자는 아리스토텔레스를 포함해서 그렇다는 것이고, 후자는 아리스토텔레스를 제외한 것이라고 주장한다(E. Zeller, *Die Philosophie der Griechen in ihrer geschichtlichen Entwicklung*, III 1, Leibzig, 1923, p. 642 각주 5). 반면에 뒤링은 암모니오스 이외의 다른 고대의 증거가 없다는 이유로 그의 증언을 전적으로 거부한다(I. Düring [1957], p. 420). 이에 대한 논란에 대해서는 H. B. Gottschalk, "The earliest Aristotelian commentators", in ed. R. Sorabji, *Aristotle Transformed, The Ancient Commentators and their Influence*, Cornell University Press. 1990 참조.

각된다. 그는 어느 정도 아리스토텔레스 학문에 친숙한 학자로 추정된다. 그는 아리스토텔레스의 저작을 편집함에서 어느 정도 아리스토텔레스의 학문 분류 방식에 따라 윤리학, 자연학, 심리학, 논리학 등에 관련된 주제로 나누어 정리했다.[81] 그는 또 주제가 비슷한 것들(가령 '형이상학'에 관련된 것들[pragmateiai])을 한데 모아 한 권의 논고인 『형이상학』으로 편집하기도 했다. 당시 아리스토텔레스의 저작들에 대한 제목은 없었고, '아리스토텔레스 저작의 분류(diairesis)'(포르퓌리오스), '아리스토텔레스 책들에 대하여'(심플리키오스), '안드로니코스의 철학 책(*Liber Andronici philosophi*; 겔리우스) 등으로 불려졌다.

안드로니코스는 아리스토텔레스의 학술 논고들이 스토아학파나 에피쿠로스학파처럼 '하나의 철학적 체계'를 상정하고 쓰인 것으로 믿었다. 포르퓌리오스가 전하는 바에 따르면, 안드로니코스는 아리스토텔레스와 테오프라스토스의 저술들을 서로 관련 있는 주제들을 한데 모아 그룹 지어서 편집된 논고들로 모았다는 것이다. 그리고 포르퓌리오스 자신도 동일한 방식으로 플로티노스의 54권의 책들을 6책의 『엔네아데스』(*Enneades*)로 그룹 지어 편집했다고 말하고 있다.[82]

아리스토텔레스 저작들은 적어도 다섯 권 정도로 묶어졌다(ekdosis). 안드로니코스는 철학이 논리학과 더불어 시작되어야 한다는 견해를 가지고 있었으므로,[83] 논리적 논구들을 '자연학'에 앞서 제2권이나 제3권의 처음 부분에서 다루었다. 제3권에서는 '자연학'에 대한 논고가 다루

81 *Vita Arabica I* (an-Nadim) 18에는 아리스토텔레스 저작 목록이 논리적인 것, 자연학적인 것, 윤리적인 것, 편지들 등으로 분류되고 있다.

82 Porphurios, *Vit. Plot.*(『플로티노스의 생애』) 24.

83 Philoponos, *in Cat.* 5, 18 이하; Elias *in Cat.* 117,24.

어졌다. 제5권은 체계적인 연구 논구가 아닌 것들과 완결되지 않은 작품들이나 연구를 위한 자료들에 대한 기록물들(hupomnēmata)이 수록되었다(프톨레마이오스의 아리스토텔레스 저작 목록 97에 해당).[84] 안드로니코스의 편집본에는 아리스토텔레스의 '유언장'이나 가짜일 수 있는 알렉산드로스 대왕과 주고받은 일련의 편지들이 실려 있었다. '안드로니코스가 발견한 아리스토텔레스의 편지'는 프톨레마이오스의 목록에는 96항목에 나온다. 이런 편집 상황을 미루어 보아, 그 편집된 책에는—아마도 제1권에—아리스토텔레스의 전기, 혹은 적어도 그의 생애에 대한 개략적인 요약이 포함되어 있었을 것으로 추정된다.[85]

뒤링이 제시하는 안드로니코스의 편집의 원칙과 방향은 다음과 같다. ① 논고들의 연대순을 무시하고, 주제에 따라 논고들의 편제를 구성했다. 따라서 아리스토텔레스의 오리지널 원고는 안드로니코스가 순서 매긴 편집 그대로가 아니라는 것이다. 그렇다면 아리스토텔레스 철학을 이해하기 위해서는 논고 서로 간의 교차 언급(cross-reference)에 주목해야 한다.[86] ② 아리스토텔레스의 제일철학(ptōtē philosophia)에 해당하는 '형이상학'이라 불리는 지식의 분야를 인위적으로 만들어 냈다. 아리스토텔레스는 결코 '형이상학'이라는 말을 사용한 적이 없다는 점은 기억해 둘 필요가 있다. 단지 그 말은 편집상에서 '자연학적 논구들(phusika) 다음에(meta) 오는 것'을 지시할 뿐이다. ③ 아리스토텔레스의 철학적

84 위작으로 간주되고 있으며, 페리파토스학파에 의해 연구되었던 것으로 보이는 현존하는 『자연학적 문제들』과 같은 작품들을 말한다.

85 H. B. Gottschalk(1990), p. 58.

86 요컨대 뒤링의 의견에 내가 몇 마디 더 보충해서 풀어 쓴 의도는, 이렇게 편집됨으로써 후세의 주석가나 필경사가 텍스트 행간에 어떤 견해를 보충하는 interpolation(삽입)을 가능하게 만들었다는 점을 지적하기 위해서다.

사고를 담고 있는 전문가를 위한 강의록인 akroatikoi logoi와 초기의 대화편과 대중을 위한 강연록인 exōterikoi logoi 구분을 받아들였다. ④ 본격적 철학을 위한 도구인 논리학과 변증술에 대해서는 '오르가논'(문자적 의미로 '도구', Organon)이란 이름을 부여했다.[87]

안드로니코스 편집본에 관련해서 몇몇 사항을 지적해 두기로 하자. 그의 편집 방식은 거슬러 올라가면 페리파토스학파 초기에까지 이른다. 가령 저작들 가운데 *Postpraedicamenta*의 위치를 정하는 경우에 초기의 논리적 논고들을 배열하는 시도를 언급하고 있다.[88] 안드로니코스로부터 유래한 아라비아판인 프톨레마이오스의 아리스토텔레스 저작 목록(25~56항목)[89]에는 『시학』과 『형이상학』을 제외하고는 우리에게 전해지는 논고들과 동일한 제목 및 동일한 책의 권수로 기록되어 있다. 디오게네스 라에르티오스도 동일한 저작 목록을 많이 가지고 있지만, 권수는 하나 내지는 셋으로 축소되어 있으며 우리에게 알려진 것들과는 다른 제목으로 포함하고 있다.

가령 『자연학』 8권 대신에 『자연에 대해』 3권과 『자연적인 것』(*Phusikon*) 1권, 『운동에 대해』 1권으로 되어 있는데, 나머지 권들은 나중에 『자연학』에 추가된 것으로 생각된다. 또 디오게네스 라에르티오스가 전하는 『윤리학』 5권은 『에우데모스 윤리학』인 것으로 보이는데, 이는 『에우데모스 윤리학』과 『니코마코스 윤리학』에 공통되는 3권은 빠뜨린 것으로 생각된다. 반면에 프톨레마이오스는 8권으로 된 『에우데모스 윤리학』을 전하고 있으며, 『수사학』(*technēs rētorikē*)도 3권으로 목록화하

87 I. Düring (1957), pp. 412~425, 편집 방향과 원칙에 대해서는 pp. 422~433 참조.

88 Simplikios, *in Cat*. 379, 8 이하.

89 I. Düring (1957), pp. 224~226.

고 있다. 그러나 디오게네스 라에르티오스는 『수사학』을 2권으로 언급하고 있으며, 제3권은 별도로 『어법에 대해』(*Peri lexeōs*) 2권으로 전하고 있다. 프톨레마이오스는 우리가 갖고 있는 바와 같이 『분석론 전서』와 『분석론 후서』도 각각 2권으로 목록화하고 있지만, 디오게네스 라에르티오스는 그렇지 않다. 프톨레마이오스는 테오프라스토스의 저작 역시 동일한 방식으로 다루었다.

『범주론』의 마지막 제6장은 이른바 *Postpraedicamenta*라 불리는데, 안드로니코스는 이를 『범주론』에 속하는 것으로 보지 않았다. 안드로니코스 이후에 암모니오스, 아프로디시아스의 알렉산드로스를 비롯한 주석가들이 진작으로 의심하지 않았던 『명제론』을 그는 위작으로 간주했다. 황제 아우구스투스 시대에 활동했던 다마스커스의 니콜라오스는 안드로니코스가 이 두 작품을 알고 있지 못한 것으로 평가한다. 테오프라스토스의 『형이상학』으로 알려진 아리스토텔레스 『형이상학』의 제2권(소문자 알파)이 현재의 위치를 차지하게 된 것은, 프톨레마이오스의 저작 목록에 열거된 목록대로 안드로니코스의 『형이상학』 13권의 목록이 형성된 이후다.[90] 일반적으로 받아들여지는 대로, 기원전 30년경에 만들어진 안드로니코스의 이 판본이 소위 아리스토텔레스 저작에 대한 '로마 판본'이라 불리는 것이다.

이렇듯 아리스토텔레스 저작의 전승에 관련된 다소 공상적인 이야기가 전해지고 있기는 하지만, 편집상에서 안드로니코스 판본과 9세기에서 16세기경에 만들어진 수고(manuscripts)를 기초로 편집된 벡커 판본이 '어떤' 연관 관계를 가지는지를 파악하기가 불가능하지만은 않다. 대

90 H. B. Gottschalk (1990), p. 67.

체로 안드로니코스의 편집과 벡커판의 편집 방향이 유사한 것으로 받아들일 수는 있겠다. 이 점은 프톨레마이오스가 전하는 아리스토텔레스 저작 목록을 통해 간접적으로 확인할 수 있다.

그럼에도 저작에 얽힌 이러한 공상에 가까운 이야기들은 아리스토텔레스 사후에 그의 저작이 부주의하게 취급되고 제대로 전승되지 않음으로써 그의 철학이 올바른 방향으로 발전되지 못했다는 점을 암시하고 있는 듯하다. 또한 이 점은 페리파토스학파의 철학자들이 아리스토텔레스의 저서 일부만을 읽었으며, 그의 철학 저서가 재편집될 때까지 제대로 읽지 못했다는 점을 보여 주는 것이기도 하다.[91] 그렇기 때문에 3세기에서 6세기에 걸쳐 헬라스어로 이루어진 아리스토텔레스의 주석가들의 주석과 해석은 수고(手稿) 전통의 불완전성을 메워 주는 데 유용한 자료가 되고 있다.

학문의 분류

어쨌든 벡커판(1831)의 아리스토텔레스 텍스트를 펴 놓고 편집 순서대로 읽어 나가다 보면, 아리스토텔레스의 철학에 대한 전체적인 조망과 아울러, 그의 철학에 대한 이해와 그의 세계관이 생생하게 우리의 눈앞에 명시적으로 떠오른다. 이런 재미야말로 아리스토텔레스 전문가들만이 느끼는 기쁨이 아니며, 설령 비전문가라도 손쉽게 맛볼 수 있는 '철학함'의 즐거움이기도 하다. 어느 정도 스토아 철학의 학문적 분류와 맞아떨어지고 있기도 있지만, 한편으로는 아리스토텔레스 철학을 이해하고

91 이에 관한 보다 자세한 사항은 J. Barnes & M. Griffin이 편집한 *Philosophia Togata II, Plato and Aristotle at Roma*, Oxford, 1997, pp. 1~17 참조.

있는 상당한 수준에 이른 학자가 이 작업을 해놓았을 것이라는 인상을 강하게 부각시키기도 한다.

아리스토텔레스 저작을 펼쳐 놓고 편집 순서를 살펴보기로 하자. 앞에서 지적한 바처럼, 아리스토텔레스 저작은 페리파토스의 지도자였던 안드로니코스가 헬레니즘 시기의 학문 분류 방식에 좇아서 편집했다는 것은 일반적 정설이다. 이에 앞서 플라톤 아카데미아의 크세노크라테스가 처음으로 학문을 삼분해서 분류했다고 하는데, 헬레니즘 시기의 스토아 철학의 주요 부분도 논리학, 자연학, 윤리학으로 분류된다. 오늘날 우리가 읽고 있는 벡커판의 편집 순서도 논리학에 해당하는 『오르가논』이 맨 앞자리를 차지하고, 이어서 자연에 관한 탐구에 해당하는 『자연학』을 비롯하여 생물학에 관련된 작품들, 그 뒤를 잇는 문자 그대로 '자연학 다음에 오는 것들'을 의미하는 『형이상학』이 자리하고, 다음으로 『니코마코스 윤리학』을 비롯한 실천 영역에 적용되는 윤리학 저작과 『정치학』이 그 뒤를 잇는다. 맨 끝자리에서는 제작에 관련된 탐구에 해당하는 『수사학』, 『시작술(시학)』로 그 대단원의 막을 내린다. 이러한 아리스토텔레스 저작의 편집 순서는 그의 학문 분류 방식과도 얼추 맞아떨어진다.

아리스토텔레스는 『형이상학』 제6권 제1장에서 인간의 활동을 '안다(본다)', '행한다', '만든다'로 삼분하고 각각 이에 해당하는 앎을 이론지, 실천지, 제작지로 크게 구별한다.[92] 이론지에는 자연학, 수학, 제일철학

92 아리스토텔레스, 『형이상학』 1025b25-28, 1026a18-19, 제11권 제7장 1064a16-19, b1-3; 『자연학』 192b8-12; 『영혼에 대하여』 403a27-b2; 『천체에 대하여』 298a27-32. 『니코마코스 윤리학』 1139a27. 『토피카』 145a15-16.

(혹은 신학), 영혼에 대한 탐구 등의 학문이 귀속되고,[93] 실천지에는 윤리학, 정치학이, 그리고 제작지에는 시작술(시학), 수사학 등이 포함된다. 이론학(epistēmai)은 그 자체적인 앎을 추구하고, 실천학은 개인과 폴리스에서의 행위의 좋음에 관련되며, 제작학은 아름답고 유용한 대상을 만드는 데 목표를 두고 있다. 가령 선박 건조, 신발, 시(詩), 건강이나 힘과 같은 좋은 성질들이 실천 학문의 대상이다.[94]

'오르가논'으로 총칭되는 논리학은 어떻게 되는 것인가? 아리스토텔레스는 '논리학'(logikē)이란 말을 사용하지 않았다. 물론 『토피카』에서는 "개략적으로 파악해 볼 때, 명제와 문제에는 세 부분이 있다. 그 하나는 윤리적 명제이고, 다른 하나는 자연학적 명제이고, 나머지 하나는 논리적 명제"(105b19-20)라고 구분하고 있지만, 아리스토텔레스의 학문 분류상 '분석론'(*ta analtika*)이라 불렸던 논리학은 본격적 학문의 지위를 차지하지 못했다. 그것은 모든 학문을 위한 예비학이자 도구였지, 결코 독립된 지위를 갖는 학문으로 분류되지 않았다. 이런 측면에서 아리스토텔레스에게서 논리학은 이론철학과 자연철학을 탐구하기 위한 '도구'로 생각될 수 있다.[95]

아프로디시아스의 알렉산드로스가 논리학을 의미하는 헬라스어인 logikē라는 말을 최초로 '논리학'이란 의미로 사용하였다. "논리학의 과제는 철학에 있어서 오르가논의 자리를 지닌다. 논리학에서 추구되는

93 아리스토텔레스, 『형이상학』 제6권 제1장; 『영혼에 대하여』 403b7-16.

94 아리스토텔레스, 『형이상학』 993b19-21; 『니코마코스 윤리학』 1139a27-31, b3-4, 1140b6-7.

95 아프로디시아의 알렉산드로스(*in Top*. 74, 26 아래)를 비롯해서 암모니오스, 심플리키오스, 필립포노스, 올륌피오도로스, 엘리아스 등은 논리학을 '철학의 도구'로 기술하고 있다.

것이 그 무엇이었든, 그것이 철학에 유용한 한에서 추구되는 것이다"[96] 라는 알렉산드로스의 말은 매우 그럴듯하게 들린다. 신플라톤주의자인 심플리키오스 역시 "논리학은 철학의 도구적 부분"(he logikē pasa to organikon esti meros tēs philosophias)이라고 보고하고 있다(*in Cat.*, 20쪽 11행). 논리학을 도구로 보는 입장에 서는 학자들은 공통적으로 논리학을 철학의 부분으로 보지 않았다. 고대에 아리스토텔레스의 논리학 저작들을 총칭해서 누가 '도구'(Organon)라 불렀는지는 명확하지 않다. 그럼에도 간접적으로는 논증에 대한 기본적 규칙을 파악하지 않고는 철학의 다른 분야를 공부할 수 없다는 이유에서, 안드로니코스가 논리적 작품들을 맨 처음에 위치시킨 것으로 이해할 수 있겠다.[97] 이를 미루어 짐작해 보면, 논리적 작품들을 '오르가논'으로 자리매김한 학자가 바로 안드로니코스였을 것으로 추정된다.

이와는 달리 디오게네스 라에르티오스는 논리학을 철학의 한 부분으로 간주하지만, 그 역시 논리학이 다른 학문의 도구라는 점에 동의하고 있다. 즉, "철학이란 학문의 영역은 두 부분으로 나누어지는데, 하나는 실천적인 부분이고 다른 하나는 이론적인 부분이다. 실천적인 부분에는 윤리학과 정치학이 포함되는데, 후자에는 폴리스(polis)의 관한 사항들뿐 아니라 가정에 관한 사항들도 쓰여 있다. 이론적인 부분에는 자연학과 논리학이 포함되는데, 논리학은 학문 전체의 일부를 이루는 것이 아니라 오히려 다른 학문에 대한 도구로서 엄밀하게 연구되는 것이다".[98]

96 "hē logikē pragmateia organou chōran hechei en philosophia. hosa dē kata tautēn zēteitai, tou pros ekeinēn chrēsimou zēteitai charin"(*in Top.*, 74. 29~30).

97 Philoponos, *in Cat.* 5, 18 아래; H. B. Gottschalk (1990), p. 66.

98 디오게네스 라에르티오스, 『유명한 철학자들의 생애와 사상』 제5권 28.

실천학은 그 대상, 그 방법, 그 목적, 그 기능에서 이론학과 다르다. 이론학의 대상은 변화에 종속되지 않는 것이거나, 변화의 원리가 그 자체 안에 있는 것이다. 그 방법은 사물의 원리나 원인에 대한 분석과 그러한 원리나 원인에 기초한 논증이다. 그 목적은 앎과 이해이다. 그 기능은 영혼의 이성적 부분의 학문적 혹은 이론적 역할이다. 인간이 행위(praxis)의 주체이자 원인인 한, 인간이 실천학의 대상이 된다. 실천학의 대상은 인간에 의한 행위와 그 행위의 결과들(ta prakta)이다. 이것들은 인간의 의지에 달려 있기 때문에 본질적으로 가변적이라 할 수 있다. 실천학의 목적은 앎이 아니라 행위의 좋음이다. 그 기능은 영혼의 이성적 부분의 헤아림이거나 실천적 역할이다. 즉, 실천적 지혜(pronēsis)가 이를 담당한다. 실천학의 방법은 엔독사로부터 출발하는 변증술적 방법을 통해 인간 행위의 명료화를 추구한다.[99]

그러고 보면 헬레니즘 시기에 스토아학파가 철학을 논리적인 것(to logikon), 자연적인 것(to phusikon), 윤리적인 것(to ēthikon)으로 삼분하는 전통의 뿌리가 아리스토텔레스 철학의 분류에 기반하고 있었다는 것

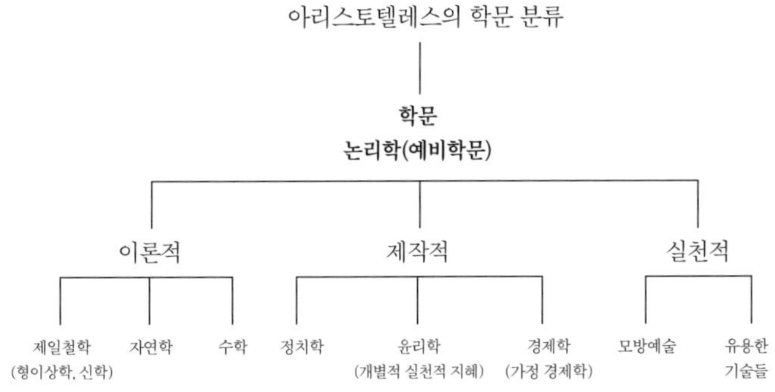

99 정치학과 윤리학의 방법론은 나중에 별도로 논의할 것이다.

이 밝혀지는 셈이다.

저작에 관련해서

현존하는 아리스토텔레스의 저작은 위작(僞作)일지도 모르는 작품 16권을 포함하여 47권 정도(벡커판 쪽수로는 1,462쪽; *Aristotelis Opera* edidit Academia Regia Borussica, Berlin, 1831~1870)가 전해지고 있는데, 이는 그가 남긴 전체 저작 가운데 20~50%가량만을 차지한다고 한다. 3세기경의 디오게네스 라에르티오스는 『유명한 철학자들의 생애와 사상』에서 약 550권에 달하는 143여 개의 저서 목록 이름들을 전해 주고 있다.[100] 이만한 숫자라면 아마도 오늘날의 책의 쪽수로는 대략 6천~1만 쪽에 해당할 만큼의 방대한 양이다. 6세기경의 *Vita Hesychii*로 알려진 *Aristotelous Bios Kai Ta Sunggrammata Autou*(『아리스토텔레스의 생애와 그의 저작들』)에는 197개의 책 제목을 전해 주고 있다. 그러나 이 중 188~197번에 해당하는 항목은 Pseudepigrapha(위작)임을 표시하고 있다. 4세기 초반의 프톨레마이오스(al-Garib)는 『아리스토텔레스의 생애』에서 99개의 작품 이름을 전해 준다(뒤링[1957]의 번호 매김에 따름).

그가 남겼다는 저서의 양도 놀랍지만, 더욱 놀라운 점은 저서들의 주제가 차지하는 범위가 다양하고 그 폭이 넓다는 것이다. 우리는 다음과 같이 개략적으로 디오게네스 라에르티오스가 전해 주는 아리스토텔레스의 저서 목록(143개)을 주제별 분야로 분류해 볼 수 있다.

100 여기에 실린 '아리스토텔레스의 저작 목록'이 궁극적으로 뤼케이온에서 온 것인지, 아니면 알렉산드로스 도서관에서 온 것인지는 알 수 없다.

1. 대화의 형식을 가지고 있는 초기의 작품들
2. 논리적 작품들
3. 내용상으로 논리적 작품들로 분류될 수 있는 것들
4. 윤리적 작품들
5. 심리학에 관련된 작품들
6. 자연학에 관련된 작품들
7. 자연학의 역사에 관련된 작품들
8. 동물학에 관련된 작품들
9. 천문학에 관련된 작품들
10. 정치학에 관련된 작품들
11. 수사학과 시학에 관련된 작품들
12. 음악이나 올림피아 게임 승리자들의 목록을 기록하는 따위의 대중적 작품들
13. 여러 사람들에게 보낸 편지들

디오게네스 라에르티오스는 "아리스토텔레스는 매우 많은 책을 저술했다. 그 사람은 모든 학문 분야에 대해 탁월한 능력을 가지고 있기 때문에, 나는 그 책들을 아래에 목록화해서 기록해 두는 것이 적절하다고 생각한다"(제5권 21)라고 말하고 있다. 덧붙여 "그의 저작 모두를 합계하면 44만 5,270행이 된다"(제5권 27)며 방대한 저작의 목록에 대해 결론 맺고 있다. 전해지는 저작의 목록 수가 다른 이유는 저작들을 어떻게 분류하고 어떻게 묶느냐에 따라 달라지기 때문이다. 같은 주제를 담고 있는 동일한 저작이라도 여러 권으로 나누어 분류 목록으로 정할 수 있다. 어쨌든 전해지는 목록들은 유사한 제목으로 서로 겹쳐지기도 한다. 그러면 이 목록들이 모조리 아리스토텔레스의 진작일까? 여기엔 의문의

여지 없이 상당수가 위작일 가능성이 농후하다. 실제로 위에서 언급한 저서들에서 전해지는 저작의 목록들이 서로 일치하지 않는 것도 많이 있다. 그럼에도 이들 중에 어떤 것들은 현재 전해지는 아리스토텔레스의 전집에 들어가 있을 수도 있다.

예를 들면, 현재 우리가 읽고 있는 *Topika*(『토피카』)는 디오게네스 라에르티오스의 목록에 나와 있지 않으나, 『선택할 만한 것과 부수적인 것에 대해』 한 권(『토피카』 제3권), 『종과 유에 대해』 한 권(『토피카』 제4권), 『고유 속성에 대해』 한 권(『토피카』 제5권), 『물음과 답변에 대해』 두 권, 『토피카 앞에 놓인 여러 정의』 일곱 권(『토피카』 제1권, 제2권), 『토포스들에 대한 서론』 한 권, 『정의(定義)를 위한 토포스들』 두 권 등으로 나누어져 언급되고 있는 것으로 보인다. 그렇다면 『토피카』는 아리스토텔레스 자신에 의해 하나의 통일된 저작으로 쓰인 저작이 아닌 것일 수 있다. 아리스토텔레스의 주요 저작인 『형이상학』은 저작 목록에 빠져 있지만, 디오게네스 라에르티오스가 전해 주는 개별적 저작 목록들 중에 부분적으로 포함되어 있을 수 있다. 『윤리학』은 그 전체가 아니라 일부만을 언급하는 판을 언급하고 있다. 더 흥미 있는 사실은 디오게네스 라에르티오스의 저작 목록에는 오히려 그 진작 여부를 의심치 않는 『영혼에 대하여』, 『동물의 부분에 대하여』, 『동물의 생성에 대하여』 등이 빠져 있다는 점이다.

오늘날 우리에게 전승되는 아리스토텔레스의 저작들 중 주요 철학적 저술들을 주제별로 정리하면 다음과 같다.

① 오르가논(Organon)으로 불리는 논리학적 저작들로서는 『범주론』, 『명제론』, 『분석론 전서』, 『분석론 후서』, 『토피카』, 『소피스트적 논박에 대하여』(토피카 9권) 등이 전해진다.

② 이론철학적 저작들로서는 『자연학』, 『형이상학』, 『영혼에 대하여』, 『생성과 소멸에 대하여』, 『기상론』, 『천체에 대하여』, 『소(小)자연학 연구』 등이 전해진다.

③ 실천철학적 저술로서는 『니코마코스 윤리학』, 『정치학』, 『에우데모스 윤리학』(이 책의 제4~6권은 『니코마코스 윤리학』 제5~7권과 동일하다), 『대(大)도덕학』이 전해진다.

그리고 ④ 언어학적·철학적 저작으로서 『수사학』과 예술 이론적 저작으로서 『시학(시작술)』이 전승된다. 제작학에 속하는 수사학은 민회나 법정에서의 설득을 목표로 하는 화술의 원리를 다루고 있다.

⑤ 이론학 분야에 속하는 생물학에 관련된 작품으로는 『동물 탐구』, 『동물의 부분에 대하여』, 『동물의 운동에 대하여』, 『동물의 이동에 대하여』, 『동물의 생성에 대하여』 등이 전해지고 있다.

단편적으로 전해지는 저작 중에서 중요한 것으로는 플라톤의 이론을 비판하는 『형상에 관하여』(*peri ideōn*)와 대화 형식의 『철학에 대하여』, 『좋음에 대하여』, 『프로트렙티코스』 등이 있다. 그 밖에도 위작(僞作)으로 알려진 여러 작품이 전해진다. 당시 현존하는 정치체제를 모아 논의하고 있는 『아테나이의 정치체제』는 1890년에야 이집트 쓰레기 더미에서 파피루스 형태로 발견되었으므로, 벡커판의 페이지 숫자가 없다.

아리스토텔레스의 각 저작들은 고대 주석가들에 의해 한결같은 동등한 집중력을 모으며 연구되지는 않았다. 기원전 1세기부터 기원후 2세기까지 거의 3세기에 걸쳐 학파를 가리지 않고—스토아주의자, 플라톤주의자, 아리스토텔레스주의자들—모든 주석가들의 큰 주목을 받으며 연구되었고, 가장 많은 주석서가 남아 있는 작품은 아무래도 『범주론』으로 봐야 한다. 아마도 철학의 초심자들이 직면하는 문제를 『범주론』이 주제적으로 다루고 있기 때문일 것이다. 한 명사(名辭)와 그 명사가 의미하는 것들 간의 관계는 무엇인가? 언어에 의한 존재의 분류, 종과 유개념의 구분과 같은 것을 다루는 『범주론』은 철학에 막 입문한 학생들을 위한 철학 안내서로 안성맞춤이기 때문이다. 실제로 포르퓌리오스는 『범주론』의 입문서로 『입문』(*Isagoge*) 혹은 『다섯 명사』(*Quinque Voces*)라는 주석서를 썼다.

실상 아리스토텔레스는 고결하게 저 높은 세계에 있는 것들 속에서만 아름다움(kalos)을 구하지 않았다. 그는 생물학적 탐구자로서 아무리 비천한 생명체라 할지라도 그 속에서 아름다움을 찾으려고 하였다. 이런 측면에서 그는 이른바 '현상의 구제'에 깊은 관심을 가지고 있었다.

그가 언급한 헤라클레이토스의 일화를 보자. 철학자로 좋은 평판을 받던 헤라클레이토스를 만나기 위해 그를 방문한 사람들은 그가 부엌의 화덕 가에 쪼그리고 앉아 불을 쬐고 있는 것을 보고 깜짝 놀라 엉거주춤했다. 그러자 그는 두려워 말라는 듯이 "들어오시오. 여기에도 또한 신들이 있소이다"(einai gar kai entautha thous)라고 말을 건넸다. 이 일화를 통해 아리스토텔레스는 변화하는 현상세계에서도 진리가 찾아질 수 있음을 보이면서, 현상세계에 대한 탐구에 다음과 같은 중요한 철학적 의미를 부여하고 있다. "모든 동물에도 무언가 자연 본성적이고 아름다운 것"(tinos phusikou kai kalou)이 있음을 알기 위해서 우리는 주저 없이 대담하게 동물에 대한 탐구에 다가서야 한다는 것이다.[101] 아리스토텔레스는 왜 식물과 동물에 대한 연구가 필요한지 하는 몇 가지의 이유를 제시한다. 제시되는 그 마땅한 이유가 또한 아리스토텔레스에게서 현상에 대한 구제와 그것에 대한 탐구의 필요성을 보이는 근거가 되고 있다.

101 아리스토텔레스, 『동물의 부분에 대하여』 제1권 제5장 645a17-23.

그는 다음과 같은 요지의 주장을 피력한다. 여기 생물을 포함하여 이 지상의 것들에 대한 더 훌륭하고 많은 정보를 얻을 수 있게 되는 한, 그 앎(epistēmē)은 다른 어떤 앎을 능가하는 이점을 가질 수 있다. 그 앎들은 우리에게 가까이 있으며, 우리의 자연 본성과 유사하기 때문이다. 우리에게 친숙한 앎, 즉 현상에 대한 우리의 앎은 초월적인 것, 즉 신적인 것(peri ta theia)을 다루는 철학에서 부딪혔던 곤경으로부터 우리를 벗어나게 해줄 수 있다는 것이다.[102]

하지만 아리스토텔레스 이후 그의 생물학 작품들은 거의 전적으로 무시되었다. 『정치학』과 『수사학』, 『시학』도 마찬가지 상황에 놓였다. 이 작품들은 변화된 시대적·정치적 환경으로 인해 상대적으로 관심을 끌지 못했던 것 같다. 아리스토텔레스 자신이 독립적 학문 분야로 분류하지 않았던 '생물학'에 연관된 저작들에 대해 간단히 언급하기로 하자.

아프로디시아스의 알렉산드로스가 『소(小)자연학 연구』(*Parva Naturalia*) 중에서 첫 번째에 해당하는 『감각에 대하여』를 주석하기는 했지만, 고대에는 생물학 분야에 속하는 그 어떤 작품에 대한 주석서가 쓰인 적 없다. 다만 다마스커스의 니콜라오스가 아리스토텔레스의 철학에 대한 개요를 정리하는 가운데 생물학 작품들과 『식물에 대하여』(*de Plantis*)에 대한 요약 정도를 한 것으로 알려져 있다. 12세기 중반에 이르러서야 비로소 에페소스의 미카엘(Michaël Ephesios)이 『소피스트적 논박에 대하여』, 『정치학』에 대한 주석과 더불어 『동물 부분에 대하여』, 『동물의 운동에 대하여』, 『동물의 이동에 대하여에 대하여』, 『동물의 생성에 대하여』, 『소(小)자연학 연구』 등에 대한 주석을 남겼다고 한다.[103]

102 아리스토텔레스, 『동물의 부분에 대하여』 제1권 제5장 645a1-5.

103 H. B. Gottschalk (1990), p. 68.

이는 초기 주석가들에게 남겨졌던 공백을 메우려는 목적에서 그렇게 했을 것이다. 따지고 보면, 생물학 분야야말로 아리스토텔레스의 독창적이면서도 빛나는 성취를 이뤄 낸 영역이라 할 수 있다.

철학의 예비 학문으로서의 도구적 기능을 수행하는, 논리학 작품을 싣고 있는 『오르가논』에 이어 『자연학』이 뒤따르고, 벡커판 402쪽에 이르러 학문 분야의 성격에 논란이 있을 수 있는 『영혼에 대하여』을 비롯한 '정신'(psuchē)의 기능을 주제로 논의하는 '심리학적 저작'을 포함하는 일련의 작은 작품들이 잇따르고 있다. 벡커판 486쪽에 가서 본격적으로 생물학의 영역으로 넘어가 동물의 탐구가 시작되는 그 첫 번째 위치에 『동물 탐구』(486a-638b)가 나오면서 『동물의 부분에 대하여』(639a-697b), 『동물의 운동에 대하여』(698a-714b), 『동물의 생성에 대하여』(715a-789b) 등의 주요 작품이 연이어 등장한다. 이어서 진작 여부를 의심받는 식물 및 이와 연관된 '문제들'에 관련된 다른 작품들이 계속되고, 980쪽에 이르러 '자연학 다음에 오는 것들'(ta meta ta phusika)인 『형이상학』으로 넘어간다. 생물학 저작 중에 가장 중요한 세 작품인 『동물 탐구』, 『동물의 부분에 대하여』, 『동물의 생성에 대하여』는 벡커판 쪽수로 각각 146쪽, 58쪽, 74쪽을 차지한다. 생물학 저작에 속할 수 있는 『소(小)자연학 연구』에는 심리학에 해당하는 영혼의 기능을 논하는 작은 작품들이 실려 있다.

아리스토텔레스에게 방법상 '여우'로서의 진면목이 가장 적나라하게 드러나는 분야는 아무래도 그의 생물학 관련 저작들이라고 해야 할 것이다. 우리에게 전해지는 아리스토텔레스 저작집의 25% 이상이 생물학 분야다. 아리스토텔레스 자신은 '생물학적'이라는 말을 사용하지 않았기 때문에 어떤 작품을 생물학의 분야에 포섭시키느냐에 따라, 또 진작 여부가 의심스러운 작품을 어떻게 해석하느냐에 따라 '생물학'의 영역도 조금은 달라질 수는 있겠다. 아리스토텔레스 철학—형이상학을 위시한 여러 탐구에서 사용되는 개념적 도구들—을 이해하기 위한 매우 중요한 저작들을 담고 있는 이 분야에 대한 관심이 헬레니즘 시기에 접어들어 어떤 이유로 간과되고 포기되었는지는 좀 더 많은 연구자의 노력이 기다려지는 대목이다. 어쨌거나 이에 관한 연구와 관심이 본격적으로 등장한 것은 2천여 년이 지난 1970년대에 접어들어서였다.

페리파토스학파에 대하여

아리스토텔레스 이후 뤼케이온을 중심으로 그의 사상을 이어받은 페리파토스학파에 대해서는 앞서 그의 저작 및 주석에 대한 논의를 하면서 간헐적으로 언급해 왔지만, 여기서는 그 학파 내부의 구성 문제와 시대적 배경을 간략히 살펴보기로 하자.

페리파토스학파는 아리스토텔레스 이후 테오프라스토스를 거쳐 기원전 1세기까지 이어지는데, 이들에 대해서는 아주 빈약한 출전을 통해 전해지고 있을 뿐이다. 스페우시포스가 플라톤의 학원을 이어받은 후, 아리스토텔레스는 12년간을 소아시아 지방과 마케도니아의 여러 도시에서 보내면서 생물학에 대한 연구에 전심전력을 기울였다. 그 분야의 성과가 그의 저술의 3분의 1가량을 차지한다. 아리스토텔레스는 알렉산드로스가 왕위를 계승한 후 기원전 335년에 다시 아테나이로 돌아와 장기간 머물게 되었다. 그는 아테나이의 근교인 작은 숲 뤼케이온에서 가르쳤다. 여기에는 아리스토텔레스와 함께 여행했던 테오프라스토스와 그 밖의 아카데미아 학자들이 합류하였다.

아리스토텔레스를 이어 그의 수제자인 테오프라스토스가 페리파토스학파의 수장이 되어 서른여섯 해 동안이나 활동했다. 이들의 계보는 정치·사회적으로 다양한 경력을 가진 사람들로 이루어지는데, 정치가였던 데메트리오스, 아르케실라오스이거나 아르케시오스의 아들인 스트라톤(Straton), 프락시파네스(Praxiphanēs), 뤼콘(Lukon), 케오스 출신의 아리스톤(Ariston) 등으로 이어져 갔다. 아리스톤이 아카데미아를 포기하고 페리파토스학파의 일원이 되었다는 보고도 있다. 이들의 철학적 경력이 어떠한 것인지는 분명하지 않지만, 아리스토텔레스의 학문적 전통을 이어받아, 생물학적·경험주의적 색채를 띠고, 현실 정치에도 참여하면서 학생들을 모아 가르치는 일에 종사하였을 것으로 추정된다.

아리스토텔레스 철학의 전통은 고대의 페리파토스학파 내에서 개략적으로 세 단계로 나누어진다.

첫째 단계는 테오프라스토스를 중심으로 해서 아리스토텔레스의 철학적 관심을 이어받아 다양한 주제를 문제 삼아 철학적·과학적 탐구를 지속했던 시기라고 볼 수 있다. 이들은 당대의 스토아학파나 에피쿠로스학파와는 달리 도덕적 지침 내지는 삶의 방식을 가르치는 일은 등한시했기 때문에 일찍부터 몰락의 길을 걸었던 것으로 보인다.

두 번째 단계는 기원전 3세기 중반에서 기원후 1세기 중반에 걸쳐 활동했던 아리스토텔레스주의자들이다. 이들은 주로 아리스토텔레스의 철학적 교설들을 요약된 형태로 받아들이는 데에 관심을 가졌다. 그 이유는 다소 '공상적인 이야기'이지만, 아리스토텔레스가 죽은 후 그의 저작들이 그의 제자인 테오프라스토스에게 넘겨지고, 이것을 다시 플라톤의 학생이었던 코리스코스의 아들인 네레오스가 소아시아 지방의 스켑시스로 옮겨 가 어느 지하 창고에 숨기고, 두 세기 동안이나 그곳에 묻혀 있다가 서지상(書誌商)에게 넘겨지고, 그것이 1세기 말에 이르러 안드로니코스에게 발견되어 비로소 세상에 나타나게 되었기 때문이라는 것이다. 앞서 자세하게 언급한 바 있지만, 아리스토텔레스의 저작이 어떤 과정을 거쳐 로마에 유입되었고 안드로니코스에 의해 편집되어 다시 읽히기 시작했다는 다양한 보고들이 있으나, 그 과정이 정확히 어떤 통로를 통해 이루어졌는지에 대해서는 여러 보고들이 서로 일치하지 않아 단정적으로 평가하기가 곤란하다. 이 판본이 소위 아리스토텔레스 저작에 대한 '로마 판본'이라 불리는 것이다. 흔히 고대에는 안드로니코스가 아리스토텔레스 저작의 편집자로 '아리스토텔레스 부흥'을 일으킨 것으로 알려졌지만, 그에 앞서 아리스토텔레스 저작을 모아 자신의 도서관에 보존하고 있었던 철학자라기보다는 서지학자였던 아펠리콘의 공적을 빠뜨려서는 안 될 것이다.

이 시기를 거치면서 자연스럽게 마지막 단계로 접어드는데, 이 시기에는 아리스토텔레스 저작을 편집한 것으로 알려진 안드로니코스의 제자 격인 시돈의 보에토스와 『니코마코스 윤리학』을 주석했던 아스파시우스(Aspasius) 등을 비롯한 여러 주석가들이 활동하였다. 그들은 아리스토텔레스 저작 중에서 생물학적, 수사학적, 정치적 저작 등에 대해서는 그다지 큰 관심을 보인 것 같지 않고, 오늘날의 의미로 '철학'이라 말할 수 있는 영역에 대한 관심이 컸던 것 같다.

대체로 기원전 86년 이후 로마의 장군 술라가 아테나이를 정복한 뒤에는 아테나이에는 에피쿠로스학파를 제외하고는 모든 철학 학파들이 더 이상 존속하지 않은 것으로 여겨진다. 아마 이쯤에서 페리파토스학파도 '약탈로 인해' 그들이 사용하던 건물도 파괴되고 학파의 구성원들은 뿔뿔이 흩어지고 그중 일부는 알렉산드리아로 건너갔을 것으로 추정된다. 이후 학파는 이념적으로 존재하는 어떤 특정한 곳을 중심으로 하는 연구 센터 같은 곳은 더 이상 없었다. 페리파토스학파는 로마나 시리아의 큰 도시, 소아시아 지방을 중심으로 그 추종자들에 의해 그 학파의 철학 사상을 이어 나간 것으로 보인다.

이 시기에서 빠뜨려서는 안 되는 아리스토텔레스의 주석가는 기원후 2세기경에 활동했던 아프로디시아스의 알렉산드로스(Alexandros ho Aphrodisieus)다. 그는 아리스토텔레스의 주요 저서에 대한 엄청난 주석을 남겼고, 현재도 전해지고 있다. 아리스토텔레스 사후 800년, 알렉산드로스 사후 300년이 지난 시절에 살았던 심플리키오스는 알렉산드로스에 대해, "그는 어려움 없이 [아리스토텔레스를 포함한] 고대인들의 학설을 이해했다"는 이유로 주석가로서 그를 찬양하기도 했다. 이 당시의 주석가들은 당시의 '아리스토텔레스주의'라고 부르는 입장과 아리스토텔레스의 저작 간의 불일치를 화해시키려는 시도를 전개하였다. 이런 점을 고찰해 볼 때, '아리스토텔레스주의'라는 말은 다양한 의미로 이해되고 있었던 것 같다.

문헌학적인 전거가 빈약하기 때문에 페리파토스학파가 가지는 철학적 입장이 어떤 것인지를 한정해서 말하기는 곤란하지만, 헬레니즘 시기를 거치면서 다양한 '아리스토텔레스주의'가 등장했는데, 그것은 아리스토텔레스를 어떻게 해석하느냐에 따라 그 관점을 달리했기 때문이다. 일반적으로 '아리스토텔레스적'이라고 생각한 것도 가만히 따져 보면 스토아적인 요소가 많이 가미되어 있으며, 페리파토스학파 이후에 아리스토텔레스 철학이라는 것도 신(新)플라톤 학파의 영향이 적잖이 들어가 있다.

그러나 아리스토텔레스 저작에 대한 고대의 주석서들이 가지는 중요성을 간과하고는 아리스토텔레스 철학의 진면목을 파악하기란 그리 용이하지 않다. 이런 측면에서 볼 때 아리스토텔레스 저작에 대한 주석 역사에서 페리파토스학파가 가지는 철학사적 중요성은 아무리 강조해도 지나치지 않다. 아리스토텔레스 주석서 전집(CAG)은 1만5천 쪽 분량으로 기원후 200~600년 사이에 쓰였는데, 대부분 신플라톤주의자들에 의해 작성되었다. 대개 그 작품의 저자들은 5세기 후반에서 6세기에 활동한 알렉산드리아학파에 속했던 인물들이다.[104]

아리스토텔레스 철학에 대한 해석의 두 가지 관점과 대안

아리스토텔레스의 철학적 방법과 그 방법상의 특징적인 면을 이해하기 위해서는 그의 사상의 발전과 형성에 대한 입장들을 이해해 두는 편이 유익하리라 생각된다. 거의 대부분의 현대 해석자들은 아리스토텔레스가 생애의 여러 시기에 걸쳐 저작을 썼으며, 때때로 자신의 애초의 생각을 뒤집고 반대되는 견해를 내놓았다는 점에 동의하고 있다. 그래서 서로 모순적이고 상충하는 철학적 이론과 사상이 그의 저작에서 발견될 때에는 그 이론과 생각들을 생애의 다른 시점으로 재배치하기도 한다.

아리스토텔레스의 저작의 연대를 규정하는 방법은 대체로 보아, ① 각 저작들에서 표명하고 있는 이론들의 차이에 대한 내적 증거를 검토하거나, ② 문체라든가 혹은 기술적인 용어(sullogismos, hulē, eidos 등) 사용의 빈도수를 조사하거나, ③ 한 작품과 다른 작품 간의 상호 언급과 동일한 논의를 다시 언급하는 대목을 비교함으로써 연대의 순서를 가리는 방법, 그리고 끝으로 ④ 예거의 방법에 기원을 두고 있는 태도로서, 플라톤과 아리스토텔레스의 사상을 비교해서 상호 주장하고 있는 논변의 독립성의 정도를 대조함으로써 각자의 사상의 특징을 밝혀보는 방법이

104 고대 아리스토텔레스 주석가들의 전통과 페리파토스학파, 신플라톤주의자들 및 알렉산드리아학파 등의 아리스토텔레스 철학에 대한 주석에 관해서는 소랍지(R. Sorabji)가 편집한 *Aristotle Transformed, The Ancient Commentators and their Influence*, Cornell University Press., 1990 참조. 고대 헬라스 철학에 대한 주석서 판본(CAG)에 나오는 아리스토텔레스에 대한 주석서 목록과 저자들에 대해서는 이 책 pp. 27~30 참조.

다. 다시 말해 아리스토텔레스 자신의 인간적 성장 배경을 그의 정신적 발전 과정으로 파악하는 방법이다.[105] 이에 따라 아리스토텔레스의 사상의 발전과 저작 연대는 플라톤적인 방법으로부터 독립적인 형식과 모습을 띠게 되는 경우에 보다 후기의 성숙한 시기의 저작으로 간주되는 것이다. 이 밖에도 이러한 관점들을 상호 관련시켜 보는 방법 등 여러 가지 관점이 있을 수 있다.

그럼에도 아리스토텔레스의 생애와 사상의 발전과 일치시켜 보려는 방법적 논의에 대한 회의적 입장이 있음을 기억해 두자. 로스는 학적 편력 시기의 구분에 토대를 두는 예거 류의 발전사론적 관점의 방법을 어느 정도 수용하면서도 그러한 방법이 만족스럽지 못하다는 점을 몇몇의 구체적인 예를 열거하면서 조목조목 지적하고 있다.[106] 그리고 60년이 지나서 리스트는 예거의 방법을 새롭게 적용하여 예거적인 방법을 복권시켰다.[107] 그러나 반즈는 "예거의 책은 유해하다. 리스트의 것은 예거의 책보다 훨씬 더 교묘하다"라고 진단 내리면서, 리스트의 책은 "예거적인 전통이 허무하다는 점만을 증명한다"라고 폄하하고 있다. 그러면서 반즈는 "예거는 철학적 논의에 관심을 보여 주지 않았고 또 리스트는 호기심 있는 것 같으면서도 아리스토텔레스의 철학적 사고에 개입하고 있지 않음을 우리가 깨달을 때" 우리는 이 허무함을 가장 잘 이해할 수 있

105 샬럿 위트도 지적하고 있다시피, 이 방법은 현대 해석학의 창시자인기도 한 19세기 초엽의 신학자이면서 고전문헌학자였던 슐라이어마허(F. Schleiermacher)에 의해 이미 사용되었던 방법이다. C. Witt, "The Evolution of Developmental Interpretations", in ed., W. Wians, *Aristotle's Philosophical Development*. Lanham, MD: Rowman & Littlefield, 1996, p. 69.

106 W. D. Ross, "The Development of Aristotle's Thought", *Proceedings of the British Academy* 43, 1957, pp. 63~78.

107 J. Rist, *The Mind of Aristotle: A Study in Philosophic Growth*, Toronto, 1989.

다고 비판하고 있다.[108]

여기서 나는 반즈와 같은 발전사론에 대한 회의적 입장에 동조하면서, 이 문제에 대한 여러 방법 중에서 발전사론적 관점과 체계적인 관점을 중심으로 살펴보고자 한다.[109]

가. 발전사론적 관점에서의 이해

하나는 베르너 예거로 대표되는 아리스토텔레스 사상에 대한 발전사론적 이해(1923)의 관점인데, 이 관점은 아리스토텔레스의 저작에 나타나는 사상의 불일치를 서로 다른 시기에 배치함으로서 해소할 수 있다는 장점을 지닌다.

발전사론적 입장이 목표하는 바는 스콜라 철학자들의 정적인 개념적 체계를 넘어서 아리스토텔레스 정신의 역동적 발전 이미지를 부각시키려는 데에 있다. 예거는 이 점을 "체계적인 설명을 주려는 것이 아니라 … 그의 정신적 진보의 절반의 망각된 흔적을 발견하려"는 것이라고 표

108 "Review of Rist 1989", *Notes and Queries* 37, pp. 318~319.

109 이러한 여러 방법들에 대해 회의론적 태도를 취하는 반즈의 논의를 참조하라(J. Barnes [1995], pp. 19~26). 반즈는 다음과 같은 이유로 아리스토텔레스의 사상의 발전을 설명하는 태도에 대해 회의적 입장을 취한다. 첫째, 플라톤에 대한 아리스토텔레스의 초기의 입장을 아는 것이 현재로서는 거의 불가능하다. 둘째, 아리스토텔레스 저작에 대한 저술 연대를 상정한 어떤 근거도 없다. 작품 간의 상호 언급도 상대적일 수밖에 없으므로 회의적이다. 이 점은 아리스토텔레스 저작의 '문체'를 고찰해 보는 것도 역시 마찬가지다. 셋째, 아리스토텔레스의 전승되는 저작이 여러 번의 개작을 거쳤다는 것을 인정한다고 해도, 어떤 이론을 어떤 이론으로 개정했으며 그것 중에 어떤 것이 앞선 것이고 뒤선 것인지를 판단하는 일은 가능한 일이 아니다. 설령 특정한 몇몇 이론을 두고 그런 일이 가능하다고 할지라도(반즈는 『분석론 후서』가 『분석론 전서』에 앞서는 것으로 본다) 말이다.

현하고 있다.[110] 발전사론적 입장은 다른 한편으로 플라톤의 철학과 아리스토텔레스의 철학을 대비해서 아리스토텔레스적인 철학적 특징을 포착하려고 시도한다. 아리스토텔레스 자신이 플라톤으로부터 철학을 배웠으면서도 어떤 과정을 거쳐 그 자신이 '아리스토텔레스주의'로 돌아서게 되었는가 하는 과정을 들춰 내려는 데 하나의 목표점이 형성된다.

나아가 이 입장은 아리스토텔레스 철학 내에서 일어나는 방법들, 사상들 간의 모순과 불일치를 분명히 밝힘으로써 양립할 수 없는 요인들을 시기적으로 나누어 해소하고자 시도한다. 만일 A가 B보다 더 경험적이라면 B가 A보다 시기적으로 앞선 저작이다. 만일 B가 A보다 더 플라톤적이라면 B가 A 이전에 쓰인 것이라고 판단 내린다. 이런 작업을 통해서 발전사론적 입장에 서는 학자들은 아리스토텔레스 전체 저작의 순서를 지을 수 있다고 생각한다. 그렇게 되면 아리스토텔레스 전체 사상의 발전을 알아내게 되고, 그의 온전한 생애 전반에 걸쳐 지적인 작업 일정을 한눈에 파악할 수 있으며, 그 내부를 속속들이 들여다볼 수 있게 된다는 것이다.

물론 발전사론적 입장을 취하고 있다고 해서 모두가 동일한 해석 방법을 취하지는 않는다. 리스트 같은 학자는 예거의 방법을 이어받으면서도 자신의 입장을 '비역사적'이라고 말한다. 리스트는 예거가 아리스토텔레스의 사상, 용어, 학적 방법을 설명하기 위해 역사적, 문화적, 철

110 W. Jaeger (1923), 「서문」. 아리스토텔레스의 『형이상학』에 대한 예거의 발전사론적 접근과 해석은 1912년(*Studien zur Entstehungsgeschichte der Metaphysik des Aristoteles*, Berlin)에 나왔다. 아리스토텔레스의 전체 저작을 발전사론적 관점에 해석하는 저술은 1923년에 간행되었다. 예거의 영향을 받은 졸름젠은 '오르가논' 저작들에 대한 발전사론적 해석을 했다(F. Solmsen, *Die Entwicklung der aristotelischen Logik und Rhetorik*, Berlin 1929).

학적 맥락을 고려하는 '맥락주의적 해석'(contextual interpretation)을 취하는 데 반해서, '논변을 위한 아리스토텔레스의 텍스트'를 캐 본다는 측면에서 자신의 발전사론적 입장을 '적나라한 논변'(naked argument)이라고 부른다.[111] 어쨌든 발전사론적 입장은 현재 전해지는 저작을 통해 아리스토텔레스의 연대기적 사상의 발전을 더듬어야 하고, 그의 이론에 대한 해석에 대해서는 연대기적 순서를 포함해야 한다는 것이다.

그러나 여러 해석자들에게 비판받았던 바처럼 아리스토텔레스 사상의 내적인 지속성과 사상 발전의 단계가 그렇게 만족스럽게 구분되지 않는다는 점이 약점으로 지적된다. 이 난점을 극복하기 위한 대안으로 제시된 입장은 아리스토텔레스 사상을 체계적이고 통일적인 관점에서 이해하려는 태도이다. 이 해석의 관점은 아리스토텔레스 사상이 그의 생애 전 과정에 걸쳐서 어느 정도 변화되고 있다는 점을 인정하면서도, 그의 저작들이 늘 새롭게 개정될 수 있다는 변화 가능성을 수용하지만 그의 사상의 본질적인 면은 변화하고 있지 않다는 입장을 취한다.

우리는 이 두 관점의 해석에 대한 극명한 예를 『범주론』에 대한 대비적 해석의 관점에서 찾아볼 수 있다. 미카엘 프레데는 『범주론』을 해석하면서 아리스토텔레스가 그 저작에서 ① 선행 철학자들이 무시해 왔고 자신이 강조하고자 원했던 대상들과 속성들을 구분하고자 했으며, ② 보편자와 개별자 간의 플라톤적인 구분을 주장하려 했다고 보고 있다. 아리스토텔레스 자신은 각각의 사물이나 대상 가운데 개별자의 개념이 놓여 있을 수 있는 것처럼 보면서도, 그것이 하나의 개별자 안에 터 잡고 있다고 주장한다. 그러면서도 그는 한 사물에 대한 그의 특이하고 미약한 개

111 J. Rist (1989).

념인 비(非)실체적 개별자들로 끝맺고 있다. "『범주론』에서 개체들은 궁극적으로 한 유(類)가 나누어질 수 있는 부분들이다(여기서 부분들은 언어적으로는 주어로 분석된다). '부분'이라는 의미에서 개체들 그 자체는 부분들을 가지지 않으며 불가분적이고, 따라서 '개체들'이라고 불린다."

그러나 이러한 의미에서의 '개별자'라는 말은 『형이상학』 제7권에서는 더 이상 사용되고 있지 않다는 것이 프레데의 해석이다. 거기에서는 더 이상 개체들이 유들의 궁극적이고 불가분적인 부분들로 받아들여질 수 없다는 것이다. 아리스토텔레스는 보편자들의 존재를 부정하지만, 그렇다고 해서 단지 개체적 대상들만이 실재로 존재한다는 것을 가정하지도 않는다. 그는 속성들이 존재한다고 계속적으로 주장한다. 아리스토텔레스는 『범주론』에서와 마찬가지로 『형이상학』 제7권 제3장에서 대상들만이 실체들이라고 불린다고 주장한다. 왜냐하면 다른 모든 것은 그 존재 방식을 그것들에 의존하고 있다는 방식으로 그것들은 존재하는 다른 모든 것의 기반에 놓여 있기 때문이다.

가령, '병듦'은 아픈 대상이 존재하는 한에 있어서만 존재한다. 그러나 아리스토텔레스는 실체가 다른 모든 것의 기반에 놓여 있다는 생각을 『범주론』에서와 마찬가지로 『형이상학』에서도 그대로 유지하고 있지만, 바로 이러한 생각으로부터 다른 어떤 새로운 생각을 끄집어내고 있다. 바로 이러한 새로운 실체가 제7권 제3장과 제4장에 들어서서는 질료인지 혹은 형상인지, 아니면 이 두 개의 결합물(sunolon)인지를 고찰하고 있다. "『범주론』에서 아리스토텔레스는 실체들이 일상적 경험의 구체적인 개별자들, 즉 책상들, 말들, 나무들 그리고 인간들인 것처럼 말해 왔다." 그러나 『형이상학』에 접어들어 아리스토텔레스는 더 이상 이와 같은 『범주론』적인 설명에 만족할 수 없었다는 것이 프레데의 해석

이다.[112]

이러한 프레데의 『범주론』에 대한 해석과는 달리, 퍼스는 실체에 관한 한 이 두 저작에서의 이론들은 대단히 유사하고 동시에 대단히 유사하지 않다고 말한다. 실체적 개체들과 실체적 eidē와 genē라는 두 개의 특정한 부류의 실재물을 취급한다는 점에서는 두 저작의 논의가 유사하지만, 양 저작은 이것들에 대한 이론적 취급에서는 서로 다르다. 특히 『범주론』에서 이야기되고 있는 것처럼 개체적 실체들이 더 이상 '원자적'이지 않으며, 질료와 형상으로 구성된 '복합된 것'(suntheta)이라는 것이다.[113] 또한 그는 『범주론』에서의 실체들에 대한 논의 방식을 형이상학적 논의에서보다 단순한 것으로 보고, 또한 그 작품을 입문적인 저작으로 평가하며 『형이상학』에 들어서(제7권, 제8권, 제9권) 보다 심도 있는 논의가 본격적으로 전개되기 시작했다고 보고 있다. 두 저작들은 공통적으로 실체적 개체들을 궁극적 대상들로 간주하고 있다는 점에서 병렬 선상에 놓일 수 있는 것으로 퍼스는 평가한다.[114]

한편 질(Gill)은 동일 선상에서, 『형이상학』에서 아리스토텔레스가 『범주론』에서 전개된 존재론적인 우선성의 기준을 보존하면서도 상이한 기준을 제시하고 있는데, 그것은 개념적인 우선성이라는 측면을 강조하고 있는 것으로 해석한다. 『범주론』에서의 제일실체라고 불리는 물

112 M. Frede, "Individuals in Aristotle", *in Essays in Ancient Philosophy*, Oxford, 1987, pp. 63~64.

113 M. Furth, *Substance, Form and Psyche: An Aristotelian Metaphysics*, Cambridge Univirsity Press, 1988, pp. 50~51. 특히 50쪽 각주 2에서는 두 저작의 동일성과 차이점을 자신의 관점에서 제시한다.

114 M. Furth, "Transtemporal Stability in Aristotelian Substances", *Jr. of Philosophy* 75, pp. 624~646.

리적인 대상들이 『형이상학』 제7권 아래에서는 비(非)실체적인 실체들로 대체되고 있다는 것이 질의 해석이다.[115]

『범주론』에 관련된 두 해석의 태도를 비교함으로써 우리는 아리스토텔레스 저작에 대한 해석상의 관점의 차이를 극명하게 대조시켜 볼 수 있다. 우리는 프레데의 입장을 발전사론적 관점에서의 해석의 입장이라 부를 수 있고, 퍼스와 질의 이해 태도를 통일적인 관점의 해석 입장이라고 말할 수 있겠다. 동일한 이론 내에서 빚어지는 서로 다른 이론적 상충점을 발전사론적인 관점은 아리스토텔레스의 사상의 발전에서 상이한 단계로 규정함으로써 해소하고자 하며, 이에 반하여 통일적인 관점을 채택하는 해석은 그 이론들을 서로 조화시키기 위해 이론들 간의 명확한 불일치를 드러냄으로써 그 난점들을 해소시키려 한다. 전자는 이론의 발생적인 측면을 부각시키고, 후자는 이론의 체계적인 연속성을 강하게 내세운다.

그러나 이 두 가지 해석상의 방법론적인 접근 방식이 만족스럽지 못하다는 점에서 우리는 그 어느 쪽을 손들어 줄 수 없을 것이다. 예를 들면, 아리스토텔레스의 초기의 저작으로 간주되는 『범주론』에도 '실체(우시아)'의 문제에 관련해서 후기의 저작으로 생각되는 『형이상학』에서 보이는 존재론의 모습이 엿보이고 있는 점이나, 가장 늦은 시기의 저작으로 보이는 동일한 저작의 제7권이 외견적으로는 플라톤적인 색채를 지니고 있다는 점 등이 그 대표적인 사례다.[116]

115 M. L. Gill, *Aristotle on Substance; The Paradox of Unity*, Princeton Univ. Press, 1989, pp. 3~12.

116 물론 예거는 『범주론』이 아리스토텔레스 자신이기보다는 수강자에 의해 기록된 후기의 저작으로 보고 있다. 이에 관한 그의 주장은 수용되지 않는다. W. Jaeger(Robinson 번역, 1955), p. 46 각주 3 참조. 『범주론』의 진작 여부에 관한 시비에 대해서는 W. D.

더구나 그의 생물학적인 탐구가 그의 중기에 이루어지고 있다는 증거도 있기에[117] 예거의 주장처럼 그의 경험적인 탐구가 전적으로 그의 후기에만 한정되지 않는다. 더구나 로스의 주장처럼 이론적 방법의 관심이 배제됨으로서 경험적인 탐구의 방법이 효과적인 결실을 가져온다는 예거의 생각은 매우 그럴듯하지 않다는 것이다.[118] 이론적 배경 없이 경험적인 탐구가 이루어질 수 없다는 것은 상식에 가까운 주장이다. 끝으로 지적될 수 있는 점은 아리스토텔레스의 초기 사상에도 예거가 생각했던 만큼 그렇게 플라톤주의에 대한 증거가 많지 않다는 점이다.

· **역사적 발전론의 세 관점**

아리스토텔레스의 사상을 철학적·역사적 발전 과정으로 이해하는 입장은 조금씩 상이한 가정에 입각하는 세 가지 관점이 있다.[119]

예거에 따르면, 아리스토텔레스는 그의 철학 활동이 아카데미아 시절의 플라톤주의로부터 시작하여 점차적으로 보다 경험적이고 실천적인 관심으로 기울어짐으로써 독립된 한 사상가로 형성되어 갔다는 것이다.[120] 아리스토텔레스가 플라톤의 아카데미아에 머물러 있던 20년 동안

Ross, "The Authenticity of Aristotle's *Categories*", *Jr. of Philosophy* 36, pp. 431~433과 M. Frede (1987), pp. 11~28의 "The Title, Unity, and Authenticity of the Aristotelian Categories"의 논의 참조.

117 W. D. Ross (1957); D. W. Graham, *Aristotle's Two Systems*, Oxford, Claredon Press, 1987, p. 311 각주 44.

118 W. D. Ross (1957), p. 72 아래.

119 위트는 다음 세 가지 유형으로 발전사론적 입장으로 구별한다. 예거와 같은 입장을 (1) 심리적 발전사론, 오웬에 의해 대표되는 입장을 (2) 외적인 발전사론, 어윈에 의해 대표되는 입장을 (3) 내적인 발전사론이라고 구분한다(C. Witt [1996], p. 69).

120 아리스토텔레스의 프시케(영혼) 이론을 검토하여 그의 사상을 세 단계로 나누고 있

은 플라톤의 입장을 추종하는 충실한 제자였다는 것이고(초기 대화편인 『에우데모스』와 『프로트렙티코스』), 플라톤이 죽고 나서 아카데미아 계승자들에게 심각하게 실망해서 그가 아카데미아를 떠났다는 것이다.

예거는 따르면, 아리스토텔레스가 아카데미아 계승자들이 진정한 의미에서 플라톤 정신을 계승하지 못하고 단지 자리만을 계승했다고 생각했다는 것이다. 이후 그는 소아시아로 떠나면서 플라톤의 생각으로부터 벗어나 자신의 사유 방식을 천착하게 되었다. 특히 플라톤의 형이상학적 인식론적 견해에서 벗어나, 플라톤의 입장과 다른 독자적인 경험론적 방법을 취하게 되었다.

두 번째로 아테나이에 체류하는 동안에 자신의 학교를 설립하면서, 플라톤주의를 포기하고 경험론적 입장을 더욱 공고히 하였다는 것이 예거의 해석이다. 예거는 주로 플라톤과의 대비를 통해서 아리스토텔레스의 정신의 발전 과정을 더듬는다. 그의 철학을 이해하기 위해서는 어쩔 수 없이 그 자신의 생애, 성장 과정과 같은 역사적 배경을 고려하지 않을 수 없게 만든다. 여기에는 물론 아리스토텔레스 자신의 역사적 상황에서 기인하는 심리적인 변화까지도 추정하는 방법이 포함된다.

는 호이엔스(F. Nuyens) 역시 기본적으로는 예거류의 발전사론적인 관점을 취하고 있다. 그는 플라톤의 아카데미아의 강한 영향 밑에서 프시케를 육체 속에 갇혀 있는 불멸하는 실체로서 파악하는 첫 번째 단계(플라톤이 『파이돈』에서 서술하고 있는 영혼의 개념)와 생명의 다양한 형식으로 보다 넓은 의미로 영혼의 개념을 파악하는 생물학적 저작을 중심으로 하는 다음 단계로서 영혼과 육체를 두 개의 대상으로 파악하는 이원론적 입장에 서는 시기로 구분한다. 그리고 끝으로 『영혼에 대하여』에 이르러 영혼과 육체의 관계를 형상과 질료의 관계로서 파악하여, 모든 자연적 대상들이 형상과 질료의 결합으로 되어 있듯이 영혼과 신체도 하나의 유기체로서 결합되어 있다는 세 번째 단계로서 플라톤의 입장과 자신의 초기의 견해를 비판하는 시기로서 구분 짓고 있다. *L'évolution de la psychologie d'Aristote*, Louvain, 1948[1973].

예거와 달리 아리스토텔레스 자신에 관련된 심리적, 역사적 사실 따위를 문제 삼지 않고 아리스토텔레스의 이론을 합리적으로 재구성하려는 시도를 전개하는 오웬의 견해에 따르면, 아리스토텔레스는 플라톤 사상에 대한 비판으로부터 점차적으로 그 자신의 철학에 대한 변증법적 과정을 거쳐서 마침내 플라톤의 사상을 어떤 원리들로 평가하고 포섭하기에 이르게 되었다는 것이다.[121] 오웬의 경우에 아리스토텔레스 철학의 발전을 구획짓는 잣대는 '플라톤' 혹은 '플라톤주의'다. 예거도 물론 플라톤주의로부터 벗어남을 아리스토텔레스 사상의 발전으로 파악했다. 여기서 '플라톤주의'는 신에 관한 학문, 초감각적 영역, 영혼의 불멸성에 대한 관점에서 정의되었다. 그 발전의 종착점은 생물학, 정치학과 같은 경험과학이다. 예거의 경우에 『형이상학』 제4권, 제6권에서 시작되는 '존재자로서의 존재자'(Being qua Being)에 관한 학문은 신에 관한 학문으로부터 벗어나 감각적 실재를 포괄하는 존재 일반에 대한 경험과학으로 나가는 중간 지점을 표시한다.

예거와 달리, 오웬은 아리스토텔레스의 '존재의 학'을 '하나로 향하는 의미'(focal meaning)로 파악하여 '수정된 플라톤주의'로 나아가는 목표를 향하는 것으로 본다. 그래서 예거가 '플라톤의 초감각적 철학의 부활'이라고 규정했던 tou ontos on[122]이라는 아리스토텔레스의 존재에 대한 일반적 탐구가 본질적으로 아리스토텔레스적인 학문 영역이 아니라, 자신이 초기에 비난했던 플라톤 아카데미아 전통으로의 회귀로 간주되

121 G. E. L. Owen, "Logic and Metaphysics in some Earlier Works of Aristotle", in ed. Düring & Owen, *Aristotle and Plato in the Mid-Fourth Century*, Göteborg(Studia Graeca et Latina Gothoburgensia Ⅱ, 1960). 이 논문은 *Logic, Science and Dialectic*, ed. M. Nussaubaum, Cornell Univ. Press, 1986, pp. 180~199에도 실려 있다.

122 W. Jaeger (Robinson; 1948, 1955), p. 339.

어야 한다는 것이 오웬의 해석이다. 특히 오웬은 아리스토텔레스 자신의 초기 사상에서 거부되었던 '존재자로서의 존재'학을 극복하려는 태도로서 '하나에 대해 이야기된다'(pros hen legetai)는 이론을 검토하고 논의한다(『형이상학』 제4권 및 제6권).

오웬의 해석에 따르면, 아리스토텔레스는 애초에 'einai' 동사에 대한 단일 의미 이론을 포기하고, '있음'에 관련된 여러 의미가 있는 만큼 범주가 존재한다는 주장을 내세움으로써, 그는 플라톤적 의미에서의 '통일 존재론'(보편 형이상학)을 거부했다. 그러나 다시 아리스토텔레스가 그 말에는 하나의 의미든 혹은 여러 의미든, 동명동의적이든 혹은 동명이의적이든 간에 모종의 의미들이 체계적으로 연결되고 있는 것으로 해석하게 되자 플라톤적인 입장으로 돌아서게 된다. 그 말이 지니는 여러 의미들은 중심적 의미를 가지는 제일의(第一義)적인 의미로 녹아들기 마련이고, 부수적인 의미들은 제일의적인 의미로부터 파생된다. 따라서 이차적인 의미는 제일의적인 의미에 의존하기 마련이다. 나아가 오웬은 이러한 발전사론적인 특징을 아리스토텔레스의 술어 이론과 연결시키고 있다.[123] 결국 오웬은 플라톤주의로부터의 이탈과 다시 플라톤주의로의 회귀를 이해하기 위해서는 아리스토텔레스 자신의 명확한 철학적 논변에서 그 증거를 확보해야 한다고 주장한다.

아리스토텔레스의 사상 발전에 대한 오웬의 논의를 연대기적으로 좀 더 간결하게 정리해 보면 다음의 세 단계로 이루어진다. ①『오르가논』을 포함한 초기 저작들에서 사용되는 einai(있다, 이다) 동사와 그 밖의 동종의 명사들은 다의적 의미로 사용되고 있다(pollakōs legetai). 이 다

123 G. E. L. Owen, "The Platonism of Aristotle", *Proceeding of the British Academy* 50, 1965, pp. 125~150; ed. M. Nussbaum(1986), pp. 200~220.

의성이 플라톤적인 아카데미아의 존재에 대한 통일 학문을 거부한다. ②『에우데모스 윤리학』 제7권으로 대표되는 중기 단계에서 아리스토텔레스는 ①의 입장을 거부하는 것은 아니지만, 체계적이고 통일된 존재에 대한 의미 가능성이 있을 수 있다는 점을 깨닫게 된다. ③ 그의 사상이 성숙하는 시기에 접어들어 『형이상학』 제4권 제2장(제6권을 포함해서)에서 존재의 의미에 대한 체계적 학문이 성립된다는 것을 발견하게 되자(오웬의 언어로는 '하나로 향하는 의미'), 다시 자신의 초기 사상에서 거부했던 플라톤적인 프로그램, 즉 '보편 학문'을 복권시키기에 이르렀다.

이와 같은 연대기적 사상의 발전을 주장하는 오웬의 주장에 따르면, 예거와 달리 아리스토텔레스의 사상 발전에는 '플라톤주의'로부터의 이탈이기보다는 플라톤주의로의 회귀에로의 발전에 대한 상당한 증거가 검출된다는 것이다.[124] 따라서 이러한 발전 과정 가운데 아리스토텔레스는 항시 그 자신의 체계적인 사상에 대한 필요성을 절감하고 있었다는 것이다. 결국 오웬은 아리스토텔레스가 발전사론적인 과정에 있으면서도 어느 정도는 체계적인 입장을 동시에 견지하고 있었다고 해석한다. 예거와의 방법상의 차이는 아리스토텔레스가 어떠한 과정을 거쳐 플라톤을 이탈하고, 다시 플라톤으로 되돌아오는가 하는 문제를 철학적

124 로스는 아리스토텔레스를 '플라톤이즘으로부터 그 자신의 체계로의 점증적 부상'이라는 표현으로 묘사하고 있는데(W. D. Ross [1957]), '플라톤이즘'이라는 말은 케이스(T. Case, 'Aristotle 항목', *Encyclopaedia Britannica* 2, pp. 501~522)와 예거가 앞서 사용했다. 사실상 '플라톤이즘'이라는 표현을 심각하게 받아들여 이론적으로 따져 볼 때—철학 개론서나 혹은 철학사를 기술하는 경우에 관례적으로 사용하는 '플라톤의 이데아론'이란 표현도 마찬가지 경우인데— 이 표현이 구체적으로 무엇을 의미하는지를 확정하는 일은 플라톤 철학의 전반을 문제삼는 작업이며, 아리스토텔레스가 이해하는 플라톤 철학으로 한정한다고 해도 이 표현은 매우 부적절하며 모호한 표현일 수밖에 없다.

이론의 설명에 초점을 맞춘다는 점에 있다. 다시 말하여 예거와 마찬가지로 플라톤주의가 아리스토텔레스 사상의 발전의 잣대로 이용되지만, 그의 사상의 발전은 그 자신의 사상의 근본적 변화에서 찾아져야 한다는 것이 오웬의 주장인 셈이다.

이와는 달리, 뒤링과 같은 철학자는 아리스토텔레스를 '애초부터' 플라톤에 대한 비판가로서 간주하고, 플라톤주의와 같은 생각이 그에게는 자리 잡을 여지가 없었으며, 그 자신의 고유한 철학을 함축하고, 애초부터 자신의 생각에 따라 자신의 사상을 추구해 나갔다는 입장을 내세운다.[125] 뒤링은 예거의 입장과 정반대로 경험주의로부터 플라톤이즘으로 발전했다고 주장한다.[126]

앞서 서술한 예거와 오웬의 입장을 종합하여, 아리스토텔레스에게는 초기 아카데미아 시절에 플라톤 사상에 충실한 기간과 곧이어 그것에 대한 반(反)플라톤주의적인 사상의 형성이 뒤따르고, 이어서 아카데미아를 떠나면서 플라톤 사상을 개작하기에 이르게 되고, 이로써 아리스토텔레스 자신의 독특한 사상이 마침내 주조되기에 이른다는 제4의 입

125 뒤링은 'von Anfang an'(anfangs)이란 표현을 여섯 군데에서(p. 46, p. 64, p. 202, p. 290, p. 457) 사용함으로써 이 점을 강조하고 있다(I. Düring, *Aristoteles: Darstellung und Interpretation seines Denkens*, Heidelberg: Carl Winter-Universitäts Verlag, 1966/2005). 하지만 거스리도 지적하고 있다시피(W. K. C. Guthrie, *A History of Greek Philosophy*, 1980, V. 6, pp. 7~8) '애초부터'라는 말은 모호한 표현이다. 철학적 훈련이 겨우 시작되었던 아카데메이아 초기 시절부터라면 그 표현은 적절할 수 없다. 플라톤 철학에 대한 훈련이 없이 어떻게 스승의 철학에 대한 비판이 있을 수 있는가? 기존의 철학적 입장에 대한 비판 없이 새로운 철학적 입장을 어떻게 견지할 수 있다는 말인가? 결국 '애초부터'라는 표현이 '어떤 시점'인지를 명확하게 금 긋는 일은 용이한 작업일 수 없다.

126 I. Düring (1966/2005).

장도 있다.[127]

이 입장은 결국에는 오웬의 입장으로 환원될 수밖에 없다. 왜냐하면 오웬의 중요한 가정은 아리스토텔레스가 초기의 플라톤에 대한 비판으로부터 시작하면서 자신의 고유한 사상을 염두에 두고 있었고, 또한 플라톤에 대한 비판자로만 머물지 않고 그의 스승의 사상을 계속적으로 수용해 가려는 내적 태도를 유지하고 있었다고 보기 때문이다. 위트가 지적하는 '내적인 발전론자'들은 아리스토텔레스 저작 자체 안에서 발견되는 화해 불가능한 모순들을 발견한 다음에 이것들을 발전사론적 입장에서 시기적으로 정리정돈한다. 어윈[128]과 그레이엄의 작업이 이 부류에 속할 수 있다. 그러나 원칙적으로 위트의 분류도 예거와 오웬의 입장의 종합에 지나지 않는다. 왜냐하면 예거와 오웬의 방법은 아리스토텔레스 철학 내적으로 일치하지 않는 어떤 문제점들이 발견되면, 이것들은 이미 논리적으로 일치하지 않는 요소를 가질 수밖에 없어서 시기적으로 다르게 순서를 정하지 않을 수 없기 때문이다.

발전사론적 입장은 아리스토텔레스의 철학에 나타나는 여러 상이한 이론들과 논리적으로 일관적이지 않은 철학적 문제들을 각각 '어느 시점에서의 이론들'로 구획지음으로써 작품들의 저작의 시기를 결정하는 데에 유용하다는 이점을 지닌다. 그러나 이 관점은 앞서도 이미 언급한 바 있듯이 한 철학자에게서 그러한 사상과 철학적 이론이 왜 변하고 있는가 하는 이유와 그 변화의 철학적 근거를 분명하게 제시하지 못한다는 점에서 그 난점이 발생한다.

127 이 종합적인 견해는 포헐(C. J. Vogel)에 의해 주창되었다("The Legend of the Platonizing Aristotle", in ed. Düring & Owen [1960]).

128 T. H. Irwin, *Aristotle's First Principles*, Oxford, 1988.

예거의 해석 관점이 이러한 한계를 그대로 적시하고 있는 예다. 예거는 단지 아리스토텔레스의 저작에서 사용되는 여러 사태들, 인명, 지명 등과 같은, 나아가 성장 배경, 그의 개인적 사건들과 같은 '심리적인 것' 또는 '역사적인' 사건에 의존함으로써 비본질적인 철학적인 예들을 통해 사상의 변화를 설명하고 있지만, 설령 그러한 전거들이 철학적 변화를 설명할 수 있는 필요한 요인으로 인정할 수 있다고 해도, 한 철학자의 내적인 사상의 변화에 대한 철학적 근거로서 필요충분한 만큼 만족스러운 것은 되지 못한다. 실제로 우리는 예거가 생각하는 만큼의 충분한 텍스트 밖의 확증된 역사적 증거들을 가지고 있지도 못하다.

한 철학자의 생애와 더불어 전개되는 철학적 사상의 변화를 겪는 철학적 동기를 설명하고자 한다면, 우리는 피할 수 없이 그러한 변화를 수반하는 아리스토텔레스 자신의 철학적 동기를 이해해야 한다. 이러한 노력에 효과적으로 대처하려는 입장은 체계적이고 통일적인 관점에서 아리스토텔레스 철학을 이해하고자 하는 접근 태도에서 찾아진다.

나. 체계적인 관점에서의 이해

많은 아리스토텔레스의 주석가들은 저작의 시기를 무시하고 여러 저작에서 발견되는 상충하는 이론과 방법들을 절충하고 조화시키려는 노력을 기울이고 있다. 이러한 경향을 취하는 모든 주석자들에게서 일치되는 공통적인 방법이 발견되는 것은 아니지만, 우리는 그러한 접근 방식으로서 한 가지 방법을 지적해 볼 수 있다. 즉, 한 저작에서 서술되고 있는 이론을 고립시켜 독립적으로 해석하기보다는 거기에 함축되어 있는 문제들을 보다 분명하게 아리스토텔레스적 관점에서 해석하려는 것이다. 그러기 위해서는 그 문제들과 관련한 이론을 피력하는 다른 저작에서의 논의를 상호 비교·검토함으로써 그의 철학적 이론을 하나의 체계적인 관점으로 굳건하게 세우려는 입장이다. 이러한 입장은 아리스토텔레스 자신이 철학적 경력 내내 끝없이 자신의 이론을 수정하고 또 새로운 각도에서 그 이론들을 설명하고 있다는 일반적으로 받아들여지는 역사적 사실에 의해 지지받을 수 있다.

발전사론적 해석 관점에 따르면, 어느 규정된 시점에서는 모순되는 이론들이 발생하지 않으며, 만일 이론적인 모순이 발생하면 그 이론들은 각기 상이한 저작의 시기에 속하는 이론들로 간주해야 한다. 그렇지만 이 관점은 아리스토텔레스 철학을 해석함에서 더 많은 설명이 요구되는 입장에 서지 않을 수 없다. 그래서 상이한 시기에 속하는 이론들이 중첩하는 경우에 발전사론적 관점은 스스로의 함정에 빠지지 않을 수 없다. 이에 반해서 체계적인 관점에 서게 되면, 이론과 이론이 상충하는 경우에 초기의 견해와 다른 견해를 선택하게 되었다는 것으로 이론들 간의 충돌을 회피하려 하거나 혹은 한 문제에 대한 상이한 관점이 있었다는 것을 인정하는 것으로 그 점을 설명하고자 한다.

하지만 아리스토텔레스의 사상을 하나의 체계로 묶어 보려는 체계적인 관점도 어떤 난점을 그 자체로 지니고 있다. 우리가 지금 가지고 있는 아리스토텔레스의 저작은 그의 저작 전체가 아니기에 현재 남아 있는 저작이 그의 사상을 온전하게 대표했다고 볼 수 없다. 그렇다고 해서 그의 사상과 철학에 전혀 체계적인 측면이 없다는 것은 아니다. 전승하는 그의 저작도 누군가의 관점, 즉 안드로니코스의 편집 의도가 들어 있다고 보아야 한다.

게다가 아리스토텔레스는 늘 자신의 논의를 개작하고, 자신의 이론을 나중에 수정했다는 점을 받아들여 보자. 그래서 그의 저작들에서 서로 모순되는 이론들이 발견된다고 해 보자. 그렇다면 한 이론이 한 이론을 대체하는 경우에 어떤 이론이 보다 더 아리스토텔레스적이고 그 자신의 참된 주장인가 하는 점, 또 문제 내적으로 도대체 어떤 이론이 어떤 이론을 대체하고 있는가 하는 점 등은 해결하기 어려운 새로운 논란의 대상으로 등장하기 마련이다. 나아가 이론과 이론을 준별하는 기준은 무엇인가 하는 더욱 복잡한 문제를 야기하기도 한다. 더구나 많은 이론들이 서로 간에 상충하는 경우에 어떤 이론이 이론적인 우선성을 지니고 있는지, 그리고 이론들 간의 관련성이 그것들 각각의 경우에 어떤 연관성을 맺고 진행되고 있는지를 설명하기란 그리 수월하지 않은 작업이다.

앞서 아리스토텔레스 철학을 해석함에 있어 두 가지 관점이 지니는 문제점에 대한 개략적인 고찰에서 드러난 여러 사항들을 염두에 두면서, 앞서의 두 관점을 종합하려는 관점인 조화와 통일이라는 제3의 가능적 대안을 검토해 보기로 하자.

다. 새로운 방법의 모색: 방법들 간의 내적인 연관성

거스리(W. K. C. Guthrie)는 「아리스토텔레스의 정신」[129]에서 그의 철학적 방법을 다음의 네 가지로 나누어 정리하고 있다.[130]

첫째는 학적 탐구에서 잠정적이고 단계적인 절차를 밟는 접근 방법이다. 그 방법과 절차는 우선, 다루어질 문제에 관한 다양한 견해와 정보를 수집하여 그 문제를 적절하게 형식화해서 진술한[131] 다음, 그 진술이

129 W. K. C. Guthrie (1980), Vol. 6, pp. 89~99.

130 나는 여기서 개략적으로 정리하는 거스리의 논의를 내 의도에 부합되게 수정하고 변형했다.

131 아리스토텔레스 학문 방법론에서의 철학적 문제를 설정하는 기본적인 패턴에 따르면, 그는 자신의 입장과 견해를 내세우기 앞서 자신의 견해와 다른 일반적으로 전승되는 상이한 견해나 논증이 있었음을 엔독사('일반적으로 그렇다고 생각되는 것')의 형식으로 설명하고 있는데, 이는 다루어질 문제에 관련해서 많은 상이한 논증이 있었음을 보이고 그 논증들을 보존하려는 의도에서 그렇게 하는 것이다. 그래서 그는 어떤 한 철학적 문제를 형식화하기 앞서 반복적으로 "어떤 난점이 개재되어 있다"(echei

그 문제의 핵심을 온전하게 드러내는 질문으로 정립되고 있는지를 검토하고, 이어서 그 논쟁점에 대하여 체계적인 분석을 시도한다. 이를 실행하기 위해 아리스토텔레스는 여러 가지 방식으로 문제를 제기하고, 그에 따라 자신의 원래 사유 방향에 부적합한 것들은 폐기하고 새롭게 문제를 정립해 나가고자 한다. 이러한 과정에는 일관적인 탐구의 태도가 고스란히 드러나지는 않는다. 따라서 그의 철학적 체계는 독단적이지 않으며, 진리를 탐구하는 모험의 과정을 그대로 보여 주고 있다. 결국 이러한 지적 탐구의 과정은 헤시오도스가 말하는 바처럼 "많은 백성들의 입에서 나온 [널리 퍼져 있는] 어떤 풍문(風聞)도 결코 사라지지 않으리"라는 모토와 그 맥을 같이한다.[132]

그래서 아리스토텔레스는 논변을 구성하는 경우에 다루고자 하는 문제들에 대한 선행하는 많은 철학자들의 견해와 다른 사람들의 견해를 수용함으로써 탐구의 출발점으로 삼는다. 이러한 변증술적 절차와 분석을 토대로 비학문적인 요소들은 남김없이 제거된다. 그렇게 되어 "만일 [어떤 물음에 대해] 그 난제들이 풀리면서도 일반적으로 그렇다고 생각되는 것(통념)들이 살아남게 된다면, [문제가 되는 경험들을] 충분히 밝힌 셈이 되는 것이다".[133] 이렇듯 아리스토텔레스는 철학의 목표를 독단적인 문제의 해결이 아니라, 문제 자체의 명료화와 문제 자체들이 포괄

gar aporias tinas), "두 가지로 말해진다"(dichōs legetai), "두 가지 관점에 따라 말해진다"(kata duo tropos legetai), "여러 가지로 말해진다"(pollachōs legetai) 등의 어구를 관례적으로 사용하고 있다.

132 Hesidos, 『일과 나날』(*Erga kai Hēmerai*), 763~764행; 『니코마코스 윤리학』 1153b27. "우리는 모든 사람에게 그렇게 보이는 것이 실제로도 그러하다고 주장하기 때문이다. 이 확신(pistis)을 부인하는 사람들은 더 확신할 만한 것을 거의 이야기하지 못할 것이다"(아리스토텔레스, 『니코마코스 윤리학』 1172b36-1173a2).

133 아리스토텔레스, 『니코마코스 윤리학』 1145b2-7.

하고 있는 난점(아포리아)들을 분명하게 드러내는 일에 두었다.

둘째는 플라톤에 비교하여 강력한 경험론적 측면을 지니고 있다는 점이다. 사실상 아리스토텔레스는 보고된 관찰뿐 아니라, 자신의 직접적인 관찰에 의존해서 학적 탐구를 수행하고 있음을 그의 저작 여기저기에서 보여 주고 있다. 나아가 그는 전적으로 관찰에만 의존하지 않으며, 관찰들을 설명할 수 있는 이론적 구성을 하고 있다. 그래서 그는 관찰과 이론이 일치하는 경우에 그 이론을 타당한 이론으로서 판단하게 된다. 상식과 경험에 대한 열정적인 전념이 감각 지각에 모순되는 어떠한 것이든지 잘못된 것이라는 인식론적 원리를 구축한다든지, 혹은 자연스럽게 받아들인 자연적 설명으로부터 일반적인 존재론적인 원리를 확립하려는 그릇된 태도를 가져오는 불합리한 구석이 발견되지 않는 것은 아니지만, 여하튼 상식과 경험에 호소하는 그의 학적 태도도 그의 사유의 주요한 특징이다.

셋째, 아리스토텔레스의 학적 인식은 논리학 기반 위에 서 있다. 학문이 정초하는 일반적인 전제를 찾는 수행의 방법이 논리학이다. 그는 인식을 추구함에 있어서 올바른 절차와 방법에 대한 지식 없이는 올바른 인식에 도달할 수 없다고 믿었다. 그래서 그는 논리학을 독립적인 포괄적 체계로 논구했다. 특별히 아리스토텔레스는 언어의 구조와 실재의 구조를 면밀하게 고찰하고, 언어적 사용의 분석이 사실에 대한 많은 정보를 가져올 수 있다고 믿었다. 오늘날에는 언어적 사유가 언어 구조와 실재 구조 사이의 일반적 관계를 상술하는 데 관심을 보이나, 아리스토텔레스에게서 진술은 로고스(logos)를 구체화하고 또 로고스는 사물의 구조를 파악하는 것으로 받아들여진다. 따라서 아리스토텔레스에게서 언어의 구조는 실재의 구조이기도 하다. 진술이 주어-술어 형식으로 되어 있듯이 실재는 실체와 그 속성으로 구성되기 마련이다.

그는 때때로 logikōs와 phusikōs를 대조하고, 경우에 따라 logoi와 pragmata를 대조하여 드러낸다. 로기코스는 진리를 목표로 하는 학적인 논변에 대해 개연성을 따지는 논리적이고 변증술적인 논변을 드러내는 것인 반면에,[134] 학적인 논변은 관찰적 사실뿐만 아니라 이론적인 결과들의 종합이기도 하다. 로기코스와 피시코스를 대비해서 말하는 경우에, '이론적이고 개념적인' 고려와 '자연적인' 내지는 '사실적인 것'에 비추어 고려하는 일은 거의 동일 선상에서 이루어지는 작업이다. 로고이와 프라그마타를 구별하는 것도 역시 가정에 기초하는 '언어적 차원의 논변'과 각 '사물들이 존재하는 실재의 모습'과의 구별에 상응한다. 물론 이 같은 일반화가 아리스토텔레스의 철학적 문제를 이해하고 해석하는 경우에 그릇된 길로 이끌 수도 있기에, 양쪽으로 형식화하는 경우에 그 맥락에 따라 의미가 달라질 수 있다는 점을 염두에 두어야 한다.

끝으로, 아리스토텔레스의 특징적 사유 형식으로 목적론적인 사유 방식을 들 수 있다. 특히 우리는 아리스토텔레스의 목적론적 설명 방식을 생물학 분야에서 많이 찾아볼 수 있는데, 그에 따르면 한 사물의 본성이 무엇인가를 밝히는 작업은 사물의 목적인(causa finalis)을 제시하는 것과 동일 선상에서의 작업이다. 근대과학 이래로 대두한 사물에 대한 설명이 인과론적 설명으로 주어지는 데 반해서, 아리스토텔레스에게서 목적론적 관점에서의 설명 방식은 인과율을 넘어서는 형상인(causa

134 가령 『형이상학』 1029b13에서 '본질'에 대한 언어적 규정을 'kath hauto'(그 자체적으로)란 말을 통하여 내리고 있는데, 여기서도 '로기코스'는 본질에 대한 '언어적 규정' 혹은 '개념적 규정'이란 의미로 쓰이고 있으며, 이 말은 탐구하고 있는 '사실'(fact)의 정확한 본질에 대한 고려를 의미하는 phusikôs, analutikōs, ek tōn oikeiōn archōn이란 표현에 대비되는 말로 사용되고 있다. 이에 대한 논의는 로스의 주석(*Aristotle's Metaphysics*, V. II, Oxford, 1948[1981], p. 168) 참조.

formalis)의 법칙성에 의해 주어지고 있다. 물론 그의 목적론적 설명 방식이 전적으로 인과율을 배제하는 것은 아니다. 이런 점에서 그의 과학 이론은 근대의 과학 이론과 차이를 가진다.

앞에서 몇 가지로 나누어 정리한 아리스토텔레스의 철학적 정신의 토대에 배어 있는 그의 기본적인 학문 방법 태도로부터 그의 철학에는 여러 복합적인 탐구 방법과 사유가 지배하고 있음을 찾아낼 수 있다. 주목해야 할 사실은 그러한 방법들이 독립적이기보다는 아리스토텔레스 정신의 구조 속에서 복합적으로 엉켜 있다는 점이다. 아리스토텔레스의 철학적 정신에는 여러 복합적인 개념과 개념들의 그물이 한데 어우러져 있어서 그 사유의 틀 내에 포섭되는 모든 학적 인식 문제를 그 대상으로 다루고 있다는 점을 직시해야 한다. 아리스토텔레스를 체계적인 철학자로 평가하는 경우에도, 아리스토텔레스가 연역적 체계를 추구했다는 사실만 문제되는 것이 아니다. 또한 모든 문제를 하나의 형이상학적 개념과 틀 안에서 독단적인 방법과 원리를 통하여 설명하고 있다는 의미도 아니다. 오히려 중요한 사항은 아리스토텔레스가 다루게 될 학문의 분야 배후에 놓여 있는 분야를 잘 구성하고 아주 분명하게 분석된 개념의 그물망으로 모든 학적 인식의 대상을 포섭하고 있다는 측면이다.

정치학과 윤리학에서의 학문 방법론: 개념 분석적 변증술

아리스토텔레스 철학을 평가하는 경우에 그의 학문 방법론을 전체적으로 고찰하는 것은 꼭 필요한 작업이다. 특히 아리스토텔레스는 방법론을 중시한다. 그에 따르면 학문은 이론학, 실천학, 제작학으로 구분되고, 각각의 학문은 그 학문이 목표하는 바에 따라 방법론이 서로 달라질 수 있다. 이론 학문이 엄밀성(akribeia)을 추구하는 데 대해서 실천철학은 개연적인 것을 그 대상으로 삼는다. 그러니까 각각의 학문의 주제가 무엇이냐에 따라, 학문이 추구하는 '참'의 정도는 달라질 수 있다는 말이다. 그렇다면 실천철학, 즉 정치학과 윤리학에서의 방법론은 무엇이라고 말할 수 있겠는가?[135] 흔히 아리스토텔레스는 플라톤과 비교해서 '상식의 철학'을 추구한 철학자라고 말해진다. 특히 윤리학의 방법론에 연관해서 그렇게 말할 수도 있을 것이다. 그렇다고 해서 윤리학에 관련된 실천적이고 응용적 문제들이 인간 상식의 수준에만 머물지 않는다.

『토피카』는 실제적이고 실천적 탐구의 중요한 도구가 되는 변증술적 방법(dialektikē)을 논하는 저작이다. 이것은 아리스토텔레스의 실천적인 분야와 경험적 탐구에 적용될 수 있는 학문 방법의 도구라 할 수 있다. 그는 학적 탐구에서 잠정적이고 단계적인 절차를 밟는 접근 방법을 취한다. 그 방법과 절차는 우선, 다루어질 문제에 관한 다양한 견해와 정보를 수집하여 그 문제를 적절하게 형식화하여 진술한 다음, 그 진술들이 문제의 핵심을 온전하게 드러내는 질문으로 정립되고 있는지를 검토하고, 이어서 그 논쟁점에 대해 체계적인 분석을 가한다. 이를 실천하기 위해 아리스토텔레스는 여러 가지 방식으로 문제를 제기하고, 그것에 따라 자신의 원래의 사유 방향에 부적합한 것들은 폐기하고 새롭게 문제를 정립해 나가는 길을 찾는다. 이러한 과정에는 일관적인 탐구의 태도가 고스란히 드러나지는 않는다. 따라서 그의 철학적 체계는 독단적이지 않으며, 그의 철학 방법은 진리 탐구 모험의 전 과정을 고스란히 보여 주고 있다.

135 윤리학의 방법론에 관련해서 고전적인 논문으로 인정받는 J. 반즈의 논문 참조(J. Barnes, Aristotle and the Methods of Ethics, *Revue Internationale de Philosophie*, Vol. 34, No. 133/134, *La Méthodologie d'Aristote*, 1980, pp. 490~511). T. Irwin, Aristotle's Methods of Ethics, D. J. O'Meara(ed.), in *Studies in Ancient Philosophy*, Washington, DC: Catholic University of America Press, 1981, pp. 193~223.

아리스토텔레스는 논제를 구성하는 경우에 다루고자 하는 문제들에 대해 선행하는 많은 학자들의 견해와 다른 사람들의 견해 수용을 학적 탐구의 출발점으로 삼는다. "모든 것에 의해 추구되는 것이 좋은 것이 아니라고 반박하는 사람들은 무의미한 말을 하고 있다. 우리는 **모든 사람에게 그렇게 보이는 것**(ha pasi dokei)이 실제로도 그러하다고 주장하기 때문이다. 이 확신(pistis)을 부인하는 사람들은 더 확신할 만한 것을 거의 이야기하지 못할 것이다"(『니코마코스 윤리학』 1173a1-3). 여기서 "많은 사람에게 그렇게 여겨지는 것", 즉 엔독사로부터 출발하는 변증술적인 절차와 방법을 통해서 비학문적인 요소들은 남김없이 제거될 수 있다. 그렇게 되어 만일 어떤 물음에 대해 "그 난제(아포리아)들이 풀리면서 일반적으로 그렇다고 생각되는 것들이 살아남게 된다면, [문제가 되는 경험들을] 충분히 밝힌 셈이 될 것이다"(『니코마코스 윤리학』 1145b2-7).

이러한 변증술적 방법과 절차를 요약·정리하자면 다음과 같다. 아리스토텔레스는 어떤 문제를 논의하는 경우에 그 문제에 대해 앞선 철학자들이 내세운 의견을 출발점으로 제시하고, 그 속에 깔려 있는 난점을 지적하면서 자신의 생각을 개진해 나가는 방법을 택한다. 이 의견이 엔독사로서 누구나에게 받아들여지는 일반적으로 그렇다고 생각되는 것인 셈이다. 또한 아리스토텔레스는 그가 반대하는 철학적 견해로부터도 참인 것을 발견하려고 시도하기도 한다. 이런 태도는 아리스토텔레스의 실용적이고 지식에 대한 상식적 접근에 대한 표식이기도 하다.

인간의 행위와 감정에 관련된 실천철학의 목적은 원칙적으로 "앎이 아니라 행위"다. 앎(gnōsis)은 수학과 같은 정확성을 목적으로 한다. 그러나 행위(praxis)를 목적으로 하는 윤리학은 개연성만을 확보하면 되는 것이다. 『니코마코스 윤리학』 제1권 제3장에서 윤리학의 주제와 물음에 관련해서 이렇게 말하고 있다. 윤리학적 주제들은 늘 어떤 가변성을 가지는 것으로부터 출발하는 것이기 때문에, "대강에서 또 개략적으로(pachulōs kai tupō) 참을 밝히는 것으로 만족해야 할 것이다. '대부분의 경우에 있어서 그런 것'들에 대해 논의하고 또 '대부분의 경우에 그런 전제들'로부터 출발하는 것이기에, '대부분의 경우에서 그러한 것'(결론)들을 추론하는 데 만족해야 할 것이다". 윤리학의 영역에서 다루어지는 그 주제의 본성(phusis)이 허용하는 한, 그만큼의 정확성을 추구하면 된다. 그래서 우리는 수학자에게는 엄밀한 '증명'을 요구하며, 수사학자에게는 설득적 논의만을 요구한다.

윤리학의 출발점(archē)은 **무엇이 어떻다는 것**(hoti, 사실)이지, 그것이 **왜 그런지에 대한 이유**(dioti)가 아니다. 윤리학은 수학이나 기하학과 같은 논증 학문(apodeixis)이 추구하는 이유를 탐구하지 않는다. 실천적인 문제에서의 출발점은 습관을 통해서 얻어지는 것이기 때문이다. 그는 "좋은 습관을 통해 잘 자란 사람은 [적절한] 제일원리들을 이미 가지고 있거나 쉽게 획득할 수 있다"고 말한다. 이런 관점에서 아리스토텔레스에게는 덕이란 행위의 반복과 습성화를 통해서 획득되는 것이다. 덕에 부응해서 생겨난 정의나 절제와 같은 성질들을 가지고 있다고 해서 그가 곧 정의롭거나 절제 있는 행위를 할 수 없으며, 어떤 상태에서 그런 행위를 행하는 경우에만 정의롭고 절제 있게 행하는 것이 된다. 아무리 도덕교육을 잘 받은 사람이더라도, 윤리적으로 행위하는 습관을 들이지 못한 사람은 결코 윤리적 덕을 성취할 수 없다. 덕에 대한 앎을 강조하는 소크라테스와 달리, 아리스토텔레스는 덕을 가지고 있다는 조건으로서 행위의 체득화(體得化) 내지는 습성화를 이렇게 강조하고 있다.

그는 [자신이 덕 있는 행위를 하고 있다는 것을] 우선 알면서, 또 다음으로 합리적 선택에 의거해서 행위하되 그 행위 자체 때문에 선택해야 하며, 셋째로 확고하고도 결코 흔들리지 않는 상태에서 행위해야 하는 것이다. 그런데 이것들 중에서 안다는 것 자체를 제외한 둘째와 셋째 조건은 여타 기예들의 소유 여부와 관련해서는 고려되지 않는다. 반면 탁월성(덕)의 소유 여부와 관련해서 안다는 것은 아무런 중요성을 가지지 않거나 작은 중요성을 가질 뿐이며, 나머지 두 조건들이 작지 않은, 아니 전체를 가늠하는 힘을 가지고 있다. 이 두 조건들은 정의로운 일들과 절제 있는 일들을 자주 행하는 것으로부터 생겨난다(『니코마코스 윤리학』 제2권 제4장 3절).

앞서 언급된 '일반적으로 그렇다고 생각되는 것'이란 변증술적 추론에서의 전제가 되는 일반적으로 그렇다고 생각되는 것(ta endoxa)이다. 아리스토텔레스는 통념을 "모든 사람에게 혹은 대다수의 사람에게 그렇다고 생각되는 것, 혹은 지혜로운 사람들에게 그렇다고 생각되는 것이지만—요컨대 그들 모두에게 혹은 그 대다수에게 혹은 가장 유명하다고 평판이 높은 지혜로운 사람들에게 그렇다고 생각되는 것들"(『토피카』 100b21-23)이라고 정의한다. 인간의 행위가 목표로 하는 좋음은 무엇인가? 교양 있는 사람이라면 그것을 행복(eudaimonia)이라고 부를 것이다. 그러나 행복이 무엇인지에 대해 대중과 지혜로운 사람은 동일한 대답을 내놓고 있지 않다. 그래서 인생의 궁극적 목적인 행복이 무엇인가를 탐구하는 경우에 모든 사람의 견해를 고찰하지 않고, '가장 널리 퍼져 있는 주도적인 의견'만을 앞에 놓고 검토하며 논의하게 되는 것이다.

그가 실제로 엔독사를 검토하는 방법을 살펴보자. 아크라시아에 대한 본격적인 논의 직전 아리스토텔레스는 『니코마코스 윤리학』 제7권의 처음 부분에서 철학적 방법에 관한 성찰을 하기 위해 잠시 멈춰서고 있다.

"다른 경우들[136]에서처럼, 우리는 현상들('그런 것으로 보이는 것들', '친숙한 경험들', phainomena)을 놓고(tithenai), 우선 그 속에 있는 난제들을 적시함으로써, 이러한 방식으로 이 [아크라시아와 혼의 다른 상태들에 관한] 경험(겪음, pathos)들에 관한 최대한 일반적으로 그렇다고 생각되는 것들, endoxon)을 밝혀야 하고, 만일 모든 통념을 밝힐 수 없다면 대부분의 또 가장 권위 있는 것들(kuriōtata)을 밝혀야 한다. 만일 그 난제들이 풀리면서도 일반적으로 그렇다고 생각되는 것들이 살아남게 된다면, [문제가 되는 경험들을] 충분하게 밝힌 셈이 될 것이기 때문이다"(1145b2-7).

여기에서 말하는 '현상'이란 감각에 지각된 현상이 아니라,[137] 사람들에게 그렇게 보이는바, 어떠한 것에 대하여 사람들이 가지고 있는 의견이나 생각, 믿음 등을 가리킨다. 간결하게 정리된 아리스토텔레스의 말은 자신의 철학적 방법과 실제적인 학문 방법의 절차를 집약적으로 요약하고 있는 대목이다. 이 대목을 통해 읽히는 대로, 우리는 윤리적 방법의 세 단계를 구별해 볼 수 있다. 그 세 방법을 드러내는 각 단계에서의 주요 명사들은 tithenai, diaporein, deiknunai[138]로서, 이 명사들이 담지

136 '다른 모든 경우들'로 번역하는 것(누스바움)은 엔독사를 바탕으로 하는 방법이 윤리학뿐만 아니라 다른 모든 학문의 경우에도 확대 적용 가능하다는 것을 의미할 수 있다. 엔독사로부터 출발하는 학문 방법이 '모든 영역에서' 만병통치적으로 적용 가능할 수 있을지는 논란의 대상이 될 수 있다(D. Frede, 2012). 이 문제에 관해서는 앞에서 간략하게 정리한 바 있다.

137 『분석론 전서』 제2권 제30장 46a17-25에서 '현상들을 확보함'(lambanein ta phanomena)은 '사실들을 확보함'을 의미한다.

138 deiknunai는 deiknumi의 부정사로, '내가 한 명제를 deiknumi한다'는 것은 '그것이 참임을 보인다'(증명한다)는 것을 의미한다.

하는 주요 철학적 의미는 '규정하고(찾아내고)', '난제를 철저히 논의하고', '밝히는(증명하는)' 과정이다. 다시 말해, 철학적 방법의 순서상, 먼저 화이노메나를 규정하고, 이어서 화이노메나를 통해 생겨난 난점들(아포리아)을 형식화해야 한다. 그리고 끝으로 이 난문을 해소함에 있어서 화이노메나와 대결함이 없이 그 문제가 지니는 난점을 해소할 수 있어야 한다.

우리가 주목하고 있는 위의 대목과 거의 대등한 철학적 방법을 내세우는 대목을 '친애'(philia)를 논의하는 『에우데모스 윤리학』 제7권 제2장에서도 발견할 수 있다. 이 대목은 다음과 같은 주장으로 그 문제를 공략하기 위한 실제적인 방법적 절차를 제시하고 있다.

> "① 이러한 주제(친애)에 관한 '그렇다고 생각되는 것들'(ta dokounta)을 우리에게 가장 잘 설명해 줄 수 있으며, 이와 동시에 ② 그 주제에 얽혀 있는 난제들과 상반되는 주장(모순)들을 해소할 수 있는 이론(논의)을 우리는 채택해야 한다. ③ 만일 우리가 상반되는 견해들이 적절한 근거에 따라(eulogōs) 성립되고 있음을 보이면, 이 일은 성취될 수 있을 것이다. 왜냐하면 이러한 종류의 설명(논의)이 '현상들'과 가장 잘 일치할(정합할; homologoumenos) 수 있을 것이기 때문이다. 그렇게 해서 그 주제에 관해 '말해져 온 바'(주장, to legomenon)가 어느 면에서는 참이고, 어느 면에서는 참이 아니라면, 상반되는 주장들(tas enantiōseis)이 굳건하게 유지된다는 것이 밝혀진다"(1235b 13~18).

여기서도 주어진 문제를 공략하는 방법상에서의 주요 개념들과 절차는 앞서의 『니코마코스 윤리학』에서와 마찬가지로 ① apodōsei(드러내며), ② tas aporias lusei(아포리아를 해소하고), ③ eulogōs phainētai(적절한 근거[이유]를 보이는) 일이다. 즉, 해당하는 문제에 대한 ta dokonta를 들추어내어 규정하고, 그것에 얽혀 있는 난점들을 해소해야 한다. 이 난제를 해소함에 있어서 그 근거는 현상들('우리에 의하여 받아들여진 사실')과 대결함이 없어야 한다. 이러한 과정을 거쳐 상반되는 견해들에 내포된 거짓의 요소가 배제된 연후에야, 비로소 엔독사(도쿤타)는 굳건하게 유지되고(sumbainei menein), 충분히 밝힌 셈이 된다.

앞선 『니코마코스 윤리학』 인용문에서 보이지 않던 중요한 사항 하나가 이 대목에 부가되고 있다. 간과해선 안 되는 그것은 난제 해소 과정에서 '현상들'과 대결하지 않는 것이며, 그 난제가 지니고 있는 난점을 해소하기 위한 하나의 기준으로서의 '정합성'(homologoumenos)이다.[139] 어떤 한 문제에 대하여 증거와 범례(marturiois kai paradeigmasi)로서 주어진 현상(화이노메논)이 인간의 논리 체계(dia tōn logōn)와 상충하지 않을 때, 그 현상은 구제될 수 있다.[140] 아래의 논의에서 우리는, 이 기준이 아리스토텔레스의 철학적 방법론을 이해하기 위한 중요한 실마리임을 보게 될 것이다.

상기한 두 대목의 분석에서 밝혀진 대로 철학적 방법의 첫 번째 단계는 해당하는 주제에 대한 견해들을 정립하고 규정하는 일이다. 그래서 아리스토텔레스는 실제로 『니코마코스 윤리학』 제7권에서 아크라시아에 대한 논의가 왜 문제가 되고 이에 대한 논의가 어떤 형식으로 이어져 왔는가를 규정해 주고 있다. 아크라시아에 대해서 정리되는 목

139 이론과 관찰이 맞아떨어지는 정합성의 기준이 언표되는 구절은 『동물의 생성에 대하여』에서 찾아진다. 거기에서는 "이론들의 결과가 관찰된 사실들과 일치한다고 하면 이론들도 마찬가지로 믿어져야 한다"고 말해지고 있다(760b27 아래).

140 아리스토텔레스, 『에우데모스 윤리학』 제1권 제6장 1216b26-28.

록이 곧 엔독사로서, 그는 이것을 '이상이 흔히 사람들이 말하는 바(ta legomena)'라고 규정한다.

이어지는 다음 단계는 난제를 철저하게 파헤치는 것으로 '아포리아를 상세하게 드러내는 일이다'(dierchesthai tas aporias).[141] tas aporias lusei 과정, 즉 diaporein의 과정은, 예비적인 작업으로서 아크라시아에 대하여 주어진 자료들에 내재하는 문제를 검토하기 위한 엔독사를 결정하는 단계다. 이 단계에서 엔독사에 내재하는 상호 합치하지 않는 모순과 일관되는 주장을 발견하기도 한다. 즉, 이 과정은 애초에 엔독사로 규정되었던 것들에서 그것들의 부적합성을 발견하는 작업을 수행한다.

마지막 단계에 이르러 모든 엔독사의 옳고 그름이 가려지게 된다. 그러나 항시 만족스럽게 그러한 결론에 도달하는 것만은 아니다. 경우에 따라, 우리가 '많은 경우에 두루 맞아떨어지는 것'(ta pleista)과 '가장 유력하고 중요한 것'(ta kuriōtata)을 그대로 보존해야 하는 경우도 발생할 수 있다. 만일 우리가 규정하였던 엔독사 간에 서로 상충하는 경우가 발생한다면, '많은 경우에 두루 맞아떨어지는 것'을 선택하지 않을 수 없다. 따라서 ta pleista는 또한 ta kuriōtata(가장 유력하고 중요한 견해)를 포함해야 한다. 다른 견해보다 어떤 한 특정한 견해가 보다 더 endoxon 할 수 있다는 그의 말을 고려해 보면,[142] 여기서의 '가장 유력하고 중요한 견해'라는 말은, 충분한 반성을 거친 후에도 유지될 수 있는 가장 널리 받아들여지는 엔독사일 것이다. 이 세 번째 단계는 '증명'의 단계로

141 보니츠(Bonitz)는 diaporein과 aporein이 동일한 의미로 사용된다고 지적하면서도, 어떤 맥락에서는 보다 정확한 의미로 dierchesthai tas aporias를 뜻한다고 말하고 있다(diaporein interdum ita usurpatur, ut obliterata praepositionis vi a simplice aporeîn non differre videatur … sed proprie diaporeîn est dierchesthai tas aporias). 『색인』, 187b1-11.

142 아리스토텔레스, 『토피카』 제8권 제5장 159b7 및 22 참조.

서 생겨난 문제들에 대한 해법(매듭)에서 이루어진다. 왜냐하면 "만일 그 난점들이 해소되고, 그 엔독사들이 적절한 입장에 남아 있게 된다면, 우리는 충분하게 밝힌 셈이 되기 때문이다". 다시 말하여 충분한 증명을 준 것이기 때문이다.

그런데 이 구절은 두 가지 의미로 해석이 가능하다. 하나의 해석은 ① 난점을 포함하는 생각(관념)을 '거부'하는 것으로, 다른 하나의 해석은 ② 통속적으로 받아들여지는 (사람들의) 생각에 부착되어 있는 난점을 '해소'하는 것으로의 해석이 그것이다. 아크라시아가 논의되는 전후 맥락을 고려하면, 그란트 경의 해석처럼 ①의 해석이 적합해 보인다.[143] 하지만 우리가 아리스토텔레스의 학문 방법론에 관심을 갖는 한, 양자로의 어떤 해석이라도 무방할 수 있다. '현상의 구제'라는 말을 아리스토텔레스의 철학적 맥락에서 이해하고자 한다면, 현상의 폐기와 구제라는 두 의미로 받아들여야 한다.

아크라시아에 대한 엔독사를 규정한 후에 아리스토텔레스는 다음과 같이 말한다.

> 엔독사들 중의 일부는 제거되어야 하고, 다른 일부는 남겨야 할 것이다. 난제를 해결하는 것이 [우리가 찾는 것에 대한] 발견이기 때문이다 (1146b6-8).

일단 최초의 단계에서 주어졌던 엔독사가 수정되어 그것에 얽혀 있던 매듭이 풀어지고 난 연후에 해당하는 문제에 대한 적절한 엔독사들

143 이 두 해석에 대해서는 Sir Alexander Grant, *The Ethics of Aristotle*, vol. 2, 1874, p. 194 참조.

이 남아 있게 된다면, 우리는 그것들 속에서 올바른 진리를 발견할 수 있게 된다.

지금까지의 논의를 통하여 아리스토텔레스의 철학적 방법을 도식적으로 정리해 보면 다음과 같다.

① 해당하는 주제에 관한 일련의 엔독사를 수집하여 하나의 부류로 분류한다. 이 부류는 {A1, A2, …, An}으로 구성된다. 이 부류에 속하는 엔독사는 인간이 함께 공유하는 삶의 방식과 그 방식과 관련해서 의미 있는 것들이다.

② 이것들 중에 적절한 것과 부적절한 것을 탐지하는 작업을 수행한다. 해당하는 주제에 관련 있는 수집된 엔독사들의 적합성은 이미 확립된 해당 학문 원리에 의해 혹은 사실에 부합하는지에 비추어, 나아가 질서 있게 자리 잡은 관찰과 데이터에 관련하여 심사받게 된다.[144] 이 작업 과정에서 적절한 것과 그렇지 못한 것을 가리는 기준은 일종의 '논리적 정합성'이다. 이 기준은 앞서 고찰한 바 있는 『에우데모스 윤리학』의 해당하는 구절에서의 malista gar homologoumenos ho toioutos estai logos tois phainomenois에서 확증될 수 있다.

③ 부적절한 것을 폐기하고, 이어서 새로운 부류의 엔독사를 만들어 낸다. 새로운 {B1, B2, …, Bn} 중에서 '가장 유력한' B들을 선택한다. 그

144 선행 철학자로부터 내려온 엔독사를 검증하는 절차에 대해서는 아리스토텔레스, 『자연학』 제2권 제4장 195b31-196b7; 제8권 제1장 250b15-251a9; 제9장 265b17-266a9; 『천체에 대하여』 제2권 제13장 293a15-296a23; 『생성과 소멸에 관하여』 제1권 제8장 324b25-326b28 참조. 『천체에 대하여』 294b34-295a2에는 "우리의 능력이 닿는 한, 그 문제에 관한 우리의 결정이 이미 내려졌기 때문에 그것들(엔독사)을 데이터(확정된 결과)로서 사용해야 한다"라고 말해지고 있다.

것들을 포함하는 최적의 부류를 선택하기 위해 매듭을 풀고, 왜 그것들이 그런지를 밝혀 낸다.

④ 그렇게 되면, 우리는 {Γ1, Γ2, …, Γm} 이라는 최종적인 결론을 이끌어 내게 된다. 여기서 m 〈 n이어야 하고, Γ들은 '충분하게 증명'된 것들이다.

이러한 과정을 통해 우리는 해당하는 문제들에 대한 철학적 탐구를 수행한다.[145] 그런데 ①과 ②의 과정을 거친 ③과 ④의 엔독사는 애초에 주어진 것들과 동일한 것을 의미하지 않는 것처럼 보인다. ①의 단계에서의 엔독사는 관련된 주제에 연관된 모든 후보자들을 의미하는 것처럼 보이고, ②와 ③의 과정을 거쳐 최종적으로 남겨진 ④의 엔독사는 한 주제의 탐구를 위한 참된 후보가 될 수 있는 확정된 자료로 받아들여지고 있다.

①의 단계에서 수집된 엔독사는 화이노메나의 첫 번째 의미에 가까운 인간의 경험에 의하여 주어진 적절한 논의 과정을 거치지 않은 해석되지 않은 '현상'을 의미하고, ④에 속하는 것들은 그것의 개념을 분석함으로써 획득되는 정교하게 해석된 엔독사로의 해석이 가능할 수 있다. 그렇다고 하면, 변증술적 추론의 방법에서 이용할 수 있는 엔독사는 ④에서 증명된 것들만으로 학문의 증거로 사용될 수 있을 성싶다. 그러나 엔독사에 대한 '명확한' 의미의 준별은 그다지 썩 좋은 해석인 것 같아 보이지 않는다. 왜냐하면 변증술적 학문 방법의 역할과 기능을 고려해 보

145 이 분석 절차는 반즈(J. Barnes, "Aristotle and the Methods of Ethics", *Revue Internationale de Philosophie*, Vol. 34, 1980, pp. 490~511)의 해석을 토대로 해서 이루어졌다. 이러한 방법론적 분석은 『자연학』 제4권 제4장 211a7~11에도 해당될 수 있다.

면, 변증술이 상당히 포괄적인 기능을 담당하고 있기 때문이다. 더구나 ①, ②, ③, ④ 과정 그 자체가 진리를 추구하는 방법이기 때문이다.[146]

그런데 여기서 엔독사를 수집하고 준별해 가는 과정을 『토피카』에 나타난 변증술의 학적인 역할과 기능에 관련해 생각해 볼 여지가 있는 것처럼 보인다. 아리스토텔레스의 변증술의 학적인 역할은 우선적으로 지적인 훈련(gumnasia) 과정에서 드러난다(『토피카』 101a29-30). 변증술의 훈련은 주어진 어떤 주제에 대해 보다 잘 논증할 수 있도록 우리를 적합하게 만들어주는 데 그 기능을 다한다. 거듭된 훈련을 통해서 우리는 주어진 주제를 탐구함으로써 가장 적합한 방법론을 배울 수 있게 된다.

146 반즈(1980), 누스바움(1986), 어윈(T. H. Irwin, "Ways to first principle: Aristotle's methods of discovery", *Philosophical Topics* 15, 1987, pp. 109~134; *Aristotle's First Principles*, Oxford, 1988) 등은 변증술적 방법과 절차에 대해서는 기본적으로 동의하면서도 다른 각도에서 이 문제에 접근해 들어간다. 누스바움은 아리스토텔레스가 '현상'에 집착하는 태도를 퍼트남적인 '내재적 실재론'(internal realism)과 연결시켜 받아들이는 데 반해, 반즈는 그 방법이 '제한적'이고 '순환적'일 수밖에 없으므로 '발견의 방법'으로서 충분하게 활용되고 있지 못한다는 점을 지적한다. 누스바움이 말하는 내재적 실재론이란, '실재하는 것과 실재하지 않는 것은, 단지 어떤 이론이나 기술(記述), 이미 수용되는 믿음의 체계 안에서 결정될 수 없으며 또 독립적이며 외적인 방식으로도 결정될 수 없다'는 이론이다. 이 이론은 칸트에게서 기원한다(H. Putnam, *Reason, Truth and History*, 1981, Cambridge, pp. 49ff., p. 60). 누스바움의 내재적 실재론적 해석에 대한 쿠퍼의 비판 참조(J. M. Cooper, Review of Martha Nussbaum's *The Fragility of Goodness*, *Philosophical Review* 87, 1988, pp. 543~564; Aristotle on the Authority of "Appearances", in J. M. Cooper, *Reason and Emotion: Essays on Ancient Moral Psychology and Ethical Theory*, Princeton, 1999, pp. 281~291). 한편 어윈은 무차별적으로 선택된 엔독사의 집합으로부터 추론하는 '순수 토피카'에서 적절하게 선택된 엔독사의 하부집합으로부터 추론하는 '강력한 토피카'로의 방법론적인 이행이 있었다고 본다. 엔독사간의 '정합성의 확립'은 '제일원리'에 대한 지식을 줄 수 없다는 것이다. 아리스토텔레스는 '순수 토피카'가 '제일원리'에 대한 지식을 제공할 수 없다는 것을 깨닫고 방법론적 이행을 했으며, 제일원리에 대한 지식을 확보할 수 있는 엔독사를 통한 더 '강력한 토피카'로 전환했다고 해석하고 있다.

여기서의 그 사용은 명백하게 드러난다. 적합한 방법을 소유한다고 함은 제안된 어떤 주제에 대해 보다 잘 탐구할 수 있도록 우리를 적합하게 만든다. 이런 측면에서 변증술은 철학함의 방법을 가르친다. '거듭된 훈련'을 통한 방법이란, 주어진 많은 엔독사로부터 그 주제에 적합한 엔독사를 준별해가는 과정을 말한다.

이 과정 자체는 마치 칼 포퍼의 '추측과 반박'이라는 과정을 통해 과학적 지식을 축적해가는 과정과도 비견될 만하다. 왜냐하면 『분석론 후서』 하권 제19장에서의 귀납(에파고게)의 역할이 순수 경험적인 입장에 근거하는 보편자의 발견에 있다고 한다면, 여기서의 이 과정은 반(反)귀납적(현대적인 의미에서의 귀납)이고 반(反)베이컨적인 사실의 발견에 있기 때문이다.[147]

앞서 분석했던 바와 같이 엔독사들 구제하고 검토하는 과정을 통해서 우리는 해당하는 주제에 대한 탐구를 수행하기 마련이다. 바로 이러한 반복되는 과정인 변증술의 방법과 절차가 구체적으로 아리스토텔레스의 과학적 탐구를 비롯한 모든 학문의 방법으로 적용되고 있다. 이러한 측면에서 변증술은 우리가 생각하는 것 이상으로 과학과 밀접한 관련을 가진다.

나아가 우리는 ①과 ③ 혹은 ④단계에서의 엔독사가 분명하게 구별되는 것이라고 해석하였다. ③과 ④단계의 엔독사들은 개념을 분석함으로써 획득되는 정교화된 엔독사들이다. 그렇다고 하면, 최종적 검증 과정

147 '반(反)베이컨적인 사실'이란 감각에 주어진 감각 자료가 아니라, 이 현상세계에 대한 우리의 해석된 내용을 말한다. 이것은 우리의 개념 체계로 포착된 사실을 말하기도 한다. 우리는 세계를 관찰하되, 우리의 관점과 무관하게 이 세계를 관찰하는 것만은 아니다.

을 거쳐 확정된 엔독사들은 『분석론 후서』에서 문제되는 '제일원리(아르카이)'의 지위를 확보할 수 있는 것이 아닌가 하는 생각이 들기도 한다. 만일 이 점이 긍정적이라는 사실이 밝혀지기만 한다면, 변증술은 당당하게 아리스토텔레스의 학문 방법으로서의 최고의 관석(冠石)의 지위를 점하는 것이 되고, 다른 여타의 학적 탐구의 방법들은 그 하부 부류에 속하는 것에 지나지 않을지도 모른다.

그럼에도 불구하고 무엇보다도 '변증술의 본질은 긍정적으로 철학적 지식의 축적에 기여할 수 없다고 해도, 변증술은 철학과 과학에 대한 유용한 보조물'이라는 점을 지적하는 아리스토텔레스의 말에 유의해야 한다(『토피카』 101a35-101b14). 변증술이 철학과 과학에 대해 갖는 관련성은 '개별 과학에 대한 제일원리의 발견에 대한 관계'에서 드러난다. 다시 말하여 학문에 대한 보조 역할의 수행은, 특히 엄밀성을 추구하는 논증 이론에서 부딪치는 '아르카이'에 대한 지식을 획득하는 데 한몫을 수행할 수 있다는 관점에서 찾을 수 있다. 변증술이 그 역할을 수행하는 구체적인 방법은 어떤 과정을 밟는 것인가? 이 의문은, 우리가 앞서 분석한 엔독사의 수집과 준별 과정 자체를 통해 풀리리라 생각한다. 즉, 엔독사에 대한 검증과 비판의 과정, '추측과 반박'의 과정이 아르카이를 발견하는 과정 자체로 이끄는 논의로 해석할 수 있다는 것이다. 이러한 관점에서 변증술은 개별 과학에 대한 제일원리의 발견에 해당하는 관계를 지니고 있다.[148] 그래서 아리스토텔레스는 "그 기능은 비판적이고, 그것

148 아리스토텔레스는 화이노메나의 중요성을 천문학의 분야에서 특히 강조하였다. 그는 그 분야의 관찰이 상당한 정도의 부적절함을 지니고 있다는 것을 알게 되고(『동물의 부분에 대하여』 644b24-28), 생물학에 관련된 '관찰'에도 많은 것이 풍문에 지나지 않고 레고메나는 신중하게 취급되어야 한다는 것을 인지하게 되었다(『동물 탐구』 501a25-b1). 그래서 그는 화이노메나는 적절하게 정사되어 확실해져야 하는 것이라고

은 모든 학문의 제일원리(아르카이)에로의 길을 여는 것"(101b3-4)이라고 명확하게 밝히고 있다.

앞에서 분석한 방법론적인 절차와 단계가, 아리스토텔레스 자신이 규정하는 실제적인 학문 방법으로서 '개념 분석적 변증술'이라고 부를 수 있는 것이다.[149] 이는 아리스토텔레스가 늘 행하는 기본적인 방법상의 전략이기도 하다. 그는 자신의 견해를 내세우기 앞서 자신의 견해와 다른 전승하는 이러저러한 주장들을 논변이나 엔독사의 형식으로 설명하고 형식화하고자 한다. 그렇게 형식화된 문제들은 해결되어야 하는 아포리아로 우리에게 부각된다. 이렇게 문제 자체에 대한 정립이 이루어진 연후에야 비로소 아리스토텔레스 자신의 입장이 아포리아로부터 생겨난 논의에 대한 개념 분석적 변증술의 작업을 통해 나타나게 된다. 이러한 방법론적 절차는 가능한 많은 상이한 논증이 있었음을 보이고, 전승하는 논증 자체를 보존하려는 의도에서 그렇게 하는 것이다. 우리는 이와 같은 방법과 절차를 표명하는 대목을 『형이상학』 995a29-33에서도 발견한다.

"난제를 해결하기(euporêsai) 원하는 사람들에게는 그 난제를 적절하게 풀어내는 것(diapoēsai kalōs)이 유용하다. 왜냐하면 나중에 오는 아포리아를 해소한다는 것(euporia)은 앞선 아포리아(aporoumenōn)를 풀어내

주장한다. 그때에야 비로소 어떤 특정한 분야에서의 논증(아포데익시스)을 위한 원리들이 주어질 수 있다는 것이다(『분석론 전서』 상권 제30장 46a20-25).

149 '개념 분석적'이라는 용어는 간헐적으로 오웬이 사용하였고(G. E. Owen, "Tithenai ta phainomena", in ed. Mansion, *Aristote et les problèmes de méthode,* 2nd Symposium Aristotelicum, Louvain and Paris, 1961, pp. 83~103), 이 말을 다시 힌티카가 자신의 논의에 끌어들이고 있는데(J. Hintikka, *Time & Necessity*, 1973, p. 153), 나는 이들에게서 이 말을 차용하였다.

는 것(lusis)이며, 난제가 가진 [개념적인] 매듭(결박, desmon)을 알지 못한다면 그것을 풀어낼 수 없지만, 우리의 사유의 난제는 그 사안에 관한 매듭을 분명히 드러내는(dēlon) 것이기 때문이다. 누군가가 난제에 직면해 있는 한, 그런 점에서 그는 결박되어 있는 사람들이 겪었던 것과 비슷한 상태에 처해 있는 것이다. 이 두 경우에서는 앞으로 나아가기란 불가능하니까."

아리스토텔레스는 『천체에 대하여』 제1권 제10장 첫머리에서 적절한 진리에 도달하기 위한 방법과 절차를 제시하고 있다. 만일 누군가가 적절한 진리를 달성하고자 한다면, 그는 심판자(diaitētēs)적인 입장에서 있어야 한다. 먼저 그는 다른 사람의 주장(hupolēpheis)에 귀 기울여야 한다. 왜냐하면 한 주장에 대한 논증들(apodeixeis)을 내세운다는 것은 그 반대되는 주장 속에 포함된 난점을 드러내는 것이기 때문이다. 나중에 가서 주장되는 바는, 앞서 우리와 견해를 같이하지 않는 사람들에 의해 주어진 그 까닭을 경청했던 사람들에게 더 설득력이 있을 것이다. 이러한 작업은 단순히 반대자를 몰아세우려는 시도가 아니다.[150] 진리에 대한 올바른 판단에 도달하기 위해 도움이 되는 모든 상이한 주장들과 견해들을 모으고, 그렇게 수집된 자료들을 주의하면서 고찰하여 중립적 입장에서 올바른 판단을 내려야 한다는 것이 아리스토텔레스의 기본적 입장이다. 이렇듯 적절한 음미 과정을 통한 아포리아에 대한 개념 분석적 변증술이 그의 기본적인 학문 방법론의 패턴인 셈이다. 이러한 방법에 대한 모범적인 예가 『형이상학』 제1권과 『영혼에 대하여』 제1권, 그

150 아리스토텔레스, 『천체에 대하여』 제1권 제10장 279b5-12.

밖에도 『명제론』 제9장을 위시한 대부분의 저작에서 사용되고 있다.

아닌 게 아니라, 아리스토텔레스는 철학자의 임무가 아포리아의 해소에 있음을 자주 강조하고 있다. 이는 현대의 비트겐슈타인의 철학에 대한 규정을 떠올리게 하는 대목이기도 하다. 아리스토텔레스는 다른 곳에서 "아포리아를 해소한다는 것은 철학적 문제에 대한 해법의 발견"[151]이라고 말한다. 그에게서 난점을 푸는 일(euporean)은 먼저 난점이 왜 일어나는지를 상세하게 밝혀내는 일로부터 시작된다. diaporean, 즉 난점을 상세하게 드러내기 위해서는 도대체 문제가 무엇인지를(aporean) 깨달아야 한다. 그래서 아리스토텔레스는 "나중에 가서 아포리아를 해소한다는 것은 애초의 아포리아를 해소하는 것"[152]이라고 말하고 있다. 아리스토텔레스에게서 diaporean의 과정과 aporean의 과정은 분명하게 구별되지는 않는다. 양자가 동의어로 사용됨에도 불구하고, 앞서 보았듯이 diaporean은 난제를 제기하는 것으로 그치지 않고 '주어진 난제에 얽혀 있는 사항을 상세히 들추어내는' 작업을 의미한다.

저 유명한 아크라시아에 관련된 논의를 담고 있는 우리가 앞서 상세하게 분석한 대목과 『에우데모스 윤리학』에서의 '친애'를 논의하는 대목을 포함하는 전후 맥락을 통해서 그리 어렵지 않게 알아낼 수 있는 사실들이 있다. 이미 오래전에 오웬에 의하여 밝혀진 대로 ta phainoena와 ta endoxa는 동일한 의미를 가진 표현은 아니지만 동일한 내용 목록을 지시하는 것으로 사용된다는 점이다.

실제로 계속되는 대목(1145b20)에서 아리스토텔레스는 "이상이 흔히 말해져 오는 말들"이라고 하면서 일련의 아크라시아에 관련된 엔독

151 아리스토텔레스, 『니코마코스 윤리학』 1146b7-8.

152 아리스토텔레스, 『형이상학』 995a28-9.

사의 예들을 ta legomena 형식으로 내놓고 있다. 때로는 ta dokounta라는 말로 동일한 것을 지시하기도 한다. ta endoxa와 ta dokounta가 '생각되는 것들', '믿어져 온 바'를 의미한다고 하면, ta phainomena는 흔히 번역되듯이 '명백한 사실', '관찰된 사실'이 아니며, 또한 명백한 그 경우라든가 관찰에 의해 그 경우로 알려진 바가 아니라 오히려 '일반적으로 그렇다고 생각되는 것들'로 번역되어야 할 것이다.[153]

그런데 우리는 여기서 어떤 문제점에 직면하게 된다. 앞에서 검토했던 아리스토텔레스의 개념 분석의 변증술적 방법이 단지 실천적 영역에서의 정치·윤리적인 맥락, 즉 아크라시아 및 우애 등에 연관된 논의에 한정하는 것이냐, 아니면 그 논의를 넘어 더 넓은 학문상의 방법론적 적용을 가질 수 있는 것이냐 하는 점이다. 이미 앞서 그러한 방법이 적용되는 경우를 『영혼에 대하여』 제1권과 『형이상학』 제1권 등에서 찾아볼 수 있음을 말하면서 더 이상의 상세한 논의를 덧붙이지 않고 지나쳐 왔다. 일단 여기서는 그곳에서 찾아지는 방법상의 골자를 더 이상 스케치하지 않으려 한다.

『니코마코스 윤리학』 해당 구절에서 아크라시아에 관한 논의에 앞서 그 문제를 탐구하는 방법을 규정하는 가운데, 아리스토텔레스는 '다른 모든 경우에서처럼'(hōsper epi tōn allōn) 그렇게 진행해야 한다는 점을 명백하게 지적하고 있다. 물론 '모든'이란 말은 원문에 나타나고 있지 않지만, 그 대목을 해석하는 전체적인 맥락상 '모든'이란 말을 덧붙여도 별 무리 없는 해석인 듯싶다.

153 아리스토텔레스, 『토피카』 100a18(김재홍 역, 서광사, 2021) 엔독사에 대한 논의에 대해서는 p. 24~25, 각주 18 참조. J. Barnes, "Aristotle and the methods of ethics", *Revue Internationale de Philosophie*, No. 133-134, 1980, 490~511쪽, 특히 490쪽.

II. 『정치학』을 어떻게 읽을 것인가 : 정치학의 윤리적 성격과 윤리학의 정치적 성격

고대에서의 『정치학』의 전승과 주석의 문제

먼저 『정치학』이 고대에 학적 관심과 주목을 별로 받지 못했던 이야기부터 시작하자.

'정치학'에 관련된 여러 저작을 아리스토텔레스가 썼다는 것은 3세기경에 활약했던 디오게네스 라에르티오스가 전해 주는 아리스토텔레스의 저작 목록(『유명한 철학자들의 생애와 사상』, 제5권 22-27)과 4세기 초반에 만들어진 프톨레마이오스(Ptolemaios-el-Garib)의 『아리스토텔레스의 생애』(*Vitae Aristotelis*)에 대한 5세기에 작성된 시리아 번역판과 아라비아 번역판을 통해서 확인할 수 있다. 그렇다면 좀 의아스러운 일이긴 하지만, 고대와 비잔틴 시대에 아리스토텔레스의 『정치학』이란 작품이 알려져 있었음에도, 고대(기원전 1세기~기원후 6세기)에는 그 작품에 대해 주석을 쓴 아리스토텔레스 주석가들이 없었다는 점이다.[1]

논리학을 비롯한 여러 분야의 아리스토텔레스 주석가(ho exēgētēs)로 잘 알려진 2세기경 페리파토스학파에 속했던 아프로디시아스의 알렉산드로스 역시 『정치학』을 언급하고는 있지만, 해당 주석서는 쓰지 않았다. 생물학의 분야에 대한 주석서가 없는 것과 마찬가지로 『정치학』에

1 R. Sorabji, *Aristotle Transformed, The Ancient Commentators and their Influence*, Cornell University Press. 1990. 고대 그리스 철학에 대한 주석서 판본(CAG)에 나오는 아리스토텔레스에 대한 주석서 목록과 저자들에 대해서는 pp. 27~30 참조.

대한 연구서와 주석서가 없는 이유는 그만큼 『정치학』이 당대의 학자들의 관심 밖으로 밀려나 있었다는 것을 말해 준다. 이것은 『정치학』이 다루는 주제들이 헬레니즘 시대에 접어들면서 헬라스 특유의 폴리스 체제가 무너지고 로마 제국이 성립되는 동안, 동서 문화가 융합하는 새로운 세계관이 자리 잡았던 정치적 상황과 너무도 동떨어져 있기 때문으로 추정된다. 로마 공화정 시대에 접어들어서도 사정은 마찬가지여서 아테나이에 머물며 안티오코스에게서 철학을 배우며 아리스토텔레스 철학에 관심을 가졌던 키케로 역시 『정치학』이란 작품 이름만을 언급하고 있을 뿐이다.

페리파토스 이후 아리스토텔레스 저작을 연구해서 그의 저작에 대한 많은 주석을 남겼던 3세기에서 6세기에 걸쳐 활동했던 신(新)플라톤주의자들—암모니오스, 포르퓌리오스, 이암블리코스, 프로크로스, 심플리키오스—역시 『정치학』에 대한 주석서는 남기지 않았다. 그들은 아리스토텔레스의 철학을 플라톤 철학의 입문서로 간주하려는 경향을 가지고 있었다. 신플라톤주의자들은 형이상학적으로 플라톤적인 초월적 형상 이론과 스토아학파의 명목론을 거부하는 '이 세계적인 실재론'을 옹호하고자 하였다. 자연학과 신학적인 측면에서 아리스토텔레스가 영원한 것으로 간주했던 우주를 모든 차원에서 같은 정도로 구성된 유기적 질서를 갖지 않는 하나의 체계로 간주했다. 그들은 윤리적인 측면에서는 아리스토텔레스의 입장을 추종하면서도, 세상적인 것에 대한 무관심을 표명한 스토아적인 입장을 거부하면서 외적 좋음이 인간의 행복에 영향을 준다는 생각을 옹호하였다. 그래서 그랬던지 신플라톤주의자들은 주로 자연학, 형이상학, 논리학, 윤리학에 대해서만 주석서를 남기고 있다.

눈을 동쪽으로 돌려보면, 9세기경 아라비아의 압바시야('Abbāsids, 압바스) 왕조 시대에는 다양한 분야의 학문에 관련된 헬라스어 문헌을 아라비아어로 옮기는 번역 운동이 활발히 전개되었다. 아리스토텔레스의 대부분의 저서가 아라비아어로 번역되는 이 시기는 당시로서는 아라비아가 문화와 학문 발전의 최고 전성기를 구가하던 때였다. 이 중심에서 번역 작업을 통해 활발한 학문적 활동을 펼쳤던 대표적인 학자가 후나인 이븐 이사크(Hunayn ibn Isahāq, 라틴명 Johannitius, 809~73)였다. 그는 1백여 권이 넘는 헬라스 원전을 시리아어와 아라비아어로 번역했으면서도 그가 번역한 책들 중에 아리스토텔레스의 『정치학』은 들어 있지 않았다.[2]

그 기간 동안 『니코마코스 윤리학』과 『대(大)도덕학』(*Khulqiyat*)은 아라비아어로 번역되었다. 아마도 '예언자 철학'을 중시하던 경향이 『정치학』을 무시하게 했거나, 당시 논리학과 의학 및 자연과학을 중시하는 경향 때문에 아리스토텔레스의 생물학, 자연학, 오르가논에 관련된 저술이 주된 번역 과제였을 수도 있으며, 정치체제가 다른 상황에서 폴리스를 중심으로 하는 정치체제를 문제 삼고 있는 『정치학』이 그들에게 어떤 실질적인 도움이 되지 못할 것이라 생각해서 그랬을 수도 있겠다. 더 그럴듯한 가설은 『정치학』 작품 원전을 입수할 수 없었을 것이라는 추정이다. 『정치학』이 여러 두루마리로 돌아다녀서 온전한 형태로 전승되지 못했기 때문에 아라비아 학자들이 체계적으로 『정치학』을 검토해 볼 여지가 없을 수도 있다는 것이다. 이 점은 『정치학』의 원전 상태가 당시에도 여전히 불완전한 상황이었음을 보여 주는 반증이다.

이 시기에 아리스토텔레스의 대부분의 책이 번역되어 중세와 르네상스 시대에 아리스토텔레스 철학의 수용에 중요한 역할을 수행했음에도 불구하고 유독 『정치학』이 빠져 있었다는 것은 다소 의아하다. 이러

2 M. Deslauriers and P. Destrée, *The Cambridge Companion to Aristotle's Politics*, Cambridge University Press, 2013, p. 1, p. 11. 디미트리 구타스, 『그리스 사상과 아랍 문명』(*Greek Thought,Arabic Culture*, 1998), 정영목 옮김, 글항아리, 2013, pp. 248~255 참조.

한 역사적 사실들은 이만큼이나 고대에도 『정치학』은 학문 세계에서 무시되었던 작품이었음을 보여 준다. 본격적으로 『정치학』에 대한 주석이 이루어진 것은 12세기에 들어서서였으니(1138년경 혹은 그 이후) 비로소 에페소스의 미카엘(Michaēl Ephesios)이 생물학 저작들과 『소피스트적 논박에 대하여』, 『니코마코스 윤리학』 등을 주석했으며, 또한 『정치학』에 대한 주석서를 남겼으나 지금은 일부만이 전하고 있을 뿐이다.

아라비아 번역본으로부터 아리스토텔레스 대부분의 책을 주해했던 아벨로에스(Ibn Rushd, 1126~98)에게도 『정치학』에 대한 주해서는 남아 있지 않다. 아리스토텔레스의 『정치학』을 입수할 수 없었기 때문에, 그는 그것을 플라톤의 『국가』로 대체해서 주해했다고 알려져 있다. 플라톤의 『국가』 주해서 처음 부분에서 플라톤의 책을 선택했던 이유에 대해, 그는 "정치체제에 대한 아리스토텔레스의 책은 아직 우리의 수중에 있지 못했다"라고 말하고 있다.[3]

단테 알리기에리(1265~1321)는 아베로에스를 두고 "위대한 주해를 저술한 아벨로에스"(Averrois, che'l gran comento feo, 『지옥』 IV144)라고 찬양한 바 있다. 아베로에스의 아리스토텔레스에 대한 주석을 충실하게 따랐던 단테는 그의 『제정론』에서 '철학자의 권위'라는 수식을 덧붙이면서 아리스토텔레스의 철학적 입장을 충실히 받아들였다. 단테는 자신이 '아는 자들의 거장'('l maestro di color che sanno, 『지옥』 IV131)이라 불렀던 아리스토텔레스의 입장에서, "우리 눈앞에 있는 자료가 '정치학'"이며, '정치학'은 실천을 지향한다고 말한다. 여기서 그가 말하는 '정치학'이 아리스토텔레스의 『정치학』을 가리키는 것은 거의 틀림없

3 *Averroes on Plato's Republic*, ed. Ralph Lerner, Ithaca, 1974, p. 4.

다. 그렇다면 정치학의 필사본이 비잔틴으로부터 유럽에 도착한 것은 비로소 13세기에 들어서였을 것이다.

> 사변만 하지 않고 실천할 수 있는 학문이 있는데, 이러한 학문은 사변하기 위하여 실천하는 것이 아니라 실천하기 위하여 사변을 채택하는데 여기서는 실천이 목적이기 때문이다.[4]

1250년경에 맨 처음으로 『정치학』의 라틴어 번역판이 헬라스어를 구사할 줄 알았던 도미니크회 수도사였던 빌렘 판 무베커(Willem van Moerbeke, Gulielmus de Moerbecum, 1215~1286)에 의해서 출간되었다. 이 라틴어 번역판이 토마스 아퀴나스(1224~1274)에게 전해져 『정치학』에 대한 주석서가 쓰이게 되었음은 익히 알려진 사실이다. 이후 아리스토텔레스 정치철학에 대한 토미즘의 전통이 형성되기 시작한다.

그 후 아리스토텔레스의 정치철학의 권위와 지위가 무너지기 시작한 것은 16세기에 들어서 니콜로 마키아벨리(1469~1527)에게서였다. 그는 과거의 '상상의 공화국이나 공국'은 더 이상 정치적 행위의 지침으로 받아들일 수 없다고 선언하고, 인간에 대한 '실효성 있는 진리'에 확고하게 뿌리를 둘 수 있는 새로운 정치학을 요구했다. 그럼에도 르네상스 시대의 마키아벨리의 『군주론』(*Il principe*)이 아리스토텔레스의 『정치학』을 참고하고 있음은 명확하다. 특별히 『정치학』 제5권 제10장에서 다루어지는 참주정의 몰락과 보존이란 주제는 마키아벨리의 주된 관심의 대상(『군주론』 제19장)이었을 것이다. "실제로 『군주론』 제19장은 아리스

4 단테, 『제정론』(De Monarchia), 성염 역주, 경세원, 2009, 제1권 제2장.

토텔레스의 『정치학』 제5권과 설득의 주제나 수사적 기법에서 놀라울 정도로 일치한다"는 평가를 내리는 학자도 있다.[5]

그럼에도 어쩐 일인지 『군주론』에는 아리스토텔레스라는 이름이 언급되고 있지 않다. 마키아벨리가 아리스토텔레스를 직접적으로 언급하지 않은 이유를, "모든 것이 변화한다는 스스로의 인식론적 입장에서 볼 때 고전의 권위를 이용하는 것이 스스로에게 불편했을 수도 있고, 수사의 대상이 되는 사람들이 학자적 논쟁보다 현실 정치에 대해 좀 더 중시하도록 만들려는 의도를 갖고" 있었기 때문이라고 해석하기도 한다.[6] 어쩌면 르네상스 시대에 접어들어 이미 아리스토텔레스의 학문적 권위가 무너지고 있었는지도 모르겠다. 하지만 『강론』에서는 아리스토텔레스를 직접 언급하며 이렇게 말하고 있다.

> 참주들의 몰락에 대해(della rovina de' tiranni) 아리스토텔레스가 쓴 첫 번째 원인들 중에는 여자로 인해 누군가에게 상해를 입히는 것이 있다. 그들을 겁탈하거나, 그들을 폭행하거나, 결혼 관계를 파괴하거나 함으로써 말이다. 이 부분에 대해서는 우리가 음모들에 대해 다루는 곳에서 자세히 말했다(*Discorsi* 3.26.[10]).[7]

여전히 아리스토텔레스의 『정치학』에 대한 평가는 그리 고운 편이 되지 못해서, 근대에 들어서도 아리스토텔레스와 달리 '인간이 자연적으

5 마키아벨리와 아리스토텔레스의 연관성에 대한 더 자세한 사항은 곽준혁, 「마키아벨리와 아리스토텔레스—참주 교육의 정치철학적 재고」, 『대한정치학회보』 21집 3호, 2013 참조.

6 같은 글.

7 같은 글에서 재인용.

로 사회적'이라는 점을 받아들이지 않았던 홉스(1588~1679)와 같은 정치학자는 아리스토텔레스의 『정치학』을 혹독하게 평가한 바 있다. 그는 아리스토텔레스의 '정치적 자연주의'에 반대하면서, 개인이 국가에 앞선다고 주장한다. 개인은 비정치적인 조건으로부터 출발해서 국가를 존재하게 했다. 국가라는 정치적 공동체는 인간이 만든 인공품에 지나지 않는다는 것이다. 홉스는 국가가 자연적으로 존재한다고 보는 아리스토텔레스의 입장을 강하게 거부한다.

"나는 현재 『아리스토텔레스 형이상학』이라 불리는 것보다 더 터무니없이 자연철학에서 말할 수 있는 어떤 것도 없으며, 그가 『정치학』에서 말한 것보다 더 국가에 대해 모순되는 것도 없고, 또한 그의 『윤리학』의 많은 부분보다 더 무지한 것도 없다고 믿는다."[8] 요컨대 홉스 계열의 정치학자들에게서 우리가 받는 인상이란, 『정치학』이 우리를 둘러싸고 있는 현실적인 정치 세계와는 아무런 관련이 없는 것이어서 그 어떤 도움도 주지 못한다는 것이었다. 이로써 아리스토텔레스의 『정치학』은 현실 정치에서 생생한 중요성을 갖는 작품으로서의 지위는 점차 수그러지게 되었다.[9]

8 Thomas Hobbes, *Leviathan*, Cambridge: Cambridge UP, 1996, XLVI, pp. 461~462.

9 정치학의 창시자로서의 아리스토텔레스 『정치학』에서 표명된 정치 이론은 시대에 뒤떨어진 것이라 말할 수 있다. 하지만 그의 『정치학』에 빚지고 있는 정치에 관련된 이론들은 역사적 관심이란 측면에서 여전히 유효할 수 있다. 나아가 역사적인 관심에 머물지 않고 그것을 넘어, 국가를 경영하는 기술을 포함하는 그의 정치 이론에서 현대 정치학에 기여할 수 있는 시사점을 찾아내는 일은 충분히 의미 있는 작업이다. L. E. Goodman & R. B. Talisse, ed., *Aristotle's Politics Today*, State University of New York Press, 2007 참조.

『정치학』의 구성과 해석의 문제

'정치학 저작들'(politika biblia)를 의미하는 *Politika*(『정치학』)이란 이름은 아리스토텔레스 자신이 붙인 것이 아니다. 전체가 8권으로 되어 있는데, 낱권 하나가 하나의 파피루스 두루마리로 되어 있다. 디오게네스 라에르티오스가 전하는 『정치학』에 대한 고대의 제목은 『테오프라스토스의 것과 비슷한 정치학 강의 여덟 권』(Politikēs akroaseōs hōs hē Theophrastou α'β'γ'δ'ε'ς'ζ'η')이다(『유명한 철학자들의 생애와 사상』 제5권 24). 이는 당시에 아리스토텔레스 저작 목록을 전하는 저자들에게는 아리스토텔레스의 '정치학' 논고가 테오프라스토스의 것보다 덜 친숙했다는 것을 보여 준다. 아니면 저작 목록을 만든 사람이 그 작품을 아리스토텔레스나 테오프라스토스 누구에게 귀속시킬지를 확신하지 못하고 있음을 말하는 것일 수도 있다. 이것은 처음에는 그 작품들을 한데 모은 사람이 테오프라스토스였음을 보여 주는 것일 수 있다. 한편 프톨레마이오스의 아라비아 번역판 『아리스토텔레스의 생애』(37항목)는 『정치학 8권』(*Politikōn ē*)으로 기록하고 있다. 사실상 현존하는 아리스토텔레스 저작 어디에도 『정치학』이란 제목은 없다.[10]

『정치학』은 대체로 그의 말년인 뤼케이온 시절에 쓰인 것으로 보인다. 『정치학』에 기록된 가장 늦게 일어난 역사적 사태는 필립포스 2세의 살해 사건이다(제5권 1311b2). 그 사건은 기원전 336년에 발생했다. 마케도니아의 필립포스 2세는 소아시아 침략 직전에 젊은 마케도니아 사

10 아리스토텔레스의 『수사학』 제1권 1366a22에서 "en tois Politikois"(정치학에서)라는 표현이 나오지만, 현재 상태로 편집되어 있는 작품을 언급하는 것으로 보이지는 않는다. 물론 『수사학』의 저 대목이 정치체제를 분류하고 있는 『정치학』 제3권 제7장을 지시하는 것으로 보이기는 하지만 말이다.

람인 파우사니아스에 의해 살해되었다. 필립포스 2세의 눈을 사로잡았던 파우사니아스가 필립포스 2세의 가장 젊은 부인인 클레오파트라의 아저씨 앗탈로스에게 모욕을 당하고 왕의 딸의 결혼을 축하하는 범(汎) 헬라스 제전에서 필립포스 2세를 단도로 찔러 살해한 것으로 알려져 있다. 그의 아들이 바로 알렉산드로스 대왕이다.

그렇다면 적어도 『정치학』이, 혹은 이 대목을 비롯한 그 일부가 기원전 336년 이후인 그의 생애 말년 14년 동안에 쓰인 것임을 확증해 주는 증거가 될 수 있을 것이다. 그렇다고 해도 이것을 결정적인 것으로 받아들일 수는 없다. 앞서 말한 것처럼 아리스토텔레스가 늘 자신의 저작을 개작했다는 그 사실만으로도, 어떤 한 문장을 중심으로 어떤 특정한 사건 전후에 얼마만큼의 분량이 쓰였는지를 확증하기란 곤란하기 때문이다. 앞서 '아리스토텔레스의 생애'에서 언급한 바 있지만, 아리스토텔레스의 저작들은 그의 온 생애에 걸쳐서 쓰이고 다시 개작되는 단계를 거쳤다. 그 과정 속에서 생각이 바뀌었을 수도 있고, 새롭게 자료를 보충하고 앞에 썼던 내용을 수정했을 것이다.

한동안 뜨거운 감자와 같았던 『정치학』의 저작 순서와 연대를 정하는 문제를 생각해 보자. 『정치학』은 대중을 위한 강의(hoi exōterikoi logoi)에서 말해진 실천적인 방편을 위한 논구인가, 아니면 학파 내부의 전문적 학생들을 위한 이론적 논구(hoi akroatikoi[esoterikoi] logoi)인가? 『정치학』은 체계적으로 완결된 저작이 아니라, 그저 강의를 위해 사용된 노트들의 묶음인가? 그리고 『정치학』 제7권과 제8권을 어떻게 이해할 것인가? 독립된 저작인가? 아니면 19세기 독일의 아리스토텔레스 저작의 편집자이자 주석가인 주제밀(Franz Susemihl, 1826~1901)과 영국의 편집자이자 주석자인 뉴먼(W. L. Newman, 1834~1923)의 견해와 같이 제

4권, 제5권, 제6권을 일련의 저작 순서에서 배제할 것인가?[11]

만일 따로따로 독립된 논구들이라고 생각한다면, 『정치학』은 이론적으로 체계화된 저작이 아니기에 저작 전체를 꿰뚫는 '통일성과 일관성'을 가진 정치적 원리를 찾아내는 일은 불가능할 것이다. 이런 문제들이 우리에게 남겨진 숙제거리다.

대체로 보아 정치학은 세 묶음으로 나뉜다. 제1권에서 제3권, 제4권에서 제6권, 그리고 제7권과 제8권이 그것이다. 이 세 묶음으로 나누는 것은 나름대로의 논리적 근거와 그 내용의 관점에 비추어 그 정당성을 가진다. 전체 8권으로 전해지는 아리스토텔레스의 정치학의 '구성'과 책들 간의 전후 연결 순서에 관련된 문제는 15세기 이탈리아의 르네상스 시대 이래로 긴 시간 동안 '뜨거운 감자'로 남아 있었다.

저작의 순서를 바꿀 것을 처음으로 제안한 사람은 후기 르네상스 철학자였던 스카이노 다 살로(Scaino da Salo)로, 1577년에 「정치학에 대한 물음들」에서 자신보다 앞서 1374년에 근대어로 번역을 시도했던 '14세기 프랑스의 아인슈타인'으로 불렸던 니콜 오레슴(Nicole Oresme, 1320/1325~82)에 의해 제안된 해결책을 옹호하는 것이었다.[12] 거의 250년간이나 이 주장은 무시되다가 프랑스 철학자인 바르텔레미 생틸레르(Barthélemy Saint-Hilaire, 1805~1895)가 이 견해를 지지하게 되면서,[13] 발전사론적 관점에서 아리스토텔레스의 철학사를 해석했던 베르

11 W. L. Newman, *The Politics of Aristotle*, 4 vols., Oxford University Press, 1887-1902 (repr. Salem, NH: Ayer, 1985); F. Susemihl & R. D. Hicks, *The Politics of Aristotle, London*, 1894 (repr. 1976).

12 니콜은 『니코마코스 윤리학』(1369~70년), 『정치학』과 『가정 경제학』(1372~1374년), 『천체에 대하여』(1377년)를 번역했다.

13 *Politique d'Aristote*, Paris: Ladrange, 1874.

너 예거에 의해 복권되는(1923년) 기회를 맞이하였다.[14]

게다가 생틸레르 및 몇몇 학자들은 제5권과 제6권의 순서를 바꿔야 한다고 주장한다. 이 주장은 제4권 제2장 1289b20-26에서 제시되는 물음들 중 다섯 번째 물음, 즉 정치체제의 보존과 파괴가 제5권에서 다뤄지고, 나머지 물음들은 제6권에서 논의된다는 것에 근거한다. 하지만 이 해석은 제6권에서(1316b31-36, 1317a37-38, 1319b4-6, 1319b37-1320a4) 선행하는 논의가 언급되는 것으로 보아 그럴듯해 보이지 않는다.

예거의 견해와 그에 대한 비판

정작 골치 아픈 문제는 이것이다. 광범위한 정치체제의 경험적 사례를 모으고 있는 제4권, 제5권, 제6권과 '이상 국가'를 논의하는 제7권, 제8권의 관계를 우리는 어떻게 이해해야 하는 것인가? 앞서 상세하게 고찰했던 '플라톤주의로부터 경험주의로의 전환'을 아리스토텔레스의 사상의 발전 단계로 보는 예거는 제2권이 플라톤의 『국가』에 대한 비판이 이루어지고 있음에도 제2권, 제3권, 제7권, 제8권을 '유토피아적 책들'이라 부르며, 이 책들을 일련의 통일된 독립된 저작으로 간주하고, 나중에 자신의 독자적인 입장으로 돌아선 시기에 저술된 '순수 경험적인' 저작들을 삽입된 것으로 보고 있다.

예거의 주장은 『정치학』이 두 개의 별개의 논구로 구성되며, 상이한 시기에 정치적 현상에 대한 서로 다른 상충하는 방법으로 쓰인 논구들의 모음집이라는 것이다. 그 두 단계란 '플라톤주의'를 추종하던 시기와 플라톤에게서 벗어나 독자적인 방법으로 지적 사유를 전개하던 시기

14 W. Jaeger, *Aristoteles: Grundlegung einer Geschichte seiner Entwicklung*, Berlin, 1923.

다. 아리스토텔레스의 철학적 사유에 대한 발전사론적 입장에서 볼 때, 아리스토텔레스의 지적 사유는 제2권, 제3권, 제7권과 제8권에서 표명되는 이상적인 폴리스를 표명하는 시기가 플라톤의 영향을 강하게 받고 있었던 초기의 단계였고, 제4권에서부터 제6권에 이르러 점차적으로 '사실적이고 경험적인 탐구' 단계로 발전해 나갔다는 것이다. 그래서 예거는 제7권과 제8권이 여전히 플라톤의 영향 아래 남아 있었던 앗소스에 체류하던 시절에 쓰인 것으로 추정한다.

다시 말해 '유토피아'를 표명하는 제2권, 제3권, 제7권, 제8권은 하나의 통합적이고 독립적인 작품이고, 아리스토텔레스의 지적 발전의 나중 시점에서 '순수한 경험적인' 재료들, 즉 현존하는 정치체제를 모아 논의하고 있는 제4권에서부터 제6권까지가 삽입되었다는 것이 예거의 주장이다. 이러한 예거의 입장은 발전사론적 관점에서 아리스토텔레스의 생애의 여러 단계와 체류하는 장소의 시기(앗소스, 펠라, 뤼케이온에서의 시기)에 따라, 역사적 사건들과 사태들의 동태적 변화 기반 위에서 그의 철학적 사유와 입장이 달라졌다는 생각에 토대를 두고 있다.

예거의 주장이 맞다면, 아리스토텔레스의 정치 이론은 '하나의 단일하고 논리적으로 일관성을 가진 사유의 체계'가 아니라는 결론이 따라 나오게 된다. 이렇게 『정치학』을 해석하면, 『정치학』은 아무런 **연속성이 없는 단편적인 논구들이 모아서 결합된 작품**으로 이해해야 한다. 하지만 아리스토텔레스가 늘 많은 전거와 데이터들을 모아서 논의하고 이것들을 비판한 후 나중에 자신의 입장을 개정해서 내놓곤 했다는 점을 상기해야 한다.[15] 게다가 『니코마코스 윤리학』을 비롯한 실천철학에 속하

15 이 점이 바로 이 글의 맨 처음에서 언급했던 아리스토텔레스의 여우적인 측면이다.

는 작품들이 이상적인 것에 대한 논의를 늘 미루어 왔음을 비추어볼 때, 이상 국가를 논의하는 『정치학』 제7권, 제8권이 맨 뒤에 나오는 것이 자연스러워 보이기도 한다. 그렇다고 해도 논의의 초점이 이상적 폴리스에 맞춰지고 있다고 해서 반드시 제7권과 제8권이 맨 나중에 쓰였다는 것을 확증해 주는 것도 아니다. 예거의 생각과 달리 현실적인 정치체제에 대한 경험적 탐구(제4권에서 제6권까지)와 이상적 정치체제를 논하는 제7권, 제8권과의 양립 가능성을 논하는 입장도 있기 때문이다.[16]

아리스토텔레스에 따르면 정치철학자는 (가) '주어진 상황 속에서 한 폴리스에 좋은 것과 나쁜 것을 검토하며', 또 (나) '주어진 조건 속에서 최선의 폴리스가 어떻게 가능할 수 있는지'를 결정해야 한다. 그렇다면 전자는 제4~6권에서 논의되는 아리스토텔레스의 경험적인 측면이고, 후자는 제7권, 제8권이 말하고 있는 이상적 폴리스에 대한 논의라 할 수 있다. 아리스토텔레스는 정치철학자의 임무를 다음과 같은 물음들을 고찰하는 것이라고 규정했다.[17]

① 최선의 정치체제는 무엇인지, 외부로부터의 어떤 방해가 없다면 어떤 종류의 정치체제가 가장 바람직한(kat' euchēn) 한에서 최선의 정치체제는 어떤 것이 될 수 있는가?

② 어떤 종류의 정치체제가 어떤 인민들에게 적합한가?

그러므로 훌륭한 입법자와 참된 정치가는 '단적인 최선의 정치체제'와 '가정으로 주어진 그 상황에서의 최선의 정치체제' 이 둘 다를 고려

16 C. J. Rowe, "Aims and Methods in Aristotle's *Politics*", *The Classical Quarterly*, Vol. 27, 1977, pp. 159~172. 이 논문은 *A Companion to Aristotle's Politics*, ed. by D. Keyt & F. D. Miller, Jr., Blackwell: Oxford, 1991에도 실려 있다.

17 아리스토텔레스, 『정치학』 제4권 제1장 1288b20-40.

해야 한다. 여기에다가 아리스토텔레스는 세 번째로 고찰해야 할 과제를 정치 철학자에게 던져준다.

③ 주어진 정치체제가 처음에 어떻게 생겨날 수 있었는가, 그리고 생겨난 다음에는 어떤 방식으로 가장 긴 시간 동안 보존해 올 수 있었는가? 만일 어떤 폴리스가 주어진 상황에서 최선의 정치체제를 운영하지 못했거나 열등한 정치체제로 운영되었다면, 왜 그런 일이 일어났는지를 고찰해야 한다는 것이다.

네 번째로 아리스토텔레스가 정치철학자에게 부여한 과제는, ④ 정치가는 어떤 정치체제가 모든 폴리스에 가장 잘 적합한지를 알고 있어야 한다는 것이다. 이러한 측면에서 '최선의 것'뿐 아니라 '현실적으로 성취할 수 있는 가능한 것'마저도 고찰해야 한다. 우리는 위의 네 가지 과제로부터 정치철학자의 임무는 현존하는 정치체제를 검토하고, 현실적으로 가능할 수 있는 정치체제를 살펴봐야 하며, 여기에 멈추지 않고 나아가 이상적인 정치체제를 고찰하는 것임을 알아낼 수 있다.

앞서 언급한 (가)와 (나) 두 논의를 화해시키는 로(C. J. Rowe)의 입장은 예거의 해석처럼 정치학이 두 개 묶음으로 나누어지고 그 생각에 분명한 차이가 있다는 것을 인정하지만, 그렇다고 예거의 방법대로 연대기적으로 설명될 수는 없다는 것이다. 그에 따르면, 제7권과 제8권에서 논의된 훌륭한 폴리스에서는 플라톤적인 이상적 폴리스에 대한 생각이 흐르고 있으며, 그의 정치 이론은 현실의 통용되는 정치체제에 대해 유용하게 기여할 수 있는 것을 가지고 있다. 요컨대 이상적 폴리스의 논의와 현존하는 정치체제의 경험적 탐구는 양립 가능하다. 한쪽이 다른 쪽에 대한 자연스러운 보완이라는 것이 그의 생각이다. 그래서 현존하는 정치체제를 개혁하는 것은 그 정치체제를 '더 나은' 정치체제로 만들거나, '덜 나쁜' 정치체제로 만드는 문제가 되는 셈이다.

몇몇 부가적인 논의에 대해서

여전히 곤혹스러운 문제기는 하지만, 지금은 대체로 원래 주어진 『정치학』의 전통적 순서에 따르는 편이 더 낫다는 결론이 내려지고 있는 듯하다. 물론 현재에도 심슨[18]을 비롯한 몇몇 학자들은 여전히 전통적인 책의 순서를 바꿀 것을 주장한다. 이런 주장을 하는 학자들 간에도 의견이 반드시 일치하는 것은 아니다. 로스와 로빈슨[19] 같은 학자 등이 『정치학』을 여러 시기에 기록된 논구들이 한데 모아져 결합됐으며, 긴밀하게 논리적으로 묶여 있는 하나의 유기적 전체를 이루는 작품이 아니라 편집된 것이라고 주장하는 데 대하여, 심슨 같은 학자는 『정치학』을 이론적으로나 형식적으로나 일관된 통일된 저작으로 간주한다.

심슨과는 저작 순서에 대해 다른 해석을 취하면서도, 크라우트는 『정치학』을 면밀히 고찰한다면 정치학의 전통적인 배열 순서 배후에 놓여 있는 유기적인 원리(organizational principle)를 발견할 수 있다고 주장한다.[20] 크라우트는 『정치학』이 '느슨하게 관련된 에세이들의 엉성한 모음집'이 아니며, 『정치학』의 여타의 권들은 제7권과 제8권을 향한 예비적인 작업이라는 점을 명확히 하고 있다(p. 187).

여하튼 제3권의 마지막 문장에 복종하는 뉴먼 같은 학자(주제밀과 힉스, 그리고 최근의 P. L. 심슨[1998], p. xvi~xx)들은 제7권과 제8권을 제3권과 제4권 사이에 삽입하기도 한다. 뉴먼은 제7권과 제8권을 전통적

18 Peter L. P. Simpson, *A Philosophical Commentary on the Politics of Aristotle*, Chapel Hill: University of North Carolina Press, 1998; *The Politics of Aristotle*, Chapel Hill: University of North Carolina Press, 1997.

19 R. Robinson, *Aristotle's Politics III and IV*, Oxford, 1962, p. ix("하나의 논고로 여기게 하기 위한 긴 소론들 내지는 짤막한 메모들의 모음").

20 R. Kraut, *Aristotle: Political Philosophy*. Oxford University Press, 2002, p. 185.

순서 매김과 다르게 제4권과 제5권으로 재배열해서 작품을 새롭게 구성한다. 뉴먼과 주제밀은 공통적으로 이상 국가에 대한 논의가 이루어지는 제7권과 제8권에 앞서 열등한 정치체제가 논의되는 제4권에서 제6권까지가 논의 순서상 앞서는 것으로 이해한다. 주제밀의 경우이기는 하지만, 정치체제의 보존과 파괴가 민주정과 과두정 이후에 와야 한다고 보고 있다. 그래서 주제밀은 제7권과 제8권을 제3권 다음으로 위치시키고, 제5권과 제6권의 순서를 뒤집고 있다. 즉 I–II–III–VII–VIII–IV–VI–V로 구성되어야 한다는 것이다. 부연하자면, 주제밀과 힉스와 같은 학자들은 제3권과 제4권이 언어적으로 연결되고 있지 않고 단절되어 있음을 지적한다.

『정치학』의 순서를 바꾸는 근거에 대한 논의

이렇게 책의 순서를 바꾸는 해석을 지지하는 몇 가지 논점을 고찰해 보기로 하자.

① 전해지는 입장과 달리 이렇게 『정치학』의 배열 순서를 뒤집는 해석을 지지하는 입장은 아리스토텔레스 자신의 직접적인 '언급'에 강력한 기반을 두고 있다. 제3권의 마지막 부분(1288b2-6)은 파손되기는 했지만 제7권과 제8권에 탐구되는 '최선의 정치체제'를 바로 이어서 논의할 것을 약속하면서 다음과 같은 말로 끝난다. 우리는 과연 제3권의 마지막 문장이 말하는 이 지침을 반드시 따라야 하는 것일까?

> 이제 이러한 문제들이 규정되었으므로, 이제 우리는 **최선의 정치체제**와 관련해서 그것이 어떤 방식으로 자연적으로 발생하고, 어떻게 확립되는지를 논의하려고 시도해야 한다. [그러므로 이 정치체제와 관련해서 장차

적절한 방식으로 고찰을 행하려는 사람은 필연적으로 …]

② 실제로 제7권 시작은 이에 상당한 정도 호응하는 논의로 시작하고 있다. 제7권에서의 논의 출발점은 제1권 말미에서 제기했던 '최선의 정치체제는 무엇인가'라는 물음을 암묵적으로 전제하고 있으며, 이 물음에 대하여 제7권, 제8권에서는 자신의 '이상적 폴리스'에 대한 입장을 내놓고 있다.

> 최선의 정치체제에 대해 장차 적절한 탐구를 하고자 하는 사람은 먼저 어떠한 삶이 가장 바람직한지를 필연적으로 규정해 두어야 한다. 왜냐하면 그것이 불명확하다면, 최선의 정치체제 또한 불명확해지는 것은 필연적이기 때문이다.

이 두 대목을 강력한 전거로 삼는 학자들은 제3권 다음에 제7권과 제8권이 오고, 이어서 제4권에서 제6권이 오는 것으로 순서지으려 할 것이다. 그래서 뉴먼(주제밀과 힉스, 심슨)이 바로 이 입장에서 제7권을 제4권으로 변경해 새롭게 번호를 매기고 있다. 그렇게 되면 제7권과 제8권에서 논의되는 이상적 정치체제에 대한 기술이 『정치학』의 정점이 되지 못한다. 이 점은 우리가 살펴보게 될 『니코마코스 윤리학』 제10권의 마지막 대목에서의 과제로서 주어지는 정치학 프로그램과도 어긋난다. 이렇게 되면 결국 제6권의 '정치적 관직의 선출에 대한 논의'가 『정치학』이 끝내는 지점으로 남게 되는 것이다.

물론 아리스토텔레스의 저작에서 한 권에서 다른 권으로 넘어가는 경우에 마지막 문장에 다음 권에서 다루어지게 될 주제가 무엇인지를 드러내서 지시하는 경우도 있다. 그러나 경우에 따라서는 후세의 주석가나 필경사가 책과 책 사이의 연결을 부드럽게 하기 위해서 첨가하는 사례도 있을 수 있다. 이런 관점에서 크라우트는 제3권의 마지막 문장이 아리스토텔레스가 쓴 것이 아니라 나중에 편집자에 의해 덧붙여진 것으로 보고 있다. 그는 그 마지막 문장이 불완전 정치체제를 논하고 있는 제4권에서 제6권까지를 생략한 『정치학』에 대한 짧은 판본을 준비하는 누군가에 의해서 첨가된 것으로 추정한다. 다시 말해 '최선의 정치체제가 무엇인지'를 알고자 하는 독자에게는 결함을 가진 정치체제를 어떻게 개정할 것인가(제4~6권)에 대한 배움이 필요하지 않기 때문에, 대뜸 제7권과 제8권으로 넘어가는 판본을 준비하기 위해서 제3권의 마지막 문장이 첨가된 채로 그대로 남아 있었다는 것이다(R. Kraut[2002], *Aristotle: Political Philosophy*, pp. 188~189).

이러한 크라우트의 가정은 『니코마코스 윤리학』의 정치학의 프로그램과 『정치학』의 전통적 순서를 일관되게 반드는 장점을 가질 수 있다. 하지만 이 가정에 입각한 해석은 어디까지나 더하거나 뺄 것이 없는 가능성이 농후한 매우 그럴듯한 학적 상상에 불과할 뿐이다.

③ 게다가 이런 해석을 선호하는 학자들은 제4권 몇몇 구절을 들어 이미 아리스토텔레스가 최선의 폴리스에 대해 논의한 것으로 간주한다(1289a30-39, 1290a1-3, 1293b3-5, 1293b22-27). 다시 말해 제4권의 이 구절들이 최선의 폴리스가 논의됐다는 것을 보여 주는 것이라면, 이상적 폴리스를 논의하는 제7권, 제8권이 제4권에 선행해야 한다는 것이다.

과연 아리스토텔레스가 독자로 하여금 제3권에서 제7권으로 건너뛰어 넘어가면서 읽어주기를 바라는 기대감을 가지고 있었을까? 만일 그렇다면 제3권 다음에 제7권과 제8권이 오고, 다음으로 제4권, 제5권, 제6권이 순서적으로 놓여야 할 것이다. 요컨대 제7권과 제8권을 앞으로 이끌어들이는 입장은 제3권 말미의 주장을 곧이곧대로 받아들여 『정치학』의 순서를 새롭게 구성한다. 하지만 책 전체를 이런 식으로 배열했을 때, 제8권에서 제4권으로 넘어가는 편이 제3권에서 제4권으로 넘어가는 것보다 더 자연스럽지 않다는 점이다. 게다가 제5권, 제6권의 순서를 역전시키는 것도 제6권이 제5권을 네 번이나 언급하고 있다는 점을 비추어 보면 그다지 설득력이 없어 보인다.

『정치학』의 논의 구조와 분석

이쯤에서 『정치학』의 전체적인 논의 구조와 전체가 여덟 권으로 이루어진 각 권에서의 주제를 정리해 보도록 하자. 이를 통해 우리는 『정치학』 전체를 유기적으로 묶어 주며 관통하는 하나의 '원리'를 발견하기란 용이하지 않다는 사실을 찾아낼 수 있다. 크라우트는 한 철학자의 생각이 불완전한 단계에서 점차 완전하고 성숙한 단계로 넘어가는 것처럼, 이 프로세스가 이루어지는 하나의 과정이 하나의 원리로서 작동할 수 있는 것으로 해석한다. 그는 완전히 성장한 생물이 불완전한 발달의 초기 단계로부터 나오듯이, 『정치학』도 덜 발전된 사회적 형태로부터 점차 나아가 인간 삶의 완전성을 위한 장소를 제공하는 폴리스에 대한 묘사로 나아가는 것으로 파악하고 있다(R. Kraut [2002], pp. 185~186).

제1권은 폴리스와 가정을 주로 다루면서, 폴리스의 기원과 목적에 대한 주장을 내놓는 것으로부터 시작하고 있다. 폴리스와 인간은 어떤 관련성을 가지는지를 논하면서, 가정 관계와 가정 관리에 대해 분석하고 있다. 이어서 폴리스를 구성하며 살아가는 인간의 본질을 규명하고, 계속해서 노예와 여성의 문제를 다룬다. 따라서 제1권은 정치적 삶을 살기 위해 필요한 공동체의 최소 부분을 구성하는 재료들, 즉 가정에 대한 논의지, 폴리스와 폴리스의 조직에 관련된 정치적 삶 자체에 대한 논의는 아니다. 개인과 가정은 그 중요성에서 두 번째에 해당한다.

제2권은 플라톤의 『국가』와 『법률』에서 제시된 최선의 국가(이상적 폴리스, kallipolis)에 대한 혹독한 비판을 가하는 것으로부터 시작한다. 그러면서 현존하는 폴리스들(스파르타, 크레타, 카르타고)에 대한 비판적 분석을 행하고 있다. 마지막 장에서는 솔론의 정치체제에 대한 옹호를 하고 있다. 따라서 제2권은 최선의 정치체제를 규명하기 위해 다른 사상가들의 이상적 폴리스에 대한 견해를 검토함으로써, 나아가 그 견해들 속에 들어 있는 잘못들을 지적함으로써, 다른 사람의 견해를 장차 우리가 구성하고자 하는 이상적 폴리스에 대한 밑그림으로 삼을 수 있음을 보여 주고 있다.

제3권에 들어서 비로소 폴리스와 정치체제에 대한 정치철학적 문제를 본격적으로 다루기 시작한다. 이런 의미에서 제3권이 『정치학』의 중심축 노릇을 하는 부분이라고 할 수 있다. 제3권에서는 폴리스가 공동의 좋음을 위해 구성되어야 하며, 관직은 가치에 따라 분배되어야 하고, 덕에 따른 활동이 폴리스의 목표가 되어야 한다는 아리스토텔레스의 기본적인 정치철학적 입장이 개진되고 있다.

제3권은 정치 이론에서 중요한 문제일 수 있는 '누가 지배해야 하는가'라는 물음을 본격적으로 제기하기 시작한다. 아리스토텔레스는 이 물음에 대한 자신의 답변을 내놓기에 앞서 이에 관련된 다른 견해들의 장단점을 검토한다. 또 그는 정치체제(politeia)를 분류하고 논의하기 앞서, 먼저 폴리스(polis)를 구성하는 가장 중요한 부분인 시민(politēs)은 무엇인가에 대한 물음을 제기한다. 그래서 그는 폴리스적 정치적 삶에서 근본적 특징을 이루는 시민의 정의, 좋은 시민의 조건, 좋은 시민과 좋은 인간이 가져야 하는 덕의 차이, 시민의 정치적 덕, 정치적 정의 등을 다루고 있다(제4장 참조). 이어서 그는 (제4권을 포함해서) 올바른 정치체제를 왕정, 귀족정, 혼합정(politeia)으로 분류하고, 이로부터 벗어난(혹은 타락한) 정치체제를 참주정, 과두정, 민주정으로 분류함으로써 총 여섯 가지 정치체제가 만들어지게 된다.

다음으로 왕권의 유형에 대한 상세한 분석이 행해진다. 요컨대 제3권은 이상적 정치체제를 검토하거나 나쁜 정치체제를 검토하는 것이 아니라, 일반적으로 있을 수 있는 가능한 모든 정치체제를 열거하고 정치형태가 어떻게 이루어지는지를 논의하고 있다. 1인정의 유형을 분석한 다음에, 마지막 장에 가서는 누가 지배해야 하는가라는 물음에 한 사람이 혹은 소수가 다수보다 크게 우월하다면 '최고로 탁월한 자'나 소수가 지배해야 한다고 주장한다. 요컨대 1인(왕정)이나 소수의 지배(귀족정)가 다수의 지배(혼합정[politeia])보다 더 우월하다는 것이다. 마지막 장에 이르러 이상적인 정치체제에 대한 물음으로 끝맺고 있다.

제3권은 나쁜 정치체제의 수정 가능성을 제시하고 있으며, 이러한 수정은 최선의 정치체제를 검토하는 『정치학』에서 중요한 요소로 작동할 수 있다는 점을 보여 준다. 정치적 지도자로서 입법자는 차선의 악을 어떻게 선택하는지를 알아야 하는데, 그들은 제4권에서 제6권에 걸쳐서 제시되는 현존하는 정치체제의 나쁜 점을 알아냄으로써 그렇게 할 수 있다는 것이다. 그래서 제4권에서 제6권까지는 주로 정치체제에 관련된 경험적 사례들을 집중적으로 제시하며 여러 가지 측면에서 나쁜 정치체제들이 가지는 단점들을 들춰내고 있다. 요컨대 제4권, 제5권, 제6권은 훌륭한 입법자가 되기 위한 다양한 정치적 사태에 대한 '예비적 공부'라 할 수 있다.

제4권은 현존하는 정치체제는 물론, 이상적이지는 않지만 가능할 수 있는 최선의 정치체제가 어떤 것인지를 물으면서, 그것은 이른바 '혼합정'이라고 말한다. 그러면서 중간계급의 중요성을 언급하면서 중간적 정치체제를 논하고 있다.

제5권은 정치적 파당이 발생하는 원인들을 상세하게 논한 다음, 어떻게 정치체제를 보존할 수 있는가 하는 방책을 논한다.

제6권은 정치체제의 종류 중에서 민주정과 과두정을 논하면서 민주정의 유형을 나누어 최선의 민주정 정치체제를 제시한다. 이어서 민주정과 과두정을 어떻게 확립하고 보존할지를 논하고 있다.

제7권은 최선의 시민이 행복하게 살 수 있는 최선의 정치체제를 위한 조건을 고찰하며, 이 정치체제의 특징들을 서술한다. 이어서 이상적 폴리스가 좋은 시민으로 성장하도록 시민들에게 제공할 수 있는 교육에 대한 목표와 중요성을 제시하고 있다.

제8권은 제7권의 논의를 진전시켜 시민을 위한 공교육의 목표와 교육의 내용을 검토하고 있다. 여기서는 무시케(음악)의 교육이 인간의 성품에 어떤 영향을 미치는지를 논의하며, 여가(스콜레)를 위한 교육이 왜 필요한지를 상세하게 논한다. 제7권과 제8권은 시민의 도덕적 품성과 모든 외적·물질적 조건이 만족되었을 때 성취 가능한 최선의 정치체제에 대한 전체적인 그림을 제시한다.

제3권에서 제시된 정치체제와 달리, 제7권과 제8권에서 논의되는 정치체제는 한 사람 혹은 소수에 의해 통치되는 폴리스가 아니라 모든 시민이 지배에 참여하는 정치체제다. 따라서 제3권에서 옹호된 왕정과 귀족정보다 더 나은 것이다. 제3권에서는 최고의 뛰어난 한 사람이나 소수의 최선의 사람에 의한 지배가 다수의 시민이 지배하는 혼합정이나 파생적 정치체제보다 더 우월하다는 점을 보여 줬다. 하지만 우리가 바랄 수 있는 가장 좋은 정치체제에서는 모든 시민이 행복이 무엇인가에 대해 올바르게 이해하고 훌륭한 삶을 살아가기에 필요한 능력과 자질을 가지고 있어야 한다.

지금까지의 논의를 개략적으로 정리해 보도록 하자. 정치학의 구조와 내용을 요약해서 들여다보면, 여기에는 네 가지로 독립적인 구획이 정해진다.

① 가정으로부터 폴리스의 자연스러운 발전 과정, 가정의 구성 부분 및 재산의 형식을 논의하는 제1권이 하나의 구획이고, ② 소크라테스 및 다른 사람이 제안한 이상 국가의 결함을 지적하는 제2권과 자신이 구상하는 이상적 정치체제를 논의하는 제7권 및 제8권이 또 하나의 구획으로 정해지며, ③ 시민권, 정치체제, 정의, 왕권을 다루는 제3권이 하나의 독립적인 부분이 되는 것 같고, ④ 제4권으로부터 시작된 열등한 정치체제를 논의하는 제5권과 제6권이 통일된 계획을 지닌 하나의 구획으로 나누어진다.

한 책에서 다른 책으로 넘어가는 연결 고리를 노골적으로 드러내는 언급은 없다. 만일 텍스트 자체가 각 책의 연결점을 명확하게 보이는 대목이 있다면, 앞서 언급한 대로 이는 후대의 편집자가 첨가한 것으로 간주할 수 있다.

이미 앞서도 언급한 바와 같이, 그 문체에 있어서나 그 내용에 있어서도 이상적 정치체제를 논하고 있는 ②와 정치체제에 대한 경험적 사례들을 고찰하고 있는 ④는 서로 간에 모종의 어긋남이 있어 보인다. 제2권이 최선의 정치체제에 대한 부정적 평가를 담고 있으나, 제7권과 제8권은 '가능할 수 있는' 이상적 정치체제에 대한 긍정적 평가를 내리고 있으며, 정치적 수단을 통해서 행복을 성취하기 위한 규정을 내리고 있다. ④는 냉정하고 중립적으로 '사회병리학적으로'(sociopathologically) 여러 정치체제들에 대한 장단점을 살펴보고 있는데, 여기서는 나쁜 정치체제에 대한 보존까지도 권장하고 있는 것처럼 보인다.

하지만 제7권과 제8권에서는 최선의 폴리스가 '우리의 바람'에 따라 설립되는 것으로, 모든 시민이 지배하는 폴리스다. 모든 시민이 동등하게 덕을 가지고 있으니까. 또 "최선의 정치체제는 필연적으로 누구든지 그것에 따라 어떤 방식이든 간에 최선으로 행동할 수 있고 축복받고(makarios) 살 수 있는 조직(질서, taxis)임은 명백하다"(1324a23-24). '정치체제는 폴리스의 어떤 종류의 삶'(1295a41)으로 정의되는 것이니까.

『정치학』에서 아리스토텔레스의 주된 관심은 어떤 정치체제가 최선일 수 있는가 하는 것이다. 그래서 그는 "우리는 최대의 바람에 따른(kat' euchēn) 삶을 살아갈 수 있는 사람들에게, 어떤 형태의 정치 공동체(koinōnias tēs politikēs)가 모든 것들 중에서 최선인지를 고찰하기로 제안했다"라고 말한다(제2권 1260b27-29). 이 물음에 대해서 제2권은 답을 내놓고 있지 못하다.

그러면서 제3권의 마지막 장에 들어서는 최선의 정치체제는 왕정이나 귀족정이라는 식으로 답하고 있는 것처럼 보인다. 그런 다음 세4권에 들어서는 "이상적인 정치체제에 의해서가 아니라, 대부분의 사람이 공유할 수 있는 삶과 대부분의 폴리스가 참여할 수 있는 정치체제에 의해서 이루어진다고 할 때"라고 말한 다음, "우리가 그것에 관해 방금 논의했던 '이른바 귀족정'이라는 정치체제는 대부분의 폴리스에서 바깥에 떨어져 있는 것이거나, '이른바 혼합정(hē kaloumenē politeia)'과의 경계에 접하고 있는 것이기 때문"(제4권 제11장 1295a29-34)이라고 말함으로써, 대부분의 폴리스를 위한 최선의 정치체제는 '혼합정'임을 밝힌다. 그렇다면 이 '혼합정'은 귀족정과 폴리테이아(혼합정)의 어떤 혼합인 것처럼 보인다.

다시 제7권과 제8권에 들어가서는 그 정치체제를 "우리의 최상의 바람에 따라(이상에 따라, kat' euchēn) 우리가 장차 세우려고 하는 폴리스"라고 말한다(제7권 1325b36). 그런데 여기서 말해지는 폴리스는 모든 시민이 번갈아 가면서 폴리스의 가장 주요한 관직을 지배하는 정치체제를 가진다. 시민 모두가 동등하니까! 그리고 최고의 권위를 갖는 조직은 시민들의 민회다. 그렇다면 제3권에서의 결론은 제7권과 제8권에서 그리고 있는 정치체제의 모습과는 다른 것처럼 보인다. 이 이상적 정치체제는 한 사람에 의한 지배가 아니니까! 이렇게 상충하는 것처럼 보이는 아리스토텔레스의 최선의 정치체제를 우리는 어떻게 화해하고 조정할 수 있을까?[21]

크라우트의 해결책은 이렇다. 즉, 제3권에서 아리스토텔레스가 현존하는 전통적인 정치체제의 장단점을 검토하면서 현실적으로 가장 나은 것으로 선택할 수 있었던 정치체제는 왕정이나 귀족정이었기 때문에 이것들을 최선의 정치체제로 보았지만, 그렇다고 해서 그가 이 정치체제들이 '최선의 가능할 수 있는 재료들로부터 구성된 정치제제보다 더 나은 것으로 받아들였다'고 보아서는 안 된다는 것이다. 그에 따르면, 아리스토텔레스가 제3권에서 다수의 지배를 좋은 정치치제로 보지 않았던 이유는 인간의 잘 삶과 행복에 대한 철학적 검토를 수행하지 않은 다수에 의한 지배를 염두에 두고 있었기 때문이다. 대부분의 사람들이 결여한 품성과 지성의 덕을 소수들만이 소유했다면 가장 이상적인 정치체제는 소수가 지배하는 정치체제에서나 성취 가능할 수 있다고 아리스토텔레스가 생각했다는 것이다.

그런데 제7권과 제8권에서의 이상적인 폴리스는 모든 시민이 인간으로서 탁월하도록 훈련받은 시스템 속에서의 정치체제를 수용해야 한다. 이러기 위해서는 새로운 공동의 공적 교육을 시행해야 하고, 새로운 교

21 이 논쟁점에 대한 자세한 논의에 대해서는 크라우트(2002)와 로(1991)의 연구에서 상당한 도움을 받을 수 있다. 우리말로 된 논문 중에서는 노희천, 「아리스토텔레스의 『정치학』 7-8책에 나타난 이상 국가관에 관하여」, 대동철학회 논문집, 제69집, 2014가 이 문제를 천착해서 분석하고 있다.

육 시스템은 활동적인 시민의 삶과 여가에 대한 적절한 사용을 할 수 있도록 준비되어야 한다. 요컨대 제3권에서의 다수는 제7권과 제8권에서의 이상적 폴리스의 시민으로서 갖추어야 할 특별한 자격 요건을 갖추지 못한 다수를 염두에 두고 있었다는 것이 크라우트의 해석이다.[22]

우리가 살펴본 바대로 전통적 순서로 주어지는 『정치학』은 나름대로 제7권과 제8권에서의 최선의 정치체제를 향한 목표와 과정이 단계적으로 서술되고 있는 것처럼 보인다. 그럼에도 여기서 이 물음에 대한 결정적 답을 구한다는 것은 좀 무리한 작업일 성싶다. 아무리 욕심을 부려도 『정치학』이 지니는 모든 난제를 단번에 해결할 수는 없는 노릇이다.

어쨌든 제3권이 『정치학』 전체에서 중심점 노릇을 하고 있다는 것은 분명한 것 같다. 제3권을 중심으로 제7권, 제8권이 이어지는지, 아니면 제4권, 제5권, 제6권으로 이어지는지의 문제가 관건이 되기 때문이다. 실제로 제3권은 폴리스와 정치체제를 다루면서, 정치체제에 대한 이론적 탐구가 주된 논의가 되고 있기 때문이다. 시민의 정의, 일반적 원리에 따르는 정치체제를 분류하는 작업은 정치철학에서 매우 중요한 것으로 생각된다.

제3권의 일반적인 정치체제에 대한 기본적 원리가 확립되고, 그런 다음에야 그 원리들에 따라서 비로소 이상적 폴리스가 무엇인지를 논하고, 그에 미치지 못하는 열등한 정치체제인 이상적이지 않는 정치체제를 논할 수 있지 않겠는가? 하지만 이러한 논의 절차와 순서 역시 독자로서 가질 수 있는 바람일 뿐이다. 이 문제에 관련된 서로 다른 견해들에 대해 결정적인 답을 찾을 수 없다고 해서 『정치학』의 배열과 순서를 가리는 문제가 중요하지

22 R. Kraut(2002), 10.1: pp. 360~361, 10.3: pp. 365~366.

않다는 것은 아니다. 어떤 정치학적인 원리와 관점에 따라 현존하는 『정치학』이 배열되고 순서지어졌는가를 정하는 문제는 아리스토텔레스의 정치철학을 이해하는 데 여타의 문제들 못지않게 중요한 사항일 수 있다.

아리스토텔레스 『정치학』의 윤리학적 특징: 『니코마코스 윤리학』 제10권 제9장에서의 『정치학』 프로그램

『니코마코스 윤리학』(*Ēthikōn Nikomacheiōn*) 제10권 끝에서 제시한 '정치학'에 대한 일련의 아젠다를 중요한 것으로 간주하지 않는다고 해도, 이 대목에서 『정치학』(*Politikōn*) 저작 순서에 관련해 상당한 논란이 발생할 가능성은 농후하다. 제10권 제9장에서 아리스토텔레스는 윤리학적 논의와 정치학적 논의가 긴밀하게 연관되며 관련된다는 점을 면밀히 고찰하고 있다. 그런데 이 견해는 이미 『니코마코스 윤리학』 제1권 제2장에서 명확히 피력되었다. 요컨대 저작의 시작 부분의 논의와 끄트머리의 논의가 일치하고 있다는 것이다. 아리스토텔레스가 '윤리학'을 '정치적인 것'으로 언급하는 대목은 여기저기에서 확인할 수 있다.[23]

그런데 철학 저작이 운문에서나 찾아볼 수 있는 수미상관 구조라는 것은 어떤 의미를 가지는 것일까? 한 책의 서론 부분과 마무리 부분이 비슷한 논의로 끝난다는 것은 주도면밀한 저자의 전략일까 혹은 편집자의 재능일까? 아니면 우연의 일치일까? 키케로가 그의 문체를 '언사의 황금 강'으로 묘사하고, 놀라울 정도로 '달콤하다'고 평한 아리스토텔레스와 같은 철학자에게나 나타날 수 있는 저서의 아름다움일까?

23 아리스토텔레스, 『니코마코스 윤리학』 1094b11-11; 『수사학』 1356a25-27; 『대(大)도덕학』 1181a24-28, b24-28.

넓은 의미의 정치학과 좁은 의미의 정치학

아리스토텔레스가 학문 분류상 실천철학에 속하는 윤리학과 정치학을 구분했다는 것은 틀림없는 사실이다. 그럼에도 그는 윤리학과 정치학을 서로 다른 주제를 다루는 것으로 보지 않고 동일한 주제를 다루는 것으로 보았으며, 이 공통의 주제를—**넓은 의미의**—'**정치학**'(hē politikē)이라 부르고 있다. 왜냐하면 정치학의 목적이 인간적인 좋음, 즉 행복인데, 정치학의 한 부분인 윤리학은 행복에 필수적인 도덕적인 덕(탁월함)과 지적인 덕에 관계하고, 정치학의 다른 부분(즉, '**좁은 의미의 정치학**')은 누구나 행복하게 살 수 있는 질서인 최선의 정치체제를 탐구하는 것을 그 과제로 삼기 때문이다.[24]

그런데 윤리학에 관련해서 체계적인 이론적 작업을 탐구해 왔던 『니코마코스 윤리학』 전체를 마무리하는 마지막 문단에서 아리스토텔레스는 정치체제를 검토함으로써 '인간적인 것에 대한 철학'(hē peri ta anthrōpeia philosophia)을 완결하고자 한다. 거기서 그는 '**넓은 의미의 정치학**'의 목적을 완결하기 위해서는 정치체제를 검토함으로써 최선의 정치체제를 알아야 한다고 주장한다. 넓은 의미의 '정치학'이란 인간의 좋음을 목표로 하는 모든 실천적 행위를 망라하는 '윤리학'을 포괄하는 것이다(1094b1-4 참조). 윤리학과 정치학 양자를 포괄하는 '정치학'을 '넓은 의미의 정치학'이라고 할 수 있다. 수사학에서는 이를 두고 tēs peri ta ēthē politikēs(윤리[품성]에 관한 정치학)라고 말한다.[25]

정치체제를 검토하고 최선의 정치체제를 알아야 한다는 말은, 무엇이 폴리스를 보존하고 파괴하는지, 무엇이 폴리스를 잘 통치하고 나쁘

24 아리스토텔레스, 『니코마코스 윤리학』 1094b7-10; 『정치학』 1324a23-25, 1332a3-4.

25 아리스토텔레스, 『수사학』 1359b10-11.

게 통치하는지, 그리고 최선의 정치체제에서는 어떤 법과 관습이 있어야 하는지를 검토하는 것을 의미한다. 이런 문제들을 취급하는 '좁은 의미의 정치학'은 결국 최선의 정치체제를 아는 것이 탐구의 끝(목적)이고, 이를 위해 현실적인 정치체제에 대한 검토가 필요하다는 것을 뜻하는 것으로 이해해야 한다.

아리스토텔레스가 학문을 분류하는 가운데 실천학의 영역에서 정치학과 윤리학을 서로 떼 놓고 있지만, 앞서 언급한 것처럼 그는 이 두 학문을 별개로 취급하지 않았다. 정치학을 배제한 윤리학에 대한 탐구는 아무런 소용이 없다는 것이 그의 강한 입장이다. 그래서 그는 정치학과 윤리학을 공히 **'인간적인 것[인간사]에 대한 철학'**이라고 부른다(『니코마코스 윤리학』 1181b15). 여기서 '인간적인 것'이란, 곧 인간사(人間事)를 말한다. 요컨대 정치학이나 윤리학은 인간을 대상으로 하고, 그 목적은 인간의 좋음(to agathon)을 지향하고 있다. 플라톤의 『국가』에서와 마찬가지로 좋은 '정치체제'가 좋은 인간을 만들고 정의로운 정치체제가 정의로운 인간을 만든다는 기본적인 생각을 아리스토텔레스 역시 플라톤으로부터 전승받고 있었다. 아리스토텔레스는 한 폴리스에서의 정치체제가 그 폴리스 안에서 살아가는 시민들의 품성에 적합해야 한다고 굳건하게 믿었기 때문이다.

> 처음에 우리는 정치학의 목적을 최고의 좋음으로 규정했는데, 정치학은 시민들을 특정 종류의 성품을 가진 좋은 시민으로, 고귀한 일들의 실천자로 만드는 데 대부분의 노력을 경주하고 있기 때문이다(『니코마코스 윤리학』1099b30-32).

윤리학의 정치학적 성격: 『니코마코스 윤리학』 제1권 제2장

『니코마코스 윤리학』 제1권 제2장의 논의를 따라가 보자. 아리스토텔레스는 제1권 제2장에서 삶의 목적(telos)을 아는 것이 개인에게 가장 중요한 것이지만, 공동체의 질서가 더 높은 목적을 지향한다고 말한다. 삶의 목적이 개인의 좋음이 아니라 전체 폴리스의 좋음을 목표로 하는 것이기 때문이다. 아리스토텔레스는 제1권 제2장에서 '행위될 수 있는 것들(prakton)'의 목적에서 '그 자체 때문에 바라고, 다른 것들은 이것 때문에 바라는 것'이 있다면, 그것이 '좋음이며 최상의 좋음(ariston, 최고선)'이라고 말한다.

이것을 다루는 학문이 다른 모든 학문을 포함하는(periechei), 가장 '으뜸가는 학문'으로 가장 총괄적인 혹은 총(總)기획적인 학문(malista architektonikē, 제1장 1094a27)이며, 우리는 이것을 바로 '넓은 의미의 정치학'(politikē epistēmē)이라고 규정할 수 있겠다.

> 왜냐하면 ① 폴리스 안에 어떤 학문들(epistēmai)이 있어야 하는지, 또 각각의 시민들이 어떤 종류의 학문을 얼마만큼 배워야 하는지를 정치학이 규정하기 때문이다. 또 우리는 가령 병법이나 가정 경제학(oikonomikē), 수사학처럼 가장 높이 평가받는 능력들까지도 정치학 밑에 놓여 있음을 보기 때문이다. 또 ② 정치학은 나머지 실천적인 학문들을 이용하면서, 더 나아가 '무엇을 행해야(prattein) 하고 무엇을 삼가야(apechesthai) 하는지'를 입법하기에(nomothetousēs) 그것의 목적은 다른 학문의 목적을 포함할 것이며, 따라서 정치학의 목적은 '인간적인 좋음'(anthrōpinon agathon)일 것이다. 왜냐하면 설령 그 좋음이 개인과 폴리스에 있어서 동일한 것이라 할지라도, 폴리스의 좋음이 취하고 보존하는 데 있어서 보다 크고 더 완전한 것으로 보이기 때문이다. 폴리스의 좋음이 보다 크고

> 더 완전한 것으로—좋음을 취함에 있어서나 보존함에 있어서나—보이기 때문이다(1094a30-1094b12).

여기서 ①은 시민이 공적 생활을 수행하기 위해서 필요한 기술적 숙련을 위한 교육이 있어야 한다는 점을 말하고 있으며, ②는 교육이 시민의 도덕적 품성과 행위를 지도하는 것에 관심을 기울여야 한다는 점을 지적하고 있다. 시민 교육의 내용과 도덕적 품성을 가르치는 역할을 입법을 통해 정치학이 수행한다는 것이다. 그런데 정치학의 목적이 '인간적인 좋음'이기 때문에 이 둘 중에 두 번째가 더 중요성을 가질 수밖에 없다. 따라서 우리는 이 대목을 통해 아리스토텔레스 윤리학이 '정치적 성격'을 지니는 것으로 파악할 수 있다. 이 대목은 아리스토텔레스의 윤리학이 개인의 좋음을 목표로 하는 데 반해서, 정치학의 목적은 그것을 넘어 폴리스의 좋음을 목표로 하고 있으며, 입법가 혹은 정치가는 본질적으로 교육가라는 점을 명확히 밝혀 주고 있다.

> 정치학은 시민들을 특정 종류의 성품을 가진 좋은 시민으로, 고귀한 일들의 실천자로 만드는 데 대부분의 노력을 경주하고 있다(제1권 제9장 1099b29-32).

나아가 위의 대목은 『니코마코스 윤리학』이 전체적으로 무엇을 목표로 하는지를 밝히는 대목인 서론(prephroimiasthō)쯤에 해당하는 부분에서 나온다는 점을 기억해 둘 필요가 있다. 여기서 말하는 핵심은 정치학과 입법이 긴밀한 관계를 가지고 있다는 점, 그리고 우리가 상상하는 것과 다르게 정치학과 입법이 우리가 인생에서 목표로 하는 목적과 정치가나 입법가가 시민을 위해 목표로 하는 바가 동일하다는 점을 지적하는 것이다. 이 공동의 목적이 바로 행복(eudaimonia)이다.

이 점은 우리가 앞으로 살펴보게 될 『니코마코스 윤리학』 제10권 제9장의 논의와 밀접한 연관성을 가지고 있다. 같은 맥락에서 책의 서론에서 말했던 바를 그 책의 맨 끄트머리에 가서 다시 반복하고 있다는 점도 유의할 필요가 있어 보인다. 수미상관 구조와 수미일관(首尾一貫)한 철학적 논의가 『니코마코스 윤리학』 전체를 관통하고 있다는 사실을 파악하기란 그리 어렵지 않다.

정치학도가 왜 덕을 공부해야 하는가? 행복은 '덕에 따른 영혼의 활동'이기 때문에, 요컨대 진정한 의미에서의 정치학도는 시민으로 하여금 덕을 갖추도록 만들어야 하므로 덕에 대해서 공부해야 한다. 그래서 아리스토텔레스는 『니코마코스 윤리학』 제2권에서부터 덕의 형성과 품성의 덕에 대해서 상세하게 논의하고 있는 것이다.

정치학 프로그램에 대한 논의: 『니코마코스 윤리학』 제10권 제9장

제1권 제2장의 논의와 논리적으로 연결되어 있는 제10권 제9장에서의 논의의 핵심은 '법이 품성 형성을 위한 최선의 수단'이라는 점을 드러내는 데 있다. 아리스토텔레스의 이 최종적 주장으로 나아가는 논리적 단계를 정리하면 이렇게 된다. ① 인간의 최고의 좋음은 행복이다(제1권 제2장, 제7장). ② 행복은 도덕적 덕과 지성적 덕에 따른 활동이다(제1권 제7장). ③ 도덕적 덕은 습관에 의해서 획득된다(제2권 제1장). 그리고 ④ 습관은 법에 의해서 이끌어진다(제10권 제9장). 그런데 ④ 법은 정치가나 입법가에 의해서 만들어진다(제10권 제9장).

제10권 제9장의 논의 시작 부분에서, 아리스토텔레스는 제2권에서 제9권에 걸쳐 행복을 덕(탁월성)의 활동, 지혜, 친애와 즐거움 등으로 설명해 왔다고 말하면서, 이것만으로는 제1권 제2장에서 피력했던 "우리의 애초 계획"을 성취하지 못했다고 말한다. 여기서 말하는 '애초의 계획'이란 제1권 제2장에서 언급되는 '우리의 목표'에 해당하는 것이겠다. 요컨대 인간의 좋음을 탐구하면서, 그를 이끌어 왔던 『니코마코스 윤리학』에서의 주요 주제들이 실천에 적용되고, 『정치학』에서 다루어지는 물음들로 전환되어 완결될 때에야 비로소 그 과제가 완수될 수 있다고 하는 목표다.

아리스토텔레스는 윤리학과 정치학 같은 실천적인 일을 다루는 학문에서의 목적(telos)은 관조하고 알기 위한 이론적인 고찰이 아니라, "탁월성을 소유하고 활용하도록 노력해야" 하며, 훌륭하게(agathos) 되는 것이라고 주장한다.

> 우리가 말한 것과 같이(제2권 제2장 1103b26) 실천적인 일에 있어 목적은 각각을 **고찰**하고 아는 것이 아니며 오히려 그것들을 행위하는 것이기에, 탁월성에 대해서는 아는 것으로 충분하지 않고 탁월성을 소유하고 **활용**하도록 노력해야 하는 것인가? 혹은 다른 어떤 방법으로 우리가 훌륭하게 된다면 그런 방법으로 노력해야 하는 것인가?"(제10권 제9장 1179a35-b3)

그렇다면 우리는 어떻게 좋은 인간이 될 수 있을 것인가? 그는 먼저 훌륭하게 된다는 것이 이론적 논의(logos)만으로 충분하지 않다고 주장한다.

> 물론 말(logos)은 젊은이들 중 자유인다운 사람들을 돌아서게 하고 격려할 수 있는 힘을 가지고 있는 것같이 보이며, 고결한 품성, 고귀한 것을 진정으로 사랑할 줄 아는 품성의 젊은이들을 탁월성에 의해 사로잡히도

록 만들 수도 있는 것처럼 보인다.

그는 이 점을 인정하면서도 말만으로는 다중을 고귀하고 좋은 것(kalokagathia)으로 돌아서게 할 수 없는 것으로 보고 있다. 그 이유는 무엇보다 품성 속에 오래전부터 머물러 있던 것을 말(logos)로써 바꾼다는 것은 불가능하지는 않지만 대단히 어렵다는 것이 그의 통찰이다. 훌륭하게 되기 위해서는 두 가지 사항을 요구한다. 첫째는 이미 고귀한 것을 진실로 사랑할 줄 아는(hōs alēthōs philokalon) 품성을 가지고 있어야 한다는 것이고, 둘째로는 훌륭하게 되기 위해서는 말과 가르침만으로는 충분하지 않고 이미 듣는 사람의 영혼이 '습관을 통해 고귀하게 기뻐하고 미워하는 것으로'(ethesi tēn tou akroatou psuchēn pros to kalōs chairein kai misein) 향할 수 있도록 준비되어 있어야 한다는 것이다.

이미 제2권 제1장에서 습관(ethismos)을 통해 덕이 형성된다는 생각을 명확히 피력한 바 있다. "성격적 탁월성(덕)은 습관의 결과로 생겨나며"(1103a14-18), "습관을 통해(dia tou ethous) 우리는 덕에 있어 완성된다"(1103a25-26). 나아가 입법가는 시민들에게 습관을 들임으로써(ethizontes) 좋은 시민으로 만들어야 한다고 그는 주장한다.

여러 폴리스에서 일어나고 있는 일들도 이것을 입증한다. 입법자들은 시민들에게 **습관을 들임으로써** 좋은 시민으로 만들며, 이것이 모든 입법자들의 바람이기 때문이다. 물론 이것을 잘 해내지 못하는 입법가들은 **애초의 목표**에 도달하지 못하는 것이며, 바로 이 점에서 좋은 정치체제와 나쁜 정치체제가 구별된다(『니코마코스 윤리학』 제2권 1103b2-6).

쾌락의 탐구가 정치학도에 관련되는 것은 또 어떤 이유 때문인가? 정치가 혹은 입법가가 목적으로 하는 행복도 늘 즐거움과 함께하기 때문이다.

> 즐거움(hedonē)과 고통(lupē)에 대해 탐구하는 것은 정치학에 관해 철학적으로 생각하는 사람에게 속하는 일이다. 왜냐하면 이 사람이 우리가 바로 그것을 안중에 두고 각각을 단적으로 좋은 것이라고 또 단적으로 나쁜 것이라고 말하게 하는 바로 그 목적의 **총(總)기획자**(architektōn)기 때문이다. 더 나아가 그것들에 관해 고찰하는 것은 필수적인 일 중 하나기도 하다. 우리는 즐거움과 고통에 관련시켜 품성적 탁월성(덕)과 악덕을 규정했으며, 대부분의 사람들은 행복이 즐거움과 함께하는 것이라고 주장하기 때문이다(『니코마코스 윤리학』 제7권 제11장 1152b1-7).

친애가 정의보다 더 정의로운 것은 어떤 이유 때문인가? 친구 관계를 맺고 있는 사람들 사이에서 정의가 왜 필요하지 않으며, 또 정의로운 사람들 사이에서 친애가 왜 필요한가? 궁극적으로 입법가가 정의보다 친애에 더 관심을 기울이는 이유는 무엇 때문인가? 아리스토텔레스의 답변은 이렇다.

> 그런데 친애는 폴리스들도 결속시키는 것처럼 보인다. 입법자들도 정의를 [구현하기 위해] 애쓰는 것보다 친애의 [구현을 위해] 더 애쓰는 것 같다. 입법자들은 무엇보다도 친애와 비슷한 것으로 보이는 화합(homonoia)을 추구하며, 무엇보다도 [폴리스에] 해악을 미치는 분열을 몰아내기 때문이다. 또 서로 친구인 사람들 사이에서는 더 이상 정의가 필요하지 않지만 서로 정의로운 사람들 사이에서는 친애가 추가적으로 필요하고, 정의로운 것들 중 가장 정의로운 것은 '친애적인 것'(philikon) 처럼 보인다(『니코마코스 윤리학』 제8권 제1장 1155a23-28).

덕을 위한 올바른 법의 필요성

지금까지 행복을 덕의 활동, 지혜, 친애, 즐거움으로 설명해 왔지만, 이쯤에 이르러서 아리스토텔레스는 덕을 향한 올바른 지도에는 올바른 법이 필요하다고 주장한다. 요컨대 젊은이들의 양육과 행동 방식은 법에 의해 규정되어야 한다는 것이다. "다중은 말에 따르기보다 강제(anankē)에 따르고, 고귀한 것에 설복되기보다 벌에 설복되기 때문이다."

> 그런 까닭에 어떤 사람들은 이런 생각을 한다. 즉, 입법을 함에 있어 사람들을 탁월성에로 격려하고 고귀한 것을 위해 나아가도록 몰아가야 하며—습관을 통해 훌륭하게 길러진 사람들은 [그러한 말에] 귀 기울일 것이라고 생각해서—, 다른 한편 법률의 말을 듣지 않거나 다소 부족한 본성을 가진 사람에게는 벌과 징계를 부과해야 하고, 또 다른 한편 아무리 해도 고칠 수 없는 사람은 완전히 추방해야 한다고 생각하는 것이다. 고귀한 것을 위해 살아가는 훌륭한 사람은 말(logos)에 귀 기울이지만, 즐거움을 욕구하는 나쁜 사람은 짐 싣는 가축처럼 고통으로 벌을 주어야 한다는 것이 그들의 생각이니까. 그런 까닭에 그들은 추구되는 즐거움에 가장 반대되는 고통을 벌로 부과해야 한다고 주장하는 것이다. 따라서 우리가 말한 것과 같이 좋은 사람이 되기 위해서는 올바르게 길러지고 올바른 습관을 들여야 한다면, 또 이렇게 훌륭한 행동 방식 속에서 살아가야 하며 비자발적으로든 자발적으로든 나쁜 행위를 하지 말아야 한다면, 이런 일은 힘을 가진 어떤 종류의 지성 및 올바른 질서에 따라 사는 사람들에게 생겨날 것이다.

법률과 달리 아버지의 명령은 이러한 힘이나 강제력을 가지고 있지 않으며, 절대적 권력을 갖지 않은 한 사람의 명령 역시 힘을 갖고 있지 않다. 그렇다면 무엇이 이러한 힘이나 강제력을 가지고 있는가? 아리스토텔레스는 "법률은 어떤 종류의 실천적 지혜(phronēsis)와 지성(nous)으로부터 나오는 말(logos)로서 강제하는 힘(dynamis)을 가지고 있다. 그리고 사람들은 자신들의 충동에 반대하는 사람들을, 설령 그들이 그렇게 반대하는 것이 옳다고 하더라도 미워하지만, 훌륭한 것을 명하는 법률은 미움의 대상이 되지는 않는다"라고 말한다. 게다가 "이때의 법은 문자로 쓰인 것이든 그렇지 않은 것이든, 또 그 법에 의해 한 사람이, 혹은 여러 사람이 교육되었든 간에 아무 차이가 없을 것"이라는 것이다. 이는 법만이 교육의 일반적 규칙과 교육의 공공성을 제공할 수 있다는 것을 주장하는 것으로 이해된다.

아리스토텔레스의 교육의 주된 입장은, '양육과 일상적 행동 방식들'에 대한 관심은 사적으로 이루어지는 것이 아니라 '공동의 관심과 옳은 관심'으로부터 이루어져야 한다는 것이다. 개인이 아이들과 친구들을 탁월성(덕)으로 나아가도록 도와주며, 본인도 그런 일을 할 수 있는 능력을 갖추는 것은 매우 중요할 수 있다. 이런 일은 특정한 상황에 적합할 수 있도록 개인적 경험을 요구하는 작업으로 『니코마코스 윤리학』에서 그 상세한 밑그림이 충분히 주어지고 있다. 그럼에도 아리스토텔레스는 교육이 사적인 영역을 넘어 공공의 영역에서 이루어져야 한다는 요구조건을 포기하지 않는다. 그럼 누가 이런 일을 할 수 있겠는가? 입법가의 자질을 갖춘 사람이라면 이 일을 더 잘할 수 있을 것이다.

> 공동의 보살핌은 법을 통해 이루어지고 훌륭한 보살핌은 훌륭한 법을 통해 이루어진다는 것은 분명하기 때문이다.

입법가에게 요구되는 실천적 지혜

입법가에 요구되는 사항은 전문적인 앎(epistēmē)이다. 이 앎은 '공통적인 것에 대한 앎'이다. 전문적인 앎은 개개인의 보살핌을 넘어 보편적인 것에 대한 앎에 관계되기 때문이다. 보살핌을 통해 사람들을 더 좋게 만들려는 사람은 입법가의 자질을 갖추고 있어야 한다는 것이 아리스토텔레스의 주장이다. 어떤 사람을 올바른 상태로 만드는 것은 아무나 할 수 있는 일이 아니라 전문적인 앎을 가지고 있는 사람만이 가능하다. 의술의 경우나 '보살핌과 실천적 지혜'가 있어야 하는 다른 기술의 경우에서처럼 말이다.

> 그러나 한 사람 한 사람을 최선으로 보살피는 일은, 의사건 체육 지도자건 혹은 그 밖의 다른 어떤 사람이건 간에 보편적인 것이 무엇인지를 아는 사람에 의해, 무엇이 모든 경우에 적용되는지, 혹은 특정 유형에 적용되는지 아는 사람에 의해 가능할 것이다. ('전문적인 앎'[epistēmē]은 공통적인 것에 대한 앎이라고 설명되며 또 실제로도 그렇기 때문이다.) 물론 전문적인 앎을 가지고 있지 않은 사람이라도 어느 한 사람을 잘 보살피는 일이 일어나지 말라는 법은 없다. 만일 그가 경험을 통해 각각의 경우에 일어나는 일을 정확히 관찰했다면 말이다. 마치 다른 사람은 전혀 도와줄 수 없으면서도 자기 자신에 대해서만은 가장 훌륭한 의사인 것처럼 보이는 어떤 사람들처럼. 그럼에도 전문가 혹은 이론가가 되려는 사람은 그에 못지않게 보편적인 것으로 나아가야 하며, 가능한 한 보편적인 것을 알아야 하는 것으로 보인다. 이미 이야기했던 대로 전문적인 앎은 바로 이것에 관계하니까.

아리스토텔레스는 실천적 지혜(phronēsis)에 관한 논의에서 한 개인과 정치가의 실천적 지혜는 하나고 동일하다고 주장한 바 있다. 페리클레스와 같은 훌륭한 정치가는 그 앎이 그 자신의 좋음에만 한정되는 것이 아니라 인간들을 위한 좋은 것에 관심을 두고 있다. 입법가의 앎은 특별한 지위를 갖는 것으로서, 『정치학』에서는 "총(總)기획적 앎"이라는 것이다. 정치술과 실천적 지혜는 달리 정의되지만 정신의 동일한 기능으로부터 나온다는 것을 의미한다. 정치적 지혜는 특별한 종류의 실천적 지혜가 아니라 그것의 특별한 적용이다. '실천적 지혜'라는 말은 그 일상적 용법에서는 개인의 사사로운 일에서의 실천적 지혜에 한정되지만, 실제로 그러한 지혜를 발휘하는 정신의 능력은 자신의 가정과 정치공동체까지로 확장될 수 있기 때문이다.

> 실천적 지혜는 이성을 동반한 참된 실천적 품성 상태로서, 인간에게 좋은 것들과 나쁜 것들의 실천을 가능하게 하는 품성 상태라는 것이다. 제작은 제작[자체]과는 다른 목적을 갖지만, 행위는 그렇지 않기 때문이다. 행위의 목적은 바로 잘 행위한다는 것(eupraxia) 자체이니까. 우리가 페리클레스나 그와 비슷한 사람들을 실천적 지혜를 가진 사람이라고 생각하는 것은, 그들이 **자신들과 인간들을 위해서 좋은 것들**을 [분명히] 볼(theōrein) 줄 알았기 때문이다. 또 우리는 집안일을 잘 다스리는 사람과 정치가들 또한 그러한 사람이라고 생각한다(『니코마코스 윤리학』 제6권 1140b4-11).

> 정치술과 실천적 지혜는 같은 품성 상태이지만, 그 무엇임(to einai)은 동일하지 않다. **폴리스에 관한 실천적 지혜 가운데 하나는 총(總)기획적인 것으로 '입법적' 실천적 지혜이고, 다른 하나는 개별적인 것들에 관계하는 것으로서 양 부분에 공통되는 이름인 '정치적' 실천적 지혜이다.** 이 부분이 실천적이며 심의적인 것이다. 의결(psēphisma)이 최종적인 것으로서 실천될 것이니까. 그런 까닭에 사람들은 [개별적인 것들을 다루는] 이 사람들만

이 '정치적으로 활동하고 있다'고 말하는 것이다. 왜냐하면 이 사람들만 이 장인들이 자신들의 일을 행하는 방식처럼 그렇게 [정치술을] 행하는 사람들이기 때문이다. 그런데 실천적 지혜는 무엇보다도 당사자 한 사람에 관련하는 것으로 보인다. 그리고 이것이 공통의 이름인 '프로네시스', 즉 '실천적 지혜'라는 이름을 갖는 것이다. 실천적 지혜의 다른 부분들 중 하나는 가정 관리(oikonomia)이며, 둘째는 입법(nomothesia), 셋째는 정치술(politikē)인데, 이 셋째 것에는 다시 심의적인 것(bouleutikē)과 사법적인 것(dikastikē)이 있다(『니코마코스 윤리학』 제6권 1141b23-35).

그러면서 아리스토텔레스는 입법가의 자질을 어디로부터 얻을 수 있을지를 묻는다. 입법이 정치학의 한 부분이라는 점을 받아들인다면, 우리는 이 자질을 정치학자들에게서 배워야 하는가? 정치적 일을 가르친다고 선전하는 소피스트들은 그 일을 할 수 없다는 것이 그의 생각이다. 이 일은 정치적 경험을 가지고 있어야 하지만, 그들 중 누구도 실제로 정치적 행위를 하고 있지는 못하니까 말이다. 소피스트들 중 정치학을 가르친다고 공언하는 사람들은 "정치학이 무엇이며 어떤 종류의 것인지 그들은 전혀 알지 못한다"고 단언한다. 그러면서 정치적 경험이 필요하다는 점을 다음과 같이 강조한다.

폴리스에 남겨줄 수 있는 것 중 이 정치적 능력보다 좋은 것은 없으며, 자기 자신이 가지게 되기를, 따라서 가장 가까운 친구들도 가지게 되기를 선택해 마지않을 것으로 이 정치적 능력보다 나은 것은 없기 때문이다. 물론 경험도 적지 않게 기여하는 것으로 보인다. 그렇지 않았더라면 정치판에서의 오랜 경험을 통해 정치가가 되는 일은 없었을 테니까. 그런 까닭에 정치에 대해 알고자 하는 사람들에게는 경험도 필요한 것처럼 보인다.

경험이 있는 사람들이 가져야 하는 자질은 다음과 같다.

> 각각의 영역에서 경험 있는 사람들은 그 성과물들을 올바르게 판별하며, 무엇으로 말미암아, 혹은 어떻게 완성되는지를, 또 어떤 것들이 어떤 종류의 것들과 어울리는지를 안다. 반면 경험이 없는 사람들은 그림의 경우에서처럼 성과물이 잘 만들어졌는지, 혹은 잘못 만들어졌는지를 모르지만 않으면 그것으로 만족해야 할 것이다.

그런데 정치학의 성과물인 법률로부터 어떻게 입법가의 자질을 얻으며, 또 최선의 법을 판별해 낸다는 말인가? 아리스토텔레스는 이론적인 것을 서술해 놓은 의학 책을 읽는다고 의사가 되지 못하는 것처럼, 법률만으로는 충분한 것이 되지 못한다고 주장한다. 이론적인 설명은 경험 있는 사람들에게는 유용해 보이지만, 전문적 앎이 없는 사람에게는 아무 소용이 없는 것처럼 보이기 때문이다.

그래서 아리스토텔레스는 여러 가지 법률들과 정치체제들의 수집이 필요하다고 말한다(1102a11 이하). 여러 정치체제들을 수집하는 이유는, 어떤 폴리스들이 '시민의 덕'에 관심을 기울이고 있는지를 살펴보고, 덕에 대한 관심이 올바른 방향으로 이루어지고 있는지를 판별하기 위해서였다. 이것들을 "이론적으로 고찰할 수 있고 무엇이 올바른 것이고 그 반대의 것인지, 또 어떤 것이 어떤 것에 어울리는지 판별할 수 있는 사람에게는" 이것들이 유용할 수 있음을 그는 지적한다. 여기에도 적절한 경험을 지닌 "그러한 상태"를 갖춰야 올바른 판단 능력을 가질 수 있다는 점을 다시 언급하고 있다.

아리스토텔레스는 마지막에 이르러 '정치체제를 검토하게 될' 프로그램, 즉 어젠다(agenda)를 제시한다. 이 대목을 주목하면서 윤리학과 정치학의 논의의 연관성을 살펴보기로 하자.

입법에 관한 것은 선대의 연구자들에 의해 탐구된 적이 없으므로, 이제 우리가 직접 검토하는 것이, 또 일반적으로 정치체제에 대해 검토하는 것이 아마 더 나을 것이다. 그럼으로써 우리의 능력이 미치는 데까지 '인간적인 것[인간사]에 관한 철학'(hē peri ta anthrōpeia philosophia)이 완결될 수 있도록 하자. 그러므로 ① 먼저 우리 이전의 사상가들에 의해 올바르게 이야기된 부분이 있다면 그것을 살펴보도록 하자. 그다음으로는 ② 우리가 수집한 정치체제들[26]로부터 어떤 종류의 것들이 폴리스를 보전 혹은 파괴하는지, 또 어떤 종류의 것들이 개별적인 폴리스들을 보전 혹은 파괴하는 것인지, 그리고 어떤 폴리스들은 정치를 잘 해 나가는 반면 어떤 폴리스들은 그 반대로 나아가는 것은 무슨 이유 때문인지 고찰해 보기로 하자. 이런 것들이 다 고찰된 후라야 ③ 어떤 종류의 정치체제가 최선의 것인지, 각각의 ④ 정치체제들이 어떻게 질서를 부여하는지, 또 ⑤ 어떤 법과 습관을 사용하면서 그러는지를 아마 더 잘 알게 될 것이다(『니코마코스 윤리학』 제10권 제9장, 1181b12-22).

'윤리학 없는 정치학, 정치학 없는 윤리학'이 가능하지 않다는 강한 주장은 여기서는 '인간적인 것[인간사]에 대한 철학'으로, 제1권 제2장에서는 "정치학의 목적은 '인간적인 좋음'(anthrōpinon agathon)"이란 표현으로 그 연결 고리를 만들어 내고 있음은 아주 명확하다. 다시 말해 윤리학은 정치학의 토대를 구축해 주는 것이고, 정치학은 윤리학의 실천적 목적인 인간의 행복을 실천하고 완결할 수 있도록 이끌어가는 것

26 아리스토텔레스가 인생의 후반기인 마케도니아에 체류하던 시절에 연구에 착수했다는 158개의 폴리스들의 정치체제에 관한 보고서를 말한다. 19세기에 들어 파피루스 형태로 발견된 아테나이 정치체제에 관한 부분만이 현재 남아 있다.

이라 할 수 있다. 이 점을 통해 우리는 윤리학과 정치학이 논리적으로는 윤리학이 먼저 오고 정치학이 뒤따른 것이라 말할 수 있지만, 이것이 곧장 저작의 저술의 순서까지도 결정해 주는 것이라고 말할 수는 없다.

어쨌든 여기서 제시된 예정표는 외견상 아리스토텔레스의 『정치학』 프로그램의 순서를 보여 주는 것으로 받아들일 수 있겠다. 긴급하게 물어지는 물음은 ①, ②, ③, ④, ⑤가 『정치학』 논의의 순서일까 하는 것이다. ①은 플라톤의 『국가』를 주된 논의 대상으로 하는 『정치학』 제2권에 상응하는 것으로 보인다. ②는 현존하는 폴리스의 정체들에 관한 경험적 데이터를 모으고 분석하는 작업이다. 이 작업은 『정치학』 제5권과 제6권에서 논의되고 있는 것으로 판단된다. 특히 '어떤 종류의 정치체제들이 폴리스를 보전 혹은 파괴하는가' 하는 논의는 제3권 6장 및 제5권과 제6권에 걸쳐 검토되고 있다. ③은 『정치학』 제3권 말미에서 언급된 내용과 일치한다. 최선의 정치체제에 대한 논의는 제2권, 제3권의 일부, 제7권, 제8권에서 검토되고 있다.

그리고 ④는 『정치학』 제3권을 비롯한 이곳저곳에서의 논의와 그 맥을 같이한다. 물론 ④가 '이상적 정치체제'를 말하는지, 아니면 제4권에서 제6권에 걸친 현존하는 정치체제를 의미하는지는 여전히 모호할 수 있다. ⑤는 아리스토텔레스가 그리고 있는 이상적 폴리스에서의 입법가에 의한 교육의 과제를 논의하는 『정치학』 제7권 후반부와 제8권에 해당하는 것으로 여겨진다.

이렇게 보면 『정치학』에서 언급되는 주제들이 『니코마코스 윤리학』 마지막 대목에서 모조리 언급되고 있지 않은 것으로 파악된다. 그렇다면 여기서 명확히 빠진 언급들, 다시 말해 폴리스의 본질에 대해 이론적으로 따져 묻는 제1권과 제4권 일부 혹은 전부, 시민을 정의하는 제3권 제1~5장은 관점에 따라 부분적으로 빠진 것으로 생각할 수 있겠다. 우리는 이를 통해 『정치학』의 어떤 부분은 『니코마코스 윤리학』이 완결되고 난 이후에 쓰인 것으로 추정할 수도 있을 것이다. 또한 『니코마코스 윤리학』이 『정치학』을 암시하는 대목들은 더 이른 시기에 쓰인 것으로도 생각할 수 있겠다. 크라우트는 이런 생각의 노선에서 『정치학』이 탐구의 순서상에서는 나중이지만 『정치학』이 혹은 그것의 상당 부분이 『니코마코스 윤리학』보다 먼저 쓰인 것이라고 주장한다.

정치학에서 '윤리학'을 언급하는 표현(ta ēthika, ēthikoi logoi)[27]은 여섯 번 나오는데 이 난점을 어떻게 해소할 수 있는가? 크라우트는 그 표현이 『에우데모스 윤리학』을 언급하는 것으로 볼 수 있다는 것이다. 두 윤리학 작품은 공통적인 부분을 가지고 있다. 『니코마코스 윤리학』 제5권, 제6권, 제7권은 『에우데모스 윤리학』 제4권, 제5권, 제6권에서 반복되고 있다. 대부분의 해석자들은 먼저 쓰인 『에우데모스 윤리학』을 부분적으로 개정해서 『니코마코스 윤리학』이 저술된 것으로 본다. 그리고 『니코마코스 윤리학』이 윤리학을 다루는 주제에 대한 아리스토텔레스의 최종적이고 최선의 생각이라고 받아들이고 있다. 그리고 이 두 책에 공통하는 부분들이 원래는 『에우데모스 윤리학』의 부분이었지만, 그것이 나중에 『니코마코스 윤리학』의 일부로 통합되었다는 것이다.

크라우트는 이 난점에 대해 『정치학』에서 언급되는 '윤리학'이 『에우데모스 윤리학』이라고 해석한다. 그러니까 『정치학』을 쓰고 있는 동안에는 『니코마코스 윤리학』을 아직 저술하지 않았기 때문에, 당연히 『정치학』에서 '윤리학'을 가리키는 표현은 『에우데모스 윤리학』이었다는 것이다. 따라서 저작 순서는 ① 『에우데모스 윤리학』, ② 『정치학』, ③ 『니코

27 아리스토텔레스, 『정치학』 1261a31, 1280a18, 1282b20, 1295a36, 1332a8, 1332a22.

마코스 윤리학』이라는 것이다. 이러한 순서 때문에 『니코마코스 윤리학』의 처음과 맨 나중에서 정치학의 본질에 대한 언급이 주어졌다는 것이다. ①은 윤리적 삶의 목표를 제시만 했지, 그것을 법과 정치체제를 통해 실현할 수 있는 최선의 방법을 검토하지 않았다는 것이다. ②에서는 이러한 방안을 폴리스를 통한 정치적 삶을 통해 실현할 수 있는 여러 대안을 검토했다는 것이고, ③은 다시금 '인간사의 철학'을 강조함으로써 그의 작업에 대한 정치학의 본질적 중요성을 다시 되새김하고 있다는 것이다.

만일 크라우트의 주장처럼 『니코마코스 윤리학』의 전부 혹은 많은 부분이 『정치학』 이후에 저술되었다면(R. Kraut[2002], pp. 16~19, p. 183), 여기서 살펴본 『니코마코스 윤리학』 제10권 제9장의 아젠다가 이전을 가리키는지 이후를 가리키는지는 모호해질 수밖에 없을 것이다.

어쨌든 『니코마코스 윤리학』 제10권 제9장에서의 언급을 『정치학』의 논의 구조를 보여 주는 진지한 것으로 받아들인다면,[28] 그 대목에서 언급된 '인간적인 것에 대한 철학'을 완성하기 위해 제시되는 앞으로의 과제에서 빠진 『정치학』의 부분들(특히 제1권과 제3권)은 나중에 『정치학』의 목적을 보다 명료하게 밝히고자 덧붙인 것으로 받아들일 수 있을 것 같다. 우리가 ②와 ③의 순서를 정치학 연구 프로그램의 순서로 받아들인다면, 예거류의 해석과 달리 경험적 저작이 먼저 오고 이상적 정치체제에 대한 논의가 뒤에 오는 것으로 보는 것이 더 합당할 수 있겠다.

28 이러한 견해에 대해 C. Lord(p. 473)는 『니코마코스 윤리학』 마지막 대목은 아리스토텔레스의 저작이 아니라고 주장한다. 따라서 그것이 언급하는 논고는 아리스토텔레스의 『정치학』이 아니라는 것이다("The Character and Composition of Aristotle's *Politics*", *Political Theory*, Vol. 9 No. 4, 1981).

참고문헌

A. 『정치학』 헬라스어 원전 판본 및 주석

Aristotelis, *Opera* ex recensione Immanuelis Bekkeri. Edidit Academia regia Borussica. Volumen Primum. Volumen alterum. Berolini, 1831.

Aubonnet, J., *Aristote: Politique*, Livre I-VI, Paris: Budé, Les Belles Lettres, 1960-1973; *Aristote; Politique*, Livre VII-VIII, 1ère Partie, Paris, Les Belles Lettres, 2002(1re éd. 1986).

Dreizehnter, A., *Aristoteles' Politik*, Munich: Wilhelm Fink Verlag, 1970.

Newman, W. L., *The Politics of Aristotle*, 4 vols. Oxford: Oxford University Press, 1887 – 1902; repr. Salem, NH: Ayer, 1985.

Rackham, H., *Aristotle:politics*, Cambridge: Loeb Classical Library, 1944.

Ross, W. D., *Aristotelis Politica*, Oxford: Oxford University Press, 1957.

Susemihl, Franz, and Hicks, R. D., *The Politics of Aristotle*, text, introduction, analysis, and commentary to Books I-V [I-III, VII-VIII]. London: Macmillan, 1894; repr. 1976.

Susemihl, F., *Aristoteles's Politik*, Griechisch und Deutsch, mit sacherklärenden Anmerkungen, Bd. 1, Text und Übersetzung. Bd 2, Inhaltsübersicht und Anmerkungen, Leipzig 1879.

Tricot, J., Aristote : *La Politique*, Paris, Vrin, 2005(1re éd. 1962).

B. 『정치학』 번역 및 주해서

Aquinas, Thomas. *Commentary on Aristotle's Politics*, Trans. Richard J. Regan, Indianapolis Publishing Co., Hackett, 2007.

Barker, E., *Aristotle's Politics*, revised by Richard Stalley, Oxford: Oxford University Press, 1995.

Jowett, Benjamin, in *The Complete Works of Aristotle, The Revised Oxford Translation*, Vol. 2, ed. Jonathan Barnes. Princeton: Princeton University Press, 1984.

Keyt, D., *Aristotle;Politics Books V and VI*, Oxford; Clarendon Press, 1999.

Kraut, R., *Aristotle;Politics Books VII and VIII*, Oxford; Clarendon Press, 1997.

Lord, C., *Aristotle;The Politics*, Chicago: University of Chicago Press, 1984, 2013.

Pellegrin, P., Aristote, *Les Politiques,Traduction,introduction,bibliographie,notes et index*, GF Flammarion, 2015.

Peter L. P. Simpson, *A Philosophical Commentary on the Politics of Aristotle*, Chapel Hill: University of North Carolina Press, 1998.

Peter L. P. Simpson, *The Politics of Aristotle*, Chapel Hill: University of North Carolina Press, 1997.

Reeve, C. D. C.,*Aristotle;The Politics*, Indianapolis: Hackett Publishing Co., 1998.

Reeve, C. D. C., *Politics:A New Translation with introduction and notes*, Hackett Publishing Co., 2nded., 2017.

Robinson, R., *Aristotle;Politics Books III and IV*, with a supplementary essay by David Keyt, Oxford: Clarendon Press, 1995.

Saunders, Trevor J., *Aristotle:Politics Books I and II*, Oxford; Clarendon Press, 1995.

Schütrumpf, Eckart, *Aristoteles Politik*, 4 vols. Berlin and Darmstadt: Akademie Verlag, 1999 – 2005.

Simpson, Peter L. Phillips, *A Philosophical Commentary on the Politics of Aristotle*, Chapel Hill: University of North Carolina Press, 1998.

Sinclair, T. A., *Aristotle; The politics*, revised by Trevor J. Saunders. Harmondsworth: Penguin, 1983.

C. 연구논문과 연구서 및 그 밖의 참고문헌

L'Éthique A Nicomaque, Introduction, Traduction et Commentaire par René Antoine Gauthier et Jean Yves Jolif, Tome I, II, Paris, 1958.

Annas, J., Aristotle on Human Nature and Political Virtue, in *The Review of Metaphysics* 49, 1996.

Aristotle's De Generatione et Corruptione, tr. with notes by C. J. F. Willams, Oxford. 1982

Aristotle's Ethics, tr. by J. L. Ackrill, London, 1973.

Aristotle's Eudemian Ethics, *Bk.* I, II, VIII, tr. with a commentary by M. Woods, Oxford, 1982.

Aubenque, P., & Tordesillas, A., *Aristote Politique, Etudes sur la Politique d'Aristote*, Presses Universitaires de France, 1993.

Balme, D. M., *Aristotle; Historia Animalium*, V.1, Books I-X Text, Cambridge, 2002.

Barker, E., *The Political Thought of Plato and Aristotle*, London: Methuen, 1906; repr. New York: Russell & Russell, 1959.

Barnes, J.(ed.), *The Cambridge Companion to Aristotle*, Cambridge, 1995.

Barnes, J., Aristotle and the Methods of Ethics, *Revue Internationale de Philosophie*, Vol. 34, 1981.

Barnes, J., Homonymy in Aristotle and Speusippus, *Classical Quarterly* 21, 1971.

Barnes, J., Malcolm Schofield, and Richard Sorabji(eds.), *Articles on Aristotle*, vol. 2, Ethics and Politics. London: Duckworth, 1977.

Bobonich C., Aristotle's Ethical Treatises, in ed. by R. Kraut, *The Blackwell Guide to Aristotle's Nicomachean Ethics*, Oxford: Wiley-Blackwell, 2006.

Bodéüs, R., *The Political Dimensions of Aristotle's Ethics*, Albany: SUNY Press, 1993.

Bonitz, H., *Index Aristotelicus, Aristotelis Opera*, vol. 5. Berlin, 1870.

Bornemann, E., Aristoteles' Urteil über Platons politische Theorie, *Philologus*, 79, 1923.

Burnet, J.(ed.), *Platonis Opera*, 5 Vols., Oxford 1903-1910(1964).

Burnyeat, M. F., Did the ancient Greeks have the concept of human rights?, *Polis* 13, 1994, pp.1-11, in *Explorations in ancient and Modern Philosophy*, Cambridge, 2012.

Cartledge, P., Greek political thought: the historical context, in *The Cambridge History of Greek and Roman Political Thought*, C. Rowe and M. Schofield(eds.), Cambridge Univ. Press, 2000.

Cooper, J. M., *Reason and Human Good in Aristotle*, Harvard Univ. Press, 1975.

David J. Depew, Politics, Music, and Contemplation in Aristotle's Ideal State, in *A Companion to Aristotle's Politics*, ed. by D. Keyt and F. D. Miller, Jr., Blackwell, 1991.

David K., The Good Man and the Upright Citizen in Aristotle's *Ethics* and *Politics*, in *Social Pilosophy and Policy*, Vol. 24, 2007.

Diehl, E., *Anthologia Lyrica Graeca*, V. I-II, Leipzig: Teubner, 1925.

Diels, H., & Kranz, W., *Die Fragmente der Vorsokratiker*, vol. 1, 2, 3. Berlin: Weidmann, 1952.

Deslauriers, M., & P. Destrée(ed.), *The Cambridge Companion to Aristotle's Politics*, Cambridge, 2013.

Düring, I., *Aristotle in the Ancient Biographical Tradition*, Acta Universitatis Gothoburgensis, vol. 68, 1957.

Düring, I., *Aristotle's Protrepticus: An Attempt at Reconstruction*, Göteborg: Acta Universitatis Gothoburgensis, 1961.

Frede, M. & Charles, D.(ed.), *Aristotle's Metaphysics Lambda* (Symposium Aristotelicum), Oxford, 2000.

Guthrie, W. K. C., *A History of Greek Philosophy*, Cambridge University Press, V. 6, 1981.

Halliwell, S., *Aristotle's Poetics*, Chapel Hill, NC: University of North Carolina Press, 1986.

Hansen, M. H., *Polis ;An Introduction to the Ancient Greek City-State*, Oxford, 2006.

Heath, M., Aristotle on Natural Slavery, *Phronesis*, Vol. 53, No. 3, 2008.

Keyt, D., & F. Miller Jr.(eds.), *A Companion to Aristotle's Politics*, Oxford, 1991.

Keil, G., & Kreft, N.,(eds.), *Aristotle's Anthropology*, Cambridge, 2019.

Höffe, O.(ed.), *Aristoteles Politik*, Berlin: Akademie Verlag, 2001.

Irwin, T. H., First principles in Aristotle's ethics, *Midwest Studies in Philosophy* 3, 1978.

Jaeger, W., *Aristoteles; Grundlegung einer Geschichte seiner Entwicklung*, Berlin, 1921(*Aristotle: Fundamentals of the History of his Development*, Translated by R. Robinson. Oxford, London, 1948).

Jaeger, W., *Studien zur Entstehungsgeschichte der Metaphysik des Aristoteles*, Berlin, 1912.

Keyt, D. and Fred D. Miller, Jr.(eds.), *A Companion to Aristotle's Politics.*Oxford: Blackwell, 1991.

Kirk, G. S., & Raven, J. E., & Schofield, M., *The Presocratic Philosophers*, 2nd ed., Cambridge, 1957, 1983.

Kraut, R., Aristotle on Choosing Virtue for Itself, *Archiv fur Geschichte der Philosophie* 58, 1976.

Kraut, R., Aristotle on Method and Moral Education, In Jyl Gentzler(ed.) *Method in Ancient Philosophy*, Oxford: Oxford University Press, 1996.

Kraut, R., *Aristotle on the Human Good*, Princeton: Princeton University Press, 1989.

Kraut, R., *Aristotle:Political Philosophy*, Oxford: Oxford University Press, 2002.

Kraut, R., Nature in Aristotle's Ethics and Politics, *Social Philosophy & Policy*, Vol. 24, 2007.

Kraut, R., *The Blackwell Guide to Aristotle's Nicomachean Ethics*, Oxford: Wiley-Blackwell, 2006.

Kraut, R., Two Conceptions of Happiness, *Philosophical Review* 88, 1979.

Kraut, R. & Skultety, S., *Aristotle's Politics: Critical Essays* (eds.). Lanham MD: Rowman and Littlefield, 2005.

Leunissen, M., *From Natural Character to Moral Virtue in Aristotle*, Oxford, 2017.

Lintott, A., *Aristotle's Political Philosophy in its Historical Context; A New Translation and Commentary on* Politics *Books 5 and 6*, Routledge, 2018.

Lockwood, T. & Samaras, T.,(eds.), *Aristotle's Politics: A Critical Guide*, Cambridge, 2015.

Lord, C., & David O'Connor(eds.), *Essays on the Foundations of Aristotelian Political Science*, Berkeley: University of California Press, 1991.

Lord, C., *Education and Culture in the Political Thought of Aristotle*, Ithaca: Cornell University Press, 1982.

Lord, C., Politics and Education in Aristotle's *Politics*, in *Aristotle's Politik*, Akten des XI. Symposium Aristotelicum, Friedrichshafen/Bodensee(25.8.-3.9., 1987), herausgegeben von Günter Patzig, Göttingen.

Miller, Fred D., Jr. Nature, *Justice,and Rights in Aristotle's Politics*, Oxford: Oxford University Press, 1995.

Mulgan, R. G., Aristotle's Doctrine That Man Is a Political Animal, *Hermes* 102, 1974.

Mulgan, R. G., *Aristotle's Political Theory*, Oxford: Oxford University Press, 1977.

Natali, C., *Aristotle: His Life and School*, Princeton, 2013.

Nauck, A., *Tragicorum Graecorum Fragmenta*, 2nd. ed. Leipzig: Teubener, 1889.

Nichols, M., *Citizens and Statesmen: A Study of Aristotle's Politics*. Lanham, MD: Rowman & Littlefied, 1992.

Ober, J., Nature, History, and Aristotle's Best Possible Regime, in Lockwood, T. & Samaras, T.,(eds.), *Aristotle's Politics: A Critical Guide*, Cambridge, 2015.

Ober J., *The Athenian Revolution; Esssays on Ancient Greek Democracy and Political Theory*, Princeton, 1996.

Ober, J., *Mass and Elite in Democratic Athens: Rhetoric,Ideology,and the Power of the People*, Princeton, 1991.

Ober, J., *Democracy and Knowledge: Innovation and Learning in Classical Athens*, Princeton, 2008.

Patzig, Günther(ed.). *Aristoteles' Politik*, Akten des XI. Symposium Aristotelicum. Göttingen: Vandenhoeck & Ruprecht, 1990.

Randall R. Curren, *Aristotle on the a Nessity of Public Education*, Rowman & Littlefield Publishers, Inc. 2000.

Riesbeck, D., *Aristotle on Political Community*, Cambridge, 2016.

Robert Develin, The Good Man and the Good Citizen in Aristotle's *Politics*, *Phronesis*, Vol. 18, No. 1, 1973.

Roberts, J., Justice and the Polis, in *The Cambridge History of Greek and Roman Political Thought*, ed. by C. Rowe and M. Schofield, Cambridge, 2000.

Rorty, A. O.(ed.), *Essays on Aristolte's Ethics*, Univ. of California Press, 1980.

Rowe, C. and Schofield, M.(eds.), *The Cambridge History of Greek and Roman Political Thought*, Cambridge: Cambridge University Press, 2000.

Salkever, S.(ed.), *The Cambridge Companion to Ancient Greek Political Thoughts*, Cambridge, 2009.

Schofield, M., Aristotle: An introduction, in *The Cambridge History of Greek and Roman Political Thought*, edited by C. Rowe and M. Schofield. Cambridge, 2000.

Striker, G., Aristotle's ethics as political science, in: Reis, B.(ed.), *The Virtuous Life in Greek Ethics*, Cambridge, 2006.

Taylor, C. C. W., "Politics." in *The Cambridge Companion to Aristotle*, ed. by J. Barnes. Cambridge, 1995.

Trott, A. M., *Aristotle on the Nature of Community*, Cambridge Univ. Press, 2014.

Wolff, F., *Aristote et la politique*, Presses Universitaires de France, Paris, 2016.

The Ethics of Aristotle with Essays and Notes, by Sir Alexander Grant vol. I, II, London 1874.

The Oxford Classical Dictionary(3rd ed.), ed., by Simon Hornblower & Antony Spawforth, Oxford University Press, 1996.

김재홍,「엠독사와 '현상의 구제'」, 한국서양고전학회,『서양고전학연구』 제8집, 1994.

김재홍,「아리스토텔레스의 시민 교육과 공교육의 이념」,『시민과 세계』 14, 2008.

김재홍,『아리스토텔레스 '정치학': 최선의 공동체를 향하여』, 쌤앤파커스, 2018.

김재홍,「다중이 소수보다 더 지혜로운가—좋은 인간과 좋은 시민」, 미간행 논문, 고전철학회 발표 논문, 2017.

노희천,「아리스토텔레스의 정치학 7~8책들에 나타난 이상 국가관에 관하여」.『대동철학』 제69집, 2014.

디오게네스 라에르티오스,『유명한 철학자들의 생애와 사상 1,2』, 이정호·김인곤·김주일·김재홍 옮김, 나남, 2021.

손병석,「아리스토텔레스에 있어서 민주주의와 데모스(dēmos)의 집합적 지혜」, 한국서양고전학회,『서양고전학연구』 제14집, 1999.

손병석,『아리스토텔레스『정치학』연구—플라톤과의 대화』, 한국문화사, 2019.

손병석,「아리스토텔레스에 있어서 자연적 정의와 권리의 문제」,『철학연구』 65, 철학연구회, 2004.

손윤락,「아리스토텔레스에 있어서 시민교육과 그 대상의 문제」, 한국서양고전학회,『서양고전학연구』 제54집, 2015.

손윤락,「아리스토텔레스의『정치학』에서 국가와 시민교육」, 한국서양고전학회,『서양고전학연구』 제48집, 2012.

송대현,「아리스토텔레스의『정치학』 7~8권에서 여가(scholê) 개념」, 한국서양고전학회,『서양고전학연구』 제53집, 2014.

송대현,「아리스토텔레스의『정치학』 2권에서 스파르타 여성에 대한 비판」,『동서철학연구』 제99호, 2021.

아리스토텔레스,『에우데모스 윤리학』, 송유레 옮김, 아카넷, 2021.

아리스토텔레스,『토피카』, 김재홍 옮김/해설, 서광사, 2021.

아리스토텔레스,『아리스토텔레스의 형이상학』, 김진성 옮김, 서광사, 2022.

아리스토텔레스,『니코마코스 윤리학』, 강상진·김재홍·이창우 옮김, 도서출판 길, 2011.

유원기,『아리스토텔레스의 정치학, 행복의 조건을 묻다』, 사계절, 2009.

유원기,「아리스토텔레스의 본성 개념과 공동체의 목적」, 한국서양고전학회,『서양고전학연구』 제53집, 2014.

주광순,「아리스토텔레스의 정치철학」,『대동철학』 제34집, 대동철학회, 2006.

플라톤,『국가』, 박종현 옮김, 서광사, 2005.

플라톤,『법률』, 박종현 옮김, 서광사, 2009.

한석환,「인간의 본질과 폴리스: 아리스토텔레스,『정치학』의 한 이해」, 한국서양고전학회,『서양고전학연구』 제12집, 1998.

홍훈,「아리스토텔레스의 도덕적인 가계경제와 마르크스의 자본주의 생산경제」, 한국서양고전학회,『서양고전학연구』 제26집, 2006.

찾아보기

고유명사(지명과 인명)

* 여기서 52a-99b = 1252a-1299b를, 00a-42b = 1300a-1342b를 표시한다.

【ㅁ】

【ㅂ】

【ㅅ】

시퀴온(Sikuōn) 15b13, 16a30

【ㅇ】

아르라바이오스(Arrabaios) 11b12

【ㅈ】

【ㅋ】

【ㅌ】

내용 색인

【숫자】

【ㄱ】

【ㄴ】

【ㄷ】

【ㄹ】

【ㅁ】

【ㅂ】

【ㅅ】

【ㅇ】

【ㅈ】

【ㅊ】

【ㅋ】

【ㅌ】

【ㅍ】

【ㅎ】